# 中國音韻學研究

〔瑞典〕高 本 漢 著
趙元任 羅常培 李方桂 譯

商務印書館
创于1897 The Commercial Press

**圖書在版編目(CIP)數據**

中國音韵學研究/(瑞典)高本漢著;趙元任,羅常培,李方桂譯.—北京:商務印書館,1940.1(2020.12重印)
ISBN 978-7-100-00018-5

Ⅰ.①中… Ⅱ.①高…②趙…③羅…④李… Ⅲ.①漢語—音韵學—研究 Ⅳ.①H11

中國版本圖書館CIP數據核字(2014)第050358號



ZHŌNGGUÓ YĪNYÙNXUÉ YÁNJIŪ
**中國音韵學研究**
〔瑞典〕高本漢　著
趙元任　羅常培　李方桂　譯

商務印書館出版
(北京王府井大街36號　郵政編碼100710)
商務印書館發行
北京藝輝伊航圖文有限公司印刷
ISBN 978-7-100-00018-5

1940年9月第1版　　開本850×1168　1/32
1994年8月縮印第1版　　印張25¼
2020年12月北京第4次印刷
定價:75.00元

B. Karlgren

# 出版説明

本書爲研究漢語方言與漢語古音的重要著作，法文元本在一九一五——一九二六年分四次出版；中文譯本在一九四〇年初版，一九四八年再版。

本書的貢獻有三項:［一］先根據«廣韵»的反切和等韵，考訂古音的音類，再用比較語言學的方法，構擬古音的聲母韵母的音值。［二］説明語音的分類和性質，羅列三十來處方言的輔音元音。［三］在構擬的古音下，排比二十六處方言三千來個字音，反映古今音的演變，方音之間的異同。

譯本書前加的«譯者提綱»説明全書的要點；«名辭表»羅列本書使用的中文法文對照的語音學和音韵學名詞，並有詳細的附注；«音標對照及説明»通過瑞典方言字母與國際音標的對比，闡述使用音標的原理: 這三項對閱讀本書很有幫助。

元本出版過程中和出版之後，作者對古韵母音值的構擬有所變更，這些在譯本中已經改正。譯本出版後有一項更改需要提一下。高本漢（一九五四年 268 頁）[1]根據趙元任(一九四一年 225 頁)[2]，把"幽黝幼"三韵的音值由 iə̯u 改爲 i̯ěu(照譯本的寫法是由 iə̆u 改爲 ĭěu)。

元書有些疏忽的地方，主要是一些字的古音音類。這裏舉譯本 71 頁爲例。

譯本 71 頁(法文元本 112 頁)有"衣依椅殷慇湮掩意縊冤威畏慰淤鬱"等十五個影母字標明"三四等?"，意思是説三四等不定。現在分别説説這些字的等。

"衣依"兩字«廣韵»平聲微韵開口，"威"字合口；"畏慰"兩字去聲未韵合口。"殷慇"兩字平聲欣韵開口；"鬱"字入聲物韵合口。"冤"字平聲元韵合口。這些韵都是本書的 β 類韵，這些韵的字全在韵圖的三等。看譯本 471—472 頁(法文元本 625—626 頁)。［上頁"隱癮"兩字上聲隱韵開口；"苑婉宛"三字上聲阮韵合口，"怨"字去聲願韵合口，"謁"字入聲月韵開口；七字全列三等，不誤。］

"意"字去聲志韵。"淤"字平聲魚韵央居切又去聲御韵依倨切，現代方言一般讀平聲，此處當移到平聲。這些韵影母只有三等。［上頁平聲之韵"醫"字與魚韵"於"字都列三等，不誤。］

"椅"字譯者注云: "«廣韵»'支''紙'兩見，但今多數方言讀上聲。" 案«廣韵»支

---

1 Karlgren, Bernhard. 'Compendium of phonetics in Ancient and Archaic Chinese'. *Bulletin of the Museum of Far Eastern Antiquities* no. 26. 1954. pp.211—367.

2 Chao, Y. R. 'Distinctive and non-distinctive distinctions in Ancient Chinese' (元误作 'Distinctions within Ancient Chinese', 今據抽印本所附更正表). *Harvard journal of Asiatic studies* Vol. 5, nos. 3—4. 1941. pp. 203—233.

韵:“椅,木名,梓實桐皮,”於離切。紙韵:“椅,椅柅,”於綺切。高本漢所列的“椅”當是“椅子”的“椅”。“椅子”本作“倚子”,字從人旁。“倚”字已見上頁三等,跟支韵的“椅”音義都不同,跟紙韵的“椅”音同義異。

“掩”字上聲琰韵衣儉切,跟“黶”字於琰切三四等對立。[“厭”字跟“黶”字同等,上頁列三等,應改列四等。]

“湮”字平聲真韵於真切又先韵烏前切,本書用於真切的音,見譯本110,616—617頁(法文元本174,783—784頁)。“湮,於真切”的同音字“因茵姻”三字均見上頁四等,不誤。先韵是本書的γ類韵,是四等韵,看譯本472頁(法文元本626頁)。

“縊”字去聲寘韵於賜切又霽韵於計切,本書用於計切的音,見譯本97,577頁(法文元本154,744頁)。霽韵也是本書的γ類韵,是四等韵。寘韵“倚,於義切”跟“縊,於賜切”三四等對立。

如上所說,本書所列影母十五個“三四等不定”的例字中,“湮縊”兩字爲四等,其餘十三字都是三等。

同頁喻母四等開口入聲列“譯繹驛亦奕役疫”等字。譯本714—715頁(法文元本881頁)以爲這七個字同音。«廣韵»入聲昔韵“繹亦奕譯驛”五字羊益切,跟同韵“役疫”兩字營隻切開合對立。“營隻切”反切上字合口,下字開口,由上字決定“役疫”兩字是合口。

諸如此類的疏忽之處,此次重印都沒有改正。讀者如有疑問,可以參考«廣韵»、«韵鏡»與«方言調查字表»。

譯本再版較初版有所改進。初版遺漏照母讀音表,再版已補上,頁碼是291[a]。472頁正文第六行括弧中韵母初版誤排,再版已改正。現在據再版本影印。書後增一附録。

商務印書館編輯部

一九八七年一月

# 序

瑞典高本漢先生所著之中國音韻學研究，始刊於民國四年，至十五年而完成。在其前三卷出版後，頓引起列國治漢學者之絕大興趣，我國人士治語文之學能讀法文者，亦無不引爲學術上之幸事。蓋其綜合西方學人方音研究之方法與我國歷來相傳反切等韻之學，實具承前啓後之大力量，而開漢學進展上之一大關鍵也。以斯年所聞，友人中欲此書譯本流傳中士者，先後有趙元任先生，劉半農先生，胡適之先生；斯年雖於此學無所能，其願此書之吸收於漢土，亦未敢後人也。故中央研究院歷史語言研究所創辦之初，即有意迻譯此書，雖譯書不在本所計畫範圍之內，然爲此書不可不作一例外。當即由趙元任羅莘田兩先生著手翻譯，三數年中，人少事繁，譯至原書三分之一，而瀋陽之變作矣。

瀋陽變後，繼以淞滬之戰，司農仰屋，吾輩但領生活費以爲活者數月。彼時胡適之先生主持中華教育文化基金董事會編譯委員會事，斯年以此事商之，承其同情，慨允撥款五千餘元爲此書翻譯校改抄寫之費。當由同人商量進行之計，決定下列辦法：一.因趙元任先生彼時赴美，由羅莘田李方桂兩先生翻譯，即在此款中支付兩人月薪之半，如此者約十月；二.總持校改由趙元任先生任之，俟趙先生自美歸來，初稿既成，即可着手；三.此款餘數，用以酬校改及抄寫者。如是者一年，款罄而初稿未成，乃由本所纘緒其事，期其完就。繼而元任先生悉心詳校，重寫多篇，莘田先生又改譯若干，最後丁聲樹先生亦校讀數過，然後殺青可繕寫焉。經之營之，五年乃成，雖同人在期中不專治此，然爲此銷費之功夫實超過初計之數倍矣。此固近年我國譯學上未有之巨業，瞻望明代譯天算諸賢，可無愧焉。

當時斯年與適之先生約定，在此書出版時，由我二人共寫一序，述此書翻譯之原委，並將當時交換之約定附入；在適之先生實欲彰本所諸先生翻譯之勞，在斯年亦不敢沒中基會編譯委員會贊助之功。惟自南京淪陷後，文卷久儲西州水濱，檢閱不易，而適之先生又奉使美國，當此將出版時，迫不及馳書求序，故由斯年記其大略如此。 若夫商榷質實,評讚方術,非余不治此學之人所應置喙者也。

然余因之有所感矣。 學問之道不限國界,誠欲後來居上,理無故步自封。 高本漢先生之成此大業固有其自得之方法,然其探討接受吾國音韻學家之結論,實其成功主因之一,此可以本書及其後來所刊各文爲證者也。 今此書行將流傳漢土,吾願國人之接受此書,一如高本漢先生之接受中土學人之定論也。

在繕寫及排字時,抄錄校對此書者,由本所楊時逢先生始終其事,謹志感謝。又此書在八一三前,已由商務印書館排版過半,經事變而版燬,卽本所自備之音標銅模亦隨以殘缺,承王雲五李伯嘉兩先生贊助,又於本年重排。 詩云"風雨如晦,雞鳴不已",我輩於此時期,雖未能致命疆埸,然譯者印者辛勤治其分內之所能,亦可略得心之所安矣。

中華民國二十八年八月,傅斯年序於昆明。

# 著者贈序

When my dear friend Professor Chao Yüan-jen many years ago broached the subject of translating my Etudes sur la phonologie chinoise into Chinese, I was at the same time extremely glad over the kind appreciation which this proposal revealed and anxious because I saw immediately the great difficulties ahead. With the rise of a new generation of great scholars in China, a book of this kind became very soon antiquated on many points and should need a very thorough revision before appearing in Chinese garb; on the other hand such a revision could not be effectuated by myself, because I had my hands full of other peremptory tasks. With the lapse of the years this disadvantage has become ever more serious, and I have to underline that if I had the chance of rewriting the whole book, I would write very differently on many points. Yet, thanks to the amiable "retouche" work executed by my able translators at the same time as they have turned it into a most supple and true Chinese form, I feel confident that it may still be of some interest and value to the Chinese philological public.

I take this opportunity of expressing my deep gratitude to all those who have furthered this translation. I am proud that eminent intellectual leaders like Mr. Hu Shï and Mr. Fu Sï-nien have encouraged the undertaking. I am deeply moved by the fact that three brilliant workers in the same field, Mr. Chao Yüan-jen, Mr. Lo Ch'ang-p'ei and Mr. Li Fang-kuei, all three authors of extremely important researches on the history of the Chinese language and all three scholars from whom I have had much to learn, have sacrificed so much of their precious time in order to help my Phonologie, the child of my youth, into a new life in a milieu where it really belongs. I feel, indeed, a certain contrition, because I fear that my book did not deserve such a sacrifice.

In fact, the time is already past when a Westerner could do more than take a very modest part in the great research work bearing upon the history of the Chinese people. There has arisen in China a phalanx of scholars with all the acumen and Chinese learning of the Ts'ing era——equals of Ku Yen-wu, Tuan Yü-ts'ai, Wang Nien-sun, Yü Yüe, Sun I-jang, Wu Ta-ch'eng and at the same time fully equipped with all the tools of modern philological and linguistic research; I wish to mention no names here but refer simply to the volumes of the Li shï yü yen yen kiu so tsi k'an, the Kuo hüe ki k'an, the Yen king hüe pao, the Kin ling hüe pao, the Wen chê ki k'an, the Pei p'ing t'u shu kuan kuan k'an and many other first rate periodicals and their bibliographies. How could a Westerner ever dream of competing with them? Whereas this group of modern scholars, with their perfect command of the classical language and the entire Chinese book world, can extend their activities to the whole field of Chinese culture, the only thing for a Westerner to do is to try and acquaint himself thoroughly with one small corner of the big field and there make his modest contribution. In this way, perhaps, he may still be of some service to a country, a people, a culture, which he admires and loves. This is, at any rate, the fervent wish of the writer of these lines.

Göteborg, October 5th 1936.

BERNHARD KARLGREN.

# 譯　文

好些年前，我的好朋友趙元任教授談到把我的中國音韻學研究譯成漢文的問題，我對於這個提議的厚意，一方面非常高興，一方面却又很發愁，因爲我覺得迎頭就有很大的困難。自從中國新起了一輩學者以來，一部像這樣的書，裏頭有好些地方不久就變成不能用的陳說，要想把它譯成漢文，事先非得徹底的修改一番不可。然而這個修改的事，我自己又不能去作，因爲我手裏已經堆滿了放不下的別種工作。現在過了這些年下來，這個困難一天更重似一天了，我得鄭重聲明，假使我有機會把這部書從頭到尾重寫一次的話，那一定許多地方要寫的跟以前很不相同的。現在好了，借着我這幾位翻譯先生的大力，這部書不但譯成了極其流暢極其眞切的漢文，並且內容上的修改潤色也承他們的好意同時都做到了；這樣一來，我深信這部書對於中國語言學界又仍舊有相當的興趣，相當的價値了。

我趁這個機會向所有贊助這個翻譯工作的人表示我的深摯的謝意。知識界的領袖像胡適先生傅斯年先生都很鼓勵這件事，我實在覺得榮幸之至。趙元任先生，羅常培先生，李方桂先生，他們三位全是在這門學問裏極精采的工作者，對於中國語言史上全有極重要的論著，全給過我許多的益處，他們三位先生在這部書上犧牲了這麽多寶貴的光陰，使我少年時代生的這個小孩子能够在它的本鄉裏得到一條新生命——這件事是使我非常感動的。老實說，我倒是覺得有點過意不去，我恐怕這部書並不値得費這麽大事。

中國民族史上的研究工作何等的大，一個西洋人再要想在這上面擔任多大一部分工作，現在其實已經不是時候了。中國新興的一班學者，他們的才力學識旣比得上清代的大師如顧炎武段玉裁王念孫俞樾孫詒讓吳大澂，同時又能充分運用近代文史語言學的新工具；我也不必在這裏把人名都列出來，只須舉一些刊物例如：歷史語言研究所集刊，國學季刊，燕京學報，金陵學報，文哲季刊，北平圖書館館刊，此外還有許多第一流的雜誌及各種目錄。一個西洋人怎麽能妄想跟他們競爭吶！這一班新學者既能充分的理解古書，身邊又有中國圖書的全部，他們當然可以研究到中國文化的一切方面；而一個西洋人就只能在這個大範圍裏選擇一小部分，作深徹的研究，求適度的貢獻而已。　這樣，他對於他所敬愛的一個國家，一種民族，一系文化，或者還可以効些許的勞力。無論如何，我自己懇切的志願是如此的。

Göteborg，十月五日，1936

高本漢

# 譯 者 序

民國十年的夏天，那時高本漢的 Études sur la phonologie chinoise 的正文，就是原書四册中的前三册，剛出全了不久，丁在君先生拿了一部著者贈本送給現在譯者當中的趙君，說："這像是一部重要的著作，可是他送給我是送錯了人了，你拿了這書一定更有用處，這部就送了給你吧"。

十三年夏，趙君到 Göteborg 初次見 Karlgren，他用很純熟而略帶山西聲調的中國話說："我姓高，名字叫本漢，因爲我本來是漢人嘍！"在那一次談話中，就開始談到了翻譯他這部 Phonologie 的可能。起頭的計畫是由著者把全書整個兒重編一道，使它簡單化，可讀化，然後再讓我們譯成中文。後來一直有不斷的通信，但是著者老沒有工夫來改編，而他本人跟別人的研究的新結果一天多一天，使改編的工作一天更繁難一天。到二十年秋，他寫信來說，"我近來屢次起頭，屢次擱了起來，我自己都弄膩了。你知道吧，我想最好還是讓一個新鮮的腦子來把全書編成一部可讀的書罷"。於是正式的翻譯就從這時候起頭，羅君也在這時加入，預備由中央研究院歷史語言研究所發刊出來。可是因爲種種別的工作的打岔，翻譯到了原書 336 頁就又擱起了好久。

二十一年中華教育文化基金董事會的編譯委員會有編譯基本參考書的計畫，中央研究院歷史語言研究所就跟編譯委員會商量把高本漢這部 Phonologie 由兩機關合作找我們三人譯完了發刊出來。商定了譯法五條：

(A) 將全書作一忠實能讀之翻譯；

(B) 改其錯誤；

(C) 加入新材料；

(D) 改用國際音標注音；

(E) 一部分重編。

李君就在這時加入翻譯及改編工作。翻譯的體例，正文大致用白話，脚註因爲須求簡短，並且常有通行的脚註語句可用，所以比較的文言化一點。原文中的筆誤或內容上略有疏忽的地方，著者自己現在看了也不免會抿着嘴笑的，那就不必照錯的寫了再加註來改，就直接改正了不言語了。有些應該修改的地方，如果著者自己後來已經改了，那就照新的結果改編，再註明後來的作物的見處。其餘的改動或增加的案語都是由譯者們負責。

工作的分配大致是這樣：前半部，就是第一卷初步的古音討論跟第二卷現代方言的描寫語音學，是由趙君口譯用留音機留音，由羅君對着原書聽寫成文的。後半部至字彙爲止，就是第三卷歷史之部，一部分是由李君口譯，由羅君筆記下來的，一部分是兩人分別筆譯的。這第三卷羅君曾略加整理，由唐虞和周殿福兩君繕寫，油印了在北京大學作過講義用。最後第四卷的方言字彙沒有多少需用翻譯的地方，大部分只須把音表改成國際音標，把脚註中代字號碼改成漢字就成譯文了，這部分是楊君時逢寫的。所有改編跟加譯者註的地方，關於音韵方面的，羅君擔任的最多，關於語音學跟方言材料方面的，趙君擔任的最多。不過許多工作是三個人商量着做的，並不是分工不合作而拼成的七巧圖。最後由趙君把全稿從文字的可讀化，體例的一致化，跟內容的確當化三方面，跟原書對校了一遍，自己看"膩"了過後，又找了一個"新鮮的腦子"的丁君聲樹也從這三方面把全書反復細校，並且把所有查得着的引證都對核了，遇必要時或加以改正，然後才算放手。

在這中國音韵學研究脫稿的當兒，我們願意借這機會謝謝原著者高本漢教授不斷的熱心贊助跟指示。我們還要謝謝胡適之先生跟傅孟眞先生因爲少了他們的以催促爲方式的鼓勵，這書還沒準兒到哪一世紀才出得來吶。最後我們少不了要謝謝丁君聲樹跟楊君時逢跟其他幫忙的各位，因爲上述的他們的工作都是絕對少不了的。

一部內容這麼複雜的書，要它寫得印得一點錯誤都沒有，那是不敢希望的。所敢希望的，就是國內外學者看出無論內容或文字上的錯誤時，請隨時不吝教正爲幸。

民國二十五年九月一日

趙元任羅常培李方桂序於南京北極閣。

# 著 者 略 歷

高本漢(Karlgren, Klas Bernhard Johannes)，生於 1889 年十月五日。1915 年得 Upsala 大學文學博士學位。1915 至 1918 年任 Upsala 大學副教授，1918 年起任 Göteborg 大學遠東語言文化教授，1931 年起任 Göteborg 大學校長。 曾來中國遊歷，並在山西住過幾年。 瑞典皇家學院，瑞典歷史文學院，及丹麥皇家學院會員。 中國中央研究院通信研究員。 大不列顛愛爾蘭皇家亞細亞學會，巴黎亞細亞學會，及河內法蘭西遠東博古學院名譽會員。

# 著　作　表

(只列關於中國語言學者)

(1) Études sur la phonologie chinoise, Leyde, Stockholm, and Gotembourg 1915–26, 898 pp.

(2) A Mandarin phonetic reader in the Pekinese dialect, Stockholm 1918, 187 pp.

(3) Prononciation ancienne de caractères chinois figurant dans les transcriptions bouddhiques, T'oung pao, sér. 2.19 (1920). 104–21

(4) Proto-chinois, langue ffexionnelle, Journal asiatique, 1920. 205–32

(5) The reconstruction of Ancient Chinese, T'oung pao, sér. 2.21 (1922). 1–42

(6) Sound and Symbol in Chinese, London 1923, 112 pp.

(7) Analytic dictionary of Chinese and Sino-Japanese, Paris 1923, 436 pp.

(8) A principle in the phonetic compounds of the Chinese Script, Asia major 2 (1925). 2.302–8

(9) On the authenticity and nature of the Tso chuan, Göteborgs Högskolas arsskrift 32 (1926). 3. 1–65

(10) Philology and ancient China, Oslo, 1926, 167 pp.

(11) Problems in Archaïc Chinese, Journal of the Royal Asiatic Society, 1928, 769–813

(12) The Roman zation of Chinese, London 1928, 24 pp.

(13) The authenticity of ancient Chinese texts, Bulletin of the Museum of Far Eastern Antiquities, 1 (1929), 165–83

(14) Tibetan and Chinese, T'oung pao, sér. 2.28 (1931), 1–46

(15) Shï king researches, Bulletin of the Museum of Far Eastern Antiquities, 4 (1932), 117–185

(16) The Poetical parts in Lao-tsï, Göteborgs Högskolas årsskrift 38(1932). 3. 1–45.

(17) Some Turkish transcriptions in the light of irregular asp rates in Mandarin, 國立中央研究院歷史語言研究所慶祝蔡元培先生六十五歲論文集, 1933, 311–22

(18) The pronoun küe (厥) in Shu king, Göteborgs Högskolas årsskrift, 39 (1933). 2.27–37

(19) Word families in Chinese, Bulletin of the Museum of Far Eastern Antiquities, 5 (1934). 9–120

(20) The rimes in the Sung section of the Shï king, Göteborgs Högskolas årsskrift, 41 (1935). 1–8

# 目　　錄

頁數



# 中國音韻學研究

# 第一卷 古代漢語



# 第二卷 現代方言的描寫語音學



# 第三卷 歷史上的研究

## 第四卷　方言字彙

# 譯者提綱

本書組織，大體上分爲四卷：第一卷，古音的討論，第二卷，現代方言的語音學，第三卷，歷史的研究，第四卷，方言字彙。

高氏工作的計畫是用現代方言的材料來擬測古音，但是研究現代的方言，必得要有個基本的出發點。他所用的基本出發點就是在第一卷第一至第三章裏所整理出來的古音類的系統。

在第一卷裏，雖然略有關於古音音值的擬測，例如關於知徹澄母的讀法，但是主要的問題是在古音類別，用著者自己的比喻講，就是找出音韻學裏的些代數方程式。他所謂"古音"並不是我們通常稱爲"古音"的周秦的上古音，而是向來稱爲"今音"的隋唐時代切韻所代表的中古音。他所以選這個時代，有幾個實際的理由。第一有詳細完備的注音字書是從這個時代始（再早的都佚了），第二後來的字書跟別種音韻學的書當中有許多是指這個時代的音說話的，第三現代方言差不多全是從切韻系統的音演變下來的。(一) 固然中國音韻的研究不以切韻系統止，但至少初步的追溯應當以切韻時代始。由此再追溯到周秦的上古音那是後來的工作。

這幾章裏所引用的書本上的材料可惜還不是最完全精確可能的材料。因爲著書的時候著者沒有見到切韻的各種殘卷，沒有見到過集韻，韻鏡，切韻指南的本書，而所引廣韻反切往往是康熙字典裏所引錯的反切，結果在好些地方都不免有細節上的錯誤（譯文裏都改正過了）。但是在大體上，他所描寫的古音系統是可以成立的，他所列的三千多字的聲母韻母例字表，十分之九五以上是可以用來做方言調查用的。

---

(一) 有些方言的音不合切韻系統者在書中都特別指出。

第二卷叫現代方言的描寫語音學。他所蒐集的方言，除零星紀錄偶爾引作例證不計外，正式用三千多字的例字表來記音的有三十三種，其中親自調查的有二十四種，從書本上得到材料的有十種（其中一部分後來又加以證實或修改）。三千多乘三十三是十萬，所以一共紀錄的有十萬來個字音（formes）。據高氏說（通信中），字音的調查法不是叫人一個字一個字讀，乃是問他什麼叫什麼。例如，'帆'字也許被問的人不認識它，也許把它讀作別字，所以最好問他：借風力行船用布做的那個東西叫什麼；如果他說是'船篷'，那麼再問他還叫什麼，直到問出可認爲'帆'字讀音爲止。這當然是最保險的問法，不過字表中有些字如'咨，瞥，愆'等文言字大概都是就字問字所得的讀音了。

這一卷也可以叫作普通語音學大綱。因爲它是按着語音學來分綱目而不是按着方言分的。方言的材料中只取了一部分作每種音類下的舉例，並不全盤拿出來，大部分方言的材料是見於下兩卷。

這第二卷也是音標符號解釋最詳的地方。其中通盤徹底的分硬軟兩套音類跟音符：ɖ，ʈ，ʐ，ʂ 等等跟 ȡ，ȶ，ʑ，ɕ 等等，這是高氏對於中國語音學上的一個重要的貢獻　別的著者固然也有時做過片段的分別，連 Wade 都能分辨 'sh'，'hs'，但是第一個西人這樣徹底的承認中國音有這兩大套，還得要推高本漢氏。

這部書對於聲調的說明跟紀錄最不見長。例如北京南京調值都記的不對，譯文都修正了。好在凡是因聲調不同而影響讀音者都已分別記下，如官話中古濁平變送氣，仄不送氣，福州平上 i，去 ɛi 之類，在第四卷方言字彙裏都明白注出的。

著者有一次來函中曾經提議把第二卷完全删去，重寫一個很簡短的語音說明。譯者們覺得當作方言的描寫看，這幾章似乎太零碎，但是當作普通描寫語音學看，就覺得這裏的中國方言興趣反而特別多了。尤其是有些難得的細微的音質的紀錄我們捨不得丟掉，所以大體還是照譯了。

第三卷歷史之部不但包括古音的擬測，並且還有關於從古音變到現代各方言的沿革上的說明。前幾章是把聲母依次分組討論。「例如第七章講見溪郡三母，先把見母列成方言中讀法表（239 頁）。因爲聲母的變化是跟着等呼，所以表的標題按等呼分。在濁音聲母郡禪等母好些方言跟着古平仄來定送氣不送氣，或定塞擦與摩擦音，所以濁音聲母的表又列平仄的標題。如果在這些分格之內某某方言仍有不止幾種的讀法的，那就在表內注一號碼，以後另有按號碼說明的讀法條例。這些滌例在事實上大半是跟着“攝”走的。例如見母三四等合口官話格內列有“k³, ȶɕ”兩讀。k 右上方小 3 字所指的註就說“止，蟹（桂），通（躬）及宕（誑）攝的字讀 k，”這就分出幾時讀 k 幾時讀 ȶɕ 的條件了。

要注意這些聲母讀音表跟附屬的帶號碼的條例不僅是解說的性質，乃是嚴格有法律性的規條，對於所調查的三千多例字不僅是說大致如此，而是字字生效的。所以凡是有不合讀音表跟附註條例的字都得一一列舉出來，才算有個交代。交代的法子有三。第一是所謂例外字或不規則字，其中最重要的一種是所謂“不見反切之古讀”，例如‘特’廣韵反切只有定母讀法而有些方言中讀的好像它的古音是透母，從這類字我們可以擬測出來書本材料上所不載的古讀。第二種是有些讀法不合乎例字表所取的反切而合乎廣韵中（或其他韵書中）其他的反切。還有須交代的字就是沒有查着讀音的字，也一一列出。交代了過後，凡是不提的字就一定都是按表按條例讀的了。

這樣子一組的聲母說完了之後就來一個總討論，先給這些聲母根據各方言讀音擬測一個古讀，然後再從（1）發音部位，（2）發音方法之關於塞，塞擦，擦者，（3）發音方法之關於淸濁與送氣不送氣者三方面來追溯各母從古音變到各方言的經過。

以上聲母的擬測同全盤方言聲母讀法的材料是在第七至第十五章一同拿出來的。韵母就比聲母複雜得多了，所以本書的計畫是先就方言材料中最關重要的方面在一長章內（第十七章）把古音各韵的讀法擬測出來，並且也大略追溯各韵變成今方言的經過。但是要留到

第四卷方言字彙裏，才把方言中韵母（跟聲母）讀音的材料全部拿出來。這一卷內容的佈置，在本書正文（537 頁）有較詳的說明，此處不必贅述了。所要提及的，是在韵母擬測之部旣然沒有把古變今的（上文所謂法律性的）表格及條

例定出來，而在字彙裏又都是字字對照式的注音表，那麼這部書裏似乎是還缺少一種聲母之部所有而韻母之部所無的東西。 不過全書的基本材料既然都聚攏在這字彙當中，讀者如果要做韻母的變化規則表或條例，用這個字彙自己也就可以去做了，——可以當很好的練習題！

這方言字彙是現代中國語的最好的代表，我們簡直可以說它就是現代的中國語。 切韻的系統固然同全國的方言大致暗合，可是暗合究竟只是暗合，古音並不就是今音。 至於現行國語只是一種實用上最通行最方便的方言，在"一國之語"中它只能代表一方面。 只有方言的全體，把全國的各種相當的字音爲目，列在與它們暗合的爲綱的古音之下，這才是現代中國語言全景的眞相。

# 字體及標點條例

在這種講音韵的書裏，關於字及音標的用法跟稱述，往往須分别字體，加上了附加號，才不至於誤會。 但如一律加滿了符號或寫出各式變體，有時又弄得滿頁雜亂，爲求清楚，反而使人眼花。 本書譯文就取了一個折中的辦法，先定一套較完全的條例，然後再立幾條省號的條例，規定在何種不致發生誤會情形之下可以從簡的辦法。 各條例如下：

一　漢字稱述加號條例：

1．語音學跟音韵學上名辭平常不加號。　如：爆發音，開口，反切。

2．爲特别喚起注意，或爲避免誤認爲普通語時，間或加雙引號“　”。　如：“牙音”，“腦音”，“軟化”，“等”，“央”。

3．音韵學中音類代表字下加浪線～～～。但平上去入字樣不加浪線。　如：見，東，果，止。

4．引例字用單引號‘　’。　如：‘方’，‘怪’，‘黠，札，察，殺’。

但單字當名詞用者仍按第 2 條加雙引號“　”。　如：“攝”，“韵”。

二　漢字省號條例：

5．列表時或在其他無誤會可能時省～～～，‘　’號。

6．有“攝”“韵”等字在類名後者有時亦省～～～號。　如：果攝，東韵，非母。

7．例字後有"字"者有時酌省'　'號。　如:閩字,光字。

三　羅馬字及音標加號條例:

8．國際音標不加符號。

9．國際音標遇有誤會可能時加方括弧[　]號。　如:[j]化、[y]介音。

10．引用別人拼法時用'　'號。　如:'hsin','eull'。

11．西文私名專名用正體,私名大寫,專名不大寫。　如:Pelliot, résonance。

12．引用西文文字或亦加'　'號。　如:'church','ich'音。

13．寬式國際音標用粗體。　如:**œr**。

四　羅馬字及音標省號條例:

14．列表時或在其他無誤會可能時省'　'[　]號。

15．第四卷方言字彙裏所用半寬半嚴式音標不用粗體。

五　普通標點條例:

16．書名雜誌名中文下加浪線～～～。　如:唐韻,集刊。

17．文章名中文加雙引號"　"。　如:"唐時韻書部次先後表"。

18．西文書名雜誌名文章名第一字母大寫。　如:A phonetic primer。

19．版次用下加號碼。　如:Lehrbuch der phonetik$_{4}$。

20．加重語亦加浪線～～～。　如:現在暫且擱開聲母,再來講講韻母。

21．私名下加直杠——。　如:高氏,南京。

但中國,漢語等等省——號。

22. 引文亦用雙引號“　”。　如：Wade 說：“h 音是在 s 音前頭的”。

23. 原書脚註次第用阿剌伯號碼。　如：（1），（2）。

24. 譯者脚註次第用中文數字。　如：（一），（二）。

25. 譯者按語或改譯部分用方括弧[ ]。但有獨立中文數字之譯者脚註不加[ ]。

六　普通標點省號條例：

26. 列表時～～～，＿＿＿，“　”從省。

27. 居中的標題章名之類不加“　”號。

28. 第四卷方言字彙脚註中地名縮寫不加——號。

# 名 辭 表

| 原　　　名 | 譯　　　名 | 附　　　　　註 |
| --- | --- | --- |
| ton | 樂音 | 這是聲學中名詞，比下面當語言中聲調講的意義較廣。 |
| bruit | 噪音 | —— |
| harmonique | 諧音 | 諧音跟陪音（overtone）都指比基本音較高的附屬音。 但陪音不若諧音之限於指基本音的整倍數，所以在語音學上關係較大。 法文沒有 overtone 這字，所以本書只講到 harmonique。 |
| résonance | 共鳴 | —— |
| phase | 相 | 一個聲浪中局部的時點（參考電學中"相"字用法）。 |
| audibilité | 響亮度 | 即聽得見的程度 |
| sonorité | 洪亮度 | 同上。 |
| schallfülle | 盈耳度 | 同上。 |
| valeur<br>timbre<br>nuance | 音值<br>音質，音色，音彩<br>音的細微的分別 | valeur 泛指所發出或所聽見的音，往往與 phonème（見下）對待。 timbre 專指所聽見的音的性質。 nuance 即 timbre 的細微的差別處。 三者所代表的對象沒有大分別，只是觀點不同。 |
| son | 音 | 廣義的語音的音 |
| phonème | 音，音類 | phonème 偏重於指音類。 這個名詞在本書見次比較的不多，大半可譯作"音"。 至於近年 Jones 跟 Bloomfield 等提倡（我們譯作"音位"）的英文字 phoneme，在本書出版以前還沒有通行，它的意義在那時還沒有確定化。 |
| consonne | 輔音 | —— |
| voyelle | 元音 | —— |

| 原 名 | 譯 名 | 附 註 |
|---|---|---|
| continuant | 連續音 | —— |
| momentané | 瞬時音 | —— |
| lieu d'articulation | 發音部位 | —— |
| mode d'articulation | 發音方法 | —— |
| occlusive | 塞音 | 在本書第二卷討論輔音時，鼻音 m, n 等也稱爲塞音，但同時注明是鼻音，以後無此稱法。又在第三卷歷史之部討論聲母時，occlusive 有時當廣義包括 affriquée。怕有誤會時譯文作"有閉塞成分的音"。 |
| explosive | 爆發音 | —— |
| clusile, implosive | 閉音 | implosive 這名詞還有一個意思是指 g b 這類的"內爆發"音，本書無此用法。 |
| fricative | 摩擦音 | —— |
| affriquée | 塞擦音 | —— |
| sonore | 濁音 | 就是發音時聲帶同時在那裏顫動的音。 |
| sourde | 淸音 | 就是發音時聲帶不在那裏顫動的音。 |
| aspirée | 送氣音 | —— |
| faible | 不送氣音 | 又當"弱"講，是廣義的 faible。 |
| tension | 成阻 | —— |
| tenue | 持阻 | —— |
| détente | 除阻 | —— |
| insonante | 放音 | 是指有除阻的輔音。 |
| résonante | 收音 | 不除阻或聽不見除阻的輔音。 |
| consonne molle | 軟(輔)音 | 指舌面前部與前顎所成音，顎音。 |
| consonne dure | 硬(輔)音 | 指舌尖與齒齦或前顎所成音。 |
| dentale | 齒音 | 西文齒音除中文舊名齒音所包括外，還包括舊稱"舌頭"，"半舌"音，所以範圍較廣。 |
| supradentale | 齒上音，舌尖後音 | 以下三個名詞都是指舌尖縮後的音。 |
| cérébrale | 腦音 | |
| cacuminale | 頂音 | |
| apicale | 舌尖音 | —— |

| 原名 | 譯名 | 附註 |
|---|---|---|
| dorsale | 舌面音 | —— |
| labiale | 唇音 | —— |
| denti-labiale | 齒唇音 | —— |
| alvéolaire | 齒齦音 | —— |
| prépalatale | 前(硬)顎音,顎音 | 普通所謂 palatale, 顎音,向來只指前部,從來不指後部的。 |
| vélopalatale | 顎中音(軟硬之間),舌根音 | —— |
| vélaire | 軟顎音,舌根音 | velaire 這個名辭當廣義用亦可以包括 vélo-palatale。 |
| gutturale | 舌根音 | 這是舊名辭,廣義是"喉音",事實上只當舌根音用,包括前兩類,卽廣義的 vélaire。 |
| uvulaire | 小舌音 | —— |
| laryngale | 喉音 | —— |
| mouillé | j-化,軟化 | 參看 28 頁脚註。 |
| yodisé | 同上 | —— |
| palatalisé | 顎化 | 限於指前顎。 |
| antérieur | 前 | —— |
| postérieur | 後 | —— |
| central | 央 | 與前後對待。 |
| haut | 高 | —— |
| bas | 低 | —— |
| aigu | 細,淺 | —— |
| grave | 洪,深 | —— |
| tendu | 緊 | —— |
| relaché | 鬆 | —— |
| oral | 口部 | —— |
| nasal | 鼻(音) | —— |
| naso-oral | 半鼻(音) | —— |
| diphthongue | 二合(元音) | 二合三合中文總稱複合元音。 |

| 原 名 | 譯 名 | 附 註 |
|---|---|---|
| tripthongue | 三合(元)音 | —— |
| syllabe | 音節,音 | 無誤會可能時,簡稱作"音"。 |
| initiale | 聲母 | —— |
| finale | 韵母 | —— |
| médiale | 介音 | —— |
| porteur de syllabe | 領音 | —— |
| voyelle principale | 主要元音 | —— |
| rime | 韵 | 有時泛指平上去,嚴格說起來是'部",但在中國習慣"部"又常指(上)古韵部,所以在無誤會可能時譯文概"舉平以該上去",仍叫它"韵"。 |
| consonne finale | 韵尾,韵尾輔音 | —— |
| syllabe fermée | 關音節 | —— |
| syllabe overte | 開音節 | —— |
| entravé | 帶尾 | —— |
| libre | 開尾 | —— |
| prosodie | 節律 | 包括音高,時間,強度。 |
| rhythme | 節奏 | 不包括音高。 |
| ton | 聲調,(字)調 | —— |
| tonalité | 高低,調 | 包括字調及語調。 |
| hauteur | 音高 | —— |
| quantité | 長度,長短 | —— |
| intensité | 強度,強弱 | —— |
| sandhi | 連音變化 | 音與音相接其中一個或幾個不照獨立時的讀法,例如 '根本' kənpən 變成 kəmpən。 |
| i-umlaut | i- 音變 | 如古 ia 變今 ie, 臨近有 i 的 u 變 y 等等. |
| étymologique | 字源的,在辨字異同上有關係(或作干係)的 | —— |

| 原名 | 譯名 | 附註 |
|---|---|---|
| forme | 讀音,讀法 | 語言中凡成一有義的字或詞音都是一個 forme。從漢字上看,它似乎只是一個漢字的"讀"音,其實不論有這字無這字,說話的單位就是 forme。比方某人諱言某事,我們說他一個"字"都不提。就是他不認識漢字,我們一樣可以說他一"字"不提。　他所不提的那種有音有義而未必有形的"字"就是 forme。 |
| leçon | 讀法 | 這個名詞常用作某某處或某某時的讀法。 |
| fan-ts'ie, les | 反切 | 本書往往用這個名詞指切韵系統的音。 |
| T'ang yun<br>Tsi yun | 唐韵<br>集韵 | 本書所引的唐韵集韵的音都是康熙字典裏所載的。　譯者遇到這些例,凡廣韵裏找得着的,就改譯"廣韵",找不着的照譯作"唐韵"。 |
| reconstruction | 擬測,擬 | —— |
| chinois archaïque<br>ancient chinois<br>chinois moyen | 上古漢語,上古音<br>中古漢語,中古音,古音,<br>近古漢語,近古音 | "古音"本來也可以包括"上古音"跟"近古音",但在本書則爲"中古音"的簡稱。 |
| vieux mandarin | 老官話 | —— |
| haut chinois | (不譯) | 改用今國音。 |
| chinois moderne | 現代漢語 | —— |
| phonologie | 音韵學 | —— |
| phonétique | 語音學 | —— |
| groupe | 攝 | —— |
| division | 等 | —— |
| k'ai k'eou | 開口 | —— |
| ho k'eou | 合口 | —— |
| rubrique | 系 | rubrique 是臨時用的字,不是專門名辭,我們譯作見系,知系等等。 |
| —— | 郡,牀 | 原文照康熙字典用郡牀代表通常寫羣牀的聲母。 |
| —— | 非敷並明 | 看 37 頁。 |

| 原名 | 譯名 | 附註 |
| --- | --- | --- |
| ——<br>—— | 莊初崇生<br>章昌船書 | 高氏按反切把照穿牀審各分兩類，我們現在把這兩類寫作照莊，穿初，牀崇，審生，跟照章，穿昌，牀船，審書兩類。 |
| —— | 麻加麻耶麻瓜等等 | 廣韻一韵分幾類時，高氏只給它們些號碼，稱述起來很不方便，我們現在除歌寒等不分的韵，都給一個類名以便稱述，詳見趙元任現代吳語的研究第二第三表 |

# 音標對照及說明

本書原文所用音標符號，除引他人拼音時照抄外，有寬嚴兩式。 嚴式所用的是 J. A. Lundell 的瑞典方言字母(一)，都用斜體字，寬式是就嚴式加以簡化，並且有的改用一般語言學書所用字形（如 **ü**，**š** 之類）都用粗體。 現在譯文裏我們把瑞典方言字母都對譯成國際音標(二)，這是因爲後者在印刷上比前者好印些，並且國際音標在近年講語言的刊物裏究竟比瑞典方言字母較通行一點。 原文的寬式跟寬式國際音標差的不多，沒有很多的改動，譯文中也是用粗體字母代表寬式音標，以與普通細體的嚴式音標辨別。

既然說是"對譯"，那就只是所印字母形式上的改變，譯文中各符號所標的音就得全以第六章"描寫的語音學"中每符號下的定義跟說明爲憑，而不能完全照國際音標在其他書籍中通用的習慣。 空按抽象的邏輯說起來，固然用任何字母對譯任何音都行，只要預先說開了就是了。 所以高氏有一次說笑話，說只要令 q=f 音，令 f=n 音，那麼吃飯的飯字未嘗不可以拼成 qaf。 但是實際上我們當然要使國際音標的用法愈近乎通行的愈好。 這種用法近似的要求，在大多數的音，特別是在輔音，都可以做得到，但在元音就困難一點，比方從深 ɑ 到 u，高氏分四格五點，而國際音標的標準元音（cardinal vowels）分三格四點（在嚴式分六格七點）（看後面元音圖）因此有地方就發生了十二分之一的差別出來了。 此外還有國際音標所無的字母不得不借方言字母或另擬其他字形來補充。 所以除最簡對照的 *b*=b，

---

(一) 詳見 Zeitschrift für deutsche philologie, 39(1905). 399 ff.

(二) 最近的國際音標表及簡單說明見 Le maître phonétipue, juillet-septembre, 1931 封面內. 以後每期都有。 1936 年，國際語音學會評議會議決改草體 ɡ 爲楷體 g，今從之。

*t*=t, ŋ=ȵ, ü=y 等等之外,有些音標的對照法還得另加解釋如下:

ȡ, ȶ, ȵ 是自擬的音標。因為國際音標的創製者向來沒有注意到舌前部發音時用舌尖(apicale)舌面(dorsale)之分,即硬軟之分(一),所以沒有兩套清楚的符號。在晚近十多年內才漸加了 ʑ, ɕ, ʐ, ʂ, ɖ, ʈ。但是與 ʑ 跟 ɕ 相當的塞音只有 ɟ, c, 這顯然不相配的,因為 ɟ, c 的摩擦音顯然是 j 與 ç。所以為對譯很有系統的瑞典方言字母,非得要另設 ȡ, ȶ 號不可;至於 ɕ 號就不必改為 s 加鉤,因為 ɕ 又好寫,又是已經通行了,不過我們現在把它的範圍擴充,在寬式中也可以包括 ç, 不若國際音標 ɕ 原限於波蘭語中較前的音。(ȵ 在嚴式分 ȵ, ɲ 兩種,跟 ɕ, ç 的部位相當。寬式用 ȵ 而不用 ɲ 也是為着要使舌面音全用向左的平鉤,剛好與舌尖音用豎鉤對待)。為什麼不採用高氏舌面音左鉤(ʂ)跟舌尖音右鉤(ʂ)對待的辦法吶? 因為左右的分別非但不如橫直的分別顯眼,並且使手裏拿着反鉛字的排字人極容易弄反,如原書 804 頁‘蒸’字高麗音左鉤 ʂ 印成右鉤 ʂ, 剩’字大同音右鉤 ʂ 印成了左鉤 ʂ, 脚註第七行‘繩’字古音左鉤 ʐ 又印成了右鉤 ʐ, 這一頁上就跑出三個錯誤出來了。現在改為橫直之分的確是醒目得多。

這些舌面音的嚴式還有極前與普通兩種部位。因為這細微的差別很少有辨字上的關係,以後在方言字彙裏也都沒有用,所以對譯時暫以 $\text{ɕ}_1$, $\text{ɕ}_2$, $\text{ʑ}_1$, $\text{ʑ}_2$ 等記起來,無必要時就可以把號碼省去。例如 169 頁末行 ʈ, ɳ 省去“$_1$”字,ȶ, ȵ 省去“$_2$”字,因為討論的是發音方法而不是部位,所以沒有關係。只有西安分前 ȶɕ, ȶɕʻ, ɕ 跟後 ȶɕ, ȶɕʻ, ɕ, 關於這一點,字彙裏在相當的地方已有註解,如果是寫西安語長篇的拼音,那麼既是只寫一處方言,當然容易想法子,或者把前一類拼為 tsj, tsʻj, sj(或用小附加 j)而後一類用 ɕ, 或前一類寫 ȶɕʻ, ȶɕʻ, ɕ 而後一類寫 c, cʻ, ç 也是一個辦法。還有舌尖音 ʈ, ɖ, ʂ 等等在音韵上簡直就沒有分第 1 號第 2 號之必要,——至少就本書所記的每一個方言的內部講(二),——所以除“描寫的語音學”之外,在其餘地方,右下角號碼大半從省。

(一) 看 178–79 頁的討論。

(二) 至於本書未講的方言也有用兩種 ʂ 的,如山東安邱縣‘生’ $\text{ʂ}_2$əŋ, ‘聲’ $\text{ʂ}_1$əŋ 不同音。

ž, š, ǰ, č 四個符號是一般西文語言學書用來代表不分硬軟音的符號。高氏說這些符號就是為最粗略的用處也還太粗（178 頁），只是因為有些書本上的材料，例如 Giles 的 'zh, sh, dj, ch' 只準確到這樣程度（換言之糊塗到這樣程度），引用的時候只好這樣寫了。但是因為（Giles 用的）Wade 拼法分'sh'與'hs'，所以高氏又放心把 Giles 的 'j, sh' 認為舌尖（硬）音 ʐ, ʂ（178 頁）。其實 Giles 之流對於分辨舌尖舌面（硬軟）即使在摩擦音上也是靠不住的，如 Giles 字典'繩'字寧波音注 'jing'，這 'j' 事實上明明是 ʑ 而不是官話'日''jih' 中 'j' 的 ʐ 音，可見 Giles"心耳"中的 'j' 跟他的 'ch, dj'，一樣是英文舌尖舌面混合派 'sh, zh' 之音而非明白的舌尖音 ʂ, ʐ。所以在譯文中照抄原文的 ž, š, ǰ, č 時，不但是其中兩個，連前兩個一起都應該認為 ʐ, ʑ 未詳，ʂ, ɕ 未詳，dʐ, dʑ 未詳，tʂ, tɕ 未詳的總稱。

ž š ǰ č 既然當硬軟未詳的符號，為什麼不逕譯作國際音標的 ʒ, ʃ, dʒ, tʃ 吶？這是因為 ʒ, ʃ 等字母向來用在本身原是中間性的音上，而非硬軟有定只是我們知識未詳而用的總符號。固然高氏認英文的 'judge, church' 的 'j, ch' 為軟音 dʑ, tɕ（188,189 頁）而認英文 'sh, zh' 為硬音 ʂ, ʐ（182 頁）但比起中國明分硬軟的各方言中的 ʂ, ɕ, 等音來，英文的音究竟"中間性化"得多。所以我們願意留國際音標 ʒ, ʃ 當作中間音而用 ž, š, ǰ, č 當攏統的符號，這樣我們就可以說：山東臨淄有三種 š，包括 ʂ（山），ʃ（搧），ɕ（掀）。

元音方面的問題多得多了：

ɿ, ʅ, ʮ, ʯ 四個舌尖元音是借用原書裏的，國際音標向例用 z, ʐ 下加音節符號"̩"代表 ɿ, ʅ；關於相當的圓唇音另有 s, z, ʅ, ʒ 的圓唇變形的輔音(一)，例如在 sʮei 可用圓唇 s 的符號 σ 拼作 σei 就行了。但是這個只有當介母的 ʮ, ʯ 可以這麼辦，如果當全韻母的，如上海'書'字音，就又得在 z, ʒ 的圓唇變形字母下再加音節小豎，那就麻煩透了，所以採用原書符號非但在理論上整齊，在形式上也乾淨得多。還有一個語音學的理由使得這舌尖元音的設立更有承認的道理。在

(一) 見近年 Le maître phonétique 任何期封面內音標表總註第二第三行。

績溪仁里，一般方言所用 i 韵成爲 ɿ，‘低，梯’讀成 tsɿ, ts‘ɿ 與‘兹，雌’同音，跟皖北好些方言一樣。 但在同縣的城內，‘低，梯’雖與 ɿ 韵拼而仍保存 t, t‘ 聲母，成爲 tɿ, t‘ɿ 不跟‘兹，雌’同音，可見 ɿ 之爲韵並不就是輔音 z。

在寬式音標高氏把舌尖元音 ɿ, ʅ 跟舌面元音 ɯ 合而爲一，用俄文舌面元音 ы 代之。 這個似乎太寬了一點。 我們從了高氏最近的寫法把（開脣）舌尖元音的總括符號寫作 ï。 仿這寫法圓脣的舌尖元音總括作 ÿ。 高氏 ÿ y 都作 ü，似乎把 ÿ 認爲 y 之一種，其實 ÿ 音跟 u 倒是相近得多，如秦晉各方音 ʂʮe 類字音舌尖聲母（特別是齒上類）根本與舌面元音 y 衝突，全字聽起來也較近於 ʂue（ʂue 的不同就是加上舌根隆起作用），所以與其歸 ÿ 在 y 下不如歸在 u 下。現在我們姑且給它另立爲 ÿ。

原文六個前元音符號，我們譯作 i, ɪ, e, ᴇ, ɛ, æ，六點五格（算到 a 就是七點六格），剛好跟國際音標配上，一點沒有問題。 不過 ᴇ 是添擬的(一)。 圓脣的前元音 ɶ 是低前元音，而圓脣度甚高，這是國際音標所沒有的，所以只好借用原文的瑞典方言字母（改成羅馬字筆畫）。 又 ø, œ 寬式用了 œ，因爲原文的 ö 本是 o e 的變形。

a, ᴀ, ɑ 三個低元音也不難配。 須解釋的就是 ᴀ 是借用 Jespersen(二)所擬的。 現在我們寬式是從高氏用刻板小寫 a。 在國際音標曾有用草體 ɑ 代表寬式低元音而用楷體 a 作爲特別偏前音的傾向，但近年又漸有多用 a 的傾向，所以我們從高氏用 a 更形妥當了。 原文倒寫草體 ɒ 我們譯作倒寫楷體 ɐ。 按高氏所給的定義是英文 ‘but, gun, mutton, won, hurry’ 的元音（216 頁）。 那麼爲什麼不照一般語音學書的習慣寫作 ʌ 吶？ 這裏頭有個特別的情形需要解釋。用 ʌ 字母代表 ‘but’ 的元音是很早的事情了；不求甚嚴的時候，英國南部近央而較低的讀法跟美國中部近後半低的讀法都可以算 ʌ。 但近幾年標準元音說盛行以

(一) 參看 Y. R. Chao, “ᴇ” for middle e, Le maître phonétique, avril-juin, 1931。

(二) O. Jespersen, Lehrbuch der phonetik$_4$, 162, § 9, 92。

來,與第六標準元音 ɔ 相配的不圓唇元音應該給它一個符號,於是就把 ʌ 放準在後頭而不算央元音了,而央元音比 ʌ 略高的部位現在用 ɐ 字母代替。所以照現在國際音標正式規定的用法,美國 'but' 的元音是 ʌ,而英國的是 ɐ。所以儘管高氏把他的倒寫草體 ɒ 當向來用 ʌ 寫的英國的'but'音講,而我們對譯作 ɐ 還是對的。

原文 u, ɷ, o, ɷ 我們譯為 u, ɷ, o, ɔ, 這四個後元音就比前元音麻煩多了。舌後高時,上下運動的範圍比前高時的範圍小得多,因此前元音的舌位比後元音的舌位易分高低,這是大家都承認的事實。瑞典方言字母根據了這個事實就把後元音比前元音少分幾級。不幸國際音標跟了 Henry Sweet 以降的傳統,不論前後,總是分同數目的等級,因而對譯時無論怎麼配都配不起來了(看下面元音圖)。現在擬的方式雖與國際音標各符號的嚴式一定有點出入,但是比較最合乎實際而有最少誤會的機會的。關 o 就借瑞典方言字母的 ɷ。平均 o 比第七標準元音低半號,我們若是仿 ʌ ᴇ 的例用大寫的形式小寫的尺寸來寫 o, 那麼結果還是個 o, 所以只好還寫 o 了。 ɷ 這個符號高氏認為在後 ɑ 與 o (他的 o) 之間的音,所以比第六標準元音 ɔ 略低一點(看圖),我們就譯作 ɔ。為什麼不用 u, o, ɔ, ɒ 來對譯這四個符號豈不更乾淨相嗎? 這個我們譯者們試過的。準確當然是同樣的不準確,但是還有一個更大的毛病 就是在寬式中高式把第二第三音合併為 o, 而仍分出第四類 ɷ, 不但為標方言,並且討論古音時也用它(後來他寫作 å);照那樣一對照,o, ɔ 合併起來把個極通行的 ɔ 號吞掉了, 反而剩了個又不多見,又易與其他國際音標又易與高氏所用音標(當[ɐ]者)混亂的草體倒寫 ɒ 來做家常便飯,所以這是不行的。那麼現在既然定了用 u, ɷ, o, ɔ 來對譯原文的 u, ɷ, o, ɷ 四個符號, 我們就得記得這是對譯,並非對於高氏的記錄有任何修改的意思含蓄在符號裏,—— 凡有修改的地方都另有譯者註明白說出——所以比方原文寫上海'惡'的元音為 ɷ(或 å), 我們對譯作國際音標裏部位比 ɷ(或 å)略高的 ɔ, 那並不是說我們所聽出來的上海'惡'字音的確比高氏所聽的部位較高,乃是因為在那部位國際音標沒有符號而用一個最近似的符號的辦法。這本來是一切對譯的當然的前提,現在因為在這幾個後元音特別容易發生誤會,所以要特別聲明一下。

ɯ, ɤ, ə, ɜ 幾個不圓唇的央後元音更麻煩了。高氏的元音系統（看下元音圖）中對於開唇元音，根本不分央與後。u, ɵ, o, ɔ 都沒有開唇，只有 ɯ, ɤ, ə, ɜ 四個開唇音放在央的部位。但是看看這些符號的用法吶，ɯ 當俄文的"i sourd"那麼是央元音，但標汕頭的'使' sɯ，明明是 u 的開唇音，那麼又是後元音了。關於這一層，高氏的耳朵才不鈍吶！他也說中國的音往往比俄國的較後（209 頁），不過他的音標系統上不分央後，那麼我們這個對譯用的 ɯ 號也得認爲不分央後的了。同樣，ɤ 是國際音標當後元音的符號，現在也不分央後。在元音圖上高氏把它放在央的地位，但是當北京很偏後的'厄'音，可見不一定限於標央元音用。ə 在國際音標是央元音的符號，高氏拿它標北京'庚'字類的後元音，所以又不限於標央元音。——這一套裏最低的一個符號 ɜ 在國際音標是放在央部，在高氏元音圖，論部位講，跟 æ 都碰了頭了（看下第一圖），只是唇合度差一度，æ 是 $æ^0$，而 ɜ 是 $ɜ^1$，在國際音標的制度上 ɜ 應該跟 ɛ, ɔ 平，與 æ 平的乃是 ɐ，但是高氏把 ɐ 歸到 a 之一種，而從用例上看起來（北京'人'字等），本節所講這第四個央元音是一種 ə 而非 a 之一種，所以我們用 ɜ 來對照。

ʉ, ɵ, ʊ 圓唇的央元音比較簡單一點。ɵ 的原文是 u 字母的變形（看後對照表），所以歸在寬式 u 下，我們不譯它爲大寫 ʊ 加横穿杠，是因爲在用例上它比較的低。照理在寬式應該歸在 œ 類下，好在後面方言字彙裏的 ɵ 音仍舊是獨立着，並沒有寫成寬式的 u（例如廣州'居' key）所以 ɵ 之歸 u 歸 œ 不發生實際上的問題。ʊ 的發音部位是個低舌位高度圓唇的元音，在國際音標的制度裏沒有符號，所以就借用原文 ʊ，跟借用 ɯ 有同樣的理由。

以上這些音標的對照當中以前元音爲最清楚，其次是圓唇後元音跟圓唇央元音，最難對照的是開唇央後元音。這個恰好跟元音本身辨別的難易相並行。本身的分別明顯的，音標的對照也清楚，本身的分別不清楚的，音標也難對照。不過在對譯的工作上這一層倒不是個大困難。Bertrand Russell 曾經說過，在有些難決的問題上不必費太多的躊躇，如果經過充分精密的考慮過後而仍是兩可的，那可見本來怎麼做都是差不多的。 所以如果我們覺得原文 o 譯 o 也好譯 ɔ 也好，原文 ə 譯 ə 也好譯 ʌ 也好，那就是因爲本來是都好，怎麼譯都沒有大錯兒。

## 音 標 對 照 表

| 原文 | 譯文 |
|---|---|
| [b] | [b] |
| *b* | b |
| [p] | [p] |
| *p* | p |
| [m] | [m] |
| *m* | m |
| *m̄* | m |
| [w] | [w] |
| *w* | w |
| *β* | β |
| [f] | [f] |
| *φ* | ɸ |
| *f* | ʃ |
| [v] | [v] |
| *v* | v |
| *ɱ* | ɱ |
| [d] | [d] |
| *d* | đ |
| [t] | [t] |
| *ŧ* | t |

| 原文 | 譯文 |
|---|---|
| [n] | [n] |
| *n* | n |
| *n* | ṇ |
| [l] | [l] |
| *l* | l |
| *ɬ* | ɬ |
| *l* | l̄ |
| *ɺ* | ɮ |
| [z] | [z] |
| *z* | z |
| *∂* | ð |
| [s] | [s] |
| *s* | s |
| *þ* | θ |
| [ž] | [ž] |
| [š] | [š] |
| [ɖ] | [ɖ] |
| *ɖ* | ɖ$_1$ |
| *ɖ* | ɖ$_2$ |

| 原文 | 譯文 |
|---|---|
| [ʈ] | [ʈ] |
| *ʈ* | ʈ$_1$ |
| *ʈ* | ʈ$_2$ |
| [ɳ] | [ɳ] |
| *ɳ* | ɳ$_1$ |
| *ɳ* | ɳ$_2$ |
| *ɭ* | ɭ$_1$ |
| *ɭ* | ɭ$_2$ |
| [r] | [r] |
| *r* | r |
| *r* | ɾ |
| *ɹ* | ɹ |
| [ʂ] | [ʂ] |
| *ʂ* | ʂ$_1$ |
| *ʂ* | ʂ$_2$ |
| [ʐ] | [ʐ] |
| *ʐ* | ʐ$_1$ |
| *ʐ* | ʐ$_2$ |
| [ɖ] | [ɖ] |
| *ɖ* | ɖ$_1$ |
| *ɖ* | ɖ$_2$ |

| 原文 | 譯文 |
| --- | --- |
| **ɟ** | **ȶ** |
| ɟ | ȶ, |
| ʃ | ȶ, |
| **ŋ** | **ȵ** |
| ŋ | ȵ |
| ŋ | ȵ̥ |
| ɟ | ʎ |
| **ʂ** | **ɕ** |
| ʂ | ɕ |
| ʂ | ɕ, |
| ʃ | ç |
| **ʒ** | **ʑ** |
| ʒ | ʑ, |
| ʒ | ʑ₂ |
| ɟ | j |
| **ǰ** | **ǰ** |
| **č** | **č** |
| **g** | **g** |
| g' | ɟ |

| 原文 | 譯文 |
| --- | --- |
| **k** | **k** |
| ḱ | c |
| **ŋ** | **ɲ** |
| ŋ | ɲ |
| **g** | **g** |
| g | g |
| **k** | **k** |
| k | k |
| ḳ | q |
| **ɡ** | **ŋ** |
| ʒ | ŋ |
| ʒ | ŋ̊ |
| ɣ | ɣ̃ |
| ŋ | ɴ |
| **ɣ** | **ɣ** |
| ɣ | ɣ |
| ʀ | ʁ |
| ʀ | ʀ |
| **χ** | **x** |
| x | x |
| χ | χ |

| 原文 | 譯文 |
| --- | --- |
| **h** | **h** |
| h | h |
| **ᵊ** | **ɦ** |
| ᵊ | ɦ |
| **•** | **ʔ** |
| • | ʔ |
| **ы** | **ï** |
| ɿ | ɿ |
| ʅ | ʅ |
| **ü** | **ÿ** |
| ʮ | ʮ |
| ʯ | ʯ |
| **i** | **i** |
| ɪ | i |
| ɪ | ɪ |
| **e** | **e** |
| e | e |
| ɛ | ᴇ |

| 原文 | 譯文 | 原文 | 譯文 |
|---|---|---|---|
| **ä** | **ε** | **u** | **u** |
| *æ* | ε | *u* | u |
| *a* | æ | | |
| | | **o** | **o** |
| **ü** | **y** | *ɵ* | ɵ |
| *y* | y | *o* | o |
| *y* | ʏ | *œ* | ɔ |
| *ɯ* | ɯ | | |
| | | **a** | **a** |
| **ö** | **œ** | *a* | a |
| *ø* | ɵ | *ɑ* | ʌ |
| *ɵ* | œ | *ɑ* | ɑ |
| | | *ɒ* | ɐ |
| **ə** | **ə** | | |
| *θ* | ɜ | *ą* | ã |
| *ə* | ə | *ạ* | aɪ |
| *ɤ* | ɤ | *ę* | ĕ |
| **ы** | **ɯ** | *kʷ* | kʷ |
| *ɨ* | ɯ | *pʻ* | pʻ |
| | | *n* | ɴ |
| **u** | **u** | | |
| *ɯ* | ʉ | | |
| *ʊ* | ɵ | | |
| *ʉ* | ɥ | | |

# 輔音分類表（看第六章）

| 發音部位 / 發音方法 | 上部 / 下部 / 簡稱 | 上唇 | 上齒 | 齒 | 前齒齦 | 齒齦 | 前硬顎 | 齦顎之間 | | 齒齦 | 齦顎間 | 前硬顎 | 硬軟顎中 | 軟顎或小舌 | 喉 |
|---|---|---|---|---|---|---|---|---|---|---|---|---|---|---|---|
| | 下部 | 下唇 | | 舌尖 | | | | 舌尖及面 | 舌尖面未詳 | 舌面（舌前） | | | 舌面（舌根） | | |
| | 簡稱 | 雙唇音 | 齒唇音 | 齒音 | | 齒上音，硬音 | | 顎齦音 | | 顎音，軟音 | | | 後顎音，舌根音 | | 喉音 |
| 塞音 | 濁 | b | | | d | ɖ$_1$ | ɖ$_2$ | | | ȡ$_1$ | ȡ$_2$ | ɟ | g | (ɢ) | |
| 塞音 | 清 | p | | | t | ʈ$_1$ | ʈ$_2$ | | | ȶ$_1$ | ȶ$_2$ | c | k | q | ʔ |
| 鼻音 | 濁 | m | ɱ | | n | ɳ$_1$ | ɳ$_2$ | | | | ȵ | ɲ | ŋ | ɴ | |
| 鼻音 | 清 | m̥ | | | n̥ | | | | | | ȵ̊ | | ŋ̊ | | |
| 邊音 | 濁 | | | | l, ɫ l̂ | ɭ$_1$ | ɭ$_2$ | | | | ʎ | | | | |
| 邊音 | 清 | | | | ɬ | | | | | | | | | | |
| 滾音 | 濁 | | | | | r | | | | | | | | ʀ | |
| 閃音 | 濁 | | | | | ɾ | | | | | | | | | |
| 摩擦音 | 濁 | β | v | ð | z | ʐ$_1$ | ʐ$_2$ | (ʒ) | ž | ʑ$_1$ | ʑ$_2$ | j | ɣ, ɣ̃ | ʁ | ɦ |
| 摩擦音 | 清 | ɸ | f | θ | s | ʂ$_1$ | ʂ$_2$ | (ʃ) | š | ɕ$_1$ | ɕ$_2$ | ç | x | χ | h |
| 無摩擦通音及半元音 | 濁 | w | | | | | ɹ | | | | | j | | ʁ | |

括弧（　）中是高氏未提及的音。

# 元 音 圖

一　本書各元音符號所代表部位圖（參 216—217 頁說明）

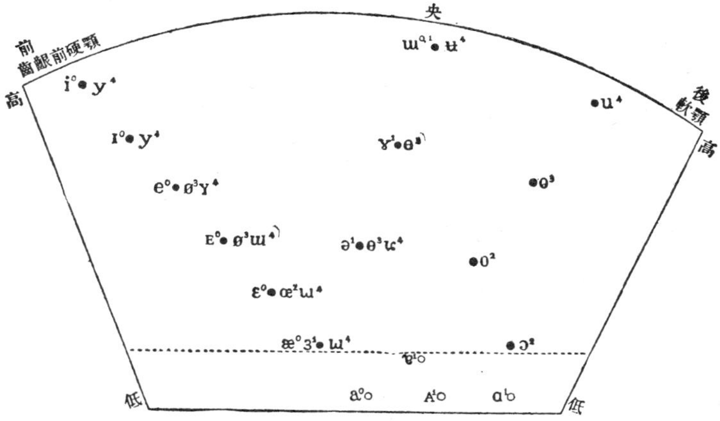


二　國際音標元音符號照向例用法所代表部位圖

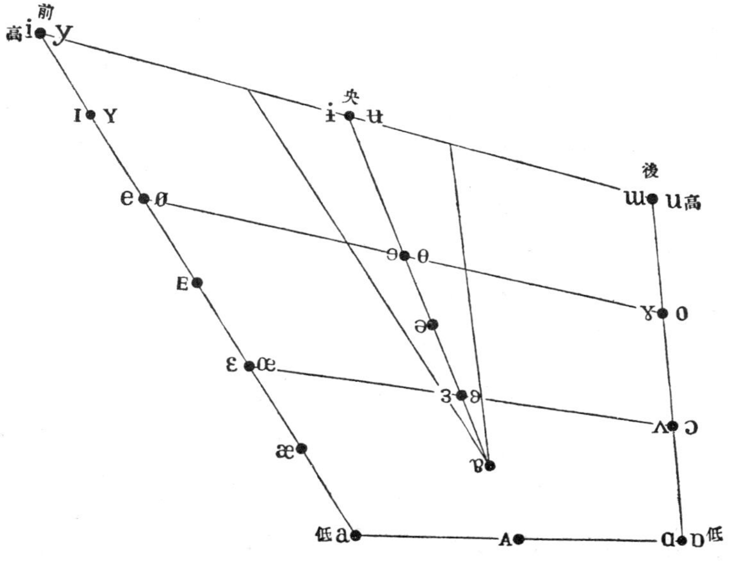

以上兩圖中，第一圖是本書的標準，第二圖不過當參考用。

本書方言字彙裏音標寬化如下：

e ᴇ 併爲 e

a ᴀ ɑ 併爲 a

ɵ o 併爲 o

ø œ 併爲 œ

ɤ ə ɜ 併爲 ə

ɕ₁ ɕ₂ ç 併爲 ɕ（其他下指數 1,2 亦取消）

æ 仍作 æ

ɔ 仍作 ɔ（原文改作 å 形）

θ 仍作 ɵ

ɐ 仍作 ɐ

ɣ̃ 改爲 ŋ，否則改爲附元音之~號

高氏在以後的著作如 Anal Dict 之類所用音標傾向於多用附加符號而少用新字母。他的主要的新符號如下：

ng 當舌根鼻音[ŋ]。

ś,t′ 等等加撇號代表顎音，即舌面音，軟音。

ṣ,ṭ 等等加點號代表舌尖齒上音，硬音。

a 不分正草體，無號者是淺（前）a，或淺深總稱。

â 帶帽者是深（後）a [ɑ]。

ï 代表舌尖元音 ɿ, ʅ 或舌面元音 ɯ。

ɛ 代表國際音標[æ]，英文 ‘man’ 的 ‘a’ 音。

Haut-chinois(hch)這個名詞本書用來當一種近似舊國音的法文式官話拼法。這個拼法有時用來給原書讀者知道所稱是哪一個漢字，那麽在譯文裏就直寫那個字就行了。 如原文是：Pék. *lu*, hch. l o u ‘chemin’，我們只須譯作：‘路’ 北京 lu，就行了。 還有時候是引一個官話代表的音，那麼我們就不必用法文字母來拼一種“高官話”，就逕用國際音標拼現行的國音了。 但是這個跟高氏用嚴式音標所記的“北京”音不能完全一樣，否則太繁複一點。 現在我們用一個很寬式的國際音標來對譯原文的 haut-chinois，譯文中稱述時就叫它“國音”。

| | | | | |
|---|---|---|---|---|
| 聲母： | p | p‘ | m | f |
| | t | t‘ | n | l |
| | k | k‘ | x | |
| | ȶɕ | ȶɕ‘ | ɕ | |
| | tʂ | tʂ‘ | ʂ | ʐ |
| | ts | ts‘ | s | |

| | | | | | | | | | | | | | |
|---|---|---|---|---|---|---|---|---|---|---|---|---|---|
| 韻母： | ï | a | o | ə | ai | ei | au | ou | an | ən | aŋ | əŋ | ər |
| | i | ia | io | ie | iai | | iau | iou | ien | in | iaŋ | iŋ | |
| | u | ua | uo | | uai | uei | | | uan | uən | uaŋ | -uŋ, uəŋ | |
| | y | | | ye | | | | | yan | yn | | iuŋ | |

聲調符號從高氏：꜀a，꜁a，꜂a，a꜄。

# 常引書名簡稱表

| 簡　稱 | 著者及書名 |
|---|---|
| "本書"或 Phonologie | Bernhard Karlgren, Études sur la phonologie chinoise |
| Recons AC | Bernhard Karlgren, The reconstruction of Ancient Chinese |
| Anal Dict | Bernhard Karlgren, Analytic dictionary of Chinese and Sino-Japanese |
| Phon Ann | H. Maspero, Études sur la phonétique historique de la langue annamite, BEFEO, 12 (1912) |
| Dial Tch'ngan | H. Maspero, Le dialecte de Tch'ang-ngan sous les T'ang, BEFEO, 20 (1920) |
| BEFEO | Bulletin de l'École Française de l'Extrême Orient |
| JAs | Journal asiatique |
| 史語集刊 | 中央研究院歷史語言研究所集刊 |

# 中國音韻學研究

高本漢

# 原　　序

在我拿這個研究當作我對於漢學第一次發表的工作的當兒，我很願意對於各方面幫助我研究的人表示極熱烈的感謝。 我對於 Upsala 大學的斯拉夫語教授 J. A. Lundell 先生尤其特別快樂的感謝他的惠助。 我所以注意到語言學裏的這一枝系，都是我這位老先生引起來的。 並且在我預備發表這個工作的時候，他不倦的給我很多的嘉惠。 Lundell 先生很審愼的指導，使我省卻不止一個錯誤，無論在方法上或材料上，我的研究都得到他經驗上的利益不少。

再讓我敬致深摯的感謝於 Upsala 的大主教 Nathan Söderblom，巴黎大學的教授 E. Chavanne（沙畹）跟 P. Pelliot（伯希和），Leipsick 大學的教授 A. Conrady，聖彼德堡大學的教授 A. I. Ivanoff（伊鳳閣），山西大學的教授 E. T. Nyström 諸先生。

我還願意謝謝我的未婚妻 Elin Nilsson 小姐。 伊替我從書裏搜集些個重要的材料，給了我很可貴的幫助。

我所以選擇這個題目，有一種特別的情形。 差不多沒有哪一國的方音研究能像瑞典這樣進深的。 在前一世紀的最後二十年，就曾經有過一番很有效果的工作，是用最新的方法來分析瑞典各種語言，並且曾經有很美滿的結果。 我現在就是提議用我們瑞典的方法來研究直到現在還未經十分墾植的中國音韻學。

我現在所發刊的，只是關於歷史的研究的一部分。 此後所需要的預備工作已經作好了，我希望不久可以把其餘的發刊出來。 最後再用字彙的方式發表我的全部方言材料。

Upsala，五月，一九一五。

高本漢。

本書是 J. A. Lundell 發刊的 Archives d'études orientales 中的第十五種。

第一第二卷是作爲在 Upsala 大學的博士論文出版的（於 1915 年五月通過）。

原各分册出版發售時期是：第一册：第一卷及第二卷除複合元音，1915；第二册：第二卷複合元音至第三卷日母完，1916；第三册：第三卷泥娘來至第三卷終，1919；第四册：第四卷方言字彙，1926。

印刷者，第一卷 E. J. Brill，第二第三卷 P. A. Norstedt & Söner，第四卷 Elanders Bocktryckeri A.-B.

# 緒　　論

沒有一種學術的領域比漢學更廣的了。　從前不過經傳教士跟外交家"愛美的"(amateur)作了一陣，在近二十年間，它已經升爲專家所作的科學了。　這些專家的興趣，大多數都在中國歷史學，考古學，美術跟宗教方面。　至於語言學方面，因爲表面的乾燥，缺少引人的地方，所以沒有鼓勵起同樣的興趣，這是無足怪的。但是我們不能否認漢學比任何別的科學需要語言學的地方更多，因爲中國文字的構造完全不能，或幾乎不能，告訴我們字的讀音。　哪一天語言學能夠把中國古音的系統確實的擬測出來，哪一天歷史學跟考古學就會很感謝的看出許多關於東亞細亞跟中亞細亞的問題，都不成問題了。

到了那時候，不會再像 Terrien 那樣瞎猜的說：'熊黃帝'(一)(Nai Huang Ti) = Nakhunte, '百姓'(Pak sing) = le peuple de Bachtrie; 或者像 Schlegel 說：'蝠'(fuk) = 德文的 fug-l 了。

中國語言學的三個主要問題顯然是下面所列的：

1). 考證中國語言的祖先跟來源；

2). 考清楚這個語言的歷史；

3). 考明白現代中國語言的各方面。

現在這些問題當中的第一個，當然先得要放在一邊兒，必須等到後兩個問題的研究進步的多了之後，然後才能夠說到。

還有一件同樣明顯的事，就是我們要把這兩個問題看作很有密切的關係，並且要用一個極謹嚴的方法。　若是像向來的辦法，隨便拿一處方言的一個音的成分，

---

(一) 據著者函稱，Terrien 認'熊'爲等於'能'，'能'有 nai 音，故稱黃帝有熊氏爲 Nai Huang Ti。——譯者。

再添上另一處方言的音的成分，連一點證據的影兒都沒有，就得出一個所謂"古語"出來，或者拿現在方言之一算是古代語言的正統代表，這用不着說是一個不能成立的方法。至於拿了這種所謂"古語"再來作研究現代方言的起點，這個方法的錯誤就更厲害了。要想一個古音的擬測能夠成立，當然先得費好多工夫使它跟這個語言的歷史上的舊材料相合；其次，還要能夠把中國全部方言（不只一兩處方言），解釋到一種可信的程度，就是在每一個方言必得能找出通一套聲音演變的歷程，從語音學的觀點看都得成可能的變化。

所以現在我們就可以開始用中國古書的材料——如韵表，韵書等等——找出古代漢語的音韵分類來。這樣所找出來的不過是代數的結果。例如這十個字的韵母同是 *a*；這二十個字的韵母同是 *b*；這一類字的聲母是 *c*；那一類字的聲母是 *d*。要是在有些地方先就能推想出它們的眞音値來，那就更好了（例如 **k, k', ŋ** 等聲母）。但是對於它們的眞音値只要稍爲有一點疑惑的時候，最好是在沒有新發展以前暫時還認它們爲代數的性質。例如 *a* 韵在現代方言中是怎麽演變的，*b* 韵又是怎樣；*c* 聲母是怎樣狀況，*d* 聲母又是怎樣。這種辦法的好處，一方面是拿這些音類作研究現代方言的起點，就跟拿假定已經知道了中國古音來作起點幾乎一樣的靠得住。還有一方面，就是我們很容易從那裏看出來，語言歷史上許多問題哪些可以靠方言解決，哪些不能靠方言解決。

乍一看，好像在方法上這麽明顯，這麽基本的原則可以用不着提出來了。但是有些漢學家依然極端的違犯這個原則，所以注重這一點好像還是很要緊的。

Edkins(1)，Chalmers，Schlegel(2)，Terrien de Lacouperie 幾位先生，根據了他們很不完備的漢語知識，把各種的塞姆族語（sémitique）跟阿里安語（aryenne）算是跟古代漢語有關係，這一層我們可以不必管了。

但是我們得要把人家關於第二第三兩方面所作過的研究拿來看一道：就是中

(1) J. Edkins, China's place in philology, London, 1871.

(2) G. Schlegel, Sinico-Aryaca, Batavia, 1872.

國語言史跟現代方言。對於中國語言史的研究，Edkins 牧師是第一個剏始者[1]。他淸淸楚楚的證明在古代漢語的聲母裏有爆發濁音跟韵尾塞音的存在，這是很可稱贊的。除此而外他的工作就很少可以啓發我們的了。至於他其餘的擬測大部分是很武斷的，是不很有方法的，也是不能成立的。跟着他脚印兒走的是 G. A. Parker。在 Giles 大字典的敍論裏有他的一篇"語言學論文"（Philological essay）。這篇文章就是拿中國語言史當消遣而沒有科學價值的有趣的一例。他拿紀元前第一世紀的一首詩作起點；他先說他相信這首詩的"古音"是怎麼讀的，然後借着這首詩的"古音"的光兒來看各處現代的方言。這個著者用什麼方法來考證這個語言，他並不直接的告訴我們，不過從這篇文章後面所說的話，可以讓我們看出他的工作的精神來，他說："我好久打不定主意究竟拿客家還是廣州語當作那虛無飄渺的古音的眞代表"。這用不着再說他的考證是不行的了。

Schlegel[2]用同樣的態度接着作下去，旣沒有批評的態度，又沒有方法。譬如解釋佛經的音譯字，他就從全部現代漢語裏隨便在這兒跟那兒挑一些讀音；所以結果簡直是亂的不可思議。

Volpicelli[3]有價值的多了。他以爲必須探索全部分的方言才能找到古音的門徑，並不是隨便挑幾個零碎的讀音就成的，這個觀念用不着說是完全對的。不過他實現這個觀念不幸是用的算學方法，這就是 Schaank 曾經毫不留情的運用 Volpicelli 自己的方法來批評他的[4]。所以他的結果錯了。不過他對於這一層的努力還應當承認。

---

(1) J. Edkins, A grammar of colloquial Chinese as exhibited in the Shanghai dialect, Shanghai 1853; A grammar of Chinese colloquial language, commonly called the Mandarin dialect, Shanghai 1857; 還有他在 China Review 裏所發表的許多別的文章。

(2) G. Schlegel, The secret of the Chinese method of transcribing foreign sounds, T'oung pao, sér. 2.1 (1900)。

(3) Z. Volpicelli, Chinese phonology, Shanghai (1896)。

(4) S. H. Schaank, Ancient Chinese phonetics, T'oung pao, sér. 1.8 (1897), 9 (1898)。

隨後就來了 Kühnert[1]跟 Schaank，後面這一位就是一本很實在的書的著者。雖然他有些很大的短處——我以後慢慢的再講——可是他的工作是眞有價值的，而且在關於這些題目的研究中，一直到現在，還無疑的是最好的。

關於現代漢語研究的大困難，就是缺乏一個歷史的起點。Parker 的"語言學論文"旣然用那麼靠不住的"歷史的"根據，我們只好不提了。這種歷史的起點的缺乏，對於別的著者也是一個致命傷。他們想要把全部現代漢語或者至少把漢語的一部分都講明出來，那就沒有辦法了。von Möllendorff[2]在 1899 的一本書裏想要把中國方言分類，他所選擇的起點，是拿難懂易懂作標準。他說："我們提議來考定的：第一，是一種簡單的土白或附屬的方言——雖然有些輕微的變化，可是還能夠聽得懂。第二，是方言或主要方言——所有要緊的變化使在同一大語言區裏的兩處人，說起來難懂，或簡直不能懂"。這個方法顯然是不很充足的。假如古音 č 在北京全變成 č，而在X方言沒有例外的全變成 ts；同時，假如所有古音的 ɛn 變成北京的 an，而在X方言變成 ɛ，那麼從 tsɛ 一定不能看出本來是 čan，於是X方言的讀音北京人就完全不能懂或幾乎不能懂了。但是假如在Y方言裏古音 č 跟 ɛn 分化了，比方說有的變 čan，有的變 tsan，有的變 čɛn，有的變 tsɛn，所有這四種讀音，北京人聽起來比X方言的 tsɛ 倒都容易懂一點。可是，雖然如此，北京方言跟X方言的關係比北京方言跟 Y 方言的關係密切的多了。因爲在北京跟X這兩個方言之間，從古音演變下來的時候，有一個固定的平行跟不變的對照，所以我們可以把他們變化的方法寫出簡單的方程式來：北京的 č＝X 的 ts，北京的 an＝X 的 ɛ。反之，在北京方言跟Y方言一方面，它們兩個從古音下來的演變就沒有方法可以寫什麼方程式了。所以兩個方言的祖先的關係，完全看它們從古音下來的演變是不是平行的（雖然在語音的觀點上並不完全相同）。Möllendorff 的規則太膚淺了，太不定了，是不足採用的。

(1) Zur kenntniss der älteren lautwerthe des Chinesischen, Sitzungsberichte der Akademie der Wissenschaften in Wien, 卷 122。

(2) P. G. von Möllendorff, Classification des dialectes chinois, Ning-po 1899。

從前對於中國方言的研究，普通是拿北京話作起點[1]。這個方法之不充足，從我在上文所說的可以看出來。這個方法假定所有方言的演變都跟北京話演變一樣，好像可以定出簡單方程式來（例如北京的 an＝X 的 ε）。然而明明不是這麼一回事。例如：古音的 a, b, c, d 都變成北京話的 i。有些跟北京平行的方言像直隸以及河南陝西甘肅的大部分都沒有例外的把 a, b, c, d 跟北京話一樣的變。那麼北京話當然就可以作很好的根據了。但是在山西——a>i, b, c, d>ε——這辦法就行不通了。在那個地方我們就不能定出什麼方程式。其實，無論哪個現代方言都不能當作研究其他方言的起點。只有一個有效的起點，就是古音。Maspero（馬伯樂）[2]曾用古音作起點，又用一個謹嚴的方法，作了一部很有趣的第一流的單刊來研究中國境外一種方言，就是安南譯音（Sino-Annamite）。

雖然現代方言直到如今還很少經人研究，雖然這些研究因為所選擇的起點不好，除去上面所講的 Maspero 的工作外，沒有能夠給多少有意義的結果，但是我們也不能就說連為這種研究用的粗疏材料我們都沒有。有好些"愛美的"人費了好些事，對於幾個中國方言的記音上作了好些工作。對於北京方言大家都知道已經有過數不清的許多字典，不過其中價值也不齊，Giles 的大字典裏所記的北京音當然還算不錯[3]。至於專記別的方言的也有些好字典。照我的意見，以下是幾部最好的，我從中借用了好多材料。

描寫廣州話有 E. J. Eitel 的 A Chinese dictionary in the Cantonese dialect, Hongkong 1877。

客家話有 Ch. Rey 的 Dictionaire chinois-français, dialecte hacka, Hongkong 1901。

（1） A. Forke, A comparative study of northern Chinese dialects, China review, 21; Über einige süd-chinesische dialekte, Mitteilungen des Seminars für Orientalische Sprache, 6（1903）。

（2） H. Maspero, Études sur la phonétique historique de la langue annamite, les initiales, BEFEO, 12 (1912)。

（3） 這部書裏所用的是 Sir Th. F. Wade (威妥瑪)式的寫法。

陸豐話有 S. H. Schaank 的 Het Loeh-foeng-dialect, Leyden 1897。

福州話(1)有 R. S. Maclay 跟 C. C. Baldwin 的 An alphabetic dictionary of the Chinese language in the Foochow dialect, Foochow 1870。

廈門話(1)有 C. Douglas 的 Chinese-English dictionary of the vernacular of Amoy, London 1873。

汕頭話(1)有 C. Gibson 的 A Swatow index to the syllabic dictionary of Chinese, by S. W. Williams（衞三畏）etc., Swatow 1886。

上海話有 D. H. Davis 跟 Silsby 的 Shanghai vernacular Chinese-English dictionary, Shanghai 1900。

南京話有 K. Hemeling 的 The Nanking kuan hua, Leipzig 1907。

四川話有川北一個教會裏幾個教士所作的 Dictionaire chinois-français de la langue mandarine parlés dans l'ouest de la Chine, Hongkong 1893。

高麗譯音我們有 Gale 所著很好的 Korean-English dictionary, 1897。

安南譯音也有些好字典。 我特別沿用的是 J. Bonet 的字典(Paris 1899)，其中安南譯音是根據潘德化(Phan duc hoa)的字表。

關於日本譯音大家都知道有很豐富的材料。

山西陝西甘肅河南的方言一直到現在很少人知道。 我自己在中國住了很長的時間，曾經很細心的親自調查了這些地方方言中的十七種。 關於這些地方的幾種方言，還有關於山東湖北湖南貴州雲南等單個方言，A. Forke（看上文）曾經拿它們跟北京話作比較發刊了幾個音表。 不過我對於應用它們覺得很躊躇，因爲據我個人所知道的幾個方言，例如太原的話（我曾經在那裏住了一年以上），他的音表就有些不大對的。 Mateer 的 Mandarin lessons（官話類編）裏曾經很概括的講了幾種方言。 上文所引 Möllendorff 發刊的東西裏舉了些東南方言的例。 關於中國北部跟揚子江流域的半打方言我曾經從瑞典的教士得了些很有趣的知識。

(1) 福州，廈門，汕頭三處方言因爲本地有了出版物，所以已經有了一定的拼法。

拼音拼的不對以致我們不能用的，那是多的很。S. W. Williams 在他的 Syllabic dictionary 的索引裏把字典裏的字都加上上海的讀音，可是這些上海的讀音是很可疑的。關於山西陝西河南甘肅等處方言有一個叫作"標準羅馬字(Standard Romanisation)社"曾經發刊了些音表，是拿北京音作根據的。這些表又錯又壞，簡直到了不可想像的程度。

但是一直到現在，在所有發刊過的中國語言的說明當中，最"像煞有介事"而結果是最錯的，就是 Parker 在 Giles 大字典裏頭每個字所注的十二種方音(廣州，客家，福州，溫州，寧波，北京，漢口，揚州，四川，高麗，日本，安南)。二十年來這個字典大家既然認爲中國方言知識的主要材料，那麼現在就應當給它稍微詳細審查一下，好讓這個東西的價值縮小到它的眞尺寸。

我們先看中國境外的漢語方言，像高麗譯音跟安南譯音，此處著者只須照抄前人的成書；但是我們馬上可以看出來他連抄都抄不對。下面的例子是關於高麗譯音的：

俗 suk 應作 sok; 誦，訟 chong, 應作 song; 達 tat(!!)，應作 tal; 殆 te, 應作 t'e(ăi); 臺 t'e, 應作 te(ăi); 鴆 chin, 應作 chim; 岐 kïi, 應作 ki; 竅 kio, 應作 kiu; 戒，界，屆 k e, ke, 應作 kie(yei); 潛 ch'öm, 應作 chăm; 笞 ch'i, 應作 t'e(ăi); 錦 kêm, 應作 kïm; 拙 chöl, chul, 應作 chol; 耑 chön, 應作 tan; 終 chung, 應作 chong; 無 u, 應作 mu; 搖 yō, 應作 yo(ō 在這個方言裏沒有)；用 yung, 應作 yong; 座 ch'wa, 應作 chwa; 促 ch'ïk, 應作 ch'ok; 猝 ch'ol, 應作 chol; 村 ch'un, 應作 ch'on; 疼 tïng, 應作 tong; 題 chae, 應作 che (tyei)——像這樣的舉不勝舉。

關於安南，Parker 自稱是根據潘德化的字表，其實他並沒有費事去實行這個計畫。其中錯誤很多，我曾記出幾條：湧 jung, 應作 jong; 搓 sa, sai, 應作 hsai (按照 Parker 的拼法)；誕 dang, 應作 dan; 特 dat, 應作 dăk; 燈 tăng, 應作 dăng; 刁 tieu, 應作 dieu; 頂 dang, 應作 daing (照 Parker 的拼法)；啾 sê ., têu (陰去)，應作 têu (陰上)；獺 t'ak, 應作 t'at; 齒 si, 應作 hsi, 等

等。

Parker 注的日本音跟日本字典上的音比較，可以看出有好些字不同的地方。其所以然之故，也許如 Parker 自己所說他的例子不僅是依據日本字典，特別是 Hepburn 的字典，而且也有"一部分是從記憶來的"。

關於廣州福州拿 Parker 的注音跟 Eitel, Maclay-Baldwin 諸人的注音比較，我所查過的三千字至少有四分之一是不同的。所以我情願用那兩部更小心一點寫出來的方言字典，那當然是無足怪的。至於温州揚州漢口不幸除去 Parker 以外沒有別的材料可用，我不得已就只好用他的了。不過用的時候得用種種小心謹慎的方法去防備它。

Parker 不單因爲他很嚴重的錯誤把他的工作弄糟了，就是他全體的系統也都不成話。他並不是每個字底下注音的，而往往是這個字指着那個，那個字又指着這個，這樣指來指去，就弄出很大的錯誤來了。比如'肅'字可以作一個代表的例。在這個字底下 Parker 先寫了廣州客家 suk，温州 su, hsiu。然後就說看'宿'字。但是在'宿'字底下只寫了廣州 suk, ts'uk，温州 su, hsiu，（那麼到底哪一個音是廣州温州的眞音值呐?），然後又說看'宿'。在'宿'字底下我們又讀到福州 söük, seuᵓ 寧波 soh, siuᵓ 北京 ꜀su, suᵓ, ꜀hsü, ꜂hsiu hsiuᵓ，中部方音，四川 su, hsiu꜄, hsiuᵓ 揚州 suk, hsiuᵓ 高麗 suk, su 日本 shoku, shō 安南 tuk。而這些音裏頂多只有一半可以用在'肅'字上去。事實上 Parker 指來指去的音，在有些字中只用第二個字一部分的音，而在有些字中所有的音就都用得上去；並且有時候不管字調，有時候又管字調。例如在'腸'字底下指'長'字音，'長'有 chang 跟 ch'ang 兩音（Parker 的拼法）而在這裏只是後者才用得上。在'紹'字底下指'召'字，'召'有 chao 跟 shao 兩讀，而他所指的只有 shao 音是對的。但是'澳'字有 ao 跟 yü 兩個音，就都指對了。'基'（陰平）字底下指'幾'（陰上）字，不管聲調。'臺'照他所指廣州就得有陰平跟陽平，其實廣州只念陽平。但是'痔'字下 Parker 指'雉'字，在這裏所有每個特殊的調他都管到了。這是說不同在一條拼音標題之下的字互指起來往往只有一部分的音是對的，不但如此，就是同在一條拼音標題之下的字互指時也有這種毛病。例如福州'牲''笙'二字照他所指的'生'字音應當有 seing, sang 兩讀;其實'牲''笙'只有 seing 的一讀,並不像'生'字兼有 sangᵓ 的讀法。福州的'蔬'照他所指應當有 su, sö, saö 等音,其實只有 su 是對的。'證'在客家話照他所指的應該讀 ꜀chang, chaṅgᵓ, ꜀chin, chinᵓ, 其實只有 chinᵓ 是對的 '豔'在廣州話照他所指的應該有 ym 跟 shym 兩音,其實只有第一個 ym 是對的。反之,'送'照他所指在福州有 soungᵓ, saöngᵓ 兩音,這兩個音倒都對了。有時候,一兩個方言他所指的完全錯了,例如:'炎'照他所指在福州應該是 sieng, 而事實上是 yeng。像這樣的並不是少數幾個例,Giles 字典裏到處都遇得見。所以要想得到中國方言的知識,這個字典是一部很討厭的材料書。

我們現在知道要研究中國方言,材料不管好壞,總算不少。但是我們可以說這些材料都是很粗疏的。像北京這樣的方言,在拼音上各家已經不能一致(拼法的式樣有一年裏的天數那麼多),再講到不大很知道的方言的拼法之亂就更可想見了。這些方言拼法的式樣簡直多的不得了,並且關於這些拼法的語音上的解釋,往往是毫無意義的。例如 T. F. Wade 爵士在說明北京的 hs(i) 音(事實上不過是德文的"ich-laut"作聲母)的時候,說 h 是在 s 的前頭而不是 s 在 h 的前頭!像這樣的討論,我們還有什麼話可說呐! S. W. Williams(Syllabic dictionary)解決這個很麻煩的讀音問題就對我們說:"把一個指頭放在牙齒當中試着說 hing 或 hü"! Gibson(Swatow index)告訴我們說:他寫作 ṳ 的那一個聲音"是介乎 turn 裏的 u 跟 learn 裏的 ea 之間的聲音";不過他倒是加了"大約"跟"有點古怪"的字樣。在 Mateer 的 A course of Mandarin lessons(官話類編)以及大部分類似的書中還有好些沒有語音學知識的好例子。

難道就沒有人試一試用一個公共一致的標音制度來記錄一大些方言麼? 有是有的,那我們又得提到 Parker 了。在 China review 裏他作了很多的東西,最後在 Giles 字典敍論裏,他就用了一個"一致"的拼法來寫他的十二個方言,這個拼法是就着 Wade 式稍加修改的。設使 Parker 是很嚴密一致的用他的制度,那麼儘管他有好些記音的大錯誤(看上文),至少在中國方言上說也還有點價值;可惜他在這一點上也是弄得矛盾的不得了，結果他的工作價值還是等於零。 我們只消舉出幾例就夠了。

北京的 yu （法文 you）Parker 怎麽寫的吶？

| | |
|---|---|
| 幽（平聲） | 北京 yu, you |
| 悠（平聲） | 北京 yu |
| 酉（上聲） | 北京 yu, you |
| 誘（上聲跟去聲） | 北京 ʻyou, youʼ |
| 右（去聲） | 北京 yu, you |
| 幼（去聲） | 北京 yu |

所以 Parker 給我們的 yu 或 you 完全是隨隨便便的，有時候是 yu 有時候是 yu 跟 you，在字調上也看不出有什麽關係。

還有"軟化的 n"他也是隨便用 ñ, ny, ñy, ñi 或 ni 好幾個記號的。

安南有 -ak 跟 -ach 兩個音，這兩個音非常的不同，在分類上是很要緊的，可是他只用一個拼法 ak。

假若要看一看 Parker 工作的語音學的根據，可以在 Giles 字典卷首他所作的"語言學論文"裏找一個例。 隨便挑一個關於 ə, œ 音的討論看看爲什麽原故他會那樣說法，他說（Giles XXV）：

[温州方言有]"一個很特别的地方，就是把法文的 eu 音分成兩種，其分别很類似英文 burr 跟 bear 兩音的分别[!]。 不過因爲在别的方言裏，這兩個音無論用哪個是沒有關係的，所以現在的拼法在温州音都一律用 öe。 事實上福州的 ö 跟温州的 öe 是一樣的[!]；廣州跟安南的 ö 又都讀成很趨近 burr 的方向，幾乎析作兩部分，像法文的 le heur 的樣子。 高麗的 e，後面如果隨有鼻音或輔音，我們寫作 ö，不照例寫作 ê（例如 piök sönɡ），這個 ö 就像英文 bud 中的 u 字，讀的很長，不像 bear 中的 ea。 寧波的 öñ 恰恰是法文的 un（換言之就是 eux＋n, t 的"anusvâra"）"(一)。這個音若是用到官話上頭 Parker 是寫作 ê 的。

（一） 現在的新版已經删去這段了。

他在別的地方又說（Giles XXVIII）：[高麗……]"söng 或 syöng 或者應該嚴格的寫作(1) sêng 或 syêng……讀起來像 Miss Hungerton 那樣似的。在同一頁的底下一點，這個著者又變了主意了。他說："但是高麗的 seng, sek 讀的不像英文的 sung(2) 跟 suck，而像法文 seul 裏的 se, sê 或 sö，就是介乎英文的 sir+ng 跟 saw+ng 之間的音……所以在高麗音裏頭這個音後頭有鼻音跟輔音的時候得要寫作 ö，如 söng，sök，爲的是使讀者的心裏不要把這個音跟北京的 sêng（英文 sung），廣州的 sêk（英文的 suck）混了起來"。

這一定夠使人判斷 Parker 語音的紀錄的價值了。現在拿語音學跟中國方言學把他的工作的各方面加以衡量，結果就可以看出 Giles 在他的字典序裏所說："Parker 特別在這一行裏[中國方言]大家公認爲有頭等專家的地位"，他這話的根據是很脆弱的了。

中國語言學現在還不過剛在起頭的時候，這是得要承認的。在我一方面，我願意對於這個新科學的建樹有所貢獻，我就想開始：

1. 把中國古音擬測出來，要想作系統的現代方言研究的起點，這一層是很必要的；
2. 把中國方言的語音作一個完全描寫的說明，作過這層之後然後可以；
3. 用音韵學的研究指明現代方言是怎樣從古音演變出來的。

要得到可靠的結果，我以爲得要把我的研究放在一個很寬廣的基礎上。每一條語音定律只有少數的幾個例是不行的，因爲少數的例不能作充分的保障。所以我拿來作基本材料的就有三千一百上下語言中常用的字（不過有些很常用的字倒是沒有收，因爲未能確定考出他們在古音中的地位）。這麼多材料我覺得已經夠把我要找的結論確定到相當的重要地位了。

(1) 這幾個字底下的浪線～～～是我加的。

(2) 所以 Hungerton 跟 sung 裏頭兩個 ung 鬧得不同起來了。

# 第 一 卷

# 古 代 漢 語

# 第一章　關於古音知識的書本上材料

假若我們暫時先把現代漢語所能幫助我們知道古音的材料放在一邊，專看古書上的材料，就可以看出這些材料分作三大類：

1．外國語言裏翻譯中國字的對音跟中國語言裏翻譯外國字的對音（例如梵文的字，尤其是中亞細亞語言的字）；

2．中國字典裏所用的古注音法，就是反切的方法；

3．各種帶解說的韵表。

第一類材料自然在將來可以給很有趣的結果。不過我們對於這一類材料得要當心一點。因爲各民族要遷就自己語言的讀音習慣，對於外來的借字都有曲改讀音的傾向，甚至改的認都認不出來了，所以有時簡直連相近的音值都不一定找得到了。例如蒙古書中把漢語爆發音裏的清音寫作濁音，濁音寫作清音。所以從這些對音材料上所擬出的音系决不能就算是古代漢語的音系。至多只能算是中國古音最粗的一個輪廓罷了。對音的材料固然很重要，不過最好是先從本國的材料得了結果，然後再拿對音當一種試金石來對一對。所以我們暫時只限於研究後兩種材料。

這兩種材料——反切跟韵表——在外國人研究漢學的書裏所有的研究已經夠使大家都知道是怎麽一回事了。但是我相信直到現在還有人犯着太把它們混而不分的錯誤。從方法上看，這兩樣東西中間有一個根本不同之處，必須細心分辨。反切的方法是關於各字音本身的方法，它只講單個的字，就是把每字所由成的音素整個的說出來。至於講到"韵"跟"母"的系統的方法，那就剛剛相反了；它們是一種概括的，實用的，分類的方法。這種分類系統演變的結果就生出各種韵表來。"母"跟"韵"並不是聲母韵母的意思，因爲它們不能就把一個字的讀音全部表示出來。必須看這個字在表裏的地位，才可以看出它整個的"音"(morphème)(一)。

這一點很容易證明。在一部按"韵"跟"母"（見等）排列的字典裏，如五音集韵，單憑這些"韵"跟"母"，就沒法子可以決定一個字的聲母是否 [j] 化，韵母是開口還是合口（就是說：複合元音用不用 u 作第一個成素），或者有沒有 i 介音（就是說複合元音用不用 i 作第一個成素）。諸如此類必得看字在韵表裏的地位（在第幾表，第幾等）才能決定。但是由反切的方法就可以無疑的解決這些問題。在反切裏，比如是純粹的 k 就用古字切；j 化的 k 就用居字切（這兩個字都屬見母）。開口合口也是同樣的情形。岡光二字都是唐韵字，而前一個是"古郎切"後一個是"古黄切"。最後，i 介音一層也是如此。例如在東韵裏，沒有 i 介音的字就用紅公等字切，有 i 介音的字就用弓，戎，中等字切(1)。所以必得分辨：

1）"母"跟眞聲母的不同：所謂"母"是指三十六（或三十）字母，不論是否 j 化；所謂"眞聲母"是指反切上所表現的聲母，j 化與否可以看得出來的；

2）"韵"跟眞韵母的不同：所謂"韵"是指一個字裏自主要元音起的後一部分而不管這個主要元音之前是否有 i 或 u 作第一個成素（如 ia, ua, ie, ue）；所謂"眞韵母"是從反切得來的，包括一個字聲母後面全體的元音成素。

若是必得把複合元音第一個成素 i 或 u 都算是押韵的一部分，那就不近情理了。比如 *cabane, liane* 跟 *douane* 在法文裏滿可以押韵。設使單是"母"跟"韵"就足以表示字的全部讀音，那麼，索性就把中國全部語言都用三十六（或三十）字母跟二百零六韵拼起來，豈不是再簡單沒有了麼！居然沒有人來試用這樣簡單的方法，那就是因爲這個方法是不夠用的。

記住了"反切"跟"母"，"韵"的區別，就可以明白 Schaank(2) 多麼不了解這兩個

(一) 原文 Morphème 這個字與英文 form 相當，就是一個整個字的讀音的意思。近年英文著作裏用 morpheme 這個名詞所包括的單位較小，例如 kindly 是一個 form，但有兩個 morpheme，就是 kind 跟 -ly（-ly 不是字）。參看 L. Bloomfield, Language, p. 161。

(1) j 化，開口合口跟 i 介音——這些問題在後面還要詳細的討論。

(2) S. H. Schaank, Ancient Chinese phonetics, T'oung pao, sér 1.8(1897). 361—77, 457—86; 9 (1898). 28—57。

名詞。他在那篇論文的458頁說："中國字的音,大家都知道,是用反切方法注的,就是說用兩個字拼出一個字的音,第一個字要跟所注字的首音一樣,第二個字要跟所注字的尾音(韵)一樣。這個方法的應用似乎各時代不很相同。wa, wan, wang 等韵母(例如在 kwa, kwan, kwang 裏)就是說 a, an, ang(例如在 ka, kan, kang 裏)的合口,中國人以為是韵母;但是我們已經知道在古時韵表裏開合口的作用並不屬於韵母而是屬於聲母的"。說到這兒,他又回指到372頁,在那裏他說:"第五表(開口)的韵目跟第六表(合口)的韵母是一樣的。還有些別的例,情形也是一樣。可見開合口對於韵沒有影響,它淸淸楚楚是聲母那一部分的作用。所以 Kühnert 博士主張這個意見是對的"。

我剛才擅自在 Schaank 所得的很可怪的結論的下面都畫上浪線了。他的結論就是從假定"母+韵=音"的方程式得來的。Schaank 沒有了解"韵"跟"韵母"是兩種不同的意義(1);所以他就想不到合口可以也不屬於"母"也不屬於"韵"而只是屬於"眞韵母",這就是我剛才所說明的。

弄淸楚了這個問題,除去改正向來研究中國古音方法的錯誤跟含混以外,還有別的好處吶。Kühnert 跟 Schaank 拿"合口"當作聲母音值上的一種類別,從這個觀念對於"合口"的意義就得到了在語音學的觀點上完全不能成立的結論。但是最重要的,就是一直到現在還被贊成韵表的漢學家所忽略的反切,實際上卻有語言學上的價值,可以跟他們那些人歸給韵表的價值相等。我現在預備貢獻出些個新結果,大部分是根據反切來的。這個很好的材料到現在除去很少的例外(只有在 Edkins 跟在 Maspero 的 Phon Ann 的很少一部分)都是大家看不起的。

我應該附加一句話,用反切來注單字音,保存着他的一點幼稚性,就是"沒有方法的方法"("méthode non-méthodique")。其實對於三十幾個字母每一"母"用兩個就夠了,一個是切純粹聲母的(例如 k……),一個是代表 j 化聲母的(kj)。

(1) 中國的著者們同時拿"韵"字又當押韵的"韵"解,又當跟所押的韵一部分相同的"眞韵母"或反切的下一字解,這是很可能的。在沒有固定名詞的中國語言裏最常遇見的就是一個名詞含有相近而不全同的兩個觀念。不過這在現在的問題裏倒並不重要,因為 Schaank 所根據的"韵"字(韵表尾欄的韵)是押韵的韵。

同樣，每一個韵有四個字就够了，第一個當 a，第二個當 ia，第三個當 ua，第四個當 uia。可是反切並沒有照這個方法作，這無疑的是因爲人不願意拿一個字來注它自己。所以我們互相比較起來就可以看出‘郎’，‘當’，‘岡’，‘剛’都是同切字，這些字是互相切的，而且它們又可以切好些別的唐韵開口字；同樣，‘光’，‘黃’，‘旁’是唐韵合口的同切字。用互相比較的方法，大概總可以够切實的決定哪些是同切字，哪些很清楚是另成一類的同切字。例如：

唐韵 ang

開口：眞韵母 ang，同切字，‘郎，當，岡，剛’。

合口：眞韵母 uang，同切字，‘光，黃，旁’。

以上是從方法上來講韵表跟反切。從各韵表跟各種反切的系統可以看出中國語言史的各方面，不過近代的反切材料對於語言研究上是頗可疑的。中國學者旣然有那麼守舊的精神，而且韵書又有那麼多派，所以很難決定一個反切所注的音到底是寫的人那個時代的音呐，還是他故意從廣韵集韵玉篇之類引用一個比較古一點的音，用來代表他所認爲好的讀音呐。至於講到更古一點的讀音就不然了，這時候的材料詳細而只限於反切一種，可以免除泥古的危險，因爲這個時候沒有更古的注音可以借了。所以假如我們要知道一套完整的眞漢語，那麼最靠得住的方法就是推溯的越古越好；因爲越往古推溯由方言紛歧而誤入歧途的危險就越少。關於有反切的最古的字書，Maspero(1)根據 Pelliot(2)的話說明如下：

“這些古字書裏有一部玉篇，是 543 年作成的，不幸在 1013 年陳彭年的再版裏經過很多的修改，幾乎使我們不能利用它了。…… 還有切韵現在也失卻了它的本來面目。可是有一種帶 676 年注解的本子還保存些殘卷(一)：一種殘卷是 1908 年刊行的，裏面有去聲除去前幾韵跟入聲的全部(二)；另外還有一種沒刊行的殘卷，就是

(1) Phon Ann, p. 119。

(2) Notes de bibliographie chinoise, BEFEO, 2 (1902). 323 ff。

(一) 案此指唐儀鳳二年長孫訥言箋注本而言。

(二) 案此指清光緒三十四年吳縣蔣斧影印之唐寫本唐韵而言。

Pelliot 在敦煌所找到的(一)。 還有一種在751年經過孫愐增修的本子,叫做唐韻的,亦失掉了。 但是 Pelliot 在敦煌也找到他的殘卷(二)。 最後有一種在1007年重加增修現在還完全存在的本子就是廣韻。 廣韻有兩種版本:一種是略本,一種是詳本。 兩種版本裏的反切是相同的。 關於略本,有古逸叢書第十三種覆刻元泰定本(1325)。 關於詳本,有兩種覆刻北宋本:一種是張士俊澤存堂五種本,一種是古逸叢書第十二種本。 拿切韻殘卷跟廣韻比較起來,他們的反切是一致的''(三)。

所以,照 Pelliot 在上文所說,廣韻在時間上所經過的種種變遷好像對於反切的影響倒比對於本文的影響少一點。 現在,既然因爲在切韻系統的各種韻書裏反切都是一樣的;又因爲在1150年所著的五音集韻裏反切又是完全一樣的(四);最後還因爲在康熙字典裏所引的唐韻跟廣韻的反切也是一樣的:所以從外面的證據看似乎已經很夠證明這些反切是眞實的。 但是,假如我們能夠找到內部的證據,從這些反切裏可以得到一種完整的語言的準確輪廓,而且把年代推到600年左右,那麽,對於反切的眞實,就可以更少疑惑了。

在切韻的時代(601)實際的韻系有二百零六韻(五)。 假若我們可以決定廣韻

(一) 案此當指王國維手寫本第二種而言。

(二) 案伯希和因曾見"孫愐切韻"之目,疑孫愐於增修"唐韻"以前另有名爲"切韻"之初稿。(參閱 BEFEO VIII, p. 524)。 又丁山以倭名類聚鈔所引"孫愐切韻"與王寫本切韻第三種對校,謂王寫本第三種卽孫愐切韻之節本,其說亦可參考。(中山大學語言歷史研究所集刊切韻專號。)

(三) 案切韻與廣韻之反切系統雖甚相近,而非完全一致。 如覺韻"斵"字,切韻"丁角反",廣韻"竹角切";潸韻"赧"字,切韻"怒版反",廣韻"女版切";董韻"琫"字,切韻"方孔反",廣韻"邊孔切";脂韻"怖"字,切韻"匹伎反",廣韻"拂伎切";獮韻"緬"字,切韻"無兗反",廣韻"彌兗切"……此皆與音變有關者。至於用字之異尤不勝枚舉。(所謂切韻指王寫本第三種言,王仁昫本反切亦頗有出入。)

(四) 案五音集韻改併廣韻之處甚多,其反切不得謂爲完全一致。 玆擧平聲脂韻"飢"字一條爲例:廣韻'飢',居夷切,'羈',居宜切'基'居之切; 五音集韻都併爲居宜切:其韻類顯然不同了。 餘可類推

(五) 案切韻爲一百九十三韻,卞令之式古堂書畫彙考所載唐韻爲一百九十五韻,吳縣蔣斧所藏唐韻爲二百零五韻,清宮本王仁昫切韻爲一百九十四韻,夏英公古文四聲韻所據唐切韻爲二百零九韻,徐鍇說文解字篆韻譜所據切韻爲二百零三韻,徐鉉改定篆韻譜所據李舟切韻爲二百零五韻:均與廣韻韻部不同。 參閱王國維"唐時韻書部次先後表"(觀堂集林卷八)。

的語言按照他的反切，事實上自然分成二百多韵，那麼我們所要的內部證據就可以有了。只看廣韵按着相傳的二百零六韵排列，那是不能證明什麼的。因爲那個時代語言的眞韵母也許簡化了，而所載的字或許完全按着相沿下來的習慣還排在二百零六個韵下。不過，假若廣韵的反切是代表這麼簡化的語言，那麼一個切的同一韵母就會有時候在這韵裏發現，有時在那韵裏發現，換言之，就是二百零六韵的每一個韵不能把僅能屬於他本韵的切字再獨據爲己有。所以現在就有一個對證的方法了。我曾經按照這個觀點把廣韵細細的查過一道，看看二百零六韵究竟是眞有的，還是似是而非的。我所得的結果就是廣韵很禁得起這個試驗。只偶爾有幾個地方，一個字的注法可以使人看出兩個韵在這一個字裏碰頭了(1)。

就是有兩個韵因爲在一個字裏碰起頭來就算作一個韵，然而從全體來看，照那些反切的自然分類歸併起來，雖然不恰好包括二百零六韵，橫豎我們所得的結果至少也有二百多韵；既然在這麼一大堆字裏一個錯誤的反切很容易滑進去，並且在二百零六韵裏無疑的常會有些韵是因爲很微細的音質而分的，所以我們應該就可以認爲已經證明了這些反切的韵母系統跟切韵的韵母系統同是一回事了。關於聲母也是一樣的，我們以後就可以看見。這就是這些反切（廣韵的反切）最有價値的內部證據了。大家都知道廣韵較之切韵唐韵增修的很厲害。但是，我所選來研究的是最常用的幾千字，所以我可以相信我所弄的是切韵的眞反切。

那麼廣韵的反切是代表一個不比紀元六百年更後的完整的中國語言了。可是它也很可以比這個時代更早。比方我們在反切裏只能看見有雙脣音，可是別處有證據可以使我們知道自從隋朝起已經有脣齒音了。那麼爲保險起見，我們可以說這個反切是紀元五百年到六百年之間的一個語言。這個語言我們可以叫作中

（1） 例如韵目‘凡’字，符咸切，這個反切我不能解釋。‘凡’字各韵表都放在三等，‘符’字聲母也只限於三等，而‘成’字自身另爲一個韵目，嚴格的限於二等。我相信這裏的反切是錯的。［譯者按王國維寫本切韵殘卷第三種，凡，扶芝切；故宮本及敦煌本王仁昫刊謬補缺切韵，凡 符芝切；都不錯。符咸切當然是今本廣韵的錯誤。高氏後在 1922 年發表的 The reconstruction of Ancient Chinese, T'oung pao, sér. 2.21 (1922). 22 也說到這一層了。］

古漢語(l'ancien chinois)(一)。這個時期以前的叫作上古漢語(le chinois archaïque)跟太古漢語(le proto-chinois)。以後的叫作近古漢語(le chinois moyen)(一)——就是韻表的音;再往後就叫作老官話(le vieux mandarin)——就是洪武正韻的音。

關於最重要的韻表我們可以知道它的確切時代。可是它們所代表的究竟是作韻表時代的語言,還是靠反切的幫助所擬測出來的比韻表更古的語言,這是難於決定的。Maspero 在他的 Phon Ann, p. 120 裏並沒有給我們什麼理由,就說這都是擬測,他說:"宋元時代的著者曾經給切韻(主要是根據廣韻)的讀音作了一個很深的分析;他們曾經把所研究的結果作成很簡明易查的表。這些表並不像一般人所說是標注作表時代的讀音,而是給古字書的讀音作分類的。這些表裏後來有些不一致的地方,這不能說是因爲作各種書的時候的讀音變遷,或是著者個人方音的不同,不過是各人對於古音見解的不同罷了……。"

但是我不能贊同這個意見,我相信這個問題還要複雜得多吶。以下就是我對於這些最重要的韻表的歷史的意見。

大宋重修廣韻是在十一世紀初刊行的。過了半世紀(在 1067 年)司馬光奉敕纂修了些個韻表出來,叫作切韻指掌圖(1)。這個書是眞的,那似乎沒有問題了,就是不是司馬光的書也是司馬光那個時代的書(二)。我看不出來這個敕諭會是爲純粹語言學的興趣而下的,我倒想它的目的完全是實用的。在廣韻出版的時候,非但把相沿下來的反切很忠實的保存着,就是二百零六韻的排列也都因仍舊貫(三)。

(一) 參書前名辭表。

(1) 各種版本中有一種是十萬卷樓叢書本; 參閱 Phon Ann, p. 120; Pelliot, Notes de bibliographie chinoise, BEFEO, 9 (1909). 221。

(二) 案鄒特夫切韻指掌圖跋據孫仲益內簡尺牘疑此書即楊中修之切韻類例,經南宋流傳,改併失眞,乃冒溫公名以求售者。然切韻類例爲圖四十四,其系統與韻鏡爲近,而與指掌圖不類,故鄒說未盡可信。今以其內容考之,如分字母爲三十六行,與淳熙間楊倓所撰韻譜同;以入聲兼承陰韻陽韻與四聲等子及切韻指南同,至於升'茲雌慈思詞'爲一等,則等子指南猶未出此:似不類北宋人所爲,且司馬光傳家集中下至投壺新格之類,無不具載,惟不及此書,亦殊可疑:未可逕指爲司馬光或其同時之人所作也。

(三) 此語未盡然,看第 19 頁譯者注(五)。

可是，後來四五百年，語言很有些朝着韵系簡化的方向上變動（這到現在還是它的一個很顯著的特點），於是那時候的人不久就覺得檢查廣韵是很困難的。所以司馬光奉敕作一個字書的指南，就得把有關係的音都歸納成攝，好讓人一眼可以全看見，然後再給這些攝加上一套廣韵全部的韵目，按照這些韵目就可以檢查所要查的音，其實，這些表很顯然的可以看出來是有這種作用的。有一樣要留心的，就是表左邊一行的韵目是跟廣韵完全一致的，而它們的總數比較每表裏所有韵類的數目多的多。每表四個橫行往往就跟廣韵的五六韵相當，尤其是在咸攝裏簡化的更厲害。如在平聲跟覃咸鹽三個韵母相當的（四等跟三等是同韵母的，看下文）而在韵目一行就寫"覃以下至凡"(一)。在廣韵裏的韵目平聲是有"覃談鹽添咸銜嚴凡"八韵的。所以在切韵指掌圖的這一行裏廣韵的八韵只跟它的三個韵母相當。在上去入三聲也是一樣。單就這個表看，廣韵韵系縮減的比例，是 32:12。所以切韵指掌圖雖然在表面上並沒有創造一個新的系統出來，而在事實上卻把古音的系統簡化的多了。無論如何，這種簡化的現像，絕對不能使我們承認這些表是根據反切來擬測古音的。如果它有擬測的用意，那麼凡是從反切擬測出來的廣韵韵類，它就都得加一橫行了。

倒有一部擬古的工作，就是韵鏡的著者作的(1)。跟反切比較就可以看出來，並且還可以看出爲什麼這個著者跟指掌圖的著者得出這麼不同的結果，假若把兩書都認作考古的著作，這個分別就完全不可理解了。韵鏡把古二百零六韵很小心

(一)　高氏所據爲十萬卷樓本，四部叢刊續編影印常熟瞿氏鐵琴銅劍樓影宋寫本作：

| | | | |
|---|---|---|---|
| 談 | 咸 | 鹽嚴 | 鹽 |
| 覃 | 銜 | 凡 | 沾 |

與十萬卷樓本不同。

(1)　一部不知道年代跟著者的書在十二世紀以後也很通行的。看 Phon Ann, p. 120。［譯者案韵鏡之"母圖"，當在北宋以前，可得二證：（一）日本永祿覆宋本序作下注云："舊以翼祖諱敬故爲韵鑑，今遷祧廟，復從本名"。如爲宋代所作，何不根本避諱翼祖嫌名？（二）日本河野通清韵鏡古義標注引舊記云："皇和人王八十九世龜山院文永之間，南都轉經院律師始得韵鏡於唐本庫焉"。如此所謂"唐"非泛指中國，則疑日本最初所得者或非張麟之刻本。且藤原佐世之日本見在書目箸錄切韵圖一卷，則唐初或即有其原型。至於張麟之刻本所以改從宋代音者，當與切韵指南蛻化爲切音指南之例相同耳。參閱羅常培韵鏡源流考。］

的保存着，因爲不願意讓任何一韵消納在別的韵裏，所以它在全系統裏要找不到合適地方，就隨便插在別的不相干的空當兒裏。例如它把去聲夬廢韵列在入聲欄裏(一)！從這種排列上馬上就露出擬測的痕迹來了。還有像'貲雌慈思'等字若是按反切應當列入四等，它還是四四方方的放在四等裏，而其實自從指掌圖以後它們已經失掉四等的音値（i 介音）而變成一等（沒有i介音）了。他的組織也是不老好的。我們可以指出脣音方面跟開口合口的幾個地方是有些混亂的。

但是切韵指掌圖裏還有一個困難不可忽略。這表的著者爲把表作的簡約使讀者檢查着方便，也許把它的系統作的比他口語所允許的簡單程度還更過分了；換言之，有時候他放在同一橫行裏的那些字，在他那時候耳朵較靈一點的人也許辨出它們有稍微不同的元音，會認它們有不同的韵値，而把它們放在不同的橫行裏去。我們有什麼保障敢否認那個時代的語言實際上還有二百多種的韵母不過在指掌圖裏機械式的被縮減了吶？

我想這樣一個反對的理由不是毫無根據，這個問題實在是夠複雜的。

要說切韵指掌圖時代的語言也有像古代漢語那麼一樣豐富的許多韵母，那是不像會有的事。我們知道現代漢語的韵母是極端貧枯的，這個語言從那時候到現在當然是一步一步朝着這個方向變：劉淵的平水韵有一百零七韵（1252 年刊行，大概 1229 年作的）(1)。洪武正韵（1375 年）有七十六韵。我以後再講到韵數的減少的時候，我希望能證明這種韵數的減少並不全是機械式的變化，其中的大多數可以看出這個語言本身上的演變來。假如在 1252 年韵數變成一百零七，那麼這個韵的數目在十一世紀也應該已經比二百零六少的多了。再詳細的看一看切韵指掌圖，它大約有一百二十到一百三十個眞韵母，那麼我們就很有理由可以假設這些表是給他的語言留下一個很眞實的影像。可是另一方面似乎還有一個困難。

---

(一) 案韵鏡每"轉"皆分作平上去入四欄，入聲韵只見於帶輔音尾的各"轉"，不帶輔音尾之"轉"照例沒有入聲，所以入聲欄照例是空白。夬廢本是不帶輔音尾的去聲韵，但是因爲它們的地位已經被別的韵佔去了，所以只得寄放在照例空白的入聲欄裏。而且還在邊上注了"去聲寄此"四字。

(1) Watters, Essays on the Chinese Language, p. 72。

……（中略）（一）…… 在五音集韵中有一百六十韵，而切韵指掌圖有一百二十到一百三十個韵母。 所以若是不論四聲的話，只有七八個例，切韵指掌圖是單獨的韵母而五音集韵分作兩韵（間或分作三韵）。 那麽，究竟哪一個代表十一世紀的語言更眞切一點，是五音集韵呐？ 還是切韵指掌圖呐？ 還是五音集韵在這七個例裏擺它的古音架子，還是切韵指掌圖把它們簡化的太過分了呐？ 再不然，還是兩方面都對，因爲指掌圖跟五音集韵的兩個著者的方言不同呐？

現在可以分析幾個例。 廣韵支，脂，之，微，五音集韵併作脂，微兩韵，但是切韵指掌圖就連這兩韵也不分。 那麽，要不是因爲連在指掌圖二百年後的劉淵還是把微支分作兩類（韵目名稱沒有什麽關係），我們就要疑心五音集韵在這個上太泥古了。 一直到 1375 年的洪武正韵這兩韵才完全混成支韵的。 在遇攝有 i 的韵裏（三四等）還有一個類似的例。 廣韵跟五音集韵分爲魚虞兩韵；切韵指掌圖在 1067 年把它們混了，而劉淵在 1252 年還把它們分開。 正韵在 1375 年又把它們合成魚韵。 若說是指掌圖著者的方言的變化比其餘的方言快了二百年，那就太不成話了。 但是劉淵也並不處處跟五音集韵相合。 例如臻攝裏有 i 介母的在廣韵裏有眞，欣，臻，諄，文五韵；五音集韵保存殷（＝欣），眞，諄，文四韵；但是切韵指掌圖只有劉淵叫作眞文的兩個韵母；在正韵只有一個眞韵。 所以在這裏我們可以相信五音集韵顯然有泥古的地方了。

總而言之，從唐代直到官話成立的時候，所有漢語韵母顯然日趨簡單的種種演變，現在很難細追。 這種簡化的傾向不能在這個語言全區域裏處處都絕對並行的表現出來。 所以就是在同時代的著者之間也一定會有過紛歧的地方。 但是尤其在有細微區別的幾韵裏變得更細微了，在那個時候主觀的理論更有用武之地了。 這個學者認爲分的，那個學者也許給合起來。 所以，關於各細點跟年代是沒有方法可以考得很確定的。 不過無論如何我們可以認爲從五音集韵可以確定知道的就是切韵指掌圖所以把韵母簡化大多數是由於語言裏眞發生過變化，不過有些地

（一） 原文說五音集韵本於集韵，遂疑兩書分部相同。 高氏自稱未見集韵原書，故不知集韵分部實與廣韵相同，僅韵目用字間有出入，並不若五音集韵之簡。 此外高氏引據他人之說也有舛誤。 今將此處正文及脚註全删去。

方著者也許把它們簡化的過分了就是了。 現在對於切韻指掌圖的性質可以算是知道的夠確定的了。

還有第三類韻表，經史正音切韻指南，是 1336 年劉鑑所刊行的(1)。 用這個韻表的人很多。 因爲它附刊在康熙字典卷首(一)，人人都容易查得到。 Volpicelli, Kühnert, 跟 Schaank 等所作的研究都拿它當惟一的材料。 這個表是爲作五音集韻的撮要跟檢音(clef phonétique)而排列的，所以表裏的韻目也是五音集韻的韻目。 Schaank 以爲這些韻目是廣韻的韻目那就弄錯了。 這部韻表的著者完全是根據切韻指掌圖作的；所以在大部分的例裏也用了我們剛才在上文所討論的簡化的手續。 那麼這個簡化自然在 1336 年已經實現了。 所以我們有時候發現五音集韻的兩韻在這個表裏並排的放在一欄。 但是我們也不可以只把這部韻表當作切韻指掌圖以後的本子就算了事。 這兩部韻表裏有些內容不同的地方，有時候幸而還可以看出這個語言從十一世紀的語言自然的演變成官話的特徵來。我們剛才已經看出來這個著者很切近的照着五音集韻作，他在若干限度以內是要保存五音集韻的韻母系統的。 但是因爲五音集韻是按"韻"跟"母"排列的，從這部書裏看不出聲母的軟化也看不出韻母的合口（參閱上文），所以關於這一點切韻指南的著者就撇開了切韻指掌圖而自由行動了。 山攝的開口，切韻指掌圖是沒有脣音字的。 可是在切韻指南裏我們就看見二三四等裏都填滿了脣音字（如'班，變，鞭'等），這些字在切韻指掌圖都是放在合口裏的。 在官話裏所有這些字都是開口。我們在脣音裏可以找到好些類似的例。 在切韻指掌圖裏所有江，講，絳，覺幾韻裏的字全算是合口，在切韻指南裏舌根音，喉音跟脣音（例如'江，肛，邦'）變成開口了，其餘的仍舊保持合口。 這種辦法恰好跟現在官話的分配相同。 就在這一個表裏，我們看見'莊，瘡，牀，霜' 等字在切韻指掌圖跟反切一樣是開口，而在切韻指南就跟官話一樣是合口了。

(1) 看 Phon Ann, p. 121。

(一) 康熙字典卷首之等韻切音指南與劉鑑之經史正音切韻指南雖同出一源，而內容頗有出入。 高本漢據切音指南所擬測之結果往往與切韻指南原本不合。 參閱羅常培從切韻指南到切音指南。

同様，切韵指掌圖根據反切把有些字認爲是 j 化的聲母，而在同一地方切韵指南就把它認爲單純的聲母（詳細的地方看下文）。宕攝的表還有有趣的特點吶。我們在下文就可以看出來照穿在二三等裏完全是不同的聲母。但是我們發見切韵指南在宕攝裏把在反切裏歸入二等的'莊，創，牀，霜'等字卻放在三等。切韵指掌圖還是把它們放在二等。關於通攝也有一樣的情形。例如'崇，漴'兩字，反切跟切韵指掌圖都放在二等裏，而在切韵指南的三等裏出見了。那麽，我們應否由這種情形，把照穿等母的二三等在古代漢語分的非常清楚而在北京話不復存在的那種區別，認爲從這個時代就有開始消滅的朕兆吶？（一）

所以從語言的歷史上看，切韵指南倒不是一個可以看不起的文件，切韵指掌圖並沒有把它弄成一個多餘的東西。

假設這些韵表不過是根據反切所作的關於前代音的擬測，那麽這兩種材料都可以互相解釋，從這一個表得出來的知識就可以直接應用在那一個上頭。反過來說，假如切韵指掌圖，像我上文所證明，是代表反切以後至少幾百年的一個語言，那麽在什麽限度以內我們可以就讓這些材料互相解釋吶？它們所代表的旣然不是同一時代的語言，當然彼此都不能給我們關於單個字的知識。但是關於大的音韵分類上，那又可以作另外一個看法了。假如我們在唐韵裏看見有一套同切字'郎，當，剛'跟另外一套的同切字'光，黃'很小心的分開；此外假如我們又看出來，第一套反切字在切韵指掌圖裏嚴格的屬於開口，而第二套反切字只有在合口裏才出現，那麽結果就可以說在古代漢語裏這兩套字也是開口跟合口的區別。所以我們在本書裏就可以用以下的原則：在語言的兩個時代，除非我們可以找出其他不同的原因，同樣的音類分別是由同樣的語音分別而來的。

（一）案此兩節中凡高本漢所認爲切韵指南之特點皆經切音指南改竄後之現象，劉鑑原本並不如是。參閱羅常培從切韵指南到切音指南。以下各章凡遇原文所謂切韵指南皆改譯爲切音指南，以符眞相。

# 第二章　古代漢語的音系

要研究古代漢語的音系所生的問題，那些韵表可以算一個很好的起點，因爲這是一些很有規則很容易檢查的東西。　但是要了解這些韵表必得常常借着反切的光兒才成，反切這種材料一直到現在太被人忽略了。　上文已經說過歐洲的漢學家也有試過解釋這些表的，可是除了像最近 S. H. Schaank 的 Ancient Chinese phonetics ( T'oung pao 1897, 1898 ) 的嘗試，很少有夠得上科學價值，值得參考的(1)。　可惜 Schaank 沒有顧到他所據爲起點的切音指南的年代。　他對於表上附加的註，以及在康熙字典的刻本裏爲指明三十六字母的性質所加的那些空圈，帶點的，全黑的，半黑的符號，卻都非常的注意。　不過這些輔助的符號，照我所能看到的似乎沒有多大價值。　對於那些註得要留意下面幾點：

1. 這些註既然是在很晚的年代寫的，那時語言的演變已經向着官話的讀音變了許多了，所以用起來得要很小心才行。

2. 關於語音的定義那些註是很幼稚的。　比如 k 註爲"牙音"這話怎麼講呐？這些名詞要認得出來也很有用的，因爲在中國音韵的書裏常常用它們代表一定的音類（例如舌根音都叫牙音）；但是光從這些名詞裏顯然不能斷定它們在古代漢語裏所代表的語音性質。

至於那些小符號更不能告訴我們什麼了，［因爲劉鑑的切韵指南裏並沒有這些符號，只是在康熙字典的切音指南裏加進去的］，Schaank 由此很得到些完全不能成立的結論。　他不單在這裏看出印度跟阿剌伯的影響來，並且專從這些前提就得到些個結論，其中的一條說，中國古音沒有通常的 s, z, 因此心邪兩母（其實認它

---

(1) Maspero (Phon Ann) 大部分是根據 Schaank 所研究的。　但是他對於 Schaank 的系統有些修改的地方倒是進步了不少。

們是 s 跟 z，毫沒有什麼危險）是讀 s, z 的時候軟顎倒掛下來，那麼簡直得加上一個 r 的音了（1）！ Schaank 沒想到照他解釋的方法那些圓圈應該無疑的把 l 音歸到清音裏去了（2）！ 但是清音 l 就完全不像漢語系統內的音了（一）。 現在不用提 Schaank 這些實在沒有什麼大意思的懸想了，我們可以談談他的比較重要一點的理論，先看一看他關於聲母的理論。

Schaank 關於聲母的大意可以簡單說明如下：二三等的聲母是跟一四等一樣的，不過二三等是軟化的，而一四等不是軟化的。 他怎麼得到這個結果的吶？ 他起頭兒先看有雙聲母的各欄，一部分根據表中的註——我們剛才已經指出這些註是沒有什麼大價值的了——尤其是根據他認爲是一件事實的那個"用比較方法可以發現第三（知組）第七（照組）兩類裏有一個軟化的成分"的說法，於是就提出意見說知照兩組是端精兩組軟化的音。

根據這個看法他又得了兩個結論。

1. 既然這兩行是這樣的，其餘的幾行也應該這樣。 所以假如端（一，四等）是 t，知（二三等）是 ty（Schaank 是用 y 表示軟化的）那麼見的一四等應該是 k，二三等應該是 ky（3）。

2. 唐代的聲母系統只在舌尖音的幾類裏才有單純音跟［j］化音兩套聲母，其餘的就不然，所以在韵表以前的幾百年舌根音跟脣音之類的聲母裏頭並沒有［j］化的。

（1） Schaank 在他的文章 461 頁上說："試讀像 s, z, v 之類的摩擦音而讓鼻腔開着，照我的意見就可以得到這樣的音而帶一點顫動如 r 的音"。

（2） Pelliot 教授告訴我注意到這一點。

（一） 不過廣東台山有［l̥］音。

（3） "軟化"這個名詞在近代語言學裏有一個很特別的意義。 在古代漢語，沒有方法決定它是輔音眞正顎化（即軟化）——假如是"眞軟化"(mouillure)那麼在讀這個（軟化）音的時候舌頭同時作 j 或 i 的位置——還是在輔音的後頭有一個 j，在下文，我情願用 yod, yodisé（［j］化）而不願意用軟化作用或軟化這樣的名詞。 實際上 Schaank 所要說的不過是在聲母後頭加一個 'y'，由他的寫法 'ty' 就可以看出來的，固然這個理論似乎是很可以聽得過去的，但是再仔細一點看看，我們就可以知道其根據是很脆弱的。我相信這個"比較的方法"很難叫我們對於知組照組的問題得到一個靠得住的結果。雖然在好些方言裏這些聲母的讀法跟[ j ]不是不相容的，如福州話，可是在另外一些方言裏知照的讀法恰好跟[ j ]不能並存(例如北京話的 tʂ, ʂ 把後面的 i 音變成 ï )(1)。哪怕就是在方言中這兩種讀法裏選一種跟[j]相合的音——我在下文有理由可以允許這種選擇——我們也不能一定說是這些音恰是舌尖音 d, t 的顎化。難道我們不能假設別的音麼？即使知組是放在端組的底下（切韵指掌圖並不如此），那也許純粹因為實際上排列的方便，至多只能證明作這些表的人覺得這兩套聲母當中有些關係罷了。Schaank 的結論實在是很不成熟的。這起初還不過是一個鹵莽的假設，但是因為他從這個假設得出上文那樣很有重要關係的兩條推論來，於是就變成很嚴重的錯誤了。我們在底下就可以看出他的全部解釋，因為那兩個推論的原故，就都不能維持了。然而Schaank 有一個大功勞就是他提出了[j]化（一種軟化）的觀念，[ j ]化現像在中國古音中無疑的佔很重要的地位。在這一點上就可以看出他是一個很聰敏的語言學家了。

現在我們從另一方面，應用反切，來走近這個問題。

我們先把只有一行聲母（見溪等）那幾欄的一三兩等比較一下，就可以看見這兩等的字從來不用同樣反切上字來切的，它們的反切上字清清楚楚分成兩套。這個區別在什麼地方呢？要把這個區別適用於所有各樣的聲母，選擇的機會就很有限了。因為它既然不能是指送氣的力量，像 k k' 那類聲母所表示的，那麼我們很自然的就會想到[ j ]音的有無了。這個假設再加上了底下兩個情形就可以變成確定的了。

1. 在三等字的主要元音前頭總有一個 i 介音；

2. 分析這兩等反切用字的性質。

---

(1) 參照俄文拼音用 ШИ 而讀起來是 ШЫ。

例如：

| | k | k' | h |
|---|---|---|---|
| 一等 | 古，公，工…… | 苦，口，康…… | 呼，荒…… |
| 三等 | 居，舉，九…… | 去，丘，豈…… | 許，虛…… |

這些一等的字在現在的官話都是硬音，三等的字在現代官話都變成顎化的塞擦音或擦音。

所以我們就可以穩穩當當的假定中古跟近古漢語的一等是單純的聲母，三等是 j 化的聲母。

現在既然看出 j 不但曾經存在，而且在古代漢語裏佔重要的地位，並且有規律的在見曉等聲母的三等發見，那麼我們就可以回到 Schaank 的第二個結論，把它推翻：

單純聲母跟 j 化聲母的分別（k:kj）雖然已經存在，但是唐代的聲母系統並沒有把這種分別認爲兩種聲母。

唐代的聲系統對於端：知跟精：照卻是分別出來的。

從這點看起來端：知跟精：照的區別要比單純聲母跟 j 化聲母的區別更徹底一點。

我們以下再討論這些聲母究竟是什麼音值。

我們已經知道 Schaank 從錯誤的前提所得到的結論眞是奇異的偶合，照他說見類的三等是見類一等的 j 化，這剛碰巧是一件眞的事實，不但在韵表的近古漢語是如此，就是在中古漢語也是一樣的。 Schaank 只想在近古漢語裏適用此說，而在中古漢語裏他還正在那裏想要證明其不然吶。

從這個觀點看，二四等的性質是什麼吶？

關於四等，Schaank 弄得一樣的順利。 他正確的證明四等跟三等是同樣的韵，而且是同樣的眞韵母(一)（看下文），這兩等的不同應該從聲母上來找。 照

(一) 後來高氏認爲三四等除聲母不同外，韵母也不同，詳他的 Recons Ac。參後 474 頁以下。

Schaank 的假設四等應該是單純聲母，這從反切上可以證明出來，因爲一四等所用的反切上字是不分的。固然根據切音指南也可以看見少數四等字的反切是用三等聲母，但是這個不一致的地方可以很自然的解釋出來。這些字的大部分在切韵指掌圖是放在三等裏的，所以這是由於較近的時代遺失了 j 的結果，因爲 j 音遺失所以這些字就由三等變到四等裏去了(1)。

說到二等，反切就同 Schaank 的意見毫不相合了。反切可以絕對嚴格的證明所有後來放在韵表二等的字在古代漢語裏聲母也像一等一樣是單純的，因爲反切的上字兩者相同。既然中古漢語在二等裏沒有 j，要反過來假設近古音是有 j 的，那得有很強的理由才成。Schaank 的所謂"證據"——就是端：知的類推——在上文已經證明它不對，還有他附加的一個理由說"爲是要得到一個各等裏的音別，"我們以後就可以知道是無須加的。關於各等間的區別得要在別處去找，我們可以認定二等是沒有 j 的，這完全跟宋代韵表的圓滿解釋無妨。

在這些情形之下，我應該用反切的證據來斷定二等不是 j 化的聲母。這樣我們就有下列的表：

| | |
|---|---|
| 一等 | k |
| 二等 | k |
| 三等 | kj |
| 四等 | k |

至於講到 j 的有無碰到影母就發生困難了。這個聲母的反切上字，三等字不像別的聲母那樣跟一二四等有分別，這因爲最普通的反切上字'於'是各等通用的。但是要假設這個聲母沒有單純跟 j 化的兩種，這個結論就似乎太快了。我們在韵表（看下文）影母的底下有時候作三等，有時候作四等，還有時候三四等並有，而它們韵母都一樣，假使聲母沒有分別，那就不會如此的。

(1) 這裏舉幾個字作例：'便，兔，辯，厭，豔' 等。

這個解釋完全在另外一方面。中古漢語裏'於'字有兩種讀法：1. 哀都，2. 央居。當'於'字用作單純聲母的時候無疑的是認爲以'哀'爲切的，當它用作 j 化聲母的時候，無疑的是認爲以'央'爲切的。這個字的兩可用法，在反切裏是很不幸的，因爲它使我們對於有些字不能看出來究竟是單純聲母還是 j 化的聲母。

要想定出知，徹，澄跟照，穿，牀，審，禪幾個聲母在古代漢語裏的音值，那比隨便用一個"比較的方法"得出一個結果就算了事，要困難的多。不過要解明這個問題也不是沒有着力點。

1. 我們以前用消極的方法已經得了一個很重要的結果，因爲我們已經看出來現在所討論的這些音，不能算是簡單的舌尖音一類的。要是除去脣音，舌尖音，舌根音，喉音之外，其餘的也沒有什麼可選擇的了。照很像會有的樣子，這些聲母的發音部位應該在齒齦的後部跟前硬顎，這個假設大多數的漢學家都承認的（例如 Edkins 寫 'ch', Maspero 寫 'č'），並且在現代方言中很多這些聲母的"後代音"也可以證實它的。我們暫時可以把發音部位在這個地方的爆發音，摩擦音跟塞擦音（半塞音 "mi-occlusives"）寫作 $\mathbf{t_2}$，$\mathbf{d_2}$，$\mathbf{s_2}$，$\mathbf{z_2}$，$\mathbf{t_2s_2}$，$\mathbf{d_2z_2}$。

2. Schaank 曾經指出來，而且我也認爲是他的最重要的觀察——就是說韻表的全部排列可以使我們得下列的比例式：

t（端）：知＝ts（精）：照

還可另外得：

知：照＝t：ts

ts 旣然是 t 加一個同部位的摩擦，那麼，照就應當是知加一個同部位的摩擦。所以我們就可以拿這個作起點來說知（像 t 似的）是一個後面不隨着摩擦音的爆發音，換言之就是 $\mathbf{t_2}$。照是這個爆發音加同部位的摩擦音，結果就是塞擦音 $\mathbf{t_2s_2}$。**č** 這個字母在印歐語言學裏向來是用它當塞擦音（"半塞音"）的，所以可以用它寫照，但絕對不可以像 Maspero 那樣用它來寫知。

3. 在齒齦與前硬顎一帶地方可以發出許多很不同的音來。大概可以分作兩大類：每一類還可以分成幾種。一大類是硬的，平常是用舌尖讀的往往叫作齒上音(supradental, 也叫作 cérébral, cacuminal),例如,英文的 bi*r*d, *sh*oot, hu*r*t, *tr*y, 俄文的 ш, ж。 還有一大類是軟的,舌面的,往往叫作顎音(palatal),俄文的 ч, щ, 意大利的 c(i), g(i)是其中的一種,安南的 ch, 英文的 *ch*ur*ch*, *j*u*dg*e(1)另外是一種。 那些齒上音,硬音(舌尖音)因爲舌頭部位的緣故對於[j]是很不相容的。 反之顎音因爲是軟的(舌面的),卻跟 j 是很相調適的。 所以我們暫時可以把齒上音寫作 $t_2$, $d_2$, $s_2$, $t_2s_2$ 等,把顎音寫作 $t_2j$, $d_2j$, $s_2j$, $t_2s_2$ 等。 現在得要研究出來的就是知組照組在中古漢語裏究竟是齒上音還是顎音。 照老辦法,我們還希望從反切裏找到解決的方法。 現在開始先看看爆發音知,徹,澄那一組。

如果看一看知組的反切用字,我們就可以發見一件有趣的事實,因爲它們在二三等裏是用同樣反切上字來切的,就是說這兩等只有一種眞聲母,旣跟二等的單純聲母裏(k 之類)相當,也跟三等的 j 化聲母(kj 之類)相當。 由這一點,我們就可以斷定這些聲母不像平常那樣分作單純跟 j 化兩種。 知或者完全是 $t_2$(齒上音)或者完全是 $t_2j$(顎音)。

要想確定這兩個音哪一個適於古代漢語的知母音值,那是很困難的。 在現代方言裏,這兩種音都可以找到一些代表,第一種如北京話,第二種如福州話,其他方言且不說。 但是中古漢語裏有些痕跡使我傾向認它爲顎音 $t_2j$。 第一層,知組只在第一個音素是 i 的韻母前邊出現(一)。 假如聲母是齒上音 $t_2$,他的發音部位旣跟 i 音不十分融洽,而偏偏選擇了這些韻母來出現,那就有點古怪了。 並且我們還可以看見有些方言把知讀作齒上音的(如北京的 tʂ)同時就把古代漢語的 i 失掉,

(1) 像英國人自己讀 church, judge 的音。 法國人跟德國人平常用硬音來代替。 [譯者案英美人讀這類音雖然傾向於用舌面,德法人雖然傾向於用舌尖(略縮後),但他們兩派之間的不同還沒有一般中國方言對於'機:支,欺:癡'等字音分別那麼清楚。 從中國人耳朵聽起來覺得英美德法音都近一種兩者之間的音。]

(一) 高本漢寫這本書的時候還是主張二等有 i 介音的,後來接受 Maspero 的修正才把二等的 i 介音去掉。(看 477—8 頁) 但他對於知組卻不論二三等仍舊保留一律讀作顎音的說法。 所以遇到江庚皆山之類的二等韻就感覺很難讀,雖然在音理上不是不可能,不過讀起來終究有點不自然罷了。 參閱羅常培知徹澄娘音值考中央研究院歷史語言研究所集刊第三本第一分。

所以原是'知'+iaŋ的'張'字讀成了tʂ+aŋ了。因爲這個緣故，我覺得北京話的齒上音讀法是在較近的時代才發生的。第二層，在韵表裏不出現於三等（就是韵母第一個成素是i而聲母是j化的）的聲母，有舌尖音t, ts兩組。這是很可以發人深思的，因爲照別的語言的例（如斯坎底那維亞語跟斯拉夫語）首先可以告訴我們當齒音在i音前頭的時候很容易受軟化的，其次軟化的齒音就很容易變成顎音（現代的北京話就有此例：tsi>tsji>$t_2s_2$ji）。所以我相信在Schaank的假設裏面很有些眞理。照他說，從歷史的觀點看，知組應當認爲舌尖音的j化[即舌面化]；但是齒音t, d等的簡單j化的這一步，當唐朝的聲母系統構成時（我們已經看見它的標目並沒有純音跟j化音的分別）已經早走過了，在這個時代它已經成了顎音聲母，所以唐朝人已經覺得它對於t, d那些舌尖音是完全另外獨立的音。於是另外用一套知組聲母來代表它們。知組實是從端組演變出來的，由反切裏的幾個特殊的例可以確定證明，這些特殊的例就是那演變未完成而遺留下來的痕跡。例如'椿'在（唐）廣韵裏寫作'都江'，但在集韵跟韵會裏就寫作'株江'。這樣看起來，有好些個觀察都合於爆發音知，徹，澄在中古漢語是顎音的說法。Schaank的錯誤倒不在他的起點的選擇（因爲從這個起點他的直覺引導他向眞理的路上進行的很遠），而在他陷入的那些冒險的結論。

4. 我們在上文（32頁）已經看出照應當是爆發音加同部位的摩擦音，換言之，就是塞擦音。現在看一看照跟它的同類穿等的反切，我們就可以發見一件很有趣的事實——而且，在下文就可以看見，在中古漢語的解釋上是極其重要的——就是在有一方面照組跟知組並不是完全平行的。雖然知，徹，澄等母的反切上字，二三等寫的一樣，可是照組的二三等卻嚴格的分成兩類。例如照在二等是'阻側'等，而在三等是'諸章止之'等；穿在二等是'初楚'等，而在三等是'處昌尺'等；審在二等是'疏所色'等，而在三等是'書失商'等。

這個區別是絕對嚴格的，我從此就得了一個很自然的結論，就是說二等是單純的，[舌尖]齒上的；而三等是j化的，[舌面]前顎的，跟所有別的聲母（k:kj等）是類似的情形。可見爆發音知不分單純跟j化兩類，大概總是j化的；而摩擦音

（或前加知母音值而成照母音值的塞擦音）卻完全跟別的聲母一樣可分兩類(1)。

由反切的幫助，我們就可以把中古漢語的聲母系統照下列的表排起來：

| | | | | | | |
|---|---|---|---|---|---|---|
| 一 | l | h | ts | p | t | k |
| 二 | l | h | $t_2s_2$ | p | $t_2j$ | k |
| 三 | lj | hj | $t_2s_2j$ | pj | $t_2j$ | kj |
| 四 | l | h | ts | p | t | k |

知照兩組還有兩個問題得要解釋。後代韻表裏雖有三十六字母，唐時創造的聲母系統卻只有三十字母，其中缺的就有知組第四位的娘跟照組第三位的牀。

若是在反切裏把泥娘兩母的上字審查一下，我們就可以看出這兩母跟端知兩組裏的別的聲母並不完全平行。我們在一三等之間固然可以找到一個像其他聲母一樣的根本區別，就是一等常用'奴'切，三等常用'女'切。但是爆發音二三等是用同樣的切字（除去在上文所看見的有些特殊的例外，如用 t '都'當二等的反切上字之類），而在鼻音裏一等的'奴'字照例也用於二等。我從這裏看出 n 在中古漢語裏有點像 k 或 h 那樣辦法的痕跡，就是在一二四等用純粹的 n（切字'奴'），而在三等裏用 j 化的 n（切字'女'）。所以只有一個泥母就夠了。但是用'女'切的有幾個字，有幾個實際是屬於二等的，由此可見在知，徹，澄後的 j，既然在二等跟三等都把它們變成顎音，那麼鼻音後的 j 恐怕也開始從三等蔓延到二等了。所以我們得要知道標立娘母來代表'女'所切的字這舉動，是否就可以算表示在宋朝時候 nj（女）已經變成不能再認爲是泥的複合音，n+j，就像在唐朝知母已經不能再認爲是端 t+j 的情形一樣。這個演變可能是可能的，不過我覺得要說這個演變在鼻音上必須到爆發音完全由 j 化變成顎音幾百年以後才完成，恐怕是不大像的。那麼可否設想這只是各時代學者的理論歧異而不是音的本身實在不同呐？有些

（1） 照母分成單純與 j 化兩類在現在北京話是沒有了，不過在好些別的語言裏還有存在的，安南話就是一個例。Maspero (Phon Ann, p. 46) 不承認中古漢語的聲母有這樣分別，他說安南音這兩類的分別是由於韻母上 i 介音的存在與否。

語音上的理由可以幫助這個意見。 舌尖不觸齒的純顎爆發音（$t_2j$）跟帶 j 的舌尖爆發音（tj）之間，聽起來有很大的區別，很容易辨認。我們會覺得它們是淸淸楚楚的不同的兩種音。可是一到鼻音就不然了。顎音的 n 跟舌尖音的 n 帶 j 的分別實在非常細微，不靠假顎圖（palatogrammes）的幫助往往就很難辨得出來（看 Rousselot, Broch 跟別人的書）。所以我相信'女'字的音在唐朝創造這套字母的人認爲是舌尖音的 n+j 的，因此就把它放在泥母的底下；但是在宋朝的著者們認爲'女'是跟顎音知，徹，澄相當的鼻音，因此就造了新的娘母來標它。這兩種解釋從語音的觀點講都有相當的理由。但是爲甚麼宋朝的音韵學家要翻這個新花樣呐？ 照我的意見，介紹娘母新標目來代替用'女'字所切的泥母字，不過爲求韵表的各部分相稱罷了。當他們起初把發音部位相同的聲母合成一類的時候，泥 n 是跟端 t，透 t'，定 d'(1)放在一塊兒的。於是跟它並行的知，徹，澄一套，就留出一個很討厭的空當兒來了：

端 透 定 泥
知 徹 澄

那麼再自然沒有的辦法就是把空當兒塡起來不認用'女'字切的是泥母的 j 化，而認爲是知，徹，澄的鼻音，就管它叫娘了！ 這個解釋雖然我還沒有證據證實，我覺得很値得想想。

唐代的聲系裏沒有牀母，也可以用一個很自然的法子來解釋。Maspero (Phon Ann, p. 45）舉了好多的例證明牀與禪從很古的時代就分得不大淸。在現代方言中也可以看出漢語對於濁摩擦音跟濁塞擦音不大會分的，例如，上海話的 dz 跟 z 就混而不分（參考瑞典 j<dj<g，俄文 Межа 跟 sbcr(一) megja 出於拉丁的 media）我相信在中古漢語跟創造三十字母者的讀音是不分牀禪的，而在反切的著者跟更近代一點的音韵學家就把它們分開了——不過如 Maspero 所指明，它們往往有些不一致的毛病罷了。等講到現代聲母的時候，我再回到這個問題(二)。

(1) 我把定母寫作 d' 而不寫作 d，這個理由等講到現代聲母的時候再來解釋。

(一) Sbcr＝Serbo-croatian 現在的南斯拉夫國(Jugoslavia)。

(二) 吳語關於牀禪從邪的讀音皆與廣韵不甚一致。參閱趙元任現代吳語的研究第一表 5。

在唐代的聲母系統裏除去娘牀兩母之外，還缺少幫，滂，奉，微四個脣音。這個原因已經被 Edkins 指對了。Volpicelli 跟 Schaank 都採用了他的解釋；並且 Maspero (Phon Ann p. 14) 也給它證出來了。中古漢語只有四個雙脣音，而在近古漢語卻有八個雙脣跟齒脣音：p, p‘, b‘, m, f, f‘, v‘ [mv]。事實上反切裏代表脣音的上字只有兩套，一套見於一二四等（單純的），一套見於三等（j 化的）。齒脣音是從雙脣音演化出來的（大約在紀元後六百年）。Volpicelli 把這個現象歸到合口（就是韵母第一個成素是 u 的）作用，這個觀念 Schaank 說得更詳細。底下就是 Schaank 的說法的概要：

1. 古雙脣音在一二四等是保存着的(1)

2. 在三等裏這些脣音是：

(a)開口仍舊保存着，

(b)合口就變成脣齒音了。

這倒是個很巧的說法，而且在切音指南上很用得上的。固然有兩攝（咸攝的‘凡’跟流攝的‘缶’）在開口也有由雙脣變脣齒的現象。對於這個轉變 Schaank 並沒有給什麼解釋，但是我想脣音韵尾也許有點兒關係：因為‘凡’字是 m 尾，‘缶’字是 u (w) 尾(？？)(2)。Schaank 提出的說法還有一個好處，就是它能解釋那些聲母的名稱。並明在切音指南放在開口所以就保存在雙脣組裏，非敷放在合口所以就轉入脣齒組。

但是這個說法不能一點沒有保留的就承認，因為有很嚴重的困難得要先設法解決。

我們看看切韵指掌圖就發見有些三等脣音聲母的字指掌圖放在合口，而指南放在開口——這件事實是很叫人不舒服的。現在就舉山攝的字作例，來比較這兩種材料，山攝的韵母暫時寫作 iɛn 算作一個公式(一)。

---

(1) 二等是跟一四等一樣而不跟三等一樣的，這件事實該使 Schaank 反省一下，對於他自己的說法應該要小心一點了，因為照他的說法，二等聲母也跟三等一樣是 j 化的。

(2) 若是這樣，效攝的‘表’沒有像‘缶’那樣變，咸攝的‘貶’也沒有像‘凡’那樣變，却有點奇怪。

(一) 這不過是暫用的一個“公式”，後來高本漢把仙元分化為 iɛn, iɐn (看 475 頁)。

我們先看見指南有以下這種表現：

| | 明 | 並 | 滂 | 幫 | |
|---|---|---|---|---|---|
| 三等開口阮獮韵 | 免 | 辯 | 鴘 | 弃 | pjiɛn |

| | 微 | 奉 | 敷 | 非 | |
|---|---|---|---|---|---|
| 三等合口同韵 | 晚 | 飯 | 疲 | 反 | fuiɛn |

這跟 Schaank 的說法是很相合的。

現在再看切韵指掌圖：

| | | | | | | | | |
|---|---|---|---|---|---|---|---|---|
| 三等開口 | ○ | ○ | ○ | ○ | ○ | ○ | ○ | ○ |

| | 微 | 奉 | 敷 | 非 | 明 | 並 | 滂 | 幫 |
|---|---|---|---|---|---|---|---|---|
| 三等合口 | 晚 | 飯 | 疲 | 反 | 免 | 辯 | 鴘 | 弃 |
| | ……… | ……… | fuiɛn | ……… | ……… | ……… | pjuiɛn | |

我們不幸在開口一個字沒有看見而在合口同時看見兩組並行的聲母，一組是 f，一組是 p。這並不是一個孤立的例。還有很重要的臻止兩攝，也是一樣的。所以從切韵指掌圖出發我們就得到底下的結果：就是保存雙脣音 p 等的字跟變成脣齒音 f 等的字都一樣的是合口，就是到了 p>f 的變化完成之後還是合口。換言之切音指南的脣音開口字是在 p>f 之後的較近時代才發生的；所以這種變化的原因是不應該在合口裏去找，因爲如果由於合口它們就都應當變成脣齒音了。照切韵指掌圖看起來，假如從那時候 pjuiɛn 跟 fuiɛn 已經是彼此並排放着，那麼切音指南時代所發生的變化，似乎是照底下那樣演變。前一種，削去了 u，於是變成 piɛn，後一種，保存了 u，所以還讀 fuiɛn（後來再變 fuɛn>fuan>現在官話的 fan）。這樣就可以解釋爲甚麼 Schaank 的說法是跟切音指南相合的了。這兩種現象之間似乎有一個很密切的關係。若是這樣說起來，應該是因聲母 p：f 的不同而發生開合的區別，並不是因爲開合的區別而發生 p：f 的不同。要照這樣說 Schaank 的說法就要變成因果倒置了。

照 Schaank 說 f 是由合口的影響產生的那麽切韵指掌圖好像把 Schaank 的學說倒過來了。但是若把切韵指掌圖認爲比切音指南的權威更大,那麽它就得有下列兩種好處:

1. 它對於 p>f 的演變應該可以使人另外有一種滿意的解釋。
2. 關於開合口它應該按照反切所保存的古語那樣分,在這種古語裏 p>f 的變化已經開始了。

關於這兩個條件的第一種,照切韵指掌圖的排列法'拚'等'反'等音這樣相近的字,會變得這樣的不同好像有點奇怪。它們都屬於三等,本來都是 j 化的聲母,韵母都有 i 介音;兩者都屬於合口,在切韵指掌圖是同在一橫行裏的。因此,它們在那時候是同樣的(或者是幾乎同樣的)韵母。然而第一個保存着 **pjuiɛn**, 第二個卻變成 **fuiɛn**。現在我們得注意這兩類字在廣韵是不同韵的(阮韵跟獮韵)。那麽我們是否得要假定說:這兩韵間所有的區別,雖然細微得後來最早就混淆了起來,而這種細微的區別竟夠使後來的脣音聲母變化分歧出來吶?這種解決的方法當然是不大滿意的。

一個反對切韵指掌圖更厲害的理由是關於第二個條件。我覺得在這裏有作出一個表的必要。由這個表可以看出反切,指掌圖,指南關於脣音聲母開合口不一致的地方:

| | 反切 | 指掌圖 | 指南 |
|---|---|---|---|
| 果攝二等 | 開 | 合 | 開 |
| 止攝三四等的幾韵 | 開,合 | 合 | 開 |
| 蟹攝二等皆韵等 | 不定 | 開 | 開 |
| 山攝二等 | 合 | 合 | 開 |
| 山攝三四等仙韵等 | 開 | 合 | 開 |
| 臻攝三四等眞韵等 | 開,合 | 合 | 開 |
| 梗攝二等 | 不定 | 開 | 開 |
| 梗攝三四等的幾韵 | 合 | 開 | 開 |
| 宕攝一等 | 開,合 | 合 | 開 |
| 宕攝二等 | 合 | 合 | 開 |
| 宕攝三等 | 合,有些例不定 | 合 | 合 |

這個表很有趣。在這幾種材料中它顯出來一個顯著的不同。最重要的是反切在好些例跟指南合而跟指掌圖不合。指掌圖跟 Schaank 的定律形式上的衝突在這裏就減少一點了。山攝的三等，就是剛才作例的阮獮韻並不給我們困難；反切是維持指南的。但是關於四個攝卻還有很嚴重的困難。現在舉幾個例：

'秉'，'丙'，'皿'是用'永'字切的，所以是合口。

'病'，'命'互相切，'柄'也用'病'字切，'詠'，'營'用'命'字切；所以這些字都是合口。

'憫'，'敏'用'殞'字切：合口。

'鋩'，'硭'用'方'字切，'方'字因爲切'王'，所以是合口。

'丕'，'眉'跟好些別的字用'悲'字切，'悲'字是合口，因爲合口'帷'字是用它切的。

'靡'，'陂'，'碑'跟好些別的字用'爲'字切：合口。

'裴'用'符非'切：合口。

'美'跟'鄙'互相切，並且'美'字切'洧'字，所以是合口。

'靡'用'甫委'切，換言之就是合口。

'裨'，'俾'跟好些別的字都用'弭'字切。'弭'字跟好些別的字用'婢'字切。

'婢'字切'䜓'字，因爲'䜓'字是合口，所以那些字都是合口。

我們還可以把這個單子開得更長吶。

雖然這些聲母是 j 化的，韵母又是合口三等的，而在這些例卻都保存着變脣聲母。

統算起來，Schaank 的 f 組是由 p 組受合口的影響演生出來的說法是有相當的好處在裏頭的。但在接受他的說法以前，得要回答兩個問題：

a）爲什麽開口咸攝的'凡'字，流攝的'缶'字，也演生一個 f 出來？這是不是因脣音韵尾的原故？若然，則效攝的'表'，咸攝的'貶'，爲甚麽不這樣的變？

b）爲什麽剛才所說的那四攝的字，雖然具備 Schaank 所說關於演變的必需條件，卻避免了 p>f 的演變？

還有一件使人不安的事實，就是切韵指掌圖把合口給了一個那麽大的範圍，比起別的書來大的多，這件事實自然也得要有一個解釋。切音指南對於山宕兩攝的二等給了一個開口，這顯然是較近的變化，因爲反切跟指掌圖關於這兩類字都認爲合口的。 但是山攝的三等（例如‘辨’），臻攝的三等（例如‘貧’），止攝的三等（例如‘皮’），還有很重要的果攝的二等（例如‘巴’），只有指掌圖認爲合口，其餘的兩個都認爲開口。 若是竟把這個叫做指掌圖的“錯誤”，那就太不通了。 那裏頭有一個眞的原因這是用不着說的。 若是假定現在所討論的這幾攝，最初是開口（那前三攝就避免 p>f 的變化了）後來從指掌圖的時候變成合口，從指南的時候又返回來重新變成開口，這樣變來變去是一樣不可能的。 再不然若說指掌圖代表不同的方言差異，這就簡直的取消 Schaank 的定律了，因爲指掌圖也是分 p 跟 f 的。 難道就沒有別樣可能的解釋麼？

我上邊那個表所給的那些可疑的例，乍看起來好像把問題弄得更複雜化了，其實也許倒可以幫助找到個解答。 現在稍微再仔細看看這些例。 我在上文(16—18頁)已經指出來合口的現象不算作“韵” (la rime)的一部分，尤其不是像 Schaank 所說的聲母的部分。 它實在是屬於“眞韵母”(la finale réelle)的，這從反切裏可以看得出來。 我查了三千多字的反切，我發見了這樣一個規則：凡廣韵包含開合二類的各韵，都可以找出很嚴格分開的兩套反切下字，一套是開口，一套是合口。 但凡是規則總有例外；這個規則也是一樣的。 不過它的例外很少：在三千多字中，只有一兩打字的性質究竟是開口還是合口，在反切上不很清楚。 我現在且把這些可疑的例舉出一大部分：

‘拜’的切字是合口‘怪’，而給開口‘界’或‘戒’作切字。

‘萬’的切字是合口‘販’(1)，而給開口‘建’作切字。

‘賣’的切字是開口‘懈’，而給合口‘卦’作切字。

‘滿’的切字是開口‘旱’，而給合口‘管’作切字。

‘訪’的切字是開口‘亮’，而給合口‘況’作切字。

‘萌’的切字是開口‘耕’，而給合口‘宏’作切字。

‘盲’的切字是開口‘庚’，而給合口‘橫’作切字。

(1) ‘販’：用‘願’切。

‘博’的切字是開口‘各’，而給合口‘郭’作切字。

‘往’的切字是開口‘兩’，而給合口‘枉’作切字。

‘方’的切字是開口‘良’，而給合口‘王’作切字。

‘八’給開口‘黠，札，察，殺’作切字，也給合口‘拔，滑’作切字。

如果說反切的語言跟韻表的語言不同，簡直把‘怪，管，況，郭，枉，王，滑’等全算開口，或者把‘界，建，亮，兩，良，殺’等全算合口，照這樣反切就不錯了，不過這種假設是不可能的。 再不然說這些字的開口反切是較晚時期這些字已經變為開口後的錯誤反切；這種假設也是不可能的，因為其中好幾個字如‘訪’字，直到很晚的切音指南裏還依然是合口。 這個答案得要在別處去找，同上面所講的許多問題有密切的關係。 第一要注意這些可疑的例裏，除一個‘往’字以外，都是脣音聲母。 這並不會是偶然的。 非但各種不同的材料關於脣音的開合口完全不一致，就是在同一種材料裏（如反切）也有許多不一致的地方，而關於別的聲母就沒有這種情形。我得鄭重聲明開合口在別的聲母後頭是絕對分得一絲不亂的。 承認了這個事實，那麼我們就得斷定這種不一致乃是由於聽感上的困難，就是說，在脣音聲母的後頭不容易聽得出開口或者合口。 例如 p，若像普通法文的讀法，那麼分辨 pan 跟 puan 也就同 kan 跟 kuan 一樣容易了。 假如 p 是嘬着嘴說的，那就不同了。這種 p 對於後面的韻母免不了加上一點兒合口的色彩，換言之，它本身上也有一點兒合口的性質了(一)。 現在我們暫時把這種 p 寫作 $p^w$。 假如在同時有一個眞合口 $p^wua$，又有一個開口而聽感上微帶合口色彩的 $p^wa$，好些事情都可以明白了。於是我們就可以照 Schaank 的說法說 $p^wju$ 三等變成 fu，而 $p^wj$ 仍舊保存着雙脣音。 因為 $p^wa$ 有這麼一點兒合口的成素（這個成素也許在各種元音前頭多少有點兒不同），指掌圖把它放在合口裏頭毫不足怪，不過嚴格說起來，應當像反切跟指南那樣算作開口。 上文所說反切本身不一致的地方也容易解釋了。 因為 $p^wa$, $p^wan$ 等開口音跟 $p^wua$, $p^wua$ 等合口音之間聽起來非常相近，作反切的人一不留心，就會把應當算作開口的韻母的誤作合口，或把應當算作合口韻母的誤作

(一) 參考黃淬伯慧琳一切經音義反切考，其中反切下字分“開”，“合”，“脣”三呼。

開口。　還有一層，聲音的類似也許使讀音的本身上都有點兒參差不一，結果遂使得反切也不一致了。　例如'拜'字事實上也許讀開口 $p^{w}ai$，所以用作'界''戒'兩字的反切下字；又因爲不能確定究竟是讀 $p^{w}ai$ 還是讀 $p^{w}uai$，所以又拿'怪'字來切它(1)。

把中古漢語的唇音認爲這樣讀法就可以解決指掌圖合口太多跟少數反切的不一致兩個複雜的問題，所以這個說法照我看是很有道理的。

照 Edkins 跟 volpicelli 的說法，開合口的語音上的意義就在於韵母第一個成素無 u(w) 或有 u(w)。　近來 Maspero 也採用了這個意見，他用的名詞是"脣音半元音"的 (semi-voyelle labiale)。　依我的意見，一切事實都贊助這樣的解釋。可是 Schaank 跟 Kühnert 兩人認合口爲聲母的一個特質，這個錯誤觀念引得他們擬了一些很荒唐的假設。　Schaank(T'oung pao, 1897 p. 473)起首認爲中國字典所謂"口"字的定義，就是"語所從出，食所從入"的地方(一)拿這個定義就證明(?)它只指咽頭後壁 (pharynx) 的當中一部分，就是舌後面最窄的一點。　他繼續說："這個地方要是關窄了，我們就可以叫作'後舌喉道' (post-lingual-pharynx passage)只能用舌的最後一部分使它關窄。　假如有人發一個 u(德文的u)元音，舌根部也是離咽頭後壁接近，那麼結果就成了一個不完全的合口。　假如舌根更往後一點兒，那麼呼氣就得通過一個很窄的路，結果就生出摩擦。　假如舌根還要往後一點，就得把氣息完全閉住，於是成了合口。　但是我想合口不過是指比較的關合，弄窄

(1)　在底下我所作的字類表裏這些兩可的字究竟放在開口裏還是放在合口，很難決定。　若想把反切都"改正"了，那簡直不必那麼想，因爲沒有方法知道改到什麼限度爲止，結果弄得老不能一致。試舉一例：'訪'用'亮'字切，是開口，但是'訪'又作合口'況'的反切字。　指掌圖跟指南把'訪''況'兩字都算作合口。　'訪''況'本來是合口，那是沒有疑義的。　但是假使我們把'訪'的反切改過來 把它放在合口裏頭，那麼對於上聲用開口'兩'作切的'彷，紡'二字——看樣子也是切錯的——應該怎麼辦呢？　碰巧這兩個字都不再切別的字了，在一個顯然的矛盾之下我們沒有靠得住的證據說'彷，紡'兩字實是合口。　假如依照'訪'的例也把'彷紡'改正了，那就不知弄到什麼地方爲止了。惟一可能的辦法就是純粹以依切語下字定開合口爲原則，而不管被切字表面像是開口或合口。不過我在這些不一致的地方，老有互指的小註。　所以在有互相指的字類裏所有脣音聲母多少有一點兒合口的色彩。　所以開合口的界限有時候是有點飄渺不定的。

(一)　案說文"口，人所以言食也"。

一點成一個摩擦音罷了。我們所以說合口地位是一個說得過分一點兒的 u 音地位。所以＋ka（就是合口的 ka）聽起來差不多成一個 kua 或 kwa 是不足奇怪的"。

這種語音學的幻想是不值得一駁的。u(w)固然是軟顎音(velar)，但它並不是一個咽頭後壁的摩擦音！u 的最聽得出來的特點是窄的圓脣，Schaank 卻完全忽略了。Schaank 所跟踪的 Kühnert 就很堅決的說現在的"kuang"沒有複合元音。他說，這個字讀起來實是"kong"，不過軟顎一部分讀得過分一點兒，歐洲人聽起來好像是"kuang"！

有批評精神的人只須把眼光向全部漢語一瞥就可以相信合口只是用脣元音當韵母的第一個成素罷了。這種脣元音可以有兩大類：一類偏後的，叫作"軟顎音"u(w)，一類偏前的，普通叫作"顎音"，y(ɥ)，我們並沒有理由說合口音老是軟顎音的 u。我想反倒有好些語音上的理由，可以反對這一說。合口在一三兩等裏都有。一等裏聲母是硬的，而且主要元音前面沒有 i 介音。這裏的合口自然只是普通的軟顎音 u(w)；不會是別的東西。但是在三等裏合口音之前緊接着 j，而隨後的複合元音起頭兒又總有 i 介音。隨便選一個 ɛn 韵母，我們就得到 **kjuiɛn** 這樣一個音。假定舌頭先放在 j 的地位（前部接近前顎），接着馬上又拋棄了這個地位一直跑到軟顎（後顎）的地位舌頭後邊高起來，隨後又拋棄這個地位再返回前顎的地位，那麼，這個辦法是否自然，是否跟普通語言的發音動作相合呐？如果在中國語言裏眞有像 **kjuiɛn**(這裏的 u 就是法文普通的 ou)這樣不合音理的音，那麼 u 受 i 音變("i-umlaut")的影響馬上就會變成 y，生出一個新音 kjyiɛn（或者 i 也消失而成 kjyɛn），這樣就是語音上常態的讀法了。這不過是假設。至於要證明語音的定律在古代漢語裏關於這一點究竟是怎樣的作用，那當然是很難證的。

---

現在暫且撇開聲母，再來講講韵母。我們一起頭兒就遇見一個類似剛才所說

的u(w)音的現象;我就是要談談 Schaank 所謂"i 介音"(the medial i,這個名詞頗不明白,但是我還沿用它),就是說用 i 作韵母第一個成素的。Edkins 在若干程度之內曾經用這個成素(i 介音)偶爾來解釋古代漢語的韵母系統。Schaank 的功勞就在他發現一等沒有 i,而三等卻毫無例外的全有 i。只要隨便查一查韵表,就可以承認 Schaank 的說法的確不錯,我相信就是承認 Schaank 的說法不另外再尋求什麼更確實的證據也沒有什麼危險。至於二四等裏有否 i 介音的問題就另是一回事了。這個現象對於中古語音的解釋顯然是根本重要的。所以,假如像 Schaank 那樣說二等也像一等那樣的沒有 i,四等也像三等那樣的有 i:我們就要請他拿出強有力的理由來維持他的意見。那麼,我們找到的是什麼呢? Schaank 說(p. 475):"古韵表裏分等的意義,在我看稍微要複雜一點。但是我們有理由可以承認在古韵表裏也有有 i 介音的音,就是:一二等沒有 i,三四等有 i。一二等同三四等是對待的"。完了!盡於此了!連理由的影兒都沒有,連證據的芽兒都沒有。他沒打根基就蓋起空中樓閣來了,這就是 Schaank 所作的事情。

但是這在四等有點不同。在四等他是完全對的。四等跟三等用同一套的反切下字作切,所以眞韵母相同,都是有 i 介音的(1)。

二等卻比 Schaank 所想的要複雜的多。韵表裏的二等可以分作兩類。一類自成獨立的韵,每韵中各樣不同的聲母都有,就是果,梗,蟹,山,咸,宕,効幾攝;另外一類沒有獨立的韵,聲母只限於照組(照,穿,牀,審),就是曾,通(2),止,遇,深,臻,流幾攝(一)。

先看看第二類,只要注意它僅限於照組聲母的事實,那麼我們對於它的解釋,

(1) Schaank 費了好些事才證明三四等的分別在聲母不在韵母,可是證明以後又下了一個很奇怪的結論(T'oung pao, 1898, p. 31),他說廣韵中三四等既然不分爲兩韵,可見廣韵所代表的語言三四等是不分的!那麼,韵部相同就證明聲母也相同了!!從這個不合邏輯的理論又引出一個怪論,說:四等是從三等來的,三等是從二等來的,二等又是從一等來的,所以一等最古!Schaank 的研究,別的地方固然也有他的長處,可是被這種玄想給弄糟了。

(2) '崇剔'兩字指掌圖列在二等,跟反切相合。

(一) 大致說起來,前者就是"外轉",後者就是"內轉"。

幾乎在手底下就可以找到鑰匙了。 試舉一個有 i 介音的韵母，如 ieu，假設這個韵母在古音中單純的跟 j 化的各種聲母俱備。 再把三等寫作 j 化的聲母，四等寫作單純的聲母，於是在這兩等裏所有的聲母都有了地方了，只有照組單純的一類（[舌尖]齒上音莊類）沒地方放，因爲四等已經被精母佔去了。 所以單純的照組[莊類]只好放在二等裏，這就是通常放的地方。 於是就得下表：

| | | | | | | |
|---|---|---|---|---|---|---|
| 一等 | | | | | | |
| 二等 | ○ | ○ | $t_2s_2$ieu | ○ | ○ | ○ |
| 三等 | ljieu | hjieu | $t_2s_2$jieu | pjieu | $t_2$jieu | kjieu |
| 四等 | lieu | hieu | tsieu | pieu | tieu | kieu |

在二等各行裏，我們很自然的就發見除去照組之外都是空白，因爲其他各組的單純聲母都放在四等裏頭了。 試把上表同韵表比較一下，就可以看見二者排列法之相合了。 照韵表的配置二等的韵母跟三等相同，二等跟三等不同的地方就是照組[莊類]聲母是硬的（齒上音）。 我們再用反切作駁不倒的證據來幫助這個說法。 因爲這些二等字不單跟三等同韵，並且它們反切下字也是同三等一樣的。所以此處二等的眞韵母應該同三等一樣，當然也有 i 介音。 不同的地方只在聲母，二等的上切字是硬的（'阻，側'等），三等的上切字是 j 化的（'諸，章'等，參閱上文 34 頁）。 所以在這些表裏只有兩個眞韵母（除去四聲不論），一個是一等，一個是二三四等。

（中略）(一)

i 介音的問題上雖然沒有遇到打不開的難關，可是中古音中韵母的主要元音問題，就叫人十分棘手了。 要想把所有那些 $X, Y$ 像代數一樣用一定的數值通給求出來，恐怕得等到這門學問更進步的多，並且供我們研究的各種材料比今日的範

(一) 原文說果，梗，蟹，山，咸，宕，効二等有專韵的幾攝的二等韵也有 i 介母。（就是說麻，庚，耕，皆，佳，夬，山，删，咸，銜，江，肴韵有 i 介母）。 後來高氏取消此說，所以譯文從略。參後477—8頁。

圍更廣大的多，然後才能作到。 不過現在我們也可以提出幾條假設。

現在得問的第一個很要緊的問題，就是：一，二，三，四等的主要元音是否相同？ Volpicelli 曾經假定它們的主要元音是不同的，他以爲四等是 a o e i 四個元音，他這個說法已經竟被 Schaank 用很大的力量駁倒。 或者 Schaank 也太兇了。 固然 Volpicelli 那一套元音的說法是很錯的，但是我們也可以問一問 Schaank 的說法是不是更少價值。 Schaank 以爲各等的元音通是一樣，他的理由很怪：他說四等跟三等同韵(1)，旣同韵，元音就應當相同。 所以一二三四等的元音都相同！

假如我們遵守最簡單的，一切論證的最基本的規則——不要下超出前提的結論——那麽 Schaank 所證明的只是三四等的元音相同。 至於一二三等的元音是否相同，他絕對沒有證明一點。

第一，我們要問：一二三等像不像會有相同的主要元音？ 如果相同，我們就有下列的系統：

a 一二等

ia 三四等

這樣二等的韵母完全就跟一等相同，不能有獨立的韵母了，那麽二等就應該跟一等同在一韵。 如果要看看是不是這麽一回事，立刻就可以看見二等從不放在一等韵裏；此外，雖然在止遇等攝它列在三等韵裏，這些地方自然跟三等的元音相同，但是在塡得很滿的梗，蟹，山，咸，宕，効六攝裏，二等卻有它自己的專韵，旣跟三等不同，也跟一等不同。 這就得讓 Schaank 稍微返省一下了。 卽使我們不敢太信任韵——或者以爲古人把同樣的眞韵母分成幾個不同的韵完全是一時的好玩爲是故意跟用這些韵書的人搗亂——至少一看那些韵的反切下字是分得淸淸楚楚的自成一類，也就可以放心了。 照我看起來，單是這些事實已經够把 Schaank 的說法

(1) Schaank 費了一整頁來"證明"三四等的元音相同。 其實只要拿眼睛向廣韵五音集韵等書一瞥，就可以不必費事來"證明"這個簡單的事實了。

弄得不可能了。假若二等跟一等或三等的主要元音相同(結果全韵母也得相同)，那麽它的反切下字就不應該另成一套，也不應該自成專韵了。

Schaank 根據"廣"，"通"，"侷"，"狹"那些名詞得到一個結論，說韵表的語言有四個元音——請你注意：他說的是四個，是一二三四"四"！(一)——還有(不算合口跟 i 介音)兩個複合元音 ai 跟 ou。他並沒有作一點證明(1)，就拿 a, i, u, o 當作這四個元音。Maspero 曾經指出(Phon Ann p. 16 小注)"廣""通"等名詞，大概不會跟元音有什麽關係的。不管怎樣，假若我們承認 Schaank 的說法，說各等字元音全是一樣，那麽韵表的語言裏所有的一套元音也就同 Schaank 所提議的一樣少了(2)。可是，現在中國語言裏韵母最少的方言之一，就是北京話，也還有 a, e, (ɛ), ə, i, o, u, y 跟'知'，'司'裏的元音(ʅ ɿ)。然則在較早時期，這個語言有像反切所分的那麽多的韵跟眞韵母，卻頂多只有半打元音，而到後來，當韵母減少許多的時候，這個語言反倒有一套很豐富的元音，這是可以相信的麽？這是很不近情理的。所有的可能都跟 Schaank 所沒有證好了的假設相反。

想得到更正確的結果，就得乞靈於韵部，特別要看看這些韵部在歷史上是怎樣變少的，要從這裏得一個有益的啓示。所以我們就打算把廣韵五音集韵劉淵的平水韵跟洪武正韵(3)比較一下。爲避免材料太煩重起見，專舉平聲就行了。

---

(一) 原文 quatre, en toutes lettres!

(1) T'oung pao, 1897, p. 484: "這些名辭的意義照我看是如此"。

(2) 韵表裏入聲字常常列在兩處，這些地方可以幫助我們認出兩處的主要元音相同，因爲除了韵尾之外沒有別的不同，如果跟唐，遇跟通等。

(3) v. Rosthorn 在他所作的 Ku Yen-wu's dissertation über das lautwesen (顧炎武的音論) 中列過一張廣韵平水韵比較表，見 Wiener zeitschrift für kunde des Morgenlandes, 9 (1895)。但是他的表只列了韵部，沒有管到音韵上的分類(一二三四等，開合口)，所以不很合用。

| | | 廣韻 | 五音集韻 | 平水韻 | 洪武正韻 |
|---|---|---|---|---|---|
| 山攝 | 一等開 | 寒 | 寒 | 寒 | 寒 |
| | 合 | 桓 | 桓 | | |
| | 二等開,合 | 山,刪 | 山 | 刪 | 刪 |
| | 三,四等開,合 | 仙,元,先 | 元,仙 | 元,先 | 先 |
| 蟹攝 | 一等開 | 咍 | 咍 | 灰 | 灰 |
| | 合 | 灰 | 灰 | | |
| | 二等開,合 | 皆,佳 | 皆 | 佳 | 皆 |
| | 四等開,合 | 齊 | 齊 | 齊 | 齊 |
| 果攝 | 一等開 | 歌 | 歌 | 歌 | 歌 |
| | 合 | 戈 | 戈 | | |
| | 二等開,合 | 麻 | 麻 | 麻 | 麻 |
| | 三,四等開,合 | | | | 遮 |
| 宕攝 | 一等開,合 | 唐 | 唐 | 陽 | 陽 |
| | 二等合 | 江 | 江 | 江 | |
| | 開 | 陽 | | | |
| | 三,四等開,合 | | 陽 | 陽 | |
| 效攝 | 一等開 | 豪 | 豪 | 豪 | 爻 |
| | 二等開 | 肴 | 肴 | 肴 | |
| | 三,四等開 | 宵,蕭 | 宵 | 蕭 | 蕭 |
| 咸攝 | 一等開 | 覃,談 | 覃 | 覃 | 覃 |
| | 二等開 | 咸,銜 | 咸 | 咸 | |
| | 三,四等開 | 鹽,嚴,添 | 鹽,凡 | 鹽 | 鹽 |
| | | 凡（合口？） | | | |

<table>
<tr><th></th><th></th><th>廣韻</th><th>五音集韻</th><th>平水韻</th><th>洪武正韻</th></tr>
<tr><td rowspan="3">梗攝</td><td>一等開,合</td><td>○</td><td>○</td><td>○</td><td>○</td></tr>
<tr><td>二等開,合</td><td rowspan="2">耕<br>淸,青 }庚</td><td rowspan="2">淸,青 }庚</td><td rowspan="2">青 }庚</td><td rowspan="4">}庚</td></tr>
<tr><td>三,四等開,合</td></tr>
<tr><td rowspan="2">曾攝</td><td>一等開</td><td>登</td><td>登</td><td rowspan="2">}蒸</td></tr>
<tr><td>二,三,四等開</td><td>蒸</td><td>蒸</td></tr>
<tr><td rowspan="4">臻攝</td><td>一等開</td><td>痕</td><td>痕</td><td rowspan="2">}元 (平水是這樣！但參閱山攝)</td><td rowspan="4">}眞</td></tr>
<tr><td>合</td><td>魂</td><td>魂</td></tr>
<tr><td>二,三,四等開</td><td>眞,欣,臻</td><td>眞,殷(欣)</td><td rowspan="2">}眞,文</td></tr>
<tr><td>合</td><td>諄,文</td><td>諄,文</td></tr>
<tr><td rowspan="2">遇攝</td><td>一等合</td><td>模</td><td>模</td><td rowspan="2">魚 }虞</td><td>模</td></tr>
<tr><td>二,三,四等合</td><td>虞,魚</td><td>虞,魚</td><td>魚</td></tr>
<tr><td rowspan="2">通攝</td><td>一等合</td><td rowspan="2">冬<br>鍾 }東</td><td rowspan="2">冬<br>鍾 }東</td><td rowspan="2">東 }冬</td><td rowspan="2">}東</td></tr>
<tr><td>二,三,四等合</td></tr>
<tr><td rowspan="2">流攝</td><td>一等開</td><td>侯</td><td>侯</td><td rowspan="2">}尤</td><td rowspan="2">}尤</td></tr>
<tr><td>二,三,四等開</td><td>尤,幽</td><td>尤</td></tr>
<tr><td rowspan="2">止攝</td><td>一等開,合</td><td>○</td><td rowspan="2">}微,脂</td><td rowspan="2">}微,支</td><td rowspan="2">}支</td></tr>
<tr><td>二,三,四等開,合</td><td>}微,脂,之,支</td></tr>
<tr><td>深攝</td><td>二,三,四等開</td><td>侵</td><td>侵</td><td>侵</td><td>侵</td></tr>
</table>

起頭山,蟹,果三攝,單就最早的韻部形式論,如廣韻及五音集韻的形式,已經給我們一些絕不可忽的啓示。我們從這三攝可以知道一等的開口跟合口不同韻(一),而二等三等(包括第四等)的開合口是同韻的。既然在這很豐富的三攝內一律如此,毫不紊亂,這當然不會是偶然的,毫無可疑的是表示在這三攝裏因爲韻母不

(一) 但切韻殘卷及王仁昫刊謬補缺切韻等桓諄戈三韻尚未分出。

同所以韵也不同，就是說一等的開口合口二者元音不同，而這種不同在二三等是沒有的。所以開口寒跟合口桓的元音本來該當不同。假定 Schaank 的各等元音都相同的說法是對的，那麽，我們就得到三段論法如下：

一等寒跟二等山元音相同，又跟三等元元音相同。

一等桓跟二等山元音相同，又跟三等元元音相同。

寒跟桓元音不同。

所以：山跟山元音不同，元跟元元音不同，這當然是不可能的。

Schaank 關於元音的說法，除去上文所說的反對理由以外現在又加上這項新證據，就可以把他的學說完全推翻了。

如果還嫌不夠呢，那麽我們就再看看。Schaank 假設一三等的主要元音相同旣跟一三等大體上不同韵的事實不合，請看他是怎麽樣說圓的。照他說，i 介音（一等 a, 三等 ia）算是韵的一部份，有這點不同，所以不同韵。我們上文已經說過，從普通語言學的觀點看，他這個說法不像是會有的（如法文 cabane : liane 可以相韵）。Schaank 的錯誤更可以用通攝證明，通攝東韵（去聲送入聲屋）裏，一等不帶 i 的，反切下字用'紅'，'公'等；三等帶 i 的，反切下字用'弓'，'戎'，'中'等，兩者卻同在一韵。可見 i 介音並不足以決定韵部的分合。如果 Schaank 的假設（所有各等的主要元音都一樣）不錯，a 跟 ia 就應該像'公弓'似的同爲一韵，就是說，每一表中一二三四等只該有一個韵（如果算四聲，就是四個韵）。這旣然不是這麽一回事，那麽 Schaank 的說法一定是錯的。

東韵的一等跟三等，反切下字分的很淸楚。同樣，在果攝裏，麻韵的二等跟三等也是完全分開的。同果攝的麻韵相類的還有梗攝的庚韵，它的二等有一套反切下字，三等另有一套反切下字，也是釐然有別。旣然從語言中最豐富的三攝裏得到這三個例（要算四聲的話，就有十二個例），那麽我們可以看見韵母完全分得淸淸楚楚的有時還放一韵之內，這個事實很重要，因爲它證明只有主要元音（當然，韵尾也在內）可以決定韵部的分合。假如兩等的主要元音眞相同，古人就不躊躇的合爲一韵，不管它們韵母上別的方面的異同，如有無 i 介音之類。所以，在中古漢語有二百零六韵的時代，不同等而同韵的例既然這麽少，這件事實的意義一定是等不同的，元音大半也不同，就是說等不同，韵又不同的，元音也不同。

照我的意見，這可以證明中古的元音系統絕不會像Schaank設想的那麽貧枯，說是在幾個大的字類裏元音都相同；剛剛相反，那時的元音是很豐富的，跟輔音的系統一樣的豐富，一樣可以辨析的很精細，可見韵部到後來逐漸省併，實是因爲這語言裏曾經眞有過語音上的變遷，一套很豐富的元音變成了一套極端貧枯的元音。

然則能不能指明，至少在若干限度以內，一等跟三等的元音是怎麽不同呐？這一點現在就要研究。 Maspero 在他的 Phon Ann 裏給近古韵母定出了一個系統，不過他只假定什麽韵是什麽元音，卻沒有說明爲什麽這個韵應當是這個元音。這顯然只是一個暫定的系統，只是應實際的需要作的。在這個系統裏，Maspero 根據一等無 i 介音而三等有 i 介音，以爲三等的元音是前元音(voyelles antérieures)，例如一等是 a，三等就是 ie (iɛ)。這個說法跟現代方音十分相合，我們承認它也沒有危險。

但是 Maspero 所根據的是 Schaank 的意見，他既然對 Schaank 的一等(a)三等 (ia) 在中古元音相同的說法不懷疑，那麽他恐怕就得假定 ia>ie(iɛ)的變化（“i 音變”）是較晚時期發生的，不過究竟在什麽時期，也卻沒說清楚。我上文已指明中古漢語已經有一套跟近古一樣豐富的元音（甚至於比近古更豐富），我很相信就在這個較早的時代已經有一等是後元音三等是前元音這樣的後前相對關係了。至於說三等元音實際是從一等元音變化出來的，以及說在上古漢語裏實在有像 Schaank 所假定的那樣簡單的元音系統——那另是一個問題。在上古很可以完全是這樣子的。不過這就得推溯到比中古漢語的時代更遠了，因爲單從我們所有的中古的材料（第六世紀）是絲毫看不出元音有這樣貧枯的證據的。我相信從反切的時代以後有一個相反的變化。從韵母很豐富的中古漢語（有反切跟二百零六韵爲證）到了宋朝初年，韵母簡化這一條路已經進步了很遠，所以宋朝人就覺得韵母很可以排成簡括的表。他們覺得 a 跟 ɛ，u 跟 y 是大致一類的元音，所以在韵表裏就把它們排在同一表裏(1)，把後元音 a, u 等等放在一等而把前元音 ε, y 等等放在三等。

現在回到上文所講的韵表，我們就可以看出這種韵的簡化大體露出語音的眞變化，——雖然間或有些地方看上去有點機械的神氣。

這個語言簡化跟混化的傾向，第一步是同在一等而韵不相同的合而爲一。如一等的覃談併作覃；二等的皆佳變成一韵，有時叫皆有時叫佳；三等（及四等）的嚴，鹽，添合併作鹽。這個演變在五音集韵的時代就有一大部分已經成功，到平水韵而漸近底定，到洪武正韵遂完全勝利了，所以在最後的洪武正韵裏，同一等只有一個韵，就是說只有一種元音。同等間在中古分爲不同的韵而後來第一步就混同了；當初的差別之處，我們可以設想幾種語音上的不同。或者是由於相近的元音(一)的音質微異的緣故，例如開 o 跟闔 o 等。再不然也許是韵母的長短不同，尤其是元音部分。而且，講中古漢語還得不要忘記有韵尾不同的可能。比如說覃是 -am，談是 amb，也沒有什麼不可以。自有韵表之後，固然這兩韵通是 -m 韵尾，但是這並不能證明韵表之前到底是怎麼樣。同樣我們也不能知道韵表裏用元音收尾的字在中古或更古的時代有沒有用輔音收尾而不算入聲的。古詩用韵上有些地方好像可以看出這種情形。最後，我們也不能知道入聲字是否一定用 k, t, p 收尾。現代方音的收尾連普通的爆發音都沒有，只有閉音(clusiles, implosives)或軟顎與咽頭後壁的爆發音(plosives vélo-pharyngales)。(二) 入聲中同等的兩韵，如薛，月，在中古也許一個是 t 收尾，一個是 d 收尾，到近古才混起來的。我不敢說這些假定都是像會有的，我只是指出它們不是完全不可能的罷了。

……（中略）……(三)

---

(1) 所以就不管元音的不同而拿 m, n, ŋ 韵尾更顯著的分別來定韵表的組織。

(一) 原文說"同一個元音"，這措詞有論理上的毛病，因爲除去用羅馬字寫外，o 同 ɔ 怎能算是同一個元音呐？今改譯爲"相近的元音"較妥。

(二) 參看 169 頁說安南音。

(三) 原文說廣韵中一等韵開合口不同韵者，主要元音就不相同，設想歌爲 -a，戈爲 -uo，寒爲 -an，桓爲 -uon。今依後文 462 頁所說删去。

這個簡化傾向還有更強的變化吶，第二步就變得更劇烈了。我說這不只是純粹機械的把韵併少而實在是語言的變化，這可以由此期語言同現代官話(1)非常接近的事實把它證明。自此而後各等的界限就要打破了。平水韵已經把流，曾，宕三攝的一三等混在一塊兒了。但是，到了洪武正韵才把梗，臻，通三攝一律拉平了。於此我們可以指出眞韵有現代官話裏韵母不同的字，如'眞 čən'跟'巾 kin'。同樣，尤韵也有'侯'跟'尤'那樣現在韵母不同的字。

要證明作正韵的人不是爲要拼命減少韵部而減少，換言之，要證明純粹機械的韵部歸併說的錯誤，只要看有趣的果攝就夠了，它在果攝裏顯然是對於審音的準確上很用功夫的。如果語音的事實有必要的時候，著者就毫不遲疑的另立一韵，如遮韵是。在反切裏這一攝的二三等本來不同。但是這個不同的性質，還不致使人另立不同的韵來。所以麻韵的二三等，主要元音本來是一樣的。不過不管二三等的分別是什麼——也許 i 介音在三等長點兒，在二等短點兒(一)——橫豎夠使這兩等後來變的不同。二等是保持了 a 了，但是三等的 ia，雖然從韵表的特別排列法可以證明起初主要元音並沒有顎化，而後來漸漸受向前的 i 音變（"i-umlaut" progressif）的影響就由 ia 變成 iɛ 了。這種變化由正韵的新韵可以看出，至遲在十四世紀的末葉就有了。

我們剛才所說一三等元音混同的傾向，在正韵以後還繼續進行，我相信至今還有這種作用。在効攝裏，正韵還分作一等爻跟三等蕭。在現代北京話這兩韵是一樣的，所以全攝的字在現在都成同韵了(2)。山攝三等的 yen(yɛn) 在北京變成 yan，這也是由一等 uan 類推而成的。

照我的意見，近代語言裏，在齒唇音之後也是受同樣定律的影響使三等字跟一等字元音相同，例如"府" fu 不念 fy，"反" fan 不念 fɛn。Maspero 很自然的把這個元音算是中古音的遺留，據 Schaank 說那時一等三等的元音是一樣的。照

(1)　像平水韵正韵所代表的時代較晚的語言，顯然不過是許多方言中的一種。但是從全體看起來，這種方言無疑的應當認作現代官話的母語。

(一)　這是高氏在廢除二等有 i 介音說以前的話。二等既無介母，以上的更好解釋了。

(2)　Schaank 關於主要元音的謬說，也許是効攝等表引出的。

這樣說，就是齒脣音阻止了 iu>iy, ia>ie（iɛ）的變化。 不過我在上文已經證明 Schaank 關於元音的基本說法是不能成立的，所以這個結論也是不能成立的。'府'字在麌韵，是用'矩'字切的，當然跟'矩'字及其他同韵的字是同樣的元音。上文我們已經證明三等的麌韵跟一等姥韵，元音一定不同。 假如沒有元音的不同，它們就應該合成一韵了。 如果'府'是 pjiu '矩'是 kjiu，就可以跟'補' pu，'古' ku 同放在姥韵去，恰好像'弓' kjiuŋ '中' $t_2$jiuŋ 跟'紅' huŋ，'公' kuŋ 同放在東韵一樣。 既然主要元音有分別，並且在舌根音（gutturales）後，一等'古' ku: 三等'矩' ky 還清清楚楚的不同，那麼絕對得要承認脣音之後也有同樣的不同：一等'補' pu: 三等'府' pjy，後變 fy。 從中古漢語裏的後元音 a, u 來的 ɛ, y(1)後來在齒脣音的後面變的同一等混合起來，例如：fy>fu，這種變化在很早的時期就有了。 在十四世紀已經發見它是這樣的，這從正韵把'府'放在姥韵裏那一類的例(2)可以看出來。

在有些聲母之後，這種從三等前元音變成一等後元音的變化並不是純粹的假設，幸而有一個駁不倒的證據。 因爲另外還有一個恰恰並行的演變，在這個演變裏我們有更可靠的事實。 在北京話三等'魚'字讀 y，一等的'模'字讀 mu，但是三等的'朱'，'書'，不讀 čy, šy 而用一等的元音讀作 ču, šu，那麼，從 Schaank 的觀點看起來，在這裏就得像'府'字那樣假定'朱'，'書'等字是保存"古"讀，是因爲這類聲母是不許 iu>iy 的(3)。但是正韵雖然把三等的'府'字放在一等姥韵裏，卻仍舊把三等的'朱'，'書'放在魚韵裏，並且有些官話方言也還有 čy, šy(一)的讀法。 所以在齒齦音（alvéolaire）裏，這種 y>u 的變化是我們可以的的確確看得出來的，它的

（1） 所謂 ɛ, y 並不一定是純粹的前元音，像德文 hätte, süd 之類的元音，不過是指比 kan pu 中的 a, u 略偏前一點的音，也許像英文的 man, value 裏的元音。——（高氏來函囑加註）

（2） 劉淵的韵不能告訴我們什麼。 麌韵把一等三等都混起來了，這純粹是機械式的歸併，因爲這兩等在劉淵的前後都分的（如廣韵五音集韵跟正韵）。

（3） 可是 Maspero 並沒有作這種假定。

（一） 例如湖北湖南很多地方把"諸如此類"讀作"拘于此內"。

時代是更近一點的。

我看不出爲什麽要假設 f 類字的演變跟 č, š 類字不同。 看樣子像是曾經有過一種一律化的勢力不讓同一個表裏像一三等這麽相近的字有不同的元音。 在有些表裏，像通宕兩攝，語音的情形比別的表（例如遇攝）對於一律化更合適一點兒。 通宕兩攝裏已經完全一律化了，而在遇攝卻只有一部分。 在後一攝裏，只有 f 跟 č, š 兩類聲母的字被一律化，這兩類中，f 類的成功比 č 類更早一點兒。

關於韵母的簡化我們已經劃出了三大階段：第一是同等間的簡化；第二是一等開合口元音的混同(一)；第三是一三兩等元音的混同。 現在還有一個第四段，是這個演變的最後一段：就是獨立的二等韵（指各種聲母全有的二等韵，看上文）被別的等所吸收。 有一件有趣的事值得注意的，就是這類二等字，照 Schaank 的系統並沒有什麽獨立性，彷彿不應該有它自己所專屬的韵部，而事實上它卻是比別的韵保持獨立最長久的那一等。 在劉淵那麽晚的時代，這類的二等韵還沒有一個失掉它的本韵而被別等吸收了去的例。 到洪武正韵，才開始有歸併，然而很豐富的山蟹兩攝還仍舊保持它們的獨立韵部。 一直到現代官話時代這個獨立性才失掉了。

（中略）(二)

從以上那些關於古代漢語的討論，我相信我已經證明一直到現在最好的學說

---

(一) 此語所指原文，譯文已删，參上 53 頁脚註(三)。

(二) 原文討論"全二等韵"（就是獨立的二等韵）的元音跟一三等有什麽不同。 高氏根據二等有 i 介音的說法，推斷跟 i 相鄰的元音比一等較前，所以一等是深音[ɑ]而二等是淺音[a]。 並且列出一個山攝的元音表。 後來他在上引的 Recons Ac 裏取消二等有 i 介音說，並有些別的修改的地方，山攝表應改如下（該文第 10 頁）：

| | 開口 | 合口 |
|---|---|---|
| 一等 | 干 kɑn | 官 kuɑn |
| 二等 | 艱 kan 姦 kan (a:?) | 鰥 k$^{w}$an 關 k$^{w}$an(a:?) |
| 三等 | 愆 k'jĭɛn 建 kjĭɐn | 權 g'jĭ$^{w}$ɛn 元 ŋjĭ$^{w}$ɐn |
| 四等 | 堅 kien | 玄 ɣi$^{w}$en |

二等仍是前元音，但是因爲它本來前而產生近代古的 i 介音，（'間'讀'肩'之類），不是因爲先有 i 介音而把它帶前的，所以後說把前說的因果掉換了一下。

(就是 Schaank 的)雖然有幾點對得很巧,而全體說起來是不能成立的。我所試擬的乃另是一個解釋法。 關於中古跟近古漢語裏還有許多別的問題後面的現代中國方言的研究可以給我們解答。

# 第三章　古音字類表

要找一個研究現代方言的根據，那些韻表顯然不是最合適的。　第一層，它們太有限制了。　每一個字音(morphème)(一)只有一個例，沒有法子可以自由補充，也不能就拿反切或是五音集韻來補充；因為反切所代表的語音跟韻表有點不同，五音集韻不分開合口，也不分有j沒j。　還有一層，韻表的時代較晚（十一世紀），因此它所代表的語言不能認為跟較古一點的材料價值相等，說是可以當作研究全部現代方言的好起點。

無論從那一點看，以廣韻的反切為根據是最可取的辦法。反切包括的是語言的全部，一點沒有缺憾，而且時代也早的多（紀元後500年—600年）。　所以要為研究很多的現代方言找一個滿意的根據，反切也應該比韻表好的多。

但是廣韻的反切，從材料的本來面目看，就像沒琢的璞玉一樣。　固然廣韻的韻系可以給我們些個關於韻母的指示，但是它並沒有說到開口合口，也沒有說到i介音。　照廣韻的排列法，也看不出三十（或三十二）聲母(見溪等)，更不用說聲母的j化了。　那些韻表不能直接當作這個或那個單獨反切的鑰匙，第一層，我們要問的字從反切到韻表音也許變了，那就往往陷於錯誤；還有一層，反切上下字常常不見於韻表。　要想用中古音作為研究現代方言可靠的根據，那就得起頭兒很細心的把反切整理一番，擬出它所代表的音韻分類。

這種擬測的工作在韻鏡這部書裏已經作過了（看22頁）。　但是它的辦法卻完全不值得學。　各表中字音排列法跟指掌圖相同，這種排列法有兩樣很不方便的地方。　第一層，同其他韻表一樣，數量上有限制，一個音只有一個地位，只可以寫一個字；第二層，在一個表的每一等裏只可寫四個韻（平，上，去，入），這樣一來，

(一)　指着一個代表聲韻調的單位說。　看前16頁註。

同類的字就往往得列到不同的表裏去了。 試舉韻鏡的兩個表作例：

| | | | |
|---|---|---|---|
| 豪 | 一等 | ○ | 一等 |
| 肴 | 二等 | ○ | 二等 |
| 宵 | 三等 | ○ | 三等 |
| 蕭 | 四等 | 宵 | 四等 |

這裏可以看出宵韻的字三等也有，四等也有（j 化的跟單純的兩套聲母），但是四等的地位已經被蕭韻佔據了，因爲蕭韻的元音也應當跟豪肴放在一塊兒，那麽只好把宵韻的四等字（單純聲母）放在另一個表裏了。

我吶，我不想照這樣的方法去作，現在要講講我所選擇的方法。

起頭兒，我用三千一百多字的反切來比較它們互相系聯的關係，把同切字一套一套的求出來，這個工作很費時間而且常出困難。 我在每韻中找出分得很清的幾類，這是可以代表中古漢語的眞韻母的，總數大約有二百九十類上下。 同樣，我又找出四十七套聲母的同切字。 然後又得在這些音類當中把最有關係的合併起來。 爲決定它們彼此間的相互關係，於是參考那些韻表，這是很有理由的，因爲我在上文（26 頁）已經講過這不是單個字的問題而是關於音韻分類的關係。

講到聲母一方面很容易認出這三十二字母（30 + 牀，娘），並且在十五個例中還可以分出一套單純的，一套 j 化的，這種分法同近古音相合，因爲近古音把單純的放在一二四等，把 j 化的放在三等。 所以要作我的音類表，只要在每個聲母底下把能照這樣分的都分成單純的跟 j 化的兩套，就行了。 但是，我又按照近古韻表的一二四等把單純的聲母再分作三小類，這卻是因爲這些在中古音本來一樣的聲母到後來常常因韻母的不同而分化，完全是爲容易研究現代聲母的實際上的便利，並不是說中古音的聲母有什麽音值不同才這樣分成三類的。

韵母的分類我沿用了韵表所謂"攝"的分法就是果梗等(1)。比方我寫這麼一個表：

咸攝，平聲：

| | | | |
|---|---|---|---|
| 一等 | a）覃 | b）談 | |
| 二等 | a）咸 | b）銜 | |
| 三等 | a）鹽 | b）嚴 | c）添 |
| 四等 | | | |

意思是說廣韵裏從覃到添這七韵大體看起來是有關係的（apparentés）；因爲這些韵在近古的韵表都在咸攝。這七韵之中，覃談特別相近，因爲近古漢語，它們在韵表的一等裏合爲一個覃韵。同樣，咸銜也是很有密切關係的，因爲它們同在近古的二等；還有，鹽，嚴，添也是一樣，它們在近古是列在三四等的。自然，總是很有密切關係的韵母才會這樣混合起來。那麼，爲把我的音類排比起來，我當然要利用近古韵表中放字的地位以定廣韵各韵的性質。所以我就把一攝分成三大類：

a）第一類，叫做一等，包括在近古音所謂"一等"的字，在上文所舉的例裏就是覃談兩韵跟相當的上去聲(2)。這一類的特點在元音是"後元音"而沒有 i 介音。

b）第二類，叫做二等，包括近古音所謂"二等"的字，在上文所舉的例裏，就是咸銜兩韵跟相當的上去聲。在獨立的二等韵裏（如咸銜）這一類是沒有 i 介音的，它的主要元音大概是"後元音"，但比一等的較前而跟三等的元音也不同。

c）第三類，叫作三四等，包括在近古音所謂"三等"跟"四等"的字。在上文所舉的例裏就是嚴，鹽，添三韵跟相當的上去聲。這一類是有 i 介音的，主要元音通常是"前元音"。

(1) 梗曾兩攝在指掌圖已完全合併了，我想併爲一攝也許好一點兒。〔譯者案這種合併對於研究大多數方言無大妨礙，但有的方言對於梗曾就有分別，例如'聲'（梗）在吳粵有文言白話兩讀，'升'（曾）就只有一讀。

(2) 我把入聲放在最後另外研究，因爲入聲跟平上去很不同。

若是不獨立的二等，它跟三等的分別就只在聲母（照組）上(1)，有好幾攝是如此的（例如流遇等），那當然就只有兩類了：

a）一等。

b）二三四等。

不用說三等跟四等在韻母方面並沒有什麼不同(一)，只是聲母方面有 j 化不 j 化之別。但是有時候第三類的韻只有三等的 j 化聲母，例如嚴；或者只有四等的單純聲母，例如添。雖然這種現象沒有使我把上文所分的小類改變，但是我也不願意把這種事實略過不提，我在字類表裏就用一個鈎連的括弧（}）作記號。

古代韻母相同的字，到現代往往因聲母不同，韻母也變的不同了。所以我在每一韻裏依聲母的性質把字分作下面這樣五系：

見系：見溪郡疑曉匣影喻

知系：知徹澄照穿牀審禪日

泥系：泥娘來

端系：端透定精清從心邪

非系：非敷並用

這種分法只是為研究現代韻母的方便起見，跟古代韻母沒有什麼關係。

下文所發表的三千一百多字的字表，就是根據反切的材料，參照韻表的排法，給六世紀（500—600）的音韻分類列出一個有系統的字表。

這個字表是為研究現代中國方言作基礎的，但是照我看它的功用比這個還要多的多呐。它可以當作中古漢語的一種"指掌圖"（manuel），因為這個表裏有三千一百多個語言中常用的字，在一個有組織的地位中放着。若是我們對於一個字的讀音無論為什麼理由發生興趣——比如為歷史上的名詞，或外國借來的字，或用來寫外國譯音的字——我們不但立刻就可以看出聲母，j 化，聲調，開合口，i 介音，前元音或後元音——以及近古漢語的韻尾在咸深攝裏是 m，在山臻攝裏是 n，在

（1） 看上文 45 頁。

（一） 後來高氏把三四等的元音也分化了，參看 474 頁以下。

宕，梗，曾，通是 ŋ——並且還可以看見那些字的周圍同它音類最切近的字。此外，再從我這部書的下文看出現代各種方言裏這些聲母，韵母，聲調是怎樣演變出來的，那就對於字的語音本質(substance)得到一個精確的觀念，較之憑現代北京話字典的幫助或者靠康熙字典中散見孤立的反切而得來的知識要精確的多了。若是有一個字是這三千一百多字裏所沒有的，靠廣韵的反切很容易查出它的地位。這個字的反切從康熙字典可以找得出來，因爲我在每一個聲母跟眞韵母的底下把廣韵所用的那一套同切字通列了出來了。

從這些表裏還可以看見一些很有趣味的事情。試舉幾例。諧聲字聲符（就是"偏旁"）的價值，到現在因爲方言中紛歧的變化，同諧字變的不一樣，所以大部分已經喪失了。把我們這些字表考查一下就可以看出聲符的力量在這裏所保存的雖然比北京話要好的多，不過較之當初造字時候的音，照我想還差的遠呢(1)。這就可以證明中古音同上古音或太古音的差別至少同現代北京話跟中古音所差的一樣多。所以從這個表可以證明一件事實，就是要把現在關於中古音所得的結論，應用到更古一點的語言，那得很小心才行，反之，要把詩經或漢朝詩人的押韵，應用到隋唐宋的音也得一樣小心才行吶。

一個研究中國官話的歐洲人最感覺了不得的就是同音字那麽多，這是因爲從前許多字音到現在都混併了。Goodrich (富善)的北京小話字典(一)裏讀 i 的字。四聲合計就有一百五十多個。所以一篇不加白話虛字的文言，倘使不用眼睛幫助，單聽就聽不懂。Arendt 跟別的語言學家都相信古時候也是這樣情形。他在他的 Handbuch der nord-chinesischen umgangssprache 長而無味的一章裏討論過這個現象。

在我們的中古韵母(二)表裏凡在分號（"；"）之間都是同音字。現在作一個小統計倒很有趣。我選了很豐富的一攝，以止攝的開口作例，這個結果應該不會

(1) 固然造諧聲字的地域古時並不在一處，那時方言容有不同聲符的讀音也會不定的。但是我們得想從前的中國範圍很小，人口也比較少，很重要的方言紛歧是不會有的。

(一) Chauncey Goodrich, A pocket dictionary, 通州 1891。

(二) 本譯文在聲母表每同音字組後也加了"；"號了。

怎樣過分，因爲像北京話裏 k, ts 在 i 之前通變成顎部塞擦音，這種極端近代化的演變在止攝開口還沒有(一)。 現在照中古漢語跟現代的北京話比較，就有下列的統計可以比較：

| 一個音有幾個同音字 | 中古漢語裏有幾個例 | 現代北京話裏有幾個例 |
|---|---|---|
| 1 | 約 80 | 12 |
| 2 | 約 36 | 約 10 |
| 3 | 約 12 | 約 6 |
| 4 | 3 | 約 6 |
| 5 | 2 | 2 |
| 6 | — | 7 |
| 8 | — | 1 |
| 9 | — | 3 |
| 10 | — | 2 |
| 17 | — | 1 |

我們可以看出來，這個分別簡直大得不得了，要不是北京話的平聲分作陰平陽平兩種，那還要更厲害吶。 可見古代漢語的同音字並不多，這一點倒跟歐洲的語言相近。 我相信在唐朝初年的一篇文言讀物大概還可以不靠眼睛的幫助單用耳朵聽就聽得懂的。

最後一點，許多字的反切，有兩個或兩個以上的"又讀"，這些"又讀"往往代表不同的字義。 我不願意把一切的"又讀"通收在裏頭使我的表的分量太笨重，所以我就選擇了一個最常用的讀音或者是最常用的讀音之一，把那個字放在它應在的地方。

---

(一) 例如宕攝'姜''將'合併，而止攝'基''玆'還不合併。

以下就是表，先是聲母表，其次是韵母表。再用全書後邊的方言字彙作幫助，我們想查什麼字，就可以很容易把它找出來。

## 聲母表

### 1. 見

單純：一等切字：古 公 工（沽）(一)

二等切字：古 佳（革）

四等切字：古 過

j化：三等切字：居 舉 九 吉 紀 俱

| | 平 | 上 | 去 | 入 |
|---|---|---|---|---|
| 一等開口 | 哥 歌；該；柑 甘；乾 奸 竿 干；根 跟；鋼 綱 剛；高 膏 篙 羔；溝 鉤 | 改；感；敢；稿；詬 垢 苟 狗 | 亙；箇；槩；蓋 丐；幹；艮；誥 告；搆 購 彀 | 蛤；割 葛（切字是居）；胳 閣 各 |
| 一等合口 | 戈 鍋；瑰 傀；棺 冠 官；昆；光；姑 箍 沽 孤 辜；蚣；功 公 工；攻 | 果 菓 裹；管；廣；股 賈 鼓 估 古 | 過；劊；貫 灌 舘 觀；雇 顧 固 故；貢 | 國；骨；槨 郭；穀 轂 谷 |
| 二等開口 | 庚 更 羹；耕；嘉 家 加 袈 枷；街 佳 皆 階；監；姦；間 艱；交 郊 膠 | 梗；耿；假；解；廯 減；揀 柬 簡；狡 絞 攪 | 嫁 價 駕 稼 架；解 誡 介 芥 界 戒 屆；鑑；諫；澗；窖 教 校 酵 | 革 隔 嗝；格；甲；夾 袷 |

(一) 原文所列反切上下字有些只見於康熙字典中所引的廣韵反切，而不見於廣韵本書。現在爲便於查康熙字典者用，把這類的字仍舊留住，同時加上括弧以示區別。

| | 平 | 上 | 去 | 入 |
|---|---|---|---|---|
| 二等合口 | 瓜；乖；緺；關；江 扛 杠 | 寡 剮；港 講 | 掛；怪；串 慣；降 | 刮；角 覺 |
| 四等開口 | 經；稽 雞；兼；肩 堅；澆 梟 | 繳 皎 | 逕；計 髻 繫 繼；見；叫 | 激 擊；莢 頰；結 潔 |
| 四等合口 | 圭 閨 | 詭 | 桂 | 訣 決 |
| 三等開口 | 兢 矜；荊 京 驚；肌；機 譏；基 箕；金 今 襟；筋 斤；巾；僵 繮 疆；嬌 驕；鳩 | 景 境 儆；頸；紀 己；几；幾；檢；錦；謹；緊；矯；糾；韭 九 久 | 鏡 竟 敬；勁；記；寄；旣；禁；建；救 究 | 亟 棘 劫；汲 給 級 急；訐；訖；吉；脚 |
| 三等合口 | 龜；規；歸；軍 君；均 鈞；駒 俱 拘；居；躬 弓 宮；恭 供 | 晷 癸；鬼；捲；矩；舉；廾 | 愧；貴；絹 眷 卷；誑；句；據 鋸 | 橘；菊 |

2. 溪

單純：一等切字：苦 康 口 空（肯 闊）

　　　二等切字：苦 口 客

　　　四等切字：苦 康

j 化：三等切字：去 丘 豈 區 袪 詰 墟

| | 平 | 上 | 去 | 入 |
|---|---|---|---|---|
| 一等開口 | 開；堪 龕；糠 康；摳 | 肯；可；鎧；坎；懇 墾；考；口 釦 扣 叩 | 磕；勘；看；炕 抗；犒 靠；寇 | 克 剋 刻；渴 |

| | 平 | 上 | 去 | 入 |
|---|---|---|---|---|
| 一等合口 | 科;盔 魁;寬;坤;枯;空 | 款;綑 閫;苦;孔 | 課;塊;困;曠;庫袴;控 | 闊;窟;擴;哭;酷 |
| 二等開口 | 坑;嵌;敲 | 楷;巧 | | 客;掐 恰 |
| 二等合口 | 誇;腔 | | 跨;快 | 確 殼 |
| 四等開口 | 謙;牽 縴 | 歉;啓 | 罄 磬;契;竅 | |
| 四等合口 | 奎 | | | 缺 |
| 三等開口 | 卿;輕;欺;衾 欽;慾;丘 | 起;豈;遣 | 慶;企;器 棄;氣;欠 | 怯;泣;乞;卻 |
| 三等合口 | 傾;窺 虧;筐 匡;區 軀;穹 | 頃;恐 | 勸 劵;去 | 闕;屈;曲 |

3. 郡

j 化: 三等切字: 渠 巨 其 求 衢(彊 共)

單純: (一二四等),很少見,沒有代表字。

| | 平 | 上 | 去 | 入 |
|---|---|---|---|---|
| 三等開口 | 擎;岐 騎 奇;祈;期 旗 麒 其 綦;鉗;琴 禽 擒;虔;懃 芹;強;橋 喬;求 毬 逑 球 裘 | 妓 技;儉;件;近;臼 舅 | 競;忌;僅;轎;舊柩 | 極;傑;及 |

| | 平 | 上 | 去 | 入 |
|---|---|---|---|---|
| 三等合口 | 葵；權 拳；裙 羣；狂；渠 | 跪；揆；圈；窘；拒巨 | 櫃 餽 饋；倦；郡；詎；具 懼；遽；共 | 掘；局 |

4. 疑

單純： 一等切字： 五（午）

二等切字： 五

四等切字： 五 吾

j 化： 三等切字： 魚 語 愚 牛 宜 危 虁（儀）

| | 平 | 上 | 去 | 入 |
|---|---|---|---|---|
| 一等開口 | 鵝 俄 蛾；昂；敖遨 熬 | 我；藕 偶 | 餓；礙；艾；岸；傲 | |
| 一等合口 | 訛；吾 梧 蜈 吳 | 五 午（切字是 疑） | 臥；外；玩；悟 悞忤 | |
| 二等開口 | 衙 芽 牙；涯；顏 | 雅(一)；眼；咬 | 硬；訝 | 額 |
| 二等合口 | 頑 | 瓦 | | 嶽 |
| 四等開口 | 研；堯 僥 | | 詣；雁；硯 | 臬 |
| 三等開口 | 凝；迎；儀 宜；疑；嚴；吟；言；銀；牛 | 擬；蟻；仰 | 義 議 誼；藝；驗；諺 | 逆；業；孽；瘧 虐 |
| 三等合口 | 危；元 源 原；愚；漁 魚 | 語 禦；阮 | 僞；愿 願；寓；御 | 月；獄 玉 |

(一) '雅'字原在影母平聲欄，今移此，參彼處註(一)。

5. 曉

單純： 一等切字：呼 荒 呵 火

二等切字：呼

四等切字：呼

j化： 三等切字：許 虛 朽 香 況

| | 平 | 上 | 去 | 入 |
|---|---|---|---|---|
| 一等開口 | 蒿;齁 | 海;罕;好 | 漢 | 黑;壑 |
| 一等合口 | 灰;歡;昏 惛 婚;荒 謊;呼;烘 | 火;賄;慌;琥 虎 | 貨;誨 悔 晦;煥 喚 | 豁;忽 笏 |
| 二等開口 | | 喊 | 嚇;孝 | 赫;瞎(切字是許) |
| 二等合口 | 轟;花 | | 化 | |
| 四等開口 | 馨 | 顯;曉 | | |
| 四等合口 | | | | 血 |
| 三等開口 | 興;希 稀;嘻 嬉 熙 禧;掀;欣;鄉 香;休 | 喜;險;響 享;朽 | 戲;獻 憲;嚮 向 | 脅;吸;歇,迄 |
| 三等合口 | 兄;麾;輝 揮 暄 徽;喧 諠;胸 兇 凶;勳 熏 葷 薰;嘘 虛 | 毀 燬 虺 卉;許 | 諱;訓;況 | 畜 |

6. 匣

單純： 一等切字：胡 戶 侯 乎 黃 候 下 何

二等切字：胡 戶 下 侯 乎 何

四等切字：胡 戶 黃（瑚）

| | 平 | 上 | 去 | 入 |
|---|---|---|---|---|
| 一等開口 | 恆；荷 何 河；孩 咳；涵 含；酣；寒；痕；毫 豪；喉 侯 | 亥；撼；旱；很；皓 昊 浩；後 后 厚 | 賀；害；憾；悍 汗；恨；號；候 | 盒 合；褐 蝎 曷；鶴 |
| 一等合口 | 和 禾；回 茴；完 丸；魂 渾；皇 惶 煌 蝗 遑 癀 黃；餬 壺 湖 狐 糊 瑚 胡；洪 紅 鴻 | 夥 禍；匯；緩；棍 混；戶 扈 | 會 繪；迴；換；互 護；哄 鬨 | 或 惑；活；斛 |
| 二等開口 | 行 衡；霞 鰕 瑕；鞋 諧；銜；鹹 咸；閑；淆 爻 | 杏；倖 幸；下；蟹；駭；限 | 暇 夏；械；陷；効 | 覈 核；轄；狹 狎 匣 |
| 二等合口 | 宏；黌 橫；華；懷 槐；環 還 鬟；缸 | 踝；項 | 話；畫；壞；宦 患；巷 | 獲；滑 猾；學 |
| 四等開口 | 刑 形；奚；嫌；弦 絃 賢 | | 系；衒 縣(一) | 協 俠 挾 |
| 四等合口 | 螢；玄 懸；熊 | | 慧 惠 | 穴 |

(一) ‘衒縣’的音，切韵考校改作“黃絢切”，歸合口，與故宮本王仁昫刊謬補缺切韵合，廣韵“黃練切”，‘練’乃‘絢’之譌字。茲姑仍高氏之舊，參書末方言字彙先韵開口‘賢’字下註。

### 7. 影

單純：　一等切字：烏 於（哀都切）哀 一（屋）

　　　　二等切字：烏 於（哀都切）

　　　　四等切字：烏 於（哀都切）伊

j 化：　三等切字：於（央居切）央（英）

| | 平 | 上 | 去 | 入 |
|---|---|---|---|---|
| 一等開口 | 阿;埃 哀;庵 諳;鞍 安 恩;嘔 謳 | 懊 襖;毆 | 愛;暗;按 案;澳 奧;漚 | 惡 |
| 一等合口 | 踒 倭;剜;温;汪;烏 杇 汙;翁 | 盌;穩 | 腕;甕 | 屋 |
| 二等開口 | 鶯 鸚;丫 鴉(一) | 啞 瘂;矮 挨;拗 | 亞（切字是 衣） | 軛;壓 押 鴨 閘 |
| 二等合口 | 彎 灣 | | | 握 |
| 四等開口 | 纓;伊;烟;茵 姻 因;幽 | | 宴 燕 嚥;印;要;幼 | 一;益;揖;噎 |
| 四等合口 | 淵 | | | |
| 三等開口 | 英;應 膺 鷹;醫;淹 閹 醃;陰 音;央 殃 秧;邀(;)夭 妖;憂 優 | 影;倚;隱 癮 | 映;厭;蔭 飲 | 億 憶 抑;乙;謁;邑;約 |
| 三等合口 | 雍;於 | 擁;委;苑 婉 宛;枉 | 壅;餧;怨 | |

(一) 原書'丫鴉'之間有一'雅'字，今移入疑母上聲。'雅鴉'古雖一字，集韻'雅'字亦有影母平聲之音，與'鴉'同，但廣韻'雅'字只有疑母上聲一音，現在方言皆從此讀，看後方言字彙麻韻'丫'字下註。

| | 平 | 上 | 去 | 入 |
|---|---|---|---|---|
| 三四等?開口 | 衣 依;椅(一);殷 慇;湮 | 掩 | 意;縊 | |
| 三四等?合口 | 宛;威 | | 畏 慰;淤 | 鬱 |

## 8. 喻

單純：　四等切字：以 羊 與 余 餘 弋 營 夷（楊）

j 化：　三等切字：于 王 羽 雨 云 永 有 洧 雲（禹）

| | 平 | 上 | 去 | 入 |
|---|---|---|---|---|
| 四等開口 | 蠅;盈 贏;耶 椰;移;胰 夷 姨;怡 貽;鹽 閻;淫;延 筵;寅;楊 揚 洋 佯 羊 陽;搖 遙 謠;由 猷 猶 游 油 悠 | 也 野;已;演;引;養 癢;舀;誘 酉 莠 | 孕;夜;異;易;焰 豔;樣 恙;耀 | 弋 翼;譯 繹 驛 亦 奕 役 疫;葉;逸;藥 鑰 |
| 四等合口 | 營 塋;維 惟 遺;捐 沿 緣;匀;逾 榆 諛;餘 譽;容 庸 鎔 | 潁;允 尹;愈;與;湧 甬 勇 | 銳;裕 諭 喻;預;用 | 悅 閱;慾 欲 |
| 三等開口 | 炎;焉;郵 尤 | 矣;有 友 | 右 宥 又 | |

(一)　廣韻'支''紙'兩見，但今多數方言讀上聲。

| | 平 | 上 | 去 | 入 |
|---|---|---|---|---|
| 三等合口 | 榮;帷;圍 闈 違;援 垣 轅 園;圓 員;雲 云 耘;王;于 迂 | 永;遠;隕 殞;往;雨 羽 禹 宇 | 爲;位;彙 胃 蝟 謂;衞;暈 韻 運;芋 | 域;鉞 曰 越 |

9. 知

j 化: 二等切字: 竹 陟

三等切字: 陟 知 張 中

| | 平 | 上 | 去 | 入 |
|---|---|---|---|---|
| 二等開口 | | | 站 | 劄 摘 |
| 二等合口 | | | | 卓 琢 |
| 三等開口 | 徵;貞 禎;蜘 知;沾 砧;珍;張;朝 | 展;肘 | 置;智;致;鎮;漲 帳 脹;晝 | 窒 |
| 三等合口 | 追;蛛 株 誅;豬;中 衷 忠 | 轉;拄;冢 | 駐 | 竹 築 |

10. 徹

j 化: 二等切字: 丑

三等切字: 丑 敕 恥

| | 平 | 上 | 去 | 入 |
|---|---|---|---|---|
| 二等開口 | 撐 | | | |
| 三等開口 | 笞 痴;超;抽 | 逞;恥;諂;丑 | 趁;暢 | 敕 飭;徹 |
| 三等合口 | 椿;盅 | 寵;楮 | | |

## 11. 澄

j 化: 二等切字: 直 丈 宅 場

三等切字: 直 持 遲 治 除 馳 柱

| | 平 | 上 | 去 | 入 |
|---|---|---|---|---|
| 二等開口 | 茶 | | 綻;櫂 | 澤 擇 宅 |
| 二等合口 | | | 傳;撞 | 濯 濁 |
| 三等開口 | 懲;程 呈;馳;遲 池;治 持;沈;纏;陳 塵;場 長 腸;潮;稠 籌 紬 儔 | 痔;雉;丈 杖;兆 | 值;滯;陣;仗;召 | 直 擲;澈 撤(一);姪 |
| 三等合口 | 槌;椽;廚;儲 除 蟲 冲 | 篆;柱 | 縋;墜;住;箸;重;仲 | 逐 |

## 12. 照

單純: 二等切字: 測 阻 莊

j 化: 三等切字: 之 職 章 諸 止 旨 脂 征 正 支 煮

| | 平 | 上 | 去 | 入 |
|---|---|---|---|---|
| 二等開口 | 爭;渣;齋;莊 裝 妝 | 斬;盞;爪 | 榨;詐;債;醮;壯;皺 縐 | 責;窄;側;紮 札 扎 |
| 二等合口 | 芻 | 阻 | | 捉 |

(一) '澈撤'又"丑列切",易生誤會,調查方言時用'轍'字,較妥。

| | 平 | 上 | 去 | 入 |
|---|---|---|---|---|
| 三等開口 | 蒸 征;遮;枝 支 肢;脂;芝 之;占 瞻;箴 斟 針;眞;彰 麞 樟 章;昭 招;舟 洲 州 周 | 整;者;止;枳 紙 只;旨 指;枕;賑 診;掌;帚 | 正 政 証;蔗;志 誌;贄 至;制 製;戰 顫;振 震;障;照 詔;咒 | 職 織;炙 隻;摺;汁 執;折;質;酌 勺 |
| 三等合口 | 錐;專 磚;諄;硃 珠 朱;諸;終;鍾 | 準;主;煮;種 腫 | 贅;盹;註 炷 注 蛀 鑄;衆 | 拙;屬 燭 囑;祝 粥 |

13. 穿

單純： 二等切字： 初 楚 測 創

j 化： 三等切字： 昌 尺 赤 處（齒）

| | 平 | 上 | 去 | 入 |
|---|---|---|---|---|
| 二等開口 | 杈 叉 差 釵;攙;瘡 創;抄 | 炒 | 鈔 | 策 柵;測 惻;插;察 |
| 二等合口 | 牕;初 | 揣;楚 | | 擉 |
| 三等開口 | 稱;車;鴟;嗤;嗔;倡 昌 | 捨;齒;侈;敞 廠; 醜 | 秤;唱;臭 | 尺 斥 赤;掣;綽 |
| 三等合口 | 炊 吹;川 穿;春;樞;充;衝 | 喘 舛;蠢 | 釧;處 | 出;觸 |

## 14. 牀

單純： 二等切字：士 鉏 鋤 仕 牀 雛

j 化： 三等切字：食 神 乘

| | 平 | 上 | 去 | 入 |
|---|---|---|---|---|
| 二等開口 | 查;柴 豺;讒;牀;巢;愁 | 俟 仕 士;棧 | 乍;事 | |
| 二等合口 | 鋤;雛;崇 | 撰 | 助 | |
| 三等開口 | 繩 乘;蛇;神 | | 剩;射;示 諡 | 食;舌;實 |
| 三等合口 | 船;脣 | 盾 | 順 | 述 術;贖 |

## 15. 審

單純： 二等切字：所 疏（踈）色 山 數 沙

j 化： 三等切字：式 失 書 舒 識 賞 商 施 始 傷 詩

| | 平 | 上 | 去 | 入 |
|---|---|---|---|---|
| 二等開口 | 生 牲 笙;紗 砂 沙;篩 師 獅;杉 衫 芟;刪;山;孀 霜;梢;搜 | 省;史 使;灑;產;爽 | 駛;曬;滲;訕;稍;瘦 | 穡 色 嗇;霎;濇;殺;瑟 |
| 二等合口 | 衰;雙;蔬 疏 梳 | 傻;所;數 | 率 帥 | 刷;朔;縮 |

| | 平 | 上 | 去 | 入 |
|---|---|---|---|---|
| 三等開口 | 升 勝 昇;聲;奢 賒;施;尸 詩;深;羶 煽;身 申 紳 娠 伸;傷 商;燒;收 | 捨;始;豕;屎 矢;陝 閃;嬸 審;賞;少;首 手 守 | 聖;赦 舍;弑 試;啻;世 勢;餉;獸 | 式 識 釋 拭 飾;螫 適;溼;設;失 室 |
| 三等合口 | 輸;書 舒 | 水;黍 鼠 暑 | 稅;瞬;恕 庶 | 說,束;叔 |

16. 禪

j化: 三等切字: 市 常 是 時 承 植 署 臣 氏 殖 殊(上 丞)

| | 平 | 上 | 去 | 入 |
|---|---|---|---|---|
| 三等開口 | 承 丞;誠 城 成;匙;時;蟬 禪;宸 辰 臣 晨;償 嘗 常 裳;酬 讎 | 社;市 恃;是 氏;視;甚;善;腎;紹;受 | 盛;侍;嗜;誓 逝;贍;膳 擅 繕;慎;上 尚;售 壽 授 | 石;涉;十 什 拾 |
| 三等合口 | 殊;垂;純 醇;殳 | 豎 | 睡 瑞;樹;署 薯 | 蜀;淑 熟 |

17. 日

j化: 三等切字: 而 如 人 汝 仍 兒 耳(爾)

| | 平 | 上 | 去 | 入 |
|---|---|---|---|---|
| 三等開口 | 仍;兒;而;柟;任;然;仁 人;攘;饒;柔 揉 | 惹;耳;爾;染;稔;忍;擾 繞 | 餌;二;刃 認;讓 | 入;熱;日;弱 若 |
| 三等合口 | 儒 懦;如;戎 絨;茸 | 蕊;輭;乳;冗 | 潤 閏 | 辱 褥;肉 |

## 18.泥

單純： 一等切字：奴 乃 那 諾

二等切字：奴

四等切字：奴 乃

| | 平 | 上 | 去 | 入 |
|---|---|---|---|---|
| 一等開口 | 能；挪；南 男；難；囊 | 乃；腦 惱 瑙 | 那；耐；奈；褥 | 納；諾 |
| 一等合口 | 帑 奴；農 膿 | 暖；努 | 內；嫩；怒 | |
| 二等開口 | 拏 | 嬭；撓 | 鬧 | |
| 四等開口 | 寧；泥；拈；年 | 你；撚 | 念；賃；尿 | 溺；捻 |

## 19. 娘

j化： 二等切字：女

三等切字：女 尼

| | 平 | 上 | 去 | 入 |
|---|---|---|---|---|
| 二等開口 | 喃；饒 | | | |
| 三等開口 | 呢；粘；娘 | 扭 鈕 | 碾；釀 | 匿 |
| 三等合口 | 濃 | 女 | 諉 | |

## 20. 來

單純： 一等切字：盧 郎 魯 落 洛 來（靈）

二等，沒有代表字。

四等切字：郎 落 盧 洛

j 化： 三等切字：力 呂 良 里 離 林（龍）

| | 平 | 上 | 去 | 入 |
|---|---|---|---|---|
| 一等開口 | 棱；鑼 羅 蘿 籮；來；婪；藍；攔 瀾 欄 蘭；狼 廊 榔 郎；撈 牢 勞；摟 髏 樓 | 欖 覽 攬；朗；老 潦 | 癩 賴；濫；纜 爛；浪；癆；漏 | 勒 肋；拉；擸 蠟 臘；辣；酪 駱 落 烙 樂 絡 |
| 一等合口 | 騾；雷；鑾；論 掄；蘆 鑪 盧；朧 籠 聾 | 裸；磊；卵；鹵 滷 魯 櫓 擄；攏（切字是 力） | 擂 儽 耒；亂；鷺 露 路 賂；弄 | 捋；祿 碌 轆 鹿 |
| 四等開口 | 靈 翎 零 伶 鈴；犂；蓮 憐；聊 料 撩 僚 遼 寥 | 禮；了 瞭 | 戾 隸 麗；鍊 練 煉 | 歷 |
| 三等開口 | 陵 綾 菱 凌；璃 離 籬；梨；狸 釐；奩 簾 鐮 廉；林 臨 痳 霖 淋；鏈 連 聯；麟 鄰 鱗；糧 粱 涼 良，瘤 榴 留 旒 劉 流 | 領；李 裏 里 鯉 理；履；撿 斂；輦；輛 兩；燎；柳 | 吏；利 痢；例 厲 勵；殮；遴 吝；量 諒 亮；療；溜 | 力；獵；立 粒；裂 烈 列；栗 慄；略 掠 |

| | 平 | 上 | 去 | 入 |
|---|---|---|---|---|
| 三等合口 | 累 縲；攣；倫 輪 綸；廬 臚 驢；窿 隆；龍 | 壘；縷；旅 侶 呂 | 淚 類；戀；屢；慮 | 劣；律；錄 綠；六 陸 戮 |

21. 端

單純： 一等切字： 都 當 多 丁 冬 得 德

二等切字： 都

四等切字： 都 當 多 丁

| | 平 | 上 | 去 | 入 |
|---|---|---|---|---|
| 一等開口 | 燈 登；多；擔；單 丹；當；刀；篼 兜 | 等；膽；黨；島 倒 禱 擣；陡 抖 斗 | 凳；戴；帶；旦；擋；到；鬥 | 德 得；答 搭 |
| 一等合口 | 搥 堆；耑 端；敦 墩；都；東；冬 | 朵；斷(一) 短；堵 賭 肚(二) 睹；董 | 對 碓；煅；頓；蠹；凍 棟 | 掇；篤 督 |
| 二等開口 | | | 罩 | |
| 二等合口 | 椿 | | | |
| 四等開口 | 釘 叮 丁；低 堤；顚 癲；雕 貂 刁 凋 鵰；丟 | 鼎 打 酊 頂；抵 牴 底；玷 點；典 | 訂 錠；帝；店 墊；鳶 釣 弔 | 滴 的 嫡 |
| 四等合口 | | 貯 | | |

(一) ‘斷’字廣韻有‘都管，徒管，丁貫’三切，方言中很少如本表從‘都管切’者。

(二) ‘肚’字廣韻又有‘徒古切’一讀，屬定母，方言中亦多用之。

### 22. 透

單純：一等切字：他 託 土 吐 湯（它）

四等切字：他 土 吐 天

| | 平 | 上 | 去 | 入 |
|---|---|---|---|---|
| 一等開口 | 拕 他；台 胎；探 貪；灘 攤；吞；湯；滔 條 叨；偷 | 毯；坦；套（一）討 | 態 貸；泰；歎 炭；透 | 忒；踏；榻 塌 塔；獺 撻；託 |
| 一等合口 | 推；通 | 妥；腿；土；桶 | 唾；兎 吐；痛；統 | 禿 |
| 四等開口 | 聽 廳；梯；添；天；挑 | 體 涕 | 剃 薙 替；糶 | 踢 剔；帖 貼；鐵 |

### 23. 定

單純：一等切字：徒 同 度 唐 田 杜 陀（大 動 待）

四等切字：徒 特 杜 堂（待）

| | 平 | 上 | 去 | 入 |
|---|---|---|---|---|
| 一等開口 | 騰 謄；駝；苔 臺 擡；潭；痰 談；壇 檀；糖 搪 堂 塘 唐；掏 桃 萄 逃 陶；投 頭 | 舵；待 殆 怠；淡；袒 誕 但；蕩；道 稻 | 代；大；彈 憚；導 盜；荳 豆 逗 | 特；達；鐸 |
| 一等合口 | 頹；團；燉 屯；途 圖 塗 屠 徒；桐 曈 童 筒 衕 銅 同；疼 | 垛 墮；緞；沌 囤；杜；動 | 惰；兌；隊；段；遁 鈍；渡 度；洞 | 脫（二）奪；突；獨 讀 讀 牘 犢 瀆；毒 |

（一）'套'，集韵又有去聲一讀，'叨號切'，方言中通行。

（二）'脫'有'他括，徒活'二切，但透母之讀法較通行。

| | 平 | 上 | 去 | 入 |
|---|---|---|---|---|
| 四等開口 | 停亭霆庭廷；啼提題；甜；填佃田；調條跳 | 梃挺艇 | 定；地；弟遞第；電殿奠；掉 | 狄敵笛；疊牒蝶；迭跌 |

24. 精

單純：一等切字：則子作借兹（祚佐）

四等切字：子卽將則資兹（咨）

| | 平 | 上 | 去 | 入 |
|---|---|---|---|---|
| 一等開口 | 憎增；栽災；贓臧；糟遭 | 左；宰；髒；澡早蚤棗；走 | 佐；載再；贊攢；葬；竈躁；奏 | 則；作 |
| 一等合口 | 鑽；尊；租；椶騣；宗 | 纂；撙；組祖；總 | 挫；最；粽 | 卒 |
| 四等開口 | 旌蜻精睛晶；嗟；咨姿資；兹滋仔孳；漸尖；箋；煎；津；將；椒焦；揪 | 井；姐；梓子；紫；姊；剪；盡(一)；奬；勦；酒 | 借；恣；祭際擠濟；浸；濺；箭；薦；晉；醬 | 卽；績；積跡脊；接；節；雀爵 |
| 四等合口 | 遵；蹤 | | 醉；俊；縱 | 足 |

(一) '盡'字依"卽忍切"，"盡坐盡後"，放在此表，不如要"慈忍切"，"竭也，終也"，放在從母表，因第一義現在通寫作 '儘'。本書末方言字彙裏高氏改用第二音了。

25. 淸

單純: 一等切字: 倉 七 麤 此 千 蒼 采

四等切字: 七 倉 親 此 千 蒼 雌(淺)

| | 平 | 上 | 去 | 入 |
|---|---|---|---|---|
| 一等開口 | 磋 搓;猜;參;餐;蒼 倉;操 | 采 採;慘;草 | 菜;燦;湊 | 錯 |
| 一等合口 | 催;村;粗;聰 葱 | 忖 | 剉;竄 爨;寸;醋 措 | 撮;猝 |
| 四等開口 | 靑;淸;雌;淒 妻 悽;侵;千;遷 韆;親;槍;秋 | 請;且;此;寑;淺;搶;悄 | 刺;莿;次;砌;俏 | 戚;妾;葺;切 沏 竊;七 漆;鵲 |
| 四等合口 | 痤 詮;竣;趨 | 取 | 翠;娶 趣 | 促 |

26. 從

單純: 一等切字: 昨 徂 在 藏(胙)

四等切字: 疾 昨 才 秦 慈 徂 匠 情 前

| | 平 | 上 | 去 | 入 |
|---|---|---|---|---|
| 一等開口 | 曾 層;材 財 才 裁 纔;蠶;慚;殘;藏;槽 曹 | 在;趲;造 皁 | 贈;暫 鏨;漕 | 賊;雜;鑿 昨 |
| 一等合口 | 銼,存 蹲;叢 | 罪 | 座 坐 | 族 |
| 四等開口 | 情 晴;慈 磁;齊 臍;潛;前 錢;秦;牆;樵 | 靜 踐 | 淨;藉;字;自;賤 餞;匠;就 | 寂;籍;捷;集;截;疾;嚼 |
| 四等合口 | 全 泉;從 | 聚 | 萃 | 絕 |

## 27. 心

單純：一等切字：蘇 桑 素 息 先 思（損）

四等切字：息 相 先 私 桑 蘇 思 悉 斯 辛 司 寫 須（錫）

| | 平 | 上 | 去 | 入 |
|---|---|---|---|---|
| 一等開口 | 僧;三;珊;桑;搔 臊 騷 | 傘 散;顙;嫂 掃;擻 叟 | 賽;喪;噪;嗽 | 塞;索 |
| 一等合口 | 唆;酸;孫;穌 蘇 | 鎖;算;損 | 碎;蒜;遜;素 塑 訴;送;宋 | 速 |
| 四等開口 | 惺 星 腥 醒;些;斯 厮;私;絲 伺 司 思;西 栖 撕 犀;心;先;仙 鮮;辛 新 薪;箱 相 鑲 廂;消;硝 逍 銷 霄 宵;修 脩 羞 | 瀉 寫;死;璽 徙;洗;筍;想;小 | 姓 性;卸;賜;四 肆 細;綫;訊 汛 信;嘯;笑 鞘;繡 秀 | 熄 息;錫;昔 惜;褻;悉 膝;削 |
| 四等合口 | 綏 雖;宣;詢;鬚 須 需;胥;鬆 | 髓;選;聳 | 歲;迅 梭(一);絮 | 雪;恤 戌;肅 夙 宿 |

## 28. 邪

單純：四等切字：似 徐 詳 祥 辭 旬 夕

| | 平 | 上 | 去 | 入 |
|---|---|---|---|---|
| 四等開口 | 斜 邪;辭 祠;尋;涎;祥 庠 詳;囚 | 似 祀 巳;像 | 謝;嗣 飼 寺;羨;袖 | 席 夕;習 襲 |

(一) '梭'，說文訓"木也"，徐鉉音"私閏切"，集韵，"須閏切"。廣韵去聲稕韵不收此字，平聲戈韵有'梭'字，訓"織具"，音"蘇禾切"，此音義今較通行。下文112頁稕韵表'梭'字準此。

| | 平 | 上 | 去 | 入 |
|---|---|---|---|---|
| 四等合口 | 隨;旋;循 巡 旬;徐;松 | 緒 敍 序 | 遂;殉;頌 誦 訟 | 俗 續 |

29. 非

單純: 一等切字: 博 補 北 布

二等切字: 博 布 北 伯 晡

四等切字: 北 博 補 布

j化: 三等切字: 方 府 甫 必 卑 兵 筆 彼 陂 并 鄙 分(比)

| | 平 | 上 | 去 | 入 |
|---|---|---|---|---|
| 一等開口 | 崩;褒 | 寶 保 | 貝;報;謗 | 北;博 |
| 一等合口 | 波;般;奔 賁;幫 縍 | 簸;本;譜 補;榜 | 播;背 倍 輩;絆 半;佈 布 | 撥 鉢;卜 |
| 二等開口 | 巴 吧 芭;包 | 把;飽;擺 | 迸(切字是比);豹 爆 | 迫 百 柏 伯 |
| 二等合口 | 班 頒;邦 | 板 版 | 扮;拜 | 八;駁 剝 |
| 四等開口 | | 扁 | 閉 | 壁 璧 |
| 四等合口 | 編 蝙 | | | |
| 三等開口 | 冰;幷;裨 卑;鞭;賓 檳;標;方 | 比;貶;稟;表;否 | 臂;庇;徧;殯;裱;富 | 畢 必 筆;碧;逼;法 |
| 三等合口 | 兵;碑;悲;非 緋 飛;藩;紛 分;膚 夫;風;封 | 秉 丙;彼(1) 俾;鄙;匪;反 返;粉;斧 甫 腑 俯 府 | 柄;轡 祕;痱;廢 肺;販;奮 糞;放;賦 傅 付 | 發 髮;弗;福 幅 蝠 輻 複 腹 |

(1) '彼' 康熙字典切作'補委', 誤。 廣韵跟切韵指掌圖相同, 切作'甫委'。

## 30. 敷

單純：　一等切字：普 滂

　　　　二等切字：普 匹

　　　　四等切字：普 匹 譬

j化：　三等切字：敷 芳 撫 妃 丕

| | 平 | 上 | 去 | 入 |
|---|---|---|---|---|
| 一等開口 | | 剖 | 沛 | |
| 一等合口 | 頗 玻 坡；鋪 | 普 溥 | 破；配；判 泮 胖；噴 | 潑；撲 |
| 二等開口 | 烹；胞 泡 抛 | | 怕；盼；礟 | 拍 魄 珀 |
| 二等合口 | 攀 | | 派 | 樸 |
| 四等開口 | 批；漂 | | 聘；譬；片；騙 | 霹 劈；憋 瞥；匹 |
| 三等開口 | 披；偏 篇；嫖 飄 | 品；紡 彷 | 副；訪 | 僻 |
| 三等合口 | 丕；妃；幡 翻；妨 芳；俘 敷；豐；峯 鋒 蜂 烽 | 忿；撫 | 費；泛；訃 仆 赴 | 拂 彿；覆 |

31. 並

單純: 一等切字: 薄 蒲 步 傍 裴

二等切字: 薄 蒲 步 傍(旁)

四等切字: 薄 傍 部

j化: 三等切字: 符 房 扶 防 附 皮 毗 平 縛 婢(苻 父)

| | 平 | 上 | 去 | 入 |
|---|---|---|---|---|
| 一等開口 | 朋;袍 | 抱 | 旆;暴;傍 | 泊;薄 |
| 一等合口 | 婆;陪 培,磐 盤 瘢 搬(一);葐;旁 膀 蒲;篷 蓬 | 拌 伴;笨;簿 部 | 悖 佩;叛;步 捕 | 鈸;脖 餑;僕 |
| 二等開口 | 棚;琶 爬;牌;排 咆 跑 炮 | 跁 罷 | 辦 | 白 |
| 二等合口 | | 棒 | 敗;稗;憊 | 拔;雹 |
| 四等開口 | 瓶 屏;諞 | 陛 | | |
| 四等合口 | | 辮 | | |
| 三等開口 | 憑;脾 皮 疲;琵;貧;瓢;浮;凡 帆 | 辨;牝;負 婦 阜;犯 範 | 被 避;鼻;敝 弊 獘;弁 便;梵 | 擗 闢;別;弼;乏 |
| 三等合口 | 平 評;肥;蟠 煩 番 繙 鞶 繁;墳 氛 焚;防 房;符 扶;逢 縫 | 父;憤;腐 釜;奉 | 病;備;吠;飯;附;俸 | 伐 筏 罰;佛;縛;伏 復 服 |

(一) 廣韻'搬'字,只有'攀,薄官切',訓"攀擹婉轉"。另有'般'字,'北潘切',訓"般運",爲方言調查用,此字應取消或移入非母下,作爲'般'(訓"般運")之今體。

## 32. 明

單純： 一等切字： 莫 慕 母 模 謨

二等切字： 莫

四等切字： 莫

j化： 三等切字： 武 亡 無 文 彌 眉 巫 靡 美 望（密）

| | 平 | 上 | 去 | 入 |
|---|---|---|---|---|
| 一等開口 | 茫 芒 忙;旄 毛 | 莽 蟒;某 畝 拇 母 牡 | 儚;冒 帽;貿 茂 | 墨 默（切字是亡）;沫;莫 漠 膜 幕 寞 |
| 一等合口 | 摩 磨 魔;玫 枚 梅 媒;瞞 饅;捫 門;謨 摸 模;朦 濛 蒙 | 每（切字是武）;滿 | 昧 妹;幔 墁 漫;悶;暮 慕 墓 募;夢 | 抹 末;沒;木 沐 |
| 二等開口 | 萌;盲（切字是武）;麻 痲;埋;茅 | 猛 黽;馬 碼;買;卯 | 孟;罵;賣;貌 | |
| 二等合口 | 蠻 | | 邁 | 脈 麥 |
| 四等開口 | 冥 銘;迷;眠;牟 謀 | 米 | 謎 | 覓;篾 |
| 四等合口 | | 茗 | | 穆 目 牧 |
| 三等開口 | 名;彌;綿 棉;閩 民;苗 描 貓 | 免 冕 勉;泯;渺 杪 藐 吵（一）;網 | 寐;麵 面;妙 廟;謬 | 滅;蜜 密 |
| 三等合口 | 鳴 明;眉;糜;微;文 紋 蚊 聞;亡 鋩 硭;誣 巫 毋 無 | 皿;美;靡;尾;挽 晚;憫 敏;刎;侮 舞 武 | 命;味 未;萬;問;望 忘 妄;務 霧 | 襪;物 勿 |

（一） '吵'，亡沼切，"雉聲"；'初爪切'，"聲也"。 第二音義較通行。 本書末方言字彙未收此字。

## 韻 母 表

### 果 攝

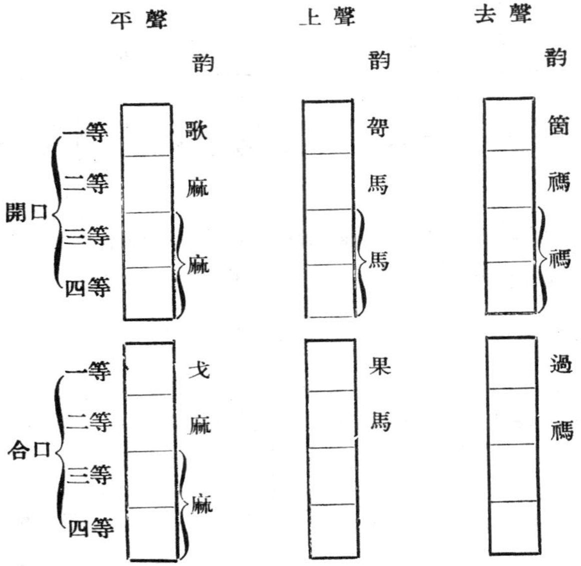


二等跟三四等很清楚的用反切來分開。

| 開口 | 見　系 | 知　系 | 泥　系 | 端　系 | 非　系 |
|---|---|---|---|---|---|
| 一等<br>平聲：歌韻(1)<br>切字:何 俄 歌 河 (哥) | 哥 歌;俄 蛾 鵝;河 何 荷;阿 | | 挪;籮 蘿 羅 鑼 | 多;他 拕;駝;搓 磋 | |
| 上聲：哿韻(2)<br>切字:可 我 | 可;我 | | | 舵;左 | |
| 去聲：箇韻(3)<br>切字:箇 賀 | 箇;餓;賀 | | 那 | 佐 | |

| 開口(續) | 見系 | 知系 | 泥系 | 端系 | 非系 |
|---|---|---|---|---|---|
| 二等<br>平聲: 麻韵(4)<br>切字:加 牙 巴 霞<br>(遐) | 嘉 家 加 袈 枷;衙 芽 牙;鴉 丫;霞 鰕 瑕 | 茶;渣;杈 差 叉;査;紗 砂 沙 | 拏 | | 芭 吧 巴;琶 爬;麻 痲 |
| 上聲: 馬韵(5)<br>切字:下 雅 | 假;雅;下;啞 瘂 | | | | 把;耙;馬 碼 |
| 去聲: 禡韵(6)<br>切字:訝 駕 嫁 | 架 稼 駕 價 嫁;訝;嚇;夏 暇;亞 | 詐 榨;乍 | | | 怕;駡 |
| 三四等<br>平聲: 麻韵(7)<br>切字:遮 車 嗟 邪<br>奢(耶) | 耶 椰 | 遮;車;蛇;奢 賒 | | 嗟;些;斜 邪 | |
| 上聲: 馬韵(8)<br>切字:者 也 冶 野<br>姐 | 也 野 | 者;撦;捨;社;惹 | | 姐;且;寫 瀉 | |
| 去聲: 禡韵(9)<br>切字:夜 謝(柘) | 夜 | 蔗;射;赦 舍 | | 借;藉;卸;謝 | |

| 合口 | 見系 | 知系 | 泥系 | 端系 | 非系 |
|---|---|---|---|---|---|
| 一等<br>平聲：戈韵(10)<br>切字：禾 波 戈 婆 | 戈 鍋；科；訛；和 禾；踒 倭 | | 騾 | 銼；唆 | 波；坡 頗 玻；婆；魔 磨 摩 |
| 上聲：果韵(11)<br>切字：果 火 | 果 菓 裹；火；夥 禍 | | 裸 | 朶；妥；垜 墮；鎖 | 簸 |
| 去聲：過韵(12)<br>切字：臥 過 | 過；課；臥；貨 | | | 唾；惰；挫；剉；坐 座 | 播；破 |
| 二等<br>平聲：痲韵(13)<br>切字：瓜 花 華 | 瓜；誇；花；華 | | | | |
| 上聲：馬韵(14)<br>切字：瓦 寡 | 剮 寡；瓦；踝 | 傻 | | | |
| 去聲：禡韵(15)<br>切字：化 霸 | 跨；化 | | | | |
| 三四等<br>平聲：痲韵(16)<br>無代表字<br>無上，去聲 | | | | | |

## 止　攝

平聲　　　　上聲　　　　去聲

韻　　　　韻　　　　韻

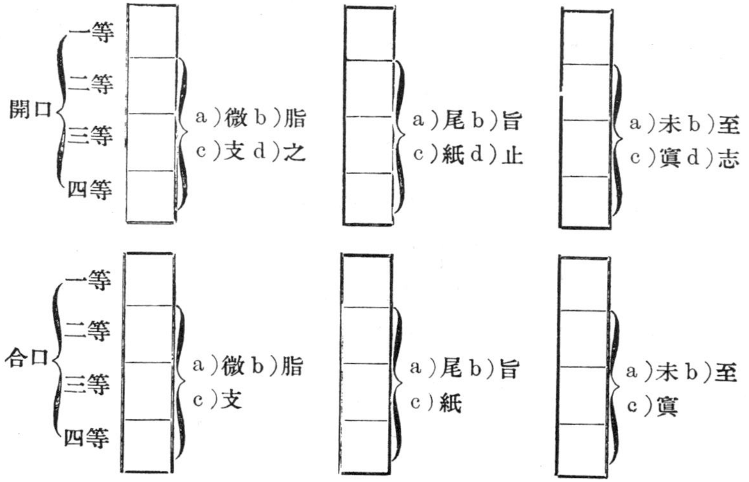


切韻指掌圖一等的字按廣韻反切是有二三四等的韻母的。

| 開口 | 見系 | 知系 | 泥系 | 端系 | 非系 |
|---|---|---|---|---|---|
| 無一等<br>二三四等<br>平聲：微韻(17)<br>切字：希 衣 依 | 機 譏；祈；衣 依；希 稀 | | | | |
| 平聲：脂韻(18)<br>切字：脂 夷 尼 | 肌；伊；姨 夷 胰 | 遲；脂；鴟；師 獅 篩 | 呢；梨 | 資 姿 咨；私 | 琵 |

| 開口(續) | 見系 | 知系 | 泥系 | 端系 | 非系 |
|---|---|---|---|---|---|
| 二三四等(續)<br>平聲：支韵(19)<br>切字：移 羈 支 離(离) | 騎 奇 岐；儀 宜；椅(一)；移 | 知 蜘；馳 池；支 枝 肢；施；匙；兒 | 璃 離 籬 | 雌；斯 厮 | 卑 裨；披；脾 皮 疲；彌 |
| 平聲：之韵(20)<br>切字：之 其 茲 而 | 箕 基；欺；棊 期 旗 麒 其；疑；嘻 嬉 熙 禧；醫；怡 貽 | 笞 痴；治 持；之 芝；嗤；尸 詩；時；而 | 狸 釐 | 滋 茲 仔 孳；慈 磁；絲 伺(二) 司 思；辭 祠 | |
| 上聲：尾韵(21)<br>切字：狶(俙) | 幾；豈 | | | | |
| 上聲：旨韵(22)<br>切字：几 雉 履 視 矢 | 几 | 雉；旨 指；屎 矢；視 | 履 | 姊 | 比 |
| 上聲：紙韵(23)<br>切字：氏 綺 紙 倚 此 是 | 技 妓；蟻；倚 | 枳 紙 只；侈；豕；是 氏；爾 | | 紫；此；璽 徙 | |

(一) '椅'廣韵有平上兩讀，今則上聲通行，宜改列紙韵。

(二) '伺'廣韵有平去兩讀，今則去聲通行，宜改列志韵。

| 開口(續) | 見系 | 知系 | 泥系 | 端系 | 非系 |
|---|---|---|---|---|---|
| 二三四等(續) | | | | | |
| 上聲: 止韵(24)<br>切字:里 止 巳 士 紀 史 擬(以 姊)市 理 | 紀;己;起;擬;喜;巳矣 | 耻;痔;止;齒;仕 士 俟;使 史;始;市 恃;耳 | 伱;里 鯉 裏 理 李 | 子 梓;死;祀 似 巳 | |
| 去聲: 未韵(25)<br>切字:彖 既 | 旣;氣 | | | | |
| 去聲: 至韵(26)<br>切字:利 至 二 四 冀 | 器 棄 | 致;贄 至;示 謚;嗜;二 | 利 痢 | 地;恣;次;自;四 肆; | 庇;譬;鼻;寐 |
| 去聲: 寘韵(27)<br>切字:義 寄 智 賜 豉 | 寄;企;義;議 誼;戲;易 | 智;啻 | | 刺 莿;賜 | 臂;被 避 |
| 去聲: 志韵(28)<br>切字:吏 記 置(事) | 記;忌;意;異 | 置;値;志 誌;事;駛;試 弑;侍;餌 | 吏 | 字;嗣 飼 寺 | |
| 合口<br>無一等<br>二三四等 | | | | | |
| 平聲: 微韵(29)<br>切字:非 歸 微 韋 | 歸;輝 揮 徽;威;違 闈 圍 | | | | 非 緋 飛;妃;肥;微 |

| 合口(續) | 見　系 | 知　系 | 泥　系 | 端　系 | 非　系 |
|---|---|---|---|---|---|
| 二三四等(續)<br>平聲：脂韵(30)<br>切字：追 悲 遺 眉 隹 | 龜;葵;惟 維 帷 遺 | 追;槌 錐 | 累 縲 | 綏 雖 | 悲;丕;眉 |
| 平聲：支韵(31)<br>切字：爲 垂 隨 危 | 規;窺 虧;危;麾 | 炊 吹;衰;垂 | | 隨 | 碑;糜 |
| 上聲：尾韵(32)<br>切字：偉 匪 尾 | 鬼;卉 虺 | | | | 匪;尾 |
| 上聲：旨韵(33)<br>切字：軌 美 洧 癸 鄙 壘 誄 | 晷 癸;揆 | 水;蘂 | 壘 | | 鄙;美 |
| 上聲：紙韵(34)<br>切字：委 詭 弭 彼 | 詭;跪;毀 燬;委 | 揣 | | 髓 | 彼;俾;靡 |
| 去聲：未韵(35)<br>切字：貴 胃 味 沸 | 貴;諱;畏 慰;謂 蝟 胃 彙 | | | | 費 痱;味 未 |
| 去聲：至韵(36)<br>切字：位 類 遂 醉 娟 愧 祕 | 愧;饋 餽 櫃;位 | 墜;帥 率 | 類 淚 | 醉;翠;萃 遂 | 祕 轡;備 |
| 去聲：寘韵(37)<br>切字：僞 睡 恚 | 僞;餧;爲 | 縋;瑞 睡 | 諉 | | |

## 蟹攝

| | | 平聲韵 | 上聲韵 | 去聲韵 |
|---|---|---|---|---|
| 開口 | 一等 | 咍 | 海 | a)代 b)泰 |
| | 二等 | a)皆 b)佳 | a)駭 b)蟹 | a)怪 b)卦 c)夬 |
| | 三等 | | | b)祭 |
| | 四等 | 齊 | 薺 | a)霽 |
| 合口 | 一等 | 灰 | 賄 | a)隊 b)泰 |
| | 二等 | a)皆 b)佳 | 蟹 | a)怪 b)卦 c)夬 |
| | 三等 | | | c)廢 b)祭 |
| | 四等 | 齊 | | a)霽 |

| 開口 | 見系 | 知系 | 泥系 | 端系 | 非系 |
|---|---|---|---|---|---|
| 一等<br>平聲：咍韵(38)<br>切字：哀 哉 來 開 才 | 該；開；咳 孩；哀 埃 | | 來 | 胎 台；擡 臺 苔；栽 災；猜；纔 裁 才 財 材 | |
| 上聲：海韵(39)<br>切字：亥 宰 改 在 | 改；鎧；海；亥 | | 乃 | 怠 殆 待；宰；採 采；在 | |

| 開口(續) | 見系 | 知系 | 泥系 | 端系 | 非系 |
|---|---|---|---|---|---|
| 一等(續)<br>去聲: 代韵(40)<br>切字:代 漑 耐 | 槩;礙;愛 | | 耐 | 戴;貸 態;<br>代;再 載;<br>菜;賽 | |
| 去聲: 泰韵(41)<br>切字:蓋 太 帶 | 丐 蓋;磕;<br>艾;害 | | 奈;賴 癩 | 帶;泰;大 | 貝;沛;旆 |
| 二等<br>平聲: 皆韵(42)<br>切字:皆 諧 | 皆 階 諧 | 齋;豺 | | | 排;埋 |
| 平聲: 佳韵(43)<br>切字:佳 膎 | 佳 街;涯;<br>鞋 | 釵;柴 | | | 牌 |
| 上聲: 駭韵(44)<br>切字:駭 楷 | 楷;駭;挨 | | | | |
| 上聲: 蟹韵(45)<br>切字:買 蟹 | 解;蟹;矮 | 灑 | 嬭 | | 擺;罷;買<br>(參看合口) |
| 去聲: 恠(怪)韵(46)<br>切字:拜 介 | 屆 戒 界<br>芥 介 誡;<br>械 | | | | (參看合口) |
| 去聲: 卦韵(47)<br>切字:賣 懈 隘 | 懈 | 債;曬 | | | 賣(參看合口) |
| 去聲: 夬韵(48)<br>沒有代表字 | | | | | |

| 開口(續) | 見系 | 知系 | 泥系 | 端系 | 非系 |
|---|---|---|---|---|---|
| 三四等 | | | | | |
| 平聲：齊韵(49)<br>切字：奚稽兮雞低迷(溪) | 雞稽；奚 | | 泥；犂 | 低堤；梯；提啼題；凄妻悽；臍齊；西栖撕犀 | 批；迷 |
| 上聲：薺韵(50)<br>切字：禮啓 | 啓 | | 禮 | 抵牴底；體涕；洗 | 陛；米 |
| 去聲：霽韵(51)<br>切字：計詣 | 繼繫計髻；契；詣；系；縊 | | 戾隸麗 | 帝；替薙剃；第遞弟；濟擠；砌；細 | 閉；謎 |
| 去聲：祭韵(52)<br>切字：制例祭 | 藝 | 滯；制製；世勢；誓逝 | 例厲勵 | 祭際 | 敝弊獘 |
| 合口 | | | | | |
| 一等 | | | | | |
| 平聲：灰韵(53)<br>切字：回杯恢 | 瑰傀(一)；盔魁；灰；回茴 | | 雷 | 搥堆；推；頹催 | 陪培；玫枚梅媒 |
| 上聲：賄韵(54)<br>切字：罪猥賄 | 賄；匯 | | 磊 | 腿；罪 | 每 |

(一) '傀'廣韵有'公回，口猥'二切，但平聲不甚通行。

| 合口(續) | 見系 | 知系 | 泥系 | 端系 | 非系 |
|---|---|---|---|---|---|
| 一等(續)<br>去聲：隊韵(55)<br>切字：內 對 佩 昧 妹 隊 | 塊;誨 悔 晦;迴(一) | | 內;播 儽 耒 | 對 碓;隊;碎 | 背 倍(二) 輩;配;悖 佩;妹 昧 |
| 去聲：泰韵(56)<br>切字：外 會 | 劊;外;會 繪 | | | 兌;最 | |
| 二等<br>平聲：皆韵(57)<br>切字：乖 懷 | 乖;槐;懷 | | | | |
| 平聲：佳韵(58)<br>沒有代表字 | | | | | |
| 上聲：蟹韵(59)<br>沒有代表字 | | | | | |
| 去聲：恠(怪)韵(60)<br>切字：壞 怪(拜) | 怪;壞 | | | | 拜;憊<br>(參看合口) |
| 去聲：卦韵(61)<br>切字：卦 賣 | 掛;畫 | | | | 派;稗<br>(參看合口) |
| 去聲：夬韵(62)<br>切字：夬 快 話 邁 | 快;話 | | | | 敗;邁 |

(一) ‘迴’廣韵有平去兩讀，但去聲不甚通行。

(二) ‘倍’廣韵在開口代韵，不在合口隊韵。在方言中凖合口看待。

| 合口（續）三四等 | 見系 | 知系 | 泥系 | 端系 | 非系 |
|---|---|---|---|---|---|
| 平聲：齊韵(63)<br>切字：攜 圭<br>無上聲 | 圭 閨；奎 | | | | |
| 去聲：霽韵(64)<br>切字：惠 桂 | 桂；慧 惠 | | | | |
| 去聲：祭韵(65)<br>切字：銳 歲 芮 | 銳 衞 | 贅；税 | | 歲 | |
| 去聲：廢韵(66)<br>切字：廢 肺 | | | | | 廢 肺；吠 |

## 咸 攝

| | 平聲韵 | 上聲韵 | 去聲韵 |
|---|---|---|---|
| 開口 一等 | a)覃 b)談 | a)感 b)敢 | a)勘 b)闞 |
| 開口 二等 | a)咸 b)銜 | a)豏 b)檻 | a)陷 b)鑑 |
| 開口 三等 | b)嚴 d)凡 | b)儼 d)范 | b)釅 d)梵 |
| 開口 三四等 | a)鹽 | a)琰 | a)豔 |
| 開口 四等 | c)添 | c)忝 | c)㮇 |

| 開口 一等 | 見系 | 知系 | 泥系 | 端系 | 非系 |
|---|---|---|---|---|---|
| 平聲：覃韵(67)<br>切字：含 南 男 | 堪 龕；含 涵；諳 庵 | | 男 南；婪 | 貪 探；潭；參；蠶 | |

| 開口(續) | 見系 | 知系 | 泥系 | 端系 | 非系 |
|---|---|---|---|---|---|
| 一等(續) | | | | | |
| 平聲：談韻(68)<br>切字:甘 三 | 甘 柑;酣 | | 藍 | 擔;談 痰;慙;三 | |
| 上聲：感韻(69)<br>切字:感 禫 | 感;坎;撼 | | | 慘 | |
| 上聲：敢韻(70)<br>切字:敢 覽 | 敢 | | 覽 攬 欖 | 膽;毯;淡 | |
| 去聲：勘韻(71)<br>切字:紺 | 勘;憾;暗 | | | | |
| 去聲：闞韻(72)<br>切字:濫 瞰 | | | 濫 纜 | 暫 鏨 | |
| 二等 | | | | | |
| 平聲：咸韻(73)<br>切字:咸 讒 | 咸 鹹 | 杉;讒 | 喃 | | |
| 平聲：銜韻(74)<br>切字:銜 監 | 監;嵌;銜 | 攙;衫 芟 | | | |
| 上聲：豏韻(75)<br>切字:斬 減 豏 | 減 鹼;喊 | 斬 | | | |
| 上聲：檻韻(76)<br>沒有代表字 | | | | | |
| 去聲：陷韻(77)<br>切字:陷 韽 | 陷 | 站 蘸 | | | |
| 去聲：鑑韻(78)<br>切字:懺 | 鑑 | | | | |

| 開口(續) | 見　　系 | 知　　系 | 泥　　系 | 端　　系 | 非　　系 |
|---|---|---|---|---|---|
| 三四等 | | | | | |
| 平聲: 鹽韵(79)<br>切字:廉 鹽 淹 | 鉗;閹 淹;閻 鹽;炎 | 沾;占 瞻;柟 | 粘;奩 廉 簾 鐮 | 漸(一) 尖;潛 | |
| 平聲: 嚴韵(80)<br>切字:嚴 醶(杴) | 嚴;醃 | | | | |
| 平聲: 添韵(81)<br>切字:兼 甜 | 兼;謙;嫌 | | 拈 | 添;甜 | |
| 平聲: 凡韵(82)<br>(合口?) | | | | | 凡 帆 |
| 上聲: 琰韵(83)<br>切字:冉 琰 險 斂 奄 檢 | 檢;儉;險;掩 | 諂;閃 陝;染 | 撿 斂 | | 貶 |
| 上聲: 儼韵(84)<br>沒有代表字 | | | | | |
| 上聲: 忝韵(85)<br>切字:忝 簟 | 歉 | | | 點 玷 | |
| 上聲: 范韵(86)<br>切字:錽(合口?) | | | | | 範 犯 |
| 去聲: 豔韵(87)<br>切字:豔 贍 驗 窆 | 驗;厭;豔 焰 | 贍 | 殮 | | |

(一) '漸' 廣韵有'子廉,慈染'二切,但平聲不甚通行。

| 開口(續)<br>三四等(續) | 見系 | 知系 | 泥系 | 端系 | 非系 |
|---|---|---|---|---|---|
| 去聲: 釅韵(88)<br>切字:劔 | 欠(一) | | | | |
| 去聲: 㮇韵(89)<br>切字:念 店 | | | 念 | 店 墊 | |
| 去聲: 梵韵(90)<br>切字:梵 泛(合口?) | | | | | 梵 泛 |

## 深 攝

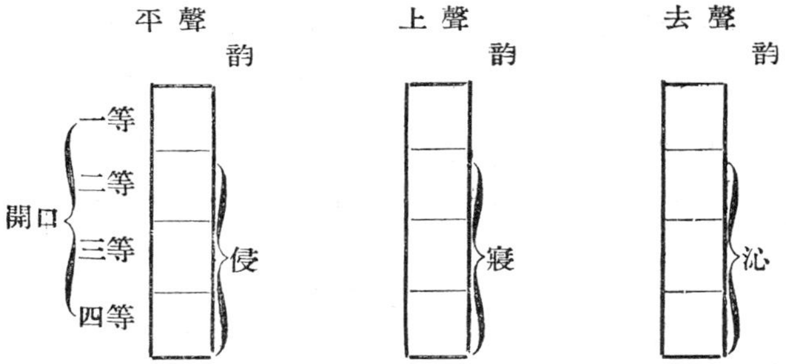


| 開口<br>無一等<br>二三四等 | 見系 | 知系 | 泥系 | 端系 | 非系 |
|---|---|---|---|---|---|
| 平聲: 侵韵(91)<br>切字:林 尋 今 深 金 吟 針(箴 音) | 今 襟 金;衾 欽;禽 琴 擒;吟;音 陰;淫 | 砧;沈;針 箴 斟;深;任 | 臨 林 痳 霖 淋 | 侵;心;尋 | |

(一) 案'欠劔俺'諸字廣韵在梵韵,然依反切下字當在釅韵 高氏據反切以'欠' 爲釅韵字,甚是。 故宮本王仁昫刊謬補缺切韵'欠劔俺'正在去聲嚴韵(卽廣韵之釅韵),不在梵韵,可以爲證。 據王國維唐時韵書部次先後表,切韵唐韵本有不分梵釅止一梵韵者,是釅韵乃自梵韵析出,惟既另立釅韵,則'欠劔俺' 自當依反切分入釅韵如故宮本王仁昫書,不當如廣韵也。

| 開口(續)<br>二三四等(續) | 見系 | 知系 | 泥系 | 端系 | 非系 |
|---|---|---|---|---|---|
| 上聲：寑韵(92)<br>切字：荏 錦 飲 甚 枕 稔 | 錦；飲 | 枕；墋 審；甚；稔 | | 寑 | 稟；品 |
| 去聲：沁韵(93)<br>切字：禁 蔭 鴆 | 禁；蔭 | 滲 | 賃 | 浸 | |

## 山 攝

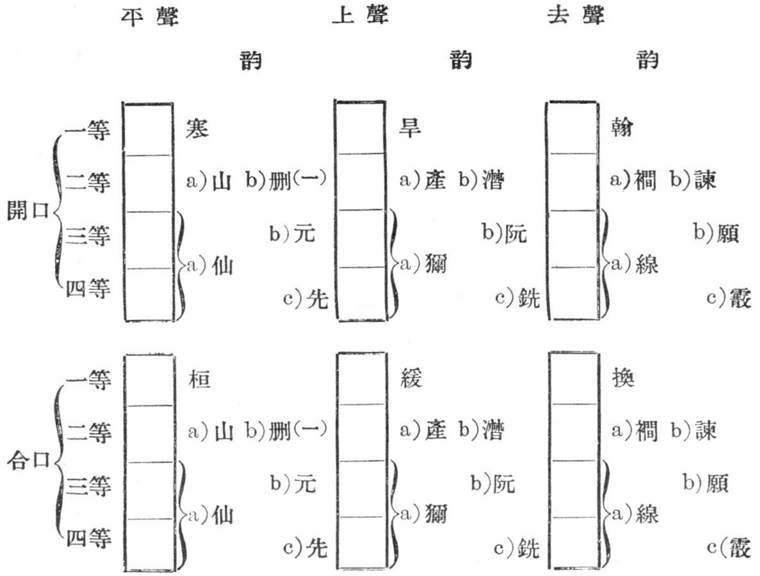


(一) 先山後删，次序與廣韵中相反，理由見 482—3 頁。

| 開口 | 見系 | 知系 | 泥系 | 端系 | 非系 |
|---|---|---|---|---|---|
| 一等 | | | | | |
| 平聲：寒韵(94)<br>切字：干 寒 安 | 干 竿 奸 乾；寒；安 鞍 | | 難；蘭 欄 瀾 攔 | 丹 單；攤 灘；檀 壇；餐；殘；珊 | |
| 上聲：旱韵(95)<br>切字：旱 笴 但 | 罕；旱 | | | 坦；但 誕 袒；纘；散 傘 | |
| 去聲：翰韵(96)<br>切字：旰 案 按 旦 (幹) | 幹；看；岸；漢；汗 悍；案 按 | | 爛 | 旦；炭 歎；憚 彈；贊 攢；燦 | |
| 二等 | | | | | |
| 平聲：山韵(97)<br>切字：閑 間 | 艱 間；閑 | 山 | | | |
| 平聲：删韵(98)<br>切字：姦 顏 | 姦；顏 | 删 | | | |
| 上聲：產韵(99)<br>切字：限 簡 | 簡 柬 揀；眼；限 | 盞；棧；產 | | | |
| 上聲：潸韵(100)<br>沒有代表字 | | | | | |
| 去聲：襉韵(101)<br>切字：莧 | | 綻 | | | 盼；辦 |
| 去聲：諫韵(102)<br>切字：晏 | 諫；澗；雁 | 訕 | | | |

| 開口(續)<br>三四等 | 見系 | 知系 | 泥系 | 端系 | 非系 |
|---|---|---|---|---|---|
| 平聲：仙韵(103)<br>切字：連 延 然 乾 仙 焉(䀀) | 愆;虔;焉<br>延 筵 | 纏;煽 羶;<br>禪 蟬;然 | 聯 連 鏈 | 煎;遷 韆;<br>鮮 仙;涎 | 鞭;篇 偏;<br>棉 綿 |
| 平聲：元韵(104)<br>切字：言 軒 | 言;掀 | | | | |
| 平聲：先韵(105)<br>切字：賢 前 年 堅 田 先 顛 | 肩 堅;牽<br>縴;硏;弦<br>絃 賢;烟 | | 年;蓮 憐 | 顛 癲;天;<br>塡 佃 田;<br>箋;千;前<br>錢;先 | 諞;眠 |
| 上聲：獮韵(106)<br>切字：演 辨 輦 淺 展 蹇(衍) | 件;遣;演 | 展;善 | 輦 | 剪;淺;踐 | 辨;免 冕<br>勉 |
| 上聲：阮韵(107)<br>切字：幰 偃<br>無代表字 | | | | | |
| 上聲：銑韵(108)<br>切字：典 殄 | 顯 | | 撚 | 典 | 扁 |

| 開口(續) 三四等(續) | 見系 | 知系 | 泥系 | 端系 | 非系 |
| --- | --- | --- | --- | --- | --- |
| 去聲：線韵(109) 切字：箭 戰 膳 變 面 賤 線 | 諺 | 顫 戰；繕 擅 膳 | 碾(一) | 箭 濺；賤 餞；綫；羨 | 騙；便 弁；面 麵 |
| 去聲：願韵(110) 切字：建 | 建（切字作萬，參看合口）；憲 獻 | | | | |
| 去聲：霰韵(111) 切字：甸 練 電 麵 (宴 薦 見) | 見；硯；衒 縣；宴 燕 嚥 | | 鍊 練 煉 | 電 殿 奠；薦 | 徧；片 |
| 合口 一等 平聲：桓韵(112) 切字：官 丸 潘 | 棺 冠 官；寬；歡；完 丸；刓 | | 鑾 | 耑 端；團；鑽；酸 | 般；磐 盤 瘢 搬(二)；瞞 饅 |
| 上聲：緩韵(113) 切字：管 滿 | 管；款；緩；盌 | | 暖；卵 | 斷(三) 短；緞；纂；算 | 拌 伴；滿 (切字作 旱) |

(一) 廣韵上聲獮韵，"輾，車轢物，或作碾"，"尼展切"；又去聲線韵，"輾，水輾，女箭切"，下云，"碾，上同"。是'碾'有上去兩讀，但今則上聲之音義較通行，似當改列上聲。

(二) 看 86 頁註(一)。

(三) 看 79 頁註(一)。

| 合口(續) | 見系 | 知系 | 泥系 | 端系 | 非系 |
|---|---|---|---|---|---|
| 一等(續)<br>去聲：換韻(114)<br>切字：貫 漫(一) 玩 亂 段 慢(一) 換 | 貫灌館觀;玩;煥喚;换;腕 | | 亂 | 煅;段;竄爨;蒜 | 絆半;胖泮判;叛;漫墁幔 |
| 二等<br>平聲：山韻(115)<br>切字：頑(删韻字) | 鰥 | | | | |
| 平聲：删韻(116)<br>切字：關 還 班 | 關;頑;環還 鬟;彎灣 | | | | 班 頒;攀;蠻 |
| 上聲：產韻(117)<br>沒有代表字 | | | | | |
| 上聲：潸韻(118)<br>切字：綰 鯇(莞) | | 撰 | | | 板 版 |
| 去聲：襉韻(119)<br>切字：幻 | | | | | 扮 |
| 去聲：諫韻(120)<br>切字：患 慣(攣) | 慣 串;患宦 | 傳 | | | |

(一) 廣韻"半，博慢切"，王仁昫刊謬補缺切韻"半，博漫反"。'慢'字在諫韻非換韻字，當從王作'漫'。'漫慢'二字，他字未有用爲切語者。

| 合口(續) | 見系 | 知系 | 泥系 | 端系 | 非系 |
|---|---|---|---|---|---|
| 三四等<br>平聲：仙韵(121)<br>切字：緣員專權圓攣川宣 | 權拳;緣沿捐;員圓 | 椽;專磚;川穿;船 | 攣 | 痊拴;全泉;宣;旋 | |
| 平聲：元韵(122)<br>切字：袁元煩 | 元原源;諠喧;寃;垣援轅園 | | | | 藩;幡翻;蟠煩番繙礬繁 |
| 平聲：先韵(123)<br>切字：涓玄(懸) | 玄懸;淵 | | | | 編蝙 |
| 上聲：獮韵(124)<br>切字：兗轉篆沇 | 捲;圈 | 轉;篆;喘舛;輭 | | 選 | |
| 上聲：阮韵(125)<br>切字：遠阮 | 宛婉苑;遠 | | | | 反返;挽晚 |
| 上聲：銑韵(126)<br>切字：泫 | | | | | 辮 |
| 去聲：線韵(127)<br>切字：倦卷眷戀掾絹 | 絹眷卷;倦;院 | 釧 | 戀 | | |
| 去聲：願韵(128)<br>切字：願販怨万(萬) | 券勸;愿願;怨 | | | | 販;飯;萬 |
| 去聲：霰韵(129)<br>沒有代表字 | | | | | |

## 臻攝

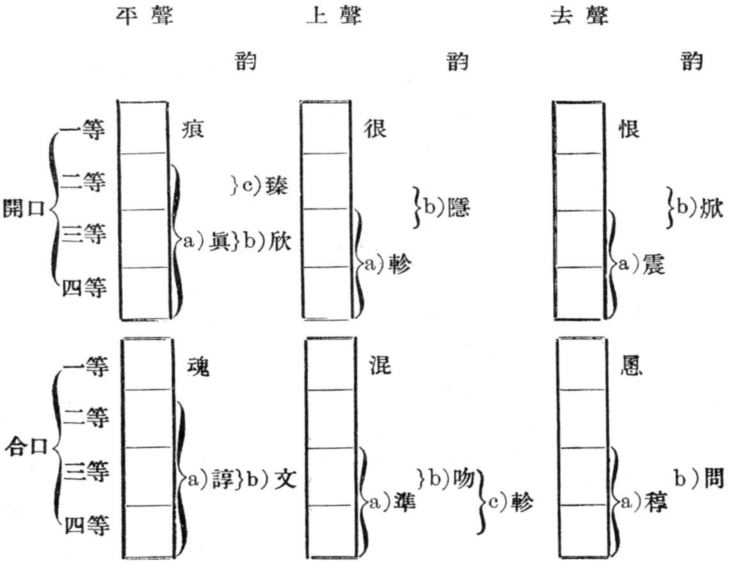


| 開口 | 見系 | 知系 | 泥系 | 端系 | 非系 |
|---|---|---|---|---|---|
| 一等<br>平聲：痕韵(130)<br>切字：痕 根 恩 | 根 跟；痕；恩 | | | 呑 | |
| 上聲：很韵(131)<br>切字：很 懇 | 懇 墾；很 | | | | |
| 去聲：恨韵(132)<br>切字：恨 艮 | 艮；恨 | | | | |

| 開口(續)<br>二三四等 | 見系 | 知系 | 泥系 | 端系 | 非系 |
|---|---|---|---|---|---|
| 平聲：眞韻(133)<br>切字：鄰 人 眞 巾 珍 銀(身) | 巾;銀;因 姻 茵 湮;寅 | 珍;陳 塵;眞;嗔;神;身 申 紳 娠 伸;晨 臣 辰 宸;仁 人 | 麟 鄰 鱗 | 津;親;秦;辛 新 薪 | 賓 檳;貧;民 閩 |
| 平聲：欣韻(134)<br>切字：斤 欣 | 斤 筋;芹 勤;欣;殷 慇 | | | | |
| 平聲：臻韻(135)<br>切字：詵 臻<br>沒有代表字 | | | | | |
| 上聲：軫韻(136)<br>切字：忍 盡 引 軫 | 緊;引 | 賑 診;腎;忍 | | 盡 | 牝;泯 |
| 上聲：隱韻(137)<br>切字：謹 隱 | 謹;近;隱 癮 | | | | |
| 去聲：震韻(138)<br>切字：刃 晉 振 遴(吝) | 僅;印 | 鎮;趁;陣 振 震;慎;刃 認 | 遴 吝 | 晉;訊 汛 信 | 殯 |
| 去聲：焮韻(139)<br>切字：靳 焮<br>沒有代表字 | | | | | |

| 合口 | 見系 | 知系 | 泥系 | 端系 | 非系 |
|---|---|---|---|---|---|
| 一等<br>平聲：魂韵(140)<br>切字：昆 尊 渾 魂 奔 | 昆；坤；昏 惛 婚；魂 渾；温 | | 論 掄 | 敦 墩；燉 屯；尊；村；存 蹲；孫 | 奔 賁；盆；門 捫 |
| 上聲：混韵(141)<br>切字：本 損 忖 | 緄 閫；混 梱；穩 | | | 沌 囤；撙；忖；損 | 本；笨 |
| 去聲：慁韵(142)<br>切字：困 悶 | 困 | | 嫩 | 頓；遁 鈍；寸；遜 | 噴；悶 |
| 二三四等<br>平聲：諄韵(143)<br>切字：倫 遵 迍 匀 脣 | 均 鈞；匀 | 椿；諄；春；脣；純 醇 | 倫 輪 綸 | 遵；竣；詢；旬 循 巡 | |
| 平聲：文韵(144)<br>切字：云 分 文 | 君 軍；裙 羣；勳 熏 葷 薰；雲 云 耘 | | | | 紛；分；墳 氛 焚；文 紋 蚊 聞 |
| 上聲：準韵(145)<br>切字：尹 準 允 | 允 尹 | 準；蠢；盾 | | 筍 | |
| 上聲：吻韵(146)<br>切字：粉 吻 | | | | | 粉；忿 憤；刎 |
| 上聲：軫韵(147)<br>切字：敏 殞(隕) | 窘；殞 隕 | | | | 憫 敏 |

| 合口(續) 二三四等(續) | 見系 | 知系 | 泥系 | 端系 | 非系 |
|---|---|---|---|---|---|
| 去聲：稕韵(148) 切字:閏 順 峻 | | 肫;順;瞬;閏 潤 | | 俊;殉;迅 梭(一) | |
| 去聲：問韵(149) 切字:問 運(慍) | 郡;訓;暈 韻 運 | | | | 糞 奮;問 |

梗攝（曾在內）

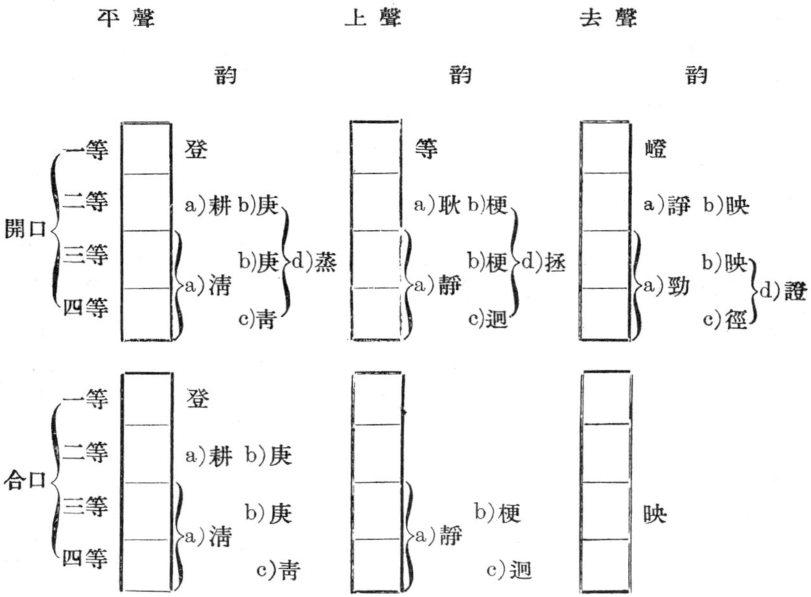


庚梗映的二等跟三等反切上分的很嚴，所以二三等的韵母是不同的。蒸拯的二等字很少，跟三四等字的反切同類，只是聲母有別（照一禪組）。

（一）看上文 83 頁心母表。

| 開口 | 見系 | 知系 | 泥系 | 端系 | 非系 |
|---|---|---|---|---|---|
| 一等<br>平聲：登韻(150)<br>切字：登 棱 滕 增 崩(騰) | 恆 | | 能;棱 | 登 燈;膯;騰;增 憎 曾;層;僧 | 崩;朋 |
| 上聲：等韻(151)<br>切字：等 肯 | 肯 | | | 等 | |
| 去聲：嶝韻(152)<br>切字：亙 鄧 | 亙 | | | 凳;贈 | 懜 |
| 二等<br>平聲：耕韻(153)<br>切字：莖 耕 | 耕;鶯 鸚 | 爭 | | | 萌<br>（參看合口） |
| 平聲：庚韻(154)<br>切字：庚 行(衡) | 庚 更 羹;坑;行 衡 | 撐;生 牲 笙 | | | 烹;棚;盲<br>（參看合口） |
| 上聲：耿韻(155)<br>切字：幸 耿 | 耿;幸 倖 | | | | |
| 上聲：梗韻(156)<br>切字：杏 梗 | 梗;杏 | 省 | | | 黽 猛 |
| 去聲：諍韻(157)<br>切字：諍 | | | | | 迸(合口?) |
| 去聲：映韻(158)<br>切字：更 | 硬(一) | | | | 孟 |

(一) '硬'字廣韻誤入諍韻，"五爭切"。敦煌本及故宮本王仁昫刊謬補缺切韻，又唐韻殘卷，皆在映韻（敬韻），"五孟反"；集韻亦在映韻，"魚孟反"。高氏列映韻，是。

| 開口(續) | 見系 | 知系 | 泥系 | 端系 | 非系 |
|---|---|---|---|---|---|
| 二三四等 | | | | | |
| 平聲：清韵(159) 切字：盈 征 成 貞 情 幷 | 輕；纓；盈 嬴 | 貞 禎；呈 程；征；聲；成 城 誠 | | 晶 旌 蜻 精 睛；淸；晴 情 | 幷；名 |
| 平聲：庚韵(160) 切字：京 卿 驚 | 京 荆 驚；卿；擎；迎；英 | | | | |
| 平聲：青韵(161) 切字：經 丁 靈 刑 | 經；馨；形 刑 | | 寧；鈴 伶 零 翎 靈 | 丁 叮；釘；聽 廳；廷 庭 霆；亭 停；青；星 惺 醒 腥 | 瓶 屏；銘 冥 |
| 平聲：蒸韵(162) 切字：陵 膺 蒸 乘 冰 仍 | 兢 矜；凝；興；應 膺 鷹；蠅 | 徵；懲；蒸；稱；升勝(一) 昇；繩 乘；承 丞；仍 | 陵 綾 菱 淩 | | 冰；憑 |
| 上聲：靜韵(163) 切字：郢 井 | 頸 | 逞；整 | 領 | 井；請；靜 | |
| 上聲：梗韵(164) 切字：影 | 景 境 儆；影(切作丙，參看合口) | | | | |

(一) 平聲蒸韵'勝任'之'勝'，在口語不甚流行，不如改列去聲證韵，讀爲'勝利'之'勝'。

| 開口(續) | 見系 | 知系 | 泥系 | 端系 | 非系 |
|---|---|---|---|---|---|
| 二三四等(續)<br>上聲: 迥韵(165)<br>切字:挺 鼎 | | | | 頂 酊 打<br>鼎;挺 梃<br>艇 | |
| 上聲: 拯韵(166)<br>沒有代表字 | | | | | |
| 去聲: 勁韵(167)<br>切字:正 盛 政(性) | 勁 | 正 政 証;<br>聖;盛 | | 淨;姓 性 | 聘 |
| 去聲: 映韵(168)<br>切字:慶 敬(竟) | 敬 竟 鏡;<br>慶;競;映 | | | | |
| 去聲: 徑韵(169)<br>切字:定 徑 | 逕;磬 罄 | | | 訂 錠;定 | |
| 去聲: 證韵(170)<br>切字:證 孕 | 孕 | 秤;剩 | | | |
| 合口<br>一等<br>平聲: 登韵(171)<br>沒有代表字 | | | | | |
| 二等<br>平聲: 耕韵(172)<br>切字:宏 萌(參看開口) | 宏;轟 | | | | |

| 合口(續) | 見系 | 知系 | 泥系 | 端系 | 非系 |
| --- | --- | --- | --- | --- | --- |
| 二等(續)<br>平聲：庚韵(173)<br>切字：盲（參看開口） | 橫 黌 | | | | |
| 三四等<br>平聲：清韵(174)<br>切字：傾 營 | 傾；營 塋 | | | | |
| 平聲：庚韵(175)<br>切字：兵 榮 明 | 兄；榮 | | | | 兵；評 平；明 鳴 |
| 平聲：青韵(176)<br>切字：扃 | 螢 | | | | |
| 上聲：靜韵(177)<br>切字：頃 穎 | 頃；穎 | | | | |
| 上聲：梗韵(178)<br>切字：永 憬 | 永 | | | | 丙 秉；皿 |
| 上聲：迥韵(179)<br>切字：迥 | | | | | 茗 |
| 去聲：映韵(180)<br>切字：病 命 | | | | | 柄；病；命 |

## 宕 攝

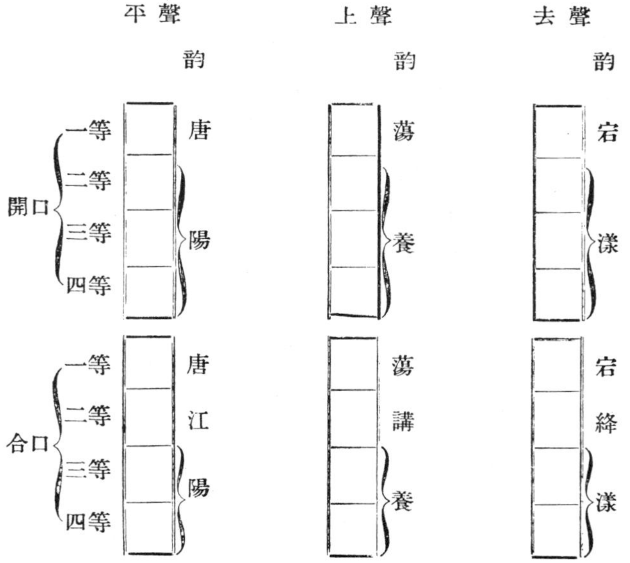


| 開口<br>一等 | 見　系 | 知　系 | 泥　系 | 端　系 | 非　系 |
|---|---|---|---|---|---|
| 平聲：唐韵(181)<br>切字：郎 當 岡 | 剛 綱 鋼；康 糠；昂 | | 囊；郎 榔 廊 狼 | 當；湯；唐 塘 堂 搪 糖；臧 贓；倉 蒼；藏；桑 | 忙 芒 茫<br>（參看合口） |
| 上聲：蕩韵(182)<br>切字：朗 黨 | | | 朗 | 黨；蕩；髒；顙 | 莽 蟒<br>（參看合口） |
| 去聲：宕韵(183)<br>切字：浪 宕 | 炕 抗 | | 浪 | 擋；葬；喪 | 謗；傍<br>（參看合口） |

| 開口(續) | 見　系 | 知　系 | 泥　系 | 端　系 | 非　系 |
|---|---|---|---|---|---|
| 二三四等<br>平聲：陽韻(184)<br>切字：良 羊 章 張 陽 莊 | 僵 繮 疆；強；香 鄉；秧 殃 央；羊 楊 揚 洋 佯 陽 | 張；腸 長 場；莊 裝 妝；瘡 創；牀；霜 孀；章 樟 麞 彰；昌 倡；商 傷；裳 常 嘗 償；攘 | 娘；良 涼 糧 梁 | 將；槍；牆；廂 鑲 相 箱；詳 庠 祥 | 方<br>（參看合口） |
| 上聲：養韻(185)<br>切字：兩 獎 | 仰；享 響；養 癢 | 丈 杖；爽；掌；廠 敞；賞 | 兩 輛 | 獎；搶；想；像 | 彷 紡；網<br>（參看合口） |
| 去聲：漾韻(186)<br>切字：亮 讓 | 向 嚮；恙 樣 | 脹 帳 漲；暢；仗；壯；障；唱；餉；尙 上；讓 | 釀；亮 諒 量 | 醬；匠 | 訪<br>（參看合口） |
| 合口<br>一等<br>平聲：唐韻(187)<br>切字：光 旁 黃 | 光；荒 謊；皇 惶 煌 蝗 遑 癀 黃；汪 | | | | 幫 縍；旁 髈<br>（參看開口） |

| 合口(續) | 見系 | 知系 | 泥系 | 端系 | 非系 |
|---|---|---|---|---|---|
| 一等(續) | | | | | |
| 上聲：蕩韵(188)<br>切字：晃 | 廣;慌 | | | | 榜<br>(參看開口) |
| 去聲：宕韵(189)<br>切字：曠 謗 | 曠 | | | | |
| 二等 | | | | | |
| 平聲：江韵(190)<br>切字：江 雙 | 江 扛 杠;<br>腔;缸 | 牕;雙 | | 椿 | 邦 |
| 上聲：講韵(191)<br>切字：項 講 | 講 港;項 | | | | 棒 |
| 去聲：絳韵(192)<br>切字：絳 巷 降 | 降;巷 | 撞 | | | |
| 三四等 | | | | | |
| 平聲：陽韵(193)<br>切字：方 王 | 筐 匡;狂;<br>王 | | | | 妨 芳;房<br>防;亡 鋩<br>硭<br>(參看開口) |
| 上聲：養韵(194)<br>切字：往 | 往 枉 | | | | (參看開口) |
| 去聲：漾韵(195)<br>切字：放 妄 況 | 誑 誆;況 | | | | 放;妄 忘<br>望<br>(參看開口) |

效攝

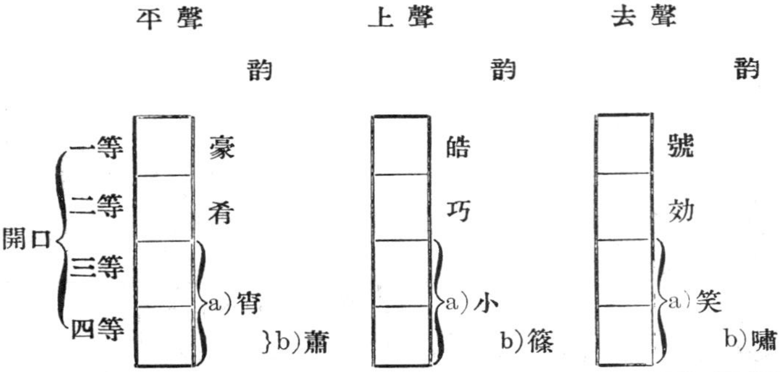


| 開口 | 見系 | 知系 | 泥系 | 端系 | 非系 |
|---|---|---|---|---|---|
| 一等 | | | | | |
| 平聲：豪韵(196)<br>切字:勞刀曹遭牢袍毛褒(高) | 高蒿羔膏;遨敖熬;蒿;豪毫 | | 勞牢撈 | 刀;叨絛滔;陶逃萄桃掏;遭糟;操;曹槽;搔騷臊 | 褒;袍;毛旄 |
| 上聲：皓韵(197)<br>切字:皓老浩早抱 | 槁;考;好;浩昊皓;襖懊 | | 惱腦瑙;老潦 | 擣禱倒島;討套;稻道;棗蚤早澡;草;皁造;掃嫂 | 保寶;抱 |
| 去聲：號韵(198)<br>切字:到報導耗 | 告誥;靠犒;傲;號;奥澳 | | 澇 | 到;導盜;躁竈;漕;噪 | 報;暴;冒帽 |

| 開口(續) | 見系 | 知系 | 泥系 | 端系 | 非系 |
|---|---|---|---|---|---|
| 二等 | | | | | |
| 平聲：肴韵(199)<br>切字：交 肴 茅 | 交 郊 膠；敲；淆 爻 | 抄；巢；捎 | 鐃 | | 包；胞 泡 抛；咆 跑 炮；茅 |
| 上聲：巧韵(200)<br>切字：巧 絞 爪 飽 (卯) | 絞 狡 攪；巧；咬；拗 | 爪；炒 | 撓 | | 飽；卯 |
| 去聲：効韵(201)<br>切字：教 孝 貌 | 窖 教 校 酵；孝；効 | 櫂；鈔；稍 | 鬧 | 罩 | 豹 爆；礮；貌 |
| 三四等 | | | | | |
| 平聲：宵韵(202)<br>切字：招 遙 邀 嬌 宵 霄 消 喬 瀌 昭 焦(鑣 儦) | 驕 嬌；喬 橋；妖 夭；邀 謠 遙 搖 | 朝；超；潮；招 昭；燒；饒 | | 焦 椒；樵；宵 霄 銷 逍 硝 | 標；嫖 飄；瓢；苗 描 貓 |
| 平聲：蕭韵(203)<br>切字：聊 蕭 堯 消 幺 彫(遼 僚) | 澆 梟；堯 僥 | | 聊 料(一) 撩 僚 遼 寥 | 貂 刁 凋 鵰 雕；挑；條 跳 調；消 | 漂 |
| 上聲：小韵(204)<br>切字：沼 小 兆 矯 夭 | 矯；舀 | 兆；少；紹；繞 擾 | 燎 | 勦；悄；小 | 表；吵 渺 杪 藐 |

(一) '料' 廣韵有平去二讀，但平聲不甚通行，宜改列去聲。

| 開口(續)<br>三四等(續) | 見系 | 知系 | 泥系 | 端系 | 非系 |
|---|---|---|---|---|---|
| 上聲：篠韵(205)<br>切字：了 鳥 皛 | 皎 皦；曉 | | 了 瞭 | | |
| 去聲：笑韵(206)<br>切字：笑 少 廟 妙<br>照 肖 召 | 轎；要；耀 | 召；照 詔 | 療 | 俏；鞘 笑 | 裱；廟 妙 |
| 去聲：嘯韵(207)<br>切字：弔 嘯 | 叫；竅 | | 尿 | 弔 釣 窵；<br>糶；掉；嘯 | |

流 攝

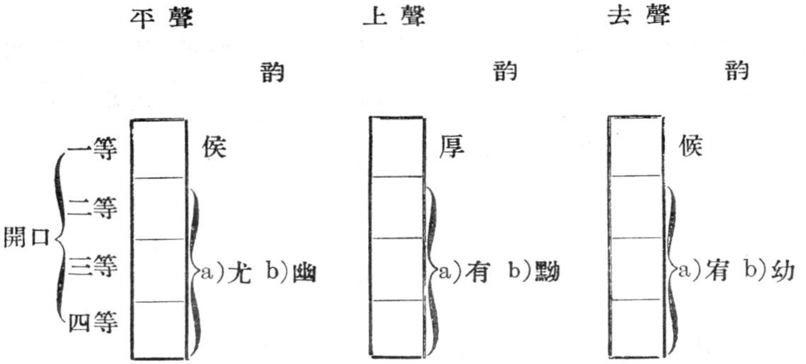


| 開口<br>一等 | 見系 | 知系 | 泥系 | 端系 | 非系 |
|---|---|---|---|---|---|
| 平聲：侯韵(208)<br>切字：侯 鉤(溝) | 鉤 溝；摳；<br>齁；猴 侯<br>喉；謳 嘔 | | 樓 髏 摟 | 兜 篼；偸；<br>投 頭 | |

| 開口(續) | 見系 | 知系 | 泥系 | 端系 | 非系 |
|---|---|---|---|---|---|
| 一等(續)<br>上聲: 厚韵(209)<br>切字:厚 后 口 苟(後) | 狗 苟 垢 詬;叩 扣 釦 口;偶 藕;厚 后 後;毆 | | | 斗 抖 陡;走;叟 擻 | 剖;母 拇 牡 畝 某 |
| 去聲: 候韵(210)<br>切字:候 豆 奏 遘 | 彀 購 搆;寇;候;漚 | | 耨;漏 | 鬥;透;逗 豆 荳;奏;湊;嗽 | 茂 貿 |
| 二三四等<br>平聲: 尤韵(211)<br>切字:求 由 周 鳩 流 浮 尤 州 謀(牟 羞) | 鳩;丘;求 裘 球 逑 毬;休;牛;優 憂;悠 油 游 猶 猷 由 尤 郵 | 愁;搜;抽;儔 紬 籌 稠;周 州 洲 舟;收;讎 酬;揉 柔 | 流 劉 旒 留 榴 瘤 | 丟;揪;秋;羞 脩 修;囚 | 浮;謀 牟 |
| 平聲: 幽韵(212)<br>切字:虯 | 幽 | | | | |
| 上聲: 有韵(213)<br>切字:九 久 有 酉 柳(手) | 九 韭 久;臼 舅;朽;有 友;酉 莠 誘 | 肘;丑;帚;醜;首 手 守;受 授 | 扭 鈕;柳 | 酒 | 否;婦 阜 負 |

| 開口(續)<br>二三四等(續) | 見系 | 知系 | 泥系 | 端系 | 非系 |
|---|---|---|---|---|---|
| 上聲：黝韵(214)<br>切字:黝 | 糾 | | | | |
| 去聲：宥韵(215)<br>切字:救 祐 又 咒<br>副 僦(臭) | 救 究;柩<br>舊;又 宥<br>右 | 晝;縐 皺;<br>瘦;咒;臭;<br>獸;壽 售 | 溜 | 就;秀 繡;<br>袖 | 富;副 |
| 去聲：幼韵(216)<br>切字:幼 謬 | 幼 | | | | 謬 |

## 遇　攝

| 合口 | 平聲韵 | 上聲韵 | 去聲韵 |
|---|---|---|---|
| 一等 | 模 | 姥 | 暮 |
| 二等、三等、四等 | a)魚 b)虞 | a)語 b)麌 | a)御 b)遇 |

| 合口 | 見系 | 知系 | 泥系 | 端系 | 非系 |
|---|---|---|---|---|---|
| 一等 | | | | | |
| 平聲：模韻(217)<br>切字：胡乎吳孤都吾姑烏 | 沽箍辜姑孤；枯；蜈梧吾吳；呼；瑚胡糊狐湖壺鶘；杇烏汙 | | 奴帑；盧鑪蘆 | 都；徒屠塗圖途；租；粗；穌蘇 | 鋪；蒲；模摸謨 |
| 上聲：姥韻(218)<br>切字：古戶魯杜(土五) | 古估鼓賈股；苦；五午；虎琥；扈戶 | | 努；鹵滷魯櫓擄 | 堵賭肚睹；土；杜；組祖 | 譜補；溥普；部簿 |
| 去聲：暮韻(219)<br>切字：故暮誤(慕) | 故固顧雇；袴庫；忤悞悟；互護 | | 怒；賂路露鷺 | 蠹；吐兔；度渡；措醋；訴塑素 | 布佈；捕步；募墓慕暮 |
| 二三四等 | | | | | |
| 平聲：魚韻(220)<br>切字：魚居諸菹(茹) | 居；渠；魚漁；虛噓；於；餘譽 | 猪；除儲；初；鋤；蔬疏梳；諸；舒書；如 | 廬臚驢 | 胥；徐 | |

| 合口(續)<br>二三四等(續) | 見　系 | 知　系 | 泥　系 | 端　系 | 非　系 |
|---|---|---|---|---|---|
| 平聲：虞韵(221)<br>切字:朱 俱 輸 無 兪 夫 踰 于 隅 誅(扶 株 愚) | 拘 俱 駒;驅 區;愚;逾 楰 諛;于 迂 | 誅 蛛 株;廚;芻;雛;朱 硃 珠;樞;輸;殳 殊;儒 懦 | | 趨;需 須 鬚 | 夫 膚;敷 俘;扶 符;無 毋 巫 誣 |
| 上聲：語韵(222)<br>切字:呂 舉 與 許 巨 | 擧;巨 拒;禦 語;許;與 | 楮;阻;楚;所;貯;暑 鼠 黍 | 女;呂 侶 旅 | 貯;序 敍 緒 | |
| 上聲：麌韵(223)<br>切字:矩 雨 甫 庾 主 武 | 矩;愈;宇 禹 羽 雨 | 拄;柱;數;主;豎;乳 | 縷 | 取;聚 | 府 俯 腑 甫 斧;撫;釜 腐 父;武 舞 侮 |
| 去聲：御韵(224)<br>切字:據 御 署 恕 倨 洳 | 鋸 據;去;遽;御;淤;預 | 箸;助;處;庶 恕;薯 署 | 慮 | 絮 | |
| 去聲：遇韵(225)<br>切字:遇 戍 具 句 | 句;具 懼;寓;芋 喩 諭 裕 | 駐;註 鑄 炷 注 蛀;住;樹 | 屢 | 娶 趣 | 賦 傅 付;訃 仆 赴;附;務 霧 |

## 通　攝

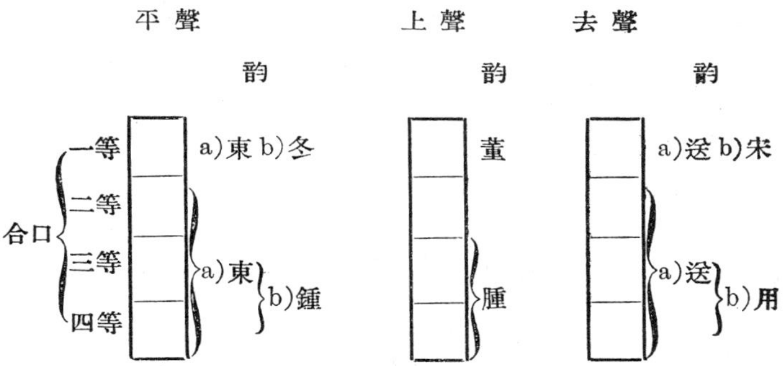


東,送的一等跟二,三,四等反切上分别劃然。

| 合口 | 見　系 | 知　系 | 泥　系 | 端　系 | 非　系 |
|---|---|---|---|---|---|
| 一等 | | | | | |
| 平聲: 東韵(226) 切字:紅 公 東(洪工) | 工 公 功 蚣 攻;空;烘;紅 洪 鴻;翁 | | 聾 籠 朧 | 東;通;同 銅 衕 筒 童 瞳 桐;騣 椶;葱 聰;叢 | 蓬 篷;蒙 濛 矇 |
| 平聲: 冬韵(227) 切字:冬 宗 | | | 農 膿 | 冬;疼;宗 | |
| 上聲: 董韵(228) 切字:董 孔 動 揔(摠) | 孔 | | 攏 | 董;桶 動;總 | |
| 去聲: 送韵(229) 切字:貢 送 鳳 弄 | 貢;控;鬨 哄;甕 | | 弄 | 棟 凍;痛;洞;粽;送 | 夢 |
| 去聲: 宋韵(230) 切字:綜 統 | | | | 統;宋 | |

| 合口(續)<br>二三四等 | 見系 | 知系 | 泥系 | 端系 | 非系 |
|---|---|---|---|---|---|
| 平聲：東韵(231)<br>切字：戎 弓 融 中 宮 終(崇 充) | 弓 躬 宮；穹；熊 | 中 衷 忠；盅；蟲 冲；崇；終 充；戎 絨 | 隆 窿 | 鬆 | 風 豐 |
| 平聲：鍾韵(232)<br>切字：容 封 鍾(龍) | 恭 供；胸 兇 凶；雍；鎔 庸 容 | 鍾；衝；茸 | 濃；龍 | 蹤；從；松 | 封；峯 鋒 蜂 烽；逢 縫 |
| 上聲：腫韵(233)<br>切字：隴 拱 悚(壟) | 廾；恐；擁；甬 湧 勇 | 冢；寵；種 腫；冗 | | 聳 | 奉 |
| 去聲：送韵(234)<br>切字：衆 仲 | | 仲；衆 | | | |
| 去聲：用韵(235)<br>切字：用 頌 | 共；壅；用 | 重 | | 縱；頌 誦 訟 | 俸 |

咸攝入聲

| | 開口 | 合口 |
|---|---|---|
| | 韵 | 缺 |

| | | | | |
|---|---|---|---|---|
| 一等 | a)合 | b)盍 | | |
| 二等 | a)洽 | b)狎 | | |
| 三等 | a)葉 | b)業 | | d)乏 |
| 四等 | | | c)帖 | |

| 開口 | 見系 | 知系 | 泥系 | 端系 | 非系 |
|---|---|---|---|---|---|
| 一等 | | | | | |
| 入聲：合韻(236)<br>切字：合 閤 答 沓 | 蛤；合 盒 | | 納；拉 | 搭 答；踏；雜 | |
| 入聲：盍韻(237)<br>切字：盍 臘 | | | 臘 蠟 擸 | 塔 塌(一) 榻 | |
| 二等 | | | | | |
| 入聲：洽韻(238)<br>切字：洽 夾 | 夾 袷；掐 恰；狹 | 劄；插；霎 | | | |
| 入聲：狎韻(239)<br>切字：甲 狎(夾) | 甲；狎 匣；閘 鴨 押 壓 | | | | |
| 二三四等 | | | | | |
| 入聲：葉韻(240)<br>切字：涉 葉 攝 接 | 葉 | 摺；涉 | 獵 | 接；妾；捷 | |
| 入聲：業韻(241)<br>切字：怯 業 劫 | 劫；怯；業；脅 | | | | |
| 入聲：帖韻(242)<br>切字：協 頰 | 頰 莢；俠 協 挾 | | 捻 | 帖 貼；疊 牒 蝶 | |
| 入聲：乏韻(243)<br>切字：法 乏(合口？) | | | | | 法；乏 |

(一) 按‘塌’字只見集韻不見廣韻。因高氏已用過它作方言查調例字，故存之。

深攝入聲

開 口　　　　合 口

韵　　　　無

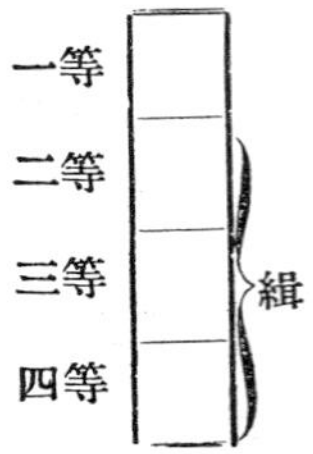


| 開口 | 見　　系 | 知　　系 | 泥　　系 | 端　　系 | 非　　系 |
| --- | --- | --- | --- | --- | --- |
| 二三四等<br>入聲: 緝韵(244)<br>切字:入 立 執 急 及 汲(十) | 汲 給 級 急;泣;及; 吸;揖 邑 | 濇;汁 執; 澀;十 什 拾;入 | 立 粒 | 葺;集;習 襲 | |

山攝入聲

開 口　　　　合 口

韵　　　　韵

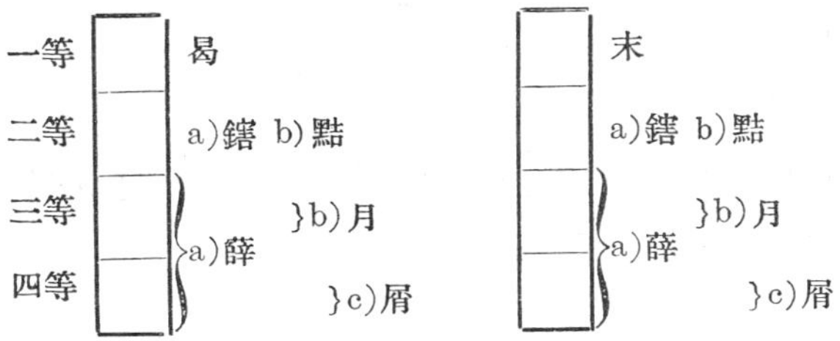


| 開口 | 見　　系 | 知　　系 | 泥　　系 | 端　　系 | 非　　系 |
| --- | --- | --- | --- | --- | --- |
| 一等<br>入聲: 曷韵(245)<br>切字:葛 達 割 曷 | 割 葛;渴; 曷 蝎 褐 | | 辣 | 撻 獺;達 | |

| 開口(續) | 見系 | 知系 | 泥系 | 端系 | 非系 |
|---|---|---|---|---|---|
| 二等<br>入聲：鎋韻(246)<br>切字：瞎 鎋 | 瞎；轄 | | | | |
| 入聲：黠韻(247)<br>切字：八（參看合口） | | 扎 札 紮；察；殺 | | | |
| 三四等<br>入聲：薛韻(248)<br>切字：列 辥 熱 | 傑；孽 | 撤 澈 徹；折；掣；舌；設；熱 | 列 烈 裂 | 褻 | 別；滅 |
| 入聲：月韻(249)<br>切字：謁 竭 歇 | 訐；歇；謁 | | | | |
| 入聲：屑韻(250)<br>切字：結 屑 蔑 | 結 潔；臬；噎 | | | 鐵；迭 跌；節；切 沏 竊；截 | 憋 瞥；篾 |
| 合口<br>一等<br>入聲：末韻(251)<br>切字：括 活 栝 撥(末) | 闊，豁，活 | | 捋 | 掇；脫(一)奪；撮 | 撥 鉢；潑；鈸；末 沫 抹 |
| 二等<br>入聲：鎋韻(252)<br>切字：頒 | 刮 | | | | |

(一) 看 80 頁註(二)。

| 合口(續) | 見系 | 知系 | 泥系 | 端系 | 非系 |
|---|---|---|---|---|---|
| 二等(續)<br>入聲: 黠韵(253)<br>切字:滑 拔 八(參看開口) | 猾 滑 | 刷 | | | 八;拔 |
| 三四等<br>入聲: 薛韵(254)<br>切字:雪 絕 悅 爇 輟 | 悅 閱 | 拙;說 | 劣 | 絕;雪 | |
| 入聲: 月韵(255)<br>切字:伐 越 厥 月 發 | 闕;月;曰<br>鉞 越 | | | | 發 髮;伐<br>筏 罰;襪 |
| 入聲: 屑韵(256)<br>切字:穴 決 | 訣 決;缺;<br>血;穴 | | | | |

臻攝入聲

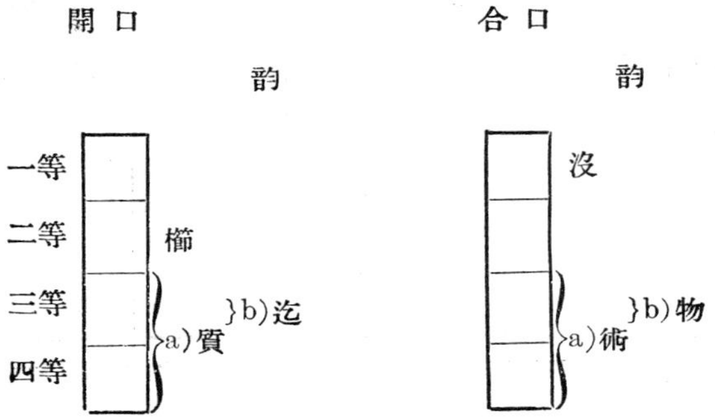

| 開口 | 見系 | 知系 | 泥系 | 端系 | 非系 |
|---|---|---|---|---|---|
| 二等<br>入聲：櫛韻(257)<br>切字：櫛 | | 瑟 | | | |
| 三四等<br>入聲：質韻(258)<br>切字：質 吉 悉 七 畢 密 筆 栗 一 日 | 吉；一；乙；逸 | 窒；姪；質；實；失 室；日 | 栗 慄 | 七 漆；疾；悉 膝 | 必 筆 畢；匹；弼；蜜 密 |
| 入聲：迄韻(259)<br>切字：訖 迄 | 訖；乞；迄 | | | | |
| 合口<br>一等<br>入聲：沒韻(260)<br>切字：骨 沒 勃 忽 | 骨；窟；忽 笏 | | | 突；卒；猝 | 脖 餑；沒 |
| 三四等<br>入聲：術韻(261)<br>切字：聿 律 卹(戌) | 橘 | 出；術 述 | 律 | 戌 恤 | |
| 入聲：物韻(262)<br>切字：勿 物 弗(拂) | 屈；掘；鬱 | | | | 弗；拂 佛；佛；勿 物 |

梗攝入聲（曾在內）

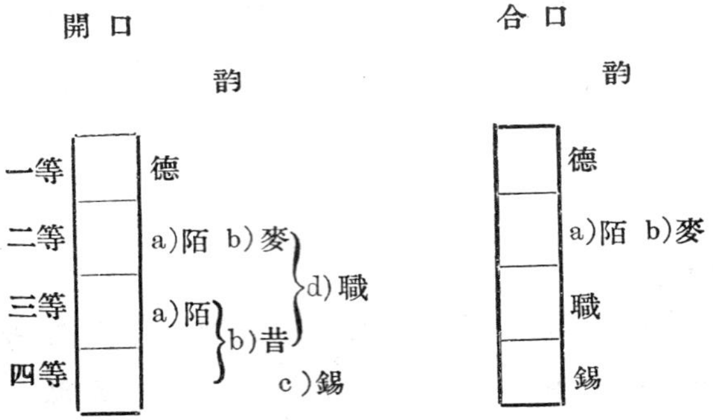


陌韵二等跟三等反切上分别劃然。 職韵二等跟三等反切同類，只是聲母不同（照——禪組）。

| 開口 | 見系 | 知系 | 泥系 | 端系 | 非系 |
|---|---|---|---|---|---|
| 一等<br>入聲：德韵(263)<br>切字：得 則 北 德 墨 | 刻 剋 克；黑 | | 肋 勒 | 得 德；忒；特；則；賊；塞 | 北；默 墨 |
| 二等<br>入聲：陌韵(264)<br>切字：陌 伯 格 柏 白（百） | 格；客；額；赫 | 澤 擇 宅；窄 | | | 百 柏 伯 迫；珀 拍 魄；白 |
| 入聲：麥韵(265)<br>切字：革 核 厄(戹) | 革 隔 膈；核 戹；軛 | 摘；責；策 柵 | | | |
| 二三四等<br>入聲：陌韵(266)<br>切字：戟 | 逆 | | | | |

| 開口(續) 二三四等(續) | 見系 | 知系 | 泥系 | 端系 | 非系 |
|---|---|---|---|---|---|
| 入聲:昔韵(267)<br>切字:石 隻 益 昔 積 役 易 辟 | 益;疫 役;亦 譯 驛 繹 奕 | 擲;炙 隻;尺 斥 赤;螫 適;石 | | 積 跡 脊;籍;昔 惜;夕 席 | 碧;僻 擗 闢 |
| 入聲:錫韵(268)<br>切字:歷 擊 激 狄 | 擊 激 | | 溺;歷 | 滴 的 嫡;踢 剔;狄 敵 笛;績;戚;寂;錫 | 壁 璧;霹 劈;覓 |
| 入聲:職韵(269)<br>切字:力 職 側 卽 翼 直(弋) | 亟 棘;極;億 憶 抑;弋 翼 | 敕 飭;直;側;測 惻;穡 色 嗇;織 職;食;式 識;釋 拭 飾 | 匿;力 | 卽;息 熄 | 逼 (參看合口) |
| 合口 一等<br>入聲:德韵(270)<br>切字:國 或 | 國;或 惑 | | | | |
| 二等<br>入聲:陌韵(271)<br>切字:獲<br>沒有代表字 | | | | | |
| 入聲:麥韵(272)<br>切字:獲 麥 | 獲 | | | | 麥 脈 |

| 合口(續) | 見　系 | 知　系 | 泥　系 | 端　系 | 非　系 |
|---|---|---|---|---|---|
| 三四等<br>入聲：錫韻(273)<br>切字：闃<br>沒有代表字 | | | | | |
| 入聲：職韻(274)<br>切字：逼（參看開口） | 域 | | | | |

**宕攝入聲**

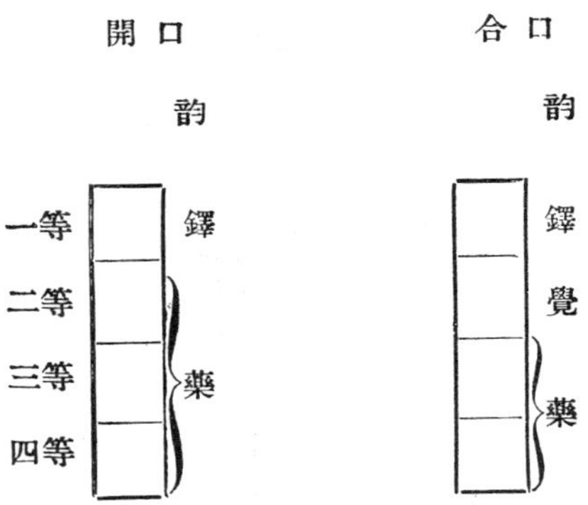


| 開口 | 見　系 | 知　系 | 泥　系 | 端　系 | 非　系 |
|---|---|---|---|---|---|
| 一等<br>入聲：鐸韻(275)<br>切字：各 落(洛) | 各 閣 胳;壑;鶴;惡 | | 諾;絡 樂 烙 落 駱 酪 | 託;鐸;作;錯;昨 鑿;索 | 博;泊 薄;莫 漠 膜 幕 寞<br>（參看合口） |

| 開口(續) | 見系 | 知系 | 泥系 | 端系 | 非系 |
|---|---|---|---|---|---|
| 二三四等<br>入聲：藥韵(276)<br>切字：約 略 灼 勺 爵 雀 若 | 脚；卻；瘧 虐；約；藥 鑰 | 勺 酌；綽；若 弱 | 略 掠 | 雀 爵；鵲；嚼；削 | |
| **合口**<br>一等<br>入聲：鐸韵(277)<br>切字：郭 霍 博(參看開口) | 郭 槨；擴(一) | | | | |
| 二等<br>入聲：覺韵(278)<br>切字：角 岳 覺 | 角 覺；確 殼；嶽；學；握 | 桌 琢；濯 濁；捉；擢；朔 | | | 駁 剝；樸；雹 |
| 三四等<br>入聲：藥韵(279)<br>切字：钁 | | | | | 縛 |

(一) 廣韵'擴'在去聲宕韵，"乎曠切"，訓"搥打"，鐸韵無。集韵鐸韵有'擴'，"闊鑊切"，訓"張大"，此音義今通行。

## 通攝入聲

合口　　　　　　　　　　開口

韵　　　　　　　　　　　無

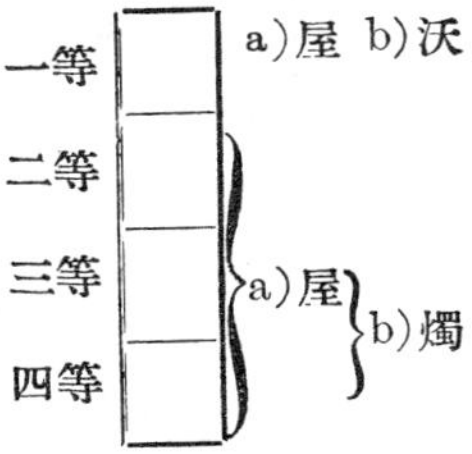


屋韵一等跟二，三，四等反切上分别劃然。

| 合口 | 見系 | 知系 | 泥系 | 端系 | 非系 |
|---|---|---|---|---|---|
| 一等<br>入聲：屋韵(280)<br>切字：谷 祿 木 卜 | 谷 穀 縠；哭；斛；屋 | | 鹿 轆 碌 祿 | 禿；瀆 犢 牘 讀 讟 獨；族；速 | 卜；撲；木 沐 |
| 入聲：沃韵(281)<br>切字：沃 毒 | 酷 | | | 篤 督；毒 | 僕 |
| 二三四等<br>入聲：屋韵(282)<br>切字：六 竹 逐 福 | 菊；畜 | 竹 築；逐；縮；祝 粥；叔；淑 熟；肉 | 六 陸 戮 | 肅 夙 宿 | 福 幅 蝠 輻 複 腹；覆；伏 復 服；穆 目 牧 |
| 入聲：燭韵(283)<br>切字：玉 欲 蜀 足 | 曲；局；玉 獄；欲 慾 | 燭 屬 囑；觸；贖；束；蜀；辱 褥 | 錄 綠 | 足；促；俗 續 | |

# 第　二　卷

# 現代方言的描寫語音學

# 第四章　引論

中國的人民算起來有四萬萬上下，境內各樣的氣候都有——從北溫帶一直到熱帶——各樣的地勢都有——平原，山嶺，海濱。人民的品性跟風俗都很不同。國內既然分成許多情勢不同的區域，當然就會有無量數的方言，有些地方不同的程度幾乎可以算是不同的語言，正好像斯坎第那維亞語跟斯拉夫語那樣不同似的。要想把這麼一大些語言的語音完全講明，那得有好些工作，還得有好些人來合作才行吶。中國的方言大多數幾乎完全未經研究過，所以這個範圍以內的學問並沒有進步到多遠，並且在較近的將來要得到略能認為確定的結果也是不敢指望的。

其實我們連必須預備的工作還都沒有作吶。現在應當第一次用科學的語音學方法來研究中國的語言(1)。我現在提議來作這個工作就得在兩條路中選擇一條。

第一條路就是選擇一種單個的方言，例如北京話，儘量用現代語音學的方法去作精深的研究。要用實驗語音學的方法我就得把每個音質的極精密的地方都研究出來，例如北京的 t，說到它的舌頭部位，就得同英文的 t，巴黎法文的，南部法文的，德文的（德國北部的或南部的），斯坎第那維亞的，斯拉夫的都比較一下；再把各種不同的拼音，如 ta，tu，te，ti 等也都用"假顎圖"(palatogramme)記載下來；把音節的時間一直量到一秒的幾分之幾，把送氣的力量在音浪計上可以使筆吹出多少毫米也要數清楚了。我們又得把聲母 m，n 的濁音程度記載出來同德文的或法文的同類的音來比較；還得記出鄰近音中間的流音；用顯微鏡量出每一個元音聲浪顫動的大小跟長短，用這個法子就可以把音高的曲線跟長度的曲線都畫出來。再用假顎，X-光跟探口器 (ampoule exploratrice) 就可以把北京讀 a 音

(1) Hemeling 所作的南京話跟 Vömel 所作的客家話，是比較有些趣味的兩個單刊。

時舌的部位，下顎的角度都量出來，還可以把兩脣跟上軟顎的部位也都量定。再用音叉跟 Lioret 儀器來研究這個 a 音把它的曲線用算學的方法來分析，我就可以找出它的"特別音高"(la note caractéristique) —— 於是我就可以宣布北京的 a 同法文某字中的 a 比在英文某字中的 a 更相近一點；又可以說它同阿爾薩斯(Alsace)語某字中的 a 格外相近一點，一方面還可以說它同蝦夷 (Aïno) 語或馬達加斯卡(Madagascar)語，尤其是俄國南部某字中的 a 是很不同的，或同希臘另外幾個字中的 a 也很不同。其次我們就得重新起頭兒來研究 a 在 ta, ša, la 等拼音中有什麼不同。如果用這個方法(我第一就承認它對於語言的生理是很要緊的)，我就得限於研究一個方言，或是一個方言的五十分之一——因為人的生命是有限的。所以結果我覺得要是採用第二個方法，我相信不單對於漢學，就是對於一般的語言學，我都可以貢獻的更多一點，這也就是我決定採用的方法。

我現在所想作的是一個打粗樣的工作，就是在沒有人到過的樹林子去作第一次開荒的麻煩工作，這在印歐語言裏是已經早有人作過的了。這種工作得要儘量研究很多中國方言的最重要的音韵特質。雖然要把所有實驗語言學的方法都應用到那麼大的一個範圍裏去探討不是一個人的力量所能作得到的事，但是這種工作至少也必須有個一致的方法，並且，在可能範圍之內，還得有一個深切而又不太瑣碎的語言學所需要的準確度。所以我至少得作到像下面幾位語音學先進那樣精切而又不太瑣碎的進步——就是 Sievers, Passy, Viëtor 關於英法德文的，Lundell 跟 Noreen 關於斯坎第那維亞語的，Lundell 跟 Broch 關於斯拉夫語的。在大體上我就憑我自己的耳朵，我的耳朵曾經在優越的斯坎第那維亞語言學家 Lundell 指導之下研究過瑞典的方言，那麼一個受過訓練的耳朵的確可以算是一個很有用的儀器。但是在有些難決問題裏，我有時也把我所得的結果用實驗審核過的。

我既然不打算連續的用實驗方法，於是不單使我犧牲了絕對的準確，把所有細微的音差都不能管了，並且在三件很重要的事情上頭也受了相當的限制，因為我覺得這三件很重要的事情，除非用像 Rousselot 教士跟其他作者所發明的那些語音學儀器，是不能研究得很徹底的。我所指的就是長短(la quantité)強弱(l'intensité)高低(la tonalité)三件事情。在中國語言裏這三樣成素是有密切關係的，關於它們的問題很複雜，恐怕單講它們就得寫成幾大本書才行。關於長短跟強弱我只很籠統說了幾句話，那不過是一種初步討論的性質。中國語言的聲調同聲母的關係太密切了，簡直不能分開來講，我在這本書裏多少也講了一點；但是我講聲調的時候是有幾種限制的，這等以後我再來說明。

在漢語裏，結合音的系統是很簡單的，所以我這一卷描寫語音學大部分都是講單個的音，只講了少數的結合音。

但是，要作一部漢語的描寫語音學不能不管三七二十一就這麽起頭兒。因為要作好的定義，就得定一套好的名詞。現在語音學裏不曉得有多少專門名詞，其中有好些個用的很不一致。每一個著者總是選一套跟他最合適的名詞。要是著者不把他所用的名詞解釋明白了，就會有一字數義的情形並且容易使人誤會。所以我起頭兒必須講一點普通語音學的概論。講這類題目的，好書有的是。各書的內容，百分之九十不免是雷同的，同樣的內容，不止說過兩回，已經說過一百回了，我現在就不必再很詳細的來說第一百零一回了。所以我就作了一個很簡括的說明，關於詳細的地方，請讀者看下列的那些書（這些書不過是好些書中的幾部）：

O. Broch, Slavische phonetik, Heidelberg 1911;

O. Jespersen, Lehrbuch der phonetik$_4$, Leipsick 1926;

J. A. Lundell, Introduction à la phonétique des langues slaves, 1915 及以後幾年出版的；

A. Noreen, Vårt språk I, Lund 1903;

P. Passy, Petite phonétique comparée$_2$(一), Leipsick 1912;

L. Roudet, Éléments de phonétique générale, Paris 1910;

Rousselot, Principe de phonétique expérimentale, Paris 1897–1908;

E. Sievers, Gurndzüge der phonetik$_5$, Leipsick, 1901;

(一) 劉復譯，保爾巴西比較語音學概要，上海　商務）1930。

H. Sweet, A phonetic primer$_3$, Oxford 1906;

A. Томсонъ, Общее Языковѣдѣнiе$_2$（普通語音學）, Odessa 1910;

W. Viëtor, Elemente des phonetik$_5$, Leipsick 1904.

這些書中大部分雖然相同，可是他們的組織法是一部一個樣子的。這實在由於各人作風的不同。至於我吶，我是用了瑞典語言學家 Adolf Noreen 在他的現代瑞典語大文法 Vårt Språk 講語音的部分裏所用的組織方法。下文"普通語音學概念"(一)所論的大部分不過是 Noreen 先生很豐富的說明裏的一個綱要，一個簡單的節略，不過簡單當然也有簡單的不方便就是了。關於音的分法跟術語，我常常跟 Noreen 有不同的地方。

---

我的描寫語音學既然有一個實用的目的，為是要能用它作成中國音韻的歷史的研究——就是我這書第三卷所講的——那麼，語音學的字母就是必不可少的了。語音學的字母多的很，但是選擇起來並不很難，因為大多數的法式，它們自己的許多短處就夠使它們行不通了，那麼在可以滿意者的當中，隨便選擇哪一種也沒有關係。我所用的是 Lundell 所創造的"瑞典方言字母"（l'alphabet dialectal suédois)。這一套字母用了有三十年以上了，為用科學方法精細的研究瑞典方言，它可以算是一種得心應手的很好的工具。這個字母的創造人，這個很淵博的學者（指 Lundell）就是瑞典方言學的創始者，是它的靈魂，是它永久的指導者，那些研究要算是斯坎第那維亞語言學最優的表現之一了。所以這一套字母的價值是證實過的了(1)。有幾個代表中國特別音的新字母，也是同 Lundell 商量之後才加

---

(一) 見下 149 頁。

(1) 這裏的些原則 Lundell 在 Techmer, Zeitschrift für vergleichende sprachwissenschaft, 1 (1884), 325 頁以下說明過。關於這套字母的簡單的說明，Goodwin Buergel 在 Zeitschrift für deutschen philologie, 37 (1905). 399—409 也曾經說明過。

上去的，這種方言字母是用斜體字寫的(一)。

我在這部書裏要作三十三種中國方言的詳細研究。我曾經從本地人的口音裏研究過二十四種，所以我能夠用這嚴式音標來代表它們的音。其餘的只是從印出來的材料得到的知識——尤其是英文寫的材料——這些材料的準確度可是還很有提高的餘地吶。這些材料既然只用普通的字母，而且又很不一致的，例如祇有一個 a，一個 o，一個 e，一個 č（寫作 'ch'）等等，所以我就不敢根據它們這些太幼稚的定義來決定它所講的音實在是那一種音質，我就非得需用一種寬式的標音法同較準確的嚴式音標並用。

所以這種寬式的符號（用粗體字母寫的）是非科學的，是無確定性的。其中的每一個字都代表好些種實在很容易分別的音。例如一個 **a** 包含有很多不同的元音 a ʌ 跟 ɑ，法文的開 **a** 中 **a** 跟關 **a**。在有些在邊界上的例，究竟把這個音歸到那一類那當然只好隨便來了。譬如英文'man'字中的 æ 究竟歸到 **ɛ** 還是歸到 **a**？英文 'law' 字中的 ɔ 究竟歸到 **a**，還是歸到 **o**？那不過是個人喜歡的問題，因爲寬式記音法並不指望能超過沒受過語音學訓練的人所得到的準確度，也不過像許多英國人所作的中國方言紀錄那樣罷了。

用普通羅馬字來譯寫北京話所得到的準確度就是這一種。但是卽使爲粗略的記音，我也還不能應用這些羅馬字中的任何一種。因爲有時候法國人寫 'ou' 照法國的讀法，而 'ing' 照德國的讀法，有時候英國人寫 'u' 跟 'ü' 照德國的讀法，而 'ch'，'sh' 是照英國的讀法——這種方法，爲實用起見，內中也不無道理，不過對於我們求淸楚上的要求卻是太亂太粗了。我的寬式記音法的原則是這樣：一個字母容許可以包含許多略微不同的些音，但是一個單個的音從來不可用兩個字母寫，也

(一) 因爲印刷上的困難，這個譯本裏沒有能夠用 Lundell 的音標，還是用的國際音標。但是這不過是一個純粹形式上的改變，Lundell 的每一個字母都有一個對照的國際音標(看書前對照表)，至於各字母的音值完全以本書第四章裏的各說明爲準，對於著者對各音的見解譯者除特別註明外不在音標的形式裏包含任何意見。高氏爲中國音特別增加的 ɿ，ʅ，ɥ，ʮ 四個字母，譯文還照用，但不印斜體。又以後書中凡提及"方言字母"，譯文卽改稱"嚴式音標"。

不可以在不同的地方用不同的字母來寫。法文 'ou' 'ch' 的寫法，還有 'ts' 'k' 當 i 前的 č, 在一個語音學的論著裏是不能成立的。除掉我可以用的拉丁字母（比較的簡單）以外，我又加了幾個字，例如拿 ï 當所有同俄文 ы 音相近的音（比如用法文譯音中 'sseu', 'che' 的元音），ŋ 當 'ng'，ɣ 當濁的舌根摩擦音等等。

這一套東西，同較準確一點的嚴式音標並用，就有很大實用上的價值，因爲它可以作一些大類的標目，又可以作攏統的撮要。在底下描寫的語音學裏，這些大類（就是在左邊方框裏所寫的粗體字母）無疑的可以幫助人找各音的地位。這種符號也就只有這點用處，至於在科學的說明上它們是沒有地位的。爲歷史的研究起見，這種簡括的辦法也一樣有實際的用處。嚴式音標所記出的很細微的不同，往往會把大體上主要的地方倒掩沒了。所以比如用我的寬式記音法先指明某一個韵母在某一些方言裏是變成 aŋ 的，然後另外把這些方言所有的細微音質再用嚴式音標寫出了：aŋ，ʌŋ，ɑŋ，那我的說明就整潔了，因爲讀者就可以自己決定他對於細微的地方高興追究到什麼程度。所以寬式記音法不過是隨便作的一種實用的制度，同時對於那些音質不十分明瞭的方言也可以用它，它的準確度可以同通行於北京話的那些套羅馬字相等。

## 所研究的方言

底下所列的三十三種方言是我要詳細研究的。此外關於好些別的方言，我偶爾也給一點零散的材料。

用不着說，在廣州，上海，開封，太原，那些大城裏是沒有完全內部一致的讀音的。所以我就用了現在語音學家中通用的方法。我挑選了一個人，這個人是在我所要研究的地方生長並且是在這個地方受教育的，還得經我詳細考慮過後才斷定他可以代表這個地方的讀音。我詳詳細細的把他的讀音寫下來，就可以表現他本地（如廣州等）土音的概略。

| | |
|---|---|
| 北京*（舊京兆所屬）[今北平] | 固始*（光州府） |
| 山西: | 四川南部 |
| 歸化城*（朔平府） | 漢口（漢陽府） |
| 大同*（大同府） | 南京*（江寧府） |
| 太原*（太原府） | 揚州（揚州府） |
| 文水*（太原府） | 吳語: |
| 太谷*（太原府） | 上海*（松江府） |
| 興縣*（太原府） | 温州（温州府） |
| 平陽*（平陽府）[今臨汾] | 寧波（寧波府） |
| 鳳台*（澤州府）[今晉城] | 閩語: |
| 甘肅: | 福州*（福州府） |
| 蘭州*（蘭州府） | 厦門（泉州府） |
| 平涼*（平涼府） | 汕頭（潮州府） |
| 涇州*（涇州府）[今涇川] | 粵語: |
| 陝西: | 廣州*（廣州府） |
| 西安*（西安府） | 客家（特別嘉應州） |
| 三水*（邠州）[今栒邑] | 域外的方言: |
| 桑家鎮* | 高麗譯音 |
| 河南: | 日本譯音* |
| 開封*（開封府） | 安南譯音* |
| 懷慶*（懷慶府）[今沁陽] | |

所謂安南譯音我是指着東京河內的普通讀音講；有些地方我也顧到兩個方言的不同，就稱爲東京話跟交趾支那話。

在上表所列的三十三個方言裏有 * 號的有二十四個，這就是我了解的程度夠得上用嚴式音標來記的。有時候我管它們叫作"審核過的方言"(dialectes contrôlés)。我時常用"官話方言"(madarin 或 dialectes madarins)當作北京，山西，甘肅，陝西，河南，四川，漢口，南京等處的方言的總名。還有山西，陝西，吳語等名稱祇限於上表所有的方言說。至於在山西等省裏沒經我考查的其他方言，我並不把它們包括在這些個名詞以內。

……（中略）(一)……

## 實驗的儀器

我在有幾處所用的實驗儀器是音浪計的小鼓(tambour enregistreur)跟假顎(faux palais)。

這兩者中的第一樣，在語音學書裏常常叫作 Lioret 儀器(二)，在Rousselot 教士的各種書裏常常有說明的。關於長短，強弱跟高低的研究這種儀器是不可少的。我用這個儀器只研究了北京話的聲調一個例。這些實驗是經 Rousselot 教士善意的允許在法國學院(Collége de France)的實驗室裏作的，而且得到普剌格(Prague) 大學助教 J. Hlumský 先生的指導。所以我得到這個研究的材料得要謝謝這兩位先生的幫助。

假顎在語音學研究上是常用的器具，所以我也常用它。但我得承認我有一點失望。我曾經拿這個儀器在我自己的口裏用過好些時候，但是結果是不大使人起勁的。在頭幾天我不能叫我的讀音使我的耳朵滿意。這個時間很快就過去了，讀音就自由了，耳朵覺着滿意了。但是同時又可以覺出來這種成音法不是於我很自然的(1)。

這裏所以發生的事情是很明白的。起頭兒舌頭想要照平常習慣那樣讀音，因為有一個外來的東西在嘴裏，結果不能讀出合意的音來。後來舌頭就一點一點的換一個成音的方法來抵消外來的東西對於音的影響——就彷彿把鉛筆咬在牙上跟嘴角上仍舊能讀 u 音似的。我並不是要一概而論的說所有的人都是這樣情形。也許有好多人用了假顎完全不改變他的發音方法。但是除非把每個人的假顎圖的性質都審核過，我們就沒有權利可以說他的假顎圖就是客觀的讀音結果。

(一) 原文說本書常常引用一種平均官話，叫 "haut chinois"，現在譯文裏遇到提 haut chinois 的時候，如果是為就今北方音中舉一個代表音，譯文就用寬式國際音標所注的國音，如果是為舉某字，就逕寫漢字。所以這一段不用翻譯了。（參見卷首最後一個符號表）。

(二) 這是音浪計，現在通稱為 kymographe，與放大留聲片的浪紋的 Lioretgraphe 不同。

(1) Rousselot 教士說：但是我們得要承認用假顎來試驗讀音會使所發的音稍改原狀；常常惹起一點大舌頭的毛病 "zézaiment"。見 Principe de phonétique expérimentale, p. 60.

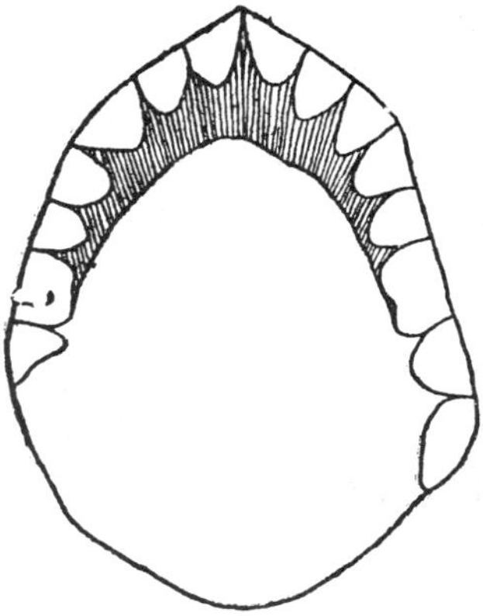

弱 t

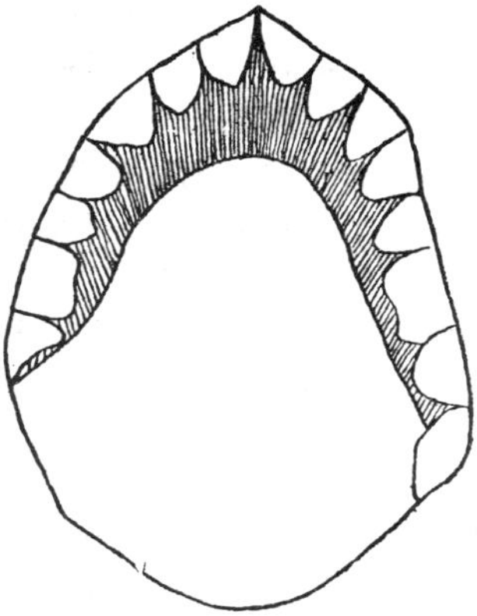

普通 t

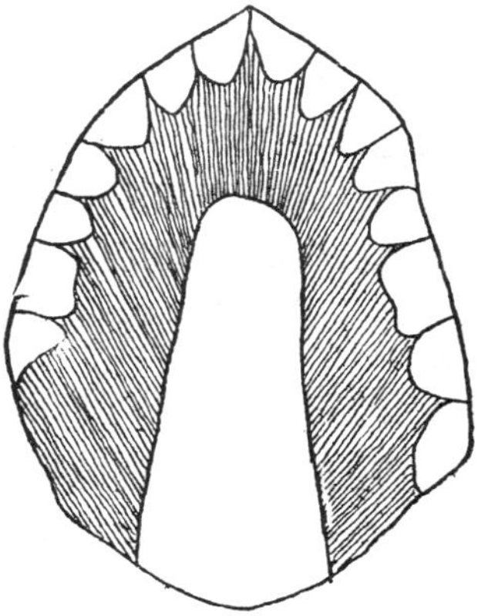

強 t

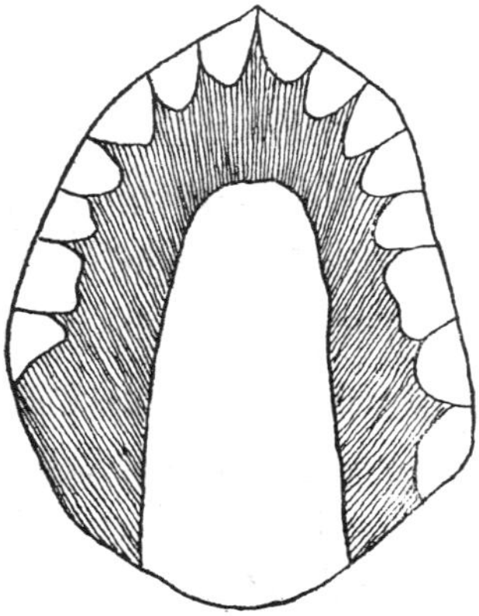

瑞典 č (ȶɕ)

試驗的方法有好多種。 Lenz 先把假顎塗上中國墨，然後看讀音的時候舌頭所擦去的是哪一部份。 這個方法很有毛病，因爲舌頭只留下一些很模糊的痕跡。還是把舌頭弄黑了比較好一點兒，但是這個方法也不很有效，因爲黑的地方只有一塊一塊的，也不很勻淨。 我用底下的方法，得了一個較好的結果：我用薄而乾的紙敷在用godiva作的上顎模子上，我把上顎很小心擦淨擦乾。 我再把舌頭擦上凡士蓮(vaseline) 再讀那個要研究的音。 於是很小心的把那個紙模子放進去，一點兒不要它擦，直接乾乾淨淨的把它的各點同時扣上去，然後再同樣小心的把它拿下來。

這個紙對於油的感應是很敏銳的，所以它的上面就現出很清楚很乾淨的舌抵上顎的印兒(1)。用這個方法的好處是在乾顎跟薄紙對於油的感應非常敏銳的。

假顎最大的困難，——連我剛才所講的方法也不免的，——乃是完全另外一種性質的。我們現在把前頁那四個假顎圖比較一下：第一個代表我很弱的 t 音，第二個代表我的普通的 t 音，第三個代表我們瑞典很強的 t 音，這三個全是瑞典硬的 t 音，第四個代表我們瑞典很軟的 ć 音。

我們看看底下兩個有趣的事實：

1. 輕讀跟重讀的時候，舌頭在假顎上所留的痕跡差得很厲害。我還得說明這種區別並不是變態的。這三種不同的 t 音在我的日常的語言裏都遇得見的。

2. 一個硬的 t 跟一個軟的 č，可以留同樣的圖形！（瑞典的 c 是一個舌面跟齒齦的塞擦音）。

這個似乎特別的可怪。這顯然是一個根本重要的現象，而假顎圖對於它一點也不能解釋，可是要懂得這個現象也並不難。就是舌頭在它所接觸的面上不是到處都用同樣的力量去碰它。結果是舌頭最後離開的地方就是它挨的最緊的地方。所以在所有碰到的地帶，有一部分對於發生這個音是主要的，其餘的部分是次要的，是偶爾碰到的，也許對於耳朵聽見這個音上並沒有什麼影響。第三個假顎圖是一個硬 t 音的結果，這是拿前部分，門牙的附近，作主要部分的（三個 t 音的假顎圖都有這部分）。當接觸的地方發生破裂並且聽見爆發的時候，也許舌頭早就離開它當初因用力而順便挨到的那些別的部分了。反之，假如同樣的假顎圖是從軟的 č 音來的吶，齒齦的後部分，因為舌特別高起來的緣故，就比全部分挨的緊一點，而且是最後離開的。所以這就可以解釋為什麼硬的 t 跟軟的 č 會得了同樣假顎圖的怪事。

所以假如要使假顎圖有用的話，那得連帶要知道讀起音來用多大的勁兒（有時很輕微的上下一點兒都會有致命的影響），還得知道哪些部分舌頭挨的緊一點，哪些部分舌頭是最先離開的。

既然在近來所發表的幾百個假顎圖裏一點都沒把以上各點記下來——當然這假顎法也記不來那些的——所以這些假顎圖對於我不過等於那麼些疑問號罷了。

固然假顎大概可以指出來顎的哪一部分舌頭挨得到，哪一部分挨不到——但是要分別 t 跟 k 的不同，我也用不着個假顎了。這個儀器對於我的最大價值，倒是在它有時能指出顎的哪些部分是舌所碰不到的。例如，有好些法國人讀 gagner 中的顎音 gn（嚴式音標的 ȵ），齒齦的中部是完全碰不到的，這在外國人就很難相信了。

所有這些都是關於拿假顎當作方法用時的普通情形。在許多特殊的例裏，這

(1) 普通假顎圖上的印兒實際上遠沒有語音學書上摹印下來的像煞有介事的那麼清楚明晰。

個儀器曾經有過大毛病的。 我只引一個作例：有些假顎圖把 l 音畫出像完全關住的音（例如 Maspero 的 Phon Ann），但是實際上 l 的特點是在氣流從舌頭的一邊或兩邊跑出來。

所以拿假顎當作語音的儀器，在我看起來，它的價值似乎是很有限的。

# 普通語音學概念

人類的語言學，主要的是根據三大部分：語音的聲學，語音的解剖學，跟語音的生理學。

## 語音的聲學概念

音可以這樣看：

1. 單個音：樂音跟噪音，連續音跟瞬時音；
2. 音同別的音的關係：關於音的相對的性質，就是說節律方面（prosodiques），就得考查以下的幾樣：

a）響亮度（聽得見的程度）（audibilité）（1）——一個音聽得見多少要看聽覺器官對於這個音的感應比其他在物理上有同樣強度的音敏銳不敏銳；

b）強度（intensité）——就是音的純粹物理的強度，一部分由於聲音顫動的大小（音浪圖上的寬窄），一部分由於顫動的快慢（音高）；

c）高低（tonalité）——就是音階上的地位，"音高"，這完全由於顫動的頻率（在單位時間內顫動多少次）。

樂音（ton）。 要研究樂音第一要問是簡單的純樂音還是複合的樂音。Helmholtz 曾經證明兩個複合樂音的音色的不同由於：

1. 同基本音一塊兒響的諧音（harmoniques）數（一）；
2. 它們的相對的強度；
3. 它們的相（phase）的不同（2）。

共鳴（résonance）—— 就是一個聲音使近旁靜止的東西（共鳴器）發生顫動

（1） Noreen 用 "sonorité" 這個名詞，但是在法文的語音學書裏 "Sonore" (sonorité) 這個字當濁音講，所以我現在用 "audibilité"。

（一） 用 harmonique（諧音）太限制了，不如改用 overtones（陪音）較好，因為語音中基音之外所附屬的陪音不一定是諧音性質，可是法文裏沒 overtone 這個字，並且 Helmholtz 的學說是講諧音的。

（2） Roudet, Eléments de Phonétique générale, p. 25。 要找格外詳細的說法可以參看他這一段。

——共鳴在語音學上是根本重要的，盛滿空氣的空隙就是很好的共鳴器(一)。

## 語音的解剖學概念

人的發音的器官分作三大部分：

1．身體上的器官：橫隔膜，肺，氣管枝；

2．喉頭的器官：主要的是聲帶（要看詳細的說明可參閱 Rousselot, Lundell，跟別人的書）；

3．頭部的器官：咽頭，鼻腔，口。

口包括外的部分：唇跟頰；內的部分：以齒，顎跟舌爲界。顎的分法是很不同的，所用的名詞也有許多。J. Hlumský 量了好多人的口的尺寸，他得了底下的分法：顎的前部分有許多小的筋肉，拿最前一對盤牙兩邊連接起來的一條虛線作邊界。跟它銜接的部分，就是硬顎，照普通的例，它的範圍是從那裏往後一直到第五對盤牙兩邊所連結起來的虛線。這以後就是軟顎。

我照着好多語音學家的例，管硬顎叫 palatum，管軟顎叫 velum。我把硬顎分作兩部分：前硬顎（prepalatum），後硬顎(postpalatum)(1)。軟顎要分也可以分作前軟顎(prévélum)跟後軟顎(postvélum)。在顎之前的部分也可以分作兩部分，從這兩部分可以生出很不同的音來。所以最好給它們不同的名詞。我管前的一部分叫做前齒齦 (gencives，拉丁 gingivæ) 是靠近門牙的大致水平的部分；後一部分叫做齒齦 (alvéoles，拉丁 alveoli) 是齒齦後頭突起的部分。再加軟顎後的小舌(uvula)計算，就有六種了：1．前齒齦，2．齒齦，3．前硬顎，4．後硬顎，5．軟顎(前，後)，6． 小舌。

舌的分部是很要緊的，因爲舌頭哪一部份有作用對於聲音的結果是有重要關係的。我現在分兩種就夠了：

1．舌尖(apex)。舌尖是很要緊的；但是它卻很少有單獨的作用。例如讀 t 音時，舌的兩邊也碰到盤牙跟它的牙肉。舌尖是很寬的，它佔了舌前的很大一部分，尤其上一面（至少有一釐米寬）也一樣有作用。這些部分跟舌面中部對比起來也可以叫作舌的"外邊"(périphérie)。現在因爲舌尖是最有作用的部分，所以我們也可以用"拿全部分當一部分 (pars pro toto) 的辦法把現在所講的這部分通統叫作舌尖。

2．舌面(dorsum)。舌的背，就是正當中的一部分。這個也可以分成前舌面(prédorsum)跟後舌面(postdorsum)，但是這是用不着的(二)，因爲它們跟顎的接

(一) 如口腔鼻腔之類。

(1) 照我的意見，硬顎若分成前中後三部分就太多了。

(二) 在中文舌與後硬顎或軟顎所發的音有時稱爲"舌根音"很方便。

觸部分不同，要是把前舌面碰到顎的後部，或是把後舌面碰到顎的前部差不多是做不到的事。

語音的生理學概念（發音作用）

從功用的不同可以把發音器官分作被動器官，例如氣管枝，咽頭，鼻腔，跟主動器官，例如軟顎，舌，唇；另外又可以把它們分成發氣器官跟造音及共鳴器官兩大類。

關於發氣器官的作用得分成吸氣跟呼氣兩種。 在常態語音之下差不多都是呼氣。

呼氣有兩種情形是會中斷的，一種是氣呼完了才停住預備再吸氣的，一種是正在呼氣中被別的主動器官給擋住了。 假如呼氣的停止跟別的主動器官的停止是同時的，那就成爲絕對的停止。

氣流呼出的力量跟別的器官擋住它的阻力，這兩者是造成音的相對的強度的因子（看上文）。

造音及共鳴器官的作用。 造音的器官可以分作上下兩部分。 關於發音的作用有些概念(一)是共同的。 發音作用可以會：

A）開(ouverte)，主動器官跟被動器官接觸的程度不夠使氣流出來有什麼阻礙，例如讀 **a** 音時的情形；

B）閉(fermée 或塞 occlusive)，主動器官跟被動器官接觸到完全閉塞的程度，例如 **t** 音；

C）半閉(partiellement fermée)：例如各種 **l** 音的情形。 這些 **l** 輔音的特點是氣流從舌的一邊或兩邊跑出來的，所以我們叫它作邊音(latérale)。

D）緊的 (rétrécie)：

a）通路不很窄的就發生摩擦音(fricative)，例如 **s**；

b）通路窄的使主動器官有規則的顫動起來，就發生顫音 (trémulant)，例如 **r**。

對於不同的音應用這些同樣的概念，就得特別注意下列的現象：

下部器官的發音作用

A）開的：聲門大開作等邊三角形，就沒有聲音，例如 **p, t, k, s, f** 等清音；

B）關的：聲門完全關住。 例如希伯來的第一個字母 'aleph'，或德文 'ecke' 起頭的爆發聲母(二)；

C）緊的：

1. 喉摩擦音 (fricative laryngale)： a）緊的不很厲害的音，例如德文的

(一) 原文是 lois，但在這裏的用法，譯作"概念"比"定律"較妥。

(二) 如吳語'厄'字首尾都用這個音，音標作［ʔəʔ］。

h; b) 緊的很厲害的音,例如耳語時的元音。

2. 喉部的顫動(trémulante laryngale): a)有規則而很快的顫動,即產生樂音,例如 a, b, n 等; b) 慢的顫動,就成了"喉部的 r 音"(一)。

上部器官的發音作用

軟顎可以作成咽頭跟軟顎的爆發音,這個音沒有名稱也沒符號就像德文的'redner' 中的 d(舌尖不脫開而軟顎與喉後壁"坑"出來)。軟顎下的小舌也可以顫動而成小舌 r 音。

舌頭可以產生塞音,邊音,摩擦音跟顫音。

下唇跟上唇或下齒相接也可以發音。

"放音"(insonante)跟"收音"(résonante)。大部分的音有三個成素,Rousselot 管它們叫作"成阻"(tension),"持阻"(tenue)跟"除阻"(détente),這在塞音裏特別顯著。我們現在把音分成兩大類,就是看音的最後一部分,就是所謂"除阻",對於這個音的成立是否佔重要的地位:

1. 除阻的一部分是不重要者,——例如德文 'ente' 中的 n, 英文 'hemp' 中的 m, 英文 'bedtent' 中的 d。主動的器官一到它那個地位就停頓了,它的作用不過是一個共鳴腔(caisses de résonance)的狀態罷了。共鳴旣然在這個音裏是主要的成素,所以就管它叫作"收音"(résonante)。關於各種共鳴腔的形狀,得要注意底下的幾點:

a) 口腔是關着的(用脣或舌)——假如鼻腔開着那就成爲鼻音,例如 'ente, hemp' 中的 n, m; 假如鼻腔關着,那就可以成一種閉音(clusile),例如英文 'bedtent' 中的 d, 英文 'campbed', 漢文 hap (廣州'合'字)中的 p, 瑞典文 'utdöd', 漢文 hyt (廣州'闕'字)中的 t(1)。

b) 口腔是開着的:假如鼻腔關着(用軟顎)那就成爲口音,例如法文 'si' 中的 i; 假如鼻腔也開着那就成爲半鼻音,例如法文 'en, on'。

2. 除阻的部分是重要者,——例如 'capital' 中間的 k, p, t, 所以管它叫作爆發音。'maman' 等字中的 m 也是一樣的。爲同收音對待,我們也管它叫作"放音"(insonante)(2)。

a) 在放音當中,除阻也可以有不同的性質。假如在音的持阻時器官是很緊的,除阻時也很使勁的發出來,那就叫作強音,例如 'capital' 中的 k, p, t。假如

(一) 如初睡醒嗓子裏覺得滯重時所發的音。

(1) 就是沒有爆發的 p, t: 清音的 p, t 而有共鳴好像是不邏輯的,但是耳朵所以能夠聽見 p, t, 不過是發音停止的狀態,當它們停止的時候,前面的元音還有一點兒沒掉完,因爲元音忽然一下不響了,於是就好像有一個 p 或 t 似的;所以收音時就覺着是有共鳴的 p, t 了。

(2) 這是從拉丁文 "insonare" 來的,意思是產生聲音,這個名詞是我跟 Noreen 學的。

器官鬆一點，除阻時比較軟一點，結果就成爲弱音，例如，德文'bär'中的 b。 假如口閉着而向鼻腔發音那就成爲鼻音的除阻。 例如德文 'redner' 中沒有名稱的軟顎同咽頭後壁所發生的爆發音的除阻；若是鼻子關着，由口裏發音，那就是口音的除阻，例如法文 'butin' 中的 b, t。

b）同樣，放音的持阻，鼻子開着也可以成的，結果那就成爲鼻音的持阻，例如法文 'manon' 中的 m, n；或者鼻子關着，就成爲閉音的持阻，例如法文 'butin' 中的 b, t。

收音跟放音的區別，除去關着鼻子的口部塞音（occlusive）同喉部塞音以外，是不很重要的。

## 按照發音方法的語音分類

把音按照發音方法最重要的特質分起類來，我們就可以看底下的表，這個表也就是我所用的名詞的登記。

口部的發音

I. 開音（ouverte）：

聲帶的發音：

[A）開；"aperte"：沒有聲音]

B）閉：1）放音，如德文 'ecke' 中的聲母，2）收音："喉部的塞音"（the glottal stop）；

C）摩擦：1）送氣的，例如 h；2）耳語的音，例如耳語時的元音；

D）顫動：1）濁音，濁元音：a）口音，例如 a，b）半鼻音，例如法文的 'en'；2）"喉部的 r"。

II. 塞音（occlusive）：

A）關鼻的：

1）帶音的：a）發音（爆發音），例如德文 'dame' 中的 d；b）收音（閉音），例如英文 'bedtent' 中的 d；

2）不帶音的：a）發音（爆音）：α）強音，例如法文 'capital' 中的 k, p, t；β）弱音，例如德文有些方言中的淸 d；[b）收音（閉音）例如英文 'campbed' 中的 p 音](1)。

B）開鼻的：1）濁的，例如德文 'mann, ente' 中的 m, n；2）淸的，例如 'socialisme' 中的 m。

III. 邊音（latérale）：

A）關鼻的：1）濁的：例如德文 'lang, gemälde' 中的 l；2）淸的：例

（1） 參閱上文 152 頁註（1）。

如英國威爾斯文 'Llewellyn' 中的 'll'。

B) 開鼻的：漢語的鼻音 **l**。

IV. 摩擦音(fricative)關鼻的：1) 濁的，例如法文 'zéro' 中的 **z**; 2) 清的，例如法文 'si' 中的 **s**。

V. 顫音(trémulante)關鼻的：1) 濁的 例如法文 'rond' 中的 **r**; 2) 清的，例如俄文 Петръ сказлъ 中的 **r** ( 卽俄文 'р' )

## 按照發音部位的語音分類

輔音 ( consonne ) 。

下部的器官，只有一個發音部位。 上部的器官卻有好些個。 第一，我們得要看音是在內口部發的，還是在外口部發的。 在內口部的，要看舌頭哪一部分有作用，用哪一部分同上顎相對。 我們在這兒至少把音分成硬音跟軟音兩大類。 軟音是用筋肉比較鬆的舌面中或舌面前作主動的部份，所以給聽者"軟"的印象，它自己擡起來多少碰着齒齦或硬顎，作成弓形，多少有點像顎的樣子，這就像是讀元音 i 時的部位。 至於硬音可就用舌尖或舌面的後一部分發音了。 外口部的發音作用，也會因內口部 ( 舌面 ) 同時有軟的發音作用聽起來會有改變，例如，俄文軟的 **p**, **b**。

底下就是主要的分類：

I. 上部發音器官

A) 外口部：

1) 雙唇音(bilabiale)例如 **p, b;**

2) 齒唇音(denti-labiale)例如 **f, v;**

B) 內口部：

a) 前硬音：

3) ( 舌尖 ) 齒音 (dentale)例如 **d, t, s;**

4) 舌尖齒齦音(apico-alvéolaire)例如英文 'hurt' 中的 'rt', 'dry' 中的 'd', 瑞典 'bord' 中的 'rd';

5) 舌尖前顎音 ( apico-prépalatale ) 例如瑞典方言的 'ld', 高安南話的 **ḍ, ṭ, ṇ** (1);

b) 前軟音：

6) 舌面齒齦音(dorso-alvéolaire 最常見的是同時帶點舌尖音的)，例如俄文的 ч，瑞典的 'tj', 意大利 'citta' 中的 **c;**

(1) 第(4)(5)兩組包含在幾個不同的常用名詞之下，例如腦音(cérébrale)齒上音 (supradentale)，頂音(cacuminale)。

7) 舌面，齒齦，前硬顎音(dorso-alvéolo-prepalatale) 例如英文 'church, judge' 等字中的 'ch, j, dg' 波蘭的 'cz'(1);

8) 舌面前硬顎音 (dorso-prépalatale) 例如德文 'ja, ich' 等字中的 'j, ch', 法文 'qui' 中的 'q', 俄文軟的 **k**[c], **g** [ɟ];

c) 後硬音:

9) 舌面軟硬顎之間的音 (dorso-vélopalatale) 例如德文 'gabe, kuh, danken' 等字中的 **g**, **k**, **n**, 俄文的 **x**;

10) 舌面軟顎音(dorso-vélaire)例如阿剌伯的後 **k**, 德文 'ach' 中的 'ch', 跟不打滾的舌根 **r**;

11) 小舌音(uvulaire 例如小舌顫動的 r 音。

II. 下部發音器官

12) 喉音 (laryngale) 例如德文的 **h** (可是最常的見例是也帶上部器官作用的)。

元音 (voyelle)。

元音的分類當然不是這麼容易的事情，因爲從舌頭到上顎中間的通路寬的多——這是元音的特點——所以結果就不容易指出到底舌與顎的哪一部分是有作用的。

在元音分類上曾經試過好多辦法。在不同的時代，因爲按發音部位分類不能十分明白，所以有些人照純粹物理的原則分類，但是結果也分得非常紛歧，所以很使人失望。Rousselot 教士所得的結果還算是最好。不過這種研究是用音叉跟實驗結果的算學分析作成的，要是用作漢語的研究上，那在本書是做不到的。

Viëtor 在他的 Elemente der Phonetik 裏曾經數了差不多有三十種元音的分類法 (有二十七個元音系統) (一)。雖然有這些分類法足以證明曾經有人費了一大些心思，但是結果卻是很平常的。單是論到 **a**, **e**, **i**, **o**, **u** 幾個元音的大類，那怎麼都好辦；如果細密的分析起來，可就馬上發生困難了。照我的意見，英國 Bell 跟 Sweet 的分類法雖然還不是完全滿意的，可是已經得算是最好的辦法了。新的法國派語音學家罵他們太造作了，有許多本來有的元音在他們的分類中都找不着地方。這種批評也許是對的；但我們得承認法國語音學家 Rousselot 跟 Roudet 所採用的 Hellwag 的制度也一樣有很大的短處。它的基本原則無疑是對的，就是說：**a** 是低元音，它的發音部位在兩個頂角上的 i, u 之間，像下面這圖：

(1) (6)(7)兩種輔音常常叫作顎音，前者有時叫作齒顎音(dentipalatale)。

(一) 但是 G. O. Russell 要把這些系統全部推翻。看 200 頁譯者註。

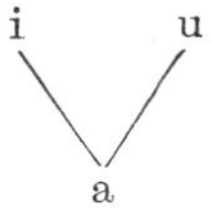


但是一定要把所有其餘的元音都放在這兩條線上，那辦法就有點勉強了。要說舌的隆起部躲開了好些可能的地位，而只限於兩條線的各點上，那是沒有的事，也不像會有的事。

………（中略）（一）………

Bell 跟 Sweet 所定的元音性質似乎是很有根據的：

1．鬆元音與緊元音（wide and narrow vowels）這在法文雖然不感覺什麼興趣，因爲它的發音多少總有點緊的性質，但是在別的語言裏卻是很重要的。

2．通路的寬度（la largeur du passage）——高元音，中元音，低元音——也是很重要的，不過寬度的等級實際上比他們所分的還多得多吶。

3．前後（antérieure et postérieure）的分別也是一樣重要的；但是它並不只前，央，後三種，其實是有無數種的。例如在法文 'nid, chanté, péril, tête'，英文 'hat' 中間的 'i, é, è, ê, a' 一套元音，我們可以分成五個部位，每一個都比前一個後一點，可是都沒過了口腔的中間。所以也有別的學者，像 Noreen 等，想把元音也照輔音那樣按發音部位來分得一樣多。

4．圓脣不圓脣（arrondie et non arrondie）的區別總是存在的。但是它的等級也很多。Noreen 把它們分作五級：脣的開度可以是開脣（débialisée，往兩邊開），寬（large，不往兩邊開），半寬（demi-large），半窄（demi-étroite），窄（étroite）。我們可以用 0，1，2，3，4 來代表它們。0 同 1 的區別在好些例中是不很重要的；但在另外些例裏又是重要的。

雖然是這樣說，可是要作成一個很有系統的元音表卻不是很容易的事。關於高元音，大家的意見還算接近，但是關於低元音，就發生巴比倫式的紛亂了。

所有這些的原因是很明顯的。因爲各人的嘴是不同的。它們既不一樣長，又不一樣寬，顎的高度，舌的尺寸，齒的位置等等也都不一樣。所以要想得到某種聲音的結果，不同的人所用的發音方法多少總有點兒不同，這是絕對不可避免的。我們還得知道同樣聲音的結果在同一個嘴裏也可以用不同的發音的法子得出來，因爲這一邊兒縮減一點那邊兒添補一點，就可以把共鳴腔弄到可以得到同樣的元音的狀態。例如讀一個 a 音，可以把舌頭縮進去，也可以把舌頭伸出齒外幾釐米，還可以把舌尖正對着上顎，在耳朵聽起來可以完全一樣的。所以要把 a 元音的假顎圖畫出來，畫到不差幾毫米那樣細微，在我看起來是很不通的。

（一）原文舉三角圖線以外音的例，但所說的部位跟以後詳論中所講的略有出入，所以省去。

好在這種混亂在耳朵的聽覺上是不存在的。假如有人把 a 分作三種音質:一個是開 a,例如法文'part',一個是中 a,例如英文的'father',(一),一個是關 a,例如法文的'pâte'無論是誰都容易了解它所指的是什麼。所以最合理的辦法是把元音按着耳朵可以聽得出來的樣子排;舉起例來就用大家知道的代表的語言,那麼無論哪個語言學家就都不會弄錯了。然後把每個音對於同系中靠近音相比的發音部位的前後上下,脣的形狀,發音的緊度一一指出來。若能把最高元音同上顎哪一點的關係再定出來那就更好了。拿 i-e-ɛ 一套元音可以作一個例,這一套裏每一個音的發音部位都比前一個較低一點,較後一點,它們中間最高的就可以認為齒齦前硬顎音:

i 法文 nid
ɪ 德文 bitte
e 法文 chanté
ᴇ 法文 péril
ɛ 法文 tête
æ 英文 hat

寄生音

半元音(semi-voyelle)在法國語言學裏是一個特別流行的名詞。可是一講到它的定義各人的意見就很紛歧了。Rousselot 所下的定義是這樣的:"半元音跟眞元音的不同最要緊是在發音的地位不能持續(tenue),一到那個地方立刻就離開了。所以這種元音是稍微有點鬆的……在 w 音尤其顯著,因為 w 音的脣的關閉程度同關 o 很相近"(1)。他又說:"關於半元音這個名詞,我們對於一切元音,凡是依傍着別的元音而不另成音節,並且完全包含在同一個發音動作的限制以內者,都可以用這個名詞"(2)。現在我們再拿 Rousselot 的學生 Roudet 所說的話來比較,Roudet 說:"半元音是這樣一個音,當它發音時發音器官所造成的通路比發高元音時的通路還要窄一點兒,所以使耳朵同時聽見一種元音的音彩跟空氣從窄路中跑出來的時候所發生的一種噪音"(3)。從這兒可以看出,他們所說的差不多剛剛相反。Rousselot 以為通路是較寬的;而 Roudet 的主要的說法恰好是通路窄到可以發生摩擦音。

---

(一) 但英國南部通行的 a 比中 a 較後,較開。英國新英格蘭相當的音較近中 a。中國方言中三種 a 的舉例是蘇州'礣',北平'庣',蘇州'麥'。

(1) Rousselot, Précis de prononciation française, p. 55。

(2) Rousselot, Principes de phonétique expérimentale, p. 643。

(3) Roudet, Éléments de phonétique générale, p. 105。

Roudet 有一個形式上的理由。 w 一類的音是從英文借來的，在英文裏 w 通常是有一種可以感到的摩擦性質的。 但是，我們要問這個摩擦實際上對於這個音是不是重要的。 假如是這樣的話，那麼這個 w 簡直就算是一個濁的摩擦輔音，不過是軟顎化的（即舌根高起）。 同樣，像許多語音學家的習慣總把‘y’ [j] 當作跟德文的 ‘ich’ 音相對的濁音。

但是，假如我們注意到這個音的別一方面，就是元音的音彩，那就很有權利說摩擦是偶然的，是不必要的東西。 Rousselot 所以把 o-a 的結合音（看上文所引的那一段）用英文 w:wa 來寫，就因爲這個緣故。

Rousselot 之所以決定不把這個音當作元音而管它叫做半元音，這並不因爲它有摩擦的成素，乃是因爲它容易變動。 它沒有元音那樣固定，也不能自成音節，它寄生在比較穩固的元音上頭，隨着這個元音作成一個一起子的發音動作。 照 Roudet 的定義，那當然只有 i, ï, u 等高元音才可以成半元音。 照 Rousselot 的定義就沒有這種限制了。 他認爲就是 a 或 ε 也可以成半元音的。 所以我們也可以把複元音 ai 裏的 a 讀成半元音，而把 i 作成音節：ăi。 除非把 a, ε 等半元音也特別作成字母以外，那麼對於半元音 i, u, y 也無須乎造成特別的字母了。

塞擦音跟送氣音（affriquée et aspirée）—— Noreen 說(1)：“一個清塞音 (ténuis) ＋元音所成的結合音，因爲這兩個音的性質特別的不同，於是從前頭一個音變到後頭一個音的中間就產生許多種流音，這些流音的發生，一方面從清塞音所必需的接觸狀態慢慢的張開，起初必得經過一個可以發生摩擦的縫兒，然後再張到讀元音時所必需的通路那麼寬。 另一方面，從讀清塞音時聲門大開着，像呼吸時照例的狀態慢慢的縮緊，先變成送氣的狀態，再變成耳語時的狀態，最後（在通常的情形）再變成元音的狀態。 所以像 ti 這樣的結合音……，用寬式的記音法就可以寫作 t (sh) i(一)。 現在假如我們把清塞音後邊的摩擦流音讀成獨立的音，同它前面的塞音平行，我們就可以得出一個清塞音＋同部位摩擦音的結合音，這就是所謂塞擦音。 例如德文的 ‘pfund, zahl’。 不然的話，要是把比較與元音接近的 h 音特別提出來佔一個顯著的地位，那結果就成功一個清塞聲 ＋h 的結合音，這就是所謂送氣音，例如德文 ‘kerl, toll’ 中間的 k, t’’。 塞擦音不一定是清塞聲 (ténuis) ＋元音，就是濁塞音 (mediæ) 也可以的，例如英文的 ‘George’。

Rousselot 曾經把塞擦音分析的很精細，他管它叫作半塞音 (mi-occlusive)。下面就是 Roudet 撮述 Rousselot 所研究的結果(2)：“Rousselot 研究所得的很確

(1) Noreen, Vårt Språk, I, p. 402。

(一) 注意 sh 是 s+h 的意思。

(2) Elements de phonétique, p. 158。

定的結果，使我們得認爲這些音是簡單的音，是一個單獨發音作用所生的結果，而不是兩個連續的發音作用所生的結果……一個半塞音的發音作用，持阻時是塞的，除阻時是摩擦的，但是所有這兩個音都是在同一器官同一地點所弄出來的結果」。這種說法的實際影響，就是 Rousselot 跟斯拉夫人一樣，把塞擦音都用一個 č 等等單字母來寫了。

爲什麼把塞擦音定作一個單音，結果用了一個字母來寫，各人的用意是很不同的。有些理由簡直同現在所研究問題沒有關係。要說是 č 不是 tš，於是就證明它是簡單的音，那就好像是說笑話了。č 不是一個普通舌尖音 t 同一個後邊的 š 所組成，就是一個小孩子都可以明白。但是，這並不能證明 č 不是兩個獨立的音所組成——一個 š 前邊有一個同部位的塞音。

還有使我們更感趣味的事就有照 Rousselot 說，有些有半塞音的人讀起這種音的時候感覺它是一個簡單的音。我的母語裏雖然也有 č 音，可是我並沒有這種感覺。心理上的理由固然很有趣味，但是並不可以完全信任。一個有教育而未學過歐洲文字的中國人，碰見一個 'kiang' 字一定會認爲是 'k-iang' 兩個音，他沒有法子把它再加分析了。

還有人想用歷史的來源去證明。這也不能算是一個確斷的論據。並且我們可以問德文 'zahl' 的 ts 音同英文 'what's on' ('on'重讀時）的 ts 音，究竟有什麼分別吶。

惟一的正經理由，可以使我們把塞擦音認爲一個單音，並且用一個字母來寫它，那就是上面所給的定義，說它是一個單獨的發音作用所生出的結果。

這個問題的主要點，就是：一個單獨的發音作用可否包含不止一個單音(1)？假若是不能的話，那麼它從來就不應該用一個以上的字母來寫。假若是可能的吶，換言之，就是在一個單獨的發音作用裏可以包含幾個音，那自然就可以分開寫了。

Rousselot 教士已經回答這個問題了，因爲他雖然費了很多的事來證明半元音的特質不過是一個單獨發音動作的結果，可是對於它們都用兩個字母來寫：'ya, ay, wa, ẅi' 等。所以照我看起來，他既然把半元音用兩個字母寫而把半塞音用一個字母寫，似乎有點自相矛盾。

---

（1） 所謂"音"(phonème)，我就當它是一個語音學上的成素，這個成素的性質可以使它在辨字的異同上佔一個獨立的單位。——譯者案"音值"(phone)與"音位"(phonème)的區別到晚近才有人明白的討論。高氏用 phonème 這個名詞略有音位觀念的意味，但並不明顯與音值對待，所以仍譯它爲"音"。參看趙元任"音位標音法的多能性"，史語集刊 4(1934). 4. 363-398; 又 W. F. Twaddell, On defining the phoneme (Language monographs No. 16) Baltimore 1935。

但是 'zahl' 中的 'z' 跟 'table' 的 't', 比較起來看,都是由一個單獨發音作用所生出來的結果。 這兩個音之間有沒有根本的不同吶? 當然有的,這是很明顯的。 這兩個音都含有三個成素: 成阻,持阻,除阻。 不過't'音的除阻從來不會不連合它的成阻持阻兩部分而自己另外成一個獨立的音; 'zahl' 中的除阻,除去跟 't' 相同的作用以外,另外還可以成一個獨立的音而寫作 's'。 所以我根據這個標準就定出下面的拼法原則:

> 每一個發音作用的成素, 如果能够當作一個獨立而且對於字的異同上有關係的音,就應該專爲它另用一個字母。

所以 'zahl' 中的 ts 同 'table' 中的 t 雖然都是一個單獨發音作用的結果(1),而前一個用兩個字母寫,後一個用一個字母寫,這不單在實用的觀點上是有利益的,就是從邏輯的觀點看也應該如此。

所以,我雖然看不見有充分的理由把塞擦音認爲一個單音,並且用一個字母來寫(2), 可是我也很情願承認這件很有趣的事實, 就是由一個單獨發音作用所生出來的音應該給它一個特別名詞。 我所選擇的 affriquée 這個名詞是 Noreen 跟 Lundell 等許多語音學家都用過的。

---

(1) 塞擦音 ts 中的 t 因爲後邊有 s 的緣故稍微有點兒改變,這不是不可能的。 英文 'cats' 跟德文 'zahl' 中的 t 音的區別(假若有的話)是很小的,用不着用不同的字母。 無論如何它們的分別不能像 ha, hi, hu 中 h 音的不同,可是這幾個 h 還是老用一個字母來寫吶。

(2) Roudet 對於半塞音的定義又說: "成阻時所生的關閉作用是很弱的, 它後來所成的通路是很窄的,從關閉的狀態變到狹窄的狀態是漸變的而不是突變的"。 這不能證明塞擦音是簡單音的性質。 因爲輔音 t 從持阻到除阻變得很快,但是 t 音仍然算是一個簡單的音。

# 第五章　現代漢語的節律

描寫的語音學包括兩大部分：關於定性的部分，就其各種音本身性質的理論，跟關於節律的部分，就是音與音相對的關係的理論。　對於漢語的節律方面，就是說關於節奏跟聲調(一)方面，我在本書裏只預備作一點初步的討論——理由已見前文（141 頁）。我的詳細的研究乃是在上述（144-5 頁）33 種方言的定性的方面，其中 24 種是儘現用嚴式音標的可能而寫述的。

但是一個限於給每個現有的音作一個定義的定性語音考並不能告訴我們多少事情。得要加上些統計的事實，它的興趣才會增加吶。　說的就是要問音在字中的地位——當聲母還是當韻母，在開尾字還是在帶尾字(二)——然後問那音在地理上的分佈，就是問見於什麼什麼方言，最後再問它在各個方言內遇見的次數。Parker，跟些別的作者，倒是做過算是統計性質的工作的：他們曾經給這個那個方言做過些字音表，列舉某某方言中所有的單字音（'cha, chai, chan, chang'等等）。但是我們不難看出來，假如這些著者的用意是在作一個只紀載各音的可能的地位跟它們地理上的分佈的統計，那麼他們這方法還不够精專，裏頭也沒有明顯的門路。認眞要做的話，這種統計還可以做得比它有效得多吶。　再不然假如他們的用意是在給我們一個各音遇見的次數的統計，那麼他的字音表同樣是沒有多大用處，因爲無從知道某某字音到底是所舉方音裏的哪些字。　比方光知道客家跟北京都有'tang'是沒有多大意思的，因爲客家讀'tang'的字在北京讀'ting'，而北京讀'tang'的字在客家又讀了'tong'。　非得根據了音的歷史才可以做得出一個差強人意的統計吶。　所以我把這種問題就歸到歷史的音韻的部分去。　在那地方（第二，第

(一)　原文還提到長度，但長度是節奏的一部分，所以不譯了。

(二)　所謂"開尾字"就是後面沒有韻尾輔音的"陰韻"；"帶尾字"就是後面有韻尾輔音的"陽韻"。

三卷）我就把所研究的方言的全體的音類（聲母跟韻母）檢查一道，看每種音類的見次，我的方法就是看哪些音跟中古音的什麼什麼聲母韻母相當。

那麼在下文的描寫的語音學的部分我就先只給各種音舉些在地理上的分佈跟在字中地位的例。這些例大都是從剛才說的33方言當中找出來的。

## 節奏。

人的說話不是絕對勻着走的，是有節奏的，換言之它老是一大一小的變動的。這裏得要顧到兩種因子，（一）強度——一方面是看說話時鼓氣的力量，一方面是看所用的發音器官對於出來的氣所持的抵抗力。——（二）響度(一)，就是聽覺器官對於各種音的不同的敏銳度。在定"音節"的意義的時候，有的著者只管強度，有的只認響度爲重要，又有的就分辨"drücksilben"(強弱音節)跟"schallsilben"(響不響的音節)(例如 Sievers 跟 Noreen)。Roudet (Eléments, p. 180)近來想要證明強度跟響度是完全並行的，他說，"鼓氣的情形，發音器官生阻力的情形，跟耳朵聽見音的情形，三者完全是並行的"。他的討論大半是關於最小點的方面，就是音節與音節間分界的地方。至於這問題當中的是非，它對於全用單音節的中國語倒是比較的不大要緊。

關於最大點可就不同了，那就得決定音節裏哪個音算中止的吃重的音了。語音當中沒有像中國語這麼富於兩三拼的複元音的，也沒有像中國語音節裏的中心最大點這麼游移不定的。這地方得要管到兩條主要原則：

1. "在其餘情形相同的時候，一個音越強就越聽得見。在若干限度之內，越高也越聽得見"。(Roudet, p. 186)。

2. 在同樣的強度跟音高，有的音生來比別的音容易聽得見，大約照這麼樣一個漸大的次序：**t-d-s-z-n-l-i-a**。"高"元音（舌顎空間較窄的）比"低"元音就不響一點；圓脣元音就比開脣元音不響一點。

---

(一) **原文**：l'audibilité (appeleé aussi perceptilité sonorité schallfülle, etc.)，**直譯是**：聽得見度（又叫覺得着度，洪亮度，盈耳度，等等）。

假如這兩個原則是一順走的吶，換言之就是假如一個複元音裏強度最大的音也是響度最大的吶，那就不難認定哪個是這音節裏吃重的主要元音。在嚴式音標裏就在非主音的符號上加一個短號"‿"：aĭ。可是這兩個原則反着走的時候，那事情就複雜化了。比方英文的 'dear' dɪə̆ 裏頭強度最大的乃是天然響度較小的 [ɪ] 音，而因爲強度的幫助反而比天然響度較大的 ə 倒更聽得見。可是一到強度的差別不存在的時候，比方在 'dear' 全字輕讀的 'póor dear féllow' 一個短語裏頭，那就 ɪ 又不出風頭了，而現在較聽得見的 ə 音又成了音節的主要元音了(1)：dĭə。這兩種情形當中的分界固然是很不清楚，照理論說起來一定會有某種強度的比例，裏頭 ɪ 跟 ə 都一樣聽得見，成了兩個都算主要元音，或者也可以說兩個都不是主要元音的局面。

這種情形在中國語是很常見的。北京的'歇' çiɛ 字據我的觀察跟 C. Arendt 跟些別人的觀察是讀作 çiɛ̆，裏頭 i 是主要元音。可是在'這些東西'一句短語裏，'些'字不在鼓氣着重的地位，於是 ɛ 音就變成音節裏的主要元音了。並且同是就重音字的例來說，爲了節律的關係也會發生出複雜的情形來。比方'官話' kuán huá，kuan 的 a 是主要元音，但在'官吩咐一聲' kúan fən fu i ʂəŋ，據我的意見，明明是以 ú 音爲音節的中心，倒把天然響度較大的 a 音遮蓋了。

假如再加上了特別會影響強度跟響度的聲調的作用，我們就不難懂爲什麼在這富於聲調的中國語裏想找出二合三合元音的領音的那個成素出來，幾乎是不可能的事情了。這問題還得從中國語句的節律跟全部的神氣的研究入手，並且實驗的幫助是不可少的。在本書中，我就只限於說明各複元音有些什麼什麼成素，例如 uy，iau，暫不論哪個成素在哪種句子裏作主要元音。

## 長度。

中國語音的長度也常常跟着聲調而生很多的變化的，也是需要實驗的研究的。下列的是幾條初步的觀察：

(1) 在英國內地方言裏，這 ɪ 仍舊能作主要元音。

1．當聲母用的輔音大致是短的，但因聲調的不同短的程度不同。

2．當韵尾用的輔音因聲調的影響長度變得很多。比方北京 pan 的 -n 尾在上聲極長，在平聲短一點，在去聲極短。

3．單元音開尾韵母的元音大致是長的。它的長度也是跟着聲調變的。北京 ma 的 a 在上聲比在平去長得多。在日本音有些元音，例如 o，在開尾音節裏很清楚的分半長跟長兩種時值。這兩種字的來源是不同的，在假名上的寫法也不同的。這種長音我用一個長音號標記它。

4．在帶尾音節裏的單元音，在官話區域裏大致是短的。可是這種也有聲調的影響，比方北京 pɜn 的 ɜ 在上聲比在平聲長。在幾種別的方言裏，例如在廣州，安南，連帶尾音節也有長短元音的分別。從 Parker 在 Giles XXV 跟 XXVIII 頁所發揮的意思看起來，大概朝鮮音也有同樣的分別。在我自己調查過的方言裏我用長音號來注出這種區別來。關於官話區域中帶尾音節的元音必短的規則，在別的方言中已經失掉古 -p, -t, -k 尾而只用通常寫作 '*h*' 的喉部閉音ʔ收音的入聲字，也是一樣適用。喉部摩擦音 h 是跟口部摩擦音 s, f 等相當的，喉部閉音ʔ其實是應該跟口部閉音 -p, -t, -k 相比的。所以 paʔ, tiʔ 應該像 pan, tiŋ 或是 pak, tik 一樣的認爲帶尾音節（這兩種例韵尾輔音也都是只作勢而不破裂出來），所以元音也都是短的。因分析上的錯誤，多數的著者忽略了這種喉部閉音的性質，把這類音節認爲尾開而元音短的音節，這是一個根本的錯誤。

5．複合元音裏的長度問題跟它們的強度，響度問題一樣的複雜，也是又受聲調的影響，又受語句中節奏的影響。比方北京 ai 的 a 在上聲比在別的聲調長，'老' lao 的 o，在"那個人老"比在"老爺"長。

## 聲調。

個個中國字都帶着一個清楚固有的樂調，這事實是人人都知道的。這個特點不但是中國語跟東亞好些跟它有歷史關係的語言所共有，並且有些印歐語系的語言像立陶瓦，塞爾維亞-哥羅西亞(Serbo-Croate)，瑞典，那威等國語也有的。

在中國音韻學裏,"聲"的名詞佔一個重要的地位,西方的學者有時候就認它爲等於歐洲的音樂的"accent"。比方 Maspero 說(1):"中國的字調不是個簡單的現象;分化起來,裏頭有兩種成素,就是高度跟調形。高度是跟着聲母走的,而調形至少有一點是跟着韵母走的,而與元音的性質跟長度不相干。在中國古音有兩種高度,四種調形……這四種調形就是相沿下來所謂'四聲'。"

在同頁上他又加個註,說:"我承認中國古音有四種調形,爲的是要跟着普通習慣認入聲爲另成一調。其實古音的入聲字大概也像現在的入聲字似的,它們跟別種字的分別,不在調的不同,而在韵尾閉音的有無"。

先把"聲"認爲"調形",而又接着說四聲中有一"聲"向來就沒有自成過一調,這個我覺得不很邏輯的。Maspero 在上文所述的一切就只可以證明認"聲"爲調形是不對的。聲字的意義很廣泛的,可以當"一切聲音,調子,人的聲音"講。據我看起來,我覺得"聲"的觀念固然包括音樂的 accent 在內,但是還含有更廣的意義,也許可以譯成"catégorie phonique"(字音的大類)這類的名詞。中國的古人是把字分爲四大類。頭三類的音都是比較的舒緩的,完起來是漸漸的完的。它們自己當中的分別是在調形的不同。第四類跟頭三類的不同不是在調形,而在元音有一個急促的收尾。

我現在雖然跟着習慣把聲字譯作"ton"(聲調),可是我不跟着 Maspero 拿它限於當調形講,照我對於聲字的見解,那是不對的,我用 ton 字的時候是要包括下列的成素(Edkins, Parker 等也承認這個):

1. 調形(調兒,調子);

2. 收音法,舒收還是促收;

3. 全字的高低。

這裏得要注意第三種成素一直到晚近才加入在"聲"的觀念裏頭,在古音雖然

(1) Phon Ann, p. 88。

事實上也有高低的不同，但並不認爲聲的一部分的(1)。

咱們舉一個例。廣州有九聲，就是橫(一)舒：高，中，低；橫促：高，中，低；升：高，低；降：低(二)。但是這方言裏只有三種調形：橫，升(三)，降。它有三種高度：高，中，低。要是調形跟高度都算的話，一共就有六種樂調。

古人平，上，去，入四聲的名稱想必是表示各聲的樂調的。但是聲調像語言中聲母韵母別種成素一樣，從古時候到現在都變了，並且也像聲母韵母在各處不同的方言有各種分歧的變法。比方一個古上聲字在這兒是橫調[例如南京福州]，在那兒是升調[例如北平廣州]，又在個別的地方是降調[例如蘇州西安]。

關於各方言中實在的調值，我們知道的很少。但是我們對於好些方言知道他們有幾種聲調，並且知道哪些字分配在哪些調裏，這其實已經是重要無比的材料了，只要等實驗語音學把實在的調值一求出來，我們馬上就可以把眞值都代入本來已經弄清楚的第幾類第幾類的聲調類名了。現在暫時最好的辦法就是只用簡單的號類來標類，例如北京第一聲，廣州第八聲，福州第三聲等(四)。但是在這歷史的研究當中我有時也不避免附帶引述些各家對於調值的描寫，像 Edkins, Carstairs Douglas, Eitel, Maclay and Baldwin, Hemeling, 特別是 Parker(2)。這都只好認爲初步的約略的描寫，對於它的準確度我是不能負責的。

---

(1) 看前引 Maspero 書。有些漢學家不知道廣韵五音集韵等老字書把平聲分爲上，(中)，下，完全是爲分卷的方便，誤認作高低的不同。Eitel 在廣州字典的序論裏就是這樣。Parker 也是不知道上，中，下並不是高音，中音，低音的意思，因而駡佩文韵府把高低音的字都"完全擱錯了地方了"(Giles, XXVIII 頁)。

(一) 原文 égal。因爲說調的眞值的時候，應該避免與古調類名稱衝突，所以 égal 不譯"平"而譯"橫"。

(二) 原文 tombant: moyen，降：中，是指陽去。其實廣州陽去是橫調，並不降，現在把上文的橫：低認爲陽去（高氏認爲陽平），最後改爲降：低作爲陽平。

(三) 嚴格說起來高升（陰上）跟低升（陽上）兩種調形稍有不同，前者升的音程比後者大一點。

(四) 號碼編法有時不一致，比方說某處"第二聲"，往往不知道是指陰上還是指陽平，所以本譯文全用陰陽平上去入等名稱。

(2) Giles dictionary, p. XXXVIII。

……（中略）（一）……

聲調也像長度跟強度似的，非常會受在語句中地位的影響。這裏一大些工作等着實驗語音學來墾荒吶。

（一）原書 256-259 頁記載北平聲調的實驗。因爲發音人不是個好代表者，結果（特別是陽平）不能用，所以略去不譯。關於方言中調值的實驗的材料，參看 Fu Liu, Etude expérimentale sur les tons du chinois, Paris & Pékin, 1925。

# 第六章　定性語音學

## 輔　　音

### A. 外口部——唇音

雙唇音(bilabiale),兩唇合作的：b, p,(一), m, m̥, w, β。

齒唇音(denti-labiale),下唇跟上齒的作用：f, v, ɱ。

| b |
|---|

b 是濁,口,雙唇塞音。

聲母 b(1)在上海温州寧波汕頭廈門日本安南都有,例如：'平'上海 biŋ。

吳語的 **b**, 像這些方言裏別的濁塞音,——包括爆發音跟塞擦音——一樣,在除阻(détente)的時候隨着一個濁的送氣(ɦ)(參閱下文 195 頁)。其實,這完全跟梵文的 bharati 聲母一樣。但是吳語的送氣,照我的意見,是很弱的,不够認爲送氣的。Parker 把這個送氣描寫的很詳細(Giles 字典 p. XXXVI),也和我的意見相同。他說："但是這個很微的重音,不足讓我們全盤標作 h 或'"。可是單拿它當作聲母的時候,這個濁音 **h** 的清楚程度就得有一個符號去代表它了(參閱下文 194 頁講喉音的地方)。

| p |
|---|

p 是清,口,雙唇塞音。

聲母 **p** 除去安南以外在所有的方言裏都有,例如'八'北京 pᴀ；韵尾 **p**,在汕頭廈門廣州客家安南高麗都有,例如'立'廣州 lɐːp。 這裏有一個問題,就是漢語不送氣的塞音當作聲母的時候——無論是爆發音或是塞擦音中的閉塞部分,p-, t-, k-, ts- ȶɕ- 等——究竟是像法文 'capital' 那樣用力讀的,還是像有些德國

---

(一) 關於各種爆發音的發音方法可參考趙元任"中國方言當中爆發音的種類",史語集刊, 4.515-20。

(1) 在漢語音節裏塞聲母總是"放音"的,塞韵尾總是"收音"的。

方言對於清音的 b 等那樣輕輕兒讀的吶？ 一方面，用 p 在音浪計上針動的度數來試驗好像同法文 p 所動的一樣遠。 但是這並不能證明什麼，因爲針動的多少要看從口到儀器中間距離多少。 別的著者，像 courant(1)，認爲這個音跟法文的 p 相同。 在另一方面，不單我自己非常相信這個音是一個讀的很軟的清 b（即 b̥），並且生長在法國而中國話也說得很好的 Pelliot 先生，也跟我同樣的意見。 無論如何，我還是照西歐漢學家的習慣仍舊寫作 p。 俄國的漢學家，還有 F. Kühnert，都寫作 b（寫俄文時作 б），這是不大準確的。 因爲這個音在重的音節裏總是清的，如果寫作 b，遇到有些方言在這個音以外還有普通眞濁音的 b 那就不好辦了(一)。

在 **ap, at, ak** 等入聲韵母裏把漢語的閉音寫作 **p, t, k** 也是不大合邏輯的。其實 **ap** 是元音 **a** 的後面隨着一個聲音的停頓，這個停頓是作雙唇音的發音狀態的。 雙唇關閉之後，很輕的放開，一點也聽不見什麼。 所以能夠使耳朵分得淸是 **ap, at, ak** 當然不是喉部不顫動而且絕對聽不見的唇塞音，而是從 **a** 到這個聲音停頓中間的流音（son transitoire, "glide"）。 **a** 音的顫動一直到唇關的時候才停，在將要關的時候發生一種極微弱的 b 的流音。 所以耳朵所抓住的就是這個瞬時的音(2)。 但是因爲喉部的音忽然停止的緣故，所以使人以爲他所聽的是 p 而不是 b。 所以寫一個小 p 字或者叫它作"收音的 **p**"，是有心理的動機的，是可以承認的。 有時候有人用"閉裂 **p**（**p** implosif）"這個名詞，這是不大好的，因爲我們並聽不見什麼"裂"（"plosion"）。 Vömel (T'oung Pao 1914. 621) 稱它作"爆發音"（"explosive"），那更錯誤了，因爲這個音明明是閉住的。

在安南有一部分人，我曾經聽出來 ap 這一類的韵母另外是一種讀法。 在關了一會兒之後，空氣受阻勢必得從軟顎跟咽頭後壁破裂，像英文的 'chapman'，改由鼻孔出來，結果就成了一個很短的清 m̥。 所以我們可以聽見這樣的幾個鼻音：$ap^{m}$, $aʈ^{ɳ}$, $aţ^{ɲ}$, $ak^{ŋ}$。 這得要看看到底中國在若干程度之內也有這種讀法。 在

(1) La langue chinoise parlée, Paris 1914, p. 7。

(一) 如浦東松江等處方言幫端之高調讀濁音而並定之低調讀本身清而帶濁音送氣的假濁音。

(2) 最後的合唇作用大概也在 a 音的後部已經在預備起來，這個一定也影響到音彩。

有些地方——例如下文用鼻音作聲母的字——那無疑的是常見的(一)。

**m**

m 是濁，鼻，雙唇塞音。

聲母m是各處方言都有的，例如北京的'母'mu(在文水興縣平陽只有收音的結合音 mb〔看下文〕)；尾聲m在汕頭厦門廣州客家高麗安南都有。例如'林'廣州 lɐm。m有時自成一個音節，例如，廣州'唔' m̩。

m̥ 是淸，鼻，雙唇塞音。例如法文 'socialisme' 中的 m，這無疑只在連音變化(sandhi)中才會存在的；參閱上文所講從鼻孔出來的收音 p 等(p. 169)。

**w**

英文用 w 寫的這個音，曾經被人用種種方法分析過的：

*a*) 認爲一種輔音，是濁，雙脣摩擦音，並帶軟顎作用。這是拿摩擦的成素當作它的特性。有些人曾經用 w 代表中國的有些音，因爲這些音是有摩擦成素的。例如 Vissière 曾經說(1)："'ou' 單見的時候，自成一個音節，在中國人的口裏，起頭兒總是有一個英文 w 的音。有些著者不寫這個起頭的輔音聲母，其實在各種不同的調裏，多少總都聽得見的。尤其在陰平跟去聲特別聽得淸楚。這種說法是只就摩擦的部分討論的。

要是寫 w 專門爲表示摩擦，這在漢語裏一定會發生許多麻煩的。許多拼中國音的人寫'kuan', 'wan'，好像認第一個爲複合元音，第二個爲輔音(w)＋單元音，說是因爲第一個沒摩擦，而第二個有摩擦；像這種拼法一定會有許多不方便的結果。若是把兩個音都寫作 uan 認爲同一音類不過因爲脣元音的地位或在字中或在字首而音質微有不同，其中之一雖然稍微帶點兒摩擦但也無須分別，那麼這種拼法就有很大的好處。例如，把德文 'haben' 跟 'hier' 裏的兩種 h 認爲一個音，就沒有人反對，其實這兩種 h 音的不同，比中國這兩種 u 音差得還更遠吶。我的辦法還有一種好處，就是因爲常常不能決定究竟是有摩擦還是沒摩擦。其實，我並

(一) 據譯者觀察，中國有 -p, -t, -k 尾的方言，例如廣州，大部同時帶一點喉頭塞音ʔ的作用，結果"十文"(-pʔm-)，"一年"(-tʔn-)，"六藝"(-kʔŋ-)中的各閉音並不像英文 'Chapman, at nine'，那麼直接從軟顎向鼻腔爆發。"廣東英語"好像有把 -p, -t, -k 都吞了下去的傾向也就是因爲加了喉頭作用的緣故。

(1) Méthode de transcription française des sons chinois, Paris 1902。

不能完全承認 Vissière 的意見以爲‘烏’字音在中國人口裏總是有摩擦的。我曾經觀察許多中國人，北京人和別處人，他們讀‘烏’字音時，不管是‘烏吳五務’什麽調，一點摩擦都沒有。但是其他的人也有有很清楚的摩擦的。在複合元音用 **u** 作第一個成素時，摩擦照例是常見的；不過也容易看見許多個人的例外。

但是還有一個更強有力的理由來反對用 **w** 代表帶摩擦的 **u**，就是在別的語言都用 ‘w’ 代表短的聲音，而在漢語卻常常用它代表長的聲音。在北京話讀去聲‘務’字音時常常聽見從頭到尾都有一個很清楚的摩擦音，不僅是在起頭兒有的。如果把帶摩擦的 **u** 寫作 **w**，那麽這個音節無須寫作 ‘wu’ 衹寫作 ‘w’ 好了。同樣，在好多方言的某幾調裏，有些音節要寫作 ‘wan’ 而讀作 **ẃăn**，**w** 是長的部分並且是領音，**a** 卻是短的，那就有點奇怪了。所以 ‘kuan: wan’ 等音的寫法，照我的意見，在後面這個例裏又不跟摩擦之有無完全相合了。

*β*）別的人曾經用 **w** 代表一切不當音節主體而依傍着別的元音的短 **u**。這好像專是講印度支那語言學的辦法。T. F. Wade 爵士好像也曾假定同樣的規則，因爲他嘗說(1)：“元音 ‘u’，在許多不同的複合音裏，用 ‘u’ 寫比用 ‘w’ 好。因爲……在有些調裏重音落在 ‘u’上，在另外的調裏重音落在後邊的元音上”。那麽既然在別的例，一個人不會因爲音的重輕而把它寫的不同，在這裏也沒有理由把它寫的不同。並且要知道這個事實也很難的，因爲漢語的輕重音很不定，時常因爲調的影響而改變（參閱 163 頁）。照那樣，有的調就要寫作 **uan**，有的調就要寫作 **wan** 了。

*γ*）最後，Rousselot 教士把 **w** 這個字母用的更有限制了。照他說，這是代表一個半元音的，換言之，就是短而不當主要音節的 **u**，它自己不另有發音作用而是附贅於別的元音一塊兒的。所以照他的說法就得要分別 **uá** 裏的 **u** 音是一個短元音，不成主要音節，可是有獨立的發音作用；**wa** 裏的 **w**，是一個短元音，不成主要音節，而它的發音作用是包含在 **a** 音裏的。這個分別是微細極了。那麽，在漢語裏，既然很難決定 **ua** 這個複合音裏 **u** 跟 **a** 究竟那一個是主要音節

(1) 語言自邇集，1867, p. VIII。

(úa 或 uá)，並且這兩個音中究竟那一個較長一點(ūa 或 uā)，那就更難有機會單憑耳朵去決定這個複合音裏的 u 究竟有沒有獨立發音作用了。所以我們可以不必怕什麼，就把這個微細的區別留到將來研究再說吧。

既然摩擦性質的存在不能使我們用這個 w 字母，並且單看 u 音是不是主要音節，也不便決定就用它，最後又因爲用這個字母代表一個寄生的 u 音除去用儀器幫助不能決定，——所以我總是寫作 u 從來不寫作 w。

嚴式音標 β 是濁，雙脣摩擦音。例如發西班牙語的 'Habana' 裏的 'b' 音時，舌根並不擡起來接近軟顎，脣成二條很狹的線也並不圓。如果兩脣再開一點，使摩擦聽不見，結果就成功元音 ᴜ 了(一)。在日譯漢音裏對於這個複合音的成素羅馬字寫作 w——例如 *kwa*——有時等於元音 ᴜ，有時候等於輔音 β 因人而不同。我爲概括起見，是用 ᴜ 字母的。

**f**

Φ 淸，口，雙脣摩擦音。——我在漢語裏沒有遇見過(二)。(R. E. Edward)(1) 認爲日本的 f 是雙脣的 Φ，但是我祇聽見日本的 f 是齒脣音。

f 是淸，口，齒脣摩擦音。聲母 f，除去文水高麗跟閩語以外在中國各處方言裏都有。例如'父'北京 fu，安南國語是用 'ph' 代表 f 的。

**v**

v 濁，口，齒脣摩擦音。同法文普通的 v 一樣。

v 當聲母的，見於歸化大同太原興縣平陽甘肅陝西開封懷慶吳安南等處方言。例如，'罰'上海 vaʔ。在日本語的複合音裏用羅馬字寫作 'w' 的，我們也可以聽見有些人讀作齒脣 v。

關於客家話裏有沒有 v 音各家的說法不同。Charles Piton(2)用 v- 代表古音用 u 起首的字。Parker 寫作 'w'，意見恰好相反。Rey 採用 Piton 的意見，而 Vömel 採用 Parker 的意見(三)。

---

(一) 國際音標沒有這個音，現在就借用瑞典方音字母而改爲楷體，圓脣屬第四度，舌的高度居中。

(二) 案現代吳語中松江及諸暨均有此音。

(1) R. E. Edwards: Etudes phonétique de la langue japonaise, 1903, p. 41。

(2) China review，卷 8。

(三) 據譯者調查，客家話有 v 音，不過是很軟的。

ɱ 濁,鼻,齒脣塞音,是齒脣的 **m**,我們在德文的'kampher'字中可以遇到的。在現代漢語裏除去連音變化現象以外我沒有遇見過這個音,但是在古代漢語裏它曾經佔過重要地位的。

## 結合音

**p'**

p',不帶音雙脣強 p 的送氣音,用作聲母的,在北京文水太谷鳳台開封固始南京上海福州廣州都有。例如'怕'北京 p'ᴀ。

照嚴式音標的辦法是分別 h 跟'的。h 是喉部摩擦音,聲帶有點靠近,使人聽見輕微的摩擦而聽不見樂音。'算是送氣音的一種特別發音作用,例如 p',聲帶是完全大開着的;所以'隨着塞聲除阻之後只有氣吐出來並沒有什麼摩擦。

但是我不相信 p'a 的讀音完全跟這理論相合。因爲從聲帶大開的 p',過渡到聲帶很窄的 a,中間的經過,事實上總不會快到使人一點兒輕的摩擦音 h 都聽不見。照我的意見,事實上聽見的恐怕既不是 p'a,也不是 pha 而是 p'ha。現在既然還沒有人用儀器測驗出來漢語的送氣究竟'或 h 哪一個是主要的部分,那麼暫時用 p'a 也好,用 pha 也好,我個人是喜歡寫作 p'a 的。

pχ 強的 p 後面隨着一個清舌根摩擦音。用作聲母的,在山西陝西甘肅懷慶都有。例如'怕'太原 pχᴬ。

pç 強的 p 後面隨着一個清舌面前顎的摩擦音。用作聲母的,在歸化大同太原興縣平陽平涼陝西懷慶等處都有。例如'皮'西安 pçi。

有些著者的意見,以爲這些 χ 跟 ç 一類的摩擦音在北京音也照例用的。例如 Vissiére 在他寫的東西裏有好幾段都是這樣說的。我雖然並不否認在北京可以遇見這種讀音,但是我認爲純粹的送氣音是眞正的北京讀音。我敢說受過教育的北京人給我一種很充分的理由,因爲他們平常總說北京話的好處就在讀音"輕",而外省的讀音"重",他們所謂"輕""重"特別是指着 **p'**,**t'**,**k'** 的性質而言。

把 p',pχ,pç 一律寫作 **p'**,其實太簡化了。但是一般人直到現在總是這樣辦,我也就照這樣辦。這個'號,在寬式標音裏,只是一個普通的大類,不管他是純正的送氣,還是舌根的摩擦,還是前顎的摩擦。**t'**,**k'**,**ts'** 等也是一樣的。

Vissiére 很熱烈的主張用 **p'** 代替 **p'**。我對於這個問題沒有多大興趣。但是我可以說,向來相沿用'代表送氣,如果改作'是不大方便的,因爲這個'號,一般都用它代表音的省略或喉部破裂音（如希臘文）[一]。

p‘ 用作聲母的還見於四川漢口揚州温州寧波汕頭廈門客家高麗，不過實在是哪一種音質我們並沒有調查過。

**ps** ps，強 p，後面跟着一個清齒的摩擦音。這個音在蘭州涇州都可以用作聲母。例如蘭州‘皮’ psi。

**pf** pf，是一個清齒脣塞擦音，p 的發音很輕。其實，用 p 代表齒脣的塞音是大不準確的，不過這個錯誤並不重要。這個塞擦音在西安可以當作聲母，例如‘猪’西安 pfu。在山西的幾個地方也是這樣的，例如蒲州和運城。

**pf‘** pfχ 是在有強 p 的 pf 後面隨着一個舌根摩擦的送氣，就在有 pf 的方言裏它也可以用作聲母，例如‘出’西安 pfχu。

**mb** mb 用作聲母的，在文水興縣平陽都有，例如‘母’文水 mbu。

### B. 內口部——前部硬輔音

齒音（dentale）[二]，所謂齒音包括有發音部位很不同的一套輔音。最普通的是舌尖（apex）的部位，但是舌頭前部的其他部分多少也有點兒作用的。可是有時把舌尖放在底下單用舌面（dorsum）也可得到同樣的聽感，尤其是 s，z 之類。這種發音作用，或者把舌尖放在上門齒（incisives）的後頭（這就是普通[θ] [ð]的讀音，英文的‘th’——要是不用齒間部位的時候），或者抵住前齒齦（gencives）的後頭（這就是普通 s，z 的讀音），再不然就兩者同時碰着一點（這就是普通塞聲 d，t 的讀音）都可以成的。齒音包括有：d，t，n，n̥，l，ɬ，ɮ，l̃，s，z，θ，ð。舌尖—後齒齦音（apico-alvéolaires）舌尖抵住後齒齦：ɖ$_1$，ʈ$_1$，ɳ$_1$，ɳ̥$_1$，ɭ$_1$，r，ʂ$_1$，ʐ$_1$。舌尖－前硬顎音（apico-prépalatales）比上一種更後一點，舌尖更高一點，就是抵住硬顎前邊的傾斜面：ɖ$_2$，ʈ$_2$，ɳ$_2$，ɳ̥$_2$，ɭ$_2$，ɹ，ʂ$_2$，ʐ$_2$。

---

（一） 研究紅印度語言的人也用 ’ 代表喉部破裂音。

（二） 西文 dentales “齒音”，包括中國舊名詞的“舌頭音”（塞，鼻），“齒頭音”（塞擦，擦），跟“半舌”（邊）三種，所以範圍很大。

上面這兩種合起來可以叫做齒上音(一)(supradentales)。

**d** d 是一個濁，口，齒塞音。在吳語跟日本都有用 d 當聲母的。例如，'大' 上海 dɑ̃。

**t** t 是一個淸,口,齒塞音。t 在所有方言裏都可以當作聲母,例如 '大' 北京 tʌ；拿它當作韵尾的有汕頭廈門廣州客家幾處。例如'血'廣州 hy:t。

**n** n 是一個濁,鼻,齒塞音。n 在北京西安甘肅河南山西（在文水平陽興縣只在 nd 的結合音裏它當作"收音"），四川揚州吳閩粵高麗日本都可當作聲母的。例如。'女'北京 ny。當作韵尾的，見於北京開封固始四川漢口南京汕頭廈門粵高麗日本。例如'三'北京 san。有時候用它當作自成音節的 n̩,例如在溫州話。['無'字白話音]。

古代漢語的 l-，在高麗拼音裏照例寫作 'r-',不過這些個字現在實際是讀作 n- 的。n 音寫作 'r'，是一種根據歷史的寫法。

n̥ 是一個淸,鼻,齒塞音。除去連音變化現象以外恐怕是不存在的。

**l** l，濁,口,齒,邊音，等於法文普通的 l。這個發音作用把舌尖放在齒齦上,也可以得到同樣的聽感,只要兩邊空得夠寬就成了。這個音當作聲母的見於北京山西甘肅西安河南上海福州廣州安南，例如'路'北京 lu。

ɫ 濁,口,齒,邊音,同時舌背的後部高起來,等於俄文的 л，也等於波蘭文的 ł。這個音我曾經在大同文水平陽蘭州方言裏遇見過。例如，'路'大同 ɫu。有些俄國的漢學家(1)以爲北京有這個 ɫ 音。但是我從來沒有聽見過。並且照我所知道,別的歐洲人也沒有聽見過。

l 的細微音質還不能確知的,在聲母的地位見於揚州四川(二)溫州寧波汕頭廈門客家;當作聲尾的見於高麗。關於廈門的 l, Douglas 曾經說："l 的讀音往往

---

（一） 因爲這些音都是用舌尖縮後讀的,所以譯文裏有時稱"舌尖後音"。

（1） A. Веберъ [etc.], Къ вопросу о русской Транскрипціи Китайскихъ іероглифовъ, Спб, 1906.（關於俄譯漢音的問題）。

（二） 案揚州跟四川大部分 n, l 不分。高氏所據 Giles 等書本上的材料恐怕把這些方言太國語化了。

是一種很重而不淸晰的狀態，聽起來近於 d 的聲音"(一)。 高麗韵尾 l 的性質是不大明顯的。 James Scott 嘗說："這個尾音……並不恰好同我們英文這個輔音的讀法相當。 在高麗它是較軟而且震顫，流動的，假如我可以這樣講法"。 這也許因爲一個英國人的耳朵才對於這個高麗的 l 發生特別印象罷。

ɬ 是一個淸，口，齒，邊音。 在英國威爾斯的 Celtique 方言裏的 'll' 就是這個音，例如 Llewellyn; 照 A. Don 在 China review, 卷 11 裏所說，粵語的新寧話也用它來代表古音的 s, 這句話還有待於證明(二)。

l̃ 濁，口鼻(naso-oral)，齒，邊音，是一個讓軟顎懸下來讀成的 l, 空氣從鼻部口部同時流出來。 我的確曉得在三水桑家鎮南京等處都用它作聲母的。 例如，'老' 南京 l̃ɑu; 但是恐怕也有好些個例 n- 跟 l- 有隨便互相混亂的現象。 這個 l̃ 音在運城（山西省）宜昌漢口跟揚子江流域的許多地方往往都可以遇見的。

有些學者的意見以爲這並不是一個普通的 n 或普通的 l 而是一種特別的聲音。 Hemeling 南京官話第 26 頁上說："l 跟 n, 例如在 li, ni, lao, nao 等音中，不認爲是不同的輔音。 實際的聲音是讀作鼻化的齒齦 l, 讀這個音的時候，舌尖剛好碰到上牙牀"。 Forke 在 1891 年 China review 裏的 Comparative study of Chinese northern dialects 中說："這個輔音有一部分像 n, 有一部分像 l, 所以不能用外國的字母確定它的眞性質"

**z**

z 是一個濁，口，齒，摩擦音，受前齒齦的節制。 z 在山西（除去大同）涇州三水桑家鎮固始吳語日本安南都有當作聲母用的。 例如'人'上海 zəŋ。 安南的 z, 在他們的國語裏，按照語源，有時寫作 'd-' 有時寫作 'gi'。

ð 是一個濁，口，齒，摩擦音，讀起來用舌尖靠近上門齒（英文的 that）我在中國語並沒有遇見過這個音(三)。

---

(一) 羅常培廈門音系頁 6: "[ l ]是舌尖中，帶音的（濁）邊音，但舌頭極軟，用力極鬆，兩邊所留的通氣空隙很小，聽起來並不像北平的[ l ]音那樣淸晰，幾乎有接近[ d ]音的傾向。

(二) 據譯者調查現代新寧話確有此音。

(三) 猺人讀的漢字音有之，參閱趙元任廣西猺歌記音。

| s |
|---|

s 是一個清，口，齒，摩擦音，讀起來用舌尖靠近前齒齦。 s 在所有的方言裏都可以當作聲母的(一)，例如，'送'北京 suŋ。 安南國語把 s 寫作 'x'。

θ 清，口，齒，摩擦音，讀法是用舌尖靠住上門齒或在上下齒之間（英文的 throw），——這個音我在中國也沒有遇見過(二)。

結合音

| t' |
|---|

t' 是強 t 的清，齒，送氣音，在北京文水太谷鳳台三水開封固始南京上海福州廣州安南都有當作聲母用的。 例如，'他'北京 t'ᴀ。

tχ 強 t 後面隨着一個清的舌根摩擦音，用在聲母地位的，見於陝西山西甘肅懷慶，例如'他'太原 tχᴀ。

tç 強 t 後面隨着一個清的舌面前硬顎的摩擦音，用在聲母地位的，見於歸化大同太原興縣平陽桑家鎮西安懷慶，例如，'體'歸化 tçi。

t' 的細微音質不能確知的，在聲母的地位還見於四川漢口揚州温州寧波汕頭廈門客家高麗等處。

| dz |
|---|

dz 是濁，齒，塞擦音。 dz 在聲母的地位見於吳語跟汕頭，例如'集'上海 dziʔ(三)。

| ts |
|---|

ts 是清，齒，塞擦音，t 的發音是弱的。 ts 在聲母的地位除去福州安南高麗以外在所有的方言裏都有。 例如'早'北京 tsɑ̆u。

| ts' |
|---|

ts' 是清，送氣，齒，塞擦音，在聲母地位見於北京陝西山西甘肅河南南京上海廣州，例如'菜'北京 ts'ai。

tsχ 在有強 t 的 ts 音後面隨着一個清舌根摩擦音，用作聲母的見於陝西山西甘肅懷慶，例如'菜'西安 tsχɛ。

ts' 的細微音質不能確定的，在聲母的地位，還見於四川漢口揚州温州寧波汕

(一) 案廣東新寧並沒有 s 聲母。

(二) 猺人讀的漢字音有之，參閱趙元任廣西猺歌記音。

(三) dz- 音現在上海不通行，無錫有此讀法。

頭廈門客家等處。

在有些拼法裏有人寫作 ‘tʻsʼ’(一)，若是這種拼法對，那麽這個音就不是塞擦音的送氣，而是爆發的 t＋送氣＋s 了。 這不單不見得有，而且是不對的。 所以我不採取 tʻs 的寫法。

**nd**　nd 在聲母地位的見於文水興縣平陽，例如‘奴’文水 ndu。

一般討論　普通的拉丁字母對於齒音跟舌根音之間的好些輔音缺乏字母來標它。在嚴式音標裏有一套很豐富很邏輯的字母來塡這個空當兒。 就是寬式標音有時也不能不在普通字母以外酌用少數的新字母。 比如梵文家對於齒上音（舌尖後音）好久就用 ṭ, ḍ 等去寫，並且在語言學裏很早就有人用 č, ǰ 等記號。 可惜他們爲了一般語言學上的用處，想來彌補這個缺點的時候，他們做得旣沒有方法又沒有邏輯。 他們從斯拉夫語裏借了些字母，而拿同樣的字母來代表很不同的音。爲急需起見臨時想了些個法子來對付，有的想得還好，有的想的就差一點兒，其餘的許多音因爲在歐洲語言裏少見，就完全沒去想法子標它們。

其中用的最濫用的字母就是 **č**。 法國人和德國人的讀音不能認識硬的齒上塞擦音跟軟的顎塞擦音的區別，就不去理會這些他以爲瑣碎的區別，所以就用 **č** 代表 **t** 和 **k** 中間一切硬的或軟的塞擦音。 於是就用 **č** 代表 ȶɕ$_1$, ȶɕ$_2$, ʈʂ$_1$, ʈʂ$_2$ 等音（看下文）。 對於這種區別的忽略還有一種表現，就是法國人對於英文軟的聲母 ‘church, judge’ 之類都讀成法文硬的 ‘tch’ 跟 ‘d’ ＋ 法文‘j’或者是德國人把俄文軟的‘ч’用德文硬音 ‘tsch’ 來代表。 同樣，**ǰ** 也用的很隨便，總是含混不清的代表硬音同軟音。 跟 **č, ǰ** 相當的摩擦音 **š, ž** 倒是當硬音用的時候多，但是在那一方面軟的顎摩擦音就沒有一定的拼法了，比如俄文的 щ（莫斯科 ɕ，聖彼得堡 ɕȶɕ）。 至於用普通拼法來譯這個音，那就可以看見像德文‘schtsch’那樣很可怕的拼法。 並且在顎的部位塞擦音比塞音見的多，所以像 ȶ$_1$, ȶ$_2$（看下文）之類，簡直就沒有人用字母來代表它。

所以就是爲最初步的標音方法，顯然也得分辨硬音和軟音，也得分辨爆發音和塞擦音，這些 **č, ǰ, š, ž** 之類的字母還不夠滿足最簡單的需要吶。 最好的辦法是完全不用它。 但是，有些英國的著者對於有些中國方言的摩擦音雖然能夠分辨軟硬而對於塞擦音的軟硬卻沒有分辨。 關於這些方言，如果我自己沒有研究過的，那我只好就用 **č, ǰ** 這些字母，這不過是對於有些塞擦音不能決定它是舌尖齒齦（ʈʂ$_1$, ɖʐ$_1$），舌尖前硬顎（ʈʂ$_2$, ɖʐ$_2$），舌面齒齦（ȶɕ$_1$, ȡʑ$_1$）還是舌面齒齦前硬顎（ȶɕ$_2$, ɖʐ$_2$）的時候一種暫時的標音方法。 至於別的方言，我就是在從嚴式標音簡化的寬

(一)　老式 Wade 的拼法是這樣寫。

式標音裏也得分辨那些音是硬的，還是軟的，是爆發音還是塞擦音。我在本章"敍論"裏已經表明，把塞擦音用字母寫出它的成素來，例如用 **ts** 來寫德文 **z**ahl，非但方便，並且在理論上也可以成立的。那麼所需要的就是得有些字母來粗略的代表塞音（口部的跟鼻部的）跟摩擦音。我把這些硬音同軟音每樣作成一套，如下：

d, t, n, z, s, dz, ts

ɖ, ʈ, ɳ, ʐ, ʂ, ɖʐ, ʈʂ

ȡ, ȶ, ȵ, ʑ, ɕ, ȡʑ, ȶɕ

就是為很初步的記音法，要想得到相近的標音，至少也得有這麼些字母。要想為很深的語音學研究，這些當然還是不夠用的：那就得像嚴式音標分得那麼細那麼準才行吶。

**ɖ**

ɖ$_1$，是濁，口，舌尖齒齦的塞音跟英文(一)'bird'或瑞典文'borde'中的'rd'一樣。安南的國語拼法有一個'đ'字，總是當聲母用，在高安南（Haut-Annam）跟交趾支那讀作 ɖ$_2$（看上文），而在東京讀作 ɖ$_1$，例如'頂' ɖ$_1$ɪɳ。但是安南東京的 ɖ$_1$ 是很前的，人家有時認它同普通的齒音 **d** 一樣，例如 Bonet 在他的 Dictionnaire annamite 的敍論裏就認這個音是法文的 **d**。那麼河內的這個音就同英文的 **d** 很相近了（看 Maspero, Phon Ann 中的假顎圖）。

ɖ$_2$ 是濁，口，舌尖前硬顎的塞音，就是瑞典方言的 'ld'，在安南有些地方有這個聲母，看上文討論 ɖ$_1$ 的地方。

**ʈ**

ʈ$_1$ 是清，口，舌尖齒齦的塞音，就是英文'heart'(一)跟瑞典文'fort'中的'rt'，在聲母的地位見於甘肅陝西，例如，'章'西安 ʈ$_1$ɑ̃；在韵尾（閉音）的地位見於安南東京，例如'八' baːʈ$_1$。關於東京這個音的發音部位在上文論 ɖ$_1$ 音的時候已經說過了。

ʈ$_2$，是清，口，舌尖前硬顎的塞音，就是瑞典方言的 'ld'，在高安南話跟交趾支那有這種聲尾。參看 Maspero 的假顎圖(Phon Ann)。在安南國語的拼法裏韵尾 ʈ$_1$ 跟 ʈ$_2$ 都寫作 't'。

**ɳ**

ɳ$_1$，是清，鼻，舌尖齒齦的塞音，就是英文 learn(一)中或瑞典 'kvarn' 中的 'rn'，在安南東京聲母跟韵尾都有這個音，它的發音部位是同 ɖ$_1$ 一樣的。

(一) 英國北部或一般美國讀音。

例如，'乃' $ɳ_1$ai，'安' a:$ɳ_1$。

$ɳ_2$，是濁，鼻，舌尖前硬顎的塞音，就是瑞典方言的 'ln'，在高安南跟交趾支那聲母跟韵尾地位都有這個音。參看 Maspero 的假顎圖。在安南國語的拼法裏 $ɳ_1$ 跟 $ɳ_2$ 都寫作 'n'。

至於同 $ɳ_1$ 跟 $ɳ_2$ 相當的淸鼻音，那無疑的只限於見在安南連音變化跟個人讀音中（看上 169 頁）。

$ɭ_1$，是濁，口，舌尖跟齒齦的邊音，就是英文 'pearl'(一)，或瑞典 'sorl' 中的 'rl'，它同普通 l 的區別就在兩邊出氣的通路比較窄一點兒。我不能確定這個音在漢語中是有的。但是好像在有些個人讀音裏是用這個代替 $ɭ_2$ 或 ɹ，參看下文。

$ɭ_2$ 是濁，口，舌尖前硬顎的邊音，常常專用它代表法文寫作 'eull'，英文寫作 'êrh' 那個音節中的韵尾。但是 ɹ 的讀音是比較更常見的，看下文。

我在漢語裏從來沒有遇見過跟 $ɭ_1$ 或 $ɭ_2$ 相當的淸音。

**r**　一個舌尖跟齒齦打滾的 r，我們在法國南部，德國，俄國普通都聽得見，在中國卻是沒有的。現在用 ɾ 代表日本譯音裏一個跟這個音很相近的音，這個音也是濁，口，舌尖齒齦音，例如'梨' ɾɪ。這是顫動一次的 r。

關於日本語的 r，Edwards 照底下這樣說(1)："日本語的 r 在 a 元音前頭總是有點像英文不打滾的 r，在元音 e 或 u 的也大概是這樣的。讀英文的 r 是用舌尖碰到上齒齦的上部。讀日本 r 的法子是用舌尖跟舌面前邊一部分碰到跟齒接近的齒齦部分，比英文的 r 稍微向前一點兒，它的地位很近於英文的 d。在日本語裏，這個摩擦是很輕的。……在 i 或 j，還有時候在 e 的前邊，舌頭又擡得高一點又往前一點。尖舌就更跟英文的 d 所需要的地位相近了。用耳朵聽起來，這個音的摩擦簡直少到跟那個爆發音 d 很難分別，所以 rjo 讀起來好像 djo 似的"。

ɹ 是一個濁，口，舌尖前硬顎音，是一個顫動一下(二)，或至多顫動兩下的 r。這

(一)　英國北部或美國一般讀音。

(1)　Étude phonétique de la langue japonaise, p. 33。

(二)　拿中國多數方言'兒'字音與英文 'r' 比，大致是對的，但據譯者觀察兩者都沒什麼"顫動"可言。它跟下 183 頁所述 ʐ 音的主要不同點是 ɹ 的摩擦更少，時間有時較長。比較英文 'rue, ɹu，北平'入'，ʐu。

個音跟英文的聲母 r 是比較相近的，所不同的只是它的發音部位較後一點兒。它在官話（除去鳳台跟漢口）跟揚州上海有用作韵尾的，例如'兒'北京 œɹ(一)。

英國人喜歡寫 'êrh'(1)。法國人，遇見舌尖的 r 就預備有一個很厲害的打滾，所以他們喜歡用 'l'，把這字音就拼作 'eul' 或 'eull'。有些學者，像 W. Schott，曾經用 'rl'，把全字拼成 'orl'。所以使他們這樣寫，自然也有個緣故，就是因爲有些人用邊音 $l_2$ 來替代那個事實上較通行一點兒的 ɹ，並且在它前邊的元音 œ 或 ɜ 常常是很短的，尤其在有些調裏它們簡直都沒有了，所以有時候必得把 ɹ 當作自成音節的 ɹ̩。這個音的定義種類很多。Schott 在他的 Chinesische Sprachlehre, Berlin 1857, p. 9 上說："一個眞正介乎元音輔音之間的混合物，或是一個假元音殼兒裏的輔音核兒，就是教士們曾經寫作 'ulh, urh, olr, eul,(öl)' 或 'rh' 那個音"。

C. Arendt 在他的 Handbuch der nordchinesichen umgangssprache, p. 34 裏教人把 'örl' 很快的讀出來。Vissière 是寫 'eull' 的，他把這個音認爲法文普通的 l——這是錯得很厲害的，因爲他在 Méthode de transcription française des sons chinois, p. 6 上說："我們有特別的便宜，因爲法文字母，除去元音以外，包含官話所有一切的發音，——除去只有一個在前的音我們有時候寫作 'h'，有時候頭寫作 's' 之外……"。

對於這個音的意見 Kühnert 所發表的算是最古怪的了。他在關於上海人的讀音一個很長的研究(2)裏得到一個結果，就是說，'eull' [œɹ] 這個音節是由兩個成素組成的：a）"用暗的共鳴讀出來的 'veuve, seul' 裏的 'eu'，或者是 'sœur' 裏的 'œu'，同時保持着喉頭的 ʀ"；b）"軟化的 l，就是說帶着一個不完全的 i 的舌面 l，附帶着"yod"[i,j] 的摩擦音"。假若 Kühnert 所聽見過的中國人確曾經發過這種音，橫豎這也不是正常的讀法。我實驗過好些中國人的讀音，我相信這個音不是舌面的而是舌尖碰到上顎彎的地方，更精確一點說就是前硬顎。這樣一個音是絕對同 i 跟"yod"[j] 反對的，所以軟化的觀念是完全不可能的。同樣，我對於

（一）國際音標分前元音 œ 跟"央"元音 ɘ 兩種。瑞典方言字母不分，譯文用一個 œ 來對照，所以用在北平'兒'字音覺得太前，如果記得現在"œ"也包括 ɘ 音就差不遠了。

（1）要想找出 'erh' 裏的 'h' 有什麼意義，那是枉費心思的。可是我們得記得英國人的拼音平常最愛用 'h' 這個字母。要是遇見一個難解釋的音，馬上前頭或後頭就來他一個 'h'，就算打好截子了。

（2）F. Kühnert, Über einige lautcomplexe des Shanghaidialekts, Sitzungsberichten der philologischhistorischen klasse der Akademie der wissenschaft, 116 (1888). 1。

起頭兒有一個喉部 r 的音之說也很懷疑。 但是論來源，'eull' 裏的 ɹ 倒是從古 j 化輔音來的。 也許這件事實 Kühnert 已經知道了，所以才影響到他的定義。他把 ɹ 寫成 'λj' 這麼一個新奇的式樣。

**ʂ**

ʂ$_1$ 在嚴式音標裏代表清,口,舌尖齒齦的摩擦音。 但是我對於這個字母用得更廣一點兒。 š 這個字母在歐洲語言學裏用來代表所有那一套發音方法近乎這一類的聲音。 所以 š 例如在俄文(ш)跟在英文('sh')大概是舌尖的，或者,說得更清楚一點，是舌尖跟齒齦的；在法文('ch') 舌面比較用的多一點兒。也有人把 š 讀成一個完全的"顎音",不過同時有個別的作用[一]使它讀出來不十分像"軟化的"純粹顎音音彩,例如,聽俄文的 ш。 什麼成素使這個聲母聽起來像這樣,這是一個很費討論的問題。 Jespersen 曾經發表一個很新奇的意見,新近 J. Hlumský 在 Revue de phonétique 裏很厲害的批評過他。 在 Viëtor 方面[1]，有一個關於各種舊一點的意見的總結。 至於我吶,我的意見以爲用舌尖的發音法在中國最普通,不過舌面的發音也不是很少見的。在同一個方言的人有的用舌尖，有的用舌面的。 這種分别在字的分辨上既然沒有什麼多大關係,在拼音上就用不着把它標出來了[二]。 但是我卻用一個特別標記,就是嚴式音標的 ʂ$_2$，來表示舌尖跟前硬顎的那一種,這個音彩很可以使人注意,是一個特別"鈍"(gros)的聲音。所以 ʂ 是我所用的寬式寫法,它的範圍跟普通 š 的相當,包含有兩小類: ʂ$_2$ 是清的舌尖前硬顎的摩擦音,還有 ʂ$_1$ 代表 š 的另外一個音質。

ʂ$_1$ 在聲母的地位見於歸化大同文水興縣甘肅陝西懷慶安南東京,例如'少'歸化 ʂ$_1$o。 安南東京的 ʂ$_1$ 讀起來跟 ɖ$_1$ 是同一個部位的(參看那個音)。

ʂ$_2$ 在聲母的地位見於北京開封南京高安南交趾支那，例如,'少'北京 ʂ$_2$ɑu。在安南的國語拼法裏 ʂ$_1$ 跟 ʂ$_2$ 都寫作 's'。

ʂ 的音質不能確知的在聲母的地位還見於四川漢口揚州溫州寧波客家廣州[三]。

---

(一) 指噘嘴作用。 這個作用有能使'希'音(軟)聽起來像'施'音(硬)的影響。

(1) Viëtor: Elemente der phonetik; 1904,185 ff.。

(二) 但參看書前音標說明關於 š ž 等的討論。

(三) 據譯者觀察川東漢口揚州溫州寧波有 s 有 ɕ 但無 ʂ。

**ʐ**

ʐ$_1$ 是跟 ʂ$_1$ 相當的濁音，用在聲母地位的見於歸化大同文水興縣甘肅陝西懷慶，例如，'然' ʐ$_1$eɣ̃。

ʐ$_2$ 是跟 ʂ$_2$ 相當的濁音，在聲母地位的見於北京開封南京，例如'然'北京 ʐ$_2$an。

ʐ 的音質不明的，在聲母地位見於四川漢口揚州溫州寧波(一)。

結合音

**ʈʻ**

ʈχ，是強 ʈ 後面隨着一個清的軟顎摩擦音，在聲母地位見於甘肅跟陝西，例如'長'西安 ʈχɑ̃。

**ɖʐ**

ɖʐ$_1$ 跟 ɖʐ$_2$——我在中國任何的方言裏都沒有聽見過這些音。但是在吳語裏或許有這個音存在也不是不可能的(二)。參閱下文講 ǰ 的地方（p. 190）。

**ʈʂ**

ʈʂ$_1$，是清，舌尖齒齦塞擦音，它的 ʈ$_1$ 發音是弱的，在聲母的地位見於歸化大同文水興縣甘肅陝南懷慶，例如，'州'歸化 ʈʂ$_2$ɛʉ。

ʈʂ$_2$，是清，舌尖前硬顎塞擦音，它的 ʈ$_2$ 發音是弱的，在聲母的地位見於北京開封南京高安南交趾支那，例如，'州'北京 ʈʂ$_2$ou。安南的 ʈʂ$_2$ 在他的國語拼法裏寫作 'tr'。

**ʈʂʻ**

ʈʂʻ$_1$，是清，舌尖齒齦，送氣塞擦音，它的 ʈ$_1$ 發音是強的，在聲母的地位見於有 ʈʂ$_1$ 的同樣方言裏（看上文），例如，'恥'歸化 ʈʂʻ$_1$ʅ。

ʈʂ$_1$χ，有強 ʈ$_1$ 的 ʈʂ$_1$ 音後面隨着一個清的軟顎摩擦音，在聲母的地位見於有 ʈʂ$_1$(三) 的同樣方言裏（看上文），例如，'長'大同 ʈʂ$_1$χɔ。

ʈʂʻ$_2$，是清，舌尖前硬顎，送氣的塞擦音，它的 ʈ$_2$ 發音是強的，在聲母的地位見於北京開封南京，例如，'恥'北京 ʈʂʻ$_2$ʅ，'長'北京 ʈʂʻ$_2$ʌŋ。

---

(一) 這些地方所有的恐怕都是 z 而不是 ʐ。

(二) 現在常熟還有 ɖʐʻ 音，看趙元任現代吳語的研究第一表 5。

(三) 這裏所說的話邏輯須加解釋，其實原意是說，凡是有 ʈʂ$_1$χ 這種送氣聲母的就有 ʈʂ$_1$ 那種不送氣的聲母；並不是說凡是有 ʈʂ$_1$ 那種不送氣聲母的都有 ʈʂ$_1$χ 這種送氣的聲母：因為跟 ʈʂ$_1$ 相對的可以有 ʈʂʻ$_1$，ʈʂ$_1$χ 兩種送氣音，是因方言而異的。

**ʨ** 跟 **ʨʻ** 音質不明的，在聲母的地位見於四川。

## C. 內口部——軟輔音

舌面—齒齦 (dorso-alvéolaires)：舌面對齒齦發生作用，而且向着硬顎擡上去，但是所擡高的程度在讀塞音的時候不至於使舌的中線碰到前硬顎。這套音讀起來舌尖同時跟齒碰到一點兒也是不少見的，不過這對於聽感上沒有什麼影響：

$ȡ_1$，$ȶ_1$，ȵ，ȵ̥，ʎ，$ʑ_1$，$ɕ_1$

舌面—齒齦—前硬顎 (dorso-aevéolo-prépalatales)：舌面齒齦跟前硬顎都發生作用，在讀塞音的時候前硬顎是在舌的中線的。舌面比讀前面那一套音的時候擡的更高一點兒：

$ȡ_2$，$ȶ_2$，ȵ，ȵ̥，ʎ，$ʑ_2$，$ɕ_2$。

這兩類合起來叫做顎音 (palatales) 是很方便的。

舌面—前硬顎(dorso-prépalatales)：舌面對前硬顎發生作用，而不碰到齒齦的正當中：

ɟ，c，ɲ，ɲ̥，j，ç。

ȡ

$ȡ_1$ 是濁，口，舌面齒齦的塞音，很近於俄文軟化的 d (d̂)。安南國語拼法寫作 'd' 的在高安南好像是近於 $ȡ_1$ 的[1]（在安南東京讀 z）。

$ȡ_2$ 是濁，口，舌面齒齦前硬顎的塞音，就是英文 'judge' 裏邊 'j' 跟 'dg' 的閉塞成素。我在漢語裏並沒有發見過這個音單獨用的。

ȶ

$ȶ_1$，是清，口，舌面齒齦的塞音，就是俄文 ч，瑞典文 'kil' 裏的 **k**，意文 'citta' 裏的 'c' 那些音裏的閉塞的成素。我在漢語裏並沒有單獨的發見過。

$ȶ_2$，是清，口，舌面齒齦前硬顎的塞音，就是英文 'church' 裏 'ch' 的閉塞成素，在安南話見於聲母（放音的，爆發音）跟韵尾（收音的，閉音），例如，'章' $ȶ_2$ɯɤŋ；'責' $ʨ_2$aːȶ$_2$。

(1) Maspero, Phon Ann, p. 124 跟假顎圖。

安南國語拼法寫作 'ch' 的那個音，照 Maspero 的假顎圖所表現的，在東京，高安南跟交趾支那都是舌面齒齦前硬顎音。但是 Maspero 在 Phon Ann, p. 27 上卻以爲它是一個塞擦音（"半塞音"），我認爲這個音是一個純粹的塞音，ȶ$_2$。在河內很多的安南人裏，我並沒找到一個人在塞音之後讀出可以聽得清晰的摩擦成素來。並且我知道認這個 'ch' 爲 ȶ$_2$ 的也不止我一個人。無論如何不能否認至少拿 'ch' 作韵尾的時候是這樣子，因爲在安南譯音也跟其他中國方言一樣，它只拿收音（閉音）作韵尾的，而沒有用作放音的。一個"半塞的閉音"(mi-occlusive implosive) 成了個古怪的東西了。所以，我雖然可以尊重 Maspero 的意見承認當聲母的 'ch' 有塞擦音的又讀，我卻認爲安南國語拼法的 'ch' 就是 ȶ$_2$。在東京國語拼法的 'tr' 是同 'ch' 音讀得一樣的；所以 ȶ$_2$ 也寫作 'tr'。

**ȵ** 雖然在 ȶ$_1$ 跟 ȶ$_2$ 之間可以使人感到有顯著的分別，可是在舌面齒齦跟舌面齒齦前硬顎兩種鼻音之間用耳朵卻很難覺察出它們的分別來。所以它們只用一個共同的字母：

ȵ 是濁，鼻，舌面齒齦或舌面齒齦前硬顎的塞音，代表法文 'gn' 跟西班牙文 'ñ' 的最普通的讀音。這個音用在聲母地位的見於山西（除去鳳台）——但在文水平陽興縣只見於 ȵȡ 的結合音—— 甘肅陝西開封懷慶上海安南；在四川寧波客家無疑的也有。例如，'女' 太原 ȵy；用在韵尾地位的見於懷慶安南，例如，'運' 懷慶 ɯiȵ。安南的 ȵ 在他的國語拼法裏寫作 'nh'。Parker 用了好幾個寫法：'ñ, ñg, ny, ni' 等等，一點兒也不一致。

ȵ̥ 是跟 ȵ 相對的淸音，大概只在連音變化裏有。但參閱 186 頁。

ʎ 是濁，口，舌面齒齦或舌面齒齦前硬顎的邊音，就是西班牙文的 'll'——我在漢語裏沒有遇到過，跟它相對淸音更沒有了。

**ɕ** ɕ$_1$ 淸，口，舌面齒齦的摩擦音，就是俄文 щ 在莫斯科之讀音；也是俄文塞擦音 ч，瑞典文 'kil' 的 'k'，義大利文 'citta' 的 'c' 那些音裏的摩擦成素。這個音在聲母地位的見於歸化太原興縣平陽鳳台蘭州西安懷慶固始，例如，'細' 太原 ɕ$_1$i。

ɕ$_2$，是淸，口，舌面齒齦前硬顎的摩擦音，就是英文 'church' 中塞擦音 'ch' 的摩擦成素。這個音在聲母地位的見於平涼涇州陝西南京日本，例如，'細' 平涼 ɕ$_2$i。

我們得要注意西安有 $ɕ_1$ 跟 $ɕ_2$ 兩種音是對於字的異同上有關係的(一)。照我看，$ɕ_2$ 是代表日語羅馬字寫作 'sh' 的輔音，大約是因爲用普通字母缺乏更好的標音法。Edwards (Etude phonétique de la langue japoneise, p 37) 也說是這個字的音軟化的厲害。

ç 是淸，口，舌面前硬顎的摩擦音，就是德文的 'ich' 音，在聲母的地位見於北京大同文水太谷開封上海，例如，'細'北京 çi(二)。

從對於這個音的有些古怪的描寫看來，這個音倒像很難分析似的。其實那些描寫並不值得一提。但是我爲好玩兒起見，姑且引兩個例子。S. W. Williams 在他的 Syllabic dictionary 的敍論裏以爲發這個音的最好方法是把一個手指放在口裏再來讀 'hi'。Thomas Wade 爵士在語言自邇集，1867, p. VIII 上說："這個 'hs' 聲母有的人嫌它太容易同 'sh' 相混。其實這是送氣音在摩擦音前頭的"。用不着說這個觀念對於在這裏用 ç 所代表的單純音是怎樣的不精確了。這個音的性質 Arendt (Handbuch der nord-chinesischen umgangssprache) 跟 Vissière (Méthode, etc.) 都說得很準。Vissière 管它叫齒顎音(dento-palatal)(二)。把 ç 寫作 'hs' 自然是不通的。法國的漢學家對於這個完全不能用普通字母寫的音選擇了一個好辦法，就是照歷史的讀音來標。他們把這個音是由 s 來的就寫作 s，把由 h 來的就寫作 h(三)。俄國的漢學家總是用 s (c) 寫。這對於俄國人比對於歐西人好一點，因爲俄國人的 s 在 i 前頭是軟化的，這個軟化的音跟 ç 有點像。

ɕ 的音質不明的在聲母的地位還見於四川漢口揚州温州寧波。

| ʑ |
|---|

$ʑ_1$ 是濁，口，舌面齒齦摩擦音，是同 $ɕ_1$ 相當的濁音，就是俄文寫作 зж 的那個音——我在漢語裏沒有發見過。

$ʑ_2$ 是濁，口，舌面齒齦前硬顎的摩擦音，就是英文 'judge' 裏 'j' 跟 'dg' 的摩擦成素。與日本語的淸聲 $ɕ_2$（羅馬字 'sh'）跟 $ȶ_2ɕ_2$（羅馬字 'ch'）相當的，在假名的寫法裏，有兩個濁音。在日本官話，這兩個音是合成一個塞擦音 $ȡ_2ʑ_2$ 的，不過在有些方言裏，例如土左縣的方言，仍舊分成一個是 $ʑ_2$，一個是 $ȡ_2ʑ_2$(四)。

(一)　例如 '西' $ɕ_1$i，'希' $ɕ_2$i。

(二)　北京有一派人讀 ç，但用 $ɕ_1$ 的恐怕更通行，Vissière 稱它爲齒顎音大概是指這種較前的音。

(三)　換言之，分"尖團"。

(四)　$ʑ_2$＝ジ，$ȡʑ_2$＝ヂ。

j，這個音德文寫作 'j'，法文跟英文寫作 'y' 是完全跟 w 有同樣的情形（看上文，170頁）。在一方面，許多的語音學家以爲摩擦的成素是這個音的特徵，他們就認爲這是一個濁，口，舌面跟前硬顎摩擦的輔音，同淸聲 ç（'ich' 音）相當。在另一方面，有些法國語音學家認它爲一個"半元音"。

爲拼中國的複合元音來用這個 'y'（j），可以有三種理由：

α）這個寫法是由於聲音有摩擦的成素。但是，在這裏也像 w 一樣，要是因爲在 'mien' 音節沒有摩擦而在 'yen' 音節裏有摩擦，就認爲其中的 iɛn 是有兩個各別的音，這種辦法是不大妥當的。比較好的辦法還是當作同一種音而稍有不甚重要的輕微差別；特別是因爲要證明它有摩擦是很難的。用 'y' 來寫用 i 音起頭的字是常有的習慣。但摩擦 j 的發現是很不規則的。有些人有，有些人就沒有。在北京，我從來沒聽見過把法文拼作 'yi' 的那種音節讀成帶摩擦的。所以摩擦的發現實在太偶然了，不够當作用 'y' 或 'j' 字母的正當理由。

β）有些著者曾經用 'y' 來代表所有在二合元音或三合元音裏不當音節裏主要音的 i。例如 Courant（Langue chinoise）把在這種地位的這個音總寫作 'y'，從來不用 'i' 的。關於反對用 'w' 來寫每個不當主要音節 u 的理由，在這裏還是可以應用（看上文 171 頁）。

γ）最後像 Rousselot 把寄生的 i 寫作 'y'，這在實用上是不可能的，因爲單靠耳朵不能決定一個複合音裏不當主要音節的短 i 究竟有沒有獨立的發音作用。

所以，對於用 'y' 或 'j' 既然沒有規則可以遵循，在漢語裏我總寫作 i，從來不寫作 'y' 或 'j'（一）。

結合音

| ȡʑ | $ȡʑ_1$ 是濁，口，舌面齒齦的塞擦音，就是意文的'gi'——，與俄文 ч 相當的濁音——我在漢語裏沒有遇見過，但是在吳語這裏那裏也許會有。 |
|---|---|

（一） 這個辦法高氏後來改變了一點兒，因爲在 Anal Dict 裏他對於北平的 '音' 跟 '應' 等都寫作 j 聲母。

ȡʑ$_2$ 是濁,口,舌面齒齦前硬顎的塞擦音,就是英文 'judge' 裏的塞擦音,在聲母的地位見於上海,例如,'旗' ȡʑ$_2$i; Davis 跟 Silsby 曾經當它跟英文 'jug' 裏的 'j' 一樣,這是對的(一)。 日語羅馬字的 'j' 也等於 ȡʑ$_2$, 例如'字' 日本 ȡʑ$_2$ɪ。

ȡʑ 的音質不明的,在聲母的地位見於温州寧波。

**ʨɕ**

ʨɕ$_1$ 是清,口,舌面齒齦的塞擦音;這就是俄文的 ч, 瑞典文 'kil' 中的 'k', 意大利文 'citta' 中的 'c', 不過前面的塞音 ȶ$_1$ 在漢語裏恐怕發音要較軟一點兒(看169頁)。 這個音在聲母地位的見於北京山西蘭州西安懷慶福州,例如'家'北京 ʨɕ$_1$iᴀ。

因爲在北京話又有軟的 ʨɕ$_1$, 又有硬的 ʈʂ$_2$, 不能用普通字母來分別,結果寫起來就發生了些很討厭的糾紛。 最使人着急的是英國的譯音者,他們簡直蔑視硬音跟軟音的區別而把兩個音都寫作 'ch' (Wade, Mateer, Parker 等) 德國的 Arendt 模倣他們的辦法也用一個字母來寫這兩種音。 法國人的方法比較好的多:他們把硬的塞擦音 ʈʂ$_2$ 寫作 'tch', 這個寫法倒是可以滿意的;軟的塞擦音 ʨɕ$_1$ 是根據歷史的標音, 如果這個音是由 **k** 生出來的就寫作 'k', 如果是從 **ts** 變來的就寫作 'ts'。 這種情形完全同 ç 的辦法一樣(看上文)。

俄國漢學家的標音是最不合理的。 俄文有一個字母, ч, 完全跟軟的塞擦音 ʨɕ$_1$ 相當。 他另外有一個 ш 跟 ʂ 相當;所以用 тш 來代表硬的摩擦音 ʈʂ$_2$ 也跟法文 'tch' 的寫法一樣好。 但是俄國人放棄了他們自己文字對這上便利的地方, 反而用軟的字母 ч 代表硬的塞擦音 **tʂ**,例如 **tʂa** (ʈʂ$_2$ᴀ) 寫作 ча; 而用 ц 字母代表軟的塞擦音 ʨɕ$_1$ 例如把北京的 **ʨɕi** (ʨɕ$_1$i) 寫作 ци, 這個 ц 字母, 在俄文其實是代表齒音的塞擦音的。 我們還得要注意俄文的 ц 永遠是硬的——同兩可的 s (c) 是不同的——換言之,就是它在 i 前頭也不軟化的。 所以俄國的這種寫法簡直是乾坤倒置。

ʨɕ$_1$ 常常有人當它作 'church' 的 'ch',這個不十分準確 ('church' 是 ʨɕ$_2$, 看下文), 不過大致是對的。 Courant 避免下定義的困難,他在 Langue chinoise, p. 12 上說古音 **k** 在北京話裏變成 **ts** (他寫作 'c'), 這顯然是錯誤的。 Vissière 在他的 Méthode de transcription 裏比較很近於眞實的多。 他很有理由的極力主張要分辨北京軟音 'ki tsi' (ʨɕ$_1$i) 跟硬音 'tch' (ʈʂ$_2$) 的不同。 但是我們對於他把軟音解釋作: t+ç ('ich' 音), 是不能承認的。 他說(在 Langue chinoise 裏):

(一) 英文 'j, ch' 的舌部位雖與中國(上海)'旗'字聲母部位相近,但英文讀這類音總有一點噘嘴作用,所以聽起來像有硬化(舌尖後)的音彩。

"這個齒顎輔音，就是德文 'ich' 的 'ch'……前頭有一個 t 音，在北京讀音見於我們拼作 'ki, tsi, kia, tsiu' 那一類的字裏"。這個音之爲塞擦音性，—— 換言之，就是兩個發音成素在同一部位——而且發音作用是在舌面跟齒齦，這兩點我曾經請北京人作過幾次實驗把它證實了的。還有一層，Vissiére 剛作了以上的說明，底下說到 t'ing 音的時候就接着說："t'ing 可是讀作 tyigne"，這就跟自己矛盾了。因爲這裏的 'y'，Vissiére 既然表示送氣，那麼就應該代表跟 'y'[j]相當的清摩擦音，換言之就是 ç，德文的 'ich' 音，那麼照 Vissiére 豈不是 'king'（經），'t'ing'（聽）的聲母都是 t+ç，那當然是不成的咯。

ȶɕ$_2$ 是清，舌面齒齦前硬顎的塞擦音，代表英文 church(一) 的塞擦音，不過前邊的 ȶ$_2$ 發音比較弱。這個音在聲母地位的見於平涼涇州陝西開封固始南京上海日本（羅馬字 'ch'），例如，'家'南京 ȶɕ$_2$iɔ。我們得要注意西安有 ȶɕ$_1$ 跟 ȶɕ$_2$ 兩種，於辨字的異同有關係：'金' ȶɕ$_2$iɛ̃；'浸' ȶɕ$_1$iɛ̃。

上海的塞擦音的摩擦成素，雖然完全可以感覺得出來，不過是很弱的，這就是英國人不十分願意用 'ch' 來寫上海 ȶɕ$_2$ 的緣故。所以 Davis 跟 Silsby 雖然把 tɕ$_2$'寫作 'ch'(看下文)，可是把 tɕ$_2$ 寫作 'ky'，並且加了一個註解說："或者 tky 可以把它代表的更準一點兒"。這個摩擦成素的微弱並不限於上海話。我曾經見過安徽跟江蘇兩省的好些人的各種塞擦音裏都是這樣。假如 Edkins，在他那時候，把上海的這個音寫作 'k'，那大概是由於他的理論化的傾向，再不然，也許在五十年以前 k＞ȶɕ$_2$ 這個演變還沒成功現在這樣吶。那麼，這很可能的是一個在中間階段的 c 音（看下文）。

Mateer 跟 Kühnert 把南京方言的 ȶɕ$_2$ 寫作 'k'，這或許因爲第一層他們覺得人家用 'ch' 來寫的北京 ȶɕ$_1$ 比南京話的 ȶɕ$_2$ 較前，第二層也許因爲有時候聽見南京俗話仍舊讀 k(二)（換言之就是[c]）。Forke 在 Comparative study of Chinese northern dialects, China review, 1891 裏關於南京話的 ȶɕ$_2$ 曾經說："這個 'ch' 音在 i, ü 的前頭比北京近於舌根一點兒，但是沒有沂州跟登州離舌根那麼近，[在這兩個地方他把這個音解釋作 c(三)]，那麼，要是用 'k' 來譯它就不對了"。我對於這個意見完全贊成。Hemeling 也寫作 'ch' 而不寫作 'k'。

ȶɕ 的音質不明的，在聲母地位還見於四川漢口揚州温州寧波。Parker 對於

(一) 看上頁註。

(二) 南京'去'字白話音 k'i，文言 tɕ'$_2$y。這是一個很特別的字，此外南京逢 i,y 元音前跟北京一樣，只有 tɕ, tɕ' 而無 k, k'。

(三) 據譯者觀察這個解釋是對的。

溫州跟寧波用'c'來寫;既然他決定這個音是 **k** 的軟化(Giles 字典XXVI頁),我們就可以相信它是[c]的話了(看下文)。 但是從 Parker 在 Giles 字典XXVII 頁跟 China review,卷 7,8 上所說的話,我們都可以推想溫州跟寧波的這個音是顎部的塞擦音。 在 Chinese recorder 卷 34 上還可以看見他關於寧波話羅馬字的提議,也表示:" 'c' 近於 'ts' 音";這個定義雖然是很幼稚的卻是很有趣的,因為它證明這個音應該是塞擦音而不是爆發音。

**ȶɕ'**

ȶɕ$_1$' 是清,舌面齒齦送氣的塞擦音,其中的 ȶ$_1$ 發音是強的,在聲母地位見於有 ȶɕ$_1$ 的同樣方言裏(看上文188頁),例如,'強'北京 ȶɕ$_1$'iʌŋ。

ȶɕ$_2$' 是清,舌面齒齦前硬顎送氣的塞擦音,其中的 ȶ$_2$ 發音是強的,在聲母地位見於有 ȶɕ$_2$ 的同樣方言裏,但除去日本(看上文189頁),例如,'強'西安 ȶɕ$_2$'iã。

ȶɕ' 的音質不明的,在聲母地位還見於四川漢口揚州溫州寧波。

**ǰ**

ǰ 是濁塞擦音,發音部位介乎 **t** 與 **k** 之間——不一定是 ȡʑ$_1$, ȡʑ$_2$, dʐ$_1$ 或 dʐ$_2$——在聲母地位見於溫州寧波汕頭廈門(一)。

**č**

č 是清塞擦音,發音部位介乎 **t** 與 **k** 之間,——不一定是 ȶɕ$_1$, ȶɕ$_2$, tʂ$_1$ 或 tʂ$_2$ —— 在聲母地位見於漢口揚州溫州寧波汕頭廈門廣州(一)高麗。

**č'**

č',是清,送氣的塞擦音,發音部位介乎 **t** 與 **k** 之間——不一定是 ȶɕ'$_1$, ȶɕ'$_2$, tʂ'$_1$ 或 tʂ'$_2$——在聲母地位見於有 č 的同樣方言裏(看上段)。

ȵȡ$_1$ 在聲母的地位見於文水興縣平陽,例如'女'文水 ȵȡ$_1$y。

---

**g**

ɟ,是濁,口,舌面前硬顎的塞音,就是俄文軟化的 g——我在漢語裏沒有遇見過。 在吳語裏也許有這個音(二)。

**k**

c,是清,口,舌面前硬顎的塞音,就是俄文軟化的 **k**,在山東直隸的有些方言裏(例如沂州跟登州)應該有的;並且據 Forke 關於華北方言的研究在湖南的某縣裏也有。 我們在南京俗話裏也可以聽見,例如'家'南京 ciɔ,小心

---

(一) 據譯者調查,廣州,汕頭,廈門的是 tɕ$_1$ 類的部位,漢口,揚州,溫州,寧波是 ȶɕ$_2$ 的部位。

(二) 浙江黃巖有送氣的 ɟ'。

念就是 ȶɕ₂iɔ(一)。在日本的個人讀音也可以發見拿 c 來替代在 i 前頭的 k。

ɲ，是濁，鼻，舌面前硬顎的塞音（跟 c，ɟ 的發音部位相同的 'ng'），還有跟它相當的淸音我在漢語沒有見過。然而，i 前頭的 ŋ，在吳語跟客家話裏 Parker 用 'ng' 來代表，同時又說它不是"硬的舌根音"，那麽總該是 ɲ 了

D. 內口部——後硬音

舌面顎中音(dorso-vélopalatales)：舌面對硬顎跟軟顎相交的那一部分發生作用：

g，k，ŋ，ŋ̊，ɣ̃，ɣ，x。

舌面軟顎音(dorso-vélaires)：舌面的後一部分對軟顎發生作用：q，ɴ，ʁ，χ。

爲稱述方便把舌面顎中音跟舌面軟顎音合起來叫做舌根音(gutturale)。

小舌音(uvulaires)：小舌對舌面後一部分發生作用：ʀ。

**g** g 是濁，口，舌面中顎的塞音。在聲母的地位見於四川汕頭廈門日本跟吳語，例如，'櫃'上海 guᴇ。

**k** k 是淸，口，舌面顎中塞音。k 用作聲母的在所有的方言裏都有，例如，'高'北京 kau；用作韵尾（閉音）的見於揚州(二)閩語粵語跟安南，例如，'百'廣州 pᴀːk

q，是淸，口，舌面軟顎的塞音，就是阿剌伯的喉門("faucal")k。我在任何中國語裏並沒有確實發見過。但是照我看好像韵尾 'k' 在福州話裏有時候跟閉音 q 一樣。假如這個觀察是對的——卻很難於證實，因爲假顎這件儀器對於口後部還更不及對於口前部那樣準確——那就有趣了，因爲這就可以說明在好些中國方言裏口塞音怎麽樣變成喉塞音了。因爲向後移動的緣故，收音 -p，-t，-k 先混合成 -k，像現在福州話似的，然後 k 再向後退，退得更後更低，直到 ʔ 爲止，那麽中間就要經過 q(二)。

---

(一) 看 189 頁註(二)。

(二) 揚州的 -k 大概是 -q。

| ŋ |
|---|

ŋ 是濁，鼻，舌面顎中塞音，就是英文 'thiŋ' 中的 'ng'，德文 'daŋken' 中的 'n'。這個音在聲母的地位見於平涼陝西(1) 上海福州廣州安南，例如，'牛'，福州 ŋu；在韵尾的地位見於北京太原興縣三水河南南京上海福州廣州安南，例如，'狠' 北京 lʌŋ。

法國人對於這個音的定義下的不準確，那是當然的事情。

Vissiére 在 Méthode de transcription 裏的說明是很糟糕的。他說："ping 是讀作 pigne(e 沒有音)……照理我們該寫作 pign，不過沒有人贊成這樣"。法文的 'gn' 音在大多數例裏應該是舌面齒齦或舌面齒齦前硬顎的 ɲ，有時候是舌面前硬顎的 ɲ。讀舌面顎中的 ŋ 的那是例外的現象了。所以把法文的 'gn' 跟中國的 ŋ 認爲一樣，就是不完全錯，至少也是很攪混的。Vissiére 緊接着說的話又使人覺着他認 ŋ 前頭的元音爲半鼻音(naso-orale)。他說："我們寫作 'long, song' ——一類的音……中國人讀起來是同我們的 on (tond, sond) 一樣的韵母後面隨着 g 音收尾"。其實在北京話裏從來不是這樣的。這樣的描寫 uŋ 韵母是再錯沒有的了。還有像 Courant 所說前頭有 i 的 ŋ 根本與前頭有其他元音的 ŋ 不同，這話我也認爲是不確的。他在 Langue Chinoise, p. 13 上說："這裏的共鳴不是鼻音跟舌根音而是鼻音跟顎音"。照我的意見，並且有實驗的根據，北京話 ŋ 的範圍相差很少，它在 'ing' 裏不過比在 ang 裏微微的往前放一點兒(一)，就像在 'ang' 裏比在 ong[uŋ] 裏向前的那樣少。無論怎麽，在北京話裏它絕不出乎軟硬顎界線之前的。

最通用的俄文拼法對於這件事有個很怪的辦法。它把韵尾 n 寫作 нь，ŋ 寫作 нъ。在北京話，-n 是從來不軟化的，所以它寫作 нъ 是不對的，倒是用 нъ 這個寫法很好。但是他們卻拿 нъ (換言之，就是 n) 來代表 ŋ。所以這是荒謬絕倫的。

ŋ̊ 是同 ŋ 相對的淸聲，這個音在連音變化以外不大發見。但參閱 169 頁。

ɣ̃ 是一個濁，鼻，舌面顎中音，不過它不像 ŋ 那樣當眞閉塞的。舌面後部擡起來能夠發生部份的接觸不過不是完全閉塞。這個接觸大約近於摩擦音 ɣ 那樣(看下文)。所以我們可以把 ɣ̃ 叫作摩擦的 ŋ，或者叫作半鼻音的 ɣ 也好。我們得要注意在它前邊的元音是口音而不是半鼻音。這個 ɣ̃ 音的一個特性，就

(1) 陝西有些方言在結合音 ŋg 裏有這個音，看下文。

(一) 據譯者觀察，北平 'ing' 裏的 ŋ 簡直軋根兒就不放前。正是因爲不放前的緣故，所以別處人(放前的人)聽北平的 'ing' 像 iəŋ 而不像 iŋ 也不像 ɪŋ。

是它的發音作用往往短而鬆並且舌頭很快的落下來。 這個音在韵尾地位的見於歸化大同鳳台平陽蘭州桑家鎮西安懷慶固始南京上海，例如，'江'上海 kɔɣ̃。在日本東京，一個很流行的方法是拿 ɣ̃ 來替代韵尾 n，例如，'三' sᴀɣ̃。 Edwards 對於日本譯音裏的這個音所下的定義是跟我自己的原則相合的。 他在 Etude phonétique de le langue japonaise, p. 31 上說："我們對於這個音的分析跟歸類稍感困難。它的前頭總有一個元音，在法國人的耳朵裏容易認它爲相當的半鼻元音。所以 sɑŋ̊ (三) 好像是 saã。 我們得要注意它前面的元音是完全不鼻化的。 在德國人或英國人的耳朵裏，它就像一個有點兒游移不定的鼻輔音 ŋ 或 n。 這個一半兒輔音一半兒元音性的音的構成是一起頭兒像日本話的弱 'ŋ'，然後很快的聲帶停止顫動，舌頭降到靜態的地位，軟顎蓋放低下來，空氣慢慢兒的從鼻子呼出去"。

ɣ̃ 既然是一個性質有點兒游移不定的聲音，所以它極容易受連音變化的影響。例如在 k 的前跟，它往往用 ŋ 來代替，在舌尖齒音的前頭往往用 n 來代替。 因爲這個緣故，我們常常聽見一種說法以爲 n 跟 ŋ 在有些方言裏是"相混的"，"隨便亂用的"，這種話是不準確的。 實際上，這些問題中的字，當它們不受後邊字影響的時候，是不變的 ɣ̃，但是在有些句子裏它們會變成 n 或 ŋ。 所以這當然不是隨便亂來的。 我們在這兒不難分別出幾個固定的諧聲律(des lois euphoniques constantes)(一)。

ɴ，是濁，鼻，舌面軟顎音——在漢語裏沒發見過。

ŋ 的音質不明的，在聲母的地位見於漢口温州寧波汕頭廈門(二)客家高麗。 ŋ 有時候當作自成音節的 ŋ̩ 音，例如，上海温州汕頭廈門客家廣州。

ɣ

ɣ 是濁，口，舌面中顎的摩擦音，就是"摩擦的 g"，在俄文的 Бога，德文(北部)的 'wagen' 裏可以聽得見。 照我個人的經驗，我以爲這就是在北

(一) 在南京話，北平 an:aŋ 讀 ᴀɣ̃；北平 ən, in:əŋ, iŋ 讀 ən, in, əŋ, iŋ，其中尾音"隨便亂用"；北平 ien 讀 eĩ 或 ieĩ；北平 uŋ 讀 ᵊuŋ。 前三者受下字連音變化影響，依下字聲母發音部位而變成 -m, -n, -ŋ 等等，但第四 uŋ 的 -ŋ 不受影響。 可見中國方言中鼻音韵尾的變化是很複雜的，即在一個方言範圍之內都難一概而論。

(二) 廈門的 ŋ 是濁，鼻，舌根軟顎音，看廈門音系頁 6。

京話裏法文拼法寫作 'ng' 聲母的最普通的讀音。但是我不否認在不同的個人中會常常遇見 ŋ(一)或 ɣ̃。ɣ 在聲母的地位見於北京太原鳳台懷慶，例如'安'北京 ɣan。

ʁ，是濁，口，舌面軟顎的摩擦音；摩擦的作用比 ɣ 後的多。這個音在歐洲最普通的見例就是代替小舌的 r 的"r grasseyé"，所以用'r'字母的變體來寫它。它在聲母的地位見於太原開封固始。注意太原也有 ɣ 也有 ʁ，例如，太原'餓'ɣɤ；'安'ʁæ。

ʀ 濁，打滾小舌音——我在漢語裏並沒有發現這個音。

| x |
|---|

x 是清，口，舌面中顎的摩擦音，是跟 ɣ 相當的清音，同俄文的 x 一樣。在漢語裏我沒有確實遇見這個音。

χ，是清，口，舌面軟顎的摩擦音，是跟 ʁ 相當的清音。這個音最近於瑞士境內的德文 'ach' 中的 'ch'。所以 χ 的發音部位比俄文 x 後的多。在聲母的地位見於北京山西甘肅陝西河南南京揚州四川漢口，例如，'孩'北京 χai。

結合音

| k' |
|---|

k'，是清，顎中送氣音，k 的發音是強的，在聲母的地位見於北京開封固始南京上海福州廣州安南，例如，'考'北京 k'au。

kχ 是強 k 後面隨着一個清的軟顎摩擦音，在聲母的地位見於山西甘肅陝西懷慶，例如，'開'歸化 kχɛ。

k' 的音質不明的在聲母的地位見於四川漢口揚州温州寧波汕頭廈門(二)客家。

| ŋg |
|---|

ŋg 在聲母的地位見於歸化文水太谷興縣平陽，例如，'我'歸化 ŋgᵓ。

E.　音的下部發源

喉音(laryngales)，聲帶有作用的：　h，ɦ，ʔ。

| h |
|---|

h，是清喉摩擦音，例如德文的 **h**。這個摩擦是很弱的，對於空氣的呼出沒有多大的阻礙。它後面的元音口勢常常預先作成，因而 h 也染上 **a**，

(一)　ŋ- 現在北平不大有。

(二)　廈門的 k' 是清，送氣，舌根軟顎爆發音，看廈門音系頁 6。

e, i, o 等色彩。 參閱上文 173 頁。 h 在聲母地位的見於吳語閩語粵語及域外的方言,例如,'客' 廣州 hʌːᵏ。

ɦ

ɦ,是喉部濁音。 這個音同元音的分別只在呼氣時較強而顯。 因爲它只見於元音的前頭,所以有人寫中國方言的時候就把它寫作一種用元音起頭的"重音"(stress,)而用 ' 號來表明,例如,'a。 不認 ɦ 爲元音的一個成素而當作另外一個音,換言之,就是當作一個喉頭濁輔音,那也是又方便又完全合乎邏輯的辦法。 這同 h 預作後面元音音彩的口勢而不把它當作耳語時的元音是一樣的,所以對於 ɦa 的第一個成素,我認爲它的要點只在呼吸的片刻的力量,這一點力量就可以使這個成素有了輔音的性質,我們可以把起頭兒所有的元音音彩不算,而認爲這個音彩是後面元音 a 的音彩預先作勢(一)。梵文有一個類似的音在'bha, dha' 等音裏寫作 'h'。 這個結合音不能代表一個濁 b+清 h+濁 a; 而是一個全體濁的結合音: bɦa, 這裏的 ɦ, 我們在上文已經說過,是代表 b 除阻以後一個完全帶音的呼氣。 A. Meillet 說: "梵文 h 不是清的呼氣,而是一個喉部濁音的發音"(1)。

ɦ 在聲母的地位見於吳語,例如,'河' 上海 ɦu。 Parker 說 (Giles 字典 p. XXVI) 這是"介乎完全不送氣跟英文 h 中間" 的音,是一種 "重音", 根據這個 Giles 就讓字典裏所標的陽調陰調來定這種"重音"之有無,不另注聲母符號。

ʔ

ʔ,喉塞音。 在發音的(爆音)聲母的地位,像在德文的 'ecke', 這個音當然會常見於漢語"用元音起頭兒"的字裏,說的更精確一點,就是在元音前頭不另有口部輔音的那些字裏。 這個爆發音在漢語裏絕對的不重要,因爲它的存在與否完全由於個人的,所以我們就總不記它(二)。

---

(一) 關於 h, ɦ 獨立性的問題,譯者(趙)曾經有詳細的討論,見"音位標音法的多能性"史語集刊 4. 4.372。

(1) Introduction à l'étude comparative des langues indo-européennes 3, p. XX。

(二) 但台山的 ʔ 很顯著,例如,'厭' iem, '店' ʔiem。

但是收音的塞音，就是跟上面那個音相當的閉音，在漢語裏卻佔一個重要地位。ʔ就像韵尾的閉音 p t, k 似的，實際上是一個發音的停頓，這個停頓非得接在一個元音後才聽得見。 聲帶是忽然合攏的，使空氣的通路完全成阻塞的狀態，然後再輕輕的放開並不生爆發作用。 英國的語音學家曾經管這個喉部塞音叫做"the glottal stop"。

假如我們連普通'h'那樣喉部發音作用都認爲輔音，也像口部發音作用的's'之類一樣，那就沒有信得過的理由，一方面既把 ap, at, ak 那一類有收音的口部閉塞音（閉音 p, t, k）的音節認爲關音節（就是用輔音收尾的），同時卻把帶着喉部的閉音（"implosive laryngale"）的 aʔ 反而認爲開音節（就是沒有韵尾輔音的）而把它寫作 ă。但是有些人卻常常這樣辦了，因爲他們沒看出 ʔ 是代表一個眞正的獨立的發音，只把它當作"元音的突止"或"元音的促頓"。 有些願意表示這個現象的著者，普通就用'h'來注明它：例如，用'pah'來代表 paʔ

ʔ 在韵尾的地位見於山西懷慶南京上海閩語，有時候當作粵語裏-p, -t, -k 的替代，例如'八'南京 pɔʔ（廣州 pʌːᵗ）。

# 元　音

## A. 舌尖元音(一)

舌尖元音在歐洲語言裏很少見，而在中國語言裏卻很發達。 有一種舌尖跟齒齦前部的元音(apico-gingivales)，最容易的讀法就是在讀輔音 z 的時候，把舌與齒齦中間的通路稍微放寬，到可以減去口部的摩擦爲度。 還有一種是舌尖跟齒齦後部的元音(apico-alvéolaires)，讀法是在讀輔音 ʐ 的時候，把它的通路作同樣的放寬。 這兩種元音雖然高(hautes)(1)但是舌面並不向前硬顎舉起，在不受唇化的時候，聽起來很近似俄文的 ы(常常叫作"清音 i")。 所以寬式標音用常用作標俄文這個音的 ï 字母概括的代表這兩個音是很便利的。 至於被唇化的，聽起來有 y 一類的印象所以就分到 y 類裏去。

**ï**

ɿ，是舌尖跟齒齦前部的元音，高而緊，唇開（0號）或寬（1號），在官話，揚州吳語粵語都有，汕頭(2)日本也許有。 見例限於純口元音，並只見於開音節 s, z 的後面(二)，例如'死'北京 sɿ。 Edkins 拿這個元音同英文'tassel'中的'e'來比較，以爲在這個字裏，因爲後面 l 的緣故，舌頭離開 s 的地位很少，這個比較的結果還算好。 因爲在我們一般人所知道的其他語言裏沒有 ɿ 音，所以"愛美的"人們很難給它下定義的。 通常認爲它同"英文的短 u"或"法文的 eu"一樣，那是很不對的。

ʅ，是舌尖跟齒齦後部的元音，高而緊，唇開（0號）或寬（1號），見於北京山

(一) 本節另譯文見國學季刊，1.3. 499-503，"對於'死''時''主''書'諸字內韵母之研究"，徐炳昶譯。這個譯文裏管舌尖元音(voyelles apicales)叫"附註元音"，想是誤把 apicale（來自 apex，舌尖）當作 appendix（附註)的形容詞。

(1) 大家得要記得我所謂"高，低"並非指着元音特有的音調而是指着舌與口蓋間最接近處距離的多少。

(2) 參閱顎中類的 ɯ，p. 308。

(二) 蕪湖無此限制 例如'米' mɿ，'李' nɿ。

西(除去太原太谷平陽)甘肅陝西懷慶開封四川南京。見處限於純口元音,並且只見於開音節 ʂ, ʐ 的後面,例如'時'北京 ʂ₂ʅ。 Parker 在寧波方言所寫的 'chï, chïng' 也許就是這個元音(一)。上文所說關於 ɿ 元音的定義,對於這裏所說的 ʅ 也可以應用。在瑞典有些方言裏有一個很類似 ʅ 的元音;我們叫它作"viby 的 i"。

ɿ 跟 ʅ 兩個元音常使譯音者發生困難。俄國人選擇 ы 字母代表這兩個元音,從聲學的觀點看總算是較好的寫法。Mateer 用 ï 表示它們,也還算好。Couvreur 寫作 'eu', 四川的傳教師寫作 'e', 已經不大好了。

還有些譯音者曾經想保持這兩個元音間的分別,因爲它們的音彩雖同而讀法不同,於是就生出些亂七八糟的寫法來了。

對於 ɿ, 一方面,大家用各式各樣的元音字母。Kühnert(南京的方言)用波蘭本來當 ɨ 用的 'y' 字母,選擇的還好。大多數的法國人把這個元音寫作'eu', Vissiére 甚至於說:"我們在 tseu, tsʻeu 採用 'eu' 韵母,它恰好同北京話的讀音相合"。再沒有比他這話更錯的了。法文的 'eu'(ø, œ)是唇化的,ɿ 則不然;'eu' 是一個舌面元音,ɿ 卻完全是"硬音"。所以這兩個元音絕對不同。Wade 跟他的忠實的模倣者 Hemeling 用 'ŭ' 字母,他們以爲 ɿ 是同英文短 'u' 一樣的。這在音質(qualité)跟音長(quantité)上都不對——ɿ 照例是長音,在北京的上聲裏特別長——所以這樣寫法是完全不成的。所以 Wade 的 'ssŭ' 對於 sɿ 音給了一種完全錯誤的觀念。更有用 'u' 字母來代表 ɿ 的,就是把日本話的 tsɿ 音節寫作 'tsu', 這在老式的英文拼法(例如,Hepburn 的拼法)跟在現在普通採用的較新式羅馬字會用的拼法都一樣。這一套羅馬字充滿着英文的風味,所以 'tsu' 這個寫法想是從上面所批評的 Wade 式拼法來的。一個語音學家的 Edwards 都沒有看出日本文 'mu' 跟 'tsu' 裏的元音不同,這是很奇怪的。Parker 倒是把這兩個日本音法對了,他照他自己的拼法寫作 'mu, tsz'。

在另一方面,有幾個學者用輔音字母 'z' 來標 ɿ, 這種寫法其實很不壞。因爲從舌的部位看,ɿ 跟 z 是鄰近的,並且在一切有 ɿ 的方言裏很可以發見有些個人用 z̩(領音節的 z)來替代它:sɿ 跟 sz̩, tsɿ 跟 tsz̩ 常因人而互易(tsʻz̩ 很少見)。這個 'z' 的好拼法曾經有過 Williams, Parker, Eitel 也用它。但是把 sɿ, tsɿ 寫作 's, ts' 卻是不通的,因爲清的 s 在漢語裏從來不會自成一個音節的。不過有幾個著者卻贊成這個注音,例如 Davis 跟 Silsby 還有新近的 Vömel。

元音 ʅ 跟 ʐ 的關係恰好像 ɿ 跟 z 似的,我們常常遇見有些個人用 ʐ 音來代 ʅ 音,例如 ʂʅ 跟 ʂʐ。假若在普通字母裏有一個可以代表 ʐ 的字母像 z 那樣,那麽就可以很方便的用它來粗略的代表我們所說的 ʅ。但是,對於 ʐ, 他們平常都

(一)譯者按寧波城沒有這個元音。

得用法文的 'j' 來寫，現在據我所知卻沒人主張寫 'shj' 或 'chj' 的。 大家還是喜歡利用元音字母，擬出了些有好的也有壞的注音法。 Kühnert 寫作 'i', Parker 寫作 'ï', 法國人寫作 eu 如 Couvreur, 或寫作 'e' 如 Vissière (BEFEO 是照他的辦法)。

Wade (跟 Hemeling) 的寫法 'ih' 簡直的錯了，因爲它容易使人以爲這個元音是短的，其實並沒有這麼一回事。 所以 Wade 的 'ih' 跟他的 'ŭ' 一樣的不能用。

現在把這兩個元音最流行的譯音法列爲下表：

| | ɿ | ʅ |
|---|---|---|
| Vissière (跟 BEFEO) | eu | e |
| Couvreur | eu | eu |
| 四川傳教師 | e | e |
| 俄文拼法 | ы | ы |
| Mateer | ï | ï |
| Parker | z | ï |
| Kühnert | y | i |
| Wade | ŭ | ih |

**y** ʮ，是舌尖跟齒齦前部的元音，高而緊，合脣度窄（4號），就是跟 ɿ 相當的圓脣元音。 見例限於純口元音，並且總是開音節，總在 s 或 z 的後面，它見於蘭州平涼涇州三水桑家鎮上海，例如，'主' 上海 tsʮ。 Davis 跟 Silsby 用 'u' 表示這個元音（他們把 u 寫作 'oo'）。

ʯ，是舌尖跟齒齦後部的元音，高而緊，圓脣度窄（4號），就是跟 ʅ 相當的圓脣元音。 我只在平涼遇見過這個音，它在那裏見於口音開音節舌尖齒齦摩擦音的後面，例如，'書' ʂʯ。但是在官話區域的其他部分恐怕也有這個音(一)。 因爲Mateer 把平涼讀 ʯ 的那些字，在九江登州濰縣的方音裏寫作 'shü, chü', 並且說這個 'ü' 的讀音是"介乎 'ü' 跟 'u' 之間" 的。 在瑞典有些方言裏有一個跟 ʯ 很類似的元音，我們叫它作 "Viby 的 ü"

[ɥ̢，是介乎 ʮ 跟 ʯ 之間而脣向外噘的圓脣元音，就像英德法文的 tʃ, tʃ', ʃ 脣往外噘的作用似的。 我們在蘇州跟咸陽曾經發現過這個元音，例如'知'蘇州 tʂɥ̢。

(一) 例如湖北東部。

——譯者加條]。

## B. 舌面元音

這些元音，就是歐洲語言的普通元音，是按照上顎跟舌面最高部分的接近點來分類的(一)。

1. 前元音(voyelles antérieures)

這裏有一套元音，其中最高的可以認為對着齒齦或前硬顎的地位，每一個逐漸的比前邊一個較低較後。最高的屬於 i 的總類。Roudet 把它分作四種音質。我們用嚴式音標（跟 Rousselot 一樣）只分作兩個： i 跟 ɪ。

e 跟 ɛ 類接續上面的系統： e, ᴇ, ɛ, æ。

同開唇 i-e-ɛ 一套相對的另外有一套圓唇的 y-œ-ə 類： y, ʏ, ɯ, ø, œ, ɵ。

| i |
|---|

i, 高元音，緊，開唇（ 0號 ），就是法文 'mari', 德文 'wie' 中的 'i', 它有：

口音開尾的見於北京山西甘肅陝西河南南京上海福州廣州安南，例如'洗'北京 ɕi。

口音帶尾的見於北京興縣平陽三水西安河南南京上海福州廣州（長的），例如'金'北京 $tɕ_1in$。

安南開尾的 i, 他的國語拼法寫作 'i' 或 'y', 聽起來常常像二合音 ẹi 似的，有一個關而很暫的 e 作它的第一個成素。廣州有帶尾的 i，又有長的又有短的：

(一) G. O. Russell 在他的 The vowel, Columbus(Ohio) 1928 裏，根據大批的 X 光照相，說這個分類法在原則上是根本不對的。因為音管的共鳴高低是要按全管的長短大小計算，單說管的什麼地方最窄，這不過是許多性質中間之一。所以單講舌的最高點不能定出音的共鳴有多高。這在原則上是對的，這種元音分類法所以有好些缺點也就是因為不合這個原則的緣故。不過從聲學上講，如果舌最高點跟圓唇度指定了過後，共鳴腔除喉後部略有變化的可能外，沒有多大其他變化的餘地，所以事實上舊說仍舊可以通用沒有根本的困難。我們現在雖然在原則上承認 Russell 的理論，事實上仍然照着高本漢及國際語音學會的分類法來講元音的分類。Russell 自己並沒有提出什麼具體的辦法來。他所注意的喉部的狀態，關於 æ 音者，D. Jones 也已經注意到了，看 An outline of English phonetics, Cambridge 1934, p. 70 fn.。

短的是 ɪ（看下文）例如 $-ɪ^k$；長的是 i 例如 -iːm, $-iː^p$, $-iː^t$。廣州的 i 有些人說起來傾向於 ɪː 例如 ɪːm 之類。Parker 對於長的 i 在關音節寫作 'y'，在開音節寫作 'i'。他解釋說："在 chym, chyp, tsyt 這類裏必須用 'y'，爲的是好跟客家話 chim, chip, chit 那些短音分別"(一)。西安關音節的 i 只見於 iɣ̃ 韵母裏，這個韵母有些個人的讀音在平聲傾向於 iʒɣ̃。對於一般的方言，我們可以說帶尾的 i 往往因爲元音鬆讀的緣故有變成 ɪ 的傾向。在個人的例子裏，卻可以看見一個相反的現象，就是開尾的 i 變緊。一個很使勁的讀音法可以發生口部的摩擦，於是使 i 很像 $ʑ_1$。這種情形特別在山西方言裏有(二)。

ɪ，開脣元音，鬆，比 i 稍低稍後，包含有法文 'politique'，德文 'mitte wirken'，英文 'bit' 中的 'i'。它有：

口音開尾的，見於日本，例如'歸' kɪ；

口音帶尾的，見於日本廣州（短的）安南（長的，例如 ɪːm，短的，例如 ɪŋ，$ɪ^p$），例如，'棘' 廣州 $kɪ^k$。

i 的音質不明的，口音開尾跟帶尾的見於客家四川揚州温州寧波廈門汕頭，半鼻音開尾的見於汕頭廈門。

| e |
|---|

e，是開脣的緊元音，比 ɪ 稍後一點兒，並且，至少在有些人，也比 ɪ 稍低一點兒(三)，就是德文 see 跟法文 été 中的 'e'。在漢語，這個元音在二合音裏很常見，但單用的卻少見。靠得住的，我只看見在歸化有關音節的口音，例如'善' ʂeɣ̃(四)。

ᴇ，是開脣元音，緊或鬆，就是法文 'aimer'，德文 'bett'，英文 'men' 中的 'e'，英文 'fate' 中的二合音的第一個成素，照 Jespersen 講，ᴇ 的發音部位跟 e 相同，不過是鬆的。照 Noreen, Roudet 跟別的著者，還有我自己的意見，以爲這個音

(一) 有些客家話把帶尾的 i 幾乎讀成 ɨ，所以跟廣州話的不同。

(二) 江蘇跟安徽都有這種現象。

(三) 最近據 Russell 的研究(前引書) e 跟 ɪ 的不同在於喉部的狀態，高低是差不多的，甚至 ɪ 還要比 e 低一點呐。

(四) 紹興'本' pẽ 也是這一類的音。此外在寧波有開音節的口音，例如'海'寧波 xe。

的發音部位比 e 稍後一點兒並且稍低一點兒。 ᴇ 有：

口音開尾跟帶尾的，見於南京上海蘇州温州日本安南（他的國語拼法寫作‘ê’），例如‘逆’日本 gᴇᴋɪ，‘對’蘇州 tᴇ，‘得’温州 tᴇʔ。

半鼻音開尾的，見於南京上海餘姚，例如‘三’餘姚 sᴇ̃。

上海的 ᴇ̃ Davis 跟 Silsby 寫作‘en’，這裏的‘n’只是當作很弱的鼻音記號，這種鼻音在有些個人的例裏簡直的沒有(一)。Hemeling 在他的南京詞彙裏，不單對於二合音寫作‘ie’，例如 ȶɕ$_{2}$iᴇ Hemeling 作‘chieh’，就是在有些單元音的字裏他也這樣寫，例如 sᴇ，Hemeling 作‘sieh’；這些字在北京話都是有二合音的。這種一律化的辦法是不對的。照 Hemeling 這樣寫起來那就不是南京音表，簡直變成鈔襲 Wade 的北京音表了。

**ε**

ε，開脣元音，緊，比 ᴇ 稍低稍後，包含法文‘père’，德文‘bär’，英文‘air’中的 ε。這個元音有：

口音開尾的，見於歸化興縣平陽鳳台蘭州平涼陝西開封固始廣州福州安南，例如，‘孩’西安 χε；

口音帶尾的，見於開封廣州（長的）安南（長的），例如，‘眞’開封 ʈʂ$_{2}$ɛn；‘聲’廣州 sɛːŋ；

半鼻音開尾的，見於文水太谷陝西，例如，‘眞’西安 ʈ$_{1}$ɛ̃。

西安的 ɛ̃ 有些人在上聲跟去聲傾向於 ᴇ̃。

iEtel 總是把廣州的長 ε 在開音節寫作‘é’，在關音節寫作‘e’，他對於這種分別沒有任何的理由(二)。Parker 總寫作‘e’。安南的 ε 就是他們國語拼法的‘e’。福州的 ε Parker 寫作‘ae’，Baldwin 跟 Maclay 寫作‘a’。

æ，開脣元音，緊或鬆，比 ε 稍低稍後，就是英文‘man，hat，bad’中的元音。半鼻音 æ 代表法文‘in’的很流行的讀音。這個 æ 或者沒有英文‘man’裏的 æ 那樣低。英文的 æ 照 Jespersen 的定義是“特別低”（“extra-niedrig”），所以

(一) 現在的上海方言在所指的這類字是絕對沒有鼻音的。只有浦東還保留一點兒痕跡。

(二) 譯者案 Eitel 恐怕是受了英文的影響，例如‘聲’字 Eitel 在文言寫作 -ing，白話寫作 -eng，實際上英文的‘ing’在某派讀法讀起來近於 [ᴇŋ]，他惟恐在開音節讀不出[ɛ]音來，所以特別加了一個‘é’作記號。

不能像 Roudet 那樣用比開 a '較關'（較高）的說法來形容它。 a 僅祇比 æ 稍後一點兒。 æ 既然不能跟 i-a 放在一條直線上，那麼拿它當作 **i-e-æ** 一套的末尾就很合適了。 æ 有：

口音開尾的，見於大同太原蘭州三水桑家鎮；

口音帶尾的，見於固始西安南京還有蘭州（音節 æɪ）；

半鼻音開尾的，見於平涼涇州上海。

例如：'三'太原 sæ，西安 sæɣ̃，平涼 sæ̃。

三水跟桑家鎮的韵母 æ（北京的 an）有些人傾向於 a。 同樣西安帶尾的 æ 在平聲也傾向於 a。 Dyvis 跟 Silsby 把上海(一)的 æ 寫作'an'，這個'n'是弱的鼻音記號（用'a'作 æ 是英國人的風氣）。 帶尾的 æ 南京話只在入聲 æʔ 韵母裏存在(二)。

這個韵母 Hemeling 有兩種寫法：

1) 在北京話讀作 ɣ̃ 韵母的字（就是 Wade 拼法的 'ê'）寫作 'ê'。 他認爲這個音跟北京的 ê 一樣，這是不對的。

2) 寫作 'ai'。 這種寫法的理由很奇怪。 這些字在北京話是讀作 **ai** 韵母的，Hemeling 相信那些有 **ai** 韵母的字在平上去聲北京跟南京既然一樣，就認爲南京的 æʔ 應該是 **ai** 韵母的入聲。 這個揣度完全錯了。 在平上去聲的 **ai**（古蟹攝）跟入聲的 εʔ（æʔ）（古宕攝）之間並沒有任何語源上的關係。 就是有關係的話，Hemeling 也不應該離開了方言的事實上的讀音而根據純粹理論的理由來寫。

以上是關於已經調查過的方言裏的 **e** 跟 **ε**。 在別的方言裏，也有很多這類的音。 因爲在這些材料裏記音不準確，定義不充分，所以在好多的例裏很難決定它究竟屬於 **e** 或屬於 **ε**。

關於客家方言的音 Parker 跟 Vömel 只寫作 'e'。 但是 Rey 在開音節寫作 'é'，在關音節寫作 'e'，照 Vömel 所發表的研究(1)，這個分別是對的，換言之，實際上前一個音（e）是一種 **e**，後一個音是一種 **ε**。 這兩個全是口音。 關於汕頭跟廈門的方言，譯音者用一個單獨的字母 'e'，這也許是代表 ε，口音開尾跟帶尾在兩個方言裏都有，並且汕頭還有開尾的半鼻音。 照四川傳教士們說，四川應該

(一) "上海" 應改作 "浦東"，看前註。

(二) 實際上南京這個音有點偏"央"，並不是純前 æ。

(1) T'oung pao, 1914, p. 614。

有一個口音開尾的 ɛ，他們是用 'e' 代表的。 關於温州寧波漢口揚州四個方言我們就得借重 Parker 的指示。 在寧波方言裏的 'eiñ'，聽起來顯然是 ẽ。 他還用了 'aa, ae, e' 三個注音。 第一，'aa'，照他所舉的法文例子 fin（除去鼻音的部分）就是元音 æ，這個元音在揚州有開尾跟帶尾的口音，在寧波有開尾的半鼻音（Parker 寫作 'aañ'）。 'ae'，他定爲介乎法文 'fin' 跟 'père' 的元音之間的音。 我們可以斷定它就是一種 ɛ。 'ae' 還當作福州的 ɛ 用，無疑的 ɛ 可以代表它的更準確的音值。 這個元音在温州跟揚州有開尾的口音。 Parker 對於 'e' 字母的用法很不一致。 它的音值是用英文的 'parent' 跟 'send' 來作例的。 在北京話的複合音 'ie, ien' 裏用它當 ɛ，在福州話的複合音 ie（不是 iɛ）裏也用它當 e，並且在客家話裏還用它當開尾的 e。 但是，在温州話，我們發見開音節裏也有 'ae' 也有 'e'；因爲 'ae' 是指 ɛ(ɛ) 的，那麼 'e' 必定是表示 e 的了。 並且，因爲 Parker 在寧波温州兩個鄰近方言的注音裏不見得會在開音節中用 e 字母表示兩個不同的音，所以我們就可以不冒險的斷定寧波開音節的口音 'e' 也是一個 e 音。

最後，高麗的方言也使我們感到很多的困難。 在高麗古文的拼法寫作複合元音的現在可是單純元音了。 我們遇見 'ai, ăi' 跟 'ei' 三個注音，它們的音值用現在所有的材料不能清楚的指出來。 照 Parker 的解釋（Giles 字典 XXIX），結果 'ai' 讀作 ɛ，而 'ei' 讀作 ᴇ。 至於 'ăi'，Parker 跟 Courant（Bibliographie coréene 敍言）的說明都是不令人滿意的。 Parker 既然把 'ei' 寫作 'e' 我們就傾向着把它解釋作 e。 不幸從別的書裏使我們恰好得相反的結論，並且 Parker 的語音學知識我們已經領教過（看 12 頁），那麼，別的書上所說我覺得似乎比較可信一點兒。 Weber(1) 認爲 'ăi' 跟德文 'bär' 的元音一樣，Scott 在他 1891 的字典的引論裏對我們宣稱："'ai' 跟 'ăi' 在讀音上是一樣的……'ai' 很可以認爲長的，重讀的複合元音，而 'ăi' 是較短的不十分重讀的。 複合音 'ei'…… 普通跟 'met, set' 等字裏重讀的短 'é' 相當，但是有時候它顯然是拉長的——像 'eight 裏的 'ei'"。 從這裏看，似乎 'ai' 跟 'ăi' 普通可以解釋作 ɛ 'eĭ' 可以解釋作 e。 至於它們詳細的音質跟音長尚待研究。

y 的發音部位在各國稍微不同。 瑞典 y 的讀法，舌的高度跟 i 一樣，但是法文 y 的讀法卻不比 ɪ 或 e 的高。 關於漢語，我用了有下列音值的三個嚴式音標：

(1) O Корейскомъ языкѣ и корейскомъ чтенiи китайскiхъ iероглифовъ, 1907（關於高麗語言及高麗的漢字譯音）。

**y**

y，緊元音，合脣度窄（4號），舌的部位常常的跟 i 或有時跟 ɪ 一樣，所以比好些歐洲的 **y** 高，但是很像德文 'über' 的 **y**。這個元音有：

**口音**開尾的，見於北京山西（除去興縣），甘肅陝西河南南京上海福州廣州，例如'魚'北京 y。

**口音**帶尾的，見於北京福州廣州，例如，'君'北京 ȶɕ₁yn；'村'廣州 ts'yːn；

**半鼻音**開尾的，見於興縣'全' ȶɕ'₁ỹ。

法文把 y 寫作 'iu' 是沒意義而且會使人誤會的。沒有一個人在這個圓脣元音的前邊加上一個開脣元音的。像 'kiu' 那類音節裏的元音成素並不是一個複合元音，乃是一個單純元音 -y。所以 Wieger 喜歡用較準確的寫法 'kü'。在北京話闔音節的 -y，我們有時候可以看見有些個人分裂成兩個音，不過那是兩個 y 組成的複合元音：-yɯn。俄文拼法把 y 寫作 юй 是很怪相的。

ʏ，鬆元音，合脣度窄（4號）舌的部位跟 e 一樣，這樣子就跟法文 tu 裏的 **y** 相當，有些地方用它來代替 y，尤其是在輔音 **l** 的後頭，在官話的闔音節也常常有，廣州話帶尾的長 **y** 有時候也是 ʏ。

ɯ，緊元音，合脣度窄（4號），而且很緊，舌的部位跟 ᴇ 或 ɛ 一樣，可以認爲法文'lui'裏的'u'(一)。ɯ 是瑞典語的長'u'例如，'hus'。雖然經瑞典語音學家分析過，好幾次認它爲前元音，可是 Jespersen 因爲他自己的語言裏沒有這個音，所以還把它解釋作央元音（"混元音"），而且 Roudet 也採用了這個定義。這簡直是不可磨滅的錯誤。ɯ 在漢語裏很少見。當獨立元音的，我並沒遇見過。我們在底下講複合元音的一段就可以看見它，例如，ɯi(**yi**)。

**y** 的音質不明的在漢口四川揚州寧波還有開尾跟帶尾的口音；溫州有開尾的口音。

**œ**

œ 跟 ə 有許多種吶。

ø 在我的用法，一方面含有斯坎第那維亞 'dö' 裏的 **œ** 跟法文 'peu,

(一) 在國際音標拼法文的習慣上 'lui' 總是作 lɥi，其中 ɥ 算是 y 的輔音式，猶如 j 之於 i，w 之於 u 似的。其實法文中這個音的舌位極低，不過合脣度極高，所以高氏認爲是瑞典方言字母的 ɯ 較準確得多。國際音標裏沒有前低最合脣元音的符號，所以沒有好辦法了。

creuse' 裏的"關 œ"（嚴式音標 ø̹），另一方面包含有德文'höhe, schön' 裏的 œ（嚴式音標 ø）。關於這兩種音質大家的意見不一致。Roudet 認爲德文 'schön' 跟法文 'peu' 的元音一樣。Noreen, Jespersen 跟其他的人，卻聽出一個清楚的分別來。法文 'peu' 裏 œ 的舌頭部位，照 Noreen, Jespersen 跟其他的人說是同 e 的一樣，照 Roudet 說（他是根據 Rousselot 的）它連 ᴇ 都不是，乃是 ɛ 的部位。最妥當的辦法就是不分辨這兩個音的細微差別而把它們合併屬於 ø 字母，這個字母的音是：緊元音，合脣度半窄（3號）或半寬（2號），舌的部位跟 e 或 ᴇ 甚至於跟 ɛ 一樣（但同 ɛ 一樣的時候合脣度必須半窄）。ø 音見於上海跟其他的吳語，在這些方言裏不單有開尾跟帶尾的口音（Davis 跟 Silsby 寫作 'oe'）而且還有開尾的半鼻音（Davis 跟 Silsby 寫作 'oen'）例如，'歲'上海 sø；'渴'溫州 k'ø?；'酸'紹興 sø̃。因人而異的讀音是出入於上文所指的各種音質之間的。

這個音在溫州跟寧波也許有開尾的口音，Parker 把它寫作 'ö'。這個著者在 Giles 字典 XXVI 頁關於 ö 的說明眞是很錯的，不過從 XLVI 頁上好像又看出一點 Parker 拿 'ö' 當 ø，拿 'öe' 當 ə 的意思。

œ 包含法文 'neuf, oeil, seul, meuble'，德文 'götter, völker, öffne'，瑞典文 'öppen' 那些字裏的元音。要是不管那些可能的細微差別，我們就可以給它下定義說：緊或鬆的元音，合脣度半寬（2號），舌的部位跟 ɛ 一樣。在北京平涼涇州開封南京上海的 œr（œɹ 音節中我們遇見過這個元音，在廣州（長的）跟福州的開音節跟關音節裏也都有。例如福州 '梳'（白話）sœ，廣州'靴' hœ，'強' k'œːŋ。

廣州的 œ 總是長的，Parker 寫作 'ö'。Eitel 在開音節寫作 'ö'，在關音節寫作 'éu'，對於這種分別沒有任何的理由。福州的 œ Parker 寫作 'ö'，Baldwin 跟 Maclay 寫作 'ë'。Parker 在漢口四川寧波各地方言裏所寫的 'êrh' 也不知道究竟是代表 œ 的還是代表 ə 的。關於四川話，似乎還有點兒像 œ，因爲教士們是把它寫作 'eul' 的。

œ 的音質不明的在寧波有開尾的半鼻音（Parker 寫作 'öñ'）。

| ə |
|---|

ɜ 包含有幾種音質。最前的，可以碰到法文 'peur, beure' 的 œ。最後的近於法文 'encore, école' 的 o（一）。在 ɛ 的範圍裏還有英文 'bird, hurt' 的元音，要是不是開脣的時候。法文 'un' 的元音成分也是 ɜ 的一種。普通就可以說它舌的部位跟 æ 的一樣，合脣度寬（1號）或半寬（2號）(二)。這個元音是鬆的。我們所遇見的 ɜ 有：

口音開尾的，見於蘭州三水桑家鎮，例如，'桌'三水 tsɜ;

口音帶尾的，見於北京山西陝西河南，例如，'眞'北京 ȶʂ$_2$ɜn; '直'太原 tsɜʔ;

半鼻音開尾的，見於文水興縣平涼涇州，例如'眞'文水 ȶʂ$_1$ɜ̃。

北京話的 ɜ，在 ɜn 韻母裏有，有些個人在平聲傾向於 ɵ（看下文）。

法國人把這個韻母寫作 'en' 俄國人寫作 зпъ，這是不很妙的，因爲這個元音不是特別開脣的。英國人喜歡寫作 'ên'，而德國人 Hirth 採用 'ön' 的寫法。

2．央元音（"mixed vowels"）。

æ 跟 ɜ 是前元音最後的兩個元音，所以還叫作前元音是因爲它們的起點是齒齦跟前硬顎，但它們眞的發音部位是在口的中部。它們也可以認爲另一套元音的終點，這另一套元音最高可以位於軟顎跟硬顎相交的地方，我們就管它叫做央元音。

從 æ，ɜ 起首，把舌面垂直的向着這個地方擡起來，我們第一就得到 ɵ 的發音。

ɵ

ɵ，鬆元音，合脣度寬（1號）。就是德文 'gabe, alle' 的 'e'，英文 'idea, about' 的 'a'，這個英文的 'a'，要是它不開脣的時候的話。至於舌與顎之間的距離，ɵ 跟 ɯ(三)（這一組裏最高的元音，看下文）的關係就像 ᴇ 或 ɛ 跟 i 似的。ɵ 部位的前後是不大定的(四)。最前的可以達到 ɛ 的部位（Noreen 以爲

(一) 法文 joli 的 o 是個更好的例，因爲這個字的意義的影響（小巧的美），它的元音讀得更前。

(二) 國際音標分 ɜ, ɘ，高氏既合爲一種，現在就用 ɜ 號總括它。

(三) 照高氏所描寫本來應用國際音標的 ɨ，不過因爲他所舉的漢語例都是 iau, iou 一類字的尾，所以想必是國際音標的 ɯ。高氏的系統不分央與後的 ɨ, ɯ。

(四) 這句話照字面上，似乎不大好講，因爲這裏所講的是每個音不是講音位，不能這麼籠統的說。原來用意就是說 ɵ 這個符號可以代表部位前後不同的幾種實際上往往無分辨之必要的音。但開唇或寬唇元音不分央與後也有不方便的地方，例如普通國際音標的 ə, ʌ 就都得算 ɵ 了。

是正則的）。 這個元音在闔音節的口音見於北京與縣蘭州南京上海，例如，'僧' 北京 səŋ。

Davis 跟 Silsby 照英國人的風氣寫作 'u'; 例如拿 'ung' 來當 əŋ。 北京話的 ə, 只在 əŋ 韵母裏有，有些個人在平聲傾向於 ɤ（看下文）。 也許因爲這個現象所以有時候看見俄國人寫作 ънъ。 蘭州的 ə 在上聲也有些個人傾向於 ɤ。通行的羅馬字拼法把北京話的 ə 跟 ɜ 音寫作一樣。

ɤ, 在漢語總是緊元音，合脣度寬（1號），有時候甚至開脣（0號），就是俄文 бырá 裏不重讀的 ы。 ɤ 比 ə 高得多，但確比 ɯ 較低。 關於舌與顎間的距離，ɤ 跟 ɯ 的關係就像 ᴇ 或 ɛ 跟 i 似的。 這個元音有：

口音開尾的，見於北京山西（除去文水跟鳳台）平涼涇州陝西開封安南，例如，'哥' 北京 kɤ;

口音帶尾的，見於安南，例如 '單' ɖɤɳ，安南國語 'đo'n'。

安南的國語拼法把 ɤ 譯作 'o'。 Parker 寫作 'ö'。 這個 ɤ 在中國本部讀長音的時候總有分化成複合元音的傾向，所以我們在北京話可以遇見 ɤɜ（特別是在上聲跟去聲），在歸化有 ɤă，在大同有 ɤĕ。 這個現象 Arendt 已經注意到，不過他的分析不大對。 他說："ê……讀作一個短的重讀的 ŏ 後面跟着一個很短的 ŏ，同時在這兒得要注意，這個短 ŏ 就像我們德文的糊塗 e 音一樣"（例如在 'lobte'）(1)。

ɤ 有時候寫作 'ê'，有時候寫作 'o'，有時候寫作 'ö'。 發音的部位稍微不同，就是在 k，h 後頭的元音比在 ʂ 後頭的稍微後一點兒。 這個分別是很微的——比起下文所說俄文 ты 跟 бык 的分別來還要少——所以不大値得用不同的標音，像 Wade（跟 Parker）寫作 'chê : ko' 或 BEFEO 的拼法寫作 'tchö : ko' 那樣。Vissière 寫作 'tcho' 跟 'ko'，Mateer 跟 Goodrich 寫作 'chê' 跟 'kê'(一)。

除去上文所研究的 ə（ɜ, ɵ, ɤ）以外，在中國方言裏還有好多音質不明的 ə: 口音開尾的見於溫州（Parker: 'öe'），漢口四川（照 Parker 寫作 'ê'），高麗

---

(1) Handbuch der nordchinesischen umgangssprache, p. 15。

(一) Linguaphone Oriental language courses, Chinese, by J. P. Bruce, E. D. Edwards and S. S. Shu（舒舍予）, vol. 1. p. 30 '哥，格，葛，各'用 ʌ，'遮，摺，者，哲' 用 ɤ。

(Parker: 'ö' 或 'ê');口音帶尾的見於寧波揚州漢口四川(照 Parker 寫作 'ê'),高麗 Parker 'ö')。照 Parker 在 Giles 字典 XXVIII 跟 XXIX 頁上那段長的說明看起來,恐怕在高麗字母寫作 'e' 的那個音結果實在是 ɜ, ɵ 或 ɤ。因爲它有時候寫 'ö', 有時候寫 'ê', 我們就可以知道這個元音在開音節跟關音節是絕對一致的而且總是長的。Weber (О корейскомъ языкѣ 等等)認它爲一種的 œ,他說它"有時候變成一個暗的 o"。Courant(Bibliographie coréene 敍言)也表示:"有一個跟短 o 相近的音"。Scott 在他 1891 的字典引論上說:"這個音最近於 'err, bird, verge, sir' 裏所聽見的'中性'元音"。

| ɯ |
|---|

ɯ, 高元音,緊,開脣(0號)或合脣度寬(1號)就是俄文重讀的 ы。關於舌與顎之間的距離它跟前元音 i 相當,因而常常叫它作"清音 i"(一)在俄文,它的發音部位稍微有點兒參差。ты 的 ы 是比 быкъ 的較前。在漢語,它的發音部位大概是很後的,比俄文的 бы 還更後。這種差異對於音彩沒有多大的影響。這個音有:

口音開尾的散布在北部方言裏,像歸化大同文水平陽蘭州西安開封懷慶等方言都有,安南也有。例如'河'開封 χɯ;

口音帶尾的也見於安南,例如'極' kɯ^k。安南的 ɯ, 他們的國語拼法寫作 'u', Parker 寫作 'ï'。

這裏還有些個例,好像是 ɯ 的例。在高麗諺文寫作"一"而普通譯作'eu'(法文的拼法)的那個元音, Parker 寫作 'ɪ', Weber 認爲跟俄文 ы 一樣。所以它的音質無疑的是 ɯ, 因爲法國人向來就是喜歡用 'eu' 來拼與 ɯ 音彩相近的 ɿ, ʅ 的嚜。在汕頭有一個 Gibson 寫作 'ṳ' 的元音,他所下的定義是:"介乎 'turn' 裏的 'u' 跟 'learn' 裏的 'ea' 之間的音"。這不見得是 ɵ 或 œ, 許多譯音者普通喜歡把這類的元音寫作 'e, ê, ö。' 由鄰近方言的佐據,我以爲 'ṳ' 所指的音值是 ɯ, 但是在 'tsṳ' 那類字裏卻還是近於 ɿ 的(二)。最後 Parker 告訴我們說國音讀作 'eull' 的字漢口讀作 'ngï': 這裏的 ï 顯然是指 ɯ 的。

---

中央音這一總類裏也包含有圓脣元音 (voyelles labialisées), 因爲脣的作用

---

(一) 關於譯文寫作 ɯ 而不寫作 ɨ 的理由看書前音標說明。

(二) 據譯者調查,即在 ts, ts', s 後也是 ɯ, 它的音彩跟一般方言中 tsɿ, ts'ɿ, sɿ 中的元音是不同一點。

很強，所以聽起來覺得像 u 一派的音。

| u |
|---|

ʉ，緊元音，合脣度窄（4號），舌的部位跟 ɯ(一) 樣，就是挪威話的普通 'u'，英文 'July' 的 'u'，並且英文 'peculiar' 的 'u' 至少有些個人也這樣讀(二)。在漢語，我只在幾個複合元音裏遇見過（看下文）(三)。

ɵ，鬆元音，合脣度半窄（3號），舌的部位跟 ɤ 或 ə 一樣(一)，有時候稍後一點兒，就是瑞典普通的短 u。英文 'value' 中 'u' 的音值有時候是 ɵ，有時候是 ʉ。ɵ，除去在幾個複合元音裏，見於廣州話短的帶尾口音，例如，'倫' lɵn。

ɩʚ 是一個很古怪的元音，我曾經遇見有：

口音開尾的，見於蘭州跟日本，在日本話裏有時候長有時候半長，例如，'中' 日本 tɕ₂ɩʚ；

口音帶尾的，也見於日本，例如，'分' fɯn。

這個音在日本話的普通拼音法是寫作 'u' 的，不過它跟歐洲的 u 有兩個重要的特點不同：

1）ɩʚ 跟 u 一樣（看下文）合脣度都是窄的（4號）。但是 ɩʚ 的脣不是圓的而是作成一個很舒展的窄縫。再使勁閉一點兒，它就生出一個雙脣的摩擦音 β

2）普通歐洲的 u 是一個高元音，但是 ɩʚ 的特質是舌與顎之間的距離比較大。舌的部位可以是 a，æ 或 ə，在聽感上都沒有分別。照 ə 的部位也許是最普通的。

ɩʚ 的音彩跟所有歐洲普通的其他元音都很不同。我們所以把它分在 u 類，一方面因爲它的合脣度窄，另一方面因爲它的舌面並沒向前硬顎擡起來。

Edwards 對於日本 u 的定義是同我很相合的。他說："日本話的 u 跟羅馬系或日耳曼系的 u 的不同點是日本話的 u 不是圓脣元音……口作成一個窄縫

(一) 注意高氏不圓脣元音不分央與後，ɯ 是不頂後的元音，所以它的圓脣音是 ʉ。在國際音標慣例是 u:ʉ=ɯ:ɨ。高氏制度中 u 沒有不圓脣的相當符號，所以 ɯ 當兩相，在這裏得認爲央的，只少不是儘靠後的。關於 ə 有同樣情形。

(二) 美國東部的南方，如 Tennessee 省凡是別處英文讀作[u:]的，他們都讀作[ʉ:]。

(三) 溫州有 ʉ，例如'布'，pʉ。

形。舌頭的後部擡高一點兒。可是這個高度比英文'put'的 u 所需的還要低"(1)。

8. 後元音(Les voyelles postérieures, "back vowels")

在"後元音"這個名詞之下，可以把 u—o 一套元音歸併在裏頭。其中最高的可以認爲在軟顎的地位。

**u** u 是高的軟顎元音，合脣度窄（4號），實際上包含有兩種音質(2)；第一個的高度跟前元音 i 一樣並且是緊的，例如德文'du'；第二個的高度跟 ɪ 一樣並且是鬆的，例如德文 mutter (一)。這個區別在漢語並不十分重要，因爲第二種只有關音節的短音。u 有：

口音開尾的見於北京山西平涼涇州陝西河南南京上海福州廣州安南，例如'母'北京 mu；

口音帶尾的見於北京太原西安河南南京福州廣州安南，在最後這兩種方言裏也有長音也有短音，例如，'本'廣州 puːn；'東'北京廣州 tuŋ。

半鼻音開尾的見於文水太谷鳳台涇州，例如'東'文水 tũ。

廣州話跟南京話在關音節裏的短 u 有些個人傾向於 ɷ（看下文）。北京話的 un 韻母常常讀作 uən，尤其是在上聲跟去聲。廣州的長 u，Eitel 寫作 'ú'，而用 'u' 又當作短 u（例如 -uᵏ, -uŋ）又當作 ɵ（例如 -ɵᵗ, -ɵn）。法國的譯音者對於 u 普通是用 'ou' 這個難看的寫法。但是 Vissière 最近用 'ong' 來寫北京的 uŋ 韻母。我完全知道法國人不大愛用不像樣子的 'oung'，可是這不能成爲寫 'ong' 的充分理由。北京 uŋ 韻母裏的元音是比 u 稍低稍鬆的音，就是德文 mutter，但是它絕對不是 o。所以在法國人的注音裏 Couvreur 所寫的北京音：kou, koung 比起 Vissière（跟 BEFEO 的拼法）所寫的：kou, kong 來

(1) Etude phonétique de la langue japonaise, p. 17。

(2) 瑞典有一個關 u 還更後一點兒，例如在 'bo' 字。瑞典方言字母作ɷ。這個音可以認爲 u 的第三種音質。

(一) 顯然是等於國際音標的 ʊ，因爲原文只用一種 u，所以譯文也不添 ʊ。

確乎是對一點。英國人用 ‘oo’ 當作 u 的風氣漸漸少見了。我們只看見 D vis 跟 Silsby 還用它。

除去剛才所研究的 u 以外,在幾個方言裏還有音質不明的 u: 口音開尾跟帶尾的見於溫州寧波揚州漢口四川廈門汕頭客家高麗。

**o**

ɷ, 緊或鬆的元音,合脣度半窄(3 號)比 u 稍低,稍前(一),就是法文 beau, 德文 sohn 的 o。它有:

口音開尾的見於文水太谷興縣南京上海安南,例如 ‘摩’南京 mɷ;

口音帶尾的見於上海安南,例如,‘工’ 上海 kɷŋ。

Davis 跟 Silsby 把上海的 ɷ 寫作 ‘o’。安南的 ɷ 就是他們國語拼法的 ‘ô’, 可是 Parker 用 ‘ou’ 來寫它,這個寫法在下文就要討論(參看 ɔ)。

o 鬆元音,合脣度半寬(2 號),舌的部位比 ɷ 低的多,並且也沒有 ɷ 那麼後,就是德文 ‘gott sommer, sonne’, 瑞典 ‘komma’ 的 o。它有:

口音開尾的見於北京歸化大同太原興縣鳳台平陽甘肅陝西河南福州廣州日本,在日本話裏也有長的也有半長的,例如,‘摩‘ 北京 mo;

口音帶尾的見於廣州日本,例如,‘江’ 廣州 koŋ;

半鼻音開尾的,見於太谷,例如,‘本’ põ。

Baldwin 跟 Maclay 把福州的 o 寫作 ‘ó’ 字母, Parker 用簡單的 ‘o’。關於日本的 ɷ, Edwards 告訴我們說:“東京的 o 各人不同的,變化的範圍大致在德文 ‘stock’ 的 ‘o’ 跟法文 ‘fol’ 的音之間。大概長 o 是比短 o 較開的(1) 在我一方面,有時候竟遇見過 ɷ。所以日本的 o 好像變得很厲害;大概 o 是比較好一點的寫法。北京話跟好些其他官話方言在開音節裏的 o, 有些個人分裂成複合元音: ɷo。Arendt 對於北京的 o(Handbuch, p. 14)說 “……有一個分裂的或複合的音,換言之,就是起頭兒有一個半長的重 o 後頭加一個短 ŏ, 嚴格寫起來應該是 $ó^{ŏ}$ 或 óŏ”(二)。

---

(一) 照國際音標的元音部位圖(根據 x 光線的), o 比 u 稍後一點, ɔ 比 o 又後一點,跟高本漢的說法不同。看書前元音圖。

(1) Étude phonétique de la langue japonaise, p. 16。

(二) 這種說法當然是不能成立的,因為兩個同部位的元音一長一短的結合起來結果不過等於單純元音的延長罷了。

Mateer 也注意到這個現象，並且在他的拼法裏願意把它標出來。他不能用‘oo’的寫法，生怕引起英國讀者的誤解，所以他選用了‘oă’。Vissière 說像北京‘lo’一類字的韵母 o“常常讀作‘ouo’”。這是錯誤的。北京話也有 uo 韵母不過只在 k，h 後頭或者在沒有輔音聲母的時候，這個複合元音完全跟有些個人所讀的複合元音 ɷo 不同(一)。

除去 ɷ 跟 o 以外，還有幾個很“開”的 o。一方面我們有法文‘fort, porte’的“開 o”，比 o 稍低稍前。另一方面我們有英文‘law, all’的元音，這個元音很低很後，緊而且合脣度半寬（2 號）。末了兒還有英文‘dog, not’的元音，跟前面那個很相近，不過發音是鬆的。

這些個開 o，我在漢語裏只遇見過第二種 (law)：

ɔ，見於下列的各地方：

口音開尾的見於歸化大同太谷上海安南，例如‘敲’上海 k‘ɔ；

口音帶尾的見於上海廣州安南，例如‘惡’上海 ɔʔ；

半鼻音開尾的見於蘭州，例如‘方’fɔ̃。

上海的 Davis 跟 Silsby 寫作‘au’（英國人的風氣）。Eitel 在他的廣州話字典裏用‘o’字母來代表 o（例如 -on, -oŋ, -oᵗ）用‘ò’字母來代表 ɔ（例如 -ɔm, -ɔᵖ）(二)。Parker 把這兩個音都寫作‘o’。安南的國語拼法用‘o’字母代表 ɔ，而它的‘ô’是當 ɷ 講的。安南譯音在關音節裏的短 o 有些個人常常變成複合元音。安南國語拼法的‘oc, ong’常常讀成 ɔuᵏ, ɔuŋ 有時候也讀成 auᵏ, auŋ 而不讀作 ɔuᵏ, ɔuŋ。同樣，安南國語拼作‘ôc, ông’的，我們有時聽見 oᵏ, oŋ，而聽不見 ɷᵏ, ɷŋ。所以 Parker 把安南國語的‘ôc, ông’寫作‘ouk, oung’並不是沒有根據的。不過這個著者把開音節裏從來不變成複合元音的 o 也寫作‘ou’，那可是頭等的錯誤了；這顯見 Parker，跟好多英國人一樣，是不會分辨關的長元音跟複合元音的。

以上是已經調查過的方言裏的 o。在其餘的方言裏我們也發見很多的 o。Parker 用‘oa’這個標音來代表温州寧波揚州所有的一個開尾口元音，他認爲這

(一) 照現在北京話的實例，ɷo 的讀法比較普通，而單純的 o 反倒是個人的例外。這跟高本漢對於兩派見次的印象有點不同。至於 uo（uo）跟 ɷo 的分別只是音值的不同而不是韵類的不同，因爲 uo（uo）總是限於舌根音聲母跟無聲母字，ɷo 總是限於唇音跟齒音聲母字。

(二) 廣州城‘甘’‘金’都讀 kam，‘鴿’‘急’都讀 kaᵖ；外縣音，例如順德始有用 o，a 來辨覃侵的。Eitel 跟高本漢所記的廣州音分得太細一點了。

個元音就是英文 'awful' 的 'aw'，所以該是 ɔ 了。我還有好的理由相信 Parker 不單在剛才我們所講的安南譯音裏用 'ou' 來寫非複合而其實是單純的 ɵ 元音，並且在幾個別的方言裏也是這樣。因爲這個音在見於寧波開尾口音 (Parker: 'ou') 或半鼻音 (Parker 'ouñ') 跟見於揚州帶尾口音的那些字裏絕對不會有複合元音的。從這上我還可以斷言在寧波方言 Parker 寫作 'kou' 的字在附近的上海方言是 kɵ。

o 的音質不明的 (Parker 的 'o') 還見於下列的方言：

口音開尾的見於溫州寧波漢口四川汕頭高麗；口音帶尾的見於揚州（音節 or）寧波汕頭高麗；半鼻音開尾的見於寧波 (Parker 'oñg')。廈門方言至少有三種 o(一)，其中的第一種照 Douglas 的解釋來看應該是 ɵ，有開音節的口音，還有在 ʔ 前頭的關音節。第二種見於帶尾的口音，看樣子是 ɔ。Douglas 把這兩種都寫作 'o'。第三種，只見於開尾的口音，Douglas 用一個帶小鈎的 o (ơ) 來寫它：照他所舉的例：英文 'law, saw'，這個音該是 ɔ。最後在客家話裏還有兩個 o，照 Vömel 的說明(1)，其中的一個口音開尾的是 ɵ，還有一個口音帶尾的是 o。

### 4．a 類元音

最後我們要研究一套元音，其中無論哪一個的高度都不夠指定跟上顎的哪一個地位發生關係。所以這些元音的定義是很紛歧的。我從 Bell, Sweet, Lundell, Noreen, Jespersen 跟其他著者的說法，認它們爲後元音。要是把舌頭放在中性的地位，張開口而使聲帶顫動，結果就可以得一個 ə 或 з 而從來不會是 a。我所讀的 a，瑞典的或非瑞典的，發音部位確乎是後的。Rousselot 卻不然。照他說巴黎的"平均 a"（"l'a moyen"）是一個"中性的"（"neutral"）元音："舌頭攤在下顎上從休止的狀態輕輕的擡起來就發出這個元音"(2)。由這個出發點，Rousselot 就把他所謂"開 a"（在法文 part 字的）分在前元音一類裏。這足以表明

(一) 爲分辨字的異同，廈門語只須分 ɔ, o 兩個"音位"就夠了。關於細微的音質看羅常培廈門音系第 11 頁說明及第 15 頁元音圖。

(1) T'oung pao, 1914, p. 615。

(2) Principes, p. 647。

要打算決定低 a 的發音部位是怎樣枉然的了，低 a 顯然有很多種，尤其是看舌頭休止在什麼地位。假顎圖所畫出來的照我看也完全沒用。我只看出 a 的發生多少比 ɜ (æ) 跟 ə 的地位往後罷了。

| a |
|---|

a，開脣元音（0 號），普通認爲最前的 a，就是法文 'part'，德文 'hat'，瑞典 'hatt' 的 a。它有：

口音開尾的見於歸化文水開封安南，例如'大'歸化 ta;

口音帶尾的見於北京山西（除去興縣）開封懷慶上海福州安南，在安南這個方言裏也有長的（國語 'a'）也有短的（國語 'ă'），例如'滿'北京 man;

半鼻音開尾的見於文水太谷興縣鳳台，例如，'很'鳳台 χã。

北京話的 a，只在 an 韵母裏存在，有些個人在平聲傾向於 ɐ（看下文）。同樣，開封的 an，aŋ 在平聲跟上聲傾向於 ɐn，ɐŋ。

ᴀ，是合脣度寬（1 號）的元音，就是法文的"平均 a"（Rousselot 所舉的例是 'Paris'），英文'father'(一)，德文 'vater' 的 a。它有：

口音開尾的見於北京大同太原興縣平陽甘肅陝西懷慶固始福州廣州日本，例如'大'北京 tᴀ;

口音帶尾的見於北京太原興縣平陽懷慶固始福州廣州（長的，Eitel 寫作 'á'，Parker 寫作 'a'），日本，例如，'狼'北京 lᴀŋ。

ɑ，是合脣度寬（1 號）的元音，關而後的 ᴀ，就是法文 'pas'，瑞典 'hat' 的 a，它有：

口音開尾的見於太原鳳台上海，例如'狼'太原 lɑ;

口尾帶尾的見於鳳台懷慶上海，例如'麥'上海 mɑʔ，上海關音節的 ɑ 只見於 ɑʔ 韵母裏。

半鼻音開尾的見於鳳台平涼涇州陝西，例如'狼'西安 lɑ̃。

上海的 ɑʔ 韵母 Davis 跟 Silsby 寫作 '-ak'，而他們把 aʔ 韵母寫作 '-ah'。所以聲尾 -k 並不讀出來，不過是一個爲辨字的寫法拿它來分辨 a 的音質是 ɑ。

(一) 南英還比 ᴀ 較後。

Kühnert 說他看出南京有一個鼻音化的 a。 這是不準確的。 南京的這個韻母讀作 ɑỹ (Hemeling: 'an, ang'),這特別的 ỹ 使這個韻母聽起來好像是 ɑ̃。

ɐ 就是英文 'but, gun, mutton, won, hurry' 的元音(一),聽起來覺得是一種傾向於 ɜ 或 ə 的 a,所以有人就把它寫作很壞的拼法 'ö'。 這個元音我們有短的帶尾口音見於廣州跟安南,例如'金'廣州 kɐm(二)。 Parker 把它寫作 'ê',並且歸在 ɤ, ə, ɜ 一類裏。 最好當它是一種 a 音,就像 Eitel 把它寫作 'a' (他用 'a' 來寫 ʌ),或安南國語的著者把它寫作 'â'。

a 的音質不明的還見於幾個方言:口音開尾跟帶尾的見於四川漢口揚州温州客家高麗,在高麗方言裏有時候長(高麗字母 'a')有時候短(高麗字母 'ă');口音跟半鼻音開尾的及口音帶尾的見於寧波汕頭廈門。

* *

*

假若每個語音學家都不能避免作他自己的元音表或者至少這是個時髦的辦法,那麼,在我一方面我就選擇下面的排列法,在這個表裏我把 a 的各種音跟舌尖元音都沒有列入(三)。 表中的黑點(·)是表示在它上面那些元音的近似的舌位,就是舌面最高點跟上顎發生作用的地方。 點號所放上去的那幾條線,不用說,只是大概對的。 至於那些號碼:

0 是開脣(délabialisation);

1 是合脣度寬(overture labiale large);

2 是合脣度半寬(overture demi-large);

---

(一) 英國南部的讀音是這樣,美國的讀音則近於後 ʌ。 參看書前音標說明。

(二) 現在廣州讀作 kam 並不是 kɐm,看前 213 頁註。

(三) 譯文把 a 類元音仍舊列入,附在虛線底下。 但注意按高氏的理論,a 不比 æ 低,只比它後(看前 203 頁);因爲四種 a 類音不在原圖內,所以另外畫低一點,這樣好像跟國際音標的習慣相合一點,但不是來自著者的意思。

3 是合脣度半窄(ouverture demi-étroitə);

4 是合脣度窄(ouverture étroite)。

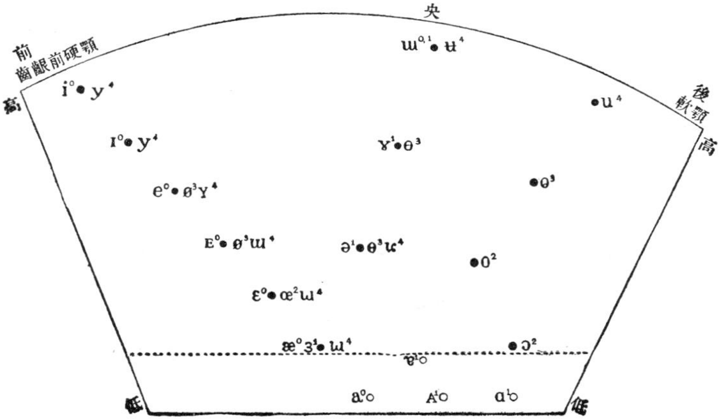

# 複合元音

上文所研究的那些元音常常連合起來成爲二合音或三合音。 漢語關於這一部分是非常豐富的。

二合元音：

A. i- 式。

**ie**

ie: 口音開尾的見於文水蘭州福州(Baldwin 跟 Maclay 的 ‘ié’),例如,‘借’ 蘭州 ȶɕ$_1$ie; 口音帶尾的見於歸化福州,例如,‘燕’福州 ieŋ; 第二音帶開尾半鼻音的見於文水鳳台西安,例如,‘新’鳳台 ɕ$_1$iẽ。

iᴇ: 口音開尾的見於大同太原上海,例如,‘見’太原 ȶɕ$_1$iᴇ; 口音帶尾的見於南京安南(國語 ‘iê’),例如,‘葉’南京 iᴇʔ。 第二音帶半鼻音 ᴇ̃ 的見於太谷,例如,‘練’太谷 liᴇ̃。

**iɛ**

iɛ: 口音開尾的見於北京太谷平陽平涼涇州陝西河南廣州,例如,‘寫’北京 çiɛ; 口音帶尾的見於北京歸化平陽河南安南(國語 ‘ie’),例如,‘見’北京 ȶɕ$_1$iɛn; 第二音帶開尾半鼻音的見於陝西,例如,‘新’西安 ɕ$_2$iɛ̃。

北京的 iɛ 有些個人在陰平聲傾向於 iᴇ; 三水跟桑家鎮的 iɛ̃ 在上聲跟去聲傾向於 iᴇ̃。 開封的 iɛn 在去聲有時候傾向於 iæn。

iæ: 口音開尾的見於興縣三水桑家鎮,例如,‘借’興縣 ȶɕ$_1$iæ; 口音帶尾的見於歸化文水太谷西安,例如,‘切’文水 ȶɕ‘$_1$iæʔ; 第二音帶半鼻音的見於甘肅,例如,‘錢’蘭州 ȶɕ‘$_1$iæ̃。

在我個人所沒聽見過的方言裏也有好些 ie 跟iɛ。 上文關於 e 跟 a 的拼法所說的話也可以應用在 ie 跟 iɛ 上。 大概 ie 有口音開尾的見於溫州寧波(Parker ‘ie’)揚州(Parker ‘iei’)高麗(高麗字母 ‘yei’); 還有開尾的 iẽ(e 是半鼻音)見於寧波(Parker ‘ieñ’)。 大概 iɛ 有口音開尾的(Parker ‘iae’)見於溫州揚州汕頭;口音帶尾的見於漢口四川揚州寧波汕頭廈門客家; 還有開尾的 iɛ(ɛ 是半鼻音)見於汕頭。 客家話 iɛn 韵母裏的 iɛ 是爭論不決的。 Parker

否認有這個音（Giles字典XXIV）而寫作'ts'en'等；但是Charles Piton卻寫作'ts'ien'(China review卷8)。Rey跟Vömel都承認 **iɛ** (**ie**)，這好像是在客家所屬的各縣裏有的地方用 **iɛn** 也有的地方用 **ɛn**（一）。

| iœ | iø 有口音帶尾的(iø?, Davis跟Silsby作'yoeh')還有開尾半鼻音ø的(Davis跟Silsby作'yoən')都見於上海，例如'橘'$ȶɕ_2$iø?；'源' ȵiø̃（二）。 |
|---|---|

iœ：口音開尾的見於廣州，例如，'洋' iœŋ。

| iə | iɜ：口音開尾的見於興縣三水桑家鎮，例如，'羊'興縣 iɜ；口音帶尾的見於山西蘭州桑家鎮懷慶，例如，'一'歸化 iɜ；第二音帶開尾半鼻音的見於文 |
|---|---|

水太谷興縣平涼涇州，例如，'新'文水 ɕiɜ̃。

iɵ 有口音帶尾的見於上海 例如'京' $ȶɕ_2$iɵŋ。

**iə** 音質不明的有口音開尾的見於温州(Parker 'iöe')，口音開尾跟帶尾的見於高麗。

| iɯ | iɯ 有口音開尾的見於平陽蘭州，例如，'九'蘭州 $ȶɕ_1$iɯ。 |
|---|---|

| iu | iu：口音開尾的見於北京平陽平涼涇州陝西河南福州廣州，例如'休'北京ɕiu；口音帶尾的見於廣州，例如'肉' iuᵏ。有好些個人，這個 iu 韵母是 |
|---|---|

跟着調變的。所以我們就聽見很多北京人在陰平聲念 iu，在別的調念 iou，例如'九'北京 $ȶɕ_1$iu 或 $ȶɕ_1$iou。但是，我從來沒有聽見過一個讀音可以作爲法文拼法寫'ieou'的理由。這個寫法大概是照寫作'eou'(我寫作 ou，看下文232頁)韵母的那種拼法類推而來的。固始的 iu 在去聲常常傾向於 iɵ。

iɵ 有口音帶尾的見於廣州，例如，'閏' iɵn。

iʉ 有口音開尾的見於南京，例如，'休' $ɕ_2$iʉ（三）。

iɯ 有口音開尾的見於日本，這個 ɯ 有時候長，有時候半長，例如，'熊' iɯ。

（一） 據譯者調查，五華是 -ɛn，梅縣是 -ian。

（二） 現在上海已不帶半鼻音，紹興'源'讀 ȵiø̃。

（三） 南京音比這個開。

**iu** 的音質不明的還在好些方言裏發見：口音開尾的見於四川漢口温州寧波汕頭廈門客家高麗；開尾的 iũ（u 是半鼻音）見於汕頭廈門；口音帶尾的見於客家高麗，照 Parker 說還有四川漢口揚州温州寧波。至於在後面這些方言裏究竟是 **iu** 還是 **yu**，我不敢說。因爲普通的寫法有用 ‘iung (ioung, iong’) 來代表北京話 **yuŋ** 韻母的（看底下），那麼，這也許這裏所討論的方言也是一樣的情形。

**io**

iɵ：口音開尾的見於興縣，例如，‘嬌’ ȶɕ$_1$iɵ；口音帶尾的見於上海，例如‘窮’ ȡʑ$_2$iɵŋ。

io：口音開尾的見於歸化大同興縣鳳台蘭州福州日本，在日本譯音裏有長的也有半長的，例如，‘九’興縣 ȶɕ$_1$io；口音帶尾的見於南京福州，例如‘香’福州 hioŋ。

iɔ：口音開尾的見於太谷大同上海；第二音帶半鼻音開尾的見於蘭州，例如，‘香’太谷 ɕ$_1$iɔ，蘭州 ɕ$_1$iɔ̃。上海的 iɔ，Davis 跟 Silsby 寫作 ‘iau’ 同他們寫作 ‘io’ 的 iɵ 音對待。

**io** 還在幾個方言裏有。寧波跟揚州方言有一個二合的開尾口音，Parker 寫作 ‘ioa’，大概是 iɔ。**io** 的音質不明的有口音開尾的見於寧波（Parker 隨便寫 ‘io’ 或 ‘üo’）漢口四川廈門客家高麗；口音帶尾的見於汕頭廈門客家高麗；**iõ**（o 是半鼻音，照 Parker 是 ‘ioñg’）見於寧波。關於北京話有人常常標出一個 **io** 韻母來。我從來沒有聽見過這個音。在這些他們所指的字裏，我總聽見有的讀作 **yɛ** 韻母有的讀作 **yo** 韻母(一)。

**ia**

ia：口音開尾的見於歸化文水開封鳳台福州，例如，‘寫’歸化 ɕ$_1$ia；口音帶尾的見於歸化大同鳳台開封上海福州，例如，‘切’大同 ȶɕ‘ia；第二音帶半鼻音開尾的見於文水興縣，例如，‘江’ ȶɕiã。

iᴀ：口音開尾的見於北京大同太原興縣平陽甘肅陝西懷慶固始廣州日本，例如‘家’北京 ȶɕ$_1$iᴀ；口音帶尾的見於北京太原興縣平陽懷慶固始廣州，例如‘江’北京 ȶɕ$_1$iᴀŋ。北京的 iᴀŋ 韻母有些個人在陰平聲傾向於 iɐŋ。

iɑ：口音開尾的見於太原上海南京；口音帶尾的見於懷慶上海南京；第二音帶

(一) 現在連 yo 音都沒有了，只聽見有 yɛ 音。

半鼻音開尾的見於鳳台平涼涇州陝西。　例如'江'太原 ȶɕ$_1$ia，南京　ȶɕ$_2$iaɣ̃，西安 ȶɕ$_2$iã。

iɐ：口音帶尾的見於廣州，例如'音' iɐm(一)。

**ia**　的音質不明的還有開尾跟帶尾的口音見於漢口四川揚州溫州客家高麗寧波廈門汕頭；最好這三個方言也有開尾的 iã。

當 **i-** 式二合音的 **i** 變成字的第一音的時候，它常常有一個輕的摩擦成素，普通把它寫作 **j** 這種摩擦既然是個人的，照我的意見這個標音是不成立的（參閱上文 187 頁）。在山西方言裏這種摩擦特別普通，並且特別強。

我們剛才所研究這些二合音的 **i** 常常受前面的輔音影響。　在 **l** 的後面，我們在多數官話方言裏時常發見 ɪ——或者竟是 e——。　在顎摩擦音的後面，**i** 有時候縮減，所以是很短的，尤其在陝西上海南京的方言裏，長江沿岸的好多方言大概也是這樣。

B. **y-** 式。

**yi**

yi：口音開尾的見於興縣，例如'女' ȵȡ$_1$yi；口音帶尾的見於固始南京上海，例如'君'固始 ȶɕ$_2$yin。　南京的 yin，Hemeling 寫作 '-ün'。　這種照北京話的標準化是不對的。

ɯi：口音帶尾的見於懷慶，例如'君' ȶɕ$_1$ɯiɳ。

**yi** 的音質不明的在揚州寧波還有帶尾的口音。

**ye**

ye：口音開尾的見於蘭州，例如'曰' ye；　第二音帶半鼻音的見於文水鳳台，例如'捲' 文水 ȶɕ$_1$yẽ。

yᴇ：口音開尾的見於大同太原南京，例如'捲'太原 ȶɕ$_1$yᴇ；口音帶尾的見於安南其中的 ᴇ 有時候長有時候短，還見於南京，例如，'血' 南京　ɕ$_2$yᴇʔ；第二音帶半鼻音開尾的見於太谷，例如，'全' 太谷 ȶɕ'$_1$yᴇ̃。　安南的國語拼法是 '**nyê**'，Parker 是 'üe'。

(一)　但是看 213 頁註(二)。

yε

yε：口音開尾的見於北京太谷涇州固始開封，例如‘血’北京 çyε；口音帶尾的見於平陽懷慶，例如，‘犬’ 懷慶 ȶɕ‘$_1$yεɳ，第二音帶半鼻音的見於陝西，例如，‘君’ 西安 ȶɕ$_2$yε̃。 西安的 yε̃ 有些個人在上聲跟去聲傾向於 yẼ。 有好些北京人不讀作 yε，而讀作 yɜ 甚至於 yœ。 但是 yε 是最普通的讀法。

yæ：口音開尾的見於蘭州三水桑家鎮。 例如，‘犬’三水 ȶɕ‘$_2$yæ；口音帶尾的見於大同文水太谷西安懷慶固始，例如，‘決’ 大同 ȶɕ$_1$yæʔ；第二音帶半鼻音的見於平涼涇州，例如‘犬’ 平涼 ȶɕ‘$_2$yæ。

**ye** 或 **yε** 的音質不明的，Parker 寫作 ‘üe’，有口音開尾的見於漢口揚州寧波；口音帶尾的見於揚州寧波；第二音帶半鼻音開尾的見於寧波（Parker 寫作 ‘ueñ’）。 四川的方言照法國傳教士說有一個開尾的 **yε**（他們寫作 ‘uə’）。 揚州有一個開尾的 **ye**（Parker 作 ‘üei’）跟一個 **yε**，這顯然是 yæ，還有帶尾的（例如 Parker 的 ‘üaah’）。

yœ

yœ：口音帶尾的見於歸化，例如‘全’ ȶɕ$_2$yœɣ̃。

yə

yɜ：口音開尾的見於平涼陝西，例如，‘決’ 西安 ȶɕ$_2$yɜ；口音帶尾的見於山西蘭州開封懷慶，例如，‘獄’太原 yɜʔ；第二音帶開尾半鼻音的見於興縣，例如 ‘薰’ ɕ$_1$yɜ̃。

yu

yɵ：口音開尾的見於太谷，例如 ‘僚’ lyɵ；口音帶尾的見於大同平陽，例如‘薰’ 平陽 ɕ$_1$yɵɣ̃。

yu：口音帶尾的見於北京太原陝西河南南京，例如，‘熊’ 北京 çyuŋ；第二音帶半鼻音開尾的見於文水太谷鳳台平涼涇州，例如，‘薰’或‘熊’文水 ɕ$_1$yũ。

北京話的 **yuŋ** 韻母，直到現在，總寫作拿 i 作第一成素的複合音：Wade 作 ‘iung’，Couvreur 作 ‘ioung’，Vissière 作 ‘iong’。 我爲證實我的耳朵不錯，我曾經跟好些懂得歐洲拼法的北京人商量過。 他們總是或寫作 ‘üung’（德國式）或寫作 ‘uoung’（法國式）。 所以他們跟我一樣，也覺得這個複合元音的第一個成素是 **y**。 但是要瞭解 ‘iung’ 這個寫法的來源是很容易的。 因爲這個方言裏也有 iu 韻母，iu 的第一個成素清清楚楚的沒受脣化。 從此類推，於是有 ‘iu：

iuŋg' 的拼法。但是要分辨 **iu:yuŋ** 的不同是有好理由的。因爲照好多方言的證據，**iu** 是三合音 **ieu** 的縮短式，**i** 跟 **u** 變成密接只是最近的事。這跟 **yuŋ** 韵母（古通攝的三四等）絕不相似的。

**yo**

yɵ：口音帶尾的見於平陽，例如'覺' $ȶɕ_1$yɵʔ。

yo：口音開尾的見於北京甘肅陝西開封固始，例如'月' 北京 yo(一)（或 yɛ）；口音帶尾的見於懷慶。對於 yo；我聽見有些個人讀作 yɵo（參閱上文 o，212 頁）。

[yɔ：口音開尾見於溫州，例如'王' yɔ。——譯者加條]。

**yo** 的音質不明的（Parker 作 'üo'）還有口音開尾的見於寧波溫州漢口，照 Parker 說，也見於四川。寧波有 **yõ**（**o** 是半鼻音，Parker 作 'üoñg'），又有帶尾的 **yo**。

**ya**

ya：口音開尾的見於鳳台；口音帶尾的見於北京鳳台開封，例如'捲'鳳台 $ȶɕ_1$ya，北京 $ȶɕ_1$yan。yan 韵母，照有些個人的念法，在北京的陰平聲，開封的平聲跟上聲，傾向於 yɐn。

帶尾的 **ya** 音質不明的還見於漢口。

要是 **y-** 式二合音的 **y** 變成字的第一音的時候，它常常有一個輕的摩擦，普通把它寫作 'yü'（參閱上文 **j** 跟 i——p. 187 跟 221 頁）。

法文的拼法旣用 'iu' 來代表單獨音的 **y**，也用它代表二合音的 **y**。我已經說明（205 頁）這是怎樣不對的了。

**y-** 式二合音的 **y** 有些個人變成 ʏ，尤其是在輔音 **l** 的後面。

C. **ɯ-** 式。

**ɯi**

高麗二合的開尾口音，法文拼法寫作 'eui'，Parker 寫作 'ïi' 的，無疑的是一個 **ɯi**，例如'基' **kɯi**。

**ɯə**

ɯɤ，有口音帶尾的見於安南，例如'章' $ȶ_2$ɯɤŋ。

(一) 現在 yo 不通行。

在安南的國語拼法裏，這個音寫作 'u'o''。 Parker 沒有懂這是一個二合音的問題，他就不費事的把 ɯɤŋ (ɯəŋ) 寫作 'öng'，並且還批評這個比他的更準的安南的國語拼法。 他說（Giles 字典 XVI 頁）："這個 o（照他的拼法）代表 Williams 在廣州話裏所寫的 éu，而在安南的傳教士把它寫作兩個難看的字母叫作有鬚的 u 跟 o''。

| ɯu | ɯu：口音開尾的見於安南，例如'久' kɯu。 |
|---|---|

| ɯa | ɯa：口音開尾的見於鳳台，例如'河' χɯa。 |
|---|---|

ɯɐ：口音開尾的見於安南，例如'許' hɯɐ。

| ïa | (一) ɿa：口音開尾的見於鳳台，例如'奢' sɿa。<br>ʅa：口音開尾的見於懷慶，例如'奢' ʂʅa。 |
|---|---|

D. u- 式。

| ui | ui：口音開尾的見於北京歸化大同太谷涇州陝西河南南京上海福州廣州安南，例如'回' 北京 χui；口音帶尾的見於安南，'傾' k'uiɳ。 |
|---|---|

廣州的 ui，Eitel 寫作 'úi'。 參閱下文 225 頁的 **uy**。 安南的 ui，在國語拼法裏，有時寫作 'ui'，有時寫作 'uy'。

有幾個方言裏，代表古止蟹兩攝合口字的音是因調而異的。 例如陝西方言平聲是 uei，別的調是 ui。 北京話跟它相反，平聲是 ui，上聲跟去聲是 uᴇi。 直到現在大家在拼法中並沒管到它。 他們都用一律化的辦法或者老寫'ui, wi, oui'，或者老寫 'uei, wei, ouei'。 但是這種分別並不是個人的，而完全是有規則的，我想就是在寬式的拼法裏也沒有理由不把它們標作 **ui:uei** 兩式。

uɪ 有口音帶尾的見於廣州，Eitel 寫作 'wi'，例如'永' uɪŋ。

uɪ 有口音開尾的見於日本，例如'水' sɯɪ。

ɯi 的音質不明的還有口音開尾的見於四川廈門汕頭客家高麗；開尾的 **uĩ**（**i** 是半鼻音）見於汕頭。 還有漢口寧波揚州方言中我們照 Parker 的主張認爲 **uei**

(一) 原文歸 ɯ- 類下。 看書前音標說明。

韵母的，實際上也很有是 ui 的可能，因爲這個著者把四川客家跟北京的 ui 都寫作 'wei'。

**ue**

ue：口音帶尾的見於懷慶，例如'孫' sueŋ̥。

uᴇ：口音開尾的見於蘇州(一)安南（國語 'uê'），例如'規' 蘇州(一)kuᴇ；口音帶尾的見於南京上海，例如，'孫' 南京 suᴇn；第二音帶半鼻音開尾的見於餘姚，例如'關' kuᴇ̃(二)。 Hemeling 把南京的 uᴇn 寫作 'un'，這種照北京話一律化的辦法是不對的。

**uɛ**

uɛ：口音開尾的見於歸化興縣平陽鳳台蘭州平涼陝西安南（國語 'oe'），例如，'毀' 歸化 χuɛ；開尾的 uɛ̃（ ɛ 是半鼻音 ）見於文水太谷陝西，例如'困'西安 kχuɛ̃。 西安的 uɛ̃ 有些個人在上聲跟去聲傾向於 uᴇ̃。

uæ：口音開尾的見於大同太原蘭州三水桑家鎮；口音帶尾的見於西安固始南京（-uæʔ，Hemeling 作 'uai'）；第二音帶開尾半鼻音的見於平涼涇州上海（浦東）（Da▾is 跟 Silsby 作 'wan'），例如：'官'大同 kuæ，西安 kuæɤ，平涼 kuæ。

θɛ：口音開尾的見於河南，例如，'拙'開封 tʂ₁θɛ。

**ue** 跟 **uɛ** 還在幾個方言裏有。 我們見過一個 Parker 寫作 'waa' 的複合元音，這大概總是 uæ，它有口音開尾跟帶尾的見於揚州，後一個音素帶半鼻音的（uæ̃，Parker 作 'wañ'）見於寧波。 還有一個 **uɛ**（ Parker 作 'wae' ），有口音開尾的見於溫州揚州高麗（高麗字母的譯音作 'oai'）；口音開尾跟帶尾的見於四川汕頭廈門；口音帶尾的見於客家；開尾的 uɛ（ æ 是半鼻音 ）見於汕頭。 還有照高麗字母譯作 'ouei' 的那個開尾複合音，以及在寧波 Parker 寫作 'we' 的那個開尾二合音，無疑的就是 **ue**。

**uy**

θy 有口音開尾的見於廣州，例如，'最' tsθy。

Eitel 把這個二合音拼作 'ui'，Parker 拼作 'öü'。 這兩個寫法像是不相容，但是可以解釋的。 因爲 θ 有一個近乎 ɵ 的音彩，通常可以認爲介乎 u 跟 œ 或

(一) 原文"上海"。 因爲上海'規''關'分辨爲 kue, kuɛ，蘇州合拼爲 kuᴇ，所以改作'蘇州'。

(二) 原文"上海"因爲上海已經沒有半鼻音了，所以改。

ə 之間的音。所以無論寫作 'öü' 或寫作 'ui'(用 ui 代 uy 是很普通的錯誤)(一)都不會使我們怎樣驚異。還有一件更使這標音問題糾紛的事情就是 Parker 在好些例裏寫作 'öü' 的 Eitel 不寫作 'ui' 而寫作 'ü'。這裏的錯處是在 Eitel。我們可以看見 Eitel 在開音節裏常常寫"-i, -ü' 而 Parker 在這些例卻很對的寫作 'ei' 跟 'öü', 例如'地'作 'tee'[tɛi,], '去'作 'höü' [hɵy]。Eitel 的寫法是一個一律化的辦法,因爲照別的例是有單純元音 i, y 的。底下就是他們在廣州話的開音節裏拼寫 ui, ɵy 跟 y 的辦法:

| | Parker | Eitel |
|---|---|---|
| ui | 'ui' | 'úi' |
| ɵy | 'öü' | 'ui' 跟 'ü' |
| y | 'ü' | 'ü' |

**uə**

uɜ: 口音帶尾的見於山西蘭州河南;第二音帶半鼻音開尾的見於興縣平涼,例如,'困'開封 k'uɜn, 平涼 kχuɜ̃。

uə: 口音帶尾的見於北京(只在 uəŋ 音裏)興縣上海(Davis 跟 Silsby 照英國人的風氣把 uəŋ 寫作 'wung'),例如,'困'上海 k'uəŋ。

uɤ: 口音開尾的見於太原太谷興縣,例如'鍋' kuɤ; 口音帶尾的見於安南(國語 'uo', Parker 'uö'), 例如'丸' huɤŋ₁。

uə 的音質不明的(Parker 'wê')還有口音開尾的見於漢口高麗;口音帶尾的見於寧波揚州高麗。高麗這個二合音在開音節跟關音節都是一樣的音,在高麗字母的普通譯音裏都寫作 'oue'。Parker 在開音節寫作 'wê',在關音節寫作 'wö', 對於這拼法上的歧異他並沒有說出理由,而且他自己也承認這是沒有分別的。

**uɯ**

uɯ: 口音開尾的見於文水,例如'鍋' kuɯ。

**uo**

uɵ: 口音開尾的見於文水南京上海福州,例如'筐'文水 kχuɵ; 口音帶尾的見於福州安南,例如'國'福州 kuɵᵏ。安南的 uɵ 就是他們國語拼法的 'uô', Parker 的 'wou'。

uo: 口音開尾的見於北京大同興縣鳳台甘肅陝西河南廣州日本,例如,'國'北

(一) 德文文字作 'eu, äu'的二合音 ᴏʏ 有時候音標也拼作 ᴏɪ, 可見 -ʏ 在德文也有人簡拼作 -ɪ 的

京 kuo；口音帶尾的見於歸化大同陝西廣州，例如'孫'大同 suoɣ̃；第二音帶半鼻音開尾的見於文水，例如'動' tuõ。關於 uo，我們遇見些個人讀作 uɷo（看 o，212 頁）。

uɔ：口音開尾的見於太谷大同歸化；口音歸尾的見於上海（Davis 跟 Silsby 作 'wau'）；第二音帶半鼻音開尾的見於蘭州。例如'光'大同 kuɔ，上海 kuɔɣ̃，蘭州 kuɔ̃。

uo 的音質不明的有口音開尾的見於溫州寧波客家漢口，照 Parker 說還有四川（Parker 寫作 'uo' 的字四川的傳教士寫作 'o'）；口音帶尾的見於揚州客家；uõ（o 半鼻音，Parker 作 'woñg'）見於寧波。這個方言大概也有一個 uɔ̃（Parker 作 'wouñ'）(一)。

**ua**

ua：口音開尾的見於歸化文水開封安南，例如'花'歸化 χua；口音帶尾的見於北京歸化大同太原文水太谷平陽鳳台開封福州安南，在安南 a 有時長（國語 'oa, ua'）有時短（國語 'oă, uă'），例如'官'北京 kuan；第二音帶半鼻音的見於文水太谷興縣，例如'曠'文水 kχuã。帶尾的 ua 在北京的平聲，開封的平聲跟上聲有些個人傾向於 uɐ。

uᴀ：口音開尾的見於北京大同太原興縣平陽甘肅陝西懷慶固始福州廣州，例如'花'北京 χuᴀ；口音帶尾的見於大同太原興縣平陽懷慶固始福州廣州（長 ᴀ），例如'話'福州 uᴀ^k。廣州話的 uᴀ，Eitel 寫作 'wá'，Parker 寫作 'wa'（參閱下文 uɐ）。

uɑ：口音開尾的見於鳳台太原南京上海；口音帶尾的見於北京懷慶南京；第二音帶半鼻音開尾的見於鳳台平涼涇州陝西。例如'光'太原 kuɑ，北京 kuɑŋ，西安 kuɑ̃。北京的 uɑŋ 常常傾向於 uɔŋ，尤其是在陰平。

uɐ，口音帶尾的見於廣州安南，例如，'君'廣州 kuɐn。這個二合音 Eitel 寫作 'ua'，Parker 寫作 'uê'（參閱上文 uᴀ），安南國語寫作 'uâ'。

ɯᴀ：口音開尾跟帶尾的見於日本，例於'花' kɯᴀ。

(一) 據趙元任現代吳語的研究寧波唐韵的合口是 uɔ̃，桓韵簡直是 ũ。

ua 的音質不明的有開尾跟帶尾的口音見於漢口四川揚州温州寧波廈門汕頭客家高麗；口音開尾的見於温州。開尾的 uã（a 半鼻音）見於寧波汕頭廈門。

在上文所研究的 u 式二合音裏，u 常常因個人而有變化。要是在字的第一個音的時候，常常有一個弱的摩擦，因而使人寫它作 w（參閱上文 w, 170 頁）。日本的 ɯ 有時候變作齒脣的輔音：vʌ, kvʌ 而不讀作 ɰʌ, kɯɩɛ。

在官話方言裏，在 l 後面甚至於在一切齒音後面，用 ɵ- 來代 u- 的很不少見(一)。

在這些二合音裏第一個成素的發音常常是很鬆的，所以它非常近於 ɵ，因此有時候遇見拿 'oa, oe' 之類的寫法來代表 ua, uæ 之類的音。

像 u 式二合音這麼普通的現象，卻給 Kühnert 機會說出些極無稽的理論，這在上文（44 頁）已經指出來了。他的些理論裏，有以下的一個（見 Syllabar des Nankingdialectes, Wien 1898 p. 13）："關閉的音，換言之，就是用一種特別的方法閉起聲門來說的……在南京很清楚的聽得出來，元音音彩的變化是完全從聲帶的關閉來的。中國'黄'的讀音是這樣造成的：h-ang，換言之，就是起頭兒是德文的 ch，跟着停頓了一下兒（就是聲帶關閉起來），然後就使勁衝出一個帶上述作用的影響的 ang (ang)"。

這個從語音學的觀點看起來很古怪的理論，對於南京話以及所有別的方言都是絕對錯誤的。由 Kühnert 的這個幻想就產生了些個極奇怪的標音法。他避免 u，w 字母而把 ua 等音寫作 'a'。那麼趕他要譯 u 元音本身的時候，他就得找一個另外的元音而在這個元音的底下加一個點兒，所以 Kühnert 就把 **mu** 寫作 'mẹ'。他這種拼法就變成怪物了(二)。

E. -i 式。

| ei |
|---|

ᴇi，口音開尾的見於北京文水平陽涇州蘭州陝西廣州，例如'非' 北京 fᴇi。廣州話的 ᴇi，Parker 寫作 'ei'，Eitel 用一律化的辦法寫作 'i' 是不對的（參閱 226 頁）。北京的 ᴇi 有些個人傾向於 ɛi，特別是在上聲；或者傾向於 əi，特別是在 f 的後面(三)。這種類似的傾向也見於別的官話方言。

(一) 塞，邊，鼻音用 ɵ- 類的音很多。塞擦音跟摩擦音在有些地方用合脣的舌尖元音 ɥ- 或 ʮ- 代替 u-。

(二) 案 Kühnert 把'威海衞'拼作 'ẹi-chai-ei'（德文 'ch'）。

(三) 大致是：非肥匪費 fəi, fəi, fᴇɪ, fᴇɪ。

EI: 口音開尾的見於日本，例如'命' ɾEI。 有好些個人用 ɛ 來替代 EI。

| ɛi |
|---|

ɛi: 口音開尾的見於大同太原文水太谷鳳台甘肅開封固始福州；口音帶尾的見於福州。 例如，福州'至' ȶɕɛi，'犬'k'ɛiŋ。 福州的 ɛi Parker 寫作 'ei', Baldwin 跟 Maclay 寫作 'e'。

**ei** (**ɛi**?) 音質不明的還有口音開尾的見於漢口四川揚州寧波，Parker 跟四川傳教士寫作 'ei'。

| əi |
|---|

əi: 口音開尾的見於歸化太谷懷慶南京，例如，'美' 南京 məi。

Hemeling 照北京話一律化，把南京的 əi 寫作 'ei'，而他在別處卻用 'ê' 字母來代表 ə，並且他自己說南京這個韵母不讀 'ei' 而讀作 'êi'。 Mateer 把南京這個韵母寫作 'êəi'。

ɤi: 口音開尾的見於安南，例如'亥' hɤi。 關於 **yi**, **ɯi**, **ui** 看 **B**, **C**, **D** 三類。

| ɵi |
|---|

ɵi: 口音開尾的見於福州跟安南（國語 'ôi', Parker 'oui'），例如'類'福州 lɵi(一)。

oi: 口音開尾的見於廣州，例如，'才' ts'oi。

**oi** 的音質不明的還有口音開尾的見於客家汕頭高麗；帶尾的口音見於汕頭跟高麗。 **oĩ**（ **i** 半鼻音）見於汕頭。 高麗的 **oi** 經過 **oe** 而變成 **œ** 好像是很自然的。 Scott 關於這個問題說(高麗字典引論)："就是 boil, boy 裏的 oi 或 oy。元音的音長普通比英文的短，所以使這個高麗二合音非常接近德文的 ö（oe）"。 Courant (Bibliographie coréenne 敍論) 也說 "oi 大約等於 œ"（法文）。 但是 Parker 告訴我們說這個高麗 **oi** 的讀音像英文 'weather' 中的 'wea'。 顯然他聽見這是 **oe** 音，就是從 **oi** 變到 **œ** 所經過的階級：**oi**>**oe**>**œ**。

| ai |
|---|

ai: 口音開尾的見於北京文水太谷興縣鳳台河南南京福州安南廣州，在廣州話裏 a 有時候長（aːi, Eitel 跟 Parker 作 'ái'），有時候短（ai, Eitel 跟 Parker 作 'ai'），例如'來'北京 lai；口音帶尾的見於懷慶福州，例如，

(一) 據陶燠民"閩音研究"，這類字平上作 øy，去聲作 ɵy。（史語集刊一本四分 452 頁"儱"韵下）。 但陶氏拿 ɵ 號當一個較後的音的符號。

'滿' 懷慶 maiȵ̊。 北京話的 ai 有些個人在陰平聲傾向於 ɐi。 在懷慶話的去聲可以看出一個變 ʌi 的傾向。

……中略(一)……

aɪ: 口音開尾的見於日本,例如'會' kaɪ。

**ai** 的音質不明的還有口音開尾的見於漢口四川溫州廈門汕頭客家。

在這些 **-i** 式二合音裏,後一個音素的發音常常較鬆,所以替代 ai 音的我們可以遇有 aɪ, ae, 有時候甚至於 aᴇ。 這個現象是個人的,在我的標音裏我就不管了,尤其是在心理上我們不大重視 ai: ae 這種分別,即如德文的 zeit, 對於這個字我們雖然以爲聽見一個 ai, 而最常讀的音卻是 aĕ。 但是,關於日本話,在這個地位並沒比 ɪ 更高的 i, 所以我總是寫作 aɪ 等。

F. **-y** 式。

| **əy** | ɜy: 口音開尾跟帶尾的見於福州(Parker 'öu', Baldwin 跟 Silsby 'ëü'),例如'遇' ŋɜy; '用' ɜyŋ(二)。 |
|---|---|

**əy** 音質不明的還有口音開尾的見於溫州寧波(Parker 'öü' 或 'êü')。

關於 **uy** 參看 D 類(225 頁)。

| **ay** | ɑy: 有口音開尾的見於福州,例如,'碎' ȶɕ'₁ɑy(三)。 |
|---|---|

我們看見 Parker 有 'aui, aiu' 兩個寫法而他自己又說不容易分辨,就覺得這件事有點兒可疑了。 事實是這樣的。 先是一個洪(grave) ɑ, 所以 Bardwin 跟 Maclay 用 'ói' 裏的 'ó' 來拼。 後頭接了一個英國人總是討厭的 y 音, Bardwin 跟 Maclay 不管三七二十一就用 i 標它; Parker 要標出脣化,所以他有時候寫 'aui', 有時候寫 'aiu'。 好些英國人管'女人'(**ny ʐ̨ən**)叫'紐人'(**niu ʐ̨ən**) 也是這個緣故。

---

(一) 看後第四卷果攝關於遮車等字南京音譯者註。

(二) 如用普通國際音標,此處用 ɘ 號較相宜,因爲這個音的圓唇度至少是 2 號(陶燠民認爲 ø,那就是 3 號)。 參看前 207 頁 ə 總類 3 音下譯者註。

(三) 案陶燠民這音寫作 ɘy,是 øy 的"大口韵"(即去聲韵音)。 看前註。

-y式的複合元音中的 y 常常是一種鬆 ʏ。

G. -ə 式。

| εə | εə：口音開尾的見於平陽，例如'窄' tsεə。 |
|---|---|
| aə | ɑɜ：口音開尾跟帶尾的見於福州（Parker 'aö'，Baldwin 跟 Maclay 'aë'），例如'疏' sɑɜ（或 su）(一)'洞' tɑɜŋ（或 touŋ）(二)。 |

H. -ɯ 式。

關於 iɯ 跟 uɯ 看前 A，D 式（219，226 頁）。

| əɯ | əɯ：口音開尾的見於蘭州，例如'狗' kəɯ。 |
|---|---|
| aɯ | aɯ：口音開尾的見於鳳台，例如，'狗' kaɯ。 |

I. -u 式。

關於 iu，yu，ɯu，看上文 A，B，C 式（219，222，224 頁）。

| eu | ᴇu：口音開尾的見於福州，例如'侯' hᴇu。 |
|---|---|

客家也有一個口音開尾的 eu。

| εu | εʉ：口音開尾的見於歸化大同太原，例如太原'狗' kεʉ。 |
|---|---|
| əu | əө：口音開尾的見於文水太谷南京上海(三)例如文水'狗' kəө。 |

南京的 əө Hemeling 寫作 'ou'（倣照北京音的一律化）Mateer 寫作 'êo'。

---

(一) 陶燠民作 sœ。

(二) 陶燠民作 tauŋ，在"小口"地位（即平上聲）作 touŋ，所以高氏註爲"或 touŋ"。

(三) 案上海是半高的 ɤ。

Parker 也用過 'êo' 代表揚州附近的方音(一)。所以有很好的理由把揚州開尾跟帶尾的口音 'êo' 解釋作 θθ。

**ou** ɵu: 口音開尾的見於廣州 ( Parker 'ou', Eitel 'ò' ) 例如'土' tɵu。

ou: 口音開尾的見於北京平陽平涼涇州陝西河南福州，例如北京'頭' t'ou; 口音帶尾的見於福州，例如'運' ouŋ。福州的 ou, Parker 作 'ou', Baldwin 跟 Maclay 作 'o'(二)。

在北京話的這個韻母常常聽見因調而變的現象：陰平用 ɜu，其餘各調用 ou。法文拼法以陰平爲主，寫作 'eou, 英文拼法採取第二種，用 'ou' 來標。照我的意見 ou 比較好一點兒，因爲有好些北京人不管甚麼調老是讀 ou，可是差不多就沒有老讀 ɜu 的。法文愛用 'eou' 也是當然的，因爲像 Courant 在中國目錄裏所用的 'oou' 是不大合法國人口胃的。

在幾個別的方言，我們可以看見有些人也有這傾向。陝西有的方言在上去聲 ou 有變成 ɜu 的傾向。懷慶去聲變 ɔu 甚至於 ɑu。

**ou** 的音質不明的還有口音開尾見於漢口(三)。四川汕頭。

**au** au: 口音開尾的見於福州安南 ( aː 長，國語作 'ɑo' ) 廣州南京，在廣州有長 a 的 ( aːu, Eitel 跟 Parker 'áu' ) 也有短 a 的 ( Eitel 跟 Parker 'au' )，例如廣州'牛' ŋau(四)。

ɑu: 口音開尾的見於北京太原文水興縣平陽平涼涇州陝西河南，例如北京'老' lau，口音帶尾的見於福州，例如'作' $ʈɕ_1au^k$。

---

(一) 案揚州本城 ( 江都 ) 侯韻字讀作全不圓脣的 ɤ 或 ɤɯ。

(二) 陶燠民作 ou。

(三) 漢口的 **ou** 是 ou。

(四) 案高氏雖分前中後三 a，但在後來著作只分兩種時大致傾向於用前 a 的字母概括中 a 音(即 ᴀ)，廣州 au aːu, 中的 a 顯然是 ᴀ，不是 a。高氏所以認爲第一種想是音標用法上的伸縮，不見得是聽音的錯誤。

ɐu：口音開尾的見於安南（國語 âu，Parker êu），例如'州' ȶ$_2$ɐu。

**au** 的音質不明的還有口音開尾見於漢口四川溫州廈門汕頭客家。

在上述的 **-u** 式複合元音的有些例裏，特別是 ɑu 式的，常常會遇見第二音素讀得不用勁一點兒，脣不很圓一點兒，舌根不很高一點兒，結果就得一種 ɑɷ 或甚至於 ɑo，所以有人用'ɑo'的拼法。 ɑu，ɑɷ，ɑo 既然完全是個人的不同，那麼一個一律化的拼法就是必要的了。上文曾在 ai，ae，aᴇ 之中以 ai 爲一律化時最方便的拼法（看上 230 頁），同樣，我也覺得一律寫 ɑu 較好一點兒，尤其因爲 **au:ou** 相比，比起英文拼法的 ao:ou 或法文拼法的 ao:eou 看起來好受一點兒。

三合元音：

K. **i-i** 式。

| | |
|---|---|
| **iɛi** | iɛi：口音開尾的見於文水跟太谷，例如文水'皆' ȶɕ$_1$iɛi。<br>[iæi：口音開尾的見於北京，例如'崖' iæi。——譯者加條]。 |
| **iui** | iui：口音開尾的見於客家，例如'乳' iui。 |
| **ioi** | 口音開尾的 **ioi** 見於客家，例如'髓' **sioi**。 |
| **iai** | iai：口音開尾的見於南京廣州，例如南京'皆' ȶɕ$_2$iai(一)。音質不明的iai 也是口音開尾的還見於漢口四川溫州。 |

L. **i-y** 式。

| | |
|---|---|
| **iuy** | iɵy：口音開尾的見於廣州，例如'銳' iɵy。 |

M. **i-ɯ** 式。

| | |
|---|---|
| **ieɯ** | ieɯ：口音開尾的見於文水，例如'嬌' ȶɕ$_1$ieɯ。 |

---

(一) 案南京 **ai** 韵尾極開，大約是 aᴇ。 廣州'歹'字（謂小孩子頑皮）讀 iʌi（短 ʌ）。

| iaɯ |
|---|

iaɯ: 口音開尾的見於鳳台，例如'休' $ɕ_1$iaɯ。

N. i-u 式。

| ieu |
|---|

ieʉ: 口音開尾的見於歸化大同太原，例如歸化'休' ɕieʉ。

ieɵ: 口音開尾的見於文水太谷上海(一)，例如文水'休' $ɕ_1$ieɵ。

iᴇu: 口音開尾的見於福州安南（國語 'iêu'），例如安南'詔' $ʈ_1$iᴇu。 在福州好些人不分 iu 跟 ieu。

| iəu |
|---|

上文我們已經把 Parker 在揚州話所寫的 'êo' 認爲是 əɵ 了，那麼 Parker 在揚州所寫的 iêo 當然是 iəɵ 了(二)，這音有開音節的口音。

| iau |
|---|

iɑu: 口音開尾的見於北京太原文水興縣平陽平涼涇州陝西河南，例如北京'廟' miau(三)。

音質不明的 iau 還有口音開尾的見於漢口四川温州汕頭廈門客家。

O. u-i 式。

| uei |
|---|

uᴇi: 口音開尾的見於北京（在上去聲）文水平陽蘭州，還有陝西(平聲)，參閱上文 224 頁 ui。 例如：北京'嘴' tsuᴇi。

音質不明的 uei 口音開尾的還見於漢口揚州寧波(Parker 的 'wei')參閱 ui。

| uɛi |
|---|

uɛi: 口音開尾的見於大同太原文水太谷鳳台平涼涇州開封固始，例如大同'壞' χuɛi。

uæi: 口音開尾的見於北京，例如'壞' χuæi。

北京的 uæi 韻母常常有變 uɛi 的傾向，特別在陰平，但一般人都拼它作 'uai'（'ouai, wai'）。 這不過是一種一律化的辦法。 'a, an, ang' 都有 'ua, uan, uang' 來配。 所以 'ai' 也好像應該有個 'uai' 來配它，而事實上不恰恰是 'ai:uai'，乃是 'ai:uæi'(四)。

(一) 案上海'尤' iɤ。

(二) 但看 232 頁註(一)。

(三) 案上文關於 -u 尾音質的討論在此也適用。

(四) 但據譯者觀察，陰平有 ɐ 的傾向。

**uoi** uoi：口音開尾的見於福州（Parker 'woui'），例如'衞' uoi。

客家也有一種口音開尾的 uoi。

**uai** uai：口音開尾的見於鳳台懷慶南京福州安南（國語 'oai, uai'），廣州，在廣州有長 a（uaːi，Eitel 跟 Parker 作 'wái'）短 a 兩種（uai Eitel 跟 Parker 作 'wai'）(一)，例如鳳台'回' χuai；口音帶尾的見於懷慶，例如'官' kuaiŋ。

uɐi：口音開尾的見於安南（國語 uây），例如'虧' k'uɐi。

ɯaɪ：口音開尾的見於日本，例如'外' gɯaɪ（或 gaɪ）。

音質不明的 uai 口音開尾的見於四川漢口文水汕頭廈門客家，開尾的 uaĩ（i 是半鼻音）見於廈門(二)。

上文（221，230）關於 **i-**，**-i**，跟關於 **u-**，**-u** 的話，在三合音也適用。

(一) 關於廣州 a，看前 232頁 **au** 節下譯者註。

(二) 廈門應作 ũãĩ。

# 第 三 卷

# 歷 史 上 的 研 究

# 緒　論

在上文描寫的語音學裏，我們已經研究了中國語言裏一個一個的音素，這些音素的性質，在地理上的分佈，在字裏的位置。在現在這歷史上的研究裏，我們就要拿古代漢語音韵的分類來作出發點，來考察現代方言中的語音的系統看它們是怎麼樣從古代的系統裏演變出來的。

我們的研究包括有 33 處方言裏的差不多 3,125 個字。我絕不至於樂觀到會指望批評我的人在我所記的十萬個字音裏頭找不出一點不準的記載來，尤其是因爲我根據的原書有許多的糾紛。但是我確曾盡我的能力去審查不同來源的音的記載，再取證於本地的人，以便得一個最正確的讀音。所以我希望我的工作至少算得上有頭一次拓荒人工作的價值。

我沒有收那些在現在的活語言中不存在的例外的讀音。有許多的字在字典裏頭有一大串已經不用的讀法。有些字典裏，如 Eitel 及 Couvreur 的，我們很難判斷哪些讀法是現在通行的，哪些是純粹由各種不同的反切擬出來的。

第三章所列的古代漢語的聲母表及韵類表就是我們現在的研究的根據。要記住我所謂"中古漢語"只是指着切韵的反切所代表的語言，我所謂"近古漢語"是指切韵指掌圖的語言。所以我並沒有要說漢語在這兩個時期中是全國一致而沒有方言的歧異的意思。其實阿，我們還有很確實的啓示，在各時期中（甚而至於遠古的時代）都有不同的方言存在：——

1）. 元朝的蒙古譯音裏所保存的語言，顯然是那個時候的許多方言中的一個。這個語言其實已經演變到那種程度，我們不妨叫他作"老官話"了。例如止攝的日母字已經非常近似現代官話的讀音 œr；口部塞聲的韵尾已經失去，等等。所以這個語言不過是一些範圍極小的方言的"母語"。要具體的研究現代的方言跟它們從古代語言的演變，蒙古譯音的價值是很平凡的。

2). 可以由韻表證明出來的某種變化，如雙唇（重脣）變爲齒脣（輕脣）音，有些方言並沒有經過（見下文）。所以在"近古漢語"的時候已有不同的方言。

3). 就是切韻的語言亦不能認爲六世紀全中國的語言。我們拿是要拿它作一個出發點來研究現代的方言，但是我們會遇見些用切韻音的系統不能得到滿意解釋的地方的。在這些地方就不得不承認在這樣古時期中已經有方言的分歧了。

我們打算先研究古代聲母，聲調跟韻類的演變，再從現在方言中的聲母，聲調跟韻類回溯到他們在古代漢語時的根源。我們用了所得的定律，就可以給現代的方言分出類來。最後再按照韻攝排列起來一個包括全部材料的方言字彙，在這裏可以找出每一個字在古代音韻分類上的位置跟它在三十三個方言中的讀音。(一)

(一) 後來高氏爲省篇幅，字彙裏只登了二十六處方言的讀音。

# 第七章　聲母 1—3: 見,溪,郡

## 聲母 1,見 (共297字)

這個古聲母現在普通以 **k**, **ȶɕ**, **z** 這幾種音來讀他,或者失去(○)。

**k** 在所考察的方言中都讀作 k。 也許還有 c 的讀法(參閱下文 248 頁)。

**ȶɕ** 可分方言爲兩類:

1)ȶɕ$_1$: 北京,山西,蘭州,懷慶。

2)ȶɕ$_2$: 平涼,涇州,陝西,開封,固始,南京,上海。

這些音的分配如下表(數目字指表後的條例):

| | 一等 | 二　等 | | 三，四　等 | |
|---|---|---|---|---|---|
| | | 開口 | 合口[1] | 開口 | 合口 |
| 官話(漢口,四川除外) | k | k[2],ȶɕ | k | ȶɕ | k[3],ȶɕ |
| 漢口,四川,揚州 | k | k[4],ȶɕ | k | ȶɕ | k[illegible],ȶɕ |
| 上海,寧波 | k | k[2],k或ȶɕ | k | ȶɕ | k[3],ȶɕ |
| 温州 | k | | | ȶɕ | k或ȶɕ[5],ȶɕ |
| 安南東京 | k | k[2],z | k | | |
| 交趾支那 | k | k[2],○ | k | | |
| 閩,粵,高麗,日本 | k | | | | |

1. 宕攝的字(江覺)在切韻指掌圖的時候屬於一等合口自從切音指南起就歸入二等開口裏頭去了。

這類字在安南話是 z 或者 ○;官話(四川,漢口除外)ȶɕ; 上海寧波 k 跟 ȶɕ 兩讀。'江,港,講,降,'四川,漢口,揚州讀 ȶɕ; '角'漢口,揚州有 k,ȶɕ 兩讀,四川讀 ȶɕ; "覺 揚州有 k,ȶɕ 兩讀,漢口,四川讀 ȶɕ; 可見應屬於開口韵的聲母。這種情形對於安南的漢語借字的時期問題很有關係。

2. 梗攝的字(庚,革)是讀 k 的。但是有幾個特別的讀作 ȶɕ;'更'北京,漢口(皆又讀);'耕'北京,歸化,西安(皆又讀);'隔'北京(又讀)歸化。

3. 止,蟹(桂)通(躬)及宕(誑)攝的字讀 k,

4. 在第2條下的字讀 k 並且還有,

四川:街;皆,階,間,解,揀,柬,攪(皆又讀);
漢口:街;皆;階,間,解,揀,柬,攪,諴,介,芥,界,戒,屆(都是又讀),窖;
揚州:街;皆;階,解,揀,柬,攪,甲,夾,袷,角,覺(都是又讀)。

5. 規,歸,躬,弓,宮,恭,供,廾,字有 k,ȶɕ 兩種類法。

例外

a) 有很多不規則的送氣讀法:

k':稿安南;丐廣州固始溫州(又讀);誥客家,廈門;蛤汕頭;戈福州,汕頭,客家;瑰三水桑家鎮開封溫州(又讀)昆國音(鳳台除外)揚州上海閩客家;箍平陽閩粵;辜客家;估固始溫州;古福州(又讀);劊太原文水太谷興縣懷慶固始溫州上海(又讀)粵,安南,窖溫州,夾廈門(又讀)客家(又讀);稽廈門福州廣州(皆平聲);擊荚汕頭;頰廈門(又讀)客家(又讀);結汕頭(又讀);潔安南;詭汕頭廈門(又讀);訣廣州;襟閩粵安南;僵客家;激安南;給廣州廈門(又讀)汕頭(又讀);級汕頭廈門(又讀)粵;訐福州廈門廣州;規平陽平涼三水桑家鎮廣州;駒廣州福州;俱廣州,晷癸橘(又讀)汕頭。還有兢汕頭(又讀)客家,矜廈門(又讀)福州客家,鳩閩(又讀),汲拘廣州廈門汕頭都讀 k'。這些字都是讀陰調,所以雖然廣韵,集韵,正韵的反切又有郡母的讀法,卻不能認爲送氣 k' 是從郡母得來的。

ȶɕ':箍溫州寧波;窖涇州;稽溫州寧波(平聲);訣鳳台;箕大同太谷鳳台固始,僵文水蘭州鳳台;訖官話,揚州吳(不見反切之古讀?);俱平陽;菊歸化文水太谷。

b) 有些個不規則的摩擦音讀法:

h: 該高麗;蛤高麗安南;割高麗;劊高麗;革高麗,格高麗(又讀);稽客家;澆福州廈門客家；莢客家高麗安南；頰客家安南高麗（皆又讀）；荆高麗。

x：蛤太原鳳台三水桑家鎮固始；劊蘭州三水桑家鎮。

ɕ：酵太原興縣蘭州懷慶開封南京；澆北平（又讀）漢口（又讀）；莢固始；頰文水太谷興縣；汲歸化鳳台南京。

關於 k‘，ȶɕ‘，ɕ 的精密音值看"聲母 2：溪"跟"聲母 5：曉" 242，264 頁。

c）官話的給字讀 k（又讀）和南方的方言相似。

d）雜類：割葛温州 ȶɕ，鍋寧波（又讀）粵汕頭廈門○；箍廣州（又讀）f；街蘭州（又讀）k：安南 ɲ；梗安南客家（又讀）文水太谷當作疑母字讀（不見反切之古讀？）；剮廣州安南○；港歸化文水太谷開封南京 k；澆高麗○；梟各處都讀作曉母字（不見反切之古讀？）；繳安南 z 或○；皎温州 k；叫寧波（又讀）k；錦廈門，勁客家温州（又讀）寧波上海（又讀）當作群母字讀（不見反切之古讀？）；汲福州廈門（又讀）ŋ；級福州（又讀）ŋ；訐高麗安南○；訖汕頭福州客家安南（又讀）ŋ；龜鬼寧波（又讀）ȶɕ；歸貴寧波（又讀）上海（又讀）ȶɕ；鋸吳（又讀）k。

在大約 9,500 讀音中有不到 250 個例外（其中有 40 個是又讀）。

古代的兩讀字：

乾在這兒（我們的表裏頭）國音 kan；也有作羣母讀法的，國音 tɕ‘ien，見廣韵反切；奸讀若二等字，見集韵反切；詬，古字典裏有許多屬於溪，曉，匣母的反切，現在還遺下些痕跡；上海廣州（又讀），汕頭（又讀）h；概，有溪母的一切，有些方言還保存着，固始平陽漢口南京福州汕頭廈門（又讀），客家（又讀），安南；胳，廣州又讀 h 屬匣母，見集韵反切；瑰安南又讀 h，見廣韵反切；傀一大羣方言都讀作溪母字，見廣韵反切；賈在這兒國音讀 ku，也有些同國音 ȶɕia 相合的讀法，見廣韵反切；解在這兒國音作 ȶɕie，也有些同國音 ɕie 相合的讀作匣母字，見唐韵反切；懈完全依匣母字的反切讀；校在這兒國音作 ȶɕiau，也有些讀作匣母的，國音 ɕiau，見唐韵反切；夾在汕頭客家高麗讀作 h，如匣母字，合乎集韵的反切；袷依集韵的一個反切作匣母字現在還遺留着些痕跡；涇州汕頭廣州（又讀）安南 h；扛完全照一等字讀（安南又讀），作舌根音，見集韵反切；許多的方言作送氣的舌根音；杠除安南外全依正韵的一種反切讀作一等字；淞有幾個方言保存匣母字的讀法，見集韵反切；串除日本安南外，全依正韵的一種反切讀作穿母字；降在這兒國音作 ȶɕiaŋ，也有讀作匣母的，國音 ɕiaŋ，見廣韵反切，稽在這兒國音作 ȶɕi 平聲；也有讀作溪母的，國音 ȶɕ‘i 上聲；繫在這兒國音讀 ȶɕi，也有讀作匣母字的，見廣韵反切；決也有保存溪母的讀法的，見集韵反切；鳳台桑家鎮 ȶɕ‘，廣州 k‘；鳩廣州又讀 k‘；這個字讀陽平，合乎集韵屬於羣母的一個反切；亟在這兒國音讀 tɕi 又有讀作溪母的，見廣韵反切；訖高麗安南（又讀）h 合乎集韵的一種反切；愧國音，揚州閩粵讀 k‘，上海（又讀）寧波（又讀）g，顯然來自一個不見反切的羣母古讀。詎有許多讀作 k‘，h，等等的，似乎表示有一種不見反切的古讀。

找不着讀音的字:——

竿日本; 訴廈門南京; 亘搆購廈門, 胳高麗; 閣平陽温州寧波;瑰廈門,箍興縣鳳台高麗上海;褰福州;創梗南京; 揀廈門; 攪平陽固始; 窖興縣平涼南京安南; 嗝上海高麗日本; 剮固始南京日本;港三水桑家鎮; 澆四川揚州; 梟太谷三水南京安南; 峧廈門; 叫高麗; 荚南京; 韭日本; 圭勁廈門; 激太原懷慶;訐固始南京; 訖駒廈門; 誑南京。

## 聲母 2: 溪 (共 114 字)

這個古聲母普通是以 k‘, k, ȶɕ‘, h, s, f 這幾種音來讀它的。

k‘ 可以分方言爲兩類:——

2) k‘: 北京,開封,固始,南京,上海,福州,廣州,安南。

b) kχ: 山西,陝西,甘肅,懷慶。

ȶɕ‘ 也可以分方言爲兩類:

2 ȶɕ‘$_1$: 北京,山西,蘭州,懷慶。

b) ȶɕ‘$_2$:平涼,涇州,陝西,開封,固始,南京,上海。

這些音的分配如下表:

| | 一　等 | | 二　等 | | 三,四　等 | |
|---|---|---|---|---|---|---|
| | 開口 | 合口 | 開口 | 合口[1] | 開口 | 合口 |
| 官話,(漢口,四川除外) | k‘ | | k‘[2],ȶɕ‘ | k‘ | ȶɕ‘ | k‘[3],ȶɕ‘ |
| 四川,漢口,寧波,揚州,上海 | k‘ | | k‘[4],ȶɕ‘ | k‘ | ȶɕ‘ | k‘[3],ȶɕ‘, |
| 温州 | k‘ | | | | ȶɕ‘ | k‘[5],ȶɕ‘ |
| 安南 | k‘ | | k‘[2],s | k‘ | | |
| 廣州 | k‘[6],h[7] | k‘[6],h[7],f | k‘[6], h | k‘[6],h[7],f | k‘[6],h[7] | |
| 客家 | h[8],k[9] | h[8],f[9],k‘[6] | h[8],k‘, | | | |
| 高麗 | h[10],k | | | | | |
| 閩 | k‘ | | | | | |
| 日本 | k | | | | | |

1. 宕攝的字（腔，確，殼）在切音指南以前已經歸到開口呼一類了，安南讀 s；腔確官話，揚州，上海，寧波，讀 tɕ‘（確寧波又讀 k‘），殼北京（又讀），歸化，太谷，平陽，甘肅，陝西，開封，懷慶，漢口（又讀），揚州（又讀），四川讀 tɕ‘。

2. 梗攝的字（坑客）讀 k‘。

3. 止，蟹（奎），通（空），宕（筐）諸攝的字讀作 k‘。

4. 下列的字讀 k‘：——

漢口，揚州，四川；坑，嵌，敲（又讀），楷，客。

寧波：坑（又讀），客。

上海：坑，敲（又讀）楷（又讀），客，掐，恰（又讀）。

5. k‘ 見於奎，虧（又讀）。

6. k‘ 見於下列的字：開口摳釦叩靠寇（k‘au）；炕（又讀）抗（k‘oŋ）；楷啓契（k‘ai）；竅（k‘iu）；衾（k‘am）；企（k‘ei）(一)；卻（k‘œk）——合口誇跨（k‘ua）；盔窺虧（k‘uai）；坤綑閫困（k‘uan）；壙（k‘uaŋ 或 foŋ）；筐（k‘uaŋ 或 hoŋ）；擴（k‘uok 或 fok）；確（k‘ok）；曲（k‘uk 或 huk）；區驅（k‘uy）；缺（k‘yt）；闕（k‘yt 或 hyt）；傾頃（k‘iŋ）。

7. h 見於這些字：腔筐匡（hoŋ）；殼（hok）；空孔控恐（huŋ）；哭酷（huk）；曲（huk 或 k‘uk）；去（huy）；勸券（hyn）；闕（hyt 或 k‘yt）。

8）讀 h 的有肯（又讀），口（又讀），渴（參看兩讀字），款（或 k‘），坑客殼欺丘豈器氣怯乞勸（又讀）。

9）f 見於這些字：寬苦塊（皆又讀）；袴闊窟。

10）h 見於炕犒盔闊酷楷恰確欽欠虧這些字。

---

(一) 案廣州‘企’讀 k‘ei 陽上，適合廣州並定羣等全濁陽上讀送氣音的規則，又湘贛有些方言管站叫‘企，’用陽調，所以這裏廣州‘企’字讀 k‘- 應認爲來自“不見反切之羣（郡）母古讀”。廣韻上聲紙韵羣母有‘徛’字，立也，廣州之 k‘ei 或爲此字。

例外

a）不規則的摩擦音讀法:——

龕温州，寧波 h; 盔蘭州 x; 掐安南 h; 卿日本 h;泣西安，三水，固始，漢口，四川（又讀） ɕ。

b）有些不送氣的讀法:

坤懷慶，閩 k; 闊安南 k; 酷福州，客家（又讀）安南 k; 恰安南 k;歉北京（又讀）大同，鳳台，平涼，涇州，西安，漢口， ʨ; 奎閩 k; 企汕頭 k; 窺汕頭，廈門，客家，安南 k; 穹福州（又讀）客家 k; 券福州，汕頭（又讀） k，温州 ʨ。

c）雜類: 欽丘廣州〇;泣廣州，高麗〇;虧上海，寧波（皆又讀）ʨ‘; 券上海 ʥ; 去漢口，揚州，四川（皆又讀）k‘（不規則的 k‘讀也見於西部及北部的官話）; 屈廣州〇。 3,500 多個讀音裏頭，大約有 50 個例外（其中 10 個是又讀）。

古代兩讀字:

摳依集韵的一種反切有讀影母的，保存在歸化（又讀），興縣，開封，温州，漢口（又讀）; 磕一大部分的方言依集韵的一種反切讀作入聲，聲母跟等可是不變 渴懷慶，客家的 h 可以依廣韵的一個反切歸到匣母字，擴福州 k，見集韵反切; 嵌按集韵的一種反切這個字應當歸入一等去聲，不能解釋 k‘an 平聲的讀法; 楷依廣韵的一種反切讀作見母的有幾個方言還保存着: 平涼，涇州，客家，安南; 契在這兒國音讀 ʨ‘i 去聲，也有些依幾種入聲的反切讀作入聲的，官話 ʨ‘ie, ʨ‘i, ɕie 之類; 穹廣州 k‘，官話 ʨ‘，温州 ʥ 全是陽平，表示一種不見反切的郡母古讀。

找不着讀音的字:

龕平陽，南京; 摳，釦廈門; 闓上海，南京; 袴日本; 擴固始; 嵌客家，南京，大同，太原，温州; 掐寧波，客家，日本，廈門; 殼日本; 絳高麗; 歉開封，南京; 企南京，安南，温州; 穹南京; 券三水，桑家鎮，南京，廈門。

## 聲母 3: 郡(共 66 字)

這個古聲母普通是拿 g, k, k‘ ʥ, ʨ, ʨ‘ 這些音來讀的。

上海 g‘ 讀作 g‘, ʥ 讀作 $ʥ_2$。

要細辨這裏頭屬於淸類的音，可以參閱上文見溪兩母下的說明。 這些音的分配如下表：

| | 平 | | 仄 | |
|---|---|---|---|---|
| | 開口 | 合 口 | 開口 | 合 口 |
| 揚州，官話(平陽除外) | ȶɕ‘ | k‘[1],ȶɕ‘ | ȶɕ | k[1],ȶɕ |
| 平陽 | ȶɕ‘ | k‘[1],ȶɕ‘ | ȶɕ‘[2],ȶɕ | k‘[3],k[4],ȶɕ‘[5]ȶɕ |
| 上海，寧波 | ȡʑ | g[1],ȡʑ | ȡʑ | g[1],ȡʑ |
| 溫州 | ȡʑ | g或ȡʑ[6],ȡʑ | ȡʑ | g或ȡʑ[5],ȡʑ |
| 廣州 | k‘ | | k‘[7],k | |
| 閩 | k‘[8],k | | | |
| 客家 | k‘ | | | |
| 域外 | k | | | |

1．止，蟹（-uei）宕（-uaŋ）及通（-uŋ）攝的字讀 k‘ 或 k,g。

2．妓，儉，件，近，舅，忌，舊，極，及，傑讀 ȶɕ‘。

3．跪（看古兩讀），櫃讀 k‘。

4．除去在第 3 條內所舉的字之外，在第 1 條內所舉的字讀 k。 所以在平陽話裏頭舌根音與顎音的字的分配跟官話是大體一樣的。

5．窘郡具掘局讀 ȶɕ‘。

6．葵跪具懼也可讀 g 也可讀 ȡʑ。

7．近（又讀）臼舅及揆窘拒讀 k‘，多數是上聲字。

8．以下的字讀 k‘。

福州：騎，鉗，琴，禽，擒，懃，芹，臼，柩，揆（看古兩讀）；圈（看古兩讀），窘，詎（看古兩讀）；

廈門：騎，鉗，琴，禽，擒，虔，懃，芹，球（又讀），儉（看古兩讀），臼(又讀)，忌（又讀），柩（又讀），葵拳（又讀），圈（看另條），窘，懼；

汕頭：擎，岐，騎，奇，祈，期，麒，其，鉗，琴，禽，擒，虔，懃，芹，強（又讀），橋（又讀），喬（又讀），求，毬，逑，球，裘，儉（看另條），臼（又讀），競（又讀），葵，權，拳，羣，狂，渠，揆（看古兩讀），圈（看古兩讀），窘，餽，饋，倦，誆（看古兩讀）。所以汕頭話跟廣州話很近。

例外

a）以下的送氣讀法使人想起平陽的方言來：

kʻ：櫃三水；

ȶɕʻ：件近三水；轎三水，桑家鎮；舊三水，涇州；柩固始；羣蘭州；掘歸化，太原，興縣，温州；局涇州，三水。所以這個傾向在三水尤其顯著。

b）雜類：擒温州，寧波 ȶɕʻ（陰平；不見反切之古讀？）；裘汕頭，廈門（皆又讀）h；僅柩客家 k；跪上海，寧波 ȡʑʻ（或 g）；窘上海，寧波 ȶɕʻ；餽，饋官話，揚州 kʻ（不見反切之古讀？）；郡寧波 ŋ；誆有很多不同的讀法：漢口，温州，寧波 h，廣州 h 或 f；遽温州，寧波 ȶɕ，客家 k。

在大約 2,000 個讀音裏頭有三十來個例外。

古代兩讀字：

擎廣韵也有去聲一種反切，在歸化，太原，文水，太谷，興縣，平陽，三水，桑家鎮，懷慶還保存着，讀作弱清聲母。騎在這兒國音作 tɕʻi 平聲，也有讀去聲的，見廣韵反切，國音作 tɕi；奇在這兒國音作 tɕʻi，亦有作見母的，國音作 tɕi，見廣韵反切；祈亦有依廣韵的一種反切讀作見母的，國音作 tɕi；芥文水，太谷 ȶɕ，或者跟類篇的一種讀作見母的反切有關係；強在這兒國音作 tɕʻiaŋ；亦有依廣韵的一種反切作上聲的，國音 tɕiaŋ；儉汕頭，廈門 kʻ 陽平調，不能依正韵的反切算溪母字；渠集韵有去聲一種反切，在文水，太谷，固始還保存着，讀作弱清聲母；跪有幾個方言保存溪母的讀法，見廣韵反切：山西，除去鳳台，三水；揆所有的官話方言以及揚州，客家，福州，汕頭（又讀）都讀作平聲，送氣聲母。正字通作平聲，但是康熙字典不用他，因為不見於古韵書。圈集韵有很多的反切。一大部分的方言一律讀作溪母。我們所採廣韵的讀法作郡母的在鳳台，桑家鎮，固始，北京（又讀），漢口（又讀），上海（又讀），廈門，汕頭還存在；誆官話（除去漢口），揚州，客家，福州，汕頭，安南（又讀）讀 kʻ 平聲；這是字彙的讀法。

找不着讀音的字：

逑上海；球日本；技客家；近日本；臼平陽；舅寧波；傑溫州，寧波，客家；渠日本；櫃高麗；饋四川；掘文水，太谷。

# 見，溪，郡母總論

## 1. 發音的部位

從上文所研究過的這三個聲母在現代的讀音看起來，我們可以發見一大部分是讀作舌根音的，此外有很不少讀顎部塞擦音的，也有很小的一部分讀作喉部摩擦音，舌尖音跟脣音。一向都以爲它們的古讀原是舌根音，這是很合理的，別的讀法可以很容易解釋作舌根音的轉變。

**A.** 古代舌根破裂音受顎化影響以致發生了很大的變化，這種顎化現象在許多的語言中都是很常見的，例如，拉丁 civitas，意大利 citta，法 cité。演變的情形可以定作下面這樣：

$$k > c > cç > ʨ_2 \text{ 或 } ʨ_1 > ts > s。$$

照顎化現象中國方言可以分爲三類：

1. 南部沿海的閩粵方言還有高麗譯音，日本譯音都完全不受顎化的影響，如廣州捐 kyːn。古代漢語的 j 在這些方言裏毫沒有痕迹。我們要注意集韻裏頭已不分 j 化的跟純的聲母了。這可以表示在集韻的時候已經有受 j 化作用的方言跟不受 j 化作用的方言之不同了。

2. 在官話的方言，揚州及吳語裏顎化的作用是很顯著的。我們可以注意：

*a*) 在 **i**,**y**（1）的前頭聲母可以顎化，如北京京讀 $ʨ_1$iŋ，居讀 $ʨ_1$y。在這一層各方言都完全一致。可是在不同的方言裏顎化現象也有多寡的不同，這就全在乎拿 i，跟 **y** 作韻母第一音的次數多少。按照這種次數，可以再分方言爲四類：

四川漢口以外的官話方言，這是二等字讀作顎部塞擦音最多（因爲 **i**，**y** 最

（1）Parker 在溫州話的一等字裏頭，倒是曾經寫了個 'üe' 韵，在這韵的前頭舌根音是照例保存着的。或者他在那兒所指的實在是 ʉ 音而不是 **y** 音。

多）的些方言。

揚子江流域四川，漢口，揚州幾個方言，這是二等字讀顎部塞擦音較前一種略少的些方言；上海寧波方言，這是最富於二等字兼有舌根與顎音兩讀（ka：ȶɕia）的些方言；最後是溫州，這是個二等不讀顎音而三四等全讀顎音的方言。

β）i（y）使聲母顎化之後並不被聲母吞沒。就在 i 很弱的方言裏（如上海）；依我的意見它還是可以聽得出來的。

γ）有些方言裏頭這種顎化現象只到 c 的程度，像這樣的照 Forke 說有東北的幾種方言，如沂州，登州還有中部湖南的幾種方言。在南京的俗話裏也可以遇見 c（一）。依據上海話裏有些拼音方法寫作"ki，kya"的字，我們也可以設想這個方言也有 c 的，但據我所能證實的，這種拼法是指 $ȶɕ_2$ 的音。

δ）官話方言的大部分（例如我在前頭剛才討論過的那些）演變到顎部塞擦音，ȶɕ 等。至於更進一步的演變，就是變到舌尖齒塞擦音，ts 等，我並沒能證實（二）。我覺得 Courant 以為北京話就是這樣兒（Langue Chinoise, p. 12）那是錯的；頂多他只能找出幾個零碎的例子來。我覺得這位著者關於在 i 前面的古聲母 k 的議論也不恰當，他說："在官話中靠南的方言裏頭'k'還是舌根音，但是他常常的在'k'，'kh'，跟'c'，'ch'（Courant 拼法的'c''ch'＝ts, ts'）中間相混"。我們可以想到 k 跟 ȶɕ 混，ȶɕ 跟 ts 混，但 k 跟 ts 混怕是不可能的。至於"在官話中靠南的方言裏頭 k 還是舌根音"這句話至少可以說他是武斷。在下列的方言裏在 i，y 的前頭只有 ȶɕ，沒有 k：

山西的十一種方言（上文討論過的方言，再加天鎮，運城，蒲州）甘肅的三種方言（已經討論過的）陝西的五種方言（已經討論過的方言，再加臨潼，商州）河南的五種方言（已經討論過的，再加河南府）新安山東的一種方言（濟南）；四川的一種方言；湖北的兩種方言（漢口，宜昌），江蘇的一種方言（南京官話），江西的兩種方言（萍鄉，樂安），雲南的一種方言（恩安），貴州的一種方言（貴陽）；廣西的一種方言（桂林）。

---

（一）看 189 頁註（二）。

（二）瀋陽似有此讀法。又北平女學生中近年有全用齒音的風氣，幾成一種有性別的讀音了。

可是我們在前頭（$\gamma$）(1)所提到的四個方言中在 i,y 前是 **k**（或者 c，看上文）；所以我們對於 Courant 的議論不能不保留意見。我們現在就這麽說吧：官話把在 **iy** 前頭的舌根破裂音通常都變作顎部的塞擦音，但在少數方言這種變化不那麽利害；還有幾省的方言如山東，安徽，江西，關於這一點我們不十分知道。

3. 在安南話裏頭，這種顎化現象另是一種情形。我們可以注意：

$\alpha$）顎化現象不是所有的 **i** 前頭都有，只是在含有主要元音 a 而沒有合口 **u** 的二等字裏，換言之，就是在那些官話讀 **tɕ** 的字裏才有。例如家東京 za。

$\beta$）在十七世紀的時候已經演變到顎音（塞擦顎音），但是到現在東京話又更進的變作齒音 **z,s** 了(2)。在安南的其他地方（如同 Cochinchine, Quangbinh）十七世紀的 **ȡʑ**（ǰ）音不變成 **z**，而失去了(3)。Maspero 沒有給我們解釋爲什麽清 k 變濁 z。還有，他好像僅僅注意到 **k** 變成 **z**，沒有注意到 **k'>s**。照我的意見，這種意料不到的濁音讀法的原因，正是應該在這種並行的演變中來尋找。因爲自古以來，大家總是在那兒拚命的要維持 **k**，**k'** 之別。所以 **k'** 變了 s，**k** 就變了 **z** 了。

$\gamma$）使顎化現象發生的 **i** 被聲母吞沒了：**kia>za**（如果像在交趾支那方言裏頭聲母失去，這個 **i** 就保存着變成聲母 **ia** 'ya'）。

**B**. 我們還得要注意兩種變化，這兩種變化的性質之比較次要的；因爲他們只同溪母有關而且限於幾個方言。

1. **k'>h**。這種變化可以在粵語及高麗譯音裏找到，例如開 **k'ai** 廣州 hoi。其中想必經過 **χ**（舌根摩擦音）的階級。這種變化——由舌根送氣音的鬆解，最初變成舌根摩擦音，然後再變成喉部摩擦音——在別的語言中很容易找出例子來：如拉丁 humus 之於希臘的 χαμάι，日耳曼 hōha 之於梵文的 šăkhā(4)。再

(1) Mateer 在山東的濰縣話還有江西的九江話裏用 k。可是他在南京話裏也寫作 **k**，並且還不說明受過教育的人讀作 **tɕ**，所以我們不能不疑心他的議論。

(2) 關於別的詳細情形，看 Maspero, Phon Ann, p. 23。

(3) 見 Maspero，前引書同處。

(4) Brugmann, Kurze Vergl. Gramm. 186,188 頁。

參看中古的希臘文的 k‘>χ。

2. k‘u>f (u)。 這種變化應當從以上的變化來解釋：k‘u>χu>f (u)，f 的發生是因爲 u 的合脣作用提前的緣故。 這個 u 若是作爲二合元音之第一音，它就被吸收在 f 裏去了。 這種變化，可以拿拉丁 ferus<古拉丁 χu-，印歐 ghueros(1)來作例，還有 χv(‘XB’)>f 在斯拉夫的語言中也不是罕見的。 粵語中就有這種演變，如‘寬’官話 k‘uan，廣州 fu:n；‘塊’官話 k‘uai 廣州 fɑ:i。

在廣州語裏頭很難找出條例來分別什麼字應當讀 f,h，或 k‘:

f 自然是只見於合口字（韵母的第一部成素是圓脣的），並且還得要這個元音不顎化；

h 通常見於開口字；但合口字裏也有，第一在顎化元音的前頭，例如 hyt；第二在軟顎元音＋舌根輔音的前頭例如 hoŋ，hok，huŋ，huk；

k‘ 開口合口都能有，我們不能規定一條定律出來說在什麼情形之下讀 k‘；等，呼（開合），聲調，韵類都似乎對它沒有一定的影響。 固然 k‘ 的見處特別是在以 a 作主要元音的字，曠字的兩讀 k‘uaŋ，hɔŋ 就是 a,o 對待的一個例子。 但是從許多的例子，如口 hau，快 fa:i 看起來，可見這個方言中在 a 的前頭仍可以有 f 跟 h。

看樣子是廣州話裏頭有一個很明顯的 k‘>x 這種變化的傾向，隨後再在開口有 x>h 的演變，合口有 x>f 的演變。 這種傾向可是沒有完全普及。 許多的 k‘ 還保存着，這很可能的是受了官話的影響（因爲政治上的關係）。 在客家話裏頭 h 跟 f 比較的佔很小的位置。 尤其是 f 的見次之少，竟可以使我們想它是廣州話的影響了。

關於廣州話附近的幾個方言，我們得要注意下列的幾項：

東莞話開口字也有些讀 f 的例；這是因爲在這些字裏的元音變成 u 了；北京 k‘ai，k‘an＝東莞 fui，fun。

澳門有些個讀 k‘ 的，在廣州讀 h。

(1) Brugmann，前引書 160 頁。

順德話裏頭在 u 的前頭可以有 h，例如 hut。 在廣州話裏，hu 的結合只能在收舌根音的韵裏才有：huŋ，huk(一)。

## II. 淸濁跟送氣

一向人都以爲古代漢語的見，溪，羣這幾個聲母是 k，k'，g。 關於 k，k' 我不反對。 只要看一看現代語言中的讀法，就可以使我們明瞭這種解釋是滿意的；見母在各處讀作弱淸塞音，只有我們剛才解釋過的濁摩擦音 z 是個例外；溪母是用強淸塞音來讀的，除去我們在前面已經解釋過的 h，f，s；•且除高麗日本兩個國外的方言以外，這些淸聲母各處都讀作送氣的，至於羣母，我們卻得要有一個更精密的考究。

羣母在現代方言裏有下列的讀法：

1．只有在吳語（上海，寧波，溫州）裏頭它讀作濁音的。 屬於吳語的照 V. Möllendorff 所舉的讀音示例還有蘇州，金華，但沒有徽州，杭州。 例：葵櫃在寧波都讀 guei。

2．在國外的方言（高麗，日本，安南）裏讀作弱濁輔音；例如葵，櫃日本 ki。有很多的日本字據 Parker 又讀作濁輔音。 我所用過的些個日本本國的字典裏頭——尤其是和譯的正字通——只有淸聲母。 或者是因爲連音變化而發生淸濁的不同。

3． 客家話讀作送氣淸輔音，例如葵櫃客家都讀 k'ui。

4．官話（除去平陽），揚州話在平聲讀作送氣淸輔音，在上去入（仄聲）讀作弱淸輔音；例如，葵北京 k'ui，櫃北京 kuᴇi。

5．關於這一方面性質不定的，有：

*a*）平陽話，它在平聲讀送氣淸輔音；在仄聲亦有一大部分送氣淸輔音，極像客家話；但是它也很有偏於官話的傾向，就是在仄聲也讀作弱淸輔音。 三水話有些同平陽話相近的地方（見例外）。

---

(一) 按這類字差不多都讀成 hoŋ，hok 了。

β）廣州話，近乎平陽話，但是仄聲讀作送氣清輔音的沒有那麼多。 廣州話的仄聲送氣音多數出現於上聲。

γ）閩語，在任何聲調中都能一樣的有送氣清輔音，一樣的有弱清輔音。 可是在平聲的時候我們可以看出送氣輔音較多。 汕頭話尤其是這樣，那就很近乎廣州話了。

我們有了這些事實，就得要討論一下。 在十九世紀的初年 Marshman, Edkins, Volpicelli, Schaank 諸位先生都認爲古代的郡母是個濁塞音，這是合理的，證據也是可靠的。 但是我們不能從那上就知道這濁塞音是個單純的 g。 我們在這兒所要研究的問題不僅關於郡母，並且跟普通認爲濁塞或塞擦音 b, d, ǰ, dz 那些聲母也一樣有關係。 所以把這些問題整理的清清楚楚是根本重要的。

在多數方言中郡母後來讀成清塞音不是難解釋的事，印歐的 g 在日耳曼語裏頭也一樣的讀作 k，但是若論到 k' 的話，這個問題就更複雜了。 我只能設想兩條變化的路，一條直接的路郡母>k'，另外一條先走郡母>k 的路，再由 k>k'。 這第二條路是不能成立的，因爲所有的方言總是有弱清 k 的，那麼就設法兒解釋爲什麼由郡母變來的弱 k 會再向前變，而別的 k 都保留原狀了。 並且在古代的材料裏也有困難。 在廣韻裏頭我們已經可以遇見許多不定的讀法的例，同一個字可以又放在送氣清聲母下，又放在濁聲母下。 這就把郡母>k>k' 這種接繼演變的假設乾乾淨淨的打消了。 它的變化的路是直接的：郡>k'。

如果我們拿一向公認的 g 來替代郡母，從音理上頭我們是否能承認 g>k' 的這種直接變化呐？ gi:k'i 這種不定的兩讀法是否可能？ 照我所能看得到的，這是不可能的(一)。

至於我呐，我就不承認 g 而認它爲送氣濁塞音 g'(gh)。 比方說 g'i 的話，我並不是說它是一個濁 g 加一個清 h 再加一個濁 i，那就太不近情理了，我是認它爲從頭濁到尾的一個濁音組，在 g 除阻後有一種強的濁氣流，就是完全梵文

(一) 但在南昌 g:k' 常常隨便換讀，不過它的 k' 是一種軟 k'。 看趙元任"中國方言當中爆發音的種類"，史語集刊 V, 4, 516。

的音素 gh [gɦ] 相似。 從這樣的一種假設，我們就可以得到些很自然的解釋了。g:k' 互換是不合理的，但是 g':k' 互換就不那麼怪了。 g>k' 的直接變化這條路是不可能的，但是 g'>k' 的變化不僅是自然而且在印歐的一個語言（希臘）裏還有實例。 所以我覺得古代漢語的 b', d', g' [bɦ, dɦ, gɦ] 音的演變是像下列的情形：

1. 有些方言保存着 b', d', g' 的送氣，如同在客家話的前一個時期中，完全跟梵文保存印歐 bh, dh, gh 的送氣音一樣。

2. 在別的方言裏，如吳語的前一個時期，把送氣失去成 b, d, g 了 ［但須參看上文譯者註所引文］；就如同在日耳曼，斯拉夫，亞美尼亞語裏頭失去印歐的送氣一樣。

3. 最後在別的方言裏，如在官話的前一個時期，有些調如平聲保留着送氣，別的調如仄聲就把他失去了：

平聲 b', d', g'

仄聲 b, d, g

現在又有一層新的演變，就是濁變淸的變化，參加在裏頭。 我們於是有 b', d',g'>p',t',k' 的變化，跟印歐 bh, dh, gh>希臘 φ, ϑ, χ,（就是 p', t', k'）相似，還有 b, d, g>p, t, k 的變化，跟印歐 b, d, g>日耳曼 p, t, k 相似。吳語沒有經過濁變淸的變化。

現在我們就得到現代的分配情形了：

1. 客家：p', t', k';

2. 吳語：b, d, g;

3. 官話：平聲 p', t', k', 仄聲 p, t, k;

4. 國外方言：（高麗，日本，安南，）既不保存濁音也不保存送氣：p, t, k。

b', d', g' 等的這種假設更使我們對於另外一個問題得到一個解釋的途徑。蒙古譯音照例以淸音代漢語的濁音，以濁音代漢語的淸音。 如果認古代漢語的濁音作 b, d, g 等，我們完全不懂爲甚麼蒙古人聽 b 作 p，聽 p 作 b。 但是如果假定古代漢語的音是 b‘, d‘, g‘, 而蒙古的 p, t, k 是比它的 b, d, g 送氣的力量更強——在日耳曼語裏頭就是這樣——那麽漢語的 b‘ 因爲它的送氣被蒙古人認爲 p‘, 而漢語弱淸 p 因爲沒有送氣就被蒙古人認爲 b, 這就沒有什麽可怪了。

我的最後並且還不是最弱的理由使我覺得 b‘, d‘, g‘ 的音値比較妥當，是根據吳語裏濁塞音的很特別的性質而來。在分析語音的時候（168 頁）,我已經說過有幾位著者注意到它們有一種重音 “stress”, 這種“重音”實在是一種濁音的送氣，不過是太弱了，不夠使我們用 b‘, d‘, g‘ 的寫法。這無疑的是古代送氣的遺迹。

我相信現在我已經把關於古代漢語的爆發跟塞擦音的送氣性質的確鑿證據舉出來了。古代的舌根爆發音就是：

見——k

溪——k‘

郡——g‘

# 第八章　聲母 4: 疑

## 聲母 4, 疑(共 89 字)

這個古聲母現在普通用 ŋ, ȵ, n, ŋg, ȵȡ, g, ɣ 這幾種音來讀它，或者失去（○）。

在所有調查過的方言裏，ŋ 都是 ŋ。Parker 在 i 前頭所寫的'ng'（寧波，溫州，客家）大概是指 ɲ 而不是指 ŋ。

ɣ 有兩種：

a）ɣ：北京，鳳台，懷慶。

b）ʁ：開封，固始。

c）太原有 ɣ 跟 ʁ 兩種。

這些音可以照次頁的表分配。

1．'額'（祇見於鳳台，河南，漢口，四川，上海，寧波，安南）跟'硬'等字，換言之，就是梗攝的字，有 ɣ 跟○或 ŋ 跟○兩讀，也有讀作 ɣ, ŋg, d, g 的。

2．平陽 $ȵȡ_1$：銜，芽，牙，眼，咬，硬，臬，凝，儀，宜，言，銀，牛，蟻，仰，義，議，誼，逆，業，孽，瘧，漁，魚，語。

文水 $ȵȡ_1$：芽，牙，顏，眼，咬，硬，雁，硯，臬，疑，宜，銀，牛，誼，諺，逆，業，孽。
興縣 $ȵȡ_1$：芽（又讀），眼，咬，硬，研，雁，硯，臬，凝，牛，逆，孽，漁，魚。
太谷 $ȵ_1$：芽，牙，眼，咬，硬，研 硯，臬，凝，銀，牛，逆，孽。
西安 $ȵ_1$：芽，牙，眼，咬，硬，臬，凝，宜，疑，牛，擬，逆，業，孽。

<table>
<tr><td rowspan="2"></td><td colspan="2">一 等</td><td colspan="2">二 等</td><td colspan="2">三，四 等</td></tr>
<tr><td>開口</td><td>合口</td><td>開 口</td><td>合口</td><td>開 口</td><td>合口</td></tr>
<tr><td>南京，揚州，高麗</td><td colspan="6">○</td></tr>
<tr><td>北京</td><td>ɣ 及○</td><td>○</td><td>ɣ及○[1]，○</td><td colspan="3">○</td></tr>
<tr><td>漢口</td><td>ŋ及○</td><td>○</td><td>ŋ及○[1]，○</td><td colspan="3">○</td></tr>
<tr><td>鳳台，河南</td><td>ɣ</td><td>○</td><td>ɣ[1]，○</td><td colspan="3">○</td></tr>
<tr><td>歸化，太谷</td><td>ŋg</td><td>○</td><td>ŋg[1]，ȵ[2]，○</td><td>○</td><td>ȵ[2]，○</td><td>○</td></tr>
<tr><td>文水，平陽，興縣</td><td>ŋg</td><td>○</td><td>ŋg[1]，ȵȡ[2]，○</td><td>○</td><td colspan="2">ȵȡ[2]，○</td></tr>
<tr><td>大同，蘭州</td><td>n</td><td>○</td><td>n[1]，ȵ[2]，○</td><td>○</td><td>ȵ[2]，○</td><td>○</td></tr>
<tr><td>陝西</td><td>ŋ</td><td>○</td><td>ŋ[1]，ȵ[2]，○</td><td>○</td><td>ȵ[2]，○</td><td>○</td></tr>
<tr><td>太原</td><td>ɣ(ɣ[3]，ʁ)</td><td>○</td><td>ɣ[1](ʁ)，ȵ[2]，○</td><td>○</td><td>ȵ[2] ○</td><td>○</td></tr>
<tr><td>涇州</td><td>○[3]，n</td><td>○</td><td>n[1]，ȵ[2]，○</td><td>○</td><td>ȵ[2]，○</td><td>○</td></tr>
<tr><td>四川</td><td>○[3]，g</td><td>○</td><td>g[1]，○</td><td>○</td><td>ȵ[2]，n[2]，○</td><td>○</td></tr>
<tr><td>平涼</td><td>n[4]，ŋ</td><td>○</td><td>ŋ[1]，ȵ[2]，○</td><td>○</td><td>ȵ[2]，○</td><td>○</td></tr>
<tr><td>上海</td><td>ŋ</td><td>○[5]，ŋ</td><td>ŋ[1]，ŋ及○</td><td>○[5]，ŋ</td><td>ȵ</td><td>○[6]，ȵ</td></tr>
<tr><td>寧波</td><td>ŋ</td><td>ŋ[7]，○</td><td>ŋ[1]，ŋ及○</td><td>ŋ[1]，○</td><td>ȵ[8]，ŋ</td><td>ŋ</td></tr>
<tr><td>安南</td><td colspan="2">ŋ</td><td>ŋ[1]，ȵ</td><td colspan="3">ŋ</td></tr>
<tr><td>客家</td><td colspan="2">ŋ</td><td>ŋ[9]，ȵ[10]，n[10]</td><td>ŋ</td><td>ŋ[11]，ȵ[10]，n[10]</td><td>ŋ[6]ȵ[10]n[10]</td></tr>
<tr><td>温州</td><td colspan="4">ŋ</td><td>n[12]，ŋ</td><td>ŋ</td></tr>
<tr><td>廣州</td><td colspan="4">ŋ</td><td colspan="2">ŋ[11]，○</td></tr>
<tr><td>廈門</td><td colspan="2">ŋ[13]，g</td><td colspan="4">g</td></tr>
<tr><td>汕頭</td><td colspan="6">ŋ[14]，g[15]，○[16]</td></tr>
<tr><td>福州</td><td colspan="6">ŋ</td></tr>
<tr><td>日本</td><td colspan="6">g</td></tr>
</table>

三水跟桑家鎮 ȵ：芽，牙，眼，咬，硬，臬，凝，宜，疑，牛，擬，仰，逆，業，孽。

歸化 ȵ：眼（又讀），硬，硯，臬，凝，牛，擬，蟻，逆，孽。

大同跟太原 ȵ：硬，臬，凝，牛，逆，孽，瘧，虐。

平涼 ȵ：眼，咬，硬，臬，凝，疑，牛，擬，逆，業，孽。

涇州 ȵ：眼，咬，硬，臬，凝，牛，逆，業，孽。

蘭州 ȵ：咬，硬，臬，凝，牛，逆，業，孽，瘧。

四川：在 i 韵母前頭是 ȵ，宜，疑，義，議，藝，逆；在拿 i 作第一個音素的複合音前頭是 n，硯，臬，凝，牛，仰，驗，業，孽。

關於四川話的說法 Parker 跟四川傳教師很不同，這是自然的，因爲這兩個著者並沒有把這個大省分裏的區域確定。 Parker 按漢口音也作 ŋ 跟○。 我把這個不同提出一次之後，我還是根據傳教師的標音。

3．在果攝（俄）字裏讀 ɣ 或○。

4．在效攝（遨）蟹攝（礙）跟山攝（岸）的字裏讀 n。

5．在蜈，吳，五，午（又讀），外（又讀），玩，忤（又讀），頑，瓦（又讀）等字裏讀○。

6．在止攝字（危僞）跟客家話漁，魚兩字裏讀○或 ŋ

7．在訛，五（又讀），臥，外（又讀），玩（又讀），悟，悞，忤（又讀），頑（又讀），瓦，嶽等字裏讀 ŋ。

8．在研，堯（又讀），凝，吟，蟻，諺，瘧，虐等字裏，照 Parker 說，讀 ȵ（他寫作 'ñ, ñy, ny' 等等）。 其餘的就是 ŋ（也許是 ɲ）。他寫作 'ng'。

但是 Parker 對於這種分別好像是不大注意。 讀音是很游移不定的，他有時候用這一個寫法，有時候用那一個寫法。 他告訴我們說（Giles 字典 XXIV）："在現在的拼法裏，我照例是按我所聽見的每個字的實在聲音來寫，有時候用這一個，有時候用那一個"。

9．在果攝（牙）蟹攝（涯），效攝（咬）以及'硬'字裏讀 ŋ。

10．關於客家話在 i 前頭所演變出來的音，各種材料有點不一致：

a) Parker 大半寫作 'ng'，他的解釋是這樣（Giles 字典 XXIV）："我現在是這麼說，我既然決定 'ng' 比 'ny' 的寫法好一點兒，而且也適合於眞正的聲音"。 可是，他又告訴我們說，他不願意把 'ng' 當作"硬的舌根音"（a hard gutteral sound）。 那麼這個音顯然是 ɲ 了。 他在同頁的下文又說，"客家人或者至少有些客家人沒有硬的舌尖音 'n'［就是說在 i 前頭］……………它變成了 'ñ'，或法文 Boulogne 中的'gn'"。

b) Rey 在 i 前頭向來沒有 'ng'。 他的書裏只有 'gn'（就是 ȵ）跟 'n'。 在所有第一個成素是 i 的複合音前頭他用 'n'，例如，言作 'nian'，間或在單元音 i（宜，疑，蟻，語）的前頭他也用 'n'。'gn' 就完全出現在 i 韻母的前頭。

c) Vömel（T'oung Pao, 1914）也不承認客家話有一個軟化的 n。 在 Rey 寫作 'n' 的那些字他也寫作 'n'，有些 Rey 寫作 'gn' 的字他寫作 'ng'（"在德文標準語 ding 卽英文 thing 裏的 'ng'"）。這顯然是廣大客家區域裏部分不同的關係。

11．在 a 的前頭有些方言讀 ŋ：廣州研（又讀），詣，雁，銀，牛，議，藝，逆（又讀），危，僞；客家研，雁，硯。

12．在止攝字裏讀 n（儀，宜，疑，擬，蟻，義，議，誼）。 要是後邊沒有元音，那麽 n 就變成自成音節的 ŋ̩。

13．在鵝（又讀），蛾，熬（又讀），我（又讀），藕，偶，餓（又讀），艾，傲（又讀），訛（又讀），吾，梧（又讀），蜈，吳（又讀），五（又讀），午，臥，悟（又讀），忤等字讀 ŋ。

14．在俄，蛾，昂，熬，我，藕，偶，艾，岸，傲，訛，吾，梧，五，午，玩，悟，忤，涯，顏，眼，咬，硬，頑，嶽；研，堯，詣，雁，臬；凝，迎，儀，宜，嚴，吟，言，銀，牛，擬，蟻，仰，義，議，誼，藝，驗，諺，逆，業，孽，瘧，虐，危，元，源，原，愚，僞，愿，願，寓，獄，玉等字裏讀 ŋg。

15．在鵝，餓，礙，蜈，吳，外，悟，惧，銜，芽，牙，訝，宜，疑，牛，藝，語，禦，御，月，獄，玉等字裏讀 g。

16．在我，吾，吳，五，臥，外，顏，眼，訝，頑，瓦，僥，雁，硯，言，仰，諺，元，源，原，愚，愿，願，寓，月等字裏讀〇。

例外

a) 聲母遺失，近似北京等方言：

〇：昂寧波；我鳳台，河南；岸上海（又讀），溫州；玩廣州，客家（又讀），廈門（又讀）；頑廣州；堯上海，客家；雁寧波；言吳語；元魚上海，寧波（都是又讀）；漁上海，寧波；月上海（又讀），溫州，寧波。

b) 注意幾個清聲的讀法：

h：訛汕頭（又讀）；額汕頭，廈門（又讀）；瓦汕頭，廈門（都是又讀），硯廈門；蟻汕頭，廈門（都是又讀）；驗瘧虐高麗；漁汕頭；魚汕頭，廈門（又讀）；逆廈門。

k：咬閩語（又讀，看另條）；硬高麗，日本，廈門（又讀）；逆廈門。

c）跟第2條所記的讀法類似的，有：

臬北京，揚州固始 n，懷慶，開封 ȵ，南京，漢口 l；凝北京，揚州，鳳台，固始 n，南京 l；宜，疑漢口（又讀）l；牛北京，揚州 n，漢口，南京 l，懷慶 ȵ；仰揚州 n；驗漢口（又讀）l；逆北京，揚州 n，懷慶 ȵ，南京，漢口 l；孽北京，揚州，固始 n，南京，漢口 l；瘧，虐北京（又讀），揚州 n，南京，漢口 l。

d）嶽在安南話讀 ȵ，它在切音指南時代已經變到開口類了（參閱 1. 見母，240 頁）。

e）雜類：我四川 g；藕，偶揚州（又讀）ŋ——根據 Parker；涯，訝上海，寧波完全是○；咬廈門 ŋ；額蘭州 ȵ；僥閩語粵語 h，固始漢口 ɕ（不見反切之古讀？）；雁上海，安南把這個字當作二等；臬安南（又讀）ȵ；牛鳳台，開封，固始 ɣ；瘧上海（又讀）ŋ。

在差不多三千讀音裏大約有一百個例外（其中有三十個又讀）。

古代的兩讀字：

訛集韻的反切把這個字放在開口，這個讀音在很多的方言裏都存在，如：北京，山西（除去歸化），平涼，河南；咬字應屬齒部作‘齩’，普通寫作‘咬’字照本來的意思讀作見母，(一)這個音在日本的 k，安南的 z 或○等讀法裏還可以看出來；僥字的唐韻反切只在汕頭高麗兩個方言裏還存在着，一大些方言都照集韻的反切把這個字當作見母（參閱例外）。

找不着讀音的字：

鵝敖廈門；礙興縣，鳳台；艾南京；涯廈門；雁高麗；臬鳳台；迎日本；槷傷南京。

## 疑母總論

這個聲母在韻表裏所佔的位置證明它在近古漢語的時代是舌根鼻音 ŋ。對於中古漢語我們也沒有理由來假設一個別的音。關於這個音的演變，我們得要注

(一) 廣韻‘齩’五巧切屬疑母，‘咬’古肴切屬見母，但訓‘鳥聲’與齩義不相干；可是集韻‘齩’字下卽有重文‘咬’字。

意下列的現象。

I. 發音部位的前移

A. 在 i,y 前頭的顎化作用（palatalisation）。

1）在閩語，廣州，日本跟高麗顎化作用是不顯著的。例如言福州 ŋiɔŋ。

2）在北京，河南，鳳台（在山西，近於河南）漢口，揚州，南京等方言裏只有幾個顎化的例外。在這些方言裏，開封跟懷慶讀 ȵ；其餘的方言一直前移到舌尖音 n 的地位。南京跟漢口 n 都變成 l [l̃]，這就可以解釋爲什麽在這些字裏會遇到 l 的讀法。例如，臬北京 niɛ，南京 l̃ᴇʔ，懷慶 ȵiɛʔ。

3）有些方言的大部分或在特別情形之下可以遇到顎化作用的我們得要注意：

α）山西（除去鳳台），陝西，甘肅在二等也跟三四等一樣有顎音 ȵ，$ȵɖ_1$，例如'牙'太谷 ȵiɔ。在所有 i,y 的前頭，這種顎化作用不完全像舌根爆發音見等一樣。在 i,y 的前頭聲母遺失的傾向（例如銜太谷 iɔ）幾乎跟顎化的傾向一樣強。顎化的傾向在山西中部（文水，平陽，興縣）是最強的，在這些地方不單在開口 (i) 發生，就是在有些合口（y）的例裏也會發生；例如魚平陽 $ȵɖ_1$y。

β）四川跟吳語只在三四等裏顎化。

四川完全在開口，而且只有一部分（有遺失聲母的反對傾向）；

寧波完全在開口，不過從我所有的材料還不能定一種規則。

温州完全在開口，而且只在止攝字前頭（聲母從 ȵ 變到 n），例如，宜 n。

上海總是在開口，在有幾韵的前頭合口也有。

據 Forke 的記載看起來，關於這一點跟這類方言相合的有樂安（撫州府）跟萍鄉（袁州府）等方言。

γ）客家在二三四等裏有 n 跟 ȵ；但是怎樣分配並且到什麽程度，卻還不能定（看疑母條例第 10）。

δ）安南在跟舌根爆發音的同樣情形之下，就是在二等，開口，拿 a 作主要元音，它也發生顎化，不過，在東京話雖然爆發音已經前移到舌尖音的地位，而鼻音依然在顎音的地位（ȵ），例如'牙' ȵa。

**B.** 在 i,y 以外的元音前頭發音部位的前移；這只在中國北部的幾個特殊方言裏才有。

1）大同跟蘭州在一等開口字跟梗攝二等的前頭，換言之，就是在 i, y, u 以外所有別的元音的前頭，有 ȵ。例如昂大同 ȵɔ。照 Wieger 的書，在河間府的方言也是一樣的。

2）平涼只在有幾攝的一等開口字的前頭讀 ȵ。

II. 鼻音變成口音

要知道這個變化是怎樣發生的，我覺得在山西很普遍的鼻音＋口音（如 ŋg）的讀法，例如昂文水 ŋgã，是可以啓發我們的。從鼻輔音 ŋ，變到口元音 a，軟顎同咽頭先作成閉塞，所以在鼻音跟元音之間就生出一個口塞音來。到後來這個口塞音佔優勢而鼻聲母遺失，例如，鵝汕頭 ga。這個演變是：ŋa＞ŋga＞ga，ȵi＞ȵȡi。我們得要留意的：

a）口塞音 g 見於：

四川 a, e(ɛ), ə 元音的前頭；

汕頭跟廈門的大部分；

日本的各處。

b）口部摩擦音 ɣ（關於它的產生看下文 III）在有些官話方言裏可以遇見：如北京，河南，鳳台，太原的方言，

c）鼻音＋口音，ŋg，ȵȡ，在好多山西方言裏都有。

III. 聲母的失落

照我的意見，口部的閉塞，弛放直到塞音變成摩擦音（ɣ）是這個傾向的第一步。北京話有 ɣ 跟○（沒有聲母）兩音互讀的情形，例如‘敖’有 au 跟 ɣau 兩讀(1)。在 i,y 的前頭，聲母失落以前是否有顎化作用，這是不大能決定的。照上文（I）所研究的現象看起來，好像是可以的，例如宜 ŋi＞ȵi＞北京 i。

(1) 關於北京話，有人普通寫作 ‘ng-’。我的意見跟 Forke 相似，以爲 ɣ 是北京話的實在的聲音。

按照聲母的失落，我們就有下面的方言分類：

A) 福州跟厦門聲母的失落是不顯著的。

B) 南京，揚州（但可參閱 IA2）高麗聲母的失落是普通的。 宜昌方言也許是這樣的情形。

C) 好多方言，只在有些字類裏失落：

1) 在 u 的前頭；例如，瓦北京 uᴀ：

α) 在所有 u 的前頭：如官話的方言（關於南京話看上文 B）。

β) 同保存鼻音的傾向並存的：如上海，寧波。 照 Forke 的記載，在樂安（撫州府）跟萍鄉（袁州府）的方言也有同樣的演變。

2) 在 y 的前頭，例如源，北京 yan；

α) 在所有 y 的前頭：如廣州跟官話方言除文水平陽興縣（關於南京話可看上文）。

β) 跟 ŋ,ȡ 並存的：如文水，平陽，興縣。

3) 在 i 的前頭，例如言北京 iɛn：

α) 在所有 i 的前頭：如廣州跟北京，鳳台，河南，漢口的方言——除去幾個例外（看 IA2）。 拿 i 當韻母第一個成素的在這些方言裏出現的情形很不一致；所以廣州聲母的失落只在三四等裏發生，而別的方言在二等裏也如此；

β) 同發生顎音聲母的傾向並存的：有山西除去鳳台，陝西，甘肅，四川。

γ) 只在二等 i 的前頭；有上海跟寧波。 在這兩個方言裏，照例有帶 i 跟不帶 i 的兩種讀法；所以 ŋ 跟○是有規則的又讀。 像 ŋa 的讀法特別見於口語的讀音；像 ia 的讀法特別屬於讀書音。

4) 北京跟漢口，在 i, y, u 以外所有別的元音以前，有○跟 ɣ 的又讀，還有 ŋ。

5) 涇州跟四川在果攝的一等前頭（俄），就是在 o 元音前，聲母失落。

6) 汕頭有很多聲母失落的例子是沒有一定規則的。 但是，在多數的例裏，韻母是用 u 或 i 起頭兒的。 這大概是文言的讀音，這種讀音是使它同官話接近的。

聲母的失落往往影響到韻母，u，i 跟 y 時常有一種輕微的摩擦，因此有人竟用‘w，y’這類的符號來寫它。在有些方言裏合口的 u，在某種情形之下，變成齒脣音 v。在開口 o 的前頭，涇州話放上一個 u 之類。所有這些現象在講韻母那一章再來研究。

IV. 不規則的淸聲

最後，我們還得注意幾個讀成淸聲 k，h 的不規則的例子——特別汕頭跟廈門，例如逆廈門 kɛʔ。在日譯漢音裏我們也發見幾次用 k 代表 g 的。k，h 跟 ŋ 是相差很遠的；假如它們是從 ŋ 變出來的，那就得認爲是經過 g，ɣ 的演變——不過這是不必要的，因爲古代漢語裏也許有方言的歧異。

# 第九章　聲母 5–8: 曉，匣，影，喻

## 聲母 5，曉(共 95 字)

**這個古聲母普通是拿 x, h, ɕ, f, k 這些音來讀的。**

x 在北京，山西，陝西，河南，南京讀作 χ。

ɕ 定方言爲三類·

a) ç: 北京，大同，温州，太谷 開封，上海；

b) $ɕ_2$: 平凉，涇州，陝西，南京；

c) $ɕ_1$: 歸化，太原，興縣，鳳台，平陽，蘭州，懷慶，固始。

這些音的分配如下表：

| | 一等 | | 二等 | | 三，四等 | |
|---|---|---|---|---|---|---|
| | 開口 | 合口 | 開口 | 合口 | 開口 | 合口 |
| 官話（四川除外）揚州 | x | | ɕ[1], x | x | ɕ | x[2], ɕ |
| 上海，寧波 | h | | ɕ[1], h | h | ɕ | h[2], ɕ |
| 四川 | x | x跟f[3], x | ɕ[1], x | x | ɕ | x[2], ɕ |
| 温州 | h | f[4], h | h | | ɕ | h[2], ɕ |
| 客家 | h | f | h | f | h | f[2], h |
| 廣州 | h | h[5], f | h | f | h | f[6], h |
| 閩，高麗，安南 | h | | | | | |
| 日本 | k | | | | | |

1．ɕ：喊北京 漢口（在這兩個方言裏都是又讀），懷慶；嚇北京，漢口（皆又讀），大同，太原，懷慶，上海（又讀）；孝官話，揚州，上海（又讀），寧波（又讀）；瞎北京，漢口，四川，大同，鳳台，河南，上海（又讀）。

2．x 或者 h，f 見於止，蟹（麾），宕（況）三攝的字。

3．在這個方言的 u 韵的前頭（虎）有 x 跟 f 的兩讀。

4．轟（又讀），呼（又讀）火，琥（又讀），虎，貨，海（又讀），悔（又讀）讀作 f。

5．烘（通攝）讀 h。

6．在第 2 條下的字還有臻攝的字（葷）讀 f。

例外

a）好多爆發音的讀法：

蒿客家，福州，安南，廈門（又讀） k；壑粵，福州 kʻ；轟廣州，高麗 k；灰安南（又讀）kʻ；烘汕頭 kʻ；豁廣州，漢口（又讀） kʻ，福州 k；馨，熙（又讀）客家 kʻ，朽固始 ȶɕʻ；脅太谷，ȶɕʻ；吸廣州，客家（又讀），廈門，汕頭（又讀）kʻ，固始 ȶɕʻ，温州，揚州 ȶɕ；毀，燬，客家 kʻ；許汕頭，廈門（皆又讀） kʻ；況官話，揚州，汕頭，客家 kʻ（不見反切之古讀？）。

b）稍有失去聲母的傾向（○）：

蒿汕頭（又讀）；轟福州；呼汕頭；賄蘭州，福州，汕頭，廈門（又讀）；煥廣州；豁客家；笏客家，揚州（又讀）；欣，休，朽廣州；脅温州，寧波，歇安南；毀，燬廣州；虺廣州，福州（皆又讀）；卉廣州，福州；諱廣州（又讀）客家。

c）雜類：歡，昏，惛，婚，諱（皆又讀）況温州 ɕ；吸福州 ŋ；迄官話，揚州，吳語拿這個字當作溪母字（不見反切之古讀？）；閩粵安南 ŋ；但是温州，汕頭，安南有 h 的又讀；暄三水，揚州，温州，南京，汕頭 s；諠三水，揚州，廈門，汕頭（又讀），温州（又讀） s；葷各處都拿它當作一等字（暄，諠，葷這些字是否代表不見反切之古讀？）。

在大約 3000 讀音中有 70 個上下的例外（其中 20 個是又讀）。

古代兩讀字： 畜唐韵的一個反切作徹母在許多方言中還保存着。

找不着讀音的字：

鞫興縣，蘭州，固始，廈門；轟平陽，鳳台，客家，廈門；慌廈門；琥南京；豁固始；笏南京；享平陽；嚮，響，迄，暄廈門；噓日本，廈門；虺固始，南京，廈門。

## 聲母 6: 匣（共 157 字）

這個古聲母普通是拿 h, ɦ, ɕ, f, k 這些音來讀的，或者失去（○）。

關於 x 跟 ɕ 的精密音值請看聲母 5 曉。 這些音的分配可以從下列的表看出來：

| | 一等 | | 二等 | | 三等跟四等 | |
|---|---|---|---|---|---|---|
| | 開口 | 合口 | 開口 | 合口[1] | 開口 | 合口 |
| 廣州 | h | h[2]，○ | h | h[2]，○ | h[3]，○ | h[1]，○ |
| 客家 | h | f | h | f | h | f[4]，h |
| 四川 | x | x跟f[5]，x | x[6]，ɕ | x | ɕ | x[4]，ɕ |
| 官話（四川除外）揚州 | x | | x[6]，ɕ | x | ɕ | x[4]，ɕ |
| 汕頭，廈門 | ○[7]，h | | | | h | |
| 福州，安南，高麗 | h | | | | | |
| 吳語 | ɦ | | | | | |
| 日本 | k | | | | | |

1．宕攝的二等字很早（見聲母 1，見）就從合口變到開口裏頭去了；關於它們的聲母見開口的那類。。

2．在這個方言的 uŋ，uk 韵母前頭讀 h（洪，紅，鴻，斛，黌，熊）。

3．在這個方言的 a 元音前頭讀 h（奚，系，俠）。

4．在蟹攝的字（惠，慧）裏頭讀 f 或 h。

5．在這個方言的 u 韵的前面（胡）有 h 跟 f 兩讀。

6．x 開口：衡到處皆是；鞋山西（除去太原跟鳳台），陝西，甘肅，漢口（又讀），四川（又讀），揚州（又讀）；諧漢口；鹹太谷，西安，揚州（又讀）；咸揚州（又讀）；銜，下漢口，揚州，四川（皆又讀）；杏陝西，平陽（又讀），漢口（又讀），四川；蟹漢口，四川（又讀）；揚州，平陽；駭北京，南京（皆又讀），山西（除去興縣，大同），陝西，蘭州，平涼，開封，漢口（又讀），揚州，四川；暇，夏，漢口，揚州，四川（皆又讀）；陷四川；覈核到處皆是；轄歸化，文水，太谷，興縣，揚州。

合口：項平陽，甘肅，陝西，漢口（又讀），揚州（又讀），四川（又讀）；巷太原，文水，興縣（又讀）平陽，甘肅，陝西，漢口，揚州，四川（又讀）。

7．〇：廈門荷，何；喉，旱，後（皆又讀）；盒，完，丸，黃，壺，湖，胡，紅，禍（皆又讀）；緩，會，換，活，下，限，狹（皆又讀）；狎，匣，話，畫，學（皆又讀）；

汕頭荷，何，喉，旱，後，后（皆又讀）；盒，完，丸，黃，湖，胡，洪，紅（皆又讀）；緩，會，換（皆又讀）；活，鞋，閑，下，狹（皆又讀）；狹，匣，話，畫，獲，學（又讀）。

例外

a）有些爆發音的讀法：寒汕頭，福州（皆又讀）k；候汕頭（又讀）k；撼蘭州，懷慶，高麗 k；厚閩（又讀）k；憾興縣，懷慶，固始，高麗 k，寧波（又讀）g；悍文水，太谷，太原，客家（又讀）k；汗閩（又讀）k；褐太原，高麗 k；曷高麗 k；糊閩（又讀）k；夥高麗（又讀）k；活固始（又讀）k‘，高麗（又讀）k；斛高麗 k，廈門（又讀）k‘；行閩（又讀）k；霞廈門（又讀）g；鹹閩（又讀）k；下福州（又讀）k；駭文水 k，福州 k‘；暇廈門（又讀）k‘；核文水，太谷，興縣，k‘；狹客家 k‘；匣，轟（又讀）高麗 k；懷廈門（又讀）k，寧波（又讀）g；環福州 k‘；環鬟上海，寧波 g；懷寧波，高麗（皆又讀）k；滑上海，福州，高麗（皆又讀）汕頭，廈門 k；猾汕頭，廈門 k；奚揚州（又讀）tɕ‘；系高麗 k；縣汕頭，廈門（皆又讀）福州 k；熊福州（又讀）k‘。

b）聲母的失落（〇）使我們想起汕頭，廈門，廣州：

河旱後（又讀）盒福州；褐，曷上海，溫州；完官話，揚州，福州，客家，高麗；丸官話，揚州，福州，客家；皇（又讀）；廣黃會（又讀）換（又讀）客家；紅福州（又讀）；鞋福州，日本；限福州，狎蘭州，平陽，福州，客家，高麗；匣福州；橫環（又讀）鬟（又讀）客家；話畫客家，福州；滑猾縣熊客家；學福州（又讀）熊日本。

c）雜類：痕很安南 ŋ；很吳語 h；賀客家 f；鶴吳語 ŋ；夥吳語 h，廣州，溫州（又讀）f；繪廣州 f；閎客家 p‘，上海 h；衡客家 f（這個字在客家話裏是合口，閑安南 ɲ；淆爻在閩，粵跟北方的許多方言中當作疑母字（不見反切之古讀？）；蟹上海，寧波（又讀）h，ɕ，溫州 h，安南 z；駭上海，寧波 ɕ；械在許多方言中當作見母字（不見反切之古讀？）；核客家（又讀）f（合口），廣州（又讀）〇；轄上海，溫州（又讀） h；踝很不規則，差不多在各處都有 k 或 k‘ 的讀法（不見反切之古讀？）；在北京，大同，鳳台，懷慶，漢口，南京，日本，汕頭是合規則的；項寧波（又讀） ŋ；宦溫州，寧波 ŋ；患寧波（又讀） ŋ。

大約 5,000 個讀音中差不多有 175 個例外（其中有 50 多個是又讀）。

古代兩讀字：

‘咳’我們所取的唐韵的反切只有北京（又讀），歸化，三水，桑家鎭，南京，汕頭（又讀），廣州（又讀），福州（又讀），高麗，日本是依據它的。許多的方言是依據玉篇的反切讀作溪母；還有一個俗語是溪母入聲也當咳嗽講，在許多方言中認作這個字；酣吳語依集韵反切作曉母；‘合’在這兒國音作 xə，也有些依唐韵的反切讀作見母的；蝎這個字普通當作另外一個字用，不是唐韵所指的字；梘到處讀作見母，或者是近代的一個俗語借用了古代的字，給集韵的一個反切作見母在溫州，汕頭（又讀）保存着(一)；哄吳語作 h 是依集韵的一個反切；‘行’在這兒官話作 ɕiŋ 也有依唐韵的一個反切把它放在宕攝一等字（官話 xaŋ）裏的讀法；杏集韵的一個反切作曉母，在吳語（又讀）保存着；‘還’在這兒國音作 xuan，有一個俗語 xai 在官話裏往往認作這個字；缸依玉篇的一個反切作見母(二)，俠集韵的一個反切作見母，在許多的方言中保存着；如北京（又讀），太谷，興縣，鳳台，河南，平陽（又讀），高麗（又讀），汕頭（又讀）；挾集韵的一個反切作見母在福州，汕頭，上海（皆又讀），山西，平涼，涇州幾個方言中保存着；螢一大部分的方言依集韵的一個反切作喻母；高麗，日本依我們所取的唐韵的反切。

找不着讀者的字：

咳廈門；亥南京；撼日本；褐客家；茼蘭州；廣上海，南京，高麗，日本；餬廈門；夥安南；匽南京；廈門；繪廈門；閧客家；霞譜四川，揚州；淆南京；覺揚州，四川；鬢南京，福州，日本；踝四川，溫州，廣州，安南；患固始。

## 聲母 7，影（共 129 字）；聲母 8，喻（共 155 字）

在這類的字裏頭近代方言拿 ŋ，n，ŋg，ȵȡ，g，ɣ 這些音來作聲母或者沒有聲母（o）． ɣ 有二種，看“聲母 4：疑”下。

---

（一） 徽州所屬的六縣也還保存着。

（二） 案玉篇，‘缸，胡江切，與瓨同’，又，‘瓨，戶江切，長頸瓶’，無見母音。惟說文‘瓨’字下徐鉉引唐韵云‘古雙切’，是見母，此處‘玉篇’疑爲‘唐韵’之誤。

這些音的分配如下表：

| | 一 等 | | 二 等 | | 三等跟四等 | |
|---|---|---|---|---|---|---|
| | 開 口 | 合口 | 開 口 | 合口 | 開 口 | 合 口 |
| 平陽 | ŋg | ○ | ŋg[1],ȵȡ[2],○ | ○ | ȵȡ[2],○ | |
| 歸化，太谷，文水，興縣 | ŋg | ○ | ŋg[1],○ | ○ | | |
| 平涼 | n[3],ŋ | ○ | ŋ[1],○ | ○ | | |
| 大同，蘭州，涇州 | n | ○ | n[1],○ | ○ | | |
| 陝西 | ŋ | ○ | ŋ[1],○ | ○ | | |
| 漢口 | ŋ跟○ | ○ | ŋ跟○[1]，○ | ○ | | |
| 北京 | ɣ跟○ | ○ | ɣ跟○[1],○ | ○ | | |
| 鳳台，河南 | ɣ | ○ | ɣ[1],○ | ○ | | |
| 太原 | ɣ（ɣ[4],ʁ） | ○ | ɣ[1]（ʁ），○ | ○ | | |
| 四川 | g | ○ | g[1],○ | ○ | | |
| 其他的方言 | ○ | | | | | |

1．讀 ŋg，ŋ，n，或 ŋ，○ 兩讀等等的有啞字見於歸化，文水，太谷，興縣；痖字見於文水，太谷，興縣：矮字除在例外項下所列的方言外各處皆然；挨字除平陽外各處皆然；軛字各處皆然。

2．在痖拗壓押鴨閘鷹醫憂倚隱飲抑乙約衣依椅；焉右又雨羽禹等字裏讀 ȵȡ。

3．在效（懊）蟹（哀）咸（暗）山（安）四攝字的前面讀 n。

4．在阿（ɣɤ，果攝）字裏讀 ɣ。

例外

a）以下的讀音使我們想起平陽話：拗北京（又讀），鳳台 n，文水 ȵȡ，歸化，大同，太原，太谷，平涼，涇州，陝西，懷慶，開封 ȵ，漢口 l；壓平涼，陝西 ȵ；鴨三水，桑家鎮 ȵ；醃，秧三水 ȵ；約西安 ȵ；盈太谷 ȵ；黶文水 ȵȡ。

b) 像南方方言那樣失落聲母的（〇）有阿北京，漢口，歸化，陝西，平涼，涇州；挨平陽，三水，桑家鎮；惡甘肅。

c) 有許多 h 的讀法，尤其是在閩語裏：按汕頭，廈門（皆又讀）；烟（又讀）幽閩；謁汕頭，福州；委安南（又讀）般，慇汕頭（又讀）；慰安南（又讀）；悠汕頭；役汕頭（又讀）；疫廈門（又讀）；葉汕頭，廈門（皆又讀）；邀廈門（又讀）；矣有友右宥又安南；園雲汕頭，廈門（皆又讀）；福州；垣玉汕頭（又讀）；迂廣州，客家；遠雨汕頭，廈門（皆又讀）；彙高麗；芋高麗（又讀）；域汕頭，廈門。

d) 雜類：嘔謳高麗 k；踒倭固始（開口）；鴉安南 ȵ；矮歸化，大同，鳳台，興縣，懷慶，平陽（又讀）（合口）；彎灣安南 l；姻因安南 ȵ；一福州（又讀）s，汕頭，廈門（皆又讀）č（不見反切之古讀?），安南 ȵ；癮上海，寧波（皆又讀）ȵ，汕頭（又讀）ŋ，廈門 g（不見反切之古讀?）；閻上海 ȵ，寧波，福州，汕頭（又讀）ŋ，廈門（又讀）g（不見反切之古讀？）；癢福州（又讀）s；汕頭（又讀）č；捐到處都認為屬於見母（不見反切之古讀？）；銳固始，上海 s，揚州，漢口 l，安南 ȵ；閱汕頭 l；炎郵尤安南 v；彙官話，揚州 x；芋寧波 ŋ。

在大約 9,000 個讀音中差不多有 125 個例外（其中 25 個是又讀）。

古代兩讀字：

毆高麗作 k 或者跟集韵的一個作溪母的反切有關係（但須參閱嘔謳兩字）；翁在大同，太原，太谷，文水，平陽讀如所從得聲的偏旁'公'；雅許多的方言依唐韵的一個反切當作疑母字；鬧有許多讀作牀母的，與正字通的一個反切相合；蠅有幾個方言——福州，廈門（又讀）高麗——當它屬於心母；莠集韵的一個反切作心母，在甘肅，客家，日本（又讀）幾個方言中保存着；彙這個字在許多方言裏（如閩，粵，溫州，還有幾個官話方言）讀如來母字。

找不着讀音的字：

阿四川；襖日本；澳安南；踒上海，日本；倭安南；剜南京，四川，寧波，客家；盌高麗；穩日本；拗南京；軛廈門，南京；鬧日本；握四川，懷慶，茵安南；庵噎廈門；淵醃影癮日本；謁大同，興縣，懷慶；宛婉綰廈門；冤日本；淤溫州，興縣；腴日本；鹽福州；佯悠廈門；癢安南；舀興縣，開封；樣日本；翼溫州；疫汕頭；塋日本；遺福州；逾廈門 諛日本；蠅漢口，四川，汕頭；甬文水，太谷，興縣，銳廈門；垣開封；廈門；殞日本；域懷慶。

# 曉,匣,影,喻,諸母總論

我們剛研究過的這四個聲母在古代漢語的音值要比前四個的音值 k, k‘, gɦ, ŋ 難擬定。 最好或者是先由影喻討論起。 我們一考察從前歸到這兩個聲母的字的現代讀音,就可以發見在中國南部，域外方言，以及在中國北部不少的地方它是完全沒有口部聲母的(1)。 就是實在有口部聲母的時候,它也跟疑母(古代 ŋ)顯然相合。 我們既然不能假設兩個不同的音依着音律的演變會得到像在這裏這樣既複雜而又一致的結果，我們就得要承認在這許多方言中它是由一種類推 (analogie) 作用而構成的(2)。 所以我就假定在某一個時期中所有這些方言都像南部的方言那樣沒有口部聲母,到後來因爲有一種反對拿 i, y, u 以外的其他元音作聲母的傾向,它們就拿代表疑母(ŋ)的同樣音素來作聲母。 在開封話裏頭國音 œr (日母止攝)這個音節也因爲類推作用加上一個前綴音跟疑母一樣: ɣœr。 從這兒我們可以證明這種反對拿元音作聲母傾向是有的。

如果在某一個時期中影喻兩母的字是沒有口部聲母的，那麼我們就發生這一個問題，在古代漢語裏它們是不是已經就沒有聲母? 這無疑的可以答應"是沒有的"。 普通的唇音,齒音,齒上音,顎音,舌根音都有別的聲母代表了。 如果影喻是指比 k, k‘, gɦ, ŋ 發音部位更向後的小舌音 (vélaires)，如同亞剌伯的後 ķ;——這是惟一剩下的發音部位——至少也應當有一個方言露出些痕跡來，可是現在並沒有這種方言。 我覺得顯然它們是喉音。 它們的正確音值也不難尋索出來。

Maspero 的議論(3)我覺得是很攪混人的,他說:"中國人拿這個名子(影)來

(1) 但須參看底下 277 頁。

(2) 雖然這些音實在不是直接由古代聲母演變出來的，但是也得要在研究聲母這幾章裏頭討論，因爲它們不是從韵母的一部分演變出來的(看下文 278 頁)而是從別的一個聲母比類引來的。

(3) Phon. Ann. p. 75。

指跟濁音喻母相配的清音。其實韵表是拿跟 k 一樣的記號（空圈）來指影，拿跟 ŋ 一樣的記號（半空圈）來指喻。ŋ:k 這種對列不盡是清濁的不同。我覺得在這裏不是清濁的問題——同是半空圈的符號可以指濁的疑喻，也可以指顯然是淸音的心母（s）——乃是指另外的一個發音問題。影應該是一個塞音，同 k 一樣有一個淸晰不送氣的爆發；喻應該是像 ŋ 那樣的一種較軟的聲音，它沒有顯著的爆發的成分。所以影應當是喉部爆發音如德文的 ecke 的起音，喻是拿元音起頭的沒有爆發音的起音，如英文的 air 的起音。

還剩下來的就是要定曉跟匣的音值了。Schaank 的解釋：h‘（很強送氣的 h）算是曉，普通的 h 算是匣，這是不能成立的，因為在韵表裏匣母是算作濁音的；要是照 Schaank 的想法，說認普通淸 h 爲濁音不過是一種中國式的理論，那麼拿吳語的事實就可以證明他想的不對，因為吳語裏匣母是一律讀濁音 ɦ 的。

Maspero 定曉母爲淸的舌根摩擦音 x，匣爲相配的濁音 ɣ。他對這種說法並沒有給一點理由，所以仍然算是一種猜度。我們在未澈底考究這個問題以前不能接受它。我們等一下可以知道這個問題的解並不是一看就明白的。

我們很容易看出來爲什麼容易把這兩個古聲母認爲舌根音。我們先必得一淸一濁咯。那麼在舌根的部位上我們立刻就會想到 x 跟 ɣ。如果認它們爲喉部的發音就有些困難了。因爲我們或者想不起來跟 h 相配的還有一個可能的濁音吶。但是在中國話的吳語裏頭的確是有這麼一個音；在梵文裏頭亦有同樣的音，例如 bharami 中 ‘h’ 所代表的音（參看195頁）。

現在我們就有這個問題：曉跟匣還是像北方方言那種舌根摩擦音，x 跟 ɣ 吶；還是像南方的方言那種喉音，h 跟 ɦ？

如果是前一類，我們就得要假定南方的方言有 x＞h 的變化。這是完全合乎中國語的性質的，由前面研究過的 k‘＞h 的演變（249 頁）可以證明出來，這個演變一定要經過 x（x）的階段。但是如果是後一類，我們就得要假設北方的方言有 h＞x 的變化，這在中國語裏頭也不出奇。我們曾指明溪母在古代漢語裏無疑是 k‘——，是跟 h 很近的音，看 173 頁——它在一大部分的北方方言裏恰好變成 kχ，就是 kx。 所以拿純粹發音上的理由不能反對這兩個說法中的任何一個。

贊成 x,ɣ 的說法的有許多很好的理由：

a）蒙古時代的譯音者往往拿曉匣母的字來譯它們的舌根音；如果認這兩個聲母是 x，ɣ，就很容易解釋，要是認它們爲 h，ɦ，那就不可解了，因爲 k，k‘，gɦ，ŋ 這些舌根音是一樣好用的。 固然這不能證明這兩個聲母在古代漢語的音值；但是這至少可以證明官話的 x 不是在很近的時期才有的，在幾個方言中當紀元後 1300 年左右已經有了。

b）日本譯音拿 k 來代表曉匣是很重要的，因爲日本的借字很古。

c）在唐宋時代的譯音裏我可以找出些拿曉匣母的字對譯舌根音的例來。 這種例雖不多，至少也是很重要的。

d）最重要的我以爲是南方方言中的塞音，尤其是 k‘，k 的讀法（見例外），它們的出現固然不規則，但它們在很多數照例仍有喉音的方言中太常見了，分佈的太廣了，所以我們不能忽略過去。 我們除了認它作現在已經失去的古代舌根音的遺跡不能解釋。 我們一定要假設在很古的一個時期所有的方言都把曉母的字讀作 x；這個 x 在北方的方言中還存着，但是已經不見容於南方方言了。 在這些南方方言中 x 的大多數變作 h，但有些特殊的字反把舌根的發音加強，於是發生了 k‘，k。 有些近代的兩讀字是由古代兩種反切來的，這可以算作這個意見的例證。我們在見溪母跟在曉匣母裏都看得見古語中見溪跟曉匣間很顯著的相混的痕跡。這證明我們剛才在近代方言中所指明曉匣跟舌根塞音間相混的現象不是很近的，而是很古的。 那麼，x:k，相混 ɣ:k 相混（是 k，不是 g，因爲這個濁 g 有很強的送氣 gɦ）是合理的，但是 h:k‘，ɦ:k 相混的讀就是幾乎不可能的了。

e）在讀曉匣作喉音的方言裏有許多失去聲母的例，曉母是偶爾失去，匣母是時常的照規則的失去。 x,ɣ 的失去是不自然的，但是 h 常常可以失去；例如英國跟瑞典的有些方言，拉丁系的語言等等；至於 ɦ 的失去更容易解釋了。 如果喉音是曉匣的最初音值，就是北方方言在前一個時期曾經是喉音，那麼這些方言也應當有許多失去聲母的例。它旣不如此，我們就可以得一個結論說：北方方言一向沒有讀曉匣作喉音的。但是我們應當承認這個證據不是很充分的。在失去喉音聲母的傾向發生以前，喉音也能够完全保存到很長的時期。

不過在我們確定接受 x, ɣ 這個理論以前，對於 h, ɦ 的說法所根據的幾個重要理由，先得要駁倒。

α）在韵表裏頭雖然還有舌根音一欄，可是曉匣卻同一定是喉音的影喩列在一塊兒；曉匣影喩包含在"喉音"的那個名詞之下，而 k 等卻叫作"牙音"。這是很可疑的，但是我覺得對於這件事不要看得太重要了。聲母的分類以及和它們相關的名辭（"牙"，"喉"，"齒"，"舌"，"脣"等）是很晚的，對於古代漢語這個問題不能決定什麼。並且，把舌根摩擦音，或者是很後的小舌音（vélaire）χ,ʁ 認作從喉部發音的，因而把它歸到眞正的喉音裏去，能說是一件很可怪的事情嗎？歐洲人卽如是很有學問的不是也管 k, g, ŋ 作 gutturale（喉的）嗎？

β）在古代佛經譯音裏有一個更難解釋的證據。一方面我們找着很少的例，拿曉匣兩母的字來譯舌根音的；另一方面卻有許多曉匣的字是用來譯梵文 h 的，還有許多匣母字用來表示沒有輔音聲母的。如果曉是 x，匣是 ɣ，固然 x 可以代表 h；但是拿 ɣ 代 h，同時有 x 可用；或是代〇（沒有聲母），同時有影喩可用，這是不大像會的事情。如果反過來說曉是 h，匣是 ɦ——像現在吳語一樣——那就全容易辦了。曉就跟它所譯的音一樣了，我們也很容易解釋 ɦ，所以有時候譯 h，有時候譯〇，是因爲這個聲音在聽官上所給的印象差不多好像一個"很弱的 h"，"介乎 h 跟沒有聲母之間的音"，"元音上的微微重讀"等等。

這些譯音所根據的方言拿 h, ɦ 而不拿 x, ɣ 來讀曉匣我覺得是極明顯的。這是一個困難，不過在我看，它不能一定推翻 x, ɣ 的說法。也許 x, ɣ 本是最初的音，不過南方方言的 x,ɣ>h,ɦ 的演變在一個或者幾個方言中在切韵時代以前已經完成了，並且作這些譯音的人大半就是這些方言的代表人，那也是完全可能的。

從以上 a—e 所舉的極有力的理由看來，我們可以決定承認下面對於古聲母曉匣影喻的說法是最合理的：

曉：x

匣：ɣ

影：喉部爆發音。

喻：元音起頭，沒有爆發作用。

拿這些音作出發點我們現在可以看現代方言怎麼樣讀這幾個古聲母。

I．曉跟匣

A．發音的方法——若是聲母沒有失去的話——各處都是摩擦的；只有日本的 k 是一個例外，如'海'日本 kaɪ。如果我們拿 x，ɣ 作曉匣的假設是對的，那麼在 h 跟 k 二者之間日本人選擇 k 來作對音是不足奇的，因爲 k 還保存着舌根的發音部位不過沒有表示出摩擦的發音方法罷了。

B．匣母的濁音性除去吳語各處都失去了，如恨國音 xən，上海 ɦeŋ。這同濁音的舌根爆發音 gɦ（郡）完全相合，gɦ 在這些方言裏也恰好保存着濁音性。

C．發音的部位有些方言變了。

1）官話，揚州，還有吳語裏的曉母在所有 i，y（1）前面這個聲音都顎化（ɕ）了，例如喜北京 çi，太原 $ɕ_1i$，西安 $ɕ_2i$。二等韻母第一個成素 i，y 出現的不規則，這 h:ɕ 分配的不規則是相應的。Vömel 認爲客家話也有顎化的現象。Parker 很忠實的寫 ɕ 作"hs"，但他在客家話裏卻不用'hs'。Rey 在這個方言裏也好像不承認有顎化現象；這或者是由客家區域的不同引起來的事實。除去保留這一點外，我們可以說曉匣的顎化作用是不見於閩粵跟域外方言的。

（1）但是關於溫州話 Parker 在 y 的前面有幾個例寫 h。我們要知道這位著者的音標是很不一致的。

2）在溪母（250 頁）底下，我們已經講明脣齒音 f 的發生由於後面 u 音的圓脣前移作用：k‘u＞χu＞f（u）。現在我們知道曉匣也有這種現象的例，例如‘化’廣州 fʌ。

α）客家在 u 的前面都讀 f，

β）四川話在韵母是單獨的 u 前面讀 f 或讀 χ。

γ）在廣州話裏我們只在曉母字可以遇見 f，不過 f 也不見於所有的 u 的前面，因爲 u ＋舌根音（uŋ;uk）不允許有 f 聲母。（一）

δ 最後，溫州話裏的曉母字在 u 的前頭常常的有 f；在這個方言裏這種演變只是一種未完成的趨向而已。

3）如果我們拿曉匣作 x，ɣ 的說法是不錯，我們就得要在許多方言中假設一種由舌根音＞喉音的演變，換言之，就是 x＞h，ɣ＞ɦ——ɦ 後來＞h 因爲除去吳語外失去濁音性（看上文 B）。可惜一直到現在所有記載中國方言的人拿‘h’來代表 h，也用來代表 χ。結果我們不能絕對一定的判斷那些方言是有喉音的。吳語，閩語，粵語還有安南跟高麗似乎顯然是有的。例如：‘黑’廣州 hʌːk，北京 χɛi；‘害’廣州 hɔi，北京 χai。

這個變化見於上文 1，2 跟下文 D 內沒有說過的所有字類裏。

D. 聲母的失落，例如‘形’廣州 iŋ，見於：

1）曉母字（偶然的）；

2）匣母字；

α）廣州話在所有 i，y 的前面，並且在所有後頭沒有舌根輔音隨着的 u 的前面（buŋ，huk）。

β）在汕頭話廈門話裏有一個很顯著的失落趨向。在福州話，客家話（看例外）裏我們可以看出一個朝着同一方向走的微弱趨向。

我們於是可以說匣母的失落是閩粵語的特徵。

---

（一）是說不允許溪曉匣讀 f 的話。至於古脣音在 uŋ，uk 前仍舊可以讀 f，例如‘風，福，’廣州 fuŋ，fuk。

聲母的失落普通只影響到匣母，而不影響到曉母，可見一定發生在匣母因爲失去濁音性而與曉母相混之前。

吳語的 ɦ 在複合元音第一個成素的 i, y, u 前頭是很弱的，但是照我的意見是完全聽得出來的，例如'皇'上海 ɦuɔŋ

II. 影跟喻

在現代方言裏這兩個聲母一點分別都沒有了。 不過我們在安南話裏可以看出影母對於韵母的影響跟喻母不同。 關於影，喻的問題，我們看見以下的現象：

A. 大部分的北方方言在某幾種元音起頭的字的前面加上跟代表古疑母（ŋ一樣的音，例如惡歸化 ŋgɜʔ，大同 naʔ，太原 ʁaʔ，北京 ɣɤ。

1）山西（除去平陽），甘肅，陝西，河南，跟四川的方言，除去 i, y, u 以外在所有別的元音前面也都仿着這個類推的辦法

2）北京話跟漢口話也是一樣，但是普通也可以不要口部輔音。

3）平陽不獨在 1 底下所舉的元音前面應用這個類推的辦法就是在好些 i, y 的前面也是一樣。 北方有幾個方言中（見例外）也可以看出有同一方向的微弱傾向。

B. 有些方言，尤其是安南跟閩語裏，我們遇見許多的 h，例如'幽'汕頭 hiu。類似這種現象不是沒有的，如英國跟瑞典有幾個方言在元音起頭的前面，常常加一個 h。

C. 保持古代沒有口部聲母的讀法，如'丫'歸化 ia：

1）南京，揚州，吳，閩，粵跟域外方言總是保持着 北京，漢口有又讀（看上文 A2）：

2）在官話（除去南京）裏一部分保持着；

α）平陽話在 u 的前面，最常遇的在 i, y 的前面；

β）其餘的方言在一切 i, y, u 的前面。

有幾個方言把好些影喻兩母字讀成起頭有輔音聲母的音，這是跟這些定律顯

然不合的。 例如 Maspero 關於安南話說:(1)"開口字不論它是那一等安南話總是用一個輔音去讀這喻母,這個輔音的讀音依着方言而異(交趾支那'y',東京'z',Hatinh 'dʸ'),但是正式的寫法一律作 'd'。"

喻母出現既然只限於有 i (y)起頭的那幾等韵母,Maspero 自己既然也指明安南的這些輔音是從[j]變來的,那麼這些輔音顯然是從韵母的第一個成素變來的而不是從古代喻母變下來的。 完全跟安南這種現象平行的例我們在中國本部可以找出來,例如北京從韵母第一個成素 i(ü)生出來的 ʐ; 容北京 ʐuŋ,開封 yuŋ。

我覺得這一類的現象拿到韵母的那一章去詳細討論比較合理也比較便利點。

(1) Phon. Ann. p. 68.

# 第十章　聲母 9－16: 知徹澄照穿牀審禪

代表這些個古聲母的近代音是：ȶ, ȶɕ, ȶɕ‘, ȡʑ, ɕ, ʈ, ʈ‘, ʈʂ, ʈʂ‘, ʂ, ʐ, č, č‘, ǰ, t, t‘, ts, ts‘, dz, s, z, pf, pf‘, f。

至於這些音的細微音質，我們知道

安南的 ȶ 是 $ȶ_2$（參閱 Maspero 書裏的假顎圖）；

福州的 ȶɕ（ȶɕ‘）是 $ȶɕ_1$；

日本的 ȶɕ, ȡʑ, ɕ 是 $ȶɕ_2$, $ȡʑ_2$, $ɕ_2$;

ʈ（ʈ‘）總是 $ʈ_1$。

ʈʂ（ʈʂ‘），ʂ 分方言爲兩類：

a）$ʈʂ_2$, $ʂ_2$：北京，開封，南京，交趾支那（參閱 Maspero 書裏的假顎圖）；

b）$ʈʂ_1$, $ʂ_1$：歸化，大同，文水，興縣，甘肅，陝西，懷慶；

在北京我們有時候可以聽到 $ʈʂ_1$，但是 $ʈʂ_2$ 比較通行一點。 關於 č, č‘, ǰ 的音值，參看 190 頁。

以上所用的 ‘（寬式寫法）：

a）在北京，開封，固始，南京，上海，福州，廣州，安南 ‘ 指着送氣（看 173 頁）；

b）在山西，陝西，甘肅，懷慶：

α）在元音 ɿ, ʅ 的前面（在所有這些方言裏止攝平上去三聲的字，還有陝西甘肅從古入聲變成國音 ʈʂï, ʈʂ‘ï 的字）跟在 ʮ, ʯ 的前面（在三水，桑家鎮，平涼，涇州話裏國音讀成 ʈʂu, ʈʂ‘u 的字）‘ 都指着送氣（ʈʂ‘, ts‘）；

β）其餘的指着 χ。

## 聲母 9，知（共 40 字）

這個古聲母普通用 ȶ, ȶɕ, ʈ, tʂ, č, č‘, t, t‘, ts, pf 等音來讀它。 關於這些個音的細微音質可看上文。

這些音的分配如下頁的表。

1．tʂ 見於國音讀 tʂï 的字（西安等處的 tʂʅ）。

2．tʂ 見於國音讀 tʂu 的字（平涼 tʂʮ）。

3．ts 見於古梗攝入聲的‘摘’字。

4．照 Parker, č 見於通攝的字（čiuŋ: 中，衷，忠，冢；čiu: 竹，築）還有轉（čye）。

5．照 Parker, č 見於國音讀 tʂï 的字（寧波 čï, Parker 寫成‘chï’），č 又讀 ts 的見於國音讀 tʂaŋ 的字；末了兒還見於鎮（čïŋ）晝（čiu）窒（čə）等字。

6．照 Parker, ts 見於追字（tsei）。

7．照 Parker, č 見於以下的字：
揚州：展（čie;）；
漢口：株誅猪（čy 又讀 tsu(一)）；
漢口，揚州：中，衷，忠，冢。

8．t‘ 見於卓，琢。

9．č‘ 見於站，劄，沾，砧，置，致，漲，脹，追，衷，忠，冢，築。

10．č 見於摘，徵，貞，禎，蜘，知，沾，珍，張，朝，展，肘，智，鎮，帳，晝，窒，蛛，株，誅，猪，中，轉，拄，駐，竹。

11．t 見於 e 元音以前，換言之就是見於咸山兩攝的字（國音 tʂan, tʂuan, 日本 ten）還見於貞禎（梗攝，國音 tʂəŋ,），這兩個字音日本有 tei 跟 ȶɕo 兩讀。

(一) 按漢口無 tsu 音。

| | 二等 | | 三等 | |
|---|---|---|---|---|
| | 開口 | 合口 | 開口 | 合口 |
| 西安 | ts | pf | tʂ[1],t | pf |
| 蘭州 | ts | t | tʂ[1]t | t |
| 平涼 | ts | t | tʂ[1],t | tʂ[2],t |
| 三水,桑家鎮,涇州 | ts | | tʂ[1],t | ts |
| 歸化,文水,興縣 | ts | | tʂ | ts |
| 懷慶,大同 | ts | tʂ | | |
| 北京,南京,四川 | ts[3],tʂ | tʂ | | |
| 温州 | ts | c | ts | č[4],ts |
| 寧波 | ts | | č[5],ts | č,ts[6] |
| 漢口,揚州 | ts | | č[7],ts | |
| 客家 | ts | | č | |
| 高麗 | t‘[8],č‘[9],č[10] | | č‘[9],č[10] | |
| 日本 | t | | t[11],ȶɕ | t[11],ȶɕ,ts[12] |
| 汕頭 | t | | t[13]č[14]ts[15] | |
| 福州,廈門 | t | | | |
| 安南,東京 | ȶ | | | |
| 開封,交趾支那 | tʂ | | | |
| 廣州 | č | | | |
| 太原,太谷,鳳台,平陽,固始,上海 | ts | | | |

12. ts 見於追字（止攝,國音 tʂuei），日本 tsui。

13. t 見於沾,砧,珍,張,展,置,智,致,鎮,漲,帳,脹,晝,窒,追,蛛,株,誅,猪,中,忠,轉,徵,蜘,知,竹（tɛk）

14. č 見於貞,禎,砧,張,朝,肘,漲,帳,脹。

15. ts 見於知,猪,轉,拄,駐,竹(tsok)。

在汕頭話裏讀爆發音 t 或讀塞擦音沒有一定規律。塞擦音在這個方言的 ɛ 跟 i 元音的前頭是 č,在別的元音前頭都是 ts。普通止攝的字讀 t(國語 tʂï);宕攝的字有 t 跟 č 兩讀(tiɛ̃ 跟 čiaŋ)。

例外

a) 閩語裏有幾個塞擦的讀法(參看官話,吳語,粵語):

站汕頭(又讀)廈門 ts,福州 ȶɕ;摘福州(又讀)ȶɕ;徵(又讀)貞,禎廈門 č;知廈門(又讀)ts,'沾'福州 ȶɕ;珍福州 ȶɕ,廈門(又讀)č;轉(又讀)拄駐廈門 ts。

b) 有些讀作濁送氣的聲母,而也許是不見反切之古讀?

站客家 ts',吳語 dz;窒溫州 dz,漢口 ts',客家 č;拄客家 č',溫州 dz,寧波 ǰ;駐溫州 dz,寧波 ǰ。

c) 有些讀音使人聯想到閩語:剳山西(文水,太谷除外),平涼,涇州,三水,桑家鎮,固始 t;琢粵 t;知客家(又讀)t。

d) 不規則的送氣音:

卓廣州 č';蜘客家 č',福州 t';張,蛛,株,誅(又讀)福州 t';衷粵 č',汕頭 ts';冢粵 č',閩 t'。

e) ȶ 只見於安南各處(安南國語寫作'ch'):'砧,株,轉,拄,駐'。

f) 雜類:肘客家 ts;窒陝西 ts。

在 1,200 多個讀音裏有這些例外。

古代兩讀字:

'朝'這裏是國音 tʂau 也有讀作澄母的,國音 tʂ'au;駐溫州 dz,寧波的 ǰ,是從集韵澄母的反切來的。

找不着讀音的字:

站日本;剳安南,廈門;砧日本;鐲上海;窒,衷廈門;蛛漢口,揚州;猪揚州;冢懷慶;築日本。

# 聲母10，徹(共 19 字)

這個古聲母普通是用 ȶɕ, ȶɕ', t', tʂ', č', ʂ, t, t', ts', s, pf' 這些音來讀它。關於這些音的細微音質可參看 279 頁。

這些音的分配如下面表。

1. tʂ' 見於國音讀 tʂ'ï（笞,癡,恥,敕,飭西安等處 tʂ'$_1$ʅ）跟讀 tʂ'ə（徹 tʂ$_1$χɤ）的字。

2. tʂ' 見於'楮'字（遇攝,平涼 tʂ'$_1$ɥ）。

3. č' 見於止攝字（č'ï, 笞,癡,恥）跟宕攝字（暢）。

4. č', 照 Parker, 見於下列的字：
揚州：諂,徹（二合元音 ie）;
漢口：抽,(一)椿。

5. t 在 e 元音的前面可以聽見,就是逞（tei 或 ȶɕo, 梗攝），諂（ten, 咸攝），徹（ tetsu, 山攝）。

6. č', 見於止攝的字（笞,癡,恥）。

7. ts' 見於椿蚩諸字。

8. ȶɕ' 或 ć' 在下列的字裏可以聽見：
福州：笞,癡,超,椿,蚩;
廈門：癡,超,抽,逞。

9. s 見於撐,笞,抽,椿,諸字。

例外

a）有些零碎的摩擦音：
超歸化,文水 ʂ, 太谷 s; 飭興縣,粵語 ʂ; 楮文水,汕頭 s。
b）不見反切之古讀;
蚩,除去太原,鳳台,開封,福州,汕頭 高麗之外,各處幾乎都當作屬於知母;楮

(一) 按漢口'抽'讀 ts'ou。

太谷，陝西，開封，固始，蘭州不送氣，温州 dz，廈門 ts，福州 ȶɕ，高麗 č，安南 ȶ（安南國語拼法的 ‘ch’）。

| | 二　等 | 三　等 | |
|---|---|---|---|
| | 開合口 | 開　口 | 合　口 |
| 西安 | tsʻ | tʂʻ[1], tʻ | pfʻ |
| 蘭州 | tsʻ | tʂʻ[1],tʻ | tʻ |
| 平涼 | tsʻ | tʂʻ[1], tʻ | tʂʻ[2],tʻ |
| 三水，桑家鎮，涇州 | tsʻ | tʂʻ[1],tʻ | tsʻ |
| 歸化，文水，興縣 | tsʻ | tʂʻ | tsʻ |
| 温州 | tsʻ | tsʻ | čʻ |
| 寧波 | tsʻ | čʻ[3],tsʻ | čʻ |
| 漢口，揚州 | tsʻ | čʻ[4],tsʻ | |
| 懷慶，大同 | tsʻ | tʂʻ | |
| 客家 | tsʻ | čʻ | |
| 日本 | t | t[5],ȶɕ | |
| 高麗 | tʻ | čʻ | |
| 汕頭 | tʻ | čʻ[6],tsʻ[7],tʻ | |
| 廈門 | tʻ | čʻ[8],tʻ | |
| 福州 | tʻ | ȶɕʻ[3],tʻ | |
| 北京，開封，南京，四川 | tʂʻ | | |
| 廣州 | čʻ | | |
| 太原，太谷，鳳台，平陽，固始，上海 | tsʻ | | |
| 交趾支那 | s[9]（國語 ‘x’），ʂ（國語 ‘s’） | | |
| 安南，東京 | s（國語 ‘x’ 跟 ‘s’） | | |

c）得要注意抽字安南國語的拼法作 'tr'（東京 ȶ，交趾支那 tʂ）。

Maspero 認爲帶摩擦音的讀音是最常見的，給我們些個徹母（穿母也一樣）在安南譯音裏讀作 'ch'（ȶ）或 'tr'（ȶ 或 tʂ）或 t 的例（Phon. Ann. p. 53）。但是，這些例中有幾個是可疑的，因爲這些字從前有兩讀，並且這些安南譯音解釋作從別的聲母變來的還更好一點。

d）雜類：笞西安 ts'，三水，桑家鎮 ts，高麗 t；逞高麗○；'諂' 客家 ts'。

將近 600 個讀音中有這些個例外。

古代的兩讀字：

'趁' 不送氣的讀法——文水，太谷，平涼，涇州，懷慶，固始，汕頭(又讀)，客家，高麗——這或者同廣韵屬於澄母的一個反切有關係或者同集韵屬於照母的一個反切有關係；徹懷慶 tʂ，溫州 dz，安南 'tr'（ȶ 或 tʂ）同廣韵屬於澄母的一個反切有關係；楮客家，平陽 t 從廣韵屬於端母的一個反切。

找不着讀音的字：

暢上海，日本；蚩蘭州，廈門，日本。

## 聲母 11，澄（共 61 字）

這個古聲母現在普通用 ȶ，ȶɕ，ʈ，ʈ'，tʂ，tʂ'，č，č'，ǰ，t，t'，ts，ts'，dz，pf，pf' 這些音來讀它。關於這些音的細微音質可以參看 279 頁。

這些音的分配見下頁的表。

1．tʂ'，ts 見於國音讀 tʂ'ï，tʂï，tʂə 的字（元音 ʅ，ɤ）。

2．tʂ'，tʂ 見於國音讀 tʂ'u，tʂu 的字裏（元音 ʮ）。

3．č'，照 Parker,(一)見於下列的字裏：

漢口：稠，籌，紬；廚，除（ts'u 或 č'u）；冲；
揚州：冲。

4．č 照 Parker,(一)見於下列的字裏：

漢口：丈，杖，仗，住（又讀）；
揚州：丈，杖，仗，冲。

(一) 3,4 兩條中只有 '廚，除' 漢口讀 č'y，'住' 讀 čy，，其餘字漢口，揚州都是 ts' 或 ts。

| | 平 | | | 仄 | | | |
|---|---|---|---|---|---|---|---|
| | 二等 | 三等 | | 二等 | | 三等 | |
| | 開口 | 開口 | 合口 | 開口 | 合口 | 開口 | 合口 |
| 西安 | tsʻ | tʂʻ[1],tʻ | pfʻ | ts | pf | tʂ[1],t | pf |
| 蘭州 | tsʻ | tʂʻ[1],tʻ | tʻ | ts | t | tʂ[1],t | t |
| 平涼 | tsʻ | tʂʻ[1],tʻ | tʂʻ[2]tʻ | ts | t | tʂ[1],t | tʂ[2],t |
| 三水,桑家鎮,涇州 | tsʻ | tʂʻ[1],tʻ | tsʻ | ts | | tʂ[1],t | ts |
| 歸化,文水,興縣 | tsʻ | tʂʻ | tsʻ | ts | | tʂ | ts |
| 漢口,揚州 | tsʻ | čʻ[3],tsʻ | | ts | | č[4],ts | |
| 懷慶,大同 | tsʻ | tʂʻ | | ts | tʂ | | |
| 北京,南京,四川 | tʂʻ | | | ts[5],tʂ | tʂ | | |
| 開封 | tʂʻ | | | tʂ | | | |
| 廣州 | čʻ | | | č | | | |
| 太原,太谷,鳳台,固始 | tsʻ | | | ts | | | |
| 平陽 | tsʻ | | | tsʻ[6],ts | | | |
| 客家 | tsʻ | čʻ | | tsʻ | | čʻ | |
| 高麗 | t[7] | čʻ[8],č | | t[7],tʻ | | čʻ[8],č | |
| 日本 | t | t[9],ȶɕ | t[7],ȶɕ,ts[10] | t | | t[9],ȶɕ | t[9],ȶɕ,ts[10] |
| 汕頭 | t[11],tʻ[12],tsʻ[13],čʻ[14] | | | t[11],tʻ[12],ts[15],č[16] | | | |
| 福州,廈門 | tʻ[17],t | | | | | | |
| 安南,東京 | ȶ | | | | | | |
| 交趾支那 | tʂ | | | | | | |
| 上海 | dz 跟 z | | | | | | |
| 温州,寧波 | ǰ[18],dz | | | | | | |

5．ts 見於梗攝的古入聲字（澤，擇，宅）。

6．ts' 見於澤，擇，宅，擅；丈，杖，値，陣，伎，直，澈，撤，姪；篆，柱，墜，住，仲。

7．t 見於茶，櫂，擅等字。

8．č' 見於馳，治，沈，痔，雉，値，滯，召，擲，澈，撤，搥，蟲，冲，縋，墜，逐。

9．t 見於 e 元音的前面，換言之，就是在下面這些字裏：
程，呈 tei 或 ȶɕo，擲 teki 或 ȶɕaku——梗攝；
纏，椽，篆 ten，澈，撤 tetsu——山攝；
姪 tetsu——臻攝；滯 tei——蟹攝。

10．ts 見於國音讀 tʂ'uei，tʂuei 的字，日本 tsui。

11．t 見於茶（tɛ），綻，擇（toʔ），傳，呈（tiã），池（ti），治，沈，陳（tan），塵，場（tiɛ̃），長跟腸（tŋ），朝（tiɛ），紬，雉，丈（tiɛ̃ 或 tŋ），兆，値，陣，召，直，擲，姪，廚，除，篆，縋，墜，箸（tï），重，仲，逐。

12．t' 見於宅，懲，程，呈（t'iã 或 t'ɛŋ）持，陳（t'in），稠，籌，儔，痔，滯，澈，撤，搥，儲，蟲 t'aŋ），柱（t'iau）。

13．ts' 見於茶（ts'a），纏，儲，除，蟲（ts'oŋ）；冲。

14．č' 見於馳，遲，池（č'i），陳（č'in），場，長，腸（č'iaŋ），潮（č'iau），儔。

15．ts 見於櫂，擅，濯，濁，柱（tsu），住 箸（tsu）。

16．č 見於澤，擇（čɛk），丈（čiaŋ），杖，伎，召。

17．t' 見於下列諸字：
福州：宅（又讀），程，呈（又讀），馳（又讀），持，沈，籌，儔，杖，伎（又讀），澈，撤，槌（又讀），椽，蟲。
廈門：宅，程（t'ɛŋ 跟 tiɛã），雉（又讀），杖（t'ŋ 跟 tioŋ），澈，撤，槌，儲，蟲（又讀），篆（又讀）。

18．ǰ 照 Parker，見於下列諸字：
温州：櫂（ǰyo 跟 dzo）擅，濯，濁，兆，擲（又讀）椽，廚（又讀），儲，蟲，住（又讀），重，仲，逐。
寧波：傳，濯，懲，遲（又讀），治，長（又讀），雉（ǰï 跟 dzi），滯，擲，槌（ǰï 跟 tsei），椽，廚，儲，除，蟲，篆，住，箸，重，逐。

例外

a）在福州，廈門有些塞擦音的讀法像在官話粵語等一樣：

茶廈門 č'a 跟 tã；櫂，濯福州 ȶɕ，廈門 ts；濁福州 ȶɕ，廈門 tsok 跟 tak；持廈門 č'i 跟 ti；場廈門 č'iaŋ，tioŋ 跟 tiŭ；稠福州 ȶɕ；柱福州 ȶɕ，廈門 tsu 跟 t'iau；住福州 ȶɕ，廈門 tsu 跟 to。

b）有些爆發音使人聯想到閩語：

櫂上海 寧波 d，揚州 t，客家 t'；濯客家 t'。

c）仄聲的送氣音（參看客家，平陽）：

澤甘肅，陝西，ts'，澤，擇，宅三水 ts'；濯漢口，固始（又讀）ts'；值，直三水 ʈʂ'；擲三水，桑家鎮 ʈʂ'；姪三水 ʈʂ'；篆鳳台 ts'；柱廣州 č'——尤其是在三水。

d）安南的 ȶ（國語拼法的 'ch'）：撞，槌，縋。

e）不見反切之古讀？

懲在太原，平陽，鳳台，蘭州，三水，桑家鎮，漢口（又讀），揚州，客家不送氣；'痔' 在歸化，大同，興縣，平陽，甘肅，懷慶 sɿ；'澈' 完全同 '撤' 一樣看待，看下文；'椽' 在廈門，汕頭，粵語，高麗，安南當作屬於喻母。

f）雜類：茶日本 sa 跟 ta；持上海單獨作 z；痔陝西 tsɿ；擲客家 ć'it 跟 ts'ak；儲客家 ʂ，福州，文水 s，安南 t；篆廣州 s；墜客家 č。

在大約 2,000 個讀音中有這些個例外。

古代的兩讀字：

'綻'的 t'（客家），t（興縣，鳳台，懷慶，固始），d（溫州，安南）幾種讀法可以用集韵屬於定母的一個反切來解釋；'櫂' 類篇屬於合口的一個反切，在幾個方言裏還保存着；'傳' 在這裏是去聲，相當於國音的 ʈʂuan；也有平聲的讀法相當於國音的 ʈʂ'uan；客家 č'，高麗 č，依照集韵屬於三等的一個反切；'撞' 在幾個官話方言裏的送氣讀法同唐韵屬於平聲的一個反切有關係；'治' 在這裏是平聲，相當於國音的 ʈʂ'ï；也有照廣韵屬於去聲的一個反切來讀的，相當於國音的 ʈʂï；'沈' 在這裏是國音的 ʈʂ'ən；也有照廣韵屬於審母的一個反切來讀的；'長' 在這裏是平聲；也有屬於上聲的讀法；'滯' 客家，揚州（又讀）ts'，三水，四川 ʈʂ' 同集韵屬於穿母的一個反切有關係；'召' 在這裏是國音的 ʈʂau；也有照廣韵屬於牀母的一個反切來讀的；相當於國音 ʂau；'撤' 幾乎各處（除去懷慶，溫州，安南）都當作是唐韵屬於徹母的一個反切；'冲' 吳語，福州，廈門 安南照洪武正韵當作是屬於穿母的一個反切；'柱' 唐韵屬於知母的一個反切在客家（č），溫州（ts，č），寧波（č）還保存着。

找不着讀音的字：

綻平陽，揚州，四川；櫂歸化，鳳台，固始，漢口，四川；懲懷慶，四川；纏上海；滯廈門；擲太原，平陽，懷慶；姪安南；縋揚州。

## 聲母 12，照（共 121 字）

這個古聲母現在普通用 ȶ，ȶɕ，ɕ，ʈ，ʈʂ，č，č'，ts，s，z，pf 這些音來讀它，或者失落（○）。關於這些音的細微音質可以看 279 頁。

這些音的分配如後面的表。

1. 宕攝的莊，裝，妝，壯四字，照反切跟切韵指掌圖屬於二等，開口，切音指南卻把它們放在三等，合口(一)。這些字在安南跟客家（客家照 Rey 是惟一的讀法，照 Parker 是又讀）保持二等的聲母；在其他二三等聲母有分別的方言裏，它們讀作三等合口的聲母。

2. z 或 ○，見於果攝的字（遮，者，蔗），安南的國語拼法寫作 'gia'（東京讀 za，交趾支那讀 ia）。

3. ts 見於止攝的字（枝支肢脂芝之止枳紙只旨指志誌贄至西安等 tsɿ）。

4. ʈʂ 見於蟹攝的字（制製）還有職織炙隻汁執質——西安等都讀 ʈʂʅ；除蘭州外又見於果攝的字（遮，者，蔗）跟摺字。

5. ʈʂ 見於國音讀 ʈʂu 的字（平涼 ʈʂ₁ʮ）。

6. 莊裝妝壯 čyo 或 tso，捉 čyo（參看第 1 條）。

7. č 見於酌，勺（宕攝的古入聲，溫州 čia）。

8. č 見於下列諸字：

čiuŋ：諄準肫（臻攝）終衆（通攝）；
čiu：祝（通攝）；
čyo：鍾，種，腫，屬，燭，囑（通攝）；

(一) 注意這是指康熙字典前之等韵切音指南言，劉鑑切韵指南仍列在二等開口，以下穿狀審三母同，不悉註。

čye: 拙（但專,磚 tsye）。

9. 見於賑振震（čïŋ）——臻攝；制,製（cï）——蟹攝；遮,者,蔗（čœ 跟 tso）——果攝。

10. ts 見於錐字 tsei。

11. č 照 Parker(一)，見於下列諸字：

漢口：舟,洲,州,周;諄;國音讀 ʈʂuŋ 的字（終,鍾,種,腫,衆）；硃 珠,朱,主,煮（都是 čy 跟 tsu；諸拙；

揚州：遮,者,蔗（果攝），戰,顫都是 čie；摺 čieʔ；通攝的字;還有照,詔,酌,諄,準。

12. ts 見於責,窄諸字（梗攝的古入聲）。

13. č' 見於斬,債,皺,縐,責,窄,側,紮,札,扎,劄,捉,遮,瞻,箴,斟,針,彰,招,枕,帚;隻,錐,贅,屬,燭,囑,祝。

14. ts 見於 i,ɛ 以外所有別的元音前頭,換言之,就是：

二等:宕攝（國音讀 ʈʂuaŋ 的,參看條例 1）,咸攝,山攝（斬,盞 醮,紮,札,扎）的字:還有渣安南 čɛ 跟 tsa, 汕頭 tsa; 齋安南,汕頭 čɛ 跟 tsai;醮汕頭 čɛ 跟 tsai;榨,詐,阻安南,汕頭;

三等開口:芝,之汕頭;針汕頭 tsam 跟 čim; 整安南 čɛŋ 跟 tsã; 指汕頭 či 跟 tsoĩ, 安南 či 跟 tsaĩ; 紙汕頭,安南 či 跟 tsua; 汁汕頭。 合口各處都是 ts, 除去通攝字照下面這樣讀:

終安南 čioŋ, 汕頭 tsoŋ;

鍾 種,腫,衆安南 čioŋ 跟 čɛŋ, 汕頭 tsoŋ 跟 čɛŋ;

燭安南 čiok 跟 čɛk, 汕頭 tsok 跟 čɛk;

囑,祝,粥安南 čiok, 汕頭 tsok

15. s 見於 i（無論保存或失去）以外一切元音的前頭,換言之,就是:

二等:皺,縐（ɕu 假名 'shi-u'）側（ɕoku, 假名 'shi-yo-ku'）以外一切的字。 要注意詐 sa 跟 ɕa（假名 'shi-ya'）, 還有宕攝的字:莊,裝,妝,壯（參看注 1）so 跟 ɕo（假名 sa-u 跟 'shi-ya-u'）, 捉 saku 跟 ɕaku（假名 sa-ku

(一) Parker 對於漢口揚州音總好寫太多的 č 類音,看前知徹澄下譯者註。

| | 二等 | | 三等 | |
|---|---|---|---|---|
| | 開口 | 合口 | 開口 | 合口 |
| 安南東京 | ȶ | | z[2], ȶ | ȶ |
| 交趾支那 | ʈʂ | | ○[2], ȶ | ȶ |
| 西安 | ts | pf | ts[3], ʈʂ[4], ʈ | pf |
| 蘭州 | ts | ʈ | ts[3], ʈʂ[4], ʈ | ʈ |
| 平涼 | ts | ʈ | ts[3], ʈʂ[4], ʈ | ʈʂ[5], ʈ |
| 三水，桑家鎮，涇州 | ts | | ts[3], ʈʂ[4], ʈ | ts |
| 歸化，文水，興縣 | ts | | ts[3], ʈʂ | ts |
| 懷慶，大同 | ts | ʈʂ | ts[3], ʈʂ | ʈʂ |
| 温州 | č[6], ts | | č[7], ts | č[8], ts |
| 寧波 | ts | | č[9], ts | č, ts[10] |
| 漢口，揚州 | ts | | č[11], ts | |
| 客家 | ts | | č | |
| 北京，南京，四川 | ts[12], ʈʂ | ʈʂ | | |
| 開封 | ʈʂ | | | |
| 福州 | ȶɕ | | | |
| 廣州 | č | | | |
| 高麗 | č'[13], č | | | |
| 汕頭，廈門 | ts[14], č | | | |
| 太原，太谷，鳳台，平陽，固始，上海 | ts | | | |
| 日本 | s[15], ɕ | | | |

跟 'shi-ya-ku')；

三等有 e 元音的：征，整，正，政，証 sei 跟 ɕo（假名 'shi-ya-u'），炙，隻 seki 跟 ɕaku（假名 'shi-ya-u'）——梗攝；占，瞻，戰，顫，專，磚 sen，折，拙 setsu——咸，山攝；制，製（蟹攝），贅 sei；有 u 元音的：錐 sui。

例外

a）不規則的送氣音：

莊福州（又讀）ȶɕ'；捉福州 ȶɕ'，廈門 č'，寧波，汕頭 ts'；昭廣州（又讀）č'；洲汕頭（又讀）č'；診廣州 č'；帚，勺，錐福州 ȶɕ'。

b）在高麗有些個 s：渣，詐，昭（又讀），摺，諄。

c）有些個濁音的讀法：

爪，皺，縐汕頭，廈門 ǰ；贅寧波 z；灶溫州 dz；燭上海 dz。

d）不見反切之古讀？

側官話（除去三水，桑家鎮跟漢口的又讀），揚州，溫州，福州（又讀），汕頭，廈門送氣（北京，南京，四川 ts，參看註 12）；阻客話（除去大同，開封）ts；諄歸化，太谷，興縣，鳳台，平涼，涇州，三水，桑家鎮送氣；肫山西，甘肅，北京，南京，汕頭，廈門 t。

e）雜類：齋交趾支那（又讀）ȶ（安南的國語拼法 'ch'）；皺，縐廣州 ts；縐南京 ts；瞻廈門 s；帚，汁交趾支那 tʂ（安南的國語拼法 'tr'）；摺安南 t；諄閩語 t；腫安南 t'。

將近 4,000 個讀音中有這些個例外。

古代的兩讀字：

'眞'各處都當作屬於三等的；從集韻跟韻表已經把這個字這樣安置(一)；只有唐韻的反切把它放在二等；'芻'幾乎各處（除去平陽，涇州，三水，桑家鎮）都依照洪武正韻屬於穿母的一個反切；'枝'在汕頭跟廈門（又讀）有 k 的讀法，這同集韻屬於舌根聲母的一個反切有關係；'顫'集韻屬於審母的一個反切在幾個官話方言裏還存在；歸化，文水，三水，桑家鎮 ʂ，太谷 s；'折'在這裏是國音的 tʂə；也有屬於禪母的讀法，國音 ʂə；是照集韻(二)的反切；'勺' 唐韻屬於禪母的一個反切在好多方言裏都保存着：北京，

(一) 切韻殘卷，'眞'，職鄰切，屬三等；徐鍇說文繫傳引朱翺反切，'眞'，止鄰切，亦屬三等。

(二) 廣韻亦有。'折'常列切。

歸化，大同，文水，平涼，三水，桑家鎭，懷慶，開封，揚州，四川，南京 ʂ，涇州，平陽，漢口 s，西安，蘭州 f（合口），安南 t‘，寧波（又讀）z，上海 dz；‘屬’在這裏是國音的 tʂu；也有屬於禪母的讀法，國音的 ʂu，是照廣韵的反切。

找不着讀音的字：

渣安南；爪平陽；醮懷慶，開封；壯汕頭；紮日本；札懷慶；芻廈門；爨日本；枳揚州，四川，南京；障安南；勺太谷，廈門；硃高麗，日本；凖廈門；贅興縣，懷慶，安南；盹高麗，福州，蘭州，懷慶；蛀日本；拙大同，興縣；粥客家，溫州，漢口，揚州，安南。

## 聲母 13，穿（共 58 字）

這個古聲母現在普通是用 tɕ‘，ɕ，t‘，tʂ‘，ʂ，č‘，ts‘，s，pf‘ 這些音來讀它。關於這些音的細微音質看 279 頁。

這些音可以照後面的表來分配，

1．宕攝的字（瘡，創）在客家，安南（國語拼法 ‘s’ 交趾支那 ʂ）有二等開口的聲母，與反切跟切韵指掌圖相合；在其他二三等有分別的方言裏有三等合口的聲母，與切音指南相合。

2．ts‘ 見於止攝的字（鴟，嗤，齒，侈）西安等 ts‘ɿ。

3．tʂ‘ 見於果攝的字（車，捨）跟掣（除去蘭州）；又見於尺，斥，赤，西安等 tʂ‘ʅ。

4．ts‘ 見於國音讀 tʂ‘u 的字（平涼 tʂ‘ʮ）。

5．č‘ 見於臆字（č‘yo）。

6．č‘ 見於綽字（č‘ia）——宕攝的古入聲。

7．č‘ 見於下列諸字：

č‘iuŋ：春，蠢（臻攝）；充，衝（通攝）；

č‘ye：出（但川等 ts‘ye）；

č‘yo：觸。

8. č‘, 照 Parker, 見於下列諸字:

嗔（č‘ïŋ 跟 čïŋ）——臻攝;車,撦（č‘œ 跟 ts‘o）——果攝;鴟,嗤,侈(č‘ï)—止攝（但齒讀 ts‘ï! ? 參看照母）;倡,昌,唱（č‘õ 跟 ts‘õ）——宕攝（但敞,

| | 二等 | | 三等 | |
|---|---|---|---|---|
| | 開口[1] | 合口 | 開口 | 合口 |
| 西安 | ts‘ | pf‘ | ts‘[2],tʂ‘[3],t‘ | pf‘ |
| 蘭州 | ts‘ | t‘ | ts‘[2],tʂ‘[3],t‘ | t‘ |
| 平涼 | ts‘ | tʂ‘[1],t‘ | ts‘[2],tʂ‘[3],t‘ | tʂ‘[4],t‘ |
| 三水,桑家鎮,涇州 | ts‘ | | ts‘[2],tʂ‘[3],t‘ | ts‘ |
| 歸化,文水,興縣 | ts‘ | | ts‘[2],tʂ‘ | ts‘ |
| 懷慶,大同 | ts‘ | tʂ‘ | ts‘[2],tʂ‘ | tʂ‘ |
| 溫州 | ts‘ | č‘[5],ts‘ | č‘[6],ts‘ | č‘[7],ts‘ |
| 寧波 | ts‘ | | č‘[8],ts‘ | č‘,ts‘[9] |
| 汕頭 | č‘[10],ts‘ | ts‘ | ć‘ | ts‘ |
| 客家 | ts‘ | | č‘ | |
| 漢口,揚州 | ts‘ | | č‘[11],ts‘ | |
| 交趾支那 | s(國語‘x’)[12] | ʂ(國語‘s’) | s（國語‘x’） | |
| 北京,南京,四川 | ts‘[13],tʂ‘ | tʂ‘ | | |
| 開封 | tʂ‘ | | | |
| 福州 | tɕ‘ | | | |
| 廣州,廈門,高麗 | č‘ | | | |
| 太原,太谷,鳳台,平陽,固始,上海 | ts‘ | | | |
| 日本 | s[14],ɕ | | | |
| 安南,東京 | s（國語‘x’跟‘s’） | | | |

廠讀 ts'õ! ? )。

9．ts' 見於炊，吹國音 tʂ'uei；照 Parker，寧波 ts'ei 跟 c'ï。(一)

10．č' 見於 i 跟 ɛ 的前頭，換言之，就是在創（č'iɛ̆ 跟 ts'aŋ），策，柵（č'ɛk 跟 tsaʔ）測，惻。

11．č'，照 Parker，(二)在下列的字裏可以遇見：
漢口：綽，吹，春，樞；國音讀 tʂ'uŋ 的字（充，衝）；蠢，出，觸。
揚州：車，撦（č'ie）——果攝；掣（č'ie）；吹；國音讀 tʂ'uŋ 的字（充，衝）；出。

12．s（安南的國語拼法寫作 'x'，Maspero 的書 43 頁）見於杈，叉，釵（又讀），擉。

13．ts' 見於梗攝的古入聲策，測，惻。

14．s 見於 i（保存或失去）以外所有別的元音前頭，換言之，就是：

在所有二等字裏；可是要注意杈，叉 sa 跟 ɕa（假名 'shi-ya'）——果攝；瘡，創 so 跟 ɕo（假名 'sa-u，shi-ya-u'）——宕攝（參看第 1 條）；

在三等裏：尺，斥，赤 seki 跟 ɕaku（假名 'shi-ya-ku'）——梗攝；掣 setsu，川，穿，喘，舛，釧 sen——山攝；炊，吹 sui。

例外

a）請注意些個安南的讀音：

測，惻國語拼法 'tr'（東京 ȶ，交趾支那 tʂ）；插 t'（參看下文高麗 s）；充，喘，舛國語拼法 's'（交趾支那 ʂ）。

b）不見反切之古讀?

柵山西（除去興縣），西安，北京 南京，開封，福州（又讀），汕頭（又讀）不送氣，吳語（上海又讀），揚州，廈門（又讀）s；嗔山西，甘肅，三水，桑家鎮，河南，漢口，福州，廈門，溫州（又讀），寧波（又讀）客家，高麗不送氣；掣大同，鳳台，平陽，平涼，涇州，固始 tsʅ，溫州 tsi，寧波 cï，客家，汕頭 ci，福州 ȶɕie，廈門 čɛ，廣州 čai；綽蘭州，懷慶，固始，客家，高麗不送氣；樞大多數的方言把這個字或者

(一) 按寧波 '吹' 白話音 ts'ɥ。Parker 根本沒有 ɥ 的地位，所以認它爲 č'ï。

(二) 看照母下第 11 條關於 Parker 的譯者註。

讀作跟國音 tɕʻy 相當的音——廣州（又讀），客家，福州，汕頭，吳語——或者讀作跟國音 ʂu 相當的音——北京（或照規則讀），南京，山西，陝西，甘肅，河南，揚州，廣州（又讀）；康熙字典並沒引到任何可以證實這兩個讀音的反切，觸山西，陝西，甘肅，河南不送氣。

c）雜類：釵汕頭 tʻ，厦門 čʻai 或 tʻuɛ；攙福州 ȶɕ₁；抄汕頭 č；插高麗 s；牕，揣客家 čʻ（Parker；）；斥厦門 tʻ；赤高麗 č；觸客家 tsʻ（Parker）。

在大約 2,000 個讀音有這些個例外。

古代的兩讀字：

'差'在這裏是國音的 ʈʂʻa；也有同國音 ʈʂʻai tsʻɿ 相當的讀法，那是從唐韵跟廣韵的反切來的；'揣'安南 'ch'（ȶ）跟集韵屬於照母的一個反切有關係（Maspero, Phon. Ann. p. 53，誤認這個 ȶ 是從穿母演變來的）；'濁'許多處讀不送氣（歸化，大同，興縣，鳳台，平涼，涇州，三水，桑家鎮，河南，漢口，厦門）可以拿集韵屬於照母的一個反切來解釋；'車'在這裏是國音的 ʈʂʻə；也有照廣韵的反切讀作見母的，國音 tɕy，這個讀法只用在文言的讀音；'臭'這裏是國音的 ʈʂʻou；在好些方言裏，也有照韵會的反切讀作跟國音 ɕiou 相當的音。

找不着讀音的字：

攙厦門，柵平涼，涇州，懷慶；牕高麗；揣太谷，鳳台；濁文水，太谷 四川 上海，日本；嗤日本太原；嗔汕頭，上海；搐高麗，日本；廠，醜厦門；秤安南；掣太谷，興縣，蘭州；樞厦門，四川；外興縣，平陽；釧蘭州，開封；觸大同。

## 聲母 14，牀（共 38 字）

這個古聲母現在普通是 ȡʑ，ȶɕ，ȶɕʻ，ɕ，t，tʻ，ʈʂ ʈʂʻ，ʂ，ǰ，č，čʻ，tʻ，dz，ts，tsʻ，z，s，pf，pfʻ，f 這些音來讀它。 關於這些音的細微音質看 279 頁。

這些音可以照後面的表來分配。

1．宕攝的牀字，照反切跟切韵指掌圖屬於二等開口，在切音指南屬於二等合口，它有下列的聲母：西安 pfʻ，蘭州，平涼 tʻ，三水，桑家鎮，涇州，汕頭 客家

ts'，懷慶，大同 tʂ'，廈門 č'，福州 ȶɕ'，廣州，交趾支那 ʂ，東京，日本 s，溫州，寧波 ǰ，上海 z。

2. s 或 ʂ 見於止攝的字（俟，仕，士，事，示，謚）。

3. t' 或 tʂ'，ts' 見於乘字跟蛇字（後一字只見於文水，太谷）。

4. tʂ'，tʂ 見於國音讀 tʂ'u，tʂu 的字（平涼 $tʂ_1$'ɥ，$tʂ_1$ɥ）。

5. ʂ，照 Parker(一)見於下列諸字：

揚州：順；
漢口：順，述，術。

6. ɕ 見於蛇，射（ɕie）——果攝；舌（ɕieʔ）。

7. ts' 見於助字。

8. s 見於豺愁等字。

9. č' 見於查，豺，巢，鋤，雛等字。

10. ȶɕ 見於豺（又讀），讒，巢等字。

11. ts 見於巢，棧（tsan 跟 čiɛn），乍（tsa 跟 čia），崇。

12. č' 或 č 見於 i，ɛ 的前頭，換言之，就是：
č' 見於查，愁（ts'ou，ts'au 跟 č'iu）。
č 見於棧（tsan 跟 čiɛn）。

13. s 見於果攝的字（蛇，射），安南 sa。

日本譯音在 i（保存或失去）以外所有別的元音前頭，我們發見齒音：

14. s 見於查，柴，豺，讒，牀，巢，棧，乍，雛，撰，船；

15. z 見於舌字；

16. ɕ 見於愁，俟，仕，士，鋤，崇，助，神，射，謚，食（又讀），脣，盾，順，贖；

17. ȡʑ 見於事，繩，乘，蛇，示，食（又讀），舌，實，述，術；

18. dz 見於查，讒，巢，愁，棧，乍，鋤，雛，崇，撰，助，乘，剩，述，術（有些上海人是這樣；其餘的都讀 z）。

19. dz 照 Parker，見於查，讒，棧，乍，撰，剩。

(一) 看前照母下第 11 條關於 Parker 的譯者註。

| | 二等 | | | | 三等 | | | |
|---|---|---|---|---|---|---|---|---|
| | 平 | | 仄 | | 平 | | 仄 | |
| | 開口[1] | 合口 | 開口 | 合口 | 開口 | 合口 | 開口 | 合口 |
| 西安 | ts‘ | pf‘ | s[2],ts | pf | ȶ‘[3],ʂ | f | s[2],ʂ | f |
| 蘭州 | ts‘ | t‘ | s[2],ts | t | t‘[3],ʂ | f | s[2],ʂ | f |
| 平涼 | ts‘ | tʂ‘[4],t‘, | s[2],ts | tʂ ,t | t‘[3],ʂ | ʂ | s[2],ʂ | ʂ |
| 三水，桑家鎮，涇州 | ts‘ | | s[2],ts | ts | t‘[3],ʂ | s | s ,ʂ | s |
| 歸化，文水，興縣 | ts‘ | | s[2],ts | ts | tʂ‘[3],ʂ | ts‘ | s[2],ʂ | s |
| 懷慶，大同 | ts | tʂ‘ | s ,ts | tʂ | tʂ‘[3],ʂ | tʂ‘ | s[2],ʂ | ʂ |
| 北京，南京，四川，開封 | tʂ‘ | | ʂ[2],tʂ | tʂ | tʂ‘[3],ʂ | tʂ‘ | ʂ | |
| 太原，鳳台，固始 | ts‘ | | s ,ts | ts | ts‘[3],s | ts‘ | s | |
| 漢口 | ts‘ | | s[2],ts | ts | ts‘[3],s | ts‘ | s | ʂ[5],s |
| 揚州 | ts‘ | | s[2],ts | ts | ts‘[3],ɕ[6],s | ts‘ | ɕ[6],s | ʂ[5],s |
| 太谷 | ts‘ | | s[2],ts | ts | ts‘[3],s | ts‘ | s | f |
| 平陽 | ts‘ | | s[2],ts | ts‘[7],ts | ts‘[3],s | ts‘ | s | f |
| 客家 | s[8],ts‘ | | s[2],ts‘ | ts‘ | ʂ | | | |
| 廣州 | č‘[9],ʂ(一) | | s ,ć | č | ʂ(一) | | | |
| 福州 | ȶɕ[10],ȶɕ‘ | | s[2],ȶɕ | ȶɕ | s | | | |
| 廈門 | ts[11],č‘ | | s[2],c,ts[11] | ts | s | | | |
| 汕頭 | č‘[1] ,ts‘ | ts‘ | s[2],č[12] ts | ts | s | | | |
| 交趾支那 | ʂ（國語‘s’） | | | | s（國語‘x’）[13],t‘ | | | |
| 安南東京 | s（國語‘s’） | | | | s（國語‘x’）[1] ,t‘ | | | |
| 高麗 | s | | | | | | | |
| 日本 | s[14],z[15],ɕ[16],ȡʑ[17] | | | | | | | |
| 上海 | dz 跟 z[18],z | | | | | | | |
| 溫州 | dz[19],z | | | | z | ʐ | dz[19],z | ʐ |
| 寧波 | dz[20],z | dz[20],ǰ | dz[20],z | dz[20],ǰ | dz[20],ʐ[21],ǰ | ʐ | dz[20],ʐ[21],z | ʐ |

（一） 按廣州現在不能分 s, ʂ, 實際讀音在 s, ʂ, ɕ 之間，卽很前的［ʃ］。如果塞擦音用 č, č‘, 那塞擦音可用 š。D. Jones 與吳絅堂讀本一律用 ts, ts‘, s。

20. dz, 照 Parker, 見於查,讒,巢,愁(又讀), 棧,乍,崇,助(又讀),乘(又讀),蛇(又讀),剩諸字。

21. ʐ, 照 Parker, (一)見於繩,蛇(又讀),神,舌(ʐəʔ 跟 ziʔ),實諸字。

例外

a) 在高麗有些塞擦音:

讒,雛,撰(又讀) čʻ; 棧,撰(又讀),助 č。

b) 雜類: 柴文水,平陽 s; 讒廣州,南京,四川 tsʻ; 俟北京, 南京, 四川 s, 廣州 ts; 鋤文水,平陽 s, 太谷 f, 福州,廈門(又讀) tʻ, 廈門(又讀),汕頭(又讀) t; 助安南 'tr' (東京 ȶ, 交趾支那 tʂ); 繩廈門 sɛŋ 跟 čin; 蛇汕頭(又讀),廈門(又讀) ts; 舌汕頭(又讀),廈門(又讀) čʻ; 船汕頭 tsʻ; 脣汕頭,廈門 t, 漢口 c。

在 1,000 多個讀音中有這些個例外。

古代的兩讀字:

'查' 集韻屬於照母的一個反切, 國音 tʂa, 在幾個方言裏還保存着: 福州, 安南, 粵語(又讀), 廈門(又讀),漢口(又讀),揚州(又讀); '乘' 在這裏是國音的 tʂʻəŋ; 照廣韻的反切也有去聲的讀法, 國音 ʂəŋ; '射' 在這裏是國音的 ʂə; 也有同國音 ʂï 跟 i 相當的讀法,也是從廣韻的反切來的; '謚' 集韻有相當於國音 i 的一個反切在汕頭跟福州還保存着; '盾' 在一大些方言裏(除去日本, 安南)照廣韻的一個反切當它屬於定母。

找不着讀音的字:

讒廈門; 雛寧波; 剩高麗, 日本; 謚懷慶, 固始, 脣客家, 溫州, 寧波, 揚州, 四川。

## 聲母 15, 審(共 121 字)

這個古聲母現在普通用 ɕ, ʂ, s, tʻ, f 這些音來讀它。 關於這些音的細

(一) 按 Parker 用 'j' 字母代表不分 ʑ, ʐ 的 ž 音。 寧波的繩蛇等字碰巧是 ʑ 而不是 ʐ(寧波只有 ɕ, ʑ 而無 ʂ, ʐ),所以高氏用 ʐ 來譯 Parker 的 'j' 倒是冤枉了他了。

徹音質看 279 頁。

這些音可以照下列的表來分配。

1. 宕攝的‘孀，霜，爽’三個字，照反切跟切韵指掌圖屬於二等開口，在切音指南屬於三等合口，它們有下列的聲母：在客家，安南是二等的聲母；寧波，漢口 s；溫州 ɕ（yo）；廣州孀，霜 s，爽 ʂ。 在其他二三等有分別的方言裏，它們有三等合口的聲母。

| | 二等 | | 三等 | |
|---|---|---|---|---|
| | 開口[1] | 合口 | 開口 | 合口 |
| 平陽，太谷 | s | f | s | f |
| 西安，蘭州 | s | f | s[2]，ʂ | f |
| 平涼，懷慶，大同 | s | ʂ | s[2]，ʂ | ʂ |
| 三水，桑家鎮，涇州，歸化，文水，興縣 | s | | s[2]，ʂ | s |
| 揚州 | s | | ʂ[3]，ɕ[4]，s | s |
| 漢口 | s | | ʂ[3]，s | ʂ[3]，s |
| 溫州 | s | ɕ[5]，s | s | ɕ[5]，ʂ[6]，s |
| 寧波 | s | ʂ[7]，s | ʂ[7]，s | s[8]，ʂ |
| 北京，四川，南京，廣州(一) | s[9]，ʂ | ʂ | | |
| 客家 | s | | ʂ | |
| 安南東京 | s（國語‘s’） | | s（國語‘x’）[10]，t‘ | t‘ |
| 交趾支那 | ʂ（國語‘s’） | | s（國語‘x’）[10]，t‘ | t‘ |
| 開封 | ʂ | | | |
| 日本 | s[11]，ɕ | | | |
| 太原，鳳台，固始，上海，閩，高麗 | s | | | |

(一) 看前牀母表廣州音下譯者註。

2．s 見於止攝的字（施，尸，詩，始，豕，屎，弑，啻）。

3．ʂ，照 Parker.（一）見於下列的字：

漢口：聲（又讀），羶，煽，賞，少，設，輸，書，舒（皆又讀），鼠（又讀），叔，

揚州：聲，賞，式，識，釋，拭，飾，螫，適，溼，失，室。

4．ɕ 見於複合元音 ie 的前頭：奢，賒，捨，赦，舍 ɕie——果攝；羶，煽，陝，閃 ɕie，設 ɕieʔ——咸，山攝。

5．雙，朔，縮，束諸字都讀 ɕyo。

6．ʂ，照 Parker，見於瞬，叔諸字。

7．ʂ，照 Parker，見於數（su 跟 ʂï（二）），刷諸字；又見於果攝的字（奢，賒，捨，赦，舍 ʂœ，ʂe 跟 so）；世，勢（蟹攝）；式，拭，適，設，失，室。

8．s 見於水（sei 跟 ʂï（二））稅諸字。

9．s 見於下列的字：

北京，四川：國音讀 sə 的古入聲字（穡，色，嗇，濇，瑟）；

南京：國音讀 sə 的入聲字，國音讀 ʂəŋ 的字（生，牲，笙，省），還有師獅等字；

廣州：止攝的字（師，獅，史，使，駛）。

10．s 見於果攝的字（奢，賒，捨，赦，舍）國音 ʂə，安南 sa。

11．s 見於 i（保存或失去）以外所有別的元音的前頭，換言之，就是：

生，牲，笙，省，聲，聖 sei 跟 ɕo（假名 'shi-ya-u'），釋，螫，適 seki 跟 ɕaku（假名 'shi-ya-ku'）——梗攝；

紗，砂，沙 sa 跟 ɕa（假名 'shi-ya'）——果攝二等；

霜，爽 so 跟 ɕo（假名 'sa-u' 跟 'shi-ya-u'）——宕攝（參看註 1）；

朔 saku——宕攝；

篩，灑，矖 sai——蟹攝二等；

世，勢，稅 sei——蟹攝三等；

杉，衫，芟，删，山，產，訕 san，霎 so（假名 'sa-fu'），刷 satsu——咸，山攝二等；

羶，煽，陝，閃 sen，設，說 setsu——咸，山攝三等；

率，帥，水，雙，蔬，疏，梳 so。

---

（一） 看前照母第 11 條下譯者註。

（二） 參考上狀母第 21 條下譯者註。

例外

a）很多不規則的塞擦音：

牲閩語（又讀）č‘；杉廣州 č‘，客家 ts‘；產山西，陝西，甘肅，懷慶，固始，漢口，揚州，吳語（溫州，寧波又讀）ts‘，北京，開封，南京，四川 tʂ‘，廣州 č（不見反切之古讀？）；滲蘭州，漢口，揚州，客家（又讀） ts‘；稍高麗，汕頭，廈門，č，濤溫州，揚州 ts‘；縮高麗 č‘；賒客家，汕頭 č‘；深鳳台，固始 ts‘，開封，客家，閩語 č‘；始粵語 č‘；豕，矢粵語，福州 č‘，歸化，太原，文水，太谷 ts‘；屎福州 tɕ‘i’ 跟 sai；孀廈門 č；少閩語（又讀）č；手福州，廈門（又讀），汕頭（又讀）č‘；弑汕頭 č‘，三水 ts‘ 試閩語（又讀）č；獸客家 č‘；式平涼，涇州 tʂ；拭客家，閩語（又讀）č‘；螫廣州，廈門（皆又讀） č‘；設廣州 č‘，歸化 tʂ‘；書，水福州 tɕ，廈門（又讀），汕頭（又讀） ts；舒福州 tɕ‘；黍固始，揚州 ts‘；鼠寧波，揚州，客家，福州，廈門 č‘，固始，汕頭（又讀），溫州 ts‘；署客家 č‘；與縣，固始，揚州 ts‘；叔閩語（又讀）č。

b）請注意下列的齒音：

s 灑北京，開封，南京，四川；蔬，疏北京（又讀）四川（又讀）南京；所北京，南京，大同，平涼 四川；率廣州；縮北京，南京，平涼，四川；瞬廣州。

c）雜類：篩閩語（又讀）t‘；滲安南 t‘；傻幾乎各處（除去桑家鎮，汕頭）都當作開口，縮福州（又讀） t‘；飾安南 ‘s’（s 或 ʂ）；螫北京有一個 tʂə 的讀法跟北方幾個方言的讀法相當，這個讀法跟任何反切都不合（不見反切之古讀？）(一)；說西安 ʂə。

在將近 4,000 個讀音裏有這些個例外。

古代的兩讀字：

‘搜’廣州，北京，四川，南京，開封 s，跟屬於心母的一個反切有關係；‘省’在這裏是國音的 ʂəŋ；也有照唐韻的反切讀作心母的，國音 ɕiŋ；‘霎’廣州 s，安南 t‘，同集韻屬於心母的一個反切有關係；溫州 ts 可以用玉篇屬於精母的一個反切來解釋；‘衰’集韻屬於清母的一個反切在幾個方言還留下痕跡；‘奢’客家，廣州（又讀），閩語 č‘，文水，開封 tʂ‘，太谷 ts‘ 同屬於牀母的另外一個反切有關係；‘娠’大多數方言把這個字照集韻的一個反切當作照母；‘啻’在這裏是國音的 ʂi 在好多方言裏有跟國音 t‘i 或 tʂ‘i 相當的讀法；‘餉’這個字照正字通的註解，“今俗軍糧曰餉，或讀享或讀饗”，跟國音 ɕiaŋ 的讀法相當。‘適’在這裏是國音的 ʂi；也有跟國音 ti 相當的讀法，是從廣韻的反切。‘束’粵語，漢口（又讀） č‘，北京，四川 tʂ‘，同韻會屬於穿母的一個反切有關係。

(一) 廣韻薛韻有‘蜇’字，“螫也”，陟列切，與此音合。

找不着讀音的字：

衫，芟廈門；孀日本；捎上海，福州，廈門；曠廈門；滲四川；穡太谷，南京，高麗；霎客家；傻文水，太谷，興縣，鳳台，上海，廈門，福州，日本；殯高麗，安南，汕頭，廈門；孀安南；收客家；屎安南，寧波；蟠日本；啬四川，廈門；識安南；螫鳳台，懷慶，固始，客家；黍懷慶。

## 聲母 16，禪(共 64 字)

這個古聲母現在普通用 ȡʑ，ɕ，ȶ‘，tʂ‘，ʐ，ʂ，ǰ，č‘，t‘，dz，ts‘，z，s，pf‘，f 這些音來讀它。關於這些音的細微音質看 279 頁。

這些音可以照後面的表來分配：

1．s，或 ʂ 見於止攝的字（匙，時，示，恃，是，氏，視，侍，嗜）。

2．ts‘，或 ȶ‘，pf‘，tʂ‘ 等，見於下列的字：垂，純，醇在漢口以外一切的方言裏；殊在歸化，太原，懷慶，開封，殳在歸化，開封，南京（又讀）；在漢口只見於垂跟殳（或讀 s）兩字。

3．ʂ 見於蟬，禪——山攝；宸，辰，臣，晨——臻攝；還見於償，裳。

4．č‘ 或 ɕ 見於這個方言的複合元音 ie 的前頭，就是在這些字裏：禪 č‘ie（山攝）；社（果攝），善，贍，膳，擅，繕（咸，山攝）ɕie；涉 ɕieʔ。

5．ʂ，照 Parker(一)，見於善，受，授，膳，擅，繕，壽；醇，豎，樹，暮，淑。

日本譯音在 i（保存或失掉）以外所有別的元音前頭我們聽見齒音：

6．z 見於膳字；

7．s 見於誠，城，成，盛 sei 跟 ȡʑo（假名 ‘ji-ya-u’），石 seki 跟 ȡʑaku（假名 ‘ji-ya-ku’——梗攝；誓，逝 sei——蟹攝；蟬，禪，善，贍，膳，擅，繕 sen——咸，山攝；垂，睡，瑞 sui——止攝。

8．ȡʑ 見於誠，城，成，盛，石（皆又讀，看上文），時，常，甚（或 ɕ）腎，或（或 ɕ），上（或 ɕ），壽（或 ɕ），十（或 ɕ），樹，熟。

(一) 看前照母第 11 條下譯者註。

| | 平 | | 仄 | |
|---|---|---|---|---|
| | 開口 | 合口 | 開口 | 合口 |
| 平陽，太谷 | s[1],ts‘ | ts‘[2],f | s | f |
| 蘭州 | s[1],t‘ | t‘[2],f | s[1],ʂ | f |
| 西安 | s[1],ʂ[3],t‘ | pf‘[2],f | s[1],ʂ | f |
| 三水，桑家鎮 | s[1],ʂ[3],t‘ | ts‘[2],s | s[1],ʂ | s |
| 涇州 | s[1],t‘ | ts‘[2],s | s[1],ʂ | s |
| 平涼 | s[1],t‘ | t‘[2],ʂ | s[1],ʂ | ʂ |
| 懷慶，大同 | s[1],tʂ‘ | tʂ‘[2],ʂ | s[1],ʂ | ʂ |
| 歸化，文水，興縣 | s[1],tʂ‘ | ts‘[2],s | s[1],ʂ | s |
| 揚州 | s[1],č‘[4],ts‘ | ts‘[2],s | ɕ[4],s | s |
| 漢口 | s[1],ts‘ | ts‘[2] ʂ[5],s | ʂ[5],s | |
| 太原，鳳台，固始 | s[1],ts‘ | ts‘,s | s | |
| 北京，開封，南京，四川 | ʂ[1],tʂ‘ | tʂ‘[2],ʂ | ʂ | |
| 廣州(一)，客家 | ʂ | | | |
| 閩語，高麗 | s | | | |
| 日本 | z[6],s[7],dʑ[8],ɕ | | | |
| 上海 | dz 跟 z[9],z | | | |
| 温州 | dz[10],z | dz[10],z,ʐ[11] | dz[10],z | dz[10],z,ʐ[11] |
| 寧波 | dz,z[12],ʐ[13],ǰ[14] | z[12],ʐ | dz,z[12],ʐ[13],ǰ[14] | z[12],ʐ |
| 安南 | t‘ | | s[15],t‘ | t‘ |

9. dz（有些上海人是這樣，其餘的都讀 z）見於承，丞，誠 城，成，臣，償，嘗常，酬，讎，授，售，涉，殊，垂，睡，瑞，署。

(一) 看前牀母表廣州音下譯者註。

10. dz，照 Parker，見於償，賞（又讀），常（又讀），酬，讎，恃（又讀），售，垂，署（dz，z 或 ǰ）。

11. ʐ，照 Parker，見於醇，熟（又讀）。

12. z，照 Parker，見於下列的字：

開口：止攝的字（匙，時，市，恃，是，氏，視，侍，嗜）；嘗（或 dz），裳（或 ʐ，ǰ），甚，紹，受，授，誓，逝，上（或 ʐ），尙（或 ʐ），壽，石。

合口：垂，睡，瑞——止攝。

13. ʐ，照 Parker(一)，見於蟬，禪，善，贍，擅，繕 ʐœ̃——山，咸攝；社 ʐe——果攝；宸，辰，星，腎，愼 ʐiŋ——臻攝；裳（或 z，ǰ）；上（或 z），尙（或 z）。

14. ǰ，照 Parker，見於承，丞——梗攝的蒸韵（古曾攝，參看 60 頁小註）；常（或 dz），裳（或 z，ʐ），蜀。

15. s 見於社字——果攝，國音 ʂə，安南 sa。

例外

a) 請注意下列的塞擦音：

成福州 tɕ'（或 s），廈門 č'，č（或 s），汕頭 č（或 s）；匙粵語（又讀）č'；北京（又讀），南京，四川 tʂ'，漢口，揚州 ts'；臣汕頭 č'，溫州 ts；裳廈門（又讀）č；酬粵語，汕頭 č'，讎汕頭，廣州（又讀）č'；市閩語 č'；恃廣州（又讀）č'；是廈門（又讀）č；擅高麗 č'，上汕頭，廈門 č'，č（或 s）；售汕頭（又讀）č'；客家 č；石汕頭（又讀），廈門（又讀）č；涉客家 č；樹閩語（又讀）č'；署興縣（又讀）ts'，廣州（又讀）č'；薯汕頭，廈門 ts；蜀大同 tʂ，太原，文水，太谷，興縣，汕頭 ts，高麗 č'。

b) 有些很有趣的濁音讀法，就是瑞字北京，大同，平涼 ʐ，歸化（又讀），文水，鳳台，涇州 z。

c) 不見反切之古讀？

裳太谷，太原，鳳台，固始，漢口，揚州 s，其餘官話（惟平陽照例是 ts'）ʂ；贍蘭州 t，大同，興縣，開封 tʂ，鳳台，固始，上海 ts

d) 雜類：匙安南 ʂ；辰漢口，固始 s；十，什，拾寧波 ʂ。

(一) 看前狀母第 21 條下譯者註。

在 2,000 左右的讀音中有這些個例外。

古代的兩讀字：

'償' 山西（除去太原，鳳台）陝西，甘肅，河南照集韻的一個反切把這個字當作審母；'盛' 在這裏是去聲；也有平聲的讀法，是從唐韻的反切；'售' 韻會屬於平聲的一個反切在蘭州跟平涼（又讀）還有這讀法。

找不着讀音的字：

饈懷慶；嗜高麗；純客家，溫州，寧波，揚州，四川，安南；殳太原，固始，廈門；署懷慶，四川；蜀客家，溫州。

## 知徹澄照穿牀審禪諸母總論

在討論從古代材料所表現的中國古音系統的時候，我已經表示意見，說單靠現代方音不够作解釋這八個古聲母音值的充分的根據。在現代方言裏，我們看見代表這些聲母的有種種的顎音，齒上音，齒音，甚至於脣音，有爆發音，塞擦音跟摩擦音。我也曾充分的利用古代材料的指示(看 32 頁以後)，所得到的結果如下：

| 二等跟三等 | | |
|---|---|---|
| 知 | ȶ | 弱清 |
| 徹 | ȶʻ | 送氣清 |
| 澄 | ȡʻ | 送氣濁 |
| 顎爆發音 | | |

| 二等 | | 三等 | |
|---|---|---|---|
| 照 | tʂ | ȶɕ | 弱清 |
| 穿 | tʂʻ | ȶɕʻ | 送氣清 |
| 牀 | dʐʻ | ȡʑʻ | 送氣濁 |
| 齒上塞擦音 | | 顎塞擦音 | |

| 二等 | | 三等 | |
|---|---|---|---|
| 審 | ʂ | ɕ | 清 |
| 禪 | 缺 | ʑ | 濁 |
| 齒上摩擦音 | | 顎摩擦音 | |

底下我們就要把這些聲母在近代方言裏的演變作一總述。我們遇見一件很困難的事，就是因爲其中幾個聲母在最常用的字裏，很少找到例子。所以我所列的這幾個聲母表對於中國語言規律的說明不能像例子較多的那些聲母表同樣的可靠。要是拿只有讀書人才用的，常常靠查古字典才弄出個讀音來的那些少見的字，勉強塡補這些空當兒，那是很冒險的。(1) 可是從我的材料裏對於最要緊的規律也足以得出一個滿意的概念。許多不規則的地方以後還得要特別的研究。

## I. 發音的部位

在這一點上，各處方言露出一種很紛錯的狀況，而且中國古音系統一千多年來也經過極劇烈的變化。

A　在溪（k'）曉（x）匣（ɣ）三母底下我們已經知道它們由後面 u 音的圓脣（合口）前移作用可以變成脣音聲母。這是中國南部方言的現象。在知——禪這一系聲母裏，我們也找到類似的現象，不過現在是在中國北部幾種方言裏罷了。(一)

1）西安方言所有合口字都是脣音，現在代表古聲母的音有的是塞擦音，有的是摩擦音：pf，pf'，f。在山西南部的蒲州府跟運城的方言好像也是這樣的。

2）蘭州平陽跟太谷的方言合口字也有脣音，不過在那些地方近代只有摩擦音，（換言之，就是審母跟一部分的牀禪）(2)例如：

朱西安 pfu，太谷 tsu，蘭州 ʈɤ；

專西安 pfæɣ̃，太谷 tsuɛ̃，蘭州 ʈuæ；

吹西安 pfχᴇi，平陽 tsχuᴇi，蘭州 ʈχuᴇi；

書西安，太谷，平陽 fu，蘭州 fɤ；

---

（1）　Maspero 好像有時應用這個冒險的辦法。例如在 Phon. Ann. p. 53。

（一）　據譯者調查，這種現象（卽'水'讀 fei 之類）還散見於山東，河南，安徽，湖北，湖南，江西。

（2）　這些字中哪些分配作塞擦音哪些分配作摩擦音，等後來再研究，看 323 頁以下。

B）我們遇見很多齒音代表現在所討論的這些古聲母，不過在各種方言裏很不一致：

1）太原，鳳台，固始，上海或宜昌的方言只有齒音，例如：

站太原 tsæ；

抽鳳台 tsχɑɯ；

懲固始 ts'ɜŋ，上海 dzəŋ；

手太原 sɛu，太谷，上海 səɵ，固始 sou。

2）平陽太谷的方言，除去在合口字有脣摩擦音外，都是齒音。

3）蘭州，平涼，西安，大同，懷慶的方言在開口二等字（山西北部的天鎮，陝西的西安跟河南府的方言好像是一樣的）跟止攝開口三等古代是塞擦音或摩擦音（照穿牀審禪）的字（元音 ɿ）裏，讀齒音。例如：

生（二等）大同，西安 sɜɣ̃，但‘聲’（三等）大同，西安 $ʂ_1$ɜɣ̃；

至（止攝，三等，塞擦音照母）蘭州，平涼，大同，懷慶，西安 tsɿ，但‘制’（蟹攝，三等，塞擦音照母）蘭州等 $tʂ_1$ʅ；

智（止攝，三等，爆發音知母）蘭州等 $tʂ_1$ʅ。

4）三水，桑家鎮，涇州，歸化，文水，興縣等方言在（3）下所舉的那一類字跟所有合口字，不論二三等都有舌尖音。例如：

書三水，桑家鎮，涇州 sʮ，歸化，文水，興縣 su；

春三水，桑家鎮 tsχuɛ̃ 涇州，文水 tsχũ。

5）從 Parker 的不一致的註音來看，温州話似乎有齒音，但有少數字，特別在有複合元音‘iu’的韵母，有 ü（y）的些複合元音跟宕攝入聲 ia 這些音之前不讀齒音。例如：

酌 čia；

終（通攝）čiuŋ；

祝（通攝）čiu；

諄（臻攝，合口）čiuŋ，——但周（流攝）tsiu；

腫（通攝） čyo;

拙 čye,——但專 tsyè;

整 tsiŋ;

眞 tsaŋ;

詐 tso;

瞻 tsie;

昭 tsiə;

紙 tsi;

制 tsi;

朱 tsy 等。

6) 寧波話裏一樣有很多的齒音不過限制更大。關於這一點 Parker 的注音很不一致，但是在這裏好像可以看見一種齒齦音（alvéolaire）(1)的讀法，特別在有 i, œ 跟 iu 的元音前面。例如：

čï，制（蟹攝，照母）；

čï，智（止攝，知母）；

čïŋ，振（臻攝，開口）；

čœ 跟 tso（又讀），遮（果攝，三等開口）；

čï，朱（遇攝，合口）；

čïŋ，諄（臻攝，合口）；

čœ̃，專（山攝，合口）；

čiuŋ，終（通攝）；

但是：

tsi，至（照母，止攝）；

tsiu，周(一)（流攝）；

(1) 我在這裏暫時拿“齒齦音”這個名詞包括齒上音和顎音。［譯者按寧波用顎音］。

(一) 周，瞻，眞，照在舊寧波府屬外縣（如慈谿奉化）有用齒音的，鄞縣用顎音。

tsei，錐；

tsiẽ，瞻；

tsiŋ，眞；

tsɛ̃，斬；

tso，詐；

tsa，札；

tsəy，縐；

tsio，昭等。

……………（中略）（一）……………

7）在温州，寧波，漢口，揚州四種方言裏有沒有舌尖音的問題，顯然還不曾完全解決，這是因爲材料不夠的原故。這種材料的價值看底下 Parker 的解釋(Giles 字典 XXVIII）就容易明白了，他說："我應當再聲明一下，這些繞口的往往是不重要的；爲避免印刷的麻煩起見，如果方便的話，我不遲疑的把這四個官話音合併成一個（！）事實上這些個方言或者和別的方言一樣的有規則。

8）古爆發音（知徹澄），福州話讀齒音，只有少數徹母（送氣的）的字是例外。這個方言裏狀審禪來的摩擦音也一樣是齒音。例如：

tiŋ，徵（知母）；

t'iŋ，逞（徹母）；

tiaŋ 跟 t'iŋ（又讀），呈（澄母）；

但是：

$ȶɕ_1$iŋ，征（照母）；

$ȶɕ'_1$iŋ，稱（穿母）等；

$ȶɕ'_1$i，笞（徹母），但 t'i 恥（徹）；

ɕiŋ，繩（牀母）；

siŋ，聲（審母）；

（一）中間一段引 Parker 的漢口揚州的材料，因爲錯誤太多，所以從略。

siŋ，承（禪母）；

9）廈門方言讀齒音的地方恰好跟福州話一樣，此外，這個方言的弱塞擦音（照母跟一部分的牀母二等），在 i，ɛ 以外的別的元音以前也是齒音；但是送氣的塞擦音（穿母跟牀母二等的一部分）並不如此。(一) 例如：

tsui，錐；

tsam，斬；

tsau，巢；

但是一方面：

čɛŋ，征；

čia，遮；

另外一方面：

čʻa 跟 čʻai（又讀），柴。

10）汕頭方言如果把這些古音讀成爆發音或摩擦音的時候就變成齒音。如果讀成塞擦音的時候（關於這些字讀爆發音，塞擦音或摩擦音的分配看下文 323 頁以下），在 i，ɛ 以外的其他元音之前，不論送氣與否一樣的讀成齒音。例如：

tɛŋ，徵；

ti，蜘；

sɛŋ 聲；

tsɛm，斬；

tsʻa 跟 tsʻai（又讀），柴；

但是 [塞擦音在 i，ɛ 之前]：

čɛŋ，貞；

čɛŋ，征；

---

(一) 據羅常培廈門音系古照母跟一部分的牀母(狀)二等在 a ɔ o e u ŋ 等音前讀 ts，在 i 音前讀 tɕ；古穿母跟一部分的牀母(狀)二等在 a ɔ o e u ŋ 前讀 tsʻ，在 i 音前讀 tɕʻ。但從牀(狀)審禪變來的摩擦音一律讀 s，只在 i 前微有顎化傾向，可寫作 $s_j$。

**čia** 跟 **cɛ**（又讀）遮。

11）日本譯音在 **e** 前面作齒音，在 **i** 前面作顎音。在 **a**, **o**, **u** 前面，有些字是齒音，有些字是顎音。可是讀顎音的時候，那些 **a**, **o**, **u** 的前面本來都有個 **i**，現在則被聲母吞沒了。這可以從假名的寫法上看出來。所以在 **i** 的前面無論它保留或失落，我們總是遇見 $ȶɕ_2$, $ɕ_2$, $ȡʑ_2$，此外是 t, ts, s 等。我們看下面的例：

sᴀ（假名 'sa'），紗；

sekɪ（假名 'seki'），釋；

soː（假名 'sa-u'），爭；

suː（假名 'su-u'），數；

但是：

$ɕ_2$ɪ（假名 'shi'），師；

$ɕ_2$ᴀ（假名 'shi-ya'），奢；

$ɕ_2$o（假名 'shi-yo'），書；

$ɕ_2$oː（假名 'shi-ya-u'），聲；

$ɕ_2$oː（假名 'shi-yo-u'），勝；

$ɕ_2$ɯ（假名 'shi-yu'），守；

$ɕ_2$ɯː（假名 'shi-u'），收；

$ɕ_2$ɯː（假名 'shi-fu'），溼。

12）高麗譯音把古爆發音的二等讀作齒音；它惟一的摩擦音（關於這個摩擦音的出現，看下文 327 頁）也一樣是齒音。例如：

**to**，櫂（二等）；

**tɛk**，宅（二等）；

**su**，手（三等）；

但是

**č'ək**，擲（三等）；

13) 安南譯音在古摩擦音審禪三等讀齒音，牀母三等也是一樣，它在安南譯音裏，跟審禪不分。例如手 t'u; 奢 sa（安南國語寫作 'xa'）。徹母幾個特殊字同穿母三等的全體跟二等的一部分，也是一樣讀作齒音 s，這個 s 東京跟交趾支那都有，安南國語寫作 'x'。例如：銜 suŋ（安南國語 'xung'）。其他屬於這兩個古送氣聲母（徹和穿）的字，還有牀母二等現讀摩擦音的字，在安南國語寫作 's'，這個 s 在東京讀作 s，在交趾支那讀作 ʂ(1)，例如癡東京 si，交趾支那 ʂi（安南國語 si）；柴東京 sai，交趾支那 ʂai（安南國語 'sai'）。最後，東京話還有一個讀舌尖音的例，可是交趾支那就把這個聲母失落了。這只限於果攝三等開口的照母字。例如：遮東京 za，交趾支那 ia。

14) 客家話在二等字老是齒音，在三等字老是齒齦音。例如 '史' 讀 sï，但是 '尸' 讀 ʂi。它的支系陸豐方言也一樣。(一)

15) 北京，南京，四川跟廣州的方言二等字讀齒音的很少：北京，南京，四川在由入聲變來（國音讀作 tsə sə 等音）的字，南京另外還有幾個字，跟廣州止攝的字，讀作齒音。例如：

澤 北京 tsɤ，南京 tsæʔ，四川 tsɛ;

策 北京 ts'ɤ，南京 ts'æʔ，四川 ts'ɛ;

色 北京 sɤ，南京 sæʔ，四川 sɛ;

史 廣州 sɿ，但尸（三等）ʂi。(二)

在極近似廣州的方言裏有一個澳門話比廣州的齒音多，尤其是在 u 的前頭。

(1) 這是依 Maspero 的報告。據他說，安南國語拼法寫作 's' 的，代表高安南 (Haut-Annam) 跟交趾支那的 ʂ（$ʂ_2$），東京的 s，可是寫作 'x' 的各處都讀成 s。我覺得就是在東京話裏我們有時也可以聽見安南國語的 s 讀成 $ʂ_1$，不過它的發音部位很靠前，在齒齦上，恰好跟東京話的 ɖ-，ɳ-，-ɳ，-ʈ 部位相同，看 179 頁。

(一) 據譯者調查，梅縣的客話二三等全用舌尖齒音 ts，ts'，s。五華的客話二等是用舌尖齒音，三等合口用舌尖齒齦音，但開口不用舌尖，而略帶舌面意味，例如 '史' sï，'書' ʂu，但詩 ɕi（其中 i 不純，近乎 z）。

(二) 但參閱牀母表下譯者註。

16）在我所研究的方言裏，只有開封話不用齒音來代表知徹澄照穿牀審禪這幾個聲母。

我們已經知道（34 頁），我們有很好的理由來假設古代漢語的知等照等聲母是由齒音 j 化演成的。從近代方言裏有這麼多齒音看起來，我們一定要問一問我們自己：這些近代方言是不是在這裏保存了一個上古的特徵，就是它們所承接的古代方言並不像切韻那樣把齒音變成顎音吶？換言之，這些近代的齒音是上古漢語的齒音的直接後代吶，還是中古漢語的顎音跟齒上音到近代才變成齒音吶？

a）第一層，關於日本譯音，我覺得它的齒音很可以是上古音。我們在那裏所遇的 ȶç$_2$（羅馬字 'ch'），ȡʑ$_2$（羅馬字 'j'），ɕ$_2$（羅馬字 'sh'）顯然和中古漢語中類似的齒齦音讀法沒有任何關係。顎音只發生在 i 音的前面是純粹日本的演變現象。這種演變不單在我們所討論的知禪等聲母發見，就是在端透定精等聲母（t, t', d', ts 等）也是一樣的。例如：頂日本 ȶɕ$_2$oː 又讀 tɛi. 端等聲母在中古漢語是齒音並且在所有近代方言裏依然是齒音（有些方言是全部的，有些方言是一部分），日本話在 i 前頭不容許齒音存在也可以從漢語 t 尾的入聲字看出來。因爲日本話不能有單獨的 t 尾而加一個 u 或 i，所以這些字結果變成 tsu（<tu）或 ȶɕi（<ti）。例如：tɛtsɯ 跟 tɛȶɕ$_2$i。這條定律齒音加 i 變顎音的作用，我們知道是很晚的。效攝的三等開口字（國音 tʂau），在假名還寫作 'te-u'，而現在讀成 ȶɕ$_2$oː。複合元音 eu 變成 io，完全同日耳曼 eu>古斯坎底那維亞 io 一樣。所以日本的 tio 變成 ȶɕo 是很對的。同樣 seu>sio>ɕo 例如：燒 ɕ$_2$oː（假名 'se-u'）。所以 ȶɕ$_2$, ȡʑ$_2$, ɕ$_2$ 這些音是後起的，是純粹日本演變的結果。我們一定要承認齒音是本來的讀音。

b）講到中國境內的方言，那就完全是另外一個問題了。在古字典裏拿反切定一個字是齒音或齒齦音，那是毫沒有一點兒猶豫的。這件事就可以證明在作這個字典的時候恐怕沒有一個重要的區域還保存着這個語言上古時代的齒音。還有，我們可以證明很多的方言裏的齒音是直接從唐宋時代的顎音和齒上音產生出來的。試舉一例：縐跟咒這兩個字，自中古漢語以來就同在一韻的（流攝宥韻），它們在中古漢語裏只靠聲母來分別，後一個屬於三等聲母（顎音）前一個屬於二等聲母（齒上音）。在歸化縐現在讀作 tsɛʉ，咒讀作 ʈʂɛʉ，這種近代的不同既然不能拿韵母來解釋，我們必須承認這種不同的地方是在古音二三等裏聲母音值不同的遺跡。所以這些舌尖音是從古代的齒上音出來的，不是從上古的齒音出來的。現在在山西的歸化，文水，興縣，大同，河南的懷慶，甘肅的三個地方，陝西的三個地方還有廣州跟客家等很多的方言裏，我們既然可以確切的指定有一套齒音是在較近的時期成的，那麼我們再把鄰近的方言裏的那些齒音認為同樣是近代的演變，也不算沒有理由了。

除去這個證據以外還有些很明顯的徵驗，可以指出這些齒音是後起的——即如是那些只有齒音的方言，如太原上海等，也如此。拿晝字作例罷，這個字在上古漢語是爆發聲母，後邊跟着一個 i（參考近代福州的讀法 tieu）。它在太原讀作 tsɛʉ，在上海讀作 tsɵɵ。那麼我們就可以證明 ti>ts。可是在中國語裏由 tia <tsa[1]的直接變化是不能成立的。沒有理由可以說弱清音的齒音 t 會變成一個塞擦音，也沒有理由可以說，i 會失落。這種變化無疑的是照下面這樣：tia >ȶɕia>ʈʂa（參考晝字北京讀 ʈʂou，i 音失落）>tsa。所以這個齒音 ts 是很近的演變跟上古的齒音沒有關係。

但是，閩語的爆發跟摩擦的齒音的情形比較不清楚。它是一個近代從 ȶ 到 t 的變化呐，還是在中古本來就是齒音，向來就沒有由 j 化而變成顎音的呐？後面這個假設照我看是最近似的。我們還得要注意，這些爆發音和摩擦音在 i 和 ɛ 的前頭，閩語也是齒音，可是塞擦音就不然了。在發現這些方言較古一個時代的材料以前，很難找到關於以上兩個假設任何方面的確鑿證據。

把閩語的這些爆發音和摩擦音除外，我們可以說明中國本部的方言如下：

α）知徹澄照穿狀審禪這些聲母都一律變成齒音。像這樣的例如山西的幾個方言，河南的一個方言跟上海方言。

β）在許多方言裏，古代的二等字變成齒音——例如歸化，文水，興縣，三水，桑

（1） a 在這裏代表隨便什麼韵母。

家鎮，涇州，客家等處是全部的；西安，蘭州，平涼，懷慶，大同等處是一部分的；北京，南京，四川，廣州很少見——可是三等字還保存着齒齦的讀法。 這種齒音的演變跟韻母沒有一點關係（例如歸化二等縐字作 tsɛu，但三等咒字作 ʈʂɛu），我們要記得在中古漢語二等（齒上音）跟三等（顎音）聲母是不同的。 但是很可以注意：這種近代的分別，不僅在古代塞擦音（照——禪）如此，就是在中古二三等不分的爆發音（知——澄）也是如此。 我們在後面（看 321 頁），還要回到這個問題。

γ）在有些元音的前面變成齒音。 我們要注意，關於這一層，在幾個方言裏合口的 u 有重要的作用，有時保存齒齦的讀音，例如：蘭州，平涼 懷慶，大同；有時偏向齒音的產生，例如：三水，桑家鎮，涇州，歸化，文水，興縣。 關於其他元音的作用可以看上文（1至16各條）。

δ） 在許多方言裏中古三等的塞擦音跟摩擦音在止攝的開口韻母前面讀成齒音，但爆發音不如此。 在音理上我們很難明白這種不同的原故；同樣也不能明白這些方言在別攝開口三等前面既然沒有齒音，何以單在止攝（在這幾韻裏）有這種特別作用。

我們可以看見在中國本部方言裏，齒音和部位較後的音對峙是有很大的關係的，同時也可以認它是這些方言的主要特徵。 所以 Parker 隨便斷定說"這些繞口的區別""不重要"我不能贊成。

c） 安南譯音的齒音也是較晚的，並且是從古代的齒上音跟顎音來的。 從這種方言忠實的保存塞擦音和摩擦音二三等的分別而不受韻母的影響，就可以看出它是根據中國中古和近古的音系來的。 我們得要注意：

α）東京讀 s 交趾支那讀 ʂ 的字（從牀母二等來的摩擦音，還有送氣的徹穿兩母中的幾個字），是由於東京話對於字源不同的 s 跟 ʂ 混而不分，而在交趾支那和其他安南方言裏還保存着這個分別（Maspero, Phon. Ann. p. 47）。

β）由交趾支那的方言所表現的看起來，似乎送氣成分（徹，穿）可以促進齒音的演成。

γ）三等摩擦音（牀也在內）安南話讀 t‘，這是由較古的 š 變出來的。（Maspero Phon. Ann. p. 47）。

δ）開口三等的古摩擦音在果攝前面（國音 ʂə）安南譯音讀 s（安南國語‘x’），還有照母在果攝的前頭（國音 tʂə）東京話讀 z（安南國語 ‘gi-’），這使我們想起在上文舌根音底下已經討論過的一個現象（249 頁）。在那兒，我們已經看出來，kia 經過 ȶɕia 跟 ȡʑia 變成東京的 za，交趾支那的 ia。所以屬於照母的古代漢語 ȶɕia，國音 tʂə，也自然隨着這種演變走。這種現象一方面可以解釋東京話的 z，另外一方面可以解釋交趾支那的聲母失落（○）。同樣，在 ia 以前的摩擦音也就前進成齒音了。[1]

d）關於高麗譯音把古爆發音的二等讀爆發齒音，還有它的摩擦音 s，我們可以引用剛才在上文（314 頁）對於閩語的舌尖爆發齒音所說的話，就是說，它們很可以是從上古來的。

C）齒上音跟顎音：

所有在上文沒有列爲脣音或齒音[2]那類的字，它們都把古聲母知徹澄照穿牀審禪讀作齒齦後或前硬顎音。在這個部位裏，可以有硬音（齒上音）也可以有軟音（顎音），我們已經知道中古漢語裏兩樣都有，爆發音跟三等的塞擦音和摩擦音是軟音，二等的塞擦音和摩擦音是硬音。在現代方言裏是照下面這樣分配：

1）北京，山西，[3] 陝西，甘肅，河南，[3] 南京，四川的方言用硬音，就是 tʂ，tʂ‘，ʂ，例如：

張（知母）北京 tʂ$_2$ʌŋ，歸化 tʂ$_1$aɣ̃，大同 tʂɔ，文水 tʂ$_1$o，興縣 tʂ$_1$ɤ，平涼 tã 等，掌（照母）跟這個字相同；

---

（1）Maspero 舉了些個古牀審禪讀 s（安南國語 ‘x’）的例（47 頁），這些例子的多數上文指明都在果攝裏，可是 Maspero 好像沒有看出來照 > z（‘gi’），牀審禪 > s（‘x’），在這一攝裏是很有規則的。

（2）或者沒有像交趾支那那樣把聲母失掉，看 312 頁及上文。

（3）除去只有齒音與脣音的太原，太谷，平陽，鳳台，固始等方言，看上文 307 頁。

敕（徹母）北京 ʈʂ'$_2$ʅ，平涼，西安等處 ʈʂ$_1$'ʅ，歸化，大同等處 ʈʂ$_1$χ³，尺（穿母）
跟這個字相同；

生北京 ʂ$_2$əŋ；

勝北京 ʂ$_2$əŋ 歸化，大同 ʂ$_1$ɐ$_1$ɣ̃，平涼等處 ʂ$_1$ʒ̃，西安等處 ʂ$_1$ɛ̃。

2）福州跟安南東京的方言用軟音；日本音也一樣。在通行拼法裏寫作 'sh' 的音，不是 ʂ 而是 ɕ。例如：

徵（知母）日本 ȶɕ$_2$oː（假名 'chi-yo-u'），安南東京 ȶ$_2$ɯŋ（國語拼法 'tru'ng'）；

斬（照母二等）福州 ȶɕ$_1$aŋ，安南東京 ȶ$_2$aːm（國語拼法 'tram'）；

枝（照母三等）福州 ȶɕ$_1$ie，安南東京 ȶ$_2$i（國語拼法 'chi'），日本 ɕ$_2$i（羅馬字
'shi'）等。

3）交趾支那話把古代顎爆發音知澄讀作齒上音，例如 '知'（知母）ʈʂ$_2$i。這個方言把塞擦音照母的二等讀作齒上音（安南國語 'tr'），三等讀作顎音（安南國語 'ch'），完全跟古代漢語相合。例如斬（照母二等）ʈʂ$_2$ɐm（安南國語 'tram'），枝（照母三等）ȶ$_2$i（安南國語 'chi'），這種分別 Maspero 好像忽略過去了。他說照母："……變成 'čy' 或 'ṭs' [就是 ȶ 或 ʈʂ] 幾乎沒有一定；可是我覺得前者比較常見一點"。齒上音還在穿（一部分），狀，審跟一部分徹母裏出現。例如：

癡（徹母）ʂ$_2$i；

抄（穿母）ʂ$_2$au；

豺（牀母）ʂ$_2$ai；

紗（審母）ʂ$_2$a

4）č č'，汕頭話全是在 iɛ 之前，廈門話大部分在 iɛ 之前；從這裏看起來，在汕頭跟廈門這兩個齒齦音也許同是軟音。例如：征汕頭廈門 čɛŋ，遮汕頭 čia 跟 čɛ（又讀），廈門 čia；柴廈門 č'a 跟 č'ai。c' 在廈門話別的元音前面也出現所以它的性質是軟是硬不敢定，不過拿鄰近的福州方言讀 ȶɕ$_2$ 來類推，好像指着顎音。

5) 廣州，客家(一)跟高麗方言的 č（通行拼法 'ch'），我不敢一定說它們的音值是硬的還是軟的。

6) 關於溫州，寧波，漢口，揚州(一)這些方言，Parker 沒有指明它們的塞擦音 č, č', ǰ（Parker 寫作 'ch, ch', dj'）的性質是硬的還是軟的。

遮 寧波 čœ（Parker 'cho'），揚州 čie（Parker 'chiei'）；

轉 寧波 čœ̃（Parker chöñ），溫州 čye（Parker 'chüe'）；

春 寧波 čïŋ（Parker 'chïng'），溫州 č'iuŋ（Parker 'c'iung'）。漢口 č'un
（Parker 'ch'un'）；

濯 寧波 ǰoʔ（Parker 'djoh'），溫州 ǰuo（Parker 'djwo'），等。

至於清音的摩擦音，我們卻可以看出軟硬音的分別來，Parker 把 ʂ 寫成 'sh' 把 ɕ 寫成 'hs'。例如：

奢 寧波 ʂœ（Parker 'shö'）揚州 ɕie（Parker 'hsiei'）；

束 溫州 ɕyœ（Parker 'hsüo'），寧波 ʂəʔ（Parker 'shêh'）；

書 寧波 ʂï（Parker 'shï'） 漢口 ʂy（Parker 'shü'）；等。

似乎 ɕ 是見於 iy 的前頭，但是漢口的 y Parker 寫成 'shü' 算是例外（此處當是舌尖的 y, ʂʯ，如我們在平涼所找着的例子）。別的元音前頭是 ʂ。我們可以設想 Parker 的 'ch, ch'' 也類似的分指 ȶɕ, ȶɕ'，同 tʂ, tʂ'。

關於齒上音和顎音我們說明如下：

a）在中國很大一部分方言裏，特別是官話，所有的顎音（古塞擦音和摩擦音的三等，還有爆發音）在我們所討論這一類字裏（沒有變成脣音或齒音的那些字）都變成了齒上音。所以現在遇到的只有硬的輔音，既相當於古代的齒上音，又相當於古代的顎音。(1)

(一) 據譯者調查，廣州音介乎硬軟之間，略偏向於軟，並且很前（看狀母表下譯者註）；客家梅縣用齒音，五華用齒齦音，軟硬跟着元音的前後而變。溫寧漢揚今開合用齒音，今齊撮用顎音（軟音）。

(1) 我們在這裏要注意一件奇怪的事情，就是古代的軟音雖然變成了硬音，可是就在這些方言裏新近又添了些從舌根音變來的顎音跟下方所述的從齒音變來的些顎音：ki>ȶɕi, tsi>ȶɕi，這是一種不斷的轉變！

安南譯音關於古爆發音知澄跟一部分的徹同樣表現出一種從軟音變成硬音的現象，這在交趾支那話是如此的，但是東京話就讀成軟的 ȶ₂。 至於這個 ȶ₂ 是從借字的時期就是如此一直沒變，還是代表一種較近的讀音（參閱Maspero, p. 28, 29）這一點要等將來證明。

從顎音變到齒上音，從軟音變到硬音，是毫不足奇的。 尤其是關於摩擦音，在別的語言裏也容易找到類似的例子，例如：俄文（шш： ɕ₁i＞ʂɯ），法文（如 jungere ＞joindrə），而且在中國境內我們對於這樣變化還可以舉一個明顯的例證。 古代的喻母在近代北京話照例沒有聲母（看 268 頁），就拿韵母的第一個元音起音。這樣起音的 i（或 y）在北京話（跟幾個別的方言）有時變成一個齒上濁摩擦音 ʐ 例如容北京 ʐ₂uŋ，但開封 yuŋ；這完全和上面所引的法文例子相似。 這種演變當是（y）＞ʑ＞ʐ 或者像法文 i＞ǰ＞ʐ 都是從軟的顎部發音變成硬音。 我們要記得，如果說知照等聲母是從 j 化齒音而來的話不錯，那麼中古漢語的齒上音也一樣的應當是由顎音來的了。

b）我們剛才關於北部方言的說明，在温州，寧波，漢口，揚州等方言也是對的。不過有一個重要的限制，就是 i 或 y（但是 ɥ 可不然）保存（在三等）或產生（在二等）顎音。

c）汕頭方言，在 i 和 ɛ 的前頭除去舌齒音以外還有 č, č'，這種齒齦音是跟着現代韵母出現的。 在廈門方言也是如此，不過它所有的送氣塞擦音我們可以說都是齒齦音（也許像福州的顎音？）。(一)

d）福州的情形稍微有點不同，它在二等和三等裏，不管韵母是什麼一律把古塞擦音讀成顎音。 我們不必認為福州二等字的顎音是從古代漢語的齒上塞擦音來的。 我們在下面可以看見這個方言的古齒塞擦音 ts, ts', dz'（聲母精，清，從）不論韵母是什麼(甚至於在一等)也都變成顎塞擦音 ȶɕ, ȶɕ'。 所以福州話絕對不允許有齒塞擦音是很顯然的。 照我看，我們儘可假設福州話的上古齒音是跟別的中國方言同時顎化的，不過這個方言裏顎化的情形有些不同就是了。 別的方

(一) 據羅常培廈門音系凡在 i 前面的不論送氣不送氣都是顎音 tɕ 或 tɕ'。

言，爆發音塞擦音跟摩擦音，只在 i 音前頭受顎化，有些方言就是在 i 音前頭也只限於某幾類的字。福州話則不然，它在所有的元音前頭都發生這種變化，不過僅限於塞擦音，而不影響到爆發音跟摩擦音罷了。這些爆發音跟摩擦音大體上仍舊是齒音。(1) 從上古舌尖音 j 化而來的顎塞擦音跟摩擦音，到中古漢語裏分化成兩類：一類是顎音，一類是齒上音，可是福州話沒有經過這個演變。

e) 在安南東京話裏，我們注意到一種傾向和上文 a 項所討論的完全相反。這個方言把古代漢語的齒上塞擦音照母（二等）讀成顎音；這是很晚才發生的。這些字安南國語寫作 'tr'，交趾支那讀作 ʈʂ(2)。

f) 日本話的顎音，純粹起源於日本話的本身。看 313 頁。

g) 在古代漢語裏，我曾指明古塞擦音，摩擦音有二等（齒上音）三等（顎音）的分別，這是我從中國古代材料考證出來的（看 34 頁）。我們剛才證實，在近代方言裏二等聲母大部分都和三等聲母不同。試看安南話照母的二等是 'tr' 三等是 'ch'，審母的二等是 ʂ 三等是 t'；在客家話二等是 ts, ts', s, 三等是 č, č'。ʂ；歸化二等 tsɛɯ（縐），三等 ʈʂɿɛɯ（咒）等。

這兩等在近代的不同既然不能用後頭的韻母來解釋，那麼，我在古代漢語裏所假設的差別在這裏很自然的給證實了。但是有一件特別要注意的事；就是近代大部分方言二三等聲母的分別不僅影響到古塞擦音跟摩擦音，並且還影響到古代兩等相同的爆發音上（從反切的用字相同可以看出來二三等是同音）。這可以證明二等跟三等的差別古代漢語只限於塞擦音跟摩擦音（爆發音不在內），——這一層幸而有安南話作證：就是照穿牀審各母二等跟三等有分別；知澄兩母兩等一致——這種分化到後來擴大了，連爆發音也帶進去了，所以爆發音也是二等讀齒上音三等讀顎音了。

h) 有一個問題特別有趣，就是古宕攝二等韻的字（國音 ʈʂuaŋ 等）在現在的讀法。在二三等聲母有分別的一大些方言裏，這些字用三等聲母而不用二等聲

(1) 在徹母底下我們遇到幾個例外，那一母的送氣可以促進些個顎塞擦音的發生。

(2) Maspero, Phon. Ann. p. 28, 29。

母。但是像客家話把這些字讀成齒音，因而還把它們保存在二等裏，那是很對的演變。我們已經指出（第一章尾）這一類字在切音指南屬於三等而不像反切跟切韻指掌圖那樣屬於二等。可見在中古已經有方言的差異了。

關於這幾個聲母由上古到近代的發音部位從這類字的演變所表現的各方面，我們現在可以得一個更明確的總觀念。

我們先假設上古漢語在知徹澄照穿牀審禪等聲母的字跟在端透定精等聲母的字一樣的有齒音（關於這個假設的理由在 34 頁已經指出來了）現在讓我們加上日本譯音的重要佐證。這個方言有好些字還沒有脫離上古齒音的階段，並且它的顎音 ȶɕ₂，ȡʑ₂，ɕ₂，只代表一個從上古齒音來的純粹日本話的演變。此外我們也許要承認閩語高麗語中爆發和摩擦的齒音也是上古時期的遺跡。

隨後出現一種齒音顎化的傾向，可是這種傾向有不同的結果：

例如福州話把所有的齒塞擦音都變的顎塞擦音，完全和後面的元音不相干，可是所有的爆發音（有幾個例外看 324 頁）和摩擦音都照舊保存着。

在別的方言裏，這個傾向既影響到爆發音，也同樣影響到塞擦音跟摩擦音，不過並不是在所有元音的前頭都如此。像別的輔音似的，例如舌根音在 i 的前頭分成 j 化的一類（三等）跟不 j 化的一類（二等跟四等），舌尖音一樣也按着兩條線[1]演變，不過有一個重要的不同，就是二等韵（獨立的韵，看 45 頁）的 i 不知道爲什麼原因沒有力量 j 化別的聲母（k，p，x，l 等），而對於舌尖音的 j 化是很顯然的。[一]

j 化的舌尖音不久就變成眞正的顎音了。

隨後發生一種傾向，把軟的輔音（顎音 palatale，舌面音 dorsale）變成硬的輔音（齒上音 supradentale，舌尖音 apicale），關於這個傾向，我們剛才從別的語言裏引過例了。

---

（1） 爲什麼有些字不受古代的 j 化，這個問題我現在還不能解決。

（一） 照高氏後來的修正，二等並沒有 i 介音。

這個傾向發生的很早,在切韻的反切所保存的“中古漢語”裏,還只是塞擦音和摩擦音受影響,爆發音依然是顎音,並沒受它的影響。塞擦音和摩擦音第一步先在二等獨立韵的前頭經過這種變化,其次就在三等韵的好多字裏也有這種變化。於是就發生不獨立的二等韵(只在照穿牀審底下有代表字)。這一個階段的好例,關於塞擦音跟摩擦音可以用照母在交趾支那話的讀法——二等 tʂ,三等 ȶ——關於爆發音,可以用知母澄母在安南東京話的讀 ȶ。

不久這種變化更擴大了。爆發音(知澄)在二等韵的前頭也變成齒上音,所以在這種情形之下它也同樣有二等齒上音跟三等顎音的不同。

緊跟着的變化,是受了一種新傾向的很大影響而來的,這種新傾向就是舌尖後音從齒齦的部位前移到齒的部位。因爲這樣,一大些方言,在二等所有的字或有些字裏讀作舌尖齒音(1)。

可是恰好在上面這個傾向發生以後,第一個傾向顎音>齒上音,又活動了:所以,在有些方言裏,第一層齒上音(二等)既然變成齒音,我們卻又有了一層從三等顎音來的後起的齒上音,例如:開封話完全拒絕齒上音>顎音的演變,二等跟三等一樣的有齒上音 tʂ, tʂʻ, ʂ;交趾支那話在二等跟三等裏把古聲母知澄讀成 tʂ,但是客家話在二等永遠是 s,三等是 ʂ;歸化話二等 tsɛu,三等 tʂɛu 等。這兩個方言裏,二等跟三等完全像古代漢語那樣的有分別,不過這個分別是用不同的音值表現罷了:

| | | | |
|---|---|---|---|
| | 古代漢語 | 二等 ʂ | 三等 ɕ |
| | 客家話(一) | 二等 s | 三等 ʂ |
| 但是相反的是: | 開封話 | 二等 ʂ | 三等 ʂ |

再晚一點,在有些例字裏,這種由三等顎音變來的齒上音又受了齒上音>齒音

(1) 所有的字全變成齒音的像三水,桑家鎮,涇州,固始;有些字變成舌尖音的——合口字保存齒上音——如蘭州,平涼,懷慶,大同等。

(一) 看 318 頁譯者註。

的影響。 在好多方言裏，這一點只在止攝的字裏發生，在別的方言裏，這種傾向影響到合口（就是在 u 前頭）， 在一小部分方言裏，如太原，鳳台，固始，它卻完全成功了，所以這幾個方言在所有的二等和三等字，換言之，就是知 —— 禪八個聲母裏所有的字，都讀作齒音，因此就循環的回到上古的狀況，我們可以寫成這樣的式子：s＞sj＞ɕ＞ʂ＞s。

最後，有少數方言在 u 的前頭把發音部位前移到脣的部位上去了。

## II. 爆發音，塞擦音跟摩擦音

A. 我們先研究知徹澄跟照穿幾母。

1）大部分方言都沒有保存爆發音知徹澄和塞擦音照穿在古代漢語裏所有的分別。 這種分別，因為後來全變成塞擦音，所以就看不見了。 因此北京，山西，河南，四川，漢口，揚州等方言跟吳語粵語裏只有塞擦音。 例如：

徹（知母，古爆發音，參考福州 tiŋ）北京 ʈʂ$_2$əŋ，歸化 ʈʂ$_1$ʒ̃ɤ̃，太谷 tsõ，鳳台 tsã，興縣 ʈʂ$_1$ʒ̃，開封 ʈʂ$_2$ʒŋ，懷慶 ʈʂ$_1$ʒŋ，南京 ʈʂ$_2$əɤ̃，揚州 tsəŋ，上海 tsəŋ，溫州 tsiŋ，廣州 čiŋ，客家 čin；

知（知母，參考福州 ti）北京，南京 ʈʂ$_2$ʅ，歸化等 ʈʂ$_1$ʅ，太原，溫州等 tsɿ，粵語 či；

脂（照母，參考福州 ȶɕ$_1$ie）北京，南京 ʈʂ$_2$ʅ，歸化 太原，溫州，寧波等 tsɿ，粵語 či；

我們在上海方言裏還證實了一個近代的傾向，就是把塞擦音 dz 變成摩擦音 z，例如：‘澤’（澄母）上海 dzəʔ 又讀 zəʔ。(一)

2）陝西跟甘肅的方言裏有爆發音也有塞擦音，不過它們的分配跟古代漢語不同。 近代的齒音跟脣音總是塞擦音。 例如：脂西安 tsɿ，竹西安 pfu。 但是齒上音除去在三個元音的前頭讀塞擦音（ʈʂ$_2$ ʈʂ'$_2$），其餘的是爆發音（ʈ ʈ'）。 這三個元音是：

ɤ（陝西，平涼，涇州在國音讀 ʈʂə，ʈʂ'ə 的字，換言之，就是果攝開口三等字，跟

(一) 現在上海已全不用 dz 音。

有些由古入聲變來的字)，例如：'遮'陝西，平涼，涇州 ʈʂ₁ɤ（但蘭州 ʈɛi），還有'摺'字也是一樣。

ɭ（陝西，甘肅在國音讀 tʂï, tʂ'ï 的字，換言之，就是止蟹兩攝開口三等字跟有些由古入聲變來的字，例如：'知'（知母）陝西，甘肅 ʈʂ₁ɭ，還有'制'（照母蟹攝）字也是一樣；'恥'（徹母，止攝）陝西，甘肅 ʈʂ'₁ɭ，還有'齒'（穿母'止攝）字跟'尺'（古入聲）字也是一樣。

ɥ（只在平涼話國音讀 tʂu, tʂ'u 的字，換言之，就是遇攝的字跟有些由古入聲變來的字），例如：'誅'（知母）平涼 ʈʂ₁ɥ，還有'竹'（知母）'主'（照母）兩字也一樣；'除'（澄母）平涼 ʈʂ'₁ɥ，還有'出'（穿母）等也一樣。

但是別的元音前就讀爆發音，例如：'徵'（知母）蘭州 ʈəɣ̃，平涼，涇州 ʈɜ̃，西安，三水 ʈɜɣ̃，桑家鎮 ʈɜŋ 還有'征'（照母）字也一樣；'暢'（徹母）蘭州 ʈχɑ̃ 平涼，涇州，陝西 ʈχɑ̃，還有'昌'（穿母）字也一樣。

3）在中國境內的方言裏，福州話跟廈門話是把古代漢語爆發音和塞擦音的分別保存的最好。關於古塞擦音，它們只有塞擦音。古代爆發音知澄兩母總是讀成爆發音，徹母中有些字讀成爆發音。所以在這方面上頭，這兩種方言是很古的。

例如：朝（知母）福州 tiɛu，廈門 tiau；但昭（照母）福州 ʨ₁iɛu，廈門 čiau 等（參看上文第 1 段）。可是在知澄兩母裏（看例外）偶爾也讀成塞擦音，似乎指示：上古的狀況在這兩個方言裏也在那兒逐漸的捨棄。徹母的送氣似乎促進幾個塞擦音的演成，例如：笞福州 ʨ'₁i。

4）有兩個力量差不多相等的傾向在汕頭話裏互相爭持：一個在白話的讀音有勢力，跟福州廈門方言接近，就是把古代的爆發音還讀成爆發音；一個在文言的讀音裏很顯著，跟別的中國方言接近，就是把古爆發音讀成塞擦音。例如：張(知母)汕頭 čiaŋ（文言），tiɛ̃（白話）。但它也像福州廈門似的，把古塞擦音總是讀作塞擦音。

5）從 Forke 的記音揣測起來，江西撫州府樂安縣的方言，有時候也把古代的爆發音跟塞擦音一律讀成齒爆發音 例如：傳（澄母）樂安 t'uan，壯(照母)

樂安 taŋ。(一) 可惜 Forke 的材料簡略不能使我得到這個現象的範圍跟意義。

6) 日本譯音對於古爆發音跟古塞擦音，保存着很嚴的區別。古爆發音在這個方言讀作爆發音 t，在日本境內這個 t，在韵母第一個成素是 i（不論保存或失落）之前嗣後都變成塞擦音 $ȶɕ_2$；在 u 之前變成塞擦音 ts。但在所有別的元音之前爆發音還繼續存在，這個 ts 是一個純粹日本話的演變，那是毫無疑義的。這一點可以參照漢語 -t 韵尾的字在日本譯音變成 $-ȶɕ_2ɪ$ 或 tsɯ，例如：跌（廣州 tit）$tᴇȶɕ_2ɪ$ 跟 tᴇtsɯ。反之，古塞擦音照，穿，就只用摩擦音來讀，例如貞（知母）日譯 tᴇi 跟 $ȶɕ_2oː$（假名'chi-ya-u'）；知（知母）日譯 $ȶɕ_2ɪ$。但是征（照母）日譯 sᴇi，跟 $ɕ_2oː$（假名 'shi-ya-u'）；脂（照母）日譯 $ɕ_1ɪ$。所以在日本音裏；古爆發音總找得到一個閉塞的成分，但是古塞擦音就永遠沒有這個成分。

7) 高麗譯音對於古塞擦音只用塞擦音代表，而對於古爆發音二等，最常見的是用爆發音來代表，我們從這件事實可以看出高麗譯音裏也有這個古代的區別。例如：撑（徹母，二等）t'ɛŋ。但爭（照母二等）čɛŋ。

8) 安南譯音把知澄照三母或音譯作它的國語 "ch" 就是 $ȶ_2$，如依 Maspero 是 $ȶɕ_2$（看 185 頁），或者譯作它的國語 "tr"，就是交趾支那的 $ȶɕ_2$，東京的 $ȶ_2$，如依 Maspero，東京是 $ȶɕ_2$。從那些字在這兩個音裏的分配情形看起來古爆發音跟塞擦音的分別已經毫無遺跡了。例如：

知（知母）東京 $ȶ_2i$，交趾支那 $ʈʂ_2i$，安南國語 'tri'；

斬（照母，二等）東京 $ȶ_2aːm$，交趾支那 $tʂ_2am$，安南國語 'tram'；

脂（照母，三等）東京，交趾支那 $ȶ_2i$，安南國語 'chi'。

Maspero 好像沒有把古聲母知與照，徹與穿等認爲不同的音。他把知母寫作 č，把照母寫作 tš；可是說這兩個音都是顎塞擦音（"半塞音"），並且他說這是 "同一個音的兩個符號"，唐朝字母的作者跟後來韵表的作者只照字源的理由把它

(一) 此外還有許多縣，如高安，臨川，分宜等，也有類似的現象，如'之'高安 ti，'車'臨川 t'a。

們分開,知(č)是從 t 來的,照(tš)是從 ts 來的。這不單是不可能,而且簡直是錯誤的——這些音系的作者怎麼能知道過去時代的讀音呐? 我們上文已經看見在不同的方言裏對於爆發音跟塞擦音之絕對不同,是有顯著的痕跡的。這種分別難道只在上古存在了一會兒,後來當齒音軟化爲顎音的時候,這分別就馬上消滅在一律塞擦音裏了嗎? 這個用反切就可以沒有回駁餘地的證其不然。在反切上知(ȶ)跟照(ȶɕ, ʈʂ),徹(ȶʻ)跟穿(ȶɕʻ, ʈʂʻ)等的分別,同知(ȶ)跟端(t),照(ȶɕ, ʈʂ)跟精(ts)等的分別一樣的淸楚顯明。

在兩種情形下,安南譯音作摩擦音:

a) 照常例,送氣的徹穿兩母都讀作摩擦音。例如:趁(徹母)東京 sɤn, 交趾支那 san, 安南國語 'sân'; 叉(穿母)東京和交趾支那 sa, 安南國語 'xa', Maspero 說(Phon. Ann. p. 53)這兩個古送氣音在安南譯音的讀法可以分成兩大類:

α) 摩擦音——普通的

β) 'ch'或 'tr'——比較不普通的

他又說:"關於半塞音(mi-ocelusive)和沙音(sifflante)的分配,據我看似乎是按照中國語音的情形來的;這些字有時變成 'ts'(或 č)[就是塞擦音],有時變成 's' [就是摩擦音],然後它再經過這些輔音在近古跟近代安南話應有的變化。" 我不能接受這種理由; 任何中國方言都沒有表現知,穿>摩擦音這樣演變的,我能不承認這些字到了安南譯音裏有時拿塞擦音作聲母,有時拿摩擦音作聲母。這些屬於徹穿兩母的字在借來的時候似乎全是塞擦音的聲母,而在大多數的例裏,送氣的成分使這些塞擦音變成摩擦音。現在僅僅在這幾個單獨的例裏塞擦音('tr', 'ch')還保存着。

b) 照母在 ia 韵母前頭東京話讀作 z, 例如:遮東京 za,關於這種演變看上文 316 頁。

B. 狀禪兩母在近代方言裏的讀法如下:

1）吳語讀作塞擦音或摩擦音，亂七八糟的並沒有任何條理，例如：

查（牀母）吳語 dzo；

柴（牀母）吳語 za；

成（禪母）上海 dzəŋ，寧波 dziŋ，温州 ziŋ；

蟬（禪母）上海 zẼ，温州 zie，寧波 zœ̃。

2）高麗譯音只有摩擦音，例如：查（牀母）高麗 sa；常（禪母）高麗 saŋ 等等。日本譯音和安南譯音最初也是如此，安南話的 tʻ 是晚近從摩擦音 š 變來的，[1] 日本話的 ȡʑ$_2$ 也是近代才從 ʑ 變出來，假名寫作 ɕ$_2$（‘sh’）加點（ジ），換言之就是濁音，並且在土左省仍舊讀作 ʑ。例如：

柴 安南東京 sai，交趾支那 ʂ$_2$ai，安南國語 ‘sai’；

繩 安南 tʻaŋ；

實 日本 ȡʑ$_2$ɪtsɿ（假名 ‘sh·itsu’ ジツ）。

3）其餘的方言有沒有閉塞的成分按照下面所定的規律：

a）二等字（限於牀母）都有閉塞的成分——就是塞擦音，有些破裂音的例外依 323 頁以下所舉的規律出現。例如：

查 北京，南京，四川 ʈʂʻa，廣州，廈門 čʻa，汕頭 čʻɛ，歸化，大同，平涼，西安，漢口，揚州，客家等 tsʻa；

崇 北京 ʈʂʻ$_2$uŋ，歸化 tsχɜɣ̃，大同 tsχuoɣ̃，太谷 tsχu，平涼 ʈχuɜ，西安 pfχɜɣ̃，漢口，客家 tsʻuŋ，汕頭 tsʻoŋ，廈門 tsoŋ，福州 ȶɕ$_1$uŋ；

助 北京 ʈʂ$_2$u，歸化，太谷，揚州等 tsʻu，涇州 tsʮ，客家 tsʻɿ，汕頭，廈門 tso，福州 ȶɕ$_1$ou，平涼 ʈʂ$_1$ʮ，西安 pfu；

但止攝的字是例外，它們老是摩擦音，例如：事北京，南京 ʂ$_2$ʅ，四川 ʂi，太谷 sɜɪ，山西，陝西，甘肅，河南，漢口，揚州，粵語，汕頭 sɿ，福州 sɜy，廈門 su。所以關於這一點，這些韻母促成一個特殊的影響，像它關於發音部位一樣（看 315 頁）。末了兒，廣州話在平聲裏有幾個摩擦音：如柴廣州 ʂaːi。

(1) Maspero, Phon. Ann. p. 47。

b）在三等字裏，這兩母的讀法是一樣的。 我們可看底下這些：

*α*）粵語跟閩語只有摩擦音，例如：船（牀母）廣州 ʂyːn，客家 **ʂon**，福州 suŋ，廈門 **suan**；臣（禪母）廣州 ʂɐn，客家 **ʂin**，福州 siŋ，廈門 **sin**。

*β*）其他方言，就是官話和揚州話，在仄聲（上，去，入）讀作摩擦音。 例如：述（牀母）北京 ʂ$_2$u，四川 **ʂu**，歸化 suɜˀ，太谷 fɜˀ，平涼 ʂʮ，涇州 sʮ，西安 fu 等；受（禪母）北京 ʂ$_2$əu，歸化 ʂ$_1$ɛʉ，興縣 ʂ$_1$ɔ，鳳台 saɯ，西安 ʂ$_1$ou，揚州 **səu** 等。 在平聲它們有摩擦音也有帶閉塞成分的音——爆發音和塞擦音（看上文 323 頁以後）。 例如：繩北京 ʂ$_2$əŋ，歸化 ʂ$_1$ɜɣ̃，太谷 sɔ̃，鳳台 sã，平涼 ʂɜ 等；成北京 tʂ$_2$ʻəŋ，歸化 tʂ$_1$χɜɣ̃，太谷 tsχɔ̃，鳳台 tsχã，平涼 ʈχɜ 等。陝西方言平聲讀摩擦的比例比其他方言稍多，例如：晨陝西 ʂ$_1$ɛ̃，但北平 tʂʻ$_2$ən，歸化 tʂ$_1$χɜɣ̃，平涼 ʈχɛ̃ 等。

中國一切方言裏牀母三等跟禪母（只有三等）不分的現象可以叫我們猶豫一下。 這顯然也是 Maspero 的態度。 他注意到牀母三等字在中國大部分方言裏有的讀塞擦音，有的讀摩擦音，還有安南譯音最初也把牀母和禪母一樣的讀作摩擦音（近代 **tʻ**<š，看 327 頁）。 他從這一點作成以下的結論（Phon. Ann. p. 54 註 2）：“好像從第十世紀以來 dž ［就是牀母］的讀音［在漢語裏］是遊移於 ǰ 跟 **ž** 之間的，有時候變成 ǰ，有時候變成 ž，甚至於有時候變成兩讀兼有”。

固然，拿中古漢語作基礎——牀＝**ǰ**，禪＝**ž**——並且假設 **ǰ**>**ž** 的演變在有些方言裏很早就有，那麼我們就可以完全解釋這個安南譯音的讀法。 但是關於牀禪兩母讀法，要把中國全體的方言都直接追溯到一個中古漢語，那是極困難的。

假如我們要把所有現代方言中牀禪的讀音都從韵表跟反切得來，那就得要假設：

牀母三等由塞擦音＞摩擦音，在有些方言裏很普遍，在另外些個方言裏只有一部分（仄聲）；

禪母有一個相反的演變由摩擦音＞塞擦音，大多數方言的平聲字是這樣。

關於第二個假設得要多想一想了。 我們顯然不缺少由摩擦音變塞擦音的例子。 我們可以看出來，審母就微有這種傾向（見下文 331 頁），並且邪母（古代 z）在近代方言裏也表現許多的送氣音；不過我們要注意，邪母並不特別在平聲裏才發生送氣音，並且有這種現象的方言却完全不是禪母平聲讀作閉塞音的方言。

現在我們既然知道：

（1）牀母三等跟禪母由反切跟韵表所表現的分別在任何方言裏沒有保存；

（2）這種分別在安南日本高麗的借字裏也一樣的沒有；

（3）關於這兩母的字的分配古代材料有時候不同；(1)

（4）我們不能把近代方言的讀音推本到這兩個古聲母，並且除了假設有兩種剛剛相反的變化以外，就沒法子解釋牀母三等跟禪母的混淆；

（5）最後——這是很要緊的，——唐代所定的最古的聲母系統（它是有三十字母的）只有一個單獨的禪母，而不像韵表裏有牀禪兩母；

所以我覺得我們必須有一個新學說才能解釋這個困難，是無疑的了。

在討論古代漢語一章裏（36 頁），我已經略示我所提議的解決辦法，從許多語言得來的經驗，可以證明由濁塞擦音，變成濁摩擦音，ǰ>ž，是很容易的。 所以恰好關於這一點，我們很有理由假設在中古漢語裏已經有方言的不同了。 照我看，這古代有方言的假設，恰好能夠解釋現在所討論的困難。

根據以上的觀察，我覺得前乎反切的一個時期，關於查柴豺讒牀巢愁俟仕士棧乍事鋤雛崇撰助繩乘蛇神剩射示謚食舌實船脣盾順述術贖（以上牀母）；承丞誠城成匙時蟬禪宸辰臣晨償嘗常裳酬讎社市恃是氏視甚善腎紹受授盛侍嗜誓逝贍膳擅繕愼上尙售壽石涉十什拾殊垂純醇殳豎睡瑞樹署薯蜀淑熟（以上禪母）等字只有一個單獨的聲母。 那麼這個聲母是 ǰ 還是 ž 呐？

照我們遇到的，在有些方言裏二等是塞擦音，三等的平聲也是塞擦音，並且既然知道塞擦音變摩擦音比摩擦音變塞擦音較爲容易，那麼我們就可以斷定這個聲

(1) Maspero 對於這件事實給我們很有趣的例子 (Phon. Ann. p. 46 註) 我們在旁處也容易找得到，例如：實國音 ʂi，照廣韵屬於牀母，照集韵和韵會屬於禪母。

母在上古漢語裏是一個濁塞擦音 ǰ，而不是一個濁摩擦音 ž。 在普通把禪母讀作摩擦音 s ʂ 的方言裏（看例外），我們在禪母底下遇到好多零散的塞擦音（č, č' 等），這件事實更可使上面的假設增加力量了。 這些塞擦讀法的例，除非認爲是上古禪狀一律讀塞擦的遺跡以外是很難用別的法子來解釋的。

我們還能加上一個理由來解釋'查'至'贖'；'承'至'熟'這些字的上古聲母是塞擦音 ǰ，而不是摩擦音 ž。 中古漢語禪母（ʐ）的字，在佛經譯名剛好用來對 ǰ。 譯音用字在語言學上固然是很不可靠的文證，不過，在現在這個例子，這些材料的豐富足以使這個證據有力。 對譯梵文 ǰ 母的，我們除去旁的字以外還有時，禪，辰，社，市，恃，是，氏，視，善，受，侍，誓，逝，贍，繕，愼，十，什，這些字。 這些字在上古漢語裏有濁塞擦音 ǰ，那是沒有討論餘地的。

到了唐代，塞擦音>摩擦音的傾向，已經可以開始看出來了，可是在不同的方言裏所生的結果是不同的。

a）在有些方言裏，像三十字母的作者的方言跟安南，日本，高麗借字所根據的方言，這種變化是普遍的。

b）在別的方言裏，這個傾向——除去止攝的二等字以外（看 327 頁）——只在 j 化的聲母（三等）上活動。

我們這裏要注意底下的分類：

1）在有些方言裏所有的三等字完全受這種轉變， 我們可以引粵語跟閩語作例，照常例，它們在三等裏只有摩擦音。

2）在別的方言裏，這個傾向只牽動幾個字。 關於這個問題，我們得要注意下文：

α）在反切作者的方言裏，有些字是摩擦音，但是其餘的字還保持着塞擦音，到韵表作者把這種方言列成系統的時候，單有第一個系統的禪母一紐就不夠用了；一定得要有兩紐，一個代表 ǰ（ȡʐ 跟 ȡʑ），另一個代表 ž（ʑ）。 曾經用來代表上古 ǰ 音的'禪'字，它也經過 ǰ>ž 的演變，所以就用'禪'來代表 ž（ʑ），而找到一個新的'狀'字，當作 ǰ（ȡʐ 跟 ȡʑ）的標目。

這個方言把字分配作塞擦音跟摩擦音的情形，現在任何地方都沒有保存着，這無疑的因爲這只是一個沒有普遍變成摩擦音以前的一個階段——不過還不短就是了。我們剛才已經說過（329 頁）我們有關於這個演變最顯著的痕跡了。

在現代吳語有一個跟這個古代方言類似的情形，它們也有把字任意分配作塞擦音跟摩擦音的脾氣。從上海方言大多數人把這些字已經都讀作 **z** 就可以看出這只是這條路上的一個階段。

β）在中國北部方言裏，ǰ＞ž 的變化照例在仄聲有，可是平聲大部分還保存帶閉塞成分的音。

以上撮舉的這說法就可以解決上文 328—329 頁所說的很大的疑難。

C. 古代的摩擦音審母差不多各處都讀作摩擦音，可是我們得注意底下這些：

1）安南譯音在三等裏有爆發音 **t‘**，這是從 **s** 變成的，並且是在安南境內發生。(1) 例如：始 **t‘i**。

2）在例外字裏，我們找到的塞擦的讀法也不算少。例如：奢廣州 **č‘ɛ**，閩語 **č‘ia**。在任何方言裏它都不十分固定，所以我們不能不算它是純粹的例外，不過大體上看，它也露出一種變成塞擦音的微弱傾向。這可以跟我們在下文要看到的：**z＞dz‘＞ts‘** 的演變來比較。

## III. 淸濁跟送氣

A. 我們解釋作古代淸音的知徹照穿審幾母，各處都拿淸的輔音代表，除去在安南譯音裏讀 **za** 的幾個照母字已經在上文 316 頁解釋了。

1）這裏頭的知照兩母，就是我們已認爲古代讀帶閉塞成分的弱［全淸］音（ȶ, ȶɕ, ȶɕ）的兩母，或現在也全拿同樣發音方法來讀，除了照母像日本話跟安南話的一部分變成摩擦音以外。例如：

渣 日本 sᴀ；

(1) Maspero, Phon. Ann. p. 47。

脂 日本 ɕ₂ɪ;

遮 東京 za。

可是我們得把高麗話除外,在高麗話裏我們遇到很多送氣[次清]的字。例如:站高麗 čʻam; 遮 čʻa。

2) 我們認爲古代漢語讀帶閉塞成分的強送氣[次清]音的徹穿兩母,現在照例是拿送氣音代表,但是安南把這兩母都讀成摩擦音,日本話把穿母讀成摩擦音。例如:趁(徹母)安南東京 sɐn, 交趾支那 ʂ₂an; 斥(穿母)安南東京 siţ, 日本 sekɪ 跟 ɕ₂ʌkɯ(假名'shi-ya-ku')。

日本話沒有送氣音我們在第七章舌根音下已經知道了,所以它把徹母讀成一個弱的塞音。例如:癡 日本 ţɕ₂ɪ。

我們要注意高麗話關於這幾母的辦法完全跟對於舌根音的不一樣。在那兒,這個方言跟日本話一樣,就是把古代的弱音跟送氣音都讀作弱音。在這兒,總是送氣音。

B. 我們曾經假定在古代漢語是濁音的澄狀禪三母,只在吳語(蘇州和金華屬此)裏像舌根音的情形一樣,保存着它的濁音,在日本譯音裏也保存到一個相當的程度。後一個方言保存濁音的程度,在不同的材料中給我們不同的指示。Parker 記載了很多又讀的濁音,多半是在日本的吳音裏頭。在別的方言裏濁音已經失掉了。(1) 例如:

茶 吳語 dzo, 但北京,南京,四川 ʈʂʻa, 山西,陝西,甘肅,河南,漢口,揚州,客家,汕頭 tsʻa, 廣州,廈門 čʻa, 汕頭,廈門 tɛ(又讀),福州,高麗 ta, 日本 sa, ta, 安南 'tra'(ʈʂ₂a 跟 ţa);

實 上海 zeʔ, 寧波 ʐəʔ, 溫州 zai, 日本 ɖʑ₂ɪtsu, 但是北京,南京 ʂ₂ʅ, 陝西,

(1) 有一個特殊的瑞字在不同的官話方言裏保存它的濁音,這是很奇怪的,例如:在北京,大同,歸化,文水,鳳台,平涼,涇州,等方言裏,照 Forke 還有沂州(直隸),蒲州府(山西),河南府等方言。

甘肅 ʂ$_1$ʅ，漢口 sɿ，歸化，大同，文水，溫州，興縣，懷慶 ʂ$_1$ɜʔ，太原，太谷，平陽 sɜʔ，揚州 səʔ，汕頭，廈門 sit，福州 sɛik，客家 ʂit，廣州 ʂɐt，高麗 sil，安南 t'ɐt，t'iᴇt。

在其餘的方言裏，如果是拿帶閉塞成分的音代表這些聲母，——（至於怎麼樣把字分配作爆發音，塞擦音，跟摩擦音可看上文 323 頁以下）——我們所找到的也有弱音也有送氣音：

1）客家話（跟陸豐）是送氣的清音，例如：池（平聲）客家 č'i，雉（上聲）客家 č'i；

2）日本話（不過要參看上文），安南話（除去安南話 t'<š 看 327 頁）是弱的清音，例如：池日本 ȶɕ$_2$ɪ，安南 'tri'（ʈʂ$_2$i 或 ȶ$_2$i），雉也是一樣；

3）在官話，揚州話，廣州話裏，平聲是送氣的清音，仄聲弱的清音。例如：

池（平聲）北京，南京 ʈʂ'$_2$ʅ，歸化，大同，平涼，西安等 ʈʂ'$_1$ʅ，太原，太谷，漢口，揚州等 ts'ɿ，廣州 č'i；

雉（上聲）北京，南京 ʈʂ$_2$ʅ，歸化，大同，平涼，西安等 ʈʂ$_1$ʅ，太原，太谷，漢口，揚州等 tsɿ，廣州 či。

4）在下面的方言裏我們不能說出一定的規律來：

a）平陽（三水也略微有點相似，見例外）把平聲讀成送氣音，把仄聲讀成送氣音或弱音。例如：

池（平聲）ts'ɿ；

雉（上聲）tsɿ；

杖（上聲）tsχaɣ̃。

b）福州，廈門，高麗有時候讀送氣音，有時候讀弱音，跟聲調沒有關係，例如：

池（平聲）福州 tie，廈門 ti，高麗 či；

雉（上聲）廈門 ti 或 t'i，高麗 č'i；

杖（上聲）福州 t'ɔŋ，廈門 tioŋ 或 t'ŋ̍，高麗 čaŋ。

c）汕頭方言有時候讀成爆發音，跟福州廈門相合，有時讀成塞擦音，跟廣州話官話相合，例如：池汕頭讀 ti 或 čʻi。

澄狀禪三母的送氣跟濁音的情形跟我們在舌根音裏所研究的恰好相似（251頁），在那裏我們已經指明若認爲古代漢語有弱的濁輔音，這些現象是不能解釋的。所以得要決定古代漢語的濁音送氣的，它們的送氣是個 ɦ（看 195 頁），就像梵文的 bha, gha 等一樣。因此澄是古代的 ȡʻ，狀是古代的 ȡʐʻ（二等）或 ȡʑʻ（三等），禪是古代的 ʑ，從上古 ǰ 生出來的。

# 第十一章　聲母 17：日

## 聲母 17，日（共 45 字）

這個古聲母普通用 ŋ，ȡʑ，ȵ，ʐ，ǰ，dz，z，n，l，v 這些音來讀它，或者失落（○），或者完全生出一個新音；ɛr，œr，ər，ar，ɣœr。

關於這些音的細微音質注意：

ʐ 在北京，開封，南京是 $ʐ_2$，在山西，陝西，甘肅，懷慶是 $ʐ_1$。

ȡʑ 在日本是 $ȡʑ_2$。

ɛr 是指 æɹ，œr 是 œɹ，ər 是 ɜɹ，ar 是 ʌɹ，ɣœr 是 ɣœɹ。

這些音可以照以下的表來分配。

1．ər，或 ær，œr，ɣœr，ar，ʐ，ŋ，or 跟 o，œr 跟 ȵ，見於止攝的字（國音 ər），在陝西方言還見於日字（國音 ʐï）。

2．ʐ，照 Parker，見於戎，蘂，輭（皆又讀），宂，辱，縟，肉。

3．○見於揚州的複合元音 ie 以前，換言之，就是見於然（山攝），惹（果攝），染跟熱（咸攝）。

4．l，據 Parker 說見於儒，如，蘂，乳，宂，潤，閏。

5．dz 或 z（因人而異）見於仍，柔，揉（跟 ȵ），櫌，戎，茸，蘂。

6． ȵ 見於揉（或 dz），絨，輭，宂，又見於任，仁，人，饒，染，忍，繞，認，讓，熱，日，閏，縟，肉的俗話讀法，（文言讀 z）。

7．ʐ 見於有元音 œ（e），ə 或 ï 的字，換言之，就是：
見於然，惹（或 z）刃，入四個字的開口，還見於有 ȵ 又讀的仁，人，忍，認，熱，日；
見於儒，如，乳，潤（或 ŋ），閏（或 ŋ）辱的合口；

| | 開口 | 合口 |
|---|---|---|
| 西安 | ʐ, ər[1] | v |
| 蘭州 | ʐ, ɛr[1] | v |
| 平陽 | z, ər[1] | v |
| 太谷 | z, ər[1] | ○ |
| 歸化,文水,興縣,三水,桑家鎮 | ʐ, ər[1] | z |
| 涇州 | ʐ, œr[1] | z |
| 北京,平涼,南京,四川 | ʐ, œr[1] | ʐ |
| 開封 | ʐ, ɣœr[1] | ʐ |
| 大同,懷慶 | ʐ, ər[1] | ʐ |
| 固始 | z, ər[1] | z |
| 太原 | z, ar[1] | z |
| 鳳台 | z, ʐ[1] | z |
| 漢口 | ʐ, ŋ[1] | ʐ[2],○ |
| 揚州 | ○[3], ʐ, or 跟 o[1] | l[4], ʐ |
| 上海 | dz[5], ȵ[6], z; œr 跟 ȵ[1] | dz[5], ȵ[6], z |
| 寧波 | ʐ[7], ȵ[7], ŋ[8], z; ər[1] | ʐ[7], ȵ[7], ŋ[8] |
| 溫州 | n[9], ŋ[10], ʐ, z | ŋ[10], ʐ[11], z |
| 汕頭 | n[12], l[13], dz[13], ǰ | n[12], dz |
| 廈門 | n[14], l[15], ǰ | l[15], ǰ |
| 日本 | n[16], z[17], dʑ | |
| 客家 | ȵ[18], ŋ[19], ○ | |
| 福州 | n[20], ŋ[21], ○ | |
| 安南 | ȵ | |
| 廣州,高麗 | ○ | |

在合口，絨，褥兩個字讀 ȵ。

8. ŋ，照 Parker，見於饒，耳（或 z），染（或 z），繞，讓（或 z）；軟，潤（或 ʐ），閏（或 ʐ，），肉。

9. n，照 Parker，見於兒（或 ŋ），人（或 ŋ），二，日（或 z）。

10. ŋ，照 Parker，見於兒（或 n），任（或 z），人（或 z），染，忍（或 z），繞（或 z），認，讓（或 z），熱，軟，肉（或 ʐ）。

11. ʐ，照 Parker，見於弱，若（宕攝的古入聲）；儒，如，戎，絨（或 z），潤，辱，褥，肉。

12. n 在'人，揉，染，二'跟 ǰ 互見；在軟，肉兩字裏完全讀 n。

13. l 跟 dz 見於而，任；dz 跟 ǰ 見於耳，餌，二，熱。

14. n 在耳，爾（或 l）染，讓（或 l）諸字裏又讀 ǰ。

15. l 跟 ǰ 互讀見於人，爾（或 n），讓（或 n），潤；在閏字裏完全讀 l。

16. n 見於然，饒，擾，繞，又在任，柔，忍，刃，認，入，日，如，辱，肉諸字裏跟 dʑ 互讀。

17. z 見於 e 前，換言之就是染，熱，軟。

18. ȵ，照 Parker，見於任，仁，人，忍，二，刃，認（或 ŋ）；軟，肉。

19. ŋ，照 Parker，見於兒，饒，惹，耳，染，繞，餌，認，入，熱 日，弱，若。

在這裏，也像在疑母似的，關於客家方言的材料是不一致的。 例如 Rey 把'任，仁'跟'兒，若'等一律作○。 他不承認有任何的 ŋ，他把饒，惹，染，弱跟忍，肉等字一律寫作 n，這個音是 Parker 在客家話裏所不用的；'二認'等字，他認爲讀 ȵ，他寫是寫作 'gn' 可是 Vömel 吶，他沒有任何的 ȵ，雖然 Parker 跟 Rey 兩個人都有 ȵ。 我曾經表示意見說（258 頁）這同客家區域的不同有關係。

20. n 見於繞（或ŋ），惹，染，繞，餌，二，認，日，軟，閏，n 跟 o 還互見於兒，仁，人，忍，讓，冗。

21. ŋ 見於饒（或 n）耳，爾（或○），肉。

例外

a）爾客家 li，參看閩方言。

b) 餌廣州 ni，參看福州。

c) 兒開封（又讀）i，參看福州 i，客家 ŋi 等等。

d) 不見反切之古讀?

仍歸化，涇州 z，西安 vεɣ̃，好像指着一個屬於合口的古讀法，這用大同 ʐuɔɣ̃，平陽 ʐuɜɣ̃ 那些讀法可以證實，稔歸化，興縣，北京（又讀），四川（又讀），蘭州 ʑ，固始，福州（又讀），温州，揚州，上海 s，廣州 n，客家 l；'入' 在官話方言裏當作有合口（揚州 l，漢口 ʐ 或 o）；弱，若二字有幾種官話作合口，在別的方言西安，蘭州 v，涇州 z；蕊揚州，漢口，閩語 l。

e) 雜類：而，爾除去上海均作 œr；餌歸化，蘭州，温州，寧波（又讀）mi，戎寧波 ǰ；茸寧波 dz，日本 ɕ；蘂日本 sui。 冗温州〇，寧波 dz，潤，閏開封，固始〇（y-），閏温州〇；肉汕頭（又讀）ǰ。

將近 1500 個讀音中有這些例外。

古代的兩讀字：

'楠'，'儒' 在一大些方言裏照集韵的反切當它們屬於泥母；'肉' 在這裏是國音的 ʐu；在官話方言裏它也有開口的讀法，國音 ʐou，這是從集韵的反切來的。

找不到讀音的字：

刃福州；冗太原，鳳台，涇州，三水，桑家鎮，懷慶，四川。

## 日母總論

擬測古代漢語的聲母系統，日母是最危險的暗礁之一。

一方面，好多近代方言，尤其是南部方言，讀這個古聲母很不一致，在同一方言裏同時會跑出幾種音來，並且在同一個字裏往往也有異讀，所以我們很難找出一個定律確定到底哪一個字應當用哪一個音。

另一方面，在近代漢語裏代表古日母的音既然有這麼些花樣，我們就很難找出一個音來把所有近代的音都能推本到它。 可是這樣的一個音從前一定有的，因為拿仁字作例，北京 ʐən，西安 ʐɛ̃，鳳台 zã，上海 zəŋ 或 ȵiəŋ，寧波 ʐïŋ 或

ȵiŋ，汕頭 ǰin，福州 iŋ 或 niŋ，廣州 ian，日本 ȡʑin，高麗 in，安南 zəŋ 這絕無可疑的是一個字在方言上的變異。

在我們的表裏所列舉的近代日母讀音沒有一個可以認爲跟古音相同的。這是因爲所有這些音，除去 r（ɹ）之外，在唐代的聲母系統裏已經都見於別的聲母底下（疑，泥，娘，來，狀，禪等）了，所以如果仍兒而…肉這些字當初用了是這些音中之一作聲母，那早就列在這些聲母之下了。至於 r 吶又是跟 j 化反對的，所以西部的歐洲人讀俄文的軟化 r 很困難。那麼比方說 ȵ 這個音就很難說是從 r 變來的了。還有一層就是 r 跟古代譯音也不相合。

古代譯音有時候用日母來包含齒齦跟前硬顎部位的濁摩擦音，有時候用它代表軟化的 n（ȵ，"ñ"）。因此 Chavanne 跟 Pelliot 把這個聲母解釋作 'žñ'(1) 其實這種古代譯音關於古日母的性質並不比近代方言所指示的多，近代方言有作 ʐ（'ž'）的，也有作 ȵ（'ñ'）的。

這個 'žñ' 的說法能不能滿足我們的要求呐？　不能，因爲有好些很嚴重的困難。

1．口部摩擦音 'ž'（發音部位狹穿，就是不全的閉塞）＋鼻腔共鳴音 'n'（口部全塞）＋口部元音如 i（口部不閉塞），這種組合是很不自然的。像 "žñi" 這樣的音是很難讀的，尤其是在字的起頭兒。

2．'ž' 普通表示一種硬的摩擦音（不是軟化的）。可是若跟 ȵ（ñ）緊接着這個摩擦音一定得要軟化成 ʑ，例如俄文的 $ʑ_2$（зж），或是像意大利塞擦音寫成 'gi-' 的摩擦部分；此外還有古韵表把日母只放在三等裏尤足以表明這個聲母是無疑的顎化的了。所以摩擦的成分應當是 ʑ 而不是 ʐ（'ž'）。

3．'žñ' 的說法，無論怎麼樣也解釋不了我們在近代方言裏所遇到的塞擦音（dz，ǰ，ȡʑ）。

我們竭力遷就着 Chavanne 跟 Pelliot 的假設（'žñ'）先把沒有軟化的 ʐ

(1) Chavanne et Pelliot, Un traité manichéen retrouvé en Chine, JAs. 18. 1911, p. 538.

（'ž'）變成與它相當的軟化摩擦音 ʑ，再把兩個音簡單的掉一個過兒，成了 ȵʑ 音。這就得到了一個可接受的結果了。

a）ȵʑi 表現一個很自然而容易的發音。發音時，從全塞的 ȵ 到"開"的 i 音，一定得要經過一個一部分閉塞或氣程狹窄的舌位，換言之，就是 ʑ；ȵi 實際是 ȵ-ʑ-i 所合成的，不過其中的 ʑ 經過極快不能影響聽感罷了。要是把這一個階段延長到耳朵可感覺的程度，那麼你就能有一個生理上很自然的塞擦音，不過它的閉塞成分不像在塞擦音 ȡʑ 裏那樣屬於口部而是屬於鼻部的。所以 ȵʑi 就是一個帶着完全可以聽得見的過渡音 ʑ 的 ȵi。

b）ȵ 跟 ʑ 性質一樣，兩個都是軟化的，跟韵表所指示的相合。

c）ȵʑ 可以把近代方言解釋的最好，就連塞擦音 dz，ǰ，ȡʑ 也在內。我所擬定的演變次序如下：

A. 在 ȵʑ 這個結合裏，ʑ 變成主要的成分而 ȵ 失去。在有幾個方言裏，這個變化可以在很早的時期發生，這才可以解釋古代譯音中必須用 ž 才能夠解釋的例。在切韵反切所根據的方言裏，還沒有這種演變，否則這些字就要跟禪母(ʑ)字同切了。

在這第一度演變以後日 =ʑ 是跟清音審母(1)(ʂ，ɕ)三等（ɕ）相對的濁音，並且如果我們的假設是對的，那麼它在近代方言裏就會有一個跟審母相似的演變。

在中國北方全部我們的確看得出一個很巧的吻合的情形，這是很可滿意的。

a）在太原，鳳台，固始，我們遇到一個變成齒音 z 的普通轉變，一如審母 ʂ 之變 s（不過要參看下文 f 節）；在上海話不讀作 ȵ 或 dz 的時候（看下文）也是如此。例如：

| | 太原 | 鳳台 | 固始 | 上海 |
|---|---|---|---|---|
| 仁 | zɜŋ | zã | zɜn | zəŋ |
| 如 | zu | zu | zu | zɥ |

b）在歸化，文水，興縣，涇州，三水，桑家鎮合口字讀 z，一如審母之讀 s。

（1） 古代跟審母相對的濁音禪母(ʑ)，已經失掉了它的濁音而跟審母相混，看前一章。

例如：

如歸化，文水，興縣 zu，涇州，三水，桑家鎮 zų。

在平陽跟太谷開口字讀 z，一如審母之讀 s。例如：

仁平陽 zɜɣ̃，太谷 zɔ̃。

c）在審母底下我們已經看見 f 在西安，蘭州，平陽跟太谷等方言裏的出現由於合口（u）的圓脣作用前移，在這兒，我們發現西安，蘭州，平陽用 v，但是太谷把聲母失落了，所以合口的 u 就變作聲母。例如：'如' 西安，蘭州，平陽 vu，太谷 u。

d）照我們可以得到的很混雜的材料所允許的評判，温州寧波兩種方言有時候讀 z 有時候讀 ʐ，它的出現，跟審母底下決定 s:ʂ 出現的定律相似。這都是當它不讀成鼻音時候的情形（看下文 342 頁）例如：仁温州 zaŋ，寧波 ʐiŋ 或 ȵiŋ；若温州 ʐa，寧波 ziaʔ 等。

e）在別的方言裏（但還要參看下文的 f 節），我們發現軟化的 ʑ 變成不軟化的 ʐ，一如審母 ɕ 之變 ʂ。例如：

仁北京 $ʐ_2$ɜn 開封 $ʐ_2$ɛn 南京 $ʐ_2$əɣ̃ 歸化，大同 $ʐ_1$ɜɣ̃，文水，興縣，平涼，涇州 $ʐ_1$ɛ̃，蘭州 $ʐ_1$əɣ̃，陝西 $ʐ_1$ɛ̃，懷慶 $ʐ_1$ɜŋ。

'如' 北京，南京，開封 $ʐ_2$u，大同，懷慶 $ʐ_1$u，平涼 $ʐ_1$ų。

f）止攝的字（國音 ər）在這裏也像審母字有一個特別的地位，審母是由舌尖音演變的，日母的情形就複雜的多了。

止攝的字在 s,ʂ 的後面，有一個傾向使元音變成跟這些摩擦音性質相同（homorganique），就是舌尖與齒（apicodental）跟舌尖與齒齦（apicoalvéolaire）的元音。所以我們在中國的大部分發見有 sɿ，ʂʅ。這在日母後頭也無疑是有的，所以現在國音讀 ər 的北京兒ɜɹ 字，其先讀 ʐʅ。這個階段在鳳台方言裏還保存着（兒等 ʐʅ）後來這個跟母性質相同的元音失掉了，就只剩下一個自成音節的 ʐ。在這個 ʐ 的前頭產生了一個寄生的元音，有些例子裏是一個"含混的元音" ɵ:əʐ，別的例子裏是 œ，a，ɛ 或 o。這個元音的力量增加了而 ʐ 減少到僅僅很快的碰着上顎的頂兒就完了，例如 œɹ(1)。 這就是大部分官話方言所表現的階段。 寧波，跟上海的文言(上海俗話在這些字裏讀 ȵi，看下文)也是這樣。 在揚州話裏我們遇到一個使輔音成分格外變弱的傾向，直到 r 完全失去而讀成單純的 o，代替了 or。 在開封我們遇見奇怪的讀法 ɣœr（ʁœɹ），這裏的 ɣ（ʁ），是因爲反對元音作聲母（看上文 271 頁），才照疑母類推而引進來的。

我們對於近代方言的 ʐ，z，r，v 以及太谷的失落聲母（◯）都得到一個滿意的解釋。 漢口跟揚州在 i 跟 y 的前頭聲母失掉，這很容易的用摩擦音 ʑ 變弱來解釋，它先變到 j（德文），最後就完全失去了。 參閱下文 c 項 e 節。

B. 這個聲母的演變經過下面的階段：ȵʑ>ȵȡʑ>ȡʑ。 要知道這類的變化不單從語音學的觀點看完全很自然的，並且在別的語言裏也有相類的例子。 例如：希臘話 mrotos>mbrotos>brotos，就是在中國話裏也有。 從鼻音的 ȵ 變成口音的 ʑ，小舌跟咽頭間的閉塞，很容易早一會兒開始，於是就產生出 ȡ 來。 同樣，ŋa 起初變 ŋga，這個階段我們在不同的地方還可以遇到的，後來變 ga（看 261 頁）。 後面我們還可以看見這一類的變化 ȵi>ȵȡi 跟 ma>mba>ba。 對於這個假設 ȵʑ>ȵȡʑ>ȡʑ 的準確度最可注意而且最好的證明，尤其是把古代 ŋa 讀成 ga 的方言——就是日本話，廈門話，汕頭話——也把古日母讀成 ǰ，ȡʑ。

拿我們已經屢次指出來的同類的前移作用，我們可以得到 dz 替代 ȡʑ，所以我們對於近代方言的 ǰ，ȡʑ，dz 可以有一個可意的解釋。 例如：

| | 日本 | 汕頭 | 廈門 |
|---|---|---|---|
| 仁 | ȡʑ$_2$ɪn | ǰin | ǰin |

（1） 這個音節的全體應該當作一個日母看，因爲古代韵母已經失掉得沒有痕迹，並且跟這個近代音的產生沒有任何關係了。 這個假設 ʐʅ>ʐ>œʐ>œr 並不是一個大膽的懸想，從太谷話可以看出來，太谷話有一個很有意義的類似現象。 北京話的 tʂ$_2$ʅ，ʂ$_2$ʅ 在這個方言裏跟 tsəɹ，səɹ 相當。 在這兒，演變的路徑如下：ʅ 加重了就變成 ʐ，tʂʐ，ʂʐ（我們在官話裏各處都可以找到一種 tʂʅ：tʂʐ 等的又讀）在 tsʐ，ʂʐ 裏由聲母發音部位的前移，生出一個過渡的元音：tsəʐ，səʐ，於是後來就變成 tsəɹ，səɹ。

| | 日本 | 汕頭 | 廈門 |
|---|---|---|---|
| 如 | $ȡʑ_2$o: | dzu | ǰu |
| 兒 | $ȡʑ_2$ɪ | ǰi | ǰi |

C. 在 ȵʑ 這個結合裏，ȵ 變成主要的成分，ʑ 變弱而失掉。這種變化有些方言在很早的時候已經達到了它可以解釋古代用日母來對譯外國的 ȵ，也可以解釋安南用 ȵ 來代表中國的日母。在切韻的反切所根據的方言裏，這個變化還沒有完成，否則這些字就應該用娘母來切了。我們可以注意下面：

a) 在幾個方言裏，ȵ 保存不變，有的像安南譯音完全保存，有的像上海，寧波，客家方言一部分保存，例如：'仁' 安南 ȵɤn，寧波 ȵiŋ（跟 ziŋ）客家 ȵin，'如' 安南 ȵɯ。

b) 在温州，客家，日本跟閩語，有些字的發音部位前移到齒音。例如：

染 汕頭，廈門 ni 跟 ǰiam；

忍 日本 nɪn 跟 $ȡʑ_2$ɪn；

人 温州 naŋ，zaŋ 跟 ŋiaŋ。

疑母中有些例裏，我們已經看見 ŋi 經過 ȵi，可以變到 ni。所以日母底下 ȵi＞ni 的演變是完全可能的。

c) 在有些方言裏，我們遇見過 l。例如：入揚州 luəʔ；人廈門 laŋ 等。我們要知道這個情形發生在喜歡拿 l 代 n 的三個方言（揚州，汕頭，廈門），那麼我們就可以了解在這些方言裏的 l 是一個 n 的代用品，至於 n 的來源我們剛才已經知道了。

d) 更奇怪的事情就是我們有時遇見 ŋ，我們不得不承認這是發音部位可以不管後面的 i 而向後移動。例如：耳福州，客家 ŋi，温州（又讀）ŋ。但是漢口不用 i，而拿一個跟 ŋ 性質一致的元音來替代 ŋï(1)。這種 ȵ＞ŋi 的變化不是

(1) 這是根據 Parker 的，至於我聽見漢口人的讀音有時讀 ɤ 有時讀 œɤ。如果 ɤ，œɤ 更通行些，我們可以拿歐洲的 r 有 r:ʁ 兩讀作爲比例。

不可能的，我們在後面娘母底下就可以看見有幾個很罕見的例子，ȵi 的確是變成 ŋi 的。還可以參考幾個瑞典的方言(Scanie)，它把 i 後面的 n 變 ŋ，如 **kvinna** ＞**kviŋŋa**。

e) 在疑母底下，我們已經看見 ȵ 有一個很強的失落的傾向。關於日母的情形仍舊是一樣的。在廣州跟高麗是一律失掉的，在福州跟客家是一部分失掉的。例如：

仁 廣州 iɐn，高麗 **in**，福州 iŋ 跟 niŋ；

兒 廣州福州 i，高麗 **a**；

柔 廣州 iau，福州，客家，高麗 **iu**。

自然，我們也不妨設想這失掉的音是 ʑ 而不是 ȵ。但從福州話跟客家話都不把日母讀成鼻摩擦音而僅僅讀成鼻音這一點來看，我覺得在這些方言裏用 ȵ 代表古代的讀音是比較近乎實際一點。

這樣我們把現代方言裏的 n，ȵ，ŋ，l 跟聲母的失落（○）都解釋了。說古日母是 ȵʑ 跟韵表把這個聲母認爲 j 化是完全相合的。這個說法把近代方言裏極紛歧的讀音可以很滿意的解釋，並且把古代譯音對於日母有的當作濁摩擦音用，有的當作 ȵ（ñ）用，也可以顧到了。

不過還得要討論的，就是古代佛經譯名把日母字當作印度有 jñ（ȡʑȵ）音的字的對音，例如 jñana，yajñadatta。那麼就得要看，我們能不能說古代日母是 ȡzȵ，而設想：

1. 後來在有些方言裏，ȵ 失掉了，可是 α）塞擦音保存，像日本話跟閩話；或 β）塞擦音變成硬的摩擦音 ʐ，例如在北部的方言裏（比較拉丁 gelatam＞法文 gelée）；

2) 在其餘的方言裏，ȡʑ 失掉了，而 ȵ 或者保存或者變成 n，ŋ，l。

對於這個說法，我有以下的抗議：

a) 有很好的理由，可以把塞擦音看作一個較晚的階段：ȵʑ＞ȵȡʑ＞ȡʑ，因爲在它所出現的方言裏別的音也有相當的演變：ŋa＞ŋga＞ga 等。

b）爲遷就幾個有限的譯名就去假設一個像 ȡʑȵ 那樣對於漢語很奇怪而且複雜的音是很冒險的，因爲漢語普通只允許有簡單的輔音跟塞擦音的。尤其是佛經譯名普通只取近似的音值，並且往往是很幼稚的。譯音的人無疑的把印度的 jñana 翻成中國的 ȵʑana 就很覺得滿意了。

c）我們有些確定的例子來證明譯音者有時候不把日母字當作 ȡʑȵ 的滿意的對音。例如 manôjña 不翻作“摩奴若”而翻作“摩奴是若”，第三個字就是代表 ȡʑ 的。

d）最後還有一件事實確可把 ȡʑȵ（‘jñ’）這個說法，跟 Chavanne 與 Pelliot ‘žñ’ 的說法一齊推翻。古日母字，從現在的聲調上看，跟鼻音（ŋ-，n-，ȵ-，m-）的字排在一塊兒，而不跟拿塞擦音（ȡʐ‘-，ȡʑ‘-，dz‘-）或摩擦音（ʐ-，ʑ-，z）起頭的字排在一塊兒。看下文第十六章。所以 ȵʑ 據我們看似乎是惟一可能的說法了。

# 第十二章　聲母 18—20：泥，娘，來

## 聲母 18，泥（共 40 字）跟聲母 19 娘（共 13 字）

這兩個古聲母普通用 n, ɳ, ȵ, ŋ, l, nd, ȵȡ, d, ȡʑ 這些音來讀它。

漢口，南京，三水，桑家鎮，四川（都屬於官話方言）的 l 是 l̃。蘭州的 l 是 ɫ。——日本的 ȡʑ 是 ȡʑ$_2$。

這些音的分配如下表：

| | 一，二等 | 三，四等 |
|---|---|---|
| 北京，鳳台，固始，揚州，福州，廣州，高麗，日本吳音 | n | |
| 安南 | ɳ | |
| 漢口，南京 | l | |
| 汕頭，廈門 | l,n[1] | |
| 客家 | l,n[2] | l,n,ŋ,ȵ[2] |
| 甘肅 | l[3],n | ȵ |
| 三水，桑家鎮 | l | ȵ |
| 四川 | l[4] | n,ȵ[4] |
| 歸化，大同，太原，太谷，西安，開封，懷慶，上海 | n | ȵ |
| 寧波 | n | n,ȵ,ŋ[5] |
| 温州 | n | ŋ |
| 文水，興縣，平陽 | nd | ȵȡ |
| 日本漢音 | d | d,ȡʑ[6] |

1．這兩個方言普通把帶 m，n，ŋ 尾的字，換言之，就是國音裏所有帶 n，ŋ 尾的字裏的 l 讀成 n，但‘寧’（汕頭 nia 跟 lɛŋ，廈門 lɛŋ），‘拈’（汕頭，廈門 liam 跟 ni），‘年’（汕頭，廈門 liɛn 跟 ni）‘娘’（汕頭 niɛ，liɛŋ；廈門 nia，niu，lioŋ，liaŋ）等字是有又讀的。

關於其餘屬於這兩個聲母的字得要注意：

汕頭比較偏重 n；l 只見於瑙，還見於有 n 又讀的腦，惱，內，鬧，你，女；

廈門普通偏重 l，至於 n 是見於果攝的那，拏兩個字，蟹攝的乃，耐，奈（又讀），孄，止攝蟹攝的泥，你（又讀），呢，還有四個又讀的腦，惱，撓，鬧。

2．照 Parker，l 見於：

所有一二等的字裏除去囊讀 n，諾讀 l 跟 ŋ；

所有不帶韵尾鼻音（國音裏 -n 跟 -ŋ）的三四等字；在帶韵尾鼻音的三四等字裏讀 n 或 ŋ（看下文）。 但是寧 len，你 li 或 ŋ̥i，尿 ŋiau，女 ŋi，ŋ。

Parker 所記的這個 l 音，Rey，Vömel 都不承認客家話裏有。 Schaank 在客家話的分支陸豐方言裏也沒找到它。

ŋ，照 Rey 只見於你（ni，ȵi 跟 ŋ）跟女（ŋ̥）；Vömel 只承認在女字裏有，Schaank 對於陸豐話也是一樣的。 但是 Parker 把你（又讀），念，尿，濃女諸字都寫作 ŋ。

ȵ，照 Rey 只見於你（ni，ȵi 跟 ŋ̥）。 Vömel 不承認客家話有任何顎音 ȵ[1]，我們在上文（337 頁）已經說過；Parker 也避免他在別的方言裏用以代表 ȵ 的寫法 ‘ny’ 跟 ‘ñy’。 但是 Schaank 對於陸豐話在一切有別的元音隨着的 i 音前面寫作 ȵ，而在單獨的 i 前面寫作 n，例如：呢 ni。

這些符號很紛歧，也像在疑母跟日底下一樣，也是由於這些著者的記載是在客家區域的不同部分裏作的。

3．l 見於：

(1) 在他的輔音表裏，關於顎音 ɲ 那一格是空着的。 但是他把屬於日母的字寫作 ‘nyip，nyin’ 等，他說這個 ‘y’ “有德文無擊(!) j 的音値”，它是 “在 i 前面的半元音性的介音”。 至於要知道 Vömel 的這個 ‘ny’ 實際上怎樣跟 Rey 的 ɲ（‘gn’）不同，還有待於證明。

蘭州,平涼,涇州所有的合口字裏,除去遇攝。

在涇州還見於山,咸攝的字。

4. 關於四川材料的不同,那是很自然的,因爲四川是一個很廣大的省分。Parker 普通寫 n, 有時候寫 l。照一個瑞典教會的報告,宜昌的 l̃ 是正則的音,完全跟漢口一樣。四川的法國傳教師照下面這樣寫:

l 在一等跟二等裏;

ȵ 在國音讀 ni 的字裏(泥,你,溺,呢,匿);

n 在別的三四等字裏。

5. 照 Parker, 普通是 ŋ。可是他還指示:

n 在泥(na, ȵi, 跟 ŋi),拈(niẽ 跟 ŋi),呢(跟 ȵ),粘(跟 ŋ),女(跟 ŋ)幾個字裏;

ȵ 在寧,泥(看 n),呢(跟 n),娘(跟 ŋ),碾,匿(跟 ŋ),濃幾個字裏。

不過他對於 ȵ:ŋ 的分辨是很游移不定的,參看 257 頁。我們也許可以把它一律寫成 ȵ,或一律寫成 ŋ。

6. ȡʑ 見於所有的 i 前面,不論這個 i 保存或失去,換言之,就是在賃,尿,娘,扭,鈕,釀,匿,濃,女。

例外

a) 不規則的 l(參看甘肅的方言);農大同,西安;內西安;嫩開封,固始。

b) 不見反切之古讀?

'耨' 興縣,三水,桑家鎮,漢口 ʐ;'賃' 這個字各處或把它當作日母——國音 ʐən——或把它當作來母——國音 lin——可是廣韻,集韻,韻會跟正韻的反切都僅僅把它屬於我們的泥母,這是很奇怪的。

c) 雜類:奈廈門(又讀) t; 尿汕頭(又讀)廈門 ǰ; 女上海(又讀)溫州(又讀) z, 汕頭(又讀)dz。

古代的兩讀字：

‘撓’在有些官話方言裏它有些讀法照集韵的反切屬於日母，國音 ʐau，‘碾’好多的讀法照廣韵屬於知母的反切，國音 ʈʂan；‘釀’大多數的方言把這個字照韵會的反切當作日母，國音 ʐaŋ；‘濃’一大些方言依照集韵把這個字放在一等；‘諉’所有的方言除去日本安南，把這個字照集韵的反切當作喻母，國音 uei。

找不着讀音的字：

拈，耨廈門；耨客家；諾太谷，懷慶，廈門；帑太原，鳳台，廈門；嫩廈門；拈高麗；你日本；撚客家，溫州，寧波；賃四川；尿溫州，寧波，安南；呢日本；粘高麗，南京；碾廈門，日本；諉上海，高麗。

## 聲母 20，來（共 211 字）

這個古聲母普通用 l，n，r 這些音來讀它，或者失落（○）。

這個 l 是：

l̃ 在漢口，南京，三水，桑家鎮，四川；

l 在大同，文水，平陽，蘭州的 e 前面（國音 i 例如 lien，liau），ɫ 在所有別的元音的前面；

l 在別的調查過的方言裏（看 145 頁）。

日本的 r 是 ɾ 看 180 頁。

這些音的分配如下表：

| | 一，二等 | 三，四等 | |
|---|---|---|---|
| | | 開　口 | 合　口 |
| 高麗 | n | n，○[1] | |
| 涇州 | l | | l，○[2] |
| 汕頭，廈門 | l，n[3] | | |
| 官話（涇州除外），揚州，吳語，粵語，福州，安南 | l | | |
| 日本 | r | | |

1. 所有被高麗借去的那些屬於來母的漢字，在高麗用諺文ㄹ來寫，這個字母在高麗自己的語言裏，當聲母時讀 r-，當韻尾時讀 -l。但是這個字母當作高麗譯音的聲母時，這兩個音值都沒有。

如果相信 Parker，關於這個字母的高麗讀音就有一個極混雜的情形。例如 Parker 寫

r 見於勞 'ro'，落 'rak' 等；
n 見於肋 'nik'，拉 'nap' 等；
ŋ 見於李 'ngi' 等；
○見於歷 'yök'，栗 'yul' 等；
r 或○見於靈 'ryöng, yöng' 等；
n 或○見於林 'nim, im' 等；
ŋ 或○見於粒 'ngip, yip' 等；
r 或 n 見於來 're, ne' 等；
r 或 ŋ 見於立 'rip, ngip' 等；
n 或 ŋ 見於利 'ni, ngi' 等。

但是，要一考查 James Scott 在他的英鮮字典 (1891) 裏關於這一點所寫的，我們就把這件事看的很清楚了。他說："當對譯這些[漢語的]借字的時候，他們[就是高麗人]保留這個聲母ㄹ來代表本來的 l，但是他們不把這個字母照純粹高麗語的聲母照例讀作 r，而把它讀作一個清晰的 n [例如'來']。此外在從漢語借來的字裏要是 l 後面隨着 i 聲母就變成沒有音，並且爲替代清晰的 n 高麗語把重音放在元音的上面，結果漢語的 li，在高麗語僅僅讀的像 i，或者頂多只帶着一個很輕的前綴鼻音 [例如：'李，利' 不是 'ri' 而是 'i' 有時候或者是 'ni, ngi'；'連' 不是 'rien' 而是 'yen']"。

由此可知，在高麗諺文裏用ㄹ翻譯的來母，在 i 以外的其他元音前面讀 n，在 i 的前面或是失落（這是通常的讀法），否則讀作不完全的鼻音 n- 或 ŋ-。這話我提過了一次以後，我就總是只寫通常的讀法，把這個不完全的 n- 或 ŋ- 只認爲由於個人的現象了。

這樣 Parker 的寫法就容易解釋了。在 i 的前面他有時候聽見○，有時候

聽見 n 或 ŋ，並且他有時候寫作這個，有時候寫作那個，還有時候兩個互讀。 在別的元音前面，他聽見 n 是不錯的。 他的寫法 'r' 無疑是同並非借自漢語的高麗字裏的已讀音 'r-' 發生混亂的緣故。

所以我們在 i 的前面就老寫作 ○，在別的元音前面老寫作 n。 換言之，在三等跟四等裏我們有：

n 見於陵，綾，菱，淩，壘（又讀），縷，淚，屢，錄，綠；

○見於所有其餘的字。

2．在國音讀 ly 的字，換言之，就是驢，縷，旅，侶，呂，屢，慮，律裏聲母失落。

3．n 見於：

汕頭話的欄，榔，郎，欖，賴，爛，朧，卵，蓮，林，臨，糧，領，量，獵（皆又讀）；
廈門話的蘿，欄，榔，郎，老，癩，賴，浪，卵，簾，鐮，林，連，糧，涼，領（皆又讀）。

例外

a）不規則的 n（參看高麗，汕頭，廈門）：

聾西安，蘭州；裸固始；櫓廣州（又讀）；耒揚州；弄北京（又讀），鳳台，西安（又讀），開封；捋固始；亮寧波（又讀）；粒廣州；劣揚州。

b）不見反切之古讀？

輦字在平涼，蘭州，陝西的讀法相當於國音 ien，在其餘的官話方言（除去平陽照例讀 l）還有山西的讀法相當於國音 nien。

古代的兩讀字：

樂這個字也有一個屬於疑母的讀音，國音 ye，是從唐韵來的，義別；論跟掄在所有的古字典裏也有照反切把它們放在三等，因此影響了高麗的聲母；所以在這個方言裏有 non 跟 iun 兩種讀法；裸 Parker 所給的 k' 讀法，實際上不屬於這個字，而是屬於人部的一個同義字；'倮' 字現在普通用作國音讀 tɕien 的一個字，是從集韵的反切。

找不着讀音的字：

棱，婁，摟，欖廈門；婁文水，太谷；欖日本；肋興縣，河南，安南；酪興縣；朧廈門；裸客家，漢口，揚州；卵揚州；滷廈門；擄揚州，廈門；卵安南，上海，南京；傴福州，高麗；捋興縣；撩廈門；隸汕頭，客家；鏈廈門；輛高麗；勵安南；獵懷慶；攣固始；綸，廬，臚廈門；隆福州，上海；侶廈門；劣興縣。

# 泥娘來母總論

古代漢語泥娘來三母的音值是清楚的：

泥……………………………n

娘……………………………nj

來……………………………l

在 35 頁我已經講因爲什麼我的表裏的娘母字古代漢語讀作泥母（n）的 j 化（nj），並且它只在後來才得了特立的娘母的名稱，至於要知道這是 nj>ȵ 的變化，還是中國學者在語音上懸想的結果（看 35 頁），這是一個興趣很平常的問題，因爲 nj 跟 ȵ 聽起來幾乎不能分的清楚。

我們現在對於古泥娘來三母在近代方言中的演變，先大略的看一看。

## I. 發音的部位

A. 在我們這裏所觀察的現象中，最重要的是顎化，這種現象在漢語裏是很普通的（參看 247 頁以下，260 頁以下，275 頁以下，跟 321 頁）。

此處受顎化作用的只是泥娘兩母，在近代漢語，來母 l，沒有像俄文 l 那樣經過軟化，它對於舌面跟顎的部位是不相容的，往往把後面的 i 變成 e（看 221 頁），如 leau 等。所以像俄國東方學者所選的寫法 ляо 等，那是很壞的。

古代漢語一二四等不 j 化跟三等 j 化對立，在任何方言裏都沒有保持着。顎化作用比從前擴大了。在古代漢語我們已經看見二等裏有幾個特殊的 j 化的例子（喃，饒），在近代方言裏顎化作用完全是跟着聲母後面的元音走的。既然這些元音在有些方言的四等裏總是 i 跟 y（在別的方言裏也有時候是這樣），而二等卻沒有 i 跟 y，那麼，我們在近代是一二等跟三四等對立的。我們所以發見有底下的事實：

a）一部分的官話方言還有上海話，泥娘在 i 跟 y 的前頭，換言之，就是在三四等字裏，老讀作顎音；在所有別的元音前頭，換言之，就是在一二等字裏，讀作齒音。 此處的官話方言是：鳳台以外的所有山西方言，甘肅跟陝西，還有河南的開封跟懷慶，例如：

| | 泥 | 念 | 女 | 難 | 能 |
|---|---|---|---|---|---|
| 歸化…… | ȵi | ȵieɣ̃ | ȵy | naɣ̃ | nɜɣ̃ |
| 大同…… | ȵi | ȵiᴇ | ȵy | næ | nɜɣ̃ |
| 太原…… | ȵi | ȵiᴇ | ȵy | næ | nɜŋ |
| 太谷…… | ȵi | ȵiᴇ̃ | ȵy | nã | nɔ̃ |
| 文水…… | ȵȡ$_1$i | ȵȡ$_1$iĕ | ȵȡ$_1$y | ndã | ndɜ̃ |
| 興縣…… | ȵȡ$_1$i | ȵȡ$_1$iŋ | ȵȡ$_1$yi | ndã | ndɜ̃ |
| 平陽…… | ȵȡ$_1$i | ȵȡiɛɣ̃ | ȵȡ$_1$y | ndaɣ̃ | ndɜ̃ɣ̃ |
| 蘭州…… | ȵi | ȵiæ̃ | ȵy | næ | nəɣ̃ |
| 平涼…… | ȵi | ȵiæ̃ | ȵy | næ̃ | nɜ̃ |
| 涇州…… | ȵi | ȵiæ̃ | ȵy | l̃æ̃ | nɜ̃ |
| 西安…… | ȵi | ȵiæɣ̃ | ȵy | næɣ̃ | nɜɣ̃ |
| 三水…… | ȵi | ȵiæ | ȵy | l̃æ | ĩɜŋ |
| 桑家鎮…… | ȵi | ȵiæ | ȵy | l̃æ | ĩɜɣ̃ |
| 開封…… | ȵi | ȵiɛn | ȵy | nan | nɜŋ |
| 懷慶…… | ȵi | ȵiɛȵ | ȵy | næɣ̃ | nɜŋ |

b) 在四川話顎化作用是很有限制的，它只發生在長 i 的前頭，就是說 i 單獨當作韻母的時候。 所以‘泥’讀 **ȵi**，而‘年’讀 **nien**。 四川話的長元音（獨作全韻母的）對於聲母的影響跟短元音（後面隨着別的音的）不同，在曉匣兩母底下（276 頁）已經看見了。 例如呼四川 **fu**，花四川 **χua**，紅四川 **χuŋ**。

c) 温州話在 **i**，**y** 以外在所有元音以前（一等跟二等），一律讀作齒音 **n**，可是在 **i**，**y** 的前頭發音比顎音的部位更靠後，這個聲母差不多變成 **ŋ**，不過這個 **ŋ** 顯然並不十分靠近軟顎的，所以在温州能讀 **naŋ**，但是泥作 **ŋi**，年作 **ŋie**。

這一點似乎不應當認爲顎化現象，不過照我看温州話的 **ŋ** 可以當作一個由過分顎化以致後移的結果（**n**>**ȵ**>**ŋ**）。 這可以由底下證明它是對的：

d) 温州鄰近的寧波話，其次還有客家話。

寧波話在 **i**，**y** 前頭都不顎化。 從 Parker 不充足的記載看起來，這裏只有一個顎化的傾向，還不是已經完成的顎化，所有受這個傾向影響的字，有時候屬於 ȵ 的階段，有時候屬於 ŋ 的階段。這好像是沒有一定的規則，並且在 ȵ 跟 ŋ 之間也不能劃出一定的界限。所以 Parker 記泥作 ŋi 跟 ȵi，你作 ŋi 跟 ŋ，呢作 ni 跟 ȵi。(一)

客家話顯露出一種駁雜的狀況。陸豐縣在有別的元音隨着的 i 的前頭是顎化的例如：年 ȵian，但是在單獨的 i 前頭並不顎化（參看上面所舉的四川話，情形相反），例如你 ni 匿 nit，在別的縣分我們只發見幾個零散的例子，有時候是 ȵ，有時候是 ŋ，部位很不定。即如在客家讀 ŋ 的女字，我們也可以看出這個顎化傾向的結果，因為它的又讀還有人作 ni，有人作 ȵi，有人作 ŋi。

e) 日本譯音在漢音裏也有些顎化的例子。d（關於這個音的發生看下文 355 頁）在所有 i 的前頭變成 ȡʑ（$ȡʑ_2$）（不管這個 i 在所借的字裏當作韵母的第一個成素是否還保存着），'娘' 現在漢音讀成 $dʑ_2ɔː$，而假名寫作 'ji-ya-u'，這是從 '*di-ya-u' 來的。同樣 '尿' 在假名裏 'de-u'>'*di-o'>$dʑ_2ɔː$（參看 313 頁）。

f) 在很有限的些個方言裏，對於古代的 n 跟 ŋj 完全拒絕顎音：那就是高麗，安南，日本的吳音，廣州，閩語，揚州，還有官話裏的北京，鳳台，固始，漢口跟南京等方言。例如：年高麗 niən，安南 ɳiᴇɳ，日本吳音 nᴇɣ̃，廣州 niːn，汕頭跟廈門 nĩ 或 liɛn，福州 nieŋ，揚州 nie，北京 niɛn，鳳台 nia，固始 niɛɣ̃，漢口 lien，泥南京 l̃i。

B. 我們還得要提到發音部位的另外一個變化。就是在安南譯音我們發見一個舌尖齒齦音，例如能 ɳaŋ，年 ɳiᴇɳ；娘 ɳuɤŋ。我們在底下一章就可以看見古代 t 跟 dʻ 在這個方言裏也讀成舌尖齒齦的 ɖ，東京話的 ɳ，ɖ 是很靠前的 $ɳ_1$，$ɖ_1$，它們可以算是舌尖齒音跟舌尖齒齦之間的音（看 179 頁）。在高安南（Haut-Annam）跟交趾支那則很靠後：$ɖ_2$，$ɳ_2$。

(一) 據譯者調查，溫州寧波客家（如不讀 ni 時）在 i，y 前都是 ȵ 類的音，至多偏後一點，與 $ȶ_2$ 部位相當。但在沒有元音的時候有 ŋ 的讀法。

## II. 發音的方法

古代漢語的發音方法大體上保存的很好。 不過我們得要注意下面的變化：

A. 鼻音跟口部塞音。

我們在這兒看見一個現象，我們已經認識過了，就是在上文論疑母下。 我們在那裏曾經看見古代漢語的舌根鼻音 ŋ 因爲軟顎與咽頭的塞音的前移作用而變成 ŋg，並且後來有些方言裏，變成 g；同樣在這個聲母底下 ȵ＞ȵȡ。 疑母（ŋ）這個變化在山西的文水，平陽，興縣三個方言（它們在每一個沒有失去聲母的字裏讀 ŋg，ȵȡ）跟日本話（它全讀作 g）是有規則的；在山西的歸化跟大同還有汕頭跟廈門只在較少的一部分字裏發生（看 260 頁）。

泥，娘兩母像那樣子演變的只限於前一類的方言。 這些方言對於這兩母跟對於 ŋ 的辦法完全相合。

1）在文水，興縣跟平陽，恰好像 ŋ 讀成 ŋg 跟 ȵȡ（由於顎化作用）一樣，n 也變成 nd 跟 ȵȡ（由於顎化作用，看上文 353 頁）。 例如：能文水，興縣 ndʒ̃，平陽 ndʒɣ；你文水，興縣，平陽 ȵȡ$_1$i。

依 Forke 的報告，安徽合肥的方言，泥娘兩母跟來母（因爲有一個 l＞n＞nd 的演變看下文 358 頁）在 i，y 的前頭一樣的變成 nd（但在別的元音前頭並不如此）。 據這個著者說，還有一個湖南省的方言，來母（l）在 i 的前頭變成（n＞）nd，不過泥娘兩母在 i 的前頭讀 ȵ。 所以‘寧’（泥母）合肥 ndin，湖南 ȵin，娘（娘母）合肥 ndiaŋ，湖南 ȵiaŋ；伶（來母）合肥，湖南 ndin。

2）在日本譯音，完全像用 g 讀古代漢語的 ŋ 一樣，對於 n 跟 nj 是用 d 跟 ȡʑ（由於顎化作用，看上文 353 頁）來代表的。 不過，得要注意這僅在日本的漢音才採取這種音值，吳音老是用 n 代表這兩個聲母的。 例如：難漢音 dʌɣ̃（吳音 nʌɣ̃）；娘漢音 ȡʑ$_2$ɔː（假名 ‘ji-ya-u＜*di-ya-u’；但吳音 nɔː）。

B. 鼻音跟口部邊音。

1）我們最初可以看見 n（古代的 n 跟 nj）跟 l 混合成一個新音，就是介乎二者之間的鼻化口音(naso-oral)的 l，就是 l̃（看 176 頁）。

這個音聽起來有時候很接近 n 有時候很接近 l̃，我記作 l̃ 的字許多觀察者都說它是一個遊移於 n 跟 l 之間的音。無疑的這個 l̃ 因爲前頭的字的影響常常用 n 或者 l 替代，可是說的人覺不出這個分別來。

這個 l̃ 特別出現於揚子江流域跟中國的西部：

a）南京跟漢口的方言所有泥娘來三母的字都讀 l̃，不論後面的元音是什麼，例如：南京 l̃au 漢口 l̃au＝國音的腦 nau 跟老 lau；南京，漢口 l̃i，＝國音泥 ni，裏 li，宜昌話好像也是一樣的。

b）有些西部的方言，像四川，三水，桑家鎮，在所有古代來母的字，並且在泥娘兩母後面沒有隨着 i 或 y 的字，換言之，就是一二等字，都讀作 l̃。例如：四川 lau，三水，桑家鎮 l̃au＝國音腦 nau 跟老 lau；裏四川，三水，桑家鎮 l̃i，國音 li，但是泥四川，三水，桑家鎮 ȵi，國音 ni。

按照瑞典傳教士的報告運城（山西）也是一樣的，又照 Forke 的記載在蒲州（山西），合肥（安徽），貴陽（貴州），跟萍鄉（江西）的方言裏好像也表現一個類似的情形。

這個 l̃ 從普通語音學的觀點看是一個很有趣味的現象，因爲它可以表示給我們 n>l，或者反過來 l>n 這種變化是怎樣成功的。我們在漢語裏可以有這兩種變化的例子：

2）n>l 的變化在幾個方言裏佔一個十分重要的位置：

a）在 Parker 所考查的客家區域裏，除去少數不規則的例外，在底下這類的字裏發生這個變化(可是在別的著者所考查的客家區域好像完全沒有遇見過它)：

在元音 a，o，u 的前頭，例如：那客家 la，國音 na；難客家 lan，國音 nan；諾客家 lok，國音 no；奴客家 lu，國音 nu。

在 i 的前頭，如果這個字不是用鼻音收尾的，例如：泥 li，國音 ni；溺 lit，國音 ni，反之，假如這個字是用 n，m 或 ŋ 收尾，那麼同化傾向就拒絕了 l 聲母，例如：拈客家 niam，國音 nien；念客家 ŋiam，國音 nien；娘 nioŋ，國音 niaŋ。

在 e 的前頭這個問題更不清楚了，Parker 用 'len' 寫能，國音 nəŋ，可是用 'nen' 寫年，國音 nien，要不是他不把'寧'也寫成 'len'，我們就可以拿後一個字裏 i 的失掉來解釋了（就跟我們剛才討論過的 nian，nioŋ 類似）。

可是關於 Parker 的記錄我們不要看的太重。

b）我們在客家已經論到同化的情形，可是在汕頭話裏我們找到一個顯著的異化作用。恰好在收鼻音的字（n，m，l）n 變成 l。我們得要注意口鼻相兼（鼻音化）的元音是不使聲母變化的。例如：能汕頭 lɛŋ，國音 nəŋ；難 lan，國音 nan；念 liam，國音 nien。但是納汕頭 nap，國音 na；奴 nou 跟 nu，國音 nu；泥 ni，國音 ni；鈕 niu，國音 niou。這個分別拿下面的兩讀字音可以表示的很好；寧汕頭 lɛŋ 跟 niã，國音 niŋ；年 lian 跟 nĩ，國音 nien。在這個方言裏還有幾個 n>l 的零碎的例子。例如：腦 nau 跟 lo，國音 nau。

c）廈門話比汕頭話更進一步。n 僅在國音讀作 na，nai，ni 的字裏保存着，入聲還不在內（換言之，就是果，止，蟹攝的字），另外在六個字的又讀裏也保存着；其餘的都屬於 l。例如（參看上文汕頭話）：

| | 廈門 | 國音 |
|---|---|---|
| 能 | lɛŋ， | nəŋ； |
| 難 | lan， | nan； |
| 念 | liam， | nien； |
| 納 | lap， | na； |
| 奴 | lo， | nu； |
| 鈕 | liu， | niou。但是： |
| 那 | na，niã， | na； |
| 耐 | nai， | nai； |
| 泥 | ni， | ni； |
| 年 | lian，nĩ， | nien 等 |

d）在中國的西北方言裏我們也遇到同樣的現象。甘肅的蘭州，平涼，涇州等處方言在短的 **u y**（就是後面隨着有別的元音的）的前頭實現 **n>l** 的變化。在這個範圍也有從 **-uŋ** 變來的 -ũ。例如：

農 蘭州 ɫuɜɣ̃，平涼 luɜ̃，涇州 lũ，國音 **noŋ**；

暖 蘭州 ɫuæ，平涼 luæ̃，國音 **nuan**；

嫩 蘭州 ɫuɜɣ̃，平涼，涇州 lyũ，國音 **nuən**。但是：

奴 蘭州 nɯ，平涼，涇州 nou，國音 **nu**；

女 蘭州，平涼，涇州 n̡y，國音 **ny**；

能 蘭州 nəɣ̃，平涼，涇州 nɜ̃，國音 **nəŋ** 等。

涇州話在咸山兩攝，換言之，就是在國音讀作 **nan** 的字，也把 **n** 變成 **l**。例如：難涇州 l̆æ（蘭州 næ，平涼 næ̃），國音 **nan**。這得算是一個異化作用的例子。

3）**l>n** 的變化。

a）在中國境內的方言，這個變化佔一個很微的位置，汕頭跟廈門只有不多的幾個例子，沒有一定的規律，並且老有 l 的又讀，例如：郎汕頭 **lɛŋ** 跟 **nŋ**，廈門 **loŋ** 跟 **nŋ**，國音 **laŋ**。在我的書裏所論到的其他方言，我僅僅找到零碎的例子（看例外）。Forke 用一種鼻音（"n̆"）代表桂林話（廣西）在 **i** 前頭的古 **l**，還用 **nd**（顯然是從 n 變出來的，看上文 355 頁）代表合肥（安徽）跟湖南一個方言的這個音。

b）反之，在高麗譯音裏這個 **l>n** 的變化是很佔勢力的。除去 **i** 以外在所有別的元音的前頭現在都很規則的讀作 **n**。例如：郎 **naŋ**，國音 **laŋ**；稜 **nïŋ**，國音 **ləŋ**；來 **nɛ**，國音 **lai**；樓 **nu**，國音 **lou**；盧 **no**，國音 **lu**。我們在下文 III 節底下可以看見這個變化不是直接的，而是經過 l̆ 的階段的。

現在有一個問題相當有趣；**l>n** 的變化是在高麗境內發生的呐，還是這些字在借的時候就有 n 呐？單從中國不多見 l>n 變化上看起來，已經可以覺得頭一個假設是較近似了。並且我們還有更確定的證據呐。在高麗的諺文裏把古泥母（n）字的 n 用 ∨ 記號來寫，但是古來母（l）字的 n 用己字母來寫，這個己在高麗本國的字裏，當韻母用讀作 -l，當聲母用讀作 r-。所以顯然我們得要這樣的下結論，說：l＞n 的變化發生在製造高麗"諺文"的寫法以後，製造諺文的時期是比較晚近的。(1)

C. 邊音跟顫音。

日本的音系沒有 l，所以古代漢語的 l 在日本譯音讀 ɾ。例如：羅日本譯音 ɾʌ，國音 lo；裏 ɾɪ，國音 ly 等。

## III. 聲母的失落

只有來母（l）可以失掉，而且只在兩個方言裏：

a）高麗譯音在 i 元音的前頭失掉聲母，不論 i 的後面是否隨着別的音，例如：利 i 國音 li；林 im，國音 lin。

b）涇州話在長的 y 音前頭失掉 l，例如：驢 y，國音 ly。

雖然在高麗話我們可以證實聲母失掉的是來（l）而不是泥娘兩母（n，nj），可是我們沒有理由去設想一個 l＞○ 的直接的演變。在 i 以外的別的元音前頭我們找到 l＞n 的變化（看 358 頁），甚而在 i 的前頭有時候也可以聽見一個不完全的鼻聲 n- 或 ŋ-，所以這個失去的該是一個鼻化聲母了。但是從這上我們不能馬上就設想一個 l＞n＞○ 的演變，因爲要是這樣，那些泥娘兩母的字，在高麗話既然老是 n-，那麼也應該參加 n＞○ l̇i 的演變，而事實上它們並不這樣。

現在我們只有一個可能的解釋：古代漢語的 n 還是保存着的，但是 l 變成 l̃ 了；這個 l̃ 在 i 以外的別的元音前頭變成了 n，而在 i 前頭就失掉了。

可是在涇州話我們沒有類似的着手點。所以我們在這個方言裏關於聲母失

(1) 照 S. Gale 的 Corean-English dictionary 1897, p. VI，是第十五世紀。［譯者案：朝鮮世宗實錄"世宗大王二十四年（即明英宗正統七年，公元 1442 年）癸亥十二月，是月，上親制諺文二十八字，是謂訓民正音。"］

掉的討論得要放棄了。 這個現象只見於官話裏一個單獨的方言是很可怪的，因為在中國境內現在所知道的方言裏還沒有類似的現象，所以這可以告訴我們說，沒有詳細調查完各城各鄉的語言就對於一省或一縣下總括的推斷是多麼危險的事。

---

在考查泥娘兩母的時候，我們必須分清楚兩種日本譯音，漢音跟吳音。 這是一個需要解釋幾個字的問題。

中國文化跟附帶着的漢字是分幾個段落輸入日本的。 最初在公元三四世紀的時候日本從中國發生了直接跟間接的關係（從高麗這條路）這個時代所得的日譯漢字日本人叫做吳音，“吳國的音”（吳就是在中國東部跟東南部的吳國）。 後來，大約在紀元後六百年，日本人在中國北部的京城長安研究中國文化，在這裏所學的漢字讀音叫做漢音，“漢人的音”（＝中國人的）。

漢音與吳音之間的不同往往很厲害。 如同‘省’漢音 SEI，吳音 $ɕ_2ɔ$:（假名‘shi-ya-u’）。

在完全的日本字典裏，我們幾乎可以找到中國字典所有的字都寫成漢音跟吳音。 這個自然不是說所有這些讀音都用在現代日本話裏的，實際上流行的借字有 2000 到 3000，在這些字裏頭，有的只用漢音，有的只用吳音，還有些個漢音吳音都用。

我們為語言的研究來應用日本譯音的時候 可以採取各種不同的方法。

為了避免用書本上的材料作根據的弊病，我就很想只以用日本口語中實際流行的讀音為限。 在第七章到第十一章我曾試着按照這個原則，但是在我的研究中越來越覺出它的不適用。 至於要知道那些字是實際上流行的問題，我們所根據的材料是很不一致的。 Bourgois 在他的書 Langue japonaise caractères idéographiques 跟 Lange 在他的 Uebungs und lesebuch zum studium der japanischen schrift 這兩本書所載的最常見的字約在 2000 左右。 在兩本許多地方很不相同的字彙裏，我們遇到好多字在 Hepburn 的大字典 A Japanise-

English dictionary, 7th, ed. 1903 裏反倒找不着,在前幾章裏我拿日譯的正字通作根據,可是我發見在這個書裏也遺漏些個實際流行的讀音;它偏重漢音而往往忽略了很流行的吳音。 假使把 Hepburn, Lange, Bourgois 等的近代的字典細心的比較一下,那我總該能夠把最流行的讀音定出來,可是我再也不敢保在某某特別體裁裏實際流行的一些讀音沒有漏掉。

從日本譯音的性質上看起來,我們可以明白爲什麼幾乎沒有法子決定到底哪些字在口語裏是通行的。 直接加入日本話的漢語借字在日本譯音裏並沒有一定的數目。 漢字保存在日本的自古以來是一種無盡寶藏,作爲這一國文言的原料用的。 漢字是成羣的流入日本,並且就日本語的音韵上的可能,把它們直譯過來,所以漢音跟吳音實在不是日本話,不過是日本人所譯的兩種古代漢語讀法,有些譯的好,有些譯的不好。

這個有兩種讀法的古代漢語流傳到日本,從很古的時候就是日本的文言,現在日本的文學還完全的倚賴牠。 體裁越高尙,就越充滿了日譯漢字。 從這兒衍生出兩個重要的結果來了:

一方面日本譯音經過一種語音上的演變完全像活語言裏的音一樣變法。 古代語音的情形還在假名裏保存着,例如:'省'假名寫作 'shi-ya-u' 而現在讀 $ɕ_2ɔː$,'釣' 假名寫作 'te-u' 而現在讀 $ȶɕ_2ɔː$。

另一方面日本話儘量利用這個極豐富的寶藏,文言的日譯漢字跟成語現在還是大規模的往眞正的日本話裏流,所以在日本口語裏實際流行的讀音才有不定的狀態。

因爲我們只想構擬古代漢語並且研究近代方言所由發生的演變,所以對於要知道日譯漢字哪些讀音是歸化到固有的日本話裏的(換言之,就是從文言——藝術的語言——流傳到自然的口語裏)以及在口語裏所加入的字有什麼漢音吳音的混合物,還有什麼樣的俗音發生等等問題,我們只有次要的興趣。 不要像我們向來所試用的辦法,只限於最普通的讀音,我們第一步應該應用我們這 3125 個字的漢音吳音所有的古讀,我們就拿最好的字典漢和大字典來作根據。 我們要把這些個讀音讀的跟日本現在所讀的一樣——ɕɔ$_2$ː，ȶɕ$_2$ɔː—— 這是可以作證的惟一的口語讀法，不過同時我們還要注意到那些可貴的假名的寫法：‘shi-ya-u, de-u’ 等。

我們知道這 3125 個字代表很常用的字，這是很可以自慰的。在漢和大字典裏比較不很普通的字照例只簡略的提一下，而我們所有這些字在此書內幾乎每一個都有很豐富的詞兒，這可以表示從日本文學的觀點上看這些字是重要的。我們可以說，所有我們所給的讀音，有一大半完全是在現代日本口語實際流行的讀音，其餘的一大部分，雖然少用，也是實際上的讀音，並且它們都有文學上流行的用法，而是日本人常常讀的。那麼我們就沒有太憑書本上的材料來下結論的危險。

---

我們應該在前幾章加上這些比較豐富的材料所指示我們的。這用幾個字就可以寫明了。我們對於古代漢語的音跟這個語言的演變所下的理論，並不因爲增訂而有任何的變動。請注意：

古郡母 gʻ，漢音老是 k（像在 245 頁的表），吳音照例是 g，所以奇＝漢音 kɪ，吳音 gɪ，匣母 ɣ 也是一樣，例如下漢音 kᴀ，吳音 gᴇ。但是匣母在吳音單用的 u 前往往失掉，在 u 當做複合元音第一個成素的時候（無論保存或失掉）照例的失掉。例如，會吳音 ᴇ（假名 ‘we’），漢音 kuaɪ。

至於古澄母 dʻ，牀母 ȡʑ 跟 ȡʑʻ，還有禪母 ʑ，漢音照例是清聲，吳音是濁聲。在 311，313 頁所下的定律：在所有的 i 前頭（不論保存或失掉），是顎音，在所有別的元音前頭是齒音，這在吳音跟漢音照樣的適用。漢音跟吳音拿（或曾經拿）i 做韵母的第一個成素到什麼程度，這得在討論韵母那幾章再詳細的指明。所以關於知——禪幾母在日本譯音的辦法可以總括如下：

| | 漢音 | | 吳音 | |
|---|---|---|---|---|
| | 在 i 前 | 在別的元音前 | 在 i 前 | 在別的元音前 |
| 知，徹 | ȶɕ | t | ȶɕ | t |
| 澄 | ȶɕ | t | ȡʑ | d |
| 照，穿，審 | ɕ | s | ɕ | s |
| 牀，禪 | ɕ | s | ȡʑ | z |

跟 z 相對的 ȡʑ 是從 ʑ 變出來的，這個 ʑ 在日本西部的方言還保存着，在假名，它寫做濁的 s（‘sh’ 加點 ジ），可是跟 d 相對的 ȡʑ 寫作濁的 ć（‘ch’ 加點 ヂ），並且在西部也就這樣的讀。例如：治（澄母）漢音 tɕ$_2$ɪ，吳音 dʑ$_2$ɪ；傳（澄母）漢音 tᴇɣ，吳音 dᴇɣ；程（澄母）漢音 tᴇɪ，吳音 dʑ$_2$ɔː（假名 ‘ji-ya-u’ 本來作 ‘chi-ya-u’）；愁（牀母）漢音 ɕ$_2$ɯː（假名 ‘shi-u’），吳音 ȡʑ$_2$ɯ

（假名 'ji-yu'）；贖（牀母）漢音 ɕɪɔkɪʊ（假名 'shi-yo-ku'），吳音 zɔkɯ；成（禪母）漢音 seɪ，吳音 ȡʑɔɔɪ，假名 'ji-ya-u'，本來作（'sh·i-ya-u'）等。

關於日母，古代漢語 ȵʑ，吳音照例是 n，漢音照例是 z（在 e 前，看 337 頁）跟 ȡʑ。

# 第十三章　聲母21—28：端，透，定，精，淸，從，心，邪

代表這些古聲母的現代音是：d，t，t‘，dz，ts，ts‘，s，z，ȡʑ，ȶɕ，ȶɕ‘，ɕ，ɖ，tʂ，tʂ‘，ʐ，ʂ，j，č，č‘。

關於這些音的細微音質在已經調查過的方言裏（看 145 頁）如下：

a）ɖ 在安南東京是 ɖ$_1$，在高安南（Haut-Annam）跟交趾支那是 ɖ$_2$。

b）懷慶的 tʂ，tʂ‘，ʂ 是 tʂ$_1$，tʂ‘$_1$，ʂ$_1$。

c）軟的塞擦音跟摩擦音因人而異。　這些讀音的細微音質我已經考查過了（看 179 頁），它們有下列的這些音：

塞擦音是：

舌面齒齦音，ȶɕ$_1$，ȶɕ‘$_1$ 在北京，山西，蘭州，西安，懷慶，福州；

舌面齒齦前硬顎音，ȶɕ$_2$ ȶɕ‘$_2$，ȡʑ$_2$ 在平涼，涇州，固始，日本；

摩擦音是：

舌面齒齦音，ɕ$_1$，在歸化，太原，興縣，平陽，鳳台，蘭州，西安，懷慶，固始；

舌面齒齦前硬顎音，ɕ$_2$，在平涼，涇州，日本；

舌面前硬顎音，ç，在北京，大同，文水，太谷。

d）上面的‘（寬式記音制）照我所考查過的個人情形如下：

在 ȶɕ‘ 裏總是‘；

在 t‘，ts‘，tʂ‘ 裏：

北京，開封，固始，南京，山西，福州，廣州，安南總是‘；

山西，陝西，甘肅，懷慶：

在 i 以外所有別的元音前頭總是 x；

在 i 的前頭：文水，太谷，鳳台，甘肅，三水是‘；歸化，大同，太原，興縣，平陽，

桑家鎭,西安,懷慶是 ç。

## 聲母 21, 端 (共 95 字)

這個古聲母普通用 t(d), ts, ɖ, ȶɕ, č 這些音來讀它。

關於這些音的細微音質可看上文。

這些音的分配如下表:

| | 一 等[1] | 四 等[1] |
|---|---|---|
| 高麗 | t | č |
| 日本 | t,ts[2] | t,ȶɕ[3] |
| 安南 | ɖ | |
| 溫州 | t(d)[4] | |
| 其他方言 | t | |

1. 端,透,定,精,淸,從,心,邪幾母按正確的說法是只見於一等跟四等的,這個理由我們已經討論過了(34 頁,尤其在 321 頁)。 切韻反切作端母的'罩''椿'(是有二等韻母的)跟'貯'(四等)等字,很早就變成知母,這從集韻已經表現出來了。 在現代方言裏,它們是當作知母的,所以我在這裏不把它們算進去,我在本章的總論裏再回到這個有趣的問題來。 還請參看例外跟下文各條例。

2. ts 見於 u 的前頭,換言之,就是日本吳音在流攝,國音讀 tou,遇攝,國音讀 tu(平上去聲),跟通攝,國音讀 tuŋ 的字,都是 tsɯ(tsɿ),還有對字吳音是 tsɯ。

3. ȶɕ 見於 i 的前頭,無論保存或失掉,換言之,就是在效攝國音讀 tiau 的字($ȶɕ_2$oː<*tio<假名 'te-u'),在吳音,還見於梗攝國音讀 tiŋ 的字跟滴,的,嫡等字。

4. Parker 關於溫州的報告總有一個 t- 的讀法。 有好些字他又加了 d- 的又讀不過很不定而且很不一致。他這些寫法的意思不見得是說有些字有 t, d 兩讀而有些字只讀 t；大概是說溫州 t 有 d 的傾向，有時很難聽出分別來。在這種情形之下，我們只能老寫作確實證明的 t，對於 d 的傾向說過一次就不再提了。

例外

a）有些零碎的送氣音。

t' 見於刀福州（又讀）；島（又讀），禱廣州；抖上海（又讀），漢口，寧波（又讀）；凳南京；鬥高麗；搭太原；堆高麗；敦汕頭（又讀）；朵福州，高麗；肚安南，三水；碓蘭州；煅福州，廈門；顛汕頭（又讀）；刁福州（又讀），廈門（又讀）；鼎福州（又讀）；頂北京（又讀），福州（又讀）；篤平陽。

č' 見於貂高麗。

b）不見反切之古讀？

'耑'只有高麗日本跟上海（又讀）幾個方言把這個字按照我們所據的古反切來讀。懷慶跟固始依照另外一個古反切（看下文），所有別的方言把它當作照母，這是不能用任何反切來解釋的。'椿'參看上文第 1 條；但它有些個讀法用現有的反切解釋不了，如：文水 ts'，溫州（在 č 以外）s, ǰ，福州 ʈɕ'，汕頭，廈門 ts，安南 t'。'蟄'吳語 d，平陽 t' 指着一個屬於定母而沒有反切的古讀法。有些古字典有屬於這個聲母的反切，不過這個反切不能解釋現在所討論的讀音，因為這些個讀音是屬於入聲而不屬於去聲的。'貯'參看上文第 1 條。但是它有些讀法只能解釋作古代又讀的痕迹：上海，溫州 dz，寧波 ǰ，廣州，福州（又讀）t。

c）雜類：煅溫州單獨作 d；蠹汕頭（又讀），溫州 ts。(一)

古代的兩讀字：

'單'照我們這裏的讀音是國音 tan，它也有屬於禪母的讀法，國音 ʂan；'擿'在大多數的方言裏，照正韻的反切把它當作澄母；'耑'懷慶跟固始依照集韻屬於穿母的一個反切；'斷'集韻屬於定母的一個反切，在廣州（又讀），客家（又讀），平陽的 t'，上海，溫州，寧波（又讀）的 d 還保留着痕迹。'肚'廣韻的一個又讀的反切在吳語的 d，廣州的 t' 裏還生存着；'掇'古字典有屬於知母照母跟穿母的反切。

(一) 受'蛀'字影響？

這些反切在現代方言偶爾還留着遺迹；'堤'這裏是國音的 ti，在大多數的方言裏它有屬於定母的讀法，這是跟一個聲符相同而偏旁屬於'阜'部，國音讀作 t'i 的'隄'字混淆了；'打'唐韵的反切給了一個國音作 tiŋ 的讀法，不過這個讀法幾乎在任何部分都不存在。(一) 在現代方言裏我們幾乎處處都找到相當於國音 ta 的讀法，但跟這個讀法相當的反切不能比宋末更早（見於六書故）；'錠'現代方言普通依照廣韵屬於定母的一個反切，因此在有些方言裏發生聲母的不同：吳語 d，客家（又讀）t'。

找不着讀音的字：

篼開封，上海，蘭州，高麗，安南；擣廈門，安南；陡，抖廈門；趙南京；碓懷慶，溫州，安南；煅日本；蠹廈門；掇三水；丢高麗，日本，安南；牴，貯廈門。

# 聲母 22，透

這個古聲母普通用 t'，t，ts'，ȶɕ，č' 來讀它。

這些音的分配如下表：

| | 一　等 | 四　等 |
|---|---|---|
| 高麗 | t' | č' |
| 日本 | t，ts[1] | t，ȶʒ[2] |
| 甘肅 | t' | t，ts'[3] |
| 其餘方言 | t' | |

1．ts 見於 u 的前頭，換言之，就是吳音在流攝，國音讀 t'ou，遇攝，國音讀 t'u（平上去聲），通攝國音讀 t'uŋ 的字——都是 tsɯ（tsɿ）。

2．ȶɕ 見於所有的 i（不論保存或失掉）以前，換言之，就是在效攝國音讀 t'iau 的字（ȶɕ˳ɔː>*tio>假名'te-u'）；咸攝入聲帖，貼（日本 ȶɕ₂ɔː<*tlo<假名'te-fu'）；還有吳音見於梗攝國音讀 t'iŋ 跟踢，剔等字。

3．ts' 見於國音讀 t'i 的字。

(一) '打'吳語白話音 taŋ（aŋ 代表庚耕韵）。

例外

a) 有些不送氣的讀法，尤其是高麗：

絛，毯，獺（又讀）高麗 t；梯，挑，糴高麗 ǒ；毯安南 d；土廈門（又讀）t；貼四川，汕頭，廈門（皆又讀）t。

b) 不見反切之古讀？

'叨' 不送氣的讀法——t 在北京（又讀），歸化，平凉，涇州，四川（又讀），高麗——是很多的；這是可以假設一個屬於不送氣聲母的古讀法；'貸' 在一大些方言裏把它當作定母；獺廣州，高麗（又讀）č，客家 ts' 是指着一個不見反切之古讀；'撻' 平陽，蘭州，西安，漢口（又讀），客家（又讀），高麗 t，要是假設一個不送氣的古讀法就解釋的最好了。

古代的兩讀字：

'台' 吳語有 d 的又讀是照集韵的一個反切；'滔' 關於日譯吳音的 do 參看集韵屬於定母的一個讀法；'踏' 好些方言，尤其是不屬於官話的，把這個字照集韵的一個反切當作定母；'推' 有些讀法還保存唐韵屬於穿母的一個反切；'桶' 吳語，安南，日本依照廣韵屬於定母的一個反切。

找不着讀音的字：

拕安南；台福州；攤安南；絛廈門，安南；叨，唾，涕廈門；挑，薙，糴，踢，剔安南。

## 聲母 23，定

這個古聲母普通用 d，t，t'，ts'，z，ȡ，ȡʑ，ȶɕ，č，č' 這些音來讀它。

關於這些音的細微音質看 364 頁。

這些音的分配如下表：

1．吳音 z（假名寫作 'dz'）見於 u 的前頭，換言之，就是在流攝，國音讀 t'ou，tou，遇攝，國音讀 t'u，tu（平上去聲），通攝，國音讀 t'uŋ，tuŋ 的字——吳音都是 zɯ（zɿ），假名 'dzu'。

2．吳音 ȡʑ，假名 'ȶɕ' 在 i 的前面出現，不論這個 i 保存或失掉，換言之，就是在效攝國音讀 t'iau，tiau 的字（$ȡʑ_2$ɔ：$ȶɕ_2$ɔ：<*dio，tio<假名 'de-u， te-u')；咸攝入聲疊,牒,蝶 ȡʑ$_2$ɔː, ȶɕ$_2$ɔː<*dio, tio<假名 'de-fu, te-fu')；止攝的地;在吳音還見於於梗攝國音讀 t'iŋ, tiŋ 的字跟狄,敵,笛等字。

| | 平 | | 仄 | |
|---|---|---|---|---|
| | 一等 | 四等 | 一等 | 四等 |
| 吳語 | d | | | |
| 安南 | ɗ | | | |
| 日本吳音 | d,z[1] | d,ȡʑ[2] | d,z[1] | d,ȡʑ |
| 日本漢音 | t | t,ȶɕ[2] | t | t,ȶɕ[2] |
| 高麗 | t'[3],t | č'[4],č | t'[3],t | c'[4],č |
| 甘肅 | t' | t',ts'[5] | t | |
| 官話(除去平陽),揚州,廣州 | t' | | t | |
| 平陽 | t' | | t'[6],t | |
| 閩語 | t',t[7] | | | |
| 客家 | t' | | | |

3. t' 見於駝,苔,投,舵,殆,怠(祖,看例外),誕,蕩,彈,憚,特,鐸,頽,筒,垛,墮,惰,兌(脫,看另條),奪。

4. č', 見於甜 遞,疊,牒幾個字。

5. ts' 見於國音讀 t'i 的字。

6. t' 見於舵,待,殆,怠,淡,稻,代(彈,參看古兩讀),盜,荳,豆,逗(特,參看例外),鐸,墮,緞,動,惰,兌,段,渡,度,洞(脫,看古兩讀),奪,獨,譹,讀,牘,犢,瀆,毒(梃,挺,艇,看另條),定,地,弟,遞,第,笛,牒,蝶。

7. 汕頭在平聲偏於讀 t'; t 只見於投,亭,甜,條跟有 t' 又讀的壇,堂,塘,唐,掏,逃,屯,圖,屠,童,筒,衕,銅,同,庭,題。

在仄聲 t 占優勢。 t' 只見於待(祖,參看例外),掉,疊跟有 t 又讀的怠,代,大,達,垛,墮,動,洞,讀。

福州跟廈門喜歡讀 t。

t‘ 見於下列的字：

福州：苔，潭，痰，檀（又讀），糖（又讀），桃，頭（祖，參看例外），蕩（又讀），團，桐（又讀），啼，提（跳，參看例外），狄（又讀），敵（又讀）。

廈門：苔，潭，桃，頭，待（祖，參看例外），讀，停，啼，提，還有 t，t‘ 兩讀的騰，謄，痰，談，檀，糖，導，團，塗，桐，塡，條（跳又讀，參看例外），疊。

例外

a）仄聲有些個送氣的 t‘（參看平陽，客家），尤其是在三水，興縣，涇州，廣州：舵廣州（這個 t‘ 不能解釋作從集韵屬於透母的讀法來的——看古兩讀——因爲這個讀法是陽上(一)）；鐸太原，興縣，廣州；怠興縣、懷慶、廣州；淡三水，廣州；鐸漢口；沌文水，鳳台；杜三水；遁歸化，大同，太原；洞三水；獨涇州；讟三水；讀涇州，三水；犢興縣，涇州，三水；瀆桑家鎭；毒涇州；地，遞三水；牒三水，興縣；蝶興縣（又讀）。

b）平聲有些個不送氣的 t，參看閩方言：桃，銅，甜，塡文水，太谷；蔔文水。

c）不見反切之古讀？

‘苔’ 好多在陰平聲而且是送氣聲母的讀法，指示一個屬於透母的古代又讀；吳語的 t‘（又讀）也在其內；‘祖’多讀如透母，指着一個不見於反切之古讀；‘特’ 官話 t‘ 指着一個屬於透母的古讀法；‘跳’ 在一大些方言裏讀如透母；‘梃’跟‘艇’都像‘挺’那樣當作透母，雖然沒有反切證實這兩個讀音；‘掉’ 也有些個古讀法，不過沒有任何反切可以解釋廣州（又讀），福州 čau，安南 ‘trau’，寧波（又讀）dzo，高麗（又讀）to 等讀音，這些讀音需要一個屬於澄母的古讀法；‘跌’ 在好些方言裏，例如吳語，讀作端母。

d）雜類：誕上海，温州（又讀）t；田福州，廈門（又讀）č‘，汕頭（又讀）ts‘；蝶廈門（又讀）聲母失落；迭，跌，客家 t。

(一) 按廣州並，定，羣(郡)，從，邪等母平上送氣，去入不送氣。古上聲字是按今調定送不送氣的，例如‘淡’ 讀 ⊆t‘a:m（白話），或 ta:m⊃（文言）。現在定母表中把官話，揚州，廣州都括在一堆兒：“平 t‘ 仄 t”，所以廣州舵怠淡等字看像例外，如果加一個附條說廣州平上（今上）讀 t‘，而去（今去）入讀 t，那就沒有這些例外了。 參看郡母下條例第 7（245 頁），跟第十六章 446 頁。

古代的兩讀字：

'掏' 大部分方言依照集韵屬於透母的一個反切；但是有幾個讀法按照我們所據的唐韵反切，如：上海 d，汕頭陽平聲 t'或 t；'舵'山西（除去文水，太谷）蘭州，陝西，開封，固始 t' 同集韵屬於透母的一個反切有關係；'稻' 歸化，太原，文水，興縣，陝西 t' 也同集韵屬於透母的一個反切有關係；'彈' 好多讀法按照集韵平聲的一個反切；'燉' 有一大些古讀法，在大多數方言裏把它當作端母的去聲；'衕' 在這裏是國音的 t'uŋ．屬於平聲，也有屬於去聲的讀法，是從廣韵的反切來的；'囤' 有些送氣的讀法同集韵平聲的一個反切有關係；'脫' 有些方言普通依照廣韵屬於透母的一個又讀的反切；'突' 官話（除去三水，桑家鎮，懷慶）t' 同集韵屬於透母的一個反切有關係；'佃'在大部分方言裏同正韵去聲的一個反切相合；'調' 在這裏是國音的 t'iau；它也有屬於去聲的讀法，國音 tiau，是從廣韵的反切來的；'挺' 在大部分方言裏同集韵屬於透母的一個反切相合；'殿' 也有屬於端母的讀法，是從廣韵的反切來的。

找不着讀音的字：

掏安南，廈門；舵揚州；殆懷慶，南京；袒平陽；逗廈門，安南；頹開封，客家，廈門；瞳安南；疼，隨廈門；垛日本；緞日本，安南；囤溫州，四川；段寧波；渡溫州；延安南；梃，掉 廈門。

# 聲母 24，精（共 101 字）

這個古聲母普通用 ts，t，s，tɕ，ȶɕ，ɕ，č，č' 這些音來讀它。

關於這些音的細微音質看 364 頁。

這些音的分配如下表：

1．ɕ 見於所有的 i 以前，不論這個 i 保存或失掉 就是說，止攝國音讀 tsi 的字；深攝跟臻攝舊國音讀 tsin(一)的字跟遵，俊二字；效攝舊國音讀 tsiau（ɕ₂ɔː <sio <假名 'se-u'）的字；流攝舊國音讀 tsiou 的字；咸攝的入聲接（ɕ₂ɔː sio <假名 'se-fu'）；通攝國音讀 tsuŋ 的字。 在漢音還有果攝舊國音讀 tsie 的字；宕攝舊國音讀 tsiaŋ 的字跟雀，爵二字；通攝的足字；梗攝職韵的卽字；在吳音還有梗攝舊國音讀 tsiŋ 的字跟 '績，積，跡，脊'。

（一） 現行國音凡在 i，y 前的 ts，ts'，s 都變 tɕ，ȶɕ'，ɕ；本章爲說明歷史上的分別，仍按舊國音字典譯作 ts，ts'，s。以下凡在 i，y 以前的 ts，ts'，s 均準此。

| | 一等 | | 四等 | |
|---|---|---|---|---|
| | 開合 | 合口 | 開口 | 合口 |
| 三水,桑家鎮,開封,南京,上海,粤語 | ts | | | |
| 日本 | s | | s,ɕ[1] | |
| 温州 | ts | | ts,č[2] | |
| 寧波 | ts | | | ts,č[3] |
| 汕頭,廈門 | ts,č[4] | ts | ts,č[4] | |
| 懷慶 | ts,tʂ[5] | tʂ | ts[6],ȶɕ | tʂ[7],ȶɕ |
| 北京,山西,甘肅,西安,固始,四川[3],漢口,揚州 | ts | | ts[6],ȶɕ | ts[7],ȶɕ |
| 福州 | ȶɕ | | | |
| 高麗 | č,čʻ[9] | | | |
| 安南 | t | | | |

2. č 見於宕攝的古入聲爵字 čia。 同韵另外有一個雀字也讀作 č 不過是送氣的: čʻia（參看例外）; 在臻攝的遵俊是 čiuŋ; 通攝的足是 čyo。

3. č 見於臻攝的俊字 čiŋ。

4. 在汕頭跟廈門 č 見於 i 跟 ɛ 以前; ts 見於別的元音以前。 這可以說在一等跟四等的合口,大都是 ts。 č 只見於梗攝的憎,增,則;

還有足廈門 čiok, 縱廈門也讀 č 不過是送氣的: čʻioŋ。

在四等的開口 č 占優勢。 ts 見於止攝咨,姿,資,茲,滋,仔,孳,梓,子（又讀),紫（廈門又讀）,恣等字;在山攝又有幾個又讀;煎廈門,剪汕頭,浸廈門（濺,廈門,參看古兩讀）,節汕頭,廈門;還見於將（汕頭又讀）,擠（廈門又讀）。

5. tʂ 見於國音讀 tso 的字（左,佐,作）。

6. ts 見於止攝國音讀 tsi 的字。

7. tʂ 跟 ts 在不用 y, i 起頭兒的韵母裏隨處都遇得見;遵各處都是;蹤除鳳台外各處都是; 醉除太谷,文水,興縣外各處都是;俊見於大同 興縣,蘭州;縱除鳳台外各處都是；足見於北京，興縣，平涼，蘭州，桑家鎮，漢口，揚州。

8．四川的傳教師就是在 i 的前頭也總寫作 ts，這一定的是一個照例的寫法。我在這裏是從 Parker 的。

9．č 見於下列的字：

一等贊（攢參看古兩讀），鑽（纂參看例外）——山攝還有總字：

四等（蜻參看古兩讀）嗟，尖，焦（揪參看例外，勦參看古兩讀），借，浸，濺，薦，脊，醉。

例外

a）零碎的送氣音：

睛興縣，平涼 ȶɕʻ，廈門 čʻ（這些讀法是屬於平聲的，不可用廣韻上聲屬於清母的一個反切來解釋）；焦廈門（又讀）čʻ，恣廣州，温州 tsʻ（這些讀法是去聲，所以不可用五音集韻平聲的一個反切來解釋）；浸鳳台 ȶɕʻ，開封，温州（又讀）tsʻ；濺客家 tsʻ；縱廈門 č。

b）不見反切之古讀？

澡鳳台，客家，汕頭 tsʻ，福州 ȶɕʻ，安南（又讀）tʻ 不能用集韻屬於清母的一個反切來解釋，因爲那個反切在這些所討論的讀法外另有一個聲調；躁字在大多數的方言裏採用了 tsʻ，這勢必得假設一個屬於清母而不見反切之古讀了；纂字好些個方言把這個字當作穿母；揪太谷，懷慶，開封，四川 漢口，福州 ȶɕʻ 汕頭，高麗 čʻ，粵語 tsʻ，安南 tʻ，都是陰平，指着一個屬於清母的古讀法（參看古兩讀）；雀大多數方言把這個字當作清母。

c）雜類：旌汕頭，廈門（又讀）s；嗟寧波（又讀）č。

古代的兩讀字：

‘攢’有一大些古讀法，有開口也有合口，有屬精母的，也有屬從母的；現代的讀音，有時候指着這個反切，有時候指着那個反切，很不定；‘躁’往往同走部的趮字相混，趮在五音集韻有屬於心母的一個反切，這可以解釋幾個方言裏的 s 讀法（參看例外）；‘挫’幾乎各處都合於韻會屬於清母的一個反切；日譯吳音讀作 za 指着集韻屬於從母的一個反切；‘卒’這裏是國音的 tsu；在幾個方言裏它有按照唐韻屬於四等的一個反切來讀的，與舊國音 tsy 相當；‘蜻’很多送氣的讀法同廣韻屬於清母的一個反切有關係；‘漸’在一大些方言裏按照唐韻的一個反切當作從母；‘揪’廈門的又讀 č 是陽平，指着集韻屬於從母的一個反切；‘勦’這裏是國音的 tsiau，也有好多屬於穿母或牀母的讀法，國音 tʂʻau；濺這裏是舊國音的 tsien 西安，固始，蘭州，溫州，（又讀），寧波，廈門（又讀），相當於國音 tsan 的讀法，跟集韻的一個反切有關係。

找不着讀音的字：

增寧波；臧，澡，攢廈門；攢四川；葬溫州；驂高麗；纂四川；組　挫廈門；嗟文水，太谷，固始，廈門，汕頭；孳鳳台，廈門；恣揚州，四川，蹤高麗，安南；俊四川，三水。

## 聲母 25，清（共 73 字）

這個古聲母普通用 ts‘，t‘，s，tʂ‘，ȶɕ‘，ɕ，č‘ 這些音來讀它。

關於這些音的細微音質看 364 頁。

這些音的分配如下表：

<table>
<tr><td rowspan="2"></td><td colspan="2">一　等</td><td colspan="2">四　等</td></tr>
<tr><td>開口</td><td>合口</td><td>開口</td><td>合口</td></tr>
<tr><td>三水，桑家鎮，開封，南京，上海，粵語</td><td colspan="4">ts‘</td></tr>
<tr><td>日本</td><td colspan="2">s</td><td colspan="2">s,ɕ[1]</td></tr>
<tr><td>溫州</td><td colspan="2">ts‘</td><td colspan="2">ts‘,č‘[2]</td></tr>
<tr><td>寧波</td><td colspan="3">ts‘</td><td>ts‘,č‘[3]</td></tr>
<tr><td>汕頭</td><td colspan="2">ts‘</td><td>ts‘,č‘[4]</td><td>ts‘</td></tr>
<tr><td>北京，山西，甘肅，西安，固始，四川，漢口，揚州</td><td colspan="2">ts‘</td><td>ts‘[5],ȶɕ‘</td><td>ȶɕ‘[6],ȶɕ‘</td></tr>
<tr><td>懷慶</td><td>ts‘,tʂ‘[7]</td><td>tʂ‘</td><td>ts‘[5],ȶɕ‘</td><td>tʂ‘[6],ȶɕ‘</td></tr>
<tr><td>福州</td><td colspan="4">ȶɕ‘</td></tr>
<tr><td>廈門，高麗</td><td colspan="4">č‘</td></tr>
<tr><td>安南</td><td colspan="4">t‘</td></tr>
</table>

1. ɕ 見於所有 i 的前頭，不論這個 i 保存或失掉，換言之，就是在止攝國音讀 ts‘ï 的字；深臻兩攝舊國音讀 ts‘in 的字跟葺，七，漆，竣；效攝舊國音讀

ts'iau 的字（ɕ₂ɔ＜sio＜假名 'se-u'）；流攝舊國音讀 ts'iou 的字；咸攝的入聲妾字；還有：

在漢音果攝的且；宕攝舊國音讀 ts'iaŋ 的字跟鵲字；遇攝舊國音讀 ts'y 的字；通攝的促字；

在吳音梗攝舊國音讀 ts'iŋ 的字跟戚字。

2. č'，照 Parker 見於：宕攝的古入聲鵲 čia；痤，竣 č'ye。

3. č' 見於山攝的痤 č'œ；遇攝的趨，取，娶，趣 č'ï。

4. č' 見於 i 跟 ɛ 的前頭，換言之，就是在所有四等開口字裏，除去下列讀 ts' 的字：雌，此，刺（又讀），莿，次——止攝；千（又讀），搶（又讀），漆（又讀）。

5. ts' 見於止攝國音讀 ts'ï 的字。

6. ts' 跟 tʂ' 見於韵母不用 y，i 起頭兒的字，就是：'痤'在西安（關於揚州的 ts 看例外，關於'拴，竣'看例外跟古兩讀字）；'翠'除去興縣各處都是；'促'在北京，大同，文水，太谷，興縣，甘肅，西安，漢口，揚州。

7. tʂ' 見於國音讀 ts'o 的字（磋，搓，錯）。

例外

a）不規則的 s（安南國語 'x'）：

搓汕頭（又讀）；猜安南（又讀），高麗；參汕頭（又讀），廈門，高麗（又讀）；餐，燦，侵安南；凄福州（又讀）；秋廈門（又讀）；竊廣州，鵲客家；趨，促（又讀）安南。

b）有些不送氣的讀法，尤其是在高麗：

操，湊，錯，剉高麗 č；剉安南 t；醋，措，雌高麗 č，雌客家 ts；侵三水，桑家鎮，福州，揚州 tɕ，南京 ts；刺，切，竊高麗 č；漆安南 t；鵲文水 tɕ，高麗 č；痤開封，揚州 ts，高麗 č；拴高麗 č；取汕頭 ts；促歸化，鳳台，三水，桑家鎮，固始，揚州（又讀）ts。

c）不見於反切之古讀？

猝鳳台，三水，桑家鎮，固始，廈門 ts，福州，高麗 č 似乎指着一個屬於精母的古讀；竣在多數方言裏把這個字當作精母。

d) 雜類: 猜,竄廣州 čʻ。

古代的兩讀字:

'撮' 有些不送氣的讀法見於些個方言尤其是官話; 這些讀法是指着唐韵屬於精母的一個反切。 '僧' 好些屬於心母的讀法, 是從集韵的反切來的; '葺' 有很多不送氣的讀法,同廣韵屬於精母的一個反切有關係; '拴' 在許多方言裏, 尤其是官話, 把這個字歸到一個國音讀 ʂuan 的字, 當 '捆繫' 講。

找不着讀音的字:

搓廈門, 安南; 參懷慶; 採安南; 竄客家; 措揚州, 四川, 廈門; 撮懷慶; 猝太原, 興縣, 安南; 雌揚州, 四川; 鬆汕頭; 寢安南; 悄廈門, 安南; 蔌高麗; 僧溫州, 廈門; 葺四川, 安南; 沏上海, 高麗; 拴日本; 促懷慶。

## 聲母 26, 從 (共 69 字)

這個古聲母普通用 dz, z, tsʻ, ts, t, s, ȡʑ, ȶɕʻ, ȶɕ, ɕ, ʐ, tʂʻ, tʂ, ǰ, čʻ, č 這些音來讀它。

關於這些音的細微音質看 364 頁。

這些音可以照對面的表來分配:

1. 在上海有些人老讀 z, 可是另外些個人能分 dz 跟 z。 能分 dz 跟 z 的人在蠶, 槽, 曹, 造, 皂,賊,鑿,座,坐,族,前,牆,淨,字,自,匠,嚼這些字裏只讀 z; 在曾,層,材,裁,塹,漕,雜,昨,蹲,情,齊,潛,靜,就,截, 全, 聚這些字裏 z, dz 兩讀。

2. 溫州,照 Parker, 喜歡讀 z。 dz 只見於曾, 纔, 慚, 暫, 塹,錢,寂諸字, 又在材,財,才,昨,臍,就, dz z 兩讀。

在寧波,照 Parker, dz 跟 z 幾乎是一樣佔勢力。
z 見於蠶,塹,鑿,罪,坐,牆,樵,靜,藉,字,自,籍,截,嚼,萃;
dz 跟 z 兩讀的見於曾, 層,材,則,才,裁,槽,曹,造,皂,漕,賊,雜,昨,座,晴,慈,磁,齊,前,錢,淨,賤,匠,就;
dz 還見於這裏沒有列舉的字,除去下文 3,4 兩條所記的(可是也要看古兩讀)。

3. ʐ 照 Parker, 見於:

温州宕攝古入聲嚼 ʐa; 從 ʐyo; 聚 ʐy(??);

寧波集 ʐəʔ; 遇攝的聚 ʐï。

| | 平 | | | | 仄 | | | |
|---|---|---|---|---|---|---|---|---|
| | 一等 | | 四等 | | 一等 | | 四等 | |
| | 開口 | 合口 | 開口 | 合口 | 開口 | 合口 | 開口 | 合口 |
| 上海 | dz 跟 z,z[1] | | | | | | | |
| 温州 | dz,z[2] | | dz,z[2],ʐ[8] | | dz,z[2] | | dz,z[2],ʐ[8] | |
| 寧波 | dz,z[2] | | dz,z[2],ʐ[3], ǰ[4] | | dz,z[2] | | dz,z[2],ʐ[3],ǰ[4] | |
| 日本吳音 | z | | z,ȡʑ[5] | | z | | z,ȡʑ[5] | |
| 日本漢音 | s | | s,ɕ[5] | | s | | s,ɕ[5] | |
| 客家 | tsʻ | | | | | | | |
| 桑家鎮,開封,南京 | tsʻ | | | | ts | | | |
| 三水,廣州 | tsʻ | | | | tsʻ[6],ts | | | |
| 平陽 | tsʻ | | ts[7],ȶɕʻ | tsʻ[8],ȶɕʻ | tsʻ[9],ts | | tsʻ[7]ȶɕʻ[10]ȶɕ | ȶɕʻ |
| 北京 山西*,甘肅,西安,四川,漢口,揚州 | tsʻ | | tsʻ[7],ȶɕʻ | tsʻ[8],ȶɕʻ | ts | | tsʼ,ȶɕ | ȶɕ |
| 文水 | tsʻ | | tsʻ[7],ȶɕ | tsʻ[8],ȶɕʻ | ts | ts,ȶɕ[11] | ts[7],ȶɕ | ȶɕ |
| 懷慶 | tsʻ | tʂʻ | tsʻ[7],ȶɕʻ | ȶɕʻ | ts,tʂ[12] | tʂ | ts[7],ȶɕ | ȶɕ |
| 汕頭 | tsʻ,ts,čʻ,č[13] | | | | | | | |
| 廈門 | tsʻ,čʻ,č[14] | | | | | | | |
| 福州 | ȶɕʻ[15],ȶɕ | | | | | | | |
| 高麗 | čʻ[16],č | | | | | | | |
| 安南 | t | | | | | | | |

* 平陽,文水除外。

4. ǰ，照 Parker，見於山攝的全，泉 ǰœ，絕 ǰə。

5. 吳音 ȡʑ（假名寫作 ʑ），漢音 ɕ 見於：

所有 i 的前頭，不論這個 i 保存或失掉，就是說，在止攝的慈，磁，字，自；深攝的集；臻攝的秦，疾；流攝的就；效攝的樵（ȡʑ₂ɔː ɕ₂ɔː<zio，sio<假名 'ze-u se-u'）；咸攝的入聲捷（ȡʑ₂ɔː ɕ₂ɔ<zio，sio<假名 'ze-fu，se-fu'）；通攝的從，還有：

在漢音宕攝的牆，匠，嚼；果攝的藉；遇攝的聚；
在吳音梗攝的情，晴，靜，淨，寂，籍幾個字。

6. ts' 見於：

三水在造（參看古兩讀），皁，賊，鑿，罪，坐，族，藉，字，自，捷，嚼。
廣州造（ts'ou 屬於陽上；還有一個 ts'ou 屬於陰平，參看古兩讀），賤，坐，踐，三個字。

7. ts'，ts 見於止攝國音讀 ts'ï，tsï 的字。

8. ts' 見於韵母不用 y 起頭兒的字，換言之，就是在下面這些字裏：從除鳳台外各處都是，全，泉在西安。

9. ts' 見於造，在（參看古兩讀），暫，鏨，雜，鑿，罪，座，坐，族，幾個字。

10. ȶɕ' 見於靜，淨，藉，賤，匠，就，籍，捷（又讀），集，截，疾，嚼。

11. ȶɕ 見於 y 的前頭，就是在座，坐，族三個字裏。

12. ʈʂ 見於國音讀 tso 的字（鑿，昨）。

13. 送氣音特別見於平聲。 顎音見於 i 跟 ɛ 的前頭。 因爲韵母的關係有好些又讀。 所以：

ts' 見於：材，財，才，裁，纔，蠶，慙，殘，藏，槽，曹，漕，賊，鑿，存，蹲，叢，慈，磁，全，泉，從；
ts 見於：層，才，槽，在，攢，造，皁，贈，鏨，漕，雜，昨，叢，罪，座，坐，最，族，齊，臍，前，字，自，賤，截，泉，聚，絕；
č' 見於：情，齊，臍，潛，前，錢，秦，牆，匠；
č 見於：曾，層，暫，賊，晴，錢，樵，靜，踐，淨，藉，賤，餞，就，籍，捷，集，截，疾，嚼。

14. 送氣音的出現是沒有規則的。 不送氣的聲母在 i 跟 ɛ 的前頭是顎音，送氣的聲母一律是顎音。 在這裏也像在汕頭那樣有好些又讀。 就是：

**ts** 見於：　層，材，財，才，裁，殘，藏，槽，曹，在，趲，造，阜，鏨，漕，賊，雜，昨，存，罪，座，坐，最，族，慈，磁，齊，臍，前，字，賤，截，全，泉，聚，絕；

**č‘** 見於：　材，裁，纔，蠶，慙，殘，鑿，叢，牆，匠，從，聚；

**č** 見於：　曾，層，贈，暫，賊，罪，坐，情，晴，齊，臍，潛，前，錢，秦，樵，靜，踐，淨，藉，賤，餞，就，寂，籍，捷，集，截，疾，嚼，從，絕。

15．ȶɕ‘ 見於纔，蠶（又讀），賊（又讀），鑿（又讀），蹲（又讀），牆，匠。

16．č‘ 見於層，慙，趲，鏨（又讀），鑿，叢，最，晴，樵，踐，就，捷，泉，聚，萃。

例外

a）有些在平聲不送氣的塞擦音——參看閩方言——尤其是在文水，太谷：

慙大同，懷慶 ts；槽太谷，文水，興縣（又讀）ts（都是陽調，所以，這些讀法不能回溯到唐韻屬於清母的一個反切）；慈太谷 ts；磁文水，太谷 ts；臍太原，文水，太谷，平陽，蘭州 ts；潛太原 ȶɕ；錢文水，太谷 ȶɕ；牆太谷 ȶɕ；樵太原，文水，太谷 ȶɕ，三水，桑家鎮，客家 ts。

b）有些在仄聲送氣的例（參看三水，平陽，廣州，客家）：

在涇州 ts‘；賊興縣，涇州 ts‘；鑿歸化 ts‘；昨南京（又讀）ts‘(一)；罪，座涇州 ts‘；族歸化，太原，平涼，涇州，西安．南京，漢口，四川（又讀），揚州 ts‘；藉蘭州，漢口（又讀）ȶɕ‘；字，自涇州 ts‘。

c）有些讀 s 的例：

存客家（又讀）；晴，前福州（又讀）；字，匠，寂（又讀），籍（又讀），集（又讀），客家；萃廣州。

d）有些不見反切之古讀？

蹲北京，大同，太原，太谷，平涼，涇州，漢口 t，歸化，文水，興縣，鳳台，開封，蘭州，四川，溫州，客家，溫州，揚州 ts（全屬於陰平）指着兩個古讀法，一個屬於端母，另外一個屬於精母。

e）雜類：暫北京 $tʂ_2$，錢吳語（又讀）d；字汕頭（又讀）ǰ，dz，廈門（又讀）ǰ。

古代的兩讀字：

‘曾’在這裏是國音的 ts‘əŋ，它也有些讀法按照廣韵屬於精母的一個反切，國音 tsəŋ；‘趲’這個

(一) 按南京昨字讀送氣時是陽平調，所以還不是例外。

字幾乎各處都跟廣韵屬於精母的一個反切相合；'造'在這裏國音的 tsau；也有幾個讀法跟國音的 ts'au 相當，是從唐韵屬於清母的反切來'漕'普通跟廣韵屬於同樣聲母而在平聲的一個反切相合；'銼'幾乎各處都跟集韵屬於清母的一個反切相合；'最'大部分的現代讀法同一個屬於精母的反切有關係；'錢'大部分方言依照集韵屬於精母的一個反切；'萃'官話的 ts'，跟一個屬於清母的反切有關係。

找不着讀音的字：

綫，銼高麗；爞太谷，三水，上海；蹲平陽，廈門；叢懷慶；族興縣；寂三水，桑家鎮，懷慶，汕頭；捷，截懷慶；萃廈門。

## 聲母 27，心(共 129 字)

這個古聲母普通用 s，t，ʂ，ɕ 這些音來讀它。 關於這些音的細微音質看 364 頁。

這些音的分配如下表：

| | 一等 | | 四等 | |
|---|---|---|---|---|
| | 開口 | 合口 | 開口 | 合口 |
| 日本 | s | | s,ɕ[1] | |
| 太谷，興縣 | s | s,ɕ[2] | s[3],ɕ | ɕ |
| 官話（除另見別欄者），揚州 | s | s,ɕ[2] | s[3],ɕ | s ,ɕ |
| 懷慶 | s,ʂ[5] | ʂ,ɕ[2] | s[3],ɕ | ʂ[4],ɕ |
| 寧波 | s | | s,ɕ[6] | s,ʂ[7] |
| 温州 | s | | | s,ɕ[8],ʂ[9] |
| 三水，桑家鎮，開封，上海，閩，粤，高麗，南京 | s | | | |
| 安南 | t | | | |

1. ɕ 見於所有 i 的前面，不論這個 i 保存或失掉，就是說：在止攝國音讀 sï 的字；臻攝國音讀 ɕin，ɕyen 的字跟卹，膝；效攝國音讀 ɕiau

的字（ɕ$_2$ɔː<sio<假名 ‘se-u’）；流攝國音讀 ɕiou 的字；還有：
在漢音果攝國音讀 ɕie 的字；宕攝國語讀 ɕiaŋ 的字跟削；遇攝國音讀 ɕy 的字；
通攝聳，肅，夙，宿；梗攝職韵的熄，息；
在吳音梗攝國音讀 ɕiŋ 的字跟錫，昔，惜；

2. ɕ 見於 y 以前，就是說：

在酸，鎖，算三個字裏文水，太谷，損鳳台，懷慶，平陽，蘭州；蒜太谷；遜北京，山西（除去興縣），西安，甘肅，懷慶，固始，揚州；塑涇州；訴太原，涇州，懷慶；速歸化，文水，太谷，興縣。

3. s 見於止攝國音讀 sï 的字。

4. s 跟 ʂ 見於 y 以外的別的元音以前，就是說：

在綏字裏除去文水，漢口，揚州各處都是；雖字各處都是；宣，選揚州（參看古兩讀）；髓各處都是；聳各處都是（參看例外）；歲各處都是（關於梭看古兩讀）；肅，夙北京，漢口，揚州，四川；宿北京，漢口，四川（皆又讀）。

5. ʂ 見於索字，國音 so。

6. 按照 Parker 的報告，寧波在宕攝的相，鑲，廂，想；跟效攝的消，硝，逍，銷，霄，宵，小（但嘯，笑，鞘不然?!）字裏有 ɕ。

7. ʂ 見於遇攝的鬚，須，需，胥，絮 ʂï；歲（又讀）ʂï；臻攝的詢（又筍，看古兩讀）ʂïŋ；山攝的宣，選 ʂœ̃；山臻兩攝的雪，恤，戌 ʂəʔ。

8. ɕ，照 Parker，見於臻攝的詢（又筍看古兩讀）ɕiuŋ；通攝的聳 ɕyo（或 ȶɕ‘yo），宿（又讀）ɕyo；臻攝的恤，戌 ɕye（但山攝宣，選，雪 sye）；通攝的肅，夙 ɕiu（但宿 siu?!）。

9. ʂ，照 Parker，互見於詢（ʂuŋ 或 ɕiuŋ），肅（ʂu 或 ɕiu；但夙 su 或 ɕiu?!），宿（ʂu，ɕyo 或 siu?）。

例外

a）有很多塞擦音，往往讀成送氣的，尤其是在閩語跟粵語，有時候這或者是指着不見反切之古讀：

僧閩語 č；搔山西，陝西，甘肅，客家（又讀），寧波（又讀），上海（又讀）ts；臊歸化，大同，太原，興縣，鳳台，平陽，甘肅，三水，桑家鎮，開封，固始，南京（又讀）ts'，廈門，福州（又讀）č'；騷歸化，大同，太原，太谷，興縣，平涼，涇州，陝西ts；噪山西（除去平陽），三水，桑家鎮，粵語，汕頭，溫州（又讀），寧波（又讀）ts'，福州（又讀），廈門 č'，高麗 č，固始，漢口，四川，溫州（又讀），寧波（又讀）ts 不可用又讀的反切來解釋，因爲反切的又讀是平聲；塞客家（又讀）ts'；碎鳳台，汕頭 ts'，福州，廈門 č'；訴客家（又讀）ts'；速廣州 ts'，惺汕頭 č；星汕頭，廈門（又讀）č'；腥汕頭（又讀）；廈門（又讀）č'；醒汕頭，福州（又讀）č'；（伺，栖看小註）；犀汕頭（又讀）č'；鮮閩語（又讀）č'；新廈門（又讀）č'；薪汕頭 č；賜北京，太原，鳳台，南京，漢口，四川，揚州，廣州，客家（又讀）ts'；笑汕頭，福州，廈門（又讀）č'；鞘北京，山西（除去興縣）ȶɕ'；廣州ts'，高麗 č'；膝大同，平涼，西安，固始，福州 ȶɕ'，汕頭，廈門（又讀）č'，客家ts'，綏，雖福州 ȶɕ'；鬚閩語（又讀）č'；髓福州，廈門 č'，汕頭，客家（又讀）ts'；聳文水，太谷，平陽，客家 ts，溫州（又讀）č'。

b）不見反切之古讀？

伺：這個字在大多數方言裏讀成陽調，所以它是一個古代的濁聲母，濁聲母在現代幾個地方讀 ts'（參看邪母）；嘯在北京（又讀），文水，太谷，西安，開封，汕頭（又讀）我們發見些個讀法得要假定國音有一個讀作 ʂau 的音。

c）雜類：穎溫州，照 Parker ɕyo；歲平陽 χ，福州（又讀），廈門（又讀）h；戌日本 ȡʑ。

古代的兩讀字：

'珊'北京，太原，廣州，四川依照正韻屬於審母的一個反切；'栖'在幾個方言的 ts'，č'，t' 同集韻屬於清母的一個反切有關係；'筭'這個字各處都跟集韻屬於一等合口的一個反切相合，國音 suən；這可以說在官話方言裏除去鳳台，平陽，懷慶我們找到 s；'鬆'近代有些方言跟集韻的一個反切相合，照集韻那個反切這個字要列在一等合口；'梭'我們所舉的跟國音 ɕyn 相當的唐韻反切在現代方言裏已經不存在了；現代把這個字讀作跟國音 so 相當的音，見於正韻的一個反切(一)。

找不着讀音的字：

傘日本；撒開封，廈門；塑，惺廈門；鑲高麗，日本；筍安南；卸興縣，鳳台；肆福州；汛大同，興縣，平陽；嘯廈門，安南；聳廈門；絮安南。

(一)　案廣韻戈韻，已有梭字，蘇禾切。

# 聲母 28, 邪 (共 41 字)

這個古聲母普通用 z, s, dz, ts, ts‘, t, ʐ, ʂ, ȡʑ, ȶɕ‘, ɕ, ǰ, č‘ 或者失落(○)。 關於這些音的細微音質看 364 頁。

這些音的分配如下表:

| | 開口 | | 合口 | |
|---|---|---|---|---|
| | 平 | 仄 | 平 | 仄 |
| 日本吳音 | z,ȡʑ[1] | | | |
| 上海 | dz 跟 z[2],z | | | |
| 溫州 | dz,z[3] | | dz,z,ʐ,○[3] | |
| 寧波 | dz,z,ʐ[4] | | dz,z,ǰ,ʐ[4] | |
| 三水,桑家鎮,高麗 | s | | | |
| 日本漢音 | s,ɕ[1] | | | |
| 山西,甘肅,西安 | s[5],ɕ | | s[6],ɕ | |
| 北京,固始 | ts‘[7],ɕ | s[8],ɕ | s[6],ɕ | |
| 懷慶 | ts‘[7],ɕ | s[8],ɕ | ʂ[6],ɕ | |
| 漢口,四川,揚州 | ts‘[7],ȶɕ‘[9],ɕ | s[8],ɕ | s[6],ɕ | |
| 開封,南京 | ts‘[10],s | s | | |
| 福州 | s,ȶɕ‘[11] | | | |
| 廈門 | s,č‘[12] | | | |
| 汕頭 | s,ts‘,č‘[13] | | | |
| 客家 | s,ts‘[14] | | | |
| 廣州 | ts‘ | ts | ts‘ | ts |
| 安南 | t | | | |

1. 在所有 i 的前面，不論這個 i 保存或失掉，漢音作 ɕ，吳音作 dʑ（假名寫作 ʑ）。就是在這些字裏：

止攝的辭，祠，似，祀，巳，嗣，飼；流攝的囚，袖；深攝的習；臻攝的循，巡，旬，殉；通攝的松，頌，誦，訟；果攝的邪，謝（sa，ɕa 或 ze）；還有：

在漢音宕攝的祥，庠，詳，像；通攝的俗，續；遇攝的緒；

在吳音梗攝的席，夕。

別的字漢音作 s，吳音作 z。不過要以它們本國的字典爲準，就有許多不規則的地方。例如：號稱權威的漢和大字典，跟 Parker 所引的玉篇，把'尋，寺，徐'完全按照吳音的讀法（dʑ），而單把一個襲字按照漢音的讀法（ɕ）。'斜'字 Parker 寫作單獨的 ɕa，漢和大字典寫作 ɕa，se。又如漢和大字典把敍，序兩字寫作 dʑ 跟 z，可是 Parker 還加上了一個 ɕ。

2. 在上海有些人一律讀 z，可是另外一些人能分 dz 跟 z。能分 dz，z 的人在辭，祠，涎，祥，庠，詳，囚，席（又讀），夕，習，襲（又讀），隨，循，巡，旬，敍（又讀），序，遂，殉，頌，誦，訟，俗裏讀 dz。

3. 温州話偏重摩擦音：

dz 只見於涎，囚，緒；

ʐ，在臻攝的循，巡，旬，殉同聲母的失掉（○）互見 ʐuŋ 或 iuŋ；在通攝的俗，續同 z 或○互見，zyo，ʐyo，yo；還有通攝的頌，誦，訟 ʐo 跟松 ʐyo；

z 見於其餘的字。

4. 寧波有好多塞擦音。例如：

dz 在辭，祥，庠，詳，囚（又讀），嗣，頌，誦，訟，俗（又讀），續（又讀）；

ĭ 在山攝的旋（jœ̃），又在俗，續兩字裏跟 dz（ǰoʔ 或 dzoʔ）兩讀。

ʐ 見於山攝的羨 ʐœ̃；席，習，襲 ʐəʔ；臻攝的循，巡，旬跟有兩讀的尋（這個字在幾個方言裏屬於合口類）ʐïŋ；遇攝的緒，敍，序 ʐï。

z 見於其餘的字。

5. s 見於止攝辭，祠，似，祀，巳，嗣（除去蘭州，固始，看例外），飼（除去蘭州，看例外）寺幾字。

6. s 跟 ʂ 見於不拿 y 起頭兒的韻母，就是說：

隨，遂（除去文水，太谷，興縣各處都是）；旋在揚州；(松看古兩讀)；殉在興縣；頌，誦，訟在北京，大同，興縣，甘肅，西安，漢口，揚州，四川；俗在北京（又讀），漢口，揚州；續在漢口，揚州（又讀），固始。

7．tsʻ 見於止攝的辭，祠兩個字；

8．s 見於止攝的似，祀，巳（除去漢口，看例外），嗣，飼，寺幾個字。

9．ȶɕʻ 見於宕攝的祥，庠，詳；還見於尋在揚州，囚在漢口。

10．tsʻ：

在開封跟南京見於7下所指的字。

在南京還見於祥，庠，詳，囚（參看上文9）四個字。

11．ȶɕʻ 見於囚，像，席（又讀）三個字。

12．čʻ 見於斜，尋，像，飼，席，徐，松，都是又讀。

13．在汕頭：

tsʻ 在徐裏；

čʻ 在囚裏，又在尋，像，飼，席裏跟 s 兩讀。

14．tsʻ 見於辭，祠，尋，謝，嗣，飼（又讀），袖，席，隨，巡（又讀），徐，松。

例外

a）在廣州話有些 s；邪，羨，旋，緒，遂；殉廣州的 s 不可以回溯到廣韻邪母陽去的讀法，因爲廣州的讀法是陰平。

b）在閩語有些濁音：

尋廈門 ǰ（或 č，s）；寺汕頭 ǰ 或 dz。

c）雜類：尋汕頭 č（或 čʻ，s）；巳汕頭，廈門 č；徐揚州 ȶɕʻ；殉寧波 ʑ。

**古代的兩讀字：**

‘邪’在這裏是國音的 ɕie；它也有屬於喻母的讀法跟國音 ie 相當。‘涎’在這裏是國音的 ɕien，它也有屬於喻母的讀法跟國音 ien 相當；‘羨’汕頭失掉聲母的讀法跟集韻屬於喻母的一個反切有關係；‘松’官話方言，上海，寧波，溫州（又讀）依照集韻把這個字當作心母；上海，溫州（又讀），寧波 s，官話 s 除去鳳台，懷慶的 ɕ。

找不着讀音的字:

尋興縣; 已寧波; 袖安南; 巡高麗; 徐上海。

## 端透定精淸從心邪母總論

我們剛才把這八個聲母的近代代表音已經指出來了,它們在古代漢語的音値久已充分認識。我們知道它們都是齒音;端透定屬於爆發音,精淸從屬於塞擦音,心邪屬於摩擦音;還有端精屬於弱的淸音,透淸屬於送氣的淸音,心屬於淸音,從邪屬於濁音。若是我們再應用我們已經得到的新結果(251-254),就是說濁塞聲是送氣的(這裏也可以定從兩母證實),我們就有下面的表:

| | | | |
|---|---|---|---|
| 端 | t | 精 | ts |
| 透 | t' | 淸 | ts' |
| 定 | d' | 從 | dz' |

| | |
|---|---|
| 心 | s |
| 邪 | z |

這幾母所經過的變化雖然不如知——禪(第十一章)那樣的劇烈,但是我們仍舊可以指明許多很顯著的演變足以引人注意。

### I. 發音部位

A. 我們已經屢次的表示漢語聲母關於發音部位的最重要的演變,是從顎化作用來的,這裏的八個聲母也可以作新的例證。

顎化作用的範圍跟條件在不同的方言裏有很有趣的不同之處。一方面,發音狀態有很大的影響。域外的方言,一個把古爆發音,塞擦音跟摩擦音一律顎化,另外一個爆發音跟塞擦音顎化而摩擦音並不顎化。在中國境內爆發音不顎化;有的方言塞擦音跟摩擦音全顎化,有的方言只有塞擦音顎化。另外一方面,在有些方言裏這種現象限於那些韵母用顎化元音起頭兒的字——有的地方單是 i 跟 y,

有的地方也有 ɛ——在別的方言裏，不論後面的元音是什麼，都可以顎化。最後，我們發見送氣音有時候可以促成顎化作用。我們要注意下面這幾類方言：

1）日本譯音，在古代漢語的爆發音塞擦音跟摩擦音一律有顎化作用的例子。這個顎化作用完全依緊接着聲母的元音而定。在所有用 i 作韻母起頭兒的字齒音都沒例外的變成顎音；在所有別的情形之下，舌尖的發音部位還保存着。若是拿 i 做複合元音的第一個成素，它就被聲母吞下去，而在假名的寫法裏卻老保存着，後來從 e 變來的 i（在複合元音 io 裏，假名寫作 'e-u'）也跟本來的 i 有同樣顎化的結果。例如：

古 t 聲母的釘吳音 ȶɕ$_2$ɔː（假名 'chi-ya-u'），但是多日本 tʌ；

古 t' 聲母的剔吳音 ȶɕ$_2$ʌkɯ（假名 'chi-ya-ku'），但是天日本 tɛɣ̃（假名 'ten'）；

古 d' 聲母的字，調漢音 ȶɕ$_2$ɔː（<*tio<假名 'te-u'），吳音 ȡʑ$_2$ɔː（<*diɔ<假名 'de-u'），但是提漢音 tɛɪ 吳音 daɪ；

古 ts 聲母的字，子日本 ɕ$_2$ɪ（假名 'shi'），但是尊日本 soɣ̃（假名 'son'）；

古 ts' 聲母的字，秋漢音 ɕ$_2$ɯː（假名 'shi-u'），吳音 ɕ$_2$ɯ（假名 'shi-yu'），但是蒼日本 sɔː（假名 'sa-u'）；

古 dz' 聲母的字，秦漢音 ɕ$_2$ɪɣ̃（假名 'shin'），吳音 ȡʑ$_2$ɪɣ̃（假名 'sh·in'），但是昨漢音 sʌkɯ，吳音 zʌkɯ；

古 s 聲母的字，思日本 ɕ$_2$ɪ（假名 'shi'），但是三日本 sʌɣ̃（假名 'san'）；

古 z 聲母的字，循漢音 ɕ$_2$ɯɣ̃（假名 'shi-yun'），吳音 ȡʑ$_2$ɯɣ̃（假名 'sh·i-yun'），但是旋漢音 sɛɣ̃（假名 'sen'），吳音 sɛɣ̃（假名 'zen'）。

2）此外的方言只有高麗譯音保持像日本話那樣的顎化，它對於爆發音跟塞擦音一樣的顎化。不過，它像閩語似的（看下文5跟6），拒絕摩擦音的顎化，所以心邪兩母還保存舌尖的發音部位，古爆發音顎化作用的發生跟古塞擦音完全不同，爆發音變成顎化只是當它後面跟着個 i，完全像日本譯音一樣。塞擦音就不然了，不論它後面跟着什麼元音都無條件的顎化。做複合元音第一個成分的 i 也像日本譯音那樣被聲母吞下去。例如：

古 t 聲母的字，釘高麗譯音 čəŋ（寫作 tiəŋ），但是多高麗譯音 ta；
古 ts 聲母的字，津高麗譯音 čin，祖高麗譯音 čo；
古 s 聲母的字，星 səŋ（寫作 siaŋ），三高麗譯音 sam。

3）官話跟揚州話的顎化作用限於古塞擦音跟摩擦音，在這些音裏顎化是很有勁的，雖然還沒有在舌根音 k kʻ gʻ x ɣ 裏（看第七章跟第九章）分布的範圍廣。這部書裏我們詳細研究過的官話方言的全部，舌根音都顎化了，可是在南京，陝西的三水，桑家鎮跟河南的開封，齒音並不顎化。在所有這些方言裏，舌根音跟齒音的顎化都依着一個條件：就是以 i 或 y 作韵母的第一個成素。若是在有些方言裏的顎音比別的方言的顎音多（參看心母底下的太谷話跟興縣話），那只靠着 i 跟 y 作韵母第一個成素的多少而定。i 跟 y 當作複合元音的第一個成素從來不被聲母吞下去，不過有時候很短就是了。例如：

古 ts 聲母的字祭北京，山西，蘭州，西安，懷慶 $ȶɕ_1$i，平涼，涇州，固始 $ȶɕ_2$i，四川，漢口，揚州 ȶɕi；但是災北京，懷慶，固始 tsai，漢口，四川 tsai；大同，太原，文水，太谷，涇州 tsɛi，歸化，興縣，平陽，蘭州，平涼，西安 tsɛ，揚州 tsæ；

古 tsʻ 聲母的字秋，北京，懷慶，平陽 $ȶɕʻ_1$iu，平涼，涇州，固始 $ȶɕʻ_2$iu，漢口，四川 ȶɕʻiu，歸化，大同，太原 $ȶɕʻ_1$ieʉ，文水，太谷 ȶɕʻieɵ，揚州 ȶɕʻiou，興縣 $ȶɕʻ_1$iɔ，鳳台 $ȶɕʻ_1$iaɯ，蘭州 $ȶɕʻ_1$iɯ；

古 s 聲母的字，需北京，大同，文水，太谷 ɕy，平涼，涇州 $ɕ_2$y，歸化，平陽，鳳台，西安，懷慶，固始 $ɕ_1$y，興縣 $ɕ_1$yi，四川，漢口，揚州 ɕy；但是古 t 聲母的字底官話 ti。

因為在所有這些方言裏，舌根音跟齒音在 i 跟 y 的前頭一律變成顎化，於是我們可以指出，例如：記跟祭混而為 ȶɕi，去跟趣混而為 ȶɕʻy（興縣 $ȶɕʻ_1$yi），還有希跟西混而為 ɕi。在三水，桑家鎮，開封跟南京只有舌根音顎化，所以 ȶɕi 跟 tsi，ȶɕy 跟 tsy，ɕi 跟 si 對立。在陝西的西安我們發見一種例可以證明雖極細微的音質也可以很有關係。一方面舌根音讀 $ȶɕ_2$，$ȶɕʻ_2$，$ɕ_2$（舌面——前硬顎音），他方面 ts，tsʻ，s 變成了 $ȶɕ_1$，$ȶɕʻ_1$，$ɕ_1$（舌面——齒齦音），所以在那裏 $ȶɕ_2$i：$ȶɕ_1$i，$ȶɕʻ_2$i：$ȶɕ_1$i；$ɕ_2$i：$ɕ_1$i 對立。這種分別自然是太細微了，所以不能保持好久，甚至於現在所討論的這個城市有很多的居民已經把它捨棄了。

我們要加進些關於幾個別的方言間接得來的知識。Forke 把天津（直隸），蒲州（山西），臨潼（陝西），濟南（山東），合肥（安徽），恩安（雲南），貴陽（貴州）幾處方言，在 i 跟 y 前頭的齒音都認爲顎化，但是對於祁州（直隸），河南府（河南），桂林（廣西），樂安跟萍鄉（江西），還有湖南的一個方言認爲齒音不顎化。瑞典的教士把運城（山西）跟宜昌（湖北）寫作顎化音，可是河南府（河南）寫成不顎化的 ts。天鎮（山西）像西安府一樣在 i 跟 y 前頭把 k 讀作 $ȶɕ_2$，把 ts 讀作 $ȶɕ_1$。

4）温州話跟寧波話在這個問題上很難考查，因爲我們的材料，就是說 Parker 的記載，很不充分。Parker 把 ȶɕ（舌面前）跟 tʂ（舌尖前）一樣寫作 'ch'。幸而他把淸的摩擦音分別出來：拿 'hs' 代表 ɕ，'sh' 代表 ʂ，所以我們多少得要觀察一下。

温州話古塞擦音跟摩擦音的確有顎化作用，不過不是在一切 i y 的前頭都是這樣，我們倒是發現齒音保存的例子最多。例如：祭温州 tsi，星温州 siŋ，雖温州 sy。顎化作用只在很有限的幾個韻母前頭發生，恰好就是使知等聲母顎化的那幾韻（看 307—8 頁）(一)，就是說：

開口：

在宕攝的入聲，例如爵温州 čia；

合口：

在臻攝，例如詢温州 ɕiuŋ（Parker 'hsiung'）；恤温州 ɕye；但是山攝的宣温州 sye；雪温州 sye；

在通攝，例如足温州 čyo；宿温州 ɕyo（又讀）；聳温州 ɕyo；夙温州 ɕiu；但是流攝的秀温州 siu。

寧波話的顎化作用的狀況完全不同。

一方面，Parker 把屬於心母的幾個讀音寫作 'hsiang, 'hsiao' 不過這只是單獨的例子，不能類推，所以應當存疑。這些寫法也許只是一種"筆誤"（lapsus calami）。

(一) Parker 的記音是很不一致的。爲什麼 '削' 是 sia 而不是 ɕia？爲什麼宿（又讀）是 siu 而不是 ɕiu？爲什麼 '痊' 是 č'ye 而不是 ts'ye？

另外一方面，在 Parker 的標音裏有好多的 'ch,' 'ch',' 'dj,' 'j,' 'sh'。例如在 ì œ ə 元音的前頭(參看第十一章，307—8頁)，我們遇到讀音裏有 ʂ (Parker 是 'sh' 不是 'hs' 所以不是 ɕ)，尤其是在山臻遇幾攝四等的合口字裏。例如：

宣 寧波 ʂœ ( Parker 'shöñ' )，雪寧波 ʂəʔ ( Parker 'shêh' ) ——山攝；
詢 寧波 ʂiŋ ( Parker 'shïng' )；恤寧波 ʂəʔ ( Parker 'shêh' ) ——臻攝；
需 寧波 ʂi ( Parker 'shï' ) ——遇攝。

由此類推，我們可以設想 Parker 的 'ch,' 'ch',' 'dj,' 'j' 在這幾攝一樣是齒上音而不是顎音(一)。例如：

俊 寧波 čiŋ ( Parker 'chïng' ) ——臻攝；
取 寧波 č'i ( Parker 'ch'ï' )；聚寧波 ʐi ( Parker 'jï'——遇攝；
全 寧波 ǰœ̃ ( Parker 'djöñ' )；絕寧波 ǰəʔ ( Parker 'djêh' ) ——山攝。

雖然所有這些聲母應該是齒上音，可是我們還得要認它們是由顎化作用產生出來的。因為它們只出現在四等，就是本來老拿 i ( y ) 起頭兒的韵母，試看下面這種比較：

| | | | | |
|---|---|---|---|---|
| 遇攝 | 蘇 | 一等 | 寧波 | su |
| | 需 | 四等 | 寧波 | ʂi |
| 山攝 | 蒜 | 一等 | 寧波 | sœ̃ |
| | 宣 | 四等 | 寧波 | šœ̃ |

尤其從第二個例子可以看出來聲母是受現在已經失去的 i (y) 的影響，i (y) 先把聲母顎化了；ɕ(i)œ̃，ɕ(y)œ̃，於是 ɕ 就變成 ʂ:ʂœ̃。如果我們能夠相信 Parker，在寧波鄰近的方言溫州話，就可以找到這種情形的證實，所以我們還把溫州話重提一次，那就是溫州話對於臻攝跟通攝屬於心母的幾個字所給的又讀。例如：詢溫州 ʂuŋ 跟 ɕiuŋ，肅溫州 ʂu 跟 ɕiu；古 dz' 聲母還有兩個有趣的例子：嚼溫州 ʐa ( <*ʑia )，從溫州 ʐyo。

5) 汕頭話跟厦門話古爆發音跟摩擦音並不顎化，只有塞擦音才顎化。(1) 它

(一) 按舊寧波府屬外縣有之，鄞縣可全是顎音。

(1) 不過，當古摩擦音變成塞擦音的時候，那就得按照別的塞擦音的規律，例如席汕頭 sɛk，siaʔ 跟 č'iɛ；厦門 sɛk，sia 跟 č'ioʔ（福州 sik 跟 č'ioʔ）。

們有個特點，就是顎化作用不僅在高元音 i 的前頭出現就是在 ɛ 的前頭也出現。在 i，ɛ 以外所有別的元音的前頭舌尖的發音部位都保存着，不過在廈門話所有的送氣的塞擦音都是顎音，這是個重要例外。汕頭卻無此例外，在 i 跟 ɛ 的前頭作 č'，其餘作 ts'。 i 作複合元音的第一個成素並不被聲母吞下去。所以在這個方言裏，對待聲母端——邪的辦法恰好跟對待聲母知——禪（第十一章）一樣。

例如：

古 ts 母的津汕頭，廈門 čin，增汕頭，廈門 čɛŋ，尊汕頭，廈門 tsun；
古 ts' 母的秋汕頭，廈門 č'iu，草汕頭 ts'au 跟 ts'o，廈門 č'au 跟 č'o；
古 dz' 聲母的材汕頭 ts'ai，廈門 tsai 跟 č'ai——但是：
古 t 母的底汕頭 ti 跟 toi，廈門 ti，tɛ 跟 toi；
古 s 聲母的些汕頭 sɛ，廈門 sia。

6）最後福州也跟其它兩種閩語（汕頭，廈門）一樣，爆發音跟摩擦音（1）不顎化，只有塞擦音方顎化。塞擦音不論後面隨着什麼元音總是顎化，完全像高麗譯音似的。例如：

古 ts 聲母的津福州 $tɕ_1iŋ$，尊福州 $tɕ_1ouŋ$；
古 ts' 聲母的草福州 $tɕ'_1au$ 跟 tɕ'iɔ；
古 dz' 聲母的材福州 $tɕ_1ai$；但是：
古 t 聲母的底福州 ti 跟 tɛ；
古 s 聲母的些福州 sie。

---

因爲各方言缺乏較古的記載，所以我們不能決定顎化現象的準確的時代，可是我們有幾個要緊的着手點。

在高麗譯音，我們發現塞擦音的顎化比爆發音的顎化較早。在高麗諺文的寫法（看 359 頁），從古爆發音來的 č，č' 仍然寫作齒音 ti，t'i，可是從古塞擦音來的 č，č' 就用 č č' 的符號來標它。č č' 拿一樣的字母來寫（看第十章）。

關於日本譯音，我們可以確定的證實它的顎音是在日本境內發生的，它只靠着

（1） 不過要看前條。

日本人當初翻譯中國古音的時候是否拿 i 作韵母的起頭兒。 我們有個確實憑據可以斷定現在讀顎音因而寫作 'shi,' 'chi' 'ji' 的假名當初是用齒音聲母的。 在日本古代叫做"五十音"的音節表裏,它們是按照聲母跟五個元音排列的,我們可以看見:

| | | | |
|---|---|---|---|
| a | ka | sa | ta |
| i | ki | shi | chi |
| u | ku | su | tsu |
| e | ke | se | te |
| o | ko | so | to 等 |

在作這個表的時候顯然 'shi' 跟 'chi' 是讀作 si 跟 ti 的。

至於官話,揚州話跟吳語的顎化作用,我們可以指明它的時期比古代漢語晚的多。 這件重要的事實使我們回到一個從前已經屢次提到的問題,我們把有關係的材料已經都列出來,現在要再討論一下。

我們曾經看見古代漢語有一套聲母,知等(第十一章),從發音方法上講它們是跟齒音相當的,爆發音知徹澄跟端透定(t, t', d')相當,塞擦音照穿牀跟精清從(ts, ts', dz')相當,摩擦音審禪跟心邪(s, z)相當。 因爲古代漢語的舌根音跟脣音等,分成兩類毫無可疑,一類是 j 化的,kj, pj 等,就是說韵表的三等,另外一類是純粹的,k, p 等,就是說韵表的四等,可是只有齒音沒有三等而用上面所說的知等聲母佔據了三等的地位,於是我們就引出一個合理的結論,就是說 ȶɕ, ȶɕ', ɕ 等放在這裏是當做跟齒音端母(t, ts, s)(1)等相當的 j 化音的。

但是因爲知等在二等韵母的前頭一樣的存在,又因爲塞擦音照穿牀跟摩擦音審很清楚的分成兩類(看上文 34 頁),一類屬於二等,一類屬於三等,所以我們把二等擬作齒上音(硬的,舌尖的),tʂ, tʂ', dʐ', ʂ, 把三等擬作顎音(軟的,舌

(1) 據我在 28—31 頁所指明,如果照 Schaank 設想知等母只是端等的 j 化音 tj, tsj, sj 那是不可能的。

面的）ȶɕ，ȶɕʻ，ȡʑʻ，ɕ。(1)

最後因爲在近代很多方言裏連顎音的三等也讀做齒上音，我們曾經定出一個演變 ɕ<ʂ 等，這個演變在各種語言裏是很普通的，所以我們自然可以設想古代漢語的齒上音 tʂ，tʂʻ，dʐʻ，ʂ（二等）是這個演變的第一個結果，就是說從顎音產生出來的齒上音的第一步，從關於古代漢語的 č，ǰ，s 的這個意見看起來，我們對於 Schaank 的理論，大加修改以後，自然要重新的接受過來，並且說它們都是從齒音的 j 化而來的——說這是中古漢語的時代以前很久的事，在這麼古的時候它們跟別的聲母是完全的對稱的：(2)

a 類　kj，pj，tj，tsj，sj 等

b 類　k　p　t　ts　s 等

依照這個與顎化現象有關的觀念，我們曾經下過這樣的結論，說：原來只有純粹的聲母 ti(-) tsi(-) si(-) 等，後來因爲有些字的顎化，於是生出一種分別 tj，tsj，sj 對着 t，ts，s。(3)

如果我們知道齒音在別的語言裏那樣容易受軟化，而古代漢語在韻表裏單單沒有這一類 j 化，還有知等跟端等的對稱恰是這樣，非常明顯，並且我們對於端 t>知 ȶ 的變化也有確實的例子（看 34 頁跟 365 頁），那麼上面這個概念似乎

(1) 這並不是一個模糊的理論，而是一個很有根據的構擬。關於此點我們幸而有些駁不倒的證據。近代方言並沒有給我們什麼幫助。自然，好些方言很小心的分別出兩類來，不過古代的音值齒上音跟顎音已經不保存了。在古時的佛經譯名，我們反倒發現好的證據，我們常常估定譯音用字是語言學上很危險的材料，不過在這裏材料的豐富可以使證據確鑿。在摩擦音審母底下我們發見一個所需要的證據。我們很規則的遇見二等字（ʂ 齒上音）對譯梵文的 ʂ（'ṣ'），而三等字（ɕ 顎音）對譯梵文的 ɕ（'ç'），所以我們找到沙（二等）對譯梵文 'ṣa-' 跟 'ṣya-' 而奢（三等）對譯梵文的 'ça-' 跟 'çya-'。

(2) 可是有這個分別，就是 tj 等也見於二等韻之前，而 kj 等卻不然。

(3) 日本譯音對於知端兩母沒有任何的分別，原來把它們都譯做齒音；我們曾經說過（313 頁，321 頁）所有日本語的齒音大概都是最古的，更確切一點說就是日本語齒音的時代遠在上古，因爲吳音的借字（紀元後三世紀）裏已經不管中國字是端母還是知母而統統用齒音來對譯。〔這只可以證明日本本國語的齒音之古。〕在時代較晚的漢音，那一定是因爲古代日本語中對於知母等沒有更好的對音。至於吳音的作者所聽到的中國語知母等字是不是齒音，我們就不能證明了。

是很可信的了。所以我曾經屢次提倡這種理論，尤其是在 321 頁。可是，如果我們答覆不了 321 頁（底註）所提出來的問題，我們還是不能接受這個理論。

古代漢語恰好在同樣的韵母的前頭，顎塞擦音跟摩擦音可以與齒塞擦音跟摩擦音同時存在。例如我們在 89 頁看見：

| 知: | | 端: | |
|---|---|---|---|
| 遮 ȶɕia | 車 ȶɕ'ia | 嗟 tsia | 些 sia |
| 蛇 ȡʑ'ia | 奢 ɕia | 斜 zia | |

那麽，爲什麽有些字可以 j 化，可是另外的還保留着硬音呢？關於這個問題我們可以想出兩個答案來。

a）現在所討論的這些韵母都是有 i 介音的，我們可以暫時設想 tj, tsj, sj（從它得到 ȶ, ȶɕ, ɕ, 後來再變 tʂ, ʂ）是一種顎化現象，同我們剛才在 386—391 頁所討論的許多近代方言裏古 t, ts, s 在 i 以前的顎化是同樣性質。在這種情形之下，我們就得要承認這類的顎化作用是產生知母等（ȶ, ȶɕ, ɕ 等）的顎化傾向的一種延長作用。到了中古漢語的時候只有一部分字經過這種演變（ts>tsj>ȶɕ），而別的字暫時還保留着齒音，這個解釋只可以在一種條件之下接受，就是中古漢語 ȶɕ:ts 的對峙純粹是一種很短的過渡的現象。它只可以代表 ts 跟（tsj>）ȶɕ 之間的游移狀態，就是在 i 以前普遍顎化作用的第一個模糊的階段。如果這是對的，那麽所有上古 ti(-), tsi(-), si(-) 等字的顎化，該當緊跟着中古漢語的時代就發生了，並且在所有那些有我們可以認爲從中古漢語 ȶ, ȶɕ, ɕ 演變出來的聲母的方言裏也可以發生。

由知等母（第十章）跟端母等（第十四章）的比較可以指示我們這個解釋是不能成立的。

第一層，知母等跟端母等的分別絕對不是一種很短的過渡的現象。它從幾世紀以來都保存着。知母等在切韵，集韵，韵會甚而至於在一部不因襲較古的字典系統的正韵（1375）的反切裏，都很小心的跟端母等分別。我們不單可以證實它們的存在，並且還可以證實它們在紀元後四百年左右已經分成齒上音（tʂ, ʂ 等）

跟顎音（ȶ，ȶɕ，ɕ 等）兩套了。

第二層，我們不能認爲近代方言裏古音 t，ts，s 等（看 386－391 頁）的顎化，是產生古漢語知母等的同一顎化傾向的延長作用，這有幾個理由，我們曾經看見（第十一章）知等聲母都經過很劇烈的變化，所以關於這幾個聲母，我們在近代方言裏發見有 t，tʂ，pf 等，如果古齒音 t，ts，s 等的顎化是很早就發生的，換言之，如果緊跟着中古漢語之後就產生出一堆新的 ȶɕ，ɕ 等，那麼這些 ȶɕ，ɕ 等必需要參與中古 ȶɕ 等的演變，可是事實上並不如此。

我們還可以看見中古漢語的齒音端——邪，在中國境內的方言只有塞擦音跟摩擦音精清從心邪顎化，而爆發音端透定並不顎化，可是在中古漢語裏也有顎爆發音 ȶ，ȶʻ，ȡʻ，跟塞擦音摩擦音一樣顎化。

最後我們可以指明有些近代方言所有從中古知等(ȶ，ȶɕ，ɕ 等)變來的聲母，並不表現中古漢語 t，ts，s 的顎化痕跡。這些方言就是開封，三水，南京跟粵語等。

所以我們可以看見古 t，ts，s 等（端等）在近代方言裏的顎化（386－391 頁），絕對不可以認作產生古聲母 ȶ，ȶɕ，ɕ 等的顎化傾向的延長作用。這兩種現象的時代跟範圍完全不同；彼此間一定離開好幾個世紀。今日拿顎音讀中古的 t，ts，s 等，其起原大概是很晚的。

要想把古漢語 ȶi(-)，ȶɕi(-)，ɕi(-)（知母等的字）認爲是受韵母影響而顎化的第一步，而同樣的韵母一直到現在還沒有把上古 ti(-)，tsi(-)，si(-) 等字（端母等的字）顎化，這種想法既然是不可能的；那麼，如果我們想維持 Schaank 的理論，說知母等是由齒音 j 化發生的，我們就只剩下一個可能的解釋了。

b）在切韵的語言裏，像 tsia，sia 跟 ȶɕia，ɕia 等字雖然有同樣的韵母（麻韵，89 頁），可是極早的時候在上古漢語裏它們可以有不同的韵母。至於究竟有沒有這樣一個不同，那是超乎我們現在所研究以外的一個問題，如果將來的研究給我們一個正面的回答，那麼 Schaank 的規律就有效，要是一個反面的回答，那就不可救藥的宣告無效了。在這部書裏我們應當小心的暫時保持切韵裏古代漢

語的 ʈʂ: ʈɕ: ts 的狀態，對於 Schaank 所說古知母等（ʈ, ʈɕ, 等）是由齒音 j 化發生的理論，不冒險去作一定的贊否。

B. 有些別的發音部位移動的例子還值得我們注意。(1) 它們雖然保存舌尖的發音，可是部位向後移動，因此我們得到了些個齒上音。這種演變比 A 項所討論的顎化作用遠佔在次要的地位。

1）在我所舉的中國境內的方言裏，齒上化的作用大都在河南懷慶的方言裏存在。不過在這個省裏，這種現象好像是分布很廣的。它是由部位頂後的元音 u, o 緊跟着聲母的時候造成的。這個變化限於古塞擦音跟摩擦音。例如：

古 ts 聲母的租懷慶 ʈʂ$_1$u;
古 ts' 聲母的搓懷慶 ʈʂ'o;
古 s 聲母的算懷慶 ʂuaiŋ;——但是
古 ts 聲母的早懷慶 tsau;
古 s 聲母的三懷慶 saiŋ;
古 t 聲母的都懷慶 tu。

2）在寧波話跟溫州話我們已經指明有一套齒上音的存在。這很可以是由於顎化作用（s>ɕ>ʂ）產生的，我們在別處已經討論過了。看上文 389－90 頁。

3）還有一個齒上化的例子是安南譯音。此處並不像懷慶話那樣由於跟着聲母的元音所致。兩個古爆發音 t 跟 d' 都譯成安南話的齒上音 ɖ,（但是古爆發音 t' 不譯作 ɖ，而譯作 t'，）這個 d 在安南東京話是一個很前的 d$_1$，近似 d，在高安南跟交趾支那是一個很後的 ɖ$_2$，我們從 Maspero 的假顎圖可以看得出來（Phon. Ann.）。這種現象我們在前章（354 頁）已經討論過了。例如：

古 t 母的都安南（東京）ɖ$_1$o;
古 d' 母的圖安南　　ɖ$_1$o;——但是：
古 t' 母的土安南　　t'o。

---

（1） Dyer Ball 把新寧話（粵語之一）的 'll' 當作古代 s（心母）的照例讀法。這個 'll' 跟威爾斯的 'll' 一樣，是 l 的清音：ɬ。

## II. 爆發音塞擦音跟摩擦音

關於這些個分別

| | | | |
|---|---|---|---|
| 爆發音 | t, | t‘, | d‘, |
| 塞擦音 | ts, | ts‘, | dz‘, |
| 摩擦音 | s, | z, | |

古代的發音方法在現代方言裏普通保存的很好,可是有以下的變化:

A. 由別的語言的經驗指示我們齒爆發音在顎化的時候普通讀作顎塞擦音。漢語也證實這個規律。我們看見(上文 A 1)只有兩個方言,高麗譯音跟日本譯音,把古爆發音顎化。這兩個方言都恰好讀成塞擦音。爆發音變成顎塞擦音,在高麗譯音,發生的時期很晚(看 391 頁),在日本譯音也是在日本境內才發生的(看 391 頁)。例如:

古 t 母的鵰高麗譯音 čo(寫作 tio),日本譯音 ȶɕ$_1$oː(假名 ‘te-u’);
古 t‘ 母的聽高麗譯音 č‘əŋ (寫作 tiəŋ),日譯吳音 ȶɕ$_2$oː(假名 ‘chi-ya-u’),漢音 tɛi,
古 d‘ 母的疊高麗譯音 č‘əp(寫作 t‘iəp),日譯漢音 ȶɕ$_2$oː(假名 ‘te-fu’),吳音 ȡʑ$_2$oː(假名 ‘de-fu’)。

B. 有一個爆發音,受後面隨着的元音的影響,不變更發音部位而變成塞擦音。這個情形可以分爲兩種:

1) 在西北方言,甘肅的三個方言在長 i 音的前頭(就是說單獨作韵母的 i),把送氣的爆發音 t‘ 變成塞擦音 ts‘。在短的 i 音前頭,我們有時候可以聽見一個寄生的 s。例如:

古 t‘ 母的 ‘體’ 蘭州,平涼,涇州 ts‘i; 但是古 t‘ 母的 ‘天’ 通常讀 t‘iɛ;
而古 t 母的‘底’就老是 ti。

2) 日本譯音把古代漢語的 t, t‘ 譯作 t, 這個 t 在 u 的前頭分化作 ts。日本的 ɯ 又恰好在 s 的後頭往往變成 ɿ, 尤其是在不重讀的音節上,所以結果是 tsɯ 或 tsɿ。例如:古 t 母的‘都’日譯吳音 tsɯ(tsɿ)。

同樣，吳音翻譯古 d‘ 母的 d 在 u 的前頭第一步變成 dz。 這個 dz，在假名的寫法裏保存着，在日本西部仍舊讀作 dz，不過在東京我們只聽到 z，如：古 d‘ 母的‘頭’吳音 zuɛ（zɿ）假名 ‘dzu’。

C．在中國域外的兩方言，日本譯音跟安南譯音，對於古代漢語的塞擦音曾經發生困難。 日本跟安南的語音系統，在借字的時代，並沒有可以翻譯漢語塞擦音的塞擦音，於是它們就採取另外的辦法：

1）日本譯音照例把古塞擦音翻譯作摩擦音。 這樣，古爆發音老是用帶有閉塞成分的音來翻譯，後來或讀 t，d，或讀 ȶɕ，ȡʑ，依後面的元音而定；古塞擦音跟摩擦音老是用不帶閉塞成分的音來譯，後來或讀 s，z，或讀 ɕ，ʐ，依後面的元音而定。 但是有一個重要的附則。 第二類的 ʐ（假名 ‘sh’，帶點，ジ）在日本只是有些地方讀作摩擦音 ʑ；在東京它就跟第一類的 ȡʑ 相混而讀作 ȡʑ，跟假名寫法所表現的來源相反。 所以日本譯音對待端——邪各聲母的辦法恰好跟對待知——禪各聲母的辦法一樣（第十章，327 頁）。 例如：

古 ts 母的左日本譯音 sᴀ，但是，古 t 母的多日本譯音 tᴀ；

古 ts‘ 母的請日本譯音 sᴇɪ，吳音 ɕ$_2$oː（假名 ‘shi-ya-u’），但是：古 t‘ 母的聽漢音 tᴇi，吳音 ȶɕ$_2$oː（假名 ‘chi-ya-u’）；

古 dz‘ 母的錢漢音 sᴇɣ̃，吳音 zᴇɣ̃，但是：古 d‘ 母的田漢音 tᴇɣ̃ 吳音 dᴇɣ̃；

古 dz‘ 母的 ‘字’ 漢音 ɕ$_2$i，吳音 ȡʑ$_2$i（<ʐi 假名 ‘sh·i’ ジ），但是：古 d‘ 母的定漢音 tᴇɪ 吳音 ȡʑ$_2$oː（假名 ‘ch·i-ya-u’）；

古 s 母的三日本譯音 sᴀɣ̃，還有心 ɕ$_2$ɪɣ̃；

古 z 母的旋漢音 sᴇɣ̃，吳音 zᴇɣ̃，還有尋漢音 ɕ$_2$ɪɣ̃，吳音 ʑ$_2$ɪɣ̃（<ʐin，假名 ‘sh·in’ ジン）。

2）安南譯音，根據一個濁塞聲音已失送氣的古方言，對待古代 ts 跟 dz‘ 是一種辦法，對待古代 ts‘ 另是一種辦法。 ts‘ 的送氣需要一個很緊的閉塞，所以它跟古代的 t‘ 譯的一樣，換言之，都是用 t‘ 代表；而 ts 跟 dz‘（>dz>ts）本來都用 s 代表。 所以 s 在安南譯音是跟古代漢語 ts，dz‘，s，z 相當的。 後來安南話的 s 變成 t，所以安南譯音到現在看起來成了一個 t 代表這四個古聲母。(1) 例如：

（1） 看 Maspero, Phon. Ann. pp. 43, 54。

古 **ts'** 母的'此'安南譯音 **t'ɯ**;
古 **ts** 母的'子'安南譯音 **tɯ**;
古 **dz'** 母的'字'安南譯音 **tɯ**;
古 **s** 母的'思'安南譯音 **tɯ**;
古 **z** 母的'祀'安南譯音 **tɯ**。

D. 有兩個方言，古代的塞擦音讀作爆發音。這兩個方言我們只是從 Dyer Ball 跟 Forke 的不很完全的記載知道的。所以對於這個現象的範圍不能得一個完全精確的觀念。這種現象發生在新寧(粵語的一種)，跟樂安(江西)。**ts**(古代的 ts，還有從古代 dz 生出來的 **ts**)新寧讀作 **t**; **ts'**(古代的 **ts'** 還有從古代 **dz'** 生出來的 **ts'**)新寧讀作 **t'**。樂安話用 **t'** 代表這兩個聲母。

例如：
古 **ts** 母的早，新寧 **tau**，樂安 **t'au**;
古 **ts** 母的走，新寧 **teu**，樂安 **t'ou**;
古 **ts** 母的盡，新寧 **tin**;
古 **ts'** 母的湊，新寧 **teu**，樂安 **t'ou**;
古 **ts'** 母的七，新寧 **t'it**;
古 **dz'** 母的曾，新寧 **t'aŋ**，樂安 **t'eŋ**;
古 **dz'** 母的全，新寧 **tun**，樂安 **t'ien**。

E. 在第十章我們已經說過吳語對於分別濁塞擦音跟摩擦音有些個困難(327頁)。現在再舉幾個這種現象的新例子。古代的 **dz'**, **z** 兩個聲母的字都是亂七八糟的讀成塞擦音或摩擦音，彼此間任何規律，都找不出來。在上海我們還遇到些個人，只有 **z** 的一音。例如 Parker 把溫州的'曾'寫作 **dzaŋ**，可是把溫州的'層'寫作 **zaŋ**，這兩個字在古代聲母相同，韻母相同，聲調也相同。同樣 Davis，跟 Silsby 把上海的材只記 **dze** 一音，可是把'財'記出 **dze**, **ze** 兩音，這兩個字在古代也一樣是同音字。

F. 最後我們對於邪母發生嚴重的困難。這個聲母在切韵的古代漢語音値是 **z** 決無可疑，可是在現代方言裏多數都讀成塞擦音。我們剛才已經指出它在吳語裏的狀況。幾種官話方言平聲有時候讀作送氣的塞擦音，閩語不拘聲調零零碎碎的有幾個送氣的塞擦音，客家 **ts'**, **s** 兩樣都有，廣州除去幾個讀 **s** 的少數例外，照例平聲是 ts‘，仄聲（上去入）是 ts。 例如：

古邪母平聲的辭北京，河南，南京，漢口，四川，揚州，廣州，客家 ts‘ɿ，上海 dzɿ，但是山西，陝西，甘肅 sɿ，溫州，寧波 zɿ，福州 sy，汕頭 si，廈門 si，su；

古邪母去聲的飼廣州 tsɿ，客家sɿ，ts‘ɿ，廈門 su，č‘i，但是，官話，揚州 sɿ，吳語 zɿ，福州 sʒy。

要解釋這個現象，在兩個可能的說法中可以選擇一個。

1）關於中古漢語牀（ȡʑ‘，ȡʐ‘）禪（ʑ）兩母是從上古漢語的塞擦音 ǰ‘ 生出來的證據我們相信已經舉出來了（327—31 頁），它們所經過的演變在 330—331 頁業已敍述。 關於古代漢語的 dz‘ 跟 z 兩母現在也可以假設一個類似的情形，換言之，就是認爲從一個上古的 dz‘ 演生出來的。 照這樣說嚜，這個 dz‘ 是後來在中古漢語裏有些字變了成 z，所以在古代漢語就產生從（dz‘）跟邪（z）兩個聲母。 那麽這個語言，關於這一點上，也像關於牀禪似的，也只該是幾個方言中之一了。 吳語的 dz，ǰ，幾個官話方言平聲的 ts‘，tɕ‘₂，閩語零碎的 ts‘，č‘，客家話許多的 ts‘，廣州話平聲的 ts‘，仄聲的 ts 等，這些讀音就不能用中古的 z 來解釋，而要推溯到上古的階段了。

這個解決辦法不是不可能；不過我們應該記得牀：禪跟從：邪之間並不是完全並行的：

好多方言裏中古的 z 作塞擦音，可是中古的 ʑ 就幾乎全作摩擦音。 例如：中古讀 z 的字，廣州話是 ts‘，ts，客家話很多是 ts‘，閩語不少是 č‘等，可是中古讀 ʑ 的字，粵語（廣州話跟客家話）照例是 š，閩語是 ɕ（汕頭跟廈門）。

還有很多方言相當於中古 z 的是摩擦音，而相當於中古 ʑ 的卻大都是塞擦音。 在山西，陝西，甘肅我們所有的十四個方言全是這樣；這些地方在中古讀 z 的字裏只有 s，ɕ，而在中古讀 ʑ 的字裏有 tʂ，t（<tʂ）ts‘ 等。

從這些事實看起來要說相當於中古漢語 ʑ 的塞擦音與相當於中古漢語 z 的塞擦音是性質跟來源完全不同的兩個現象，這似乎是完全可能的事。

我們可以另外想出一個解釋：

2）在中古讀 z 的字裏，所有近代的聲母，塞擦音跟摩擦音，都可以算作從中古的 z 出來的，只要我們設想這個 z 從前有很強的送氣。這一類的發音同時也需要一個強有力的舌部發音，那麽，我們就容易明白一個發音強固的 z 加强就可以變成 dz' 了。在不同的方言裏這件事情發生的程度也會不同的，在廣州話總是如此，幾個官話方言有幾個平聲字 吳語跟閩語不拘聲調有些個零碎的字。至於濁音，除去在吳語，各處按照普通的辦法都失掉了；還有送氣按照下文第 III 節所列的條例有時失掉，有時保存，於是就成現在的狀況：在把 g' 平聲讀 k'，仄聲讀 k 的官話跟廣州話裏，我們發見平聲有 ts'（ȶɕ'），仄聲有 s 跟 ts；在把 g' 不論聲調讀成 k' 或 k 的閩語，還有總是讀 k' 的客家話裏，我們在所有的聲調都遇到 č'，ts'。

相當於中古漢語 z 的今塞擦音，我們這種解釋，淸的摩擦音審（中古漢語 ɕ 跟 ʂ）跟心（s），可以給我們一個有力的幫助。這兩個古聲母的字我們遇見好多讀作塞擦音的例外（看 301，381 頁），這除非當作發音很強的 š 跟 s 的演變絕對不能有別的解釋。所以我們相信這第二個解釋 z>dz'>ts' 等應該認作最近於實際的。(一)

## III. 淸濁跟送氣

關於這一類字的淸濁跟送氣不送氣，與聲母知——禪（第十一章，331—334 頁）完全平行。

A. 聲母端透精淸心，古代讀作淸音的，在所有方言裏還讀作淸音，除去安南譯音把端母譯作一個弱的濁聲 ɖ，看 Maspero, Phon, Ann. p. 32 頁。例如：古 t 母的'都'，安南（東京）ɖo。

1）在這些聲母裏，端跟精是不送氣的爆發音跟塞擦音 t，ts，各處仍舊都讀作不送氣的爆發音跟塞擦音，除去兩個例外：

在日本，把古代的 ts 讀成 s 跟 ɕ；

(一) 高氏後來又主張一個第三個說法，就是說邪母（中古 z）是從上古不送的 dz 來的，而上古的 z 卻變成中古的 ĭ-（喻）了。見 Anal. Dict. p. 26。

在高麗，把古代的 ts 讀成 č'，也讀成 č。

安南譯音用不送氣清音 t 代表古代的 ts，這只是現在碰巧如此，我們在前面（398 頁）已經說過，這個 t 是從 s 來的了。例如：

古 t 母的都字官話（除去太谷，西安），揚州，上海，寧波，客家，福州 tu，汕頭 tu，tou，西安，廣州 tou，太谷，廈門，高麗，to，日譯漢音 to，吳音 tsu，安南 ɖo，溫州 ty；

古 t 母的釘高麗 čəŋ（寫作 tiəŋ），日譯吳音 ȶɕo；

古 ts 母的災北京，河南，漢口，四川，南京，客家，汕頭，廈門 tsai，太原，大同，文水，太谷，涇州 tsεi，歸化，興縣，平陽，蘭州，平涼，陝西，揚州 tsɛ，吳語 tse，廣州 tsoi，福州 ȶɕai，高麗 čɛ，日本 sai，安南 tai；

古 ts 母的祭北京，山西，甘肅，西安，懷慶，固始，四川，漢口，揚州 ȶɕi；

古 ts 母的焦高麗 č'o，日本 ɕo。

2）本來是送氣的爆發音塞擦音 t'，ts' 的透清兩母各處還讀作送氣的爆發音塞擦音，只有日本譯音把古代的 t' 譯作不送氣的爆發音塞擦音 t，ȶɕ，把古代的 ts' 譯作摩擦音 s 或 ɕ。例如：

古 t' 母的體官話（除去甘肅），揚州，吳語，客家 t'i，甘肅 ts'ï，汕頭 t'i，t'oi，廈門 t'ɛ，t'oi，t'ai，廣州 t'ai，福州 t'ɛ，安南 t'e，高麗 č'e，日譯漢音 tei，吳音 tai；

古 t' 母的他甘肅，高麗 t'a；

古 t' 母的聽日譯吳音 ȶɕo；

古 ts' 母的粗北京，歸化，大同，太原，鳳台，開封，固始，漢口，南京，四川，揚州，上海，寧波 ts'u，汕頭 ts'u，ts'ou，廣州，平陽，西安 ts'ou，太谷，興縣 ts'o，甘肅，三水，桑家鎮 ts'ɥ，客家 ts'ï，溫州 ts'y，ts'əu，懷慶 tʂ'u，高麗 č'u，福州 ȶɕ'u，安南 t'o，日譯漢音 so，吳音 su；

古 ts' 母的取北京，山西（除去興縣），甘肅，西安，懷慶，固始，漢口，四川，揚州 ȶɕ'y，興縣 ȶɕ'yi，日譯漢音 ɕu；

B. 古代讀濁音 d'，dz'，z 的定從邪三母都像 g'（第七章）ɣ（第九章）ȡ'，ɖʐ'，ȡʑ'，ʑ（第十章）那樣在吳語跟日譯吳音裏保持着濁音；在所有別的方言裏就都把濁音失掉了。固然，古代的 d' 安南譯音譯作 ɖ，不過這是跟古濁音無關的，古代的 t（端）一樣的用 ɖ 來代表，而從（dz'）邪（z）卻都用清音來翻譯。例如：

古 d' 母的圖上海，寧波 du，温州 dy，日譯吳音 zɯ（sɿ）假名寫作 'dzu'，但是官話（除去太谷，西安），揚州，客家 t'u，太谷 t'o，福州 tu，汕頭 tou，t'u，西安，廣州 t'ou，廈門，高麗，日譯漢音 to，安南 ɖo；
古 d' 母的弟吳語 di，日譯吳音 dai，但是官話（除去平陽），揚州，汕頭 ti，平陽，客家 t'i，廈門 tɛ，ti，福州 tɛ，廣州 tai，日譯漢音 tei，高麗 če，安南 ɖe；
古 dz' 母的存上海，寧波 dzəŋ，温州 zœ，日譯吳音 zoɣ̃，但是北京 ts'un，太原 tsχuŋ，蘭州 tsχuəŋ，西安 tsχuẽ，南京 ts'uᴇn，廣州 ts'yːn，客家，汕頭 ts'un，福州 ȶɕ₁ouŋ，高麗 čon，日譯漢音 soɣ̃ 安南 tɵŋ；
古 dz' 母的淨上海，温州 ziŋ，寧波 dziŋ 或 ziŋ，日譯吳音 ȡʑ₂oː（假名寫作 'sh-i-ya-u'），但是北京 ȶɕ₂iŋ，廣州 tsiŋ，南京 tsiɣ̃，客家 ts'iaŋ，福州 ȶɕɛiŋ，ȶɕaiŋ，高麗 čəŋ，日譯漢音 sᴇɪ，安南 tiŋ；
古 z 母的祀吳語 zɿ，日譯吳音 ȡʑ₂ɪ（<ži 假名 'sh·i'ジ），但是官話，客家 sɿ，廣州 tsɿ，福州 sɜy，高麗 sa，安南 tɯ。

以上所說這些讀作濁音的字只有吳語還保存一點點送氣的痕跡（看上文 168 頁跟 254 頁）。反之，讀作清爆發音跟清塞擦音的方言那就既有不送氣音，又有完全的送氣音：(1)

1）客家話在所有的聲調全作送氣清音。例如：

古 d' 母平聲的圖跟去聲的度客家 t'u；
古 dz' 母平聲的慈跟去聲的自客家 ts'ɿ；
古 z 母的袖客家 ts'iu。

2）日譯漢音總是作不送氣清音（ȡʑ' 跟 z 都譯作摩擦音，看上文 398 頁），例如：

古 d' 母的圖跟度漢音 to；
古 d' 母的調漢音 ȶɕ₂oː。

3）官話方言（除去平陽跟三水）跟揚州話：

平聲讀送氣清音；

仄聲讀不送氣清音。

(1) 這裏我們沒有把安南從 s 產生的 t 算進去，看上文 398 頁。

例如：

古 d‘ 母平聲的談北京，開封 t‘an，太原，蘭州，揚州 t‘æ，西安 tæɣ̃，南京 t‘aɣ̃ 等；

古 d‘ 母去聲的淡北京，開封 tan，太原，蘭州，揚州 tæ，西安 tæɣ̃，南京 taɣ̃ 等；

古 dz‘ 母平聲的慈官話，揚州 ts‘ɿ；

古 dz‘ 母去聲的自官話（除去三水，平陽），揚州 tsɿ；

古 dz‘ 母平聲的情北京 tɕ‘₁iŋ，南京 ts‘iɣ̃ 等；

古 dz‘ 母去聲的淨北京 tɕ₁iŋ，南京 tsiɣ̃ 等；

古 z 母平聲祥南京 tɕ‘₂iaŋ，漢口，四川，揚州 tɕ‘iaŋ。

4) 別的方言就不很固定了。

a) 平陽，三水跟廣州：

平聲讀送氣清音；

仄聲讀送氣清音或不送氣清音。

仄聲讀送氣音的在平陽比三水跟廣州較為常見，不過廣州話在我所收的字裏只有古 dz‘ 母有仄聲送氣的例，古 d‘ 母跟 z 母沒有仄聲送氣的例。例如：

古 d‘ 母平聲圖平陽，三水 t‘u，廣州 t‘ou；

古 d‘ 母去聲度平陽 t‘u，三水 tu，廣州 tou；

古 dz‘ 母去聲坐平陽，三水，廣州 ts‘o。

類似這樣的，在幾個西北方言裏，尤其是涇州話，也可以看出一個微弱的傾向來。

b) 閩語跟高麗在所有的聲調或讀送氣清音或讀不送氣清音，沒有什麼一定的規律。不過我們可以看出汕頭話的平聲送氣音特別多，很接近廣州話。在山西省的幾種官話方言裏我們可以看出有閩語那樣的傾向；這個幾個方言中有不少的例子，古母代 d‘，dz‘ 在平聲讀作不送氣爆發音跟塞擦音。尤其是在文水跟太谷（看定母下的例外，370 頁，跟從母下的例外，379 頁）。例如：

古 d‘ 母平聲圖汕頭 tou 跟 t‘u，廈門，高麗 to，福州 tu；

古 d‘ 母平聲桐汕頭 t‘oŋ，廈門，toŋ 或 t‘aŋ，福州 tuŋ 或 t‘œŋ，高麗 toŋ；

古 d‘ 母去聲怠汕頭 tai，t‘ai，福州，廈門 tai，高麗 t‘ɛ；

古 dz‘ 母平聲裁汕頭 ts‘ai，廈門 tsai 跟 č‘ai，福州 tɕai，，高麗 č‘ɛ；

古 dz' 母去聲匠汕頭 č'iɛ, č'iaŋ, 廈門 č'ioŋ, č'iũ, 福州 ʨ'ioŋ, 高麗 čaŋ;
古 dz' 母去聲賤汕頭，廈門 čiɛn, 福州 ʨieŋ, 高麗 č'ən。

## IV. 聲母的失落

A. 在這部書裏詳細研究過的三十三處方言中，我只遇到一處單獨遺失聲母的例子，那就是在温州話裏，假如我們可以相信 Parker，有些個古 z 母的字是這樣的。 Parker 把 '循' 跟 '巡，旬，殉' 等字，就是說，臻攝的字寫作 ʐuŋ, iuŋ 兩讀；還把俗字跟續字，就是說通攝的字，寫作 zyo, ʐyo, yo ('yüo') 三讀。試把相當於古 s 母的讀音，拿來比較一下，我們發見臻攝的字有 ʂuŋ 跟 ɕiuŋ 兩讀。 這表示古摩擦音 s, z 在這個方言的 iuŋ 韵母前頭曾經顎化（看上文 390 頁）成：ɕiuŋ 跟 * ʑiuŋ。ɕiuŋ，因為 ɕ>ʂ 的變化，有些人讀成 ʂuŋ，別的人仍舊保存着。 同樣 * ʑiuŋ 有些人讀 ʐuŋ，別的人因為 ʑ 的繼續變弱，於是就成 jiuŋ>iuŋ。 zyo, ʑyo 跟 yo 的例子應該照此類推，不過要附帶聲明有些人永不發生顎化作用（zyo）。

B. 有一種格外更劇烈更重要的聲母失落，發生在樂安（江西），新寧新會（兩種粤語）三處方言裏，這三處方言我們只從 Forke 跟 Dyer Ball 在 China Review 裏的一些記載知道一點。

據 Ball 說，新寧話的 t 跟 t'（古代的 t' 跟從古 d' 生出來的 t'）照例一樣的失掉。 不過 t 沒有痕跡；t' 的送氣老保存着。 例如：

古 t 母的刀新寧 au;(一)
古 t 母的對新寧 ui;
古 t' 母的偸新寧 heu;
古 t' 母的天新寧 hen, hiŋ;
古 d' 母的奪新寧 oet。

據 Forke 說，樂安話，又據 Ball 說，新會話，t'（古代的 t' 跟從古代的 d

(一) 據譯者調查，新寧古 t 不是 ○ 而是 ʔ。 影喻（古 ʔ, ○）才讀 ○。 所以 '店' ʔiem，並不等於 '厭' iem。

生出來的 t‘）也照例失掉，送氣還保存着：

古 t‘ 母的鐵樂安 hiet；
古 t‘ 母的偸新會 hau；
古 d‘ 母的頭樂安 hou；
古 d‘ 母的團新會 hon。

在作我的研究主要材料的三十三處方言裏，沒有像這樣的劇烈的而且重要的變化，這可以證實我們在前章末了兒所表示的：如果要想對於中國方言得一個大體完備的概念，我們的三十三處方言還遠不够供給必需的材料吶。這三十三處方言只能算是幫助我們可以着手研究中國音韻的一些材料罷了。

# 第十四章　聲母 29－31：非，敷，並

## 聲母 29，非（共 136 字）

這個古聲母普通用 p，p'，b，f，t，x，h 來讀它。

文水的 x 是 χ。

日本的 f，據許多的人說，是一個雙脣的 Φ，這個音在別的方音裏是一個齒脣的 f。

這些音的分配如下表：

<table>
<tr><th></th><th>一等開口，二，四等</th><th>一等合口</th><th>三等開口</th><th>三等合口</th></tr>
<tr><td>高麗</td><td colspan="4">p，p'[1]</td></tr>
<tr><td>安南</td><td colspan="2">b</td><td>t，b[2]，f[3]</td><td>b[4]，f</td></tr>
<tr><td>官話（除去文水），揚州，吳語[5]，粵語</td><td colspan="2">p</td><td>p，f[3]</td><td>p[4]，f</td></tr>
<tr><td>文水</td><td colspan="2">p</td><td>p，x[3]</td><td>p[4]，x</td></tr>
<tr><td>閩語</td><td colspan="2">p，p'[6]</td><td colspan="2">p，p'，h[7]</td></tr>
<tr><td>日本</td><td>h</td><td colspan="3">h，f[8]</td></tr>
</table>

1. p' 見於褒，貝，波，簸，播，倍（又讀），佈，布，巴，芭，包，把，飽，擺，豹，爆，板，版，八，扁（又讀），閉，編，蝙，標，稟，表，偏（又讀），畢，必，筆，逼，風，彼，廢，肺，販，幅（又讀）。

2. b 見於冰，貶，稟，表，偏，裱，筆，碧，逼。

3. f 跟 x 在下面這些字裏出現。

方——宕攝；

否，富——流攝；

法——咸攝。

4. b 跟 p 見下列的字：

兵，秉，丙，柄——梗攝；

碑，悲，彼，俾，鄙，轡，祕——止攝的 b 跟 c 兩類的韵（就是脂，支，旨，紙，至幾韵，看上文 93，94 頁；a 類的微，尾，未，幾韵讀 f，x）。

5. Parker 在溫州話的多數例子裏寫作 p-，b- 兩讀，不過並不老是這樣。這跟我們在上文 366 頁已經說過的該是同樣的現象。溫州的 p 也許就是一個很近於 b 的 p（b̥?）。

6. p' 見於下列的字：

福州波，譜（參看例外），補（又讀），迫（又讀），駁（又讀），壁（又讀），璧，編；
汕頭絆，撥，卜，褒，博（又讀），波（又讀），奔，賁，譜（參看例外）；
廈門崩（又讀），博，波，奔，譜（參看例外），壁（又讀）璧。

7. 在官話讀 p 的字裏（就是在所有開口的字除去，方，否，富，法；還在合口的，兵，碑，悲，秉，丙，彼，俾，鄙，柄，轡，祕），我們遇見：

p' 在

福州徧，碧，悲，鄙（參看例外）；
汕頭標（又讀），貶，碧，鄙（參看例外）；
廈門并（又讀），標（又讀），碧，鄙（參看例外）；

p 在其餘的字。

在官話讀 f，文水讀 x 的字（就是方，否，富，法還有合口的字除去上文註 3 底下所記的那些字），我們遇到：

最多的是 h：

福州除去緋，匪，痱（止攝）跟否以外其他都是 h；
汕頭，廈門除去痱以外其他都是 h；

不過也有好多的 p：

福州富，飛，分，反，痱，糞，放，傅，腹；
汕頭方，富，飛，分，斧，痱，糞，放，幅，腹；
廈門方，富，飛，分，夫，反，斧，痱，糞，放，幅，腹；

還有些個 p'：

福州否，緋，匪，斧；

汕頭藩,甫,販;
廈門藩,販。

8. f 見於 u 的前頭,就是說見於下列各字的又讀:

一等:譜,補,佈,布——遇攝;
三等:否,富——流攝;紛,分,粉,奮,糞,弗——臻攝;膚,夫,斧,甫,腑,俯,府,賦,傅,付——遇攝;風,封,福,幅,蝠,輻,複,腹——通攝;

例外

a) p' 的讀法頗多,無疑的往往表示着不見反切之古讀:

謗廣州,平陽;波北京(又讀),平陽,平涼,涇州,西安,桑家鎮,開封,固始;簸懷慶,廣州,譜各處,除去開封,廣州(又讀),吳語,安南,高麗;倍平陽(參看古兩讀),陝西,甘肅;絆三水,固始,南京(又讀),四川(又讀),南京,揚州,客家(又讀);撥廣州,南京(又讀);卜固始,南京;豹廣州;爆南京,溫州,寧波(又讀),上海(又讀),客家(又讀);迫北京(又讀),文水,太谷,懷慶,開封,漢口,南京,四川,揚州,上海(又讀);柏廣州(又讀);扁蘭州,涇州;編蘭州,客家,廣州(又讀),溫州(又讀);蝙蘭州,并寧波;標興縣(又讀),鳳台,客家(又讀);貶客家(又讀);徧北京,漢口,南京,四川,揚州,廣州(皆又讀),蘭州,固始;悲蘭州;鄙北京,漢口,四川(皆又讀),粵語,平陽,平涼,涇州,陝西;彆官話,上海,寧波。

b) 有些讀法使我們想到閩方言:

斧,貶(又讀),糞,放,腹客家 p;甫客家,廣州(又讀),溫州(又讀)p';糞;溫州 p。

c) 雜類:譜安南 f;絆溫州,寧波 b;卜日本(又讀) b;庇廈門(又讀) t;膚,夫;溫州(又讀) h;奮寧波 v;幅安南 b。

古代的兩讀字

'貢'照集韻的反切也有屬於並母的讀法;'倍'在好多方言裏跟集韻屬於並母的一個反切相合:'裨'在這裏是國音的 pei;照廣韻的反切也有跟國音 p'i 相當的讀法;'藩'普通當作屬於並母的一個反切;'夫'照廣韻的反切,它也有屬於並母的讀法;'複'溫州(又讀),寧波(又讀)的 v 跟廣韻屬於並母的一個反切有關係。

找不着讀音的字：

賁廈門；幫日本；綁上海；佈廈門；鉢開封，鳳台；布高麗；迸固始，廈門，南京；爆廈門；扮安南；剝太谷；裨四川；鞭高麗；否廈門；臂西安；裱高麗；轡太原，懷慶，揚州，四川；痱高麗，上海。

## 聲母 30，敷（共 72 字）

這個古聲母普通用 p‘，p，f，t‘，t，x，h 來讀它。

p‘

是 p‘，北京，開封，固始，南京，上海，福州，廣州；

在 i 以前是 p‘，在別的元音以前是 pχ，是見於文水，太谷，鳳台；

在 i 以前是 pç，在別的元音以前是 pχ，是見於懷慶，陝西，甘肅還有山西其餘的方言。

關於 f 跟 x 看 407 頁。

這些音的分配如下表：

| | 一，二 等 | 四 等 | 三 等 開 口 | 三等合口 |
|---|---|---|---|---|
| 高麗 | p，p‘[1] | | | |
| 安南 | f | t‘，t，f[2] | | f |
| 官話（除另見別欄者）揚州，吳語，粵語 | p‘ | | p‘，f[3] | p‘[4]，f |
| 蘭州，涇州 | p‘ | | p‘，ps[5]，f[3] | p‘[4]，f |
| 文水 | p‘ | | p‘，x[3] | p‘[4]，x |
| 閩語 | p‘ | | p‘，h[3] | p‘[4]，h |
| 日本 | h，f[6] | | | |

1．p‘ 見於沛，頗，玻，坡，鋪，溥，破，判，烹，胞，泡，怕，皺，派，漂，片，騙，匹，披，偏，篇，嫖，飄，品，豐。

2．t‘，t，f 的分配是照下面這樣：

t‘ 見於譬，霹，偏，篇四個字；

t 見於霹，匹，飄，僻四個字；

f 見於批，漂，片，騙，劈，披，嫖，飄，品，紡，彷，副，訪。

關於聘，憋，瞥看例外跟古兩讀。

3．f，x，h 見於宕攝跟流攝紡，仿，副，訪四個字。

4．p 見於止攝脂韻的丕字。

5．ps 見於國音讀 p'i 的字。

6．f 見於 u 的前頭，就是說下列各字的又讀：

一等：流攝的剖；遇攝的舖，普，溥；

三等：流攝的副；遇攝的俘，敷，撫，訃，仆，赴；通攝的豐，峯，鋒，蜂，烽，覆；臻攝的忿，拂，彿。

例外

a）散見的 p：

溥廣州（又讀），寧波（又讀）；魄廣州（又讀）；珀陝西，廣州；品廣州，汕頭（又讀）。

b）有些 p' 替代 f，h：

紡客家，汕頭，廈門（皆又讀）；芳廈門（又讀）；敷寧波；蜂文水，福州，汕頭（又讀），廈門（又讀）（這些讀法是陰平，所以不能用屬於並母陽平的一個反切來解釋）。

c）不見反切之古讀：

玻幾乎各處都當作非母；玻廣州，福州，溫州，寧波，漢口，四川（皆又讀），客家，汕頭 p。

d）雜類：俘，敷溫州（又讀）h。

古代的兩讀字：

胖溫州，上海，安南 b，跟集韻屬於並母的一個反切有關係；潑溫州，安南 b，歸化（又讀），大同，鳳台，揚州（又讀）p，跟韻會屬於並母的一個反切有關係；'撲' 日本（又讀），安南 b 跟唐韻屬於並母的一個反切有關係；'胞' 有幾個古讀：安南 b（陽調）跟集韻屬於並母的一個反切有關係；p 在好些方言裏由於廣韻屬於非母的一個反切；'泡' 安南 b 可以集韻屬於非母的一個反切來解釋；'憋' 有些方言普通依照集韻屬於並母的一個反切；'瞥' 溫州（又讀），寧波（又讀），安南 b，大同，平陽 p 跟集韻屬於並母的一個反切有關係；'嫖' 在一大些方言裏按照屬於並母的一個反切；有些人按照屬於非母的一個反切；'忿' 吳語 v 跟集韻屬於並母的一個反切有關係；'仆' 有好多 p' 的讀法跟集韻屬於一等入聲的一個反切有關係。

找不着讀音的字：

剖太原，懷慶，四川，廈門；抛高麗；怕，拍安南；盼廈門；聘安南；譬廈門；憋懷慶，上海，福州，廈門；瞥懷慶，廈門；撫福州，汕頭。

## 聲母 31，並(共 127 字)

這個古聲母普通用 b, p‘, p, v, f, x, h 這些音來讀它。

關於這些音的細微音質看 407,410 頁。

這些音的分配如下表：

| | 平 | | | 仄 | | |
|---|---|---|---|---|---|---|
| | 一，二，四等 | 三等開口 | 三等合口 | 一，二，四等 | 三等開口 | 三等合口 |
| 日本吳音 | b | | | | | |
| 安南 | b | t[1], b, f[2] | b[3], f | b | t[1], b, f[2] | b[3], f |
| 吳語 | b | b, v[2] | b[3], v | b | b, v[2] | b[3], v |
| 客家 | p‘ | p‘, f[2] | p‘[3], f | p‘ | p‘, f[2] | p‘[3], f |
| 平陽，三水 | p‘ | p‘, f[2] | p‘[3], f | p, p‘[4] | p, p‘[4], f[2] | p‘[3], f |
| 官話（除另見別欄者）揚州，廣州 | p‘ | p‘, f[2] | p‘[3], f | p | p‘, f[2] | p[3], f |
| 蘭州，涇州 | p‘ | p‘, ps[5], f[2] | p‘[3], f | p | p, f[2] | p[3], f |
| 文水 | p‘ | p‘, x[2] | p‘[3], x | p | p, x[2] | p[3], x |
| 閩語 | p‘, p[6] | p‘, p, h[7] | | p‘, p[6] | p‘, p, b[7] | |
| 日本漢音 | h | h, f[8] | | h | h, f[8] | |
| 高麗 | p‘[9], p | | | | | |

1. t 見於脾，琵，牝，避，鼻，敝，幣，弊，便，擗，闢。

2．f，v，x 見於下列的字：

浮，負，婦，阜——流攝；

凡，帆，犯，範，梵，乏——咸攝。

3．b，p‘，p 見於下列的字：

平，評，病——梗攝；
備——止攝的脂韵。

4．p‘ 見於下列的字：

平陽，暴，泊，薄，笨，簿，部，步，捕，罷，敗，稗，爊，拔，雹，辮，被，鼻，敝，弊，獘，弼，備，病；
三水薄，笨，部，步，脖，拔，鼻，病（關於旆，拌，佩，叛，僕，牝，擗，闢，看例外跟古兩讀。

5．ps 見於國音讀 p‘i 的字。

6．p‘ 跟 p 的分配是這樣：

汕頭
在平聲大都是 p‘；p 只見於爬，牌，排，瓶四個字，還在陪，磐，盤，棚，琶，字裏跟 p‘ 互讀；
在仄聲大都是 p；p‘ 見於抱，旆，拌，伴，簿四個字，還有又讀的傍，部，辮，稗。

在福州跟廈門 p 佔優勢；p‘ 只見於下列的字：
福州篷，蓬，伴，跑，雹跟又讀的傍，簿，捧，稗，拔幾個字；
廈門抱，泊，盆，篷，伴，簿，跑，雹跟又讀的暴，薄，盤，蒲，部，棚，捧，拔（關於旆，拌，諞，看例外跟古兩讀）。

7．關於官話讀 p‘，p 的字，我們遇到

p‘ 在
福州皮，疲，瓢，被（又讀），鼻，評；
汕頭憑（又讀）皮，疲，琶，貧，瓢，被（又讀），鼻，別，平（又讀），評；
廈門皮（又讀），疲，瓢，被（又讀），鼻，平（又讀），評。
p 在其餘的字（關於牝，擗，闢看例外跟古兩讀）。

關於官話讀 f 的字我們遇見 h 最多：

福州在浮，阜，肥，房，縫，縛以外所有的字，
汕頭在浮，帆，肥，蟠，縛以外所有的字；

廈門在房，縛以外所有的字；

不過也有好多的 p‘，p，時常跟 h 互讀：

p‘：福州浮，帆，阜，肥，縫；
汕頭浮，帆，墳，逢，縫；
廈門浮；

p：福州肥，房，縫，腐，吠，飯，縛；
汕頭婦，肥，房，父，吠，飯，佛，縛；
廈門負，婦，肥，房，逢，縫，父，吠，飯，佛，縛。

8．f 見於 u 的前頭；就是說在下列的字：

浮，負，婦，阜——流攝；
墳，氛，焚，憤，佛——臻攝；
符，扶，父，腐，釜，附——遇攝；
伏，復，服——通攝。

9．p‘ 見於袍，抱，旆，暴，婆，蒲，悖，佩，捕，琶，爬，牌，咆，瓣，敗，稗，諞（又讀），陛，皮，疲，瓢，被，避，敝，弊，斃，便（又讀），弼，平，評，吠。

**例外**

a）仄聲散見的 p‘（參看客家，平陽，三水）尤其是西北方言跟廣州話：

抱廣州；伴太原；簿蘭州；部，步平涼，涇州，桑家鎮；鈸四川（又讀）；脖興縣，固始；餑興縣，漢口，揚州，四川，白歸化（又讀），興縣（又讀），涇州；棒廣州；敗，稗桑家鎮；牝廣州（陽上）；被廣州（陽上又讀）；鼻興縣；斃揚州；弼漢口；病涇州。

b）有些爆發音在官話是讀 f 的（參看閩方言）：

肥客家 p‘，寧波（又讀），上海（又讀）b；防上海，寧波 b；符，扶（又讀），釜，吠，縛，伏（又讀），客家 p‘。

c）照 Parker，在温州話有些失掉聲母的例子跟 v 互見：浮，帆，負，梵，乏，父，憤，腐，佛。

d）不見反切之古讀？：

旆在多數方言裏當作敷母；瘢，搬，髈在大部分方言裏當作非母；佩在官話方言裏當作敷母；琶北京（又讀），桑家鎮，開封，懷慶 p（陰平）；傯廣州，寧波 p‘（陰去）；牝官話，揚州，客家（陰上）把這個字當作敷母；俸吳語在陰調的 f 指着一個屬於非母或敷母的古讀法。

e）雜類：婆，盆文水 p；培開封 p；咆文水，太谷，蘭州，固始，揚州 p，溫州 p‘；跑溫州，寧波（又讀）p‘；瓣溫州 p‘，上海 p；辦客家 p；瓢文水，寧波 p；敝，弊，獘客家 p；焚汕頭沒有任何聲母。

古代的兩讀字：

‘蚆’在多數方言裏照集韻的一個反切當作平聲；‘傍’我們也找到些個讀法是依照唐韻屬於平聲的另外一個反切；‘泊’集韻屬於敷母的一個反切還留下些痕跡：溫州，客家，揚州，上海（又讀）p‘；‘艕’上海 p‘跟廣韻上聲屬於敷母的一個反切有關係；‘拌’有一大套的古讀法，就是見於平，上，去三聲的三個數母的讀法，間或還留下些痕跡；‘叛’，‘僕’官話跟揚州（又讀）照集韻的反切把這兩個字當作敷母；‘炮’有幾個方言依照集韻屬於敷母去聲的一個反切；‘諞’多數方言把這個字當作敷母，這也是由於集韻的一個反切；‘擗’幾乎所有的方言都依照集韻屬於敷母的一個反切；‘闢’很多方言依照集韻屬於敷母的一個反切；‘蟠’在這裏是國音的 fan；也有屬於一等的讀法，國音 p‘an，是依照韻會的反切；‘番’，‘繙’各處都按照廣韻的反切當作敷母；‘氛’各處都跟廣韻屬於非母的另外一個反切相合；‘父’日譯吳音 h，吳語（又讀）f 跟廣韻屬於非母的一個反切有關係；‘釜’照一個屬於非母的反切來讀；‘復’也有些讀法按照集韻屬於非母的一個反切。

找不着讀音的字：

蚆高麗，廈門；旆廈門；泊大同，太原，鳳台，四川；磐廈門；脖福州，高麗；餑廈門，上海，南京；咆懷慶，南京，廈門；棒客家；稗懷慶，四川；憊廈門；諞福州，廈門；帆，牝，蟠，氛廈門；筏溫州；縛安南。

# 非敷並母總論

在 37 頁上我們已經提到古代漢語除去雙唇音之外並沒有別的唇音這件久已證明的事實了。利用我們在 252 頁所得到的結果，我們就可以定出這些聲母的古代音值如下：

非……………p 清弱音

敷……………p‘ 清送氣音

並……………b‘ 濁送氣音

這幾個古音的演化上有很多有趣的現象。

### I. 發音部位

考查上面所列的表，純粹從語音的觀點上看，我們可以指明從古代的雙唇音生出：

a) 齒脣音……………… f, v

b) 齒音………………… t, t'

c) 舌根音……………… x

d) 喉音………………… h

不過按照歷史的關係，我們要用一個不同的次序去討論這些現象。

在切韵反切所表現的我們稱爲中古漢語的那一個時代，簡單的脣音系統 p, p', b 也許已經變複雜或者開始變複雜了。 從別的語言得到的經驗指示我們雙脣音很容易變成齒脣音，而且我們在近古漢語裏就遇到中古雙脣音分化成兩類，一類雙脣音：p, p', b'，跟一類齒脣音：f, f', v。 所以中國音韵家對於這些聲母的名稱也改變了。 非敷這兩個字因爲參與了 p>f 的演變，不能當作 p, p'的標目，所以就拿這兩個字表示近古的 f, f'，另外用新的標目去塡補這個空當兒：

p 幫　　p' 滂　　b' 並

f 非　　f' 敷　　v 奉

Maspero (Phon. Ann. p. 39) 好像是有這個意見，說非 f 跟敷 f' 的分別只是理論的而不是實際的："古代漢語〔就是我們這裏所謂近古漢語〕有兩個摩擦脣音，淸聲 f 跟濁聲 v，其中的第一個在韵表裏依照來源的 p 母或 p' 母而分成兩類"。 這個意見並不是不可以承認，不過我看不出它的需要來。 從 p' 生出的 f 要比從 p 生出的 f 加強一點，那是很自然的。 各種字典的反切都很小心的分別 f 跟 f'，就是完全不守舊法的正韵在這一點上也是如此。 正韵所用的反切上字有時候跟別的韵書不同，然而 f 跟 f' 並不混淆。(一)

p>f 等演變的時代，我們簡直的不能下確切的斷語。 切韵指掌圖（第十一

(一) 劉文錦洪武正韻聲類考謂非敷兩母在正韻已合成一類，看史語集刊第三本 247 頁。

世紀）已經應用了新系統。在切韻的反切裏（紀元後 600 年左右），跟在最古的聲母系統裏（就是三十字母的系統），都只有雙唇音。所以這個演變是在唐代才有的。在這個時代好多的譯音字如果我們把齒唇的音值代進去，那就更覺得合適了。雖然這不是一個確定的證據，(1)不過最自然的是說 p>f 的演變是從唐代才開始的。(2)

p，p'，b'>f，f'，v 這種變化，不是無故而變的，也不是全體都變的，而只是在某種條件之下才變，必須

a）聲母 j 化（韵表的三等）；

b）聲母後面隨着一個 u（w）。

因爲韵表裏所謂合口類恰好就是說主要元音前有唇元音，或卽以唇元音爲主要元音的意思，所以這個現象應該限於三等合口類，在這一類裏不許有例外。可是實際上並不如此。我們得要考查這個原因並且想法子解答我們在 40 頁留着沒有答覆的問題。

a）在韵表合口的三等裏（j 化的聲母+唇元音），p>f 等演變照例是有的，不過有些重要的字類倒沒有經過這個演變。這是爲什麼呐？

α）第一梗攝的些字（兵，秉，丙，柄，平，評，病），在近代任何方言，都沒有合口（u）的痕跡，我們就可以穩穩當當的斷定說，這些字雖然一定是合口（看 40 頁），可是在 pju（pjw）>fu（fw）的傾向出現以前，這些字的合口已經失掉了。所以這些字才保存了它們的雙唇音。

β）第二還有止攝 b 跟 c 兩韵類的字（碑，悲，彼，俾，鄙，轡，祕，丕，備），保留雙唇音，而這一攝的 a 韵類（非，徘，飛，匪，痱，妃，費，肥），卻變成了齒唇音。

(1) 假若沒有 f，v 可用以對譯 f，v，就只得認 p，b 爲滿意的對音，這是很顯然的。所以在第四世紀，只有雙唇音的時候，中國人就用 b' 翻譯 Devavatī 的 v，看 Pelliot 的文章 Journ. As. 1914, p. 393。

(2) 這是 Maspero, Phon. Ann. p. 14, 39 重要幾段裏的好主張。不過這種變化自然不是立刻發生的，也不是在中國所有發生這種變化的地方同時起來的，這個演變的完成必須要經過頗長的時間。

在討論韵母的那一章，我們就可以看出這些韵母中間有什麼區別可以解釋這種分歧的演變。

b）在韵表的三等開口（j 化聲母後面不隨着 u）的字，普通是不受 p>f 等變化的，可是在有些重要的例子裏，還是發生這個演變。

α）第一是在宕攝的幾個字（方，紡，彷，訪），不過這些字都是 41 頁所討論的例子，它們的反切都不可靠。這些字雖然拼作開口，可是由近代方言裏，——方福州 huoŋ，汕頭 huaŋ，文水 xuã（χuã），——清清楚楚的看出來實在是合口，所以它們變成 f，f' 是當然的。

β）其次，在咸攝的 d 類韵我們有些個字（法，凡，帆，犯，範，梵，乏），這些字在古代漢語是有 -m，-p 韵尾的，切韵指掌圖跟切音指南都把它們放在開口類裏，而韵鏡卻認它們作合口。Maspero 很堅決的說這些字從來沒有過合口。(1) 我的意見跟他相反並且有很強的理由。這些字跟合口一樣演變出 f 跟 v 來，這件事實已經是很可注意的了。而且還有確切的證據吶。——雖然普通的方言在 f 跟 v 的後面所有的韵母幾乎都失掉 w（合口），可是興縣有時候保留 w(u)，文水跟大部分的閩語，因爲替代 w 的失掉，把 fw 變成 xu(χu)，hw（hu-），我們在下文就可以看見（420 頁）。在這些方言裏，我們就容易斷定哪些字有合口的韵母，哪些字沒有合口的韵母了。現在且看看這一類字：

凡：（北京，廣州 fan，客家，安南 fam，高麗 pəm 等），興縣 fuã，文水 xua（χuã），福州 huaŋ，汕頭，廈門 huan：

法：（北京 fa，安南 fap，廣州 fat，高麗 pəp 等），興縣 fuã?，文水 xua?（χua?），福州，廈門 huat，汕頭 huap。

從這裏很清楚的可以看出來在切韵的古代漢語裏這些字曾經有過合口。韵

（1） Maspero, Phon. Ann. p. 17 上說：“在有脣音 w, m, p 的韻母裏，聲母的後頭不能有脣的半元音存在。” 在同頁的小註他接續着說：“這就是 Cadière 神父在一篇講脣的半元音的單刊裏（BEFEO 1909）所提的現象，可是他的說法不是絕對正確的；我們不能說‘安南譯音在脣音韻尾字失掉脣的半元音’，因爲一個字又有脣半元音又有脣韻尾，在漢語是不可能的，所以在安南譯音裏根本就不會有過的”。說安南話借了些字沒有合口，這是的確的，關於這一點 Maspero 的批評很對，可是要說合口在漢語有 -m，-p 的字裏不能存在，我卻不相信，理由見上文。

鏡本是根據反切來構擬古音的書(看 22 頁),所以把它們放在合口,是很對的。所以這些字在唐朝的初年已經完全按照規律變成 f-,v-了。不過別的韵母經過好幾百年,在 f 跟 v 的後面還保存它們的 w,所以切韵指掌圖把它們放在合口類,可是有 -m, -p 的韵母因爲異化作用極早就把聲母後面的 w 失掉了。這個w的失掉在第十一世紀以前。切韵指掌圖既然不是一部擬古的書,而是根據當時讀音給古韵書作了一部指南(看上文 21—23 頁)的書,那麽它當然要把這些字放在開口類底下的。儘管我們自己的韵表裏暫照切韵指掌圖把咸攝的 d 類(凡,范,梵,乏四韵)仍算開口可是我們很有理由把它們單提出來作爲咸攝的合口類。這樣,這些齒脣音就是完全有規則的。

γ)最後我們必須要找到一個理由來解釋流攝的字(否,富,副,浮,負,婦,阜)爲什麽本是開口而也變成齒脣音。其中固然有幾個——不是全體——有遇攝(合口的又讀,可是這一點不能解釋這件事情,因爲我們現在有好多讀作 fou,跟 fao 的音淸淸楚楚是開口。我們曾經設想(40 頁)這些字的 -u 尾或者是使它們的聲母變成齒脣音的原因,實際上也該當是如此。至於同是 -u 尾的效攝字(標,表,裱,嫖,瓢)何以沒有變成 f, v,那倒容易解釋。我們在後邊韵母章就可以看見流攝的字的韵音是 -ə̆u(u 是強的),而效攝的字是 -ɛŭ(u 是弱的)。

這麽一來,反對齒脣音來自 j, u 影響說的理由,我們在這裏都給排除了。

近代方言對於中古近古漢語的脣音系統的讀法是怎麽樣的呐?

A. 官話方言(除去文水),揚州話,跟吳語,粵語完全是跟近古漢語相合的,它們在上文(417 頁以下)所指明的那類字裏恰好讀齒脣音,其餘讀雙脣音,例如:

中古 p 母,近古 f 母的府,官話,揚州,吳語,粵語 fu;但是

中古跟近古 p 母的補,官話,揚州,上海,寧波,客家 pu,廣州 pou,溫州 pu,pəy;

中古 b' 母,近古 v 母的墳,北京 fɜn,興縣 fuɜ̃,西安 fɛ̃,南京 fəɣ̃,廣州 fɐn,客家 fun,fuən,上海 寧波 vəŋ,溫州 vaŋ;但是

中古跟近古 b' 母的盆,北京 p'ɜn,興縣 pχɜ̃,西安 pχɛ̃,南京 p'əɣ̃,粵語p'un,

上海,寧波 bəŋ; 温州 bœ。

B. 文水話也一樣是根據近古漢語的。 雙脣音可以在跟近古漢語一樣的字裏找出來,但是在近古漢語讀作 f 跟 v 的字,在文水卻作 x(χ)。 我們在前面看見過(276 頁)古代的 x 在有些方言裏讀作 f, 在這裏我們可以看見一個相反的現象。 文水話很顯然的,像別的官話方言一樣第一步先讀作 fu(-), 不過後來這個 fu(-)又變成了xu(-), 例如:

中古 p 母,近古 f 母的府,文水 χu;但是
中古跟近古 p 母的補, 文水 pu;
中古 b' 母近古 v 母的墳, 文水 χũ; 但是
中古跟近古 b' 母的篷, 文水 pχə̃。

C. 閩語不很固定,這是因爲閩語是由不同的兩層話組成的。 白話的那一層,直接根據中古漢語沒有參與 p>f 的演變。 閩語的 p,p' 既相當於官話的 p,p' 也相當於官話的 f。 所以在中國也有些部分齒脣化沒有發生,可見在唐朝已經有重要的方言的不同了。

反之,文言的那一層,卻是根據韵表的近古漢語, p,p' 相當於官話的 p,p';h 相當於官話的 f。 這個 h 使我們回想到文水的 x。 我們不曉得到底應該設想一個 f>x>h 的演變(關於閩語 x>h 的變化看 276 頁),還是一個 f>h 的直接演變。 此外還可以參閱西班牙語: hijo< filiu。 例如:

中古 p 母,近古 f 母的放福州 huoŋ, pouŋ, 汕頭 huaŋ, paŋ, 廈門 hoŋ, paŋ;
中古跟近古 p 母的幫福州 pouŋ, 汕頭 poŋ, paŋ, 廈門 paŋ;
中古 b' 母近古 v 母的墳福州 huŋ, 汕頭 hun, p'un, 廈門 hun;
中古跟近古 b' 母的盆福州 puɵŋ, 汕頭,廈門 p'un。

D. 安南譯音跟官話一樣根據近古漢話。 近古的 f, 安南作 f。

例如:

中古 p 母,近古 f 母的府安南 fu;
中古 b' 母,近古 v 母的墳安南 fɐn。

可是安南譯音並不只拿雙脣音代表近古漢語的 p, p', b', 安南話在這裏有幾個特別的現象;

1）近古漢語的 p 跟 b‘ 照例是用 b 譯的，可是也有些個 t。——同樣 p‘ 也有時候拿 t‘，t 來代表。這個 t，t‘ 只在開口三四等裏出現。這是在安南境內發生的一種變化，它在語音上的理由到現在還不明白（看 Maspero, Phon. Ann. p. 37）例如：

中古 p 母的并安南 tiŋ；
中古 p 母的必安南 tɐt；
中古 b‘ 母的鼻安南 ti；
中古 p‘ 母的霹安南 t‘iʈ₂, tiʈ₂。

2）近古漢語的 p‘ 除去譯成 t‘，t 那些不很多的例子以外，照例是用 f 譯的。這個 f 是在安南出現的，所以跟在中國境內的 f 沒有關係。像希臘語似的，顯然是由送氣促成這種演變。

例如：中古跟近古 p‘ 母的破安南 fa。

Maspero 還指出些個用安南 b 對譯近古漢語 p‘ 的例子（看 Phon. Ann. p. 52）。

E. 高麗譯音像閩語的話一樣，是直接根據中古漢語，沒有近古漢語的齒脣音的痕迹。例如：

中古 p 母，近古 f 母的府高麗 pu；
中古跟近古 p 母的補高麗 po；
中古 b‘ 母近古 v 母的墳高麗 pun；
中古跟近古 b‘ 母的盆高麗 pun；

F. 最後日本譯音上有幾個重要的現象。這個方言裏的現在狀況如下：

中古漢語 p，p‘ 在日本譯音，無論漢音吳音，u 元音前頭是 f，別的元音前頭都是 h，例如：

中古跟近古 p 母的補漢音 ho，吳音 ɸɯ；
中古 p 母近古 f 母的府漢音 ɸɯ，吳音 ho；
中古跟近古 p 母的悲漢音跟吳音 hɪ；
中古 p 母近古 f 母的非漢音跟吳音 hɪ；
中古跟近古 p 母的怕漢音 hᴀ，吳音 hᴇ。

中古漢語 b‘ 吳音不論後面的元音是什麼總是作 b。漢音因爲照例用清音

對譯中古濁音,所以把 b‘ 跟 p p‘ 同樣看待,用 f 或 h 來代表。例如:

婆漢音 hʌ, 吳音 bʌ;
部漢音 ho, 吳音 bɯ;
墳漢音 ɸɯɣ̃, 吳音 boɣ̃——都是古代的 b‘ 母。

日本譯音的 h 跟 f 一定是純粹的日本現象。本來在假名的五十音圖我們現在讀作 ha, he, hi, ho, hu 的從前是讀 pa, pe, pi, po, pu 的,這從幾件事實可以看得出來:

α) 吳音 ba, be, bi, bo, bu 幾個音,是拿代表 ha, he, hi, ho, fu 同樣的假名記號加雙點(バ,ベ,ビ,ボ,ブ)來寫,換言之,就是濁音,完全像 da, ga 等拿 ta, ka 等加點(ダ,ガ)來寫一樣。

β) 要是 ha, he, hi, ho, fu 當作一個聯詞的第二部分而這個聯詞的第一部分在中古漢語是有 -p, -t, -k 韵尾的時候,它們就不讀作 ha 等,而讀作 pa, pe, pi, po, pu,於是就用一個小圈作記號(パ,ペ,ピ,ポ,プ)。所以假名 kat(su)+han>kappan,'活版',中古漢語 -t+p-;假名 roku+fu>roppu,'六腑',中古漢語 -k+p-;在中古漢語 -m,-n 的後頭也常常發見同樣的事情;假名 nan+fu>nampu,'南風',中古漢語 -m+p-;假名 ran+hatsu> rampatsu,'亂髮',中古漢語 -n+p-。我們可以看出在這幾個例子裏中古的狀況是保存着的。

γ) 最後 ニゴリ (濁)在的作用裏還可以看出古代雙脣音的狀況來。ニゴリ 這個字(動詞 ニゴリ),日本人當作清音變成濁音的作用講。這種變化最常發生在一個聯詞的第二部分裏,而這個聯詞的第一部分在日本語是用元音或 n 作韵尾的,所以假名 ren+ka>renga,'連歌'。同樣 t 變 d,s 變 z, ts 變 dz (讀 z),ɕ 變 ʑ(讀 dʑ),tɕ 變 dʑ。但是 ニゴリ 化的字的 b- 相當於單字的 h-, f-:假名 kan+han>kamban,'刊版',中古漢語 -n+p-。由此可見沒有ニゴリ 化的聲母本來該當是 p。(1)

(1) 所以像有些人直到現在往往這樣說(例如:Chamberlain, The Japanese Language, London, 1886, p. 10.)f 跟 h 在ニゴリ變成 b,這是不對的。ニゴリ的 b 反倒比"不ニゴリ化的" f,h 較近於原來的聲音。此外像日本人自己說,如上文所舉的 kappan, roppu, nampu 等例(這些例裏的 p 是保存古代的 p)是由於 h 跟 f 變 p 而來的一個"半ニゴリ",那更是錯的。

這樣我們可以定出下面這個演變：當初漢音把中國漢語的 p，p'，b' 統譯作 p，吳音把 p，p' 譯作 p，把 b' 譯作 b。日本話的 p 後來變成摩擦音 ɸ，變的時期我們此刻還不能定。這個 ɸ 在日本有些部分，在所有的元音的前頭都保存着。Lange 說：（Übungs- und lesebuch zum studium der Japanischen schrift p. 10）"在日本西部聲母 h 音差不多讀的像 f 似的，所以在討論九洲的長崎方言的較古的文法裏 ha，hi，he，ho 譯寫作 fa，fe，fi，fo。但是在東京 Φ（f）只在 u 的前頭保存着，在所有別的元音的前頭都變成 h（參看上文閩語）。這個 h 在 i 的前頭同樣也正在變成顎摩擦音（〔ç〕，德文 'ich' 的音）。

由此我們可以看出來日本譯音是根據中古漢語的，並沒有近古漢語齒脣音的痕跡，日本話的 f 純粹是在日本本國生出來的。

## II．清濁跟送氣

關於清濁送氣此處完全跟別類的聲母相似。

A．古代清音不送氣的 p（非），跟送氣的 p'（敷），在大多數方音裏很嚴格的保存着清音，並且除去變成摩擦音的例子以外，p 仍舊不送氣，p' 仍舊送氣；官話方言，揚州話，吳語跟粵語都是這樣。p' 的送氣在山西，陝西，甘肅跟河南的方言裏產生了寄生音的（p）χ，（p）ç（看 410 頁），甘肅的兩個方言，在長 i 的前頭（換言之，就是單獨當韵母的 i）生出一個（p）s 來；就是在短 i 的前頭我們也時常可以聽見一個不完全的 s。我們在上文（397）已經看見這些方言，也把國音的 t'i 讀成 ts'i。例如：

中古跟近古 p 母的補官話，揚州，上海，寧波，客家 pu，廣州 pou，溫州 pu，pəy。

中代跟近古 p' 母的舖山西，陝西，甘肅，懷慶 pχu，北京，開封，固始，南京，上海 p'u 漢口，四川，揚州，客家，寧波 p'u，廣州 p'ou，溫州 p'u，p'əy；

中古跟近古 p' 母的批北京，文水，太谷，開封，固始，南京，上海 p'i，別的山西方言，平涼，陝西 pçi，蘭州，涇州 psi，漢口，四川，揚州，溫州，寧波 p'i，客家 p'i，p'ai，廣州 p'ai；

中古 p 母近古 f 母的府官話（除去文水），揚州，吳語，粵語 fu，文水 χu。

有幾個方言離開中古的狀況更遠一點。

閩語像我們剛才討論的方言一樣，也是老讀清音的。 如果把中古送氣的 p' 讀成塞音，這個塞音就是送氣的 p'。 可是如果把中古不送氣的 p 讀成塞音，那麼這個塞音或作送氣的 p'，或作不送氣的 p，就沒有固定的規律了。 例如：

褒福州，廈門 po，汕頭 pau；
補福州 puo，p'uo，汕頭 pou，pu，廈門 po；
緋福州 p'i，汕頭 hui。

中古 p 跟 p' 高麗譯音作 p 或 p'，沒有規律。 例如：

中古跟近古 p 母的褒高麗 p'o；
中古跟近古 p 母的寶高麗 po；
中古跟近古 p' 母的舖高麗 p'o；
中古跟近古 p' 母的普高麗 po；
中古 p' 母近古 f 母的訃高麗 pu；

安南話沒有 p 聲母，所以安南譯音用 b 來譯近古的 p（有幾處是近古的 p'），近古的 f 還是用清聲 f 來代表。 例如：

中古跟近古 p 母的褒安南 baːu；

中古母 p 近古 f 母的非安南 fi。

此外還有些例子，安南譯音用 t 譯近古的 p，用 t' 或 t 譯 p'，看上文 421 頁。

B. 中古濁音 b' 在吳語跟日譯吳音裏保存着濁音。 別的地方濁音都失掉了。自然，安南譯音在有些例子裏把這個聲母譯作 b，不過這並沒有什麼意義，因爲安南也把漢語的 p 讀成 b，況且安南話此外還用清音 t 跟 f 來對譯漢語的 b'。

例如：

中古跟近古 b' 母（平聲）的蒲吳語 bu，日譯吳音 bɯ，但是，山西，陝西，甘肅，懷慶 pχu，北京，開封，固始，南京 p'u，漢口，四川，揚州，客家，汕頭 p'u，廣州 p'ou，福州 puo，pu，廈門 po，p'o，高麗 p'o，日譯漢音 ho，安南 bo；

中古 b' 母近古 v 母的扶吳語 vu，日譯吳音 bɯ，但是官話（除去文水），揚州，廣州 fu，日譯漢音 ɸu，客家 fu，p'u，安南 fo，fu，文水 χu，閩語 hu，高麗 po。

日本譯音的 b 是不送氣的。 同樣吳語的 b，也沒有或者差不多沒有（看 168

頁）保存中古的送氣。 反之中古 bʻ 母現在讀淸塞音的時候，送氣的保存或失掉按照下列的情形：(1)

1）客家話只有送氣的 pʻ，例如：

中古 bʻ 母平聲的蒲 pʻu；
中古 bʻ 母去聲的捕 pʻu；

2）官話（除去平陽跟三水），揚州跟廣州平聲讀 pʻ，仄聲讀 p。 例如：

中古 bʻ 母平聲的蒲官話（除去平陽跟三水），揚州 pʻu，廣州 pʻou；
中古 bʻ 母去聲的捕官話（除平陽跟三水），揚州 pu，廣州 pou。

3）平陽跟三水平聲讀 pʻ，仄聲讀 pʻ 或 p。 同樣的傾向在廣州話跟幾個西北方言裏也可以看見（看 414 頁），例如：

中古 bʻ 母平聲的蒲平陽，三水 pχu；
中古 bʻ 母上聲的笨平陽 pχɜ̃ɣ，三水 pχɛ̃；
中古 bʻ 母上聲的陛平陽，三水 pi。

4）閩語跟高麗譯音讀 pʻ 或 p 沒有一定的規律。 但是汕頭話關於字的分配接近官話跟廣州話。 例如：

中古 bʻ 母平聲的陪汕頭 puɛ，pʻui，廈門 puɛ，福州 pui，高麗 pɛ；
中古 bʻ 母平聲的蒲汕頭 pʻu，廈門 po，pʻo，福州 puo，pu，高麗 pʻo；
中古 bʻ 母去聲的捕汕頭 pu，廈門 po，福州 puo，高麗 pʻo；
中古 bʻ 母上聲的伴汕頭，廈門 pʻua，pʻuan，福州 pʻuaŋ，高麗 pan。

在前幾章跟在這一章一樣，我們老可以看出來只有吳語跟日譯吳音保存古代爆發音塞擦音 gʻ，ȡʻ，ȡʐʻ，ȡʑʻ，dʻ，dzʻ，bʻ，摩擦音 ɣ，ʑ，z，(v)，的濁音，而所有別的方言，連日譯漢音在內，都把它失掉了。(2) 因爲“吳音”之得名適由於現在“吳語”所在的區域，所以很容易引誘我們設想在很古的時期，除去這個特別的區域以外，中國各處已經把濁音失掉了。 可是實際並不如此。

從這個時期好多漢字譯外國音的例，可以淸淸楚楚看出來在唐朝時候 中國保存濁音的地方比吳語區域大的多。 就是在更近的時代，還可以看出一個近似的例

(1) 此處我沒有把安南話的 t 算進去。
(2) 除去安南譯音有些個濁聲，那是另有它們自己的歷史的，看 424 頁。

來吶。在各種韻書的反切裏，對於清濁老是小心的分別的，甚至第十四世紀末的洪武正韻也是這樣。這並不是因襲着古代音韻家的舊法，因爲正韻所用的反切字，時常跟較古的字典裏的不同。例如‘大’（古 d-）在正韻裏用‘度’切，而廣韻，集韻跟韻會原是用‘徒’切的。所以假如這個很革新的字典也把清濁區別出來，那就可見它所根據的語言也是分別清濁的。據說正韻的語言是南京話，然則第十四世紀一個“老官話”方言還是保存着濁音吶。

中國域外的三個方言，安南譯音，高麗譯音，跟日譯漢音，雖然都是由很早借字而成立的，淸音濁音可是不分，這一點我們應當怎樣解釋吶？

根據近古漢語的安南譯音（約在宋朝初年，看 Maspero, Phon. Ann. p. 14）用 **k** 譯中古漢語的 **k** 跟 **g**（‘）(1)，用 **d** 譯中古漢語的 **t** 跟 **d**（‘），用 **b** 譯 **p** 跟 **b**（‘），用（從 **s** 來的）**t** 譯 **s** 跟 **z**。這個很會引人推想安南譯音所據的漢語已經不保存中古 **k:g**（‘），**t:d**（‘）等分別了。不過這個結論是不對的。安南話現在雖有 **g-, t-, z-** 等，可是在借字的時候 **g-, t-, p-, z-** 在這個語言裏一個也沒有（看 Maspero, Phon. Ann. pp. 21, 35, 37, 43）所以這些借字並不能告訴我們那時漢語裏有沒有濁音。因爲沒有更好的對音，所以它才把中國的 **g**（‘）跟 **k** 一樣的譯作 **k**，把中國的 **p** 跟 **b**（‘）一樣的譯作 **b** 等。

高麗譯音的情形也是一樣的。因爲它只有淸音(2)，所以除去把中古漢語的 **b‘, d‘, g‘** 跟中古的 **p, p‘, t, t‘, k, k‘** 一樣的用淸音來譯以外，沒有另外的方法。那麼關於中古漢語的濁音問題，高麗譯音也不能給我們什麼啓示。

關於日譯漢音，這個問題就兩樣了。漢音的日本著者們把中古漢語的 **g‘** 跟 **k, k‘** 統譯作 **k**，把中古漢語的 **d‘** 跟 **t, t** 統譯作 **t**（在有些例子裏 $t > t\mathfrak{s}\varphi$），把中古漢語的 **b‘** 跟 **p, p‘** 統譯作 **p**（這個 p 後來變成 **h** 或 **f**），這不是因爲它們此外沒有方法來翻譯；吳音可以作證，它把中古的 **g‘** 譯作 **g**，可是把中古漢

(1) 安南譯音對於古代濁聲的情形老是跟它對待不送氣的清聲一樣而不跟送氣的清聲一樣。所以安南譯音所根據的是一個把濁塞音的送氣失掉的中古漢語的方言。

(2) 高麗的 k, t, p 等在一個字的中間現在有時讀作 g, d, b 等，這是一個另外的現象跟我們現在所討論的問題沒有關係。

語的 k, k' 譯作 k；把中古漢語的 d' 譯作 d（在有些例子＞ȡʑ），可是把中古漢語的 t,t' 譯作 t（在有些例子＞ȶɕ）；把中古漢語的 b' 譯作 b，可是把中古漢語的 p,p' 譯作 p（這個 p 後來變成 h 或 f）。所以漢音所根據的漢語讀音聲母一定多少有點兒清音。我們既然對於漢音借字的情形不能知道的更的確，那麼就沒法子作更精切的審核了。關於漢音借字傳說不同，有幾個著者以爲這些借字是從高麗來的。這可以很方便的解釋漢音沒有濁音。可是我們在下一章（435頁）就要看出來漢音有些特質，絕對不能用高麗話解釋，倒是像跟中國北部有直接的關係。這就跟另外一個傳說相合了，就是說日本學生當第七世紀的時候在長安學的中國音。如果這第二個傳說是對的，我們是不是得要推定這個時期中國北部京都的語音已經把濁音失掉了吶？這樣不是絕對的不可能想到。中國境內的方言（除去吳語），雖然關於別的方面非常紛歧，而對於濁音的失落都這麼一致；這件事想必是很早就在中國的大部分已經發生了。可是不管唐朝好些地方人對譯好些種外國音的時候，依然分別清濁的事實，單憑日譯漢音，就說在第七世紀中國京都的語言已經拿清音來代替濁音，那當然也太冒險了。這個也像好些事情似的，或者一個折衷的說法是對的。

濁音不是忽然不見的，而是慢慢的，漸漸的不見的。看樣子是中國有些部分的濁音性很早就已經變弱了。從古時到現在濁音在東南部（吳）始終很清楚，所以就使日譯吳音分別 k:g, t:d 等。北方的濁音性在唐朝的初年已經略微的變弱，漢音的著者們或者是沒有捉摸住，或者是以爲不十分重要；所以他們把這些"半清音"跟眞的清音一律用 k, t 等翻譯了。中國人因爲對於自己語言中細微音質的感覺較爲靈敏，所以只要這個分別是有的話，不管是顯是微，在譯外國音跟編韵書的時候總要給分出來。這樣說或者可以解釋漢音裏的討厭的清音罷。

# 第十五章　聲母 32: 明

## 聲母 32,明(共 164 字)

這個古聲母普通用 m, mb, b, v, z 來讀它，或者失落（〇）。

這些音的分配如下表：

| | 一,二,四等 | 三等開口[1] | 三等合口 |
|---|---|---|---|
| 廣州,日本吳音,高麗 | m | | |
| 客家 | m | | m[2],〇 |
| 官話（除另見別欄者）揚州,福州 | m | | m[3],〇 |
| 安南 | m | z[4],m | m[3],〇 |
| 文水 | mb | | mb[3],〇 |
| 平陽,興縣 | mb | | mb[3],v |
| 桑家鎮,西安,懷慶 | m | | m[illegible],v |
| 吳語 | m | | m[5],v |
| 汕頭,廈門 | m,b[6] | | |
| 日本漢音 | b | | |

1.　我在這裏把網字算是屬於合口類，它所以應該放在合口跟'方'等字是一樣的理由，看 418 頁。一個不規則的反切把網字放在開口（看 41 頁以下），不過這個字實在是合口。

2.讀 m 或〇的字照下面這樣分配（Rey 跟 Parker 的材料關於這一點也很一致的）：

在官話讀 m, mb 的字（看下文 3）老讀 m。

在官話讀〇或 v 的字裏頭，讀法如下，

m 在網，微，蚊，亡（又讀），（關於鋩硭看古兩讀），誣，巫，尾，晚（又讀），侮，舞（又讀），味，問，望，忘，襪；

〇在其餘的字。

3．m 或 mb 見於這些字：

鳴，明，皿，命——梗攝；

眉，糜，美，靡——止攝的脂韵跟支韵；

憫，敏——臻攝的眞韵。

4．安南國語的 'd'，就是說東京的 z（交趾支那〇，因此後面的 i 就成爲起音了）見於名，彌，民，泯，藐，面，妙，滅。

5．吳語在官話讀 m 或 mb 的字裏老讀 m（看上文 3）。在官話讀〇或 v 的字，向例是讀 v，可是也有許多 m；

上海襪；又網，蚊，聞，亡，鈫，無，味，未，萬，問，望，妄，物，有 m 跟 v 兩讀；

溫州網，尾，味，襪；又蚊，挽，萬，問，望，忘，有 m 跟 v 兩讀；

寧波蚊，味，襪；又網，尾，晚，未，問，望，忘，有 m 跟 v 兩讀。

請再參看例外跟古兩讀。

6．在汕頭：

官話 m 或 mb 的字，讀 m 的居多；

但是 b 見於畝，媒，饅，漫，悶，抹；又拇，母，牡，帽，墨，磨，玫，枚，梅，瞞，摸，滿，幔，墁，末，木，馬，碼，卯，買，賣，麥，米，篾，描，眉，有 b 跟 m 兩讀；

官話讀〇或 v 的字，b 最普通；

m 見於微，挽，晚，味，物；又網，尾，未，問，望，襪，勿有 m 跟 b 兩 讀。

在廈門，通常是 b。可是還有一些讀 m 的：毛，摩，魔，枚，媒，每，昧，妹，罵，貌，邁；又冒，膜，磨，梅，瞞，門，摸，濛，滿，木，盲，麻，痲，茅，猛，馬，碼，買，賣，脈，冥，眠，名，彌，綿，棉，麵，明，晚，命，問，物有 m 跟 b 兩讀。

例外

a）在福州有些 m（參看廣州等）：微，文（又讀），尾，晚（又讀），未（又讀），問

(又讀)。

b) 雜類：牡廈門(又讀) p；瞞寧波(又讀) b；摸廈門(又讀 p；彌廣州(又讀),汕頭(又讀) n，客家 l；謬大同,鳳台,平陽,甘肅,陝西,河南,揚州 又讀),廣州(又讀),汕頭 n，高麗○(沒有反切的古讀？)；挽興縣,上海(又讀),溫州(又讀),寧波 廣州○；晚上海(又讀),溫州,寧波(又讀)○。

古代的兩讀字：

‘吵’ 在這裏該是國音的 miau；但是這個字普通是按照廣韻屬於穿母的另外一個反切來讀,國音 tʂ‘au；‘鋩’ 幾乎到處都跟着正韻屬於一等的一個反切走；‘硭’ 照集韻的一個反切把它當作一等。

找不着讀音的字：

旄，拇廈門，膜太谷；寞,玫,暮,萌廈門；蔴高麗；牟廈門；饃太原；茗安南；棉高麗，安南；渺安南；杪高麗，安南；吵高麗，廈門，安南；謬歸化；鳴安南；靡，母廈門；皿鳳台；靡福州；刎興縣，平陽，懷慶，漢口，四川，客家。

## 明 母 總 論

古代明母的音值好久已經確定作 m。 這個聲母所經過的變化如下。

A. 明母是在古雙脣組非敷並明 p, p‘, b‘, m 裏的鼻音。 我們在上文 (417 頁) 已經看見 p, p‘, b‘ 在唐朝初年怎麼樣分成 p, p‘, b‘ 跟 f, f‘, v 兩組。 後一組是由於 j w (u) 連合的影響生出來的。 在同樣條件之下,鼻音 m 一樣的變成一個齒脣音的 ɱ (例如在德文 kampher 中的鼻音)。

Chavanne 跟 Pelliot 好像以爲雙脣的發音在鼻音裏比在爆發音裏保存的時候長，這從他們兩人的譯音裏可以看出來：例如在 “Un Traité Manichéen Retrouvé en Chine” (JAs. 1911, p. 519) 那篇文章裏,他們把‘末’寫作 ‘mwi’ ‘服’寫作 ‘fhu’。 我看不出這裏面的理由。只要這個字其餘的部分——元音,韵尾——都適合於所需要的對音,用齒脣音 ɱ 對譯 m 有什麼妨礙呐？

另一方面，Maspero 似乎認爲這個鼻音 m 是直接變掉的，如現在北京話 mjw＞w，這種想法也不可從。 Maspero 曾經把韵表的語言列出一個聲母表來 (Phon. Ann. p. 15),裏頭有：

| | | | |
|---|---|---|---|
| 幫 p | 滂 p' | 並 b | 明 m |
| 非 f | 敷 f' | 奉 v | 微 w |

在 73 頁，他說："我們沒有理由另外再加一個 *mw，因為在第十世紀它已經變成了 w 了。" 由此可見他把聲母的失掉認為跟塞音的齒唇化是平行的現象，因為聲母的失掉就把合口的 w(u) 變成起音（或者要是覺得換一個說法更好，也可以說因為合口的緣故，m 變成了 u）。這個意見可是一定站不住的。

一方面，古代的材料裏我們已經有些證據。假若聲母失落說是對的，那麼這些字就跟喻母字（元音起頭兒沒有口部的聲母）變成同音，微母就多餘了。假若微母是因為理論上的整齊而插入的，那麼這一母字的反切至少也應該跟喻母字混用。可是在集韵，韵會跟正韵(1)沒有一部書是如此的，就是在正韵（第十四世紀末），反切用字跟古韵書不同的時候（例如忘字就是如此），微母跟喻母還是很小心的分別着。所以微母是一個 ɱ 經過很長時間，既與明母（m）不混，也與喻母（〇沒有口部的聲母）不混。

另一方面，近代方言中也有些個確據可以證明微喻的不同，換言之，就是證明不是 w（u）前頭失掉了聲母，剩下來就算微母，也不是 m 後頭因為有 w（u）而變成 w。北方有很多的方言——山西的平陽跟興縣，陝西的西安跟桑家鎮，河南的懷慶——還有吳語——上海，溫州跟寧波——還都小心的把它們分別出來，也並不把微跟明混亂。我們可以比較兩個古代同韵母的字，第一個是微母（ɱ），第二個是喻母（〇，此母字合口 w 變作起音）：(2)

---

(1) 後代的韻書固然往往因襲古代音韻的舊法，但是也不能一概而論。比方明字（中古近古的聲母 m-）在廣韻拿武字切，可是因為武字在近古漢語讀作 ɱ（明字並不如此）所以集韵韵會跟正韻就另選一個眉字作切。——〔譯者按廣韵上下平卷末"新添類隔今更音和切"節下有"眉目悲切"（原"武悲切"），"緜名延切"（原"武延切"）。〕

(2) 還有幾個方言我們可以找到 v 聲母，可是這不能用近古漢語的 ɱ 來解釋。這是合口的 w 變成起音後再變成的 v，因為連古喻母字裏也有這個 v：微圍，歸化皆作 vəi，大同，太原皆作 vɐi，安南皆作 vi。

| | 微 | 圍 |
|---|---|---|
| 平陽；桑家鎮，西安 | vᴇi | uᴇi |
| 興縣 | vɛ | uɛ |
| 懷慶 | vəi | ui |
| 上海 | vi | uᴇ |
| 温州 | vi | y |
| 寧波 | vi | uei,y |

因此這個演變得要照下面這樣講：

在唐朝的初年，中古的 p，p'，b' 分化作 p，p'，b' 跟 f，f'，v 兩組的時候，中古屬於 m- 的字同時也分化成兩類，一類是 m-，另外一類是齒脣音 ɱ；齒脣音出現的條件，也是一樣的，就是：j 化聲母受後面 w（u）的影響。(1) 近古漢語 m：ɱ 的分別存好幾百年，至少到第十四世紀之末。

對於中古近古這個狀況，近代方言的反映如下：

1）官話，揚州，福州跟安南譯音是根據近古漢語的。近古的 m 或仍作 m，或變成 mb，或變成 z（看下文 B. C. 兩段）。另外一方面，ɱ：

a）在平陽，興縣，桑家鎮，西安，懷慶的方言變成口部的 v；

b）在其餘的官話，揚州，福州跟安南裏失掉，使合口的 w（u）變成起音。

例如：

中古跟近古 m 母的米文水，平陽，興縣 mbi，其餘的官話跟揚州，福州 mi，安南 mə；

中古 m 母近古 ɱ 母的無平陽，興縣，桑家鎮，西安，懷慶 vu，其餘的官話，揚州，福州 u，安南 vo（<uo）。

(1) 換言之，就是在三等合口，網字實際上是屬於這類的（看 428 頁）。在這一類裏梗攝的字（鳴，明，皿，命）跟止攝 b,c 兩韻字（眉，糜，美，靡）保存着雙脣音，像它對於塞音的情形一樣（參閱 417 頁）。在鼻音底下，我們還可以加入一個臻攝的 c 韻（憫，敏）；在這一韻像在梗攝一樣，合口的 w 在 mjw>ɱjw 轉變的時代以前已經失掉了。鈚，砒兩字（看 40 頁）保存雙脣音，可以用又讀的反切來解釋。

2）吳語近似上文 1 節 2 項所記載的，可是在所有屬於近古 ɱ 的字不全是 **v**；這裏頭 **m** 也時常出現：

中古跟近古 **m** 母的米 **mi**；
中古 **m** 母近古 ɱ 母的無吳語 **vu**；
中古 **m** 母近古 ɱ 母的蚊上海 **vəŋ,məŋ**，寧波 **məŋ**，溫州 **vaŋ，maŋ**（興縣 vɛ̃，北京 uən 等）。

3）客家話近似上文 1 節 b 項所記載的方言，可是在近古漢語屬於 ɱ 的字裏聲母並不全失掉；好多字讀 **m**：

中古跟近古 **m** 母的米客家 **mi**；
中古 **m** 母近古 ɱ 母的無客家 **u**；
中古 **m** 母近古 ɱ 母的蚊客家 **mun**。

4）廣州，廈門，汕頭，日本譯音，高麗譯音一律作雙脣音，**m** 或 b（<**m**，看下文 B 段）。例如：

中古跟近古 **m** 母的米廣州 **mai**，高麗 **mi**，汕頭 **mi,bi**，廈門 **bi**，日譯漢音 **bei**，吳音 **mai**；
中古 **m** 母近古 ɱ 母的無廣州 **mou**，高麗，日譯吳音 **mu**，漢音 **bu**，汕頭，廈門 **bu，bo**；
中古 **m** 母近古 ɱ 母的蚊廣州 mɐn，高麗 **mun**，日譯吳音 moɣ̃，漢音 buɣ̃，汕頭，廈門 **bun**。

我們看見這跟 **p>f** 的現象很有些不平行的地方。雖然在吳語，粵語跟閩語一大部分的字（文言讀音）關於 **p：f** 等是按照近古漢語的，可是這裏頭廣州，汕頭，廈門，客家（在若干程度之內），還有吳語，對於近古漢語讀齒脣音 ɱ 的卻都讀作雙脣音。

那麼我們要問：這些相當於近古 ɱ 的 **m,b**，是否應該認爲像高麗譯音跟日本譯音[1]那樣定它是確曾經過了 **mjw>ɱw** 的演變而保存着的古來的 **m**？這樣是完全可能的，果然如此我們就得假設中古 **mjw>ɱw** 的演變範圍要比 **pjw>fw** 的演變範圍小一點了。可是，還有一個可能，就是廣州話等跟近古漢語相對

（1）如上文(421—3頁)所述，這些方言沒有近古 **f,v** 的痕跡一律表現中古的雙脣音。

的 m 也許是後來 ɱ>m 的還原。這個現象並不是別處沒有的。例如古代瑞典語 hamn 最初變作 havn（寫作 hafn）後來再變回 hamn。所以並沒什麼必然的道理可以讓我們說現在這些 m 就是古來的 m。現代的這些 m 究竟起於何時，我們還不能確實知道。

B. 前兩章（第八章跟第十二章）我們曾經研究過鼻音，在這兩章裏我們都遇見這個演變：鼻音>鼻音+口音，跟鼻音>口音，不過見次的比例很不同就是了。

中古的 ŋ 在山西的兩個方言，就是歸化跟太谷有時候讀作 ŋg，在這一省的另外三個方言，文水，興縣，平陽，有時候讀作 ŋg 跟 ȵȡ；在四川，汕頭，廈門有時候讀 g，在日本譯音，不論漢音吳音，老讀作 g(一)。

中古的 n,ȵ，在山西的三個方言裏，文水，興縣，平陽總是讀作 nd,ȵȡ。在日譯漢音總是讀作 d（有時候變成 ȡʑ）。

現在關於中古的 m，我們看見山西還是這三個方言裏：文水，興縣，平陽讀作 mb（在所有中古 m 沒有經過近古 ɱ 而變成 v 或○的例子裏，看上文 A），在汕頭 b 不很多，廈門幾乎老是 b，在日譯漢音老是 b。例如米文水，興縣，平陽 mbi，廈門 bi，汕頭 mi,bi，日譯漢音 bei。

我們現在要問這種現象在這麼不同的方言裏是不是有歷史的關係？

我們先從日本譯音討論起。漢音跟吳音一樣把中古的 ŋ 讀作 g，可是吳音把中古漢語的 m,n（漢音 b,d）讀作 m,n 我們對於這件事實得要先有一個解釋。這個解釋是容易找到的。古代日本語音系統中鼻音有 m n，而沒有 ŋ。所以假若日本人在古時要模仿 ŋ 的舌根發音，勢非作 g 不可。

日本對待其他鼻音的辦法更足以發人深省。我們可以從它得到下面很重要的結論：吳音對於中古漢語既然用 m 譯 m，用 n 譯 n，那麼漢音的 b 跟 d 就不是由於借字的時候日本語音系統有什麼缺陷，也不是純粹日本話演變的結果，因為假如是純粹日本話演變的結果，吳音的 m,n 也應當參加這個演變，所以我們可

(一) 或者應該說老寫作 g（ガ等），因為事實上在元音後頭往往讀成 ŋ。這個 ŋ 是在日本發生的，並不是保存中國原來的 ŋ。

以斷定漢音的著者在他們所要模仿的語言中所聽見的並不是普通的 m,n。我們曉得漢音的來源是在中國的北部（第七世紀）。現在把這件事實跟在幾個北部方言裏的 ŋg-,nd-,mb- 的讀音——它們雖然是官話方言有幾點也保存很古的特徵(1)——連結在一起認爲這些 ŋg,nd,mb 遠在中古已經有了，這是不是太大膽呐？我看沒有什麽妨礙。事實上還有些很可注意的對證來幫助這個理論。有名的遊方僧義淨，他的名字的第一個字中古漢語讀 ŋi，土耳其人稱義淨爲 kitsi，如果我們假設這個讀音是由 ŋgi 來的，這件事實就好懂了。反過來，土耳其名字的中國對音裏，土耳其的 b 往往用古明母的字來譯。我由此看出來，這正是使漢音譯作 b 的那一個 mb。我們不是知道中古漢語有一個雙脣的濁爆發音嗎？可是這個音是送氣的 b‘；因爲這個理由所以中國人倒願意用 mb 來譯土耳其的 b(2)。

閩語的 g,b——閩語不拿 d 代 n——究竟應該是跟北方的 ŋg,mb，有歷史的關係呐，還是獨立的現象呐，關於這個問題可惜沒有確實的證據來決定。只有底下這些事實好像可以證明其間有一個歷史的關係，就是北方文水興縣等處的 mb,ŋg（假若我們的推論不錯）遠在古代已經有了．可以算作古代已經有方言不同的痕跡，而且我們可以指明恰巧就是文水，興縣這幾個方言跟閩語之間，在脣音合口上有很顯著的相合的地方（看 418 頁）。

C. 還有一個很劇烈的變化要討論：就是安南譯音 m>z。例如‘名’安南（東京）zaŋ，關於這個問題，Maspero 說（Phon. Ann. p. 58）：“還有三十來個屬於明母的漢字在安南是讀 ‘d’ 母的。……這種特别辦法的理由還不曉得。Schott 提議的解释……漢語 m+i>*b+i>*by>ǰ 這是因爲誤解交趾支那話 ‘d’ 的音

（1） 例如在齒脣音後面的合口 w(u) 看 418 頁。

（2） Chavanne 跟 Pelliot 說〔“Un Traité Manichéen” JAs. (1913) p. 184〕：“bagha 這個名字在 Müller 先生的中古波斯文件裏 (Der hofstaat, p. 210—11) 寫作 βaγá 把這個聲母認爲讀摩擦音 β 的說法，倒是有一個佐證：就是所有土耳其名詞的漢文對音用漢文的 *mw°對照土耳其的 b，似乎可以推想土耳其讀音已經把爆發音 b 變成雙脣摩擦音 β 了。” 因爲日本人用 b 代替中古漢語的 m，還因爲像 kitsi 的例，所以我倒願意用我在上文的解釋。

值,殊不知這個 'd' 並不是 ǰ 而是 y。" 我雖不敢作安南語音學的嘗試,可是我願意指明這件安南音韵學上的事實:就是在十七世紀讀濁塞齒音(1)而現在東京話讀 z 的國語 'd', 這音代替古漢語 m 的條件恰好跟用 t 代 p,用 t' 代 p'(看上文 421)的條件相同——就是在 i 的前頭而不是合口的時候。哪一天我們找到了這個 t,t' 讀法的語音的解釋,我們那一天就找到所以使東京話讀 z 的理由了。

(1) "在第十七世紀是一個濁塞齒音而且很常常軟化," Mospero, Phon. Ann. p. 43.

# 第十六章　關於聲調的討論

中國聲調的研究，除非用儀器測定許多處方言的調值，不能研究透徹。　但是我既然已經很靠得住的知道各聲在許多方言裏分合成類的樣法，那麼在我們的方音字彙也不該埋沒掉這些有價值的知識。　所以我們現在得解釋解釋以後打算記調類的法子。

因為現在我們還沒到能用一個眞正有效的標調法的時期，就是實在描寫"橫，升，降，轉"等符號的法子，只好就用一種簡單的記數法了。　現在要選一種記號數的法子，得要合於邏輯；在可能範圍之內，必得要使各方言中跟古調類相當的調用同樣的號數。　所以我們定現在調類的名稱都要跟古調類能夠對照起來。

中國古音有以下的四聲：(1)

1）平聲（橫調，舒收）

2）上聲（升調，舒收）

3）去聲（想來大概是降調，舒收）

4）入聲（促收）。

我們知道每一聲分為高低兩種，清聲母字歸高的，濁聲母字歸低的。(一)　所以實在就有八聲：

---

(1)　看上 165-6 頁，又 Karlgren, A Mandarin Phonetic Reader, Stockholm, 1917, 19,20 頁。

(一)　這話的根據未詳。　古音到底幾時才起頭像現代吳語既分清濁聲母同時又分調，我們還不知道。但是把每聲依古聲母清濁分成兩類字，叫它陰陽類，在研究現代調類是個有用的辦法，所以現在就把原書八類譯作陰陽的平上去入。　以後譯文中如有"古陰平，古陽平"等字樣，就是古平聲清音聲母字類，古平聲濁音聲母字類，並不包含古平聲或其他聲有高低兩調的意思。

| | | | |
|---|---|---|---|
| 陰平聲 | $x^1$ | 陽平聲 | $x_1$ |
| 陰上聲 | $x^2$ | 陽上聲 | $x_2$ |
| 陰去聲 | $x^3$ | 陽去聲 | $x_3$ |
| 陰入聲 | $x^4$ | 陽入聲 | $x_4$ |

現在的方言多少都是照着這種系統分調類的。要是一個方言裏的分調法完全跟古音一樣的,那麼它的調類叫法就是這樣的了。比方廣州有一個調類,它裏頭所包括的字恰恰就是古 $x^1$（陰平）裏的字,那麼也算 $x^1$（陰平）了。南京有一個調類,它裏頭的字是古 $x^4$（陰入）跟 $x_4$（陽入）兩類合起來的,那麼就可以叫它 $x^4_4$（入聲）。一個號碼擱在不上不下的正當中,就是表示古 $x^4$ 跟 $x_4$ 兩類現在合併成一類,可是對於南京這調究竟讀那種音高並不作任何表示——我們用的這些符號,絕對不表示現代聲調實在的調值是怎麼樣。

有時候吶,現在的調類不恰恰跟一個古調類相當。在這種情形就以那類字在歷史上大致跟古哪一類最相近爲原則。比方有些古 $x_2$（陽上）字在近古音就已經歸入 $x_3$（陽去）了。因爲這個緣故,我們常常會碰見（如下文所述）在現代方言裏,某個調類除掉包括古 $x_3$（陽去）的字,還有一部分古 $x_2$（陽上）的字。但是我們只根據它在歷史上主要的地位,仍舊認它爲 $x_3$（陽去）,而把其中一部分的 $x_2$（陽上）字認爲附加進去的。

現在我們拿十三處方言的聲調系統大略看一看,先指出各調大致相當的類名,然後再註出今類與古類相當到什麼程度或是有多少出入。

A. 北京,漢口,四川,南京的官話跟揚州都把舊系統簡化的很遠。上去入都不分陰陽了。在有的方言裏連入聲都不自成一類而消納在其餘的調類裏。

I）北京有四聲:

---

(一) 但比如蘇州陽上的全部跟陽去合成一調,那就似乎只好叫它陽上去了。在這種情形,有時可以拿附近方音作參考。比方無錫陽上只有一部分歸陽去仍舊另有陽上一類。因此管蘇州的合類叫陽去較爲妥當。

| 第幾聲 | 相當於古音 | 現在叫 |
|---|---|---|
| 一 | 陰平 | 陰平 |
| 二 | 陽平 | 陽平 |
| 三 | 陰上跟陽上 | 上 |
| 四 | 陰去跟陽去 | 去 |

這種對照法得要加幾種很要緊的補充跟限制的地方:

a) 古 -p, -t, -k 尾北京早失掉了的,北京根本就沒有入聲。 古 $x^4$(陰入)跟 $x_4$(陽入)都分配入其餘各聲了。 Maspero 曾經試查出它們分配的規則。 他說:(1)"我們知道在沒有入聲的官話裏頭,這些入聲字都分歸到陽平跟去聲了;去聲(有時候也有陰平)包括所有不送氣清音,送氣清音,鼻音或邊音聲母的字,而陽平只包括爆發塞擦摩擦的濁音聲母的字。 Maspero 舉了二十多個北京字的例。 但是我覺得這規則很得加些保留的條件才可以成立。

關於爆發塞擦摩擦的濁音——還應當加上喻母——(一),這規則大致是對的,在大多數例裏頭都變陽平聲(可是陰平,上,去往往也有)。 同樣,鼻音跟邊音聲母的字是喜歡變去聲也像 Maspero 所說。

關於別的聲母的字他這規則就可疑的很了,關於不送氣的爆發跟塞擦音,它一點也不準確。 例如古 k 音見母的字我們的例字表裏有 44 個是古入聲字。 照 Maspero 說這些字在北京應該讀去聲,或是"有時"讀陰平。 可是事實上是這樣的:

| | | | |
|---|---|---|---|
| 去聲 | $x^3$ | 3 字又讀的 5 字 | 共 8 字 |
| 陰平 | $x^1$ | 5 字又讀的 4 字 | 共 10 字 |
| 陽平 | $x_1$ | 18 字又讀的 6 字 | 共 24 字 |
| 上聲 | $x^2$ | 6 字又讀的 6 字 | 共 12 字 |

這個不太合 Maspero 的規則罷。 我們可以說不送氣的爆發塞擦聲母的入聲字北京四聲裏都分進去的,要是說變成什麼聲的傾向大一點也斷斷不是 Maspero 所

(1) Maspero Phon. Ann. p. 94。

(一) 案喻母入聲變去聲,高氏以為變陽平,非。 此語應移入下句去聲條。

說的去聲，倒是偏於平聲一方面多些。

b）我們說北京上聲跟古上聲 $x^2$ 跟 x: 相當的話，得要加一個很大的限制才可以成立。古陽上的字（就是濁音聲母的上聲字）當中只有古 ŋ, n, ȵ, m, ȵʑ, ○（喻母）l 等音在北京是上聲；而爆發塞擦摩擦的音 b‘, d‘, g‘, dz‘, z, ȡʐ‘, ȡʑ‘, ʑ, ɣ 都變成北京的去聲。(一)　這是一個早經人指出的古變化（在近古音以前就發生的）。(1)

這裏看起來北京的去聲字比古去聲的字多一點而北京上聲字比古上聲少一點；而且北京陰陽平跟上去的字比古平上去的字又多一點，因為每類又加了些古入聲字在裏頭。

II）漢口跟四川也像北京似的，有四種聲調：

| 第幾聲 | 相當於古音 | 現在叫 |
|---|---|---|
| 一 | 陰平 | 陰平 |
| 二 | 陽平，陰入，陽入 | 陽平 |
| 三 | 陰上，陽上 | 上 |
| 四 | 陰去，陽去 | 去 |

注意以下兩點：

a）我們說漢口上聲相當於古上聲，這個話也要加上北京調裏同樣的限制，就是古爆發塞擦摩擦的濁音聲母字變漢口的去聲。

b）我們認第二類為陽平而不算入聲，是因為古入聲字的促收的 -p, -t, -k 尾在漢口跟四川完全失掉了，跟陽平（以元音或鼻音收）一樣的讀成低的舒聲調。(二)

(一)　用中國音韻上的舊名就是次濁仍是上，全濁變去。

(1)　例如 Maspero Phon. Ann. p. 92—94。

(二)　現在既然專以分類而不以調值為立點，那麼甲（古平）的一部分與乙（古入）合，而乙不再破開這合類就應該稱為乙。　事實上的確有西南官話區域中人認這合類字（非但一，失，亦，石等字並且移，時等字）為“入聲”的。　固然認它為陽平也沒什麼不可以，但不得以收音舒緩為理由，因為我們現在說的類的問題不是值的問題。　但是有個較好的理由應該稱這合類為陽平，就是它裏頭包含有鼻音韻尾的字。　這類字稱入聲是向無此例的。　長沙的陽平調值與漢口相近，但古入聲另成一類。　這類的調值雖然是舒緩的高升調，但因為字類全與古入聲相當，所以不得不稱它為入聲。

所以漢口四川的陽平比古陽平的範圍大。

III) 南京跟揚州有五聲:

| 第幾聲 | 相當於古音 | 現在叫 |
|---|---|---|
| 一 | 陰平 | 陰平 |
| 二 | 陽平 | 陽平 |
| 三 | 陰上,陽上 | 上 |
| 四 | 陰去,陽去 | 去 |
| 五 | 陰入,陽入 | 入 |

我們說南京揚州上聲相當於古上聲，這個話也要加上 I II 兩例中同樣的限制:古爆發塞擦摩擦的濁音聲母字變南京去聲:

其餘調的配法是很準的。

……………………………………………………………………………………………(一)

B. 客家話對於古聲調簡化的法子很近於官話的辦法。 上去不分陰陽共有六聲:

| 第幾類 | 相當於古音 | 現在叫 |
|---|---|---|
| 一 | 陰平 | 陰平 |
| 二 | 陽平 | 陽平 |
| 三 | 陰上,陽上 | 上 |
| 四 | 陰去,陽去 | 去 |
| 五 | 陰入 | 陰入 |
| 六 | 陽入 | 陽入 |

這種分配法在好幾點上要大加限制:

a) 客話上聲與古上聲相當的話要加雙層的限制。 客話像別處方言似的,也

(一) 南京五聲的調值大略是陰平低降，陽平低升至高，上聲半低橫，去聲半高橫，入聲高橫促，詳見科學十三卷八期 1011–1012 頁,趙元任"南京音系"。 此處原引 Edkins 跟 Hemeling 所說的調值甚錯，今删去。

是陽上最搗亂。 它有兩種變化的傾向：

甲）古爆發塞擦摩擦的濁音聲母字上聲變去聲，這是跟大多數方言一樣的。但是這個變化的程度似乎在客話區域內處處不同。 Parker 對於這類字的注調法差不多上去各半。 可是 Rey 把這類字全歸入上聲。(一)

乙）這方言還有一個特有的現象：古陽上變客家陰平。 各式各樣聲母字都會有這變化的。 好些古陽上字在客家文言音讀去聲的（就是甲項下爆發塞擦摩擦的濁音聲母字）在白話讀陰平。 還有一大些古鼻音，邊音，元音（喻母）〔次濁聲母〕字變陰平。

b）客家陽入相當於古陽入的話不完全準確。 有好些鼻音邊音字變成陰入。

所以這樣看起來客家的陰平除古陰平字外還有些古陽上字；上聲包括古陰上跟古陽上一部分；去聲除古去聲字外還包括古陽上一部分；陰入比古陰入多一點，陽入比古陽入少一點。

據 Vömel(1)記載客話的調值如下：

| | | | |
|---|---|---|---|
| 陰平 | 高橫 | 〔中微升〕(二) | 舒收（元音或鼻音收尾） |
| 陽平 | 低橫 | 〔低微下轉〕 | |
| 上 | 低降 | 〔半低降〕 | |
| 去 | 高降 | 〔高降至低〕 | |
| 陰入 | 低降 | 〔半低降〕 | 促收（**-p,-t,-k** 收尾） |
| 陽入 | 高降 | 〔高橫〕 | |

C. 福州跟廈門方言對於古聲調只有上聲簡化。 這兩個方言有七聲：

| 第幾聲 | 相當於古音 | 現在叫 |
|---|---|---|
| 一 | 陰平 | 陰平 |
| 二 | 陽平 | 陽平 |
| 三 | 陰上，陽上 | 上 |
| 四 | 陰去 | 陰去 |

(一) 據譯者調查這類字大半歸去聲。

(1) T'oung Pao 1914, 647 頁。

(二) 〔 〕內據譯者調查。

| 第幾聲 | 相當於古音 | 現在叫 |
|---|---|---|
| 五 | 陽去 | 陽去 |
| 六 | 陰入 | 陰入 |
| 七 | 陽入 | 陽入 |

福州廈門上聲與古上聲相當的話也跟各官話區方言有同樣限制，就是古爆發塞擦摩擦的濁音聲母字變福州廈門的陽去。

其餘的分配法都很準確。

……………………………………………………………………………(一)

D. 汕頭跟其餘閩音大體一致，但在去聲有個特別現象。它有八聲：

| 第幾聲 | 相當於古音 | 現在叫 |
|---|---|---|
| 一 | 陰平 | 陰平 |
| 二 | 陽平 | 陽平 |
| 三 | 陰上，陽上 | 上 |
| 四 | 陰去 | 陰去 |
| 五 | 陽去一部分，甲 | 陽去 |
| 六 | 陽去一部分，乙 | 去 |
| 七 | 陰入 | 陰入 |
| 八 | 陽入 | 陽入 |

注意：

a）汕頭跟好些別的方言一樣，也是上聲只包括古陰上跟陽上的鼻音邊音元音（喻母）。古爆發塞擦摩擦的濁音聲母字都歸入陽去了，所以汕頭陽去所包括的還不止古陽去的甲一部分。

b）古陽去分化爲兩類是一件有趣的事實。可是看不出有什麼分化的規則。

(一) 原文引 Douglas 廈門字典說廈門調查，因爲錯誤甚多，所以删去。現在引羅常培廈門音系，22 頁所載調值如下：陰平高橫，陽平中升，上高降至低，陰去低橫，陽去中橫，陰入半低降促收，陽入半高橫促收。關於福州調値參閱陶燠民"閩音研究"，中央研究院歷史語言研究所集刊 I, 4, 451。

本地人管陽去的乙一部分字所成的調類就叫去聲，比他們稱爲下去聲（陽去聲）的字少得多。

E. 上海,(一)溫州(二)跟安南譯音保存的古調類最完全。它們有八聲：

| 第幾聲 | 相當於古音 | 現在中國叫 | 安南國語叫 |
|---|---|---|---|
| 一 | 陰平 | 陰平 | băng |
| 二 | 陽平 | 陽平 | huyěn |
| 三 | 陰上 | 陰上 | hoi |
| 四 | 陽上 | 陽上 | nga |
| 五 | 陰去 | 陰去 | săc |
| 六 | 陽去 | 陽去 | năng |
| 七 | 陰入 | 陰入 | săc |
| 八 | 陽入 | 陽入 | năng |

這個分配法在吳語是準確的。在安南就得加幾種限制。注意：

a) 古爆發塞擦摩擦濁聲母上聲字在吳語很少變陽去的；平常還是讀陽上，這是它一個很古的特點。(三) 安南就跟大多數方言一樣：古爆發塞擦摩擦的濁音聲母上聲字平常都變陽去了。據 Maspero 說（93 頁），安南譯音恰好證明那類聲母字從陽上變陽去在第十世紀以前就已經起頭了。

所以安南陽上比古陽上字少，安南陽去比古陽去字多。

b) 安南陽平等相當於古陽平的話，得要把鼻音邊音跟元音(喻母)除外才對。(1) 這類字都歸入陰平 (băng) 了。所以安南的陰平比古陰平字多，安南的陽平比古

(一) 所謂租界上海音大有混陽上去，甚至陽平上去的傾向；在上海附近各縣比較分調分得細一點。F. L. Hawks Pott（卜舫濟）的 Shanghai Lessons 分八聲，大概是根據上海西部老讀書人的音。

(二) 此處原有一註指摘 Parker 對於寧波聲調的說法，無甚意義，删去。關於吳語各種調值，讀者可以參看趙元任現代吳語的研究，北京，1928。

(三) 要看是哪個地方，例如無錫的分法自然近古，蘇州就不分一切陽上去。

(1) Maspero(Phon. Ann. p. 93)只提鼻音邊音，似乎把喻母忘了。

陽平字少。

上海的陰陽入都是促收（收於喉部閉音-〔ʔ〕）。 溫州的陰陽入是舒收的，它們跟別的聲調的不同只在調值的分別。

安南（東京音）的調值據 Bonet(1) 跟 Maspero(2)是這樣的：

| | Bonet | Maspero |
|---|---|---|
| 陰平 | 橫 | 中橫 |
| 陽平 | 降 | 低橫（在河內） |
| 陰上 | 疑問 | 低升 |
| 陽上 | 升 | 高轉或折（rompant superieur） |
| 陰去 | 有尖的，尖銳 | 高升 |
| 陽去 | 重，低，有分量 | 低轉或折 |
| 陰入 | 有尖的，尖銳 | 高升 |
| 陽入 | 重，低，有分量 | 低橫 |

前六種是以元音或鼻音收尾的（舒收）；後兩種是以 -p,-t,-ȶ₂,-k 收尾的（促收）。

這樣看起來安南只有六種調形。 陰入跟陰去合拼，陽入據 Bonet 歸陽去，據 Maspero 歸陽平。 但是我們現在還照中國認收尾舒促爲聲調成素之一的辦法(看上 165 頁）一共還算有八聲。

F. 廣州聲調很守古音的系統，但是它把入聲複雜化了。 它有九聲：

| 第幾聲 | 相當於古時 | 現在叫 |
|---|---|---|
| 一 | 陰平 | 陰平 |
| 二 | 陽平 | 陽平 |
| 三 | 陰上 | 陰上 |
| 四 | 陽上 | 陽上 |
| 五 | 陰去 | 陰去 |
| 六 | 陽去 | 陽去 |

（1） Bonet, Dictionnaire Annamite-Francais, p. VI。

（2） Maspero, Phon. Ann. p. 11。

| 第幾聲 | 相當於古音 | 現在叫 |
|---|---|---|
| 七 | 陰入一部分 | 上陰入(一) |
| 八 | 陰入一部分 | 中陰入(一) |
| 九 | 陽入 | 陽入 |

注意:

a) 古爆發塞擦摩擦的濁音聲母上聲字在廣州也跟前面討論的多數方言一樣,也有歸陽去的變化。但雖然時常這樣變,可是不成爲嚴格的規則。一個字上去兩讀很常見,要是古聲母是爆發或塞擦音的,讀陽上時就保存古送氣,讀陽去時就失掉送氣作用,例如古陽上坐(從母 dz‘)廣州 ts‘o(陽上)或 tso(陽去)(二)。

b) 古陰入在廣州分爲兩類,這是廣州話(三)的一個特點。因樂調的高低,Eitel, Parker 等叫人用上入聲,中入聲的名稱。這兩類的分配法是完全跟着韵母走的。

上陰入見於現在含短元音韵母的字:即短音的 **-ak** (-ɐk)(北)(四), **-at**(-ɐt)(筆),**ap**(-ɐp)(急),**-ut**(-ɵt)(卒),還有 **-uk**(谷)有時還有 **ik**(激);(五)

中陰入字見於現在含長元音韵母的字:即長音的 **-ak**(-Aːk)(百),**-at** (-Aːt)(八),**ap**(-Aːp)(夾),**-ut**(-uːt)(撥),別種元音的韵母還有 -iːp(脅),-iːt(結),-œːk(脚),yːt(說),-ɔk(各),-ɔp(蛤)。

(一) 原文用上入,中入,下入名稱。現在爲全部系統上的方便仍用陰陽入名稱,而把陰入分爲上陰入中陰入,簡稱時仍舊叫上入中入就跟本地叫法一樣了,不過下入我們還譯作陽入。在客家,廈門,潮州入聲陰低陽高的情形之下就顯出"陰,陽"標類的好處了。

(二) 廣州陽上去兩讀的字如'淡近'等大致是文言讀去不送氣,白話讀上送氣。惟有'重'字除當重複講讀陽平送氣外,當輕重的重讀陽上送氣,當倘,猶,還的意思講讀陽去不送氣,似乎是個例外,但是這兩讀兩義都與廣韵相合,所以應該別論。

(三) 還有附近的方言。

(四) 例字是譯者加的,下仿此。

(五) 指昔,錫,職三韵字。昔,錫兩韵的陰入字在文言讀一種 -ɪk 音是上入,在白話讀 -ɛːk,是中入,有時同一音有文白兩讀,如'壁'(文) pɪk,'壁'(白) pɛːk。Eitel 廣州字典也承認這個分別,他把它寫作 -‘ik’, -‘ek’。

c）廣州還像客家似的有時陽入鼻音邊音聲母字變成陰入，至於變上陰入還是中陰入就依照 b）條所述的方法。

Eitel(1)說廣州調值如下：

| | | | |
|---|---|---|---|
| 陰平 | 高橫 | 〔譯者附註：高橫或高降 | 舒收（收元音或鼻音） |
| 陽平 | 低橫 | 低橫或低降 | |
| 陰上 | 高升 | 同左 | |
| 陽上 | 轉，前大半低升 | 半低升 | |
| 陰去 | 中橫 | 同左 | |
| 陽去 | 低橫加降式的轉調 | 半低橫 | |
| 上陰入 | 高橫 | 同左 | 促收（收 **-p,-t,-k**）。 |
| 中陰入 | 中橫 | 同左 | |
| 陽入 | 低橫 | 同左〕 | |

總結起來：

古類保存得頂好的是陰陽平。 所有我研究過的方言裏(一)都有的，安南譯音只把它改變一點，把有些聲母的字（鼻，邊，元音）從陽平改成陰平。

古陰陽上保存得差一點。 在官話方言，在閩語，在安南譯音——在廣州話客家話有很多字，在吳語(二)有零星少數的字——古陽上一部分字變去聲（就是去，或陰陽兩去當中的陽去）。 陽上裏剩下來不變的字，在官話閩客就跟陰上合併成一個上聲；在吳語廣州跟安南可就自成陽上一類，不跟陰上或別的聲調相混。 在客家還有好些陽上字歸陰平的變化。

在官話跟客家古陰陽去合成一個去聲，別的方言裏還是分成陰陽兩類，汕頭連陽去還要再分成兩類。

古陰陽入在好些官話方言裏已經完全消失了；這類的字在北京都分配到陰平，陽平，上，去裏去了，分配的原則很複雜，而且例外很多； 在漢口跟四川入聲全歸入

（1） E. J. Eitel, Chinese Dictionary in the Cantonese Dialect, pp. XXVIII—XXX。

（一） 在這範圍之外，當然不一定，例如江蘇的丹陽音，廣西的猺山猺歌的漢字音，均不分陰陽平。

（二） 吳語中有的如此，有的跟閩語一樣。

了陽平。 別的官話方言跟揚州話，古陰陽入還不跟別的調類相混，但是它們自身却合而爲一個入聲。 其餘的方言古陰陽入都還保存着——可是粵語有幾種聲母的字從陽入移到陰入——而廣州又把陰入分成上中兩類。

這樣看起來，中國聲調，除掉平上去入四大類分法之外，它的分合大半是系於聲母的。(1) 古四聲因清濁而分陰陽，(一)在平聲字是各方言中都留有痕跡的，在東南沿海幾處方言跟安南，別的聲調裏也留有分陰陽的痕跡的。 甚至今調跟古調歧異的地方也大都表現聲母影響下的調變。

所指的變化全是關於古濁音聲母的。 我們得把這類聲母分作兩起：

a）鼻音（ŋ,n,ȵ,ȵʑ,m），邊音（l），○（喩母，元音起頭兒，沒有喉部閉音）〔次濁〕；(二)

b）爆發跟塞擦音（b‘,d‘,g‘,ȡ‘,dz‘,ɖʐ‘,ȡʑ‘）跟摩擦音（v,z,ʑ,ɣ）〔全濁〕。(三)

我們在上文已經看見這兩類聲母對於聲調的不同的影響：

*α*）古平聲，次濁字在安南歸陰平，全濁成陽平；

*β*）古上聲，次濁字在官話，揚州，閩語，客家歸上聲，在吳，廣州，安南歸陽上；但全濁字在官話，揚州變去聲，在閩變陽去，在客家通常變去聲（有時變陰平或上），在廣州，安南通常變陽去（很少歸陽上），在吳語有時變陽去（平常歸陽上）。(四)

*γ*）古入聲，次濁字在北京變去聲，在粵歸陰入跟陽入；但全濁字在北京變陽平，在粵歸陽入。

除上述事實以外還得舉幾件對於研究別種問題有關係的事實。 上文所舉的關於十三處聲調的系統不用說是只限於大體方面；在各字當中一定會遇見好些不規則的例。 這些例外在古濁音字特別多見，有時是很有趣的。 例如：

---

（1）如 Conrady 跟 Maspero 曾經指出別種支那系語也有同樣情形。

（一）看前 437 頁譯者註。

（二）就是疑，泥，娘，日，明，來，喩母，我們可以稱爲次濁。

（三）就是並，定，羣，澄，從，牀（崇），牀（船），奉，邪，禪，匣母，我們可以稱爲全濁。 按上條明微未分（皆作 m）而此處並奉雙舉（分作 b‘ v），在時間的立點上不甚一致，恐是作者一時的疏忽。

（四）看 444 頁譯者註（一），又註（二）。

δ）安南古陽上有時變陽平（看 Maspero，95 頁）。這都是次濁聲母字不是全濁聲母字。(一)

ε）各方言中這兒那兒還有些零碎的應當變陽類而變陰類的例。這也差不多全是次濁聲母的字，而不是全濁聲母的字。比方 m 母字在北京有時讀陰平而不讀陽平，在上海有時讀陰上陰去而不讀陽上陽去。

Maspero 用敏銳的語言學家的眼光曾經指出上面 α,β,γ 項下幾樣事實的意義。他說（93 頁）：

"這樣說起來，古濁母上聲分化為安南的 nga（陽上）năng（陽去）兩調，因而跟讀 năng 調的陽去字混了起來，這是由於中國語本身的聲調早就混亂了。一個同類的事實又使古濁母平聲字分化為 huyên（陽平）跟 băng（陰平）兩種調：爆發，塞擦，摩擦音是 huyên（陽平）鼻音邊音是 băng（陰平）。這種分歧法跟上聲的分歧法符合到這樣程度，那只有認它是從中國語音裏本來的現象來的了。……假如我們把官話對於鼻音邊音入聲的辦法，又加各方言跟安南音對於鼻音邊音平聲字的變化來參照，那就很容易看出來中國古聲調系統裏有一個下列的特點：古時候每一種陽調不是完全一種讀法，乃是要看聲母是爆發，塞擦，摩擦音，還是鼻音，半元音（喻母），邊音"。(1)

這個理論一定不錯。從上面 α 到 ε 五項就可以看出這分別是在什麼地方。在 α,γ(粵)，ε 項我們已經看見次濁聲母字變陰調而不歸陽調。在 β 項又有一個同樣傾向，就是閩語次濁上聲字跟着清音走，混合為一個上聲，而全濁字變去聲的陽類。所以我們得打算把古次濁字聲調認為沒有全濁字聲調那麼低。但是古次濁字也不會就是純粹一個高一點的聲調，因為除掉 α 至 ε 項下的字以外，所有一切古濁音聲母字(次全都在內)又合併起來成了與清聲母字對峙的些個陽調類。

(一) 武進"紳談"次濁上聲白話單字音如'我'，'有'也讀陽平。

(1) 在 49 頁的一個註裏 Maspero 又說："廣州客家等方言很古就分路演變，它們在任何聲調都一點沒有這種現象的痕跡"。這話去事實很遠。在中國境內這十二方言當中，恰恰就是廣州跟客家話特別的表現這種現象，因為不但在陽上看得出這現象，並且在陽入也有這現象。

所以這是古陽調自己再分兩小類的事情。(一)

(一) 據譯者看，Maspero 跟高氏的理論似乎有一點邏輯的漏洞。 哪怕現在全國方言在平上去入全四聲都因古次濁全濁而分化出兩種陽調去來，那只能證明古濁音的次全變成今陽調的分歧，不能證明古已有兩種陽調。 爲同樣理由，因爲在許多方言跟着古聲母的清濁而分陰陽調，也只能證明古清濁變成今陰陽的分別，不能證明古平上去入已有陰陽或高低兩種調。 至於從隋唐到現在，中間某過渡時期或在某地方音，在濁音聲母未變清聲的時候，清濁聲母已經分陰陽兩調（如在現代吳語），或濁音聲母字因次全之別而再分歧爲兩種陽調，然後再變成現在 $a$ 至 $\varepsilon$ 的局面，那當然也是可能的假設。 無論怎麼，這麼說也只是一種假設，並沒有哪種別的事實來證實它。 看 p. 437 譯者註(一)。

# 第十七章　古代韻母的擬測

讀者已經知道，我們工作計畫是這樣：爲研究漢語的語音演變，我們首先以古書上的材料爲主，如反切跟韻表，儘量的來試定古代漢語的音系。　這樣我們就定出古代音韻的分類：哪些字是有 x 聲母的；哪些字是有 y 韻母的等等。　若想把這些 x,y 拿確切的音值代出來，這些古書上的材料就不够了。　那我們就得利用一批最重要的材料，就是現代方言。　在把現代方言的音彙開始瀏覽一下以後，我們就可以把它們應用到歷史的語音上了。　關於聲母我們已經作完了。　餘下的就是韻母。　可是我們關於韻母的研究計畫跟聲母稍有一點兒不同。

因爲聲母是簡單的音，至多不過複雜到塞擦跟送氣的程度，又因爲這樣它們就可以併爲容易概括的幾類，所以討論聲母的時候，宜於首先把一類古聲母的現代代表簡明而有系統的列出來，然後對於這些聲母在古代漢語的音值跟現代音的演變，再下確定的結論。

韻母一層就完全兩樣了。　它們時常是很複雜的音，並且作韻母表恐怕遠不能如作聲母表那麽清楚。　還有，好多最重要的擬測的問題，只有靠着從所有各韻攝裏提出來的材料才可以解決。　所以韻母的擬測不能像聲母那樣片斷的去作的（第七章——第十五章）。　這樣一來在能够開始擬測的問題以先，勢必得把所有各韻攝的表都列出來了。　爲避免這種累贅的手續，有一個好一點的辦法就是先在一個總論韻母章裏只舉出够決定古代韻母音值中的現代韻母的例子，然後再繼續的在後面幾章詳細討論各韻攝的語音演變。

此外從另外尙待完成的一部分工作看起來，這個辦法還有個好處。　我們以後還要把我們所有的方言材料用一個字彙方式寫出來，在這個字彙裏讀者得要能够查出先是每個字的擬定的古音，然後是三十三處方言的現代音。(1)　假如在擬測

---

(一)　後來高氏爲省篇幅，字彙裏只登了二十六處方言的音。

韵母的首章把古代的音值定出來，我們就可以把這個字彙跟我們對於韵母的詳細研究連合在一起，而把每個字的古今音按照韵母表的次序（88—138 頁）一個挨一個的列出來。 這樣子一方面最相似的字（因爲韵母通常佔一個字的大半）在我們的字彙裏可以合在一起，因此就更有興趣；另一方面假如我們能够不只讀出單獨的韵母而能把整個字的聲母韵母一齊讀出來，(1)那麽在詳細研究韵母的時候也就因而更容易更方便了。

在前邊第二章古書上材料的研究裏我們已經得了些很重要的關於韵母擬測的結果。 現在作方言研究，我們就可以看見這些方言幸而在大體上都證實了第二章裏所得的結論；有幾處它們還可以修正甚而至於改正由古書上材料所得的結論；尤其重要的是在大多數的例裏，這些方言使我們能够把古代音類表裏所有的那些 x,y 的類名用確切的音值代出來。

我們在第二章所作理論的方式是關於古代音表的系統解釋至今算惟一謹嚴的那篇 Schaank 的文章，從頭到尾的細評了一下。 現在我們在這兒還得要顧到兩個學者的著作。 這兩位著者立出一個暫時的擬測的系統，可是並沒有循序的原原本本的給它做個說明，他們顯然是只以實用爲目的的。 著名的漢學家 P. Pelliot 爲給古代譯外國私名的漢字作一個指南，首先定了這個系統，(2) Maspero 在上文常常引到的書裏（Phon. Ann.），也跟着他的脚跡兒走，固然也有時候不從 Pelliot 的說法，可是總保持着他的根本觀念。

在上文研究聲母的時候，我們很少機會講到這兩位學者的系統。 事實上他們

(1) 聲母——通常只佔一個字的一小部分——就不能照這樣排列。 因爲把含有一萬多個讀音的材料重列兩次，這是篇幅所不許的。 所以聲母只得離開了韻母散列在前聲母分論裏各綜合表中。

(2) 在 E. Chavanne 跟 Pelliot, Un traité manichéen retrouvé en Chine, JAs. 1911 跟 1913, 在 Pelliot, "Les noms propres du Milindapañha," JAs. 1914 還在別的文章裏。 關於這個問題 Pelliot 說 (JAs. 1911, 509 頁)：這些認爲唐代的古讀……是同時根據康熙字典的韻表，現代方言的指示，外國字在漢字的對音，以及漢字在慶尼文，畏吾兒文，藏文跟八思巴文中的對音，所擬測出來的。 這個系統大體上說，是穩固的，細節上還有些個不能確定的地方……"。

關於古代聲母的說法並沒有比 Schaank 的結論多出什麼東西。(1) 關於韻母方面，他們兩人就好多了。 Schaank 的韻母系統很多錯誤（看 44—57 頁），可是 Pelliot 跟 Maspero 的立論有好些處很確切很可貴。 老實說，Pelliot 是研究這些問題的第一個有功績的，Maspero 也加上了些眞正有價值的貢獻。

我雖然承認 Pelliot 跟 Chavanne 是有功的開路人，我可並不是說古代漢語的擬測即如說在主要的幾點上却已經被他們完成了。 他們有好些意見我採用了很受益處，可是有很多處不單是瑣細的問題，就是往往在普遍的跟基本的原則上，我還有駁正他們的意見的必要。

等講到我自己的擬測的時候，我當細說駁正他們的話。 不過我現在願意先提出一個最嚴重的疑難——我們別處曾經提過了一點。 那就是韻表跟切韻的反切之間是什麼關係的問題。 Maspero 以爲（看上文 21 頁以下）韻表絕不代表宋朝的語言，而應該認它爲整理比較古的反切的東西。 Pelliot 的意見也是如此，一方面從上文引他的話可以看出來（452 頁底註(2)），另一方面，從他把韻表解釋作唐朝甚至於更古的譯音的指南這一點也可以看出來。 在上文 21—23 頁，我已經表示意見說反切跟韻表實在是代表不同的語言，並且用根據反切所作的音類表證實了這個說法。 由此可知晉唐的語言比宋朝的韻母豐富的多。 韻表一個韻母往往跟反切時代的語言裏一整套韻母相當。 這個在我們所用的方言裏就可以證實的。在方言裏，有許多分別絕對不能用韻表或用 Pelliot 跟 Maspero 關於韻表的說法來解釋，而借着切韻反切的音系的光兒倒可以完全明白。 這兩位學者認爲韻

(1) 例如 Pelliot 跟 Maspero 兩個人都寫不送氣的 b, d, g, 可是我們在上文已經看見（251－254 頁）只有送氣的濁音 b‘, d‘, g‘ 才可以解釋現代的方言。 Pelliot 也跟我們一樣，把曉匣兩母寫作 x, ɣ。 可是他加了這麼一個註解（JAs. 1914, 397 頁）：“我所擬作 ɣ 的在晉時大概不是 x 的濁音，現在的 x 在古代好像是接近送氣音，比梵文的 h 弱一點，所以我擬作 ɣ 的不過是跟它相對的濁音。” 我們已經知道（273－275頁）這是不跟日譯吳音的證據相合的，只有說古代方言不同，可以解釋這些歧異的對音。 Pelliot 關於日母的說法在 339－345 頁已經討論過了。 關於知等跟照等那麼重要而且複雜的聲母問題（上文第十章），Pelliot 跟 Maspero 兩人實際上誰也沒有把 Schaank 的說法改良。

表的語言跟反切的語言是相同的，於是他們就把韵表看作最好的材料，最高的權威，因而忽略了反切上又寶貴又有意義的分別，這實在是他們的擬測的最大的錯誤。

現在來做韵母的初步研究。

## I. 韻尾輔音

關於韵尾輔音，我們只說幾句話就够了。從很久就已經知道果止蟹效流遇幾攝的字是用元音收尾的，咸深攝的字平上去聲收 -m 入聲收 -p；山臻攝平上去聲收 -n，入聲收 -t，梗宕通攝的字平上去聲收 -ŋ，入聲收 -k。

在方言裏沒有什麼跟這個不合的事實。只有一點我們得要保留一下。山臻攝入聲的字，閩粵語收 -t，安南話收 -t，日譯漢音收 -tsu(-tsɿ)，日譯吳音收 -chi (ʨɕɪ)，而在高麗譯音則用 -l 當韵尾輔音（看下文 456 頁），並且古代對譯外國字音(2) 也可以清清楚楚看出來有許多處用這類入聲字的韵尾輔音來對譯外國的 r。Pelliot 對於這件事實非常的注重。在他的譯音裏，他有時候寫作 -t 又寫作 -r(1)，有時候寫作 δ(2)，他說：(3)"……我拿摩擦音 δ 來代表這個齒音是因爲我想採取一個介乎 -t 跟 -r 之間的音值，這個 -t 或者是原來的（不過也不一定普遍），這個 -r 是唐時中國北部由這個閉音 -t 變來的"。

首先看到這個古代 -t 的特點而提出這個學說的並不是 Pelliot。Edkins 已經說過：(4)"用來譯 ni 的中國字〔就是在 Nirvâna 對音裏的〕從前在中國有些地方讀作 nit，另外有些地方讀作 nir"。

我相信我們可以毫無危險的接受 Pelliot 所采用的 Edkins 的學說，就是說

（1） 例如在 Un traité manichéen JAs. 1911 p. 570 頁：fwyt(fwyr)。

（2） 例如在 "Les noms propres du Milindapañha" JAs. 1914 p. 390 頁："wiäδ 就是在韻尾輔音跟一個外國 -t 相對的時候，他也用 -δ，例如 JAs. 1914 p. 391：wiδ 譯 Uttaravatī 中的 ut。

（3） T'oung Pao, 1915 p. 3。

（4） J. Edkins, Chinese buddhism, 1880, p. 7。

這是古代已有的方言分別。 有些方言的 -t 在別的地方讀作 -d，這個 -d，按照 Pelliot 所確指的塗徑，中間經過齒摩擦音 δ 而變成 -r。 這個 -r 就可以解釋高麗的 -l 了。

至於要想知道這個 -t 或 -d 是否最初的音，這是現在沒法子決定的。 我們可以想像入聲字也許本來是收 -b,-d,-g 的，經過類似德文 'bad'>bʌːt 那樣的演變，而成爲 -p,-t,-k。 不過我們關於這類的說法並沒有什麼確據；西藏語雖老是用 -b,-d,-g 作韻尾輔音，但是這個事實對於我們沒有什麼用處，尤其是因爲西藏語的歷史以及漢語與西藏語的語言關係我們更是一點兒也不知道。 所以我們只好說在讀音上我們較有把握的最古的時期，就是說日譯吳音的時候，我們可以證實是一個 -t，而且脣跟舌根的塞音韻尾（-p,-k）的讀音也沒有一點濁音的痕跡。 因爲這個理由，我老寫作 -t，跟 Edkins, Parker, Maspero 以及其他學者所寫的一樣。

## II. 元　音

### A. 共同的原則

我們先從山攝討論起，這一攝從許多方面看都是很可以作代表的。 如果弄清楚了（往往要取證於別攝）山攝在古代的元音，我們同時就得到可以共同應用的結果來幫助我們解釋別的攝了。

先看山攝幾個典型的例子。 因爲這些字是作我們討論的出發點的，所以我們覺得最好把一切方言的讀音都舉出來，按照上文第 145 頁的地名次序。

| | 一等開口 | | | 一等合口 | | |
|---|---|---|---|---|---|---|
| 例字 | 干 | 單 | 達 | 官 | 端 | 般 |
| 北京 | kan | tan | tʌ | kuan | tuan | pan |
| 歸化 | kaɣ̃ | taɣ̃ | taʔ | kuoɣ̃ | tuoɣ̃ | puoɣ̃ |
| 大同 | kæ | tæ | taʔ | kuæ | tuæ | pæ |
| 太原 | kæ | tæ | tʌʔ | kuæ | tuæ | pæ |
| 文水 | kɛ̃ | tã | taʔ | kuɛ̃ | tuɛ̃ | pɛ̃ |
| 太谷 | kɛ̃ | tã | taʔ | kuɛ̃ | tyɛ̃ | pɛ̃ |

| 例字 | 一等開口 干 | 單 | 達 | 一等合口 官 | 端 | 般 |
|---|---|---|---|---|---|---|
| 興縣 | kəŋ | tã | tᴀʔ | kuəŋ | tuəŋ | pəŋ |
| 平陽 | kaɣ̃ | taɣ̃ | tᴀ | kuaɣ̃ | tuaɣ̃ | paɣ̃ |
| 鳳台 | kɛ | tɛ | taʔ | kuɛ | tuɛ | pɛ |
| 蘭州 | kæ | tæ | tᴀ | kuæ | tuæ | pæ |
| 平涼 | kæ̃ | tæ̃ | tᴀ | kuæ̃ | tuæ̃ | pæ̃ |
| 涇州 | kæ̃ | tæ̃ | tᴀ | kuæ̃ | tuæ̃ | pæ̃ |
| 西安 | kæɣ̃ | tæɣ̃ | tᴀ | kuæɣ̃ | tuæɣ̃ | pæɣ̃ |
| 三水 | kæ | tæ | tᴀ | kuæ | tuæ | pæ |
| 桑家鎮 | kæ | tæ | tᴀ | kuæ | tuæ | pæ |
| 開封 | kan | tan | ta | kuan | tuan | pan |
| 懷慶 | kaiɳ | taiɳ | tɑʔ | kuaiɳ | tuaiɳ | paiɳ |
| 固始 | kæɣ̃ | tæɣ̃ | tᴀ | kuæɣ̃ | tuæɣ̃ | pæɣ̃ |
| 四川 | **kan** | **tan** | **ta** | **kuan** | **tuan** | **pan** |
| 漢口 | **kan** | **tan** | **ta** | **kuan** | **tan** | **pan** |
| 南京 | kɑɣ̃ | tɑɣ̃ | tɑʔ | kuɑɣ̃ | tuɑɣ̃ | pɑɣ̃ |
| 揚州 | kæ | tæ | tæʔ | **ko** | **to** | **po** |
| 上海 | kɵ̃ | tæ̃ | dɐʔ | kuᴇ | tɵ̃ | pᴇ |
| 寧波 | **kẽ** | tæ̃ | **dɐʔ** | **kõ** | **tœ̃,tœ̃ɣ̃** | **põ** |
| 溫州 | **kye** | **ta** | **da** | **kye** | **tœ̃** | **pœ** |
| 福州 | kɐŋ | taŋ | tᴀk | kuᴀŋ | tuᴀŋ | puᴀŋ |
| 廈門 | **kan** | **tan** | **tat** | **kuan,kua** | **tuan,tuã** | **puan,puã** |
| 汕頭 | **kan** | **tan** | **tat,t‘at** | **kuan,kua** | **tuan** | **pan,puã** |
| 廣州 | kon | tᴀ:n | tᴀ:t | ku:n | ty:n | pu:n |
| 客家 | **kon** | **tan** | **t‘at** | **kon** | **ton** | **pan** |
| 高麗 | **kan** | **tan** | **tal** | **kuan** | **tan** | **pan** |
| 漢音(1) | **kan** | **tan** | **tatsu** | **ku-wan** | **tan** | **han** |
| 吳音(1) | **kan** | **tan** | **tachi** | **ku-wan** | **tan** | **han** |
| 安南 | ka:ɳ1 | dɐ:ɳ1 | da:ʈ1 | kua:ɳ1 | dua:ɳ1 | ba:ɳ1 |

（1） 按照假名的拼法。

| | 二等開口 | | 二等合口 | |
|---|---|---|---|---|
| 例字 | 艱,姦 | 山 | 關 | 班 |
| 北京 | ȶɕ$_1$iɛn | ʂ$_2$an | kuan | pan |
| 歸化 | ȶɕ$_1$iæɣ̃ | saɣ̃ | kuaɣ̃ | paɣ̃ |
| 大同 | tɕ$_1$iᴇ | sæ | kuæ | pæ |
| 太原 | ȶɕ$_1$iᴇ | sæ | kuæ | pæ |
| 文水 | ȶɕ$_1$iã | sã | kuã | paã |
| 太谷 | ȶɕ$_1$iᴇ | sã | kuã | pã |
| 興縣 | ȶɕ$_1$iã | sã | kuã | pã |
| 平陽 | ȶɕ$_1$iɛɣ̃ | saɣ̃ | kuaɣ̃ | paɣ̃ |
| 鳳台 | ȶɕ$_1$iă | sɛ | kuɛ | pɛ |
| 蘭州 | ȶɕiæ̃ | sæ | kuæ | pæ |
| 平涼 | ȶɕ$_2$iæ̃ | sæ̃ | kuæ̃ | pæ̃ |
| 涇州 | ȶɕ$_2$iæ̃ | sæ̃ | kuæ̃ | pæ̃ |
| 西安 | ȶɕ$_2$iæɣ̃ | sæɣ̃ | kuæɣ̃ | pæɣ̃ |
| 三水 | ȶɕ$_2$iæ | sæ | huæ | pæ |
| 桑家鎮 | ȶɕ$_2$iæ | sæ | huæ | pæ |
| 開封 | ȶɕ$_2$iɛn | ʂ$_1$an | kuan | pan |
| 懷慶 | ȶɕ$_1$iɛɳ | saiɳ | kuaiɳ | paiɳ |
| 固始 | ȶɕ$_2$iɛɣ̃ | sæɣ̃ | kuæɣ̃ | pæɣ̃ |
| 四川 | **ȶɕien** | **ʂan** | **kuan** | **pan** |
| 漢口 | **ȶɕien** | **san** | **kuan** | **pan** |
| 南京 | ȶɕ$_2$iẼ(一) | ʂ$_2$ɑɣ̃ | kuɑɣ̃ | pɑɣ̃ |
| 揚州 | **ȶɕiaŋ** | sæ | kuæ | pæ |
| 上海 | ȶɕ$_2$iẼ,kæ̃ | sæ̃ | kuæ̃ | pæ̃ |
| 寧波 | ȶɕ$_2$iẼ,kæ̃ | sæ̃ | kuæ̃ | pæ̃ |
| 溫州 | **ka** | **sa** | **kua** | **pa** |
| 福州 | kaŋ | saŋ | kuʌŋ | paŋ,puʌŋ |
| 廈門 | **kan** | **san,suã** | **kuan** | **pan** |
| 汕頭 | **kan** | **san,suã** | **kuan** | **pan** |
| 廣州 | kʌːn | šʌːn | kuʌːn | pʌːn |
| 客家 | **kan** | **san** | **kuan** | **pan** |
| 高麗 | **kan** | **san** | **kuan** | **pan** |
| 漢音(1) | **kan** | **san** | **ku-wan** | **han** |
| 吳音(1) | **ken** | **sen** | **ken** | **hen** |
| 安南 | zaːɳ$_1$(2) | ʂ$_1$aːɳ$_1$ | kuaːɳ$_1$ | baːɳ$_1$ |

(一) 按南京 -ᴇ 應該作 -ẽɪ，下同。

(1) 按照假名的拼法。

(2) 安南國語 'gian'。

## 三四等開口

| 例字 | 虔 | 言 | 肩 | 仙,先 | 煽 |
|---|---|---|---|---|---|
| 北京 | ȶɕʻ$_1$iɛn | iɛn | ȶɕ$_1$iɛn | ɕiɛn | ʂ$_2$an |
| 歸化 | ȶɕʻ$_1$ieɣ̃ | ieɣ̃ | ȶɕ$_1$ieɣ̃ | ɕ$_1$ieɣ̃ | ʂ$_1$ᴇɣ̃ |
| 大同 | ȶɕʻ$_1$iᴇ | iᴇ | ȶɕ$_1$iᴇ | ɕiᴇ | ʂ$_1$æ |
| 太原 | ȶɕʻ$_1$iᴇ | iᴇ | ȶɕ$_1$iᴇ | ɕ$_1$iᴇ | sæ |
| 文水 | ȶɕʻ$_1$iẽ | iẽ | ȶɕ$_1$iẽ | ɕiẽ | ʂ$_1$ɛ̃ |
| 太谷 | ȶɕʻ$_1$iᴇ̃ | iᴇ̃ | ȶɕ$_1$iᴇ̃ | ɕiᴇ̃ | ʂ$_1$ɛ̃ |
| 興縣 | ȶɕʻ$_1$iŋ | iŋ | ȶɕ$_1$iŋ | ɕ$_1$iŋ | ʂ$_1$əŋ |
| 平陽 | ȶɕʻ$_1$iɛɣ̃ | iɛɣ̃ | ȶɕ$_1$iɛɣ̃ | ɕ$_1$iɛɣ̃ | saɣ̃ |
| 鳳台 | ȶɕʻ$_1$iă | iă | ȶɕ$_1$iă | ɕ$_1$iă | sɛ |
| 蘭州 | ȶɕʻ$_1$iæ̃ | iæ̃ | ȶɕ$_1$iæ̃ | ɕ$_1$iæ̃ | ʂ$_1$æ |
| 平涼 | ȶɕʻ$_2$iæ̃ | iæ̃ | ȶɕ$_2$iæ̃ | ɕ$_2$iæ̃ | ʂ$_1$æ̃ |
| 涇州 | ȶɕʻ$_2$iæ̃ | iæ̃ | ȶɕ$_2$iæ̃ | ɕ$_2$iæ̃ | ʂ$_1$æ̃ |
| 西安 | ȶɕʻ$_2$iæɣ̃ | iæ̃ɣ̃ | ȶɕ$_2$iæɣ̃ | ɕ$_1$iæɣ̃ | ʂ$_1$æɣ̃ |
| 三水 | ȶɕʻ$_2$iæ | iæ | ȶɕ$_2$iæ | ɕ$_2$iæ | ʂ$_1$æ |
| 桑家鎮 | ȶɕʻ$_2$iæ | iæ | ȶɕ$_2$iæ | ɕ$_2$iæ | ʂ$_1$æ |
| 開封 | ȶɕʻ$_2$iɛn | iɛn | ȶɕ$_2$iɛn | siɛn | ʂ$_2$an |
| 懷慶 | ȶɕʻ$_1$iɛɳ | iɛɳ | ȶɕ$_1$iɛɳ | ɕ$_1$iɛɳ | ʂ$_1$aiɳ |
| 固始 | ȶɕʻ$_2$iɛɣ̃ | iɛɣ̃ | ȶɕ$_2$iɛɣ̃ | ɕ$_2$iɛɣ̃ | sæɣ̃ |
| 四川 | **ȶɕʻien** | **ien** | **ȶɕien** | **ɕien** | **ʂan** |
| 漢口 | **ȶɕʻien** | **ien** | **ȶɕien** | **ɕien** | **san** |
| 南京 | ȶɕʻ$_2$iᴇ̃ | iᴇ̃ | ȶɕ$_2$iᴇ̃ | sᴇ̃ | ʂ$_2$ɑɣ̃ |
| 揚州 | **ȶɕʻie** | **ie** | **ȶɕie** | **ɕie** | **ɕie** |
| 上海 | ȡʑ$_2$iᴇ̃ | iᴇ̃ | ȶɕ$_2$iᴇ̃ | siᴇ̃ | sᴇ̃ |
| 寧波 | **ǰiẽ** | **iẽ** | **ȶɕiẽ** | **siẽ** | siẽ |
| 温州 | **ǰie** | **ie** | **ȶɕie** | **sie** | **sie** |
| 福州 | kieŋ | ŋiɔŋ | kieŋ | sieŋ | sieŋ |
| 廈門 | **kʻiɛn,kʻin** | **giɛn** | **kiɛn,kɛŋ** | **siɛn** | siɛn |
| 汕頭 | **kʻiɛn** | ŋan,iɛn | **kiɛn,koi** | siɛn | **siɛn** |
| 廣州 | kʻiːn | iːn | kiːn | siːn | šiːn |
| 客家 | **kʻen** | **ŋen** | **ken** | **sen** | **šen** |
| 高麗(2) | **kən** | **ən** | **kiən** | siən(1) | **siən**(1) |
| 漢音(2) | **ken** | **gen** | **ken** | **sen** | **sen** |
| 吳音 | **gen** | **gon** | **ken** | **sen** | **sen** |
| 安南 | kiᴇɳ$_1$ | ŋiᴇɳ$_1$ | kiᴇɳ$_1$ | tieɳ$_1$ | tʻiᴇɳ$_1$ |

（1） 讀作 sən。

（2） 按照假名的拼法。

## 三四等合口

| 例字 | 權 | 元 | 玄 | 宣 | 專(一) | 煩 |
|---|---|---|---|---|---|---|
| 北京 | ȶɕ'$_1$yan | yan | çyan | çyan | ʈʂ$_2$uan | fan |
| 歸化 | ȶɕ'$_1$yœɣ̃ | yœɣ̃ | ɕ$_1$yœɣ̃ | ɕ$_1$yœɣ̃ | tsuɔɣ̃ | faɣ̃ |
| 大同 | ȶɕ'$_1$yᴇ | yᴇ | çyᴇ | çyᴇ | ʈʂ$_1$uæ | fæ |
| 太原 | ȶɕ'$_1$yᴇ | yᴇ | ɕ$_1$yᴇ | ɕ$_1$yᴇ | tsuæ | fæ |
| 文水 | ȶɕ'$_1$yẽ | yẽ | çyẽ | çyẽ | tsuɛ̃ | χuã |
| 太谷 | tɕ'$_1$yᴇ̃ | yᴇ̃ | ç$_1$yᴇ̃ | çyᴇ̃ | tsuɛ̃ | fã |
| 興縣 | ȶɕ'$_1$ỹ | ỹ | ɕ$_1$ỹ | ɕ$_1$ỹ | tsuəŋ | fuã |
| 平陽 | ȶɕ'$_1$yɛɣ̃ | yɛɣ̃ | ɕ$_1$yɛɣ̃ | ɕ$_1$yɛɣ̃ | tsuaɣ̃ | faɣ̃ |
| 鳳台 | ȶɕ'$_1$yă | yă | ɕ$_1$yă | ɕ$_1$yă | tsuɛ | fɛ |
| 蘭州 | ȶɕ'$_1$yæ̃ | yæ̃ | ɕ$_1$yæ̃ | ɕ$_1$yæ̃ | ȶ$_1$uæ | fæ |
| 平凉 | ȶɕ'$_2$yæ̃ | yæ̃ | ɕ$_2$yæ̃ | ɕ$_2$yæ̃ | ȶ$_1$uæ̃ | fæ̃ |
| 涇州 | ȶɕ'$_2$yæ̃ | yæ̃ | ɕ$_2$yæ̃ | ɕ$_2$yæ̃ | ȶ$_1$uæ̃ | fæ̃ |
| 西安 | ȶɕ'$_2$yæɣ̃ | yæɣ̃ | ɕ$_2$yæɣ̃ | ɕ$_1$yæɣ̃ | pfæɣ̃ | fæɣ̃ |
| 三水 | ȶɕ'$_2$yæ | yæ | ɕ$_2$yæ | ɕ$_2$yæ | ȶ$_1$uæ | fæ |
| 桑家鎮 | ȶɕ'$_2$yæ | yæ | ɕ$_2$yæ | ɕ$_2$yæ | ȶ$_1$uæ | fæ |
| 開封 | ȶɕ'$_2$yan | yan | çyan | syan | ʈʂ$_2$uan | fan |
| 懷慶 | ȶɕ'$_1$yɛɳ | yɛɳ | çyɛɳ | ɕ$_1$yɛɳ | ʈʂ$_1$uaiɳ | faiɳ |
| 固始 | ȶɕ'$_2$yæɣ̃ | yæɣ̃ | ɕ$_1$yæɣ̃ | ɕ$_1$yæɣ̃ | tsuæɣ̃ | fæɣ̃ |
| 四川 | **ȶɕ'yan** | **yan** | **ɕyan** | **ɕyan** | **ʈʂuan** | **fan** |
| 漢口 | **ȶɕ'yan** | **yan** | **ɕyan** | **ɕyan** | **tsuan** | **fan** |
| 南京 | ȶɕ'$_2$yᴇ̃ | yᴇ̃ | ɕ$_2$yᴇ̃ | syᴇ̃ | ʈʂ$_2$uɑɣ̃ | fɑɣ̃ |
| 揚州 | **ȶɕ'ye** | **ye** | **ɕye** | **suei** | **tsɒ** | fæ |
| 上海 | ȡʑ$_2$ø̃ | ɳø̃,iø̃ | iø̃ | siᴇ̃ | tsᴇ̃ | væ̃ |
| 寧波 | **ǰyẽ,ǰœ̃** | **nyẽ,yẽ** | **yẽ** | **ʂœ̃** | **čœ̃** | væ̃ |
| 温州 | **ǰye** | **ŋye** | **ye** | **sye** | **tsye** | **va** |
| 福州 | kuoŋ | ŋuoŋ | hieŋ | siɔŋ | ȶɕ$_1$iɔŋ | huʌŋ |
| 廈門 | **kuan** | **guan** | **hiɛn** | **suan** | **tsuan** | **huan** |
| 汕頭 | **k'uan,k'iɛn** | **ŋuan,ŋiɛn** | **hiɛn** | **suan** | **tsuan** | **huan** |
| 廣州 | k'yːn | yːn | yːn | syːn | čyːn | fᴀn |
| 客家 | **k'en** | **ŋen** | **hen** | **sen** | **čon** | **fan** |
| 高麗 | **kuən** | **uən** | **hiən** | **siən**(1) | **čiən**(1) | **pən** |
| 漢音(2) | **ken** | **gen** | **ken** | **sen** | **sen** | **hen** |
| 吳音(2) | **gon** | **gu-wan** | **gen** | **sen** | **sen** | **ban** |
| 安南 | kyᴇɳ$_1$ | ŋyᴇɳ$_1$ | hyᴇɳ$_1$ | tyᴇɳ$_1$ | ȶ$_2$yᴇɳ$_1$ | fiᴇɳ$_1$ |

(一)　歸化，文水，興縣"專"字音原文有錯誤，茲根據高氏來函更正。

(1)　讀 sən, čən。

(2)　按照假名的拼法。

## a）一二等的主要元音

從 Schaank 以後大家都承認山攝一二等的主要元音是一個 a。 Pelliot 跟 Maspero 都以這個說法爲滿足。 可是，我們對於切韻不同等就不同韵的這件事實在上文曾經特別注重過（51 頁），因此我們假設（56 頁）一等是一個深（"grave"）a（寫作 ɑ），二等是一個淺（"aigu"）a（寫作 a）。 方言可以證實這個假設。

關於這一點，山攝固然只給我們不很穩當的立足點。 只有廣州話跟客家話有這種分別的痕跡。 不過一考查另外一攝，就是主要元音也是 a 的果攝（看下文），我們就可以找到確定的證據了：

| | 一等開口 | | 二等開口 | |
|---|---|---|---|---|
| 例字 | 哥 | 多 | 家 | 紗 |
| 北京 | kɤ | tɔ | ȶɕ$_1$iᴀ | ʂ$_2$ᴀ |
| 歸化 | kɒ | tɒ | ȶɕ$_1$ia | sa |
| 大同 | kɔ | tɔ | ȶɕ$_1$iᴀ | sᴀ |
| 太原 | kɤ | tɔ | ȶɕ$_1$iᴀ | sᴀ |
| 文水 | kɯ | tɯ | ȶɕ$_1$ia | sa |
| 太谷 | kɤ | to | ȶɕ$_1$iɒ | sɒ |
| 興縣 | kɤ | tɤ | ȶɕ$_1$iᴀ | sᴀ |
| 平陽 | kɯ | tɯ | ȶɕ$_1$iᴀ | sᴀ |
| 鳳台 | kɯa | tɔ | ȶɕ$_1$iɑ | sɑ |
| 蘭州 | kɔ | tɔ | ȶɕ$_1$iᴀ | sᴀ |
| 平涼 | kɔ | tɔ | ȶɕ$_2$iᴀ | sᴀ |
| 涇州 | kɔ | tɔ | ȶɕ$_2$iᴀ | sᴀ |
| 西安 | kɔ | tɔ | ȶɕ$_2$iᴀ | sᴀ |
| 三水 | kɤ | tɔ | ȶɕ$_2$iᴀ | sᴀ |
| 桑家鎮 | kɤ | tɔ | ȶɕ$_2$iᴀ | sᴀ |
| 開封 | kɯ | tɔ | ȶɕ$_2$ia | sa |
| 懷慶 | kɯ | tɔ | ȶɕ$_1$iᴀ | sᴀ |
| 固始 | kɔ | tɔ | ȶɕ$_2$iᴀ | sᴀ |
| 四川 | ko | to | ȶɕia | ʂa |

| | 一等開口 | | 二等開口 | |
|---|---|---|---|---|
| 例字 | 哥 | 多 | 家 | 紗 |
| 漢口 | **kɔ** | **tɔ** | **ȶɕia** | **sa** |
| 南京 | ko | to | tɕ$_2$iɑ | ʂɑ |
| 揚州 | **kɵo** | **to** | **ȶɕia** | **sa** |
| 上海 | ku | tu,tɑ | tɕ$_2$iɑ | so |
| 寧波 | ko | to | tɕyɔ,kɔ | sɔ |
| 温州 | **ko** | **tu** | **ko** | **so** |
| 福州 | kɒ | tɒ | kᴀ | sᴀ |
| 廈門 | **ko** | **to** | **ka,kɛ** | **sa,sɛ** |
| 汕頭 | **ko** | **to** | **kia,kɛ** | **sa,sɛ** |
| 廣州 | kɔ | tɔ | kᴀ | šᴀ |
| 客家 | **ko** | **to** | **ka** | **sa** |
| 高麗 | **ka** | **ta** | **ka** | **sa** |
| 漢音 | **ka** | **ta** | **ka** | **sa** |
| 吳音 | **ka** | **ta** | kᴇ | sᴇ |
| 安南 | ka | ḍ$_1$a | za(1) | ʂ$_1$a |

日譯漢音，高麗譯音跟安南譯音指示的很清楚，古代漢語一等跟二等的元音一樣是 **a**。 現在我們可以看見，在現代方言裏，一等字最常讀的是 o，二等字普通讀 **a**。 別的語言的經驗告訴我們深 ɑ 最容易變成 o。 這兩等在古代漢語既然嚴格的分成不同的韻，所以我們完全有理由定一等爲深 ɑ，二等爲淺 a。

不待下文的詳論，我們在這兒就可以把這個演變大略的寫出來：

在果攝裏，元音是開尾而長的，一等深 ɑ 大多數變成 o，並且我們還可以看出它不同的程度：歸化，福州 ɒ，蘭州，廣州 ɔ，南京 o。 在有些例子裏，像上海話，這個變化一直變到 u。 在幾個官話方言裏有別的元音像 ɤ 跟 ɯ（很有軟顎性的一個 ɯ(一)）產生出來，尤其是在舌根聲母的後頭。 反之，二等的 a 幾乎在各處都保存它的淺 a。 只有散見的幾個方言在這兒表現出類似一等的變化：a＞ɑ

（1） 安南國語 'gia'。

（一） 國際音標 ɯ 號本來是標後高不圓唇元音的，當然是軟顎性的。 但是現在譯文裏拿它當作瑞典方言字母中不分"央"與"後"的公共符號用，所以原文才有加"軟顎性"的話。 參考第六章 210 頁譯者註(一)。

>o。 鳳台跟南京讀(i)ɑ,太谷變成 i(ɒ),上海在有些聲母後邊簡直變成 o。(一) 寧波把 **ɑ** 跟 **a** 一律讀成 **o**,可是 **ɑ** 讀作關 o(o) 而 a 讀作開 **o** (ɔ)。

……(中略)(二)……

我們直到現在只討論了開口的字,合口的字還得要解釋解釋。

在二等裏,合口跟開口是同韵的,所以主要元音也是一樣是淺 a。 但是在一等裏我們看見山,果,蟹攝的開口跟合口不同韵,我原先很遲疑的提出過一個猜度,就是合口的主要元音比開口較爲圓脣一點, **kuon:kɑn**。(三) 像歸化這個方言,開口作 kɑɣ̃,合口作 kuoɣ̃ 好像可以助成這個說法。 不過,這個說法有些很嚴重的困難。 日本,高麗,安南統作 **a** 最說不過去。 固然,我們可以設想這些方言把古代漢語的關 **o** 譯作 **o** (看下文遇攝),而用 **a** 代表一個很開的 **o**, 這並不是絕對不可能的,可是我們還可以找到一個更好的解釋。 我情願放棄這個合口是 **o** 的觀念而像 Pelliot 跟 Maspero 似的假設這兒跟開口一樣是一種 **a**,把一等就老擬作一個深 **ɑ**。 可是還剩了開合兩韵如何分別法的重要問題,那兩位法國的漢學家還沒有顧到。 這個現象非得有一個解釋不可。 我們要找到這個解釋,只須進一步討論:

b) 合口

我們先要注意合口的意義不應該定的太窄。 Pelliot 跟 Maspero 老寫作 **w**, Maspero 把合口當作一個介音性的"脣的半元音"講。 從這兩位學者的寫法

(一) 無錫常熟變到 u, 而古 ɑ 變爲 ɯ, 換言之,歌麻仍舊不混。

(二) 原文假定二等古有 i 介音,現在既然取消此說,故删去,改補如下:

一等 -an 在見系聲母後往往另有讀法:廣州客家 -on, 興縣 -əŋ, 文水 -ɛ̃, 上海 ø 例如'干'廣州 kon, 但'單' tan。 有些方言, n 尾的影響使 ɑ 元音前移,並且不限於什麼系聲母,例如'單'西安 tæɣ̃, 太原 tæ, 鳳台 tɛ, 但'達'三處都讀 ta。 二等 -an 在許多方言中,見系聲母後發生一個 i 介音,成 -ia-, -iɛ-, -ie- 等元音,如'眼'文水 ȵdʑiã, 鳳台 ia, 北京 iɛn, 太原 ie。這種 -ɛ-, -e- 的音變半由介音的"i-音變", 半由 n 尾的影響,例如大同'殺' sa 本無 n 尾,本無 i 介音;'瞎' ɕia, 本無 n 尾,今有 i 介音;'山' sæ 本有 n 尾,本無 i 介音;'間' ȶɕiɑ 本有 n 尾,今有 i 介音。

(三) 此處所指,譯文已删,看 53 頁譯者註(三)。

看起來他們是把合口當作一個雙脣摩擦音帶有舌對軟顎的發音的，不然像 **fwu**(1)，**m$^{w}$u**(2)那樣的寫法就不可解了。但是 Maspero 把這個 **w** 總是當作一個附屬音，而 Pelliot 有時候（就是在臻攝）把它當作一個主要音：**kw$^{i}$n**，跟流攝（開口）寫成 **k$^{i}$w** 意同。Pelliot 旣然認爲 **k$^{i}$w**（流攝）跟 **k$^{i}$u**（遇攝）不同，我們必得要斷定 **k$^{i}$w**，**kw$^{i}$n** 這類例子裏的 **w**，他是拿它當作一個輔音性的 **w**（雙脣摩擦音），來做這個音節的主要音，換言之，就是得寫作 w̩ 的音了。

這兩位法國的漢學家把合口這個名詞的範圍看得這麼窄，我們越想越覺得奇怪，因爲他們所謂'合口'是承用中國音韻家的舊名，而中國各音韻家對於'合口'的用法是很不相同的。韻鏡把一切有 **u**（**y**）的韻母都算是合口韻，如 **kuɑn**，**kuŋ**，**kɑu**，而切音指南只把合口這個名詞限用於第一個元音（除去 i 介音不計）有 **u**（**y**）的韻母上，所以只用於 **kuɑn** **kuŋ** 一類，而不用於 **kɑu** 那一類；切韻指掌圖給它限於 **kuɑn** 類的例子，就是說 **u**（**y**）後面隨着有別的元音，而把 **kuŋ** **kɑu** 個都定作開口。(3)

旣然知道這個不同，那麼無論採取這三個定名法的哪一個可以完全隨便——在我的表裏是依照切音指南的——因爲這對於擬測沒有一點影響。可是 Maspero（17 頁）沒有給證據先就說合口是指着一個介音性的"脣的半元音" **w** 而言，於是從這個很主觀的出發點就說韻鏡把 **kuŋ** 跟 **kɑu** 韻母歸在合口是"錯誤"的，這只表示他沒有把那些中國音韻家懂淸楚罷了。又如指掌圖照指掌圖本書的定名法認 -(i)u（遇攝廣韻看 518 頁）爲開口，而韻鏡則照韻鏡本書的定名法把 -(i)u 認爲合口，Maspero 又斷定此處是韻鏡"對"了，而指掌圖"錯"了。所以他覺得他是憑了韻鏡的根據，就把 **iu** "改正" 作 **wiu**，因而得出像 **p$^{y}$wiu** 那樣的東西。Maspero 旣然誤解了古代的音韻家所以他的擬測就誤入歧途了。

**kuŋ**，**kɑu** 這類韻母裏的脣元音的性質（就是說在韻母裏脣元音——除去 i

(1) Maspero, Phon. Ann. p. 40。

(2) Pelliot, JAs. 1914 p. 394。

(3) 參看 Maspero, Phon. Ann. p. 17 小註。

介音不計——是惟一的元音或者是第二個元音），我們以後再討論。

在幾個元音中佔第一位的脣元音——如 **kuɑn**，Pelliot 跟 Maspero 似乎把它當作一個英文的 **w**，我們斷不能從此說，有時候連它究竟是一個軟顎元音（**u**）還是一個硬顎元音（**y**），我們都不能定。要知道我們能否決定合口元音的音值問題，第一點要靠它在韵母裏是否重讀，若是強的，像在 **kuən** 裏，那就很好決定；反之，如果只是一個介音性的弱的成分，例如 **kʷɑŋ**，**ɣiʷɛn**，那麼這個問題就比較麻煩了。經驗告訴我們，一個附屬的 **u** 往往不像一個重讀的 **u** 的舌位那樣高，而容易變成一個 ŏ。若是合口元音跟介音性的顎音成分同時出現的時候，那它的音值就更可疑了（看 44 頁）。我們無從知道它究竟是 ŭ, ŭ, ĕ, ɯ̆ 還是 y。恰好因爲我這部書沒有把 **w** 用作一個確定的音（這是因爲 170 頁以下所舉的理由），現在我們正可以利用它，把它當作跟 Pelliot Maspero 完全不同的一個用法。(1) 我們的 ʷ 當作一個很普通的符號，表示一個細微音質還不曉得的弱的脣元音。我們可以看見它有時當作一個單獨的介音成分，例如 **kʷɑŋ**（讀作 **kŭɑŋ**，也許 **kŏɑŋ**），有時跟一個 **j** 或一個介音 **i** 連起來，也許就多少讀的顎化了。

我們剛才所定關於強的合口元音：**kuən**，跟弱的合口元音：**kʷɑŋ** 的區別，我們得要極力看重。這種分別在古韵系統的整個的解釋上實在是根本重要的。Maspero 總是用一個"半元音，" Pelliot 關於這一點很不一致。他寫

**mw'an**（JAs. 1913, p. 136）可是 **mʷⁱang**（JAs. 1914, p. 405）

**mwat**（JAs. 1913, p. 122）可是 **mʷa**（JAs. 1914, p. 401）

**bw'u**（JAs. 1914, p. 387）可是 **mʷu**（JAs. 1914, p. 394）等

然而在一個很重要的例子裏，他走上一條好的塗徑了。就是他把臻攝的合口元音（他寫作 **w**）認作主要音。所以他把論字寫作 **lwïn**（T'oung Pao, 1915, p. 5），把羣字寫作 **g'wⁱn**（JAs. 1914, p. 405）。這是一個正確而且可貴的觀念。

我們在前邊的表（88 至 139 頁）跟韵表裏可以看出各攝的二三四等，開口

(1) 跟我用在 42 頁討論中臨時寫 ʷ 的用法也不同。

跟合口都是同在一韵，只有臻攝是例外。 臻攝開口跟合口在各等裏都不同韵，很可注意。 一看這一攝的幾個字立刻就可以找到它的解釋了（看下文 501—2 頁）。Pelliot 看出來合口元音在這一攝裏顯然是強的，所以中國古代人認爲 **uən** 跟 **-ən** 是不同的韵(1)。

假如我們現在回到山果蟹三攝的系統問題——在這三攝裏我們可以看見二三四等開口跟合口同韵，一等開口跟合口不同韵（參看 462 頁）——我們用不着設想是主要元音的不同（**kɑn: kuon**）就可以有解釋它的辦法了。 在這裏我們很自然的可以看出一個跟臻攝類似的情形，把一等擬作一個強的合口元音，而把別的等擬作一個弱的合口元音：

一等 開 **kɑn:** 合 **kuɑn**

二等 **kan:** **k$^w$an** 等等。

這麽一來 462 頁所說的困難就可以避免了。

我們這個說法可以從幾方面確定的證實。 尤其是唇音聲母的字可以作證據。大家都知道合口元音在唇音聲母後最容易失掉。 如果我們的假設：一等 **puɑn**，二等 **p$^w$an** 是對的，那麽二等的合口元音的弱 $^w$ 應該比一等的強元音 u，失掉的早些，失掉的區域也廣些。 只要看一下切音指南就足以得到滿意的證據。在山攝裏，我們看見 **puan** 類的字（一等，般等）在指南像在反切跟切韵指掌圖一樣都屬於合口類，可是 **p$^w$an** 類的字（二等，班等）雖然在反切跟切韵指掌圖屬於合口類，在指南就移到了開口類，換言之，就是失掉了它的 $^w$ 了。 還有現代幾個方言，在其他方面雖然是很不同，可是都保留着強 u，而失掉了弱 $^w$：

一等 **puɑn**：歸化 puɔɣ̃，廣州 puːn，福州 puʌŋ，廈門 **puan, puã**，汕頭 **pan, puã**（北京 pan，太原 pæ 等），

二等 **p$^w$an**：歸化 paɣ̃，廣州 pʌːn，福州 paŋ，puʌŋ，廈門，汕頭 **pan**（北京 pan，太原 pæ 等）。

宕攝還給我們一個很好的佐證。 宕攝跟山果蟹三攝相反，它在一等裏開口跟

(1) 關於這些音值看下文 503 頁。

合口是同韵的，按照我們的學說我們就應當把一等擬作 **p$^{w}$ɑŋ** 而不擬作 **puɑŋ**。這些字在各韵書中的歸類法也很有道理：反切跟切韵指掌圖完全把它們歸到合口，可是切音指南把它們放在開口類裏；所以這跟山攝的二等是絕對相類的。 最後，安南譯音在蟹攝裏也是一個可貴的見證。 此處：一等 -oːi，二等 -ŭɑi，三等 -ŭᴇ。我們的學說在這裏又得到一個快證。

所以我們認爲這個關於合口的學說已經完全成立了——山果蟹三攝，一等是強的 u，其他各等是弱的 $^{w}$。 這樣我們對這些攝在一等裏開口跟合口不同韵就得到了滿意的解釋。

### c）現在要研究三四等的主要元音跟顎介音成素

Schaank 的一二三四等主要元音相同說在上文 46—52 頁已經是駁掉了。

Pelliot 對於這個問題的態度不免含混。 他有時候寫作後顎元音，有時寫作前顎元音，而且不論時代。 在他的音譯裏 **a，ɛ，e**，並同出現，對於五世紀的起頭兒跟對於唐朝都是一樣。（1）

Maspero 接受 Schaank 的學說，可是加上一個向前“i-音變”的學說。 就是：三四等的字原來都有 **-ian** 韵母（像 Schaank 所想的），可是這個 **-ian** 變成 **-ien**，只有合口非母等的字，像‘藩’國音 **fɑn** 等是例外。 於是 Maspero 就得到下面的結果：**k$^{y}$ien** 跟 **kien**（國音 tɕien），**k$^{y}$wien** 跟 **kwien**（國音 tɕyan），č$^{y}$iɛn（國音 ʈʂan），**tsien**（舊國音 **tsien**）等；可是（ p$^{y}$wian>）**fan** 國音 fɑn,。

乍一看起來，這個說法似乎可信。 可是據古書材料跟現代方言所示，這個說法實在是不能成立的。

---

（1） 例如 Pelliot 把曰寫作 'lwiäδ（JAs. 1914, p. 390），可是把乾（三等）寫作 **g'$^{i}$an**（JAs. 1914, p. 393）。 他把獵字在 JAs. 1914, p. 388 寫成 **l'iäp**, 可是在 JAs. 1913, p. 152 寫成 **l'ap**。 他把禪字寫成 **ž$^{i}$an**（JAs. 1914, p. 389），把贍字寫成 **č'am**（JAs. 1913, p. 150），把熱字寫成 **žäδ** (T'oung Pao 1915)。 電字拼的是 **d'än**（JAs. 1911, p. 534），而顛字是 **t'en**（JAs. 1913, p. 152），先字是 **s$^{i}$än**（ JAs. 1914, p. 386）。

Maspero 把國音讀 fan 的字（藩字等）寫作 **-an**，而把所有別的三四等字寫作 **-ien**。這種擬測只能算是唐朝末年的音（在安南借字以前），至於切韵的韵系跟反切裏（第六世紀），國音讀 fan 跟 ȶɕien 的那些字原是同韵的。藩，幡，翻，蟠，煩，繙，礬，繁等字的反切下字跟元，原，源，諠，喧，冕，垣，援，轅，園等字的反切下字相同，而且這些字跟言掀等字也是同在一韵。所以我們必得要承認所有這些字的主要元音在第六世紀是相同的。若是從了 Maspero 的學說，說讀 fan 音的字（藩等）的 a 是從原來的 **-ian** 的遺留；那就必得要設想在第六世紀所有三四等字都是這個 **-ian**，而"i- 音變"是在唐朝時候發生的。不過這是不能成立的，在方言裏有些充分的證據指明 Maspero 雖加了這種修改，還是不能救濟 Schaank 的學說。

關於見系的字在上文 458－459 頁曾經當作例字的（虔，言，肩，權，元，玄），我們先要指出前顎元音在現在很佔勢力。這雖然不能是確證，却是一個重要的啓示。用這些字跟古代漢語 **an** 韵母的二等字比較（艱姦），那是更有意味的。固然，在官話方言的大部分，日譯吳音跟吳語的一部分，二等的 **-an** 也有變成 iɛn 的，可是在有些別的方言裏我們看見些重要的區別：

二等：歸化 -iaɣ̃，興縣 iã，廣州 -ʌn，客家 -an，福州 -aŋ；

三四等：歸化 -ieɣ̃，興縣 iŋ，廣州 iːn，客家 **-en**，福州 -ieŋ，-iɔŋ́。

我們在此看出來這些方言對於古代二等跟三四等的主要元音很小心的分別着，並且其中有兩個是官話方言。

嚴格說起來，這個還不能算絕對的確定。現代元音的不同也許可以說是因爲二等無 i 介音而三四等有 i 介音：

古 **an**＞歸化 iaɣ̃ 等等

古 **ian**＞歸化 ieɣ̃ 等等

要想得到確定的證據我們得要考查切韵同時的日譯漢音跟一樣很古的高麗譯音。這些方言裏的讀音是：

| | 漢音 | 高麗 |
|---|---|---|
| 二等 | an | an |
| 三四等 | en | ən |

剛才從歸化那些方言看起來只是蓋然的事，現在從這兩種方言的事實看起來，可以證爲必然的事了，就是說切韵音（第六世紀）三四等裏的主要元音跟二等裏的是不同的。所以毫無可疑的，二等是後顎元音：a，三四等是前顎元音：ɛ。歸化那類方言，從這一點看，實在是保存着一個中古的特質。(1)

我們剛才討論的是見系字。這類字是可以爲憑的，因爲在這些字裏也包括影喻兩母，就是說沒有口部輔音的字，所以這類字的元音不會受前面任何輔音的影響。

在別的聲母的字，泥系跟端系（看上文 458－459 頁，例如仙，顚，宣）跟見系的字相合。知系非系的情形就兩樣了。因爲有些方言裏這兩系聲母後的元音跟一等（古 -ɑn）二等（-an）是一樣的。試比較'煽專煩跟單關'！

我們先得加註一筆說，陝西甘肅大同太原固始的 æ 跟鳳台的 ɛ 是近代才有的音；它們也見於一等，是近代才後 a 變來的。所以這些韵母 -æɣ̃, -æ̃, æ, -ɛ 在歷史上等於北京的 -an。

在三等知系聲母後的 -an 等(國音 tʂan 等)，可以很容易的證明是後起的現象。這個 a 是由前顎元音（ɛ）出來的。我們立刻可以看出這個演變的語音的理由。這個元音，例如北京話，是隨着 $tʂ_2$, $tʂ'_2$, $ʂ_2$, $ʐ_2$ 聲母的，這些聲母跟顎部發音正相衝突。所以從 $tʂ_2æn$ 變 $tʂ_2an$ 是再自然沒有的了。南方方言，域外方言，甚至於有些官話方言像歸化話($ʂ_1eɣ̃$)關於這一點還保存一個很古的特質。

至於非系聲母字裏的 -an 等（國音 fan 等）要是眞像 Maspero 所說這些字的元音跟一等字總是一樣(2)，那麼把它認作由 fɛn＞fan 演變出來的後起的音，

(1) 我們可以加入日譯吳音的 -en，例如在'虔'跟'玄'裏也可證實三四等字在切韵以前很久已經有一個前顎元音存在了。

(2) Maspero, Phon. Ann. p. 37 "實際上這些字雖然在三等可是總保存着一等的元音"。

實在是太大膽了。 可是只要我們把日譯漢音跟高麗譯音算作中國方言——實在也應當——就知道他所說的並不是事實。 就是安南譯音我覺得也有可疑之點。安南譯音的 ie 很常見。 藩,幡,翻,蟠,煩,番,繙,礬,繁等字,韻母是 -iɛŋ(例如翻 fiɛŋ)而反,返,挽,晚跟販,飯,萬等字是 -aːŋ。 咸攝裏也有一個單獨的 ie 的例:泛安南 fiɛm。 Maspero 告訴我們說這完全是一個近代的現象,這個 ie 是在安南境內產生的。 我既然沒有看見證據,所以我覺着這些 iɛŋ, iɛm 很值得想一想。 它跟日譯漢音的 -en, 高麗譯音的 -ən, -əm 都非常的相合——漢音的幾乎是固定的用 -en 韻母來譯山咸攝的三四等(只有三個例外:幡販萬 ban)高麗譯音絕對按規則的用 -ən, -əm。 姑且除開安南譯音不論,日譯漢音跟高麗譯音關於這幾等的分別:

| | 漢音 | 高麗 |
|---|---|---|
| 二等 | -an | -an |
| 三四等 | -en | -ən |

在所有聲母的後頭都一樣,連知系就是說在國音讀 tʂan 等的字(漢音 sen 等,高麗拼作 čien 等)跟非系就是說國音讀 fan 等的字(漢音 hen 等,高麗 pəm 等)也包含在內,這是根本重要的。 它證明切韻的著者把國音讀 fan 的字(藩等)跟言,元等字放在同一韻裏,是有道理的,因爲所有這些字的主要元音本來一樣。這個元音,像從日譯漢音跟高麗譯音(跟安南譯音?)看出來的,不跟一等的元音一致,而是一個前顎元音 ɛ。 關於這一點最古方言的證據既然明白的證實了古書上的材料,據此就完全應當認爲大多數方言中跟一等一樣的元音,像北京話 fan 等,是一個後起的現象:fɛn>fan 等。 至多我們可以承認(假如承認了有好處的話)說大多數的後顎讀法(fɑn 等)表示古代已經有方言之不同,因此近代那些讀音不一定都是從古 fɛn 演生出來的。 不過無論如何,把這些字讀成 -ɛn 的方言在中古時代必定是個又重要又分佈得很廣的方言, fɛn>fan 的演化因此也佔了一個很重要的地位。 試看日譯漢音,高麗譯音,跟極被尊重又風行了好幾百年的切韻,三者都以這個方言爲根據,它的重要性也可想見了。

不過,我們顯然還沒有探到這個問題的深處吶。 我們剛才已經看出來跟一等

（ɑn）二等（an）的 'an' 相對的三四等裏老是另外一種元音的韵母：-ɛn，可是還有一件重要的事實得要注意。　三四等中往往有好幾韵，例如山攝裏就有三韵。這件事實很可以增進我們對於古代韵母的認識。

這三韵之間有什麼不同吶?……………………………（中略）…………………………

Schaank 把三四等假設了一個介音 i，現代方言除少數例外旣然都含有介音 -i，所以我們已經暫時的接收了這個假設（72 頁），現在還得加一點兒修正就是了。Schaank 還假設三等聲母是 j 化的，雖然他的證據不充分，可是他這說法的確是靠得住的：反切把三等的聲母跟一二四等的很小心分別出來，這個分別之點無疑的是在三等裏有那個 j 音（看 46 頁）。

若用 X 表示主要元音跟韵尾，那麼我們就可以按照在第二章裏暫時接受的 Schaank 的系統

三等：**kjix**　　　　四等：**kix**

Maspero 是忠實的依照這個系統的。他把山攝寫作

三等　**k$^{y}$ien**　　　　四等：**kien**

但是 Pelliot 對於這一點完全同合口跟主要元音的情形一樣的打不定主意（看 464 跟 466 頁）(1)。　要知道 Pelliot 主要的目的在辨識古代的譯音，這些細

（1）他把有 i 跟沒 i 的，有 j 沒 j 的讀音隨便亂寫，也不管是哪一等：

a）沒有 i 也沒有 j 的讀音，例如：

三等嚴 **ṅäm**（JAs. 1911, p. 525）；

四等梯 **de**（JAs. 1914, p. 393 及其他）；

b）沒 i 有 j 的讀音，例如：

三等嚴**ṅ'äm**（"在唐朝 **ṅäm** 或 **ṅ'äm**" JAs. 1911, p. 525）；闍 **ž'a**（JAs. 1911, p. 569），獵 **l'ap**（JAs. 1913, p. 152）；

四等顚 **t'en**（JAs. 1913, p. 152），電 **d'an**（JAs. 1911, p. 554）；雞 **k'e**（JAs. 1913, p. 166）；

c）有 i 沒 j 的讀音，例如：

三等禪 **ž$^{i}$an**（JAs. 1914, p. 389），戰 **č$^{i}$an**（JAs. 1914, p. 389）；

四等先 **s$^{i}$än**（JAs. 1914, p: 386）；

d）有 i 也有 j 的讀音：

三等奢 **š'$^{i}$a**（JAs. 1914, p. 398）；矩 **k'$^{i}$u**（T'oung Pao 1915, p. 9）；獵 **l'$^{i}$äp**（JAs. 1914, p. 388, 參閱上文 b）；

四等沾 **th'$^{i}$än**（JAs. 1915, p. 404，手民之誤？）

這並不是時代不同致有這種歧異，因爲禪 **ž$^{i}$an**，奢 **s'$^{i}$a** 跟獵 **l'$^{i}$äp** 是同一時代的讀音（Milindapañha 的譯文，第五世紀的開始），矩 **k'$^{i}$u** 在九世紀而此處所引的讀音都是在這個時代裏的。還有一個顯然的不一致就是利字在 JAs. 1911, P 525 是 li，在 JAs. 1913, P. 389 是 l'i。

目對於他都是次要的；可是爲我們在這兒的理論跟我們的成系統的擬測，這些細目是根本重要的。

現在旣然從事於三四等的研究，好對於它們的主要元音得到較切近的知識，那麼，我們應該開始把三四等裏的古代分類跟各類裏字的分配列出來，然後拿方言裏怎樣反映這種分別再來審核它，這是解決不同韻的問題的惟一可行的途徑。

我們先看看這個很重要的事實，就是三四等韻可以分成不同的三類。

*α*）有些韻在 j 化聲母後頭（三等）跟在純聲母（四等）的後頭一樣的可以出現。 可是有一種有一定規則的限制。 只有一個喩母（沒有口部或喉部輔音的聲母）在這些韻裏 j 化的跟純粹的兩樣都見。 其餘的見，知，泥，非幾系聲母一定是 j 化的(1)，端系聲母一定是純粹的。 這些韻是不管什麼樣的聲母都可以有的。 *α* 類的韻如下：

果攝的韻（麻耶，馬也，禡夜）；
止攝的 *b*（脂夷，旨履，至利；脂追，旨軌，至位），*c*（支移，紙氏，寘義；支爲，紙委，寘僞），
　　*d*（之，止，志）韻；
蟹攝的 *d* 韻（祭例，祭歲）；
咸攝的 *a* 韻（鹽，琰，豔，葉）；
深攝的韻（侵，寑，沁，緝）；
山攝的 *a* 韻（仙延，獮演，線彥，薛列；仙緣，獮兗，線絹，薛悅）；
臻攝的 *a* 韻（眞，軫，震，質，諄，準，稕，術）；
梗攝的 *a*（淸征，靜整，勁，昔；淸傾，靜頃）跟 b（蒸，拯，證，職織；職域）韻；
宕攝的韻（陽良，養兩，漾亮，藥略；陽方，養往，漾放，藥縛）；
效攝的韻（宵，小，笑）；
流攝的韻（尤，有，宥）；
遇攝的韻（魚，語，御，虞，麌，遇）；
通攝的韻（東融，送仲，屋六，鍾，腫勇，用，燭）。

*β*）另外有些韻只有 j 化的聲母（三等）。(2) 這些韻在開口類只有見系聲母；

(1) 此中固然有少數字，在韻表裏，從三等變成四等，就是說，丟掉了 j 。 這是切韻以後的演變，因爲切韻對於 j 是絕對嚴格的分別出來的。

(2) 這些韻的字全在韻表的三等。

在合口類只有見非兩系聲母。 所以完全沒有知泥端三系聲母，開口也沒有非系聲母。 $\beta$ 類的韵是：

止攝的 $a$ 韵（微衣，尾豈，未旣；微歸，尾鬼，未貴）；
蟹攝的 $c$ 韵（廢刈，廢穢）；
咸攝的 $b$（嚴，儼，釅，業，跟 $d$（凡，范，梵，乏）韵；
山攝的 $b$ 韵（刪顏，潸赧，諫晏，黠札，刪關，潸皖，諫患，黠滑）；
臻攝的 $b$ 韵（欣，隱，焮，迄；文，吻，問，物）；
梗攝的 $b$ 韵（庚京，梗景，映敬，陌戟；庚榮，梗永，映病）。

$\gamma$）第三類的韵只有純聲母（四等）。(1) 所以除去知系聲母外，各系聲母都有。 $\gamma$ 類的韵是：

蟹攝的 $a$ 韵（齊雞，薺，霽計；齊圭，霽桂）；
咸攝的 $c$ 韵（添，忝，㮇，帖）；
山攝的 $c$ 韵（先前，銑典，霰甸，屑結；先玄，銑犬，霰眩，屑決）；
梗攝的 $c$ 韵（青經，迥剄，徑，錫歷；青螢，迥熲，錫闃）；
效攝的 $b$ 韵（蕭，筱，嘯）。

我們看見這裏有一個嚴格的而且一致的系統。 假如切韵的韵系，跟反切老是把這三類的韵那樣分開，這顯然是因爲它們中間眞有一種實在而且一致的區別在裏頭。

這以上是關於古類的話。 要是考查方言（看 458 頁以下的例），看看有沒有什麽分別跟古時候的分別相當，我們就發見大多數方言不保存痕跡：這個分別當初一定是很微細的。 可是最古的方言中頗有些個可以幫助我們得到具體的結果。

先看一下高麗譯音。 這個方言在這三類韵裏，主要元音是一樣的（ə）。 至於介音的成素，在知泥端等系字裏總有一個 -i-，例如：

| 例字 | 拼法 | 現在讀 |
|---|---|---|
| 纏 | čiən | čən |
| 連 | riən | iən |
| 仙 | siən | sən 等 |

(1) 這些韵裏的字全在韵表的四等。

在見系的字裏(1)有一個很重要的區別。 試從山咸攝裏舉出幾例:

| | 韵 α(2) | | 韵 β | | 韵 γ | |
|---|---|---|---|---|---|---|
| 山攝: | 愆,虔 | kən | 言 | ən | 肩,堅,牽,紵 | kiən |
| | | | 掀 | hən | 研 | iən |
| | | | | | 弦,絃,賢 | hiən |
| | 件 | kən | 建 | kən | 見 | kiən |
| | 諺 | ən | 憲,獻 | hən | 硯 | iən |
| | | | | | 衒,縣 | hiən |
| | 權,拳 | kuən | 元,原,源 | uən | | |
| | | | 諠,暄 | huən | | |
| | 捲,圈 | kuən | | | 玄,懸 | hiən |
| | 眷,卷,倦 | kuən | 券,勸 | kuən | | |
| | | | 愿 | uən | | |
| 咸攝: | | | 嚴 | əm | | |
| | 儉 | kəm | | | 兼,謙 | kiəm |
| | 險 | həm | 檢 | kəm | 嫌 | hiəm |
| | 驗 | həm | 欠 | kəm | 歉 | kiəm |

我們可以看見 γ 類韵很規則的都有一個 -i- ,這是 α, β 兩類韵裏所沒有的。所以我們可以正當的斷定前顎介音成素在 γ 韵裏是最強的。(一) [這就是說 γ 韵有一個元音性的 -i- ——在這個 -i- 前的聲母都不 j 化; α 韵有一個輔音性的 -ĭ- ——在這個 -ĭ- 前的聲母都 j 化(只有 ts 等跟 tʂ 等是從來不 j 化的)。 現在姑以山攝爲例,我從前把仙先兩韵都寫作了 -ε-, 那麽仙韵就是 -ĭεn, 先韵就是 -iεn。但是我本來設想輔音性 ĭ 之後的元音是較開的(原書 628 頁底註);所以我現在照這個意思把山韵寫作 -ĭεn, 而把先韵寫作 -ien。 這兩韵的區別除去 i 介音有輔音性跟元音性之不同以外還由於這兩個元音之不同那是必然無疑的。 這是 α 跟 γ 兩類的區別。

(1) 在這兒我們先不管影喻兩母的字,它們表現些個特別並且有趣味的現象。 這個在後面再詳細的討論。

(2) α 類韵裏只有三個讀音是有 -i 的: 遣 kiən, 絹 kiən, 鉗 kiəm。

(一) 以下 [ ] 內的幾段是譯者參照著者 1922 年作的 The reconstruction of ancient Chinese, T'oung pao XXI, pp. 25—32 改譯的。

[然則 α 跟 β 兩類的區別在什麼地方呐?我從前曾經設想，α 類跟 β 類的區別,也像 α 類跟 γ 類似的,是由顎介音的強度不同,那時就假定爲:（仍以山攝爲例）。

| | | | | | |
|---|---|---|---|---|---|
| α 類韵 | kjĭɛn | ȶɕĭɛn | ljĭɛn | tsĭɛn | |
| β 類韵 | kjɛn | | | | |
| γ 類韵 | kiɛn | | liɛn | tsiɛn | piɛn |

我並且說元音的音彩也許因爲 i 介音的強弱而逐漸由闔變開: α）kjĭɛm, β）kjæn, γ）kien。在當時我因爲沒有別的法子可以稍近情理的解決這個 β 類韵的困難,所以暫時擬定這種連自己也覺得有點勉強的區別。自從 Maspero 對於我這種說法加以批評之後,我雖然不能承認他自己的解釋,可是我已經找到一條解決的途徑了。

[我現在再不分出第三種介音 i（j）了。在切韵所代表的語言裏 i 介音和 u 介音是完全同例的。u 介音可以或者是元音性的（'官'中古漢語 kuɑn，廣州音 kuːn）,或者是輔音性的（'關' 中古漢語 $k^wan$,廣州音 $k^wan$）。i 介音一樣的可以或者是元音性的（γ 類韵,先韵等:堅 kien）,或者是輔音性的（α 類韵,仙韵等:衍 k'jĭɛn, β 類韵也是如此,元韵等:建 kjĭɐn）; 並沒有第三種的介音 i（j）。

[所以現在我們得要另外找出一個解明 β 類韵的法子來。要找這解明的路線得要靠 Maspero 所指出的一件事實。就是元韵在切韵裏跟魂痕處在相鄰的位置(而且後來元韵下又註云'魂痕同用'),我們已經確實知道魂痕的主要元音是 ə（Maspero 有很好的理由,假定臻攝全攝的主要元音是短的）。

[這件事實固然不足以使我承認 Maspero 的說法:元作 -ən，魂痕作 -ə̆n。我們知道漢音（第七世紀,約比切韵晚半世紀）對於元韵,逢舌根或喉音聲母後作 -en，逢脣音聲母或作 -en 或作 -an,對於痕韵就一律譯作 -on。高麗譯音和切韵同時而所譯不跟吳音相同,却正跟漢音相同。高麗譯音對於元韵逢舌根或喉音聲母時作 -ən（即古高麗文之 -ɛn）,逢脣音聲母或作 -ən（即 -ɛn）,或作 -an,

對於痕韻就一律作 ïn。 所以切韻裏——我們現在不談更古的音——元韻跟痕韻的主要元音不能一樣,元韻的元音比痕韻的 ə 是要較近 ε 音的(因為 α 類的仙韻 -ĭεn 在高麗譯音跟日譯漢音裏都和 β 類的元韻同樣譯法)。 但是元韻不單近ε,也必定含着一點兒近 ə 的意味,因為在韻表中它是鄰近魂痕的。 最後,這個元音的音彩必定是一種使高麗跟日本的譯音家不能取決於 e(ε)和 a 之間的音(或譯 -e-,或譯 -a-)。 這個結果是很明瞭的。 主要元音必定是 ɐ,就是英文 'but' 的 'u' 音一半像 ə, 一半像 ε: '建'古音 kjíɐn。

[這個說法可以解決一切的困難。 因為第一件切韻把元痕放在一處跟後來元魂痕註明同用都可以借此了解。 第二件 -iɐn(元)跟 -iεn(仙)發音最近,使我們明白高麗譯音跟日譯漢音何以把這兩類譯的一樣(高麗 kən 即 kεn, 漢音 kən)。 第三件元韻合口高麗譯音跟日譯漢音所以游移於 -εn 跟 -an 之間也可以容易明白(高麗 pən, 即 pεn, 又作 pan; 漢音 pen 又作 pan)。

[所以山攝的結果如下:

(α) 仙韻: kjĭεn, kjiʷεn
(β) 元韻: kjiɐn, kjíʷɐn
(γ) 先韻: kien, kiʷen

這個結果有點兒像英文中三個字的差別:

'pan'(就是 pεn): 'pun'(就是 pɐn); 'pen'(就是 pən)。

[我們可以穩穩當當的把這一攝的結果應用到蟹咸庚幾攝,因為它們在事實上是和山攝很顯著的並行的。

(a)蟹攝:

α) 祭韻: kjíεi kjiʷεi
β) 廢韻:(一) pjıʷɒi
γ) 齊韻: kiei kiʷei

(b)咸攝:

α) 鹽韻: kjĭεm
β) 嚴韻: kjiɐm, 凡韻: pjiʷɐm
γ) 添韻: kiem

(一) 參看 488 頁譯者註(一)。

(我說不出嚴跟凡的主要元音有什麽區別;這兩個合起來正相當於山攝的"元"韵,不知道是否長短上的分別。)

[(c)梗攝(Maspero 以爲這一全攝的韵,主要元音都是短的,我想這個說法很對):

| | | |
|---|---|---|
| α)淸韵: | kjiɛŋ | kjiʷɛŋ |
| β)庚韵: | kjĭɐŋ | kjɪʷɐŋ |
| γ)靑韵: | kieŋ | kiʷeŋ |

[庚韵在譯音上和元韵非常相近,高麗譯音跟漢音或作 a 或作 ε。二等因爲沒有 i 介音,所以作 a:更字古讀 kɐŋ,高麗作kăiŋ,漢音作 ka-u;三等有 i 介音,就作 ε:京字古讀 kjɪɐŋ,高麗作 kieŋ(卽 kiɛŋ),漢音作 kei(譯法和淸韵同)。我們很容易看出來:Maspero 把二等也擬作 -ɛŋ,決不足以解明中國北方古音的讀法。

[以上所討論的都是 α, β, γ 三類韵俱備的幾攝,現在要討論只有 α,β 兩類的臻攝就是眞(合口諄)跟欣(合口文)。

[眞韵屬於 α 類,欣韵屬於 β 類。所以我從前把 α 類的眞擬作 kjíən(諄 kjiuən),β 類的欣擬作 kjən(文 kjuən)。(一) 現在旣然不用第三種 i 介音的假設(kjən),這些韵就得另外想法子,Maspero 已經想出來了。從前他在 Phon. Ann. 裏二者都誤擬作 -ĕn,我當初又一律誤擬作 -ən。其實眞是 -ĕn(眞 kjíĕn,諄 kjiuen),而欣是 -ən(欣 kjĭən,文 kjĭuən),Maspero 現在這個新說法,(1) 我覺得理由是很充分的。除去他所舉的理由以外,還有一層是,漢音對於合口字的辦法因此也就更好懂了:

| 例字 | 切韵 | 漢音 |
|---|---|---|
| 均 | kjiuĕn | kin |
| 君 | kjiuən | kun |

均字中 e 音近 i,所以 u 處於這兩個極近顎的元音之間容易爲譯者所忽略;君字

(一) 參看 504 頁譯者註(一)。

(1) Dial Tch'ngan pp. 67—68。

的 u 後有央元音 ə，所以就保存了。]

這一類的合口字在幾個別的方言裏也可以更清楚的看出同樣的事實來：

α 類：均，鈞，匀：古代漢語 -ǐuěn，高麗 -iun，客家 -in，福州 iŋ。

β 類：君，軍，裙，羣，勳，熏，葷，薰，雲，云，耘：古代漢語 -ǐuən，高麗 -un，客家 iun，福州 -uŋ。

### d）二等有沒有前顎介音的成素？

在第二章裏（49 頁）我們已經指出二等在韵表裏表現兩個不同的類。在果，蟹，咸，山，梗，效幾攝還有宕攝的合口，二等裏什麼聲母的字都有的；這些二等大多數都有它專有的韵，卽使不然，像在果攝裏，它也老有它的專有的一套反切下字，跟一等三等分得淸淸楚楚。這就是我們所謂獨立的二等。在止，深，臻，流，遇，通幾攝，還有宕攝的開口，只在照穿牀審幾母（ʈʂ, ʈʂʻ, ɖʐʻ, ʂ）的底下有二等字，它們跟三四等字是同韵的，並且跟三四等字用一樣的反切下字來拼。在後一類，是有一個 i 介音（ǐ）的，這從反切可以看出來。那麼獨立的二等究竟是怎麼樣的性質吶？(一)

[我從前根據官話家，巴，咸，艱，姦等字的讀音跟安南譯音把這些獨立二等韵的字裏也擬一個寄生的 i：kⁱa，pⁱa，ɣⁱam，kⁱan，kⁱan。不過，同時又因爲在大部分方言裏找不到這個二等 i 介音的痕跡，使我設想這個 i 無論如何是比三四等的 i 要弱些。至於怎樣弱法，那是不能決定的。當時我就聲明關於這個問題的解答以及擬定更近似的音質等等只好留待將來。我還懷疑這個 i 並不是在所有中古方言裏都存在，也許只是由於後面的 a 的淺性引出來的一個中間音，就是一個"前音渡"（"vorschlag"）。並且我這個擬定只以開口呼的字爲限，對於合口呼的字，例如關 kʷan，雖然因爲在吳音裏有規則的讀作 e 元音，也曾經設想這個 kʷan 裏的 ʷ 靠近 y 的程度或者比靠近 u 的多，但是在我的擬測裏却始終寫作 kʷan 而不寫作 kʷⁱan 或 kⁱʷan（以上撮敍原書 630 頁至 632 頁的大意）。

(一) 此下[ ]內的兩段是譯者參照著者的 Recons. Ac. p. 24 改譯的。

[Maspero 在 Dial Tch'ngan 在這一點裏對於我的舊說有一個重要的改良。他說官話所以有 i 介音是由唐朝時代發生顎化現象所致——我想他是對的。這二等字的 -a- 既然是很前很淺（"aigu"）的，如我以前所證明，自有顎化其前面的舌根音的能力：在幾個北部方言裏 ka>kia（ʨɕia）。我本來也想到這一層了，但是自己不覺得滿意，因爲我已證明切韻的江韻是 ɒŋ，而江韻在官話還含着一個介音 i。我本以爲要靠這個開 o (ɒ) 把前面的聲母顎化是不可能的事。現在 Maspero 已經把這江韻在唐朝變遷的歷史講得很明白了，我們對於本來 ka>kia 的假設就可以不必懷疑了。現在却還有一個難點：就是影母的二等字，如亞（中古漢語ʔa）現在也生出一個介音 i 來，要假設ʔa>ia 這一變化單單是爲了這個 a 的偏淺性，未免太勉強了；但是這一點難處抵不過 Maspero 說法的很重要的優點。]

### e）一二等的重韻

我們剛才在 470 頁以下詳細討論了三四等裏的區別。可是，在一二等也常常有重複的韻。現在得要找出他們的意義來。在山攝裏找不着什麽研究的起點，但是蟹咸兩攝跟山攝有同樣的主要元音（看下文 484, 487 頁），這裏頭有些跟這一攝很好的並行的例，從這些例可以看出這些韻之間到底有什麽分別來。

我們先看一看蟹攝。它的中古元音，照上文所講的原則(460—466)，(1)可以像下面這樣的定：

開口：一等 -ɑi　　　　二等 -ai

合口：一等 -uɑi　　　　二等 -ʷai

但是一等的去聲跟二等有幾個韻的音值得要解釋。

第一得考查高麗譯音，要擬定古代元音，這個方言非常重要。在現代高麗語的讀音所有蟹攝開口一二等的字一律都用 -ɛ 收音，可是高麗文的拼法却保存更古的一個階段。現代的 -ɛ 來自兩個古代有分別的複合元音：ai 跟 ǎi。

我們現在得要指明一件很重要的事實，就是在一等裏 ɑ 韻（咍海代灰賄隊）

(1) 再參看下文 487 頁。

的元音用 **ăi**, *b* 韵(泰)的元音用 **ai**, 分得很嚴格的。 雖然這兩種音質的區別頗細微,可是這條規律,例外是很少的。

*a* 韵(咍,灰等):

**-ăi** 見於駭,開,咳,孩,哀,來,胎,台,檯,臺,苔,栽,災,猜,裁,才,財,材,改,海,亥,怠,殆,待,宰,採,采,在,愛,戴,貸,態,代,再,載,菜,賽三十七字;

**-ai** 只見於埃,乃,槩,礙,耐(鎧讀 -ai 跟屬於去聲泰韵的一個古代又讀的反切有關係)五字;

*b* 韵(泰):

**-ai** 見於丐,蓋,磕,艾,害,奈,泰,大,貝,沛,旆十一字;

**-ăi** 僅見於艾一個字。

在二等裏也是類似的情形。 *a* 韵(皆,駭,怪)的字最常用 **-ăi** 或 **-iei**(現在讀 **-ie**)來代表,*b* 韵(佳,蟹,怪)的字普通用 **-ai** 或 **-a** 來代表。

高麗譯音這個分別既然跟中國古代音類如此的切合,那麽,我們就可以說無疑的在 *a* 韵裏是短 **a**, 在 *b* 類韵裏是長 **a**:

開口: 一等 a)咍 ɑi　b)泰蓋 ɑ:i　二等 a)皆諧 ai　b)佳街 a:i
合口: 一等 a)灰 uɑi　b)泰外 uɑ:i　二等 a)皆懷 uai　b)佳蛙 ua:i

這個構定在幾個現代方言裏有些有趣的佐證。 好多官話方言對於二等的讀法給我們些可貴的指示。

在開口,古音短 **a**(皆等)後頭的 **-i** 保存的很好;所有 a 韵的字(皆,階,諧,齋,豺,排,埋,楷,駭,挨,屆,戒,界,芥,介,誡,械)現在讀法是 **-iai**, **-ai**, 有的甚至變到 **-iεi**, **-iε**, **-ε**, 例如:

| 例字 | 南京 | 北京 | 文水 | 興縣 |
|---|---|---|---|---|
| 皆 | $ȶɕ_2$iai | $ȶɕ_1$iε | $ȶɕ_2$iεi | $ȶɕ_2$iæ |
| 齋 | $ʈʂ_1$ai | $ʈʂ_2$ai | tsai | tsε |
| 埋 | mai | mai | mbai | mε |

但是在古音長 **a**(佳等)後頭,失落 **-i** 的傾向很強;所以有些字雖跟 *a* 韵讀法一樣而有些字就用 **-ia**, **-a** 來收尾:

| 例字 | 南京 | 北京 | 文水 | 興縣 |
|---|---|---|---|---|
| 街 | $ȶɕ_2$iai | $ȶɕ_1$iɛ | $ȶɕ_1$iɛi | $ȶɕ_1$iæ |
| 佳 | $ȶɕ_2$iɑ | $ȶɕ_1$iɑ | $ȶɕ_1$ia | $ȶɕ_1$iᴀ |
| 涯 | iɑ | iᴀ | ia | iæ |
| 釵 | $ʈʂ‘_2$ai | $ʈʂ‘_2$ai | tsχai | tsχᴀ |
| 買 | mai | mai | mbai | mbɛ |
| 擺 | pai | pai | pai | pᴀ |
| 罷 | pɑ | pᴀ | pa | pᴀ |

在合口，所有官話方言裏也有同樣的現象，例如：

| | | 南京 | 北京 | 文水 | 興縣 |
|---|---|---|---|---|---|
| *a* 韵（皆等） | 怪 | kuai | kuæi | kuɛi | kuɛ |
| | 壞 | χuai | χuæi | χuɛi | χuɛ |
| | 拜 | pai | pai | pai | pɛ |
| *b* 韵（佳等） | 掛 | kuɑ | kuᴀ | kua | kuᴀ |
| | 畫 | χuɑ | χuᴀ | χua | χuᴀ |
| | 派 | p‘ai | p‘ai | pχai | pχɛ |

最後，廣州話可以助證我們上面的結論。 在一等我們找到：

*a* 韵（咍，灰等）：-ᴀi 只見於猜，纔，乃，戴，態五字而其餘的三十九字都讀 -ɔi；

*b* 韵（泰）：-ᴀi 見於艾，奈，賴，癩，帶，泰，大七字，而 -ɔi 只見於丐，蓋，害三字（貝，沛，旆讀 -u:i）。

但是在二等裏廣州無論 *a* 韵或 *b* 韵大多數都用 -ᴀ:i，所以這個分別就不很嚴格了，不過在一等裏廣州話却表示一個很可注意的傾向。

看了蟹攝的讀法，我們就看出來元音長短的不同可以成爲古韵分部的一個理由。 這個結果現在可以同樣應用到咸攝（並可以類推到完全相似的山攝），如果把 *a* 韵（覃，咸等）定一個短 a，把 *b* 韵（談，銜等）定一個長 a，那就可以幫助我們解釋咸攝裏用別的法子解釋不了的一個現象，可見這辦法在咸攝也適用了。

山攝的一等在好些方言裏元音多少有點前移，這是受鼻音的影響而產生的。(一)但是要把干，單兩字比較一下，我們就可以看出來有幾個方言，元音又隨着聲母差

(一) 並不完全是受鼻音的影響，看 462 頁譯者註(三)。

異而不同。

| 例字 | 文水跟太谷 | 興縣 | 上海(一) | 寧波(一) | 温州 |
|---|---|---|---|---|---|
| 干 | kɛ̃ | kəŋ | kø̃ | kẽ | kye |
| 單 | tã | tã | tæ̃ | tæ̃ | ta |

山西的三個方言在咸攝裏也有類似的情形:

| | 堪 | 甘 | 貪 | 擔 |
|---|---|---|---|---|
| 文水,太谷 | kχɛ̃ | kɛ̃ | tχã | tã |
| 興縣 | kχəŋ | kəŋ | tχã | tã |

可是吳語的三個方言就兩樣了。見系聲母的後頭 [*a* 韵跟 *b* 韵雖然沒有什麽區別]:

| | 堪(覃) | 庵(覃) | 甘(談) |
|---|---|---|---|
| 上海,寧波 | k'ẽ | ẽ | kẽ |
| 温州 | k'œ | œ | kœ |

但是泥系跟端系聲母的後頭就依照古韵的分別而分别着:

| | | | | | |
|---|---|---|---|---|---|
| *a* 韵 (覃等): | 男,南 | 貪,探 | 潭 | 參 | 蠶 |
| 上海,寧波 | ne | t'ẽ | dẽ | ts'ẽ | zẽ |
| 温州 | nœ | t'œ | dœ | ts'œ | zœ |
| *b* 韵(談等): | 藍 | 擔 | 談,痰 | 慚 | 三 |
| 上海,寧波 | læ̃ | tæ̃ | dæ̃ | dzæ̃ | sæ̃ |
| 温州 | la | ta | da | dza | sa |

從其他方言跟古書材料裏的證據可以知道我們在這裏所看見的並不是古代元音的音值分别的痕跡,元音本來就是一個 **ɑ**。 這個現象得要用長短的不同來解釋。咸攝裏,在見系聲母之後元音一律前移: **k'ɑm** (堪), **kɑm** (甘) 上海寧波讀 k'ẽ, kẽ, 温州讀 kœ 但是在泥端兩系聲母之後元音前移的傾向就小一點,恰好像山攝的情形。 只有短元音才前移: **nɑm**, **tɑm** 上海,寧波 nẽ, tẽ, 温州 nœ̃, tœ̃; 而 **lɑ:m**, **tɑ:m** 裏長而強的元音,在温州就保存了它的後顎的發音,在上海,寧波也比短 **ɑ** 前移的少一點兒:温州 la, ta, 上海寧波 læ̃, tæ̃。(二) 我把

(一) 現在上海寧波這兩類字並無半鼻音,但這一層並不影響此處的理論。

(二) 在這兩個區別裏現在上海寧波 *a* 韵實是 [e], *b* 韵實是 [ɛ]。

*a* 韵擬作短元音，把 *b* 韵擬作長元音，在這裏又得着一個雖間接而甚重要的佐證。

在蟹攝的二等裏我們還有第三個韵（*c* 韵：夬）。這一韵字數較少，在我們的韵類表裏，開口類沒舉例字，合口類裏只舉了四個字。各方言裏對於這韵的字的辦法跟 *b* 韵（佳等）的字一樣，現有的材料還不夠決定這兩韵有什麼分別。(一)

[俄國的東方學者 A. Dragunov 在他所作的 Contribution to the reconstruction of ancient Chinese,(1) 裏以為咍 **ɑi**，覃 **ɑm**，咸 **an**，山 **an** 跟泰 **ɑi**，談 **ɑm**，銜 **am**，删 **an** 是相對的兩類，因為在諧聲裏前一類跟有 **ə** 音的字(**-ək**，**-əm**，**-ən**) 互諧的比後一類的多。例如亥（咍韵的去聲）**ɣɑi**：刻 **k'ək**；譚(覃韵) **ɑm**：音 **iəm**；艱（山韵）**kan**：艮 **kən**。Dragunov 還舉了些好例，他所擬的寫法我雖然不能完全接受，可是他的基本觀念無疑是對的。從這件有趣的事實上我們得什麼樣的結論吶?

[在我的 Phonologie 裏我曾證明咍 ɑi 和泰 ɑ:i 的主要元音是長短不同的。我由此類推把覃擬作 ɑm，談擬作 ɑ:m，(參看上文)。但是我以為這種假設太冒險了，所以我在 Anal Dict 裏就沒有敢用它。然而實際上我已經能夠這樣作了，因為我早已覺察到 Dragunov 非常注重的現象了，就是說：有一組韵跟著名的短元音 **ə** 發生關係，遠過於另一組韵。關於這一點從我的 Phonologie 第一卷裏我所翻的一個花樣裏就可以看得出我早就想到這個上頭了（不過我沒有把它明說出來）。照廣韵的韵次是先列下平二十二覃，後列二十三談；先列上平二十七删，後列二十八山。所以在我的表裏本來應該列作：

| | |
|---|---|
| *a* 删 | *b* 山 |
| *a* 覃 | *b* 談 |

可是我却把删山的次序倒了過來作：

| | |
|---|---|
| *a* 山 | *b* 删 |
| *a* 覃 | *b* 談 |

(一) 此下 [ ] 內之文是譯者根據著者的 "Tibetan and Chinese," T'oung pao, 28, pp. 65—67 (1930)，補充的。

(1) T'oung Pao, pp. 1—16, 1929。

我所以偸偸兒的顚倒一下的理由，是因爲我已經覺察出來如果在每一組裏有一韵是短音有一韵是長音，那麼短音的 -n 韵得是山，短音的 -m 韵得是覃，因爲在諧聲上同 -ən, -əm（ə 是一個很短的元音）互諧的是山覃而不是删談。

[所以，如果我要維持我所說有一組是較短的元音的理論，我勢必得把山删的次序掉換一下，才好讓山（a 韵之一）跟咍，覃，咸平行。我幸虧是這麼作了，因爲這樣我就還能保持我原來的理論而用跟 A. Dragunov 大體相同的擬法來完成它。我仍舊主張在中國中古音裏所有這些韵是用 ɑ 跟 a 作它們的主要元音，但是其中有些是短音，是從一個近乎 ə 類的上古元音演變出來的；有些是長的，是從一個眞正上古 a 元音演變來的。

[我在原版 Phonologie 裏所採取的標音方法是 ɑi: ɑ:i, ai: a:i, 短元音沒加記號而把長元音後加了一個 : 號。這個不大一致。因爲在別的攝裏我讓長元音不加記號：干 kɑn, 虔 gʻjĭɛn, 而把短元音上加了一個反鈎：巾 kĭěn（ə 的短音性質包含在字母中間；我就沒用任何辨音記號標明它）。所以要把咍加上短音記號而泰不加記號就覺得差強人意一點兒。爲印刷上的方便，我現在提議把短音的記號寫在元音底下：

| | | | | | |
|---|---|---|---|---|---|
| 中古音： | 咍 ạ̣i | 覃 ạm | 皆 ại | 咸 ạm | 山 ạn |
| | 泰 ɑi | 談 ɑm | 佳 ai | 銜 am | 删 an |

我現在提議中古元音 ạ 跟 ạ（卽短元音）是從上古音 ə 跟 ɐ 演變來的；中古元音 ɑ 跟 a 是從上古音 ɑ 跟 a 演變來的：

| | | | | | |
|---|---|---|---|---|---|
| 中國上古音： | 咍 *əi | 覃 *əm | 皆 *ɐi | 咸 *ɐm | 山 *ɐn |
| | 泰 *ɑi | 談 *ɑm | 佳 *ai | 銜 *am | 删 *an] |

## B. 各攝分論

我們現在要把十三攝研究一過並且在需要解釋的時候簡單指出我們的擬測的理由。以下幾節裏我們要仔細看看這些擬測所根據的材料以及用它們來解釋現代方言的情形。

### a) 山攝跟咸攝

在討論共同原則的時候，我們已經把山攝的元音跟咸攝一部分的元音弄明白了。 雖然 Schaank 把咸攝的主要元音誤定爲 **o(m)**，跟山攝的 **a(n)** 不同，Pelliot 跟 Maspero 却曾經正確的看出來這兩攝只是韵尾輔音有不同；山攝是 **-n, -t**，咸攝是 **-m, -p**。 事實上，關於元音方面，這兩攝在方言裏除很少的例外是完全相當的。 它們的異點(1)不是可以使咸攝在山攝以外另成一個元音系統的。

唯一的困難是三等 *d* 韵凡，范，梵，乏。 我們已經證明（418 頁）這些韵母古代本來是合口，在韵表的時代以前因爲異化作用已經失掉了 ʷ，可是這不能解釋它們怎麽樣跟 *b* 韻[嚴儼釅業]不同，其實咸攝的 *b* 跟 *d* 韵總合起來跟山攝的 *b* 韵是完全類似的。 例如高麗譯音的 *d* 韻有 **pəm** 等，日譯漢音游移於 **en** 跟 **an** 之間，(2)北京讀 **fan** 等。 凡，范，梵，乏幾韵的字所以跟嚴，儼，釅，業幾韵不同韵之故不應該是由於音值的不同。 我們的材料還不夠決定這個不同，也許像在一二等似的是由於長短的不同。 山攝跟咸攝我們得到的結果如下：

| 山攝： | 開口 | 合口 |
|---|---|---|
| 一等 | **-ɑn**(寒) | **-uan**(桓) |
| 二等 | *a*)**-ạn**(山) *b*)**an**(删) | *a*)**-ʷạn**(山) *b*)**-ʷan**(删) |
| 三四等 | *a*)**ĭɛn**(仙) *b*)**ĭɐn**(元) *c*)**-ien**(先) | *a*)**-ĭʷɛn**(仙) *b*)**ĭʷɐn**(元) *c*)**iʷen**(先) |

| 咸攝： | 開口 | 合口 |
|---|---|---|
| 一等 | *a*)**-ạm**(覃) *b*)**-ɑm**(談) | |
| 二等 | *a*)**-ạm**(咸) *b*)**-am**(銜) | |
| 三四等 | *a*)**-ĭɛm**(鹽) *b*)**-ĭɐm**(嚴) *c*)**-iem**(添) | *d*)**iʷɐm**(凡) |

還有效蟹兩攝從許多方面看是跟山咸攝並行的。

### b) 效攝

方言裏的韵母舉例：

(1) 我們得要注意：在一等開口裏，客家話在咸攝老是 -am，可是在山攝看聲母是什樣，有時是 -on 有時是 -an (kon:tan)； 日譯吳音咸攝老是 -on，山攝是 an，在三四等裏閩語跟客家語山攝讀的 -ien 相當於咸攝讀的 -iam。

(2) 漢和大字典只給了 -an 的讀法，可是別的日本字典常常寫作 -en，所以一個日刊本的正字通把帆跟梵寫作 hen。

一等：

-au，例如褒北京 ɑu，安南 aːu，日譯漢音 'a-u'，

-o，例如褒歸化 ŋgo 福州 ɔ；

-ou，例如褒廣州 ɵu，日譯吳音 'o-u'；

別樣的元音罕見，例如褒溫州 ə；

二等：

-iau，-au，例如交北京 $ȶɕ_1$iɑu，廣州 kaːu，日譯漢音 'ka-u' 安南 zaːu；

-io，o，例如交歸化 $ȶɕ_1$io，溫州 ko；

-eu 只有日譯吳音交作 'ke-u'；

三四等：

-ieu，eu，例如夭福州，安南 iɛu，日譯吳音漢音 'e-u'；

-ieï，例如夭溫州 ieɯ；

-iu，yu，例如夭廣州 iu，太谷 yɵ；

-iau，例如夭北京 iɑu，汕頭 iau；

-io，例如夭歸化 io；

我們可以淸淸楚楚的看出來，一方面效攝的主要元音是跟山咸兩攝的一樣，另外一方面這些元音後面總是隨着一個圓脣後顎元音：u(-ɷ 參看 232 頁)，既然觀察出來三四等裏的 *a* 韻是 a 類，*b* 韻是 γ 類（參看 471－472 頁），應用上文所得的結果（473－476 頁），我們就可以規定效攝的幾韻如下：

一等豪 -ɑu　二等肴 -au　三等跟四等 *a*）宵 ĭɛu，*b*）蕭 -ieu

在切韻裏，這些韻一二等跟三四等的不同就是後顎元音 -ɑu，-au 跟前顎元音 -ɛu，-eu 的區別，這由日譯漢音可以證明的。那麼，福州話跟文水話（一個官話方言！）關於這一點有一個很古的特質：

二等交古音 kau，福州 kau，文水 $ȶɕ_1$iɑu；

三等驕古音 kjĭɛu，福州 kiɛu，文水 $ȶɕ_1$ieɯ；

所以北京話在三四等裏的 -iau 等（驕跟交北京話都讀作 $ȶɕ_1$iɑu）只該認爲晚近的現象，是由於韻母極端簡化的傾向而然的，這種傾向我們在第二章裏已經討論過了。 -ou 很自然的可以用"u- 音變"來解釋（au>ou）。o 算是 au（ou）的單音化。 太谷話的 yɵ（<iu）從二等今讀的 iɔ（<iau）可以看出來它所丟掉的是

ε 而不是 a，廣州話的 iu 亦當如此。

Schaank 假設全攝的韵母就是 -a。雖然在一二等的主要元音上說算是對了，可是方言立刻可以證明這個構定是不行的。Pelliot 跟 Maspero 在主要元音後面增了個脣元音那是對的，Pelliot 有時候寫（-a）o（例如 JAs. 1911, p. 519），有時候寫（-a）w（例如 JAs. 1914, p. 386），Maspero 老寫作（-a）w。假如這兩個著者的 w 只說是附屬於 a 的脣元音，那麽這個擬測是好的。反之，假如說這個 w 是一個摩擦音（他們的本意似乎如此，看 463 頁），我們就不能承認，因爲在方言裏並沒有任何的東西可以證實這個說法。

Maspero 把一二等寫作 -aw，把三四等寫作 -iew，我們已經知道一二等是後顎元音（ɑ, a），三四等是前顎元音（ε, e），這樣構定是完全對的，不單在 Maspero 心目中的較近的時代如此，就是切韵的時代也已經是如此。

### c） 蟹攝

方言裏的韵母舉例：

開口

一等：

-ai，例如哀北京，福州，日本，安南 ai；

-oi，例如哀廣州，客家 oi；

-εi，例如哀太原 ʁεi；

-ε，-e，例如哀歸化 ŋgε，吳語 e；

二等：

-iai，-ai，例如皆南京 $tɕ_2$iai，廣州 kaːi，日譯漢音，閩語 kai，安南 zai，齋北京 $tʂ_2$ai；

-iεi，-εi，皆文水 $tɕ_1$iεi，齋太原 tsεi，

-iε，-ie，-ε，-e，例如皆北京 tɕiε，寧波 ȶɕie（跟 ka），日譯吳音 ke，齋汕頭 čε（跟 tsai）；

-ia，a，例如佳北京 $tɕ_1$iA，齋上海 tsa（跟tse）。

三等跟四等：

**-iei**, **ei** 例如雞高麗譯音 **kiei**（現在讀 **kie**）,日譯漢音 **kei**;
**-ai**, 例如雞廣州,客家,日譯吳音 **kai**;
**-ie** **-e** **-ε**,例如雞福州 kie, 安南 kᴇ, 廈門 **kε**;
**-i** 例如,雞官話,揚州吳語 **ȶɕi**;
**-ʅ**, **-ɿ**,例如世北京 ʂ₂ʅ,太原 sɿ。

## 合　口

一等:

**-uai**, 例如盔廣州,鳳台,溫州 **k'uai**, 日譯漢音 'ku-wa-i';
**-oi**, 例如盔安南 k'oːi, 高麗（拼音）**hoi**;
**-uεi**, **-uei**, 例如盔太原 kχuεi, 蘭州 kχuᴇi;
**-uε**, **-ue**, **-e**, 例如盔興縣 kχuε, 汕頭 **k'uε**, 上海 k'uε, 日譯吳音 **ke**;
**-ui**, 例如盔歸化,北京,福州 **k'ui**;

二等:

**-uai**, 例如怪南京,粵語,閩語,安南, **kuai**, 日譯漢音 'ku-wa-i';
**-uεi**, 例如怪太原,鳳台 kuεi;
**-uε**, **-ue**, **-e**, 例如怪歸化,蘭州 kuε, 上海 kuᴇ（跟 kuɑ）, 日譯吳音 **ke**;
**-oi**, 例如怪高麗（拼音）**koi**;
**-ua**, **-uo**, 例如怪溫州, 上海（又讀）**kua**, 掛北京,粵語,閩語 **kua**, 吳語 **kuo**（但漢音 'ku- wa-i,' 安南 **kuai**）;

三等跟四等:

**-uai**, 例如圭廣州 kuɑi;
**-uεi**, **-uei**, **ei**, 例如圭太原 kuεi, 蘭州 kuᴇi, 寧波,客家 **kuei**, 日譯漢音 kei;
**-uε**, **-ue**, **e**, 例如圭興縣 kuε, 上海 kuᴇ, 日譯吳音 **ke**;
**-ui**, 例如怪汕頭 **kui**;
**-ie**, 在福州話裏: 圭 **kie**;
**-iu**, 在高麗譯音裏: 圭 **kiu**;
**-y**, 在溫州話裏: 圭 **ȶɕy**。

此處又是一攝在主要元音上跟山攝相應;這一攝元音的後面是隨着一個 i 的。至於一二等中各重韻的分別，478 頁以下已經討論過。 三四等裏，*a* 韻（齊）屬於 *γ* 類,*b*韻(祭)屬於 *α* 類,*c*韻(廢)屬於 *β* 類，應用上文 475 頁所得的結果，這裏就是:

| | 開口 | | 合口 | | |
|---|---|---|---|---|---|
| 一等 | *a*) -ạ̣i(咍) | *b*) -ɑi(泰) | *a*) -uạ̣i(灰) | *b*) -uɑi(泰) | |
| 二等 | *a*) -ại(皆) | *b*) -ai(佳) | *a*) -ʷại(皆) | *b*) -ʷai$_{\alpha}$(佳) | *c*) -ʷai$_{\beta}$(夬)(一) |
| 三四等 | *a*) -iei(齊) | *b*) -ĭɛi(祭) | *a*) -iʷei(齊) | *b*) -ĭʷɛi(祭) | *c*) -ĭʷɐi(廢)(一) |

一等是深 ɑ，二等是淺 a 的分別，跟山攝一樣，也可以在廣州話客家話裏看出來：一等 -oi，二等 -ai。這裏最劇烈的變化是由"i-音變"使 ai>ɛi，再由於單音化使 ɛi 變成 ɛ 或 e，使 ai 變成 a；最後一類變化尤其是在古代長 a 裏喜歡發生。在吳語，這樣變來的 a 有時候變成 o（參看果攝）。-iei，-ĭɛi 演變的狀態很紛歧。日譯漢音把它們讀作 -ei。高麗譯音本來很忠實的讀作原來的 -iei，可是後來這個 -iei 在高麗境內變成 -ie，恰好像福州話把 -iei 跟 -ĭɛi 讀成 -ie 一樣。廈門話把這兩個 i 都丟掉了：kɛ，安南譯音也一樣：ke。粵語把古代的 -iei，ĭɛi 讀作 -ai，這個 ai 是否代表一個比切韻的中古漢語更古的階段（參看日譯吳音 -ai），這個問題我們等一會兒再回來講。在所有中國北部，-iei，-ĭɛi 由單音化全變成 -i 了，結果這些方言的三四等裏就跟止攝混淆了起來（看下文489—490頁），並且也完全像止攝一樣受 s(二)，ʂ 那類聲母的影響產生元音 ɿ 跟 ʅ。這兩攝的混淆有些區域內很早就實現了，因爲切韻指掌圖把我們的止攝跟蟹攝的三四等列在一個圖裏，切音指南則不然，它雖然對於有些地方主意不定，可是對於這兩攝大致很小心的按照反切分別出來。

現代方言蟹止兩攝不只在三四等的開口呼裏混淆，在合口呼裏也有一大部分是一樣的。試把一等合口裏所舉的讀音跟下文490頁止攝合口所舉的讀音比較一下！不過，在三四等開口裏的混淆雖然完全由於語音的演化（iɛi>i 等），可是在一等的合口裏，例如文水跟蘭州的 -uɛi，汕頭的 -uɐ，福州，北京，大同，開封跟歸化的 -ui（參看二等文水 -uɛi，蘭州 -uᴇ，汕頭，福州 -uai，北京 -uæi，大同，

(一) 夬韻中蠆寨等開口字跟廢韻中刈等開口字本書例字表裏沒有收，所以開口類下沒有列 c) -ai$_{\beta}$，c) -ĭɐi 兩韻母。

(二) 在多數方言中限於古知系聲母，這裏所謂"s"是由審母變來的 s。例如'世'上海 sɿ，北平 ʂʅ，但'西'（古 siei）上海 si，北平 ɕi。

開封 -uɛi, 歸化 -uɛ）, 我們不能確定這兒也一樣是由於語音的演變。 現在我們只先指明我們的擬測可以由日譯漢音得到強有力的證實: 蟹一等 'ku-wa-i' 跟止攝 'ku-wi' 相對待,等一會兒再回頭來問上文所引一等合口的現代韻母是不是從古代 -uạ̣i, -uɑi 變出來的。

Schaank 把蟹攝統統寫作 **-ai**, 這種擬測在三四等上是不行的。 Maspero 把一二等寫作 '**-ay**', 三四等寫作 '**-iey**', 我看不出用 '**-y**', 代 **-i** 有什麼好處。 主要元音 Maspero 的擬測對了。 不過 Maspero 既把西寫作 '**siey**' (Phon. Ann. p. 43),然而又把米寫作 '**miĕ**'（59 頁）, 衞寫作 '**ʼwie**'（70 頁）,眞是奇怪的很。 這個 **-ié** 是 Maspero 假設作止攝的韻母的（參看下文d）, 這些字斷不能算作止攝字,況且正是 Maspero 所研究的安南譯音,明白的指出它們是屬於蟹攝的（米 mᴇ, 衞 vᴇ, 而止攝是 mi 跟 vi）, 這是顯然前後不一致的地方。

Pelliot 對於三四等的辦法更不可解。他把提字有時候寫作 '**di**'（JAs. 1911, p. 554）,有時候寫作 '**de**'（JAs. 1914, p. 391 及其他);可是衞字寫作 '**ʼwäi**'。末一個構擬的很好。 **di** 猶可說,因為我們不能確定蟹止兩攝的三四等,在有些古代方言裏, 究竟是什麼時候才因為 iɛi>i 的變化而混淆的。 至於 **de** 就不單跟日本譯音高麗譯音不合（這兩種譯音都指明提字必有一個 -i 尾,加之韻表中提字也跟一二等收 -ai 的字同表）, 而且同 Schaank 所作而 Pelliot 所承認的關於韻表的整個系統的解釋也都完全不符;這個系統,在三四等裏一律有 i 介音,至少也有個 j。

我們剛才提到蟹攝跟止攝很有密切的關係。 現在我們就要討論這個極端複雜的一攝了。

### d）止攝

大部分的方言對於這一攝的幾個韻是不分的:

開　口

**-i** 例如官話,揚州,上海,寧波,粵語,漢音,安南,衣,伊,椅,醫 **i**;
高麗衣醫（三等） **ïi**;夷怡（四等） **i**;

廣州機，肌，箕 kei，騎 k'ei；

-ʅ，例如脂，知，之北京 ʈʂ₂ʅ；

-ɿ，ɯ，a，y，u，例如咨，茲，北京，太原，上海，廣州 tsɿ，安南 tɯ，高麗 ča（拼作 'čǎ'），福州 ʨɕ₂y，廈門 tsu（參看日本 ɕi）；

-o（丟掉韵母）例如兒北京 œɹ，温州 ŋ，ṇ（參看日譯漢音 ȡʑi，吳音 ni）。

合口

-ui，i，例如歸，龜北京，大同，開封，閩語，安南 kui，漢音 ki，虧北京，大同，開封，閩語，安南 k'ui，漢音 ki．非客家 fui，安南，吳語 fi，彼北京 pi；

-uei，-ei，例如歸，龜文水，蘭州 kuᴇi，虧文水，蘭州 kχuɛi，非北京，廣州 fei；

-uɛi，-ɛi，例如太原歸，龜 kuɛi，虧 kχuɛi，非 fɛi；

-uai，-ai，例如歸，龜鳳台，廣州 kuai，虧鳳台，廣州 k'uai，非鳳台 fai；

-ue，例如上海歸，龜 kue，虧 k'uᴇ；

-uɛ，例如興縣歸，龜 kuɛ，虧 kχuɛ；

-y，例如温州歸，龜 ʨɕy，虧 ʨɕ'y。

很容易看出來止攝的主要元音是 i；這一點由元音前面沒有輔音（除去 j）的衣，伊，椅，醫幾個字上就可以證明。高麗譯音在三等見母後面作 -ïi。廣州話在有些聲母的後面總是嵌進一個 e。開口中 ʅ，ɿ，ɯ，ǎ，y，u 幾個元音只限於摩擦音 š（ž）跟 s（z）的後面(一)，而且是受這類聲母影響才產生的。例如日本譯音在這些字裏還保存着本來的元音。官話裏 œɹ 類的字可以這樣解釋：ȵʑi > ʑi > ʐi > ʐʅ > ʐ > ᵊʐ > œɹ 等（看 342 頁）。

在合口常常有 e，ɛ，a（-uei，-uɛi，-uai）幾個元音。我們在這裏並不是要把這幾個音的詳細討論提前，只想指明它們往往並不代表中國古音罷了。古代漢語的 -ʷi，温州話讀作 y，很容易懂。

既然決定止攝的主要元音是 i，就得解明微，脂，支，之幾韵中間究竟有什麼分別。

關於支韵，福州話替我們揭破了這個謎。在這個方言開口呼的騎，奇，崎，宜，椅，移，池，支，枝，肢，施，匙，兒，璃，離，籬，披，蟻，侈，紫，寄，企，義，議，誼，戲，眥，刺，莿，

(一) 在塞擦音後面當然也算是在摩擦音後面。

臂避等字裏，就是說文紙寘韵的大多數字，韵母是 -ie，而在别的韵裏只有幾個讀 -ie 的例：如脂韵的脂，揮兩字，之韵的芝釐兩字，其餘的完全保持着 -i。 這不會是偶然的，尤其是汕頭話跟厦門話在支韵的騎，奇，岐，蟻，寄幾個字裏用 -ia 音，而别的韵裏决不如此。

所以我們絕對有理由認定支韵問題應該如此解决，採取 Maspero 很好的意見（參看 492 頁），再加上了點重要的修正，我們把支韵就寫作 -jiĕ。

其餘幾韵比較麻煩。 關於微韵的困難，是字數很少材料很不够用。 不過我們覺得還可以得到它的解决法。 我們第一得要特别注意，微韵是屬於 β 類的，就是說聲母 j 化，而且開口限於見系，合口限於見系非系。 拿幾個日譯吳音跟閩語的現象，我們就可以解决這個問題。 雖然漢音像大部分方言似的也作 -i，可是吳音把微韵的開口（祈，衣，依，希，幾，豈，氣）幾乎一律作 -e。 這個 -e 既然在别的韵裏從來不出現，這就不會是一個偶然的現象。 溫州話在這一韵裏（機，譏，幾）也一樣的有幾個 -e 音。 還有閩語也給我們一個着手點。 閩語中有把機，衣，幾，氣幾個字讀作 ui 的。 這個韵母在閩語見於開口呼時只限於在微韵，這也不會是偶然的事情。 從這兩方面的啓發，我們就有充分把握决定古代的音值了。簡單的擬一個 -e 韵母絕對不行，一方面因爲要顧到所有别的方言的 -i，一方面因爲它不能解釋閩語的 ui。 同樣，-ui 也不能認作古代的韵母，因爲 -ui 簡直是一個合口的韵母，也不能够解釋吳音的 -e。 這個 ui 裏的 u 必得是别種古元音的近代代表：-ɤi。 那麼最自然最妥當的辦法就把吳音裏的 e 代替進去：-ei，可是我們必得認定，在止攝裏，主要元音是 i，這一攝的微韵得用短 ˘ 號寫作 -ĕi。這個韵母在方言裏的演變可以很好的解釋出來。 閩語 -ĕi>-ui 的演變也沒有乍一看那麼奇怪。 我們在下文就可以看見厦門話把 -ən 讀作 -un，那麼，假設一個 ĕi>ə̆i 的演變也不算大膽。 這個 ĕi 幾乎各處都讀作 -i，完全像蟹攝的 -εi 在大部分方言裏讀作 -i 一樣。 域外方言跟閩語在許多方面都認爲很古的，現在還有區别：

| | | 古音 | 日譯漢音 | 日譯吳音 | 高麗 | 安南 | 福州 | 廈門 |
|---|---|---|---|---|---|---|---|---|
| 蟹攝 | 雞 | kiei | kei | kai | kiei | ke | kie | kɛ |
| 止攝(微韵) | 幾 | kjĕi | ki | ke | kïi | ki | kui, ki | kui, ki, |

接受微韵問題這個解決法的還有一個理由，就是它能使我們解答留在 417 頁沒答的問題。我們在合口呼裏看見古代 p, p‘, b, m 聲母在微韵變成齒脣音，可是在脂，支兩韵裏還保留着雙脣音。現在知道 pjʷĕi 變爲 fei，而 pjʷi 跟 pjʷiĕ 變爲 pi（或者 pei，像在其餘的合口一樣生出一個後起的 e，參看 490 頁）是由於元音的不同。

最後，關於脂，之兩韵，從所有的方言裏只看得出一個簡單的 -i，我們手下的很不同的三十三種方言裏的材料還是不够決定它們的區別。脂韵有合口而之韵無合口的事實對我們沒有什麼指示。在別的攝裏我們曾經說，韵的不同有時候由於元音的長短不同，那麼，我們對於這裏的問題也可以設想一個相似的解決辦法。但是既沒有實際的證據，那只能算一種揣測罷了。我們得把脂韵跟之韵一樣的寫作 -i。

我們現在得出止攝的古音如下：

| | 開口 | 合口 |
|---|---|---|
| *a*）微尾未 | -jĕi | -jʷĕi |
| *b*）脂旨至 | $-ji_{\alpha}$ | -jʷi |
| *c*）支紙寘 | -jiĕ | -jʷiĕ |
| *d*）之止志 | $-ji_{\beta}$ | |

Schaank 已經提議拿 i 當作這一攝的主要元音。Pelliot 跟 Maspero 照常只管韵表，不管切韵韵部所明指的分別，他們就假設所有三四等的字都是同樣的韵母。Pelliot 是一律寫作 -i[1]，Maspero 是一律寫作 -iĕ，顯然是福州話的 -ie（參看 490 頁）促成 Maspero 這個擬定的，因爲他沒有分別這幾個古韵，於是就把這個 -iĕ 普遍化到包含三四等所有的字了。但是，-iĕ（-ie）這個擬定對於支韵的字越好，對於別的韵的字就越壞；脂之兩韵，像我們剛才所指明的，除去簡單的 -i

（1） 但是也有些個不一致的地方：未 mw'i(JAs. 1911, p. 519)但維 ''wei(JAs. 1914, p. 400)。

以外我們沒有理由可以設想別的東西。所以 Pelliot 的 -i, 比 Maspero 的 -iĕ 正確的多，因爲所有這些韻從很早的時候（在切韻指掌圖以前），已經顯然的混成 -i 了，那麼 Pelliot 統寫作 -i, 至少在唐朝不錯。

古代漢語的師 ʂi（二等），私 si 之類的字，元音受聲母的影響有一種奇怪的變化。它起初變成 ï（ʅ, ɿ, ɯ）：ʂï, sï, 後來有些方言用別的元音替代它（看 490 頁）。[1] 日本譯音跟反切很確切的指出來在第六世紀時候這些字像在這幾韻裏其餘的字一樣元音仍舊是 -i。但是高麗譯音跟安南譯音顯然的表現 ʂi> ʂï, si>sï 這個變化唐朝已經有了。因此韻表的著者們把 sï 這一類的字放在一等而不放在四等，因爲它們沒有 -i 了。那麼 Pelliot 跟 Maspero 關於韻表的語言自然很可以把這些字裏的元音寫的跟止攝其他的字不同；Pelliot 簡直還可以把它應用到唐朝的譯音上。可是如果在紀元後四百年左右就這樣寫，那就決定是不對的了。[2]

唐朝 ʂi 跟 si 這類字裏的元音，Pelliot 曾經正確的指明是一個"很不響亮的 i"。他有時候用 'y' 寫（例如 JAs. 1913, p. 136: 私 'sy'），有時候用 'ï' 寫（例如 JAs. 1914, p. 409: 私 'sï'）；這顯然只是不同的寫法罷了。Maspero 原則上遵守 Pelliot, 但不一致。他把私寫作 soʾ(Phon. Ann. p. 43)，子寫作 tsoʾ(p. 43)，事寫作 džoʾ(p. 46)，士寫作 džoʾ(p. 46)，這個帶小鈎的 o 跟 Pelliot 的 i 是相當的，可是在 p. 45 他把同一的士字跟仕字寫作 dze。[3]

在剛才所討論的山咸效蟹幾攝以外，另外有兩攝是拿 a 當作一等的主要元音的，這就是果宕兩攝。

(1) 後來像 '尸' ɕi（三等）這一類字由 ɕ>ʂ 的演化（看 424 頁）變成 ʂi 的時候，于是這些字也經過同樣的變化；此所以 '尸' 北京讀 ʂʅ。韻表跟安南譯音告訴我們說這個變化發生的比較晚，不在第十一世紀以前。

(2) 在 "Les noms propres du Milindapañha" (JAs. 1914, p. 409)，他在 sï-tha 裏用 sï 譯 '私' 字，並且說 "sītā (çītā)這個名詞漢語裏普通用來寫它的讀音認它作 sītā"。我們從這裏可以看出來我所擬的古代漢語 si 對於此處對音比 Pelliot 的 sï 更爲適合。

(3) 就是在三等的字裏 Maspero 也不一致。他在 p. 91 把 '之' 字（古代漢語 ȶɕi）寫作 čoʾ, 在 p. 26 又寫作 tšiĕ。

## (e) 果攝

方言裏的韻母舉例：

### 開　口

一等：

-a，例如哥日本，高麗，安南 ka；

-o，例如哥歸化，福州，kɔ，蘭州，廣州 ko，南京 kɵ，多北京，太原，鳳台 to；

-u，例如哥上海 ku；

-ə，例如哥北京，太原，興縣 kɤ，多興縣 tɤ；

-ï，例如哥文水 kɯ；

-ïa 例如哥鳳台 kɯa；

二等：

-ia，-a，例如家歸化 ȶɕ$_1$ia，北京 ȶɕ$_1$iᴀ，南京 ȶɕ$_2$iɑ，安南 za，廣州，漢音，高麗，廈門 ka，紗北京 ʂ$_2$ᴀ；

-io，-yo，例如家太谷 ȶɕ$_1$iɔ，寧波 ȶɕyo，ko，紗溫州，寧波 so，上海 so；

-ɛ，-e，例如家廈門（又讀），汕頭（又讀）kɛ，吳音 kɵ，紗廈門（又讀），汕頭（又讀）sɛ，吳音 se；

三四等：

-ia，-ʅa -a，例如耶高麗，漢音，閩語，客家，鳳台，歸化 ia，安南 za，遮閩語 čia，高麗 č'ia（讀作 č'a），漢音 'shi-ya'，安南 za，客家 ča，鳳台 tsʅa；

-iɛ，-ɛ，-ie，-e，例如耶北京，西安，開封，廣州 iɛ，太原，南京 iᴇ，蘭州 ie，吳音（假名）e，遮開封 ʈʂ$_2$ɛ，廣州 čɛ，吳音 se；

-ə，-ï，例如遮北京 ʈʂ$_2$ɤ，太原 tsɤ，文水 ʈʂ$_1$ɯ；

-o，例如遮寧波，上海 tso；

-i，例如耶溫州，平陽，文水 i，遮溫州 tsi。

### 合　口

一等：

-ua，例如果高麗，日本，安南，汕頭（又讀）kua；

-uo，-o，例如果歸化 kuɔ，北京，廣州 kuo，福州 kuɵ，南京，寧波 kɵ；

-uə，-uï，例如果太原 kuɤ，文水 kuɯ；

-uɛ，例如果汕頭（又讀）kuɛ；

-u，例如果上海 ku；

二等:

-ua, 例如瓜高麗,漢音,安南,廣州,客家 kua, 歸化,開封 kua, 北京,太原,西安,蘭州 kuA;

-uo, 例如瓜太谷 kuɔ, 吳音 kuo;

-uɛ, -e, 例如瓜汕頭(又讀),廈門(又讀)kuɛ, 吳音 ke。

我們在上文 460 頁以下曾經說，一二等韻的分別在於一等是深 ɑ, 而二等是淺 a。 在一等裏開口呼跟合口呼不同韻，因爲在一等裏，合口的 u 強(465 頁以後)。 關於三四等果攝有一個各別的現象。 三四等的反切下字雖然跟二等不同，可是跟二等字同在一韻。 所以在這裏主要元音是相同的,不像山,咸,效,蟹那幾攝二等(-an)跟三四等(-ɛn, -en)的主要元音不同。 那麼果攝的表就是下面這樣:

| | 開口 | 合口 |
|---|---|---|
| 一等: | 歌,哿,箇 -ɑ | 戈鍋,果,過 -uɑ |
| 二等: | 麻加,馬賈,禡駕 -a | 麻瓜,馬寡,禡化 -ʷa |
| 三四等: | 麻耶,馬野,禡夜 -ǐa | |

深 ɑ 大部分變成 o; 這個 o 普通是保存着不變的,可是在有些地方它變成 u, 並且它很時常的產生一個後起的元音像 ɤ, ɯ 之類。 淺 a 讀作 o 的(吳語)很少。

在二等裏 a 普通總保存着; 只在閩語跟日譯吳音所根據的方言有元音前移的變化。 在三四等的 ǐ 音後面許多方言都發生"i- 音變"——雖然我們看見很有些方言還讀 ia——所以現在的多數方言在三四等裏是前顎元音，而在一二等裏是後顎元音。 在知系聲母後面(i)ɛ 往往變成 ɤ 或 ɯ, 在兩個方言裏甚至於變成 o。 -iɛ 讀作 -i 的很少。

有些方言在三四等裏的向前"i- 音變"是比較古的現象。 我們可以大略決定它的年代是在唐朝末年安南借字的時代以後(三四等安南 -a), 但在第十四世紀末年正韻以前(看 54 頁)。

Schaank 把果攝的元音誤解了,他擬了一個 o。 Pelliot 首先看見這一攝的眞相,就是說這一攝的主要元音全是 a。 Maspero 在一二等字裏一律寫作 a, 可是在三四等字裏他寫作 -ie, 他以爲這一攝同山攝一樣在唐朝就有一個"i- 音變"。他完全忽略了果攝二三四等同韵的重要事實了。 尤其可怪的是，Maspero 自己所研究的安南譯音也很明白的指示在唐朝末年還是這樣（ ĭa ）：謝（ 古代漢語 zĭa ）安南譯音 ta, 照 Maspero（ p. 43 ）古代漢語 zie。 奢（ 古代漢語 ɕia ）安南譯音 sa, 照 Maspero(p. 47)古代漢語 šie。 三四等字裏的"i- 音變", Maspero 把時代提的太早了。

## (f) 宕攝

宕攝有幾處很困難。 現在我們暫且撇開江講絳覺四韵不談，先考查別的韵。

### 開口

一等：

-aŋ, -ã, -a, 例如剛高麗，安南，汕頭 kaŋ, 開封 kaŋ, 北京 kʌŋ, 歸化 kaɣ̃, 文水 kã, 南京 kɑɣ̃, 平涼，西安 kɑ̃, 太原 kɑ;

日本 'a-u'（讀作 -oː），例如剛日本 'ka-u';

-oŋ, -õ, -o, -ouŋ, 例如剛上海 kɔɣ̃, 廣州 kɔŋ, 寧波 kõ, 太谷，温州 ko, 福州 kouŋ;

-ə, 例如剛興縣 kɤ;

三四等：

-iaŋ, -aŋ, -iã, -ã, -ia, -a, 例如羊高麗 iaŋ, 開封 iaŋ, 上海，歸化 iaɣ̃, 北京 iʌŋ, 南京 iɑɣ̃, 平涼，西安 iɑ̃, 寧波 ia, 太原 iɑ, 張開封 ʈʂ₂aŋ, 北京 ʈʂ₂ʌŋ, 南京 ʈʂ₂ɑɣ̃, 平涼，西安 ʈ₁ɑ̃, 太原 tsɑ;

日本 '-i-ya-u,' 例如羊 'i-ya-u'（讀作 ioː），張 'chi-ya-u'（讀作 ʨ₂oː）；

-iɛŋ, -iɛ̃, -iɛ, 例如羊平陽 iɛɣ̃, 汕頭 iɛ̃ （又 iaŋ），温州 iɛ, 張汕頭 tiɛ̃(又 čiaŋ），温州 tsiɛ;

-iœŋ, -œŋ, ɯɤŋ, -iə, -ə, 例如羊廣州 iœːŋ, 安南 zɯɤŋ, 興縣 iɜ̃, 張廣州 čœːŋ, 安南 ʈ₂ɯɤŋ, 興縣 ʈʂ₁ɤ;

-ioŋ, oŋ, -io, -yo, -o, 例如羊客家，福州 -ioŋ, 大同 iɔ, 文水 yɵ, 張客家 čoŋ, 福州 tioŋ, 大同 ʈʂ₁ɔ, 文水 ʈʂ₁ɵ;

-iũ 例如廈門羊 iũ（或 ioŋ），張 tiũ（或 tioŋ）；

合口

一等:

-uaŋ, -uã, -ua, 例如光高麗,安南,汕頭 kuaŋ, 北京 kuʌŋ, 南京 kuɑɣ̃, 文水,西安 kuɑ̃, 太原 kuɑ;

日本 '-u-wa-u,' 例如光 'ku-wa-u' (讀作 kuoː);

-uoŋ, -uõ, -uo, -oŋ, -o, 例如光上海 kuɔɣ̃, 廣州 kuoŋ, 寧波 kuõ, 蘭州 kuɔ̃, 太谷 kuɔ, 客家 koŋ, 温州 ko;

三四等:

-uaŋ, -uã, -ua, 例如狂高麗,汕頭 kuaŋ, 北京 k'uɑŋ, 平涼,西安 kχuɑ̃, 太原 kχuɑ;

日本狂漢音 'ki-yɑ-u' (讀作 kioː), 吳音 'ga-u' (讀作 goː);

-uoŋ -uõ -uo -yo -oŋ, 例如狂上海 guɔɣ̃, 廣州 k'uoŋ, 福州 k'uɵŋ, 安南kuɵŋ, 寧波 guõ, 大同 kχuɔ, 温州 ǰyo, 客家廈門 koŋ。

從高麗譯音,安南譯音跟日本譯音三個古方言可以看出宕攝一等的主要元音是 ɑ。 關於三四等的主要元音,這一攝是不跟山攝類似的。 山攝裏日譯漢音(-en)跟高麗譯音(-ən)都跟中國境內方言一樣表示三四等是前顎元音,可是在宕攝就是在三四等裏高麗譯音跟日譯漢音也是 a: 高麗 -aŋ, 漢音 '-a-u', 還有在大部分方言裏是後顎元音(ɑ 或 o)。 很少的 ɛ 該應當認爲後起的現象。 若是假設三四等跟一等一樣是一個後顎元音 a 的一種,我們就得注意在切韻裏一等不跟其餘各等同韵這件事實。 其分別就在深 ɑ 跟淺 a 的差別——在別攝裏我們已經看見因此而造成不同的韵—— 這個容易看出來的,例如上海話:一等 -ɔɣ̃, 三四等 -iaɣ̃。我們曾經指出(455—6頁)宕攝的合口元音在一等裏也是弱的。 這樣我們就得出下面的表:

| | 開口 | 合口 |
|---|---|---|
| 一等 | -ɑŋ | -ʷɑŋ |
| 三四等 | -ǐaŋ | -jiʷaŋ |

深 ɑ 大多數變作 o; 在少數例裏變作特別的元音,像興縣的 ɤ (看果攝)。

淺 a 變成 o 的不多見(在一個孤例裏這個 o 甚至變成 u)。 有時 ia 受了向前的 "i- 音變": iɛ; 廣州,安南,興縣的元音很奇特,這一層稍緩再詳細討論。

陽養漾藥四韻有一個特別的地方，我們在前面的概論裏還沒有講到。 這幾韻有莊，裝，妝，瘡，創，牀，霜，孀這類字都是二等聲母，所以成了不獨立的二等。 這些字在大多數的方言裏都不是開口而是合口；例如莊北京 ʈʂ$_2$uaŋ，太原 tsua，平涼 ʈ$_1$uã 等。 在上文第 40 頁我們已經提過這個問題了。 三個古方言，高麗譯音，日本譯音跟安南譯音，一致把這些字當作開口：莊高麗 čaŋ，漢音 ‘shi-ya-u’，吳音 ‘sa-u’，安南 ȶaŋ；就是在官話方言裏也有一個跟古代材料相合而讀作開口的：莊歸化 tsaɤ̃ 等。 因爲高麗譯音跟安南譯音對譯中國古音的合口大體上是很嚴格的，所以它們的證據非常重要，並且切韻指掌圖把這類字也放在開口呼裏跟反切相符合。 但是切音指南把它們放在合口呼，所以現代的合口讀音至遲可以推溯到切音指南這是很有意味的。

我們剛才決定一等的主要元音是深 ɑ，三四等跟不獨立的二等是淺 a，那麼獨立的二等，就是說江講絳覺的元音是什麼呐？ 這是一個很麻煩的問題。 玆舉方言中的元音如下：

-iaŋ，-aŋ，-iã，-ia，例如江歸化 ȶɕ$_1$iaɤ̃，北京 ȶɕ$_1$iʌŋ，南京 ȶɕ$_1$iɑɤ̃，西安 ȶɕ$_2$iã，太原 ȶɕ$_1$iã，高麗，kaŋ，安南 zaŋ；

漢音 ‘-a-u’ 例如江 ‘ka-u’（讀作 ko:）；

-oŋ，-ouŋ，-yõ，-õ，-io，-o，例如江上海 kɔɤ̃（又 ȶɕ$_1$iaɤ̃），廣州 koŋ，福州 kouŋ，寧波 kõ 又 ȶɕyõ，大同 ȶɕ$_1$iɔ，温州 ko。

我們看出來各方言對於這幾韻大體上是有時候當作一等韻有時候當作三四等韻。 可是無論認它爲深 ɑ，或是認它爲淺 a，我們顯然都不能解釋爲什麼這種二等韻很小心的跟一三四等韻都不同韻，而且不單在切韻跟韻表爲然，就是劉淵所歸併的韻系也是一樣（看 49 頁）。 我們得對自己說，假若只要能找到一個方言，能把獨立的二等元音跟一等也能分別，跟三四等也能分別，那麼這個方言就可以揭破了這個謎。 我們在古的日譯吳音裏找到一個這樣的方言，這方言給我們可貴的幫助不止一次了。 吳音裏一等跟三四等一律用 ‘-a-u’（-u 代 -ŋ）來表示；把獨立的二等也完全一致的用 ‘-o-u’ 來表示，例如江 ko-u（讀 ko:）。 這一定不是偶然的，吳音在這一點上明明白白跟切韻的語言有一個直接的關係。 吳音的證據以外很幸的還有一個切韵韵目上的補充。在廣韵裏（就是說在切韵看19頁）各韵的排列是按照語音近似的關係。但是我們看見廣韵起頭三韵是屬於通攝的；其次第四韵就是江韵（宕攝的獨立二等），第三十八跟第三十九才是宕攝其餘的韵（陽跟唐）。換句話說，這裏的獨立二等，在切韵的韵系不像韵表那樣（我們前面例字表是照韵表排的）跟宕攝（-aŋ）相連，而是跟通攝（-uŋ, -oŋ 看下文523頁）相連的。

最後，切音指南的態度也很奇怪。它把獨立的二等嵌是嵌在宕攝中間了；可是爲要表示不是沒條件的把它放在這兒，而且要表示它跟這攝別的韵分別很大，就另外重立了一個江攝。

這三層證據是夠確定結論的了。一方面，很強的理由說它是一個 o；一方面也有很重要的事實——漢音，高麗譯音跟安南譯音的元音——要求一個 a。所以我們必得選擇一個很開的 o，一種介乎 a 跟 o 之間的音（也許有點像英文的 'law'）我們可以寫作 ɔ。

假設了這個古代音值，我們就好去解釋方言的讀音了。例如，高麗譯音既用 o 翻譯閉的 o（通攝），它就很可以把近於 a 的 ɔ 用 a 來譯，我們還可以明白 ɔŋ 在大多數方言裏有時候經過像 -ɑŋ（一等）的演變，有時候經過像 -ǐaŋ（三四等）的演變。吳語在這一層很可注意：

| 古音 | 上海文言 | 上海白話 | 温州 | 寧波 |
|---|---|---|---|---|
| -ɑŋ | -ɔɣ̃ | -ɔɣ̃ | -ɔ | -o |
| -ɔŋ | -iaɣ̃ | -ɔɣ̃ | -ɔ | -yo |
| -ǐaŋ | -iaɣ̃ | -iaɣ̃ | -iɛ | -ia |

但是這個宕攝獨立二等的問題還沒有完全弄清楚吶，因爲難於決定這些韵母究竟是開口或合口所以增加了糾紛。在古代的材料裏我們找到三個矛盾的見證。切韵指掌圖把這獨立的二等的全部歸到合口；我在前文所列的例字表就是按照切韵指掌圖的。然而高麗譯音跟日譯漢音總讀作開口；江高麗譯音 kaŋ，日譯漢音 'ka-u'，雙高麗譯音 saŋ，日譯漢音 'sa-u'。所以我們可以的確知道這兩個

古方言所根據的語言對於這一類字總是讀作開口的。 最後切音指南把見系非系聲母的字歸到開口，而把知系聲母字歸到合口，現代許多方言裏還是這樣分配，而且上溯到安南譯音也是這樣，然則當唐朝末年遠在切音指南以前有些方言裏一定已經是如此了。

| | 切音指南 | 安南 | 北京 |
|---|---|---|---|
| 江 | 開口 | zaŋ | $tɕ_1$iaŋ |
| 雙 | 合口 | ʂoŋ | $ʂ_2$uaŋ |

這樣子我們可以看出在唐朝已經有方言的不同：有些方言這個獨立二等韵裏所有的字都讀開口，有些方言都讀合口，還另外有些方言因聲母不同，這些字有的讀開口有的讀合口。 我們既然不能决定在切韵的語言裏究竟是什麽情形，那麽最謹愼的辦法就是一律記出兩讀：kɔŋ kʷɔŋ 等。 這個辦法尤其可取的是因爲要明瞭方言的態度，我們得要記着這個古代方言的不同。

我們關於宕攝討論的結果就是：

開 口

一等：唐岡 蕩朗 宕浪 -ɑŋ

二三等跟四等：陽良 養兩 漾亮 -jĭaŋ

合 口

一等：唐光 蕩廣 宕曠 -ʷɑŋ

二等：江講絳 ʷɔŋ, ɔŋ

三等：陽方 養往 漾放 -jĭʷaŋ

雖然 Schaank 一點也沒有了解宕攝的元音，可是 Pelliot 跟 Maspero 曾經把這一攝假設爲一個 '-ang' 韵母。 固然因爲只根據韵表而沒有根據反切跟韵部，他們沒有找出究竟是有些什麽音彩的不同足以促成這種韵部的分別跟方言中歧異演化，可是無論如何我們可以說他們把 -ɑŋ, -ɔŋ, -aŋ, 一律擬作 '-ang' 總算是一個大致滿意的近似的擬測；當作很粗的音標，'-ang' 也算行了，就像高麗譯音的著者用 -aŋ 翻譯所有 -ɑŋ, -ɔŋ 跟 -aŋ 三個音一樣。

我們剛才所討論的山，咸，效，蟹，果，宕幾攝，自成一套韵攝，基本元音都是 a（ɛ）。 我們現在就要考查元音完全兩樣的幾攝。

## g）臻攝

方言裏的韻母舉例：

### 開口

一等：

-ən，-əŋ，-ə̃，例如根北京，固始 kɛn，漢口，四川 **kən**，懷慶 kɜɳ̥，揚州，寧波 **kəŋ**，太原 kɜŋ，歸化，大同，平陽 kɜɣ̃，蘭州，南京，上海 kəɣ̃，文水，興縣，平涼，涇州 kɜ̃；

-œ，例如根溫州（又讀）**kœ**；

-ɛn（-en），-ɛ̃，例如根開封 kɛn，客家 **ken**，陝西 kɛ̃；

-ɐn，例如根廣州 kɐn，懇安南 kɐɳ$_1$；

-aŋ，-ã，例如根溫州（又讀）**kaŋ**，鳳台 kã；

-on，-ouŋ，-õ，例如根漢音，吳音 'kon'，福州 **kouŋ**，太谷 kõ；

-un，例如根廈門 **kun**；

-ïn，例如根高麗 **kïn**；

三四等：

-iəŋ，-əŋ，-ən，-iə̃，-ə̃，例如巾，斤太原 tɕ$_1$iɜŋ，大同，蘭州 tɕ$_1$iɜɣ̃，文水，太谷，興縣 tɕ$_1$iɜ̃，平涼，涇州 tɕ$_2$iɜ̃，上海 tɕ$_2$iəɣ̃，身北京 ʂ$_2$ɜn，懷慶 ʂ$_1$ɜɳ̥，固始 sɜn，太原 sɜŋ，揚州 -səŋ，歸化 ʂ$_1$ɜɣ̃，南京 ʂ$_2$əɣ̃，上海 səɣ̃，文水，平涼，涇州 ʂ$_1$ɜ̃；

-yn，-yŋ，例如巾，斤汕頭 **kyn**，福州 **kyŋ**；

-iɛŋ，-ɛn，-ɛ̃，-iẽ，例如巾，斤歸化 tɕ$_1$iɛɣ̃，鳳台 tɕ$_1$iẽ，身開封 ʂ$_2$ɛn，陝西 ʂ$_1$ɛ̃；

-iɐn，-ɐn，例如因廣州 iɐn，巾，斤廣州 kɐn，安南 kɐɳ$_1$，身廣州 **šɐn**，安南 t'ɐɳ$_1$；

-iaŋ，-aŋ，-ã，例如巾，斤溫州 **tɕiaŋ**，身溫州 saŋ 鳳台 sã；

-on，-õ，例如巾，斤吳音 'kon' 身太谷 sõ；

-un，例如巾，斤[illegible]門 **kun**；

-ïn，例如僅高麗 **kïn**；

-in，-iŋ，例如巾，斤北京，開封，固始，四川，漢口，**tɕin**，懷慶 tɕ$_1$iɳ̥，平陽 tɕ$_1$iɣ̃，南京 tɕ$_2$iɣ̃，揚州 **tɕiŋ**，客家 **kin**，漢音 'kin'，身廈門，汕頭，高麗 **sin**，客家 **šin**，漢音，吳音 'shin' 福州，寧波 **siŋ**。

## 合口

一等:

**-uən, -uəŋ, -uə̃,** 例如坤開封 k'u3n, 平陽 kχu3ɣ̃, 上海 kueɣ̃, 寧波 **k'ɯəŋ,** 興縣,平涼 kχu3̃;

**-uɛ̃, -uən,** 例如坤陝西 kχuɛ̃, 南京 kuᴇn, 懷慶 kχueɳ;

**-uɐn,** 例如坤廣州 k'uɐn;

**-uaŋ,** 例如坤溫州 **k'uan;**

**-uoŋ, -on, -ouŋ,** 例如坤歸化,大同 kχuɔɣ̃, 漢音,吳音 'kon', 高麗 **kon,** 安南 k'ɵɳ₁, 福州 **k'ouŋ,** 昏福州 **huoŋ;**

**-un, -uŋ, -ũ,** 例如坤北京,汕頭,廈門 **k'un,** 太原 kχuŋ, 文水,太谷,涇州 kχũ。

三,四等:

**-yən, -yəŋ -yə̃, -uən, -uəŋ, -əŋ, -uə̃,** 例如均,君開封 ȶɕ₂y3n, 歸化,蘭州 ȶɕ₁y3ɣ̃, 興縣 ȶɕ₁y3̃, 春開封 ʈʂ'₂u3n, 平陽 tsχu3ɣ̃, 上海 ts'əɣ̃, 興縣 tsχu3̃;

**-yɛ̃, -yẽ, -uɛ̃, -uen,** 例如均,君陝西 ȶɕ₂yɛ̃, 鳳台 ȶɕ₁yẽ, 春三水,桑家鎮 ʈ₁χuɛ̃, 懷慶 ʈʂ'₁ueɳ;

**-uɐn,** 例如均,君廣州 kuɐn, 安南 kuɐɳ₁, 春安南 suɐɳ₁;

**-iun, -un, -iuŋ, -yuŋ, -uŋ, -yũ, -ũ,** 例如均,君客家 **kiun,** 廈門 **kun,** 溫州 **ȶɕiuŋ,** 太原 ȶɕ₁yuŋ, 大同,平陽 ȶɕ₁yeɣ̃, 文水,太谷 ȶɕ₁yũ, 平涼,涇州 ȶɕ₂yũ, 均高麗 **kiun,** 君高麗 **kun,** 漢音 'kun', 春北京 ʈʂ₂'un, 高麗 **č'un** (拼作 **č'iun**), 漢音, 吳音 'shi-yun' 汕頭 **ts'un,** 廈門,廣州 **č'un,** 太原 tsχuŋ, 文水 tsχũ;

**-yn, -yŋ,** 例如均,君北京 ȶɕ₁yn, 汕頭 **kyn,** 揚州 **ȶɕyŋ;**

**-yin, -yiŋ,** 例如均,君固始,上海 ȶɕ₂yin, 懷慶 ȶɕ₁ɯiɳ, ȶɕyiŋ;

-ɯŋ, 例如春寧波 č'ɯŋ̌。(一)

先看一看開口一等,我們遇見些很不同的元音: ə (œ), ɛ (e), ɐ, a, o (u), ï。 要想把所有這些元音的"母元音"找出來,我們可以立刻把另外一攝(山攝)的主要元音 ɛ (e), ɐ, a 剔除,在所剩下的裏頭 o 跟 ï 也很不像。 在中國境內

(一) 以上各方言中上海南京有一個重要的特點,是高氏所沒有注意到的,就是在臻攝裏(深梗亦同),韻尾並不是像山(咸宕)攝裏的不全鼻音 ɣ̃, 而是一個很強很全的鼻輔音, 在上海是一個 -ŋ, 在南京是一個或讀 -n 或讀 -ŋ 的變值音位(variphone)。 這種特點正好可以證明臻(深梗)的元音短而韻尾強,山(咸宕)的元音強而韻尾弱。

的方言裏我只在一個方言裏遇着有 o，根本沒遇着過 ï。況且現代的 ɛ, a, 也非 o 所能解釋，更絕對非 ï 所能解釋。只有 ə 最近情理，因爲 ə 這個元音在絕大多數方言中還流行着。ə 包含着幾個細類的音：ɵ, ɤ, ɜ, 都是央元音（“混元音”），並且多少是低的元音；ə 是舌，唇都屬中性的元音，我們很容易明白由發音部位的移動它有時候可以向前顎的方向變：ə＞ɛ, ə＞œ，有時候可以向後顎的方向變：ə＞ɐ, ə＞a, ə＞o（u）。日本譯音的人因爲沒有相當的對音把它譯成 o，高麗譯音的人把它譯成 ï，(1)那是沒有什麽可奇怪的。

我們曾經說過臻攝合口的 u 是強的：kuən；只要看方言裏許多例子韵母用單元音，如 -un, -uŋ, 可以證明此說不錯。這就是促成各等的開口跟合口都不同韵的事實。那麽一等合口的現代元音可以總結如下：u 的後面或者是跟開口一樣的元音，或者是發生了個向前的“u-音變”：uə＞uo，或者是這個強 u 把後面的元音吸收了：uə＞u。

在三四等裏因爲有 i 介音所以麻煩點。三等欣文韵可以看出是拿 ə 當作主要元音，事實上跟一等類似可以一望而知。我們固然得要記得一三等在古代不同韵，旣不同韵那麽主要元音似乎應該不同。不過要知道古時候的中國人是極好的語音學家。我們已經看見他們對於聲母的分析很可佩服，並且，例如在山攝裏頭，他們把 -ɑn 跟 -an 都定成不同的韵。我剛才說過 ə 有幾種不同的細微分別，那麽一三等韵的不同顯然是由於音彩的不同，而這種音彩的不同是依着 i 介音的存在與否而定的。kən（根）kjiən（斤）之間，ə 的音彩不同。kjiən 中的 ə 無疑是更近顎音的。

至於眞諄韵，主要元音更偏前了，我們已經擬爲短的 ĕ（看前 476 頁），眞，軫，震；諄，準，稕屬 *α* 類，欣，隱，焮，文，吻，問屬 *β* 類（見上 471—476 頁），其古音的分别如下：(一)

(1) 高麗譯音現在讀成 ə 的這個字母在古時候不是這樣讀的。我們知道它是對譯古代漢語的 ɛ,e（山攝），並且對譯三合元音 iei 的一部（現在讀作 iə）。

(一) 此處原文說 a 韵音爲 -jiən, b 韵音爲 -jən, 今依作者的 reconstruction of ancient Chinese 改，上下文亦略有改動，看 473－8 頁。

a) **-ĭĕn**（眞），**-ĭuĕn**（諄）　　b) **-ĭən**（欣），**-ĭuən**（文）

三四等開口在方言裏的演變可以總括說明如下：在官話方言的一大部分裏主要元音是 ə，有時候僅在介音 i 已經失去的字裏是 ə，例如北京（身 ʂ$_2$ʒn，但是巾斤 ȶɕin），有時候在所有的字裏都是 ə，例如太原（身 sʒŋ，巾斤 ȶɕ$_1$iʒŋ）；另外有幾個方言，ə,ĕ 跟一等 ə 的演變相同：ĕ 或變 ɛ，或變 ɐ，或變 a；有時候在某種聲母的後面，有時候在所有聲母的後面；並且在另外些個方言裏 ə,ĕ 還有失去的，不過這是依着方言的不同在不同的字組裏失去（北京巾斤 ȶɕ$_1$in，但是身 ʂ$_2$ʒn；厦門身 sin，但是巾斤 kun；客家巾斤 kin，身 sin）。

在三四等的合口裏（古音 -jĭuĕn, -jĭuən）有兩種傾向對於它的演變發生影響。一方面這個強 u 可以把後面的元音吸收了，例如均太原 ȶɕ$_1$yuŋ，春北京 ʈʂ$_2$'un；另一面介音 i 在沒有失去的地方可以發生一種向前的"i- 音變"，例如均北京 ȶɕ$_1$yn，開封 ȶɕ$_2$yin 等。不過還有許多方言，讀的仍跟本來元音相近。

此外眞軫自身還有一類合口，跟諄準不同，前面韵母例字表稱爲 c 韵，上文沒有講到，現在得討論一下。這一類所以另立之故很容易看出來，非系字的合口成分失掉的很早，如敏字，高麗譯音作 min，日譯吳音作 min，漢音作 bin，可見合口成分很弱，是弱的 ʷ，而非強的 u，那麼這一類的韵母就是 -iʷĕn。日譯漢音對於見系字的譯法更可爲此說作證。諄文兩韵的字漢音總是作 -un，可見合口成分之強，但此處眞軫的合口字如窘古音 g'jĭʷĕn，漢音就作 kin；殞隕古音 jĭʷĕn，漢音就作 win，可見合口成分之弱了。(1)(一)

---

(1) 照這樣擬法，就可以明白這一類的脣音字後來何以不變爲齒脣音，因爲合口成分早失掉了。如：敏 mjĭʷĕn＞mjĭĕn＞北京 min。

(一) 此段原文把眞軫合口擬作"-jʷin"，玆依高氏 1923 年作的 Anal Dict 及本書後面方音字彙寫法改，文字遂亦有增删。高氏 1934 年作的 "Word families in Chinese," Bulletin of the Museum of Far Eastern Antiquities, No. 5, p. 13, 又把這個 -ĭʷĕn 改爲 .iʷæn（高氏原寫作 "-iwɛn," 因爲我們已經用 ɛ 譯高寫作 ä 的仙韵音，並且高氏在 1932 年作的 "Shī King researches," B. M. F. E. A. No. 4. p. 157, 明說他的 ɛ 是英語 man 字中的元音，所以我們譯之爲 æ，參看本書 513 頁脚註(1))，與眞韵開口主要元音之 iĕ 不同，今不從。
又案敦煌寫本切韵有眞無諄（上去同）；是諄乃自眞析出之合口韵，廣韵眞軫本身之合口字好像可以說是諄韵字分之未盡者，然日譯漢音對於眞軫合口字譯法既跟諄韵之字不同，適與廣韵分法相符，如高氏所指明，似非偶然巧合，其中或實有語音上之區別，亦未可知。

這樣我們就得到臻攝的結果如下表：

| | 開口 | 合口 |
|---|---|---|
| 一等： | 痕，很，恨 -ən | 魂，混，慁 -uən |
| 三四等： | a) 眞，軫，震 -ĭěn | a) 諄，準，稕 -ĭuěn |
| | b) 欣，隱，焮 -ĭən | b) 文，吻，問 -ĭuən |
| | | c) 眞，軫 -ĭʷěn |

一直到現在，擬測古音的人大都對於這個巨大重要的臻攝不甚了解。在 Pelliot 以前差不多沒有什麼有價値的東西出來。Pelliot 提出了一個很好的意見以爲這攝的合口元音是強的（**u**，看 465 頁），可是他其餘的擬測跟 Maspero 的一樣不得法。

Pelliot 把一等擬了一個"很不響亮的 **i**"，有時候寫作'**ï**'，有時候寫作'**y**'；它顯然算是跟波蘭語的'**y**'，俄語的 ы 相等的。我們剛指明過（562—3 頁）方言的證據不許有這種解釋。尤其明顯的是他自己在討論這個"很不響亮的 i"的時候也說它"時常對譯外國 ă 音"。老實說照這樣眞成怪事了。而且 Pelliot 把"本"寫作"pwyn"用來當作粟特語（sogd,），panč，中古波斯語（pehlvi）panz 的譯音（JAs. 1912, p. 176）實在遠不及我們的 **puən**。

Maspero 的擬法驟看似乎好了一點兒。其實也並不然。他在一等裏寫'-ŏ'n'（帶鈎兒的短 **o**），另外還有些不一致的地方例如孫'swen'（Phon. Ann. p. 43）。誠然，他是拿這個 ŏ' 來寫北京的 ə，ɜ（如更 kəŋ，根 kɜn）跟安南譯音的 ɤ，但是他也一樣的用它來作北京的 ʅ，ɿ（如詩 ʂʅ. 思 sɿ），這兩個元音是跟 **ə** 類的元音絕對沒有關係；並且在擬測臻攝（'kŏ'n' 等）的時候關於這個 ŏ' 他說（p. 18）："我以爲它是跟 E. Chavanne, Pelliot 寫作 y 的那個音相似，這個 y 代表一個很不響亮的 i"。

在三四等裏 Pelliot 所擬測的更不合方言上的情形。他總是簡單的寫作'**-in**'（合口'**-wⁱn**'）。只要稍微看看方言裏開口類的各種讀法就可以看出他這個 **-in** 是不够的。只有一個方言在三四等裏一切聲母之後都是個簡單的 **i**，這是一個域外的方言，日譯漢音；(1) 但是作日譯漢音的人在他自己的語言中本來沒有 ə 元音，他當然可以將就一下，把 **kjiĕn**, **kjĭən** 譯作 **kin**, 這是很容易明白的。在所有別的方言裏，我們淸淸楚楚看得出是有一個跟 i 的性質完全不同的元音。我要指明：方言中這些 e, ɛ, a 之類不是受後面鼻音影響而發生的寄生音，因爲在入聲字裏也有相當的音。例如'一'（古音 jĭĕt）在北京話讀作 i，可是在山西方言裏讀作 iɜʔ，在廣州話是 iɐt，在温州話是 iai 等。廣州跟安南的讀音得要認作反對 **-in** 這個假設的極端重要的證據。這兩個方言普通是保留 i 介音的（例如山攝廣州 kiːn，安南譯音 kiᴇŋ₁ 等），可是在臻攝裏一大部分字失去了這個 **i**，不僅見系聲母字是如此，就是別的聲母的後面也是一樣：巾，斤廣州 kɐn 安南 kɐŋ，辛廣州 sɐn，安南 tɐŋ₁。如果這個 i 不是介音成素而是韵母的惟一元音，這些讀音實在是太奇怪了。(2)

在我們跟 Pelliot 的說法中間或者有人要提出一個折衷的辦法，把 i 當作主要元音而後面隨有附屬音 ə: **iə**。可是這也一樣是不對的，一方面不能把解釋眞欣的區別，又一方面不能解釋影，喻母（沒有口部輔音聲母）的字。它們淸淸楚楚的指明，在這兒跟在別攝一樣，**ĭ** 是附屬於主要元音的介音成素：

| | 三等 殷，隱，癮 | 四等 因，姻，印 |
|---|---|---|
| 吳音 | **on** | **in** |
| 廈門 | **un** | **in** |
| 高麗 | **ïn** | **in** |

按照我們的擬測這些古代音値是：

殷，隱，癮 ʔĭən　　　　因，姻，印 ʔĭĕn

---

(1) 在各種聲母之後客家話也都可以有 -in，不過這只是在眞韵裏，欣韵就讀 -iun 了。

(2) 誠然 ə 這個很中性的元音或者很早就在些個方言裏失去，這些方言在幾種聲母之後現在讀 -in（例如北京 tɕiin)。這類的韻母，雖然不能證實它在唐朝末年已經存在；但也是可能的，在這時候的譯音裏我們也可以有理由去擬一個 -in。但是 Pelliot 在 Milinda pañha 的譯文裏（約在紀元後 400 年）已經寫作 -in了。Pelliot 的 -in 至多可以算是 -jĭĕn, -jĭən 的極粗的寫法。中國人因爲沒有更好的對音就照例借用臻攝三四等的字對譯外國的 -in。

這個把日譯吳音，廈門，高麗譯音解釋的很好：

隱，癮，殷 on，un，ïn 跟因，姻，印 in 對立。

反之，要假設一個 **-əĭn** 韵母，拿 **i** 當主要元音，這個現象就跟拿 Pelliot 的 **-in** 韵母一樣的不能解釋。

關於三四等 Maspero 比 Pelliot 好一點兒。 他擬了一個 'ĕ'，於是承認在這些韵母裏 i 外還另有一個元音。 他爲跟山攝區別起見在山攝裏寫 -ien，臻攝裏寫 -iĕn。 不過他沒把 α（眞諄）跟 β（欣文）兩類的不同指出來，這是很不幸的。［照我最近的意見，要把 α 類（眞，諄）定作 **-jiĕn,-jĭuĕn,**）而把 β 類（欣，文）定作 **-jĭən,-jĭuən,** 那就全講得通了（參看上文 476 頁）。(一)］

把臻攝分析開了之後，深攝就很容易講明了。

### h）深攝

方言裏的韵母舉例：

三四等：

**-iəŋ**，**-əŋ**，**-ən**，**-iə̃**，**-ə̃**，例如今太原 ȶɕ$_1$i3ŋ，大同，蘭州 ȶɕ$_1$i3ɣ̃，文水，太谷，興縣 ȶɕ$_1$i3̃，平涼，涇州 ȶɕ$_2$i3̃，上海 ȶɕ$_2$iəɣ̃，深北京 ʂ$_2$3n，懷慶 ʂ$_1$3ɳ，固始 ts'3n，太原 s3ŋ，歸化 ʂ$_1$3ɣ̃，南京 ʂ$_2$əɣ̃，上海 səɣ̃，文水，平涼，涇州 ʂ$_1$3̃；

**-ɛn**，**-iɛŋ**，**-ɛ̃**，**-iẽ**，例如深開封 ʈʂ$_2$'ɛn，陝西 ʂ$_1$ɛ̃，今歸化 ȶɕ$_1$iɛɣ̃，鳳台 ȶɕ$_2$iẽ；

**-iɐm**，**-ɐm**，例如音廣州 iɐm，今廣州，安南 kɐm，深廣州 sɐm，安南 t'ɐm；

**-iaŋ**，**-aŋ**，**-ã**，例如今溫州 **ȶɕiaŋ**，深溫州 **saŋ**，鳳台 sã；

**-on**，**-õ**，例如今吳音 'kon'，深太谷 sõ；

**-ïm**，例如今高麗 **kïm**；

(一) 這一攝的二等還有平聲臻韵跟入聲櫛韵，高氏起先以爲臻櫛跟眞質是同樣的韵類，不過前者因爲有齒上音聲母的關係，使韵母的音彩微有不同。 繼而他由瑟字的現代方音來看，覺得瑟字或者有一個比質韵的字較開一點的元音。 於是他在 Anal. Dict. 裏就把瑟字寫作 **sɐt**，而把榛等字依然寫 **ʈʂĭĕn**。 後來他發見 **ʈʂĭĕn**：**ʈʂɐt** 的寫法平入既不一致，若改作 **ʈʂɐn**：**ʈʂɐt** 也未免太冒險，終於說"臻作 **ʈʂĭĕn** 而瑟作 **ʂĭĕt** 可以算是頂穩健的揣度。（見與趙元任討論臻櫛兩韵的信，譯文載史語集刊第一本 487 頁）。 可是最近他在 "Word families in Chinese" 裏又把詵字寫作 **ʂĭæn**（原作 **ʂĭɛn**，看 504 頁譯者註）而把瑟字依然寫作 **ʂĭĕt**！ 在他的新寫法沒經我們承認以前，我們現在還用 **-ĭĕn**：**-ĭĕt** 的舊寫法。

-im, -in, -iŋ, 例如今客家, 汕頭, 廈門 kim, 漢音 'kin', 北京, 開封, 固始, 四川, 客家 ȶɕin, 懷慶 ȶɕ₁iɳ, 平陽 ȶɕ₁iɣ̃, 南京 ȶɕ₁iɣ̃, 揚州, 寧波, ȶɕiŋ, 福州 kiŋ, 深客家, 汕頭, 廈門 č'im, 高麗 sim, 日本譯音 'shin', 福州 ȶɕ₁'iŋ, 寧波 siŋ。

除去很少的例外我們可以看見深攝跟臻攝完全並行。這兩攝的元音在古代是一樣的, 只有尾音不同, 臻攝是收 -n 的, 深攝是收 -m 的。深攝的韻屬於 *a* 類, 所以韻母的古代音值是:

三四等　-jĭəm

因爲從臻攝類推, Pelliot 在這兒寫作 -im, Maspero 寫作 -iĕm, 拿我們在討論臻攝所舉的理由來看, 這兩個擬測是不能接受的。不過在這裏 Pelliot 對於他自己的 -im 曾經發生過懷疑。論到尋字(他拼作 z'im)的時候他說 (JAs. 1913, 158 頁): "不敢定這個元音的音彩是 i, ä 或是 ê"。但是他仍舊寫作 -im (JAs. 1914, 通報 1915)。

i) 梗攝

梗攝不免有點兒麻煩。事實上這一攝是不同的兩組合成的。一等韻(登)跟三四等的 *d* 韻(蒸)成一組(曾攝), 其餘的韻另成一組(梗攝)。切韻很小心的分開這兩組。在大部分的現代方言裏它們是混而不分的, 這種混同中國有些處在古代已經發生了, 因爲切韻指掌圖已經把它們併到一個表裏去。但是切音指南却跟切韻一樣的淸淸楚楚把它們分別出來。我們要把它們分開討論。現在先從切音指南稱爲"曾攝"的, 就是說一等(登)三四等的 *d* 韻(蒸)說起, 方言中韻母是

一等:

-əŋ, -ə̃ 例如登北京 təŋ, 開封, 太原 tɜŋ, 歸化 tɜɣ̃, 蘭州, 南京, 上海 təɣ̃, 文水, 平涼 tɜ̃;

-ɛŋ, -ɛiŋ, -en, 例如登汕頭, 廈門 tɛŋ, 福州 tiɛŋ, 客家 ten,;

-aŋ -ã, 例如登溫州 taŋ, 安南 ɗaŋ, 鳳台 tã;

-ɐŋ, 例如登廣州 tɐŋ;

-õ, 例如登太谷 tõ;

日譯漢音跟吳音 '-o -u', 例如登 'to-u';

-ïŋ, 例如登高麗 tïŋ;

三,四等, *d* 韻:

-iəŋ,- iə̃, -əŋ, -ə̃, 例如應太原 iɜŋ̃, 大同,蘭州,桑家鎮 iɜɣ̃, 文水,興縣,平凉,涇州 iɜ̃, 勝北京 ʂ₂əŋ, 開封 ʂ₂ɜŋ, 太原 sɜŋ, 蘭州 ʂ₁əɣ̃, 上海 səɣ̃, 文水,平凉,涇州 ʂ₁ɜ̃;

-iɛŋ, -ɛŋ, -ɛiŋ, -iẽ, 例如應歸化 iɛɣ̃, 汕頭 ɛŋ, 福州(讀去聲時)ɛiŋ, 鳳台 iẽ, 勝汕頭,廈門 sᴇŋ;

-iaŋ, -aŋ, -ã, 例如應温州 iaŋ, 勝安南 t'aŋ, 鳳台 sã;

日譯漢音應 'i-yo-u' 勝 'shi-yo-u';

日譯吳音應 'o-u', 勝 'shi-yo-u';

-õ, 例如勝太谷 sõ;

-ïŋ, 例如應高麗,安南 ïŋ, 勝高麗 sïŋ;

-iŋ, -in, 例如應北京,三水,開封,廣州,寧波,揚州,福州(讀平聲時)iŋ, 客家 in,勝廣州,温州,寧波,福州 siŋ, 客家 sin。

韻尾輔音是 ŋ 這是我們知道的,元音跟前兩攝類似的地方很顯著,不過因爲尾音不同之故,這種類似的地方遂不能絕對的嚴格罷了。討論臻攝時所舉的理由使我們在這裏一等非擬一個 -əŋ 韻母不可。

三四等我們也得要承認 ə 是主要元音(音彩跟一等的 ə 不同,看 503 頁)。日本的 o ——注意因爲尾音 ŋ 漢音跟吳音一樣的作 o ——高麗的 ï, 安南的 ï, ă 對於這一點是很關重要的。所以 *d* 韻的韻母就是 -jĭəŋ 了。

現在我們再看這攝所剩下的那一部分,就是切音指南所謂梗攝的韻。

先從三四等說起, *a*(清), *b*(庚), *c*(青)韻在官話,揚州,吳語裏跟 *d* 韻(蒸)混成一樣。例如:

-iəŋ, -əŋ, -iə̃, -ə̃, 例如太原輕 ȶɕ₁'iɜŋ, 京,經 ȶɕ₁iɜŋ̃, 大同,蘭州,上海輕 ȶɕ'iəɣ̃, 京,經 ȶɕiəɣ̃ 文水,太谷,興縣,平凉,涇州,輕 ȶɕ'iɜ̃, 京,經 ȶɕiɜ̃, 聲北京 ʂ₂əŋ, 開封 ʂ₂ɜŋ, 太原 sɜŋ̃, 蘭州 ʂ₁əɣ̃, 上海 səɣ̃, 文水,平凉,涇州 ʂ₁ɜ̃;

-iɛŋ, -iẽ,例如歸化輕 ȶɕ₁'iɛɣ̃, 京,經 ȶɕ₁iɛɣ̃, 鳳台輕 ȶɕ₁'iẽ, 京,經 ȶɕ₁iẽ;

-iaŋ, -ã, 例如温州輕 ȶɕ'iaŋ, 京,經 ȶɕiaŋ, 鳳台聲 sã;

-iŋ, 例如北京,開封,揚州,寧波輕 ȶɕ'iŋ, 京,經 ȶɕiŋ, 聲温州,寧波 siŋ。

但是在域外方言跟南方方言裏我們淸淸楚楚的看出淸庚青韻在古代漢語裏跟

蒸韵性質不同的遺跡。 蒸韵高麗譯音總是譯作 -ïŋ 的（見上文），可是淸庚青韵照例譯成 -iəŋ，例如輕，京，經高麗 kiəŋ。 蒸韵日譯漢音作 'i-yo-u'，而淸庚青韵作 'ei'，例如輕，京，經漢音 'kei'。 蒸韵日譯吳音作 '-i-yo-u' 或者 '-o-u'，而淸庚青韵作 '-i-ya-u'，例如輕，京，經吳音 'ki-ya-u'。 安南譯音蒸韵作 -ïŋ 或 -ăŋ，而淸庚青韵作 -iɲ 或 -aːɲ，例如輕 k'iɲ 京，經 kiɲ 聲 t'iɲ 或 t'aːɲ。 汕頭，廈門蒸韵讀 -ɛŋ 或 -in，而淸庚青韵除去 -ɛŋ，-in 的例外還常常的讀 -iã，例如京汕頭，廈門 kɛŋ 或 kiã，經汕頭 kɛŋ 或 kiã 等。 福州話蒸韵讀 -ɛiŋ 或 -iŋ，而淸庚青韵讀 -ɛiŋ，-iŋ 或 -iaŋ，(一) 例如經福州 kiŋ，kiaŋ。 客家話蒸韵讀 -in，而淸庚青韵讀-in 或 -iaŋ，例如京客家 kin，kiaŋ。 在這些方言裏淸淸楚楚的可以看出來蒸韵跟淸庚青韵在古代的區別有的是嚴格的保存着，有的是留下很顯著的痕跡。(二)

在蒸韵，因爲高麗安南譯音的 ï，日本譯音的 o，並且因爲切音指南把它跟顯然有個 ə 的一等韵放在一組，我們所以假設了一個 -jïəŋ 韵母。 在 *a*, *b*, *c* 韵裏我們就有性質完全不同的元音了。 在山攝裏我們已經在 468 頁看見高麗譯音把古代漢語的 -ɛn 譯作 -ən，日譯漢音也把這些韵譯作 -en；在這兒高麗譯音是 -əŋ；日譯漢音是 -ei（漢音的 -i，吳音的 -u 代表韵尾輔音，那是另外一個問題，以後再討論）。 我們還曾經說明，在蟹攝裏日譯吳音的 -ai 是對譯古音的 -ɛi；在這兒我們也有吳音的 '-i-ya-u'。 這些事實跟南部方言的 -iaŋ，-iã 都足以表明這一部分的元音不是 ə 那一套元音而是（a—）ɛ 那一套元音。

至於想要把淸庚青韵的分別定了出來，方言不能給我們任何指示。 它們把這幾韵全都混在一起，大部分的方言甚至跟蒸韵都混了。 不過我們並不是一點辦法也沒有。 事實上，我們知道淸韵是 $\alpha$ 類，庚韵是 $\beta$ 類，青韵是 $\gamma$ 類（看上文

(一) 福州平上讀 -iŋ，去讀 -ɛiŋ，讀 -iaŋ 的是 *d* 韵所無而 *a*, *b*, *c*, 韵所特有的白話音。

(二) 廣州話 *d* 韵也只有一讀，*a*，*b*，*c* 韵有兩讀的字很多，例如聽字文言 t'iŋ，白話 t'ɛːŋ。 這種分區在江西省也很通行。 吳語裏偶爾有幾個字如此，如上海 '聲' 文言 səŋ，但 '叫一聲'作 sã。

471—2 頁），所以我們可以說在這裏有跟山攝並行的地方，這樣就得到結果如下：

*a* 韵（清，靜，勁）：**-jĭɛŋ**

*b* 韵（庚，梗，映）：**-jĭɐŋ**

*c* 韵（青，迥，徑）：**-ieŋ**

再說二等的韵。官話方言對於二等有時候沒有 **i** 介音，有時候有 **i** 介音，很不一定；要沒有，就跟一等的讀音一樣；要有，就跟三等的讀音一樣。例如：

羹北京 kəŋ，開封 kɜŋ̃，歸化 kɜɣ̃，蘭州，南京 kəɣ̃，文水 kɜ̃，鳳台 kã，太谷 kõ 等；

幸北京 ɕiŋ，太原 $ɕ_1$iɜŋ，蘭州 $ɕ_1$iɜɣ̃，文水，興縣，平涼，涇州 ɕiɜ̃，歸化 $ɕ_1$iɛɣ̃，鳳台 $ɕ_1$iẽ 等。

閩語一律按照一等的樣子：羹汕頭，廈門 **kɛŋ**，福州 **kɛiŋ**。可是在別的方言裏，域外方言也在內，我們遇見些讀 **a** 的音：羹客家 **kaŋ**（參看一等 **-en**），安南 kaːɳ，漢音 'ka-u'，吳音 'ki-ya-u'（上海，寧波文言 **kəŋ**），但是上海白話 kaɣ̃，寧波白話 **kã**，高麗（拼作 **kɛŋ**）**kăiŋ**，廣州有時候是 -ɐŋ́（跟一等同），有時候是 -aːŋ，例如羹 kɐŋ，坑 kaːŋ。

由此可見現代方言有時候指示一個 **ə** 有時候指示一個 **a**。但是我們不能假定古代是 **ə**，因爲若是這樣這些字就該歸到一等或者三等的韵裏去了。我們也不能說是深 **ɑ**（法文 'pâte'），又不能說是淺 **a**（法文 'patte'），因爲若是這樣梗攝就要跟宕攝混了。若是漫無其他證據就在宕攝裏假定一個長 **a** 只爲的好在這兒放得下一個短 **a**，那是不行的；這裏的韵跟宕攝的韵的不同之處是在元音的性質而不在元音的長短。那麽，梗攝二等韵的古代元音是什麽呐？顯然是個介乎 **ə** 跟 **a** 之間的元音，就是 **ɐ**（英文 'but'）。這樣我們就得到一個 **-ɐŋ** 韵母，於是收 **-ɐŋ** 的字在有些方言裏可以同收 -əŋ 的或收 **-jĭəŋ** 的字相混，而在別的方言裏可以現出個 **-aŋ** 韵母來，最後古代的域外方言可以拿 **a** 當作主要元音來譯它，這些現象都好懂了。

……………………………………中略(一)……………………………………

二等的 *a* 韵(耕)在我們收集的很歧異的方言中,沒有一種方言跟 *b* 韵(庚)有分別。(二) [我從前把這兩韵都寫作 -ɐŋ, 那時我猜想第一個 -ɐŋ, 的元音短,第二個 -ɐŋ 的元音長,這一層很不滿意;在漢語的音韵系統上 ɐ 的性質正是一種短而鬆的音,跟長而緊的 ɑ, a 相對。現在參照詩經押韵使我們了解這兩韵的分別在什麼地方。在詩經押韵裏有"ɛ-e"一大類跟"a"一類完全不押韵:

| | 短 | | 長 | |
|---|---|---|---|---|
| | 庚 -ɐŋ<br>京 -ǐɐŋ | 跟 | 剛 -ɑŋ<br>疆 -ǐaŋ | 押韵; |
| 但是: | 耕 æŋ | 跟 | 輕 -ǐɛŋ<br>經 -ieŋ | 押韵。 |

[在 Phonologie 跟在 Anal. Dict 原寫的耕 kɐŋ, 我現在改用 kæŋ 的寫法(三)。因爲庚 kɐŋ 類旣然有常常跟 -ɑŋ, ǐaŋ 類押韵的這件重要事實,所以顯然在上古漢語裏有一個主要元音"a"(照方言所示是短的 ɐ)。耕類却不跟"a"類押韵而跟 -ǐɛŋ, ieŋ 押韵。所以耕韵一定是 ɛ—e 的某一種,不過要短一點,跟 -ǐɛŋ, -ieŋ 不同。照 -n 類來推:

愆是 -ǐɛn　　堅是 -ien　　而巾是 -ǐěn;

那麼現在

輕是 -ǐɛŋ　　經是 -ien　　則耕似乎可以寫作 -ěŋ;

[但是,究竟前一類有 i 介音的不同,在沒有 i 介音的耕韵裏元音顯然要格外

(一) 這裏原文有一段解釋他從前把庚韵二等擬作 -ɐŋ, 三等擬作 jeŋ (jæŋ)的話,現在他旣然把三等改作 -ǐaŋ, 所以這一段話就不必再譯了。看前文 476 頁。

(二) 以下 [ ] 內之文是譯者根據著者 1933 年作的"Shï King researches", The Bulletin of the Museum of Far Eastern Antiquities IV, pp. 156—157 補寫的。

(三) 原文寫 'kɛŋ'。因爲高氏說明了這是一個短音,又像英文 'man' 字裏的元音,所以照國際音標的習慣,譯作 æ 最恰當了。

開些（因爲在日譯漢音它變成 a（g）u）。所以我選了一個獨立的寫法 æ，代表一個開而短的 ε。[1]]

現在我們就得到梗攝的表如下：

| | 開口 | 合口[2] |
|---|---|---|
| 一等： | 登燈 等，嶝 -əŋ | -ʷəŋ[3] |
| 二等： | *a*）耕爭，耿，諍硬 -æŋ | *a*）耕宏 o 諍迸 -ʷæŋ |
| | *b*）庚鬤 梗哽 映更 -ɐŋ | *b*）庚橫 梗礦 映瀯 -ʷɐŋ |
| 三四等： | *a*）淸征 靜整 勁 -ĭɛŋ | *a*）-ĭʷɛŋ |
| | *b*）庚京 梗景 映敬 -ĭɐŋ | *b*）庚榮 梗永 映詠 -iʷɐŋ |
| | *c*）靑經 迥剄 徑 -ieŋ | *c*）靑螢 迥潁 -iʷeŋ |
| | *d*）蒸，拯，證 -ĭəŋ | |

從前擬測古音的人對於梗攝的認識還不如臻攝。Pelliot 把一二等寫作 '-ïng'，三四等寫作 '-ing'。假如他簡簡單單就用現代北京話的韵母：一等 əŋ，三四等 -iŋ，照這樣至少一等總算對了。現在他這個 ï 在這兒跟在臻攝裏一樣不能滿足方言的讀音，三四等作 -iŋ 也一點不能解釋方言所表現的各種元音。在這兒跟在臻攝裏一樣，入聲的字——山西 -iɜ?，高麗 -iək，漢音 '-eki'，吳音 '-i-ya-ku' 等——證明這些元音決不是受韵尾鼻音 -ŋ 的影響而產生的，而是代

（1）也許就像英文 'man' 裏元音。庚 kɐŋ 跟耕 kæŋ 的不同就跟英文 "pun" [pɐn] 跟 "pan" [pæn] 的分別差不多了。

（2）合口的字那樣的少所以我不願意在上面的討論裏拿它來作根據。不過我們對於 *a*，*b*，*c* 三韵所以不同的說法在這裏可以得到一個有趣的旁證。*a* 韵的字（傾，營，瑩，頃，潁）古代韵母是 -iʷɛŋ，*c* 韵的字（螢）古代韵母是 -iʷeŋ，在北京話都是 i 佔了上風，韵母讀成 -iŋ 了，然而 *b* 韵的字（兄，榮，永）古代韵母是 -iʷɐŋ [因爲 ɐ 音較後] 北京話就變成 -yuŋ（juŋ），i 在此只是附屬的音。所以例如傾古音 k'jiiʷɛŋ > 北京 ȶɕ'iŋ，螢古音 ɣiʷeŋ > 北京 jiŋ，可是兄古音 χjĭʷɐŋ > 北京就作 ɕyuŋ。Maspero 不知道這種韵的分別以爲北京話或讀 -iŋ 或讀 yuŋ "依字而定"（Phon. Ann. p. 71），這當然是不大好的解釋。在非系聲母字合口的 ʷ 失去的很早，北京話裏 *a*，*b*，*c* 三韵的韵母都是 -iŋ 跟開口一樣。

（3）合口一等在前面例字表裏平上去三聲沒有代表字，在入聲裏倒有幾個字例如國 kʷək。這個 ʷ 是弱的，因爲切韵把開口合口併爲一韵。

表古代的元音。 Maspero 把一二等寫作 '-o'ng', 三四等寫作 '-iĕng', 從他的寫法看來,他至少知道三四等除去 i 之外還有別的元音,在這一點他算是比 Pelliot 弄得得法一點。

這兩位學者完全只根據韵表,不顧韵部的分別跟反切的系統,自然是不能看出在三四等裏有清庚青三個不同的韵。 而且三四等裏蒸韵跟清庚青三韵的不同,這兩位聰敏的學者也忽略了。 這種不同不單從高麗譯音,日本譯音,安南譯音,就可以一望而知,就是切音指南也清清楚楚的列成不同的表。

### j) 流 攝

方言裏的韵母舉例:

一等:

-əu, -əo, -əï, -œy, [ei] 例如鉤文水,太谷 kəө, 上海 kəө(一), 揚州 **kəo**, 蘭州 kəɯ,寧波 **kœy**, [杭州 kei];

-ɛu, -eu, 例如鉤歸化,大同,太原 kɛɯ, 客家 **keu**, 福州(又讀)kɛu;

-ɐu, 例如鉤安南 kɐu;

-au, -aï, 例如鉤廣州,福州(又讀), 汕頭(又讀), 温州 **kau**, 鳳台 **kaɯ**;

-ou, 例如鉤北京,陝西,平陽,平涼,涇州,河南,汕頭(又讀) **kou**, 漢音 'ko-u';

-o, 例如鉤興縣,廈門 **ko**;

-u, 例如鉤, 高麗,吳音 **ku**。

二三四等:

-iəo, 例如優揚州 iəo;

-ieu, 例如優歸化,大同,太原,上海 **ieʉ**, 文水,太谷 ieө;

-iau, -iaï, 例如優廣州,温州 **iau**, 鳳台 iaɯ;

-ïu,例如優安南 ɯu;

-iu,(有幾個方言,個人讀音也有作 iou 的), -iï, 例如優北京,平涼,涇州,陝西,河南,南京,寧波,閩,客家 **iu**, 蘭州 iɯ, 漢音 'i-u', 油高麗 **iu**, 吳音 'yu';

-io, 例如優興縣 io;

-u, 例如優高麗,吳音 'u'。

知系聲母字有許多方言三等韵母讀的跟一等的一樣,例如: 收文水 $ʂ_1$əө, 上海

(一) 依原文本應譯作 kəɯ, 今據 231 頁譯作 kəө。 事實上上海這一韵是單元音 ɤ。

səə，揚州 səo，蘭州 $ʂ_1$əɯ，廣州 šau，鳳台 saɯ，北京 $ʂ_2$ou 等；但是收閩，溫州，寧波 siu，漢音 'shi-u'，吳音 'shi-yu'。

我們可以很容易看出這一攝是以 u 音（後顎音）收尾的，試看高麗譯音，日譯吳音，還有流攝的韻母在古代往往用以對譯外國的 u，就知道 u 是主重的元音。

在一等裏這個 u 的前頭是有一個元音的，它的性質不難決定。只有一個 ə 可以解釋方言裏的讀音。所以一等的韻母是 ə̆u。

在二三四等裏因爲有顎介音成素所以麻煩一點，但是一方面揚州的 ə，安南的 ï，另一方面廣州的 a，山西的 e 都證明在流攝也跟在臻梗兩攝一樣，尾音之前還有一個 ə 音。不過我們要注意，切韻不把一等跟二三四等放在一個韻裏，如果我們把一等寫成 ə̆u，二三等寫成 -ĭə̆u，四等寫成 -iə̆u，我們得要聲明，此處是兩種微有不同的 ə，二三四等的 ə 要比一等更近顎音一點。

這些韻母的主要演變狀況很容易總括起來。

尾音u普通是保存着的，有很少的例子弱化爲 o，有時由圓脣變成不圓脣：u＞ï。

一等的 ə 在很大的區域裏都保存着，不過往往變了部位，有時候變成 ε（e），œ，有時候變成 ɐ，a。最常見的是 ə 受後面 u 音的影響變成 o。日譯漢音把它譯作 o（完全跟譯古代的 kan 作 'kon' 一樣），可是日譯吳音跟高麗譯音只把強的尾音 u 譯出來：ə̆u＞u。

三四等的 ə 在揚州保存着，在廣州，鳳台跟一等的 ə 一樣的演變。在別的方言裏它受 i 介音的影響很強。山西的幾個方言把它變作 e。許多別的方言把它失去：iə̆u＞iu。這一定是個很晚的現象，因爲 i 跟 u 通常還沒有互相影響；我們遇不見 -iy（"i- 音變"）也遇不見 yu（"u- 音變"）。日譯漢音把 -ĭə̆u 譯作 '-iu'，日譯吳音，高麗譯音按着聲母的不同把它譯作 -u 或者 -iu。知系聲母字的 ĭ 在很多的方言裏都失去了，所剩下的 ə̆u 就跟一等的 -ə̆u 一樣的演變。在上文對於三四等的總論裏我們沒有討論到非系聲母的字。這類字的演變等以後再討論，在這兒我們只要指明在官話裏常常 ĭ 跟 ə̆ 都失去了，只餘下一個強 u，就成了現在讀 fu 那一類的音。

三四等分出 *a*（尤）跟 *b*（幽）兩韵分屬 α,γ 兩類，古音如下：

一等：　侯，厚，候 -ə̆u

三四等：　*a*) 尤，有，宥 -ĭə̆u　　*b*) 幽，黝，幼 -iə̆u

Schaank 把流攝的韵母擬作 **-ou**。 從方言上的元音如 ε, **a** 之類看起來，**o** 是不可能的。 像我們剛才所說過的，**o** 在幾個方言裏頭出現可以完全自然的說是受後面 **u** 音的影響。 不要錯看了日譯漢音的 '-o -u'，因爲在前幾攝裏頭我們已經知道日譯漢音向來是用 **o** 來對古 ə 的。

Maspero 接受了 Schaank 所提出的錯誤的元音，於是一等寫作 '**-$^{o}$u**' 三，四等寫作 '**-i$^{o}$u**'。 他跟 Schaank 的分別是他拿 **u** 當作主要元音。 然而第一個提出這個重要而正確的觀念的並不是 Maspero。 Maspero 是受了 Pelliot 的指示。

Pelliot 把一等寫作 '**-$^{ï}$w**'，三四等寫作 '**-$^{i}$w**'。 一等作 **ï** 足見他已經不錯的看出流攝的元音跟臻，梗兩攝類似。 在這一點上 Pelliot 比 Maspero 强。 可是除此而外他的擬法就不大妙了。 他這兒的 **ï** 跟臻，梗兩攝的 **ï** 一樣的不好，還是不合方言的讀音。 他也沒看到（因爲他寫 **-$^{i}$w**）就是在三四等裏，**u** 的前頭也另有一個元音（除去介音 **i**），這是從安南譯音，山西，揚州，廣州，温州幾處方言顯然看的出來的事實。 他的奇怪寫法 **-w** 也許由於這個錯誤來的。 這是因爲 Pelliot 在遇攝裏擬了個 '**-$^{i}$u**' 韵母（看下文 522 頁）他在這兒的流攝裏必須要擬一個跟遇攝 '**-$^{i}$u**' 不同的韵母；所以他在這兒寫成 '**-$^{i}$w**'，後來他又把它普遍化到一等裏去：'**-$^{ï}$w**'。 Pelliot 的 '**w**' 既然認爲主要元音（$^{ï}$ 跟 $^{i}$ 是認爲附屬音的），那就一定得要算作一個成音節的雙脣摩擦音 ɰ。 在方言裏頭找不出一點根據可以助證這個奇怪的擬測。

我們先已討論過元音 **a—ε** 的那幾攝，跟元音 **i** 的止攝，繼而又接着討論元音 ə 的那些攝，現在我們要研究 **u—o** 的兩攝了。

## k) 遇攝

方言裏的韵母舉例：

一等：

沽 高麗，漢音，安南，廈門 ko，汕頭 kou 跟 ku，其他方言 ku；

烏 高麗，廈門 ɔ，汕頭 ou 跟 u，漢音（假名）'uo'，其他方言 u；

都 高麗，漢音，安南，廈門，太谷 to，西安，廣州 tou，汕頭 tou 跟 tu，温州 ty，其他方言 ʈu；

二等：

*a* 韵（魚）

疏 廣州 šo，客家，汕頭，廈門，温州，太谷，高麗 so，漢音 'shi-yo'，吳音 'so'，安南 sɤ，平涼，涇州，三水，桑家鎮 sʮ，其他方言 -u：如北京 $ʂ_2$u，太原 su 等。

*b* 韵（虞）

雛 廣州 č'o，太谷 ts'o，温州 zo，安南 sɷ，福州 ʈɕ'$_1$y，平涼 ʈʂ$_1$ʮ，涇州，三水，桑家鎮 ts'ʮ，客家 ts'ï，其他方言 -u：如高麗 č'iu（讀 č'u），漢音 'shi-yu'，吳音 'su'，汕頭 ts'u，tsu，廈門 č'u，北京 ʈʂ'$_2$u，大同 ts'u 等。

三四等：

*a* 韵（魚）

居 漢音 'ki-yo'，高麗 kə，安南 kɯ，官話，揚州，吳語 ʈɕy，興縣 ʈɕyi，福州，汕頭（又讀）ky，廣州 kəy，汕頭（又讀），客家 ki，廈門，吳音 ku；

書 漢音 'shi-yo'，吳音 'so'，高麗 siə（讀 sə），安南 t'ɯ，t'ɤ，廣州 šy，福州 ʈɕ$_1$y，汕頭 tsy，温州 sy，寧波 šï，平涼 $ʂ_2$ʮ，涇州，三水，桑家鎮 sʮ，其他方言 -u：如北京 $ʂ_2$u，太原 su 等；

*b* 韵（虞）

區 高麗，漢音 ku，安南，汕頭，廈門 k'u，吳音 ko，廣州 k'əy，客家 k'i，興縣 ʈɕyi，福州 k'y，其他方言 ʈɕ'y；

榆 高麗，漢音 iu，安南，汕頭 zu（z<i-），廈門 ǰu（ǰ-<i），吳音 io，客家 i，興縣 yi，其他方言 y；

輸 廣州 šy，福州，温州 sy，平涼 $ʂ_1$ʮ，涇州，三水，桑家鎮 sʮ，寧波 šï，其餘的方言 -u：如漢音 'shi-yu'，吳音 'su'，高麗 siu（讀 su），北京 $ʂ_2$u，太原 su 等；

殳 安南 t'u。

先來看看三四等，暫且撇開一二等不談。我們可以看出大多數方言在全部三四等裏，不管古音是哪一韵，一部分聲母之後全讀 u，另外一些聲母後頭全讀 y。讀 y 的時候，廣州話在有些聲母之後加進去一個 ə，就變成 əy。y 的圓脣作用在興縣一部分失掉了，就變成 yi（-yǐ），在客家全失掉了就變成 i。

古音三四等的全體決不會都是 u 或者都是 y。因爲切韻跟反切很小心的分辨 *a*（魚），*b*（虞）兩類的不同，並且在有些方言裏還可以看出這種區別的痕迹來。恰恰也就是高麗譯音，安南譯音跟日譯的漢音這幾個極重要的古方言在所有的聲母之後都分得出 *a*（魚），*b*（虞）兩韵。汕頭方言只在見系聲母後頭有分別。日譯吳音只在知系聲母之後跟漢音相合，在其他聲母之後它的音值剛剛跟漢音相反；既然吳音比切韵更古，那麼它所根據的方言顯然在這一點上跟切韵所根據的不同了。我們且看下面的表：

| | *a* 韵（魚）： | *b* 韵（虞） |
|---|---|---|
| 漢音 | 'i-yo' | 'i-yu' |
| 高麗 | ə,iə | u, iu |
| 安南 | ï,zï（z-<i-） | u,zu（z-<i-） |
| 吳音 | 知系 o | 知系 u |
| ,, | （見系 u） | （見系 o） |
| 汕頭 | 見系 y, i | 見系 u,zu（z-<i-） |
| ,, | （知系 u） | （知系 u） |

以上所舉的事實可以絕對無疑的證明 *b* 韵（虞）韵母是 -iu，元音是 u，這個 u 的音彩我們隨後就要討論。那麼，*a* 韵（魚）的元音是什麼呐？

這就遇到很嚴重的困難了。日譯漢音，跟高麗譯音，安南譯音汕頭話魚虞一樣的有分別，這種分別顯然是根據切韵的古分別來的。一方面，我們照汕頭的分法（魚：ky, ki, 虞：ku）就忍不住要假定一個顎元音 y 算是魚韵的元音。這樣算是可以解釋高麗的 ə 跟安南的 ï，說是外國人不會讀 y 而讀出來的特別音。然則，漢音的 o 是怎麼變來的呐？另一方面，假如我們取了漢音的 o，那又怎麼樣解釋朝鮮的 ə 跟安南的 ï 呐？究竟哪個答案對，是 y 呐還是 o 呐？

這個問題的解答從二等字找得出來。遇攝的二等其實是附屬的二等，就是說二等跟三四等同韵，反切下字也一樣，只是聲母不同（二等 tʂ 與三等 tɕ 對）；在這個附屬的二等的字裏，ĭ 介音因爲在舌尖聲母［ʈʂ 等］之後大概很早就變弱了，所以本來的主要元音比在曾有強影響的 ĭ 的三四等裏較容易聽得出來一點兒。試看這個附屬的二等：

| | 高麗 | 汕頭 | 廈門 | 安南 | 漢音 | 吳音 |
|---|---|---|---|---|---|---|
| *a* 韵（魚等） | o | o | o | 國語 'o'[ɤ] | 'i-yo' | o |
| *b* 韵（虞等） | (i u | u | u | ɵ(關 ɵ) | 'i-yu' | u |

請注意恰好就是在魚韵三等作 ə, ï, y, i 等特別音的方言——高麗譯音，安南譯音跟汕頭話——在這兒的二等裏却給漢音的 o 作了明確的證據。在切韵的古代漢語裏二三四等既然同韵，漢音在這三等裏又既然都有 o，並且其餘分辨魚虞兩韵的方言在二等裏也全用 o，所以我們就得到一個合法的結論；古代漢語 *a* 韵（魚）的二三四等主要元音都是 o，結果如下：

魚語御 -ĭʷo　　　　虞麌遇：-ĭu

這兩個古韵母的演變花樣很多，試看幾個代表的方言裏演變的例子：

| | 魚 | | | 虞 | | | |
|---|---|---|---|---|---|---|---|
| | 居 | 疏 | 書 | 俱 | 芻 | 主 | 府 |
| 古音 | kjĭʷo | ʂĭʷo | ɕĭʷo | kjĭu | ʈʂ'ĭu | ȶɕĭu | pjĭu |
| 漢音 | 'ki-yo' | 'shi-yo' | 'shi-yo' | 'ku' | 'shi-yu' | 'shi-yu' | 'fu' |
| 吳音 | 'ku' | 'so' | 'so' | 'ko' | 'su' | 'su' | 'fu' |
| 高麗 | kə | so | siə(1) | ku | č'iu(1) | čiu(1) | pu |
| 安南 | kï | sɤ('so') | t'ï | ku | ʂɵ | ȶ₂u | fu |
| 汕頭 | ky, ki | so | su | ku | ts'u | tsu | hu |
| 廈門 | ku | so | su | ku | č'u(雛) | tsu | hu |
| 廣州 | kɵy | šo | šy | k'ɵy | č'o | čy | fu |
| 太谷 | ȶɕy | so | fu | ȶɕy | ts'o | tsu | fu |
| 北京 | ȶɕy | ʂu, su | ʂu | ȶɕy | ʈʂ'u | ʈʂu | fu |
| 涇州 | ȶɕy | sʮ | sʮ | ȶɕy | ts'ʮ | tsʮ | fu |

（1）現在讀 sə, č'u, ču。

切韵語言的 -o,-u 漢音照譯的很準。 高麗譯音跟安南譯音所根據的古代方言讀切韵的 -u 也作 u（但是安南在有些聲母之後作關的 ɷ）；然而切韵的 -jĭʷo 却按照各種不同的古聲母而讀的不同。在古 ʈʂ 等舌尖硬音的後頭高麗作 -o, 安南作 ɤ（國語 'o'）；在 kj 等跟 ȶ, ȶɕ, ɕ 等軟音的後頭高麗作 ə, 安南作 ï。大概是一種顎化的現象。在 kj 等 ȶ 等聲母之後 -iʷo 變成了 -yo, 這個 y 就是外國譯音人要模擬的音。當時他們用來模擬 y 的那個音究竟是什麼音值自然是無從曉得，我們只知道那個音現在是讀成了 ə 跟 ï。這個顎化的假設由汕頭話可以得到佐證，在汕頭話裏 kjĭʷo 變成 ky, 再失掉圓脣作用而變成 ki（跟虞韵 kjĭu>ku 不同）。

在大多數方言裏古代元音徹底簡化了，別的攝裏我們已經見過這一類的現象。-ĭʷo 變成 -ĭu, 於是魚虞兩類韵就混同了。這個 -jĭu 的現代代表按照聲母的不同或者是 y（y, ɵy, yĭ）或者是 u。有的聲母使 ĭ 失掉了，於是就生出一個 -u 韵母，別的聲母把 ĭ 保全了，於是就變出一個 -y 韵母。這個變化的法則隨着方言而不同。例如現代北京話 ȶɕ₁y（<kjĭu）是 -y, 而 ʂ₂u（<ɕĭu）fu（pjĭu）是 -u。温州話在同樣的例裏，ȶɕy, sy 是 -y, 而 fu 是 -u。廣州話 kɵy, šy 是 -y, 而 fu 是 -u。

有些方言表現些特別的現象。汕頭話在古代顎音的後頭作 -u 跟別的方言一樣：ɕĭʷo>su。在古代齒上音的後頭保存了原來的 -o：ʂiʷo>so。在古代舌根音的後頭就發生上面所說的顎化作用：kjĭʷo>ky, ki。廈門話無論在古代顎音或舌根音的後頭都作 -u 跟別的方言一樣：ɕĭʷo>su, kjĭʷo>ku, 但在古齒上音的後頭却跟汕頭一樣也把 -o 保存着：ʂiʷo>so。廣州話跟太谷話，也像汕頭跟廈門似的，只在古齒上音的後頭保存了古代的 -o：ʂiʷo>廣州 šo, 太谷 so, 可是這兩個方言把 -o 推廣，連虞韵裏齒上音聲母的字也同樣的作 -o 了：ʈʂʻiu>廣州 čʻo, 太谷 tsʻo。

最後日譯吳音麻煩的很。在這個方言裏虞韵（古 -ĭu）有幾類字作 -o。福州話在這一韵裏同樣也有作 -io 的例。這個問題等一下再回過來講。

多數方言裏魚虞混亂的現象，-ĭʷo>-ĭu，很早的時期就有了，甚至於比宋朝的韵表還要早，看下文 522 頁。

現在認了 *b* 類的韵母爲 -ĭu，看起來好像我們已經放棄在上文55頁的 fy>fu，čy>ču 的說法了。但是並不如此。我們並不是說 -ĭu 裏的 -u 就是老老實實的一個後顎音 -u。一方面從語音的觀點講，在 ĭ 的後頭馬上隨着一個很後的 u 音似乎有點兒奇怪，另一方面在古譯音裏有些個很可以啓發我們的反證。

我們得要把 *b* 韵（虞等）擬成一個多少有點顎化的 -u 音。但是我們也不能說韵母簡直就是 -ĭy，主要元音老老實實就是顎音 y，——如我們在 55 頁有點兒說得過火的說法——這從上文 518 頁所講的事實可以看出來，又從這個韵母在有些方言的某幾種聲母之後（fu 等）用 u 不用 y 的事實也可以看出來。所以 *b* 韵（虞等）的主要元音顯然是一個介乎前顎後顎之間的 u 或者應該寫作 u/y。擬成這樣一個元音毫無牽強之處。例如，挪威話裏無論長短的 u 類音，照例都是介於前顎後顎之間的 u/y。嚴式音標寫作 ʉ。(1) （看 210 頁）

這個說法在古代的譯音上得到可貴的根據。我們看見外國的 u 音中國人不大用遇攝字來譯，而往往拿流攝的字來譯（看上流攝）尤其在佛經的譯名裏是如此。佛教徒之所以常常用 kjĭə̆u 來寫外國的 ku 而不用 kjĭu （中國那時沒有簡單的 ku），那是因爲 kjĭu 字裏 u 的音彩特別。

這樣看起來，我們在 55 頁的說法還可以維持着，只須把 šy, fu>šu, fu 的公式改作一個不大過火的 š$^{u}$/y, f$^{u}$/y,>šu, fu 的公式就好了。我們要一說明在古代漢語虞韵裏的 -u 是介乎軟顎跟硬顎之間的音，就不必用一個特別字母 (u/y 或 ʉ）來寫它了，因爲一會兒我們就可以知道 -u 韵母（一個老老實實的軟顎音 u）在古代漢語是不存在的。所以我們簡單寫作 -jĭu，並不會因此發生什麼牽混。

一等的韵母很容易擬定。我們得要特別顧到日譯漢音，高麗譯音跟安南譯

---

(1) 長 u 瑞典讀成一個 ɯ 元音，比起挪威的 ʉ 更近前顎，但是並不就是德文 'trübe'，法文 'tu 裏的 y 音；短 u 瑞典讀 ɵ，這是一個央元音（"混元音"）。

音，因爲在這幾個方言裏都作 -o。這個 o 決不是他們不能說 u 而改成的，因爲所有這些方言把虞韵的三四等都譯作 u。所以，日譯漢音，高麗譯音跟安南譯音的作者們在借譯中國音的時候所聽見的一定是個 o。有幾個方言，如太谷（官話方言）跟廈門，也保存了這個 o。其他的方言在有些聲母的後頭也有痕迹，例如上文（517 頁）所引的 tou 等讀法；其中的 -u 大概是由複音化的作用生出來的，好像現代英文 'no, gold' 裏的 o 讀 ou 一樣。

大多數的方言裏之所以用 -u 作韵母者，那是因爲古代漢語在 o 的前頭一個合口元音往往把 o 吞沒了。

這個合口元音的存在由漢音可以證明，因爲漢音把沒有聲母的字（例如，烏）寫作 'uo'（假名）。

在韵表的大部分裏，一等的合口元音是一個強 u（看 465 頁），所以我們在這兒也設想是一個強 u；這個設想從切韵把一等模跟二三四等魚（-ji^wo）分成兩韵的事實可以證明。

多數方言中 -ji^wo>jĭu, -uo>-u 的演變，從很早就開始了。一等的字在有些方言裏是否在切韵以前韵母已經作 -u，如日譯吳音之 ku 等，很難斷言；因爲我們很可以說古代同是一個 -uo，不過漢音的譯音者用 -o 來寫，吳音的譯音者用 -u 來寫。可是，在切韵指掌圖的語言裏一等的韵母是 -u，那是可以斷言的。我們已經指明（463 頁）切韵指掌圖把 kuɑn 類的字當作合口，而把 kuŋ 類的字當作開口。現在遇攝指掌圖既指爲開口，所以我們必得說，從指掌圖的時候一等韵母已經是 -u 而不是 -uo 了。所以古代的系統是：

一等（模，姥，暮）-uo；　二三四等：*a*）（魚，語，御）-ĭ^wo，　*b*）（虞，麌，遇）-iu（-ĭu）；

到切韵指掌圖的語言的系統就是這樣子了：

一等（模等）：-u　　二三四等（魚，虞，等）：-ĭu（-iʉ）。

從前擬測古音的人，Schaank 跟 Pelliot 曾經把這一全攝的主要元音都擬作 -u：一等 -u，三四等 -iu（-'u）。要是拿來解釋宋代韵表固然可以，只有各等間音彩稍有不同。可是，要把這個近古漢語之音照樣應用到唐朝或唐以前的古代漢語，如 Pelliot 的辦法，那可就不對了。 關於這個時候的古音我們就得要顧到切韵裏韵部之不同，而承認一等中有一個 **-o**。 關於這一點 Pelliot 倒是有點疑惑不定，因爲他把盧字寫作 "***lu**，或者是 ***lo**"（T'oung Pao, 1915, 9 頁）。

Maspero 把三四等全寫作 **-iu**。 這在韵表的時代是對的，可是他以爲這不是代表宋代的語言而是代表唐代的語言，那就錯了。 一等他擬的 **-o**，對了，可是在合口元音上他自己不很一致，如：**do**（Phon. Ann. p. 32），**tso**（p. 43），**k'o**（p. 52），但是 **nwo**（p. 59），**pwo**（p. 35）。 我們剛才指明在切韵的系統上必得要一個固定的合口元音，而且是一個強的 **u**，所以是 **-uo**。

1) 通攝

方言裏的韵母舉例：

一等：

**-oŋ**，**-uoŋ**，例如工高麗，安南，上海，廈門（又讀）**koŋ**，歸化，大同，桑家鎮 kuoɣ̃，三水 kuoŋ；

日譯漢音 'o-u'，例如工 'ko-u'；

**-uŋ**，**-ũ**，例如工粵語，福州（又讀），温州，寧波，北京，太原，開封 **kuŋ**，文水，太谷，涇州 kũ；

日譯吳音 '-u'，例如工 'ku'；

**-ueŋ**，**-uə̃**，**-œŋ**，例如工平陽，蘭州 kuɜɣ̃，興縣 kuɜ̃，福州（又讀）**kœŋ**；

-aŋ，例如工汕頭，廈門（又讀）**kaŋ**；

二三四等：

**-iuŋ**，**-yuŋ**，**-yũ**，**-uŋ**，**-ũ**，例如弓，恭客家 **kiuŋ**，安南，廣州，寧波，北京，南京，太原，開封 **kuŋ**，文水，太谷，涇州 kũ，熊，凶北京，南京，太原，開封 **ɕyuŋ**，文水，太谷，平凉，涇州 **ɕyũ**，廣州，安南 **huŋ**；

**-yŋ**，例如福州，弓，恭 **kyŋ**，熊，凶 **hyŋ**，中 **tyŋ**，鍾 **ʨɕyŋ**；

日譯吳音 '-u'，'-i-yu'，例如弓，恭 'ku'，中 'chi-yu'，鍾 'shi-yu'；

**-ioŋ**，**-oŋ**，**-uoŋ**，例如弓，恭汕頭，廈門 **kioŋ**，上海 **koŋ**，歸化，大同 kuoɣ̃；

**-uəŋ**，**-uɜ̃**，**-yəŋ**，例如弓，恭平陽，蘭州 kuɜɣ̃，興縣 kuɜ̃，熊，凶大同，蘭州 $ɕ_1$yɜɣ̃；

**-ɛŋ**，例如弓汕頭（又讀），廈門（又讀）**kɛŋ**。

這裏也跟遇攝一樣最好先由二,三,四等講起。 這幾等在切韵裏分成東鍾兩種韵絕不相混; 由上面所舉的例子可以看出在現代方言裏這兩種韵大都沒有分別了。 所以要考定它們的古代音値,方言不能給我們多少幫助。但是在上面的舉例裏,有三個最重要的方言我們沒有放進去,只有這三個方言還可以看出古代的分別。 其中有兩個是古代方言,第三個是一個現代吳語的方言。 根據這三個方言我們可以完全確定在古代漢語裏 *a* 韵(東等)的主要元音是 **u**, *b* 韵(鍾等)的主要元音是 **o**:

| *a* 韵(東融,——送仲): | 古 音 | 日譯漢音 | 高麗譯音 | 温 州 |
|---|---|---|---|---|
| 弓,躬,宮 | kjĭuŋ | 'ki-u' | kuŋ | ȶɕiuŋ |
| 中 | ȶĭuŋ | 'chi-u' | čiuŋ(讀作 čuŋ) | ȶɕiuŋ |
| 風 | pjĭuŋ | 'fu-u' | p'uŋ | (fuŋ) |
| *b* 韵(鍾,腫,用): | | | | |
| 恭,供 | kjĭʷoŋ | 'ki-yo-u' | koŋ | ȶɕyo |
| 鍾 | ȶɕĭʷoŋ | 'shi-yo-u' | čioŋ(讀作 čoŋ) | ȶɕyo |
| 封 | pjĭʷoŋ | 'ho-u' | poŋ | (fuŋ)。 |

別的方言裏這兩韵都混同了。 有的方言都歸到 **-ĭuŋ** 的一邊。 在有些聲母之後, **ĭ** 往往失去: 如 **kuŋ**。 在沒有失去 **ĭ** 的字裏最常見的是受後面 **u** 的影響變成 **y**, 如 **ɕyuŋ**。 福州話裏的 u 因爲 "**i-** 音變"而變成 **y**: 如 **kyŋ**。 **uŋ** 往往變成 **ũ**, 如 **kũ**, **ɕyũ**。 有的方言都歸到 **-ĭʷoŋ** 的一邊, 如 **kuoŋ**, **kioŋ**, **koŋ**, 有時候這個 **o** 變成 **ə**, 如 **kuəŋ**, **kuə̃**, **ɕyəŋ**。 最奇怪的是閩語的 **-ɛŋ**。

這兩韵很早就混起來了。 安南譯音已經把這兩韵都讀作 **-uŋ**, 切韵指掌圖所根據的方言也把二三四等的字都讀作 **-uŋ**, 因爲切掌圖把通攝定作開口(1)。

一等比較複雜。 日譯漢音,高麗譯音跟安南譯音的證據都絕對的要求一個主

(1) 我們看見通攝在許多方面跟遇攝並行。 討論遇攝時所提出的假設, 說二三四等中魚韻的主要元音是 **o**, 虞韻的主要元音是 **u**, 在這裏得到一個有力的旁證,因爲通攝中 **o : u** 的對峙是不能否認的。

要元音 o；這些方言把二三四等的 -uŋ 譯作 -u（漢音）跟 -uŋ（高麗安南），然而把一等譯作 ‘-o-u’（漢音），-oŋ（高麗安南），可見一等字在譯音者所聽見的一定是 o。在這個 o 前面的合口元音是個強 u，因爲一等字跟三四等的鍾韵（-ĭ$^w$oŋ）並不同韵。

把這韵母定爲 -uoŋ 就可以合乎所有方言的 uoŋ, uəŋ，以及失去 o 的 uŋ, ũ 等了。但是一等的問題現在還不算完全解決。我們看見切韵裏一等分成東冬兩韵。在方言裏這兩韵的分别一點遺跡也沒有。例如東冬二字到處都沒分别，粵語，温州，寧波，北京，南京，太原，開封等處 tuŋ，文水，太谷，涇州 tũ，蘭州 tuɜɣ̃，興縣 tuɜ̃，歸化 tɜ̃，福州 tuŋ 又讀 tœŋ，汕頭，廈門 toŋ，又讀 taŋ，上海，高麗 toŋ，安南 ɖoŋ，漢音 ‘to-u’，吳音 tsu。然而切韵本身的韵系就可以把這個謎的謎底揭曉了。雖然從日譯漢音，高麗譯音跟安南譯音裏只看得出一個在一等全是 -uoŋ 的古方言，可是切韵裏一等的多數字跟二三四等古韵母是 -ĭuŋ 的字合成一個東韵，而一部分一等字另成一個冬韵，可見切韵認爲冬韵字的韵母不是 -uŋ。

結論顯而易見。古代已經有方言的不同了：冬韵在所有的方言裏韵母都是 -uoŋ。但是東韵在古代的一個方言裏（日譯漢音，高麗譯音跟安南譯音所根據的語言）韵母是 -uoŋ，在另一個方言裏（切韵的方言）韵母是 -uŋ。爲把古代的材料全部顧到起見，我們就把東韵寫成一個兩讀的韵母 -u(o)ŋ，可是對於冬韵，就只能寫作 -uoŋ，沒有任何理由可以寫成别様的東西。我們所得到的結果如下：

一等：　*a*)（東紅，董，送貢）-u(o)ŋ（一）　*b*)（冬，——，宋）-uoŋ

二三四等：　*a*)（東融——，送仲）-ĭuŋ　*b*)（鍾，腫，用）-ĭ$^w$oŋ。

Schaank, Pelliot 給通攝全擬作 -uŋ (-iuŋ)。Maspero 假設一等是 -oŋ，三四等是 -iuŋ。他們因爲完全根據了韵表，所以沒有看到切韵韵系跟反切所指示的一套更豐富得多的唐初的韵母系統。

（一）高氏後來在 Anal. Dict. 跟本書的方音字彙裏把東韵的一等都寫作 -uŋ，並沒有保持這個兩讀的寫法 -u(o)ŋ。

# III. 總結

對於我們所擬測的古代韻母可以有兩個抗議。

我們把這個古代語言定的那麽細密，這個辦法是不是有點冒險？ 在古代漢語裏像我們所擬的那麽細微的分別，例如 **kjĭɛn: kjĭɐn: kien** 之類，像不像從前眞當過辨字用的？這個抗議是不難駁倒的。 我們所擬的區別並不比活語言中的區別更細微。 我們知道擬測印歐古語的人也曾擬些個比我們的還要細微得多的區別吶，[1] 況且他們那個語言的時代比切韻時代的漢語更遠得不能比，而且他們所有的着手點，比起我們從那極嚴整又能定大約年代的反切跟切韻的韻部所組成的系統來，更沒有定準得多了。 我們得要記得這個系統的作者是從印度先生直接學來的語音學，而印度人關於語音的分析在語言學的歷史上是很難超過的。 前幾章研究過的聲母系統已經告訴我們反切的作者是有多麽靈敏的耳朵，那麽他們對於韻母也有同樣透澈的分析，自在意料之中。 我們還要注意切韻的韻就是在唐代也不是詩裏的韻：在詩裏用韻要寬泛的多。 切韻的韻是一個（或幾個？）很有訓練的語言學家作出來的，凡於辨字上有關的音，就是很細微的區別，也都記載下來，為的是給他的按韻母排列的字典可以作一個靈活方便的綱目。

在前幾章裏我們已經確確實實的證明古代漢語所有的聲母比現代任何方言都豐富。 韻母也可以像聲母那樣的簡化，這拿古代的韻數跟現代任何方言的韻數一比較就可以看出來了。 就是把現代北京話的兩個平聲也算在內（算陰平 **-x¯**，陽平 **-x´**，上 **-xˇ**，去 **-x`** 爲四韵），這個方言跟切韵的二百零六韵一比現在也比過有一百韵上下。 在上文（48頁以後）我們曾經指明韵部在宋初已經減的很可觀了。 我們既然看不出切韵的韵尾輔音有什麽比宋初的 -m, -n, -ŋ, -p, -t, -k 更豐富

（1）例如 A. Meillet 在 Introduction á l'Etude Comparative des Langues Indo-Europeennes p. 137, 把 $k_1$leu—（"聽"）這個語根分成下列的狀況：$k_1$leu-: $k_1$lew-: $k_1$lēu-: $k_1$lēw-: $k_1$lou-: $k_1$low-: $k_1$lōu: $k_1$lōw-: $k_1$lu-: $k_1$luw-; 又在 143 頁上把 $g^{w}$erə—（"吞"）這個語根分成 $g^{w}$erə-: $g^{w}$er-: $g^{w}$ēr-: $g^{v}$or-: $g^{w}$r̥-: $g^{wo}$rə-: $g^{vo}$r-: $g^{v}$r̥-; 又在 145 頁上把 $g^{w}$eyə-, $g^{w}$yē-,（"活着"）這個語根分成：$g^{w}$ey-: $g^{w}$oy-: $g^{w}$yē-: $g^{v}$iyo-: $g^{w}$yō-: $g^{w}$ī-: $g^{v}$iy-。

的地方，那麼必定是切韻語言的元音系統於辨字有關的細微音質上比任何現代方言都多的多，然則我們上文的擬測把這些區別都算計在內那是應該的。

至於這個細密的元音系統的來源究竟應當怎樣設想，那是一個跟現在的研究無關的問題。我們知道在中古漢語以後，韻母系統簡化的很可以，在切韻的中古漢語以前這個系統或者也是比較簡單，這個中古漢語也許代表元音豐富的最高點。Maspero 所誤認為唐代的 "i-音變" ian>iɛn 也許實在是有過，不過發生在更古的時期裏，那麼所有的 ɛ 元音就都是從原始漢語的 a 來的了。這個元音系統本來似乎是比較簡單的，因為周，秦，漢的詩裏一等字往往跟三，四等字押韻，(1) 如果眞是這樣——這不過是個純粹的假設——那就得要研究其分化成切韻的豐富元音系統的理由。我們立刻就注意到所有那些 u, ʷ, i, ĭ 在大部分的字裏出現的介音成素，這些介音成素在字源上的性質就成了一個主要的問題了。中古漢語沒有複輔音（除去塞擦音跟送氣音），然而我們曉得其他與漢語同系的語言中並沒有這種限制。我們可以設想原始漢語或者也有複輔音的，不過到了中古漢語以前已經簡化了；一若安南的複輔音聲母 tl, bl, ml 在十七世紀還保存着，後來就變成現在的單輔音 ṭ, z, ɲ, l 了（參看 Maspero, Phon. Ann. p. 76）。或者原始漢語 *pan 變成中古漢語的 pɑn（一等），而 *plan 就變成 pĭan（參照意大利語 planu>piano），後來再變成 pjĭɛn（三等）。像這類的可能變化多着吶。甚至也許還得想像一個全音節的失落，結果造成這種豐富的元音系統。關於所有這些，我們可以再說一句，到現在我們什麼也不知道，也與我們現在這研究不相干。在這兒我們只要擬出我所研究過的三十三個方言的"母語"（une langue mère），在切韻的古代漢語裏我們把它們所有的特徵都找着了，我們把這個語言一弄清楚，現在就算夠了，我們並不冒充已經知道這個語言的來源及其從上古漢語跟原始漢語所生出來的演變。

現在我們要講上面的研究可以引起的第二個抗議。把現代方言全都回溯到切韻的語言上去是不是過分？在六世紀的時候有沒有假定幾種方言的必要？

(1) 除非那時的詩律簡直跟我們現在不同，-an 跟 -iɛn 之類可以押韻。

第一要回答說，我們已經在許多方面指明過古代是有方言的不同。在後面的方言字彙裏我們還可以看見有成套的例，得要回溯到比切韵的語言更古的一個階段的，特別是南方的幾個方言。可是除去這些例子，我們居然能把一切方言都直接跟切韵的語言連接起來，而且這些這麼紛歧的方言，在大體上看起來，都很自然的可以拿這個古代語言作出發點來解釋的過去，這眞是件非常可注意的事實。開口合口，顎介音成素，各攝的主要元音，所有切韵語言的特徵，在我們的方言裏大體上都有完全合乎規律的對映。我們可以說在主要的特徵上我們這部書所研究的每一種方言都成一種從切韵所代表的古代漢語直接演變下來的縮影。

那麼，除去在現代方言中留有遺跡可以看出古代方言上的分別以外，我們應否斷定在唐朝初年漢語是沒有方言的呐？那一定不是的。這個語言在這麼廣大的一個國家裏經過這麼些世紀的發展，而不產生些很不同的方言出來那就太不可解了。所有現代方言的來源都出於古代不同的方言中的一個，那是由於政治的情形使然。這個問題無疑的可以從有一個現象裏找到解決，關於這一點那聰敏的學者Pelliot已經看出來了，他說：(1)"……遼，金跟其他非漢族的人侵入中國，這幾省[中國北半部]發生了紛擾，中部漢人在語言上發生一種"重新漢化"(resinisation)的現象……。"所以如果古代別有一個或幾個方言而現在已經沒有它的直系後裔(2)，那麼，我們擬測過的切韵的古代漢語就顯然不能籠籠統統拿來解釋一切古代音譯的外國字。

最後我們從 88—138 頁的表裏舉出些古韵的例子來作我們在上面所擬測的總結。為省重複，我們把平，上，去三聲併在一塊兒：——

果 攝(一)

開 口

一等，歌，哿，箇：哥 kɑ，挪 nɑ，多 tɑ。

(1) Pelliot "Kao tch'ang, qočo, houo tcheou," JAs. 1912。

(2) 這樣子漢語就跟希臘語有個有趣的類似的地方。希臘的近代語都是從 Hellénistique 時代的"國語"(κοινή)來的，而經典時代的方言差不多全不見了。

(一) 果攝中戈迦，戈韡兩類高氏例字表裏沒有收入。

二等,麻加,馬賈,禡駕:家 ka, 茶 ȡa, 紗 ʂa, 拏 na, 巴 pa。

三四等,麻耶,馬野,禡夜:耶 ĭa, 遮 ȶɕĭa, 嗟 tsĭa。

合 口

一等,戈,果,過:戈 kuɑ, 騾 luɑ, 唆 suɑ, 波 puɑ。

二等,麻瓜,馬寡,禡化:瓜 k$^{w}$a, 傻 ʂ$^{w}$a。

止 攝

開 口

二三四等:

*a* 韻,微衣,尾豈,未旣:機 kjĕi。

*b* 韻,脂夷,旨履,至利:肌 kji, 遲 ȡ‘i, 脂 ȶɕi, 呢 nji, 地 d‘i, 咨 tsi, 比 pji。

*c* 韻,支移,紙氏,寘義:寄 kjiĕ, 知 ȶiĕ, 支 ȶɕiĕ, 璃 ljiĕ, 紫 tsiĕ, 卑 pjiĕ。

*d* 韻,之,止 志(看不出跟 *b* 韻有什麽分別):基 kji, 笞 ȶi, 之 ȶɕi, 狸 lji, 滋 tsi。

合 口

二三四等:

*a* 韻,微歸,尾鬼,未貴:歸 kj$^{w}$éi, 非 pj$^{w}$ĕi。

*b* 韻 脂追,旨軌,至位:龜 kj$^{w}$i, 追 ȶ$^{w}$i, 錐 ȶɕ$^{w}$i, 累 lj$^{w}$i, 醉 ts$^{w}$i, 悲 pj$^{w}$i。

*c* 韻,支爲,紙委,寘僞:虧 k‘j$^{w}$iĕ, 縋 ȡ‘$^{w}$iĕ, 吹 ȶɕ‘$^{w}$iĕ, 髓 s$^{w}$iĕ, 碑 pj$^{w}$iĕ。

蟹 攝

開 口

一等:

*a* 韻,咍,海,代:該 kại, 來 lại, 胎 t‘ại。

*b* 韻,泰蓋:丐 kɑi, 奈 nɑi, 帶 tɑi, 貝 pɑi。

二等:

*a* 韻,皆諧,駭,怪介:皆 kại, 齋 ȶʂ‘ại, 埋 mại。

*b* 韻,佳街,蟹解,卦懈:佳 kai, 釵 ȶʂ‘ai, 嬭 nai, 罷 b‘ai。

三四等:

*a* 韻,齊雞,薺,霽計:鷄 kiei, 泥 niei, 低 tiei, 閉 piei。

*b* 韻,祭例:藝 ŋjĭɛi, 滯 ȡ‘iɛi, 制 ȶɕiɛi, 例 ljĭɛi, 祭 tsĭɛi, 敝 b‘jĭɛi。

### 合 口

一等：

*a* 韵，灰，賄，隊：瑰 kuại，雷 luại，堆 tuại，背 puại。

*i* 韵，泰外：劊 kuai，兌 d'uai。

二等：

*a* 韵，皆懷，一，怪壞：乖 kʷại，拜 pʷại。

*b* 韵，佳蛙，蟹拐，卦挂：掛 kʷai，派 p'ʷai。

*c* 韵，夬快（看不出跟佳韵的合口有什麼分別）：快 k'ʷɐi，邁 mʷai。

三四等：

*a* 韵，齊圭，一，霽桂：圭 kiʷei。

*b* 韵，祭歲：衞 ĭʷɛi，贅 ȶɕiʷɛi，歲 siʷɛi。

*c* 韵，廢穢：廢 pjĭʷɐi。

### 咸 攝

一等：

*a* 韵，覃，感，勘：感 kạm，男 nam，貪 t'am。

*b* 韵，談，敢，闞：甘 kam，藍 lam，擔 tam。

二等：

*a* 韵，咸，豏，陷：減 kạm，站 ȶạm，斬 ȶʂạm。

*b* 韵，銜，檻，鑑：監 kam，杉 ʂam。

三四等：

*a* 韵，鹽，琰，豔：鉗 g'jĭɛm；沾 ȶĭɛm，占 ȶɕĭɛm，粘 njĭɛm，漸 tsĭɛm。

*b* 韵，嚴，儼，釅：檢 kjɪɐm。

*c* 韵，添，忝，㮇：兼 kiem，拈 niem，點 ȶiem。

*d* 韵，凡，范，梵：（除合口外看不出它跟嚴韵還有什麼分別）：凡 b'jĭʷɐm。

### 深 攝

二三四等，侵，寑，沁：今 kjĭəm，砧 ȶĭəm，針 ȶɕĭəm，臨 ljĭəm，心 sĭəm，稟 pjĭəm。

### 山 攝

### 開 口

一等，寒，旱，翰：干 kan，難 nan，丹 tan。

二等:

*a* 韵,山艱,產簡,襇莧:艱 **kạn**, 山 **ʂạn**, 盼 **p'ạn**。

*b* 韵,删顏,潸赧,諫晏:姦 **kan**, 删 **ʂan**。

三四等:

*a* 韵,仙延,獮演,線彥:愆 **kjiɛn**, 展 **ȶiɛn**, 戰 **ȶɕĭɛn**, 聯 **ljĭɛn**, 鞭 **pjĭɛn**。

*b* 韵,元言,阮偃,願建:建 **kjiɐn**。

*c* 韵,先前,銑典,霰甸:肩 **kien**, 年 **nien**, 顛 **tien**, 扁 **pien**。

## 合 口

一等,桓,緩,換:官 **kuɑn**, 亂 **luɑn**, 端 **tuɑn**, 般 **puɑn**。

二等:

*a* 韵,山鰥,產㷿,襇幻:鰥 **k$^{w}$ạn**, 扮 **p$^{w}$ạn**。

*b* 韵,删關,潸皖,諫患:關 **k$^{w}$an**, 班 **p$^{w}$an**。

三四等:

*a* 韵,仙緣,獮兗,線絹:權 **g'jĭ$^{w}$ɛn**, 轉 **ȶĭ$^{w}$ɛn**, 專 **ȶɕĭ$^{w}$ɛn**, 攣 **ljĭ$^{w}$ɛn**, 痊 **ts'ĭ$^{w}$ɛn**。

*b* 韵,元原,阮遠,願怨:元 **ŋjĭ$^{w}$ɐn**, 藩 **pjĭ$^{w}$ɐn**。

## 臻 攝

## 開 口

一等,痕,很,恨:根 **kən**, 吞 **t'ən**。

二三四等:

*a* 韵,眞(臻 因,軫引,震印:巾 **kjĭěn**, 珍 **ȶĭěn**, 賑 **ȶɕiěn**, 麟 **ljĭěn**, 津 **tsĭěn**, 賓 **pjĭěn**。

*b* 韵,欣,隱,焮:斤 **kjĭən**。

## 合 口

一等,魂,混,慁:昆 **kuən**, 論 **luən**, 敦 **tuən**, 奔 **puən**。

二三四等:

*a* 韵,諄,準,稕:均 **kjĭuěn**, 椿 **ȶ'ĭuěn**, 準 **ȶɕĭuěn**, 倫 **ljĭuěn**, 遵 **tsĭuěn**。

*b* 韵,文,吻,問:君 **kjĭuən**, 粉 **pjĭən**。

*c* 韵,眞筠,軫隕,——:窘 **g'ji$^{w}$ěn**, 敏 **mji$^{w}$ěn**。

### 梗 攝

#### 開 口

一等，登燈，等，嶝：恆 ɣəŋ，能 nəŋ，登 təŋ，崩 pəŋ。

二等：

*a* 韵，耕爭，耿，諍硬：耕 kæŋ，爭 tʂæŋ，萌 mæŋ。

*b* 韵，庚羹，梗哽，映更：庚 kɐŋ，撐 ȶʻɐŋ，生 ʂɐŋ，猛 mɐŋ，

二三四等：

*a* 韵，清征，靜整，勁：輕 kʻjĭɛŋ，貞 ȶiɛŋ，征 ȶɕiɛŋ，領 ljĭɛŋ，晶 tsiɛŋ，并 pjĭɛŋ。

*b* 韵，庚京，梗景，映敬：京 kjĭɐŋ。

*c* 韵，青經，迥剄，徑：經 kieŋ，寧 nieŋ，丁 tieŋ，瓶 bʻieŋ。

*d* 韵，蒸，拯，證：兢 kjĭəŋ，徵 ȶiəŋ，蒸 ȶɕiəŋ，陵 ljĭəŋ，冰 pjĭəŋ。

#### 合 口

二等：

*a* 韵，耕宏，一，諍迸：宏 ɣ$^{w}$æŋ。

*b* 韵，庚橫 梗礦，映橫：橫 ɣ$^{w}$ɐŋ。

三四等：

*a* 韵，清傾，靜頃：傾 kʻjĭ$^{w}$ɛŋ，柄 pjĭ$^{w}$ɛŋ。

*b* 韵，庚榮，梗永，映病：兄 xj$^{w}$ĭɐŋ，兵 pj$^{w}$ĭɐŋ，

*c* 韵，青螢，迥熲，一：螢 ɣi$^{w}$eŋ，茗 mi$^{w}$eŋ。

### 宕 攝

#### 開 口

一等，唐岡，蕩朗，宕浪：剛 kɑŋ，囊 nɑŋ，當 tɑŋ，忙 mɑŋ。

二三四等，陽良，養兩，漾亮：僵 kjĭaŋ，張 ȶiaŋ，莊 tʂĭaŋ，章 ȶɕĭaŋ，娘 njĭaŋ，將 tsĭaŋ。

#### 合 口

一等，唐光，蕩廣，宕曠：光 k$^{w}$ɑŋ，幫 p$^{w}$ɑŋ。

二等，江，講，絳：江 k$^{w}$ɔŋ 跟 kɔŋ，雙 ʂ$^{w}$ɔŋ 跟 ʂɔŋ，椿 t$^{w}$ɔŋ 跟 tɔŋ，邦 p$^{w}$ɔŋ 跟 pɔŋ。

三四等，陽方，養往，漾放：筐 kʻjĭ$^{w}$aŋ，妨 pʻjĭ$^{w}$aŋ。

## 効 攝

一等,豪,皓,號:高 kɑu, 劳 lɑu, 刀 tɑu, 褒 pɑu。

二等,肴,巧,效:交 kau, 爪 ʈʂau, 撓 nau, 飽 pau。

三四等:

*a* 韵,宵,小,笑:驕 kjĭɛu, 朝 ȶĭɛu, 燎 ljĭɛu, 焦 tsĭɛu, 標 pjĭɛu。

*b* 韵,蕭,筱,嘯:澆 kieu, 聊 lieu, 貂 tieu, 漂 p'ieu。

## 流 攝

一等,侯,厚,候:鉤 kə̆u, 樓 lə̆u, 兜 tə̆u, 母 mə̆u。

二三四等:

*a* 韵,尤,有,宥:鳩 kjĭə̆u, 肘 ȶĭə̆u, 州 ȶɕĭə̆u, 流 ljĭə̆u, 丢 tĭə̆u, 浮 b'jĭə̆u。

*b* 韵,幽,黝,幼:幽 iə̆u, 謬 miə̆u。

## 遇 攝

一等,模,姥,暮:沽 kuo,奴 nuo, 都 tuo, 譜 puo。

二三四等:

*a* 等,魚,語,御:居 kjĭʷo, 猪 ȶĭʷo, 疏 ʂĭʷo, 書 ɕĭʷo, 廬 ljĭʷo, 胥 sĭʷo。

*b* 等,虞,麌,遇:俱 kjĭu, 誅 ȶĭu, 芻 ʈʂ'ĭu, 朱 ȶɕĭu, 屢 ljĭu, 取 ts'ĭu, 府 pjĭu。

## 通 攝

一等:

*a* 韵,東紅,董,送貢:工 ku(o)ŋ, 聾 lu(o)ŋ, 東 tu(o)ŋ, 蒙 mu(o)ŋ。

*b* 韵,冬,腫湩,宋:農 nuoŋ, 冬 tuoŋ。

二三四等:

*a* 韵,東融,—,送仲:弓 kjĭuŋ, 中 ȶĭuŋ, 終 ȶɕĭuŋ, 隆 ljĭuŋ, 嵩 sĭuŋ, 風 pjĭuŋ。

*b* 韵,鍾,腫勇,用:恭 kjĭʷoŋ, 冢 ȶĭʷoŋ, 鍾 ȶɕĭʷoŋ, 龍 ljĭʷoŋ, 蹤 tsĭʷoŋ 封 pjĭʷoŋ。

## 咸攝入聲

一等:

*a* 韵,合:蛤 **kạp**, 納 **nạp**, 搭 **tạp**。

*b* 韵,盍:臘 **lɑp**, 塔 **t'ɑp**。

二等:

*a* 韵,洽:袷 **kạp**, 劄 **ȶạp**, 插 **tʂạp**。

*b* 韵,狎:甲 **kap**。

三四等:

*a* 韵,葉:葉 **ĭɛp**, 摺 **ȶɕĭɛp**, 獵 **ljĭɛp**, 接 **tsĭɛp**。

*b* 韵,業:劫 **kjĭɐp**。

*c* 韵,帖:頰 **kĭep**, 捻 **nĭep**, 帖 **t'ĭep**。

*d* 韵,乏:法 **pjĭʷɐp**。

## 深攝入聲

二三四等,緝:汲 **kjĭəp**, 汁 **ȶɕĭəp**, 立 **ljĭəp**, 葺 **ts'ĭəp**。

## 山攝入聲

一等 曷:割 **kɑt**, 辣 **lɑt**, 撻 **t'ɑt**, 沫 **mɑt**。

二等:

*a* 韵,鎋瞎:瞎 **χạt**。

*b* 韵,黠札:扎 **tʂat**。

三四等:

*a* 韵,薛列:傑 **g'jĭɛt**, 撤 **ȶ'ĭɛt**, 列 **ljĭɛt**, 褻 **sĭɛt**, 滅 **mjĭɛt**。

*b* 韵,月歇:訐 **kjĭɐt**。

*c* 韵,屑結:結 **kiet**, 鐵 **t'iet**, 篾 **miet**。

### 合　口

一等,末:闊 **k'uɑt**, 捋 **luɑt**, 掇 **tuɑt**, 撥 **puɑt**。

二等:

*a* 韵,鎋刮:刮 **kʷạt**。

*b* 韵,黠滑:猾 **ɣʷat**, 刷 **ʂʷat**, 八 **pʷat**。

三四等:

*a* 韻,薛悅:悅 ĭ$^w$ɛt, 拙 ȶɕi$^w$ɛt, 劣 ljĭ$^w$ɛt, 雪 sĭ$^w$ɛt。

*b* 韻,月越:月 ŋjĭ$^w$ɐt, 發 pjĭ$^w$ɐt。

*c* 韻,屑決:訣 kĭ$^w$et。

## 臻攝入聲

### 開口

二等,櫛:瑟 ʂĭĕt[一]

三四等:

*a* 韻,質:吉 kjĭĕt, 窒 ȶĭĕt, 質 ȶɕĭĕt, 栗 ljĭĕt, 七 tsʻĭĕt, 必 pjĭĕt。

*b* 韻,迄:訖 kjĭət。

### 合口

一等,沒:骨 kuət, 突 dʻuət, 沒 muət。

三四等:

*a* 韻,術:橘 kjĭuĕt, 出 ȶɕʻiuĕt, 律 ljĭuĕt, 戌 sĭuĕt。

*b* 韻,物:屈 kjiuət, 弗 pjĭuət。

## 梗攝入聲

### 開口

一等,德得:刻 kʻək, 肋 lək, 得 tək, 北 pək。

二等:

*a* 韻,陌格:格 kɐk, 澤 ɖɐk, 百 pɐk。

*b* 韻,麥革:革 kæk, 責 ʈʂæk。

三四等:

*a* 韻,陌戟:逆 ŋjĭɐk。

*b* 韻,昔:益 ĭɛk, 炙 ȶɕĭɛk, 積 tsiɛk, 碧 pjĭɛk。

*c* 韻,錫歷:擊 kiek, 溺 niek, 滴 tiek, 壁 piek。

*d* 韻,職織:亟 kjiək, 敕 ȶʻiək, 側 ʈʂĭək, 職 ȶɕiək, 匿 njĭək, 即 tsĭək, 逼 pjiək。

---

(一) 看 507 頁譯者註。

合 口

一等,德國:國 **k$^{w}$ək**。

二等:

*a* 韻,陌虢:虢 **k$^{w}$ɐk**。

*b* 韻,麥獲:獲 **ɣ$^{w}$æk**, 麥 **m$^{w}$æk**。

三四等,職域:域 **i$^{w}$ək**。

## 宕攝入聲

開 口

一等,鐸落:各 **kɑk**, 諾 **nɑk**, 託 **t'ɑk**, 博 **pɑk**。

二三四等,藥略:腳 **kjiak**, 勺 **ȶɕĭak**, 爵 **tsĭak**。

合 口

一等,鐸郭:郭 **k$^{w}$ɑk**。

二等,覺:角 **k$^{w}$ɔk** 跟 **kɔk**, 卓 **ȶ$^{w}$ɔk** 跟 **ȶɔk**, 捉 **tʂ$^{w}$ɔk** 跟 **tʂɔk**, 駁 **p$^{w}$ɔk** 跟 **pɔk**。

三四等,藥縛:縛 **b'jĭ$^{w}$ak**。

## 通攝入聲

一等:

*a* 韻,屋谷:谷 **ku(o)k**, 鹿 **lu(o)k**, 禿 **t'u(o)k**, 卜 **pu(o)k**。

*b* 韻,沃:酷 **k'uok**, 篤 **tuok**, 僕 **b'uok**。

二三四等:

*a* 韻,屋六:菊 **kjĭuk**, 竹 **ȶĭuk**, 六 **ljĭuk**, 肅 **sĭuk**, 福 **pjĭuk**。

*b* 韻,燭:曲 **k'jĭ$^{w}$ok**, 燭 **ȶɕĭ$^{w}$ok**, 錄 **ljĭ$^{w}$ok**, 足 **tsĭ$^{w}$ok**。

# 第四卷

# 方言字彙

# 第十八章　方言字彙

## 緒　論

幾件打岔的事情——發刊別種作物，跑一趟遠東，害病——這就把我的"中國音韻學研究"的發刊耽擱了好久下來了。自第三卷出來以後，這一門研究裏曾經有過好幾件別人的作品，現在是得要顧到的。最先就得提到 Maspero 的 Le dialecte de Tch'ang-ngan sous les T'ang, BEFEO 20 (1920),其中有很豐富的新材料。他的結果曾經使我感到不得不對於我的切韻韻母說法的好幾點作一番修正，關於這一層我已經在 T'oung Pao 上寫過一篇文章了。(1) 我現在不再縷述那裏頭的理論，就只把結論說一說。Maspero 的幾個基本觀念是：1. 古音裏有幾韻實在是同音的；2. 我大規模用高麗譯音解釋切韻，而 Maspero 說高麗譯音所根據的方言是吳語，跟切韻很不同——以上兩點是我在上述那篇文章裏所辯駁的。但是在 Maspero 其他的說法當中有幾件是絕對可信的，我對於那些就放棄我自己的舊說改從他的說法；還有幾點在我看雖然不能認爲就是這麼定法，但是我因此却走上一條新路得到我認爲可以成立的新結果。以下就是我對於我的擬測系統的修正案：

1．獨立的二等韻母在開口並不是像我當初所想微微帶一點 ⁱ 音——現在家字 ʨia 裏的 -i- 音乃是在唐代從顎化發生出來的（看上引 Maspero 書第 90 頁以下）。所以在果攝二等（麻部）就應該寫 ka, ʂa, na, pa 等而不是 $k^ia$, $ʂ^ia$, $n^ia$, $p^ia$。同樣蟹，咸，山，梗，宕，効六攝（卽皆佳夬，咸銜，删山，庚耕，江，肴）也照改。

2．三四兩等當中並不是像我當初所想有三層階級的介音 α) kjĭɛn, β) kjɛn, γ) kiɛn, 乃是只分兩層的：α, β 兩類韻是 kjĭ-, 而 γ 類韻是 ki-,（從高麗音看得

---

(1) "The reconstruction of ancient Chinese," T'oung Pao, (1922,), 也看 Analytic dictionary of Chinese and Sino-Japanese, (1923).

出來，看上 473 頁）至於 α 與 β 兩類韻母的區別乃是在主要元音上。 在山攝裏 α 類是 -ĭɛn, 而 β 類是 -ĭɐn（γ 類是 -ien）。(一)　在臻攝裏 α 類是 -ĭĕn, 而 β 類是 -ĭən。 那麼山，臻，還有個花樣很多的梗攝就是這麼樣了：

| 等 | 韻目 | 例字 | 舊擬測 | 新擬測 |
|---|---|---|---|---|
| 三，四 | 仙 | 遣 | k'jĭɛn | k'jĭɛn |
| | 元 | 建 | kjɐn | kjĭɐn |
| | 先 | 堅 | kiɛn | kien |
| 二，三，四 | 眞臻 | 巾 | kjĭən | kjĭĕn |
| | 欣 | 斤 | kjən | kjĭən |
| 一 | 登 | 恆 | ɣəŋ | ɣəŋ |
| 二 | 庚，耕 | 庚，耕 | k'ɐŋ | kɐŋ, kæŋ(二) |
| 三，四 | 淸 | 輕 | k'jĭɛŋ | k'jĭɛŋ |
| | 庚 | 京 | kjɛŋ | kjĭɐŋ |
| | 靑 | 經 | kiɛŋ | kieŋ |
| | 蒸 | 兢 | kjĭəŋ | kjĭəŋ |

合口也照改。 蟹，咸，効三攝就是跟着山攝一樣走的。 詳見下面字彙裏。

影母字三等跟四等看樣子似乎是有分別，如三等 ʔjĭĕn，四等 ʔĭĕn，但是因爲二者都用'於'作反切上字（參前 32 頁），所以不敢說定，現在我把影母都寫作不 j-化的，如 ʔĭĕn，ʔĭɛn等等。

我們在第七章到第十五章已經把聲母討論過了。 現在還得做兩件事情。 一件是細查現代方言當中各韻母跟古音的韻母怎麼配法；還有一件是把我們這 3125 個字編成一種字彙好用來查任何字在所紀錄的任何方言中的讀音。 只須在編字彙的時候把字類排得使人一覽就能得到一個方言同古語關係的大意，這兩件事情

(一)　參看 473 頁。

(二)　原文庚耕統作 kɐŋ，茲依最近的修正案改耕爲 kæŋ，看前 512 頁。

就可以同時辦到了。這就是我現在所作的。一方面,因爲各方言是照一定的次序排列的,所以我們可以很快的把任何一個方言看一道,來找它跟古音正則的相配法。另一方面,因爲各字是按着發音部位分系的(見,知,泥,端,非),所以不但一看就可以看出來哪些方言對於古某韵母是合夥兒走的(例如古代的 kɑ——大同,南京,閩,粵 ko;北京,太原,太谷等處 kə;高麗,日本,安南 ka),並且還可以看得出來聲母的不同如何影響到現在韵母的讀法(例如北京,太原 kə, k'ə, xə 等等,但 to, tso, so 等等)。

現在這個字彙既然同時也要當作各韵母的一個系統表用,那麼在表的正文裏頭所記下的音就非得限於照規則變化的字不可。要知道怎麼樣讀法才算照規則的讀法是這麼樣求的:在某方言讀音中,把古音的某韵母在某系的聲母的字全部查一道,如果多數是一種讀法,這就是這個方言對於這韵在這系的規則的讀法(例如見系後的古[ɑ]音爲一類,看方言中所有的古 kɑ, k'ɑ, ɣɑ, ŋɑ 等的 a 是怎麼讀法)。所以在字彙正文表裏頭每豎行當頭第一個代表字總是想法子選一個能在處處方言都是照規則讀的字,例如古音 kɑ 有歌,哥,箇三字,其中歌字在處處方言都是規則的,所以把歌字放在豎行當頭第一字。次之若有"不規則"的讀音,就是說古音雖同而某處今音不跟被選的代表字(如這個例中的歌字)同音者,就在註裏標出(如哥字大同 kɯ)。

但是我們研究的方言既然有三十來個之多,就常常會在我們每個古音底下的幾個例中(kɑ 歌哥箇,k'ɑ 可,ŋɑ 蛾俄鵝我餓,ɣɑ 何河荷賀,等等)竟找不到一個字在所有的方言裏全是照規則讀的。碰到這樣我們就在各同音字當中選那不規則讀法最少的字放在正表裏頭,其下所註的各方音只以照規則的讀音爲限。至於把這個字不照規則讀的方言就不列入正文裏而記在底下的註裏。這樣空出來的地方,就另找一個古同音字而現在在這個方言讀音是照規則的拿來填補,旁邊總加一個"另"字來標記這是另一個代表字的讀音,在底註"另"項下就註明這個(或這些)方言是另用哪個字做照例的代表字。例如止攝開口 83 號古音 ȶɕiĕ 最好的代表字是支字。但在汕頭支字讀 ȶɕĩ,而不照規則讀作應讀的 ȶɕi,可是另外有個枳

字古音也是在 ȶɕiĕ 汕頭倒是照規則讀 ȶɕi 的。所以在正文裏支字行下的汕頭音註的是 ȶɕi，但是加一個"另"字，從底下的"另"註下就知道支字在汕頭並不讀 ȶɕi，而讀 ȶɕi 的乃是枳字。(1)

有時候在我們的例字中找不到一個規則字來代替行首（對於某方言）的不規則的字。比方古代 k'ɑ（可）在溫州讀 k'o 而照規矩似應讀 k'u。這個 k'o 音就放在註裏，但是因爲我們的字表裏古音讀 k'ɑ 的字之中別無一個溫州讀 k'u 的字，那麼那個空當就讓它空着。

常常有一個方言對於古某字音有兩種或幾種讀音：有時候古同音字中這幾個字讀甲那幾個字讀乙，有時候在同字上有甲乙兩種讀法。這種不同的讀法最多的是文言白話的不同，但也常有在同一體當中有兩種讀法的，那就只好拿方言的混合（因遷移等等原因）來解釋了。爲印刷上的方便，我只能把幾讀中的一讀排入正表，其餘的就放在註裏（有時候把文言音有時候把白話音放在註裏——看把哪一方面提出來說是最省篇幅）。這些入註的又音，旣然不是通常的例外音，而是與正表所列的讀音一樣或幾乎一樣有規則的讀音，我所以給它們另闢一欄，附在每一韵的註之末。正表地名旁的些小號碼就表示必須看後頭某某號要緊的補註，然後才可以得到這個方言音變條例的完全而準確的觀念。

註當中有星號 * 的表示這個讀法是正表所列音的又讀。例如歌字汕頭 ko, kua 兩讀，箇字溫州 ku, kai 兩讀。

平上去三聲我通常只選一個代表字，例如在果攝 29 號嘉字古音注 ka（無調號）就是說古平上去都是跟這個字一樣變法的。但是常常聲調的不同會影響到方言中聲母或韵母的讀法上。要是這種影響發生在成套的些方言上吶，我就給每調各立一行，例如第 63 號查 ꜀dʐ'a，第 64 號乍 dʐ'a꜄。但是只有一兩處方言有

(1) 我把有些讀音放到註裏大半是爲了韵母上的不規則——因爲現在是一個研究韵母的總表。至於聲母方面，如果在一處或幾處方言有不規則的讀法，只要韵母是規則的就仍舊可以作代表字。聲母的變化我已詳細述過了，讀者不難自己去判斷。可是同時我也當然儘量找各方面全是規則的字作例，這麼樣這字彙還可以作前幾章聲母章的一種有用的補充。以前的說明只好寫得很簡約而抽象的——在這字彙裏頭就可以找到第七章到第十五章所立的各定律的許多實例了。

關係的，那就不值得專爲它們多立一行，我就只把因調變而發生的異讀放在註裏。要是變化發生在韵母上吶，——我們這裏既然是做韵母變化的總賬，——就把它放在每韵註後的大註裏頭，並且有小號碼跟正文裏特標的號碼對照備查。

古音的調就只註平上去符號：

平：꜀ka，　꜀ɣa ……

上：꜂ka，　꜂ɣa ……

去：ka꜄，　ɣa꜄ ……

陰陽調從聲母的淸濁裏就可以看得出來了。 但在現代方言裏，調的陰陽不全能從聲母裏看得出，所以向來用這樣的辦法分辨：

| | 平 | 上 | 去 | 入 |
|---|---|---|---|---|
| 陰 | ꜀□ | ꜂□ | □꜄ | □꜆ |
| 陽 | ꜁□ | ꜃□ | □꜅ | □꜇ |

不過這些符號我不大用。 要詳細研究現代方言的聲調，這工作要走得太遠了。 我把這個問題暫且放在一邊作爲另一個專題的硏究。

近來我對於好幾點上曾經得到些補充的材料。 一方面我曾經有機會用耳朶聽過好些以前只從書上得來的讀音，例如現在我能把汕頭跟高麗音注得比以前準一點了。 另一方面是我曾經得到了些寫前幾章時所沒有見到的刊物。 P. H. S. Montgomery 的 Introduction to the Wenchow dialect, 1893 是一本很細心的作品，給 Parker 的温州材料作了些很可貴的修正。 關於四川跟客家的方言，我在前幾章曾經比較過不同的材料（四川話是用法國教士們跟 Parker 的，客話是用 Rey, Vömel, 跟 Parker 的），記下了各式各樣的讀音，指明那都是四川或客家各方言內部派别的不同。 這種詳細的作法在下面的字彙裏辦不到，所以我就只限於用一種材料，有興趣的人可以再去詳細硏究各個分歧的方言。 此下我用的材料不是上述的那幾種書，乃是我近來得到的兩部我認爲於現在的工作更合適的書：Adam Grainger, Western Mandarin, (1900)，跟 D. MacIver, A Hakka index to the Chinese English dictionary of H. A. Giles and the syllabic dic·

tionary of S. W. Williams, Shanghai, 1904。下面字彙關於這兩處方言有些地方跟前幾章的聲母比較表不同，就是這個原故。

關於日本譯音我用的是漢和大辭林跟漢和大字典。（我們得時常記住那些音讀大都是理論上的讀音，好些讀法是現在口語所不用的）。

爲節省篇幅，在韵母上差別不大的方言我就只選一種登入字彙，例如桑家鎮近似三水，涇州近似平涼，固始近似開封（有些上頭還像四川），漢口近似四川，廈門近似汕頭。所以我就把桑，涇，固，漢，廈的方言就都擱在一邊兒了。平陽我也沒收，因爲材料還不很充分。至於寧波方言——本來跟上海方言接近——我自己是不知道，而 Parker 跟傳教師(1)兩方的記載關於韵母相差得太遠，我也沒敢收在這字彙裏。同樣除 Parker 外別無依據的揚州材料我覺得也是省掉了妥當些。

字彙裏方言的次序跟底註所用的簡稱如下：

| | 方言 | 簡稱 | | 方言 | 簡稱 |
|---|---|---|---|---|---|
| 1. | 高麗 | 麗 | 14. | 歸化 | 歸 |
| 2. | （日本）漢音 | | 15. | 大同 | 同 |
| 3. | （日本）吳音 | | 16. | 太原 | 原 |
| 4. | 安南(東京音) | 安 | 17. | 興縣 | 興 |
| 5. | 廣州 | 廣 | 18. | 太谷 | 谷 |
| 6. | 客家 | 客 | 19. | 文水 | 文 |
| 7. | 汕頭 | 汕 | 20. | 鳳台 | 鳳 |
| 8. | 福州 | 福 | 21. | 蘭州 | 蘭 |
| 9. | 温州 | 温 | 22. | 平涼 | 涼 |
| 10. | 上海 | 滬 | 23. | 西安 | 西 |
| 11. | 北京 | 北 | 24. | 三水 | 三 |
| 12. | 開封 | 封 | 25. | 四川 | 川 |
| 13. | 懷慶 | 懷 | 26. | 南京 | 京 |

(1) Möllendorf, Ningpo colloquial handbook, (1900.)，就是用傳教師的記載。

此處我再鄭重聲明上文 144 頁所提的一點，就是說關於河南，山西，陝西，甘肅各方言的記載，不過是取一個標本的性質。字彙裏所記的音都是我挑選了認爲可以代表那地方的一個個人的讀音。如果將來在這些地方多找些人做詳細一點的調查，當然會有好些地方可以改正跟補充我們關於這些方言的知識的。我這種開荒的工作儘管免不了有細目上的錯誤，我所根據的材料儘管很有限，但是我希望從全體上看起來它所給人的這些至今還不大有人知道——並且內中有幾個很古怪很重要（文水，興縣，太谷，固始，歸化，鳳台）——的幾種官話的印象，是大致不離的。

關於所記各音細微的音質上，如在前幾章所詳說，當然也是採取標本的性質：所記的各細微的音質也只是我所選的"代表人"的讀音——這本來也是現代方言學通用的辦法。所以在這些地點無論哪一處一定也會找到其他的個人他們的讀音同我所記的音略有出入。至於方言當中的有刊印的材料者我當然充分的利用了。像 Eitel, MacIver, Gibson, Maclay & Baldwin, Davis & Silsby, Goodrich（關於北京語），Grainger, Gale, 這些人的作品（看上文 7, 8 頁）都是勤謹研究的結果。這些書裏所載的些又讀我是儘量的收，但是也許還有些照顧不到的地方。關於安南譯音我沒有潘德化的字表，遇到 Bonet 的字典跟我自己的筆記裏都找不着的時候（少數幾例）我就只好用 Parker 據潘德化字表登在 Giles 字典裏的拼音。

關於高麗譯音跟日本的漢音吳音我所拼的是現在的讀音（但請注意東京讀 ka, kan, e, i, 等等而假名拼法中有 -u- 音的我仍舊寫作 kua, kuan, ue, ui, 等等；現在東京讀 kaɣ̃, keɣ̃, 的字還照拼法寫作 kan, ken；讀 tsɿ, sɿ 的還照拼法寫作 tsu, su）。不過這些語言的舊拼法是很有意義的；所以凡是與韵母有關的舊拼法我都在註裏記下來。舊拼法跟現在讀音在聲母上的歧異前文已經詳細討論過，我不再說了，這裏就只把主要的事實再提一下：

甲）高麗譯音：

古 l- 總是寫作 r-，事實上除在 i 前總是讀 n-，如 na, næ（拼作 ra, răi）；

至於在 i 前，這個從 r 來的 n 音很少讀出來的，例如寫作 ri, riei 的通常總讀作 i, ie。甚至從古 n-, nj- 來的 n- 在 i 前平常也不讀出來，我們字彙裏就不注了。

古 t(i), t'(i), d'(i)（端組）高麗讀 ȶɕ, ȶɕ' 而寫 t(i), t'(i)；古 ȶ, ȶ', ȡ', ȶɕ, ȶɕ', ȡʑ', ʈʂ, ʈʂ', ɖʐ', ts', ts, dz'（知照精等組）高麗也讀 ȶɕ, ȶɕ' 而寫 č, č'。

注意高麗 ȶɕ, ȶɕ', s 裏含着有一個 i 介音在內，比方讀 ȶɕa, ȶɕ'a, sa, ȶɕən, sən 等等的字如果是從中國古有 ĭ- 或 i- 起頭的韻母（三四等）來的字就總是寫作 čia, č'ia, sia, čien, sien。這一點我說過一次以後就不再說了。（平常含 i 的 s- 讀起來帶一點送氣，是 s'a 不是 sa。）

乙）日本音讀：

ȶɕi 拼作 ti, ɕi 拼作 si,

ȡʑi 來自古 d'i, ȡ'i 者拼作 di,

ȡʑi 來自古 ȡʑ'i, ʑi, dz'i, zi, ȵʑi 者則拼作 zi,

ȶɕa, ȶɕu, ȶɕo 拼作 ti-ya, ti-yu, ti-yo,

ɕa, ɕu, ɕo 拼作 si-ya, si-yu, si-yo,

ȡʑa, ȡʑu, ȡʑo 來自古 d'-, ȡ'- 者拼作 di-ya, di-yu, di-yo,

ȡʑa, ȡʑu, ȡʑo 來自古 ȡʑ'-, ʑ-, dz'-, z-, ȵʑ- 者則拼作 zi-ya, zi-yu, zi-yo,

ha, hi, fu, he, ho 拼作 pa, pi, pu, pe, po。

我在字彙裏用的是"寬式"音標。分得太細了，也有太細的壞處，會把主要基本的區別給掩沒了，弄得更難研究。要想知道各音細微的音質，讀者可以看第六章，此外特別是第 455—525 頁，其中把各攝韻母裏所見的各音，差不多都記下來了。那麼現在我就

| 只寫: | 代表: |
|---|---|
| e | e, E |
| a | a, A, ɑ |
| o | o, ɵ |

| | |
|---|---|
| œ | ø, œ |
| ɵ | ɐ, ɜ, ɤ |
| ɕ | ç, $ɕ_1$, $ɕ_2$ |
| r | 180—182 頁上所討論的音。 |

但是有幾個音用普通寬式音標寫了恐怕不大容易看得懂。 æ 也可以算一種 a, 也可以算一種 ɛ; ɔ 也可以算一個很關的 a, 也可以算一個很開的 o; ɵ 可以算一種央位的 u 或是圓唇的 ə; ɐ 可以算一種 ə 或是一種 a 音。 遇到這些音我雖在寬式音標裏也用 æ, ɵ, ɐ 的符號, a, o 之間的音我用 ɔ。 還有 ɣ̃ 可以算一種很弱的 ŋ 音或是前頭的元音的鼻音化。 在字彙裏,如果鼻音很弱我就寫作 ã, õ 等等,如果強到很接近 ŋ 就寫 aŋ, oŋ 等。 讀者要是願意知道某某方音細微的音質是什麼,在前幾章總是可以查得出來的。再加一句,上海的"半鼻音"跟有些官話裏很明顯很強的半鼻音比起來差得很遠,(往往全無鼻音),我覺得在這寬式音標裏寫作口部元音就行了: 例如上海'三' sɛ, '先' sie。(一)

前幾章好幾處沒有能避免的小錯誤,在字彙裏都改正過來了。

(一) 按浦東略有半鼻音,上海市已全失去鼻音。

歌

| | 1 | 4 | 5 | 10 | 14 | 16 | 20 | 21 | 23 |
|---|---|---|---|---|---|---|---|---|---|
| 例字 | 歌 | 可 | 蛾 | 何 | 挪 | 羅 | 多 | 拕 | 駝 |
| 古音 | kɑ | kʻɑ | ŋɑ | ɣɑ | nɑ | lɑ | tɑ | tʻɑ | dʻɑ |
| 高麗 | ka | ka | a | ha | na | na | ta | ta | tʻa |
| 漢音 | ka | ka | ga | ka | da | ra | ta | ta | ta |
| 吳音 | ka | ka | ga | ga | na | ra | ta | ta | da |
| 安南 | ka | kʻa | ŋa | ha | ɳa | la | ɖa | tʻa 另 | ɖa |
| 廣州 | ko | ho | ŋo | ho | no | lo | to | tʻo | tʻo |
| 客家 | ko | kʻo | ŋo | ho | no | lo | to | tʻo | tʻo |
| 汕頭[1] | ko | kʻo | ŋo | ho | no | lo | to | tʻo | tʻo |
| 福州 | kɔ | kʻɔ | ŋɔ | hɔ | nɔ | lɔ | tɔ | tʻɔ | tɔ |
| 温州 | ku | | ŋ | ɦu | | lu | tu | tʻu | du |
| 上海 | ku | kʻu | ŋu | ɦu | | lu | tu | tʻu | du |
| 北京 | kə | kʻɵ | ɵ | xɵ | no | lo | to | tʻo | tʻo |
| 開封 | kɯ | kʻɯ | ɣɯ | xɯ | no | lo | to | tʻo | tʻo |
| 懷慶 | kɯ | kʻɯ | ɣɯ | xɯ | | lo | to | tʻo | tʻo |
| 歸化 | kɔ | kʻɔ | ŋgɔ | xɔ | | lɔ | tɔ | tʻɔ | tʻɔ |
| 大同 | ko | kʻo | no | xo | | lo | to | tʻo | tʻo |
| 太原 | kɵ | kʻɵ | ɣɵ | xɵ | no | lo | to | tʻo | tʻo |
| 興縣 | kɵ | kʻɵ | ŋgɵ | xɵ | | lɵ | tɵ | tʻɵ | tʻɵ |
| 太谷 | kɵ | kʻɵ | ŋgɵ | xɵ | no | lo | to | tʻo | tʻo |
| 文水 | kɯ | kʻɯ | ŋgɯ | xɯ | ndɯ | lɯ | tɯ | tʻɯ | tʻɯ |
| 鳳台 | kɯa | kʻɯa | ɣɯa | xɯa | | lo | to | tʻo | tʻo |
| 蘭州 | ko | kʻo | no | xo | no | lo | to | tʻo | tʻo |
| 平涼 | ko | kʻo | ŋo | xo | no | lo | to | tʻo | tʻo |
| 西安 | ko | kʻo | ŋo | xo | no | lo | to | tʻo | tʻo |
| 三水 | kə | kʻə | ŋɵ | xə | lo | lo | to | tʻo | tʻo |
| 四川 | ko | kʻo | o | xo | lo | lo | to | tʻo | tʻo |
| 南京 | ko | kʻo | o | xo | lo | lo | to | tʻo | tʻo |

**歌**。[kɑ]: 2 哥, 3 箇; ‘歌’ 文 ku*; ‘哥’ 同 kɯ, 文 ku; ‘箇’ 客* 汕* 温* kai, 麗 kɛ (拼作 kăi)。——[kʻɑ]: ‘可’ 温滬* kʻo。——[ŋɑ] 6 俄, 7 鵝, 8 我, 9 餓; ‘鵝’ 汕 go, 福 ŋie*; ‘我’ 福 ŋuai*, 北* 封懷鳳 uo, 川 ŋo; ‘餓’ 汕 go。——[ɣɑ]: 11 河, 12 荷, 13 賀; ‘何荷’ 汕 o*; ‘河’ 福 ɔ; ‘賀’ 客 fo。——[nɑ]: 15 那; ‘挪’ 温 no, 滬 nɔ, 懷歸同鳳滬温 na, 興 nda; ‘那’ 字到處讀 -a (官話專讀 -a, 餘爲又讀)。——[lɑ]: 17 籮, 18 蘿, 19 鑼, ‘蘿’ 滬 lɔ* [相當於國音 lau]。——[tɑ]: ‘多’ 滬 ta*。——[tʻɑ]: 22 他; 安另 ‘他’; ‘拕’ 福 tʻua*, 安未詳; ‘他’ 全國大都讀 tʻa, 北 tʻo* 限於文言。——[dʻɑ]: 24 舵; ‘舵’ 廣 tʻai*, 汕 tua, tai, 福 tuai*, 文 tuɯ, 谷 tyɛ (參考合口), 北川京 to (其餘官話讀送氣)。

麻加

| 例字<br>古音 | 25<br>左<br>tsɑ | 27<br>磋<br>ts'ɑ | 29<br>嘉<br>ka | 40<br>衙<br>ŋa | 44<br>霞<br>ɣa | 50<br>丫<br>ʔa | 56<br>茶<br>ȡ'a |
|---|---|---|---|---|---|---|---|
| 高麗 | ȶɕa | ȶɕ'a | ka | a | ha | a | ta |
| 漢音 | sa | sa | ka | ga | ka | a | ta |
| 吳音 | sa | sa | ke | ge | ge | e | de |
| 安南 | ta | t'a | za | ɲa | ha | a | ȶa |
| 廣州 | tso | ts'o | ka | ŋa | ha | a | ȶɕ'a |
| 客家 | tso | ts'o | ka | ŋa | ha | a | ts'a |
| 汕頭[1] | tso | ts'o | kia[2] | gia | hia | a | ts'a |
| 福州 | ȶɕɔ | ȶɕ'ɔ | ka | ŋa | ha | a | ȶɕ'a |
| 溫州 | tsu | ts'u | ko | ŋo | ɦo | o | dzo |
| 上海 | tsu | ts'u | ka[3] | ŋa | ɦɔ 另 | ɔ | dzo |
| 北京 | tso | ts'o | ȶɕia | ia | ɕia | ia | ʈʂ'a |
| 開封 | tso | ts'o | ȶɕia | ia | ɕia | ia | ʈʂ'a |
| 懷慶 | ʈʂo | ʈʂ'o | ȶɕia | ia | ɕia | ia | ts'a |
| 歸化 | tsɔ | ts'ɔ | ȶɕia | ia | ɕia | ia | ts'a |
| 大同 | tso | ts'o | ȶɕia | ia | ɕia | ia | ts'a |
| 太原 | tso | ts'o | ȶɕia | ia | ɕia | ia | ts'a |
| 興縣 | tsə | | ȶɕia | ia | ɕia | ia | ts'a |
| 太谷 | tso | ts'o | ȶɕiɔ | iɔ | ɕiɔ | iɔ | ts'ɔ |
| 文水 | | ts'ɯ | ȶɕia | ia | ɕia | ia | ts'a |
| 鳳台 | tso | ts'o | ȶɕia | ia | ɕia | ia | ts'a |
| 蘭州 | tso | ts'o | ȶɕia | ia | ɕia | ia | ts'a |
| 平涼 | tso | ts'o | ȶɕia | ia | ɕia | ia | ts'a |
| 西安 | tso | ts'o | ȶɕia | ia | ɕia | ia | ts'a |
| 三水 | tso | ts'o | ȶɕia | ia | ɕia | ia | ts'a |
| 四川 | tso | ts'o | ȶɕia | ia | ɕia | ia | ʈʂ'a |
| 南京 | tso | ts'o | ȶɕiɔ (一) | iɔ | ɕiɔ | iɔ | ʈʂ'ɔ |

[**tsɑ**]: 26 佐;'左,佐' 文 tso;'左' 滬 tsi*。——[**ts'ɑ**]: 28 搓;'磋,搓' 興 ts'o;'搓' 汕 so*,安未詳。

(1) 汕頭 '歌' kua*,'我何' ua*,'籮' lua*,'拕' t'ua*,'舵' tua*。
關於官話中的 o, ə, 注意它們非常容易分裂成 oŏ, oă 等等的傾向,參考前 208, 212 頁。[譯者按南京恰恰有相反的傾向 o:ŏo。]

---

麻加。[**ka**]: 30 家,31 加,32 袈,33 枷,34 假,35 架,36 稼,37 駕 38 價,39 嫁;'袈枷' 福 kia。——[**ŋa**]: 41 芽,42 牙,43 訝;'芽牙' (本來相通) 文 ɲȡia,谷 niɔ,西三 ɲia;'訝' 汕 ua*。——[**ɣa**]: 45 鰕,46 瑕,47 下,48 夏,49 暇;滬另 '下' 字;'鰕' 滬 ɕia*,溫 ho*;'下' 福 kia*,官話白話音常讀 xa*;'暇' 滬 ɦie*。——[**ʔa**] 51 雅 [看後],52 鴉,53 啞,54 瘂,55 亞;'雅' 處處從古又讀 ŋa (汕 ŋia, ia) [譯者按廣韵 '雅' 字無影母讀法,僅見馬韵五下切];'鴉' 安 ɲa;'啞瘂' 歸文 ŋga,谷 ŋgɔ 興 ɲȡia;'亞' 滬 a, ia。——[**ȡ'a**]: '茶' 日本 ȶɕa*。

(一) 南京這類韵音在嚴式高氏認為深 ɑ,似乎已經不夠 "深",在寬式寫作 a 看上去怕更易生誤會,所以現在把它譯作 ɔ。

| | 57 | 60 | 63 | 64 | 65 | 68 | 69 | 73 | 74 |
|---|---|---|---|---|---|---|---|---|---|
| 例字 | 詐 | 叉 | 查 | 乍 | 紗 | 拏 | 巴 | 怕 | 爬 |
| 古音 | tṣa | tṣʻa | ꜀dʐʻa | dʐʻa꜄ | ṣa | na | pa | pʻa | bʻa |
| 高麗 | sa | ȶɕʻa | sa | sa | sa | na | pʻa | pʻa | pʻa |
| 漢音 | sa | sa | sa | sa | sa | da | ha | ha | ha |
| 吳音 | se | se | | ze | se | | he | he | be |
| 安南 | ȶa | sa | | sa | sa | ɳa | ba | | ba |
| 廣州 | ȶɕa | ȶɕʻa | ȶɕʻa | ȶɕa | ɕa | na | pa | pʻa | pʻa |
| 客家 | tsa | tsʻa | tsʻa | tsa | sa | na | pa | pʻa | pʻa |
| 汕頭[2] | tsa | tsʻa | tsʻa | tsa | sa | na | pa | | pʻa |
| 福州 | ȶɕa | ȶɕʻa | ȶɕa | ȶɕa | sa | na | pa | pʻa | pa |
| 温州 | tso | tsʻo | dzo | dzo | so | | po | pʻo | bo |
| 上海[3] | tso | tsʻo | dzo | dzo | so | no | po | pʻo | bo |
| 北京 | tṣa | tṣʻa | tṣʻa | tṣa | ṣa | na | pa | pʻa | pʻa |
| 開封 | tṣa | tṣʻa | tṣʻa | tṣa | ṣa | na | pa | pʻa | pʻa |
| 懷慶 | tsa | tsʻa | tsʻa | tsa | sa | na | pa | pʻa | pʻa |
| 歸化 | tsa | tsʻa | tsʻa | tsa | sa | na | pa | pʻa | pʻa |
| 大同 | tsa | tsʻa | tsʻa | tsa | sa | na | pa | pʻa | pʻa |
| 太原 | tsa | tsʻa | tsʻa | tsa | sa | na | pa | pʻa | pʻa |
| 興縣 | tsa | tsʻa | tsʻa | tsa | sa | nda | pa | pʻa | pʻa |
| 太谷 | tsɔ | tsʻɔ | tsʻɔ | tsɔ | sɔ | nɔ | pɔ | pʻɔ | pʻɔ |
| 文水 | tsa | tsʻa | tsʻa | tsa | sa | nda | pa | pʻa | pʻa |
| 鳳台 | tsa | tsʻa | tsʻa | tsa | sa | na | pa | pʻa | pʻa |
| 蘭州 | tsa | tsʻa | tsʻa | tsa | sa | na | pa | pʻa | pʻa |
| 平涼 | tsa | tsʻa | tsʻa | tsʻa | sa | na | pa | pʻa | pʻa |
| 西安 | tsa | tsʻa | tsʻa | tsa | sa | na | pa | pʻa | pʻa |
| 三水 | tsa | tsʻa | tsʻa | tsa | sa | la | pa | pʻa | pʻa |
| 四川 | tṣa | tṣʻa | tṣʻa | tṣa | ṣa | la | pa | pʻa | pʻa |
| 南京 | tṣɔ | tṣʻɔ | tṣʻɔ | tṣɔ | ṣɔ | lɔ | pɔ | pʻɔ | pʻɔ |

**[tṣa]**: 58 **渣**, 59 **榨**; '渣' 安未詳。——**[tṣʻa]**: 61 **杈**, 62 **差**; '杈' 安 sua; '差' 安 sai。——**[dʐʻa]**: '查' 從有些讀法裏可以看出一個不見反切之又讀 tṣa, 例如吳音 se, 安 ȶa, 廣 ȶɕa*, 客 tsa*。——**[ṣa]**: 66 **砂**, 67 **沙**; '紗砂沙, 日本 ɕa*; '砂沙' 汕 sua*——**[na]**: '拏' 滬 na*, nɔ*, 温吳 na。——**[pa]**: 70 **芭**, 71 **吧**, 72 **把**; '吧' 麗未詳。——**[pʻa]**: '怕' 汕 pʻã, 安未詳。——**[bʻa]**: 75 **琶**, 76 **杷**; '琶' 北封 pa*; 京 pɔ*; '杷' 根據一個古又切 ꜀bʻa 到處讀作與 '爬' 同音 (除封文蘭 pa꜄), 麗安未詳。

| | | 麻耶 | | | | | |
|---|---|---|---|---|---|---|---|
| | 77 | 1 | 6 | 9 | 11 | 13 | 18 |
| 例字 | 馬 | 夜 | 蔗 | 車 | 射 | 赦 | 社 |
| 古音 | ma | ĭa | ȶɕĭa | ȶɕ'ĭa | ȡʑ'ĭa | ɕĭa | ʑĭa |
| 高麗 | ma | ia | ȶɕa | ȶɕ'a | sa | sa | sa |
| 漢音 | ba | ia | ɕa | ɕa | ɕa | ɕa | ɕa |
| 吳音 | me | e | se | se | ze 另 | se | ze |
| 安南 | ma | za | za | sa | sa | sa | sa |
| 廣州 | ma | iɛ | ȶɕɛ | ȶɕ'ɛ | ʂɛ | ʂɛ | ʂɛ |
| 客家 | ma | ia | ča | č'a | ša | ša | ša |
| 汕頭[2] | ma | ia[4] | ȶɕia | ȶɕ'ia | sia | sia | sia |
| 福州 | ma | ia | ȶɕia | ȶɕ'ia | sia | sia | sia |
| 温州 | mo | i | tsi | ts'i | zi | si | zi |
| 上海[3] | mo | ia[5] | tso | ts'o | zo 另 | so | zo |
| 北京 | ma | iɛ | ʈʂə | ʈʂ'ə | ʂə | ʂə | ʂə |
| 開封 | ma | iɛ | ʈʂə | ʈʂ'ə | ʂə | ʂə | ʂə |
| 懷慶 | ma | iɛ | ʈʂɿa | ʈʂ'ɿa | ʂɿa | ʂɿa | ʂɿa |
| 歸化 | ma | ia | ʈʂə | ʈʂ'ə | ʂə | ʂə | ʂə |
| 大同 | ma | ie | ʈʂə | ʈʂ'ə | ʂə | ʂə | ʂə |
| 太原 | ma | ie | tsə | ts'ə | sə | sə | sə |
| 興縣 | mba | iə | ʈʂə | ʈʂ'ə | ʂə | ʂə | ʂə |
| 太谷 | mɔ | iɛ | tsə | ts'ə | sə | sə | sə |
| 文水 | mba | i | ʈʂɯ | ʈʂ'ɯ | ʂɯ | ʂɯ | ʂɯ |
| 鳳台 | ma | ia | tsɿa | ts'ɿa | sɿa | sɿa | sɿa |
| 蘭州 | ma | ie | ʈɛi | ʈ'ɛi | ʂɛi | ʂɛi | ʂɛi |
| 平涼 | ma | iə | ʈʂə | ʈʂ'ə | ʂə | ʂə | ʂə |
| 西安 | ma | iɛ | ʈʂə | ʈʂ'ə | ʂə | ʂə | ʂə |
| 三水 | ma | iɛ | ʈʂə | ʈʂ'ə | ʂə | ʂə | ʂə |
| 四川 | ma | ie | ʈʂe | ʈʂ'e | ʂe | ʂe | ʂe |
| 南京 | mɔ | ie | ʈʂə (一) | ʈʂ'ə | ʂə | ʂə | ʂə |

[**ma**]: 78 麻, 79 痲, 8) 碼, 81 罵; '麻' 吳音 ma, 汕 mua*, 福 muai*; '痲' 汕 mua, muɛ, 福 muai*, 麗未詳。

(2) 汕頭 '家加枷假架稼駕價嫁' kɛ*, '衙芽牙' gɛ*, '鰕夏' hɛ*, '下啞瘂' ɛ*, '茶' tɛ*, '查' ȶɕ'ɛ*, '紗' sɛ*, '把爬琶' pɛ*, '杷' pɛ*, '馬碼' bɛ*, '罵' mɛ*。同字有 -ia, -ɛ 兩讀時, -ia 是文言音。

(3) 上海 '嘉家加袈枷假架稼駕價嫁' ȶɕia*, '霞鰕瑕暇' ɦia, '下夏' ɦia*, '衙芽牙訝丫鴉啞瘂' ia*, '雅' [看前註] '亞' ia。 同字有 -ia, -a 或有 -ia, ɔ 兩讀時, -ia 是文言音。

麻耶。 [**ĭa**]: 2 耶, 3 梛, 4 也, 5 野; '也' 滬 a* [譯者按重讀時是 ɦa, 輕讀時如在"我也來" ɦ 音失落成 a], 廣 ia, 温 ia, a。——[**ȶɕĭa**]: 7 遮, 8 者; '遮' 麗 ȶɕ'a; '者' 封 ʈʂɛ, 温 tsie, tsɛ (Parker)。——[**ȶɕ'ĭa**]: 10 撦; '撦' 滬ts'a, 麗未詳。——[**ȡʑ'ĭa**]: 12 蛇; 吳音滬另 '蛇' 字; '射' 吳音 ȡʑa; '蛇' 文 ʈʂ'ɯ 谷 ts'ə (因平聲送氣), 汕 tsua,sɛ。——[**ɕĭa**]: 14 奢, 15 賒, 16 捨, 17 舍; '奢' 廣 ȶɕ'ɛ*, 客 č'a, 汕福 ȶɕ'ia, 封 ʈʂ'ə, 文 ʈʂ'ɯ, 谷 ts'ə, 西三 ʂa; '賒' 客 č'a, 汕 ȶɕ'ia。——

(一) 這韵原文作 -ai。 但據譯者調查這韵母在南京讀 ə, 不讀 ai (遮齋不同音), 所以把蔗車等字音都改用 -ə 了。

| | 19 | 20 | 23 | 24 | 25 | 29 |
|---|---|---|---|---|---|---|
| 例字 | 惹 | 借 | 且 | 藉 | 寫 | 邪 |
| 古音 | ȵʑĭa | tsĭa | ts'ĭa | dz'ĭa | sĭa | zĭa |
| 高麗 | ia | ȶɕ'a | ȶɕ'a | ȶɕa | sa | sa |
| 漢音 | ȡʑa | sa | sa | ɕa | ɕa | ɕa |
| 吳音 | | se | se | ze | se | ze |
| 安南 | ȵa | ta | t'a | ta | ta | ta |
| 廣州 | iɛ | tsɛ | ȶɕ'ɛ | | sɛ | sɛ |
| 客家 | ȵia | tsia | ts'ia | tsia | sia | sia |
| 汕頭[4] | ȡʑia | | | ȶɕia | sia | sia |
| 福州 | nia | ȶɕia | ȶɕ'ia | ȶɕia | sia | sia |
| 温州 | zi | tsi | ts'i | zi | si | zi |
| 上海[5] | | tsia | ts'ia | | sia | zia |
| 北京 | ʐɵ | ȶɕiɛ | ȶɕ'iɛ | ȶɕiɛ | ɕiɛ | ɕiɛ |
| 開封 | ʐə | tsiɛ | ts'iɛ | tsiɛ | siɛ | siɛ |
| 懷慶 | ʐʅa | ȶɕiɛ | ȶɕ'iɛ | | ɕiɛ | ɕiɛ |
| 歸化 | ʐə | ȶɕia | ȶɕ'ia | ȶɕia | ɕia | ɕia |
| 大同 | ʐə | ȶɕie | ȶɕ'ie | ȶɕie | ɕie | ɕie |
| 太原 | zə | ȶɕie | ȶɕ'ie | ȶɕie | ɕie | ɕie |
| 興縣 | ʐᵊ | ȶɕiə | ȶɕ'iə | ȶɕiə | ɕiə | ɕiə |
| 太谷 | zə | ȶɕiɛ | ȶɕ'iɛ | ȶɕiɛ | ɕiɛ | ɕiɛ |
| 文水 | ʐɯ | ȶɕie | ȶɕ'ie | ȶɕie | ɕie | ɕie |
| 鳳台 | zɿa | ȶɕia | ȶɕ'ia | ȶɕia | ɕia | ɕia |
| 蘭州 | ʐɛi | ȶɕie | ȶɕ'ie | ȶɕ'ie | ɕie | ɕie |
| 平涼 | ʐə | ȶɕiə | ȶɕ'iə | | ɕiə | ɕiə |
| 西安 | ʐə | ȶɕiɛ | ȶɕ'iɛ | ȶɕiɛ | ɕiɛ | ɕiɛ |
| 三水 | ʐə | tsiɛ | ts'iɛ | tsiɛ | siɛ | siɛ |
| 四川 | ʐə | tsie | ts'ie | tsie | sie | sie |
| 南京 | | tse | ts'e | tse | se | se |

[ȵʑĭa]: '惹' 吳音 nia, 滬 za。——[**tsĭa**]: 21 **嗟**, 22 **姐**; '借' 汕未詳; '嗟' 官話大都不讀齊齒而讀撮口 ȶɕyɛ 等音 [按 Goodrich 北 ȶɕyɛ*], 汕滬文谷未詳; '姐' 安 t'ə, 汕 ȶɕi 跟 ȶɕɛ, 福 ȶɕi* 跟 ȶɕie*, 滬 tsi*, 麗未詳。——[**ts'ĭa**]: '且' 汕 ȶɕ'iã 跟 ȶɕ'ɛ。——[**dz'ĭa**]: '藉' 涼 ȶɕi, 廣 tsik 都是來自古入聲又切。——[**sĭa**]: 26 **些**, 27 **瀉**, 28 **卸**; '些' 福 sie, 滬 si; '卸' 興鳳未詳。——[**zĭa**]: 30 **斜**, 31 **謝**; '邪' 日本 ȡʑa*; '斜' 廣 ts'ɛ, 封 sia, 興 ɕia, 吳音 se; '謝' 吳 se, 客 ts'ia, 廣 tsɛ。

(4) 汕頭 '耶也野' ɛ*, '遮者' ȶɕɛ*, '且' ȶɕ'ɛ, '射赦捨舍社寫卸邪斜謝' sɛ*, '蛇些' sɛ。同字讀 -ia,-ɛ 時, -ɛ 是文言音。

(5) 上海 '夜也野' ie*, '借' tsie*, '藉' dzie, '寫瀉' sie*, '邪斜謝' zie*, '者' tse, '奢' se, '赦賒捨舍' se*, '射社' ze。同字有 -ia,-ie 或有 -ia,-e 兩讀時, -ia 是文言音。

戈鍋

| | 32 | 38 | 40 | 42 | 44 | 48 | 50 | 52 | 53 |
|---|---|---|---|---|---|---|---|---|---|
| 例字 | 過 | 科 | 臥 | 火 | 禍 | 踒 | 騾 | 朵 | 妥 |
| 古音 | kuɑ | k'uɑ | ŋuɑ | xuɑ | ɣuɑ | ʔuɑ | luɑ | tuɑ | t'uɑ |
| 高麗 | kua | kua | ua | hua | hua | ua | na | t'a | t'a |
| 漢音 | kua | kua | gua | kua | kua | ua | ra | ta | ta |
| 吳音 | kua | kua | gua | kua | gua | ua | ra | da | ta |
| 安南 | kua | k'ua | ŋua | hua | hua | | lua | ɗua | t'ua |
| 廣州 | kuo | fo | ŋo | fo | uo | uo | lo | to | t'o |
| 客家 | kuo | k'o | ŋo | fo | fo | vo | lo | to | t'o |
| 汕頭[6] | ko | k'o | o | ho | ho | o | lo | to | t'o |
| 福州 | kuo | k'uo | ŋuo | huo | huo | uo | lɔ | t'io | t'io |
| 温州 | ku | k'u | ŋ | hu | ɦu | u | lu | to | t'u |
| 上海 | ku | k'u | ŋu | hu | ɦu | u | lu | tu | t'u |
| 北京 | kuo | | uo | xuo | xuo | uo | lo | to | t'o |
| 開封 | kuo | k'uo | uo | xuo | xuo | uo | lo | to | t'o |
| 懷慶 | kuo | k'uo | uo | xuo | xuo | uo | lo | to | t'o |
| 歸化 | kuɔ | k'uɔ | vɔ | xuɔ | xuɔ | vɔ | lɔ | tɔ | t'ɔ |
| 大同 | kuo | k'uo | vo | xuo | xuo | vo | lo | to | t'o |
| 太原 | kuə | k'uə | və | xuə | xuə | və | lo | to | t'o |
| 興縣 | kuo | k'uo | uo | xuo | xuo | uo | lə | to | t'o |
| 太谷 | kuə | k'uə | uə | xuə | xuə | uə | lo | tyɛ | t'yɛ |
| 文水 | kuɯ | k'uɯ | uɯ | xuɯ | xuɯ | uɯ | lɯ | tuɯ | t'uɯ |
| 鳳台 | kuo | k'uo | uo | xuo | xuo | uo | lo | to | t'o |
| 蘭州 | ko | k'o | uo | xo | xo | uo | lo | to | t'o |
| 平涼 | kuo | k'uo | uo | xuo | xuo | uo | lo | to | t'o |
| 西安 | kuo | k'uo | uo | xuo | xuo | uo | lo | to | t'o |
| 三水 | kuo | k'uo | uo | xuo | xuo | uo | lo | to | t'o |
| 四川 | ko | k'o | o | xo | xo | o | lo | to | t'o |
| 南京 | ko | k'o | o | xo | xo | o | lo | to | t'o |

戈鍋。 [**kuɑ**]: 33 戈, 34 鍋, 35 果, 36 菓, 37 裹; '戈' 客汕 k'o, 福 k'uo, 北三 kə, 西 ko, 文 ku; '鍋' 客 k'o, 廣 uo; '果菓' 福 kui*; '裹' 福未詳。——[**k'uɑ**]: 39 課; '科課' 北 k'ə。——[**ŋuɑ**]: 41 訛; '臥' 日本 ga*; '訛' 在北封懷山西(歸除外)涼西依照古又切 ŋɑ 看待; 汕 ŋo, ho。——[**xuɑ**]: 43 貨; '火' 福 hui*。——[**ɣuɑ**]: 45 和, 46 禾, 47 夥; '和禾' 吳 ua, 北 xə [但 xuo 於 '暖和', '攪和']; '夥' 到處認爲若來自古 xuɑ; 麗 kua, 福 hui*, 安未詳。——[**ʔuɑ**]: 49 倭; '倭' 麗 uɛ; '踒倭' 安未詳。——[**luɑ**]: 51 裸; '裸' 福 luo, lio, 客* 興蘭 k'o。——[**tuɑ**]: '朵' 廣 tœ*。——[**t'uɑ**]: 54 唾; '妥' 汕 t'u*; '唾' 福 t'ɔ, 北 [*] 封鳳川* t'u, 温 t'ai, 客 t'io*。——

| | 55 | 57 | 60 | 62 | 64 | 67 | 71 |
|---|---|---|---|---|---|---|---|
| 例字 | 惰 | 剉 | 座 | 鎖 | 播 | 頗 | 婆 |
| 古音 | d'uɑ | ts'uɑ | dz'uɑ | suɑ | puɑ | p'uɑ | b'uɑ |
| 高麗 | t'a | ȶɕua | ȶɕua | sɯa | p'a | p'a | p'a |
| 漢音 | ta | sa | sa | sa | ha | ha | ha |
| 吳音 | da | sa | za | sa | ha | ha | ba |
| 安南 | ɖua | tua | tua | tua | ba | fa | ba |
| 廣州 | to | ts'o | tso | so | po | p'o | p'o |
| 客家 | t'o | ts'o | ts'o | so | po | p'o | p'o |
| 汕頭[6] | to | ts'o | tso | so | po | p'o | p'o |
| 福州 | tɔ | ȶɕ'ɔ | ȶɕɔ | sɔ | pɔ | p'ɔ | pɔ |
| 温州 | du | ts'o | zo | so | pu | p'u | bu |
| 上海 | du | ts'u | zu | su | pu | p'u | bu |
| 北京 | to | ts'o | tso | so | po | p'o | p'o |
| 開封 | to | ts'o | tso | so | po | p'o | p'o |
| 懷慶 | to | ʈʂ'o | ʈʂo | ʂo | po | p'o | p'o |
| 歸化 | tɔ | ts'ɔ | tsɔ | sɔ | pɔ | p'ɔ | p'ɔ |
| 大同 | to | ts'o | tso | so | po | p'o | p'o |
| 太原 | to | ts'o | tso | so | pə | p'ə | p'ə |
| 興縣 | to | ts'o | tso | so | pə | p'ə | p'ə |
| 太谷 | tyɛ | ts'o | tso | syɛ | pə | p'ə | p'ə |
| 文水 | tuɯ | ts'uɯ | tsyi | syi | pɯ | p'ɯ | p'ɯ |
| 鳳台 | to | ts'o | tso | so | po | p'o | p'o |
| 蘭州 | to | ts'o | tso | so | po | p'o | p'o |
| 平涼 | to | ts'o | tso | so | po | p'o | p'o |
| 西安 | to | ts'o | tso | so | po | p'o | p'o |
| 三水 | to | ts'o | tso | so | po | p'o | p'o |
| 四川 | to | ts'o | tso | so | po | p'o | p'o |
| 南京 | to | ts'o | tso | so | po | p'o | p'o |

**[d'uɑ]**: 56 隳; '墮' 汕 t'o*。——**[ts'uɑ]**: 58 銼, 59 挫; '銼' (廣韻 dz'-) 跟 '挫' (廣韻 ts-) 到處都從集韻切 ts'-, 除掉 '銼' 鳳 tso, '挫' 吳音 za, 安未詳。——**[dz'uɑ]**: 61 坐; '坐' 廣 ˁts'o 跟 tso², 三 ts'o.——[**suɑ**]: 63 唆; '唆' 麗 sa, 温 su, 文 suɯ, 谷 so。——[**puɑ**]: 65 波, 66 簸; '波' 汕* 福北* 封涼西 p'-; '簸' 廣懷 p'o。——[**p'uɑ**]: 68 坡, 69 玻, 70 破; '坡' 廣* 客汕福* 温* p-; '玻' 除麗涼安外到處都讀的好像古音是 puɑ; '破' 福 p'uai*, 温 p'a*。

| | | 麻瓜 | | | | | 微表 |
|---|---|---|---|---|---|---|---|
| | 72 | 75 | 78 | 80 | 81 | 83 | 1 |
| 例字 | 魔 | 瓜 | 誇 | 瓦 | 花 | 華 | 幾 |
| 古音 | muɑ | kʷa | k'ʷa | ŋʷa | xʷa | ɣʷa | kjĕi |
| 高麗 | ma | kua | kua | ua | hua | hua | kɯi |
| 漢音 | ba | kua | kua | gua | kua | kua | ki |
| 吳音 | ma | ke | ke | ge | ke | ge | ke |
| 安南 | ma | kua | k'ua | ŋua | hua | hua | ki |
| 廣州 | mo | kua | k'ua | ŋa | fa | ua | kei |
| 客家 | mo | kua | k'ua | ŋa | fa | fa | ki |
| 汕頭[6] | mo | kua[7] | k'ua | ua | hua | hua | ki |
| 福州 | mɔ | kua | k'ua | ŋua | hua | hua | ki[1] |
| 溫州 | mu | kuo | k'uo | ŋo | huo | ɦo | ȶɕi |
| 上海 | mu | kuo | k'uo | uo | huo | ɦuo | ȶɕi |
| 北京 | mo | kua | k'ua | ua | xua | xua | ȶɕi |
| 開封 | mo | kua | k'ua | ua | xua | xua | ȶɕi |
| 懷慶 | mo | kua | k'ua | ua | xua | xua | ȶɕi |
| 歸化 | mɔ | kua | k'ua | va | xua | xua | ȶɕi |
| 大同 | mo | kua | k'ua | va | xua | xua | ȶɕi |
| 太原 | mə | kua | k'ua | va | xua | xua | ȶɕi |
| 興縣 | mbə | kua | k'ua | ua | xua | xua | ȶɕi |
| 太谷 | mə | kuɔ | k'uɔ | uɔ | xuɔ | xuɔ | ȶɕi |
| 文水 | mbɯ | kua | k'ua | ua | xua | xua | ȶɕi |
| 鳳台 | mo | kua | k'ua | ua | xua | xua | ȶɕi |
| 蘭州 | mo | kua | k'ua | ua | xua | xua | ȶɕi |
| 平涼 | mo | kua | k'ua | ua | xua | xua | ȶɕi |
| 西安 | mo | kua | k'ua | ua | xua | xua | ȶɕi |
| 三水 | mo | kua | k'ua | ua | xua | xua | ȶɕi |
| 四川 | mo | kua | k'ua | ua | xua | xua | ȶɕi |
| 南京 | mo | kua | k'ua | ua | xua | xua | ȶɕi |

**[muɑ]**: 73 **磨**, 74 **摩**; '磨' 汕 bo*, 福 muai*。

(6) <u>汕頭</u> '過' kuɛ*, '鍋' uɛ' '果' kuɛ, kua, kuã, '菓' kuɛ, '科*課' k'uɛ, '火貨和夥' huɛ*, '禍和禾' hua*, '惰' tuã*, '播簸' pua*, '頗' p'uã*, '破婆' p'ua*, '磨' bua*。 -o 與 -ua, -uã, -uɛ, -uɛ̃ 互讀時, -o 常常代表文言音。——官話方言中的 -uo 常常很有把第一音放鬆而成 oɔ̆ 的傾向, 結果常常使 kuo, ko 混而爲一, 參看前 548頁。

---

麻瓜。 **[kʷa]**: 76 **剮**, 77 **寡**; '剮' 安廣 ua, 京未詳。——**[k'ʷa]**: 79 **跨**; '跨' 福 k'ia*。——**[ŋʷa]**: '瓦' 汕 hia*, 滬ŋɔ*——**[xʷa]**: 82 **化**; '花化' 安 hue*; '化' 滬 hɔ*。—— **[ʂʷa]**: 84 **傻**, 這字不處處通行。 官話方言中, 有這字的時候大半讀 sa, ʂa 之類, 廣 ʂa [譯者按應作 ꜀so 如 '傻仔'], 麗 sa, 温 so, 汕 sua (惟一保存這合口的方言)。

(7) <u>汕頭</u> '魔' kuɛ*, '花化' huɛ*。

---

| | | | | | 脂夷 | | | | |
|---|---|---|---|---|---|---|---|---|---|
| | 5 | 7 | 8 | 10 | 12 | 14 | 16 | 17 | 20 |
| 例字 | 豈 | 祈 | 衣 | 希 | 肌 | 器 | 伊 | 夷 | 致 |
| 古音 | kʻjĕi | gʻjĕi | ʔĕi | xjĕi | kji | kʻji | ʔi | i | ȶi |
| 高麗 | kɯi | kɯi | ɯi | hɯi | kɯi | kɯi | i | i | ȶɕʻi |
| 漢音 | ki | ki | i | ki | ki | ki | i | i | ȶɕi |
| 吳音 | ke | ge | e | ke | ki | ki | i | i | ȶɵi |
| 安南 | kʻi | ki | i | hi | ki | kʻi | i | zi | ȶi |
| 廣州 | hei | kʻei | i | hei | kei | hei | i | i | ȶɕi |
| 客家 | kʻi | kʻi | i | hi | ki | hi | i | i | či |
| 汕頭 | kʻi | kʻi | i | hi | ki[2] | kʻi | i | i | ti |
| 福州[1] | kʻi | ki | i | hi | ki[3] | kʻɛiᵓ | i | i | tɛiᵓ |
| 温州 | ȶɕʻi | ȡʑi | i | ɕi | ȶɕi[4] | ȶɕʻi | i | i | tsɿ |
| 上海 | ȶɕʻi | ȡʑi | i | ɕi | ȶɕi | ȶɕʻi | i | i | tsɿ |
| 北京 | ȶɕʻi | ȶɕʻi | i | ɕi | ȶɕi | ȶɕʻi | i | i | tʂʅ |
| 開封 | ȶɕʻi | ȶɕʻi | i | ɕi | ȶɕi | ȶɕʻi | i | i | tʂʅ |
| 懷慶 | ȶɕʻi | ȶɕʻi | i | ɕi | ȶɕi | ȶɕʻi | i | i | tʂʅ |
| 歸化 | ȶɕʻi | ȶɕʻi | i | ɕi | ȶɕi | ȶɕʻi | i | i | tʂʅ |
| 大同 | ȶɕʻi | ȶɕʻi | i | ɕi | ȶɕi | ȶɕʻi | i | i | tʂʅ |
| 太原 | ȶɕʻi | ȶɕʻi | i | ɕi | ȶɕi | ȶɕʻi | i | i | tsɿ |
| 興縣 | ȶɕʻi | ȶɕʻi | i | ɕi | ȶɕi | ȶɕʻi | i | i | tʂʅ |
| 太谷 | ȶɕʻi | ȶɕʻi | i | ɕi | ȶɕi | ȶɕʻi | i | i | tsɿ |
| 文水 | ȶɕʻi | ȶɕʻi | i | ɕi | ȶɕi | ȶɕʻi | i | i | tʂʅ |
| 鳳台 | ȶɕʻi | ȶɕʻi | i | ɕi | ȶɕi | ȶɕʻi | i | i | tsɿ |
| 蘭州 | ȶɕʻi | ȶɕʻi | i | ɕi | ȶɕi | ȶɕʻi | i | i | tʂʅ |
| 平涼 | ȶɕʻi | ȶɕʻi | i | ɕi | ȶɕi | ȶɕʻi | i | i | tʂʅ |
| 西安 | ȶɕʻi | ȶɕʻi | i | ɕi | ȶɕi | ȶɕʻi | i | i | tʂʅ |
| 三水 | ȶɕʻi | ȶɕʻi | i | ɕi | ȶɕi | ȶɕʻi | i | i | tʂʅ |
| 四川 | ȶɕʻi | ȶɕʻi | i | ɕi | ȶɕi | ȶɕʻi | i | i | tʂʅ |
| 南京 | ȶɕʻi | ȶɕʻi | i | ɕi | ȶɕi | ȶɕʻi | i | i | tʂʅ |

微衣。[**kjĕi**]: 2 機, 3 譏, 4 旣; '幾' 温 ke*, 汕福 kui*; '機' 汕 kui*; '機譏' 安 kə。——[**kʻjĕi**]: 6 氣; '豈' 汕 kʻai*; '氣' 客 kʻi*。——[**ʔĕi**]: 9 依; '衣' 汕 ui*。——[**xjĕi**]: 11 稀。

(1) 福州去聲 -ɛi, 所以 '旣' kɛi, '氣' kʻɛi。

---

脂夷。[**kji**]: 13 几; '几' 麗 kue (拚作 kuei)。——[**kʻji**]: 15 棄; '器棄' 客 kʻi*: '棄' 麗 ki。——[**i**]: 18 姨, 19 胰。

| | 21 | 22 | 23 | 28 | 29 | 31 | 34 | 36 | 38 |
|---|---|---|---|---|---|---|---|---|---|
| 例字 | 遲 | 雉 | 旨 | 鴟 | 示 | 師 | 矢 | 視 | 二 |
| 古音 | ꜀ȡʻi | ꜂ȡʻi | ȶɕi | ȶɕʻi | ȡʑʻi | ʂi | ɕi | ʑi | ȵʑi |
| 高麗 | ȶɕi | ȶɕʻi | ȶɕi | ȶɕʻi | si | sǎ | si | si | i |
| 漢音 | ȶɕi | ȶɕi | ɕi | ɕi | ɕi | ɕi | ɕi | ɕi | ȡʑi |
| 吳音 | ȡʑi | ȡʑi | ɕi | ɕi | ȡʑi | ɕi | ɕi | ȡʑi | ni |
| 安南 | ȶi | ȶi | ȶi | si | tʻi | ʂɯ | tʻi | tʻi | ȵi |
| 廣州 | ȶɕʻi | ȶɕi | ȶɕi | ȶɕʻi | ʂi | sɿ | ʂi 另 | ʂi | i |
| 客家 | čʻi | čʻi | či | čʻi | ši | sɿ | ši 另 | ši | ȵi |
| 汕頭[2] | ȶɕʻi | ti | ȶɕi | ȶɕʻi | si | sɯ | si | si | ȡʑi |
| 福州[3] | ti | tɛi$^2$ | ȶɕi | ȶɕʻi | sɛi$^2$ | sy | ȶɕʻi | sɛi$^2$ | nɛi$^2$ |
| 溫州[4] | dzɿ | dzɿ | tsɿ | tsʻɿ | zɿ | sɿ | sɿ | zɿ | n |
| 上海 | dzɿ | dzɿ | tsɿ | tsʻɿ | zɿ | sɿ | sɿ | zɿ | ȵi |
| 北京 | tʂʻʅ | tʂʅ | tʂʅ | tʂʻʅ | ʂʅ | ʂʅ | ʂʅ | ʂʅ | œr |
| 開封 | tʂʻʅ | tʂʅ | tʂʅ | tʂʻʅ | ʂʅ | ʂʅ | ʂʅ | ʂʅ | œr |
| 懷慶 | tʂʻʅ | tʂʅ | tsɿ | tsʻɿ | sɿ | sɿ | sɿ | sɿ | ər |
| 歸化 | tʂʻʅ | tʂʅ | tsɿ | tsʻɿ | sɿ | sɿ | sɿ 另 | sɿ | ər |
| 大同 | tʂʻʅ | tʂʅ | tsɿ | tsʻɿ | sɿ | sɿ | sɿ | sɿ | ər |
| 太原 | tsʻɿ | tsɿ | tsɿ | tsʻɿ | sɿ | sɿ | sɿ 另 | sɿ | ar |
| 興縣 | tʂʻʅ | tʂʅ | tsɿ | tsʻɿ | sɿ | sɿ | sɿ | sɿ | ər |
| 太谷 | tsʻɿ | tsɿ | tsər | tsʻɿ | sər | sər | sər 另 | sər | ər |
| 文水 | tʂʻʅ | tʂʅ | tsɿ | tsʻɿ | sɿ | sɿ | sɿ 另 | sɿ | ər |
| 鳳台 | tsʻɿ | tsɿ | tsɿ | tsʻɿ | sɿ | sɿ | sɿ | sɿ | ʐʅ |
| 蘭州 | tʂʻʅ | tʂʅ | tsɿ | tsʻɿ | sɿ | sɿ | sɿ | sɿ | ɔr |
| 平涼 | tʂʻʅ | tʂʅ | tsɿ | tsʻɿ | sɿ | sɿ | sɿ | sɿ | œr |
| 西安 | tʂʻʅ | tʂʅ | tsɿ | tsʻɿ | sɿ | sɿ | sɿ | sɿ | ər |
| 三水 | tʂʻʅ | tʂʅ | tsɿ | tsʻɿ | sɿ | sɿ | sɿ | sɿ | ər |
| 四川 | tʂʻʅ | tʂʅ | tʂʅ | tʂʻʅ | ʂʅ | sɿ | ʂʅ | ʂʅ | r |
| 南京 | tʂʻʅ | tʂʅ | tʂʅ | tʂʻʅ | ʂʅ | sɿ | ʂʅ | ʂʅ | œr |

**[ȶɕi]**: 24 脂, 25 指; 26 贄, 27 至; '脂' 福 ȶɕie; '指' 汕 tsoĩ*。——**[ȡʑʻi]**: 30 諡; '諡' 日本 ɕi 跟 i, 安 tʻui*, 汕 i, 福 ie, 懷未詳。——**[ɕi]**: 32 獅, 33 篩; '師' 滬 se*; '獅' 川 ʂʅ; '篩' 大半從古又切 ʂai̯ 讀。——**[ɕi]**: 35 屎; 廣客歸原谷文另 '屎' 字, '矢' 廣 ȶɕʻi, 客 čʻi, 歸原谷文 tsʻɿ; '屎' 溫 sa, 安未詳。——**[ʑi]**: 37 嗜; '嗜' 福 sie, 麗未詳。——**[ȵʑi]**: '二' 汕 no* 跟 dzɯ* (文言音), 滬 œr* (文言音)。——**[lji]**: 40 履, 41 利, 42 痢; '履' 安 li, 溫滬* 北歸同原谷蘭川 ly; '利痢' 安 ləi。——**[tsi]**: 45 姿, 46 咨, 47 姊, 48 恣; '姊' 安 ti, 客滬* tsi, 汕 ȶɕi, ȶɕɛ, 福 ȶɕi; '恣' 廣 tsʻɿ。——**[si]**: 52 四, 53 肆; [譯者按廣州 '四' sei, '私' ɕi, 僅 "西關" 區 '四私' 等字皆讀 sɿ (ɿ 仍略帶 i 意味)], '四肆' 客汕 si*。——**[pji]**: 55 庇.——**[pʻji]**: '譬' 客 pʻit。

| 例字<br>古音 | 39<br>梨<br>lji | 43<br>地<br>d'i | 44<br>資<br>tsi | 49<br>次<br>ts'i | 50<br>自<br>dz'i | 51<br>私<br>si | 54<br>比<br>pji | 56<br>譬<br>p'ji | 57<br>琵<br>b'ji |
|---|---|---|---|---|---|---|---|---|---|
| 高麗 | i | tɕi | tɕă | tɕ'ă | tɕă | să | pi | pi | pi |
| 漢音 | ri | tɕi | ɕi | ɕi | ɕi | ɕi | hi | hi | hi |
| 吳音 | ri | dʑi | ɕi | ɕi | dʑi | ɕi | hi | hi | bi |
| 安南 | le | ɗia | tɯ | t'ɯ | tɯ | tɯ | ti | t'i | ti |
| 廣州 | lei | tei | tsɿ | ts'ɿ | tsɿ | sɿ | pei | p'ei | p'ei |
| 客家 | li | t'i | tsɿ | ts'ɿ | ts'ɿ | sɿ | pi | | p'i |
| 汕頭[2] | li | ti | tsɯ | ts'ɯ | tsɯ | sɯ | pi | p'i | p'i |
| 福州[3] | li | tɛi | tɕy | tɕ'œyᵓ | tɕœy² | sy | pi | p'i | pi |
| 温州[4] | li | di | tsɿ | ts'ɿ | zɿ | sɿ | pi | p'i | bi |
| 上海 | li | di | tsɿ | ts'ɿ | zɿ | sɿ | pi | p'i | bi |
| 北京 | li | ti | tsɿ | ts'ɿ | tsɿ | sɿ | pi | p'i | p'i |
| 開封 | li | ti | tsɿ | ts'ɿ | tsɿ | sɿ | pi | p'i | p'i |
| 懷慶 | li | ti | tsɿ | ts'ɿ | tsɿ | sɿ | pi | p'i | p'i |
| 歸化 | li | ti | tsɿ | ts'ɿ | tsɿ | sɿ | pi | p'i | p'i |
| 大同 | li | ti | tsɿ | ts'ɿ | tsɿ | sɿ | pi | p'i | p'i |
| 太原 | li | ti | tsɿ | ts'ɿ | tsɿ | sɿ | pi | p'i | p'i |
| 興縣 | li | ti | tsɿ | ts'ɿ | tsɿ | sɿ | pi | p'i | p'i |
| 太谷 | li | ti | tsɿ | ts'ɿ | tsɿ | sɿ | pi | p'i | p'i |
| 文水 | li | ti | tsɿ | ts'ɿ | tsɿ | sɿ | pi | p'i | p'i |
| 鳳台 | li | ti | tsɿ | ts'ɿ | tsɿ | sɿ | pi | p'i | p'i |
| 蘭州 | li | ti | tsɿ | ts'ɿ | tsɿ | sɿ | pi | psi | psi |
| 平涼 | li | ti | tsɿ | ts'ɿ | tsɿ | sɿ | pi | p'i | p'i |
| 西安 | li | ti | tsɿ | ts'ɿ | tsɿ | sɿ | pi | p'i | p'i |
| 三水 | li | t'i | tsɿ | ts'ɿ | ts'ɿ | sɿ | pi | p'i | p'i |
| 四川 | li | ti | tsɿ | ts'ɿ | tsɿ | sɿ | pi | p'i | p'i |
| 南京 | li | ti | tsɿ | ts'ɿ | tsɿ | sɿ | pi | p'i | p'i |

**[b'ji]**: 58 **鼻**; '鼻' 廣 pei, 北封懷歸同蘭涼川京 pi, 這個 pi 有時候照規則讀去聲，有時候讀若來自不見反切之古讀 b'jĭĕt, 並且從廣 pɐt*, 福 pik*, 温 bie₂*, 滬 bi₂*, 原文谷 piə, 與 p'iə 也可見古有一種入聲讀法; 汕 p'ĭ*。——**[mji]**: 59 **寐**, 到處讀若合口(跟比方 '悲' 字同韵母)。

(2) 汕頭 '師獅屎私' sai*, '篩' t'ai, '黎利' lai*——皆白話音。

(3) 福州去聲 -ɛi 與他聲 -i 相當, 去聲 -œy 與他聲 -y 相當, 所以 '器棄' k'ɛi, '致地' tɛi, '雉' tɛi², '贄至自' tɕɛi, '視' sɛi², '示謚四肆' sɛi, '二' nɛi, '利痢' lɛi, '庇' pɛi, '譬鼻' p'ɛi, '寐' mɛi; '恣自' tɕœy, '次' tɕ'œy, '四肆' sœy。——還有福 '師獅屎私' sai*, '篩' t'ai*, '指' tɕai*, '黎' lai*, 皆白話音。

(4) 關于温州的 tɕi, tɕ'i, dʑi 等, Parker 寫 ci, c'i, dji 的地方, Montgomery 總寫 chĭ, ch'ĭ, djĭ。這 ĭ 的確實的音質未詳。以下各韵也有同樣問題。[譯者按這個音是一種帶 z 性質的 i, 或即介乎 ɿ, i 之間的音。]

| | 支移 | | | | | | | | |
|---|---|---|---|---|---|---|---|---|---|
| | 60 | 61 | 62 | 65 | 67 | 73 | 74 | 76 | 78 |
| 例字 | 寄 | 企 | 騎 | 技 | 儀 | 戲 | 椅 | 移 | 知 |
| 古音 | kjiĕ | k'jiĕ | ꜀g'jiĕ | ꜂g'jiĕ | ŋjiĕ | xjiĕ | ʔiĕ | iĕ | ȶiĕ |
| 高麗 | kɯi | ki | kɯi | ki | ɯi | hɯi | ɯi | i | tɕi |
| 漢音 | ki | ki | ki | ki | gi | ki | i | i | tɕi |
| 吳音 | ki | ki | gi | gi | gi | ki | i | i | tɕi |
| 安南 | ki | | ki | ki | ŋi | hi | i | zi | ti |
| 廣州 | kei | k'ei | k'ei | kei | i | hei | i | i | tɕi |
| 客家 | ki | k'i | k'i | k'i | ȵi | hi | i | i | ʨi |
| 汕頭[5] | ki | k'i | k'i | ki | ŋi | hi | i | i | ti |
| 福州[6] | kie | k'ie | k'ie | kɛi[2] | ŋi | hie | ie | ie | ti |
| 温州 | tɕi | | dʑi | dʑi | n | ɕi | i | i | tsɿ |
| 上海[7] | tɕi | tɕ'i | dʑi | dʑi | ȵi | ɕi | i | i | tsɿ |
| 北京 | tɕi | tɕ'i | tɕ'i | tɕi | i | ɕi | i | i | tʂʅ |
| 開封 | tɕi | tɕ'i | tɕ'i | tɕi | i | ɕi | i | i | tʂʅ |
| 懷慶 | tɕi | tɕ'i | tɕ'i | tɕi | i | ɕi | i | i | tʂʅ |
| 歸化 | tɕi | tɕ'i | tɕ'i | tɕi | i | ɕi | i | i | tʂʅ |
| 大同 | tɕi | tɕ'i | tɕ'i | tɕi | i | ɕi | i | i | tʂʅ |
| 太原 | tɕi | tɕ'i | tɕ'i | tɕi | i | ɕi | i | i | tsɿ |
| 興縣 | tɕi | tɕ'i | tɕ'i | tɕi | i | ɕi | i | i | tʂʅ |
| 太谷 | tɕi | tɕ'i | tɕ'i | tɕi | i | ɕi | i | i | tsɿ |
| 文水 | tɕi | tɕ'i | tɕ'i | tɕi | i | ɕi | i | i | tʂʅ |
| 鳳台 | tɕi | tɕ'i | tɕ'i | tɕi | i | ɕi | i | i | tsɿ |
| 蘭州 | tɕi | tɕ'i | tɕ'i | tɕi | i | ɕi | i | i | tʂʅ |
| 平涼 | tɕi | tɕ'i | tɕ'i | tɕi | i | ɕi | i | i | tʂʅ |
| 西安 | tɕi | tɕ'i | tɕ'i | tɕi | i | ɕi | i | i | tʂʅ |
| 三水 | tɕi | tɕ'i | tɕ'i | tɕi | i | ɕi | i | i | tʂʅ |
| 四川 | tɕi | tɕ'i | tɕ'i | tɕi | i | ɕi | i | i | tʂʅ |
| 南京 | tɕi | | tɕ'i | tɕi | i | ɕi | i | i | tʂʅ |

支移 [**k'jiĕ**]: '企' 温安京未詳。——[꜀**g'jiĕ**]: 63 奇, 64 岐; '奇' 安 kə*; '岐' 麗 ki。——[꜂**g'jiĕ**]: 66 妓。——[**ŋjiĕ**]: 68 宜, 69 蟻, 70 義, 71 議, 72 誼; '宜' 客 ni, 汕 gi*, 文 ȵȡi, 西三 ȵi; '蟻' 廣 ŋai, 客 ȵie*, 汕 hia*, 歸 ȵi; '義' 安 ŋai 跟 ŋia; '誼' 文 ȵȡi。——[**ʔiĕ**]: 75 倚; '椅' 温滬 y*, 汕 ĩ*; '倚' 汕 ĩ, ua, 福 i 跟 ai。——[**iĕ**]: 77 易。——[**ȶiĕ**]: 79 蜘, 80 智; '知' 客 ti*, 汕 tsai*; '蜘' 客 tɕ'i, 福 t'i。

| | 81 | 83 | 89 | 90 | 92 | 95 | 97 | 100 | 101 |
|---|---|---|---|---|---|---|---|---|---|
| 例字 | 池 | 支 | 侈 | 施 | 匙 | 兒 | 離 | 紫 | 雌 |
| 古音 | ȡʻiĕ | ȶɕiĕ | ȶɕʻiĕ | ɕiĕ | ʑiĕ | ȵʑiĕ | ljiĕ | tsiĕ | tsʻiĕ |
| 高麗 | ȶɕi | ȶɕi | ȶɕʻi | si | si | i 另 | i | ȶɕă | ȶɕă |
| 漢音 | ȶɕi | ɕi | ɕi | ɕi | ɕi | ȡʑi | ri | ɕi | ɕi |
| 吳音 | ȡʑi | ɕi | ɕi | ɕi | ȡʑi | ni | ri | ɕi | ɕi |
| 安南 | ȶi | ȶi | si | tʻi | tʻi 另 | ȵi | li | tɯ | tʻɯ |
| 廣州 | ȶɕʻi | ȶɕi | ȶɕʻi | ʂi | ʂi | i | lei | tsɿ | tsʻɿ |
| 客家 | čʻi | či | čʻi | ši | ši | i | li | tsɿ | tsʻɿ |
| 汕頭[5] | ȶɕʻi | ȶɕi 另 | | si | si | ȡʑi | li | ȶɕi | tsʻɯ |
| 福州[6] | tie | ȶɕie | ȶɕʻie | sie | sie | nie | lie | ȶɕie | ȶɕʻi |
| 温州 | dzi | tsi | tsʻɿ | sɿ | zi | n | li | tsɿ | tsʻɿ |
| 上海[7] | dzɿ | tsɿ | tsʻɿ | sɿ | zɿ | ȵi | li | tsɿ | tsʻɿ |
| 北京 | tʂʻʅ | tʂʅ | tʂʻʅ | ʂʅ | ʂʅ | œr | li | tsɿ | tsʻɿ |
| 開封 | tʂʻʅ | tʂʅ | tʂʻʅ | ʂʅ | ʂʅ | œr | li | tsɿ | tsʻɿ |
| 懷慶 | tʂʻʅ | tsɿ | tsʻɿ | sɿ | sɿ | ɔr | li | tsɿ | tsʻɿ |
| 歸化 | tʂʻʅ | tsɿ | tsʻɿ | sɿ | sɿ | ər | li | tsɿ | tsʻɿ |
| 大同 | tʂʻʅ | tsɿ | tsʻɿ | sɿ | sɿ | ə˞ | li | tsɿ | tsʻɿ |
| 太原 | tsʻɿ | tsɿ | tsʻɿ | sɿ | sɿ | ar | li | tsɿ | tsʻɿ |
| 興縣 | tʂʻʅ | tsɿ | tsʻɿ | sɿ | sɿ | ər | li | tsɿ | tsʻɿ |
| 太谷 | tsʻɿ | tsər | tsʻɿ | sər | sər | ər | li | tsɿ | tsʻɿ |
| 文水 | tʂʻʅ | tsɿ | tsʻɿ | sɿ | sɿ | ər | li | tsɿ | tsʻɿ |
| 鳳台 | tsʻɿ | tsɿ | tsʻɿ | sɿ | sɿ | ʐʅ | li | tsɿ | tsʻɿ |
| 蘭州 | tʂʻʅ | tsɿ | tsʻɿ | sɿ | sɿ | ɔr | li | tsɿ | tsʻɿ |
| 平涼 | tʂʻʅ | tsɿ | tsʻɿ | sɿ | sɿ | œr | li | tsɿ | tsʻɿ |
| 西安 | tʂʻʅ | tsɿ | tsʻɿ | sɿ | sɿ | ər | li | tsɿ | tsʻɿ |
| 三水 | tʂʻʅ | tsɿ | tsʻɿ | sɿ | sɿ | ər | li | tsɿ | tsʻɿ |
| 四川 | tʂʻʅ | tʂʅ | tʂʻʅ | ʂʅ | ʂʅ | r | li | tsɿ | tsʻɿ |
| 南京 | tʂʻʅ | tʂʅ | tʂʻʅ | ʂʅ | tʂʻʅ | œr | li | tsɿ | tsʻɿ |

**[ȡʻiĕ]**: 82 **馳**; '池' 汕 ti*; '馳' 麗 ȶɕʻi, 温 dzɿ。——**[ȶɕiĕ]**: 84 **枝**, 85 **肢**, 86 **枳**, 87 **紙**, 88 **只**; 汕另 '枳' 字; '支肢' 汕 ȶɕĩ; '枝' 汕 ki; '枳' 廣 ȶɕɐt*, 客 čit*, 温 tsai꜄*表示古曾有一種入聲讀法; 京未詳; '紙' 汕 tsua*, 福 ȶɕai; '只' 廣 ȶɕɐt*, 客 čit*, 温 tsai꜄*, 滬原谷鳳 tsəʔ 表示古曾有一種入聲讀法。——**[ȶɕʻiĕ]**: '侈' 汕 ȶɕʻĩ。——**[ɕiĕ]**: 91 **豕**; '豕' 廣福 ȶɕʻi, 客 čʻi, 歸原文 tsʻɿ, 谷 tsʻər。——**[ʑiĕ]**: 93 **是**, 94 **氏**; 安另 '是' 字; '匙' 安 si, 廣 ȶɕʻi*, 北川 tʂʻʅ*, 滬 dzɿ*; '是氏' 温 zɿ; '是' 汕 sɯ* (文言音)。——**[ȵʑiĕ]**: 96 **爾**; 麗另 '爾' 字; '兒' 麗 ă; '爾' 汕 dzɯ 跟 lɯ, 客 ni, 温 (Parker) zɿ。——**[ljiĕ]**: 98 **璃**, 99 **籬**; '璃' 福 lɛ*——**[tsʻiĕ]**: 102 **此**, 103 **刺**, 104 **莿**; '雌' 客 tsɿ*; '此' 麗 ȶɕʻă; '刺莿*' 汕 ȶɕʻi

| | 105 | 110 | 113 | 114 | 117 | 119 |
|---|---|---|---|---|---|---|
| 例字 | 斯 | 臂 | 披 | 皮 | 被 | 彌 |
| 古音 | siĕ | pjiĕ | pʻjiĕ | ꜀bʻjiĕ | bʻjiĕ꜄ | mjiĕ |
| 高麗 | sǎ | pi | pʻi | pʻi | pʻi | mi |
| 漢音 | ɕi | hi | hi | hi | hi | bi |
| 吳音 | ɕi | hi | hi | bi | bi | mi |
| 安南 | tɯ | ti | fi | bi | bi | zi |
| 廣州 | sɿ | pei | pʻei | pʻei | pei | nei |
| 客家 | sɿ | pi | pʻi | pʻi | pʻi | ni |
| 汕頭[5] | sɯ | pi | pʻi | pʻi | pi | mi |
| 福州[6] | sy | pie | pʻie | pʻi | pɛi | mi |
| 温州 | sɿ | pi | pʻi | bi | bi | mi |
| 上海[7] | sɿ | pi | pʻi | bi | bi | mi |
| 北京 | sɿ | | pʻi | pʻi | pi 另 | mi |
| 開封 | sɿ | pi | pʻi | pʻi | pi | mi |
| 懷慶 | sɿ | | pʻi | pʻi | pi | mi |
| 歸化 | sɿ | | pʻi | pʻi | pi | mi |
| 大同 | sɿ | | pʻi | pʻi | pi | mi |
| 太原 | sɿ | | pʻi | pʻi | pi | mi |
| 興縣 | sɿ | | pʻi | pʻi | pi | mbi |
| 太谷 | sɿ | | pʻi | pʻi | pi | mi |
| 文水 | sɿ | | pʻi | pʻi | pi | mbi |
| 鳳台 | sɿ | | pʻi | pʻi | pi | mi |
| 蘭州 | sɿ | pi | psi | psi | pi | mi |
| 平涼 | sɿ | pi | pʻi | pʻi | pi | mi |
| 西安 | sɿ | pi | pʻi | pʻi | pi | mi |
| 三水 | sɿ | pi | pʻi | pʻi | pi | mi |
| 四川 | sɿ | | pʻi | pʻi | pi | mi |
| 南京 | sɿ | | pʻi | pʻi | pi | mi |

[**siĕ**]: 106 **厮**, 107 **璽**, 108 **徙**, 109 **賜**; ‘厮’ 麗 sɯi; ‘璽徙’ 福汕滬温跟官話讀的好像古音是 siei (看 578 頁), 粤 sāi, 安 ti; ‘璽’客 se*, 滬 sy*, 温 si; ‘徙’ 汕 sua*; ‘賜’ 廣北* 原鳳川京 tsʻɿ。——[**pjiĕ**]: 111 **卑**; 112 **裨**; ‘臂卑裨’ 在北山西懷川京 (‘臂裨’ 也在滬) 讀的好像古音是 pjʷiĕ; ‘臂’ 川 pʻe*; ‘卑’ 温 pai; ‘裨’ 好些讀法與廣韵又一切 ꜀bʻjĭĕ 相當。——[꜀**bʻjiĕ**]: 115 **脾**, 116 **疲**; ‘皮’ 汕 pʻuɛ*, 福 pʻui*; ‘脾’ 安 ti, 麗汕 pi。——[**bʻjiĕ**꜄]: 118 **避**; 北另 ‘避’ 字; ‘被’ 廣 ꜂pʻei*, 汕 pʻuɛ*, 福 pʻuoi*, 北 pei, 滬 be*; ‘避’ 安 ti, 客 pʻit。——[**mjiĕ**]: ‘彌’ 汕 ni*。

(5) 汕頭 ‘寄’ kia*, ‘騎奇’ kʻia* (參考福)。

| | 之 120 | 125 | 127 | 132 | 133 | 135 | 140 | 142 |
|---|---|---|---|---|---|---|---|---|
| 例字 | 己 | 欺 | 其 | 忌 | 疑 | 喜 | 醫 | 怡 |
| 古音 | kji | k‘ji | ꜀g‘ji | g‘jiᵓ | ŋji | xji | ʔi | i |
| 高麗 | kɯi | kɯi | kɯi | kɯi | ɯi | hɯi | ɯi | i |
| 漢音 | ki | ki | ki | ki | gi | ki | i | i |
| 吳音 | ki | ki | gi | gi | gi | ki | i | i |
| 安南 | ki | k‘i | ki | ki | ŋi | hi | i | zi |
| 廣州 | kei | hei | k‘ei | kei | i | hei | i | i |
| 客家 | ki | hi | k‘i | k‘i | ȵi | hi | i | i |
| 汕頭[8] | ki | k‘i | k‘i | ki | gi | hi | i | i |
| 福州[9] | ki | k‘i | ki | kɛi | ŋi | hi | i | i |
| 溫州 | tɕi | tɕ‘i | dʑi | dʑi | n | ɕi | i | i |
| 上海[10] | tɕi | tɕ‘i | dʑi | dʑi | ȵi | ɕi | i | i |
| 北京 | tɕi | tɕ‘i | tɕ‘i | tɕi | i | ɕi | i | i |
| 開封 | tɕi | tɕ‘i | tɕ‘i | tɕi | i | ɕi | i | i |
| 懷慶 | tɕi | tɕ‘i | tɕ‘i | tɕi | i | ɕi | i | i |
| 歸化 | tɕi | tɕ‘i | tɕ‘i | tɕi | i | ɕi | i | i |
| 大同 | tɕi | tɕ‘i | tɕ‘i | tɕi | i | ɕi | i | i |
| 太原 | tɕi | tɕ‘i | tɕ‘i | tɕi | i | ɕi | i | i |
| 興縣 | tɕi | tɕ‘i | tɕ‘i | tɕi | i | ɕi | i | i |
| 太谷 | tɕi | tɕ‘i | tɕ‘i | tɕi | i | ɕi | i | i |
| 文水 | tɕi | tɕ‘i | tɕ‘i | tɕi | i | ɕi | i | i |
| 鳳台 | tɕi | tɕ‘i | tɕ‘i | tɕi | i | ɕi | i | i |
| 蘭州 | tɕi | tɕ‘i | tɕ‘i | tɕi | i | ɕi | i | i |
| 平涼 | tɕi | tɕ‘i | tɕ‘i | tɕi | ȵi | ɕi | i | i |
| 西安 | tɕi | tɕ‘i | tɕ‘i | tɕi | ȵi | ɕi | i | i |
| 三水 | tɕi | tɕ‘i | tɕ‘i | tɕi | ȵi | ɕi | i | i |
| 四川 | tɕi | tɕ‘i | tɕ‘i | tɕi | ŋi | ɕi | i | i |
| 南京 | tɕi | tɕ‘i | tɕ‘i | tɕi | i | ɕi | i | i |

(6) 福州 -ie, -i (去聲 -ɛi), -y (去聲 -œy) 三種讀法不定; -iě: ‘寄岐’ kie, ‘企騎奇’ k‘ie, ‘宜蟻義議誼’ ŋie, ‘戲’ hie, ‘椅移’ ie, ‘池’ tie, ‘支枝肢紫’ tɕie, ‘侈刺 莿’ tɕ‘ie, ‘施匙’ sie, ‘兒’ nie, ‘離璃籬’ lie, ‘臂避’ pie, ‘披’ p‘ie; -i, -y: ‘奇岐’ ki, ‘技妓’ kɛi, ‘儀宜’ ŋi, ‘倚兒爾’ i, ‘易’ ɛi, ‘知馳’ ti, ‘智’ tɛi, ‘蜘馳’ t‘i, ‘枳只’ tɕi, ‘豕雌’ tɕ‘i, ‘是氏’ sɛi, ‘卑裨脾’ pi, ‘被’ pɛi, ‘皮疲’ p‘i, ‘彌’ mi; ‘斯厮’ sy, ‘賜’ sœy, ‘此’ tɕ‘y, ‘刺莿’ tɕ‘œy。

(7) 上海 ‘兒爾’ œr (文言音)。

---

之。[kji]: 121 **箕**, 122 **基**, 123 **紀**, 124 **記**; ‘箕’ 同鳳谷 tɕ‘i; ‘基’ 安 kə。——[k‘ji]: 126 **起**; ‘起’ 安k‘əi*。——[꜀g‘ji]: 128 **棊**, 129 **期**, 130 **旗**, 131 **麒**; ‘棊期旗麒’ 安 kə*; ‘棊旗’ 汕 ki。——[ŋji]: 134 **擬**; ‘擬’ 汕 ŋi, 歸 ȵi。——[xji]: 136 **嘻**, 137 **嬉**, 138 **熙**, 139 **禧**。——[ʔi]: 141 **意**; ‘醫’ 汕 ui*。——[i]: 143 **貽**, 144 **已**, 145 **矣**, 146 **異**; ‘已矣’ 汕 ĩ; ‘安’ 安 hi。

| 例字 古音 | 147 置 ȶi | 148 痴 ȶ‘i | 151 持 ꜀ȡ‘i | 152 治 ȡ‘iˀ | 155 士 ɖʐ‘i | 159 使 ʂi | 162 止 ȶɕi | 167 齒 ȶɕ‘i | 169 詩 ɕi |
|---|---|---|---|---|---|---|---|---|---|
| 高麗 | ȶɕ‘i | ȶɕ‘i | ȶɕi | ʈɕ‘i | sǎ | sǎ | ȶɕi | ȶɕ‘i | si |
| 漢音 | ȶɕi | ȶɕi | ȶɕi | tɕi | ɕi | ɕi | ɕi | ɕi | ɕi |
| 吳音 | ȶɕi | ȶɕi | ȡʑi | ȡʑi | ȡʑi | ɕi | ɕi | ɕi | ɕi |
| 安南 | ȶi | si | ȶi | ȶi | si | sɯ | ȶi | si | t‘i |
| 廣州 | ȶɕi | ȶɕ‘i | ȶɕ‘i | ȶɕi | sɿ | sɿ | ȶɕi | ȶɕ‘i | ʂi |
| 客家 | či | č‘i | č‘i | č‘i | sɿ | sɿ | či | č‘i | ši |
| 汕頭[8] | ti | ȶɕ‘i | t‘i | ti | sɯ | sɯ | ȶɕi | ȶɕ‘i 另 | si |
| 福州[9] | tεiˀ | ȶɕ‘i | t‘i | tεi | sœy² | sy | ȶɕi | ȶɕ‘i | si |
| 温州 | tsɿ | ts‘ɿ | dzɿ | dzɿ | zɿ | sɿ | tsɿ | ts‘ɿ | sɿ |
| 上海[10] | tsɿ | ts‘ɿ | zɿ | dzɿ | zɿ | sɿ | tsɿ | ts‘ɿ | sɿ |
| 北京 | tʂʅ | tʂ‘ʅ | tʂ‘ʅ | tʂʅ | ʂʅ | ʂʅ | tʂʅ | tʂ‘ʅ | ʂʅ |
| 開封 | tʂʅ | tʂ‘ʅ | tʂ‘ʅ | tʂʅ | ʂʅ | ʂʅ | tʂʅ | tʂ‘ʅ | ʂʅ |
| 懷慶 | tʂʅ | tʂ‘ʅ | tʂ‘ʅ | tʂʅ | sɿ | sɿ | tsɿ | ts‘ɿ | sɿ |
| 歸化 | tʂʅ | tʂ‘ʅ | tʂ‘ʅ | tʂʅ | sɿ | sɿ | tsɿ | ts‘ɿ | sɿ |
| 大同 | tʂʅ | tʂ‘ʅ | tʂ‘ʅ | tʂʅ | sɿ | sɿ | tsɿ | ts‘ɿ | sɿ |
| 太原 | tsɿ | ts‘ɿ | ts‘ɿ | tsɿ | sɿ | sɿ | tsɿ | ts‘ɿ | sɿ |
| 興縣 | tʂʅ | tʂ‘ʅ | tʂ‘ʅ | tʂʅ | sɿ | sɿ | tsɿ | ts‘ɿ | sɿ |
| 太谷 | tsɿ | ts‘ɿ | ts‘ɿ | tsɿ | sər | sər | tsər | ts‘ər | sər |
| 文水 | tʂʅ | tʂ‘ʅ | tʂ‘ʅ | tʂʅ | sɿ | sɿ | tsɿ | ts‘ɿ | sɿ |
| 鳳台 | tsɿ | ts‘ɿ | ts‘ɿ | tsɿ | sɿ | sɿ | tsɿ | ts‘ɿ | sɿ |
| 蘭州 | tʂʅ | tʂ‘ʅ | tʂ‘ʅ | tʂʅ | sɿ | sɿ | tsɿ | ts‘ɿ | sɿ |
| 平涼 | tʂʅ | tʂ‘ʅ | tʂ‘ʅ | tʂʅ | sɿ | sɿ | tsɿ | ts‘ɿ | sɿ |
| 西安 | tʂʅ | tʂ‘ʅ | tʂ‘ʅ | tʂʅ | sɿ | sɿ | tsɿ | ts‘ɿ | sɿ |
| 三水 | tʂʅ | tʂ‘ʅ | tʂ‘ʅ | tʂʅ | sɿ | sɿ | tsɿ | ts‘ɿ | sɿ |
| 四川 | tʂʅ | tʂ‘ʅ | tʂ‘ʅ | tʂʅ | sɿ | ʂʅ | tʂʅ | tʂ‘ʅ | ʂʅ |
| 南京 | tʂʅ | tʂ‘ʅ | tʂ‘ʅ | tʂʅ | sɿ | ʂʅ | tʂʅ | tʂ‘ʅ | ʂʅ |

**[ȶ‘i]**: 149 笞, 150 恥; ‘笞’ 麗 t‘ε (拼作 t‘ăi), 安 sui, 水 tsɿ, 西 ts‘ɿ; ‘恥’ 福 t‘i。——**[꜀ȡ‘i]**: ‘持 治’; ‘治’ 麗 ȶɕ‘i, 汕福 ti, 溫 dzɿ; ‘治’ 古又讀去聲 ȡ‘iˀ, 看 ȡ‘iˀ 行。——**[ȡ‘iˀ]**: 153 痔, 154 値; ‘痔’ 汕 t‘i, 歸同興蘭涼 sɿ, 西水懷 tsɿ; ‘値’ 許多讀法好像來自不見反切之古入聲 ȡ‘ĭək。——**[ɖʐ‘i]**: 156 仕, 157 俟, 158 事; ‘俟’ 廣 tsɿ, ‘事’ 安 sɯ。——**[ʂi]**: 160 史, 161 駛; ‘使駛’ 福 sai*。——**[ȶɕ‘i]**: 163 之, 164 芝, 165 志, 166 誌; ‘之芝’ 汕 tsɯ; ‘芝’ 福 ȶɕie。——**[ȶɕ‘i]**: 168 嗤; 汕另 ‘嗤’ 字; ‘齒’ 汕 ȶɕ‘ĩ; ‘嗤’ 原未詳。——**[ɕi]**: 170 尸, 171 始, 172 試, 173 弑; ‘始’ 廣 ȶɕ‘i, 客 č‘i, 福 sy, ‘試’ 汕 ȶɕ‘i*, 福 ȶɕ‘εi*; ‘弑’ 汕 ȶɕ‘i, 水 ts‘ɿ。

| | 174 | 178 | 181 | 182 | 190 | 196 | 198 | 199 |
|---|---|---|---|---|---|---|---|---|
| 例字 | 時 | 耳 | 你 | 狸 | 玆 | 慈 | 字 | 司 |
| 古音 | ʑi | ȵʑi | ni | lji | tsi | ꜀dz'i | dz'iᵓ | si |
| 高麗 | si | i | i | i | ȶɕă | ȶɕă | ȶɕă | să |
| 漢音 | ɕi | ȡʑi | | ri | ɕi | ɕi | ɕi | ɕi |
| 吳音 | ȡʑi | ni | | ri | ɕi | ȡʑi | ȡʑi | ɕi |
| 安南 | t'i | ȵi | ne | li | tɯ | tɯ | tɯ | tɯ |
| 廣州 | ʂi | i | nei | lei | tsɿ | ts'ɿ | tsɿ | sɿ |
| 客家 | ši | ȵi | ni | li | tsɿ | ts'ɿ | ts'ɿ | sɿ |
| 汕頭[8] | si | dzɯ | ni | li | tsɯ | ts'ɯ | ȡʑi | sɯ |
| 福州[9] | si | ŋi | ny | li | ȶɕy | ȶɕy | ȶɕɛi | sy |
| 溫州 | zɿ | n | ȵi | li | tsɿ | zɿ | zɿ | sɿ |
| 上海[10] | zɿ | ȵi | ni | li | tsɿ | dzɿ | zɿ | sɿ |
| 北京 | ʂʅ | œr | ni | li | tsɿ | ts'ɿ | tsɿ | sɿ |
| 開封 | ʂʅ | œr | ȵi | li | tsɿ | ts'ɿ | tsɿ | sɿ |
| 懷慶 | sɿ | ər | ȵi | li | tsɿ | ts'ɿ | tsɿ | sɿ |
| 歸化 | sɿ | ər | ȵi | li | tsɿ | ts'ɿ | tsɿ | sɿ |
| 大同 | sɿ | ər | ȵi | li | tsɿ | ts'ɿ | tsɿ | sɿ |
| 太原 | sɿ | ar | ȵi | li | tsɿ | ts'ɿ | tsɿ | sɿ |
| 興縣 | sɿ | ər | ȵȡi | li | tsɿ | ts'ɿ | tsɿ | sɿ |
| 太谷 | sər | ər | ȵi | li | tsɿ | ts'ɿ | tsɿ | sɿ |
| 文水 | sɿ | ər | ȵȡi | li | tsɿ | ts'ɿ | tsɿ | sɿ |
| 鳳台 | sɿ | ʐʅ | ni | li | tsɿ | ts'ɿ | tsɿ | sɿ |
| 蘭州 | sɿ | ɛr | ȵi | li | tsɿ | ts'ɿ | tsɿ | sɿ |
| 平涼 | sɿ | œr | ȵi | li | tsɿ | ts'ɿ | tsɿ | sɿ |
| 西安 | sɿ | ər | ȵi | li | tsɿ | ts'ɿ | tsɿ | sɿ |
| 三水 | sɿ | ər | ȵi | li | tsɿ | ts'ɿ | ts'ɿ | sɿ |
| 四川 | ʂʅ | r | ni | li | tsɿ | ts'ɿ | tsɿ | sɿ |
| 南京 | ʂʅ | œr | li | li | tsɿ | ts'ɿ | tsɿ | sɿ |

[**ʑi**]: 175 市，176 恃，177 侍；'時' 安 t'əi*，汕 sɯ (文言音)；'市' 汕 ȶɕ'i，福 ȶɕ'ɛi$^2$；'恃' 廣 ȶɕ'i*。——[**ȵʑi**]: 179 而，180 餌；'耳' 福 ŋɛi$^2$*；'而' 客福 i，溫 (Parker) zɿ，汕 lɯ*；'餌' 汕 ȡʑi*，廣 nei，溫懷蘭 mi。——[**ni**]: '你' 汕 lɯ*，日本未詳。——[**lji**]: 183 釐，184 里，185 鯉，186 裏，187 理，188 李，189 吏；'狸' 汕 lai*；'釐' 福 lie；'里理' 安 ləi*；'吏' 安 lai。——[**tsi**]: 191 滋，192 仔，193 孳，194 子，195 梓；'仔' 粤 tsai*；'孳' 鳳未詳；'子' 閩 ȶɕi*。——[꜀**dz'i**]: 197 磁；'磁' 水 tsɿ。——[**dz'iᵓ**]: '字' 客 sɿ*，汕 tsɯ*，dzɯ* (文言音)。——[**si**]: 200 絲，201 伺，202 思，203 死；'司' 福 sa* (俗)，安 ti*；'司*絲死*' 福 si (白話音)；'絲' 安 tə*；'伺' 廣 tsɿ，北* 同京* ts'ɿ，滬 zɿ，看前第十三章心母例外 b) 項註。

微歸

| | 204 | 206 | 1 | 4 | 9 | 12 |
|---|---|---|---|---|---|---|
| 例字 | 辭 | 祀 | 鬼 | 揮 | 威 | 違 |
| 古音 | ꜀zi | ꜂zi | kjʷĕi | xjʷĕi | ʔʷĕi | jʷĕi |
| 高麗 | să | să | kui | hui | ui | ui |
| 漢音 | ɕi | ɕi | ki | ki | ui | ui |
| 吳音 | ȡʑi | ȡʑi | ki | ki | ui | ui |
| 安南 | tɯ | tɯ | kui | hui | ui | vi |
| 廣州 | ts'ɿ | tsɿ | kuai | fai | uai | uai |
| 客家 | ts'ɿ | sɿ | kui | fui | vui | vui |
| 汕頭[8] | sɯ | sɯ | kui | hui | ui | ui |
| 福州[9] | sy | sœy[2] | kui[1] | hui | ui | ui |
| 温州 | zɿ | zɿ | ȶɕy | hy | y | y |
| 上海[10] | dzɿ | zɿ | kue | hue | ue | ue |
| 北京 | ts'ɿ | sɿ | kuei[2] | xui | ui | ui |
| 開封 | ts'ɿ | sɿ | kui | xui | ui | ui |
| 懷慶 | ts'ɿ | sɿ | kui | xui | ui | ui |
| 歸化 | sɿ | sɿ | kui | xui | vəi | vəi |
| 大同 | sɿ | sɿ | kui | xui | vɛi | vɛi |
| 太原 | sɿ | sɿ | kuɛi | xuɛi | vɛi | vɛi |
| 興縣 | sɿ | sɿ | kuɛ | xuɛ | uɛ | uɛ |
| 太谷 | sɿ | sɿ | kuei | xuei | uei | uei |
| 文水 | sɿ | sɿ | kuei | xuei | uei | uei |
| 鳳台 | sɿ | sɿ | kuai | xuai | uai | uai |
| 蘭州 | sɿ | sɿ | kuei | xuei | uei | uei |
| 平涼 | sɿ | sɿ | kuɛi | xuɛi | uɛi | uɛi |
| 西安 | sɿ | sɿ | kui[2] | xuei | uei | uei |
| 三水 | sɿ | sɿ | kui[2] | xuei | uei | uei |
| 四川 | ts'ɿ | sɿ | kue | xue | ue | ue |
| 南京 | ts'ɿ | sɿ | kui | xui | uei | uei |

[꜀**zi**]: 205 詞。——[꜂**zi**꜄]: 207 似, 208 巳, 209 嗣, 210 飼, 211 寺; '似' 廣 ts'ɿ, 安 tə*; '巳' 安 ti; '嗣' 客 ts'ɿ*。

(8) 汕頭 '使史駛祀*' sai; '司*絲伺*死*辭*' si, '巳' ȶɕi, '飼' ȶɕ'i*, '寺' ȡʑi*。同字有 -ɯ, -i 兩讀時, -ɯ 是文言音。

(9) 福州去聲 -ɛi, -œy 與他聲 -i, -y 相當, 所以: '記忌' kɛi, '意矣異' ɛi, '置痔' tɛi, '志誌字' ȶɕɛi, '市' ȶɕ'ɛi, '試 恃侍寺' sɛi, '餌' nɛi, '吏' lɛi; '士仕俟事試弒伺祀似巳嗣飼' sœy。

(10) 上海 '耳*而餌*' œr (文言音)。

---

微歸。[**kjʷĕi**]: 2 歸, 3 貴; '歸' 温 kuai; '歸貴' 滬 ȶɕy*; '貴' 安 kuəi*。——[**xʷĕi**]: 5 輝, 6 徽, 7 卉, 8 諱; '徽' 温 huai; '卉' 麗 hue (拼作 huei), 廣 uai, 福 ui; '諱' 廣 ꜅uai*, 客 vui*。——[**ʔʷĕi**]: 10 畏, 11 慰; '威' 安 uai*; '慰' 安 hui*; 汕 uɛ*, 歸蘭西 y。——[**jʷĕi**]: 13 闈, 14 圍, 15 謂, 16 蝟, 17 胃, 18 彙; 從 '彙' 字現代讀法可以看出古代好幾種讀法: 麗 hui, 北歸同原文谷鳳涼西 x- (北 xuei 等等); 廣 ləy*, 客汕* lui, 福 loi, 温 ly, 滬 lue。——

| | 19 | 24 | 26 | 27 |
|---|---|---|---|---|
| 例字 | 非 | 妃 | 肥 | 尾 |
| 古音 | pjʷĕi | p'jʷĕi | b'jʷĕi | mjʷĕi |
| 高麗 | pi | pi | pi | mi |
| 漢音 | hi | hi | hi | bi |
| 吳音 | hi | hi | bi | mi |
| 安南 | fi | fi | fi | vi |
| 廣州 | fei | fei | fei | mei |
| 客家 | fui | fui | p'ui | mui |
| 汕頭 | hui | hui | pui | mui |
| 福州[1] | hi | hi | pui | mui |
| 溫州 | fi | fi | vi | mi |
| 上海 | fi | fi | vi | vi |
| 北京[2] | fei | fei | fei | uei |
| 開封 | fi | fi | fi | vi |
| 懷慶 | fəi | fəi | fəi | i |
| 歸化 | fəi | fəi | fəi | vəi |
| 大同 | fɛi | fɛi | fɛi | vɛi |
| 太原 | fɛi | fɛi | fɛi | vɛi |
| 興縣 | fuɛ | fuɛ | fuɛ | vɛ |
| 太谷 | fəi | fəi | fəi | uei |
| 文水 | xuei | xuei | xuei | uei |
| 鳳台 | fai | fai | fai | uai |
| 蘭州 | fei | fei | fei | uei |
| 平涼 | fɛi | fɛi | fɛi | uɛi |
| 西安[2] | fi | fi | fi | vei |
| 三水[2] | fei | fei | fei | uei |
| 四川 | fe | fe | fe | ue |
| 南京 | fəi | fəi | fəi | uei |

**[pjʷĕi]**: 20 **緋**, 21 **飛**, 22 **匪**, 23 **痱**; '非' 汕 huĩ*; '緋匪' 福 p'i; '飛' 福 pui*, 汕 puɛ*; '痱' 廣 fai, 福 pɛi, poi, 麗滬未詳。——[p'jʷĕi]: 25 **費**, '費' 廣 fai, 汕 pi*, 福 hie。——[b'jʷĕi]: '肥' 福 p'i* (文言音)。滬 bi* (白話音) [譯者按限於 '肥皂']。——[mjʷĕi]: 28 **微**, 29 **味**, 30 **未**; '尾' 汕 buɛ*, 在幾種官話裏 i* (俗), '微' 客福 mi, 温 vi; '味' 汕 bi* (白話音), 福 ɛi, 滬 mi* (白話音); '未' 客 vui, 滬 mi* (白話音) [譯者按限於當 "還早吶!" 講], 汕 buɛ*, bi*, 福 ɛi, muoi。

(1) 福州去聲 -oi (闕 o) 所以: '貴' koi, '諱' huoi, '畏慰謂蝟胃' oi, '痱' poi, '未' muoi。

(2) 北京陰陽平是 -ui, 上去是 -uei。西安 三水 恰恰相反: 平 uei 而上去 ui。所以如果行首代表字北京讀 ˋkuei, 其餘同聲母的平聲字就應該改讀作 ˎkui, 反之如果代表字是平聲 kui, 上去字則改讀 kuei。其他字音也如此。這話聲明過一次以後就不把 ˎkui: ˋkuei, ˎxui: ˋxuei 等等詳列出來了。同樣關於 西安 三水 音讀者自己也可以會作相當的改讀 (ˎkuei: ˋkui 等等)。

| | 脂追 31 | 35 | 40 | 41 | 44 | 46 | 47 | 48 |
|---|---|---|---|---|---|---|---|---|
| 例字 | 龜 | 葵 | 櫃 | 惟 | 帷 | 追 | 槌 | 墜 |
| 古音 | kjʷi | ꜀g'jʷi | g'jʷiᵓ | ĭʷi | jʷi | ȶʷi | ꜀ȡ'ʷi | ȡ'ʷiᵓ |
| 高麗[3] | kui | kiu | kue | iu | iu | ȶɕ'u | ȶɕ'u | ȶɕ'u |
| 漢音 | ki | ki | ki | ui | ui | tsui | tsui | tsui |
| 吳音 | ki | gi | | ui | ui | tsui | | dzui |
| 安南 | kui | kui | kui | zui | vi 另 | ȶui | ȶui | ȶui |
| 廣州 | kuai | k'uai | kuai | uai | uai | ȶɕɵy | ȶɕ'ɵy | ȶɕɵy |
| 客家 | kui | k'ui | k'ui | vui | vui | čui | č'ui | čui |
| 汕頭 | kui | k'ui | | dzui | ui 另 | tui | t'ui | tui |
| 福州[4] | kui | k'ui 另 | koi | mi | mi | tui | t'ui | toi |
| 溫州[5] | ȶɕy | ȡʑy | ȡʑy | y | y | tsy | dzy | dzy |
| 上海 | kue | gue | gue | vi | ue | tsœ | dzœ | dzœ |
| 北京[6] | kui | k'ui | kuei | ui | ui | ʈʂui | ʈʂ'ui | ʈʂuei |
| 開封 | kui | k'ui | kui | vi | ui | ʈʂui | ʈʂ'ui | ʈʂui |
| 懷慶 | kui | k'ui | kui | vəi | ui | ʈʂui | ʈʂ'ui | ʈʂui |
| 歸化 | kui | k'ui | kui | vəi | vəi | tsəi | ts'əi | tsəi |
| 大同 | kui | k'ui | kui | vɛi | vɛi | ʈʂui | ʈʂ'ui | ʈʂui |
| 太原 | kuɛi | k'uɛi | kuɛi | vɛi | vɛi | tsuɛi | ts'uɛi | tsuɛi |
| 興縣 | kuɛ | k'uɛ | kuɛ | vɛ | vɛ | ȶɕyi | ȶɕ'yi | ȶɕyi |
| 太谷 | kuei | k'uei | kuei | uei | uei | tsuei | ts'uei | tsu |
| 文水 | kuei | k'uei | kuei | uei | uei | tsuei | ts'uei | tsuei |
| 鳳台 | kuai | k'uai | kuai | uai | uai | tsuai | ts'uai | tsuai |
| 蘭州 | kuei | k'uei | kuei | uei | uei | ʈuei | ʈ'uei | ʈuei |
| 平涼 | kuɛi | k'uɛi | kuɛi | uɛi | uɛi | ʈuɛi | ʈ'uɛi | ʈuɛi |
| 西安[6] | kuei | k'uei | kui | vei | uei | pfei | pf'ei | pfei |
| 三水[6] | kuei | k'uei | k'ui | uei | uei | tsuei | ts'uei | tsui |
| 四川 | kue | k'ue | kue | ue | ue | ʈʂue | ʈʂ'ue | ʈʂue |
| 南京 | kui | k'ui | kui | ui | ui | ʈʂui | ʈʂ'ui | ʈʂui |

脂追。[**kjʷi**]: [32 號原誤列 '規' 字，現在移後作爲 72 a 號] 33 晷，34 癸；'龜' 汕 ku*；'晷癸' 汕 k'ui。——[**g'jʷi**]: 福另 '揆' 字；'葵' 汕 k'uɛ*，福 ki。 這一行的各音雖然平仄不與以下四字相合，但讀音可以用得上就是 36 揆，37 愧，38 饋，39 餽，只有以下幾個例外：'揆愧饋餽' 日本只有 ki 音；'愧' 溫 ȶɕy，麗 kue；'饋餽' 麗 kue，廣 kuai，福 koi [譯者按 '愧' 字是 k-(見) 母，不過在許多方言讀送氣。]——[**g'jʷiᵓ**]: '櫃' 汕 kuĩ，溫 ȡʑy*。——[**ĭʷi**]: 42 維，43 遺；'遺' 安 zi，溫官話 i，日本 iui*，福 mi。——[**jʷi**]: 45 位；安另 '位' 字；'帷' 汕 dzui*，安未詳；'位' 麗 ue。

| | 49 | 52 | 53 | 54 | 59 | 60 | 61 | 63 | 64 |
|---|---|---|---|---|---|---|---|---|---|
| 例字 | 錐 | 水 | 蘂 | 累 | 醉 | 翠 | 雖 | 遂 | 悲 |
| 古音 | ȶɕʷi | ɕʷi | ȵʑʷi | ljʷi | tsʷi | ts'ʷi | sʷi | zʷi | pjʷi |
| 高麗[3] | ȶɕ'u | su | | iu | ȶɕ'ui | ȶɕ'ui | su | su | pi |
| 漢音 | sui | sui | zui | rui | sui | sui | sui | sui | hi |
| 吳音 | sui | sui | | rui | sui | sui | sui | zui | hi |
| 安南 | ȶui | t'ui | ȵui | lui | tui | t'ui | tui | tuai | bi |
| 廣州 | ȶɕɵy | ʂɵy | iɵy | lɵy | tsɵy | ts'ɵy | sɵy | sɵy | pei |
| 客家 | čui | šui | lui | lui | tsui | ts'ui | sui | sui | pui |
| 汕頭 | tsui | tsui | lui | lui | tsui | ts'ui | sui | sui | pui |
| 福州[4] | ȶɕ'ui | ȶɕui | lui | lui | ȶɕoi | ȶɕ'oi | ȶɕ'ui | soi | p'i |
| 溫州[5] | tsy | sy | ȵy | lai | tsai | ts'ai | sy | zy | pai |
| 上海 | tsœ | sœ | dzœ | le | tsœ | ts'œ | sœ | dzœ | pe |
| 北京[6] | ʈʂui | ʂuei | ʐuei | lei | tsuei | ts'uei | sui | ʂuei | pei |
| 開封 | ʈʂui | ʂui | ʐui | lui | tsui | ts'ui | sui | sui | pɛi |
| 懷慶 | ʈʂui | ʂui | ʐui | lui | ʈʂui | ʈʂ'ui | ʂui | ʂui | pəi |
| 歸化 | tsəi | səi | zui | ləi | tsəi | ts'əi | səi | səi | pəi |
| 大同 | ʈʂui | ʂui | vɛi | lɛi | tsui | ts'ui | sui | sui | pɛi |
| 太原 | tsuɛi | suɛi | zuɛi | luɛi | tsuɛi | ts'uɛi | suɛi | suɛi | pɛi |
| 興縣 | ȶɕyi | ɕyi | | lyi | ȶɕyi | ȶɕ'yi | ɕyi | ɕyi | pɛ |
| 太谷 | tsu | fu | uei | ly | ȶɕy | ts'uei | ɕy | ɕy | pɛi |
| 文水 | tsuei | suei | zuei | luei | ȶɕy | ts'uei | suei | ɕy | pɛi |
| 鳳台 | tsuai | suai | zuai | luai | tsuai | ts'uai | suai | suai | pai |
| 蘭州 | ʈuei | fei | uei | luei | tsuei | ts'uei | suei | suei | p'ei |
| 平涼 | ʈuɛi | ʂuɛi | ʐuɛi | luɛi | tsuɛi | ts'uɛi | suɛi | suɛi | pɛi |
| 西安[6] | pfei | fei | vei | luei | tsui | ts'ui | suei | sui | pei |
| 三水[6] | tsuei | sui | ʐui | luei | tsui | ts'ui | suei | sui | pei |
| 四川 | tsue | ʂue | | lue | tsue | ts'ue | sy | sy | pe |
| 南京 | ʈʂui | ʂui | ʐui | lui | tsui | ts'ui | sui | sui | pəi |

**[ȶɕʷi]**: '錐' 滬 tsɿ*。——[ʂʷi]: 50 帥, 51 率; 這兩個字古有 ʂĭuĕt, ʂʷi 跟 ɕĭʷɛi 三讀, 方言中也有各式各樣的讀法[譯者按當比例講'率'字還有好像來自古 ljĭuĕt 的讀法]。——[ʂʷi]: '水' 汕 sui* (文言音), 温 sy (Montgomery 'shï'); 滬 sɿ (俗)。——[ȵʑʷi]: '蘂' 汕 dzui*, 吳音興川未詳; 麗 ie (拼作 iei)。——**[ljʷi]**: 55 縲, 56 壘, 57 類, 58 淚; '縲壘' 谷 luei, 興 luɛ; '類' 温 ly, 安 luai; '淚' 文 ly, 滬 li*。——**[sʷi]**: 62 綏; '綏' 文 ɕy, 川未詳。——**[pjʷi]**: 65 鄙, 66 祕, 67 轡; '悲' 汕 pi*; '鄙祕' 到處讀開口, 就是說除廣 pei, 福 '祕' pɛiˀ 外, 其他方言 -i; '鄙' 粵閩涼陝西川 p'-; '轡' 客汕温 pi, 福 pie, 滬*北封懷同鳳涼京川 pᶜ- (韻母如表 '悲' 字行) 其他官話方言跟滬* p'i, 原未詳。

| | | | 支爲 | |
|---|---|---|---|---|
| | 68 | 70 | 72 | 73 |
| 例字 | 丕 | 美 | 詭 | 虧 |
| 古音 | p‘j$^w$i | mj$^w$i | kj$^w$iĕ | k‘j$^w$iĕ |
| 高麗[3] | pi | mi | kue[7] | kiu |
| 漢音 | hi | bi | ki | ki |
| 吳音 | hi | mi | ki | ki |
| 安南 | fi | mi | kui | k‘ui |
| 廣州 | p‘ei | mei | kuai | k‘uai |
| 客家 | p‘i | mui | kui | k‘ui |
| 汕頭 | p‘i | mui | k‘ui | k‘ui |
| 福州[4] | p‘i | mi | kui[8] | k‘ue |
| 温州[5] | p‘i | mi | ȶɕy | ȶɕy |
| 上海 | p‘e | me | kue | k‘ue |
| 北京[6] | p‘ei | mei | kuei | k‘ui |
| 開封 | p‘εi | mεi | kui | k‘ui |
| 懷慶 | p‘əi | məi | kui | k‘ui |
| 歸化 | p‘əi | məi | kui | k‘ui |
| 大同 | p‘εi | mεi | kui | k‘ui |
| 太原 | p‘εi | mεi | kuεi | k‘uεi |
| 興縣 | p‘ε | mbε | kuε | k‘uε |
| 太谷 | p‘εi | mεi | kuei | k‘uei |
| 文水 | p‘εi | mbεi | kuei | k‘uei |
| 鳳台 | p‘ai | mai | kuai | k‘uai |
| 蘭州 | p‘ei | mei | kuei | k‘uei |
| 平涼 | p‘εi | mεi | kuεi | k‘uεi |
| 西安[6] | p‘ei | mei | kui[9] | k‘uei |
| 三水[6] | p‘ei | mei | kui[9] | k‘uei |
| 四川 | | me | kue | k‘ue |
| 南京 | p‘i | məi | kui | k‘ui |

**[b‘j$^w$i]**: 69 **備**; 滬 be, 北 pei, 封 pεi, 懷 pəi, 其餘方言讀的好像古音是開口: 漢音 hi, 吳音温 bi, 客 p‘i, 廣 pei, 所有別的方言 pi。——[**mj$^w$i**]: 71 **眉**; ‘美’ 汕 mi*; ‘眉’ 汕 bai 跟 mi (文言音), 客滬* mi, 山西 (除掉大同) 甘肅陝西四川 mi, 文興 mbi。

(3) 高麗除表內所舉 -iu 外, 還有 ‘癸’ 字讀 kiu。

(4) 福州去聲 -oi, 所以: ‘癸饋餽櫃’ koi, ‘愧’ k‘oi, ‘位’ oi, ‘墜’ toi, ‘類淚’ loi, ‘醉’ ȶɕoi, ‘翠’ ȶɕ‘oi, ‘遂’ soi。

(5) 温州我從 Parker 寫 tsy, ts‘y, dzy, sy, zy 的地方, Montgomery 寫 ‘chï, ch‘ï, djï, shï, jï’; 我不知道這個 ï 的音質。以下各韵也有同樣問題。[看 557 頁註 4 譯者附註。]

(6) 北京西安三水: 跟 -ĕi 合口一樣有 ui: uei 隨調變法, 看前 565 頁。

---

**支** 爲。[**kj$^w$iĕ**]: 72 a **規**; ‘規’ 麗 kiu, 廣涼三 k‘–, 福 kie, 温 kuai*。——[**k‘j$^w$iĕ**]: **74 窺**, ‘**虧**’ 麗 **hiu***, 福 k‘ui*, 温 k‘uai*, 滬 ȶɕ‘y; ‘窺’ 安* 客汕 kui。

| 例字<br>古音 | 75<br>跪<br>g'jʷiĕ | 76<br>危<br>ŋjʷiĕ | 78<br>麾<br>xjʷiĕ | 81<br>委<br>ʔʷiĕ | 83<br>爲<br>jʷiĕ | 84<br>縋<br>ȡ'ʷiĕ | 85<br>吹<br>tɕ'ʷiĕ | 88<br>垂<br>꜀ʑʷiĕ | 89<br>睡<br>ʑʷiĕ꜄ |
|---|---|---|---|---|---|---|---|---|---|
| 高麗[7] | kue | ui | hui | ui | ui | tɕ'u | tɕ'ui | su | su |
| 漢音 | ki | gi 另 | ki | ui | ui | tsui | sui | sui | sui |
| 吳音 | | gi | ki | ui | ui | dzui | sui | zui | zui |
| 安南 | kui | ŋui | hui | ui | vi | ȶui | sui | t'ui | |
| 廣州 | kuai | ŋai | fai | uai | uai | tɕøy | tɕøy | ɕøy | ɕøy |
| 客家 | k'ui | ŋui | fui | vui | vui | č'ui | č'ui | šui | šui 另 |
| 汕頭 | kui | ŋui | hui | ui | ui | tui | ts'ui | sui | sui |
| 福州[8] | koi² | ŋui | hui | ui | oi | toi | tɕ'ui | sui | soi |
| 温州 | ȡʑy | ȵy | huai | y | y | dzy | ts'y | dzy | zai |
| 上海 | gue | ue | hue | ue | ue | dzœ | ts'œ | dzœ | dzœ |
| 北京[9] | kuei | ui | xui | uei | uei | ʈʂuei | ʈʂ'ui | ʈʂ'ui | ʂuei |
| 開封 | kui | ui | xui | ui | ui | ʈʂui | ʈʂ'ui | ʈʂ'ui | ʂui |
| 懷慶 | kui | ui | xui | ui | ui | ʈʂui | ʈʂ'ui | ʈʂ'ui | ʂui |
| 歸化 | | vəi | xui | vəi | vəi | tsəi | ts'əi | ts'əi | səi |
| 大同 | | vɛi | xui | vɛi | vɛi | ʈʂui | ʈʂ'ui | ʈʂ'ui | ʂui |
| 太原 | | vɛi | xuɛi | vɛi | vɛi | tsuɛi | ts'uɛi | ts'uɛi | ʂuɛi |
| 興縣 | | uɛ | xuɛ | uɛ | uɛ | tɕyi | tɕ'yi | tɕ'yi | ɕyi |
| 太谷 | | uei | xuei | uei | uei | tsuei | ts'uei | ts'uei | fu |
| 文水 | | uei | xuei | uei | uei | tsuei | ts'uei | ts'uei | suei |
| 鳳台 | kuai | uai | xuai | uai | uai | ts'uai | ts'uai | ts'uai | suai |
| 蘭州 | kuei | uei | xuei | uei | uei | ʈuei | ʈ'uei | ʈ'uei | fei |
| 平涼 | kuɛi | uɛi | xuɛi | uɛi | uɛi | ʈuɛi | ʈ'uɛi | ʈ'uɛi | ʂuɛi |
| 西安[9] | kui | uei | xuei | ui | ui | pfei | pf'ei | pf'ei | fei |
| 三水[9] | | uei | xuei | ui | ui | tsui | ts'ui | ts'ui | sui |
| 四川 | kue | ue | xue | ue | ue | ʈʂue | ʈʂ'ue | ʈʂ'ue | ʂue |
| 南京 | kui | uei | xui | uei | uei | ʈʂui | ʈʂ'ui | ʈʂ'ui | ʂui |

[g'jʷiĕ]: '跪' 滬 ȡʑy*；表中未注音的些方言（吳音歸同等）依照唐韵一個切 k'- 的音讀。——[ŋjʷiĕ]: 77 僞；漢音另 '僞' 字；'危' 漢音 ki；'僞' 京未詳。——[xjʷiĕ]: 79 毁，80 燬；'毁燬' 麗 hue，廣 uai，客 k'ui*，温 hy (Parker)；'毁' 汕 huĩ。——[ʔʷiĕ]: 82 餧；'委餧' 温 uai*；'委' 安 hui*；'餧' 福 ꜀ui，滬 y*(俗)。——[tɕ'ʷiĕ]: 86 炊；'吹炊' 汕 ts'uɛ*，滬 ts'ɿ*（皆白話音）。——[ʂʷiĕ]: 87 衰 在許多方言依照又切 ʂʷa:i，讀如下：麗 sui，漢音 sai，吳音 se（或日本 sui），安 sui，廣 ɕøy，客福 soi，汕 sui，suɛ，温 sai，滬 se，北懷川京 ʂuai，興 suai，同封 ʂuɛi，原文鳳 suɛi，谷 fɛi，涼 ʂuɛ，三 suɛ，歸 sɛ，蘭西 fɛ。——[ʑʷiĕ꜄]: 90 瑞；客另 '瑞' 字；'睡' 安 t'ua，客 šoi，滬 zœ*；'瑞' 麗 sə（拼作 sie），安 t'uai，温 zy，北同涼 ʐ-，歸文鳳 z-。

| | | | | 咍 | | | | |
|---|---|---|---|---|---|---|---|---|
| | 91 | 92 | 93 | 1 | 4 | 6 | 7 | 8 |
| 例字 | 髓 | 隨 | 碑 | 該 | 開 | 礙 | 海 | 孩 |
| 古音 | sʷiĕ | zʷiĕ | pjʷiĕ | kɑ̣i | k‘ɑ̣i | ŋɑ̣i | xɑ̣i | ɣɑ̣i |
| 高麗[7] | su | su | pi | kε[1] 另 | kε | ε | hε | hε |
| 漢音 | sui | sui | hi | kai | kai | gai | kai | kai |
| 吳音 | | zui | hi | ke | kai | ge | kai | gai |
| 安南 | tui | tui | bi | kai | k‘ai | ŋai | hai | hai |
| 廣州 | sɵy | ts‘ɵy | pei | koi[2] | hoi | ŋoi | hoi | hoi |
| 客家 | sui | ts‘ui | pi | koi | k‘oi | ŋoi | hoi | hai |
| 汕頭 | ts‘ui | sui | pi | kai | k‘ai | gai | hai | hai |
| 福州[8] | tɕ‘oi | sui | pi | kai | k‘ai | ŋai | hai | hai |
| 温州 | | zy | pai | ke | k‘e | ŋe | he | ɦe |
| 上海 | sœ | dzœ | pe | ke | k‘e | ŋe | he | ɦe |
| 北京[9] | suei | sui | pei | kai | k‘ai | ai | xai | xai |
| 開封 | sui | sui | pai | kai | k‘ai | ɣai | xai | xai |
| 懷慶 | ʂui | ʂui | pəi | kai | k‘ai | ɣai | xai | xai |
| 歸化 | səi | səi | pəi | kε | k‘ε | ŋgε | xε | xε |
| 大同 | sui | sui | pεi | kεi | k‘εi | nεi | xεi | xεi |
| 太原 | suεi | suεi | pεi | kεi | k‘εi | ɣεi | xεi | xεi |
| 興縣 | ɕyi | ɕyi | pε | kε[3] | k‘ε | | xε | xε |
| 太谷 | ɕy | ɕy | pεi | kεi[3] | k‘εi | ŋgεi | xεi | xai |
| 文水 | ɕy | ɕy | pεi | kεi[3] | k‘εi | ŋgai | xεi | xai |
| 鳳台 | suai | suai | pai | kεi | k‘εi | | xεi | xεi |
| 蘭州 | suei | suei | pi | kε | k‘ε | nε | xε | xε |
| 平涼 | suεi | suεi | pi | kε | k‘ε | nε | xε | xε |
| 西安[9] | sui | suei | pi | kε | k‘ε | ŋε | xε | xε |
| 三水[9] | sui | suei | pi | kε | k‘ε | ŋε | xε | xε |
| 四川 | sue | sue | pe | kai | k‘ai | ŋai | xai | xai |
| 南京 | sui | sui | pəi | kai | k‘ai | ai | xai | xai |

[**sʷiĕ**]: ‘髓’ 吳音 zui (跟廣 ˢsɵy 似的，都指示古必有一又切 zʷiĕ)，客 sioi*，温滬* si，汕 ts‘uε*。——[**pjʷiĕ**]: 94 彼，95 俾；‘彼’ 麗 p‘i，温官話(除掉封懷京) pi；‘俾’ 安 ti，温 bi (Parker)。——[**mjʷiĕ**]: 96 糜，97 靡；這兩個字的讀法是廣 mei，漢音 bi，興文 mbi，在其餘的方言 mi——所以當作開口，可是 ‘糜’ 汕 muε*；‘靡’ 福未詳。

(7) 高麗 -ue 拼作 uei。

(8) 福州去聲 -oi，所以：‘跪’ koi²，‘僞’ ŋoi，‘爲’ oi，‘縋’ toi，‘睡瑞’ soi。

(9) 北京 西安 三水： 跟 -ĕi 合口一樣有 ui : uei 隨調變法，看前 565 頁。

---

咍 [**kɑ̣i**]: 2 改，3 槩；麗另 ‘改’ 字；‘該’ 麗 hε；‘改’ 汕 koi*，福 kui*；‘槩’ 安粵閩京 k‘-，麗 kε 跟 kai。——[**k‘ɑ̣i**]: 5 鎧；‘開’ 汕福 k‘ui*；‘鎧’ 麗 kε 跟 kai。——[**ŋɑ̣i**]: ‘礙’ 興鳳未詳。——[**ɣɑ̣i**]: 9 亥；‘亥’ 安 həi，客 hoi，京未詳。

| 例字<br>古音 | 10<br>哀<br>ʔɑ̣i | 13<br>耐<br>nɑ̣i | 15<br>來<br>lɑ̣i | 16<br>戴<br>tɑ̣i | 17<br>胎<br>t'ɑ̣i | 21<br>擡<br>꜀d'ɑ̣i | 24<br>待<br>꜂d'ɑ̣i | 28<br>災<br>tsɑ̣i | 33<br>菜<br>ts'ɑ̣i |
|---|---|---|---|---|---|---|---|---|---|
| 高麗[1] | ɛ | nɛ | nɛ | tɛ | t'ɛ | tɛ | tɛ | ʨɛ | ʨ'ɛ |
| 漢音 | ai | dai | rai | tai | tai | tai | tai | sai | sai |
| 吳音 | ai | nai | rai | tai | tai | dai | dai | sai | sai |
| 安南 | ai | ɳai | lai | ɗai | t'ai | ɗai | ɗai | tai | t'ai 另 |
| 廣州[2] | oi (一) | noi | loi | tai | t'oi | t'oi | toi | tsoi | ts'oi |
| 客家 | oi | nai | loi | tai | t'oi | t'oi | t'oi | tsai | ts'oi |
| 汕頭 | ai | nai | lai | tai | t'ai | t'ai | tai 另 | tsai | ts'ai |
| 福州 | ai | nai | lai | toi | t'ai | t'ai | tai | ʨai | ʨ'ai |
| 温州 | e | ne | le | te | t'e | de | de | tse | ts'e |
| 上海 | e | ne | le | te | t'e | de | de | tse | ts'e |
| 北京 | ai | nai | lai | tai | t'ai | t'ai | tai | tsai | ts'ai |
| 開封 | ɣai | nai | lai | tai | t'ai | t'ai | tai | tsai | ts'ai |
| 懷慶 | ɣai | nai | lai | tai | t'ai | t'ai | tai | tsai | ts'ai |
| 歸化 | ŋgɛ | nɛ | lɛ | tɛ | t'ɛ | t'ɛ | tɛ | tsɛ | ts'ɛ |
| 大同 | nɛi | nɛi | lɛi | tɛi | t'ɛi | t'ɛi | tɛi | tsɛi | ts'ɛi |
| 太原 | ɣɛi | nɛi | lɛi | tɛi | t'ɛi | t'ɛi | tɛi | tsɛi | ts'ɛi |
| 興縣[3] | ŋgɛ | ndɛ | lɛ | tai | t'ai | t'ɛ | tɛ | tsɛ | ts'ɛ |
| 太谷[3] | ŋgai | nai | lɛi | tai | t'ɛi | t'ɛi | tai | tsɛi | ts'ɛi |
| 文水[3] | ŋgai | ndai | lɛi | tai | t'ɛi | t'ɛi | tai | tsɛi | ts'ɛi |
| 鳳台 | ɣɛi | nɛi | lɛi | tɛi | t'ɛi | t'ɛi | tɛi | tsɛi | ts'ɛi |
| 蘭州 | nɛ | nɛ | lɛ | tɛ | t'ɛ | t'ɛ | tɛ | tsɛ | ts'ɛ |
| 平涼 | nɛ | nɛ | lɛ | tɛ | t'ɛ | t'ɛ | tɛ | tsɛ | ts'ɛ |
| 西安 | ŋɛ | nɛ | lɛ | tɛ | t'ɛ | t'ɛ | tɛ | tsɛ | ts'ɛ |
| 三水 | ŋɛ | lɛ | lɛ | tɛ | t'ɛ | t'ɛ | tɛ | tsɛ | ts'ɛ |
| 四川 | ŋai | lai | lai | tai | t'ai | t'ai | tai | tsai | ts'ai |
| 南京 | ai | lai | lai | tai | t'ai | t'ai | tai | tsai | ts'ai |

[ʔɑ̣i]: 11 **埃**, 12 **愛**; '埃' 麗 ɛ 跟 ai, 温 a (Parker), 滬 i*, ie*, 三 iɛ。——[nɑ̣i]: 14 **乃**; '耐乃' 麗 nɛ 跟 nai; '乃' 温 na (Parker)。——[lɑ̣i]: '來' 福温 li*。——[tɑ̣i]: '戴' 汕 (白話音) ti*, to*, 温滬 ta* (白話音)。——[t'ɑ̣i]: 18 **台**, 19 **態**, 20 **貸**; '胎' 汕 t'o* 福 t'ɔi* (白話音); '貸' 廣 t'aːi, 麗閩温滬官話讀的好像古音是 d'ɑ̣i。——[꜀d'ɑ̣i]: 22 **臺**, 23 **苔**; '臺' 福tai; '苔' 閩 t'i*。——[꜂d'ɑ̣i꜃]: 25 **怠**, 26 **殆**, 27 **代**; 汕另 '怠' 字; '待' 汕 t'ai; '怠' 麗廣懷興 t'-; '殆' 麗廣興 t'-, 懷京未詳; '代' 汕 t'oi*, to*。——[tsɑ̣i]: 29 **栽**, 30 **宰**, 31 **再**, 32 **載**; '宰' 安 te, 吳音 sei。——[ts'ɑ̣i]: 3 **猜**, 35 **採**, 36 **采**; 安另 '猜' 字; '菜採' 安未詳; '猜' 麗 sɯi*, 安 sai*, 廣 ʨ'ai, 滬 ts'œ*; '採采' 日本 sei*; '采' 安 t'e。

(一) 據譯者調查廣州城除 a 韵跟 i, u, y 起音的韵, 其餘韵沒有元音起頭的字, 例如, 哀 ŋoi, 安 ŋon, 鴨 ŋap, 甚至屋 ŋuk, 因爲是開 u。

| | | | | 泰蓋 | | | |
|---|---|---|---|---|---|---|---|
| | 37 | 42 | 43 | 44 | 47 | 48 | 49 |
| 例字 | 材 | 在 | 賽 | 蓋 | 艾 | 害 | 奈 |
| 古音 | ꜀dzʻɑ̣i | ꜂dzʻɑ̣i | sɑ̣i | kɑi | ŋɑi | ɣɑi | nɑi |
| 高麗[1] | ʨɛ | ʨɛ | sɛ | kɛ[4] | ɛ | hɛ | nɛ |
| 漢音 | sai | sai | sai | kai | gai | kai | dai |
| 吳音 | zai | zai | sai | kai | gai | gai | nai |
| 安南 | tai | tai | tai | kai | ŋai | hai | ɳai |
| 廣州[2] | tsʻoi | tsoi | soi | koi[5] | ŋai | hoi | noi |
| 客家 | tsʻoi | tsʻoi | soi | koi[5] | ŋai | hoi | nai |
| 汕頭 | tsʻai | tsai | sai | kai | ŋai | hai | nai |
| 福州 | ʨai | ʨai | | kai | ŋai | hai | nai |
| 温州 | ze | ze | se | ke | ŋe | ɦe | na |
| 上海 | dze | dze | se | ke | ŋe | ɦe | ne |
| 北京 | tsʻai | tsai | sai | kai | ai | xai | nai |
| 開封 | tsʻai | tsai | sai | kai | ɣai | xai | nai |
| 懷慶 | tsʻai | tsai | sai | kai | ɣai | xai | nai |
| 歸化 | tsʻɛ | tsɛ | sɛ | kɛ | ŋgɛ | xɛ | nɛ |
| 大同 | tsʻɛi | tsɛi | sɛi | kɛi | nɛi | xɛi | nɛi |
| 太原 | tsʻɛi | tsɛi | sɛi | kɛi | ɣɛi | xɛi | nɛi |
| 興縣[3] | tsʻɛ | tsɛ | sɛ | kɛ[7] | ŋgɛ | xɛ | ndɛ |
| 太谷[3] | tsʻɛi | tsɛi | sai | kɛi[7] | ŋgɛi | xɛi | nai |
| 文水[3] | tsʻɛi | tsɛi | sai | kɛi[7] | ŋgɛi | xɛi | ndɛi |
| 鳳台 | tsʻɛi | tsɛi | sɛ | kɛi | ɣɛi | xɛi | nɛi |
| 蘭州 | tsʻɛ | tsɛ | sɛi | kɛ | nɛ | xɛ | nɛ |
| 平涼 | tsʻɛ | tsɛ | sɛ | kɛ | nɛ | xɛ | nɛ |
| 西安 | tsʻɛ | tsɛ | sɛ | kɛ | ŋɛ | xɛ | nɛ |
| 三水 | tsʻɛ | tsʻɛ | sɛ | kɛ | ŋɛ | xɛ | lɛ |
| 四川 | tsʻai | tsai | sai | kai | ŋai | xai | lai |
| 南京 | tsʻai | tsai | sai | kai | ai | xai | lai |

[꜀dzʻɑ̣i]: 38 纔, 39 裁, 40 才, 41 財; '材裁' 滬 ze*; '纔' 福 ʨʻai, 温 dze, 麗滬未詳; '才' 汕 tsai*。——[꜂dzʻɑ̣i]: '在' 汕 to*。——[sɑ̣i]: '賽' 福 suoi。

(1) 高麗 -ɛ 拼作 -ăi。

(2) 廣州還有特別是客家，有一些讀 -ai 的（廣州的 -ai 是 aːi）：廣州'乃' nai, '戴' tai, '態' tʻai, '猜' ʨʻai。——客家'槩' kʻai（跟 kʻoi），'孩' hai, '埃' ai, '耐乃' nai, '戴' tai, '態待*怠殆' tʻai, '災栽宰再戴*' tsai, '猜採采纔裁在*' tsʻai。

(3) 興縣的 -ai 與 -ɛ 兩類是各別不混的，太谷文水的 -ai 與 -ɛi 也是不混的：興縣'鎧' kʻai, '埃' ŋgai, '乃' ndai, '戴貸代' tai, '胎態怠殆' tʻai, 其餘的字讀 -ɛ。——太谷'鎧' kʻai, '孩亥' xai, 哀埃 ŋgai, '耐乃' nai, '態' tʻai, '貸待怠殆代' tai, '菜採采' tsʻai, '賽' sai, 其餘的字讀 -ɛi。——文水'槩' kai, '鎧' kʻai '礙哀埃' ŋgai, '海孩亥' xai, '耐乃' ndai, '台態臺' tʻai, '貸待怠殆代' tai, '宰再載在' tsai, '采才財' tsʻai, '賽' sai, 其餘的字讀 -ɛi。

---

泰蓋。[kɑi]: 45 丐; '丐' 廣 kʻoi, 温 kʻœ。——[kʻɑi]: 46 磕; 幾乎到處都跟着集韵切 kʻɑp 讀法。——[ŋɑi]: '艾' 福 ŋie*。

| | 50 | 52 | 53 | 54 | 55 | 56 |
|---|---|---|---|---|---|---|
| 例字 | 賴 | 帶 | 泰 | 大 | 貝 | 沛 |
| 古音 | lɑi | tɑi | tʻɑi | dʻɑi | p(u)ɑi | pʻ(u)ɑi |
| 高麗[4] | | tɛ | tʻɛ | tɛ | pʻɛ | pʻɛ |
| 漢音 | rai | tai | tai | tai | hai | hai |
| 吳音 | rai | ta | tai | dai | bai | hai |
| 安南 | lai | ɖai | tʻai | ɖai | boi | fai |
| 廣州[5] | lai | tai | tʻai | tai | pui | pʻui |
| 客家[5] | lai | tai | tʻai | tʻai | pui | pʻui |
| 汕頭 | lai | tai | tʻai | tai | pui | pʻai |
| 福州 | lai | tai | tʻai | tai | puoi | pʻuoi |
| 温州 | la | ta | tʻa | da | pai | pʻai |
| 上海[6] | la | ta | tʻa | da | pe | pʻe |
| 北京 | lai | tai | tʻai | ta | pei | pʻei |
| 開封 | lai | tai | tʻai | ta | pɛi | pʻɛi |
| 懷慶 | lai | tai | tʻai | ta | pəi | pʻəi |
| 歸化 | lɛ | tɛ | tʻɛ | ta | pəi | pʻəi |
| 大同 | lɛi | tɛi | tʻɛi | ta | pɛi | pʻɛi |
| 太原 | lɛi | tɛi | tʻɛi | ta | pɛi | pʻɛi |
| 興縣[7] | lɛ | tɛ | tʻai | tɑ | pɛ | pʻɛ |
| 太谷[7] | lai | tɛi | tʻai | tɔ | pɛi | pʻɛi |
| 文水[7] | lai | tɛi | tʻai | ta | pɛi | pʻɛi |
| 鳳台 | lɛi | tɛi | tʻɛi | ta | pai | pʻai |
| 蘭州 | lɛ | tɛ | tʻɛ | ta | pei | pʻei |
| 平涼 | lɛ | tɛ | tʻɛ | ta | pɛi | pʻɛi |
| 西安 | lɛ | tɛ | tʻɛ | ta | pei | pʻei |
| 三水 | lɛ | tɛ | tʻɛ | ta | pei | pʻei |
| 四川 | lai | tai | tʻai | ta | pe | pʻe |
| 南京 | lai | tai | tʻai | tɔ | pəi | pʻəi |

[lɑi]: 51 癩; '賴' 汕 nai*, lua*; '賴癩' 麗 nue——[tɑi]: '帶' 麗拼 tăt, 汕 tua*。——[tɑi]: '泰' 安 tʻəi*。——[dʻɑi]: '大' 福 tuai (白話音); 汕 ta*, tua*, 温滬 du* 的讀法合乎集韵一個切 dʻɑ 的讀法; 在 '大夫' 等幾個成語中, 北讀 tai (有幾個别的官話也讀作相當的音)。——pɑi, pʻɑi, bɑi (貝沛旆): 雖然廣韵認爲開口, 可是各方言顯然拿它們當合口讀: puɑi 等等, 看前 64 頁以下。——[p(u)ɑi]: '貝' 汕 puɛ*, pua*。——[b(u)ɑi]: 57 旆; 吳音 bai; 福 puoi*; 同涼 pɛi, 歸鳳 pi, 其餘方言把它讀的好像古音是 pʻ-, 換言之讀若 '沛'。

(4) 高麗 -ɛ 拼作 -ai。

(5) 廣州跟客家有幾個讀 -ai 的 (廣州 -ai 是 -aːi): 廣州客家 '艾' ŋai (但廣州又 ŋoi, 客家又 ŋioi), '賴癩' lai, '帶' tai, '泰' tʻai; '大' 廣州 tai, 客家 tʻai; '奈' 客 nai。

(6) 上海 '賴癩' le*, '帶' te*, '泰' tʻe*——皆文言音。

(7) 興縣太谷文水 -ai 不與 -ɛi, -ɛ 混: 興縣 '癩' lai, '泰' tʻai; 太谷 '丐' kai, '奈' nai, '賴癩' lai, '泰' tʻai; 文水 '丐' kai, '賴癩' lai, '泰' tʻai。

| | 皆諧 58 | 66 | 67 | 70 | 71 | 72 | 73 | 74 |
|---|---|---|---|---|---|---|---|---|
| 例字 | 皆 | 楷 | 諧 | 挨 | 齋 | 豺 | 排 | 埋 |
| 古音 | kại | k'ại | ɣại | ʔại | ʈʂại | ɖʐ'ại | b'ại | mại |
| 高麗[8] | kɛ | hɛ | hɛ | ɛ | tɕɛ | | pɛ | mɛ |
| 漢音 | kai | kai | kai | ai | sai | sai | hai | bai |
| 吳音[9] | ke 另 | kei | gai | e | sei | zai | be | mai |
| 安南 | zai | | hai | ai | ʈai | sai | bai | mai |
| 廣州[10] | kai | k'ai | hai | ai | tɕai | tɕ'ai | p'ai | mai |
| 客家 | kai | k'ai | hai | ai | tsai | sai | p'ai | mai |
| 汕頭 | kai | k'ai | hai | ai | tsai | ts'ai | pai | mai |
| 福州 | kai | k'ai | hai | ɛ | tɕai | tɕ'ai | pɛ | mai |
| 温州 | ka | k'a | ɦa | a | tsa | za | ba | ma |
| 上海[11] | ka 另 | k'a | ɦie | ie | tsa | za | ba | ma |
| 北京 | tɕiɛ | tɕ'iɛ | ɕiɛ | ai | ʈʂai | ʈʂ'ai | p'ai | mai |
| 開封 | tɕiɛ | | ɕiɛ | iɛ | ʈʂai | ʈʂ'ai | p'ai | mai |
| 懷慶 | tɕiɛ | | ɕiɛ | ɣai | tsai | ts'ai | p'ai | mai |
| 歸化 | tɕia | | ɕia | ŋgɛ | tsɛ | ts'ɛ | p'ɛ | mɛ |
| 大同 | tɕie | | ɕie | nɛi | tsɛi | ts'ɛi | p'ɛi | mɛi |
| 太原 | tɕie | | ɕie | ɣɛi | tsɛi | ts'ɛi | p'ɛi | mɛi |
| 興縣 | tɕiæ | | ɕiæ | ŋgai | tsai | ts'ai | p'ai | mbai |
| 太谷 | tɕiɛi | | ɕiɛi | ŋgai | tsai | ts'ɛi | p'ai | mɛi |
| 文水 | tɕiɛi | | ɕiɛi | ŋgai | tsai | ts'ai | p'ai | mbai |
| 鳳台 | tɕia | | ɕia | ɣɛi | tsɛi | ts'ɛi | p'ɛi | mɛi |
| 蘭州 | tɕie | | ɕie | nɛ | tsɛ | ts'ɛ | p'ɛ | mɛ |
| 平涼 | tɕiə | | ɕiə | nɛ | tsɛ | ts'ɛ | p'ɛ | mɛ |
| 西安 | tɕiɛ | | ɕiɛ | ŋɛ | tsɛ | ts'ɛ | p'ɛ | mɛ |
| 三水 | tɕiɛ | | ɕiɛ | ŋɛ | tsɛ | ts'ɛ | p'ɛ | mɛ |
| 四川 | tɕiai | | ɕiai | ŋai | ʈʂai | ʈʂ'ai | p'ai | mai |
| 南京 | tɕiai | | ɕiai | ai | ʈʂai | ʈʂ'ai | p'ai | mai |

皆諧。[**kại**]: 59 階, 60 屆, 61 戒, 62 界, 63 芥, 64 介, 65 誡; 吳音滬另 '戒' 字; '階' 汕 koi。*——[**k'ại**]: '楷' 客 kai*, 安 zai (古又切 k-); 官話到處 (北*) 讀的好像古音是 k'ại (興谷文 k'ai), 涼又 kɛ。——[**ɣại**]: 68 駭, 69 械; '駭' 跟廣 (hoi) 封歸原文 (xai) 谷 (xai) 鳳甘肅陝西川讀的好像古音是 ɣại; 福 k'ai 滬 ɕie, 温 ke (Parker); '械' 在麗 (kie) 封懷同原谷文涼西三川京讀的好像古音是 kại——[**ʔại**]: '挨' 汕 oi*. 滬 ia。*——[**ʈʂại**]: '齋' 汕福 tɕɛ* (白話音)。——[**ɖʐ'ại**]: '豺' 麗 sɯi, 福 tɕai。*——[**mại**]: '埋' 福 muai* (白話音)。

(8) 高麗 -ɛ 拼作 -ăi; 有幾個例讀作 -ie (拼作 -iei): '階屆戒界誡械' kie; 兩個例讀 -ɛ 拼作 -ai: '芥介' kɛ。

(9) 吳音照例是 -e, 但也有幾個讀 -ei 跟讀 -ai 的例: '皆楷' kei, '齋' sei; '階屆' kai, '諧' gai, '豺' zai, '埋' mai。

(10) 廣州 -ai 是 -aːi, 跟後齊祭韵 -ai 有別。

(11) 上海 '皆介' tɕia, '階屆戒界芥誡' tɕia*, '楷' tɕ'ia*, '齋' tse*, '豺' ze*, '排' be*, '埋' me*——皆文言音。

| | 佳街 75 | 76 | 78 | 79 | 82 | 83 | 84 | 85 | 86 |
|---|---|---|---|---|---|---|---|---|---|
| 例字 | 佳 | 街 | 涯 | 蟹 | 矮 | 債 | 釵 | 柴 | 曬 |
| 古音 | kai | kai | ŋai | ɣai | ʔai | ʈʂai | ʈʂ'ai | ɖʐ'ai | ʂai |
| 高麗[12] | ka | ka | ɛ | hɛ | | ʨ'ɛ | ʨ'a | | sɯɛ |
| 漢音 | kai | kai | gai | kai | ai | sai | sai | sai | sai |
| 吳音 | ke | ke | ge | ge | e | se | se | se | se |
| 安南 | zai | zai 另 | ɳai | hai 另 | | ʨai | | sai | sai |
| 廣州[13] | kai | kai | ŋai | hai | ai | ʨai | ʨ'ai | ɕai | ɕai |
| 客家 | ka | kai | ŋai | hai | ai | tsai | ts'ai | ts'ai | sai |
| 汕頭[14] | kia | koi | ŋai | hai | ai | tsai | t'ai | ts'a | sai |
| 福州 | ka | kɛ | ŋai | hai | ɛ | ʨai | ʨ'ai | ʨ'a | sai |
| 温州 | ko | ka | ŋa | ɦa 另 | a | tsa | ts'a | za | sa |
| 上海[15] | ʨia | ka | ia | ɦa 另 | a | tsa | ts'a | za | sa 另 |
| 北京 | ʨia | ʨiɛ | iai | ɕiɛ | ai | ʈʂai | ʈʂ'ai | ʈʂ'ai | ʂai |
| 開封 | ʨia | ʨiɛ | iai | ɕiɛ | ai | ʈʂai | ʈʂ'ai | ʈʂ'ai | ʂai |
| 懷慶 | ʨia | ʨiɛ | ia | ɕiɛ | | tsai | ts'ai | ts'ai | sai |
| 歸化 | ʨia | ʨia | ia | ɕia | | tsɛ | ts'ɛ | ts'ɛ | sɛ |
| 大同 | ʨia | ʨie | ia | ɕie | | tsɛi | ts'ɛi | ts'ɛi | sɛi |
| 太原 | ʨia | ʨie | ia | ɕie | ɣɛi | tsɛi | ts'a | ts'ɛi | sɛi |
| 興縣 | ʨia | ʨiæ | iæ | ɕiæ | | tsai | ts'a | ts'ai | sai |
| 太谷 | ʨiɔ | ʨiɛi | iɔ | ɕiɛi | ŋgai | tsai | ts'ai | ts'ai | sai |
| 文水 | ʨia | ʨiɛi | ia | ɕiɛi | ŋgai | tsai | ts'ai | sai | sai |
| 鳳台 | ʨia | ʨia | ia | ɕia | | tsɛi | ts'ɛi | ts'ɛi | sɛi |
| 蘭州 | ʨia | ʨie | ia | ɕie | nɛ | tsɛ | ts'a | ts'ɛ | sɛ |
| 平涼 | ʨia | ʨie | ia | ɕie | ŋɛ | tsɛ | ts'ɛ | ts'ɛ | sɛ |
| 西安 | ʨia | ʨiɛ | ia | ɕiɛ | ŋɛ | tsɛ | ts'ɛ | ts'ɛ | sɛ |
| 三水 | ʨia | ʨiɛ | iɛ | ɕiɛ | ŋɛ | tsɛ | ts'ɛ | ts'ɛ | sɛ |
| 四川 | ʨia | kai | ia | ɕiai | ŋai | ʈʂai | ʈʂ'ai | ʈʂ'ai | ʂai |
| 南京 | ʨiɔ | ʨiai | iɔ | ɕiai | ai | ʈʂai | ʈʂ'ai | ʈʂ'ai | ʂai |

佳街。[**kai**]: 77 **解**; 安另'解'字; '街'安 ɳai, ɳa, 汕 ki*; 蘭 kɛ*; '解'跟着'街'字走, 除掉麗 kɛ, 汕福 kai*; '懈'古音 kai, 安 zai, 在其他方言讀的好像古音是 ɣaiʾ。——[**ŋai**]: '涯'北 ia*, ai*。——[**ɣai**]: 80 **鞋**, 81 **懈**; (參考上文 kai) 安温滬另'鞋'字; '蟹'安 zai, 福 hɛ*, 温滬 ha, 川 xai*; '鞋'日本 ai*, 麗 hie, 福 ɛ, 歸蘭陝西 xɛ, 興谷文 xai; '懈'滬 iɔ, ie, 安文未詳。——[**ʔai**]: '矮'麗 uɛ, 安 uai, 歸 vɛ, 同 vɛi, 興 uɛ, 懷 uɛi, 鳳 uai, 滬 ia*。——[**ʈʂai**]: '債'汕 ʨɛ*。——[**ʈʂ'ai**]: '釵'安 sua。——[**ɖʐ'ai**]: '柴'麗 sɯi, 汕 ts'ai*。——[**ʂai**]: 87 **灑**; 滬另'灑'字; '曬'滬 so*; '灑'福 sua, 温 so, 廣 ʂa, 客官話 sa, 谷 so。——

| | | | | | | 齊雞 | | |
|---|---|---|---|---|---|---|---|---|
| | 88 | 89 | 90 | 91 | 92 | 1 | 7 | 9 |
| 例字 | 嬭 | 擺 | 牌 | 罷 | 買 | 繼 | 啓 | 詣 |
| 古音 | nai | pai | ꜀b‘ai | ꜂b‘ai | mai | kiei | k‘iei | ŋiei |
| 高麗[12] | nɛ | p‘ɛ | p‘ɛ | p‘ɛ | mɛ | kie[16] | kie | ie |
| 漢音 | dai | hai | hai | hai | bai | kei | kei | kei |
| 吳音 | ne | he | be | be | me | kai | kai | gai |
| 安南 | ɳai | bai | bai | bai | mai | ke | k‘e 另 | ŋe |
| 廣州[13] | nai | pai | p‘ai | pa | mai | kai[17] | k‘ai | ŋai |
| 客家 | nai | pai | p‘ai | p‘a | mai | ki[18] | k‘i | ȵi |
| 汕頭[14] | nai | pai | pai | pa | mai | ki[19] | k‘i | ŋi |
| 福州 | nɛ | pai | pɛ | pa | mɛ | kie[20] | k‘ie | ŋie |
| 溫州 | na | pa | ba | ba | ma | ʨi | ʨ‘i | ȵiɵ |
| 上海[15] | na | pa | ba | ba | ma | ʨi | ʨ‘i | ȵi |
| 北京 | nai | pai | p‘ai | pa | mai | ʨi | ʨ‘i | i |
| 開封 | nai | pai | p‘ai | pa | mai | ʨi | ʨ‘i | i |
| 懷慶 | nai | pai | p‘ai | pa | mai | ʨi | ʨ‘i | i |
| 歸化 | nɛ | pɛ | p‘ɛ | pa | mɛ | ʨi | ʨ‘i | i |
| 大同 | nɛi | pɛi | p‘ɛi | pa | mɛi | ʨi | ʨ‘i | i |
| 太原 | nɛi | pɛi | p‘ɛi | pa | mɛi | ʨi | ʨ‘i | i |
| 興縣 | ndai | pa | p‘ai | pa | mbai | ʨi | ʨ‘i | i |
| 太谷 | nai | pai | p‘ai | pɔ | mai | ʨi | ʨ‘i | i |
| 文水 | ndai | pai | p‘ai | pa | mbai | ʨi | ʨ‘i | i |
| 鳳台 | nɛi | pa | p‘ɛi | pa | mɛi | ʨi | ʨ‘i | i |
| 蘭州 | nɛ | pɛ | p‘ɛ | pa | mɛ | ʨi | ʨ‘i | i |
| 平涼 | nɛ | pɛ | p‘ɛ | pa | mɛ | ʨi | ʨ‘i | i |
| 西安 | nɛ | pɛ | p‘ɛ | pa | mɛ | ʨi | ʨ‘i | i |
| 三水 | lɛ | pɛ | p‘ɛ | pa | mɛ | ʨi | ʨ‘i | i |
| 四川 | lai | pai | p‘ai | pa | mai | ʨi | ʨ‘i | i |
| 南京 | lai | pai | p‘ai | pa | mai | ʨi | ʨ‘i | i |

[**pai**]: ‘擺’ 福 pɛ*。——[**꜂b‘ai**]: ‘罷’ 麗 p‘a*, 温滬 bo* (文言音)。——[**mai**]: 90 賣。

(12) 高麗 -ɛ 在 ‘涯矮債曬灑嬭牌罷賣’ 拼作 -ai, 在 ‘解蟹懈買’ 拼作 -ăi; -ie 拼作 -iei。

(13) 廣州 -ai 是 -aːi。

(14) 汕頭 ‘街解’ koi, ‘鞋矮’ oi*, ‘蟹’ hoi*, ‘釵’ t‘oi, ‘灑’ soi*, ‘買賣’ boi*——都是白話音。

(15) 上海 ‘佳街解’ ʨia*, ‘涯矮*’ ia, ‘鞋*懈’ ɦie, ‘蟹’ ɕie, ‘債’ tsə*, ‘釵’ ts‘e*, ‘柴’ ze*, ‘曬灑*’ se, ‘嬭’ ne*, ‘擺’ pe*, ‘牌’ be*, ‘買賣’ me*——皆文言音。

---

齊雞。 [**kiei**]: 2 雞, 3 稽, 4 繫, 5 計, 6 髻; ‘稽’ 古 k- 跟 k‘-, 所以也有廣 k‘ai, 等等: ‘繫’ 古 kiei 跟 ɣiei, 在方言中也有相當的兩讀; ‘髻’ 汕 kiet*, 歸同原與 ʨiə (入聲) 合乎集韵裏一個切 kiet 的讀法。——[**k‘iei**]: 8 契; 安另 ‘契’ 字; ‘啓’ 安 k‘ai, k‘əi。

| | 10 | 12 | 13 | 14 | 19 | 25 | 31 | 34 |
|---|---|---|---|---|---|---|---|---|
| 例字 | 奚 | 縊 | 泥 | 禮 | 帝 | 體 | 題 | 第 |
| 古音 | ɣiei | ʔiei | niei | liei | tiei | t'iei | ꜀d'iei | d'iei꜄ |
| 高麗[16] | hie | | ni | ie | ȶɕe | ȶɕ'e | ȶɕe | ȶɕe |
| 漢音 | kei | ei | dei | rei | tei | tei | tei | tei |
| 吳音 | gai | ai | nai | rai | tai | tai | dai | dai |
| 安南 | he | | ɳe | le | ɖe | t'e | ɖe | ɖe |
| 廣州[17] | hai | ai | nai | lai | tai | t'ai | t'ai | tai |
| 客家[18] | hi | ai | ni | li | ti | t'i | t'i | t'i |
| 汕頭[19] | hi | i | ni | li | ti | t'i | t'i | ti |
| 福州[20] | hiɵ | ie | nɛ | lɛ | tɛ | t'ɛ | tɛ | tɛ |
| 温州 | ɦi | i | ȵi | li | ti | t'i | di | di |
| 上海 | ɦi | i | ȵi | li | ti | t'i | di | di |
| 北京 | ɕi | i | ni | li | ti | t'i | t'i | ti |
| 開封 | ɕi | i | ȵi | li | ti | t'i | t'i | ti |
| 懷慶 | ɕi | i | ȵi | li | ti | t'i | t'i | ti |
| 歸化 | ɕi | i | ȵi | li | ti | t'i | t'i | ti |
| 大同 | ɕi | i | ȵi | li | ti | t'i | t'i | ti |
| 太原 | ɕi | i | ȵi | li | ti | t'i | t'i | ti |
| 興縣 | ɕi | i | ȵɖi | li | ti | t'i | t'i | ti |
| 太谷 | ɕi | i | ȵi | li | ti | t'i | t'i | ti |
| 文水 | ɕi | i | ȵɖi | li | ti | t'i | t'i | ti |
| 鳳台 | ɕi | i | ni | li | ti | t'i | t'i | ti |
| 蘭州 | ɕi | i | ȵi | li | ti | ts'i | ts'i | ti |
| 平涼 | ɕi | i | ȵi | li | ti | ts'i | ts'i | ti |
| 西安 | ɕi | i | ȵi | li | ti | t'i | t'i | ti |
| 三水 | ɕi | i | ȵi | li | ti | t'i | t'i | ti |
| 四川 | ɕi | i | ni | li | ti | t'i | t'i | ti |
| 南京 | ɕi | i | li | li | ti | t'i | t'i | ti |

[**ɣiei**]: 11 系；'奚' 麗 hɛ (拼作 hăi): '系' 麗 kie。——[**ʔiei**]: '縊' 麗 ɯi, 安 ai 官話中間或也有讀入聲的，客 it*。——[**liei**]: 15 犂, 16 戾, 17 隸, 18 麗; '犂' 麗 i; '戾' 有幾個讀合口的例: 廣 lɵy, 客汕* lui, 温 (Parker) lai, 興 lyi; '隸' 汕未詳。——[**tiei**]: 20 低, 21 堤, 22 抵, 23 牴, 24 底; '堤' 有些地方讀的好像古音是 ꜀d'iei (跟 '隄' 字相混的結果)。——[**t'iei**]: 26 梯, 27 涕, 28 替, 29 薙, 30 剃; '梯' 麗 ȶɕe, 客 t'oi*, 汕 t'ui*, 福 t'ai。——[**꜀d'iei**]: 32 提, 33 啼; '提' 福 t'i。——[**d'iei꜄**]: 35 遞, 36 弟; '第' 汕 toĩ*; '遞' 麗 ȶɕ'e, 三 t'i。

| 例字<br>古音 | 37<br>濟<br>tsiei | 39<br>妻<br>ts‘iei | 43<br>齊<br>dz‘iei | 45<br>西<br>siei | 51<br>閉<br>piei | 52<br>批<br>p‘iei | 53<br>陛<br>b‘iei | 54<br>米<br>miei |
|---|---|---|---|---|---|---|---|---|
| 高麗[16] | ȶɕe | ȶɕ‘ə | ȶɕe | se 另 | p‘ie | pi | p‘ie | mi |
| 漢音 | sei | sei | sei | sei | hei | hei | hei | bei |
| 吳音 | sai | sai | zai 另 | sai | hai | | bai | mai |
| 安南 | te | t‘e | te | te | be | fe | be | me |
| 廣州[17] | tsai | ts‘ai | ts‘ai | sai | pai | p‘ai | pai | mai |
| 客家[18] | tsi | ts‘i | ts‘i | si | pi | p‘i | p‘i | mi |
| 汕頭[19] | ȶɕi | ȶɕ‘i | ȶɕ‘i | si | pi | p‘i | pi | mi |
| 福州[20] | ȶɕɛ | ȶɕ‘ɛ | ȶɕ‘ɛ | sɛ | pie | p‘ie | pɛi$^{2}$ | mi |
| 温州 | tsi | ts‘i | zi | si | pi | p‘i | bi | mi |
| 上海 | tsi | ts‘i | dzi | si | pi | p‘i | | mi |
| 北京 | ȶɕi | ȶɕ‘i | ȶɕ‘i | ɕi | pi | p‘i | pi | mi |
| 開封 | tsi | ts‘i | ts‘i | si | pi | p‘i | pi | mi |
| 懷慶 | ȶɕi | ȶɕ‘i | ȶɕ‘i | ɕi | pi | p‘i | pi | mi |
| 歸化 | ȶɕi | ȶɕ‘i | ȶɕ‘i | ɕi | pi | p‘i | pi | mi |
| 大同 | ȶɕi | ȶɕ‘i | ȶɕ‘i | ɕi | pi | p‘i | pi | mi |
| 太原 | ȶɕi | ȶɕ‘i | ȶɕ‘i | ɕi | pi | p‘i | pi | mi |
| 興縣 | ȶɕi | ȶɕ‘i | ȶɕ‘i | ɕi | pi | p‘i | pi | mbi |
| 太谷 | ȶɕi | ȶɕ‘i | ȶɕ‘i | ɕi | pi | p‘i | pi | mi |
| 文水 | ȶɕi | ȶɕ‘i | ȶɕ‘i | ɕi | pi | p‘i | pi | mbi |
| 鳳臺 | ȶɕi | ȶɕ‘i | ȶɕ‘i | ɕi | pi | p‘i | pi | mi |
| 蘭州 | ȶɕi | ȶɕ‘i | ȶɕ‘i | ɕi | pi | psi | pi | mi |
| 平涼 | ȶɕi | ȶɕ‘i | ȶɕ‘i | ɕi | pi | psi | pi | mi |
| 西安(一) | ȶɕi | ȶɕ‘i | ȶɕ‘i | ɕi | pi | p‘i | pi | mi |
| 三水 | tsi | ts‘i | ts‘i | si | pi | p‘i | pi | mi |
| 四川 | tsi | ts‘i | ts‘i | si | pi | p‘i | pi | mi |
| 南京 | tsi | ts‘i | ts‘i | si | pi | p‘i | pi | mi |

[**tsiei**]: 38 擠; ‘擠’ 汕 ȶɕi ——[**ts‘iei**]: 40 凄, 41 悽, 42 砌; ‘凄’ 福 sɛ*; ‘砌’ 麗 ȶɕ‘e。——[**dz‘iei**]: 44 臍; 吳音另 ‘臍’ 字: ‘齊’ 吳音 sai, 滬 zi*; ‘臍’ 廣 ts‘ɿ, 原谷文蘭 ȶɕi。——[**siei**]: 46 栖, 47 撕, 48 犀, 49 洗, 50 細; 麗另 ‘洗’ 字: 安 ‘西* 犀* 洗’ tɐi; ‘栖’ 安 t‘e, 廣 ts‘ai, 福 ȶɕ‘ɛ, 客温封 ts‘i, 北* 原 ȶɕ‘i (古又讀); ‘撕’ 到處 (除掉麗 sɯi, 安 te, 漢音 sei, 吳音 sai) 讀的好像跟 ‘斯’ 古 siĕ 同音 (合乎集韵切); ‘犀’ 汕客* ȶɕ‘i。——[**b‘iei**]: ‘陛’ 滬 be。——[**miei**]: 55 迷, 56 謎; ‘米’ 汕 bi*; ‘迷’ 吳音 mei; ‘謎’ 福 mɛi$^{2}$, 温 mai* (Parker), 滬 me*

(16) 高麗 -ie 拼作 -iei (ȶɕe 拼作 tiei 等等); iə, -ə 拼作 -ie (ȶɕə 拼作 tie 等等). -iə, -ə 見於 ‘戾麗’ iə, ‘低抵牴底’ ȶɕə, ‘妻凄悽’ ȶɕ‘e, ‘西栖犀’ sə。

(17) 廣州 -ai 是 -ɐi (短 a)。

祭例

| 例字<br>古音 | 57<br>藝<br>ŋjĭɛi | 58<br>滯<br>ɖ'ĭɛi | 59<br>制<br>ȶɕĭɛi | 61<br>世<br>ɕĭɛi | 63<br>誓<br>ʑĭɛi | 65<br>例<br>ljĭɛi | 68<br>祭<br>tsĭɛi |
|---|---|---|---|---|---|---|---|
| 高麗[21] | iə | ȶɕ'e | ȶɕe | se | sə | ie | ȶɕe |
| 漢音 | gei | tei | sei | sei | seɪ | rei | sei |
| 吳音 | gei | dai | sei | se | zei | rei | sai |
| 安南 | ŋe | ȶe | ȶe | t'e | t'e | le | te |
| 廣州[22] | ŋai | ȶɕai | ȶɕai | ʂai | ʂai | lai | tsai |
| 客家 | ȵi | č'e | či | ši | si | li | tsi |
| 汕頭 | ŋi | t'i | ȶɕi | si | si | li | ȶɕi |
| 福州 | ŋie | tɛi$^{2}$ | ȶɕie | sie | sie | lie | ȶɕie |
| 溫州 | ȵi | dzi | tsi | si | zi | li | tsi |
| 上海 | ȵi | dzɿ | tsɿ | sɿ | zɿ | li | tsi |
| 北京 | i | tʂʅ | tʂʅ | ʂʅ | ʂʅ | li | ȶɕi |
| 開封 | i | tʂʅ | tʂʅ | ʂʅ | ʂʅ | li | tsi |
| 懷慶 | i | tʂʅ | tʂʅ | ʂʅ | ʂʅ | li | ȶɕi |
| 歸化 | i | tʂʅ | tʂʅ | ʂʅ | ʂʅ | li | ȶɕi |
| 大同 | i | tʂʅ | tʂʅ | ʂʅ | ʂʅ | li | ȶɕi |
| 太原 | i | tsɿ | tsɿ | sɿ | sɿ | li | ȶɕi |
| 興縣 | i | tʂʅ | tʂʅ | ʂʅ | ʂʅ | li | ȶɕi |
| 太谷 | i | tsɿ | tsɿ | sɿ | sɿ | li | ȶɕi |
| 文水 | i | tʂʅ | tʂʅ | ʂʅ | ʂʅ | li | ȶɕi |
| 鳳台 | i | tsɿ | tsɿ | sɿ | sɿ | li | ȶɕi |
| 蘭州 | i | tʂʅ | tʂʅ | ʂʅ | ʂʅ | li | ȶɕi |
| 平涼 | i | tʂʅ | tʂʅ | ʂʅ | ʂʅ | li | ȶɕi |
| 西安 | i | tʂʅ | tʂʅ | ʂʅ | ʂʅ | li | ȶɕi |
| 三水 | i | tʂ'ʅ | tʂʅ | ʂʅ | ʂʅ | li | tsi |
| 四川 | i | tʂʅ | tʂʅ | ʂʅ | ʂʅ | li | tsi |
| 南京 | i | tʂʅ | tʂʅ | ʂʅ | ʂʅ | li | tsi |

(18) 客家: 有些 -ai 跟 -e 的讀法: '雞' kai, ke, '縊' ai, '犂' lai*, '低底' tai*, '剃啼' t'ai*; '計' ke*, '繫系' he*, '契' k'e, '齊' ts'e*, '洗細' se, '批' pe*

(19) 汕頭: 有些 -oi 跟 -ai 的讀法: '雞計' koi*, '契' k'oi*, '禮犂' loi*, '堤抵題' toi*, '體替' t'oi*, '齊' tsoi*, '洗細*' soi, '批' p'oi*; '臍' tsai*, '西犀' sai*。-i 與 -oi, -ai 並存時, -i 是文言音。

(20) 福州在齒音聲母後 -ɛ 是常例; -i 只見於 '低抵底' ti*, '牴' ti, '堤提' t'i (-i 與 -ɛ 並存時, -i 是文言音); 還有 -ie 在: '薙剃啼*' t'ie, '砌' ȶɕ'ie。

(一) 西安精淸從心邪遇 -i- 時雖讀 ȶɕ, ȶɕ', ɕ, 但 ɕ 是 $ɕ_1$, 與見系遇 -i- 讀 $ɕ_2$ 不混, 如 '西' $ɕ_1$i 不等於 '奚' $ɕ_2$i。看第六章第 185 頁。以下各攝仿此。

---

祭例。[ŋjĭɛi]: '藝' 汕 goi*。——[ȶɕĭɛi]: 60 製。——[ɕĭɛi]: 62 勢; '世勢' 客 še*。——[ʑĭɛi]: 64 逝。——[ljĭɛi]: 66 厲, 67 勵; '厲勵' 麗 iə; '勵' 安未詳。——[tsĭɛi]: (9 際。

| | | 灰 | | | | |
|---|---|---|---|---|---|---|
| | 70 | 1 | 3 | 6 | 11 | 16 |
| 例字 | 敝 | 瑰 | 魁 | 誨 | 回 | 內 |
| 古音 | b'jĭɛi | kuại | k'uại | xuại | ɣuại | nuại |
| 高麗[21] | p'ie | kue[1] | kue | hue | hue | nɛ |
| 漢音 | hei | kuai | kuai | kuai | kuai | dai |
| 吳音 | hai | ke | ke | ke | ue | nai |
| 安南 | te | | k'oi | hoi | hoi | ɳoi |
| 廣州[22] | pai | kuai | fui | fui | ui | noi |
| 客家 | pi | kui[2] | k'ui | fui | fui | nui |
| 汕頭 | pi | kui[3] | k'uɛ | hui | hui | nui |
| 福州 | pɛi[2] | koiˀ[4] | k'ui | huoiˀ | hui | nay[2] |
| 温州 | bi | kuai | k'uai | huai | ɦuai | nai |
| 上海 | bi | kue | k'ue | hue | ɦue | ne |
| 北京 | pi | kueiˀ[5] | k'ui | xuei | xui | nei |
| 開封 | pi | | k'ui | xui | xui | nɛi |
| 懷慶 | pi | kui | k'ui | xui | xui | ɳi |
| 歸化 | pi | kui | k'ui | xui | xui | nəi |
| 大同 | pi | kui | k'ui | xui | xui | nɛi |
| 太原 | pi | kuɛi | k'uɛi | xuɛi | xuɛi | nuɛi |
| 興縣 | pi | kuɛ | k'uɛ | xuɛ | xuɛ | nduɛ |
| 太谷 | pi | kuei | k'uei | xuei | xuei | nuei |
| 文水 | pi | kuei | k'uei | xuei | xuei | ndɛi |
| 鳳台 | pi | kuai | k'uai | xuai | xuai | nai |
| 蘭州 | pi | kuei | k'uei | xuei | xuei | luei |
| 平涼 | pi | kuɛi | k'uɛi | xuɛi | xuɛi | luɛi |
| 西安 | pi | kuei[5] | k'uei | xui | xuei | lui |
| 三水 | pi | | k'uei[6] | xui | xuei | lui |
| 四川 | pi | kue | k'ue | xue | xue | lue |
| 南京 | pi | kui | k'ui | xui | xui | lui |

[b'jĭɛi]: 71 弊, 72 斃。

(21) 高麗 -ie, -e 拼作 -iei; -iə, -ə 拼作 -ie。

(22) 廣州 -ai 是 ai (短 a)。

---

灰。 [**kuại**]: 2 傀; '瑰' 安 hoi (又切 ꜀ɣuại), 客 k'ui*, 温 k'uai*, 封 k'ui, 三 k'uɛ; '傀' 安客* 汕吳語官話 k'- (廣韻又切 k'-), 廣 fa:i, k'ua:i, 興 k'uai。——[**k'uại**]: 4 盔, 5 塊; '魁' 汕 k'o*; '盔' 麗 hue, 蘭 xuei, 廣 k'uai (短 a); '塊' 在境內到處依集韻切 k'ʷại̯ˀ 讀法。 [譯者按四川湖南多讀上聲; 又江陰完全從廣韻讀法。]——[**xuại**]: 7 灰, 8 賄, 9 悔, 10 晦; '灰' 安 k'oi, 汕福 hu*; '賄' 汕 iu, 福 ui, 蘭 uei。——[**ɣuại**]: 12 茴, 13 滙, [14 號原誤列 '繪' 字, 現在移後作爲 48a 號], 15 迴; '茴' 蘭未詳; '迴' 本書韻母例字表曾列入去聲隊韻, 但到處方言都依廣韻平聲灰韻又切。——[**nuại**]: '內' 汕 lai* (白話音)。

| | 17 | 22 | 35 | 27 | 28 | 29 | 30 | 31 |
|---|---|---|---|---|---|---|---|---|
| 例字 | 雷 | 堆 | 推 | 頹 | 隊 | 催 | 罪 | 碎 |
| 古音 | luại | tuại | t‘uại | ꜀d‘uại | d‘uại꜄ | ts‘uại | dz‘uại | suại |
| 高麗[1] | nue | t‘ue | t‘ue | t‘ue | tɛ | ȶɕ‘ue | ȶɕue | |
| 漢音 | rai | tai | tai | tai | tai | sai | sai | sai |
| 吳音 | rei | te | te | de | de | se | ze | se |
| 安南 | loi | ɗoi | t‘oi | ɗoi | ɗoi | t‘oi | toi | |
| 廣州 | lɵy | tɵy | t‘ɵy | t‘ɵy | tɵy | ts‘ɵy | tsɵy | sɵy |
| 客家[2] | lui | tui 另 | t‘ui | t‘ui | tui | ts‘ui | ts‘ui | sui |
| 汕頭[3] | lui | tui 另 | t‘ui | t‘ui | tui | ts‘ui | tsui | ts‘ui |
| 福州[4] | loi | toi | t‘oi | toi | toi | ȶɕ‘ui | ȶɕay[2] | ȶɕ‘ay |
| 温州 | lai | tai | t‘ai | dai | dai | ts‘ai | zai | sai |
| 上海 | le | te | t‘e | de | de | ts‘œ | dzœ | se |
| 北京[5] | lei | tui | t‘ui | t‘ui | tuei | ts‘ui | tsuei | suei |
| 開封 | lui | tui | t‘ui | | tui | ts‘ui | tsui | sui |
| 懷慶 | lui | tui | t‘ui | t‘ui | tui | ʈʂ‘ui | ʈʂui | ʂui |
| 歸化 | ləi | təi | t‘əi | t‘əi | təi | ts‘əi | tsəi | səi |
| 大同 | lɛi | tui | t‘ui | t‘ui | tui | ts‘ui | tsui | sui |
| 太原 | luɛi | tuɛi | t‘uɛi | t‘uɛi | tuɛi | ts‘uɛi | tsuɛi | suɛi |
| 興縣 | luɛ | tuɛ | t‘uɛ | t‘uɛ | tuɛ | ts‘uɛ | tsuɛ | suɛ |
| 太谷 | luei | tuei | t‘uei | t‘uei | tuei | ts‘uei | tsuei | suei |
| 文水 | luei | tuei | t‘uei | t‘uei | tuei | ts‘uei | tsuei | suei |
| 鳳台 | luai | tuai | t‘uai | t‘uai | tuai | ts‘uai | tsuai | ts‘uai |
| 蘭州 | luei | tuei | t‘uei | t‘uei | tuei | ts‘uei | tsuei | suei |
| 平涼 | luɛi | tuɛi | t‘uɛi | t‘uɛi | tuɛi | ts‘uɛi | tsuɛi | suɛi |
| 西安[5] | luei | tuei | t‘uei | t‘uei | tui | ts‘uei | tsui | sui |
| 三水[5] | luei | tuei | t‘uei | t‘uei | tui | ts‘uei | ts‘ui | sui |
| 四川 | lue | tue | t‘ue | t‘ue | tue | ts‘ue | tsue | sue |
| 南京 | lui | tui | t‘ui | t‘ui | tui | ts‘ui | tsui | sui |

[**luại**]: 18 磊, 19 攂, 20 儡, 21 耒; ‘雷’ 福 lai*; ‘磊’ 文 lɛi, 谷 ly; ‘攂’ 安滬京未詳; ‘儡’ 麗安福未詳; ‘耒’ 廣 loi, 温 le (Parker), 谷 liɛ, 興 lɛ。——[**tuại**]: 23 對, 24 碓; 客汕另 ‘對’ 字; ‘堆’ 汕 tun (Gibson); ‘對碓’ 麗 te; ‘碓’ 福 tai, 蘭 t‘uei, 安未詳。——[**t‘uại**]: 26 腿。——[꜀**d‘uại**]: ‘頹’ 西 t‘ei, 封未詳。[**suại**]: ‘碎’ 麗 suɐ (拼作 suai), 安 tuai.

| 例字<br>古音 | 32<br>輩<br>puạ̣i | 34<br>配<br>p'uạ̣i | 35<br>陪<br>꜀b'uạ̣i | 37<br>悖<br>b'uạ̣i꜄ | 40<br>玫<br>muạ̣i |
|---|---|---|---|---|---|
| 高麗[1] | pε | pε | pε | p'ε | mε |
| 漢音 | ha | hai | hai | hai | bai |
| 吳音 | he | he | be | be | me |
| 安南 | boi | foi | boi | boi | mai |
| 廣州 | pui | p'ui | p'ui | pui | mui |
| 客家[2] | pui | p'ui | p'ui | p'ui 另 | mui |
| 汕頭[3] | pui | p'uε | p'ui | pui | mui |
| 福州[4] | puoi | p'uoi | pui | puoi | mui |
| 温州 | pai | p'ai | bai | bai | mai |
| 上海 | pe | p'e | be | be | me |
| 北京[5] | pei | p'ei | p'ei | pei | mei |
| 開封 | pεi | p'εi | p'εi | pεi | mεi |
| 懷慶 | pəi | p'əi | p'əi | pəi | məi |
| 歸化 | pəi | p'əi | p'əi | pəi | məi |
| 大同 | pεi | p'εi | p'εi | pεi | mεi |
| 太原 | pεi | p'εi | p'εi | pεi | mεi |
| 興縣 | pε | p'ε | p'ε | pε | mbε |
| 太谷 | pεi | p'εi | p'εi | pεi | mεi |
| 文水 | pεi | p'εi | p'εi | pεi | mbεi |
| 鳳台 | pai | p'ai | p'ai | pai | mai |
| 蘭州 | pei | p'ei | p'ei | pei | mei |
| 平涼 | pεi | p'εi | p'εi | pεi | mεi |
| 西安[5] | pei | p'ei | p'ei | pei | mei |
| 三水[5] | pei | p'ei | p'ei | pei | mei |
| 四川 | pe | p'e | p'e | pe | me |
| 南京 | pəi | p'əi | p'əi | pəi | məi |

[**puạ̣i**]: 33 背。——[꜀**b'uạ̣i**]: 36 培; '培' 封 pεi。——[꜂**b'uạ̣i**꜄]: 38 佩, 39 倍; 客另 '佩' 字; '悖佩' 麗 p'ai; '佩' 官話(除掉川) p'-; '倍' 廣韻切 ꜂b'ạ̣i, 但方言中讀法證它爲合口; 蘭涼西三讀 p'- (集韻有平聲又切)。 [譯者按廣韻中咍部唇音字只有一個 '倍' 字是常用字, 所以 "咍部非系" 在方言中的讀法並無條例可言。 '倍' 字在方言中的韻音固然與合口一樣, 但這個並不能證明說古 '倍' 字原屬合口, 廣 pui 福 puoi 等也許是來自 b'ạ̣i 的唇音跟深 ạ̣ 的影響吶?]——[**muạ̣i**]: 41 枚, 42 梅, 43 媒, 44 每, 45 妹, 46 昧; '枚梅媒每* 妹昧' 吳音 mai; '媒每' 安 moi; '妹昧' 安 muoi。

(1) 高麗 -ue 寫作 -oi, -ε 寫作 -ăi。

(2) 客家 '灰' foi, '耒' loi, '堆碓' toi, '背' poi, '悖' p'oi, '玫* 枚梅媒妹' moi。

(3) 汕頭 '魁盔' k'uε, '誨灰悔晦回茴迴' huε*, '頹' t'uε*, '罪' tsuε*, '輩背陪悖佩倍' puε*, '配培*' p'uε, '玫枚梅' buε*, '媒' buε, '每妹昧' muε*。-ui 跟 -uε 並存時, -ui 是文言音。

(4) 福州有兩種傾向: a) 平上 -ui: 去 -oi, -uoi: '傀' kui, '魁盔' k'ui, '灰回茴' hui, '賄' ui, '迴' ꜁hui, '磊' lui, '催' ʨ'ui, '陪培' pui, '玫枚梅媒每' mui; '瑰' koi꜄, '誨悔晦匯' huoi, '擂' loi, '隊' toi, '輩背悖佩倍' puoi, '配' p'uoi, '妹昧' muoi。

| | 泰外 | | | | 皆懷 | | |
|---|---|---|---|---|---|---|---|
| | 47 | 48 | 49 | 50 | 51 | 53 | 56 |
| 例字 | 外 | 會 | 兌 | 最 | 怪 | 壞 | 拜 |
| 古音 | ŋuɑi | ɣuɑi | d'uɑi | tsuɑi | kʷại | ɣʷại | pʷại |
| 高麗[6] | ue | hue | t'ɛ | ȶɕ'ue | kue[7] | hue | pɛ |
| 漢音 | guai | kuai | tai | sai | kuai | kuai | hai |
| 吳音 | ge | ue | de | se | ke | ue | he |
| 安南 | ŋuai | hoi | ɖuai | toi | kuai | huai | bai |
| 廣州 | ŋoi | ui | tɵy | tsɵy | kuai[8] | uai | pai |
| 客家 | ŋoi | fui | t'ui | tsui | kuai | fai | pai |
| 汕頭 | uai | hui | tuɛ | tsui | kuai | huai | pai |
| 福州 | ŋuoi | huoi | tay[2] | ȶɕay | kuai | huai | pai |
| 温州 | ua | ɦuai | dai | tse | kua | ɦua | pa |
| 上海 | ŋa | ɦue | de | tsœ | kua[9] | ɦua | pa |
| 北京 | uæi | xuei | tuei | tsuei | kuæi | xuæi | pai |
| 開封 | uɛi | xui | tui | tsui | kuɛi | xuɛi | pai |
| 懷慶 | uai | xui | tui | ȶsui | kuai | xuai | pai |
| 歸化 | vɛ | xui | təi | tsəi | kuɛ | xuɛ | pɛ |
| 大同 | vɛi | xui | tui | tsui | kuɛi | xuɛi | pɛi |
| 太原 | vɛi | xuɛi | tuɛi | tsuɛi | kuɛi | xuɛi | pɛi |
| 興縣 | uɛ | xuɛ | tuɛ | tsuɛ | kuai | xuai | pai |
| 太谷 | uɛi | xuei | tuei | tsuei | kuɛi | xuɛi | pai |
| 文水 | uɛi | xuei | tuei | tsuei | kuɛi | xuɛi | pai |
| 鳳台 | uɛi | xuai | tuai | tsuai | kuɛi | xuɛi | pɛi |
| 蘭州 | uɛ | xuei | tuei | tsuei | kuɛ | xuɛ | pɛ |
| 平涼 | uɛ | xuɛi | tuɛi | tsuɛi | kuɛ | xuɛ | pɛ |
| 西安 | uɛ | xui | tui | tsui | kuɛ | xuɛ | pɛ |
| 三水 | uɛ | xui | tui | tsui | kuɛ | xuɛ | pɛ |
| 四川 | uai | xue | tue | tsue | kuai | xuai | pai |
| 南京 | uai | xui | tui | tsui | kuai | xuai | pai |

b) 平上 -oi: 去 -ay [-ɑy], 限於齒音聲母: '雷' loi, '堆頹' toi, '推腿' t'oi; '內' nay, '耒' lay, '對' tay, '罪' ȶɕay, '碎' ȶɕ'ay。[譯者按這個去聲的更嚴式的寫法是 [ɘʏ], 陶燠民作 əy, 見 "閩音研究," 史語集刊 1.4.452 頁。]

(5) 北京平聲 -ui: 上去 -uei; 西安三水平聲 -uei: 上去 -ui, 完全像微韵 -ĕi, 看 565 頁。

---

泰外 [ŋuɑi]: '外' 汕 gua* (白話音), 福 ŋie* (白話音), 滬 ue* (文言音)。——[ɣuɑi]: 48a 繪; '會' 汕 huɛ, oi*。——[tsuɑi]: '最' 汕 tsuɛ*; 48a 繪温汕* kuai, 廣 ᶜfui。

(6) 高麗 -ue 寫作 -oi。

---

皆懷。[kʷại]: 52 乖。——[ɣʷại]: 54 槐, 55 懷; '壞' 麗 kue*; 日本 ke*; '槐' 温未詳; '懷' 温 gua。——

| 例字<br>古音 | 57<br>憊<br>b‘ʷa̦i | 佳蛙<br>58<br>掛<br>kʷai | 59<br>畫<br>ɣʷai | 60<br>派<br>p‘ʷai | 61<br>稗<br>b‘ʷai | 夬快<br>62<br>快<br>k‘ʷai | 63<br>話<br>ɣʷai |
|---|---|---|---|---|---|---|---|
| 高麗[7] | | kuɛ[10] | huɛ | p‘ɛ | p‘ɛ | k‘uɛ[12] | hua |
| 漢音 | hai | kuai | kuai | hai | hai | kuai | kuai |
| 吳音 | be | ke | ue | he | be | ke | ue |
| 安南 | bai | kuai | hua | fai | | k‘uai | huai |
| 廣州[8] | p‘ai | kua[11] | ua | p‘ai | pai | fai[13] | ua |
| 客家 | p‘ai | kua | ua | p‘ai | p‘ai | k‘uai | ua |
| 汕頭 | pai | kua | ua | p‘ai | pai | k‘uai | ua |
| 福州 | pai | kua | ua | p‘uai | pai | k‘uai | ua |
| 温州 | ba | ko | ɦo | p‘a | ba | k‘ua | ɦo |
| 上海[9] | | kuo | ɦuo | p‘a | ba | k‘ua[14] | ɦuo |
| 北京 | pai | kua | xua | p‘ai | pai | k‘uæi | xua |
| 開封 | | kua | xua | p‘ai | pai | k‘uɛi | xua |
| 懷慶 | | kua | xua | p‘ai | | k‘uai | xua |
| 歸化 | pɛ | kua | xua | p‘ɛ | pɛ | k‘uɛ | xua |
| 大同 | pɛi | kua | xua | p‘ɛi | pɛi | k‘uɛi | xua |
| 太原 | | kua | xua | p‘ɛi | pɛi | k‘uɛi | xua |
| 興縣 | | kua | xua | p‘ɛ | pai | k‘uai | xua |
| 太谷 | pai | kuɔ | xuɔ | p‘ai | pai | k‘uɛi | xuɔ |
| 文水 | pai | kua | xua | p‘ai | pai | k‘uɛi | xua |
| 鳳台 | | kua | xua | p‘ɛi | | k‘uɛi | xua |
| 蘭州 | | kua | xua | p‘ɛ | | k‘uɛ | xua |
| 平涼 | pɛ | kua | xua | p‘ɛ | pɛ | k‘uɛ | xua |
| 西安 | pɛ | kua | xua | p‘ɛ | pɛ | k‘uɛ | xua |
| 三水 | pɛ | kua | xua | p‘ɛ | p‘ɛ | k‘uɛ | xua |
| 四川 | pai | kua | xua | p‘ai | pai | k‘uai | xua |
| 南京 | pai | kua | xua | p‘ai | pai | k‘uai | xua |

[**b‘ʷa̦i**]: ‘憊’ 麗 pɯi; 表中 ‘憊’ 行缺注音的些方言是照又切 b‘iei³ 讀的 (漢音 hei* 吳音 bai* 也是照這個切的讀法)。

(7) 高麗 -ue 寫作 -oi; -ɛ 寫作 -ăi。

(8) 廣州 -ai 是 -aːi。

(9) 上海 ‘怪乖’ kue*, ‘壞槐懷’ ɦue*, ‘拜’ pe*——皆文言音。

---

佳蛙 [**ɣʷai**]: ‘畫’ 汕 uɛ* (白話音)。——[**b‘ʷai**]: ‘稗’ 汕 p‘oĩ*, 鳳 pai, 安懷未詳。

(10) 高麗 -uɛ, -ɛ 寫作 -uai, -ai。

(11) 廣州 -ai 是 -aːi。

---

夬快。[**k‘ʷai**]: ‘快’ 汕 k‘uɛ*, k‘uã*, 福 k‘ɛ*, 滬 k‘a* (俗) [譯者按限於在 ‘快活’ 一語]。——[**ɣʷai**]: ‘話’ 安 hua*, 汕 uɛ*, 日本 ua*。

(12) 高麗 -uɛ, -ɛ 寫作 -uai, -ai。

| | | | 齊圭 | | | 祭歲 | | |
|---|---|---|---|---|---|---|---|---|
| | 64 | 65 | 66 | 69 | 70 | 72 | 73 | 74 |
| 例字 | 敗 | 邁 | 圭 | 奎 | 慧 | 銳 | 衞 | 贅 |
| 古音 | b'ʷai | mʷai | kiʷei | k'iʷei | ɣiʷei | ĭʷɛi | jĭʷɛi | ȶɕĭʷɛi |
| 高麗[12] | p'ɛ | mɛ | kiu[15] | kiu | hie | ie[18] | ui | ȶɕ'ui |
| 漢音 | hai | bai | kei | kei | kei | ei | uei | sei |
| 吳音 | be | mai | ke | ke | ue | e | ue | se |
| 安南 | bai | mai | kue | k'ue | hue | ȵue | ve | |
| 廣州[13] | pai | mai | kuai[16] | kuai | uai | iɵy[19] | uai | ȶɕɵy |
| 客家 | p'ai | mai | kui | k'ui | fui | iui | vui | čui |
| 汕頭 | pai | mai | kui | kui | hui | dzui[20] | ui | tsui |
| 福州 | pai | mai | kie | kie | hie | io | uoi | ȶɕuoi |
| 温州 | ba | ma | ȶɕy | | ɦy(一) | | y[21](一) | tsy |
| 上海[14] | ba | me | kue | k'ue | ɦue(一) | sœ | ue(一) | tsœ |
| 北京 | pai | mai | kui[17] | k'ui | xuei | ʐuei | uei | ʈʂuei |
| 開封 | pai | mai | kui | k'ui | xui | ʐui | ui | ʈʂui |
| 懷慶 | pai | mai | kui | k'ui | xui | ʐui | ui | |
| 歸化 | pɛ | mɛ | kui | k'ui | xui | zəi | vəi | tsəi |
| 大同 | pɛi | mɛi | kui | k'ui | xui | ʐui | vɛi | ʈʂui |
| 太原 | pɛi | mɛi | kuɛi | k'uɛi | xuɛi | zuɛi | vɛi | tsuɛi |
| 興縣 | pai | mbai | kuɛ | k'uɛ | xuɛ | yi | uɛ | |
| 太谷 | pai | mai | kuei | k'uei | xuei | zuei | uei | tsuei |
| 文水 | pai | mbai | kuei | k'uei | xuei | zuei | uei | tsuei |
| 鳳台 | pɛi | mɛi | kuai | k'uai | xuai | zuai | uai | tsuai |
| 蘭州 | pɛ | mɛ | kuei | k'uei | xuei | ʐuei | uei | ʈuei |
| 平涼 | pɛ | mɛ | kuɛi | k'uɛi | xuɛi | ʐuɛi | uɛi | ʈuɛi |
| 西安 | pɛ | mɛ | kuei | k'uei | xui | vei | ui | pfei |
| 三水 | p'ɛ | mɛ | kuei | k'uei | xui | zui | ui | tsui |
| 四川 | pai | mai | kue | k'ue | xue | ʐue | ue | ʈʂue |
| 南京 | pai | mai | kui | k'ui | xui | ʐui | ui | ʈʂui |

(13) 廣州 -ai 是 -a:i。

(14) 上海 '快' k'ue*, '敗' be*, '邁' me——皆文言音。

---

齊圭。[kiʷei]: 67 閨, 68 桂。——[k'iʷei]: '奎' 温 k'uai (根據 Parker)。——[ɣiʷei]: 71 惠。

(15) 高麗 -ie 寫作 -iei。

(16) 廣州 -ai 是 -ai (短 a)。

(17) 北京平聲 -ui, 上去 -uei, 西安三水相反, 如 -ĕi (微) 韵合口, 看 565 頁。

---

祭歲。[ȶɕĭʷɛi]: '贅' 安懷興未詳。

(一) 高氏寫吳語時匣母不論等呼一律寫 ɦ, 喻母跟疑母在 -i, -u, -y 前失落 ŋ, ȵ 音時一律不寫 ɦ, 但事實上多數吳語除疑母字保存鼻音者不同外, 其餘疑母及喻匣凡讀陽調者(換言之除少數字偶讀若影母陰調者外)皆不能分。

| | 廢~穢~ | | | | 覃 | | | |
|---|---|---|---|---|---|---|---|---|
| | 75 | 76 | 77 | 79 | 1 | 2 | 6 | 10 |
| 例字 | 稅 | 歲 | 廢 | 吠 | 感 | 勘 | 含 | 諳 |
| 古音 | ɕĭʷɛi | sĭʷɛi | pjĭʷɐi | b'jĭʷɐi | kạm | k'ạm | ɣạm | ʔạm |
| 高麗[18] | se | se | p'ie[22] | p'ie | kam | kam | ham | am |
| 漢音 | sei | sei | hai | hai | kan | kan | kan | an |
| 吳音 | ze | sai | he | bai | kon | hon | gon | on |
| 安南 | t'ue | tue | fe | fe | kạm | k'am | ham | am |
| 廣州[19] | ʂøy(一) | søy(一) | fai | fai | kɔm(二) | kɔm | hɔm | ɔm |
| 客家 | šoi | sui | fui[22] | p'ui | kam | k'am | ham | am |
| 汕頭[20] | sui | sui | hui | hui | kam | k'am | ham | am |
| 福州 | suoi | suoi | hie | hie | kaŋ | k'aŋ | haŋ | aŋ |
| 溫州[21] | sy | sy | fi | vi | kœ | k'œ | ɦœ | œ |
| 上海 | sœ | sœ | fi | vi | ke | k'e | ɦe | e |
| 北京 | ʂuei | suei | fei | fei | kan | k'an | xan | an |
| 開封 | ʂui | sui | fi | fi | kan | k'an | xan | ɣan |
| 懷慶 | ʂui | ʂui | fəi | fəi | kaɳ | k'aɳ | xaɳ | ɣaɳ |
| 歸化 | səi | səi | fəi | fəi | kã | k'ã | xã | ŋgã |
| 大同 | ʂui | sui | fɛi | fɛi | kæ | k'æ | xæ | næ |
| 太原 | suɛi | suɛi | fɛi | fɛi | kæ | k'æ | xæ | ɣæ |
| 興縣 | ɕyi | ɕyi | fuɛ | fuɛ | kã | k'əŋ | xã | ŋgəŋ |
| 太谷 | fu | ɕy | fəi | fəi | kɛ̃ | k'ɛ̃ | xã | ŋgɛ̃ |
| 文水 | suei | suei | xuei | xuei | kɛ̃ | k'ã | xã | ŋgɛ̃ |
| 鳳台 | suai | suai | fai | fai | kɛ | k'ɛ | xɛ | ɣɛ |
| 蘭州 | fei | suei | fei | fei | kæ | k'æ | xæ | næ |
| 平涼 | ʂuɛi | suɛi | fɛi | fɛi | kæ̃ | k'æ̃ | xæ̃ | næ̃ |
| 西安 | fei | sui | fi | fi | kæ̃ | k'æ̃ | xæ̃ | ŋæ̃ |
| 三水 | sui | sui | fei | fei | kæ | k'æ | xæ | ŋæ |
| 四川 | ʂue | sue | fe | fe | kan | k'an | xan | ŋan |
| 南京 | ʂui | sui | fəi | fəi | kaŋ[1] | k'aŋ | xaŋ | aŋ |

**[ɕĭʷɛi]**: '稅' 日本 zei*。——**[sĭɛi]**: '歲' 福 huoi*。

(18) 高麗 -ie, -e 拼作 -iei。

(19) 廣州 -uai 是 -uai (短 a)。

(20) 汕頭 '銳' dzuɛ*, '衛' uɛ*, '贅' tsuɛ*, '稅歲' suɛ*——皆白話音。

(21) 溫州: 我們依 Parker 注 tsy, sy 的字 Montgomery 寫 "chï, shï" 等, 看 568 頁。

---

廢~穢~。 **[pjĭʷɐi]**: 78 肺; '肺' 麗 p'ɛ* (拼作 p'ai), 安 foi*。——**[b'jĭʷɐi]**: '吠' 客 p'oi*, 汕 pui*, 福 poi*。

(22) 高麗 -ie 寫作 -iei。

---

覃。 **[k'ạm]**: 3 堪, 4 龕, 5 坎; '堪' 吳音 gon; '龕' 溫 hœ (Parker), 蘭京未詳。——**[ɣạm]**: 7 涵, 8 撼, 9 憾; '涵' 廣 ham, 文谷 xɛ̃, 溫未詳; '撼' 麗蘭懷 k-, 文谷未詳; '憾' 麗懷興 k-。——**[ʔạm]**: 11 庵, 12 暗。

(一) 按廣州城審心不分, 外縣有分者。

(二) 按廣州城覃談見系跟侵見系都一律讀 -am (短深 ɑ), 如 '感敢錦' 都讀 kam。高氏覃談作 ɔm, 侵作 -ɐm, 外縣有如此分者。

| | 13 | 15 | 16 | 18 | 19 | 21 | 談 22 | 25 |
|---|---|---|---|---|---|---|---|---|
| 例字 | 男 | 婪 | 貪 | 潭 | 參 | 蠶 | 甘 | 酣 |
| 古音 | nạm | lạm | tʻạm | dʻạm | tsʻạm | dzʻạm | kɑm | xɑm |
| 高麗 | nam | nam | tʻam | tam | ȶɕʻam | ȶɕam | kam | |
| 漢音 | dan | ran | tan | tan | san | san | kan | kan |
| 吳音 | nan | ron | ton | don | son | zon | kon | |
| 安南 | ɳam | lam | tʻam | ɖam | tʻam | tam | kam | ham |
| 廣州 | nam | lam | tʻam | tʻam | tsʻam | tsʻam | kɔm(一) | hɔm |
| 客家 | nam | lam | tʻam | tʻam | tsʻam | tsʻam | kam | ham |
| 汕頭 | lam | lam | tʻam | tʻam | tsʻam | tsʻam | kam[2] | ham |
| 福州 | naŋ | laŋ | tʻaŋ | tʻaŋ | ȶɕʻaŋ | ȶɕaŋ | kaŋ | haŋ |
| 溫州 | nœ | lœ | tʻœ | dœ | tsʻœ | zœ | kœ | hœ |
| 上海 | ne | le | tʻe | de | tsʻe | ze | ke | he |
| 北京 | nan | lan | tʻan | tʻan | tsʻan | tsʻan | kan | xan |
| 開封 | nan | lan | tʻan | tʻan | tsʻan | tsʻan | kan | xan |
| 懷慶 | naɳ | laɳ | tʻaɳ | tʻaɳ | tsʻaɳ | tsʻaɳ | kaɳ | xaɳ |
| 歸化 | nã | lã | tʻã | tʻã | tsʻã | tsʻã | kã | xã |
| 大同 | næ | læ | tʻæ | tʻæ | tsʻæ | tsʻæ | kæ | xæ |
| 太原 | næ | læ | tʻæ | tʻæ | tsʻæ | tsʻæ | kæ | xæ |
| 興縣 | ndã | lã | tʻã | tʻã | tsʻã | tsʻã | kəŋ | xəŋ |
| 太谷 | nã | | tʻã | tʻã | tsʻã | tsã | kɛ̃ | xɛ̃ |
| 文水 | ndã | | tʻã | tʻã | tsʻã | tsã | kɛ̃ | xɛ̃ |
| 鳳台 | nɛ | lɛ | tʻɛ | tʻɛ | tsʻɛ | tsʻɛ | kɛ | xɛ |
| 蘭州 | næ | læ | tʻæ | tʻæ | tsʻæ | tsʻæ | kæ | xæ |
| 平涼 | næ̃ | læ̃ | tʻæ̃ | tʻæ̃ | tsʻæ̃ | tsʻæ̃ | kæ̃ | xæ̃ |
| 西安 | næ̃ | læ̃ | tʻæ̃ | tʻæ̃ | tsʻæ̃ | tsʻæ̃ | kæ̃ | xæ̃ |
| 三水 | læ | læ | tʻæ | tʻæ | tsʻæ | tsʻæ | kæ | xæ |
| 四川 | lan | lan | tʻan | tʻan | tsʻæn | tsʻan | kan | xan |
| 南京[1] | laŋ | laŋ | tʻaŋ | tʻaŋ | tsʻaŋ | tsʻaŋ | kaŋ | xaŋ |

**nạm]**: 14 南。——**[lạm]**: '婪' 文谷未詳。——**[tʻạm]**: 17 探。——**[tsʻạm]**: 20 慘; '參' 渥 tsʻɛ̃, 懷未詳。——**[dzʻạm]**: '蠶' 汕 tsʻoĩ*, 福 ȶɕʻɛiŋ*。

(1) 南京的 -ŋ, 嚴式寫起來是 ɣ̃, 完全是 ɣ̃ 的變法(看前 192 頁), 換言之在齒音讀 -n, 在舌根音前讀 -ŋ。在其他各攝(除 -uŋ, -iuŋ 的 -ŋ 是眞 -ŋ)也是這樣, 以後就不再註了。[譯者按只有咸山宕攝中今 ɑŋ, uɑŋ 的 ŋ 是 ɣ̃。至於深臻梗跟通攝唇音字是一個變値音位(variphone), 它的兩個音值是 -n, -ŋ, 從來不讀 -ɣ̃ 的。通攝唇音以外的字有一個穩固的 -ŋ, 如高氏所觀察。]

---

談。**[kɑm]**: 23 柑, 24 敢; '敢' 興 kã。——**[xɑm]**: '酣' (集韻的切), 麗 kam: 只有吳音從廣韻 ɣɑm 切讀 gon。

(一) 看上頁註(二)。

| | | | | | | | | | 咸 |
|---|---|---|---|---|---|---|---|---|---|
| | 26 | 32 | 34 | 35 | 37 | 38 | 39 | 41 | 42 |
| 例字 | 藍 | 擔 | 毯 | 談 | 淡 | 慙 | 鏨 | 三 | 鹻 |
| 古音 | lɑm | tɑm | t‘ɑm | ꜀d‘ɑm | ꜂d‘ɑm | ꜀dz‘ɑm | dz‘ɑm꜄ | sɑm | kạm |
| 高麗 | nam | tam | tam | tam | tam | ʨ‘am | ʨam | sam | kam |
| 漢音 | ran | tan | tan | tan | tan | san | san | san | kan |
| 吳音 | ron | ton | ton | don | don | zon | zon | son | ken |
| 安南 | lam | ɖam | ɖam | ɖam | ɖam | tam | tam | tam | zam |
| 廣州 | lam | tam | | t‘am | t‘am | ts‘am | tsam | sam | kam |
| 客家 | lam | tam | | t‘am | t‘am | ts‘am | ts‘am | sam | kam |
| 汕頭[2] | lam | tam | | t‘am | tam | ts‘am | tsam | sam | kiam |
| 福州 | laŋ | taŋ | t‘aŋ | taŋ | taŋ | ʨaŋ | ʨaŋ | saŋ | kieŋ |
| 温州 | la | ta | t‘a | da | da | dza | dza | sa | ka |
| 上海 | lɛ (一) | tɛ | t‘ɛ | dɛ | dɛ | dzɛ | dzɛ | sɛ | kɛ[3] |
| 北京 | lan | tan | t‘an | t‘an | tan | ts‘an | tsan | san | ʨiɛn |
| 開封 | lan | tan | t‘an | t‘an | tan | ts‘an | tsan | san | ʨiɛn |
| 懷慶 | laɳ | taɳ | t‘aɳ | t‘aɳ | taɳ | tsaɳ | tsaɳ | saɳ | ʨiɛn |
| 歸化 | lã | tã | t‘ã | t‘ã | tã | ts‘ã | tsã | sã | ʨiæ̃ |
| 大同 | læ | tæ | t‘æ | t‘æ | tæ | tsæ | tsæ | sæ | ʨie |
| 太原 | læ | tæ | t‘æ | t‘æ | tæ | ts‘æ | tsæ | sæ | ʨie |
| 興縣 | lã | tã | t‘ã | t‘ã | tã | ts‘ã | tsã | sã | ʨiã |
| 太谷 | lã | tã | t‘ã | t‘ã | tã | ts‘ã | tsã | sã | ʨiẽ |
| 文水 | lã | tã | t‘ã | t‘ã | tã | ts‘ã | tsã | sã | ʨiã |
| 鳳台 | lɛ | tɛ | t‘ɛ | t‘ɛ | tɛ | ts‘ɛ | tsɛ | sɛ | ʨia |
| 蘭州 | læ | tæ | t‘æ | t‘æ | tæ | ts‘æ | tsæ | sæ | ʨiæ̃ |
| 平涼 | læ̃ | tæ̃ | t‘æ̃ | t‘æ̃ | tæ̃ | ts‘æ̃ | tsæ̃ | sæ̃ | ʨiæ̃ |
| 西安 | læ̃ | tæ̃ | t‘æ̃ | t‘æ̃ | tæ̃ | ts‘æ̃ | tsæ̃ | sæ̃ | ʨiæ̃ |
| 三水 | læ | tæ | t‘æ | t‘æ | t‘æ | ts‘æ | tsæ | sæ | ʨiæ |
| 四川 | lan | tan | t‘an | t‘an | tan | ts‘an | tsan | san | ʨien |
| 南京 | laŋ | taŋ | t‘aŋ | t‘aŋ | taŋ | ts‘aŋ | tsaŋ | saŋ | ʨieĩ (二) |

[**lɑm**]: 27 覽, 28 攬, 29 欖, 30 濫, 31 纜。——[**tɑm**]: 膽。——[**t‘ɑm**]: ‘毯’ 廣客汕 t‘an。——[**d‘ɑm**]: 36 痰; ‘痰’ 吳音 den, 福 t‘aŋ。——[**꜀dz‘ɑm**]: ‘慙’ 日本 zan*。——[**dz‘ɑm꜄**]: 40 暫; ‘鏨’ 滬 ze*; ‘暫’ 日本 zan*, 汕 ʨiam, 北 ʨsan。

(2) 汕頭 ‘柑敢’ kã*, ‘欖’ nã*, ‘擔膽淡’ tã*, ‘三’ sã*——皆白話音。

---

咸。[**kạm**]: 43 減; ‘鹻’ 客 kiam*, 滬 ʨie*, ‘減’ 吳音 gen, 汕 kam*, 福 kɛiŋ。——[**xạm**]: 44 喊; 讀從廣韻又切的 xɑm。

(一) 原文用與 æ 相當的符號, 現在因爲 ɛ 旣爲是包括 æ, ɛ 的寬式符號而事實上上海這類韵又不如 æ 那麼開, 所以一律改譯爲 ɛ。以下山攝同。

(二) 南京這類韵, 無論有無介音 i, 它的韵音是個二合音, 高氏認它爲 ẽ, 我們現在一律改爲 eĩ。以下山攝同。

| | | | | | 銜 | | | |
|---|---|---|---|---|---|---|---|---|
| | 45 | 48 | 49 | 51 | 52 | 54 | 55 | 56 |
| 例字 | 咸 | 站 | 斬 | 讒 | 監 | 嵌 | 銜 | 攙 |
| 古音 | ɣa̤m | ɖʻa̤m | ʈʂa̤m | ɖʐʻa̤m | kam | kʻam | ɣam | ʈʂʻam |
| 高麗 | ham | ȶɕʻam | ȶɕʻam | ȶɕʻam | kam | kam | ham | ȶɕʻam |
| 漢音 | kan | tan | san | san | kan | kan | kan | san |
| 吳音 | gen 另 | ten | sen 另 | zen | ken | | gen | sen |
| 安南 | ham | ȶam | ȶam | sam | zam | | ham | sam |
| 廣州 | ham | ȶɕam | ȶɕam | tsʻam | kam | | ham | ȶɕʻam |
| 客家 | ham | čam | tsam | tsʻam | kam | kʻam | ham | tsʻam |
| 汕頭 | ham | tsam | tsam | tsʻam | kam | kʻam | ham | tsʻam |
| 福州 | haŋ | ȶɕaŋ | ȶɕaŋ | ȶɕaŋ | kaŋ | kʻaŋ | haŋ | ȶɕaŋ |
| 温州 | ɦa | dza | tsa | dza | ka | kʻa | ɦa | tsʻa |
| 上海[3] | ɦɛ 另 | dzaɛ | tsɛ | dzɛ | kɛ[4] | kʻɛ | ɦɛ | tsʻɛ |
| 北京 | ɕiɛn | ʈʂan | ʈʂan | tsʻan | ȶɕiɛn | ȶɕʻiɛn | ɕiɛn | ʈʂʻan |
| 開封 | ɕiɛn | ʈʂan | ʈʂan | tsʻan | ȶɕiɛn | ȶɕʻiɛn | ɕiɛn | ʈʂʻan |
| 懷慶 | ɕiɛn | tsaɳ | tsaɳ | tsʻaɳ | ȶɕiɛn | ȶɕʻiɛn | ɕiɛn | ʈʂʻaɳ |
| 歸化 | ɕiæ̃ | tsã | tsã | tsʻã | ȶɕiæ̃ | ȶɕʻiæ̃ | ɕiæ̃ | tsʻã |
| 大同 | ɕie | tsæ | tsæ | tsʻæ | ȶɕie | | ɕie | tsʻæ |
| 太原 | ɕie | tsæ | tsæ | tsʻæ | ȶɕie | | ɕie | tsʻæ |
| 興縣 | ɕiã | tsã | tsã | tsʻã | ȶɕiã | ȶɕʻã | ɕiã | tsʻã |
| 太谷 | ɕiẽ | tsã | tsã | tsʻã | ȶɕiẽ | ȶɕʻiẽ | ɕiẽ | tsʻã |
| 文水 | ɕiã | tsã | tsã | tsʻã | ȶɕiã | | ɕiã | tsʻã |
| 鳳台 | ɕia | tsɛ | tsɛ | tsʻɛ | ȶɕia | ȶɕʻia | ɕia | tsʻɛ |
| 蘭州 | ɕiæ̃ | tsæ | tsæ | tsʻæ | ȶɕiæ̃ | | ɕiæ̃ | tsʻæ |
| 平涼 | ɕiæ̃ | tsæ̃ | tsæ̃ | tsʻæ̃ | ȶɕiæ̃ | ȶɕʻiæ̃ | ɕiæ̃ | tsʻæ̃ |
| 西安 | ɕiæ̃ | tsæ̃ | tsæ̃ | tsʻæ̃ | ȶɕiæ̃ | | ɕiæ̃ | tsʻæ̃ |
| 三水 | ɕiæ | tsæ | tsæ | tsʻæ | ȶɕiæ | ȶɕʻiæ | ɕiæ | tsʻæ |
| 四川 | xan 另 | ʈʂan | ʈʂan | tsʻan | ȶɕien | kʻan | xan | tsʻan |
| 南京 | ɕieĩ | ʈʂaŋ | ʈʂaŋ | tsʻaŋ | ȶɕieĩ | | ɕiẽ | ʈʂʻaŋ |

**[ɣa̤m]**: 46 **鹹**, 47 **陷**; 吳音 滬另 '鹹' 字; '咸' 吳音 gan, 川未詳; '鹹' 汕 kiam*, 福 kɛiŋ*, 谷 xã, 西 xæ̃; '陷' 吳音 ken。——**[ɖʻa̤m]**: '站' 廣韻讀 ȶa̤mᵓ, 但凡分陰陽去的地方都讀它爲陽去, 並且吳語又讀它爲濁音, 所以都當它來自古 ɖʻa̤mᵓ 讀法; 客 tsʻam*, 汕 tam*; 可是吳音 ten 倒是合乎廣韻的切。——**[ʈʂa̤m]**: 50 **醮**; 吳音另 '醮' 字; '斬' 吳音 zen; '醮' 麗 ȶɕam, 客 tsiam*, 封懷未詳。

(3) 上海 '蘸減' ȶɕiɛ*, '咸鹹* 陷*' ɦiɛ——皆文言音。

---

銜。[**kam**]: 53 **鑑**。——[**kʻam**]: '嵌' 吳音 kon, 安 kʻam 廣 hom, 西 kʻæ̃ 表示古有 kʻɑm 之一讀; 同原文蘭京未詳。

| 例字<br>古音 | 57<br>衫<br>ʂam | 鹽<br>1<br>撿<br>kjĭɛm | 2<br>鉗<br>꜀g'jĭɛm | 3<br>儉<br>꜂g'jĭɛm | 4<br>驗<br>ŋjĭɛm | 5<br>險<br>xjĭɛm | 6<br>閹<br>ʔĭɛm | 9<br>鹽<br>ĭɛm |
|---|---|---|---|---|---|---|---|---|
| 高麗 | sam | kəm | | kəm | həm | həm | əm | iəm |
| 漢音 | san | ken | ken | ken | ken | ken | en | en |
| 吳音 | sen | ken[5] | gon | gen | ken | ken | on | on |
| 安南 | sam | kem | kem | kiem | ŋiem | hiem | iem | ziem |
| 廣州 | ʂam | kim[6] | k'im | kim | im | him | im | im |
| 客家 | sam | kiam | k'iam | k'iam | ȵiam | hiam | iam | iam |
| 汕頭 | sam | kiam | k'iam | k'iam | ŋiam | hiam | iam | iam |
| 福州 | saŋ | kieŋ | k'ieŋ | kieŋ | ŋieŋ | hieŋ | ieŋ | ieŋ 另 |
| 温州 | sa | ʨie | dʑie | dʑie | ȵie | ɕie | ie | ie |
| 上海[4] | sɛ | ʨie | dʑie | dʑie | ȵie | ɕie | ie | ie |
| 北京 | ʂan | ʨiɛn | ʨ'iɛn | ʨiɛn | iɛn | ɕiɛn | iɛn | iɛn |
| 開封 | ʂan | ʨiɛn | ʨ'iɛn | ʨiɛn | iɛn | ɕiɛn | iɛn | iɛn |
| 懷慶 | saȵ | ʨiɛn | ʨ'iɛn | ʨiɛn | iɛn | ɕiɛn | iɛn | iɛn |
| 歸化 | sã | ʨiẽ | ʨ'iẽ | ʨiẽ | iẽ | ɕiẽ | iẽ | iẽ |
| 大同 | sæ | ʨie | ʨ'ie | ʨie | ie | ɕie | ie | ie |
| 太原 | sæ | ʨie | ʨ'ie | ʨie | ie | ɕie | ie | ie |
| 興縣 | sã | ʨiŋ | ʨ'iŋ | ʨiŋ | iŋ | ɕiŋ | iŋ | iŋ |
| 太谷 | sã | ʨiẽ | ʨ'iẽ | ʨiẽ | iẽ | ɕiẽ | iẽ | iẽ |
| 文水 | sã | ʨiẽ | ʨ'iẽ | ʨiẽ | iẽ | ɕiẽ | iẽ | iẽ |
| 鳳台 | sɛ | ʨia | ʨ'ia | ʨia | ia | ɕia | ia | ia |
| 蘭州 | sæ | ʨiæ̃ | ʨ'iæ̃ | ʨiæ̃ | iæ̃ | ɕiæ̃ | iæ̃ | iæ̃ |
| 平涼 | sæ̃ | ʨiæ̃ | ʨ'iæ̃ | ʨiæ̃ | iæ̃ | ɕiæ̃ | iæ̃ | iæ̃ |
| 西安 | sæ̃ | ʨiæ̃ | ʨ'iæ̃ | ʨiæ̃ | iæ̃ | ɕiæ̃ | iæ̃ | iæ̃ |
| 三水 | sæ | ʨiæ | ʨ'iæ | ʨiæ | iæ | ɕiæ | iæ | iæ |
| 四川 | ʂan | ʨien | ʨ'ien | ʨien | ien | ɕien | ien | ien |
| 南京 | ʂaŋ | ʨieĩ | ʨ'ieĩ | ʨieĩ | ieĩ | ɕieĩ | ieĩ | ieĩ |

[**ʂam**]: 58 **杉**, 59 **芟**; '衫' 汕 sã*; '杉' 廣 ʨ'am, 客 ts'am, 北 ʂa* 許多官話讀 sæ*。

(4) 上海 '監鑑' ʨiɛ*, 銜 ɦɛ*——皆文言音。

---

鹽。[**kjĭɛm**]: '撿' 這個字廣韵讀 ljĭɛm, 但到處總照集韵切 kjĭɛm 的讀法 [譯者按廣韵 kjĭɛm 音 '檢' 字下云: '俗作撿, 撿本音斂。" 這一行注音的意義跟價值完全要看當初記方音時發音者把這字當作什麽講, 現在怕不易查了]; 1a **檢**; '檢' 吳音 kon, 安 kiem [原書第 33 號字]。——[꜀**g'jĭɛm**]: '鉗' 麗 kiəm, 汕 k'ĩ*, 福 k'iŋ*。——[꜂**g'jĭɛm**]: '儉' 汕 k'iẽ*。——[**ŋjĭɛm**]: '驗' 滬 ȵiɛ*。——[**ʔĭɛm**]: 7 **淹**, 8 **厭**, 8a **掩**; '厭' 麗 iəm; 8a '掩' 吳音 en, 滬 e*。——[**ĭɛm**]: 10 **閻**, 11 **豔**, 12 **焰**; 福另 '豔' 字; '監' 福 sieŋ; '閻' 汕 ŋiam*, 福 ŋieŋ, 滬 ȵie (看 270 頁); '豔焰' 滬 iɛ。

| | 13 | 14 | 15 | 16 | 18 | 20 | 21 | 22 | 23 |
|---|---|---|---|---|---|---|---|---|---|
| 例字 | 炎 | 沾 | 諂 | 占 | 閃 | 贍 | 染 | 粘 | 奩 |
| 古音 | jĭɛm | ȶĭɛm | ȶ‘ĭɛm | ȶɕĭɛm | ɕĭɛm | ʑĭɛm | ȵʑĭɛm | njĭɛm | ljĭɛm |
| 高麗 | iəm | ȶɕ‘əm | ȶɕ‘əm | ȶɕəm | səm | səm | iəm | | iəm |
| 漢音 | en | ten | ten | sen | sen | sen | zen | den | ren |
| 吳音[5] | on | ton | ten | son | sen | zen | nen | nen | ron |
| 安南 | viem | ȶiem | siem | ȶiem | t‘iem | t‘iem | ȵiem | ȵiem | liem |
| 廣州[6] | im | ȶɕim | ȶɕ‘im | ȶɕim | ʂim | ʂim | im | nim | lim |
| 客家 | iam | čam | č‘am | čam | šam | šam | ȵiam | ȵiam | liam |
| 汕頭 | iam | tiam | t‘iam | ȶɕiam | siam | siam | ȡʑiam | liam | liam |
| 福州 | ieŋ | ȶɕieŋ | t‘ieŋ | ȶɕieŋ | sieŋ | sieŋ | nieŋ | nieŋ | lieŋ |
| 溫州 | ie | tsie | ts‘ie | tsie | sie | zie | ȵie | ȵie | lie |
| 上海 | iɛ | tse | ts‘e | tse | se | | ȵie | ȵie | le |
| 北京 | iɛn | tʂan | tʂ‘an | tʂan | ʂan | ʂan | ʐan | niɛn | leɛn |
| 開封 | iɛn | tʂan | tʂ‘an | tʂan | ʂan | ʂan | ʐan | niɛn | leɛn |
| 懷慶 | iɛn | tʂaɳ | tʂ‘aɳ | tʂaɳ | ʂaɳ | ʂaɳ | ʐaɳ | niɛn | liɛn |
| 歸化 | iẽ | tʂẽ | tʂ‘ẽ | tʂẽ | ʂẽ | ʂẽ | ʐẽ | ȵiẽ | lẽ |
| 大同 | ie | tʂæ | tʂ‘æ | tʂæ | ʂæ | ʂæ | ʐæ | ȵie | lie |
| 太原 | ie | tsæ | ts‘æ | tsæ | sæ | ʂæ | zæ | ȵie | lie |
| 興縣 | iŋ | tʂəŋ | tʂ‘əŋ | tʂəŋ | ʂəŋ | ʂəŋ | ʐəŋ | ȵȡiŋ | liŋ |
| 太谷 | iẽ | tsɛ̃ | ts‘ɛ̃ | tsɛ̃ | sɛ̃ | sɛ̃ | zã | ȵiẽ | liẽ |
| 文水 | iẽ | tʂɛ̃ | tʂ‘ɛ̃ | tʂɛ̃ | ʂɛ̃ | ʂɛ̃ | ʐã | ȵȡiẽ | lẽ |
| 鳳台 | ia | tsɛ | ts‘ɛ | tsɛ | sɛ | sɛ | zɛ | nia | lea |
| 蘭州 | iæ̃ | ʈæ | ʈ‘æ | ʈæ | ʂæ | ʂæ | ʐæ | ȵiæ̃ | leæ̃ |
| 平涼 | iæ̃ | ʈæ̃ | ʈ‘æ̃ | ʈæ̃ | ʂæ̃ | ʂæ̃ | ʐæ̃ | ȵiæ̃ | leæ̃ |
| 西安 | iæ̃ | ʈæ̃ | ʈ‘æ̃ | ʈæ̃ | ʂæ̃ | ʂæ̃ | ʐæ̃ | ȵiæ̃ | leæ̃ |
| 三水 | iæ | ʈæ | ʈ‘æ | ʈæ̃ | ʂæ | ʂæ | ʐæ | ȵiæ | leæ |
| 四川 | ien | tʂan | tʂ‘an | tʂan | ʂan | ʂan | ʐan | nien | lien |
| 南京 | ieĩ | tʂaŋ | tʂ‘aŋ | tʂaŋ | ʂaŋ | ʂaŋ | ʐaŋ | | leĩ |

**[ȶ‘ĭɛm]**: ‘諂’ 客 ts‘am*, t‘iam*。——**[ȶɕiɛm]**: 17 瞻; ‘瞻’ 麗 ȶɕ‘əm。——**[ɕiɛm]**: 19 陝。——**[ʑiɛm]**: ‘贍’ 廣 ʂin*, 滬 tse。［譯者按無疑是誤讀爲‘目’旁之‘瞻’字，但此讀法在上海是否已到“習非成是”之程度尙未調查。］——**[ȵʑĭɛm]**: ‘染’ 滬 ze*（文言音），汕 nĩ*。——**[njĭɛm]**: ‘粘’ 麗京未詳。——**[ljĭɛm]**: 24 廉，25 簾，26 鐮，27 斂，28 殮; ‘鐮’ 滬 ȶɕie* (Davis 跟 Silsby); ‘斂’ 封 lyan，歸 lyœ̃，原 lye。

| | | | | | 嚴 | | |
|---|---|---|---|---|---|---|---|
| | 29 | 30 | 31 | 32 | 34(一) | 35 | 36(一) |
| 例字 | 尖 | 潛 | 漸 | 貶 | 欠 | 嚴 | 醃 |
| 古音 | tsĭɛm | ˌdz'ĭɛm | ˋdz'ĭɛm | pjĭɛm | k'jĭɐm | ŋjĭɐm | ʔĭɐm |
| 高麗 | tɕ'əm | | tɕəm | | kəm | əm | əm |
| 漢音 | sen | sen | sen | hen | ken | gen | en |
| 吳音[5] | sen | zon | zen | hen | ken | gon | on |
| 安南 | tiem | tiem | tiem | biem | k'iem | ŋiem | iem |
| 廣州[6] | tsim | ts'im | tsim | pin | him | im | im |
| 客家 | tsiam | ts'iam | ts'iam | pien | k'iam | ȵiam | iam |
| 汕頭 | tɕiam | tɕ'iam | tɕiam | p'in | k'iam | ŋiam | iam |
| 福州 | tɕieŋ | tɕ'ieŋ | tɕieŋ | pieŋ | k'ieŋ | ŋieŋ | ieŋ |
| 温州 | tsie | zie | zie | pie | tɕ'ie | ȵie | ie |
| 上海 | tsie | dzie | dzie | pie | tɕ'ie | ȵie | ie |
| 北京 | tɕiɛn | tɕ'iɛn | tɕiɛn | piɛn | tɕ'iɛn | iɛn | iɛn |
| 開封 | tsiɛn | ts'iɛn | tsiɛn | piɛn | tɕ'iɛn | iɛn | iɛn |
| 懷慶 | tɕiɛn | tɕ'iɛn | tɕiɛn | piɛn | tɕ'iɛn | iɛn | iɛn |
| 歸化 | tɕiẽ | tɕ'iẽ | tɕiẽ | piẽ | tɕ'iẽ | iẽ | iẽ |
| 大同 | tɕie | tɕ'ie | tɕie | pie | tɕ'ie | ie | ie |
| 太原 | tɕie | tɕie | tɕie | pie | tɕ'ie | ie | ie |
| 興縣 | tɕiŋ | tɕ'iŋ | tɕiŋ | piŋ | tɕ'iŋ | iŋ | iŋ |
| 太谷 | tɕiẽ | tɕ'iẽ | tɕiẽ | piẽ | tɕ'iẽ | iẽ | iẽ |
| 文水 | tɕiẽ | tɕ'iẽ | tɕiẽ | piẽ | tɕ'iẽ | iẽ | iẽ |
| 鳳台 | tɕia | tɕ'ia | tɕia | pia | tɕ'ia | ia | ia |
| 蘭州 | tɕiæ̃ | tɕ'iæ̃ | tɕiæ̃ | piæ̃ | tɕ'iæ̃ | iæ̃ | iæ̃ |
| 平涼 | tɕiæ̃ | tɕ'iæ̃ | tɕiæ̃ | piæ̃ | tɕ'iæ̃ | iæ̃ | iæ̃ |
| 西安 | tɕiæ̃ | tɕ'iæ̃ | tɕiæ̃ | piæ̃ | tɕ'iæ̃ | iæ̃ | iæ̃ |
| 三水 | tsiæ | ts'iæ | tsiæ | piæ | tɕ'iæ | iæ | iæ |
| 四川 | tsien | ts'ien | tsien | pien | tɕ'ien | ien | ien |
| 南京 | tseĩ | ts'eĩ | tseĩ | peĩ | tɕ'ieĩ | ieĩ | ieĩ |

**[ˌdz'ĭɛm]**: '潛' 麗 tɕăm, 滬 zie*。——**[pjĭɛm]**: '貶' 麗未詳.

(5) 吳音 -on, -en 不定; -en 除表中已註字外, 又見於 '厭豔' en, '贍' sen, '歛' ren, '潛' zen*。

(6) 廣州 -im 是 -iːm。

---

**嚴**。[**k'jĭɐm**]: '欠' 麗 hum*。——

(一) 原 34 號前有 33 號 '檢' 字今改歸鹽部 1a 號。又原 37 號 '掩' 亦改爲 8a 號。

添

| 例字<br>古音 | 38<br>兼<br>kiem | 39<br>謙<br>k‘iem | 41<br>嫌<br>ɣiem | 42<br>念<br>niem | 44<br>點<br>tiem | 48<br>添<br>t‘iem | 49<br>甜<br>d‘iem |
|---|---|---|---|---|---|---|---|
| 高麗 | kiəm | kiem | kiən | iəm | ȶɕəm | ȶɕ‘əm | ȶɕ‘əm |
| 漢音 | ken | ken | ken | den | ten | ten | ten |
| 吳音 | ken | ken | gen | nen | ten | ten | den |
| 安南 | kiem | k‘iem | hiem | ȵiem | ɖiem | t‘iem | ɖiem |
| 廣州 | kim | him | im | nim | tim | t‘im | t‘im |
| 客家 | kiam | k‘iam | hiam | ȵiam | tiam | t‘iam | t‘iam |
| 汕頭 | kiam | k‘iam | hiam | liam | tiam | t‘iam | tiam |
| 福州 | kieŋ | k‘ieŋ | hieŋ | nieŋ | tieŋ | t‘ieŋ | tieŋ |
| 温州 | ȶɕie | ȶɕ‘ie | ɦie | ȵie | tie | t‘ie | die |
| 上海 | ȶɕie | ȶɕ‘ie | ɦie | ȵie | tie | t‘ie | die |
| 北京 | ȶɕiɛn | ȶɕ‘iɛn | ɕiɛn | niɛn | tiɛn | t‘iɛn | t‘iɛn |
| 開封 | ȶɕiɛn | ȶɕ‘iɛn | ɕiɛn | ȵiɛn | tiɛn | t‘iɛn | t‘iɛn |
| 懷慶 | ȶɕiɛn | ȶɕ‘iɛn | ɕiɛn | ȵiɛn | tiɛn | t‘iɛn | t‘iɛn |
| 歸化 | ȶɕiẽ | ȶɕ‘iẽ | | ȵiẽ | tiẽ | t‘iẽ | t‘iẽ |
| 大同 | ȶɕie | ȶɕ‘ie | ɕie | ȵie | tie | t‘ie | t‘iẽ |
| 太原 | ȶɕie | ȶɕ‘ie | ɕie | ȵie | tie | t‘ie | tie |
| 興縣 | ȶɕiŋ | ȶɕ‘iŋ | | ȵȡiŋ | tiŋ | t‘iŋ | t‘iŋ |
| 太谷 | ȶɕiẽ | ȶɕ‘iẽ | ɕiẽ | ȵiẽ | tiẽ | t‘iẽ | tiẽ |
| 文水 | ȶɕiẽ | ȶɕ‘iẽ | | ȵȡiẽ | tiẽ | t‘iẽ | tiẽ |
| 鳳台 | ȶɕia | ȶɕ‘ia | ɕia | nia | tia | t‘ia | t‘ia |
| 蘭州 | ȶɕiæ̃ | ȶɕ‘iæ̃ | ɕiæ̃ | ȵiæ̃ | tiæ̃ | t‘iæ̃ | t‘iæ̃ |
| 平凉 | ȶɕiæ̃ | ȶɕ‘iæ̃ | ɕiæ̃ | ȵiæ̃ | tiæ̃ | t‘iæ̃ | t‘iæ̃ |
| 西安 | ȶɕiæ̃ | ȶɕ‘iæ̃ | ɕiæ̃ | ȵiæ̃ | tiæ̃ | t‘iæ̃ | t‘iæ̃ |
| 三水 | ȶɕiæ | ȶɕ‘iæ | ɕiæ | ȵiæ | tiæ | t‘iæ | t‘iæ |
| 四川 | ȶɕien | ȶɕ‘ien | ɕien | nien | tien | t‘ien | t‘ien |
| 南京 | ȶɕieĩ | ȶɕ‘ieĩ | ɕieĩ | leĩ | teĩ | t‘eĩ | t‘eĩ |

添。[**k‘iem**]: 40 歉; ‘歉’ 在廣客* 福讀的好像古音是 k‘iep, 在北* 同鳳涼西讀的好像古音是 k‘iemˀ,封京未詳。——[**ɣiem**]: ‘嫌’ 歸 ɕiæ̃, 文興 ɕiã。——[**niem**]: 43 拈; ‘念’ 福 naiŋ*, 滬 ȵiæ (白話音); ‘拈’ 汕 nĩ*, 麗未詳。——[**tiem**]: 45 玷, 46 店, 47 墊; ‘點’ 福 tɛiŋ*(白話音); ‘店墊*’ 福 taiŋ; ‘墊’ 温滬*die, 廣 tin, 汕 tien* (古 -n 讀法 ?)。——[**t‘iem**]: ‘添’ 汕 t‘ĩ*

| | 凡 | | 侵 | | | | | |
|---|---|---|---|---|---|---|---|---|
| | 50 | 51 | 1 | 6 | 8 | 11 | 12 | 16 |
| 例字 | 泛 | 凡 | 今 | 衾 | 琴 | 吟 | 音 | 淫 |
| 古音 | p'jĭʷɐm | b'jĭʷɐm | kjĭəm | k'jĭəm | g'jĭəm | ŋjĭəm | ʔĭəm | ĭəm |
| 高麗 | pəm | pəm | kɯm | kɯm | kɯm | ɯm | ɯm | ɯm |
| 漢音 | han | han | kin | kin | kin | gin | in | in |
| 吳音 | hon | bon | kon | kon | gon | gon | on | in |
| 安南 | fiɐm | fam | kɐm 另 | k'ɐm | kɐm | ŋɐm | ɐm | zɐm |
| 廣州 | fan | fan | kɐm (一) | k'ɐm | k'ɐm | iɐm | iɐm | iɐm |
| 客家 | fam | fam | kim | k'im | k'im | ȵim | im | im |
| 汕頭 | huan | huam | kim | k'im | k'im | ŋim | im | im |
| 福州 | huaŋ | huaŋ | kiŋ[1] | k'iŋ | k'iŋ | ŋiŋ | iŋ | iŋ |
| 温州 | fa | va | tɕiaŋ[2] | tɕ'iaŋ | dʑiaŋ | ȵiaŋ | iaŋ | iaŋ |
| 上海 | fɛ | vɛ | tɕiəŋ[2] | tɕ'iəŋ | dʑiəŋ | ȵiəŋ | iəŋ | iəŋ |
| 北京 | fan | fan | tɕin | tɕ'in | tɕ'in | in | in | in |
| 開封 | fan | fan | tɕin | tɕ'in | tɕ'in | in | in | in |
| 懷慶 | faɲ | faɲ | tɕiɲ | tɕ'iɲ | tɕ'iɲ | iɲ | iɲ | iɲ |
| 歸化 | fã | fã | tɕiɛŋ | tɕ'iɛŋ | tɕ'iɛŋ | iɛŋ | iɛŋ | iɛŋ |
| 大同 | fæ | fæ | tɕiəŋ | tɕ'iəŋ | tɕ'iəŋ | iəŋ | iəŋ | iəŋ |
| 太原 | fæ | fæ | tɕiəŋ | tɕ'iəŋ | tɕ'iəŋ | ieŋ | iəŋ | iəŋ |
| 興縣 | fuã | fuã | tɕiə̃ | tɕ'iə̃ | tɕ'iə̃ | iə̃ | iə̃ | iə̃ |
| 太谷 | fã | fã | tɕiə̃ | tɕ'iə̃ | tɕ'iə̃ | iə̃ | iə̃ | iə̃ |
| 文水 | xuã | xuã | tɕiə̃ | tɕ'iə̃ | tɕ'iə̃ | iə̃ | iə̃ | iə̃ |
| 鳳台 | fɛ | fɛ | tɕiẽ | tɕ'iẽ | tɕ'iẽ | iẽ | iẽ | iẽ |
| 蘭州 | fæ | fæ | tɕiə̃ | tɕ'iə̃ | tɕ'iə̃ | iə̃ | iə̃ | iə̃ |
| 平涼 | fæ̃ | fæ̃ | tɕiə̃ | tɕ'iə̃ | tɕ'iə̃ | iə̃ | iə̃ | iə̃ |
| 西安 | fæ̃ | fæ̃ | tɕiɛ̃[3] | tɕ'iɛ̃ | tɕ'iɛ̃ | iɛ̃ | iɛ̃ | iɛ̃ |
| 三水 | fæ | fæ | tɕiɛ̃ | tɕ'iɛ̃ | tɕ'iɛ̃ | iɛ̃ | iɛ̃ | iɛ̃ |
| 四川 | fan | fan | tɕin | tɕ'in | tɕ'in | in | in | in |
| 南京 | faŋ | faŋ | tɕiŋ (二) | tɕ'iŋ | tɕ'iŋ | iŋ | iŋ | iŋ |

凡 [**b'jĭʷɐm**]: 52 **帆**, 53 **範**, 54 **犯**, 55 **梵**; '帆梵' 漢音 hen*; '帆' 汕 p'aŋ (Gibson), 福 p'uŋ*; '梵' 汕 huan (Gibson)。

---

侵 [**kjĭəm**]: 2 **襟**, 3 **金**, 4 **錦**, 5 **禁**; 安另 '錦' 字; '今金*' 安 kim; '襟' 安粵閩 k'-。——[**k'jĭəm**]: 7 **欽**; '衾' 汕 kim*; '欽' 麗 hɯm, 廣 iɐm。——[**g'jĭəm**]: 9 **禽**, 10 **擒**。——[**ʔĭəm**]: 13 **陰**, 14 **飲**, 15 **蔭**; '陰' 汕 am*, 福 ɛiŋ*。

(一) 看前覃韻下註(二)

(二) 看前覃韻下南京註(1)

| | 17 | 18 | 19 | 23 | 24 | 27 | 28 | 30 |
|---|---|---|---|---|---|---|---|---|
| 例字 | 砧 | 沈 | 箴 | 滲 | 審 | 甚 | 任 | 臨 |
| 古音 | ȶĭəm | ȡʻĭəm | ȶɕĭəm | ʂĭəm | ɕĭəm | ʑĭəm | ȵʑĭəm | ljĭəm |
| 高麗 | ȶɕʻim | ȶɕʻim | ȶɕʻim | săm | sim | sim | im | im |
| 漢音 | ȶɕin | ȶɕin | ɕin | ɕin | ɕin | ɕin | dʑin | rin |
| 吳音 | ȶɕin | ȡʑin | ɕin | son | ɕin | ȡʑin | nin | rin |
| 安南 | ȶɐm | ȶɐm | ȶɐm | tʻam | tʻɐm | tʻɐm | ȵɐm | lɐm |
| 廣州 | ȶɕɐm | ȶɕʻɐm | ȶɕɐm | ʂɐm | ʂɐm | ʂɐm | iɐm | lɐm |
| 客家 | | čʻim | čim | sim | šim | šim | ȵim | lim |
| 汕頭 | ȶɕim | tim | ȶɕim | siam | sim | sim | ȡʑim | lim |
| 福州[1] | tiŋ | tʻiŋ | ȶɕiŋ | sɛiŋ | siŋ | sɛiŋ[2] | iŋ | liŋ |
| 溫州[2] | tsaŋ | dzaŋ | tsaŋ | saŋ | saŋ | zaŋ | ȵiaŋ | liŋ |
| 上海[2] | tsəŋ | dzəŋ | tsəŋ | səŋ | səŋ | zəŋ | ȵiəŋ | liŋ |
| 北京 | ʈʂən | ʈʂʻən | ʈʂən | ʂən | ʂən | ʂən | ʐən | lin |
| 開封 | ʈʂən | ʈʂʻən | ʈʂən | ʂən | ʂən | ʂən | ʐən | lin |
| 懷慶 | ʈʂəɳ | ʈʂʻəɳ | ʈʂəɳ | səɳ | ʂəɳ | ʂəɳ | ʐəɳ | liɳ |
| 歸化 | ʈʂəŋ | ʈʂʻəŋ | ʈʂəŋ | səŋ | ʂəŋ | ʂəŋ | ʐəŋ | leɛŋ |
| 大同 | ʈʂəŋ | ʈʂʻəŋ | ʈʂəŋ | səŋ | ʂəŋ | ʂəŋ | ʐəŋ | leəŋ |
| 太原 | tsəŋ | tsʻəŋ | tsəŋ | səŋ | səŋ | səŋ | zəŋ | leəŋ |
| 興縣 | ʈʂə̃ | ʈʂʻə̃ | ʈʂə̃ | sə̃ | ʂə̃ | ʂə̃ | ʐə̃ | leə̃ |
| 太谷 | tsõ | tsʻõ | tsõ | sõ | sõ | sõ | zõ | leə̃ |
| 文水 | ʈʂə̃ | ʈʂʻʻə̃ | ʈʂə̃ | sə̃ | ʂə̃ | ʂə̃ | ʐə̃ | leə̃ |
| 鳳台 | tsã | tsʻã | tsã | sã | sã | sã | zã | lẽ |
| 蘭州 | ʈə̃ | ʈʻə̃ | ʈə̃ | tsʻə̃ | ʂə̃ | ʂə̃ | ʐə̃ | leə̃ |
| 平涼 | ʈə̃ | ʈʻə̃ | ʈə̃ | sə̃ | ʂə̃ | ʂə̃ | ʐə̃ | leə̃ |
| 西安[3] | ʈɛ̃ | ʈʻɛ̃ | ʈɛ̃ | sɛ̃ | ʂɛ̃ | ʂɛ̃ | ʐɛ̃ | leɛ̃ |
| 三水 | ʈɛ̃ | ʈʻɛ̃ | ʈɛ̃ | sɛ̃ | ʂɛ̃ | ʂɛ̃ | ʐɛ̃ | leɛ̃ |
| 四川 | ʈʂen | ʈʂʻen | ʈʂən | sen | ʂen | ʂen | ʐen | lin |
| 南京 | ʈʂəŋ | ʈʂʻəŋ | ʈʂəŋ | ʂəŋ | ʂəŋ | ʂəŋ | ʐəŋ | liŋ |

**[ȶĭəm]**: ‘砧’ 客 tsem, 汕 tiam*。——**[ȡʻĭəm]**: ‘沈’ 福 tʻɛiŋ*。——**[ȶɕĭəm]**: 20 針, 21 斟, 22 枕; ‘針’ 福 ȶɕɛiŋ, 汕 tsam*(白話音)——**[ʂĭəm]**: ‘滲’ 客 tsʻam*。——**[ɕĭəm]**: 25 深, 26 嬸; ‘深’ 客 čʻ-, 汕福 ȶɕʻ-, 封 ʈʂʻ-, 鳳 tsʻ-。——**[ȵʑĭəm]**: ‘任’ 溫 zaŋ*, 滬 zəŋ*(皆文言音)。——**[njĭəm]**: 29 賃; 麗 nim 惟一的照規則讀的方言; 日本安閩粵滬文谷京讀的好像古音是 ȵʑĭəm(日本可是讀 ȶɕin*), 其他方言讀的好像古音是 ljĭəm。——**[ljĭəm]**: 31 林, 32 痳, 33 霖, 34 淋; ‘林’ 汕 nã*。

| 例字<br>古音 | 35<br>浸<br>tsĭəm | 36<br>寢<br>ts'ĭəm | 38<br>心<br>sĭəm | 39<br>尋<br>zĭəm | 40<br>稟<br>pjĭəm | 41<br>品<br>p'jĭəm |
|---|---|---|---|---|---|---|
| 高麗 | ȶɕ'im | ȶɕ'im | sim | sim | p'ɯm | p'ɯm |
| 漢音 | ɕin | ɕin | ɕin | ɕin | hin | hin |
| 吳音 | ɕin | son | ɕin | ȡʑin | hon | hon |
| 安南 | tɐm | sɐm 另 | tɐm | tɐm | bɐm | fɐm |
| 廣州 | tsɐm | ts'ɐm | sɐm | ts'ɐm | pɐn | pɐn |
| 客家 | tsim | ts'im | sim | ts'im | pin | p'in |
| 汕頭 | ȶɕim | ȶɕ'im | sim | ȶɕim | pin | p'in |
| 福州[1] | ȶɕɛiŋ˒ | ȶɕiŋ | siŋ | siŋ | piŋ | p'iŋ |
| 溫州[2] | tsaŋ | ts'aŋ | saŋ | zaŋ | piŋ | p'iŋ |
| 上海[2] | tsiŋ | ts'iŋ | siŋ | ziŋ | piŋ | p'iŋ |
| 北京 | ȶɕin | ȶɕ'in | ɕin | ɕin | piŋ | p'in |
| 開封 | ts'in | ts'in | sin | | piŋ | p'in |
| 懷慶 | ȶɕiɳ | ȶɕ'iɳ | ɕiɳ | | piŋ | p'iɳ |
| 歸化 | ȶɕiɛŋ | ȶɕ'iɛŋ | ɕiɛŋ | ɕiɛŋ | piɛŋ | p'iɛŋ |
| 大同 | ȶɕiəŋ | ȶɕ'iəŋ | ɕiəŋ | ɕiəŋ | piəŋ | p'iəŋ |
| 太原 | ȶɕiəŋ | ȶɕ'iəŋ | ɕiəŋ | ɕiəŋ | piəŋ | p'iəŋ |
| 興縣 | ȶɕiə̃ | ȶɕ'iə̃ | ɕiə̃ | | piə̃ | p'iə̃ |
| 太谷 | ȶɕiə̃ | ȶɕ'iə̃ | ɕiə̃ | ɕiə̃ | piə̃ | p'iə̃ |
| 文水 | ȶɕiə̃ | ȶɕ'iə̃ | ɕiə̃ | ɕiə̃ | piə̃ | p'iə̃ |
| 鳳台 | ȶɕiẽ | ȶɕ'iẽ | ɕiẽ | ɕiẽ | pẽ | p'iẽ |
| 蘭州 | ȶɕiə̃ | ȶɕ'iə̃ | ɕiə̃ | ɕiə̃ | piə̃ | p'iə̃ |
| 平涼 | ȶɕiə̃ | ȶɕ'iə̃ | ɕiə̃ | | piə̃ | p'iə̃ |
| 西安[3] | ȶɕiɛ̃ | ȶɕ'iẽ | ɕiɛ̃ | ɕiɛ̃ | piŋ | p'iɛ̃ |
| 三水 | tsiɛ̃ | ts'iɛ̃ | siɛ̃ | siɛ̃ | piŋ | p'iɛ̃ |
| 四川 | ts'in | ts'in | sin | sin | pin | p'in |
| 南京 | tsiŋ | ts'iŋ | siŋ | | piŋ | p'iŋ |

**[tsĭəm]**: '浸' 溫 ts'aŋ*。——**[ts'ĭəm]**: 37 侵; 安另 '侵' 字; '寢' 安未詳; '侵' 吳音 ɕin; 福懷 ȶɕ-, 三京 ts-。——**[zĭəm]**: '尋' 汕 ȶɕim*, ȶɕiam*, siam*, 在官話常常唇元音: 北 ɕyn*, 封 syən, 懷 ɕyiŋ, 涼 ɕyũ, 川* 京 syin; 興未詳。——**[p'ĭəm]**: '品' 汕 pin。*

(1) 福州去聲 -ɛiŋ, 所以: '禁' kɛiŋ, '蔭賃' ɛiŋ, '滲甚' sɛiŋ '浸' ȶɕɛiŋ。

(2) 溫州 ȶɕiaŋ 等跟 上海 ȶɕiəŋ 等 -i- 介音很微, 有些人簡直不讀; 因爲這個緣故, 所以我們注 ȶɕiaŋ 的地方 Montgomery 寫 'chang' 等,我們寫 ȶɕiəŋ, ȶɕ'iəŋ 等的地方 Davis and Silsby 寫 'kyung, chung'。以下各攝在顎音後都是這樣的——這個現在聲明一次過後以下就不復提了。

(3) 西安平聲 -iɛ̃, 上去 -iẽ。所以假如行首代表字是一個 ˛ȶɕiɛ̃, 讀者就可以把它的上去聲的同音字讀成 ˋȶɕiẽ, ȶɕiẽ˒, 那麼沒有把個個字注出 ˛ȶɕiɛ̃, ˋȶɕiẽ 等的必要了。 關於西安 -ɛ̃ 的同樣傾向看 202 頁, 關於三水 -iɛ̃ 的同樣傾向, 看 218 頁。

| | 寒 | | | | | | | |
|---|---|---|---|---|---|---|---|---|
| | 1 | 6 | 7 | 8 | 10 | 14 | 18 | 19 |
| 例字 | 干 | 看 | 岸 | 漢 | 寒 | 安 | 難 | 蘭 |
| 古音 | kɑn | k'ɑn | ŋɑn | xɑn | ɣɑn | ʔɑn | nɑn | lɑn |
| 高麗 | kan | kan | an | han | han | an | nan | nan |
| 漢音 | kan | kan | gan | kan | kan | an | dan | ran |
| 吳音 | kan | kan | gan | kan | gan | an | nan | ran |
| 安南 | kaɳ | k'aɳ | ŋaɳ | haɳ | haɳ | aɳ | ɳaɳ | laɳ |
| 廣州 | kon | hon | ŋon | hon | hon | on(一) | nan | lan |
| 客家 | kon | k'on | | hon | hon | on | nan | lan |
| 汕頭 | kan | k'an | ŋan | han | han | an | lan | lan |
| 福州 | kaŋ | k'aŋ | ŋaŋ | haŋ | haŋ | aŋ | naŋ | laŋ |
| 溫州 | kyɵ | k'œ | ye | hye | ɦye | ye | na | la |
| 上海 | kœ | k'œ | ŋœ | hœ | ɦœ | œ | nɛ | lɛ |
| 北京 | kan | k'an | an | xan | xan | an | nan | lan |
| 開封 | kan | k'an | ɣan | xan | xan | ɣan | nan | lan |
| 懷慶 | kaȵ | k'aȵ | ɣaȵ | xaȵ | xaȵ | ɣaȵ | naȵ | laȵ |
| 歸化 | kã | k'ã | ŋgã | xã | xã | ŋgã | nã | lã |
| 大同 | kæ | k'æ | næ | xæ | xæ | næ | næ | læ |
| 太原 | kæ | k'æ | ɣæ | xæ | xæ | ɣæ | næ | læ |
| 興縣 | kəŋ | k'əŋ | ŋgəŋ | xəŋ | xəŋ | ŋgəŋ | ndã | lã |
| 太谷 | kɛ̃ | k'ɛ̃ | ŋgɛ̃ | xɛ̃ | xɛ̃ | ŋgɛ̃ | nã | lã |
| 文水 | kɛ̃ | k'ɛ̃ | ŋgɛ̃ | xɛ̃ | xɛ̃ | ŋgɛ̃ | ndã | lã |
| 鳳台 | kɛ | k'ɛ | ɣɛ | xɛ | xɛ | ɣɛ | nɛ | lɛ |
| 蘭州 | kæ | k'æ | næ | xæ | xæ | næ | næ | læ |
| 平涼 | kæ̃ | k'æ̃ | næ̃ | xæ̃ | xæ̃ | næ̃ | næ̃ | læ̃ |
| 西安 | kæ̃ | k'æ̃ | ŋæ̃ | xæ̃ | xæ̃ | ŋæ̃ | næ̃ | læ̃ |
| 三水 | kæ | k'æ | ŋæ | xæ | xæ | ŋæ | læ | læ |
| 四川 | kan | k'an | ŋan | xan | xan | ŋan | lan | lan |
| 南京 | kaŋ | k'aŋ | aŋ | xaŋ | xaŋ | aŋ | laŋ | laŋ |

寒。[kɑn]: 2 竿, 3 奸, 4 乾, 5 幹; '奸' 到處從一個 kan 的古讀 (集韵切); '幹' 福 kuaŋ* (白話音)。——[ŋɑn]: '岸' 客 ŋan, 汕 ŋaĩ*, 福 ŋiaŋ*, 滬 œ*。——[xɑn]: 9 罕; '漢' 安 həɳ*; '罕' 興 xã。——[ɣɑn]: 11 旱, 12 汗, 13 悍; '寒' 汕 ŋan*, '旱' 福 aŋ*; '汗' 福 kaŋ*; '悍' 客* 原谷文 k-。——[ɑn]: 15 鞍, 16 案, 17 按; '安' 福 ɛiŋ* (白話音)。——[lɑn]; 20 欄, 21 瀾, 22 攔, 23 爛; '蘭' 安 ləɳ*, 汕 lien*; '攔' 汕 ã*。

(一) 按廣州城 '安' 讀 ŋon, 外縣有讀 on 的。

| | 24 | 27 | 32 | 34 | 39 | 41 | 43 |
|---|---|---|---|---|---|---|---|
| 例字 | 旦 | 灘 | 檀 | 但 | 贊 | 燦 | 殘 |
| 古音 | tɑn | tʻɑn | ꜀dʻɑn | ꜂dʻɑn | tsɑn | tsʻɑn | dzʻɑn |
| 高麗 | tan | tʻan | tan | tan | ȶɕʻan | ȶɕʻan | ȶɕan |
| 漢音 | tan | tan | tan | tan | san | an | zan |
| 吳音 | tan | tan | dan | dan | san | san | zan |
| 安南 | ɖaɳ | tʻaɳ | ɖaɳ | ɖaɳ | taɳ | saɳ | taɳ |
| 廣州 | tan | tʻan | tʻan | tan | tsan | tsʻan | tsʻan |
| 客家 | tan | tʻan | tʻan | tʻan | tsan | tsʻan | tsʻan |
| 汕頭[1] | tan | tʻan | tʻan | tan | tsan | tsʻan | tsʻan |
| 福州 | taŋ | tʻaŋ | taŋ | taŋ | ȶɕaŋ | ȶɕʻaŋ | ȶɕaŋ |
| 温州 | ta | tʻa | da | da | tsa | t ʻa | za |
| 上海 | tɛ | tʻɛ | dɛ | ɗɛ | tsɛ | tsʻɛ | dzɛ |
| 北京 | tan | tʻan | tʻan | tan | tsan | tsʻan | tsʻan |
| 開封 | tan | tʻan | tʻan | tan | tsan | tsʻan | t ʻan |
| 懷慶 | taȵ | tʻaȵ | tʻaȵ | taȵ | tsaȵ | tsʻaȵ | tsʻaȵ |
| 歸化 | tã | tʻã | tʻã | tã | tsã | t ʻã | t ʻã |
| 大同 | tæ | tʻæ | tʻæ | tæ | tsæ | tsʻæ | tsʻæ |
| 太原 | tæ | tʻæ | tʻæ | tæ | tsæ | tsʻæ | tsʻæ |
| 興縣 | tã | tʻã | tʻã | tã | tsã | tsʻã | tsʻã |
| 太谷 | tã | tʻã | tʻã | tã | tsã | tsʻã | tsʻã |
| 文水 | tã | tʻã | tʻã | tã | tsã | tsʻã | t ʻã |
| 鳳台 | tɛ | tʻɛ | tʻɛ | tɛ | tsɛ | tsʻɛ | t ʻɛ |
| 蘭州 | tæ | tʻæ | tʻæ | tæ | tsæ | t ʻæ | tsʻæ |
| 平涼 | tæ̃ | tʻæ̃ | tʻæ̃ | tæ̃ | tsæ̃ | tsʻæ̃ | tsʻæ̃ |
| 西安 | tæ̃ | tʻæ̃ | tʻæ̃ | tæ̃ | tsæ̃ | t ʻæ̃ | tsʻæ̃ |
| 三水 | tæ | tʻæ | tʻæ | tæ | tsæ | tsʻæ | tsʻæ |
| 四川 | tan | tʻan | tʻan | tan | tsan | tsʻan | tsʻan |
| 南京 | taŋ | tʻaŋ | tʻaŋ | taŋ | tsaŋ | tsʻaŋ | tsʻaŋ |

[**tɑn**]: 25 丹, 26 單; '丹單*' 安 ɖəɳ。——[**tʻɑn**]: 28 攤, 29 坦, 30 炭, 31 歎; '攤' 安未詳; '坦' 興 tʻə。——[꜀**dʻɑn**]: 33 壇; '檀' 福 **tʻaŋ***。——[꜂**dʻɑn**]: 35 誕, 36 袒, 37 憚, 38 彈; '誕袒憚彈' 麗 tʻan; '誕' 温 ta, 滬 tɛ; '袒' 幾乎全中國境內讀的好像古音是 tʻɑn; 興 tʻə; '憚' 安 ɖɐɳ。——[**tsɑn**]: 40 攢; '攢' 大半從古又切 ꜀dzʻuɑn 跟 dzʻuɑn꜄; 吳音 zan, 安 tuaɳ, 廣 tsʻyn, 客 tson*, 福 ȶɕuaŋ, 汕 tsuan*, 温滬* tsœ, 北封川 tsʻuan*, 京 tsʻuaŋ, 懷 tsuaȵ, 歸 tsuõ, 同原蘭三 tsuɐ, 谷文 ȶɕyẽ, 興 t uəŋ, 鳳 tsʻuɛ, 涼 tsuæ̃。——[**tsʻɑn**]: 42 餐; '餐' 客 tsʻon, 福 ȶɕʻuaŋ, 滬 tsʻœ。

| | | 山 | | | | | | |
|---|---|---|---|---|---|---|---|---|
| | 44 | 47 | 53 | 54 | 56 | 57 | 58 | 59 |
| 例字 | 散 | 艱 | 眼 | 限 | 綻 | 醆 | 棧 | 山 |
| 古音 | sɑn | kạn | ŋạn | ɣạn | ȡʻạn | ʈʂạn | ɖʐʻạn | ʂạn |
| 高麗 | san | kan | an | han | tʻan | ȶɕan | ȶɕan | san |
| 漢音 | san | kan | gan | kan | tan | san | san | san |
| 吳音 | san | ken | gen | gen | den | sen | zen | sen |
| 安南 | taɳ | zaɳ | ȵaɳ | haɳ | ɗaɳ | ȶaɳ | saɳ | saɳ |
| 廣州 | san | kan | ŋan | han | ȶɕan | ȶɕan | ȶɕan | ʂan |
| 客家 | san | kan | ŋan | han | tsʻan | tsan | tsʻan | san |
| 汕頭[1] | san | kan[2] | ŋan | han | | | tsan | san |
| 福州 | saŋ | kaŋ | ŋaŋ | haŋ 另 | | ȶɕaŋ | ȶɕaŋ | saŋ |
| 溫州 | sa | ka | ŋa | ɦa | | tsa | dza | sa |
| 上海 | sɛ | kɛ[3] | ŋɛ | ɦɛ | dzɛ | tsɛ | dzɛ | sɛ |
| 北京 | san | ȶɕiɛn | iɛn | ɕiɛn | ʈʂan | ʈʂan | ʈʂan | ʂan |
| 開封 | san | ȶɕiɛn | iɛn | ɕiɛn | ʈʂan | ʈʂan | ʈʂan | ʂan |
| 懷慶 | saȵ | ȶɕiɛn | iɛn | ɕiɛn | | tsaȵ | tsaȵ | saȵ |
| 歸化 | sã | ȶɕiæ̃ | ȵiæ̃ | ɕiæ̃ | tsã | tsã | tsã | sã |
| 大同 | sæ | ȶɕie | ie | ɕie | tsæ | tsæ | tsæ | sæ |
| 太原 | sæ | ȶɕie | ie | ɕie | tsæ | tsæ | tsæ | sæ |
| 興縣 | sã | ȶɕiã | ȵȡiã | ɕiã | | tsã | tsã | sã |
| 太谷 | sã | ȶɕiẽ | ȵiẽ | ɕiẽ | tsã | tsã | tsã | sã |
| 文水 | sã | ȶɕiã | ȵȡiã | ɕiã | tsã | tsã | tsã | sã |
| 鳳台 | sɛ | ȶɕia | ia | ɕia | | tsɛ | tsɛ | sɛ |
| 蘭州 | sæ | ȶɕiæ̃ | iæ̃ | ɕiæ̃ | tsʻæ | tsæ | tsæ | sæ |
| 平涼 | sæ̃ | ȶɕiæ̃ | ȵiæ̃ | ɕiæ̃ | tsʻæ̃ | tsæ̃ | tsæ̃ | sæ̃ |
| 西安 | sæ̃ | ȶɕiæ̃ | ȵiæ̃ | ɕiæ̃ | tsʻæ̃ | tsæ̃ | tsæ̃ | sæ̃ |
| 三水 | sæ | ȶɕiæ | ȵiæ | ɕiæ | tsʻæ | tsæ | tsæ | sæ |
| 四川 | san | ȶɕien | ien | ɕien | ʈʂʻan | ʈʂan | ʈʂan | ʂan |
| 南京 | saŋ | ȶɕieĩ | ieĩ | ɕieĩ | ʈʂʻaŋ | ʈʂaŋ | ʈʂaŋ | ʂaŋ |

**[sɑn]**: 45 珊, 46 傘; ‘珊’ 廣北封 ʂan, 京 ʂaŋ。——

(1) 汕頭 ‘乾寒汗’ kuã*, ‘看’ kʻuã*, ‘旱安鞍案’ uã-’ ‘按’ huã*, ‘攔爛’ nuã*, ‘旦丹單壇憚彈’ tuã*, ‘灘攤炭檀’ tʻuã*, ‘散傘’ suã*。-an, -uã 並存時, -an 代表文言音。

---

山艱。**[kạn]**: 48 間, 49 簡, 50 柬, 51 揀; 42ʻ 澗; ‘揀’ 福 kɛiŋ。——**[ŋạn]**: ‘眼’ 客 ȵien*, 歸 iæ̃*——**[ɣạn]**: 54 閑; 福另 ‘閑’ 字; ‘限’ 福 aiŋ; ‘閑’ 安 ȵaɳ。——**[ȡʻạn]**: ‘綻’ 在表內未注音的些方言, 汕懷從集韵 dʻien 的又切, 又溫 diŋ (Parker) 與 tiɔ̃, 鳳 tẽ 表示古似曾有dʻieŋ的讀法。[譯者按好些地方有這讀法, 但這音到底是一向就有的, 還是從 “讀偏旁” 來的, 一時不易斷定。]——**[ʂạn]**: 60 產; ‘產’ 廣 ȶɕʻ-, 北封川京 ʈʂʻ-, 其餘官話跟滬 tsʻ- (表示古似曾有 *ʈʂʻạn 音)。

| | 删顏 | | | | | 仙延 | | |
|---|---|---|---|---|---|---|---|---|
| | 61 | 62 | 63 | 65 | 67 | 1 | 3 | 4 |
| 例字 | 盼 | 瓣 | 諫 | 顏 | 删 | 愆 | 虔 | 件 |
| 古音 | p‘ạn | b‘ạn | kan | ŋan | ʂan | k‘jĭɛn | ꜀g‘jĭɛn | ꜂g‘jĭɛn |
| 高麗 | pan | p‘an | kan | an | san | kən | kən | kən |
| 漢音 | han | han | kan | gan | san | ken | ken | ken |
| 吳音 | hen | ben | ken | gen | sen | ken | gen | gen |
| 安南 | faɳ | | zaɳ | ȵaɳ | saɳ | k‘ieɳ | kieɳ | kieɳ |
| 廣州 | p‘an | pan | kan | ŋan | ʂan | hin | k‘in | kin |
| 客家 | p‘an | p‘an | kan | ŋan | san | k‘ien[6] | k‘ien | k‘ien |
| 汕頭[2] | p‘an | | kan[4] | ŋan | san | k‘ien[7] | k‘ien | kien |
| 福州 | p‘uaŋ | paiŋ | kaŋ | ŋaŋ | saŋ | k‘ieŋ | kieŋ | kioŋ |
| 温州 | p‘a | | ka | ŋa | sa | ȶɕ‘ie | ȡʑie | ȡʑie |
| 上海[3] | p‘ɛ | | kɛ[5] | ŋɛ | sɛ | ȶɕ‘ie | ȡʑie | ȡʑie |
| 北京 | p‘an | pan | ȶɕiɛn | iɛn | ʂan | ȶɕ‘iɛn | ȶɕ‘iɛn | ȶɕiɛn |
| 開封 | p‘an | pan | ȶɕiɛn | iɛn | ʂan | ȶɕ‘iɛn | ȶɕ‘iɛn | ȶɕiɛn |
| 懷慶 | p‘aɲ | paɲ | ȶɕiɛn | iɛn | ʂaɲ | ȶɕ‘iɛn | ȶɕ‘iɛn | ȶɕiɛn |
| 歸化 | p‘ã | pã | ȶɕiæ̃ | iæ̃ | sã | ȶɕ‘iẽ | ȶɕ‘iẽ | ȶɕiẽ |
| 大同 | p‘æ | pæ | ȶɕie | ie | sæ | ȶɕ‘ie | ȶɕ‘ie | ȶɕie |
| 太原 | p‘æ | pæ | ȶɕie | ie | sæ | ȶɕ‘ie | ȶɕ‘ie | ȶɕie |
| 興縣 | p‘ã | pã | ȶɕiã | iã | sã | ȶɕ‘iŋ | ȶɕ‘iŋ | ȶɕiŋ |
| 太谷 | p‘ã | pã | ȶɕiẽ | iẽ | sã | ȶɕ‘iẽ | ȶɕ‘iẽ | ȶɕiẽ |
| 文水 | p‘ã | pã | ȶɕiã | ȵȡiã | sã | ȶɕ‘iẽ | ȶɕ‘iẽ | ȶɕiẽ |
| 鳳台 | p‘ɛ | pɛ | ȶɕia | ia | sɛ | ȶɕ‘ia | ȶɕ‘ia | ȶɕia |
| 蘭州 | p‘æ | pæ | ȶɕiæ̃ | iæ̃ | sæ | ȶɕ‘iæ̃ | ȶɕ‘iæ̃ | ȶɕiæ̃ |
| 平涼 | p‘æ̃ | pæ̃ | ȶɕiæ̃ | iæ̃ | sæ̃ | ȶɕ‘iæ̃ | ȶɕ‘iæ̃ | ȶɕiæ̃ |
| 西安 | p‘æ̃ | pæ̃ | ȶɕiæ̃ | iæ̃ | sæ̃ | ȶɕ‘iæ̃ | ȶɕ‘iæ̃ | ȶɕiæ̃ |
| 三水 | p‘æ | pæ | ȶɕiæ | iæ | sæ | ȶɕ‘iæ | ȶɕ‘iæ | ȶɕiæ |
| 四川 | p‘an | pan | ȶɕien | ien | ʂan | ȶɕ‘ien | ȶɕ‘ien | ȶɕien |
| 南京 | p‘aŋ | paŋ | ȶɕieĩ | ieĩ | ʂaŋ | ȶɕ‘ieĩ | ȶɕ‘ieĩ | ȶɕieĩ |

**[b‘ạn]**: ‘瓣’ 日本 hen*, 温 p‘a (Parker), 滬 pɛ, 安未詳。

(2) 汕頭 ‘艱間簡柬’ kien*, ‘眼’ ien*, ‘限*閑’ hien, ‘棧’ ȶɕien*, ‘瓣’ pien; ‘間簡揀’ koĩ*, ‘眼閑’ oĩ*; ‘山產’ suã*, ‘盞’ tsuã。

(3) 上海 ‘艱間澗’ ȶɕie*, ‘簡柬’ ȶɕie* 跟 ȶɕiɛ*, ‘揀’ ȶɕiɛ*, ‘眼閑’ iɛ*, ‘限’ ie* 跟 iɛ*——皆文言音。

---

删顏。**[kan]**: 64 姦; ‘姦’ 日本只有 kan 音。——**[ŋan]**: 66 雁; ‘顏’ 客 ȵien*; ‘雁’ 麗未詳。——**[ʂan]**: 68 訕。

(4) 汕頭 ‘諫’ kien*, ‘顏’ ien*, ŋuan*。

(5) 上海 ‘諫姦’ ȶɕiæ*, ‘顏’ ie*, iæ* 皆文言音。

---

仙延。**[k‘jĭɛn]**: 2 遣; ‘遣’ 麗 kiən。——**[꜂g‘jĭɛn]**: ‘件’ 福 ioŋ*。

| | 5 | 6 | 7 | 10 | 11 | 12 | 14 | 16 | 18 |
|---|---|---|---|---|---|---|---|---|---|
| 例字 | 諺 | 焉 | 延 | 展 | 纏 | 戰 | 煽 | 禪 | 善 |
| 古音 | ŋjĭɛn | jĭɛn | ĭɛn | ȶĭɛn | ȡ'ĭɛn | ȶɕĭɛn | ɕĭɛn | ˛ʑĭɛn | ˓ʑĭɛn |
| 高麗 | ən | ən | iən | ȶɕən | ȶɕən | ȶɕən | sən | sən | sən |
| 漢音 | gen | en | en | ten | ten | sen | sen | sen | sen |
| 吳音 | gen | en | en | ten | den | sen | sen | zen | zen |
| 安南 | | ieɳ | zieɳ | ȶieɳ | ȶieɳ | ȶieɳ | t'ieɳ | t'ieɳ | t'ieɳ |
| 廣州 | in | in | in | ȶɕin | ȶɕ'in | ȶɕin | ʂin | ʂin | ʂin |
| 客家[6] | ɲien | ien | ien | čen | č'en | čen | šen | šen | sen |
| 汕頭[7] | ien | ien | ien | tien | t'ien | ȶɕien | sien | sien | sien |
| 福州 | ŋiəŋ | ioŋ | ieŋ 另 | tieŋ | tieŋ | ȶɕieŋ | sieŋ | sieŋ | sieŋ |
| 温州 | | ie | ie | tsie | dzie | tsie | sie | zie | zie |
| 上海 | ɲie | ie | ie | tse | dze | tse | se | ze | ze |
| 北京 | iɛn | iɛn | iɛn | ʈʂan | ʈʂ'an | ʈʂan | ʂan | ʈʂ'an | ʂan |
| 開封 | iɛn | iɛn | iɛn | ʈʂan | ʈʂ'an | ʈʂan | ʂan | ʈʂ'an | ʂan |
| 懷慶 | iɛn | iɛn | iɛn | ʈʂaɳ | ʈʂ'aɳ | ʈʂaɳ | ʂaɳ | ʈʂ'aɳ | ʂaɳ |
| 歸化 | iẽ | iẽ | iẽ | ʈʂẽ | ʈʂ'ẽ | ʈʂẽ | ʂẽ | ʈʂ'ẽ | ʂẽ |
| 大同 | ie | ie | ie | ʈʂæ | ʈʂ'æ | ʈʂæ | ʂæ | ʈʂ'æ | ʂæ |
| 太原 | ie | ie | ie | tsæ | ts'æ | tsæ | sæ | ts'æ | sæ |
| 興縣 | iŋ | iŋ | iŋ | ʈʂəŋ | ʈʂ'əŋ | ʈʂəŋ | ʂəŋ | ʈʂ'əŋ | ʂəŋ |
| 太谷 | iẽ | iẽ | iẽ | tsɛ̃ | ts'ɛ̃ | tsɛ̃ | sɛ | ts'ɛ | sɛ |
| 文水 | ɲȡiẽ | iẽ | iẽ | ʈʂɛ̃ | ʈʂ'ɛ̃ | ʈʂɛ̃ | ʂɛ | ʈʂ'ɛ | ʂɛ |
| 鳳台 | ia | ia | ia | tsɛ | ts'ɛ | tsɛ | sɛ | ts'ɛ | sɛ |
| 蘭州 | iæ̃ | iæ̃ | iæ̃ | ʈæ | ʈ'æ | ʈæ | ʂæ | ʈ'æ | ʂæ |
| 平涼 | iæ̃ | iæ̃ | iæ̃ | ʈæ̃ | ʈ'æ̃ | ʈæ̃ | ʂæ̃ | ʈ'æ̃ | ʂæ̃ |
| 西安 | iæ̃ | iæ̃ | iæ̃ | ʈæ̃ | ʈ'æ̃ | ʈæ̃ | ʂæ̃ | ʂæ̃ | ʂæ̃ |
| 三水 | iæ | iæ | iæ | ʈæ | ʈ'æ | ʈæ | ʂæ | ʂæ | ʂæ |
| 四川 | ien | ien | ien | ʈʂan | ʈʂ'an | ʈʂan | ʂan | ʂan | ʂan |
| 南京 | ieĩ | ieĩ | ieĩ | ʈʂaŋ | ʈʂ'aŋ | ʈʂaŋ | ʂaŋ | ʈʂ'aŋ | ʂaŋ |

**[ŋjĭɛn]**: '諺' 麗 an*, 安 ŋaɳ, 客汕 ŋan* 合乎集韻切 ŋɑn 的音; 温 ɲi (Parker)。——[ĭɛn]: 8 **筵**, 9 **演**; 福另 '演' 字; '延筵' 福 ioŋ。——**[ȶɕĭɛn]**: 13 **顫**; '顫' 北 ʈʂ'-*, 歸文三 ʂ-, 谷 s-。——**[ɕĭɛn]**: 15 **羶**; '羶' 安 sieɳ, 汕 ȶɕien (Gibson)。——**[ʑĭɛn]**: 17 **蟬**; '禪蟬' 廣 ʂim*, 客 ʂam*。——**[˓ʑĭɛn˒]**: 19 **繕**, 20 **擅**, 21 **膳**; '擅' 麗 ȶɕ'ən。——**[ljĭɛn]**: 24 **聯**, 25 **鏈**, 26 **輦**; '連' 汕 nŋ*; '聯' 在廣客原興文涼西川讀的好像古音是 ljĭʷɛn; '輦' 在滬北河南山西川京讀的好像古音是 njĭɛn (與 '碾' 字同音), 在甘肅陝西認爲古 ĭɛn。——**[tsĭɛn]**: 28 **剪**, 29 **箭**, 30 **濺**; '剪' 福 ȶɕɛiŋ*; '濺' 客 ts'ien*; 温 tsa*, 蘭 tsæ, 西 tsæ̃,

| 例字<br>古音 | 22<br>然<br>ȵʑĭɛn | 23<br>連<br>ljĭɛn | 27<br>煎<br>tsĭɛn | 31<br>韆<br>ts'ĭɛn | 34<br>賤<br>dz'ĭɛn | 37<br>仙<br>sĭɛn | 40<br>羨<br>zĭɛn | 42<br>鞭<br>pjĭɛn | 43<br>篇<br>p'jĭɛn |
|---|---|---|---|---|---|---|---|---|---|
| 高麗 | iən | iən | ȶɕən | ȶɕ'ən | ȶɕ'ən | sən | sən | | p'iən |
| 漢音 | zen | ren | sen | sen | sen | sen | sen | hen | hen |
| 吳音 | nen | ren | sen | sen | zen | sen | zen | hen | hen |
| 安南 | ȵieɳ | lieɳ | tieɳ | t'ieɳ | tieɳ | tieɳ | tieɳ | tieɳ | t'ieɳ |
| 廣州 | in | lin | tsin | ts'in | tsin | sin | sin | pin | p'in |
| 客家[6] | ien | lien | tsien | ts'ien | ts'ien | sien | sien | pien | p'ien |
| 汕頭[7] | ʥzien | lien | ȶɕien | ȶɕ'ien | ȶɕien | sien | ien | pien | p'ien |
| 福州 | iɑŋ | lieŋ | ȶɕieŋ | ȶɕ'ieŋ | ȶɕieŋ | sieŋ | sieŋ | pieŋ | p'ieŋ |
| 溫州 | zie | lie | tsie | ts'ie | zie | sie | zie | pie | p'ie |
| 上海 | ze | lie | tsie | ts'ie | dzie | sie | zie | pie | p'ie |
| 北京 | ʐan | leɛn | ȶɕiɛn | ȶɕ'iɛn | ȶɕiɛn | ɕiɛn | ɕiɛn | piɛn | p'iɛn |
| 開封 | ʐan | leɛn | tsiɛn | ts'iɛn | tsiɛn | siɛn | siɛn | piɛn | p'iɛn |
| 懷慶 | ʐan | liɛn | ȶɕiɛn | ȶɕ'iɛn | ȶɕiɛn | ɕiɛn | ɕiɛn | piɛn | p'iɛn |
| 歸化 | ʐẽ | lẽ | ȶɕiẽ | ȶɕ'iẽ | ȶɕiẽ | ɕiẽ | ɕiẽ | piẽ | p'iẽ |
| 大同 | ʐæ | lie | ȶɕie | ȶɕ'ie | ȶɕie | ɕie | ɕie | pie | p'ie |
| 太原 | zæ | lie | ȶɕie | ȶɕ'ie | ȶɕie | ɕie | ɕie | pie | p'ie |
| 興縣 | ʐəŋ | liŋ | ȶɕiŋ | ȶɕ'iŋ | ȶɕiŋ | ɕiŋ | ɕiŋ | piŋ | p'iŋ |
| 太谷 | zɛ̃ | liẽ | ȶɕiẽ | ȶɕ'iẽ | ȶɕiẽ | ɕiẽ | ɕiẽ | piẽ | p'iẽ |
| 文水 | ʐɛ̃ | liẽ | ȶɕiẽ | ȶɕ'iẽ | ȶɕiẽ | ɕiẽ | ɕiẽ | piẽ | p'iẽ |
| 鳳台 | zɛ | lea | ȶɕia | ȶɕ'ia | ȶɕia | ɕia | ɕia | pia | p'ia |
| 蘭州 | ʐæ | leæ̃ | ȶɕiæ̃ | ȶɕ'iæ̃ | ȶɕiæ̃ | ɕiæ̃ | ɕiæ̃ | piæ̃ | p'iæ̃ |
| 平涼 | ʐæ̃ | leæ̃ | ȶɕiæ̃ | ȶɕ'iæ̃ | ȶɕiæ̃ | ɕiæ̃ | ɕiæ̃ | piæ̃ | p'iæ̃ |
| 西安 | ʐæ̃ | leæ̃ | ȶɕiæ̃ | ȶɕ'iæ̃ | ȶɕiæ̃ | ɕiæ̃ | ɕiæ̃ | piæ̃ | p'iæ̃ |
| 三水 | ʐæ | leæ | tsiæ | ts'iæ | tsiæ | siæ | siæ | piæ | p'iæ |
| 四川 | ʐan | lien | tsien | ts'ien | tsien | sien | sien | pien | p'ien |
| 南京 | ʐaŋ | leĩ | tseĩ | ts'eĩ | tseĩ | seĩ | seĩ | peĩ | p'eĩ |

(集韵 切 tsɑn)。——[**ts'ĭɛn**]: 32 遷, 33 淺; '韆' 汕 ȶɕ'ɛŋ。——[**dz'ĭɛn**]: 35 踐, 36 餞; '踐' 廣 ts'in; '餞' 到處（除掉日本）讀的好像古音是 tsĭɛn, 集韵的切。——[**sĭɛn**]: 38 鮮, 39 綫; '鮮' 福 ȶɕ'ieŋ*; '綫' 安 tyeɳ*, 福 siaŋ。——[**zĭɛn**]: 41 涎, '涎' 在南部跟域外方言從廣韵 ĭɛn 的又切, 有幾個官話據此爲又讀。——[**pjĭɛn**]: '鞭' 客 pin*, 麗未詳。——[**p'jĭɛn**]: 44 偏, 45 騙; '騙' 安 fieɳ。

| | 元言 | | | | |
|---|---|---|---|---|---|
| | 46 | 49 | 56 | 57 | 58 |
| 例字 | 辨 | 綿 | 建 | 言 | 憲 |
| 古音 | b'jĭɛn | mjĭɛn | kjĭɐn | ŋjĭɐn | xjĭɐn |
| 高麗 | piən | miən | kən | ən | hən |
| 漢音 | hen | ben | ken | gen | ken |
| 吳音 | ben | men | kon | gon | kon |
| 安南 | bieɳ | mieɳ | kieɳ | ŋieɳ | hieɳ |
| 廣州 | pin | min | kin | in | hin |
| 客家[6] | p'ien | mien | kien | ȵien | hien |
| 汕頭[7] | pien | mien | kien | ien | hien |
| 福州 | pieŋ | mieŋ | kioŋ | ŋioŋ | hioŋ |
| 温州 | bie | mie | ȶɕie | ȵie | ɕie |
| 上海 | bie | mie | ȶɕie | ie | ɕie |
| 北京 | piɛn | miɛn | ȶɕiɛn | iɛn | ɕiɛn |
| 開封 | piɛn | miɛn | ȶɕiɛn | iɛn | ɕiɛn |
| 懷慶 | piɛn | miɛn | ȶɕiɛn | iɛn | ɕiɛn |
| 歸化 | piẽ | miẽ | ȶɕiẽ | iẽ | ɕiẽ |
| 大同 | pie | mie | ȶɕie | ie | ɕie |
| 太原 | pie | mie | ȶɕie | ie | ɕie |
| 興縣 | piŋ | mbiŋ | ȶɕiŋ | iŋ | ɕiŋ |
| 太谷 | piẽ | miẽ | ȶɕiẽ | iẽ | ɕiẽ |
| 文水 | piẽ | mbiẽ | ȶɕiẽ | iẽ | ɕiẽ |
| 鳳台 | pia | mia | ȶɕia | ia | ɕia |
| 蘭州 | piæ̃ | miæ̃ | ȶɕiæ̃ | iæ̃ | ɕiæ̃ |
| 平涼 | piæ̃ | miæ̃ | ȶɕiæ̃ | iæ̃ | ɕiæ̃ |
| 西安 | piæ̃ | miæ̃ | ȶɕiæ̃ | iæ̃ | ɕiæ̃ |
| 三水 | piæ | miæ | ȶɕiæ | iæ | ɕiæ |
| 四川 | pien | mien | ȶɕien | ien | ɕien |
| 南京 | peĩ | meĩ | ȶɕieĩ | ieĩ | ɕieĩ |

[b'jĭɛn]: 47 便, 48 弁; '便' 安 tieɳ, 福 pɛiŋ*。——[mjĭɛn]: 50 棉, 51 免, 52 冕, 53 勉, 54 面, 55 麵; '棉' 麗安未詳; '面' 安 zieɳ, 福 mɛiŋ*。

(6) 客家: Parker 總寫 -en: ken, k'en, len, tsen, pen, 等等, MacIver 通常寫 -ien: kien, lien, tsien, pien, 除掉幾個少數 ken, k'en (見系聲母) 的例。我因爲 Rey 總有個 -i- (-ien或 -ian), 所以就一律給它標準化作 -ien。關於以下元 (-iɐn) 先 (-ien) 韵也有同樣情形。[譯者按那些不同恐怕是所據的方言的不同, 例如梅縣全有 -i-, 不過在今 c, c' ç, 後介音被吸收在聲母內, 在五華就除影喻母字外都不用介音, 甚至 '憲' = '扇' = ʂɛn。]

(7) 汕頭有用 -in 的有用半鼻音韵母的: '演' in, '聯*輦' lin, '便' pin*, '免面' min*; '纏 tĩ*, '箭' ȶɕĩ*, '鮮' ȶɕ'ĩ*, '鞭' pĩ*, '綿棉麵' mĩ*; '件' kiã*, '剪' ȶɕiã, tsã, '賤' tsuã*, '綫' suã*。這些讀法跟 -ien 互讀時, -ien 代表文言音。

---

元言。[ŋjĭɐn]: '言' 安 ŋoɳ*, 汕 ŋan*。——[xjĭɐn]: 59 掀, 60 獻; '憲掀' 福 hieŋ; '掀' 汕温歸從集韵歸欣韵讀法。

先前

| | 61 | 64 | 66 | 68 | 69 | 74 | 78 | 80 |
|---|---|---|---|---|---|---|---|---|
| 例字 | 肩 | 牽 | 研 | 顯 | 賢 | 烟 | 年 | 練 |
| 古音 | kien | k‘ien | ŋien | xien | ɣien | ʔien | nien | lien |
| 高麗 | kiən | kiən | iən | hiən | hiən | iən | iən | iən |
| 漢音 | ken | ken | gen | ken | ken | en | den | ren |
| 吳音 | ken | ken | gen | ken | gen | en | nen | ren |
| 安南 | kieɳ | k‘ieɳ | ŋieɳ | hieɳ | hieɳ | ieɳ | ɳieɳ | lieɳ |
| 廣州 | kin | hin | in | hin | in | in | nin | lin |
| 客家 | kien | k‘ien | | hien | hien | ien | ȵien | lien |
| 汕頭[8] | kien | k‘ien | ŋien | hien | hien | ien | lien | lien |
| 福州[9] | kieŋ | | ŋieŋ | hieŋ | hieŋ | ieŋ 另 | nieŋ | lieŋ |
| 溫州 | ȶɕie | ȶɕ‘ie | ȵie | ɕie | ɦie | ie | ȵie | lie |
| 上海 | ȶɕie | ȶɕ‘ie | ȵie | ɕie | ɦie | ie | ȵiɵ | lie |
| 北京 | ȶɕiɛn | ȶɕ‘iɛn | iɛn | ɕiɛn | ɕiɛn | iɛn | niɛn | leɛn |
| 開封 | ȶɕiɛn | ȶɕ‘iɛn | iɛn | ɕiɛn | ɕiɛn | iɛn | ȵiɛn | leɛn |
| 懷慶 | ȶɕiɛn | ȶɕ‘iɛn | iɛn | ɕiɛn | ɕiɛn | iɛn | ȵiɛn | liɛn |
| 歸化 | ȶɕiẽ | ȶɕ‘iẽ | iẽ | ɕiẽ | ɕiẽ | iẽ | ȵiẽ | lẽ |
| 大同 | ȶɕie | ȶɕ‘ie | ie | ɕie | ɕie | ie | ȵie | lie |
| 太原 | ȶɕie | ȶɕ‘ie | ie | ɕie | ɕie | ie | ȵie | lie |
| 興縣 | ȶɕiŋ | ȶɕ‘iŋ | ȵȡiŋ | ɕiŋ | ɕiŋ | iŋ | ȵȡiŋ | liŋ |
| 太谷 | ȶɕiẽ | ȶɕ‘iẽ | ȵiẽ | ɕiẽ | ɕiẽ | iẽ | ȵiẽ | liẽ |
| 文水 | ȶɕiẽ | ȶɕ‘iẽ | iẽ | ɕiẽ | ɕiẽ | iẽ | ȵȡiẽ | lẽ |
| 鳳台 | ȶɕia | ȶɕ‘ia | ia | ɕia | ɕia | ia | nia | lea |
| 蘭州 | ȶɕiæ̃ | ȶɕ‘iæ̃ | iæ̃ | ɕiæ̃ | ɕiæ̃ | iæ̃ | ȵiæ̃ | leæ̃ |
| 平涼 | ȶɕiæ̃ | ȶɕ‘iæ̃ | iæ̃ | ɕiæ̃ | ɕiæ̃ | iæ̃ | ȵiæ̃ | leæ̃ |
| 西安 | ȶɕiæ̃ | ȶɕ‘iæ̃ | iæ̃ | ɕiæ̃ | ɕiæ̃ | iæ̃ | ȵiæ̃ | leæ̃ |
| 三水 | ȶɕiæ | ȶɕ‘iæ | iæ | ɕiæ | ɕiæ | iæ | ȵiæ | leæ |
| 四川 | ȶɕien | ȶɕ‘ien | nien | ɕien | ɕien | ien | nien | lien |
| 南京 | ȶɕieĩ | ȶɕ‘ieĩ | ieĩ | ɕieĩ | ɕieĩ | ieĩ | leĩ | leĩ |

先前。[**kien**]: 62 堅, 63 見。——[**k‘ien**]: 65 縴。‘縴’ 麗未詳。——[**ŋien**]: 67 硯; ‘研’ 日本 ken*, 廣* 客川* ŋan; ‘硯’ 客 ŋan, 文 ȵȡiẽ, 歸 ȵiẽ*。——[**ɣien**]: 70 弦, 71 絃, 72 衒, 73 縣; ‘弦絃’ 在安河南山西（除掉文谷）甘肅三川京讀的好像古音是 ɣiʷen; ‘縣’ 福 kaiŋ, 安 hyeɳ, 廣 yn, 溫 ɦye, 滬 ɦiœ（古 ɣiʷen 廣韻又切）。[譯者按廣韻‘縣’(下有‘衒’)黃練切, 與‘見’胡甸切重復, 故宮本王仁昫刊謬補缺切韵則作玄絢切。]—[**ien**]: 75 宴, 76 燕, 77 嚥; 福另‘宴’字‘烟’福 iŋ, hoŋ, 汕 hun*; ‘嚥’ 安未詳。——[**nien**]: 79 撚; ‘撚’ 溫 zie (Parker)。——[**lien**]: 81 蓮, 8 憐, 83 鍊, 84 煉; ‘練鍊煉’ 安 lyeɳ*, 同 lye; ‘憐’ 客 lin, 福 liŋ*, 安 lɐɳ*, 日本 rin*, 懷 liȵ（古 ljĭĕn 集韵的切）。

| | 85 | 88 | 89 | 92 | 95 | 97 | 98 | 100 |
|---|---|---|---|---|---|---|---|---|
| 例字 | 顛 | 天 | 田 | 電 | 箋 | 千 | 前 | 先 |
| 古音 | tien | t'ien | ꜀d'ien | d'ien꜄ | tsien | ts'ien | dz'ien | sien |
| 高麗 | ȶɕən | ȶɕ'ən | ȶɕən | ȶɕən | ȶɕən | ȶɕ'ən | ȶɕən | sən |
| 漢音 | ten | ten | ten | ten | sen | sen | sen | sen |
| 吳音 | ten | ten | den | den | sen | sen | zen | sen |
| 安南 | ɖieɳ | t'ieɳ | ɖieɳ | ɖieɳ | tieɳ | t'ieɳ | tieɳ | tieɳ |
| 廣州 | tin | t'in | t'in | tin | tsin | ts'in | ts'in | sin |
| 客家 | tien | t'ien | t'ien | t'ien | tsien | ts'ien | ts'ien | sien |
| 汕頭[8] | tien | t'ien | t'ien | tien | ȶɕien | ȶɕ'ien | ȶɕ'ien | sien |
| 福州[9] | tieŋ | t'ieŋ | t'ieŋ | tieŋ | ȶɕieŋ | ȶɕ'ieŋ | ȶɕieŋ | sieŋ |
| 溫州 | tie | t'ie | die | die | tsie | ts'ie | zie | sie |
| 上海 | tie | t'ie | die | die | tsie | ts'ie | zie | sie |
| 北京 | tiɛn | t'iɛn | t'iɛn | tiɛn | ȶɕiɛn | ȶɕ'iɛn | ȶɕ'iɛn | ɕiɛn |
| 開封 | tiɛn | t'iɛn | t'iɛn | tiɛn | tsiɛn | ts'iɛn | ts'iɛn | siɛn |
| 懷慶 | tiɛn | t'iɛn | t'iɛn | tiɛn | ȶɕiɛn | ȶɕ'iɛn | ȶɕ'iɛn | ɕiɛn |
| 歸化 | tiẽ | t'iẽ | t'iẽ | tiẽ | ȶɕiẽ | ȶɕ'iẽ | ȶɕ'iẽ | ɕiẽ |
| 大同 | tie | t'ie | t'ie | tie | ȶɕie | ȶɕ'ie | ȶɕ'ie | ɕie |
| 太原 | tie | t'ie | t'ie | tie | ȶɕie | ȶɕ'ie | ȶɕ'ie | ɕie |
| 興縣 | tiŋ | t'iŋ | t'iŋ | tiŋ | ȶɕiŋ | ȶɕ'iŋ | ȶɕ'iŋ | ɕiŋ |
| 太谷 | tiẽ | t'iẽ | t'iẽ | tiẽ | ȶɕiẽ | ȶɕ'iẽ | ȶɕ'iẽ | ɕiẽ |
| 文水 | tiẽ | t'iẽ | tiẽ | tiẽ | ȶɕiẽ | ȶɕ'iẽ | ȶɕ'iẽ | ɕiẽ |
| 鳳台 | tia | t'ia | t'ia | tia | ȶɕia | ȶɕ'ia | ȶɕ'ia | ɕia |
| 蘭州 | tiæ̃ | t'iæ̃ | t'iæ̃ | tiæ̃ | ȶɕiæ̃ | ȶɕ'iæ̃ | ȶɕ'iæ̃ | ɕiæ̃ |
| 平涼 | tiæ̃ | t'iæ̃ | t'iæ̃ | tiæ̃ | ȶɕiæ̃ | ȶɕ'iæ̃ | ȶɕ'iæ̃ | ɕiæ̃ |
| 西安 | tiæ̃ | t'iæ̃ | t'iæ̃ | tiæ̃ | ȶɕiæ̃ | ȶɕ'iæ̃ | ȶɕ'iæ̃ | ɕiæ̃ |
| 三水 | tiæ | t'iæ | t'iæ | tiæ | tsiæ | ts'iæ | ts'iæ | siæ |
| 四川 | tien | t'ien | t'ien | tien | tsien | ts'ien | ts'ien | sien |
| 南京 | teĩ | t'eĩ | t'eĩ | teĩ | tseĩ | ts'eĩ | ts'eĩ | seĩ |

[**tien**]: 86 癲, 87 典; '顛' 汕 t'ien*。——[꜀**d'ien**]: 90 塡, 91 佃; '塡' 谷 tiẽ; '佃' 讀的大都好像古音是 d'ien꜄。——[**d'ien꜄**]: 93 殿, 94 奠; '殿' 福 taiŋ。——[**tsien**]: 96 薦; '薦' 麗 ȶɕ'ən。——[**dz'ien**]: 99 錢; '錢' 温滬 dzie, diə 文谷 ȶɕiẽ。——[**sien**]: '先' 福 siŋ*。——[**pien**]: 102 徧; 吳音另 '偏' 字; '扁徧' 麗 p'iən*; '扁' 吳音 ben*; '徧' 廣* 福北* 川京 p'-。——[**mien**]: '眠' 客吳音* min。

| | 桓 | | | | | | |
|---|---|---|---|---|---|---|---|
| | 101 | 103 | 104 | 1 | 9 | 11 | 12 |
| 例字 | 扁 | 片 | 眼 | 官 | 欵 | 玩 | 歡 |
| 古音 | p en | p'ien | mien | kuɑn | k'uɑn | ŋuɑn | xuɑn |
| 高麗 | piən | p'iən | miən | kuan | kuan | uan | huan |
| 漢音 | hen | hen | ben | kuan | kuan | guan | kuan |
| 吳音 | hen 另 | hen | men | kuan | kuan | guan | kuan |
| 安南 | bieɳ | fieɳ | mieɳ | kuaɳ | k'uaɳ | ŋuaɳ | huaɳ |
| 廣州 | pin | p'in | min | kun | fun | un | fun |
| 客家 | pien | p'ien | | kuon[1] | k'uon | ŋan | fon |
| 汕頭[8] | pien | p'ien | | kuan[2] | k'uan | ŋuan | huan |
| 福州[9] | pieŋ | p'ieŋ | mieŋ | kuaŋ[3] | k'uaŋ | ŋuaŋ | huaŋ |
| 温州 | pie | p'ie | mie | kye | k'œ | ŋœ | hye |
| 上海 | pie | p'ie | mie | kue | k'ue | uɛ | hue |
| 北京 | piɛn | p'iɛn | miɛn | kuan | k'uan | uan | xuan |
| 開封 | piɛn | p'iɛn | miɛn | kuan | k'uan | uan | xuan |
| 懷慶 | piɛn | p'ien | miɛn | kuaɳ | k'uaɳ | uaɳ | xuaɳ |
| 歸化 | piẽ | p'iẽ | miẽ | kuõ | k'uõ | vuõ | xuõ |
| 大同 | pie | p'ie | mie | kuæ | k'uæ | væ | xuæ |
| 太原 | pie | p'ie | mie | kuæ | k'uæ | væ | xuæ |
| 興縣 | piŋ | p'iŋ | mbiŋ | kuəŋ | k'uəŋ | uəŋ | xuəŋ |
| 太谷 | piẽ | p'iẽ | miẽ | kuɛ̃ | k'uɛ̃ | uɛ̃ | xuɛ̃ |
| 文水 | piẽ | p'iẽ | mbiẽ | kuɛ̃ | k'uɛ̃ | uɛ̃ | xuɛ̃ |
| 鳳台 | pia | p'ia | mia | kuɛ | k'uɛ | uɛ | xuɛ |
| 蘭州 | p'iæ̃ | p'iæ̃ | miæ̃ | kuæ | k'uæ | uæ | xuæ |
| 平涼 | piæ̃ | p'iæ̃ | miæ̃ | kuæ̃ | k'uæ̃ | uæ̃ | xuæ̃ |
| 西安 | piæ̃ | p'iæ̃ | miæ̃ | kuæ̃ | k'uæ̃ | uæ̃ | xuæ̃ |
| 三水 | piæ | p'iæ | miæ | kuæ | k'uæ | uæ | xuæ |
| 四川 | pien | p'ien | mien | kuan | k'uan | uan | xuan |
| 南京 | peĩ | p'eĩ | meĩ | kuaŋ | k'uaŋ | uaŋ | xuəŋ |

(8) 汕頭 '肩' koĩ*, '研' ŋoĩ*, '縣' kuĩ*, '蓮' noĩ*, '佃殿' toĩ*, '千' ts'oĩ*, '前' tsoĩ*, '先' soĩ*; '見' kĩ*, '硯宴' ĩ*, '弦絃' hĩ*, '年' nĩ*, '天' t'ĩ*, '扁' pĩ*; '牽縴' k'an, '宴' an*, '田' ts'an*; '烟' in*, '顛' tin*, '薦錢' tɕin, '先' sin*, '徧' pin*, '眼' min。這些音跟 -ien 並存時, -ien 是文言音。

(9) 福州 '牽縴' k'ɛiŋ, '蓮憐*' lɛiŋ, '塡' tɛiŋ*, '田 tɕ'ɛiŋ*, '前先' sɛiŋ*, '扁' pɛiŋ*。

---

桓。[**kuɑn**]: 2 棺, 3 冠, 4 管, 5 貫, 6 灌, 7 館, 8 觀; '管' 汕 koŋ*; '貫' 温 kua* (Parker)。——[**k'uɑn**]: 10 寬; '寬' 温 k'ua。——[**xuɑn**]: 13 煥, 14 喚; '煥' 廣 un²; '喚' 汕 ham* (Gibson)。

| | 15 | 19 | 22 | 23 | 26 | 30 | 31 | 33 | 35 |
|---|---|---|---|---|---|---|---|---|---|
| 例字 | 換 | 盌 | 暖 | 亂 | 端 | 團 | 段 | 鑽 | 爨 |
| 古音 | ɣuɑn | ʔuɑn | nuɑn | luɑn | tuɑn | ꜀d'uɑn | d'uɑn꜄ | tsuɑn | ts'uɑn |
| 高麗 | huan | uan | nan | nan | tan | tan | tan | ȶɕ'an | ȶɕ'an |
| 漢音 | kuan | uan | dan | ran | tan | tan | tan | san | san |
| 吳音 | guan | uan | nan | ran | tan | dan | dan | san | san |
| 安南 | huaɳ | uaɳ | ɳuaɳ | luaɳ | ɗuaɳ | ɗuaɳ | ɗuaɳ | tuaɳ | t'uəɳ |
| 廣州 | un | un | nyn | lyn | tyn | t'yn | tyn | tsyn | ts'yn |
| 客家[1] | fon | von | non | lon | ton | t'on | t'on | tson | ts'on |
| 汕頭[2] | huan 另 | uan | luan | luan | tuan | t'uan | tuan | | ts'uan |
| 福州[3] | huaŋ | uaŋ | nuaŋ | luaŋ | tuaŋ | t'uaŋ | tuaŋ | ȶɕuaŋ | ȶɕ'uaŋ |
| 温州 | ɦye | ye | nœ | lœ | tœ | dœ | dœ | tsœ | ts'œ |
| 上海 | ɦue | ue | nœ | lœ | tœ | dœ | dœ | tsœ | ts'œ |
| 北京 | xuan | uan | nuan | luan | tuan | t'uan | tuan | tsuan | ts'uan |
| 開封 | xuan | uan | nuan | luan | tuan | t'uan | tuan | tsuan | ts'uan |
| 懷慶 | xuaɲ | uaɲ | nuaɲ | luaɲ | tuaɲ | t'uaɲ | tuaɲ | ȶsuaɲ | ȶs'uaɲ |
| 歸化[4] | xuõ | vuõ 另 | nuã | luõ | tuõ | t'uõ | tuõ | tsuõ | ts'uõ |
| 大同 | xuæ | væ | næ | læ | tuæ | t'uæ | tuæ | tsuæ | ts'uæ |
| 太原 | xuæ | væ | nuæ | luæ | tuæ | t'uæ | tuæ | tsuæ | ts'uæ |
| 興縣 | xuəŋ | uəŋ | nduəŋ | luəŋ | tuəŋ | t'uəŋ | tuəŋ | tsuəŋ | ts'uəŋ |
| 太谷 | xuɛ̃ | uɛ̃ | nuɛ̃ | luɛ̃ | tyẽ | t'yẽ | tyẽ | tsuɛ̃ 另 | ts'uɛ̃ |
| 文水 | xuɛ̃ | uɛ̃ | nduɛ̃ | luɛ̃ | tuɛ̃ | t'uɛ̃ | tuɛ̃ | tsuɛ̃ 另 | ts'uɛ̃ |
| 鳳台 | xuɛ | uɛ | nuɛ | luɛ | tuɛ | t'uɛ | tuɛ | tsuɛ | ts'uɛ |
| 蘭州 | xuæ | uæ | luæ | luæ | tuæ | t'uæ | tuæ | tsuæ | ts'uæ |
| 平涼 | xuæ̃ | uæ̃ | luæ̃ | luæ̃ | tuæ̃ | t'uæ̃ | tuæ̃ | tsuæ̃ | ts'uæ̃ |
| 西安 | xuæ̃ | uæ̃ | nuæ̃ | luæ̃ | tuæ̃ | t'uæ̃ | tuæ̃ | tsuæ̃ | ts'uæ̃ |
| 三水 | xuæ | uæ | lyæ | lyæ | tuæ | t'uæ | tuæ | tsuæ | ts'uæ |
| 四川 | xuan | uan | luan | luan | tuan | t'uan | tuan | tsuan | ts'uan |
| 南京 | xuaŋ | uaŋ | luaŋ | luaŋ | tuaŋ | t'uaŋ | tuaŋ | tsuaŋ | ts'uaŋ |

**[ɣuɑn]**: 16 完, 17 丸, 18 緩; 汕另 '緩' 字; '換' 温 ua*, 福 uaŋ; '完丸' 廣 yn, 福 uoŋ, 官話讀若 11 號 '玩' 字; '完' 麗 uan, 客 van, ien, 汕 uan, ien; '丸' 安 huəɳ*, 客 ien, 汕 ien, ĩ; '緩' 麗 uan, 安 huəɳ*, 客汕 man* [疑是 "訓讀" 爲 '慢'?]。——**[ʔuɑn]**: 20 剜, 21 腕; 歸另 '剜' 字; '剜' 汕 ien*, 安温京未詳; '腕' 温 ua。——**[nuɑn]**: '暖' 温 naŋ*。——**[luɑn]**: 24 鑾, 25 卵; '卵' 安 ɳuaɳ, 廣 lɵn, 温 laŋ*, 滬 lu*。——**[tuɑn]**: 27 斷, 28 短, 29 煅 [廣韻作 '鍛']; '斷' 吳音 dan*, 廣 ꜂t'yn*, 客 ꜂t'on*, 温滬 dœ* 合乎廣韻 ꜂d'uɑn 的又切; '短' 汕 to* (Gibson); '煅' 客 t'on*, 福 t'uaŋ, 日本未詳。——**[꜂d'uɑn꜄]**: 32 緞; '緞' 日本安未詳。——**[tsuɑn]**: 34 纂; 谷文另 '纂' 字; '鑽' 汕 tsan, 文谷 tsuã; '纂' 客* 封同鳳涼三 ts'-, 懷 ȶs'-, 汕 ts'uan。——**[ts'uɑn]**: 36 竄; '竄' 廣 ȶs'yn, 客 č'on*。

| 例字<br>古音 | 37<br>酸<br>suɑn | 40<br>般<br>puɑn | 43<br>判<br>p‘uɑn | 46<br>盤<br>꜀b‘uɑn | 50<br>伴<br>ᶜb‘uɑn | 53<br>滿<br>muɑn |
|---|---|---|---|---|---|---|
| 高麗 | san | pan | pan | pan | pan | man |
| 漢音 | san | han | han | han | han | ban |
| 吳音 | san | han | han | ban | ban | man |
| 安南 | tuaɳ | baɳ | faɳ | baɳ | baɳ | maɳ |
| 廣州 | syn | pun | p‘un | p‘un | pun | mun |
| 客家[1] | son | pan | p‘an | p‘an | p‘an | man |
| 汕頭[2] | suan | pan | p‘uan | p‘uan | puan 另 | buan |
| 福州[3] | soŋ | puaŋ | p‘uaŋ | puaŋ | puaŋ 另 | muaŋ |
| 溫州 | sœ | pœ | p‘œ | bœ | bœ | mœ |
| 上海 | sœ | pe | p‘e | be | be | me |
| 北京 | suan | pan | p‘an | p‘an | pan | man |
| 開封 | suan | pan | p‘an | p‘an | pan | man |
| 懷慶 | ʂuaɳ | paɳ | p‘aɳ | p‘aɳ | paɳ | maɳ |
| 歸化[4] | suõ | puõ | p‘uõ | p‘uõ | puõ | muõ |
| 大同 | suæ | pæ | p‘æ | p‘æ | p‘æ | mæ |
| 太原 | suæ | pæ | p‘æ | p‘æ | pæ | mæ |
| 興縣 | suəŋ | pəŋ | p‘əŋ | p‘əŋ | pəŋ | mbəŋ |
| 太谷 | ɕyẽ | pɛ̃ | p‘ɛ̃ | p‘ɛ̃ | pɛ̃ | mɛ̃ |
| 文水 | ɕyẽ | pɛ̃ | p‘ɛ̃ | p ɛ̃ | pɛ̃ | mbɛ̃ |
| 鳳台 | suɛ | pɛ | p‘ɛ | p‘ɛ | pɛ | mɛ |
| 蘭州 | suæ | pæ | p‘æ | p‘æ | pæ | mæ |
| 平涼 | suæ̃ | pæ̃ | p‘æ̃ | p‘æ̃ | pæ̃ | mæ̃ |
| 西安 | suæ̃ | pæ̃ | p‘æ̃ | p‘æ̃ | pæ̃ | mæ̃ |
| 三水 | suæ | pæ | p‘æ | p‘æ | pæ | mæ |
| 四川 | suan | pan | p‘an | p‘an | pan | man |
| 南京 | suaŋ | paŋ | p‘aŋ | p‘aŋ | paŋ | maŋ |

[**suɑn**]: 38 **算**, 39 **蒜**; ‘蒜’ 文 suã。——[**puɑn**]: 41 **絆**, 42 **半**; ‘絆’ 汕 p‘uan, 客* 川京 p‘an, 溫 bœ (Parker), 滬 pɛ*。——[**p‘uɑn**]: 44 **胖**, 45 **泮**; ‘胖’ 麗 pan, 安 baɳ, bəɳ, 廣 ꜁p‘un, 汕 p‘uan*, 福 ꜀puaŋ, 溫 bœ, 滬 be 合乎集韵切 ꜀b‘uɑn 的讀法; 官話到處認爲與國音 p‘aŋ 相當; ‘泮’ 麗 pan。——[꜀**b‘uɑn**]: 47 **磐**, 48 **瘢**, 49 **搬**; ‘瘢’ (讀掉客汕日本) 到處讀的好像古音是 pʷan; ‘搬’ 到處讀的好像古音是 puɑn。——[ᶜ**b‘uɑn**ᵓ]: 51 **拌**, 52 **叛**; 汕福另 ‘叛’ 字; ‘伴’ 汕福原* p‘-; ‘拌’ 廣 ᶜp‘unᵓ, 汕 p‘uanᵓ, 福 p‘uaŋᵓ*, 滬 p‘e*; ‘叛’ 官話 p‘-。——[**muɑn**]: 54 **瞞**, 55 **饅**, 56 **漫**, 57 **墁**, 58 **幔**; ‘滿* 漫墁* 幔’ 福 maŋ; ‘瞞’ 安 məɳ*; ‘饅’ 廣 man*; ‘漫’ 廣 man, 溫 ma, 滬 mɛ; ‘墁’ 溫 ma (Parker); ‘幔’ 廣 man, 溫 ma, 滬 mɛ*。

(1) 客家音裡我從 MacIver 跟 Rey 注 -uon 的地方, Parker 總是寫 -on (kon 等)。 從 Vömel 說“kuon＝kon”的話可見 -u- 是很弱的。 MacIver 還注了些 -uan, -an, 多數是又讀: ‘棺’ kuan, ‘官管貫灌舘觀’ kuan*, ‘寬’ k‘uan*, ‘欵’ k‘uan, k‘an, ‘歡煥喚換緩’ fan*, ‘鑾’ lan, ‘盌* 剜腕*’ van。

| | 山 | | 删關 | |
|---|---|---|---|---|
| | 59 | 60 | 61 | 64 |
| 例字 | 鰥 | 扮 | 關 | 頑 |
| 古音 | kʷạn | pʷạn | kʷan | ŋʷan |
| 高麗 | huan | pan | kuan | uan |
| 漢音 | kuan | han | kuan | guan |
| 吳音 | gen | hen | ken | gen |
| 安南 | kuaɳ | | kuaɳ | ŋuaɳ |
| 廣州 | kuan | pan | kuan | uan |
| 客家 | kuan | pan | kuan | ŋan |
| 汕頭 | kuan | pan | kuan[5] | ŋuan |
| 福州 | kuaŋ | paiŋ | kuaŋ | ŋuaŋ |
| 溫州 | kua | pa | kua | ua |
| 上海 | kuɛ | pɛ | kuɛ | uɛ |
| 北京 | kuan | pan | kuan | uan |
| 開封 | kuan | pan | kuan | uan |
| 懷慶 | kuaȵ | paȵ | kuaȵ | uaȵ |
| 歸化 | kuã | pã | kuã | vã |
| 大同 | kuæ | pæ | kuæ | væ |
| 太原 | kuæ | pæ | kuæ | væ |
| 興縣 | kuã | pã | kuã | uã |
| 太谷 | kuã | pã | kuã | uã |
| 文水 | kuã | pã | kuã | uã |
| 鳳台 | kuɛ | pɛ | kuɛ | uɛ |
| 蘭州 | kuæ | pæ | kuæ | uæ |
| 平涼 | kuæ̃ | pæ̃ | kuæ̃ | uæ̃ |
| 西安 | kuæ̃ | pæ̃ | kuæ̃ | uæ̃ |
| 三水 | kuæ | pæ | kuæ | uæ |
| 四川 | kuan | pan | kuan | uan |
| 南京 | kuaŋ | paŋ | kuaŋ | uaŋ |

(2) 汕頭 '官棺' kuã*, '寬' k'uã*, '歡' huã*, '換盌' uã*, '般半盤磐搬' puã*, '絆伴' p'uã*, '滿瞞墁' muã*; '管' kŋ*, '卵' nŋ*, '斷段緞' tŋ*, '鑽' tsŋ*, '酸算蒜' sŋ*。-uã, -ŋ 跟 -uan 並存時, -uan 是文言音。

(3) 福州 '管' kuoŋ*, '完丸' uoŋ, '暖' noŋ*, '亂' lauŋ'*, '斷' 'toŋ', tauŋ'*, '段緞' tauŋ', '鑽' ʨoŋ*, '酸' soŋ, '算蒜' sauŋ'。-uaŋ 跟 -uoŋ, -oŋ, -auŋ' 並存時, -uaŋ 是文言音。

(4) 歸化 '貫' kuã, '盌腕' vã, '絆瘢搬' pã, '盤磐' p'ã, '瞞饅漫墁幔' mã。

---

删關。[kʷan]: 62 慣, 63 串; '關' 福 kuoŋ*; '慣' 福 kaiŋ*, 日本兩種音都讀 kuan; '串'(除掉日本安南)到處讀的好像古音是 ʨ'ĭʷɛn'(與'貫'字同義,參22號'穿'字)。— [ŋʷan]: '頑' 汕 ien*。

| | 65 | 70 | 72 | 73 | 77 | 78 | 仙緣 1 | 5 |
|---|---|---|---|---|---|---|---|---|
| 例字 | 還 | 灣 | 撰 | 班 | 攀 | 蠻 | 捲 | 權 |
| 古音 | ɣʷan | ʔʷan | dʐʻʷan | pʷan | pʻʷan | mʷan | kjĭʷɛn | ˛gʻjĭʷɛn |
| 高麗 | huan | man | ȶɕʻan | pan | pan | man | kuən | kuən |
| 漢音 | kuan | uan | san | han | han | ban | ken | ken |
| 吳音 | gen | uen | sen | hen | hen | men | kuan | gon |
| 安南 | huaɳ | | suaɳ | baɳ | faɳ | maɳ | kyeɳ | kyeɳ |
| 廣州 | uan | uan | ȶɕan | pan | pʻan | man | kyn | kʻyn |
| 客家 | fan | uan | tsʻon | pan | pʻan | man | kien[6] | kʻien |
| 汕頭[5] | huan | uan | tsuan | pan | pʻan | man | kuan[7] | kʻuan |
| 福州 | huaŋ | uaŋ | ȶɕuaŋ | paŋ | pʻaŋ | maŋ | kuoŋ | kuoŋ |
| 溫州 | ɦua | ua | dzœ | pa | pʻa | ma | ȶɕye | ȡʑye |
| 上海 | ɦuɛ | uɛ | dzɛ | pɛ | pʻɛ | mɛ | ȶɕiœ | ȡʑiœ |
| 北京 | xuan | uan | ʈʂuan | pan | pʻan | man | ȶɕyan | ȶɕʻyan |
| 開封 | xuan | uan | ʈʂuan | pan | pʻan | man | ȶɕyan | ȶɕʻyan |
| 懷慶 | xuaȵ | uaȵ | ʈʂuaȵ | paȵ | pʻaȵ | maȵ | ȶɕyɛn | ȶɕʻyɛn |
| 歸化 | xuã | vã | tsuã | pã | pʻã | mã | ȶɕyœ̃ | ȶɕʻyœ̃ |
| 大同 | xuæ | væ | ʈʂuæ | pæ | pʻæ | mæ | ȶɕye | ȶɕʻye |
| 太原 | xuæ | væ | tsuæ | pæ | pʻæ | mæ | ȶɕye | ȶɕʻye |
| 興縣 | xuã | uã | tsuã | pã | pʻã | mbã | ȶɕỹ | ȶɕʻỹ |
| 太谷 | xuã | uã | tsuã | pã | pʻã | mã | ȶɕyẽ | ȶɕʻyẽ |
| 文水 | xuã | uã | tsuã | pã | pʻã | mbã | ȶɕyẽ | ȶɕʻyẽ |
| 鳳台 | xuɛ | uɛ | tsuɛ | pɛ | pʻɛ | mɛ | ȶɕya | ȶɕʻya |
| 蘭州 | xuæ | uæ | ʈuæ | pæ | pʻæ | mæ | ȶɕyæ | ȶɕʻyæ |
| 平涼 | xuæ̃ | uæ̃ | ʈuæ̃ | pæ̃ | pʻæ̃ | mæ̃ | ȶɕyæ̃ | ȶɕʻyæ̃ |
| 西安 | xuæ̃ | uæ̃ | pfæ̃ | pæ̃ | pʻæ̃ | mæ̃ | ȶɕyæ̃ | ȶɕʻyæ̃ |
| 三水 | xuæ | uæ | tsuæ | pæ | pʻæ | mæ | ȶɕyæ | ȶɕʻyæ |
| 四川 | xuan | uan | ʈʂuan | pan | pʻan | man | ȶɕyen | ȶɕʻyen |
| 南京 | xuaŋ | uaŋ | ʈʂuaŋ | paŋ | pʻaŋ | maŋ | ȶɕyeĩ | ȶɕʻyeĩ |

[**ɣʷan**]: 66 環, 67 鬟, 68 患, 69 宦; '還環' 安 huəɳ*; '還' 北 xai* (當副詞, 許多官話裏也有同類的讀法); '環鬟' 福 kʻuaŋ, 滬 guɛ; '鬟' 京未詳; '患' 客 fam, 汕 huam; '宦' 温 ŋua (Parker), 客 fon*。——[**ʔʷan**]: 71 彎; '灣彎' 安 luaɳ; '彎' 日本只有 uan。——[**pʷan**]: 74 頒, 75 板, 76 版; '班' 福 puaŋ*; '板' 福 pɛiŋ*; '版' 吳音 ben; '板版' 麗 pʻan。——[**pʻʷan**]: '攀' 福 pʻuaŋ*。

(5) 汕頭 '關' kuɛ̃*, '慣' kuĩ*, '還' hoĩ*, '板' poĩ*——皆白話音。

---

仙緣。[**kjĭʷɛn**]: 2 絹, 3 眷, 4 卷; '捲' 温 ȶɕiuɳ*; '絹' 麗 kiən, 吳音 ken, 福 kioŋ, 汕 kin (跟 kien)。——[**˛gʻjĭʷɛn**]: 6 拳; '權拳' 安 kuəɳ*; '拳' 福 kuŋ* (白話音)。

| | | 8 | 9 | 12 | 15 | 16 | 18 | 19 |
|---|---|---|---|---|---|---|---|---|
| 例字 | 倦 | 淵 | 緣 | 員 | 轉 | 傳 | 篆 | 專 |
| 古音 | g'jĭʷɛn˒ | ʔĭʷɛn | ĭʷɛn | jĭʷɛn | ȶĭʷɛn | ˛ȡ'ĭʷɛn | ȡ'ĭʷɛn˒ | ȶɕĭʷɛn |
| 高麗 | kuən | iən | iən | uən | ȶɕən | ȶɕən | ȶɕən | ȶɕən |
| 漢音 | ken | en | en | uen | ten | ten | ten | sen |
| 呉音 | gon | en | en | uon | ten | den | den | sen |
| 安南 | kyeɳ | yeɳ | zyeɳ | vieɳ | ȶyeɳ | ȶyeɳ | ȶieɳ | ȶyeɳ |
| 廣州 | kyn | yn | yn | yn | ȶɕyn | ȶɕ'yn | syn | ȶɕyn |
| 客家[6] | k'ien | ien | ien | ien | čon | č'on | č'on | čon |
| 汕頭[7] | | uan | uan | uan | tsuan | t'uan | tuan | tsuan |
| 福州 | kuoŋ | ioŋ | ioŋ | uoŋ | tioŋ | tioŋ | tioŋ | ȶɕioŋ |
| 溫州 | ȡʑye | ye | ye | ye | ȶɕye | ȡʑye | ȡʑye | ȶɕye |
| 上海 | ȡʑiœ | iœ | iœ | iœ | tse | dze | dze | tse |
| 北京 | ȶɕyan | yan | yan | yan | ʈʂuan | ʈʂ'uan | ʈʂuan | ʈʂuan |
| 開封 | ȶɕyan | yan | | yan | ʈʂuan | ʈʂ'uan | ʈʂuan | ʈʂuan |
| 懷慶 | ȶɕyɛn | yɛn | | yɛn | ʈʂuaɳ | ʈʂ'uaɳ | ʈʂuaɳ | ʈʂuaɳ |
| 歸化 | ȶɕyœ̃ | yœ̃ | | yœ̃ | tsuõ | ts'uõ | tsuõ | tsuõ |
| 大同 | ȶɕye | ye | | ye | ʈʂuæ | ʈʂ'uæ | ʈʂuæ | ʈʂuæ |
| 太原 | ȶɕye | ye | | ye | tsuæ | ts'uæ | tsuæ | tsuæ |
| 興縣 | ȶɕỹ | ỹ | | ỹ | tsuəŋ | ts'uəŋ | tsuəŋ | tsuəŋ |
| 太谷 | ȶɕyẽ | yẽ | | yẽ | tsuɛ̃ | ts'uɛ̃ | tsuɛ̃ | tsuɛ̃ |
| 文水 | ȶɕyẽ | yẽ | | yẽ | tsuɛ̃ | ts'uɛ̃ | tsuɛ̃ | tsuɛ̃ |
| 鳳台 | ȶɕya | | | ya | tsuɛ | ts'uɛ | ts'uɛ | tsuɛ |
| 蘭州 | ȶɕyæ | | yæ | yæ | ʈuæ | ʈ'uæ | ʈuæ | ʈuæ |
| 平涼 | ȶɕyæ̃ | yæ̃ | yæ̃ | yæ̃ | ʈuæ̃ | ʈ'uæ̃ | ʈuæ̃ | ʈuæ̃ |
| 西安 | ȶɕyæ̃ | yæ̃ | yæ̃ | yæ̃ | pfæ̃ | pf'æ̃ | pfæ̃ | pfæ̃ |
| 三水 | ȶɕyæ | yæ | yæ | yæ | tsuæ | ts'uæ | tsuæ | tsuæ |
| 四川 | ȶɕyen | yen | yen | yen | ʈʂuan | ʈʂ'uan | ʈʂuan | ʈʂuan |
| 南京 | ȶɕyeĩ | yeĩ | yeĩ | yeĩ | ʈʂuaŋ | ʈʂ'uaŋ | ʈʂuaŋ | ʈʂuaŋ |

**[g'jĭʷɛn˒]**: '倦' 汕 k'oŋ; 圈, 廣韵 ˓g'jĭʷɛn˒, 在大多數方言從集韵切 ˛k'jĭʷɛn 的讀法 (韵母照 kjĭʷɛn 行一樣)。——**[ʔĭʷɛn]**: '淵' 鳳 ia, 蘭 iæ̃。——**[ĭʷɛn]**: 10 沿, 11 捐; '緣' 安 zuaɳ*; 表中未注音的(河南山西)把這'緣'字讀的好像古音是 ĭɛn; '沿' 在呉語跟官話讀的好像古音是 ĭɛn (可是北 yɛn*, 川 yen); '捐' 在安南跟所有境內方言都讀的好像古音是 kjĭʷɛn (汕 kien, 福 kioŋ)。——**[jĭʷɛn]**: 13 圓, 14 院; '員圓' 呉音 uan*; '圓* 院' 福 ieŋ; '院' 日本 uen, uin。——**[ȶĭʷɛn]**: '轉' 日本 den*。——**[˛ȡĭʷɛn]**: 17 椽; '椽' 福 t'ioŋ, t'uoŋ; 麗 iən, 安 zyeɳ, 廣 yn, 客 ien, 汕 uan, ien 表示古曾有 ĭʷɛn 的讀法。——**[ȶɕĭʷɛn]**: 20 磚。

| | 21 | 26 | 27 | 28 | 30 | 32 | 34 |
|---|---|---|---|---|---|---|---|
| 例字 | 川 | 船 | 輭 | 戀 | 痊 | 全 | 宣 |
| 古音 | ȶɕʻĭʷɛn | ȡʑʻĭʷɛn | ȵʑĭʷɛn | ljĭʷɛn | tsʻĭʷɛn | dzʻĭʷɛn | sĭʷɛn |
| 高麗 | ȶɕʻən | sən | iən | iən | ȶɕən | ȶɕən | sən |
| 漢音 | sen | sen | zen | ren | sen | sen | sen |
| 吳音 | sen | zen | nan | ren | sen | zen | sen |
| 安南 | syeɳ | tʻyeɳ | ɳyeɳ | lyeɳ | tʻyeɳ | tyeɳ | tyeɳ |
| 廣州 | ȶɕʻyn | ʂyn | yn | lyn | tsʻyn | tsʻyn | syn |
| 客家 | čʻon | šon | ȵion | lien | tsʻien | tsʻien | sien |
| 汕頭 | tsʻuan | tsʻuan | dzuan | luan | tsʻuan | t ʻuan | suan |
| 福州 | ȶɕʻioŋ | | nioŋ | lioŋ | ȶɕʻuaŋ | ȶɕioŋ | sioŋ |
| 溫州 | ȶɕʻye | ʑye | ȵye | lie | ȶɕʻye | ʑye | ɕye |
| 上海 | tsʻe | ze | ȵiœ | lœ | tsʻie | dzie | sie |
| 北京 | ʈʂʻuan | ʈʂʻuan | ʐuan | lyan | ȶɕʻyan | ȶɕʻyan | ɕyan |
| 開封 | ʈʂʻuan | ʈʂʻuan | ʐuan | | tsyan | tsʻyan | syan |
| 懷慶 | ʈʂʻuaɳ | ʈʂʻuaɳ | ʐuaɳ | lyɛn | ȶɕʻyɛn | ȶɕʻyɛn | ɕyɛn |
| 歸化 | tsʻuõ | tsʻuõ | zuõ | lyœ̃ | ȶɕʻyœ̃ | ȶɕʻyœ̃ | ɕyœ̃ |
| 大同 | ʈʂʻuæ | ʈʂʻuæ | ʐuæ | lye | ȶɕʻye | ȶɕʻye | ɕye |
| 太原 | tsʻuæ | tsʻuæ | zuæ | | ȶɕʻye | ȶɕʻye | ɕye |
| 興縣 | tsʻueŋ | tsʻuəŋ | zuəŋ | lỹ | ȶɕʻỹ | ȶɕʻỹ | ɕỹ |
| 太谷 | tsʻuɛ̃ | tsʻuɛ̃ | uɛ̃ | | ȶɕʻyẽ | ȶɕʻyẽ | ɕyẽ |
| 文水 | tsʻuɛ̃ | tsʻuɛ̃ | zuɛ̃ | | ȶɕʻyẽ | ȶɕʻyẽ | ɕyẽ |
| 鳳台 | tsʻuɛ | tsʻuɛ | zuɛ | lya | ȶɕʻya | ȶɕʻya | ɕya |
| 蘭州 | ʈʻuæ | | ʐuæ | lyæ | ȶɕʻyæ | ȶɕʻyæ | ɕyæ |
| 平涼 | ʈʻuæ̃ | ʂuæ̃ | ʐuæ̃ | | ȶɕʻyæ̃ | ȶɕʻyæ̃ | ɕyæ̃ |
| 西安 | pfʻæ̃ | fæ̃ | væ̃ | | tsʻyæ̃ | tsʻyæ̃ | ɕyæ̃ |
| 三水 | tsʻuæ | suæ | zuæ | lyæ | tsʻyæ | tsʻyæ | syæ |
| 四川 | ʈʂʻuan | ʈʂʻuan | ʐuan | lien | tsʻyen | tsʻyen | syen |
| 南京 | ʈʂʻuaŋ | ʈʂʻuaŋ | ʐuaŋ | leĩ | tsʻyeĩ | tsʻyeĩ | syeĩ |

[ȶɕʻĭʷɛn]: 22 穿, 23 喘, 24 舛, 25 釧; '喘' 福 ȶɕʻuaŋ*, 滬 tsʻœ*; '舛' 福 ȶɕʻuaŋ, 安 sieɳ, 興未詳; '釧' 滬 tsʻœ*, 蘭封未詳。——[ȡʑʻĭʷɛn]: '船' 福 suŋ, 蘭 fəŋ。——[ljĭʷɛn]: 29 攣; '戀' 滬 lie*, 北 leɛn*, luan*; 在封懷原文谷涼西讀的好像古音是 luɑn; '攣' 客 lan*, 福 luaŋ, 滬 lie*; 在封山西 (除掉鳳台) 蘭涼西讀的好像古音是 luɑn (看前桓韵 '亂' 字)。——[tsʻĭʷɛn]: 31 拴; '拴' 官話中讀音相當於國音的 ʂuan。——[dzʻĭʷɛn]: 33 泉; '全' 安 tuaɳ*, 滬 ze*, dze*; '泉' 客 tsʻan, 汕 tsuan*。——[sĭʷɛn]: 35 選; '選' 福 souŋ。

| | 先玄 | | | | 元原 | |
|---|---|---|---|---|---|---|
| | 36 | 37 | 39 | 41 | 42 | 44 |
| 例字 | 旋 | 玄 | 蝙 | 辮 | 勸 | 元 |
| 古音 | zĭʷɛn | ɣiʷen | piʷen | b'iʷen | k'jĭʷɐn | ŋjĭʷɐn |
| 高麗 | sən | hiən | p'iən | piən | kuən[8] | uən |
| 漢音 | sen | ken | hen | hen | ken[9] | gen |
| 吳音 | zen | gen | hen | ben | kuan[9] | guan |
| 安南 | tyeŋ | hyeŋ | bieŋ | bieŋ | k'yeŋ[10] | ŋyeŋ |
| 廣州 | syn | yn | pin | pin | hyn | yn |
| 客家[6] | sien | hien | pien | p'ien | k'ien | ȵien |
| 汕頭[7] | suan | hien | pien | pĩ | k'uan 另[11] | ŋuan |
| 福州 | sioŋ | hieŋ | pieŋ | pieŋ | k'uoŋ | ŋuoŋ |
| 温州 | ʑye | ɦye | pie | bie | tɕ'ye | ȵye |
| 上海 | zie | ɦiœ | pie | bie | tɕ'iœ | ȵiœ |
| 北京 | ɕyan | ɕyan | piɛn | piɛn | tɕ'yan | yan |
| 開封 | syan | ɕyan | piɛn | piɛn | tɕ'yan | yan |
| 懷慶 | ɕyɛn | ɕyɛn | piɛn | piɛn | tɕ'yɛn | yɛn |
| 歸化 | ɕyœ̃ | ɕyœ̃ | piẽ | piẽ | tɕ'yœ̃ | yœ̃ |
| 大同 | ɕye | ɕye | pie | pie | tɕ'ye | ye |
| 太原 | ɕye | ɕye | pie | pie | tɕ'ye | ye |
| 興縣 | ɕỹ | ɕỹ | piŋ | piŋ | tɕ'ỹ | ỹ |
| 太谷 | ɕyẽ | ɕyẽ | piẽ | piẽ | tɕ'yẽ | yẽ |
| 文水 | ɕyẽ | ɕyẽ | piẽ | piẽ | tɕ'yẽ | yẽ |
| 鳳台 | ɕya | ɕya | pia | pia | tɕ'ya | ya |
| 蘭州 | ɕyæ | ɕyæ | p'iæ̃ | piæ̃ | tɕ'yæ | yæ |
| 平凉 | ɕyæ̃ | ɕyæ̃ | piæ̃ | piæ̃ | tɕ'yæ̃ | yæ̃ |
| 西安 | ɕyæ̃ | ɕyæ̃ | piæ̃ | piæ̃ | tɕ'yæ̃ | yæ̃ |
| 三水 | syæ | ɕyæ | piæ | piæ | tɕ'yæ | yæ |
| 四川 | syen | ɕyen | pien | pien | tɕ'yen | yen |
| 南京 | syeĩ | ɕyeĩ | peĩ | peĩ | tɕ'yeĩ | yeĩ |

[zĭʷɛn]: '旋' 安 tieŋ。*

(6) 關於客家，這裏同開口一樣，Parker 也是一律作 -en (ken, sen 等)，MacIver 多半作 -ien (有幾個 ken, k'en)；Rey 總是有 -i- 的 (ian 或 -ien)。這個提過一次我老給它標準化作 -ien 了。[看前開口呼下譯者註。]

(7) 汕頭 '捲卷' kŋ*，'轉傳' tŋ*，'磚' tsŋ*，'穿' ts'ŋ*，'輭' nŋ*：'拳' k'un*，'員' un*，'舛' ts'un，'船' tsun*；'員* 圓院' ĩ；'絹捐' kien，'權拳' k'ien*，'淵* 緣* 沿員* 圓院' -ien。讀 -ien 的大半代表文言音。

---

先玄。[ɣiʷen]：38 懸；'懸' 汕 huĩ*。——[piʷen]：40 編；'編' 廣* 客福温 p'-。

---

元原。[k'jĭʷɐn]：43 劵；汕另 '劵' 字；'劵' 汕 kuan*，福 kuoŋ，三京未詳。——[ŋjĭʷɐn]：45 原，46 源，47 愿，48 願；'源' 安 ŋuoŋ。*

| | 49 | 51 | 56 | 61 | 65 | 67 |
|---|---|---|---|---|---|---|
| 例字 | 諠 | 苑 | 轅 | 反 | 幡 | 攀 |
| 古音 | xjĭʷɐn | ʔĭʷɐn | jĭʷɐn | pjĭʷɐn | p'jĭʷɐn | b'jĭʷɐn |
| 高麗[8] | huən | uen | uən | pən | pən | pən |
| 漢音[9] | ken | uen | uen | hen | han | hen |
| 吳音[9] | kuan | uon | uon | han | hon | ban |
| 安南[10] | hyeɳ | yeɳ | vieɳ | faɳ | faɳ | faɳ |
| 廣州 | hyn | yn | yn | fan | fan | fan |
| 客家 | | ien | ien | fan | fan | fan |
| 汕頭[11] | | uan | uan | huan | huan | huan |
| 福州 | hioŋ | uoŋ | uoŋ | huaŋ | huaŋ | huaŋ |
| 溫州 | ɕye | ye | ye | fa | fa | va |
| 上海 | ɕiœ | iœ | iœ | fɛ | fɛ | vɛ |
| 北京 | ɕyan | yan | yan | fan | fan | fan |
| 開封 | ɕyan | yan | yan | fan | fan | fan |
| 懷慶 | ɕyɛn | yɛn | yɛn | faɳ | faɳ | faɳ |
| 歸化 | ɕyœ̃ | yœ̃ | yœ̃ | fã | fã | fã |
| 大同 | ɕye | ye | ye | fæ | fæ | fæ |
| 太原 | ɕye | ye | ye | fæ | fæ | fæ |
| 興縣 | ɕỹ | ỹ | ỹ | fuã | fuã | fuã |
| 太谷 | ɕyẽ | yẽ | yẽ | fã | fã | fã |
| 文水 | ɕyẽ | yẽ | yẽ | xuã | xuã | xuã |
| 鳳台 | ɕya | ya | ya | fɛ | fɛ | fɛ |
| 蘭州 | ɕyæ | yæ | yæ | fæ | fæ | fæ |
| 平涼 | ɕyæ̃ | yæ̃ | yæ̃ | fæ̃ | fæ̃ | fæ̃ |
| 西安 | ɕyæ̃ | yæ̃ | yæ̃ | fæ̃ | fæ̃ | fæ̃ |
| 三水 | | yæ | yæ | fæ | fæ | fæ |
| 四川 | ɕyen | yen | yen | fan | fan | fan |
| 南京 | ɕyeĩ | yeĩ | yeĩ | faŋ | faŋ | faŋ |

[xjĭʷɐn]: 50 暄；'諠暄' 客 sien，汕 suan，三 syæ（安 hyeɳ 根據 Parker）。——[ʔĭʷɐn]: 52 冤，53 宛，54 婉，55 怨；'宛婉' 在麗客福滬跟官話讀的好像古音是 ʔuɑn。——[jĭʷɐn]: 57 垣，58 援，59 園，60 遠；'垣' 汕 huan*，封未詳；'援' 廣 un；'園' 福 huoŋ。——[pjĭʷɐn]: 62 藩，63 返，64 販；'反' 福 pɛiŋ*；'藩' 汕 p'uan*；溫 va，滬 vɛ（廣跟官話也有陽平讀法，所以表示古曾讀 b'jĭʷɐn）；'販' 安 baɳ（? Parker）。——[p'jĭʷɐn]: 66 翻。——[b'jĭʷɐn]: 68 蟠，69 煩，70 番，71 繙，72 繁，73 飯；'蟠' 大半照韻會切 b'uɑn 的讀法。'番繙' 到處（除日本）從廣韻 p'jĭʷɐn 的又切；'飯' 福 puoŋ*。

| | 74 | 痕 1 | 4 | 6 | 9 | 10 |
|---|---|---|---|---|---|---|
| 例字<br>古音 | 萬<br>mjĭʷɐn | 跟<br>kən | 懇<br>k'ən | 痕<br>ɣən | 恩<br>ʔən | 呑<br>t'ən |
| 高麗[8] | man | kɯn[1] | kăn | hɯn | ɯn | t'ăn |
| 漢音[9] | ban | kon | kon | kon | on | ton |
| 吳音[9] | man | kon | kon | gon | on | ton |
| 安南[10] | vaɳ | kɐɳ 另 | k'ɐɳ | hăɳ 另 | ɐɳ | t'ɐɳ |
| 廣州 | man | kɐn | hɐn | hɐn | iɐn | t'ɐn |
| 客家 | van | ken | k'en | hen | en | |
| 汕頭[11] | buan | kɯn | k'ɯn | hɯn 另 | ɯn | |
| 福州 | uaŋ | kouŋ[2] | k'ouŋ | houŋ | ouŋ | t'ouŋ |
| 温州 | va | kaŋ | k'aŋ | ɦaŋ | œ | t'œ |
| 上海 | vɛ | kəŋ | k'əŋ | ɦəŋ | əŋ | t'əŋ |
| 北京 | uan | kən | k'ən | xən | ən | |
| 開封 | uan | kən | k'ən | xən | ɣən | t'ən |
| 懷慶 | vaȵ | kəȵ | k'əȵ | xəȵ | ɣəȵ | |
| 歸化 | vã | kəŋ | k'əŋ | xəŋ | ŋgəŋ | t'əŋ |
| 大同 | væ | kəŋ | k'əŋ | xəŋ | nəŋ | t'əŋ |
| 太原 | væ | kəŋ | k'əŋ | xəŋ | ɣəŋ | t'əŋ |
| 興縣 | vã | kə̃ | k'ə̃ | xə̃ | ŋgə̃ | t'ə̃ |
| 太谷 | uã | kõ | k'õ | xõ | ŋgõ | t'õ |
| 文水 | uã | kə̃ | k'ə̃ | xə̃ | ŋgə̃ | t'ə̃ |
| 鳳台 | uɛ | kã | k'ã | xã | ɣã | |
| 蘭州 | uæ | kə̃ | k'ə̃ | xə̃ | nə̃ | t'ə̃ |
| 平涼 | uæ̃ | kə̃ | k'ə̃ | xə̃ | ŋə̃ | t'ə̃ |
| 西安 | væ̃ | kɛ̃ | k'ɛ̃ | xɛ̃ | ŋɛ̃ | t'ɛ̃ |
| 三水 | uæ | kɛ̃ | k'ɛ̃ | xɛ̃ | ŋɛ̃ | t'ɛ̃ |
| 四川 | uan | ken | k'en | xen | ŋen | t'en |
| 南京 | uaŋ | kəŋ | k'əŋ | xəŋ | əŋ | |

[mjĭʷɐn]:75 挽, 76 晚; '萬' 温 ma*, 滬 mɛ*; '挽' 廣 uan, 温 ua, 滬 uɛ, 汕 man, 興 uã; '晚' 福 muoŋ*, 温 ua, 滬 uɛ*。

(8) 高麗 '反* 返蟠飯' pan, '販' p'an。

(9) 關於這個韵日本譯音的習慣不很穩定。

a) 古讀 ʔĭʷɐn, jĭʷɐn 的字在吳音的讀法: 漢和大字林全作 uon, 漢和大字典給 '冤婉垣園' 注 uan。

b) 唇音聲母字: 這兩部大同小異的字書對於下列字音是一致的: '藩返翻' hen, han 跟 hon; '反煩繁' hen 跟 han; '販幡' han 跟 hon; '蟠' hen 跟 ban; '礬番繙飯' hen, han 跟 ban; '挽' ben, ban, men, man 跟 mon; '晚' ben 跟 ban; '萬' ban 跟 man。-en 是個漢音韵母, -on 是個吳音韵母, -an 兩可 (既然並明讀 b-, m- 的是吳音而明母讀 b- 的是漢音, 所以以上有些讀法, 如 '挽' 讀 ben, mon 都是漢吳雜湊的音了)。

| | 眞 11 | 13 | 14 (一) | 17 | 22 |
|---|---|---|---|---|---|
| 例字 | 巾 | 僅 | 銀 | 因 | 寅 |
| 古音 | kjĭěn | g'jĭěn | ŋjĭěn | ʔĭěn | ĭěn |
| 高麗 | kɯn | kɯn | ɯn | in | in |
| 漢音 | kin | kin | gin | in | in |
| 吳音 | kon | gin | gon | in | in |
| 安南 | kɐɳ | kɐɳ | ŋɐɳ | ɐɳ 另 | zaɳ |
| 廣州 | kɐn | kɐn | ŋɐn | iɐn | iɐn |
| 客家 | kin | | ȵin | in | in |
| 汕頭[3] | kɯn | kɯn | ŋɯn | in | in |
| 福州[4] | kyŋ | kœyŋ[2] | ŋyŋ | iŋ | iŋ |
| 温州 | tɕiaŋ | dʑiaŋ | ȵiaŋ | iaŋ | iaŋ |
| 上海 | tɕiəŋ | dʑiəŋ | ȵiəŋ | iəŋ | iəŋ |
| 北京 | tɕin | tɕin | in | in | in |
| 開封 | tɕin | tɕin | in | in | in |
| 懷慶 | tɕiȵ | tɕiȵ | iȵ | iȵ | iȵ |
| 歸化 | tɕiɛŋ | tɕiɛŋ | iɛŋ | iɛŋ | iɛŋ |
| 大同 | tɕiəŋ | tɕiəŋ | iəŋ | iəŋ | iəŋ |
| 太原 | tɕiəŋ | tɕiəŋ | iəŋ | iəŋ | iəŋ |
| 興縣 | tɕiə̃ | tɕiə̃ | iə̃ | iə̃ | iə̃ |
| 太谷 | tɕiə̃ | tɕiə̃ | ȵiə̃ | iə̃ | iə̃ |
| 文水 | tɕiə̃ | tɕiə̃ | ȵḍiə̃ | iə̃ | iə̃ |
| 鳳台 | tɕiẽ | tɕiẽ | iẽ | iẽ | iẽ |
| 蘭州 | tɕiə̃ | tɕiə̃ | iə̃ | iə̃ | iə̃ |
| 平涼 | tɕiə̃ | tɕiə̃ | iə̃ | iə̃ | iə̃ |
| 西安[5] | tɕiɛ̃ | tɕiɛ̃ | iɛ̃ | iɛ̃ | iɛ̃ |
| 三水 | tɕiɛ̃ | tɕiɛ̃ | iɛ̃ | iɛ̃ | iɛ̃ |
| 四川 | tɕin | tɕin | in | in | in |
| 南京 | tɕiŋ | tɕiŋ | iŋ | iŋ | iŋ |

(10) 安南 '券' k'uaɳ, '苑*冤怨' uaɳ; '藩*幡*翻煩番繙繁' fieɳ。

(11) 汕頭 '勸券*' k'ien, '元原源愿願冤宛怨轅' ien*, '援園遠' ien, '諠' hien '挽*晚' mien; '勸' k'ŋ, '園遠' hŋ, '飯' pŋ*, '晚' mŋ; '販番' p'uã*。讀 -ien 的大都是文言音。

---

痕。[**kən**]: 2 根, 3 艮; 安另 '艮' 字; '跟' (根據 Parker) 跟 '根' 安 kăɳ; '跟根' 福 k ŋ*; (白話音); '根*艮' 温 kœ。——[**k'ən**]: 5 墾。——[**ɣən**]: 7 很, 8 恨; 安汕另 '恨' 字; '痕' 汕 hun; '痕 跟 (根據 Parker) '很' 安 ŋɐɳ; '很' 到處讀的好像古音是 xən, 所以温 haŋ, 滬 həŋ; 福 hɛiŋ*; '恨' 安 həɳ*。——[**t'ən**]: '吞' 客汕北 t'un, 懷 t'ueȵ, 京 t'uen, 鳳未詳。

(1) 高麗 -ăn 除表內所列的, 還見於: '艮懇' kăn, '很恨' hăn。

(2) 福州去聲 -auŋ, 所以: '艮' kauŋ, '恨' hauŋ。

---

眞 [**kjiĕn**]: 12 緊; '巾' 麗 kən*; '緊' 麗汕 kin, 福 kiŋ。——[**g'jĭěn**]: '僅' 客 ꜀kiun。

| 例字<br>古音 | 24<br>珍<br>ȶĭĕn | 26<br>趁<br>ȶ'ĭĕn | 27<br>陳<br>꜀ȡ'ĭĕn | 29<br>陣<br>ȡ'ĭĕn꜄ | 30<br>眞<br>ʨĭĕn | 35<br>神<br>ʥ'ĭən |
|---|---|---|---|---|---|---|
| 高麗 | ʨin | ʨin | ʨin | ʨin | ʨin | sin |
| 漢音 | ʨin | ʨin | ʨin | ʨin | ɕin | ɕin |
| 吳音 | ʨin | ʨin | ʥin | ʥin | ɕin | ʥin |
| 安南 | tɐɳ | sɐɳ | tɐɳ | tɐɳ | tɐɳ | t'ɐɳ |
| 廣州 | ʨɐn | ʨ'ɐn | ʨ'ɐn | ʨɐn | ʨɐn | ʂɐn |
| 客家 | čin | | č'in | č'in | čin | šin |
| 汕頭[3] | tin 另 | | t'in | tin | ʨin | sin |
| 福州[4] | tiŋ | t'ɛiŋ꜄ | tiŋ | tɛiŋ² | ʨiŋ | siŋ |
| 温州 | tsaŋ | ts'aŋ | dzaŋ | dzaŋ | tsaŋ | zaŋ |
| 上海 | tsəŋ | ts'əŋ | dzəŋ | dzəŋ | tsəŋ | zəŋ |
| 北京 | ʈʂən | ʈʂ'ən | ʈʂ'ən | ʈʂən | ʈʂən | ʂən |
| 開封 | ʈʂən | ʈʂ'ən | ʈʂ'ən | ʈʂən | ʈʂən | ʂən |
| 懷慶 | ʈʂəɳ | | ʈʂ'əɳ | ʈʂəɳ | ʈʂəɳ | ʂəɳ |
| 歸化 | ʈʂəŋ | ʈʂ'əŋ | ʈʂ'əŋ | ʈʂəŋ | ʈʂəŋ | ʂəŋ |
| 大同 | ʈʂəŋ | ʈʂ'əŋ | ʈʂ'əŋ | ʈʂəŋ | ʈʂəŋ | ʂəŋ |
| 太原 | tsəŋ | ts'əŋ | ts'əŋ | tsəŋ | tsəŋ | səŋ |
| 興縣 | ʈʂə̃ | ʈʂ'ə̃ | ʈʂ'ə̃ | ʈʂə̃ | ʈʂə̃ | ʂə̃ |
| 太谷 | tsõ | | ts'õ | tsõ | tsõ | sõ |
| 文水 | ʈʂə̃ | | ʈʂ'ə̃ | ʈʂə̃ | ʈʂə̃ | ʂə̃ |
| 鳳台 | tsã | ts'ã | ts'ã | tsã | tsã | sã |
| 蘭州 | ʈə̃ | ʈ'ə̃ | ʈ'ə̃ | ʈə̃ | ʈə̃ | ʂə̃ |
| 平涼 | ʈə̃ | | ʈ'ə̃ | ʈə̃ | ʈə̃ | ʂə̃ |
| 西安[5] | ʈɛ̃ | ʈ'ɛ̃ | ʈ'ɛ̃ | ʈɛ̃ | ʈɛ̃ | ʂɛ̃ |
| 三水 | ʈɛ̃ | ʈ'ɛ̃ | ʈ'ɛ̃ | ʈɛ̃ | ʈɛ̃ | ʂɛ̃ |
| 四川 | ʈʂen | ʈʂ'en | ʈʂ'en | ʈʂen | ʈʂen | ʂen |
| 南京 | ʈʂəŋ | ʈʂ'əŋ | ʈʂ'əŋ | ʈʂəŋ | ʈʂəŋ | ʂəŋ |

(一) 原文 14 下誤列欣韻字'殷，慇'作爲 15, 16 號，並加長註，假定它們許是三等 ʔjĭĕn 與四等 ʔĭĕn '因姻'等字不同，這樣來解釋兩者在高麗吳音汕頭福州讀法的不同。現在我們把這兩個字移到它們應該居的 85 號'癮'字後的地位作爲 85a, 85b，那四處方言的讀音就"對"了，就用不着用影分三四等之說來解釋了。

[ʔĭĕn]: 18 姻, 19 茵, 20 湮, 21 印; 安另'印'字;'因姻'安 ɳəɳ;'茵湮'安未詳。——[ĭĕn]: 23 引。——[ȶĭĕn]: 25 鎮; 汕另'鎮'字;'珍'福 ʨiŋ*。——[ȶ'ĭĕn]: '趁'客懷谷文涼照集韻切 ȶĭĕn 的讀法。——[꜀ȡ'ĭĕn]: 28 塵;'陳'汕 ʨ'in*;'塵'汕 tin*。——[ʨĭĕn]: 31 賑, 32 診, 33 振, 34 震;'眞'安 təɳ* 廣韻實在是切作 ʈʂĭĕn，但到處讀的好像古音是 ʨĭĕn，集韻的切;'診'廣 ʨ'ɐn;'振'安 taɳ。

| 例字<br>古音 | 36<br>身<br>ɕĭěn | 41<br>辰<br>˛ʑĭěn | 45<br>腎<br>ʑĭěn˒ | 47<br>人<br>ȵʑĭěn | 52<br>鄰<br>ljĭěn | 57<br>津<br>tsĭěn | 59<br>親<br>ts'ĭěn |
|---|---|---|---|---|---|---|---|
| 高麗 | sin | sin | sin | in | in | ȶɕin | ȶɕ'in |
| 漢音 | ɕin | ɕin | ɕin | ȡʑin | rin | ɕin | ɕin |
| 吳音 | ɕin | ȡʑin | | nin | rin | ɕin | ɕin |
| 安南 | t'ɐɳ | t'ɐɳ | t'ɐɳ | ȵɐɳ 另 | lɐɳ | tɐɳ | t'ɐɳ |
| 廣州 | ʂɐn | ʂɐn | ʂɐn | iɐn | lɵn | tsɵn | ts'ɐn |
| 客家 | šin | šin | šin | ȵin | lin | tsin | ts'in |
| 汕頭[3] | sin | sin | sin | ȡʑin | lin | ȶɕin | ȶɕ'in |
| 福州[4] | siŋ | siŋ | sɛiŋ² | iŋ | liŋ | ȶɕiŋ | ȶɕ'iŋ |
| 温州 | saŋ | zaŋ | zaŋ | ȵiaŋ | liŋ | tsaŋ | ts'aŋ |
| 上海 | səŋ | zəŋ | zəŋ | ȵiəŋ | liŋ | tsiŋ | ts'iŋ |
| 北京 | ʂən | ʈʂ'ən | ʂən | ʐən | lin | ȶɕin | ȶɕ'in |
| 開封 | ʂən | ʈʂ'ən | ʂən | ʐən | lin | tsin | ȶs'in |
| 懷慶 | ʂəȵ | ʈʂ'əȵ | ʂəȵ | ʐəȵ | liȵ | ȶɕiŋ | ȶɕ'iŋ |
| 歸化 | ʂəŋ | ʈʂ'əŋ | ʂəŋ | ʐəŋ | leɛŋ | ȶɕiɛŋ | ȶɕ'iɛŋ |
| 大同 | ʂəŋ | ʈʂ'əŋ | ʂəŋ | ʐəŋ | leəŋ | ȶɕiəŋ | ȶɕ'iəŋ |
| 太原 | səŋ | ts'əŋ | səŋ | zəŋ | leəŋ | ȶɕiəŋ | ȶɕ'iəŋ |
| 興縣 | ʂə̃ | ʈʂ'ə̃ | ʂə̃ | ʐə̃ | leə̃ | ȶɕiə̃ | ȶɕ'iə̃ |
| 太谷 | sõ | ts'õ | õ | zõ | leə | ȶɕiə̃ | ȶɕ'iə̃ |
| 文水 | ʂə̃ | ʈʂ'ə̃ | ʂə̃ | ʐə̃ | leə̃ | ȶɕiə̃ | ȶɕ'iə̃ |
| 鳳台 | sã | ts'ã | sã | zã | lẽ | ȶɕiẽ | ȶɕ'iẽ |
| 蘭州 | ʂə̃ | ʈə̃ | ʂə̃ | ʐə̃ | leə̃ | ȶɕiə̃ | ȶɕ'iə̃ |
| 平涼 | ʂə̃ | ʈə̃ | ʂə̃ | ʐə̃ | leə̃ | ȶɕiə̃ | ȶɕ'iə̃ |
| 西安 | ʂɛ̃ | ʂɛ̃ | ʂɛ̃ | ʐɛ̃ | leɛ̃ | ȶɕiɛ̃ | ȶɕ'iɛ̃ |
| 三水 | ʂɛ̃ | ʂɛ̃ | ʂɛ̃ | ʐɛ̃ | leɛ̃ | tsiɛ̃ | ts'iɛ̃ |
| 四川 | ʂen | ʂen | ʂen | ʐen | lin | tsin | ts'in |
| 南京 | ʂəŋ | ʈʂ'əŋ | ʂəŋ | ʐəŋ | liŋ | tsiŋ | ts'iŋ |

[ɕĭěn]: 37 申, 38 紳, 39 娠, 40 伸; '娠' 在汕* 北* 河南山西涼讀的好像古音是 ȶɕĭěn, 集韵的切; 川京未詳。——[˛ʑĭěn]: 42 晨, 43 臣, 44 宸; '辰' 川 ʈʂ'en*; '晨' 日本只有 ɕin 音; '臣' 汕 ȶɕ'in, 温 dzaŋ, 滬 dzəŋ, 西三 ʈʂ'ɛ̃, 川 ʈʂ'en。——[ʑĭěn˒]: 46 愼; '愼' 吳音未詳, 歸文川 ʈʂ'。——[ȵȡĭěn]: 48 仁, 49 忍, 50 刃, 51 認; 安另 '忍' 字; '人' 汕温 naŋ*, 福 nœŋ*; '仁' 客 in*, 福 niŋ*; '人* 仁忍* 刃' 温 zaŋ, '人仁忍刃認' 滬 zəŋ* (皆文言音); '人仁' 安 ȵəɳ; '忍' 客 ȵiun, 汕 ȡʑim, 福 yŋ, nuŋ; '刃' 客 ȵiun, 汕 ȡʑim; '認' 廣 iŋ*。——[ljĭěn]: 53 麟, 54 鱗, 55 遴, 56 吝。——[tsĭěn]: 58 晉。——[sĭěn]: 63 辛, 64 薪, [原 65 號誤列準韵 '筍' 字, 今移爲合口 69a], 66 訊, 67 汛, 68 信; '薪' 汕 ȶɕin; '訊汛信' 廣 ɵn; '訊汛' 在北* 封懷原鳳蘭涼川京讀的好像古音是 ĭuěn, 集韵的切; '汛' 同興未詳; '信' 安 tiȵ。——[pjĭěn]: 70 擯, 71 殯。——[b'jĭěn]: 73 牝; '牝' 雖然在上聲, 但在粵跟官話讀送氣 p'-, 所以表示古曾有 ˛p'jĭěn 音 [譯者按客家跟官話並母上聲照例讀 p- 去聲, 而事實上 '牝' 字

| | 60 | 61 | 62 | 69 | 72 | 74 |
|---|---|---|---|---|---|---|
| 例字 | 秦 | 盡 | 新 | 賓 | 貧 | 民 |
| 古音 | ꜀dzʻĭěn | ꜂dzʻĭěn | sĭěn | pjĭěn | bʻjĭěn | mjĭěn |
| 高麗 | ȶɕin | ȶɕin | sin | pin | pin | min |
| 漢音 | ɕin | ɕin | ɕin | hin | hin | bin |
| 吳音 | ȡʑin | ȡʑin | ɕin | hin | bin | min |
| 安南 | tɐɳ | tɐɳ | tɐɳ | tɐɳ | bɐɳ | zɐɳ |
| 廣州 | tsʻɵn | tsɵn | sɐn | pɐn | pʻɐn | mɐn |
| 客家 | tsʻin | tsʻin | sin | pin | pʻin | min |
| 汕頭[3] | ȶɕʻin | ȶɕin | sin | pin | pʻin | min |
| 福州[4] | ȶɕiŋ | ȶɕɛiŋ[2] | siŋ | piŋ | piŋ | miŋ |
| 温州 | zaŋ | zaŋ | saŋ | piŋ | biŋ | miŋ |
| 上海 | dziŋ | dziŋ | siŋ | piŋ | biŋ | miŋ |
| 北京 | ȶɕʻin | ȶɕin | ɕin | pin | pʻin | min |
| 開封 | tsʻin | tsin | sin | pin | pʻin | min |
| 懷慶 | ȶɕʻiȵ | ȶɕiȵ | ɕiȵ | piȵ | pʻiȵ | miȵ |
| 歸化 | ȶɕʻiɛŋ | ȶɕiɛŋ | ɕiɛŋ | piɛŋ | pʻiɛŋ | miɛŋ |
| 大同 | ȶɕʻiəŋ | ȶɕiəŋ | ɕiəŋ | piəŋ | pʻiəŋ | miəŋ |
| 太原 | ȶɕʻiəŋ | ȶɕiəŋ | ɕiəŋ | piəŋ | pʻiəŋ | miəŋ |
| 興縣 | ȶɕʻiə̃ | ȶɕiə̃ | ɕiə̃ | piə̃ | pʻiə̃ | mbiə̃ |
| 太谷 | ȶɕʻiə̃ | ȶɕiə̃ | ɕiə̃ | piə̃ | pʻiə̃ | miə̃ |
| 文水 | ȶɕʻiə̃ | ȶɕiə̃ | ɕiə̃ | piə̃ | pʻiə̃ | mbiə̃ |
| 鳳台 | ȶɕʻiẽ | ȶɕiẽ | ɕiẽ | pẽ | pʻẽ | mi |
| 蘭州 | ȶɕʻiə̃ | ȶɕiə̃ | ɕiə̃ | piə̃ | pʻiə̃ | miə̃ |
| 平涼 | ȶɕʻiə̃ | ȶɕiə̃ | ɕiə̃ | piə̃ | pʻiə̃ | miə̃ |
| 西安[5] | ȶɕʻiɛ̃ | ȶɕiẽ | ɕiɛ̃ | piɛ̃ | pʻiɛ̃ | miɛ̃ |
| 三水 | tsʻiɛ̃ | tsiɛ̃ | siɛ̃ | piɛ̃ | pʻiɛ̃ | miɛ̃ |
| 四川 | tsʻin | tsin | sin | pin | pʻin | min |
| 南京 | tsʻiŋ | tsiŋ | siŋ | piŋ | pʻiŋ | miŋ |

在客家跟官話都讀 pʻ- 上聲，所以像古音是 pʻ-（滂）；可是廣州（並定羣等）在陽上向來是讀送氣的‘牝’字在廣州是讀 pʻ- 陽上；所以是完全規則的，不能跟客家一概而論]；安 tɐɳ。——[**mjĭěn**]: 75 **閩**, 76 **泯**；‘閩’安 mɐɳ (Parker), 客 men, man, 汕 maŋ。

(3) 汕頭‘珍’tien, ‘趁診’ȶɕien, ‘腎信*’ sien, ‘遴* 吝’ lien, ‘泯’ mien。還有 -an 所以: ‘趁’ tʻan, ‘陳’ tan*, ‘鱗’ lan*。

(4) 福州去聲 -œyŋ（相當於其他調的 -yŋ）跟 -ɛiŋ（相當於 -iŋ），所以: ‘僅’ kœyŋ, ‘印刃’ iɛŋ, ‘鎮陣’ tɛiŋ, ‘趁’ tʻɛiŋ（但‘振震’ ȶɕiŋ），‘腎慎訊汛信’ sɛiŋ, ‘認’ nɛiŋ, ‘遴吝’ lɛiŋ, ‘晉盡’ ȶɕɛiŋ, ‘殯’ pɛiŋ。

(5) 西安平聲 -iɛ̃, 上去 -iẽ, 跟在 -ĭəm（侵）韵一樣，看 659 頁。

| | 欣 | | | | | 魂 | | |
|---|---|---|---|---|---|---|---|---|
| | 77 | 80 | 82 | 83 | 84 | 1 | 3 | 7 |
| 例字 | 斤 | 勤 | 近 | 欣 | 隱 | 棍 | 坤 | 昏 |
| 古音 | kjĭən | ꜀g'jĭən | ꜂g'jĭən | xjĭən | ʔĭən | kuən | k'uən | xuən |
| 高麗 | kɯn | kɯn | kɯn | hɯn | ɯn | kon[6] | kon | hon |
| 漢音 | kin | kin | kin | kin | in | kon | kon | kon |
| 吳音 | kon | gon | gon | kon | on | kon 另 | kon | kon |
| 安南 | kɐɳ | kɐɳ | kɐɳ | hɐɳ | ɐɳ | koɳ | k'oɳ | hoɳ |
| 廣州 | kɐn | k'ɐn | k'ɐn | iɐn | iɐn | kuɐn | k'uɐn | fɐn |
| 客家 | kiun 另 | k'iun | k'iun | hiun | iun | kun | k'un | fun |
| 汕頭 | kɯn | k'ɯn | kɯn | hɯn | ɯn | kun[7] | k'un | hun |
| 福州 | kyŋ | k'yŋ | kœyŋ$^{2}$ | hyŋ | yŋ | kouŋ[8] | k'ouŋ | huoŋ |
| 温州 | ȶɕiaŋ | ȡʑiaŋ | ȡʑiaŋ | ɕiaŋ | iaŋ | kuaŋ[9] | k'uaŋ | hye |
| 上海 | ȶɕiəŋ | ȡʑiəŋ | ȡʑiəŋ | ɕiəŋ | iəŋ | kuəŋ | k'uəŋ | huəŋ |
| 北京 | ȶɕin | ȶɕ'in | ȶɕin | ɕin | in | kun | k'un | xun |
| 開封 | ȶɕin | ȶɕ'in | ȶɕin | ɕin | in | kuən | k'uən | xuən |
| 懷慶 | ȶɕiɲ | ȶɕ'iɲ | ȶɕiɲ | ɕiɲ | iɲ | kueɲ | k'ueɲ | xueɲ |
| 歸化 | ȶɕiɛŋ | ȶɕ'iɛŋ | ȶɕiɛŋ | ɕiɛŋ | iɛŋ | kuoŋ | k'uoŋ | xuoŋ |
| 大同 | ȶɕiəŋ | ȶɕ'iəŋ | ȶɕiəŋ | ɕiəŋ | iəŋ | kuoŋ | k'uoŋ | |
| 太原 | ȶɕiəŋ | ȶɕ'iəŋ | ȶɕiəŋ | ɕiəŋ | iəŋ | kuŋ | k'uŋ | xuŋ |
| 興縣 | ȶɕiə̃ | ȶɕ'iə̃ | ȶɕiə̃ | ɕiə̃ | iə̃ | kuə̃ | k'uə̃ | xuə̃ |
| 太谷 | ȶɕiə̃ | ȶɕ'iə̃ | ȶɕiə̃ | ɕiə̃ | iə̃ | kũ | k'ũ | xũ |
| 文水 | ȶɕiə̃ | ȶɕ'iə̃ | ȶɕiə̃ | ɕiə̃ | iə̃ | kuõ[10] | k'ũ | xũ |
| 鳳台 | ȶɕiẽ | ȶɕ'iẽ | ȶɕiẽ | ɕiẽ | iẽ | kuæ̃ | k'uæ̃ | xuæ̃ |
| 蘭州 | ȶɕiə̃ | ȶɕ'iə̃ | ȶɕiə̃ | ɕiə̃ | iə̃ | kuə̃ | k'uə̃ | xuə̃ |
| 平涼 | ȶɕiə̃ | ȶɕ'iə̃ | ȶɕiə̃ | ɕiə̃ | iə̃ | kuə̃ | k'uə̃ | xuə̃ |
| 西安 | ȶɕiɛ̃ | ȶɕ'iɛ̃ | ȶɕiẽ | ɕiɛ̃ | iẽ | kuɛ̃ | k'uɛ̃ | xuɛ̃ |
| 三水 | ȶɕiɛ̃ | ȶɕ'iɛ̃ | ȶɕ'iɛ̃ | ɕiɛ̃ | iɛ̃ | kuɛ̃ | k'uɛ̃ | xuɛ̃ |
| 四川 | ȶɕin | ȶɕ'in | ȶɕin | ɕin | in | kuen | k'uen | xuen |
| 南京 | ȶɕiŋ | ȶɕ'iŋ | ȶɕiŋ | ɕiŋ | iŋ | kuen | k'uen | xuen |

欣。[**kjĭən**]: 78 筋, 79 謹; 客另 '謹' 字; '斤筋' 客 kin; '謹' 福 kig。——[**꜀g'jĭən**]: 81 芹; '芹' 文谷 ȶɕĭə̃。——[**꜂g'jĭen**]: '近' 廣 kɐn$^{2}$*。——[**ʔĭən**]: 85 癮, 85 a 殷, 85 b 慇; '癮' 汕 in; '殷慇' 客 in, 汕 hɯn*。

---

魂。[**kuən**]: 2 昆; 吳音另 '昆' 字; '棍' 廣韻讀 ꜂ɣuən, 但這字到處(除掉吳音 gon)讀的好像古音是 kuən꜄; '昆' 客 閩滬跟官話(除掉鳳台) k'-。——[**k'uən**]: 4 綑, 5 閫, 6 困; '閫' 京滬未詳; '困' 吳音 kun。——[**xuən**]: 8 惛, 9 婚, '昏' 安 huɳ*。

| | 10 | 13 | 15 | 16 | 18 | 21 | 23 | 27 |
|---|---|---|---|---|---|---|---|---|
| 例字 | 魂 | 溫 | 嫩 | 論 | 敦 | 屯 | 鈍 | 尊 |
| 古音 | ɣuən | ʔuən | nuən | luən | tuən | ꜀d‘uən | d‘uən | tsuən |
| 高麗[6] | hon | on | nun | non | ton | ton 另 | ton 另 | ȶɕon |
| 漢音 | kon | uon | don | ron | ton | ton | ton | sən |
| 吳音 | gon | uon | non | ron | ton 另 | don | don | son |
| 安南 | hoɳ | ɵɳ | ɳoɳ | luɐɳ | ɖoɳ | ɖoɳ | ɖoɳ | toɳ |
| 廣州 | uɐn | uɐn | nyn (一) | lɵn | tɵn | t‘yn | tɵn | tsyn |
| 客家 | fun | un | nun | lun | tun | t‘un | t‘un | tsun |
| 汕頭[7] | hun | un | lun | lun | tun | t‘un | tun | tsun |
| 福州[8] | huŋ | uŋ | nauŋ | lauŋ² | tuŋ | tuŋ | touŋ | ȶɕouŋ |
| 溫州[9] | ɦye | ye | nœ | lœ | tœ | dœ | dœ | tsœ |
| 上海 | ɦuəŋ | uəŋ | nəŋ | ləŋ | təŋ | dəŋ | dəŋ | tsəŋ |
| 北京 | xun | uən | nun | lun | tun | t‘un | tun | tsun |
| 開封 | xuən | uən | luən | luən | tuən | t‘uən | tuən | tsuən |
| 懷慶 | xuəɳ | uəɳ | nəɳ | luəɳ | tueɳ | t‘ueɳ | tueɳ | ʈʂueɳ |
| 歸化 | xuoŋ | vəŋ | nəŋ | leɛŋ | təŋ | t‘əŋ | təŋ | tsəŋ |
| 大同 | xuoŋ | vəŋ | nəŋ | luoŋ | tuəŋ | t‘uoŋ | tuoŋ | tsuoŋ |
| 太原 | xuŋ | vəŋ | nəŋ | lyuŋ | tuŋ | t‘uŋ | tuŋ | tsuŋ |
| 興縣 | xuə̃ | uə̃ | nduə̃ | luə̃ | tuə̃ | t‘uə̃ | tuə̃ | tsuə̃ |
| 太谷 | xũ | uõ | nõ | lyũ | tũ | t‘ũ | tũ | tsũ |
| 文水[10] | xũ | ũ | ndə̃ | lyũ | tũ | t‘ũ | tuõ | tsũ |
| 鳳台 | xuæ̃ | uæ̃ | nã | luæ̃ | tuæ̃ | t‘uæ̃ | tuæ̃ | tsuæ̃ |
| 蘭州 | xuə̃ | uə̃ | luə̃ | lyə̃ | tuə̃ | t‘uə̃ | tuə̃ | tsuə̃ |
| 平涼 | xuə̃ | uə̃ | lyũ | lyũ | tuə̃ | t‘uə̃ | tuə̃ | tsuə̃ |
| 西安 | xuɛ̃ | uɛ̃ | nuɛ̃ | luɛ̃ | tuɛ̃ | t‘uɛ̃ | tuɛ̃ | tsuɛ̃ |
| 三水 | xuɛ̃ | uɛ̃ | lyɛ̃ | lyɛ̃ | tuɛ̃ | t‘uɛ̃ | tuɛ̃ | tsuɛ̃ |
| 四川 | xuen | uen | len | len | ten | t‘en | ten | tsen |
| 南京 | xuen | un | luen | luen | tuen | t‘uen | tuen | tsuen |

[**ɣuən**]: 11 渾, 12 混。——[**ʔuən**]: 14 穩。——[**nuən**]: '嫩' 北 nən*。——[**luən**]: 17 掄; 看下面 lǐuĕn。 我們看得出這兩個古音在現在好些方言中混亂了起來, 因類推作用有時候在 luən 裏插入個 -i-, 有時候從 lǐuĕn 裏失掉一個 -i-。——[**tuən**]: 19 墩, 20 頓; 吳音另 '墩' 字; '敦' 吳音 don, 汕 t‘uan*。——[**꜀d‘uən**]: 22 燉; 麗另 '燉' 字; '屯' 汕 tun*; '燉' 中國 (除掉汕頭) 到處讀的好像古音是 tuən。——[**꜀d‘uən꜄**]: 24 沌, 25 囤, 26 遁; 麗另 '沌' 字; '沌' 文鳳 t‘-; '囤' 廣 t‘yn, 客鳳三 t‘- 合乎集韵一個平聲切音; 温未詳; '遁' 歸同原 t‘-。——[**tsuən**]: 28 撙。——[**ts‘uən**]: 30 村, 31 寸; '寸' 日本 sun*。

(一) 按廣州城此處注 -yn 的字其實都讀 -en。 高氏寫與 Eitel 字典跟順德音相合。

| | 29 | 32 | 34 | 37 | 40 | 41 | 42 | 43 |
|---|---|---|---|---|---|---|---|---|
| 例字 | 忖 | 存 | 孫 | 本 | 噴 | 盆 | 笨 | 門 |
| 古音 | ts‘uən | ꜀dz‘uən | suən | puən | p‘uən | ꜀b‘uən | ꜂b‘uən | muən |
| 高麗[6] | ȶɕ‘on | ȶɕon | son | pun 另 | pun | pun | pun | mun |
| 漢音 | son | son | son | hon | hon | hon | hon | bon |
| 吳音 | son | zon | son | hon | hon | bon | bon | mon |
| 安南 | t‘oŋ | toŋ | toŋ | boŋ | fun | boŋ | hoŋ | moŋ |
| 廣州 | ts‘yn | ts‘yn | syn | pun | p‘ɐn | p‘un | pɐn | mun |
| 客家 | ts‘un | ts‘un | sun | pun | p‘un | p‘un | pun | mun |
| 汕頭[7] | ts‘un | ts‘un | sun | pun | p‘un | p‘un | pun | bun 另 |
| 福州[8] | ȶɕ‘ouŋ | ȶɕouŋ | souŋ | puoŋ | p‘ouŋ | puoŋ | pouŋ | muoŋ |
| 温州[9] | ts‘œ | zœ | sœ | paŋ | p‘aŋ | | baŋ | mɑŋ |
| 上海 | ts‘əŋ | dzəŋ | səŋ | pəŋ | p‘əŋ | bəŋ | bəŋ | məŋ |
| 北京 | ts‘un | ts‘un | sun | pən | p‘ən | p‘ən | pən | mən |
| 開封 | ts‘uən | ts‘uən | suən | pən | p‘ən | p‘ən | pən | mən |
| 懷慶 | tʂ‘ueɳ | tʂ‘ueɳ | ʂueɳ | pəɳ | p‘əɳ | p‘əɳ | pəɳ | məɳ |
| 歸化 | ts‘əŋ | ts‘əŋ | səŋ | pəŋ | p‘əŋ | p‘əŋ | pəŋ | məŋ |
| 大同 | ts‘uoŋ | ts‘uoŋ | suoŋ | pəŋ | p‘əŋ | p‘əŋ | pəŋ | məŋ |
| 太原 | ts‘uŋ | ts‘uŋ | suŋ | pəŋ | p‘əŋ | p‘əŋ | pəŋ | məŋ |
| 興縣 | ts‘uə̃ | ts‘uə̃ | suə̃ | pə̃ | p‘ə̃ | p‘ə̃ | pə̃ | mbə̃ |
| 太谷 | ts‘ũ | ts‘ũ | sũ | põ | p‘õ | p‘õ | põ | mõ |
| 文水[10] | ts‘uõ | ts‘ũ | sũ | pə̃ | p‘ə̃ | p‘ə̃ | pə̃ | mbə̃ |
| 鳳台 | ts‘uæ̃ | ts‘uæ̃ | suæ̃ | pã | p‘ã | p‘ã | pã | mã |
| 蘭州 | ts‘uə̃ | ts‘uə̃ | suə̃ | pə̃ | p‘ə̃ | p‘ə̃ | pə̃ | mə̃ |
| 平涼 | ts‘uə̃ | ts‘uə̃ | suə̃ | pə̃ | p‘ə̃ | p‘ə̃ | pə̃ | mə̃ |
| 西安 | ts‘uɛ̃ | ts‘uɛ̃ | suɛ̃ | pɛ̃ | p‘ɛ̃ | p‘ɛ̃ | pɛ̃ | mɛ̃ |
| 三水 | ts‘uɛ̃ | ts‘uɛ̃ | suɛ̃ | pɛ̃ | p‘ɛ̃ | p‘ɛ̃ | pɛ̃ | mɛ̃ |
| 四川 | ts‘en | ts‘en | sen | pen | p‘en | p‘en | pen | men |
| 南京 | ts‘uen | ts‘uen | suen(一) | pəŋ (一) | p‘əŋ | p‘əŋ | pəŋ | məŋ |

[**dz‘uən**]: 33 蹲; ‘存’ 客 sun*; ‘蹲’ 在封歸文興鳳蘭客*讀的好像古音是 tsuən (集韵的切), 北懷同原谷涼西三京 t-, 川温未詳,——[**suən**]: 35 損, 36 遜; ‘損’ 在封懷鳳蘭, 跟 ‘遜’ 在廣跟官話 (除掉興縣) 讀的好像古音是 sǐuěn。——[**puən**]: 38 奔, 39 賁; 麗另 ‘奔’ 字; ‘本’ 麗 pon; ‘奔賁’ 廣 pɐn, 汕 p‘un。——[**꜀b‘uən**]: ‘盆’ 温未詳。——[**muən**]: 44 捫, 45 悶; 汕另 ‘悶’ 字; ‘捫’ 汕 moŋ; ‘悶’ 麗 min, 安 muoŋ。

(6) 高麗 -un, 除表内所注字外, 還見於: ‘屯鈍遁’ tun, ‘尊*撙蹲’ ȶɕun。

(7) 汕頭 ‘頓’ tŋ*, ‘村’ ts‘ŋ, ‘孫’ sŋ*, ‘本’ pŋ*, ‘門’ mŋ——皆白話音。

(一) 南京 ‘孫’ 以上的字讀 -n 的時候多, ‘本’ 以下的字讀 -ŋ 的時候多, 其實是一個變值音位 (參看覃韵南京註下譯者附註。)

(8) 福州有三套讀法, 每套内又跟着聲調變的:

| | |
|---|---|
| 平上 -uŋ, | 去 -ouŋ; |
| 平上 -ouŋ, | 去 -auŋ; |
| 平上 -uoŋ, | 去 -ouŋ。 |

| | 諄 | | | | | |
|---|---|---|---|---|---|---|
| | 46 | 48 | 51 | 52 | 54 | 56 |
| 例字 | 均 | 允 | 椿 | 準 | 春 | 脣 |
| 古音 | kjĭuĕn | ĭuĕn | ȶʻĭuĕn | ȶɕĭuĕn | ȶɕʻĭuĕn | ꜀ȡʑʻĭuĕn |
| 高麗 | kiun | iun | ȶɕʻun | ȶɕun | ȶɕʻun | sun |
| 漢音 | kin | in | ȶɕun | ɕun | ɕun | ɕin |
| 吳音 | kun | en | ȶɕun | ɕun | ɕun | ȡʑin |
| 安南 | kuɐŋ | zuaŋ | suɐŋ | ȶuɐŋ | suɐŋ | |
| 廣州 | kuɐn | uɐn | ȶɕʻen | ȶɕen | ȶɕʻen | ɕen |
| 客家 | kiun | iun | čʻun | čun | čʻun | šun |
| 汕頭 | kɯn | un | tsʻun | tsun | tsʻun | tun |
| 福州 | kiŋ | yŋ | ȶɕʻuŋ | ȶɕuŋ | ȶɕʻuŋ | suŋ |
| 溫州 | ȶɕiuŋ | iuŋ | ȶɕʻiuŋ | ȶɕiuŋ | ȶɕʻiuŋ | ʑiuŋ |
| 上海 | ȶɕyin | yin | tsʻəŋ | tsəŋ | tsʻəŋ | zəŋ |
| 北京 | ȶɕyn | yn | tʂʻun | tʂun | tʂʻun | tʂʻun |
| 開封 | ȶɕyən | yən | tʂʻuən | tʂuən | tʂʻuən | tʂʻuən |
| 懷慶 | ȶɕyiɲ | yiɲ | tʂʻueɲ | tʂueɲ | tʂʻueɲ | tʂʻueɲ |
| 歸化 | ȶɕyəŋ | yəŋ | tsʻəŋ | tsəŋ | tsʻəŋ | tsʻəŋ |
| 大同 | ȶɕyoŋ | yoŋ | tʂʻuoŋ | tʂuoŋ | tʂʻuoŋ | tʂʻuoŋ |
| 太原 | ȶɕyuŋ | yuŋ | tsʻuŋ | tsuŋ | tsʻuŋ | tsʻuŋ |
| 興縣 | ȶɕyə̃ | yə̃ | tsʻuə̃ | tsuə̃ | tsʻuə̃ | tsʻuə̃ |
| 太谷 | ȶɕyũ | yũ | tsʻũ | tsũ | tsʻũ | tsʻũ |
| 文水[11] | ȶɕyũ | yũ | tsʻũ | tsuõ | tsʻũ | tsʻũ |
| 鳳台 | ȶɕyẽ | yẽ | tsʻuæ | tsuæ̃ | tsʻuæ̃ | tsʻã |
| 蘭州 | ȶɕyə̃ | yə̃ | ʈʻuə̃ | ʈuə̃ | ʈʻuə̃ | fə̃ |
| 平涼 | ȶɕyũ | yũ | ʈʻuə̃ | ʈuə̃ | ʈʻuə̃ | ʂuə̃ |
| 西安 | ȶɕyɛ̃ | yɛ̃ | pfʻɛ̃ | pfɛ̃ | pfʻɛ̃ | fɛ̃ |
| 三水 | ȶɕyɛ̃ | yɛ̃ | tsʻuɛ̃ | tsuɛ̃ | tsʻuɛ̃ | suɛ̃ |
| 四川 | ȶɕyin | yin | tʂʻuen | tʂuen | tʂʻuen | ʂen |
| 南京 | ȶɕyin | yin | tʂʻuen | tʂuen | tʂʻuen | ʂuen |

所以平上去有 -ouŋ，至於 -uŋ，uoŋ 只見於平上聲，-auŋ 就只見於去聲：'綑閫' kʻuŋ，'魂渾賁噴' huŋ，'温穩' uŋ，'掄' luŋ，'敦墩屯燉' tuŋ；'昏惛婚' huoŋ，'本奔賁盆' puoŋ，'門捫' muoŋ；'棍' kouŋ，'昆坤' kʻouŋ，'混' houŋ²，'墩頓屯鈍沌囤' touŋ，'尊撙存蹲' ȶɕouŋ，'忖村' ȶɕʻouŋ，'孫損' souŋ，'噴' pʻouŋ，'笨' pouŋ，'悶' mouŋ；'困' kʻauŋ，'嫩' nauŋ，'論' lauŋ²，'頓遁' tauŋ，'寸' ȶɕʻauŋ，'遜' sauŋ。

(9) 温州 aŋ，-uaŋ，除表中所列外，還見於：'昏' huaŋ*，'混' ɦuaŋ，'掄' laŋ，'頓' taŋ (Parker)。

(10) 文水平聲 -ũ，上去 -uõ。所以假如表中字是個 ꜀kũ 音，讀者遇上去字就會用 ꜂kuõ，kuõ꜄ 代入，我就不用把全字表列出了。

---

**諄**。**[kjĭuĕn]**：47 **鈞**；'鈞' 日本只讀 kin。——**[ĭuĕn]**：49 **勻**，50 **尹**；'允' 汕 dzun*；'勻' 日本只讀 in，安 vɐŋ，'尹' 汕 ɯn；在滬跟官話讀的好像古音是

| 例字 古音 | 57 順 ȡʑĭuĕnˀ | 58 瞬 ɕĭuĕn | 59 醇 ʑĭuĕn | 61 閏 ȵʑĭuĕn | 63 倫 ljĭuĕn | 66 俊 tsĭuĕn | 69 詢 sĭuĕn |
|---|---|---|---|---|---|---|---|
| 高麗 | sun | sun | sun | iun | iun | ʨɕun | sun |
| 漢音 | ɕun | ɕun | ɕun | ȡʑun | rin | ɕun | ɕun |
| 吳音 | ȡʑun | ɕun | ȡʑun | niun | rin | ɕun | ɕun |
| 安南 | t'uɐɳ | t'uɐɳ | t'uɐɳ | ɳuɐɳ | luɐɳ | tuɐɳ | tuɐɳ |
| 廣州 | ʂɵn | ʂɵn | ʂɵn | iɵn | lɵn | tsɵn | sɵn |
| 客家 | šun | šun | šun | iun | lun | tsun | sun |
| 汕頭 | sun | sun | sun | dzun | lun | tsun | sun |
| 福州 | souŋ | ˓suŋ | suŋ | nouŋ² | luŋ | ʨɕouŋˀ | suŋ |
| 溫州 | ʑiuŋ | ɕiuŋ | ʑiuŋ | iuŋ | laŋ | ʨɕiuŋ | ɕiuŋ |
| 上海 | zəŋ | səŋ | zəŋ | ȵiəŋ | ləŋ | tsiŋ | siŋ |
| 北京 | ʂun | ʂun | ʈʂ'un | ʐun | lun | ʨɕyn | ɕyn |
| 開封 | ʂuən | ʂuən | ʈʂ'uən | yən | luən | tsyən | syən |
| 懷慶 | ʂueɳ | ʂueɳ | ʈʂ'ueɳ | ʐueɳ | lueɳ | ʨɕyiɳ | ɕyiŋ |
| 歸化 | səŋ | səŋ | ts'əŋ | zəŋ | leɛŋ | ʨɕyəŋ | ɕyəŋ |
| 大同 | ʂuoŋ | ʂuoŋ | ʈʂ'uoŋ | ʐuoŋ | luoŋ | ʨɕyɵŋ 另 | ɕyɵŋ |
| 太原 | suŋ | suŋ | ts'uŋ | zuŋ | lyuŋ | ʨɕyuŋ | ɕyuŋ |
| 興縣 | suə̃ | suə̃ | ts'uə̃ | zuə̃ | luə̃ | ʨɕyə̃ 另 | ɕyə̃ |
| 太谷 | fũ | fũ | ts'ũ | uõ | lyũ | ʨɕyũ | ɕyũ |
| 文水[11] | suõ | suõ | ts'ũ | zuõ | lyũ | ʨɕyũ | ɕyũ |
| 鳳台 | suæ̃ | suæ̃ | ts'uæ̃ | zuæ̃ | luæ̃ | ʨɕyẽ | ɕyẽ |
| 蘭州 | fə̃ | fə̃ | ʈ'uə̃ | uə̃ | lyə̃ | ʨɕyə̃ | ɕyə̃ |
| 平涼 | ʂuə̃ | ʂuə̃ | ʈ'uə̃ | ʐuə̃ | lyũ | ʨɕyũ | ɕyũ |
| 西安 | fɛ̃ | fɛ̃ | pf'ɛ̃ | vɛ̃ | luɛ̃ | ʨɕyɛ̃ | ɕyɛ̃ |
| 三水 | suɛ̃ | suɛ̃ | ts'uɛ̃ | zuɛ̃ | lyɛ̃ | | syɛ̃ |
| 四川 | ʂuen | ʂuen | ʂuen | ʐuen | len | tsyin | syin |
| 南京 | ʂuen | ʂuen | ʂuen | ʐuen | luen | tsyin | syin |

jĭĕn。——[**ʨɕĭuĕn**]: 53 諄; '諄' 麗 sun, 汕 tun, 福 tuŋ, 歸谷興鳳三 ts'-, 涼 ʈ'-。——[**ʨɕ'ĭuĕn**]: 55 蠢。——[˛**ȡʑ'ĭuĕn**]: '脣' 安未詳。——[**ʑĭuĕn**]: 60 純; '純' 安溫未詳。——[**ȵʑĭuĕn**]: 62 潤; '閏* 潤' 滬 zəŋ (文言音); '潤' 福 œyŋ, 溫 ʑĭuŋ。——[**ljĭuĕn**]: 64 輪, 65 綸; '倫輪綸' 北 lyn*; '輪' 溫滬 liŋ*。——[**tsĭuĕn**]: 67 遵, 68 竣; 同興蘭另 '竣' 字; '俊' 在同興蘭跟 '遵' 在滬跟官話讀的好像古音是 tsuən; '俊' 三未詳; '竣' 廣韻讀 ˛ts'ĭuĕn, 但差不多所有方言都讀的好像古音是 tsĭuĕn; 日本 ɕun, sen, 溫安未詳。——[**sĭuĕn**]: 69a 筍, 70 迅; '筍' 在滬跟官話 (封懷鳳川除外) 讀的好像古音是 suən, 安未詳; '迅' 是到處讀的好像古音是 sĭĕn, 所以廣 sɵn, 福 sɛiŋˀ 其餘地方仿 '新' 字讀法; 日本 ɕin, ɕun。

| | 71 | 文 75 | 77 | 79 | 80 | 85 | 91 |
|---|---|---|---|---|---|---|---|
| 例字 | 旬 | 君 | 羣 | 郡 | 訓 | 云 | 紛 |
| 古音 | zĭuĕn | kjĭuən | ꜀g'jĭuən | g'jĭuən꜄ | xjĭuən | jĭuən | pjĭuən |
| 高麗 | sun | kun | kun | kun | hun | un | pun |
| 漢音 | ɕun | kun | kun | kun | kun | un | fun |
| 吳音 | ʥun | kon | gun | gun | kon | uon | hon |
| 安南 | tuɐɳ | kuɐɳ | kuɐɳ | kuɐɳ | huɐɳ | vɐɳ | fɐɳ |
| 廣州 | ts'ɵn | kuɐn | k'uɐn | kuɐn | fɐn | uɐɳ | fɐn |
| 客家 | sun | kiun | k'iun | k'iun | hiun | iun | fun |
| 汕頭 | sun | kun[12] | k'un | kun | hun | un | hun |
| 福州 | suŋ | kuŋ[13] | kuŋ | kouŋ꜅ | houŋ꜄ | uŋ | huŋ |
| 溫州 | ʑiuŋ | ʨiuŋ | ʥiuŋ | ʥiuŋ | ɕiuŋ | iuŋ | faŋ |
| 上海 | dziŋ | ʨyin (一) | ʥyin | ʥyin | ɕyin | yin | fəŋ |
| 北京 | ɕyn | ʨyn | ʨ'yn | ʨyn | ɕyn | yn | fən |
| 開封 | syən | ʨyən | ʨ'yən | ʨyən | ɕyən | yən | fən |
| 懷慶 | ɕyiŋ | ʨyiŋ | ʨ'yiŋ | ʨyiŋ | ɕyiŋ | yiŋ | fəŋ |
| 歸化 | ɕyəŋ | ʨyəŋ | ʨ'yəŋ | ʨyəŋ | ɕyəŋ | yəŋ | fəŋ |
| 大同 | ɕyɵŋ | ʨyɵŋ | ʨ'yɵŋ | ʨyɵŋ | ɕyɵŋ | yɵŋ | fəŋ |
| 太原 | ɕyuŋ | ʨyuŋ | ʨ'yuŋ | ʨyuŋ | ɕyuŋ | yuŋ | fəŋ |
| 興縣 | ɕyə̃ | ʨyə̃ | ʨ'yə̃ | ʨyə̃ | ɕyə̃ | yə̃ | fuə̃ |
| 太谷 | ɕyũ | ʨyũ | ʨ'yũ | ʨyũ | ɕyũ | yũ | fõ |
| 文水[11] | ɕyũ | ʨyũ | ʨ'yũ | ʨyũ | ɕyũ | yũ | xũ |
| 鳳台 | ɕyẽ | ʨyẽ | ʨ'yẽ | ʨyẽ | ɕyẽ | yẽ | fã |
| 蘭州 | ɕyə̃ | ʨyə̃ | ʨ'yə̃ | ʨyə̃ | ɕyə̃ | yə̃ | fə̃ |
| 平涼 | ɕyũ | ʨyũ | ʨ'yũ | ʨyũ | ɕyũ | yũ | fə̃ |
| 西安 | ɕyɛ̃ | ʨyɛ̃ | ʨ'yɛ̃ | ʨyɛ̃ | ɕyɛ̃ | yɛ̃ | fɛ̃ |
| 三水 | syɛ̃ | ʨyɛ̃ | ʨ'yɛ̃ | ʨyɛ̃ | ɕyɛ̃ | yɛ̃ | fɛ̃ |
| 四川 | syin | ʨyin | ʨ'yin | ʨyin | ɕyin | yin | fen |
| 南京 | syin | ʨyin | ʨ'yin | ʨyin | ɕyin | yin | fəŋ |

[**zĭuĕn**]: 72 循, 73 巡, 74 殉; '巡' 麗未詳; '殉' 廣 sɵn。

(11) 文水平聲 -u, 上去 -uõ, 跟在魂韻一樣, 看623頁。

---

文。[**kjĭuən**]: 76 軍; '軍' 日本 gun*。——[꜀**g'jĭuən**]: 78 裙; '裙' 汕 kun。——[**xjĭuən**]: 81 勳, 82 熏, 83 葷, 84 薰; '葷' 所有境內方言都把這字讀的好像古音是 xuən (福 huŋ)。——[**jĭuən**]: 86 雲, 87 耘, 88 暈, 89 韻, 90 運; '雲' 汕 hun*꜄ 福 huŋ; '韻' 日本 uin*; '運' 吳音 on。——[**pjĭuən**]: 92 分, 93 氛, 94 粉, 95 糞, 96 奮; '分' 汕 pun*, 福 puoŋ*; '氛' 吳音 bun 根據廣韻 ꜀b'jĭuən 的又切; '糞' 汕* 客 pun。——[**p'jĭuən**]: 97 忿; 吳音 hon, 其餘方言讀的好像古音是 b'jĭuən, 集韻的切。

(一) 據譯者調查, 上海除在齒音前因同化作用讀 -yin 外, 讀單字都是 -yiŋ。下同。

| | | | 眞臻 | | | 登曾 | |
|---|---|---|---|---|---|---|---|
| | 98 | 101 | 107 | 108 | 110 | 1 | 2 |
| 例字 | 墳 | 文 | 窘 | 隕 | 憫 | 亙 | 肯 |
| 古音 | b'jĭuən | mjĭuən | g'jĭʷĕn | jĭʷĕn | mjĭʷĕn | kəŋ | k'əŋ |
| 高麗 | pun | mun | kun | un | min | kɯŋ | kɯŋ |
| 漢音 | fun | bun | kin | uin | bin | ko:[1] | ko: |
| 吳音 | bon | mon | gen | un | min | ko:[1] | ko: |
| 安南 | fɐɲ | vɐɲ 另 | kuɐɲ | | mɐɲ | kăŋ | k'ɐŋ |
| 廣州 | fɐn | mɐn | k'uɐn | uɐn | mɐn | kɐŋ | hɐŋ |
| 客家 | fun | vun | k'iun | iun | mien | | k'en |
| 汕頭[12] | hun | bun | k'un | iun | mien | kɛŋ | k'ɛŋ |
| 福州[13] | huŋ | uŋ | k'uŋ | uŋ | miŋ | ᶜkɛiŋ[2] | k'ɛiŋ |
| 温州 | vaŋ | vaŋ | dʑiuŋ | iuŋ | miŋ | | k'aŋ |
| 上海 | vəŋ | vəŋ | ȶɕyin | yin | miŋ | kəŋ | k'əŋ |
| 北京 | fən | uən | ȶɕyuŋ | yn | min | kəŋ | |
| 開封 | fən | uən | ȶɕyuŋ | yən | min | kəŋ | |
| 懷慶 | fəɳ | vəɳ | ȶɕyuɳ | yiɳ | miɳ | kəŋ | |
| 歸化 | fəŋ | vəŋ | ȶɕyəŋ | yəŋ | miẽ | kəŋ | k'əŋ |
| 大同 | fəŋ | vəŋ | ȶɕyɵŋ | yɵŋ | miəŋ | kəŋ | k'əŋ |
| 太原 | fəŋ | vəŋ | ȶɕyuŋ | yuŋ | miəŋ | kəŋ | k'əŋ |
| 興縣 | fuə̃ | və̃ | ȶɕyə̃ | yə̃ | mbiə̃ | kə̃ | k'ə̃ |
| 太谷 | fõ | uõ | ȶɕyũ | yũ | miə̃ | kõ | k'õ |
| 文水 | xũ | ũ | ȶɕyũ | yũ | mbiẽ | kə̃ | k'ə̃ |
| 鳳台 | fã | uã | ȶɕyuŋ | yẽ | mi | kã | k'ã |
| 蘭州 | fə̃ | uə̃ | ȶɕyə̃ | yə̃ | miə̃ | kə̃ | k'ə̃ |
| 平涼 | fə̃ | uə̃ | ȶɕyũ | yũ | miə̃ | kə̃ | k'ə̃ |
| 西安 | fɛ̃ | vɛ̃ | ȶɕyɛ̃ | yɛ̃ | miɛ̃ | | |
| 三水 | fɛ̃ | uɛ̃ | ȶɕyɛ̃ | yɛ̃ | miɛ̃ | | |
| 四川 | fen | uen | | yin | min | ken | k'en |
| 南京 | fəŋ (一) | un (一) | ȶɕyuŋ | yin | miŋ | kəŋ | k'əŋ |

[bᶜjĭuən]: 99 焚, 100 憤; '墳' 客汕 p'un*; '焚' 汕 un, 福 haŋ*。——[mjĭuən]: 102 紋, 103 蚊, 104 聞, 105 刎, 106 問; 安另 '問' 字; '文紋蚊聞' 安 văɲ; '文' 福 muoŋ*; '蚊問' 客 mun, 温 maŋ, 滬 məŋ*; '聞' 滬 məŋ*; '刎' 客興懷未詳; '問' 汕 mŋ*, 福 muoŋ*。

(12) 汕頭 '君軍' kin*, '云雲' in* (皆文言音); '動熏薰' hɯn。

(13) 福州去聲 -ouŋ, 所以: '郡' kouŋ, '訓奮' houŋ, '暈韻運問' ouŋ, '糞' houŋ, pouŋ。還有 '勳熏薰' hyŋ, 參考汕頭。

---

眞臻。[jĭʷĕn]: 109 殞; '隕殞' 安未詳; '隕' 汕 uan*, ien*; '殞' 吳音 uon (漢和大字林)。——[mjĭʷĕn]: 111 敏。

---

登曾。[kəŋ]: '亙' 客 kuen, 温 kœ (Parker), 西川 kɛ̃。——[k'əŋ]: '肯' 安 k'ɯŋ*, 客 hɐn*, 福 k'iŋ*; 在北封懷西三讀的好像古音是 k'ən。

(一) 看前魂韵 '孫本' 南京註。

| | 3 | 4 | 5 | 6 | 10 | 12 | 14 | 16 |
|---|---|---|---|---|---|---|---|---|
| 例字 | 恆 | 能 | 棱 | 登 | 滕 | 增 | 曾 | 贈 |
| 古音 | ɣəŋ | nəŋ | ləŋ | təŋ | ꜀d'əŋ | tsəŋ | ꜀dz'əŋ | dz'əŋ꜄ |
| 高麗 | hăŋ | nɯŋ | nɯŋ | tɯŋ | tɯŋ | ʨɯŋ | ʨɯŋ | ʨɯŋ |
| 漢音[1] | koː | doː | roː | toː | toː | soː | soː | soː |
| 吳音[1] | goː | noː | roː | toː | doː | soː | zoː | zoː |
| 安南 | hăŋ | ɳăŋ | lăŋ | ɗăŋ | ɗăŋ | tăŋ | tăŋ | tăŋ |
| 廣州 | hɐŋ | nɐŋ | | tɐŋ | t'ɐŋ | tsɐŋ | ts'ɐŋ | tsɐŋ |
| 客家 | hen | nen | | ten | t'en | tsen | ts'en | ts'en |
| 汕頭 | hɛŋ | lɛŋ | lɛŋ | tɛŋ | t'ɛŋ | ʨɛŋ | ʨɛŋ | |
| 福州[2] | hɛiŋ | nɛiŋ | | tɛiŋ | t'ɛiŋ | ʨɛiŋ | ʨɛiŋ | ʨɛiŋ[2] |
| 温州 | ɦaŋ | naŋ | laŋ | taŋ | daŋ | tsaŋ | dzaŋ | zaŋ |
| 上海 | ɦəŋ | nəŋ | ləŋ | təŋ | dəŋ | tsəŋ | dzəŋ | dzəŋ |
| 北京 | xəŋ | nəŋ | ləŋ | təŋ | t'əŋ | tsəŋ | ts'əŋ | tsəŋ |
| 開封 | xəŋ | nəŋ | ləŋ | təŋ | t'əŋ | tsəŋ | ts'əŋ | tsəŋ |
| 懷慶 | xəŋ | nəŋ | ləŋ | təŋ | t'əŋ | tsəŋ | ts'əŋ | tsəŋ |
| 歸化 | xəŋ | nəŋ | ləŋ | təŋ | t'əŋ | tsəŋ | ts'əŋ | tsəŋ |
| 大同 | xəŋ | nəŋ | ləŋ | təŋ | t'əŋ | tsəŋ | ts'əŋ | tsəŋ |
| 太原 | xəŋ | nəŋ | ləŋ | təŋ | t'əŋ | tsəŋ | ts'əŋ | tsəŋ |
| 興縣 | xə̃ | ndə̃ | | tə̃ | t'ə̃ | tsə̃ | ts'ə̃ | tsə̃ |
| 太谷 | xõ | nõ | lõ | tõ | t'õ | tsõ | ts'õ | tsõ |
| 文水 | xə̃ | ndə̃ | lə̃ | tə̃ | t'ə̃ | tsə̃ | ts'ə̃ | tsə̃ |
| 鳳台 | xã | nã | lã | tã | t'ã | tsã | ts'ã | tsã |
| 蘭州 | xə̃ | nə̃ | lə̃ | tə̃ | t'ə̃ | tsə̃ | ts'ə̃ | tsə̃ |
| 平涼 | xə̃ | nə̃ | lə̃ | tə̃ | t'ə̃ | tsə̃ | ts'ə̃ | tsə̃ |
| 西安 | xəŋ | nəŋ | ləŋ | təŋ | t'əŋ | tsəŋ | ts'əŋ | tsəŋ |
| 三水 | xəŋ | ləŋ | ləŋ | təŋ | t'əŋ | tsəŋ | ts'əŋ | tsəŋ |
| 四川 | xen | len | | ten | t'en | tsen | ts'en | tsen |
| 南京 | xəŋ | ləŋ | ləŋ | təŋ | t'əŋ | tsəŋ | ts'əŋ | tsəŋ |

**[ləŋ]**: '棱' 廣福 liŋ, 客 lin, 興 liə̃, 川未詳。——**[təŋ]**: 7 燈, 8 等, 9 凳; '登' 安 ɗɐŋ*, ɗɯŋ*; '燈' 福 tieŋ*, tiŋ*; '等' 福 tiŋ*; '凳' 京 t'əŋ。——**[d'əŋ]**: 11 騰; '滕' 汕 t'ien*。——**[tsəŋ]**: 13 憎。——**[꜀dz'əŋ]**: 15 層; '曾層' 滬 zəŋ*; '層' 温 zaŋ, 安 tɐŋ, 汕 tsaŋ*。——**[dz'əŋ꜄]**: '贈' 汕 tsaŋ。——**[pəŋ]**: '崩' 汕 paŋ*, 福 puŋ*。——**[b'əŋ]**: '朋' 汕 p'oŋ*, 温 buŋ, 滬 baŋ。

(1) 日本 -oː 寫作 -ou ('ko-u' 等)。

| | 耕争 | | | | | | | |
|---|---|---|---|---|---|---|---|---|
| | 17 | 18 | 19 | 20 | 22 | 24 | 26 | 27 |
| 例字 | 僧 | 崩 | 朋 | 耿 | 幸 | 鶯 | 争 | 迸 |
| 古音 | səŋ | pəŋ | b'əŋ | bæŋ | ɣæŋ | ʔæŋ | ȶʂæŋ | pæŋ |
| 高麗 | sɯŋ | pɯŋ | pɯŋ | kiəŋ[3] | hɛŋ | ɛŋ | ȶɕɛŋ | piəŋ |
| 漢音[1] | so: | ho: | ho: | ho:[4] | ko: | o: | so: | ho: |
| 吳音[1] | so: | ho: | bo: | kio:[4] | gio: | io: | ɕo: | hio: |
| 安南 | tăŋ | băŋ | băŋ | kaɲ | haɲ | aɲ | ȶaɲ | biɲ |
| 廣州 | sɐŋ | pɐŋ | p'ɐŋ | kɐŋ[5] | hɐŋ | ɐŋ | ȶɕaŋ | piŋ |
| 客家 | sen | pen | p'en | | hen[5] | en | tsen | pin |
| 汕頭[2] | tɕɛŋ | pɛŋ | p'ɛŋ | kɛŋ[6] | hɛŋ | ɛŋ | ȶɕɛŋ | pɛŋ |
| 福州 | tɕɛiŋ | pɛiŋ | pɛiŋ | kɛiŋ[7] | haiŋ$^{2}$ | ɛiŋ | ȶɕɛiŋ | pɛiŋ |
| 温州 | saŋ | paŋ | | kɛ | ɦɛ | ɛ | tsɛ | piŋ |
| 上海 | səŋ | pəŋ | bəŋ | kəŋ[8] | ɦiəŋ | iəŋ | tsəŋ | pəŋ |
| 北京 | səŋ | pəŋ | p'əŋ | kəŋ | ɕiŋ | iŋ | ȶʂəŋ | pəŋ |
| 開封 | səŋ | pəŋ | p'əŋ | kəŋ | ɕiŋ | iŋ | ȶʂəŋ | piŋ |
| 懷慶 | səŋ | pəŋ | p'əŋ | kəŋ | ɕiŋ | iŋ | tsəŋ | pəŋ |
| 歸化 | səŋ | pəŋ | p'əŋ | kəŋ | ɕiɛŋ | iɛŋ | tsəŋ | pəŋ |
| 大同 | səŋ | pəŋ | p'əŋ | kəŋ | ɕiəŋ | iəŋ | tsəŋ | pəŋ |
| 太原 | səŋ | pəŋ | p'əŋ | kəŋ | ɕiəŋ | iəŋ | tsəŋ | pəŋ |
| 興縣 | sə̃ | pə̃ | p'ə̃ | kə̃ | ɕiə̃ | iə̃ | tsə̃ | piə̃ |
| 太谷 | sõ | põ | p'õ | kõ | ɕiə̃ | iə̃ | tsõ | põ |
| 文水 | sə̃ | pə̃ | p'ə̃ | kə̃ | ɕiə̃ | iə̃ | tsə̃ | pə̃ |
| 鳳台 | sã | pã | p'əŋ | kã | ɕiẽ | iẽ | tsã | pẽ |
| 蘭州 | sə̃ | pə̃ | p'ə̃ | kə̃ | ɕiə̃ | iə̃ | tsə̃ | piə̃ |
| 平涼 | sə̃ | pə̃ | p'ə̃ | kə̃ | ɕiə̃ | iə̃ | tsə̃ | piə̃ |
| 西安 | səŋ | pəŋ | p'əŋ | kəŋ | ɕiŋ | iŋ | tsəŋ | pəŋ |
| 三水 | səŋ | pəŋ | p'əŋ | kəŋ | ɕiŋ | iŋ | tsəŋ | pəŋ |
| 四川 | sen | pen | p'oŋ | ken | ɕin | in | tsen | pin |
| 南京 | səŋ | pəŋ | p'əŋ | kəŋ | ɕiŋ | iŋ | ȶʂəŋ | |

(2) 福州去聲 -aiŋ: '凳' taiŋ, '贈' ȶɕaiŋ ('亙' 是 ᶜkɛiŋ)。

---

耕争。[kæŋ]: 21 耕; '耿' 客 kuen, 汕 kuaŋ*; '耕' 歸 ȶɕĭɛŋ, 北西 ȶɕiŋ*。——[ɣæŋ]: 23 倖。——[ʔæŋ]: 25 鸚; '鸚' 廣 iŋ, 滬 aŋ*。——[ȶʂæŋ]: '争' 福 ȶɕaŋ*。——[pæŋ]: '迸' 京未詳。——[mæŋ]: '萌' 川京未詳。

(3) 高麗 -ɛŋ 寫作 -ăiŋ。

(4) 日本 -o: 寫作 -au, -io: 寫作 -i-ya-u。

(5) 廣州客家 -aŋ (廣州 -a:ŋ) 所以: '耕' 廣州客家 -kaŋ, '争' 廣州 ȶɕaŋ, 客家 tsaŋ*。

(6) 汕頭 '耕' kɛ̃,* '争' ȶɕɛ̃,* (白話音)。

(7) 福州去聲 -aiŋ, 所以: '幸倖' haiŋ$^{2}$。

| | | 庚攝 | | | | | |
|---|---|---|---|---|---|---|---|
| | 28 | 29 | 33 | 34 | 35 | 38 | 39 |
| 例字 | 萌 | 更 | 坑 | 硬 | 行 | 撐 | 生 |
| 古音 | mæŋ | kɐŋ | k‘ɐŋ | ŋɐŋ | ɣɐŋ | ȶ‘ɐŋ | ʂɐŋ |
| 高麗[3] | mɛŋ | kɛŋ[9] | kɛŋ | | hɛŋ | t‘ɛŋ | sɛŋ |
| 漢音[4] | boː | koː[9] | koː | koː | koː | toː | sei |
| 吳音[4] | mioː | kioː[9] | kioː | gioː | gioː | ȶɕoː | ɕoː |
| 安南 | maŋ̡ | kaŋ̡ | k‘aŋ̡ | ŋaŋ̡ | haŋ̡ | saŋ̡ | saŋ̡ |
| 廣州[5] | mɐŋ | kɐŋ[10] | haŋ | ŋaŋ | hɐŋ | ȶɕ‘aŋ | ʂɐŋ |
| 客家[6] | men | ken[10] | k‘aŋ | ŋaŋ | hen 另 | ts‘aŋ | sen |
| 汕頭[6] | mɛŋ | kɛŋ[11] | | | hɛŋ | t‘ɛŋ | sɛŋ |
| 福州[7] | mɛiŋ | kɛiŋ[12] | k‘aŋ | ŋaiŋ[2] | hɛiŋ | ȶɕ‘ɛiŋ | sɛiŋ |
| 溫州 | miŋ | kɛ | k‘ɛ | ŋɛ | ɦɛ | ts‘ɛ | sɛ |
| 上海[8] | məŋ | kəŋ[13] | | ŋəŋ | ɦiəŋ | ts‘əŋ | səŋ |
| 北京 | məŋ | kəŋ | k‘əŋ | iŋ | ɕiŋ | ʈʂ‘əŋ | ʂəŋ |
| 開封 | məŋ | kəŋ | | ɣəŋ | ɕiŋ | ʈʂ‘əŋ | ʂəŋ |
| 懷慶 | miŋ | kəŋ | k‘əŋ | ɣəŋ | ɕiŋ | ts‘əŋ | səŋ |
| 歸化 | məŋ | kəŋ | | ȵiɛŋ | ɕiɛŋ | ts‘əŋ | səŋ |
| 大同 | məŋ | kəŋ | k‘əŋ | ȵiəŋ | ɕiəŋ | ts‘əŋ | səŋ |
| 太原 | məŋ | kəŋ | | ȵiəŋ | ɕiəŋ | ts‘əŋ | səŋ |
| 興縣 | mbə̃ | kə̃ | | ȵȡiə̃ | ɕiə̃ | ts‘ə̃ | sə̃ |
| 太谷 | mõ | kõ | k‘õ | ȵiə̃ | ɕiə̃ | ts‘õ | sõ |
| 文水 | mbə̃ | kə̃ | k‘ə̃ | ȵȡiə̃ | ɕiə̃ | ts‘ə̃ | sə̃ |
| 鳳台 | məŋ | kã | k‘ã | ɣã | ɕiẽ | ts‘ã | sã |
| 蘭州 | mə̃ | kə̃ | | ȵiə̃ | ɕiə̃ | ts‘ə̃ | sə̃ |
| 平涼 | mə̃ | kə̃ | k‘ə̃ | ȵiə̃ | ɕiə̃ | ts‘ə̃ | sə̃ |
| 西安 | məŋ | kəŋ | k‘əŋ | ȵiŋ | ɕiŋ | ts‘əŋ | səŋ |
| 三水 | məŋ | kəŋ | k‘əŋ | ȵiŋ | ɕiŋ | ts‘əŋ | səŋ |
| 四川 | | ken | k‘en | ŋen | ɕin | ts‘en | sen |
| 南京 | | kəŋ | k‘əŋ | iŋ | ɕiŋ | ʈʂ‘əŋ | səŋ |

(8) 上海 ‘耿耕’ kaŋ*, ‘鸚’ aŋ*, ‘爭’ tsaŋ*, ‘迸’ paŋ*, 皆白話音。

---

庚攝。[kɐŋ]: 30 庚, 31 羹, 32 梗; ‘梗’ 安 ŋaŋ̡, 谷 ȵiə̃, 文 ȵȡiə̃, 京未詳。——[k‘ɐŋ]: ‘坑’ 在汕* 溫* 封歸原興蘭讀的好像古音是 k‘ɑŋ。——[ɣɐŋ]: 36 衡, 37 杏; 客另 ‘杏’ 字; ‘行’ 福 kiaŋ*, 汕 kiã*; ‘衡’ 在麗 (hiəŋ 或 hueŋ), 客 (fen 或 vaŋ), 汕 (huaŋ 或 huɛ̃) 懷歸同興文谷蘭西讀的好像古音是 ɣʷɐŋ, 其餘官話讀的好像古音是 ɣəŋ; 溫 a (Parker); ‘杏’ 文谷 ɕiɛ, 西三 xəŋ, 川 xen。——[ʂɐŋ]: 40 牲, 41 笙, 42 省; ‘生牲笙’ 安 siŋ̡*, ‘笙’ 安 seŋ̡*。

| | | | | 清征 | |
|---|---|---|---|---|---|
| | 43 | 44 | 45 | 49 | 50 |
| 例字 | 烹 | 棚 | 猛 | 頸 | 輕 |
| 古音 | p'ɐŋ | b'ɐŋ | mɐŋ | kjĭɛŋ | k'jĭɛŋ |
| 高麗[9] | p'ɛŋ | | mɛŋ | kiəŋ[1] | kiəŋ |
| 漢音[9] | ho: | ho: | bo: | kei | kei |
| 吳音[9] | hio: | bio: | mio: | kio: | kio: |
| 安南 | faŋ | | maŋ | kaŋ[2] | k'iŋ |
| 廣州[10] | p'aŋ | p'aŋ | maŋ | kiŋ[3] | hiŋ |
| 客家[10] | p'en | p'aŋ | men 另 | kiaŋ[4] | k'in |
| 汕頭[11] | p'ɛŋ | p'ɛŋ | mɛŋ | kɛŋ[4] | k'ɛŋ |
| 福州[12] | p'ɛŋ | paŋ | mɛiŋ | kɛiŋ[26] | k'iŋ |
| 溫州 | p'ɛ | bɛ | mɛ | ʨiaŋ | ʨ'iaŋ |
| 上海[13] | p'əŋ | bəŋ | məŋ | ʨiəŋ | ʨ'iəŋ |
| 北京 | p'əŋ | p'əŋ | məŋ | ʨiŋ | ʨ'iŋ |
| 開封 | p'əŋ | p'əŋ | məŋ | ʨiŋ | ʨ'iŋ |
| 懷慶 | p'əŋ | p'əŋ | məŋ | ʨiŋ | ʨ'iŋ |
| 歸化 | p'əŋ | p'əŋ | məŋ | ʨiɛŋ | ʨ'iɛŋ |
| 大同 | p'əŋ | p'əŋ | məŋ | ʨiəŋ | ʨ'iəŋ |
| 太原 | p'əŋ | p'əŋ | məŋ | ʨiəŋ | ʨ'iəŋ |
| 興縣 | p'ə̃ | p'ə̃ | mbə̃ | ʨiə̃ | ʨ'iə̃ |
| 太谷 | p'õ | p'õ | mõ | ʨiə̃[7] | ʨ'iə̃ |
| 文水 | p'ə̃ | p'ə̃ | mbə̃ | ʨiə̃[7] | ʨ'iə̃ |
| 鳳台 | p'əŋ | p'əŋ | məŋ | ʨiẽ | ʨ'iẽ |
| 蘭州 | p'ə̃ | p'ə̃ | mə̃ | ʨiə̃ | ʨ'iə̃ |
| 平涼 | p'ə̃ | p'ə̃ | mə̃ | ʨiə̃ | ʨ'iə̃ |
| 西安 | p'əŋ | p'əŋ | məŋ | ʨiŋ | ʨ'iŋ |
| 三水 | p'əŋ | p'əŋ | məŋ | ʨiŋ | ʨ'iŋ |
| 四川 | p'oŋ | p'oŋ | moŋ | ʨin | ʨ'in |
| 南京 | p'əŋ | p'əŋ | məŋ | ʨiŋ | ʨ'iŋ |

[**b'ɐŋ**]: '棚' 麗 pɯŋ, 安 bǎŋ——集韵的 b'əŋ 音。——[**mɐŋ**]: 46 盲, 47 黽, 48 孟; 客另 '孟' 字; '盲' 在滬* 跟官話讀的好像古音是 mɑŋ; '黽' 在廣溫福滬* 跟官話讀的好像古音是 mjĭěn, 廣韵的切又讀。[譯者按廣韵耿(耕)韵有 "黽蛙屬", 梗(庚)韵與 '猛' 同音字中並無 '黽' 字, 但有 "蜢蚱蜢蟲" 及 "鱦蛙屬", 軫(真)韵則有 "黽黽池縣"。現在我們既然不知道高氏調查方言時是拿它當 "蛙屬" 還是當縣名還是當 "蚱蜢蟲" 講, 這字的地位就不好定, 就讓它擺在這兒罷。]

(9) 高麗跟日本拼法與前韵同。

(10) 廣州客家 -aŋ (廣州 a:ŋ) 除表中所注外, 還見於: 廣州 '更' kaŋ*, '行' haŋ*, '生* 牲* 省' ʂaŋ; 客家: '更* 庚羹' kaŋ, '行' haŋ, '生' saŋ*, '猛盲' maŋ。

(11) 汕頭 '更庚羹梗' kɛ̃*, '坑' k'ɛ̃ (跟 k'aŋ), '硬' ŋɛ̃ (跟 ŋan), '撐' t'ɛ̃*, '生' sɛ̃* 跟 ʨ'ɛ̃*, '牲省' sɛ̃*, '棚' pɛ̃*, '猛盲' mɛ̃*。 -ɛ̃ 跟 -ɛŋ 並存時, -ɛŋ 是文言音。

(12) 福州 去聲 -aiŋ, 所以: '硬' ŋaiŋ, '杏' haiŋ[2], '孟' maiŋ。 還有幾個 -aŋ: '更' kaŋ*, '撐' t'aŋ*, '生' saŋ* 跟 ʨaŋ*, '省' saŋ*, '棚' paŋ, '猛* 盲' maŋ (皆白話音)。

| 字例<br>古音 | 51<br>勁<br>g'jĭɛŋ | 52<br>纓<br>ʔĭɛŋ | 53<br>盈<br>ĭɛŋ | 55<br>貞<br>ȶĭɛŋ | 57<br>逞<br>ȶ'ĭɛŋ | 58<br>呈<br>ȡ'ĭɛŋ | 60<br>征<br>ȶɕĭɛŋ | 65<br>聲<br>ɕĭɛŋ |
|---|---|---|---|---|---|---|---|---|
| 高麗[1] | kiəŋ | iəŋ | iəŋ | ȶɕəŋ | | ȶɕəŋ | ȶɕəŋ | səŋ |
| 漢音 | kei | ei | ei | tei | tei | tei | sei | sei |
| 吳音 | kioː | ioː | ioː | ȶɕoː | ȶɕoː | ȡʑoː | ɕoː | ɕoː |
| 安南[2] | kiɲ | aɲ | ziɲ | ȶiɲ | siɲ | ȶiɲ | ȶiɲ | t'iɲ |
| 廣州[3] | kiŋ | iŋ | iŋ | ȶɕiŋ | ȶɕ'iŋ | ȶɕ'iŋ | ȶɕiŋ | ʂiŋ |
| 客家[4] | k'in | in | in | ȶɕin | ȶɕ'in | ȶɕ'in | ȶɕin | šin |
| 汕頭[5] | kɛŋ | ɛŋ | ioŋ | ȶɕɛŋ | t'ɛŋ | t'ɛŋ | ȶɕɛŋ | sɛŋ |
| 福州[6] | kɛiŋ[2] | iŋ | iŋ | tiŋ | t'iŋ | t'iŋ | ȶɕiŋ | siŋ |
| 温州 | ȡʑiaŋ | iaŋ | iaŋ | tsiŋ | ts'iŋ | dziŋ | tsiŋ | siŋ |
| 上海 | ȡʑiəŋ | iəŋ | iəŋ | tsəŋ | ts'əŋ | dzəŋ | tsəŋ | səŋ |
| 北京 | ȶɕiŋ | iŋ | iŋ | | ʈʂ'əŋ | ʈʂ'əŋ | ʈʂəŋ | ʂəŋ |
| 開封 | ȶɕiŋ | iŋ | iŋ | ʈʂəŋ | ʈʂ'əŋ | ʈʂ'əŋ | ʈʂəŋ | ʂəŋ |
| 懷慶 | ȶɕiŋ | iŋ | iŋ | ʈʂəŋ | ʈʂ'əŋ | ʈʂ'əŋ | ʈʂəŋ | ʂəŋ |
| 歸化 | ȶɕiɛŋ | iɛŋ | iɛŋ | ʈʂəŋ | ʈʂ'əŋ | ʈʂ'əŋ | ʈʂəŋ | ʂeŋ |
| 大同 | ȶɕiəŋ | iəŋ | iəŋ | ʈʂəŋ | ʈʂ'əŋ | ʈʂ'əŋ | ʈʂəŋ | ʂəŋ |
| 太原 | ȶɕiəŋ | iəŋ | iəŋ | tsəŋ | ts'əŋ | ts'əŋ | tsəŋ | səŋ |
| 興縣 | ȶɕiə̃ | iə̃ | iə̃ | ʈʂə̃ | ʈʂ'ə̃ | ʈʂ'ə̃ | ʈʂə̃ | ʂə̃ |
| 太谷[7] | ȶɕiə̃ | iə̃ | ɲiə̃ | tsõ | ts'õ | ts'õ | tsõ | sõ |
| 文水[7] | ȶɕiə̃ | iə̃ | iə̃ | ʈʂə̃ | ʈʂ'ə̃ | ʈʂ'ə̃ | ʈʂə̃ | ʂə̃ |
| 鳳台 | ȶɕiẽ | iẽ | iẽ | tsã | ts'ã | ts'ã | tsã | sã |
| 蘭州 | ȶɕiə̃ | iə̃ | iə̃ | ʈə̃ | ʈ'ə̃ | ʈ'ə̃ | ʈə̃ | ʂə̃ |
| 平涼 | ȶɕiə̃ | iə̃ | iə̃ | ʈə̃ | ʈ'ə̃ | ʈ'ə̃ | ʈə̃ | ʂə̃ |
| 西安 | ȶɕiŋ | iŋ | iŋ | | ʈ'əŋ | ʈ'əŋ | ʈəŋ | ʂəŋ |
| 三水 | ȶɕiŋ | iŋ | iŋ | | ʈ'əŋ | ʈ'əŋ | ʈəŋ | ʂəŋ |
| 四川 | ȶɕin | in | in | ʈʂen | ʈʂ'en | ʈʂ'en | ʈʂen | ʂen |
| 南京 | ȶɕiŋ | iŋ | iŋ | ʈʂəŋ | ʈʂ'əŋ | ʈʂ'əŋ | ʈʂəŋ | ʂəŋ |

(13) 上海 '更庚羹梗' kaŋ*, '坑' k'aŋ, '硬' ŋaŋ*, '行杏' ɦaŋ*, '撐' ts'aŋ*, '生牲笙' saŋ*, '省' saŋ, '棚' baŋ*, '猛盲孟' maŋ*——皆白話音 (-əŋ, -iəŋ 文言音)。

---

清征。[g'jiɛŋ]: '勁' 温滬 ȶɕ-* [北 -in*]。——[ĭɛŋ]: 54 嬴; '嬴' 汕 ioŋ (跟 iã)。——[ȶĭɛŋ]: 56 禎; '貞禎' 北 ʈʂən, 西三 ʈɛ̃。——[ȶ'ĭɛŋ]: '逞' 麗 iəŋ (拼作 rieng)。——[ȡ'ĭɛŋ]: 59 程。——[ȶɕĭɛŋ]: 61 整, 62 正, 63 政, 64 證; '證' 安未詳。——[ɕĭɛŋ]: 66 聖; '聲' 滬 saŋ* (白話音)。——[꜀ʑĭɛŋ]: 68 城, 69 誠。——[ʑĭɛŋ꜄]: '盛' 汕 sin*。——[tsĭɛŋ]: 73 晶, 74 旌, 75 睛, 76 井; '旌' 汕 sɛŋ; '睛' 興涼 ȶɕ'iə̃。——[ts'ĭɛŋ]: 78 請。——[꜀dz'ĭɛŋ]: 80 晴; '情' 滬 ziŋ*。——[꜂dz'ĭɛŋ꜄]: 82 淨; '靜' 滬 dziŋ*。——[sĭɛŋ]: 84 姓。——[p'jĭɛŋ]: '聘' 麗 piŋ, 北 p'in*, 安未詳。

| | 67 | 70 | 71 | 72 | 77 | 79 | 81 | 83 |
|---|---|---|---|---|---|---|---|---|
| 例字 | 成 | 盛 | 領 | 精 | 淸 | 情 | 靜 | 性 |
| 古音 | ꜀ʑĭɛŋ | ʑĭɛŋ꜄ | ljĭɛŋ | tsĭɛŋ | ts‘ĭɛŋ | ꜀dz‘ĭɛŋ | ꜂dz‘ĭɛŋ | sĭɛŋ |
| 高麗[1] | səŋ | səŋ | iəŋ | ȶɕəŋ | ȶɕ‘əŋ | ȶɕəŋ | ȶɕəŋ | səŋ |
| 漢音 | se | sei | rei | sei | sei | sei | sei | sei |
| 吳音 | ȡʑoː | ȡʑoː | rioː | ɕoː | ɕoː | ȡʑoː | ȡʑoː | ɕoː |
| 安南[2] | t‘aɳ | t‘aɳ | liɳ | tiɳ | t‘iɳ | tiɳ | tiɳ | tiɳ |
| 廣州[3] | ʂiŋ | ʂiŋ | liŋ | tsiŋ | ts‘iŋ | ts‘iŋ | tsiŋ | siŋ |
| 客家[4] | šin | šin | liaŋ | tsin | ts‘in | ts‘in | ts‘in | sin |
| 汕頭[5] | sɛŋ | sɛŋ | lɛŋ | ȶɕɛŋ | ȶɕ‘ɛŋ | ȶɕ‘ɛŋ | ȶɕɛŋ | sɛŋ |
| 福州[6] | siŋ | sɛiŋ² | liŋ | ȶɕiŋ | ȶɕ‘iŋ | ȶɕiŋ | ȶɕɛiŋ² | sɛiŋ꜄ |
| 温州 | ziŋ | ziŋ | liŋ | tsiŋ | ts‘iŋ | ziŋ | ziŋ | siŋ |
| 上海 | dzəŋ | zəŋ | liŋ | tsiŋ | ts‘iŋ | dziŋ | ziŋ | siŋ |
| 北京 | ʈʂ‘əŋ | ʂəŋ | liŋ | ȶɕiŋ | ȶɕ‘iŋ | ȶɕ‘iŋ | ȶɕiŋ | ɕiŋ |
| 開封 | ʈʂ‘əŋ | ʂəŋ | liŋ | tsiŋ | ts‘iŋ | ts‘iŋ | tsiŋ | siŋ |
| 懷慶 | ʈʂ‘əŋ | ʂəŋ | liŋ | ȶɕiŋ | ȶɕ‘iŋ | ȶɕ‘iŋ | ȶɕiŋ | ɕiŋ |
| 歸化 | ʈʂ‘əŋ | ʂəŋ | leɛŋ | ȶɕiɛŋ | ȶɕ‘iɛŋ | ȶɕ‘iɛŋ | ȶɕiɛŋ | ɕiɛŋ |
| 大同 | ʈʂ‘əŋ | ʂəŋ | leəŋ | ȶɕiəŋ | ȶɕ‘iəŋ | ȶɕ‘iəŋ | ȶɕiəŋ | ɕiəŋ |
| 太原 | ts‘əŋ | səŋ | leəŋ | ȶɕiəŋ | ȶɕ‘iəŋ | ȶɕ‘iəŋ | ȶɕiəŋ | ɕiəŋ |
| 興縣 | ʈʂ‘ə̃ | ʂə̃ | leə̃ | ȶɕiə̃ | ȶɕ‘iə̃ | ȶɕ‘iə̃ | ȶɕiə̃ | ɕiə̃ |
| 太谷[7] | ts‘ə̃ | sə̃ | leə̃ | ȶɕiə̃ | ȶɕ‘iə̃ | ȶɕ‘iə̃ | ȶɕiə̃ | ɕiə̃ |
| 文水[7] | ʈʂ‘ə̃ | ʂə̃ | leə̃ | ȶɕiə̃ | ȶɕ‘iə̃ | ȶɕ‘iə̃ | ȶɕiə̃ | ɕiə̃ |
| 鳳台 | ts‘ã | sã | lẽ | ȶɕiẽ | ȶɕ‘iẽ | ȶɕ‘iẽ | ȶɕiẽ | ɕiẽ |
| 蘭州 | ʈ‘ə̃ | ʂə̃ | leə̃ | ȶɕiə̃ | ȶɕ‘iə̃ | ȶɕ‘iə̃ | ȶɕiə̃ | ɕiə̃ |
| 平涼 | ʈ‘ə̃ | ʂə̃ | leə̃ | ȶɕiə̃ | ȶɕ‘iə̃ | ȶɕ‘iə̃ | ȶɕiə̃ | ɕiə̃ |
| 西安 | ʈ‘əŋ | ʂəŋ | leŋ | ȶɕiŋ | ȶɕ‘iŋ | ȶɕ‘iŋ | ȶɕiŋ | ɕiŋ |
| 三水 | ʈ‘əŋ | ʂəŋ | leŋ | tsiŋ | ts‘iŋ | ts‘iŋ | tsiŋ | siŋ |
| 四川 | ʈʂ‘en | ʂen | lin | tsin | ts‘in | ts‘in | tsin | sin |
| 南京 | ʈʂ‘əŋ | ʂəŋ | liŋ | tsiŋ | ts‘iŋ | ts‘iŋ | tsiŋ | siŋ |

(1) 吳音 -ioː, -oː 寫作 -i-ya-u。

(2) 安南 -aɳ, 除表中所列外, 還見於: ‘正政’ ȶaɳ, ‘聲* 聖’ t‘aɳ*, ‘領’ laɳ*, ‘淸’ t‘aɳ*, ‘性* 姓’ taɳ。

(3) 廣州 ‘頸’ kɛŋ*, ‘輕’ hɛŋ*, ‘聲成誠’ ʂɛŋ*, ‘精’ tsɛŋ*, ‘請’ ts‘ɛŋ*, ‘名’ mɛŋ*。

(4) 客家 -iaŋ, aŋ, 除表中所注外, 還見於: ‘輕’ k‘iaŋ*, ‘正’ čaŋ*, ‘聲城’ šaŋ*, ‘井’ tsiaŋ, ‘請晴淨’ ts‘iaŋ, ‘姓’ siaŋ。

(5) 汕頭 ‘頸’ kɛ̃*, ‘贏’ iã, ‘呈’ tiã*, ‘程’ t‘iã*, ‘鹽正成精晶’ ȶɕiã*, ‘請’ ȶɕ‘iã*, ‘聲聖城’ siã*, ‘領’ niã*, ‘井* 晴靜*’ ȶɕɛ̃, ‘性姓’ sɛ̃*, ‘幷’ piã*, ‘聘’ p‘iã*, ‘名’ miã*。 -ɛŋ 跟 -ɛ̃, -iã 並存時, -ɛŋ 是文言音。

## 庚京

| | 85 | 86 | 87 | 88 | 97 | 99 | 100 | 101 |
|---|---|---|---|---|---|---|---|---|
| 例字 | 幷 | 聘 | 名 | 京 | 卿 | 擎 | 競 | 迎 |
| 古音 | pjĭɛŋ | pʻjĭɛŋ | mjĭɛŋ | kjĭɐŋ | kʻjĭɐŋ | ꜀gʻjĭɐŋ | gʻjĭɐŋᵓ | ŋjĭɐŋ |
| 高麗[1] | piəŋ | | miəŋ | kiəŋ | kiəŋ | kiəŋ | kiəŋ | iəŋ |
| 漢音 | hei | hei | mei | kei | kei | kei | kei | gei |
| 吳音 | hioː | hioː | mioː | kioː[8] | kioː | gioː | gioː | gioː |
| 安南[2] | tiŋ̡ | | zaŋ̡ | kiŋ̡[9] | kʻaŋ̡ | | kaŋ̡ | ŋiŋ̡ |
| 廣州[3] | piŋ | pʻiŋ | miŋ | kiŋ[10] | hiŋ | kʻiŋ | kiŋ | iŋ |
| 客家[4] | pin | pʻin | miaŋ | kin[11] | kʻin | kʻiaŋ | kʻin | ȵiaŋ |
| 汕頭[5] | pɛŋ | pʻɛŋ | mɛŋ | kɛŋ[12] | kʻɛŋ | kʻɛŋ | kɛŋ | ŋɛŋ |
| 福州[6] | pɛiŋᵓ | pʻɛiŋᵓ | miŋ | kiŋ[13] | kʻiŋ | kiŋ | kɛiŋ | ŋiŋ |
| 温州 | piŋ | pʻiŋ | miŋ | ȶɕiaŋ | ȶɕʻiaŋ | ȡʑiaŋ | ȡʑiaŋ | ȵiaŋ |
| 上海 | piŋ | pʻiŋ | miŋ | ȶɕiəŋ | ȶɕʻiəŋ | ȡʑiəŋ | ȡʑiəŋ | ȵiəŋ |
| 北京 | piŋ | pʻiŋ | miŋ | ȶɕiŋ | ȶɕʻiŋ | ȶɕʻiŋ | ȶɕiŋ | iŋ |
| 開封 | piŋ | pʻiŋ | miŋ | ȶɕiŋ | ȶɕʻiŋ | ȶɕʻiŋ | ȶɕiŋ | iŋ |
| 懷慶 | piŋ | pʻiŋ | miŋ | ȶɕiŋ | ȶɕʻiŋ | | ȶɕiŋ | iŋ |
| 歸化 | piɛŋ | pʻiɛŋ | miɛŋ | ȶɕiɛŋ | ȶɕʻiɛŋ | | ȶɕiɛŋ | iɛŋ |
| 大同 | piəŋ | pʻiəŋ | miəŋ | ȶɕiəŋ | ȶɕʻiəŋ | ȶɕʻiəŋ | ȶɕiəŋ | iəŋ |
| 太原 | piəŋ | pʻiəŋ | miəŋ | ȶɕiəŋ | ȶɕʻiəŋ | | ȶɕiəŋ | iəŋ |
| 興縣 | piə̃ | pʻiə̃ | mbiə̃ | ȶɕiə̃ | ȶɕʻiə̃ | | ȶɕiə̃ | iə̃ |
| 太谷[7] | piə̃ | pʻiə̃ | miə̃ | ȶɕiə̃[14] | ȶɕʻiə̃ | | ȶɕiə̃ | iə̃ |
| 文水[7] | piə̃ | pʻiə̃ | mbiə̃ | ȶɕiə̃[14] | ȶɕʻiə̃ | | ȶɕiə̃ | iə̃ |
| 鳳台 | pẽ | pʻiẽ | mi | ȶɕiẽ | ȶɕʻiẽ | ȶɕʻiẽ | ȶɕiẽ | iẽ |
| 蘭州 | piə̃ | pʻiə̃ | miə̃ | ȶɕiə̃ | ȶɕʻiə̃ | ȶɕʻiə̃ | ȶɕiə̃ | iə̃ |
| 平涼 | piə̃ | pʻiə̃ | miə̃ | ȶɕiẽ | ȶɕʻiə̃ | ȶɕʻiə̃ | ȶɕiə̃ | iə̃ |
| 西安 | piŋ | pʻiŋ | miŋ | ȶɕiŋ | ȶɕʻiŋ | ȶɕʻiŋ | ȶɕiŋ | iŋ |
| 三水 | piŋ | pʻiŋ | miŋ | ȶɕiŋ | ȶɕʻiŋ | | ȶɕiŋ | iŋ |
| 四川 | pin | pʻin | min | ȶɕin | ȶɕʻin | ȶɕʻin | ȶɕin | in |
| 南京 | piŋ | pʻiŋ | miŋ | ȶɕiŋ | ȶɕʻiŋ | ȶɕʻiŋ | ȶɕiŋ | iŋ |

(6) 福州去聲 ɛiŋ，所以：‘頸勁’ kɛiŋ，‘正政証靜淨’ ȶɕɛiŋ，‘聖盛性姓’ sɛiŋ，‘幷’ pɛiŋᵓ，‘聘’ pʻɛiŋ。還有 -iaŋ，-aŋ（白話音），見於：‘呈’ tiaŋ*，‘程’ tʻiaŋ*，‘正精淨’ ȶɕiaŋ*，‘聲聖成城’ siaŋ*，‘成淸請’ ȶɕʻiaŋ*，‘領’ liaŋ*，‘名’ miaŋ*，‘井’ ȶɕaŋ*，‘晴性姓’ saŋ*。

(7) 太谷文水‘贏’ i，‘井淨’ ȶɕi。

---

**[kjĭɐŋ]**: 89 荆，90 驚，91 景，92 境，93 儆，94 敬，95 竟，96 鏡；‘荆’ 麗 hiəŋ。——**[kʻjĭɐŋ]**: 98 慶。——**[gʻjĭɐŋ]**: ‘擎’ 安未詳；表中未注音的方言從廣韵又切 gʻjĭɐŋᵓ 的讀法。

| | | 青經 | | | | |
|---|---|---|---|---|---|---|
| | 102 | 1 | 3 | 5 | 6 | 8 |
| 例字 | 英 | 經 | 磬 | 馨 | 形 | 寧 |
| 古音 | ʔĭɐŋ | kieŋ | kʻieŋ | xieŋ | ɣieŋ | nieŋ |
| 高麗 | iəŋ | kiəŋ | kiəŋ | hiəŋ | hiəŋ | iəŋ |
| 漢音 | ei | kei | kei | kei | kei | dei |
| 吳音[8] | ioː | kioː[1] | kioː | kioː | gioː | |
| 安南[9] | aŋ̡ | kiŋ̡ | kʻaŋ̡ | hiŋ̡ | hiŋ̡ | ȵiŋ̡ |
| 廣州[10] | iŋ | kiŋ[2] | hiŋ | hiŋ | iŋ | niŋ |
| 客家[11] | in | kin[3] | kʻin | hin | hin | nen |
| 汕頭[12] | ɛŋ | kɛŋ[4] | kʻɛŋ | hɛŋ | hɛŋ | lɛŋ |
| 福州[13] | iŋ | kiŋ[5] | kʻɛiŋᵓ | hiŋ | hiŋ | niŋ |
| 温州 | iaŋ | ȶɕiaŋ | ȶɕʻiaŋ | ɕiaŋ | ɦiaŋ | ȵiaŋ |
| 上海 | iəŋ | ȶɕiəŋ | ȶɕʻiəŋ | ɕiəŋ | ɦiəŋ | ȵiəŋ |
| 北京 | iŋ | ȶɕiŋ | ȶɕʻiŋ | ɕiŋ | ɕiŋ | niŋ |
| 開封 | iŋ | ȶɕiŋ | ȶɕʻiŋ | ɕiŋ | ɕiŋ | ȵiŋ |
| 懷慶 | iŋ | ȶɕiŋ | ȶɕʻiŋ | ɕiŋ | ɕiŋ | ȵiŋ |
| 歸化 | iɛŋ | ȶɕiɛŋ | ȶɕʻiɛŋ | ɕiɛŋ | ɕiɛŋ | ȵiɛŋ |
| 大同 | iəŋ | ȶɕiəŋ | ȶɕʻiəŋ | ɕiəŋ | ɕiəŋ | ȵiəŋ |
| 太原 | iəŋ | ȶɕiəŋ | ȶɕʻiəŋ | ɕiəŋ | ɕiəŋ | ȵiəŋ |
| 興縣 | iə̃ | ȶɕiə̃ | ȶɕʻiə̃ | ɕiə̃ | ɕiə̃ | ȵȡiə̃ |
| 太谷[14] | iə̃ | ȶɕiə̃[6] | ȶɕʻiə̃ | ɕiə̃ | ɕiə̃ | ȵiə̃ |
| 文水[14] | iə̃ | ȶɕiə̃[6] | ȶɕʻiə̃ | ɕiə̃ | ɕiə̃ | ȵȡiə̃ |
| 鳳台 | iẽ | ȶɕiẽ | ȶɕʻiẽ | ɕiẽ | ɕiẽ | ni |
| 蘭州 | iə̃ | ȶɕiə̃ | ȶɕʻiə̃ | ɕiə̃ | ɕiə̃ | ȵiə̃ |
| 平涼 | iə̃ | ȶɕiə̃ | ȶɕʻiə̃ | ɕiə̃ | ɕiə̃ | ȵiə̃ |
| 西安 | iŋ | ȶɕiŋ | ȶɕʻiŋ | ɕiŋ | ɕiŋ | ȵiŋ |
| 三水 | iŋ | ȶɕiŋ | ȶɕʻiŋ | ɕiŋ | ɕiŋ | ȵiŋ |
| 四川 | in | ȶɕin | ȶɕʻin | ɕin | ɕin | nin |
| 南京 | iŋ | ȶɕiŋ | ȶɕʻiŋ | ɕiŋ | ɕiŋ | liŋ |

[ʔĭɐŋ]: 103 **影**, 104 **映**; '影' 福 oŋ*, '映' 廣 iœŋ*, 福 ioŋ*。

(8) 吳音 -ioː 寫作 -i-ya-u。

(9) 安南 -aŋ̡ 除表中所注外, 還見於: '景境竟' kaŋ̡。

(10) 廣州 '驚鏡' kɛŋ*。

(11) 客家 -iaŋ, 除表中所注外, 還見於 '驚鏡' kiaŋ, '影映' iaŋ。

(12) 汕頭 '京驚鏡' kiã*, '影映' iã*。-ɛŋ, -iã 並存時, -ɛŋ 是文言音。

(13) 福州去聲 -ɛiŋ, 見於: '敬竟鏡競' kɛiŋ。還有 -iaŋ 見於: '驚鏡' kiaŋ*, '迎' ŋiaŋ*, '映' iaŋ。

(14) 太谷 文水 '鏡' ȶɕi, 文 '影' i。

---

**青**經。**[kieŋ]**: 2 **逕**; '逕' kaŋ*。——**[kʻieŋ]**: 4 **罄**。——**[xieŋ]**: '馨' 客 him*。——**[ɣieŋ]**: 7 **刑**。——**[nieŋ]**: '寧' 日本 dei 跟 nei, 後者是一個漢音吳音雜配的音。

| | 9 | 14 | 22 | 24 | 32 | 34 | 35 | 39 |
|---|---|---|---|---|---|---|---|---|
| 例字 | 靈 | 頂 | 聽 | 亭 | 定 | 青 | 星 | 瓶 |
| 古音 | lieŋ | tieŋ | tʻieŋ | ꜀dʻieŋ | dʻieŋ꜄ | tsʻieŋ | sieŋ | bʻieŋ |
| 高麗 | iəŋ | ȶɕəŋ | ȶɕʻəŋ | ȶɕəŋ | ȶɕəŋ | ȶɕʻəŋ | səŋ | piəŋ |
| 漢音 | rei | tei | tei | tei | tei | sei | sei | hei |
| 吳音[1] | rioː | ȶɕoː | ȶɕoː | ȡʑoː | ȡʑoː | ɕoː | ɕoː | bioː |
| 安南 | liɲ | ɖiɲ | tʻiɲ | ɖiɲ | ɖiɲ | tʻaɲ | tiɲ | biɲ |
| 廣州[2] | liŋ | tiŋ | tʻiŋ | tʻiŋ | tiŋ | tsʻiŋ | siŋ | pʻiŋ |
| 客家[3] | lin | tin | tʻin | tʻin | tin | tsʻiaŋ | sin | pʻin |
| 汕頭[4] | lɛŋ | tɛŋ | tʻɛŋ | tɛŋ | tɛŋ | ȶɕʻɛŋ | ȶɕʻɛŋ | pɛŋ |
| 福州[5] | liŋ | tiŋ | tʻiŋ | tiŋ | tɛiŋ | ȶɕʻiŋ | siŋ | piŋ |
| 溫州 | liŋ | tiŋ | tʻiŋ | diŋ | diŋ | tsʻiŋ | siŋ | biŋ |
| 上海 | liŋ | tiŋ | tʻiŋ | diŋ | diŋ | tsʻiŋ | siŋ | biŋ |
| 北京 | liŋ | tiŋ | tʻiŋ | tʻiŋ | tiŋ | ȶɕʻiŋ | ɕiŋ | pʻiŋ |
| 開封 | liŋ | tiŋ | tʻiŋ | tʻiŋ | tiŋ | tsʻiŋ | ɕiŋ | pʻiŋ |
| 懷慶 | liŋ | tiŋ | tʻiŋ | tʻiŋ | tiŋ | ȶɕʻiŋ | ɕiŋ | pʻiŋ |
| 歸化 | leɛŋ | tiɛŋ | tʻiɛŋ | tʻiɛŋ | tiɛŋ | ȶɕʻiɛŋ | ɕiɛŋ | pʻiɛŋ |
| 大同 | leəŋ | tiəŋ | tʻiəŋ | tʻiəŋ | tiəŋ | ȶɕʻiəŋ | ɕiəŋ | pʻiəŋ |
| 太原 | leəŋ | tiəŋ | tʻiəŋ | tʻiəŋ | tiəŋ | ȶɕʻiəŋ | ɕiəŋ | pʻiəŋ |
| 興縣 | leə̃ | tiə̃ | tʻiə̃ | tʻiə̃ | tiə̃ | ȶɕʻiə̃ | ɕiə̃ | pʻiə̃ |
| 太谷[6] | leə̃ | tiə̃ | tʻiə̃ | tʻiə̃ | tiə̃ | | ɕiə̃ | pʻiə̃ |
| 文水[6] | leə̃ | tiə̃ | tʻiə̃ | tʻiə̃ | tiə̃ | | ɕiə̃ | pʻiə̃ |
| 鳳台 | lẽ | tẽ | tʻẽ | tʻẽ | tẽ | ȶɕʻiẽ | ɕiẽ | pʻiẽ |
| 蘭州 | leə̃ | tiə̃ | tʻiə̃ | tʻiə̃ | tiə̃ | ȶɕʻiə̃ | ɕiə̃ | pʻiə̃ |
| 平涼 | leə̃ | tiə̃ | tʻiə̃ | tʻiə̃ | tiə̃ | ȶɕʻiə̃ | ɕiə̃ | pʻiə̃ |
| 西安 | leŋ | tiŋ | tʻiŋ | tʻiŋ | tiŋ | ȶɕʻiŋ | ɕiŋ | pʻiŋ |
| 三水 | leŋ | tiŋ | tʻiŋ | tʻiŋ | tiŋ | tsʻiŋ | siŋ | pʻiŋ |
| 四川 | lin | tin | tʻin | tʻin | tin | tsʻin | sin | pʻin |
| 南京 | liŋ | tiŋ | tʻiŋ | tʻiŋ | tiŋ | tsʻiŋ | siŋ | pʻiŋ |

[**lieŋ**]: 10鈴, 11 伶, 12 零, 13 翎; ʻ鈴ʼ 汕 loŋ*; ʻ零ʼ 汕 lan*。——[**tieŋ**]: 15 丁, 16 叮, 17 釘, 18 酊, 19 打, 20 鼎, 21 訂; ʻ頂*鼎ʼ 安 ɖaɲ; ʻ打ʼ 滬 taŋ, 其餘方言[跟上海文言音]讀的好像古音是 ꜂ta, 六書故裏的切; ʻ鼎ʼ 福 tʻiŋ。——[**tʻieŋ**]: 23 廳。——[**꜀dʻieŋ**]: 25 廷, 26 庭, 27 霆, 28 停; ʻ廷ʼ 安未詳; ʻ廷庭霆ʼ 吳音 ȶɕoː——[**dʻieŋ**]: 29 挺, 30 梃, 31 艇 在境內到處讀的好像古音是 tʻieŋ, 參看370頁。——[**dʻieŋ꜄**]: 33 錠; ʻ錠ʼ 吳音 ȶɕoː 廣韻 tieŋ 的又切。——[**sieŋ**]: 36 惺, 37 醒, 38 腥; ʻ惺ʼ 安未詳。——[**bʻieŋ**]: 40 屏; ʻ瓶ʼ 汕 pan*; ʻ屏ʼ 汕 pʻɛŋ, pʻin。

| | 41 | 43 蒸 | 45 | 46 | 47 | 50 | 52 | 53 |
|---|---|---|---|---|---|---|---|---|
| 例字 | 銘 | 兢 | 凝 | 興 | 應 | 蠅 | 徵 | 懲 |
| 古音 | mieŋ | kjĭəŋ | ŋjĭəŋ | xjĭəŋ | ʔĭəŋ | ĭəŋ | ȶĭəŋ | ȡ‘ĭəŋ |
| 高麗 | miəŋ | kɯŋ | ɯŋ | hɯŋ | ɯŋ | iŋ 另 | ȶɕiŋ | ȶɕiŋ |
| 漢音 | bei | kioː[7] | gioː | kioː | ioː | ioː | ȶɕoː | ȶɕoː |
| 吳音[1] | mioː | koː[7] | goː | koː | oː | ioː | ȶɕoː | ȡʑoː |
| 安南 | miȵ | kăŋ | ŋɯŋ | hɯŋ | ɯŋ | zɯŋ 另 | ȶɯŋ | ȶɯŋ |
| 廣州[2] | miŋ | kiŋ | iŋ | hiŋ | iŋ | iŋ | ȶɕiŋ | ȶɕ‘iŋ |
| 客家[3] | men | k‘in | ȵen | hin | in | in | čin | |
| 汕頭[4] | mɛŋ | kɛŋ[8] | ŋɛŋ | hɛŋ | ɛŋ | ɛŋ 另 | tɛŋ | t‘ɛŋ |
| 福州[5] | miŋ | kiŋ[9] | ŋiŋ | hiŋ | iŋ | iŋ | tiŋ | tiŋ |
| 温州 | miŋ | ȶɕiaŋ | ȵiaŋ | ɕiaŋ | iaŋ | iaŋ | tsiŋ | dziŋ |
| 上海 | miŋ | ȶɕiəŋ | ȵiəŋ | ɕiəŋ | iəŋ | iəŋ | tsəŋ | dzəŋ |
| 北京 | miŋ | ȶɕiŋ | niŋ | ɕiŋ | iŋ | iŋ | ʈʂəŋ | ʈʂ‘əŋ |
| 開封 | miŋ | ȶɕiŋ | iŋ | ɕiŋ | iŋ | iŋ | ʈʂəŋ | ʈʂ‘əŋ |
| 懷慶 | miŋ | ȶɕiŋ | iŋ | ɕiŋ | iŋ | iŋ | ʈʂəŋ | ʈʂ‘əŋ |
| 歸化 | miɛŋ | ȶɕiɛŋ | ȵiɛŋ | ɕiɛŋ | iɛŋ | iɛŋ | ʈʂəŋ | ʈʂ‘əŋ |
| 大同 | miəŋ | ȶɕiəŋ | ȵiəŋ | ɕiəŋ | iəŋ | iəŋ | ʈʂəŋ | ʈʂ‘əŋ |
| 太原 | miəŋ | ȶɕiəŋ | ȵiəŋ | ɕiəŋ | iəŋ | iəŋ | tseŋ | |
| 興縣 | mbiə̃ | ȶɕiə̃ | ȵȡiə̃ | ɕiə̃ | iə̃ | iə̃ | ʈʂə̃ | ʈʂ‘ə̃ |
| 太谷[6] | miə̃ | ȶɕiə̃ | ȵiə̃ | ɕiə̃ | iə̃ | iə̃ 另 | tsõ | ts‘õ |
| 文水[6] | mbiə̃ | ȶɕiə̃ | ȵȡiə̃ | ɕiə̃ | iə̃ | iə̃ | ʈʂə̃ | ʈʂ‘ə̃ |
| 鳳台 | mi | ȶɕiẽ | ȵi | ɕiẽ | iẽ | iẽ | tsã | |
| 蘭州 | miə̃ | ȶɕiə̃ | ȵiə̃ | ɕiə̃ | iə̃ | iə̃ | ʈə̃ | |
| 平涼 | miə̃ | ȶɕiə̃ | ȵiə̃ | ɕiə̃ | iə̃ | iə̃ | ʈə̃ | ʈ‘ə̃ |
| 西安 | miŋ | ȶɕiŋ | ȵiŋ | ɕiŋ | iŋ | iŋ | ʈəŋ | ʈ‘əŋ |
| 三水 | miŋ | ȶɕiŋ | ȵiŋ | ɕiŋ | iŋ | iŋ | ʈəŋ | |
| 四川 | min | ȶɕin | lin | ɕin | in | in | ʈʂen | ʈʂ‘en |
| 南京 | miŋ | ȶɕiŋ | liŋ | ɕiŋ | iŋ | iŋ | ʈʂəŋ | ʈʂ‘əŋ |

**[mieŋ]**: 42 冥; ‘銘’ 日本 mei*。

(1) 吳音 -ioː, -oː 寫作 -i-ya-u。

(2) 廣州 ‘磬罄’ hɛŋ*, ‘靈鈴零’ lɛŋ*, ‘頂釘定錠’ tɛŋ*, ‘聽廳艇’ t‘ɛŋ*, ‘青’ ts‘ɛŋ*, ‘醒腥’ sɛŋ*。

(3) 客家 -aŋ 見於: ‘逕’ kaŋ, ‘鈴伶零’ laŋ, ‘頂* 釘訂’ taŋ, ‘聽廳’ t‘aŋ*, ‘星惺’ saŋ*; -en 見於: ‘寧’ nen, ‘頂* 丁叮釘酊* 鼎* 訂’ ten, ‘廳’ t‘en*, ‘星* 惺* 腥’ sen, ‘銘冥’ men; -iaŋ 見於: ‘艇’ t‘iaŋ*, ‘青’ ts‘iaŋ, ‘醒腥’ siaŋ, ‘瓶’ p‘iaŋ*, ‘銘’ miaŋ。

(4) 汕頭 ‘經’ kiã*, ‘寧’ niã*, ‘鼎庭定錠’ tiã*, ‘聽廳’ t‘iã*; ‘經逕’ kɛ̃*, ‘青星醒腥’ ȶɕ‘ɛ̃*, ‘腥’ sɛ̃*。-ɛŋ 跟 -iã, -ɛ̃ 並存時, -ɛŋ 是文言音。

(5) 福州去聲 -ɛiŋ, 見於: ‘逕’ kɛiŋ, ‘磬罄’ k‘ɛiŋ, ‘訂定錠’ tɛiŋ。還有幾個 -iaŋ, -aŋ (白話音): ‘經’ kiaŋ*, ‘鼎’ tiaŋ (跟 t‘iŋ), ‘聽廳’ t‘iaŋ*, ‘定錠’ tiaŋ (跟 tɛiŋ), ‘青醒’ ȶɕ‘aŋ*。

(6) 太谷 ‘青’ ȶɕ‘i; 文 ‘鈴’ li, ‘釘’ ti, ‘聽’ t‘i, ‘青’ ȶɕ‘i。

| 例字<br>古音 | 54<br>蒸<br>ȶɕĭəŋ | 55<br>稱<br>ȶɕ'ĭəŋ | 57<br>乘<br>꜀ȡʑ'ĭəŋ | 59<br>剩<br>ȡʑ'ĭəŋ꜄ | 60<br>升<br>ɕĭəŋ | 63<br>承<br>꜀ʑĭəŋ | 65<br>仍<br>ȵʑĭəŋ | 66<br>陵<br>ljĭəŋ |
|---|---|---|---|---|---|---|---|---|
| 高麗 | ȶɕɯŋ | ȶɕ'iŋ | sɯŋ | | sɯŋ | sɯŋ | iŋ | nɯŋ |
| 漢音[7] | ɕoː | ɕoː | ɕoː | ɕoː | ɕoː | ɕoː | ȡʑoː | rioː |
| 吳音[7] | ɕoː | ɕoː | ȡʑoː | ȡʑoː | ɕoː | ȡʑoː | nioː | rioː |
| 安南 | ȶɯŋ | sɯŋ | t'ăŋ 另 | t'ăŋ | t'ăŋ | | ȵɯŋ | lăŋ |
| 廣州 | ȶɕiŋ | ȶɕ'iŋ | ʂiŋ | ʂiŋ | ʂiŋ | ʂiŋ | iŋ | liŋ |
| 客家 | čin | č'in | šin | šin | šin | šin | in | lin |
| 汕頭[8] | ȶɕɛŋ | ȶɕ'ɛŋ | sɛŋ | sɛŋ | sɛŋ | sɛŋ | ȡʑɛŋ | lɛŋ |
| 福州[9] | ȶɕiŋ | ȶɕ'iŋ | siŋ | sɛiŋ | siŋ | siŋ | iŋ | liŋ |
| 温州 | tsiŋ | ts'iŋ | ziŋ | dziŋ | siŋ | ziŋ | ziŋ | liŋ |
| 上海 | tsəŋ | ts'əŋ | dzəŋ | dzəŋ | səŋ | dzəŋ | dzəŋ | liŋ |
| 北京 | ʈʂəŋ | ʈʂ'əŋ | ʈʂ'əŋ | ʂəŋ | ʂəŋ | ʈʂ'əŋ | ʐəŋ | liŋ |
| 開封 | ʈʂəŋ | ʈʂ'əŋ | ʈʂ'əŋ | ʂəŋ | ʂəŋ | ʈʂ'əŋ | ʐəŋ | liŋ |
| 懷慶 | ʈʂəŋ | ʈʂ'əŋ | ʈʂ'əŋ | ʂəŋ | ʂəŋ | ʈʂ'əŋ | ʐəŋ | liŋ |
| 歸化 | ʈʂəŋ | ʈʂ'əŋ | ʈʂ'əŋ | ʂəŋ | ʂəŋ | ʈʂ'əŋ | ʐəŋ | leɛŋ |
| 大同 | ʈʂəŋ | ʈʂ'əŋ | ʈʂ'əŋ | ʂəŋ | ʂəŋ | ʈʂ'əŋ | ʐəŋ | leəŋ |
| 太原 | tseŋ | ts'əŋ | ts'əŋ | səŋ | səŋ | ts'əŋ | zəŋ | leəŋ |
| 興縣 | ʈʂə̃ | ʈʂ'ə̃ | ʈʂ'ə̃ | ʂə̃ | ʂə̃ | ʈʂ'ə̃ | zə̃ | leə̃ |
| 太谷 | tsõ | ts'õ | ts'õ | sõ | sõ | ts'õ | zõ | leə̃ |
| 文水 | ʈʂə̃ | ʈʂ'ə̃ | ʈʂ'ə̃ | ʂə̃ | ʂə̃ | ʈʂ'ə̃ | zə̃ | teə̃ |
| 鳳台 | tsã | ts'ã | ts'ã | sã | sã | ts'ã | zã | lẽ |
| 蘭州 | ʈə̃ | ʈ'ə̃ | ʈ'ə̃ | ʂə̃ | ʂə̃ | ʈ'ə̃ | ʐə̃ | leə̃ |
| 平涼 | ʈə̃ | ʈ'ə̃ | ʈ'ə̃ | ʂə̃ | ʂə̃ | ʈ'ə̃ | ʐə̃ | leə̃ |
| 西安 | ʈəŋ | ʈ'əŋ | ʈ'əŋ | ʂəŋ | ʂəŋ | ʈ'əŋ | | leŋ |
| 三水 | ʈəŋ | ʈ'əŋ | ʈ'əŋ | ʂəŋ | ʂəŋ | ʈ'əŋ | zəŋ | leŋ |
| 四川 | ʈʂen | ʈʂ'en | ʂen | ʂen | ʂen | ʈʂ'en | ʐen | lin |
| 南京 | ʈʂəŋ | ʈʂ'əŋ | ʈʂ'əŋ | ʂəŋ | ʂəŋ | ʈʂ'əŋ | ʐəŋ | liŋ |

蒸。**[kjĭəŋ]**: 44 矜；'兢' 汕 k'ɛŋ*；'矜' 廣 k'ɐn*，客 k'im，福 k'iŋ，日本 kin*，北封 ȶɕin*。——**[ŋjĭəŋ]**: '凝' 汕 ŋan*。——**[ʔĭəŋ]**: 48 膺，49 鷹。——**[ĭəŋ]**: 51 孕；麗安汕谷另 '孕' 字；'蠅' 麗 sɯŋ，汕 sin，福 siŋ*，安未詳．谷文 i（參考以前幾韵）；'孕' 廣 iɐn，滬*京 yin，北 yn，in，封 in，懷 yiŋ，西三 iɛ̃，川 ʐuen。——**[ȡ'ĭəŋ]**: '懲' 客 čin，原 tsəŋ，鳳 tsã，蘭 ʈə̃，三 ʈəŋ 表示古曾有 ȶ- 一讀；懷未詳。——**[ȶɕ'ĭəŋ]**: 56 秤；'秤' 安未詳。——**[꜀ȡʑ'ĭəŋ]**: 58 繩；安另 '繩' 字；'乘' 安 t'ɯa；'繩' 滬 zəŋ，川 ʂuen；其餘官話都讀若 '剩' 字平聲。——**[ȡʑ'ĭəŋ꜄]**: '剩' 麗 iŋ，滬 dzaŋ*。——**[ɕĭəŋ]**: 61 勝，62 昇；'升' 安 t'ɯŋ*。——**[ʑĭəŋ]**: 64 丞；'承丞' 安 t'ɯa。——**[ȵʑĭəŋ]**: '仍' 西 vəŋ（還注意興文三 z-!）。——**[ljĭəŋ]**: 67 綾，68 菱，69 凌。

| | | | 耕宏 | | 庚橫 | 清傾 |
|---|---|---|---|---|---|---|
| | 70 | 71 | 72 | 73 | 74 | 76 |
| 例字 | 冰 | 憑 | 轟 | 宏 | 橫 | 傾 |
| 古音 | pjĭəŋ | b'jĭəŋ | xʷæŋ | ɣʷæŋ | ɣʷɐŋ | k'jĭʷɛŋ |
| 高麗 | piŋ | piŋ | kueŋ[10] | kueŋ | hueŋ[10] | kiəŋ |
| 漢音 | hioː | hioː | kuoː[11] | huoː | kuoː[11] | kei |
| 吳音 | hioː | | koː[11] | uoː | uoː[11] | kioː[12] |
| 安南 | băŋ | băŋ | huaɲ | huaɲ | huaɲ | k'uiɲ |
| 廣州 | piŋ | | kuɐŋ | uɐŋ | uaŋ | k'iŋ |
| 客家 | pen | p'in | vaŋ | fen | vaŋ | k'in |
| 汕頭 | pɛŋ | p'ɛŋ | hoŋ | hoŋ | huaŋ | k'uaŋ |
| 福州 | piŋ | piŋ | ɛiŋ | hɛiŋ | huaŋ | k'iŋ |
| 温州 | piŋ | biŋ | huɛ | ɦuŋ | ɦuɛ | ȶɕ'iuŋ |
| 上海 | piŋ | biŋ | hoŋ | ɦoŋ | ɦuəŋ | ȶɕ'iəŋ |
| 北京 | piŋ | p'iŋ | xuŋ | xuŋ | xəŋ | ȶɕ'iŋ |
| 開封 | piŋ | p'iŋ | xuŋ | xuŋ | xuŋ | ȶɕ'yuŋ |
| 懷慶 | piŋ | p'iŋ | xuŋ | xuŋ | xuŋ | ȶɕ'yuŋ |
| 歸化 | piɛŋ | p'iɛŋ | xuoŋ | xuoŋ | xuoŋ | ȶɕ'iɛŋ |
| 大同 | piəŋ | p'iəŋ | xuoŋ | xuoŋ | xuoŋ | ȶɕ'iəŋ |
| 太原 | piəŋ | p'iəŋ | xuŋ | xuŋ | xuŋ | ȶɕ'iəŋ |
| 興縣 | piə̃ | p'iə̃ | xuə̃ | xuə̃ | xuə̃ | ȶɕ'iə̃ |
| 太谷 | piə̃ | p'iə̃ | xũ | xũ | xũ | ȶɕ'iə̃ |
| 文水 | piə̃ | p'iə̃ | xũ | | xũ | ȶɕ'iə̃ |
| 鳳台 | pẽ | p'iẽ | | xuŋ | xuŋ | ȶɕ'iẽ |
| 蘭州 | piə̃ | p'iə̃ | xuə̃ | xuə̃ | xuə̃ | ȶɕ'iə̃ |
| 平涼 | piə̃ | p'iə̃ | xuə̃ | xuə̃ | xuə̃ | ȶɕ'iə̃ |
| 西安 | piŋ | p'iŋ | xuoŋ | xuoŋ | xuoŋ | ȶɕ'iŋ |
| 三水 | piŋ | p'iŋ | xuoŋ | xuoŋ | xuoŋ | ȶɕ'yuŋ |
| 四川 | pin | p'in | xoŋ | xoŋ | xoŋ 另 | ȶɕ'yin |
| 南京 | piŋ | p'iŋ | xuŋ | xuŋ | | ȶɕ'iŋ |

**[b'jĭəŋ]**: '憑' 廣 p'ɐŋ, 客 p'uŋ*, 汕 pɛŋ*, 日本只有 hioː。

(7) 日本 -ioː, -oː 寫作 i- yo -u, -o -u。

(8) 汕頭 '應' in*, '稱秤' ȶɕ'in*, '繩' ȶɕin*, '剩承' sin*, '綾' lin*。

(9) 福州去聲 -ɛiŋ, 所以: '孕' ɛiŋ, '秤' ȶɕɛiŋ, '剩' sɛiŋ。

---

耕宏。**[xʷæŋ]**: '轟' 鳳未詳。——

---

庚橫。**[ɣʷɐŋ]**: 75 **黌**; 川另 '黌' 字; '橫' 滬 ɦuaŋ*, 汕 huɛ̃*, 川 xuen; '黌' 跟 '橫' 同, 除掉; 廣 huŋ, 客 fuŋ*, 温 uŋ (Parker), 滬 ɦoŋ*, 北 xuŋ。

(10) 高麗 -ueŋ 寫作 -oiŋ。

(11) 日本 -oː, -uoː 寫作 -a-u,-u-wa-u。

---

清傾。**[k'jĭʷɛŋ]**: 77 **頃**; '傾' 汕 k'ɛŋ* 跟 k'aŋ*; '頃' 安 k'uaɲ, 三 ȶɕ'iŋ。

| | 78 | 庚榮 81 | 82 | 84 | 88 | 90 |
|---|---|---|---|---|---|---|
| 例字 | 營 | 兄 | 永 | 兵 | 平 | 病 |
| 古音 | ǐʷɛŋ | xjǐʷɐŋ | jǐʷɐŋ | pjǐ(ʷ)ɐŋ | ꜀b'jǐ(ʷ)ɐŋ | b'jǐ(ʷ)ɐŋ꜄ |
| 高麗 | iəŋ | hiəŋ | iəŋ | piəŋ | p'iəŋ | piəŋ |
| 漢音 | ei | kei | ei | hei | hei | hei |
| 吳音[12] | ioː | kioː[13] | ioː | bioː | bioː | bioː |
| 安南 | ziɲ | huiɲ | viɲ | biɲ | biɲ | biɲ |
| 廣州 | iŋ | hiŋ[14] | uiŋ | piŋ | p'iŋ | piŋ |
| 客家 | in | hiuŋ[15] | iun | pin | p'in | p'iaŋ |
| 汕頭 | ioŋ | hioŋ[16] | ioŋ | pɛŋ | p'ɛŋ | pɛŋ |
| 福州 | iŋ | hiŋ[17] | iŋ | piŋ | piŋ | pɛiŋ |
| 温州 | iuŋ | ɕiuŋ | iuŋ | piŋ | biŋ | biŋ |
| 上海 | iəŋ | ɕioŋ | ioŋ | piŋ | biŋ | biŋ |
| 北京 | iŋ | ɕyuŋ | iuŋ | piŋ | p'iŋ | piŋ |
| 開封 | iŋ | ɕyuŋ | iuŋ | piŋ | p'iŋ | piŋ |
| 懷慶 | iŋ | ɕyuŋ | iuŋ | piŋ | p'iŋ | piŋ |
| 歸化 | iɛŋ | ɕyəŋ | yəŋ | piɛŋ | p'iɛŋ | piɛŋ |
| 大同 | iəŋ | ɕyəŋ | yəŋ | piəŋ | p'iəŋ | piəŋ |
| 太原 | iəŋ | ɕyuŋ | yuŋ | piəŋ | p'iəŋ | piəŋ |
| 興縣 | iə̃ | ɕyə̃ | yə̃ | piə̃ | p'iə̃ | piə̃ |
| 太谷 | iə̃ | ɕyũ | yũ | piə̃ | p'iə̃ | piə̃ |
| 文水 | iə̃ | ɕyũ | yũ | piə̃ | p'iə̃ | piə̃ |
| 鳳台 | iẽ | ɕyuŋ | yuŋ | pẽ | p'iẽ | pẽ |
| 蘭州 | iə̃ | ɕyə̃ | yə̃ | piə̃ | p'iə̃ | piə̃ |
| 平涼 | iə̃ | ɕyũ | yũ | piə̃ | p'iə̃ | piə̃ |
| 西安 | iŋ | ɕyuŋ | yuŋ | piŋ | p'iŋ | piŋ |
| 三水 | iŋ | ɕyuŋ | yuŋ | piŋ | p'iŋ | p'iŋ |
| 四川 | in | ɕioŋ | yin | pin | p'in | pin |
| 南京 | iŋ | ɕiuŋ | iuŋ | piŋ | p'iŋ | piŋ |

[ǐʷɛŋ]: 79 瑩, 80 潁; '營' 字 iaŋ*, 汕 iã*, 滬 ioŋ*; '瑩' 安 uiɲ, 汕 ɛŋ*; '潁' 廣 uiŋ, 温 iaŋ (Parker), 汕川未詳。

(12) 吳音 -ioː 寫作 -i-ya-u。

---

庚榮。[xjǐʷɐŋ]: '兄' 客 huiŋ* (McIver)。——[jǐʷɐŋ]: 83 榮; '榮' 客 in, iuŋ, 北 ʐuŋ, 鳳 zuŋ。——[pjǐ(ʷ)ɐŋ]: 85 丙, 86 秉, 87 柄; '秉' 安 baɲ。——[꜀b'jǐ(ʷ)ɐŋ]: 89 評; '平' 安 băŋ*; '平評' 日本 hioː*。——[b'jǐ(ʷ)ɐŋ꜄]: '病' 安 beɲ*。——[mjǐ(ʷ)ɐŋ]: 92 鳴, 93 皿, 94 命; 漢音另 '鳴' 字; '明命' 漢音 mei; '鳴' 安未詳; '皿' 客 men, 北封 min, 懷 miɲ, 文 mbiẽ, 西 miẽ, 三 miɛ̃, 鳳未詳; '命' 安 maŋ。

(12) 吳音 -ioː 寫作 -i-ya-u。

(14) 廣州 '柄病' pɛŋ*, '平' p'ɛŋ*, '命' mɛŋ*。

(15) 客家 '丙柄' piaŋ, '病' p'iaŋ, '命' miaŋ*。

| | 靑瑩看註 | 唐岡 | | | | | | |
|---|---|---|---|---|---|---|---|---|
| | 91 | 1 | 4 | 8 | 9 | 10 | 16 | 19 |
| 例字 | 明 | 剛 | 康 | 昂 | 囊 | 郎 | 當 | 湯 |
| 古音 | mjĭ(ʷ)ɐŋ | kɑŋ | k'ɑŋ | ŋɑŋ | nɑŋ | lɑŋ | tɑŋ | t'ɑŋ |
| 高麗 | miəŋ | kaŋ | kaŋ | aŋ | naŋ | naŋ | taŋ | t'aŋ |
| 漢音 | bei 另 | koː[1] | koː | koː | doː | roː | toː | toː |
| 吳音[13] | mioː | koː[1] | koː | goː | noː | roː | toː | toː |
| 安南 | miɲ | kaŋ[2] | k'aŋ | ŋaŋ | ɳaŋ | laŋ | ɗaŋ | t'aŋ |
| 廣州[14] | miŋ | kɔŋ | hɔŋ | ŋɔŋ | nɔŋ | lɔŋ | tɔŋ | t'ɔŋ |
| 客家[15] | min | kɔŋ | k'ɔŋ | ŋɔŋ | nɔŋ | lɔŋ | tɔŋ | t'ɔŋ |
| 汕頭[16] | mɛŋ | kaŋ[3] | k'aŋ | ŋaŋ | laŋ | laŋ | taŋ | t'aŋ |
| 福州[17] | miŋ | kouŋ[4] | k'ouŋ | ŋouŋ | nouŋ | louŋ | touŋ | t'ouŋ |
| 温州 | miŋ | kɔ | k'ɔ | ŋɔ | nɔ | lɔ | tɔ | t'ɔ |
| 上海 | miŋ | kɔŋ | k'ɔŋ | ŋɔŋ | nɔŋ | lɔŋ | tɔŋ | t'ɔŋ |
| 北京 | miŋ | kaŋ | k'aŋ | aŋ | naŋ | laŋ | taŋ | t'aŋ |
| 開封 | miŋ | kaŋ | k'aŋ | ɣaŋ | naŋ | laŋ | taŋ | t'aŋ |
| 懷慶 | miŋ | kaŋ | k'aŋ | ɣaŋ | naŋ | laŋ | təŋ | t'aŋ |
| 歸化 | miɛŋ | kã[5] | k'ã | ŋgã | nã | lã | tã | t'ã |
| 大同 | miəŋ | kɔ | k'ɔ | nɔ | nɔ | lɔ | tɔ | t'ɔ |
| 太原 | miəŋ | ka | k'a | ɣa | na | la | ta | t'a |
| 興縣 | mbiə̃ | kə | k'ə | ŋgə | ndə | lə | tə | t'ə |
| 太谷 | miə̃ | kɔ | k'ɔ | ŋgɔ | nɔ | lɔ | tɔ | t'ɔ |
| 文水 | mbi | kã[6] | k'ã | ŋgã | ndã | lã | tã | t'u |
| 鳳台 | mi | kã[7] | k'ã | ɣã | nã | lã | tã | t'ã |
| 蘭州 | miə̃ | kɔ̃ | k'ɔ̃ | nɔ̃ | nɔ̃ | lɔ̃ | tɔ̃ | t'ɔ̃ |
| 平涼 | miə̃ | kã | k'ã | ŋã | nã | lã | tã | t'ã |
| 西安 | miŋ | kã | k'ã | ŋã | nã | lã | tã | t'ã |
| 三水 | miŋ | kã | k'ã | ŋã | lã | lã | tã | t'ã |
| 四川 | min | kaŋ | k'aŋ | ŋaŋ | laŋ | laŋ | taŋ | t'aŋ |
| 南京 | miŋ | kaŋ | k'aŋ | aŋ | laŋ | laŋ | taŋ | t'aŋ |

(16) 汕頭 '兄' iã*, '兵丙' piã*, '命' miã*; '秉柄平病' pɛ̃*, '平' p'ɛ̃*——皆白話音。

(17) 福州去聲 -ɛiŋ, 見於 '柄病' pɛiŋ, '命' mɛiŋ。還有 '兄' hiaŋ*, '柄平病' paŋ*, '評' p'aŋ, '明' maŋ*, '命' miaŋ。

---

靑瑩。[ɣiʷeŋ]: 瑩; 麗 hiəŋ, 漢音 kei, 吳音 gioː (拼作 gi-ya-u); 在其餘方言這字從集韵又切 jĭʷɐŋ, 讀法是: 安 uiɲ, 文谷 yuŋ, 其餘方言讀如前韵 '營' (古 ĭʷɛŋ) 字一樣, 京未詳。——[miʷeŋ]: 96 茗, 完全照開口 '銘' (古 mieŋ) 字讀法, 安未詳。

---

唐岡。[kɑŋ]: 2 綱 3 鋼。——[k'ɑŋ]: 5 糠, 6 炕, 7 抗; '炕' 麗 haŋ, 廣 k'ɔŋ*; '抗' 麗 haŋ, 安 k'aŋ, 廣 kɔŋ 跟 k'ɔŋ。——[lɑŋ]: 11 榔, 12 廊, 13 狼, 14 朗, 15 浪; '榔' 汕 nõ*。——[tɑŋ]: 17 黨, 18 擋。

| | 20 | 25 | 26 | 30 | 32 | 33 | 36 | 37 | 38 |
|---|---|---|---|---|---|---|---|---|---|
| 例字 | 唐 | 蕩 | 臧 | 蒼 | 藏 | 桑 | 謗 | 傍 | 忙 |
| 古音 | ꜀dʻɑŋ | ꜂dʻɑŋ | tsɑŋ | tsʻɑŋ | ꜀dzʻɑŋ | sɑŋ | pɑŋ | bʻɑŋ꜄ | mɑŋ |
| 高麗 | taŋ | tʻaŋ | ȶɕaŋ | ȶɕʻaŋ | ȶɕaŋ | saŋ | paŋ | paŋ | maŋ |
| 漢音[1] | to: | to: | so: | so: | so: | so: | ho: | ho: | bo: |
| 呉音[1] | do: | do: | so: 另 | so: | zo: | so: | ho: | bo: | mo: |
| 安南[2] | ɖaŋ | ɖaŋ | taŋ | tʻɯəŋ | taŋ | taŋ | baŋ | baŋ | maŋ |
| 廣州 | tʻɔŋ | tɔŋ | tsɔŋ | tsʻɔŋ | tsʻɔŋ | sɔŋ | pʻɔŋ | pɔŋ | mɔŋ |
| 客家 | tʻɔŋ | tʻɔŋ | tsɔŋ | tsʻɔŋ | tsʻɔŋ | sɔŋ | pɔŋ | pʻɔŋ | mɔŋ |
| 汕頭[3] | tʻaŋ | taŋ | tsaŋ | tsʻaŋ | tsʻaŋ | saŋ 另 | paŋ | paŋ | maŋ |
| 福州[4] | touŋ | tauŋ$^2$ | ȶɕouŋ | ȶɕʻouŋ | ȶɕouŋ | ɕouŋ | pauŋ꜄ | pauŋ | mouŋ |
| 温州 | dɔ | dɔ | tsɔ | tsʻɔ | zɔ | sɔ | pɔ | bɔ | mɔ |
| 上海 | dɔŋ | dɔŋ | tsɔŋ | tsʻɔŋ | dzɔŋ | sɔŋ | pɔŋ | bɔŋ | mɔŋ |
| 北京 | tʻaŋ | taŋ | tsaŋ | tsʻaŋ | tsʻaŋ | saŋ | paŋ | paŋ | maŋ |
| 開封 | tʻaŋ | taŋ | tsaŋ | tsʻaŋ | tsʻaŋ | saŋ | paŋ | paŋ | maŋ |
| 懷慶 | tʻaŋ | taŋ | tsaŋ | tsʻaŋ | tsʻaŋ | saŋ | paŋ | | maŋ |
| 歸化[5] | tʻã | tã | tsã | tsʻɔ | tsʻɔ | sã | pã | | mã |
| 大同 | tʻɔ | tɔ | tsɔ | tsʻɔ | tsʻɔ | sɔ | pɔ | | mɔ |
| 太原 | tʻa | ta | tsa | tsʻa | tsʻa | sa | pa | | ma |
| 興縣 | tʻə | tə | tsə | tsʻə | tsʻə | sə | pə | | mbə |
| 太谷 | tʻɔ | tɔ | tsɔ | tsʻɔ | tsʻɔ | sɔ | po | | mo |
| 文水[6] | tʻã | tã | tsã | tsʻã | tsʻã | sã 另 | pu | pu | mbu |
| 鳳台[7] | tʻã | tã | tsã | tsʻã | tsʻã | sã | pã | | mã |
| 蘭州 | tʻɔ̃ | tɔ̃ | tsɔ̃ | tsʻɔ̃ | tsʻɔ̃ | sɔ̃ | pɔ̃ | | mɔ̃ |
| 平涼 | tʻã | tã | tsã | tsʻã | tsʻã | sã | pã | | mã |
| 西安 | tʻã | tã | tsã | tsʻã | tsʻã | sã | pã | | mã |
| 三水 | tʻã | tã | tsã | tsʻã | tsʻã | sã | pã | | mã |
| 四川 | tʻaŋ | taŋ | tsaŋ | tsʻaŋ | tsʻaŋ | saŋ | paŋ | paŋ | maŋ |
| 南京 | tʻaŋ | taŋ | tsaŋ | tsʻaŋ | tsʻaŋ | saŋ | paŋ | | maŋ |

[꜀**dʻɑŋ**]: 21 塘, 22 堂, 23 搪, 24 糖; '糖' 福 tʻoŋ*。——[**tsɑŋ**]: 27 贓, 28 髒, 29 葬; 呉音另 '贓' 字; '臧' 呉音 zo:; '髒' 滬 tsaŋ*。——[**tsʻɑŋ**]: 31 倉。——[**sɑŋ**]: 34 顙, 35 喪; 汕文另 '喪' 字; '桑顙' 汕 suaŋ; '顙' 温 ɕyɔ (Parker)。——[**bʻɑŋ꜄**]: '傍' 字在表中未注音的方言(北*)從廣韵平聲 ꜀bʻuɑŋ 的又讀; 汕 pʻaŋ$^2$*, 福 pʻauŋ$^2$*。——[**mɑŋ**]: 39 芒, 40 茫, 41 莽, 42 蟒; '芒' 客 mioŋ*; '莽* 蟒' 客 maŋ。

(1) 日本 -o: 寫作 -a -u。

(2) 安南 '康' kʻɯəŋ* '當唐堂糖' ɖɯəŋ*, '蒼倉' tʻɯəŋ, '蟒' mɯəŋ*。

(3) 汕頭 '鋼' kŋ*, '康糠' kʻŋ*, '郎' nŋ*, '當唐塘堂' tŋ*, '湯糖' tʻŋ*, '葬' tsŋ*, '倉' tsʻŋ*, '桑喪*' sŋ。-aŋ, -ŋ 並存時 -aŋ 是文言音。

(4) 福州去聲 -auŋ, 所以: '鋼' kauŋ꜄, '炕抗' kʻauŋ, '浪' lauŋ, '擋' tauŋ, '蕩' tauŋ$^2$, '葬' ȶɕauŋ, '喪' sauŋ, '謗傍' pauŋ。

| | 陽良 1 | 4 | 5 | 6 | 12 | 15 |
|---|---|---|---|---|---|---|
| 例字 | 疆 | 强 | 仰 | 鄉 | 秧 | 洋 |
| 古音 | kjĭaŋ | ꜀g'jĭaŋ | ŋjĭaŋ | xjĭaŋ | ʔĭaŋ | ĭaŋ |
| 高麗 | kaŋ | kaŋ | aŋ | hiaŋ | aŋ | iaŋ |
| 漢音[9] | kio: | kio: | gio: | kio: | io: | io: |
| 吳音[9] | ko: | go: | go: | ko: | o: | io: |
| 安南 | kɯəŋ | kɯəŋ | ŋɯəŋ | hɯəŋ | ɯəŋ | zɯəŋ |
| 廣州 | kœŋ | k'œŋ | iœŋ | hœŋ | iœŋ | iœŋ |
| 客家 | kioŋ | k'ioŋ | ȵioŋ | hioŋ | ioŋ | ioŋ |
| 汕頭[10] | kiaŋ | k'iaŋ | ŋiaŋ | hiaŋ | iaŋ | iaŋ |
| 福州 | kioŋ | kioŋ | ŋioŋ | hioŋ | ioŋ | ioŋ |
| 溫州 | ʨie | ʥie | ȵie | ɕie | ie(一) | ie(一) |
| 上海[11] | ʨiaŋ | ʥiaŋ | ȵiaŋ | ɕiaŋ | iaŋ(一) | iaŋ(一) |
| 北京 | ʨiaŋ | ʨ'iaŋ | iaŋ | ɕiaŋ | iaŋ | iaŋ |
| 開封 | ʨiaŋ | ʨ'iaŋ | iaŋ | ɕiaŋ | iaŋ | iaŋ |
| 懷慶 | ʨiaŋ | ʨ'iaŋ | iaŋ | ɕiaŋ | iaŋ | iaŋ |
| 歸化[12] | ʨiã | ʨ'iã | iã | ɕiã | iã | iã |
| 大同 | ʨiɔ | ʨ'iɔ | iɔ | ɕiɔ | iɔ | iɔ |
| 太原[13] | ʨia | ʨ'ia | ia | ɕia | ia | ia |
| 興縣 | ʨiə | ʨ'iə | iə | ɕiə | iə | iə |
| 太谷 | ʨiɔ | ʨ'iɔ | iɔ | ɕiɔ | iɔ | iɔ |
| 文水[14] | ʨiã | ʨ'iã | yu | ɕiã | iã | iã |
| 鳳台 | ʨiã | ʨ'iã | iã | ɕiã | iã | iã |
| 蘭州 | ʨiɔ̃ | ʨ'iɔ̃ | iɔ̃ | ɕiɔ̃ | iɔ̃ | iɔ̃ |
| 平涼 | ʨiã | ʨ'iã | iã | ɕiã | iã | iã |
| 西安 | ʨiã | ʨ'iã | iã | ɕiã | iã | iã |
| 三水 | ʨiã | ʨ'iã | ȵiã | ɕiã | iã 另 | iã |
| 四川 | ʨiaŋ | ʨ'iaŋ | niaŋ | ɕiaŋ | iaŋ | iaŋ |
| 南京 | ʨiaŋ | ʨ'iaŋ | iaŋ | ɕiaŋ | iaŋ | iaŋ |

(5) 歸化 '糠炕抗' k'ɔ*, '贓' tsɔ*, '堂搪' t'ɔ, '忙' muɔ*。

(6) 文水 -u (一個開 u, 很傾向於 ɵ, 所以跟下面遇攝的 u 不同) 除表中所注外, 還見於: '糠炕抗' k'u, '榔廊狼浪' lu。'擋' tu, '堂搪糠' t'u, '贓髒葬' tsu, '倉' ts'u, '桑' su。

(7) 鳳台 -ã 是深 ã (參考深臻梗攝, 那裏鳳台 -ã 是淺 -ã 的意思)。

---

陽良。[kjĭaŋ]: 2 僵, 3 繮; '僵' 客 k'ioŋ*, 文鳳 ʨ'ia, 蘭 ʨ'iɔ̃。——[xjĭaŋ]: 7 香, 8 享, 9 響, 10 向, 11 嚮; '向' 汕 hiã*。——[ʔĭaŋ]: 13 殃, 14 央; 三另 '殃' 字; '秧' 三 ȵiã。——[ĭaŋ]: 16 羊, 17 楊, 18 揚, 19 佯, 20 陽, 21 養, 22 癢, 23 恙, 24 様; '佯' 温 zie* (Parker); '癢' 福 sioŋ*, 汕 ʨiɛ̃*, 安未詳。

(一) 吳語中在同韵母前喻母雖然不能跟匣母或失落鼻音的疑母分別, 但與影母字除聲調陰陽不同外, 聲母也略有不同。 參看前蟹攝合口 70 '慧' 73 '衛' 字下譯者註(一)。

| | 25 | 29 | 31 | 32 | 35 | 39 | 40 |
|---|---|---|---|---|---|---|---|
| 例字 | 莊 | 創 | 牀 | 爽 | 張 | 暢 | 長 |
| 古音 | ʈʂĭ(ʷ)aŋ | ʈʂ'ĭ(ʷ)aŋ | ɖʐ'ĭ(ʷ)aŋ | ʂĭ(ʷ)aŋ | ʈĭaŋ | ʈ'ĭaŋ | ꜀ɖ'ĭaŋ |
| 高麗 | ʨaŋ | ʨ'aŋ | saŋ | saŋ | ʨaŋ | ʨ'aŋ | ʨaŋ |
| 漢音[9] | ɕoː | ɕoː | ɕoː | ɕoː | ʨoː | ʨoː | ʨoː |
| 吳音[9] | soː | soː | zoː | soː | ʨoː | toː | ʥoː |
| 安南 | ʈaŋ | saŋ | saŋ | saŋ | ʈɯəŋ | sɯəŋ | ʈɯəŋ |
| 廣州 | ʨoŋ | ʨ'oŋ | ɕoŋ | ɕoŋ | ʨœŋ | ʨ'œŋ | ʨ'œŋ |
| 客家 | tsoŋ | ts'oŋ | ts'oŋ | soŋ | čoŋ | č'oŋ | č'oŋ |
| 汕頭[10] | tsuaŋ | ts'aŋ | ts'uaŋ | suaŋ | ʨiaŋ | t'iaŋ | ʨ'iaŋ |
| 福州 | ʨouŋ | ʨ'ouŋ | ts'ouŋ | souŋ | tioŋ | t'ioŋ | tioŋ |
| 温州 | tsɔ | ts'ɔ | ʑyɔ | sɔ | tsie | ts'ie | dzie |
| 上海[11] | tsɔŋ | ts'ɔŋ | zɔŋ | sɔŋ | tsaŋ | ts'aŋ | dzaŋ |
| 北京 | ʈʂuaŋ | ʈʂ'uaŋ | ʈʂ'uaŋ | ʂuaŋ | ʈʂaŋ | ʈʂ'aŋ | ʈʂ'aŋ |
| 開封 | ʈʂuaŋ | ʈʂ'uaŋ | ʈʂ'uaŋ | ʂuaŋ | ʈʂaŋ | ʈʂ'aŋ | ʈʂ'aŋ |
| 懷慶 | ʈʂuaŋ | ʈʂ'uaŋ | ʈʂ'uaŋ | ʂuaŋ | ʈʂaŋ | ʈʂ'aŋ | ʈʂ'aŋ |
| 歸化[12] | tsã | ts'ã | ts'ã | sã | ʈʂã | ʈʂ'ã | ʈʂ'ã |
| 大同 | ʈʂuɔ | ʈʂ'uɔ | ʈʂ'uɔ | ʂuɔ | ʈʂɔ | ʈʂ'ɔ | ʈʂ'ɔ |
| 太原[13] | tsua | ts'ua | ts'ua | sua | tsa | ts'a | ts'a |
| 興縣 | tsuə | ts'uə | ts'uə | suə | ʈʂə | ʈʂ'ə | ʈʂ'ə |
| 太谷 | tsuɔ | ts'uɔ | ts'uɔ | fuɔ | tsɔ | ts'ɔ | ts'ɔ |
| 文水[14] | tsuã 另 | ts'uã | ts'u | ts'uã | ʈʂu | ʈʂ'u | ʈʂ'u |
| 鳳台 | tsuã | ts'uã | ts'uã | suã | tsã | ts'ã | ts'ã |
| 蘭州 | ʈuɔ̃ | ʈ'uɔ̃ | ʈ'uɔ̃ | fɔ̃ | ʈɔ̃ | ʈ'ɔ̃ | ʈ'ɔ̃ |
| 平涼 | ʈuã | ʈ'uã | ʈ'uã | ʂuã | ʈã | ʈ'ã | ʈ'ã |
| 西安 | pfã | pf'ã | pf'ã | fã | ʈã | ʈ'ã | ʈ'ã |
| 三水 | tsuã | ts'uã | ts'uã | suã | ʈã | ʈ'ã | ʈ'ã |
| 四川 | ʈʂuaŋ | ʈʂ'uaŋ | ʈʂ'uaŋ | ʂuaŋ | ʈʂaŋ | ʈʂ'aŋ | ʈʂ'aŋ |
| 南京 | ʈʂuaŋ | ʈʂ'uaŋ | ʈʂ'uaŋ | ʂuaŋ | ʈʂaŋ | ʈʂ'aŋ | ʈʂ'aŋ |

**[ʈʂĭ(ʷ)aŋ]**: 26 **裝**, 27 **妝**, 28 **壯**; 文另 '壯' 字; '莊* 壯' 汕 tsaŋ; '裝' 温 ʨyɔ*; '壯' 福 ʨauŋ (去聲, 跟平上的 -ouŋ)。——**[ʈʂ'ĭ(ʷ)aŋ]**: 30 **瘡**; '瘡' 温 ʨ'yɔ*。——**[ʂĭ(ʷ)aŋ]**: 33 **霜**, 34 **孀**; '爽' 汕 soŋ*; '霜孀' 安 sɯəŋ, 廣 sœŋ, 温 ɕyɔ; '孀' 日本只有 soː。——**[ʈĭaŋ]**: 36 **脹**, 37 **帳**, 38 **漲**; '張' 福 t'ioŋ*; '脹漲' 麗 ʨ'aŋ。——**[꜀ɖ'ĭaŋ]**: 41 **腸**, 42 **場**; '長腸' 福 touŋ* (白話音)。

| 例字<br>古音 | 43<br>丈<br>ᶜȡ'ĭaŋ | 46<br>麞<br>ȶɕĭaŋ | 52<br>昌<br>ȶɕ'ĭaŋ | 57<br>賞<br>ɕĭaŋ | 61<br>常<br>꜀ʑĭaŋ | 65<br>尙<br>ʑĭaŋ꜄ | 67<br>攘<br>ȵʑĭaŋ |
|---|---|---|---|---|---|---|---|
| 高麗 | ȶɕaŋ | ȶɕaŋ | ȶɕ'aŋ | saŋ | saŋ | saŋ | iaŋ |
| 漢音[9] | ȶɕoː | ɕoː | ɕoː | ɕoː | ɕoː | ɕoː | ȡʑoː |
| 吳音[9] | ȡʑoː | soː | soː | soː | ȡʑoː | ȡʑoː | noː |
| 安南 | ȶɯəŋ | ȶɯəŋ | sɯəŋ | t'ɯəŋ | t'ɯəŋ | t'ɯəŋ | ȵɯəŋ |
| 廣州 | ȶɕœŋ | ȶɕœŋ | ȶɕ'œŋ | ʂœŋ | ʂœŋ | ʂœŋ | iœŋ |
| 客家 | č'oŋ | čoŋ | č'oŋ | šoŋ | šoŋ | šoŋ | ioŋ |
| 汕頭[10] | ȶɕiaŋ | ȶɕiaŋ | ȶɕ'iaŋ | siaŋ | siaŋ | siaŋ | ȡʑiaŋ |
| 福州 | tioŋ | ȶɕioŋ | ȶɕ'ioŋ | sioŋ | sioŋ | sioŋ | ioŋ |
| 温州 | dzie | tsie | ts'ie | sie | zie | zie | zie |
| 上海[11] | dzaŋ | tsaŋ | ts'aŋ | səŋ | dzaŋ | zaŋ | zaŋ |
| 北京 | tʂaŋ | tʂaŋ | tʂ'aŋ | ʂaŋ | tʂ'aŋ | ʂaŋ | ʐaŋ |
| 開封 | tʂaŋ | tʂaŋ | tʂ'aŋ | ʂaŋ | tʂ'aŋ | ʂaŋ | ʐaŋ |
| 懷慶 | tʂaŋ | tʂaŋ | tʂ'aŋ | ʂaŋ | tʂ'aŋ | ʂaŋ | ʐaŋ |
| 歸化[12] | tʂã | tʂã | tʂ'ã | ʂã | tʂ'ã | ʂã | ʐɔ |
| 大同 | tʂɔ | tʂɔ | tʂ'ɔ | ʂɔ | tʂ'ɔ | ʂɔ | ʐɔ |
| 太原[13] | tsa | tsa | ts'a | sa | ts'a | sa | za |
| 興縣 | tʂə | tʂə | tʂ'ə | ʂə | tʂ'ɵ | ʂə | ʐə |
| 太谷 | tsɔ | tsɔ | ts'ɔ | sɔ | ts'ɔ | sɔ | zɔ |
| 文水[14] | tʂu | tʂã | tʂ'ã | ʂã | tʂ'u | ʂu | ʐã |
| 鳳台 | tsã | tsã | ts'ã | sã | ts'ã | sã | ʐã |
| 蘭州 | ʈɔ̃ | ʈɔ̃ | ʈ'ɔ̃ | ʂɔ̃ | ʈ'ɔ̃ | ʂɔ̃ | ʐɔ̃ |
| 平涼 | ʈã | ʈã | ʈ'ã | ʂã | ʈ'ã | ʂã | ʐã |
| 西安 | ʈã | ʈã | ʈ'ã | ʂã | ʈ'ã | ʂã | ʐã |
| 三水 | ʈã | ʈã | ʈ'ã | ʂã | ʈ'ã | ʂã | ʐã |
| 四川 | tʂaŋ | tʂaŋ | tʂ'aŋ | ʂaŋ | ʂaŋ | ʂaŋ | ʐaŋ |
| 南京 | tʂaŋ | tʂaŋ | tʂ'aŋ | ʂaŋ | tʂ'aŋ | ʂaŋ | ʐaŋ |

[ᶜȡ'ĭaŋ]: 44 杖, 45 仗; '丈' 福 tauŋ²* (白話音); '杖' 福 t'ioŋ。——[ȶɕĭaŋ]: 47 章, 48 樟, 49 彰, 50 掌, 51 障; '彰' 麗 ȶɕ'aŋ; '障' 安未詳。——[ȶɕ'ĭaŋ]: 53 倡, 54 廠, 55 敞, 56 唱; '廠敞' 廣 ȶɕ'oŋ; '倡廠敞唱' 日本只有 ɕoː。——[ɕĭaŋ]: 58 商, 59 傷, 60 餉; '商' 福 souŋ*; '餉' 漢音 ɕoː, 吳音 soː, 其餘讀的好像古音是 xjĭaŋ。——[꜀ʑĭaŋ]: 62 裳, 63 嘗, 64 償; '常' 温 dzie*; '裳' 滬 zɔŋ, zaŋ, 在官話雖然這是平聲字, 但仍如 '尙' 讀摩擦音而不讀塞擦音聲母; '嘗' 文 ʂu, 谷 sɔ; '償' 温 dzie (Parker), 在河南山西 (除掉太原鳳台) 甘肅陝西雖然這是平聲字, 但仍如 '尙' 讀摩擦音聲母。——[ʑĭaŋ꜄]; 66 上。——[ȵʑĭaŋ]: 68 讓; '讓' 福 nioŋ*, 温 ȵie*, 滬 ȵiaŋ*。

| 例字<br>古音 | 69<br>娘<br>njĭaŋ | 71<br>良<br>ljĭaŋ | 80<br>將<br>tsĭaŋ | 83<br>槍<br>ts‘ĭaŋ | 85<br>牆<br>꜀dz‘ĭaŋ |
|---|---|---|---|---|---|
| 高麗 | iaŋ | iaŋ | ʨaŋ | ʨ‘aŋ | ʨaŋ |
| 漢音[9] | ȡʑoː | rioː | ɕoː | ɕoː | ɕoː |
| 吳音[9] | noː | roː | soː | soː | zoː |
| 安南 | ɳɯəŋ | lɯəŋ | tɯəŋ | t‘ɯəŋ | tɯəŋ |
| 廣州 | nœŋ | lœŋ | tsœŋ | ts‘œŋ | ts‘œŋ |
| 客家 | ȵioŋ | lioŋ | tsioŋ | ts‘ioŋ | ts‘ioŋ |
| 汕頭[10] | liaŋ | liaŋ | ʨiaŋ | ʨ‘iaŋ | ʨ‘iaŋ |
| 福州 | nioŋ | lioŋ | ʨioŋ | ʨ‘ioŋ | ʨ‘ioŋ |
| 温州 | ȵie | lie | tsie | ts‘ie | zie |
| 上海[11] | ȵiaŋ | leaŋ | tsiaŋ | ts‘iaŋ | ziaŋ |
| 北京 | niaŋ | leaŋ | ʨiaŋ | ʨ‘iaŋ | ʨ‘iaŋ |
| 開封 | ȵiaŋ | leaŋ | tsiaŋ | ts‘iaŋ | ts‘iaŋ |
| 懷慶 | ȵiaŋ | liaŋ | ʨiaŋ | ʨ‘iaŋ | ʨ‘iaŋ |
| 歸化[12] | ȵiã | leã | ʨiã | ʨ‘iã | ʨ‘iã |
| 大同 | ȵiɔ | leɔ | ʨiɔ | ʨ‘iɔ | ʨ‘iɔ |
| 太原[13] | ȵia | lea | ʨia | ʨ‘ia | ʨ‘ia |
| 興縣 | ȵȡiə | leə | ʨiə | ʨ‘iə | ʨ‘iə |
| 太谷 | ȵiɔ | leɔ | ʨiɔ | ʨ‘iɔ | ʨ‘iɔ |
| 文水[14] | ȵȡyu | leã | ʨiã | ʨ‘yu | ʨ‘yu |
| 鳳台 | niã | leã | ʨiã | ʨ‘iã | ʨ‘iã |
| 蘭州 | ȵiɔ̃ | leɔ̃ | ʨiɔ̃ | ʨ‘iɔ̃ | ʨ‘iɔ̃ |
| 平涼 | ȵiã | leã | ʨiã | ʨ‘iã | ʨ‘iã |
| 西安 | ȵiã | leã | ʨiã | ʨ‘iã | ʨ‘iã |
| 三水 | ȵiã | leã | tsiã | ts‘iã | ts‘iã |
| 四川 | niaŋ | liaŋ | tsiaŋ | ts‘iaŋ | ts‘iaŋ |
| 南京 | liaŋ | liaŋ | tsiaŋ | ts‘iaŋ | ts‘iaŋ |

**[njĭaŋ]**: 79 釀; ‘娘’ 安 ɳaŋ*, 福 nouŋ*, 三 ȵia*; ‘釀’ 在麗日本安粤閩跟官話(除掉北歸同川京) 讀的好像古音是 ȵʑĭaŋ, 韵會的切。——**[ljĭaŋ]**: 72 凉, 73 糧, 74 粱, 75 兩, 76 輛, 77 亮, 78 諒, 79 量; ‘兩量’ 日本只有 rioː; ‘兩’ 温 lɛ*; ‘輛’ 麗未詳。——**[tsĭaŋ]**: 81 奬, 82 醬; ‘將’ 汕 tsaŋ*。——**[ts‘ĭaŋ]**: 84 搶; ‘搶’ 汕 ts‘aŋ。——**[dz‘ĭaŋ˒]**: ‘匠’ 興 tsə, 谷 tsɔ, 文 tsu。——**[sĭaŋ]**: 88 鑲, 89 相, 90 箱, 91 想; ‘廂箱’ 安 sɯəŋ*; ‘鑲’ 麗 日本未詳; ‘相’ 福 souŋ*。——**[zĭaŋ]**: 93 庠, 94 祥, 95 像; ‘詳’ 京 siaŋ*; ‘庠’ 吳音 ȡʑoː; ‘像’ 廣 tsœŋ, 滬 ziaŋ, 京 siaŋ (因爲去聲的緣故); 川 ts‘iaŋ*。

(8) 齒上音聲母的字, ʈʂĭaŋ, ʈʂ‘ĭaŋ, ɖʐ‘ĭaŋ, ʂĭaŋ, 顯然在有的古方言已經是合口了, ʈʂĭʷaŋ 等等。脣音聲母字雖然照反切是 pjĭaŋ, mjĭaŋ 等等, 但從方言上看無疑的是古 pjĭʷaŋ, mjĭʷaŋ 等 (合口), 關于反切的情形我們在上 41—42 頁已經説明過了; 所以現在我們把這些字就一律認爲合口。

| | | | | 唐光 | |
|---|---|---|---|---|---|
| | 86 | 87 | 92 | 1 | 3 |
| 字例 | 匠 | 廂 | 詳 | 光 | 曠 |
| 古音 | dz'ĭaŋ' | sĭaŋ | zĭaŋ | kʷɑŋ | kʷɑŋ |
| 高麗 | ʨaŋ | saŋ | saŋ | kuaŋ | kuaŋ |
| 漢音[9] | ɕoː | ɕoː | ɕoː | kuoː[1] | kuoː |
| 吳音[9] | zoː | soː | zoː | kuoː[1] | kuoː |
| 安南 | tɯəŋ | tɯəŋ | tɯəŋ | kuaŋ | k'uaŋ |
| 廣州 | tsœŋ | sœŋ | ts'œŋ | kuoŋ | k'uoŋ |
| 客家 | sioŋ | sioŋ | sioŋ | kuoŋ | k'uoŋ |
| 汕頭[10] | ʨ'iaŋ | siaŋ | siaŋ | kuaŋ[2] | k'uaŋ |
| 福州 | ʨ'ioŋ | sioŋ | sioŋ | kuoŋ | k'uoŋ |
| 温州 | zie | sie | zie | kɔ | k'ɔ |
| 上海[11] | ziaŋ | siaŋ | dziaŋ | kuɔŋ | k'uɔŋ |
| 北京 | ʨiaŋ | ɕiaŋ | ɕiaŋ | kuaŋ | k'uaŋ |
| 開封 | tsiaŋ | siaŋ | siaŋ | kuaŋ | k'uaŋ |
| 懷慶 | ʨiaŋ | ɕiaŋ | ɕiaŋ | kuaŋ | k'uaŋ |
| 歸化[12] | ʨiã | ɕiã | ɕiã | kuã[3] | k'uã |
| 大同 | ʨiɔ | ɕiɔ | ɕiɔ | kuɔ | k'uɔ |
| 太原[13] | ʨia | ɕia | ɕia | kua | k'ua |
| 興縣 | | ɕiɵ | ɕiɵ | kuɵ | k'uɵ |
| 太谷 | | ɕiɔ | ɕiɔ | kuɔ | k'uɔ |
| 文水[14] | | ɕiã | ɕiã | kuã[4] | k'uã |
| 鳳台 | ʨiã | ɕiã | ɕiã | kuã | k'uã |
| 蘭州 | ʨiɔ̃ | ɕiɔ̃ | ɕiɔ̃ | kuɔ̃ | k'uɔ̃ |
| 平涼 | ʨiã | ɕiã | ɕiã | kuã | k'uã |
| 西安 | ʨiã | ɕiã | ɕiã | kuã | k'uã |
| 三水 | tsiã | siã | siã | kuã | k'uã |
| 四川 | tsiaŋ | siaŋ | siaŋ | kuaŋ | k'uaŋ |
| 南京 | tsiaŋ | siaŋ | ts'iaŋ | kuaŋ | k'uaŋ |

(9) 日本 -ioː, -oː 寫作 -i- ya-u, a-u。

(10) 汕頭 '強' kiɛ̃*, '仰洋羊楊養樣' iɛ̃*, '鄉香向' hiɛ̃*, '璺章樟掌上醬' ʨiɛ̃*, '創槍搶牆匠像' ʨ'iɛ̃*, '張脹帳漲塲丈' tiɛ̃*, '賞商傷常嘗償尙廂鑲相箱想像' siɛ̃*, '娘糧量' niɛ̃*; '秧央' ŋ*, '莊妝' tsŋ*, '瘡牀' ts'ŋ*, '霜孀' sŋ*, '長腸丈' tŋ*。 -iaŋ 跟 -iɛ̃, -ŋ 並存時, -iaŋ 是文言音。

(11) 上海 ɔŋ 除表中所註外, 還見於: '璺* 樟掌*' tsɔŋ, '昌倡唱' ts'ɔŋ*, '裳嘗尙上' zɔŋ*, '償' dzɔŋ*。 -aŋ, -ɔŋ 並存時, -aŋ 是文言音。

(12) 歸化 '羊' iɔ, '長' ʈʂɔ, '攘讓' ʐɔ, '凉粱' leɔ*。

(13) 太原 -a, -ia, -ua 是 ɑ, -iɑ, -uɑ, (跟讀 -ᴀ, -iᴀ, -uᴀ 的果攝韻母有別)。

| | 4 | 7 | 14 | 15 | 18 |
|---|---|---|---|---|---|
| 例字 | 荒 | 皇 | 汪 | 榜 | 旁 |
| 古音 | xʷɑŋ | ɣʷɑŋ | ʔʷɑŋ | pʷɑŋ | bʻʷɑŋ |
| 高麗 | huaŋ | huaŋ | uaŋ | paŋ | paŋ |
| 漢音 | kuoː | kuoː | uoː | hoː | hoː |
| 吳音 | uoː | uoː | uoː | hoː | boː |
| 安南 | huaŋ | huaŋ | | baŋ | baŋ |
| 廣州 | foŋ | uoŋ | uoŋ | poŋ | pʻoŋ |
| 客家 | foŋ | foŋ | voŋ | poŋ | pʻoŋ |
| 汕頭 | huaŋ | huaŋ | uaŋ | paŋ | pʻaŋ |
| 福州 | huoŋ | huoŋ | uoŋ | pouŋ | pouŋ |
| 溫州 | hɔ | ɦɔ | ɔ | pɔ | bɔ |
| 上海 | huɔŋ | ɦuɔŋ | uɔŋ | pɔŋ | bɔŋ |
| 北京 | xuaŋ | xuaŋ | uaŋ | paŋ | pʻaŋ |
| 開封 | xuaŋ | xuaŋ | uaŋ | paŋ | pʻaŋ |
| 懷慶 | xuaŋ | xuaŋ | uaŋ | paŋ | pʻaŋ |
| 歸化 | xuã | xuã | vã | pã | pʻã |
| 大同 | xuɔ | xuɔ | vɔ | pɔ | pʻɔ |
| 太原 | xua | xua | va | pa | pʻa |
| 興縣 | xuə | xuə | uə | pə | pʻə |
| 太谷 | xuɔ | xuɔ | uɔ | po | pʻo |
| 文水 | xu | xuã | u | pu | pʻu |
| 鳳台 | xuã | xuã | uã | pã | pʻã |
| 蘭州 | xuɔ̃ | xuɔ̃ | uɔ̃ | pɔ̃ | pʻɔ̃ |
| 平涼 | xuã | xuã | uã | pã | pʻã |
| 西安 | xuã | xuã | uã | pã | pʻã |
| 三水 | xuã | xuã | uã | pã | pʻã |
| 四川 | xuaŋ | xuaŋ | uaŋ | paŋ | pʻaŋ |
| 南京 | xuaŋ | xuaŋ | uaŋ | paŋ | pʻaŋ |

(14) 文水 -u, -yu (傾向於 -ɵ, -yɵ), 除表中所註外, 還見於: '香響鑲箱想像' ɕyu, '殃央羊楊揚佯陽養癢樣' yu, '莊裝妝' tsu, '瘡霜孀' tsʻu, '章彰掌障' tʂu, '倡廠唱常' tʂʻu, '創牀商傷裳嘗' ʂu, '讓' ʐu, '凉糧粱輛亮諒量' lyu, '醬' tɕyu。

---

唐光。[kʷɑŋ]: 2 廣。——[kʻʷɑŋ]: '曠' 廣 foŋ*, 汕 kʻaŋ*。——[xʷɑŋ]: 5 **慌**, 6 **慌**。——[ɣʷɑŋ]: 8 **惶**, 9 **煌**, 10 **蝗**, 11 **遑**, 12 **潢**, 13 **黃**; '皇黃' 安 huiŋ*, '潢' 客 voŋ 跟 vaŋ, 麗未詳; '黃' 客 voŋ。——[ʔʷɑŋ]: '汪' 安未詳。——[pʷɑŋ]: 16 **幫**, 17 **綁**; '幫' 汕 poŋ*, 日本未詳; '綁' 滬未詳。——[bʻʷɑŋ]: 19 **髈**; '髈' 客 pʻoŋ, 汕 pʻaŋ, 溫 pʻɔ, 滬 pʻɔŋ 合乎一個 ᶜpʻɑŋ 的又切; 在粵福跟官話 (除掉鳳台四川) 讀的好像古音是 ᶜpwɑŋ; 安未詳。

| 例字<br>古音 | 江<br>20<br>江<br>kɔŋ | 25<br>腔<br>k‘ɔŋ | 26<br>項<br>ɣɔŋ | 29<br>撞<br>ȡ‘ɔŋ | 30<br>牕<br>ʈʂ‘ɔŋ | 31<br>雙<br>ʂɔŋ | 32<br>椿<br>tɔŋ |
|---|---|---|---|---|---|---|---|
| 高麗 | kaŋ | kaŋ | haŋ | taŋ | ȶɕ‘aŋ | saŋ | ȶɕaŋ |
| 漢音[5] | koː | koː | koː | toː | sɔː | soː | toː |
| 吳音[5] | koː | koː | goː | doː | soː | soː | toː |
| 安南 | zaŋ | saŋ | haŋ | ȶaŋ | sɔŋ | sɔŋ | |
| 廣州 | koŋ | hoŋ | hoŋ | ȶɕoŋ | ȶɕ‘œŋ | ʂœŋ | ȶɕoŋ |
| 客家 | koŋ | k‘ioŋ | hoŋ | ts‘oŋ | ts‘uŋ | suŋ | čuŋ |
| 汕頭 | kaŋ | k‘oŋ | haŋ | tsuaŋ | ts‘oŋ | soŋ | tsuaŋ |
| 福州[6] | kouŋ | k‘ioŋ | hauŋ[2] | ȶɕauŋ[ɔ,2] | ȶɕ‘ouŋ | sœŋ | ȶɕouŋ |
| 温州 | kɔ | ȶɕie | ɦɔ | ȡʑyɔ | ȶɕ‘yɔ | ɕyɔ | ȶɕyɔ |
| 上海[7] | ȶɕiaŋ | ȶɕ‘iaŋ | ɦiaŋ 另 | dzɔŋ | ts‘ɔŋ | sɔŋ | tsɔŋ |
| 北京 | ȶɕiaŋ | ȶɕ‘iaŋ | ɕiaŋ | ʈʂuaŋ | ʈʂ‘uaŋ | ʂuaŋ | ʈʂuaŋ |
| 開封 | ȶɕiaŋ | ȶɕ‘iaŋ | ɕiaŋ | ʈʂuaŋ | ʈʂ‘uaŋ | ʂuaŋ | ʈʂuaŋ |
| 懷慶 | ȶɕiaŋ | ȶɕ‘iaŋ | ɕiaŋ | ʈʂuaŋ | ʈʂ‘uaŋ | ʂuaŋ | ʈʂuaŋ |
| 歸化 | ȶɕiã | ȶɕ‘iã | ɕiã | ts‘ã | ts‘ã | sã | tsã |
| 大同 | ȶɕiɔ | ȶɕ‘iɔ | ɕiɔ | ʈʂuɔ | ʈʂ‘uɔ | ʂuɔ | ʈʂuɔ |
| 太原 | ȶɕia | ȶɕ‘ia | ɕia | tsua | ts‘ua | sua | tsua |
| 興縣 | ȶɕiə | ȶɕ‘iə | ɕiã | ts‘uə | ts‘uə | suə | tsuə |
| 太谷 | ȶɕiɔ | ȶɕ‘iɔ | ɕiɔ | ts‘uɔ | fo | fuɔ | tsuɔ |
| 文水[8] | ȶɕiã | ȶɕ‘iã | ɕiã | ts‘u | su | ts‘u | ts‘uã |
| 鳳台 | ȶɕiã | ȶɕ‘iã | ɕiã | tsuã | ts‘uã | suã | tsuã |
| 蘭州 | ȶɕiɔ̃ | ȶɕ‘iɔ̃ | xɔ̃ | ʈ‘uɔ̃ | ʈ‘uɔ̃ | fɔ̃ | ʈuɔ̃ |
| 平凉 | ȶɕiã | ȶɕ‘iã | xã | ʈ‘uã | ʈ‘uã | ʂuã | ʈuã |
| 西安 | ȶɕiã | ȶɕ‘iã | xã | pf‘ã | pf‘ã | fã | pfã |
| 三水 | ȶɕiã | ȶɕ‘iã | xã | ts‘uã | ts‘uã | suã | tsuã |
| 四川 | ȶɕiaŋ | ȶɕ‘iaŋ | xaŋ | ʈʂuaŋ | ʈʂ‘uaŋ | ʂuaŋ | ʈʂuaŋ |
| 南京 | ȶɕiaŋ | ȶɕ‘iaŋ | ɕiaŋ | ʈʂuaŋ | ʈʂ‘uaŋ | ʂuaŋ | ʈʂuaŋ |

(1) 日本 -uoː 寫作 -u -wa -u, wa-u; -oː 寫作 -a -u。

(2) 汕頭 ‘光廣’ kŋ*, ‘荒’ hŋ*, ‘癀黃*’ ŋ, ‘榜’ pŋ*。-ŋ, -(u) aŋ 並存時, 後者是文言音。

(3) 歸化 ‘光’ kuɔ*, ‘荒慌黃’ xuɔ*, ‘幫’ puɔ*。

(4) 文水 -u (開 -u, 傾向於 ɵ), 除表中所註外, 還見於: ‘惶蝗癀黃’ xu。

---

江。[kɔŋ]: 21 扛, 22 講, 23 港, 24 降; ‘扛’ 在滬跟官話讀的好像古音是 -ɑŋ, 廣北* 封山西 (除掉歸鳳) 蘭凉西京 k‘-; 汕 koŋ,* kŋ*; ‘港’ 麗 haŋ, 同 xɔ, 興 xə, 蘭 xɔ̃; 安封京 kaŋ, 興文 kã, 谷 kɔ, 福 kœŋ, 三未詳; ‘講降’ 汕 kiaŋ*。——[ɣɔŋ]: 27 缸, 28 巷; 滬另 ‘巷’ 字; ‘缸’ 在境內到處讀的好像古音是 kɑŋ (文 kã, 汕 kŋ), ‘巷’ 安汕 hoŋ*, 原 xa, 文 xu, 興 xə*。——[ʂɔŋ]: ‘雙’ 汕 saŋ*, 歸 suɔ*。——[tɔŋ]: ‘椿’ 安 t‘uŋ, 温 suŋ* 合乎古 ɕĭʷoŋ 的又切; 古 tɔŋ 在唐初就已經變成 ȶɔŋ, 因此才有現代方言裏那些讀法。——[b‘ɔŋ]: ‘棒’ 安 baŋ。

陽方

| 例字<br>古音 | 33<br>邦<br>pɔŋ | 34<br>棒<br>b'ɔŋ | 36<br>匡<br>k'jĭʷaŋ | 38<br>狂<br>꜀g'jĭʷaŋ | 39<br>况<br>xjĭʷaŋ | 40<br>枉<br>ʔĭʷaŋ | 41<br>王<br>jĭʷaŋ |
|---|---|---|---|---|---|---|---|
| 高麗 | paŋ | paŋ | kuaŋ | kuaŋ | huaŋ | uaŋ | uaŋ |
| 漢音[5] | hoː | hoː | kioː[9] | kioː | kioː | uoː | uoː |
| 吳音[5] | hoː | boː | koː[9] | goː | koː | uoː | uoː |
| 安南 | baŋ | | k'uoŋ | kuoŋ | huoŋ | uoŋ | vɯəŋ |
| 廣州 | poŋ | p'oŋ | hoŋ | k'uoŋ | foŋ | uoŋ | uoŋ |
| 客家 | paŋ | p'aŋ | k'ioŋ | k'uoŋ | | voŋ | voŋ |
| 汕頭 | paŋ | paŋ | k'uaŋ[10] | k'uaŋ | | uaŋ | uaŋ |
| 福州[6] | paŋ | pauŋ² | k'uoŋ | kuoŋ | huoŋ | uoŋ | uoŋ |
| 溫州 | pɔ | bɔ | ȶɕ'yɔ | ȡʑyɔ | ɕyɔ | yɔ | yɔ |
| 上海[7] | pɔŋ | bɔŋ | k'uɔŋ | guɔŋ | huɔŋ | uɔŋ | uɔŋ |
| 北京 | paŋ | paŋ | k'uaŋ | k'uaŋ | | uaŋ | uaŋ |
| 開封 | paŋ | paŋ | k'uaŋ | k'uaŋ | | uaŋ | uaŋ |
| 懷慶 | paŋ | paŋ | k'uaŋ | k'uaŋ | | uaŋ | uaŋ |
| 歸化 | pã | pã | k'uã[11] | k'uã | | vã | vã |
| 大同 | pɔ | pɔ | k'uɔ | k'uɔ | | vɔ | vɔ |
| 太原 | pa | pa | k'ua | k'ua | | va | va |
| 興縣 | pə | pə | k'uə | k'uə | | ʉə | ʉə |
| 太谷 | po | po | k'uɔ | k'uɔ | | uo | uo |
| 文水[8] | pã | pu | k'uã[12] | k'uã | | u | u |
| 鳳台 | pã | pã | k'uã | k'uã | | uã | uã |
| 蘭州 | pɔ̃ | pɔ̃ | k'uɔ̃ | k'ʉɔ̃ | | ʉɔ̃ | uɔ̃ |
| 平涼 | pã | pã | k'uã | k'ʉã | | uæ̃ | uã |
| 西安 | pã | pã | k'uã | k'uã | | uã | uã |
| 三水 | pã | pã | k'uã | k'uã | | uã | ʉã |
| 四川 | paŋ | paŋ | k'uaŋ | k'uaŋ | | ʉaŋ | uaŋ |
| 南京 | paŋ | paŋ | k'uaŋ | k'uaŋ | | uaŋ | uaŋ |

(5) 漢音 -oː 寫作 -a-u, 吳音 -oː 寫作 -o-u。

(6) 福州去聲 -auŋ, 所以: '降' kauŋ, '項巷' hauŋ², '撞' tauŋ, '棒' pauŋ²。

(7) 上海 '江講港降' kɔŋ*, '項巷*' ɦɔŋ——皆白話音。

(8) 文水 '講' ȶɕyu, '巷' xu。

---

陽方。[kjĭʷaŋ]: 35 誆 大半讀的好像古音是 ꜀g'jĭʷaŋ 或是 xuɑŋ。——[k'jĭʷaŋ]: 37 筐; '匡* 筐' 汕 k'aŋ; '筐' 廣 k'uaŋ*, 汕 k'ɛŋ*。——[xjĭʷaŋ]: '况' 在客汕跟官話是讀的好像古音是 k'jĭʷaŋ。——[ʔĭʷaŋ]: '枉' 廣韵切有兩可的讀法, 但方言中所指示的古音都是 ʔĭʷaŋ 而不是 jĭʷaŋ; 所以例字表得改一下。[譯者按康熙字典的"廣韵" '枉' 字用 '迂' 切而 '迂' 有影喻兩讀, 所以說 "兩可," 其實廣韵本書裡 '枉' 字是用 '紆' 切的。'紆' 只有影母一讀; 例字表 '枉' 原列喻母, 今已改列影母了。]

| 例字<br>古音 | 43<br>方<br>pjǐʷaŋ | 45<br>芳<br>p'jǐʷaŋ | 50<br>房<br>b'jǐʷaŋ | 52<br>亡<br>mjǐʷaŋ | 豪<br>1<br>高<br>kau |
|---|---|---|---|---|---|
| 高麗 | paŋ | paŋ | paŋ | maŋ | ko |
| 漢音[9] | ho: | ho: | ho: | bo: | ko:[1] |
| 吳音[9] | ho: | ho: | bo: | mo: | ko:[1] |
| 安南 | fɯəŋ | fɯəŋ | fɔŋ | vɔŋ | kau |
| 廣州 | fɔŋ | fɔŋ | fɔŋ | mɔŋ | kou |
| 客家 | fɔŋ | fɔŋ | fɔŋ | mɔŋ | kau |
| 汕頭[10] | huaŋ | huaŋ | huaŋ | buaŋ | kau[2] |
| 福州 | huoŋ | huoŋ | huoŋ 另 | uoŋ | kɔ |
| 温州 | fɔ | fɔ | vɔ | vɔ | kə |
| 上海 | fɔŋ | fɔŋ | vɔŋ | mɔŋ | kɔ |
| 北京 | faŋ | faŋ | faŋ | uaŋ | kau |
| 開封 | faŋ | faŋ | faŋ | uaŋ | kau |
| 懷慶 | faŋ | faŋ | faŋ | vaŋ | kau |
| 歸化[11] | fã | fã | fuɔ | vã | ko |
| 大同 | fɔ | fɔ | fɔ | vɔ | ko |
| 太原 | fa | fa | fa | va | kau |
| 興縣 | fuə | fuə | fuə | və | ku[3] |
| 太谷 | fo | fo | fo | uo | ko |
| 文水[12] | xuã | xuã | xu | u | kau 另[4] |
| 鳳台 | fã | fã | fã | uã | ko |
| 蘭州 | fɔ̃ | fɔ̃ | fɔ̃ | uɔ̃ | ko |
| 平涼 | fã | fã | fã | uã | kau |
| 西安 | fã | fã | fã | vã | kau |
| 三水 | fã | fã | fã | uã | kau |
| 四川 | faŋ | faŋ | faŋ | uaŋ | kau |
| 南京 | faŋ | faŋ | faŋ | uaŋ | kau |

**[jǐʷaŋ]**: 42 往; '往' 安懷 vaŋ, 興西三 vã。——**[pjǐʷaŋ]**: 44 放; '方' 汕 hŋ*, pŋ*; '放' 安 fɔŋ, 福 pouŋ*, 客 piɔŋ*。——**[p'jǐʷaŋ]**: 46 妨, 47 彷, 48 紡, 49 訪; '紡' 客 p'iɔŋ*; '訪' 安 fɔŋ*。——**[b'jǐʷaŋ]**: 51 防; 福另 '防' 字; '房' 福 puŋ; '防' 福 houŋ*, 滬 bɔŋ。——**[mjǐʷaŋ]**: 53 鋩, 54 硭, 55 網, 56 妄, 57 忘, 58 望; '鋩硭' 到處讀的好像古音是 maŋ, 正韻跟集韻的切; '亡妄忘望' 滬 vɔŋ*, 皆文言音; '網' 温 mɔ, 汕 maŋ*, 客 miɔŋ; '妄' 客 vɔŋ; '望' 温 mɔ*, 汕 mõ*。

(9) 日本 -io: 寫作 i-ya-u, -o: 寫作 -a-u。

(10) 汕頭 '筐' k'ɛŋ, '王' hɛŋ*; '方放房' paŋ*, '紡' p'aŋ*, '網' maŋ*——皆白話音。

(11) 歸化 -uɔ, 除表中已注外, 還見於: '王' vuɔ*, '放訪' fuɔ。

(12) 文水 '筐' k'u, '放妨彷紡訪' xu。

| 例字<br>古音 | 8<br>考<br>k'ɑu | 11<br>遨<br>ŋɑu | 15<br>好<br>xɑu | 17<br>豪<br>ɣɑu | 23<br>襖<br>ʔɑu | 27<br>惱<br>nɑu | 30<br>勞<br>lɑu |
|---|---|---|---|---|---|---|---|
| 高麗 | ko | o | ho | ho | o | no | no |
| 漢音[1] | koː | goː | koː | koː | oː | doː | roː |
| 吳音[1] | koː | goː | koː | goː | oː | noː | roː |
| 安南 | k'au | ŋau | hau | hau | au | ɳau | lau |
| 廣州 | hou 另 | ŋou | hou | hou | ou | nou | lou |
| 客家 | k'au | ŋau | hau | hau | au | nau | lau |
| 汕頭[2] | k'au | ŋau | hau | hau | au | nau | lau |
| 福州 | k'ɔ | ŋɔ | hɔ | hɔ | ɔ | nɔ | lɔ |
| 温州 | k'ə | ŋə | hə | ɦə | ə | nə | lə |
| 上海 | k'ɔ | ŋɔ | hɔ | ɦɔ | ɔ | nɔ | lɔ |
| 北京 | k'au | au | xau | xou | au | nau | lau |
| 開封 | k'au | ɣau | xau | xau | ɣau | nau | lau |
| 懷慶 | k'au | ɣau | xau | xau | ɣau | nau | lau |
| 歸化 | k'o | ŋgo | xo | xo | ŋgo | no | lo |
| 大同 | k'o | no | xo | xo | no | no | lo |
| 太原 | k'au | ɣau | xau | xau | ɣau | nau | lau |
| 興縣[3] | k'au | ŋgu | xau | xau | ŋgu | ndau | lau |
| 太谷 | k'o | ŋgɔ 另 | xɔ | xo | ŋgɔ | nɔ | lɔ |
| 文水[4] | k'au | ŋgau | xau | xau | ŋgau | ndau | lau |
| 鳳台 | k'o | ɣo | xo | xo | ɣo | no | lo |
| 蘭州 | k'o | no | xo | xo | no | no | lo |
| 平涼 | k'au | nau | xau | xau | nau | nau | lau |
| 西安 | k'au | ŋau | xau | xau | ŋau | nau | lau |
| 三水 | k'au | ŋau | xau | xau | ŋau | lau | lau |
| 四川 | k'au | ŋau | xau | xau | ŋau | lau | lau |
| 南京 | k'au | au | xau | xau | au | lau | lau |

[**kɑu**]: 2 篙, 3 羔, 4 膏, 5 稿, 6 告, 7 誥; 文另 '稿' 字; '稿' 安 k'au; '告' 安 kieu*; '誥' 客 k'au*。——[**k'ɑu**]: 9 靠, 10 犒; 廣另 '靠' 字; '考' 廣 haːu; '犒' 麗 ho。——[**ŋɑu**]: 12 敖, 13 熬, 14 傲; 谷另 '傲' 字; '遨敖熬' 谷 ŋgə。——[**xɑu**]: 16 蒿; '好' 汕 haũ*; '蒿' 安客福 k-, 谷 xo。——[**ɣɑu**]: 18 毫, 19 浩, 20 昊, 21 皓, 22 號; '號' 安 hieu*。——[**ʔɑu**]: 24 懊, 25 奧, 26 澳。——[**nɑu**]: 28 腦, 29 瑙; '惱腦' 吳音拼作 na-u。——[**lɑu**]: 31 牢, 32 撈, 33 老, 34 潦, 35 癆; '撈' 廣 laːu*, 汕 la*; '潦' 客* 汕* 懷 liau, 封 leau, 滬 leɔ。

| 例字<br>古音 | 36<br>刀<br>tɑu | 42<br>討<br>t‘ɑu | 47<br>陶<br>꜀d‘ɑu | 52<br>道<br>꜂d‘ɑu | 56<br>遭<br>tsɑu | 64<br>草<br>ts‘ɑu |
|---|---|---|---|---|---|---|
| 高麗 | to | t‘o | to | to | ȶɕo | ȶɕ‘o |
| 漢音[1] | toː | toː | toː | toː | soː | soː |
| 吳音[1] | toː | toː | doː | doː | soː | soː |
| 安南 | ɖau | t‘au | ɖau | ɖau | tau | t‘au |
| 廣州 | tou | t‘ou | t‘ou | tou | tsou | ts‘ou |
| 客家 | tɑu | t‘au | t‘au | t‘au | tsau | ts‘au |
| 汕頭[2] | tau | t‘au | t‘au | tau | tsau | ts‘au |
| 福州 | tɔ | t‘ɔ | tɔ | tɔ | ȶɕɔ | ȶɕ‘ɔ |
| 温州 | tə | t‘ə | də | də | tsə | ts‘ə |
| 上海 | tɔ | t‘ɔ | dɔ | dɔ | tsɔ | ts‘ɔ |
| 北京 | tau | t‘au | t‘au | tau | tsau | ts‘au |
| 開封 | tau | t‘au | t‘au | tau | tsau | ts‘au |
| 懷慶 | tau | t‘au | t‘au | tau | tsau | ts‘au |
| 歸化 | to | t‘o | t‘o | to | tso | ts‘o |
| 大同 | to | t‘o | t‘o | to | tso | ts‘o |
| 太原 | tau | t‘au | t‘au | tau | tsau | ts‘au |
| 興縣[3] | tau | t‘au | t‘au | tau | tsau | ts‘au |
| 太谷 | tɔ | t‘ɔ | t‘ɔ | tɔ | tsɔ | ts‘ɔ |
| 文水[4] | tau | t‘au | t‘au | tau | tsau | ts‘au |
| 鳳台 | to | t‘o | t‘o | to | tso | ts‘o |
| 蘭州 | to | t‘o | t‘o | to | tso | ts‘o |
| 平凉 | tau | t‘au | t‘au | tau | tsau | ts‘au |
| 西安 | tau | t‘au | t‘au | tau | tsau | ts‘au |
| 三水 | tau | t‘au | t‘au | tau | tsau | ts‘au |
| 四川 | tau | t‘au | t‘au | tau | tsau | ts‘au |
| 南京 | tau | t‘au | t‘au | tau | tsau | ts‘au |

**[tɑu]**: 擣, 38 禱, 39 倒, 40 島, 41 到; ‘刀’ 福 t‘ɔ*; ‘擣’ 安未詳; ‘擣禱島’ 廣 t‘ou*。——**[t‘ɑu]**: 43 叨, 44 絛, 45 滔, 46 套; ‘叨絛滔’ 麗 to; ‘叨’ 北* 歸涼 t-; ‘絛’ 封懷三 t‘iau, 安未詳; ‘滔’ 吳音 doː。——**[꜀d‘ɑu]**: 48 逃, 49 萄, 50 桃, 51 掏; ‘萄’ 文 tau; ‘桃’ 文 tau, 谷 tɔ, 福 t‘ɔ; ‘掏’ 在境內到處讀的好像古音是 t‘ɑu, 集韵的切 (可是汕 ꜁t‘au*, ꜁tua*); 安未詳。——**[꜂d‘ɑu꜄]**: 53 稻, 54 導, 55 盜; ‘稻’ 歸原文興西三 t‘-, 集韵的切; 汕 tiu*。——**[tsɑu]**: 57 糟, 58 棗, 59 蚤, 60 早, 61 澡, 62 躁 63 竈; ‘蚤*早’ 汕 tsa, tsou, ‘蚤’ 福 ȶɕau*, ‘早’ 福 ȶɕa*; ‘澡’ 客汕鳳 ts‘-, 福 ȶɕ‘-; ‘躁’ 粵汕吳語* 山西 (除掉鳳台) 蘭西三 ts‘-, 福 s-; ‘竈’ 福 ȶɕau*。——**[ts‘ɑu]**: 65 操; ‘草操’ 福 ȶɕ‘au*; ‘操’ 麗 ȶɕo, 汕未詳。

| | 66 | 69 | 71 | 76 | 80 | 81 |
|---|---|---|---|---|---|---|
| 例字 | 曹 | 皁 | 掃 | 保 | 袍 | 暴 |
| 古音 | ꜀dz‘ɑu | ᶜdz‘ɑu | sɑu | pɑu | ꜀b‘ɑu | b‘ɑuᵓ |
| 高麗 | ȶɕo | ȶɕo | so | po | p‘o | p‘o |
| 漢音[1] | soː | soː | soː | hoː | hoː | hoː |
| 吳音[1] | zoː | zoː | soː | hoː | boː | boː |
| 安南 | tau | tau | tau | bau | bau | bau |
| 廣州 | ts‘ou | tsou | sou | pou | p‘ou | pou |
| 客家 | ts‘au | ts‘au | sau | pau | p‘au | p‘au |
| 汕頭[2] | ts‘au | tsau | sau | pau | p‘au | pau |
| 福州 | ȶɕɔ | ȶɕɔ | sɔ | pɔ | pɔ | pɔ |
| 温州 | zə | zə | sə | pə | bə | bə |
| 上海 | zɔ | zɔ | sɔ | pɔ | bɔ | bɔ |
| 北京 | ts‘au | tsau | sau | pau | p‘au | pau |
| 開封 | ts‘au | tsau | sau | pau | p‘au | pau |
| 懷慶 | ts‘au | tsau | sau | pau | p‘au | pau |
| 歸化 | ts‘o | tso | so | po | p‘o | po |
| 大同 | ts‘o | tso | so | po | p‘o | po |
| 太原 | ts‘au | tsau | sau | pau | p‘au | pau |
| 興縣[3] | ts‘au | tsau | sau | pau | p‘au | pau |
| 太谷 | ts‘ɔ | tsɔ | sɔ | pɔ | p‘ɔ | pɔ |
| 文水[4] | ts‘au | tsau | sau | pau | p‘au | pau |
| 鳳台 | ts‘o | tso | so | po | p‘o | po |
| 蘭州 | ts‘o | tso | so | po | p‘o | po |
| 平涼 | ts‘au | tsau | sau | pau | p‘au | pau |
| 西安 | ts‘au | tsau | sau | pau | p‘au | pau |
| 三水 | ts‘au | ts‘au | sau | pau | p‘au | pau |
| 四川 | ts‘au | tsau | sau | pau | p‘au | pau |
| 南京 | ts‘au | tsau | sau | pau | p‘au | pau |

[꜀**dz‘ɑu**]: 67 槽, 68 漕; ‘槽’ 興* 谷文 ts-, 福 sɔ*; ‘漕’ 滬 dzɔ*, 汕文谷 ts-* (廣韵又切 dz‘ɑuᵓ)。——[ᶜ**dz‘ɑu**]: 70 造。——[**sɑu**]: 72 搔, 73 騷, 74 臊, 75 嫂; ‘搔’ 客* 滬* 山西 陝山 甘肅 ts-; ‘騷’ 歸同原興谷涼西三 ts-; ‘臊’ 福 ȶɕ‘-*, 封 山西 (除掉文谷) 蘭三京* -ts‘-; ‘嫂’ 吳音 suː (拼作 su-u), 安未詳。——[**pɑu**]: 77 褒, 78 寶, 79 報; ‘褒’ 麗 p‘o, 滬 pəu*。——[ᶜ**b‘ɑu**]: 82 抱; ‘暴’ 日本 boː 寫作 ba-u ‘抱’ 廣 p‘ou, 汕 p‘au。——[**mɑu**]: 84 旄, 85 冒, 86 帽。

(1) 漢音 -oː 寫作 -a-u, 吳音 -oː 寫作 -o-u。

(2) 汕頭 ‘高篙羔膏稿告’ ko*, ‘蒿襖澳’ o*, ‘好號’ ho*, ‘惱腦牢’ lo*, ‘刀倒陶逃道’ to*, ‘討* 萄桃* t‘o, ‘棗槽* 造*’ tso*, ‘草曹’ ts‘o*, ‘嫂’ so*, ‘保寶報’ po*, ‘抱’ p‘o*, ‘毛’ mo*, ‘帽’ bo*。-au, -o 並存時 -au 是文言音。

| | | 肴 | | | | |
|---|---|---|---|---|---|---|
| | 83 | 87 | 97 | 99 | 100 | 101 |
| 例字 | 毛 | 交 | 敲 | 咬 | 孝 | 効 |
| 古音 | mɑu | kau | k‘au | ŋau | xau | ɣau |
| 高麗 | mo | kio | kio 另 | io | hio | hio |
| 漢音[1] | boː | koː[5] | koː | | koː | koː |
| 吳音[1] | moː | kioː[5] | kioː | | kioː | gioː |
| 安南 | mau | zau | sau | | hieu | hieu |
| 廣州 | mou | kau[6] | hau | ŋau | hau | hau |
| 客家 | mau | kau | k‘au | ŋau | hau | hau |
| 汕頭[2] | mau | kau[7] | k‘au | ŋau | hau | hau |
| 福州 | mɔ | kau[8] | k‘ieu | ŋau | hau | hau |
| 溫州 | mə | kɔ | k‘ɔ | ŋɔ | hɔ | ɦɔ |
| 上海 | mɔ | ʨiɔ[9] | ʨ‘iɔ | iɔ | ɕiɔ | ɦiɔ |
| 北京 | mau | ʨiau | ʨ‘iau | iau | ɕiau | ɕiau |
| 開封 | mau | ʨiau | ʨ‘iau | iau | ɕiau | ɕiau |
| 懷慶 | mau | ʨiau | ʨ‘iau | iau | ɕiau | ɕiau |
| 歸化 | mo | ʨio | ʨ‘io | io | ɕio | ɕio |
| 大同 | mo | ʨio | ʨ‘io | io | ɕio | ɕio |
| 太原 | mau | ʨiau | ʨ‘iau | iau | ɕiau | ɕiau |
| 興縣[3] | mbau | ʨiau | ʨ‘iau | ȵȡiau | ɕiau | ɕiau |
| 太谷 | mɔ | ʨiɔ | ʨ‘iɔ | ȵiɔ | ɕiɔ | ɕiɔ |
| 文水[4] | mbau | ʨiau | ʨ‘iau | ȵȡiau | ɕiau | ɕiau |
| 鳳台 | mo | ʨio | ʨ‘io | io | ɕio | ɕio |
| 蘭州 | mo | ʨio | ʨ‘io | ȵio | ɕio | ɕio |
| 平涼 | mau | ʨiau | ʨ‘iau | ȵiau | ɕiau | ɕiau |
| 西安 | mau | ʨiau | ʨ‘iau | ȵiau | ɕiau | ɕiau |
| 三水 | mau | ʨiau | ʨ‘iau | ȵiau | ɕiau | ɕiau |
| 四川 | mau | ʨiau | ʨ‘iau | niau | ɕiau | ɕiau |
| 南京 | mau | ʨiau | ʨ‘iau | iau | ɕiau | ɕiau |

(3) 興縣 -u (開 u, 傾向於 ɷ), 除表中所注外, 還見於: ‘靠槁’ k‘u。

(4) 文水 ‘高篙羔膏告’ kɯ, ‘靠槁’ k‘ɯ, ‘熬’ ŋgɯ, ‘蒿’ xɯ。

---

肴。[**kau**]: 88 郊, 89 膠, 90 絞, 91 狡, 92 攪, 93 窖, 94 教, 95 校, 96 酵; ‘攪’ 興未詳; ‘窖’ 溫 k‘ɔ, 安興涼京未詳; ‘酵’ 汕 kã (Gibson), 封懷原興蘭京 ɕ-。——[**k‘au**]: 98 巧; 麗另 ‘巧’ 字; ‘敲’ 麗 ko。——[**ŋau**]: ‘咬’ 關于日本安南‘咬’字讀法看卷二疑母兩古讀。——[**ɣau**]: 102 淆, 103 爻; ‘淆爻’ 在閩粵跟多數官話讀的好像古音是 ŋau; 安 hau。

| | 104 | 105 | 106 | 107 | 110 | 111 | 113 | 116 |
|---|---|---|---|---|---|---|---|---|
| 例字 | 拗 | 櫂 | 爪 | 抄 | 巢 | 稍 | 鐃 | 罩 |
| 古音 | ʔau | ɖ'au | ʈʂau | ʈʂ'au | ɖʐ'au | ʂau | nau | ʈau |
| 高麗 | io | to | ȶɕo | ȶɕ'o | so | so 另 | nio | ȶɕo |
| 漢音[5] | oː | toː | soː | soː | soː | soː | doː | toː |
| 吳音[5] | ioː | ȡʑoː | ɕoː | ɕoː | ȡʑoː | ɕoː | nioː | ȶɕoː |
| 安南 | | ȶau | ȶau | sau | sau | sau | ɳau | ȶau |
| 廣州[6] | au | ȶɕau | ȶɕau | ȶɕ'au | ȶɕ'au | ʂau | nau | ȶɕau |
| 客家 | au | ts'au | tsau | ts'au | ts'au | sau | nau | tsau |
| 汕頭[7] | au | tsau | | | ts'au | sau 另 | nau | tsau |
| 福州[8] | au | ȶɕau | ȶɕau | ȶɕ'au | ȶɕau | sau | nau | tau |
| 温州 | ɔ | dzɔ | tsɔ | ts'ɔ | zɔ | sɔ | nɔ | tsɔ |
| 上海[9] | iɔ | dɔ | tsɔ | ts'ɔ | | sɔ | nɔ | tsɔ |
| 北京 | iau | ʈʂau | ʈʂau | ʈʂ'au | ʈʂ'au | ʂau | nau | ʈʂau |
| 開封 | | ʈʂau | ʈʂau | ʈʂ'au | ʈʂ'au | ʂau | nau | ʈʂau |
| 懷慶 | | tsau | tsau | ts'au | ts'au | sau | nau | tsau |
| 歸化 | | | tso | ts'o | ts'o | so | no | tso |
| 大同 | | tso | tso | ts'o | ts'o | so | no | tso |
| 太原 | | | tsau | ts'au | ts'au | sau | nau | tsau |
| 興縣 | | | tsau | ts'au | ts'au | sau | ndau | tsau |
| 太谷 | | tsɔ | tsɔ | ts'ɔ | ts'ɔ | sɔ | nɔ | tsɔ |
| 文水 | | tsau | tsau | ts'au | ts'au | sau | ndau | tsau |
| 鳳台 | | | tso | ts'o | ts'o | so | no | tso |
| 蘭州 | | | tso | ts'o | ts'o | so | no | tso |
| 平涼 | | | tsau | ts'au | ts'au | sau | nau | tsau |
| 西安 | | tsau | tsau | ts'au | ts'au | sau | nau | tsau |
| 三水 | | tsau | tsau | ts'au | ts'au | sau | lau | tsau |
| 四川 | | | ʈʂau | ʈʂ'au | ʈʂ'au | ʂau | lau | ʈʂau |
| 南京 | | | ʈʂau | ʈʂ'au | ʈʂ'au | ʂau | lau | ʈʂau |

[**ʔau**]: '拗' 安 ɐu; 官話 (北*) 有的讀作相當於國音 niu 的音; 京未詳。——[**ɖ'au**]: '櫂': 未注音的些官話方言從一個 ɖ'ɔk 的又切的讀法, 除掉歸鳳川京未詳。——[**ʈʂ'au**]: 108 炒, 109 鈔。——[**ɖʐ'au**]: '巢' (吳音拼作 ze-u) 滬 dziɔ。——[**ʂau**]: 112 捎; 麗汕另 '捎'; '稍' 麗 ȶɕ'o; '捎' 京 siau, 福滬未詳。——[**nau**]: 114 撓, 115 鬧; '鐃' 客 ȵiau*; '撓' 安 ȵieu, 懷涼 ʐau, 蘭 ʐɔ; 鳳 zo; '鬧' 汕 lau*。——[**ʈau**]: '罩' 讀成表中所列那些聲母, 是因爲在唐朝就已經變成 ʈau 了。

| | | | | | 肴 | | |
|---|---|---|---|---|---|---|---|
| | 117 | 121 | 125 | 128 | 1 | 4 | 6 |
| 例字 | 包 | 礮 | 跑 | 茅 | 驕 | 喬 | 轎 |
| 古音 | pau | p‘au | ꜀b‘au | mau | kjĭɛu | ꜀g‘jĭɛu | g‘jĭɛu |
| 高麗 | p‘o | p‘o | p‘o | mo | kio | kio | kio |
| 漢音[5] | hoː | hoː | hoː | boː | kioː[10] | kioː | kioː |
| 吳音[5] | hioː | hioː | bioː | mioː | kioː[10] | gioː | gioː |
| 安南 | bau | fau | bau | mau | kieu | kieu | kieu |
| 廣州[6] | pau | p‘au | p‘au | mau | kiu | k‘iu | kiu |
| 客家 | pau | p‘au | p‘au | mau | kiau | k‘iau | k‘iau |
| 汕頭[7] | pau | p‘au | p‘au | mau | kiau[11] | k‘iau | |
| 福州[8] | pau | p‘au | p‘au | mau | kieu | kieu | kieu |
| 温州 | pɔ | p‘ɔ | | mɔ | ʨiə | ʥiə | ʥiə |
| 上海[9] | pɔ | p‘ɔ | bɔ | mɔ | ʨiɔ | ʥiɔ | ʥiɔ |
| 北京 | pau | p‘au | p‘au | mau | ʨiau | ʨ‘iau | ʨiau |
| 開封 | pau | p‘au | p‘au | mau | ʨiau | ʨ‘iau | ʨiau |
| 懷慶 | pau | p‘au | p‘au | mau | ʨiau | ʨ‘iau | ʨiau |
| 歸化 | po | p‘o | p‘o | mo | ʨio | ʨ‘io | ʨio |
| 大同 | po | p‘o | p‘o | mo | ʨio | ʨ‘io | ʨio |
| 太原 | pau | p‘au | p‘au | mau | ʨiau | ʨ‘iau | ʨiau |
| 興縣 | pau | p‘au | p‘au | mbau | ʨiu[12] | ʨ‘iu | ʨiu |
| 太谷 | pɔ | p‘ɔ | p‘ɔ | mɔ | ʨyɵ | ʨ‘yɵ | ʨyɵ |
| 文水 | pau | p‘au | p‘au | mbau | ʨiau[13] | ʨ‘ieɯ | ʨieɯ |
| 鳳台 | po | p‘o | p‘o | mo | ʨio | ʨ‘io | ʨio |
| 蘭州 | po | p‘o | p‘o | mo | ʨiɔ | ʨ‘iɔ | ʨiɔ |
| 平涼 | pau | p‘au | p‘au | mau | ʨiau | ʨ‘iau | ʨiau |
| 西安 | pau | p‘au | p‘au | mau | ʨiau | ʨ‘iau | ʨiau |
| 三水 | pau | p‘au | p‘au | mau | ʨiau | ʨ‘iau | ʨiau |
| 四川 | pau | p‘au | p‘au | mau | ʨiau | ʨ‘iau | ʨiau |
| 南京 | pau | p‘au | p‘au | mau | ʨiau | ʨ‘iau | ʨiau |

**[pau]**: 118 **飽**, 119 **豹**, 120 **爆**; ‘豹’ 麗 p‘io, 廣 p‘au; ‘爆’ 客* 温滬* 京 p‘-。——**[p‘au]**: 122 **胞**, 123 **泡**, 124 **拋**; ‘胞’ 安 b-, 粵* 閩吳語北* 同鳳三川京 p-, 是廣韻的又切; ‘泡’ 安 bau; ‘拋’ 麗未詳。——[꜀**b‘au**]: 126 **咆**, 127 **炮**; ‘跑咆炮’ 温 p‘ɔ; 這三個有些 p‘- 音陰調的讀法, 所以合古 p‘au 的些又讀; ‘咆’ 福文谷蘭 p-, 懷京未詳。——[**mau**]: 129 **卯**, 130 **貌**; ‘卯’ 麗 mio, 汕 bau*。

(5) 漢音 -oː 寫作 -a -u, 吳音 -ioː 寫作 -e -u。

(6) 廣州 -au 是 aːu。

(7) 汕頭 ‘交郊’ kiau*, ‘膠攪教校’ kiau, ‘敲* 巧’ k‘iau, ‘孝効’ hiau*, ‘爪’ ʥiau, ‘抄’ ʨiau, ‘稍’ ʨ‘iau, ‘捎’ siau*; ‘膠絞* 攪窖教校 ka, ‘巧’ k‘a, ‘孝’ ha*, ‘拗’ a*, ‘炒鈔*’ ts‘a, ‘罩’ ta*, ‘飽* 豹’ pa, ‘拋’ p‘a*。-iau 跟 -au, -a 並存時, iau 是文言音。

| | 7 | 11 | 16 | 17 | 18 | 19 |
|---|---|---|---|---|---|---|
| 例字 | 妖 | 耀 | 朝 | 超 | 潮 | 兆 |
| 古音 | ʔĭɛu | ĭɛu | ȶĭɛu | ȶ'ĭɛu | ꜀ȡ'ĭɛu | ꜂ȡ'ĭɛu |
| 高麗 | io | io | ʨo | ʨ'o | ʨo | ʨo |
| 漢音[10] | ioː | ioː | ʨoː | ʨoː | ʨoː | ʨoː |
| 吳音[10] | ioː | ioː | ʨoː | ʨoː | ʥoː | ʥoː |
| 安南 | ieu | zieu | ȶieu | sieu | ȶieu | ȶieu |
| 廣州 | iu | iu | ʨiu | ʨ'iu | ʨ'iu | ʨiu |
| 客家 | iau | iau | čau | č'au | č'au | č'au |
| 汕頭[11] | iau | iau | ʨiau | t'iau | ʨ'iau | tiau |
| 福州 | ieu | ieu | tieu | ʨ'ieu | tieu | tieu |
| 溫州 | iə | iə | ʨiə | ʨ'iə | ʥiə | ʥiə |
| 上海 | iɔ | iɔ | tsɔ | ts'ɔ | dzɔ | dzɔ |
| 北京 | iau | iau | ʈʂau | ʈʂ'au | ʈʂ'au | ʈʂau |
| 開封 | iau | iau | ʈʂau | ʈʂ'au | ʈʂ'au | ʈʂau |
| 懷慶 | iau | iau | ʈʂau | ʈʂ'au | ʈʂ'au | ʈʂau |
| 歸化 | io | io | ʈʂo | | ʈʂ'o | ʈʂo |
| 大同 | io | io | ʈʂo | ʈʂ'o | ʈʂ'o | ʈʂo |
| 太原 | iau | iau | tsau | ts'au | ts'au | tsau |
| 興縣[12] | iu | iu | ʈʂu | ʈʂ'u | ʈʂ'u | ʈʂu |
| 太谷 | yɵ | yɵ | tso | | ts'o | tso |
| 文水[12] | iau | iau | ʈʂau | | ʈʂ'ɯ | ʈʂau |
| 鳳台 | io | io | tso | ts'o | ts'o | tso |
| 蘭州 | iɔ | iɔ | ʈɔ | ʈ'ɔ | ʈ'ɔ | ʈɔ |
| 平涼 | iau | iau | ʈau | ʈ'au | ʈ'au | ʈau |
| 西安 | iau | iau | ʈau | ʈ'au | ʈ'au | ʈau |
| 三水 | iau | iau | ʈau | ʈ'au | ʈ'au | ʈau |
| 四川 | iau | iau | ʈʂau | ʈʂ'au | ʈʂ'au | ʈʂau |
| 南京 | iau | iau | ʈʂau | ʈʂ'au | ʈʂ'au | ʈʂau |

(8) 福州 '膠' keu*, '絞狡攪' kieu, '敲巧' k'ieu, '咬' ŋeu*; '交膠絞教' ka*, '敲' k'a, '孝' ha*, '拗' a*, '炒鈔*' ʨ'a, '飽' pa*, '抛' p'a*。

(9) 上海 '交膠絞攪教校酵' kɔ*, '敲' k'ɔ*, '咬' ŋɔ*, '孝' hɔ*, hɔ*, '拗' ɔ*——皆白話音。

---

宵。[kjĭɛu]: 2 嬌, 3 矯。——[꜀g'jĭɛu]: 5 橋; '橋' 安 kɐu*, 福 kio*。——[ʔĭɛu]: 8 夭, 9 邀, 10 要; '要' 溫 e*。——[ĭɛu]: 12 謠, 13 遙, 14 搖, 15 舀; '舀' 封興未詳。——[ȶ'ĭɛu]: '超' 歸 ʂo, 谷 so, 文 ʂau。——[ȡ'ĭɛu]: 20 召; '召' 麗 ʨ'o, 汕 ʨiau*。

| 例字<br>古音 | 21<br>昭<br>ȶɕĭɛu | 25<br>燒<br>ɕĭɛu | 27<br>紹<br>ʑĭɛu | 28<br>饒<br>ȵʑĭɛu | 31<br>燎<br>ljĭɛu | 33<br>焦<br>tsĭɛu | 36<br>悄<br>ts'ĭɛu |
|---|---|---|---|---|---|---|---|
| 高麗 | ȶɕo | so | so | io | io | ȶɕ'o | ȶɕ'o |
| 漢音[10] | ɕoː | ɕoː | ɕoː | ȡʑoː | rioː | ɕoː | ɕoː |
| 呉音[10] | ɕoː | ɕoː | | nioː | rioː | ɕoː | ɕoː |
| 安南 | ȶieu | tieu | t'ieu | ȵieu | lieu | tieu | |
| 廣州 | ȶɕiu | ʂiu | ʂiu | iu | liu | tsiu | ts'iu |
| 客家 | čau | šau | šau | ȵiau | liau | tsiau | ts'iau |
| 汕頭[11] | ȶɕiau | siau | siau | ȡʑiau | liau | ȶɕiau | ȶɕ'iau |
| 福州 | ȶɕieu | sieu | sieu | nieu | lieu | ȶɕieu | ȶɕ'ieu |
| 温州 | ȶɕiə | ɕiə | ʑiə | ȵiə | liə | ȶɕiə | ȶɕ'iə |
| 上海 | tsɔ | sɔ | zɔ | ȵiɔ | leɔ | tsiɔ | ts'iɔ |
| 北京 | ʈʂau | ʂau | ʂau | ʐau | leau | ȶɕiau | ȶɕ'iau |
| 開封 | ʈʂau | ʂau | ʂau | ʐau | leau | tsiau | ts'iau |
| 懷慶 | ʈʂau | ʂau | ʂau | ʐau | liau | ȶɕiau | ȶɕ'iau |
| 歸化 | ʈʂo | ʂo | ʂo | ʐo | leo | ȶɕio | ȶɕ'io |
| 大同 | ʈʂo | ʂo | ʂo | ʐo | leo | ȶɕio | ȶɕ'io |
| 太原 | tsau | sau | sau | zau | leau | ȶɕiau | ȶɕ'iau |
| 興縣[12] | ʈʂu | ʂu | ʂu | ʐu | lyu | ȶɕiu | ȶɕ'iu |
| 太谷 | tso | so | so | zo | lyɵ | ȶɕyɵ | ȶɕ'yɵ |
| 文水[13] | ʈʂau | ʂau | ʂau | ʐɯ | leɯ | ȶɕiau | ȶɕ'iau |
| 鳳台 | tso | so | so | zo | leo | ȶɕio | ȶɕ'io |
| 蘭州 | ʈɔ | ʂɔ | ʂɔ | ʐɔ | leɔ | ȶɕiɔ | ȶɕ'iɔ |
| 平涼 | ʈau | ʂau | ʂau | ʐau | leau | ȶɕiau | ȶɕ'iau |
| 西安 | ʈau | ʂau | ʂau | ʐau | leau | ȶɕiau | ȶɕ'iau |
| 三水 | ʈau | ʂau | ʂau | ʐau | leau | tsiau | ts'iau |
| 四川 | ʈʂau | ʂau | ʂau | ʐau | liau | tsiau | ts'iau |
| 南京 | ʈʂau | ʂau | ʂau | ʐau | liau | tsiau | ts'iau |

**[ȶɕĭɛu]**: 22 招, 23 照, 24 詔; '昭' 麗 so*, 廣 ȶɕ'iu*; '招' 麗 ȶɕ'o。——**[ɕĭɛu]**: 26 少; '少' 福 ȶɕieu*。——**[ʑĭɛu]**: '紹' 日本只有 ɕoː。——**[ȵʑĭɛu]**: 29 繞, 30 擾; '饒繞' 滬 zɔ*, '擾' 滬 dzɔ, zɔ, 皆文言音; '饒' 福 ŋieu*; '繞' 福 nau; '擾' 客 iau, 福 ieu, 温 ʑiə。——**[ljĭɛu]**: 32 療。——**[tsĭɛu]**: 34 椒, 35 勦; '勦' 在温封懷歸同原興鳳從廣韻又切 ꜀dʐ'au 的讀法。——**[ts'ĭɛu]**: 37 俏; '悄俏' 安未詳; '俏' 客*汕*福*三 s-, 歸懷蘭涼 ɕ-, 温未詳。

| 例字<br>古音 | 38<br>樵<br>dz‘ĭɛu | 39<br>宵<br>sĭɛu | 47<br>表<br>pjĭɛu | 50<br>飄<br>p‘jĭɛu | 52<br>瓢<br>b‘jĭɛu | 53<br>苗<br>mjĭɛu |
|---|---|---|---|---|---|---|
| 高麗 | ȶɕ‘o | so | p‘io | p‘io | p‘io | mio |
| 漢音[10] | ɕoː | ɕoː | hioː | hioː | hioː | bioː |
| 吳音[10] | | ɕoː | hioː | hioː | bioː | mioː |
| 安南 | tieu | tieu | bieu | fieu | bieu | mieu |
| 廣州 | ts‘iu | siu | piu | p‘iu | p‘iu | miu |
| 客家 | | siau | piau | p‘iau | p‘iau | miau |
| 汕頭[11] | | siau | piau | p‘iau | p‘iau | miau |
| 福州 | ȶɕieu | sieu | pieu | p‘ieu | p‘ieu | mieu |
| 温州 | | ɕiə | piə | p‘iə | biə | miə |
| 上海 | dziɔ | siɔ | piɔ | p‘iɔ | biɔ | miɔ |
| 北京 | ȶɕ‘iau | ɕiau | piau | p‘iau | p‘iau | miau |
| 開封 | ts‘iau | siau | piau | p‘iau | p‘iau | miau |
| 懷慶 | ȶɕ‘iau | ɕiau | piau | p‘iau | p‘iau | miau |
| 歸化 | ȶɕ‘io | ɕio | pio | p‘io | p‘io | mio |
| 大同 | ȶɕ‘io | ɕio | pio | p‘io | p‘io | mio |
| 太原 | | ɕiau | piau | p‘iau | p‘iau | miau |
| 興縣[12] | ȶɕ‘iu | ɕiu | piu | p‘iu | p‘iu | mbiu |
| 太谷 | | ɕyɵ | pyɵ | p‘yɵ | p‘yɵ | myɵ |
| 文水[13] | | ɕieɯ | piau | p‘eɯ | peɯ | mbiau 另 |
| 鳳台 | ȶɕ‘io | ɕio | pio | p‘io | p‘io | mio |
| 蘭州 | ȶɕ‘iɔ | ɕiɔ | piɔ | p‘iɔ | p‘iɔ | miɔ |
| 平涼 | ȶɕ‘iau | ɕiau | piau | p‘iau | p‘iau | miau |
| 西安 | ȶɕ‘iau | ɕiau | piau | p‘iau | p‘iau | miau |
| 三水 | | siau | piau | p‘iau | p‘iau | miau |
| 四川 | ts‘iau | siau | piau | p‘iau | p‘iau | miau |
| 南京 | ts‘iau | siau | piau | p‘iau | p‘iau | miau |

**[dz‘ĭɛu]**: ‘樵’ 客汕原谷文三 ȶɕ- (是陰調，表示古有 tsĭɛu 的讀法)。——**[sĭɛu]**: 40 **霄**, 41 **銷**, 42 **逍**, 43 **硝**, 44 **小**, 45 **鞘**, 46 **笑**; ‘鞘’ 廣 ts‘-, 北山西 (除掉興縣) 麗 ȶɕ‘-; 汕 sau*; ‘笑’ 福 ȶɕ‘ieu。——**[pjĭɛu]**: 48 **標**, 49 **裱**; ‘標’ 客* 汕 p‘iau, 興 p‘iu*, 鳳 p‘io, 安 tieu; ‘裱’ 麗未詳。——**[p‘jĭɛu]**: 51 **嫖**; ‘嫖’ 在境內大都讀的好像古音是 ꜀b‘jĭɛu。——**[mjĭɛu]**: 54 **描**, 55 **貓**, 56 **渺**, 57 **杪**, 58 **藐**, 59 **廟**, 60 **妙**; 文另 ‘渺’ 字; ‘貓’ 很多照廣韻 ꜀mau 的又切讀的 [並且常讀陰平]; ‘渺藐妙’ 安 zieu; ‘杪’ 麗安未詳。

(10) 日本 -ioː (-oː) 寫作 -e-u (kioː ke-u, ȶɕoː te-u 等等)。

(11) 汕頭 ‘橋* 轎’ kie, ‘搖* 舀’ ie, ‘潮’ tie*, ‘招照詔少椒’ ȶɕie*, ‘燒霄小’ sie*, ‘笑’ ȶɕ‘ie (跟 ȶɕ‘iau), ‘表標裱’ pie*, ‘描廟’ bie*。-ie, -iau 並存時 -iau 是文言音。

| 例字<br>古音 | 蕭<br>61<br>叫<br>kieu | 66<br>竅<br>k'ieu | 67<br>堯<br>ŋieu | 68<br>曉<br>xieu | 69<br>尿<br>nieu | 70<br>聊<br>lieu | 78<br>刁<br>tieu |
|---|---|---|---|---|---|---|---|
| 高麗 | kio 另 | | io | hio | io | io | ȶɕo |
| 漢音[14] | kio: | kio: | gio: | kio: | ȡʑo: | rio: | ȶɕo: |
| 吳音[14] | kio: | kio: | gio: | kio: | nio: | rio: | ȶɕo: |
| 安南 | kieu | k'ieu | ŋieu | hieu | | lieu | ɗieu |
| 廣州 | kiu | k'iu | iu | hiu | niu | liu | tiu |
| 客家 | kiau | k'iau | ȵiau | hiau | ȵiau | liau | tiau |
| 汕頭[15] | kiau | k'iau | ŋiau | hiau | niau | liau | tiau |
| 福州 | kieu | k'ieu | ŋieu | hieu | nieu | lieu | tieu |
| 温州 | ȶɕiə | ȶɕ'iə | ȵia | ɕia | | liə | tiə |
| 上海 | ȶɕiɔ | ȶɕ'iɔ | iɔ | ɕiɔ | ȵiɔ | leɔ | tiɔ |
| 北京 | ȶɕiau | ȶɕ'iau | iau | ɕiau | niau | leau | tiau |
| 開封 | ȶɕiau | ȶɕ'iau | iau | ɕiau | ȵiau | leau | tiau |
| 懷慶 | ȶɕiau | ȶɕ'iau | iau | ɕiau | ȵiau | liau | tiau |
| 歸化 | ȶɕio | ȶɕ'io | io | ɕio | ȵio | leo | tio |
| 大同 | ȶɕio | ȶɕ'io | io | ɕio | ȵio | leo | tio |
| 太原 | ȶɕiau | ȶɕ'iau | iau | ɕiau | ȵiau | leau | tiau |
| 興縣 | ȶɕiu | ȶɕ'iu | iu | ɕiu | ȵȡiu | lyu | tiu |
| 太谷 | ȶɕyɵ | ȶɕ'yɵ | yɵ | ɕyɵ | ȵyɵ | lyɵ | tyɵ |
| 文水[16] | ȶɕiau | ȶɕ'iau | iau | ɕieɯ | ȵȡiau | leau | tiau |
| 鳳台 | ȶɕio | ȶɕ'io | io | ɕio | ȵio | leo | tio |
| 蘭州 | ȶɕiɔ | ȶɕ'iɔ | iɔ | ɕiɔ | ȵiɔ | leɔ | tiɔ |
| 平涼 | ȶɕiau | ȶɕ'iau | iau | ɕiau | ȵiau | leau | tiau |
| 西安 | ȶɕiau | ȶɕ'iau | iau | ɕiau | ȵiau | leau | tiau |
| 三水 | ȶɕiau | ȶɕ'iau | iau | ɕiau | ȵiau | leau | tiau |
| 四川 | ȶɕiau | ȶɕ'iau | iau | ɕiau | niau | liau | tiau |
| 南京 | ȶɕiau | ȶɕ'iau | iau | ɕiau | liau | liau | tiau |

(12) 興縣 -u (是個開 u, 傾向於 -ɷ)。

(13) 文水 -ieɯ, -eɯ, -ɯ, 除表中所注外, 還見於: '驕* 嬌椒勦' ȶɕieɯ, '天邀要謠遙搖舀' ieɯ, '招照' ȶʂɯ, '苗描廟妙' mbeɯ。

---

蕭。[**kieu**]: 62 澆, 63 梟, 64 皎, 65 繳; 麗另 '澆' 字; '叫' 麗 kiu; '澆' 麗 io*, 客 hiau, 福 hieu, 北 ɕiau*; '梟' 在麗跟境內方言讀的好像古音有 xj-; 谷三京未詳; '皎' 在粵温興谷是讀的好像古音是 ᶜkau; '繳' 安 zau。——[**k'ieu**]: '竅' 麗 kiu, 廣 hiu*。——[**nieu**]: '尿' 福 nia*, 安温未詳。——[**lieu**]: 71 撩, 72 僚, 73 遼, 74 寥, 75 了, 76 瞭, 77 料; '了' 福 lau*; 當助詞用官話中有各種縮短的讀法 (la, lə, lo 等); '料' 福 lay*。——[**tieu**]: 79 貂, 80 凋, 81 鵰, 82 雕, 83 弔, 84 釣, 85 寫; '刁' 福 t'ieu*; '貂' 麗 ȶɕ'o; '弔' 福 tay*。

| | | | | | | 侯 | |
|---|---|---|---|---|---|---|---|
| | 86 | 88 | 91 | 92 | 94 | 1 | 10 |
| 例字 | 挑 | 調 | 掉 | 消 | 漂 | 鉤 | 口 |
| 古音 | tʻieu | ꜀dʻieu | dʻieuʾ | sieu | pʻieu | kə̆u | kʻə̆u |
| 高麗 | ʨo | ʨo | ʨo | so | pʻio | ku | ku |
| 漢音[14] | ʨoː | ʨoː | ʨoː | ɕoː | hioː | koː[1] | koː |
| 吳音[14] | ʨoː | ʥoː | ʥoː | ɕoː | hioː | ku | ku |
| 安南 | | ɖieu | | tieu | fieu | kɐu | kʻɐu |
| 廣州 | tʻiu | tʻiu | tiu | siu | pʻiu | kau[2] | hau |
| 客家 | tʻiau | tʻiau | tʻiau | siau | pʻiau | keu | kʻeu |
| 汕頭[15] | tʻiau | tʻiau | tʻiau | siau | pʻiau | kou[3] | kʻou 另 |
| 福州 | tʻieu | tieu | | sieu | pʻieu | keu[4] | kʻeu |
| 溫州 | tʻiə | diə | diə | ɕiə | pʻiə | kau | kʻau |
| 上海 | tʻiɔ | diɔ | diɔ | siɔ | pʻiɔ | kəu | kʻəu |
| 北京 | tʻiau | tʻiau | tiau | ɕiau | pʻiau | kou | kʻou |
| 開封 | tʻiau | tʻiau | tiau | siau | pʻiau | kou | kʻou |
| 懷慶 | tʻiau | tʻiau | tiau | ɕiau | pʻiau | kou | kʻou |
| 歸化 | tʻio | tʻio | tio | ɕio | pʻio | kɛu | kˠɛu |
| 大同 | tʻio | tʻio | tio | ɕio | pʻio | kɛu | kʻɛu |
| 太原 | tʻiau | tʻiau | tiau | ɕiau | pʻiau | kɛu | kʻɛu |
| 興縣 | tʻiu | tʻiu | tiu | ɕiu | pʻiu | ko | kʻo |
| 太谷 | tʻyɵ | tʻyɵ | tyɵ | ɕyɵ | pʻyɵ | kəɵ | k əɵ |
| 文水[16] | tʻeɯ | tʻeɯ | teɯ | ɕieɯ | pʻeɯ | kəɵ | kʻəɵ |
| 鳳台 | tʻio | tʻio | tio | ɕio | pʻio | kaɯ | kʻaɯ |
| 蘭州 | tʻiɔ | tʻiɔ | tiɔ | ɕiɔ | pʻiɔ | kəɯ | kʻəɯ |
| 平涼 | tʻiau | tʻiau | tiau | ɕiau | pʻiau | kou | kʻou |
| 西安 | tʻiau | tʻiau | tiau | ɕiau | pʻiau | kou | kʻou |
| 三水 | tʻiau | tʻiau | tiau | siau | pʻiau | kou | kʻou |
| 四川 | tʻiau | tʻiau | tiau | siau | pʻiau | kəo | kʻəo |
| 南京 | tʻiau | tʻiau | tiau | siau | pʻiau | kəɵ | kʻəɵ |

**[tʻieu]**: 87 糶; '挑糶' 安未詳。——[꜀**dʻieu**]: 89 條, 90 跳; '調* 條' 福 teu; '條' 汕 tiau; '跳' 在境內到處都讀的好像古音是 tʻieuʾ。 [譯者按廣韻他弔切下有"越越也,"當是方言所據的字。]——[**dʻieu**]: '掉' 參考 370 頁定母例外字 c) 節下 '掉' 字。——[**sieu**]: 93 嘯; '嘯' 北*, 封 ʂau, 汕* 文西涼 sau, 谷蘭溫 (Parker) sɔ。

(14) 日本 -ioː (-oː) 寫作 -e-u。

(15) 汕頭 '叫' kie*, '尿' ʥie*, '釣' tiẽ*, '挑糶' tʻie*, '漂' pʻie*。

(16) 文水 -ieɯ, -eɯ, 除表中所注外, 還見於 '澆' ʨieɯ, '了瞭料.' leɯ, '貂凋鵰雕弔釣寫 teɯ。

---

侯。 [**kə̆u**]: 2 溝, 3 狗, 4 苟, 5 垢, 6 詬, 7 彀, 8 購 9 搆; '詬' 廣* 汕* 滬 h-, 京未詳。——[**kʻə̆u**]: 11 摳, 12 叩, 13 扣, 14 釦, 15 寇; 汕另 '釦' 字; '口' 客 heu*; '摳' 溫 au (Parker), 歸 ŋgɛu, 封 ɣou, 興 ŋgo 合乎集韻切 ʔə̆u 的讀法; 安汕 kʻu; '叩* 扣' 汕 kʻa; '摳叩扣釦寇' 廣 kʻau。

| | 16 | 18 | 19 | 25 | 29 | 30 | 34 | 40 |
|---|---|---|---|---|---|---|---|---|
| 例字 | 偶 | 齁 | 侯 | 謳 | 耨 | 髏 | 斗 | 偷 |
| 古音 | ŋə̆u | xə̆u | ɣə̆u | ˀə̆u | nə̆u | lə̆u | tə̆u | t‘ə̆u |
| 高麗 | u | hu | hu | ku | nu | nu | tu | t‘u |
| 漢音[1] | goː | koː | koː | oː | doː | roː | toː | toː |
| 吳音 | gu | ku | gu | u | nu | ru | tsu | tsu |
| 安南 | ŋɐu | hɐu | hɐu | ɐu | ȵɐu | lɐu | ɗɐu | t‘ɐu |
| 廣州[2] | ŋau | hau | hau | au | nau | lau | tau | t‘au |
| 客家 | ȵieu | heu | heu | eu | ȵieu | leu | teu | t‘eu |
| 汕頭[3] | ŋou | | hou | ou | nou | lou | tou | t‘ou |
| 福州[4] | ŋeu | heu | heu | eu | nay$^{2}$ | leu | teu | t‘eu |
| 温州 | ŋau | hau | ɦau | au | | lau | tau | t‘au |
| 上海 | ŋəu | həu | ɦəu | əu | nəu | ləu | təu | t‘əu |
| 北京 | ou | xou | xou | ou | nou | lou | tou | t‘ou |
| 開封 | ɣou | xou | xou | ɣou | nou | lou | tou | t‘ou |
| 懷慶 | ɣou | | xou | ɣou | | lou | tou | t‘ou |
| 歸化 | ŋgɛu | | xɛu | ŋgɛu | nɛu | lɛu | tɛu | t‘ɛu |
| 大同 | nɛu | xɛu | xɛu | nɛu | nɛu | lɛu | tɛu | t‘ɛu |
| 太原 | ɣɛu | | xɛu | ɣɛu | nɛu | lɛu | tɛu | t‘ɛu |
| 興縣 | ŋgo | | xo | ŋgo | | lo | to | t‘o |
| 太谷 | ŋgəɵ | | xəɵ | ŋgəɵ | | ləɵ | təɵ | t‘əɵ |
| 文水 | ŋgəɵ | | xəɵ | ŋgəɵ | ndəɵ | ləɵ | təɵ | t‘əɵ |
| 鳳台 | ɣaɯ | | xaɯ | ɣaɯ | | laɯ | taɯ | t‘aɯ |
| 蘭州 | nəɯ | | xəɯ | nəɯ | nəɯ | ləɯ | təɯ | t‘əɯ |
| 平涼 | ŋou | | xou | ŋou | | lu | tou | t‘ou |
| 西安 | ŋou | xou | xou | ŋou | nou | lou | tou | t‘ou |
| 三水 | ŋou | xou | xou | ŋou | lou | lou | tou | t‘ou |
| 四川 | ŋəo | xəo | xəo | ŋəo | ləo | ləo | təo | t‘əo |
| 南京 | əɵ | xəɵ | xəɵ | əɵ | ləɵ | ləɵ | təɵ | t‘əɵ |

**[ŋə̆u]**: 17 藕。——**[xə̆u]**: ‘齁’ 汕 hiu, 懷 xau, 歸 xo, 原 xu, 谷 xuɵ, 文水 xua, 鳳 xɯa, 興蘭涼未詳。——**[ɣə̆u]**: 20 喉, 21 厚, 22 后, 23 後, 24 候; ‘喉’ 福 hœ*, hɔ*, 滬 ɦu*。——**[ʔə̆u]**: 26 嘔, 27 毆, 28 漚; ‘嘔’ 汕 u*。——**[nə̆u]**: ‘耨’ 温 nə (Parker), 懷 nu, 三 zʮ*, 谷涼興未詳。——**[lə̆u]**: 31 樓, 32 摟, 33 漏; ‘髏*樓’ 汕 liu; ‘摟’ 汕 lu; ‘漏’ 安 lau*。——**[tə̆u]**: 35 兜, 36 篼, 37 抖, 38 陡, 39 鬥; ‘篼’ 麗安滬蘭封未詳; ‘抖’ 客滬 t‘-*; ‘鬥’ 麗 t‘u, 汕 tu*。——**[t‘ə̆u]**: 41 透; ‘透’ 汕 t‘iau*。——**[꜀d‘ə̆u]**: 43 投; ‘頭’ 温 diu*, 汕 t‘iu*; ‘投’ 麗 t‘u。——**[d‘ə̆u꜄]**: 45 逗, 46 荳; ‘逗’ 安未詳; ‘荳’ 温 diu。——**[tsə̆u]**: 48 奏。——**[ts‘ə̆u]**: ‘湊’ 吳音 ɕu* (si-yu), 汕 ts‘u*。——**[sə̆u]**: 51 擻, 52 嗽; ‘叟’ 汕 siau*; ‘擻’ 封未詳; ‘嗽’ 原 su, 吳音 ɕu (si-yu)。——**[p‘ə̆u]**: ‘剖’ 滬 p‘u*; 在封山西陝西甘肅讀的好像古音是 p‘ɑu (文 p‘ɯ), 懷原未詳。——**[mə̆u]**: ‘畝牡某母拇’: 有三類字 (參考下 668 頁 pjĭə̆u, b‘jĭə̆u): A 類: 54 畝; 還有大致跟 ‘畝’ 字一塊兒走的

| 例字<br>古音 | 42<br>頭<br>꜀d‘ŏu | 44<br>豆<br>d‘ŏu꜄ | 47<br>走<br>tsŏu | 49<br>湊<br>ts‘ŏu | 50<br>叟<br>sŏu | 53<br>剖<br>p‘ŏu | 54<br>畝<br>mŏu | 57<br>母<br>mŏu |
|---|---|---|---|---|---|---|---|---|
| 高麗 | tu | tu | ȶɕu | ȶɕu | su | pu | mu | mu |
| 漢音[1] | toː | toː | soː | soː | soː | hoː | boː | boː |
| 吳音 | dzu | dzu | su | su | su | fu | mu | mo |
| 安南 | ɗɐu | ɗɐu | tɐu | t‘ɐu | tɐu | fɐu | mɐu | mɐu |
| 廣州[2] | t‘au | tau | tsau | ts‘au | sau | p‘au | mau | mou |
| 客家 | t‘eu | t‘eu | tseu | ts‘eu | seu | p‘eu | meu | mu |
| 汕頭[3] | t‘ou | tou | tsou | ts‘ou | sou | p‘ou | bou | bu |
| 福州[4] | t‘eu | tay² | ȶɕeu | ȶɕ‘ay꜄ | seu | p‘eu | meu | mu |
| 温州 | dau | dau | tsau | ts‘au | sau | p‘ə | mə | mu |
| 上海 | dəu | dəu | tsəu | ts‘əu | səu | p‘əu | məu | mu |
| 北京 | t‘ou | tou | tsou | ts‘ou | sou | p‘ou | mou | mu |
| 開封 | t‘ou | tou | tsou | ts‘ou | sou | | mu | mu |
| 懷慶 | t‘ou | tou | tsou | ts‘ou | sou | | mu | mu |
| 歸化 | t‘ɛu | tɛu | tsɛu | ts‘ɛu | sɛu | | mu | mu |
| 大同 | t‘ɛu | tɛu | tsɛu | ts‘ɛu | sɛu | | mũ | mũ |
| 太原 | t‘ɛu | tɛu | tsɛu | ts‘ɛu | sɛu | | mu | mu |
| 興縣 | t‘o | to | tso | ts‘o | so | | mbu | mbu |
| 太谷 | t‘əɵ | təɵ | tsəɵ | ts‘əɵ | səɵ | | mu | mu |
| 文水 | t‘əɵ | təɵ | tsəɵ | ts‘əɵ | səɵ | | mbu | mbu |
| 鳳台 | t‘aɯ | taɯ | tsaɯ | ts‘aɯ | saɯ | | m | m |
| 蘭州 | t‘əɯ | təɯ | tsəɯ | ts‘əɯ | səɯ | | mu | mu |
| 平涼 | t‘ou | tou | tsou | ts‘ou | tsou | | mu | mu |
| 西安 | t‘ou | tou | tsou | ts‘ou | sou | | mu | mu |
| 三水 | t‘ou | tou | tsou | ts‘ou | sou | | mu | mu |
| 四川 | t‘əo | təo | tsəo | ts‘əo | səo | | moŋ | mu |
| 南京 | t‘əɵ | təɵ | tsəɵ | ts‘əɵ | səɵ | | mu | mu |

55 牡, 56 某; ‘畝牡’ 北 mu*; ‘畝’ 滬 m*, 福 mu*; ‘牡’ 廣 maːu, 汕 moŋ*; ‘某’ 福温 mu, 汕 moŋ, 安 mo, 京 məɵ; B 類: 57 母還有大致跟它一塊兒走的 58 拇; ‘母’ 福 mɔ*, 汕 bo*, mo*, 滬 m*; ‘拇’ 廣 mau*, 福 mɔ*, 滬 məu*; C 類: 59 茂, 60 貿在北河南山西甘肅陜西讀的好像古音是 mɑu; 京 məɵ; 其餘方言如 ‘畝’ 字變法(福 may² 因爲去聲的緣故), 可是 ‘茂’ 吳音 mo, 汕 moŋ。

(1) 漢音 -oː 寫作 -o -u。

(2) 廣州 -au 的 a 是短 a (跟前効攝 aːu 的長 a 不同)。

(3) 汕頭 ‘鉤溝狗彀搆侯厚’ kau*, ‘口釦* k‘au, ‘喉后後漚’ au*, ‘嘔毆’ au, ‘後候’ hau*, ‘髏* 樓漏’ lau, ‘斗* 兜篼抖陡閂* 投豆* 荳’ tau, ‘偸透頭’ t‘au, ‘走* 奏’ tsau, ‘嗽’ sau*。-ou, -au 並存時 -ou 是文言音。

| | 尤 1 | 7 | 8 | 13 | 17 | 18 | 20 |
|---|---|---|---|---|---|---|---|
| 例字 | 九 | 丘 | 求 | 舊 | 牛 | 休 | 優 |
| 古音 | kjĭə̆u | k‘jĭə̆u | ꜀g‘jĭə̆u | g‘jĭə̆u | ŋjĭə̆u | xjĭə̆u | ˀĭə̆u |
| 高麗 | ku | ku | ku | ku | u | hu 另 | u |
| 漢音[5] | kiuː | kiuː | kiuː | kiuː | giuː | kiuː | iuː |
| 吳音[5] | ku | ku | gu | gu | gu | ku | u |
| 安南 | kɯu | k‘ɯu | kɐu | kɯu | ŋɯu | hɯu | ɯu |
| 廣州[6] | kau | | k‘au | kau | ŋau | | iau |
| 客家 | kiu | k‘iu | k‘iu | k‘iu | ȵiu | hiu | iu |
| 汕頭[7] | kiu | k‘iu | k‘iu | k‘iu | ŋiu | | iu |
| 福州[8] | kiu | k‘iu | kiu | keu | ŋiu | hiu | iu |
| 温州 | ȶɕiau | ȶɕ‘iau | ȡʑiau | ȡʑiau | ŋau | ɕiau | iau |
| 上海(一) | ȶɕiə | ȶɕ‘iə | ȡʑiə | ȡʑiə | ȵiə | ɕiə | iə |
| 北京[9] | ȶɕiu | ȶɕ‘iu | ȶɕ‘iu | ȶɕiu | niu | ɕiu | iu |
| 開封 | ȶɕiu | ȶɕ‘iu | ȶɕ‘iu | ȶɕiu | ȵiu | ɕiu | iu |
| 懷慶 | ȶɕiu | ȶɕ‘iu | ȶɕ‘iu | ȶɕiu | ȵiu | ɕiu | iu |
| 歸化 | ȶɕieu | ȶɕ‘ieu | ȶɕ‘ieu | ȶɕieu | ȵieu | ɕieu | ieu |
| 大同 | ȶɕieu | ȶɕ‘ieu | ȶɕ‘ieu | ȶɕieu | ȵieu | ɕieu | ieu |
| 太原 | ȶɕieu | ȶɕ‘ieu | ȶɕ‘ieu | ȶɕieu | ȵieu | ɕieu | ieu |
| 興縣 | ȶɕio | ȶɕ‘io | ȶɕ‘io | ȶɕio | ȵȡio | ɕio | io |
| 太谷 | ȶɕieɵ | ȶɕ‘ieɵ | ȶɕ‘ieɵ | ȶɕieɵ | ȵieɵ | ɕieɵ | ieɵ |
| 文水 | ȶɕieɵ | ȶɕ‘ieɵ | ȶɕ‘ieɵ | ȶɕieɵ | ȵȡieɵ | ɕieɵ | ieɵ |
| 鳳台 | ȶɕiaɯ | ȶɕ‘iaɯ | ȶɕ‘iaɯ | ȶɕiaɯ | niaɯ | ɕiaɯ | iaɯ |
| 蘭州 | ȶɕiɯ | ȶɕ‘iɯ | ȶɕ‘iɯ | ȶɕiɯ | ȵiɯ | ɕiɯ | iɯ |
| 平涼 | ȶɕiu | ȶɕ‘iu | ȶɕ‘iu | ȶɕiu | ȵiu | ɕiu | iu |
| 西安 | ȶɕiu | ȶɕ‘iu | ȶɕ‘iu | ȶɕiu | ȵiu | ɕiu | iu |
| 三水 | ȶɕiu | ȶɕ‘iu | ȶɕ‘iu | ȶɕiu | ȵiu | ɕiu | iu |
| 四川 | ȶɕiu | ȶɕ‘iu | ȶɕ‘iu | ȶɕiu | niu | ɕiu | iu |
| 南京 | ȶɕiu | ȶɕ‘iu | ȶɕ‘iu | ȶɕiu | liu | ɕiu | iu |

(4) 福州平上 -eu: 去聲 -ay, 所以 -ay 見於: ‘垢詬彀購搆’ kayᵓ, ‘叩扣釦寇’ k‘ayᵓ, ‘厚后後候’ hay², ‘漚’ ay, ‘耨’ nay, ‘漏’ lay, ‘鬥豆逗荳’ tay, ‘透’ t‘ay, ‘奏’ ȶɕay, ‘湊’ ȶɕ‘ay, ‘嗽’ say, ‘茂貿’ may。還有 ‘釦溝垢彀厚’ kau*, ‘口’ k‘au*, ‘藕’ ŋau*, ‘後’ hau*, ‘後嘔’ au*, ‘樓’ lau*, ‘斗兜篼投豆荳’ tau*, ‘頭’ t‘au*, ‘走’ ȶɕau*, ‘嗽’ sau*——皆白話音。

(一) 原文上海 əu, ieu 與事實相差太遠, 現在改作 ə, iə (嚴式是 ɤ, iɤ)。(參看 231 頁 əu 類下, 嚴式作 əɵ。)

---

尤。[kjĭə̆u]: 2 鳩, 3 韭, 4 久, 5 救, 6 究; ‘鳩’ 廣* 福* 汕 k‘-, 客 keu。——[k‘jĭə̆u]: ‘丘’ 廣 iau, 客 hiu*。——[g‘jĭə̆u]: 9 裘, 10 球, 11 逑, 12 毬; ‘裘’ 汕 hiũ*。——[g‘jĭə̆uᵓ]: 14 柩, 15 臼, 16 舅; 三另 ‘柩’ 字; ‘舊’ 三 ȶɕ‘iu; ‘柩’ 客 kiu; ‘臼舅’ 廣 k‘au; ‘舅’ 安 kɐu。——[ŋjĭə̆u]: ‘牛’ 汕 gu*, 福 ŋu*, 封 ɣou*, 鳳 ɣaɯ*。——[xjĭə̆u]: 19 朽; 麗另 ‘朽’ 字; ‘休朽’ 廣 iau, 汕 hiũ; ‘休’ 麗 hiu; ‘朽’ 安 hu。

| 例字<br>古音 | 22<br>友<br>jĭə̆u | 29<br>油<br>ĭə̆u | 38<br>縐<br>ʈʂĭə̆u | 40<br>愁<br>ɖʐ'ĭə̆u | 41<br>瘦<br>ʂĭə̆u | 43<br>肘<br>ŧĭə̆u |
|---|---|---|---|---|---|---|
| 高麗 | u | iu | ȶɕ'u | su | su | ȶɕu |
| 漢音[5] | iu: | iu: | ɕu: | ɕu: | ɕu: | ȶɕu: |
| 吳音[5] | u | iu | ɕu | ȡʑu | ɕu | ȶɕu |
| 安南 | hɯu | zu | ŧɯu | sɐu | sɐu | ŧɯu |
| 廣州[6] | iau | iau | tsau | ʂau | ʂau | ȶɕau |
| 客家 | iu | iu | tsiu | seu | seu | čiu 另 |
| 汕頭[7] | iu | iu | ȡʑiu | ȶɕ'iu | sou | ȶɕiu |
| 福州[8] | iu | iu | ȶɕayᵓ | ȶɕ'eu | sayᵓ | tiu |
| 溫州 | iau | iau | tsau | zau | sau | tsiu |
| 上海 | iə | iə | tsə | dzə | sə | tsə |
| 北京[9] | iu | iu | ʈʂou | ʈʂ'ou | ʂou | ʈʂou |
| 開封 | iu | iu | ʈʂou | ʈʂ'ou | ʂou | ʈʂou |
| 懷慶 | iu | iu | tsou | ts'ou | sou | ʈʂou |
| 歸化 | ieu | ieu | tsɛu | ts'ɛu | sɛu | ʈʂɛu |
| 大同 | ieu | ieu | tsɛu | ts'ɛu | sɛu | ʈʂɛu |
| 太原 | ieu | ieu | tsɛu | ts'ɛu | sɛu | tsɛu |
| 興縣 | io | io | tso | ts'o | so | ʈʂo |
| 太谷 | ieɵ | ieɵ | tsəɵ | ts'əɵ | səɵ | tsəɵ |
| 文水 | ieɵ | ieɵ | tsəɵ | ts'əɵ | səɵ | ʈʂəɵ |
| 鳳台 | iaɯ | iaɯ | tsaɯ | ts'aɯ | saɯ | tsaɯ |
| 蘭州 | iɯ | iɯ | tsəɯ | ts'əɯ | səɯ | ʈəɯ |
| 平涼 | iu | iu | tsou | ts'ou | sou | ʈou |
| 西安 | iu | iu | tsou | ts'ou | sou | ʈou |
| 三水 | iu | iu | tsou | ts'ou | sou | ʈou |
| 四川 | iu | iu | | ts'əo | səo | ʈʂəo |
| 南京 | iu | iu | ʈʂəɵ | ʈʂ'əɵ | səɵ | ʈʂəɵ |

**[ʔĭə̆u]**: 21 憂。——**[jĭə̆u]**: 23 尤, 24 郵, 25 有, 26 又, 27 宥, 28 右; '尤郵' 安 vɯu; '有宥' 麗 iu; '又' 滬 i*。——**[ĭə̆u]**: 30 悠, 31 游, 32 猶 33 猷, 34 由, 35 酉, 36 莠, 37 誘; '油* 酉莠' 安 zɐu; '悠' 汕 hiũ; '由' 安 zɔ; '莠' 看第九章影喻母下古代兩讀字一段。——**[ʈʂĭə̆u]**: 39 皺; '縐皺' 川 tsoŋ (Grainger), 滬 tsiə*; '縐' 汕 ȡʑiau*。——**[ɖʐ'ĭə̆u]**: '愁' 汕 ts'ou*, ts'au*。——**[ʂĭə̆u]**: 42 搜; '搜' 安 sɯu, 福 seu, 廣北封 s-, 汕 siau。——**[ŧĭə̆u]**: 44 晝; 客另 '晝' 字; '肘' 客 tsiu; '晝' 安 ŧu, 汕 tiu。

| | 45 | 47 | 51 | 57 | 59 | 64 | 66 | 70 |
|---|---|---|---|---|---|---|---|---|
| 例字 | 抽 | 紬 | 周 | 醜 | 守 | 酬 | 壽 | 柔 |
| 古音 | ȶ'ĭə̆u | ȡ'ĭə̆u | ȶɕĭə̆u | ȶɕ'ĭə̆u | ɕĭə̆u | ꜀ʑĭə̆u | ʑĭə̆uᵓ | ȵʑĭə̆u |
| 高麗 | ȶɕ'u | ȶɕu | ȶɕu | ȶɕ'u | su | su | su | iu |
| 漢音[5] | ȶɕu: | ȶɕu: | ɕu: | ɕu: | ɕu: | ɕu: | ɕu: | ȡʑu: |
| 吳音[5] | ȶɕu | ȡʑu | ɕu | ɕu 另 | ɕu | ȡʑu | ȡʑu | niu |
| 安南 | sɐu | ȶɯu | ȶɐu | su | t'u | t'u | t'ɔ | ȵu |
| 廣州[6] | ȶɕ'au | ȶɕ'au | ȶɕau | ȶɕ'au | ʂau | ȶɕ'au | ʂau | iau |
| 客家 | č'iu | č'iu | čiu | č'iu | šiu | č'iu | šiu | iu |
| 汕頭[7] | t'iu | t'iu 另 | ȶɕiu | ȶɕ'iu | siu | ȶɕ'iu | siu | ȡʑiu |
| 福州[8] | t'iu | tiu | ȶɕiu | ȶɕ'iu | siu | siu | seu² | iu |
| 温州 | ts'iu | dziu | tsiu | ts'iu | siu | dziu | ziu | ziu |
| 上海 | ts'ə | dzə | tsə | ts'ə | sə | dzə | zə | dzə |
| 北京[9] | ʈʂ'ou | ʈʂ'ou | ʈʂou | ʈʂ'ou | ʂou | ʈʂ'ou | ʂou | ʐou |
| 開封 | ʈʂ'ou | ʈʂ'ou | ʈʂou | ʈʂ'ou | ʂou | ʈʂ'ou | ʂou | ʐou |
| 懷慶 | ʈʂ'ou | ʈʂ'ou | ʈʂou | ʈʂ'ou | ʂou | ʈʂ'ou | ʂou | ʐou |
| 歸化 | ʈʂ'ɛu | ʈʂ'ɛu | ʈʂɛu | ʈʂ'ɛu | ʂɛu | ʈʂ'ɛu | ʂɛu | ʐɛu |
| 大同 | ʈʂ'ɛu | ʈʂ'ɛu | ʈʂɛu | ʈʂ'ɛu | ʂɛu | ʈʂ'ɛu | ʂɛu | ʐɛu |
| 太原 | ts'ɛu | ts'ɛu | tsɛu | ts'ɛu | sɛu | ts'ɛu | sɛu | zɛu |
| 興縣 | ʈʂ'o | ʈʂ'o | ʈʂo | ʈʂ'o | ʂo | ʈʂ'o | ʂo | ʐo |
| 太谷 | ts'əɵ | ts'əɵ | tsəɵ | ts'əɵ | səɵ | ts'əɵ | səɵ | zəɵ |
| 文水 | ʈʂ'əɵ | ʈʂ'əɵ | ʈʂ'əɵ | ʈʂ'əɵ | ʂəɵ | ʈʂ'əɵ | ʂəɵ | ʐəɵ |
| 鳳台 | ts'aɯ | ts'aɯ | tsaɯ | ts'aɯ | saɯ | ts'aɯ | saɯ | zaɯ |
| 蘭州 | ʈ'əɯ | ʈ'əɯ | ʈəɯ | ʈ'əɯ | ʂəɯ | ʈ'əɯ | səɯ | zəɯ |
| 平涼 | ʈ'ou | ʈ'ou | ʈou | ʈ'ou | ʂou | ʈ'ou | ʂou | ʐou |
| 西安 | ʈ'ou | ʈ'ou | ʈou | ʈ'ou | ʂou | ʈ'ou | ʂou | ʐou |
| 三水 | ʈ'ou | ʈ'ou | ʈou | ʈ'ou | ʂou | ʈ'ou | ʂou | ʐou |
| 四川 | ʈʂ'əo | ʈʂ'əo | ʈʂəo | ʈʂ'əo | ʂəo | ʈ'əo | ʂəo | ʐəo |
| 南京 | ʈʂ'əɵ | ʈʂ'əɵ | ʈʂəɵ | ʈʂ'əɵ | ʂəɵ | ʈʂəɵ | ʂəɵ | ʐəɵ |

[**ȶ'ĭə̆u**]: 46 丑; '抽, 安 ȶɯu*; '丑' 安 sɯu。——[**ȡ'ĭə̆u**]: 48 儔, 49 籌, 50 稠; 汕另 '儔' 字; '紬' 汕 tiu; '儔籌稠' 安 ȶu; '儔籌' 福 t'iu; '儔' 汕 ȶɕ'iu*; '稠' 福 ȶɕiu。——[**ȶɕĭə̆u**]: 52 州, 53 洲, 54 舟, 55 帚, 56 咒; '洲' 汕 ȶɕ'iu*; '帚' 麗 ȶɕu, 安 ȶɯu, 福 ȶɕ'iu, 北 ʈʂ'u*, 文谷興 tsu, 蘭 ʈu; '咒' 安 ȶu。——[**ȶɕ'ĭə̆u**]: 58 臭; 吳音另 '臭'; '醜' 吳音 su。——[**ɕĭə̆u**]: 60 收, 61 首, 62 手, 63 獸; '收' 安 t'ɐu; '手' 汕* 福 ȶɕ'iu; '獸' 吳音 ȡʑu, 客 č'iu。——[**꜀ʑĭə̆u**]: 65 讎; '酬' 廣 ʂau*。——[**'ʑĭə̆u**]: 67 受, 68 授, 69 售; '授*售' 溫 dzəu; '售' 汕 ȶɕ'iu*, 客 č'iu, 蘭 ʈ'əɯ。——[**ȵʑĭə̆u**]: 71 揉。

| 例字<br>古音 | 72<br>鈕<br>njĭəu | 74<br>流<br>ljĭəu | 83<br>酒<br>tsĭəu | 85<br>秋<br>tsʻĭəu | 86<br>就<br>dzʻĭəu | 87<br>羞<br>sĭəu | 92<br>囚<br>꜀zĭəu | 93<br>袖<br>zĭəu꜄ |
|---|---|---|---|---|---|---|---|---|
| 高麗 | niu | iu | ȶɕu | ȶɕʻu | ȶɕʻu | su | su | su |
| 漢音[5] | ȡʑu: | riu: | ɕu: | ɕu: | ɕu: | ɕu: | ɕu: | ɕu: |
| 吳音[5] | niu | ru | ɕu | ɕu | ȡʑu | ɕu | ȡʑu | ȡʑu |
| 安南 | ɳɯu | lɯu | tɯu | tʻu | tɯu | tu | tu | |
| 廣州[6] | nau | lau | tsau | tsʻau | tsau | sau | tsʻau | tsau |
| 客家 | ȵiu 另 | liu | tsiu | tsʻiu | tsʻiu | siu | siu | tsʻiu |
| 汕頭[7] | niu | liu | ȶɕiu | ȶɕʻiu | ȶɕiu | siu | ȶɕʻiu | siu |
| 福州[8] | niu | liu | ȶɕiu | ȶɕʻiu | ȶɕeu꜄ | siu | ȶɕʻiu | seu |
| 温州 | ȵiau | liu | tsiu | tsʻiu | ziu | siu | dziu | ziu |
| 上海 | ȵiə | liə | tsiə | tsʻiə | ziə | siə | dziə | ziə |
| 北京[9] | niu | leu | ȶɕiu | ȶɕʻiu | ȶɕiu | ɕiu | ɕiu | ɕiu |
| 開封 | ȵiu | leu | tsiu | tsʻiu | tsiu | siu | siu | siu |
| 懷慶 | ȵiu | liu | ȶɕiu | ȶɕʻiu | ȶɕiu | ɕiu | ɕiu | ɕiu |
| 歸化 | ȵieu | leu | ȶɕieu | ȶɕʻieu | ȶɕieu | ɕieu | ɕieu | ɕieu |
| 大同 | ȵieu | leu | ȶɕieu | ȶɕʻieu | ȶɕieu | ɕieu | ɕieu | ɕieu |
| 太原 | ȵieu | leu | ȶɕieu | ȶɕʻieu | ȶɕieu | ɕieu | ɕieu | ɕieu |
| 興縣 | ȵȡio | leo | ȶɕio | ȶɕʻio | ȶɕio | ɕio | ɕio | ɕio |
| 太谷 | ȵieɵ | leɵ | ȶɕieɵ | ȶɕʻieɵ | ȶɕieɵ | ɕieɵ | ɕieɵ | ɕieɵ |
| 文水 | ȵȡieɵ | leɵ | ȶɕieɵ | ȶɕʻieɵ | ȶɕieɵ | ɕieɵ | ɕieɵ | ɕieɵ |
| 鳳台 | niaɯ | leaɯ | ȶɕiaɯ | ȶɕʻiaɯ | ȶɕiaɯ | ɕiaɯ | ɕiaɯ | ɕiaɯ |
| 蘭州 | ȵiɯ | leɯ | ȶɕiɯ | ȶɕʻiɯ | ȶɕiɯ | ɕiɯ | ɕiɯ | ɕiɯ |
| 平涼 | ȵiu | leu | ȶɕiu | ȶɕʻiu | ȶɕiu | ɕiu | ɕiu | ɕiu |
| 西安 | ȵiu | leu | ȶɕiu | ȶɕʻiu | ȶɕiu | ɕiu | ɕiu | ɕiu |
| 三水 | ȵiu | leu | tsiu | tsʻiu | tsiu | siu | siu | siu |
| 四川 | niu | liu | tsiu | tsʻiu | tsiu | siu | siu | siu |
| 南京 | liu | liu | tsiu | tsʻiu | tsiu | siu | tsʻiu | siu |

[**njĭəu**]: 73 **扭**; 客另 '扭' 字; 鈕' 客 neu; '扭' 漢音 ȶɕu:。——[**ljĭəu**]: 75 **劉**, 76 **旒**, 77 **留**, 78 **榴**, 79 **瘤**, 80 **柳**, 81 **溜** '柳' 安 lieu。——[**tĭəu**]: 82 **丢**; 這個字不見於廣韵, 這是照篇海注的音, 在現在方言裏廣温 tiu, 其他方言聲母用 t-, 韵母同前 '優' 字; 麗日本安未詳。——[**tsĭəu**]: 84 **揪**; '揪' 麗汕福懷谷 ȶɕʻ-, 粤吳語封 tsʻ-, 安 tʻu。——[**dzʻĭəu**]: '就' 滬 dziə*。——[**sĭəu**]: 88 **脩**, 89 **修**, 90 **秀**, 91 **繡**; '羞' 福 sieu*。——[**꜀zĭəu**]: '囚' 北 ȶɕʻiu*。——[**zĭəu꜄**]: '袖' 安未詳。 唇音聲母字有不同的兩類, 否浮阜謀牟' 是一類, '富副婦負' 是一類 可見切韵時代好些方言能分辨的否富兩韵類, 切韵都混而爲一了:

| | | | | 尤$_2$ | |
|---|---|---|---|---|---|
| | 94 | 95 | 97 | 99 | 101 |
| 例字 | 否 | 浮 | 謀 | 富 | 婦 |
| 古音 | pjĭə̆u | b'jĭə̆u | mĭə̆u | pjĭə̆u | b'jĭə̆u |
| 高麗 | pu | pu | mo | pu | pu |
| 漢音[5] | hiuː | fuː | bo | fuː | fuː |
| 吳音[5] | fu | bu | mu | fu | bu 另 |
| 安南 | fu | fu | mɯu | fu | fu |
| 廣州[6] | fau | fau | mau | fu | fu |
| 客家 | feu | feu | meu | fu | fu |
| 汕頭[7] | hoũ | hu 另 | | hu | hu |
| 福州[8] | p'eu | p'eu | meu | hou' | hou$^2$ |
| 温州 | fə | və | mə | fʉ | vʉ |
| 上海 | fə | və | mə | fu | vu |
| 北京 | fou | fou | mou | fu | fu |
| 開封 | fu | fu | mu | fu | fu |
| 懷慶 | fu | fu | mu | fu | fu |
| 歸化 | fu | fu | mu | fu | fu |
| 大同 | fu | fu | mũ | fu | fu |
| 太原 | fu | fu | mu | fu | fu |
| 興縣 | fu | fu | mbu | fu | fu |
| 太谷 | fu | fu | mu | fu | fu |
| 文水 | xu | xu | mbu | xu | xu |
| 鳳台 | fu | fu | m | fu | fu |
| 蘭州 | fu | fu | mu | fu | fu |
| 平涼 | fu | fu | mu | fu | fu |
| 西安 | fu | fu | mu | fu | fu |
| 三水 | fu | fu | mu | fu | fu |
| 四川 | | fu | moŋ | fu | fu |
| 南京 | fəɵ | fəɵ | məɵ | fu | fu |

**[pjĭə̆u]**: '否' 川未詳。——[**b'jĭə̆u**]: '浮' 還有跟它同様的是 96 **阜**; 汕另 '阜' 字; '浮' 汕 p'u, p'iu, 福 p'u*; '阜' 福 p'ay$^2$。——[**mĭə̆u**]: '謀' 還有跟它同様的是 98 **牟**; '謀' 汕 moŋ; '牟' 安 mɐu, 汕 mo。——[**p'jĭə̆u**]: 100 **副**; 完全像 99 '富' 字行, 漢音 hiuː*, 安 fo*。——[**b'jĭə̆u**]: '婦' 還有跟它同様的是 102 **負**; 吳音另 '負' 字; '婦' 吳音 fu, 汕 pu*; '負' 滬 vəu*。

(5) 漢音 -iuː (-uː) 寫作 -i-u; 吳音 ɕu 等寫作 -i-yu。

(6) 廣州 -au 是短 a 的 -au。

(7) 汕頭 '鳩韭久柩舅' ku*, '丘臼' k'u*, '牛' gu*, '有' u*; '九' kau*, '愁' ts'au, '揉' nau*, '流劉留' lau*。

(8) 福州去聲 -eu, -ieu, 所以: '救究' keu, '舊舅' keu$^2$, '柩臼' k'eu$^2$, '又宥右' eu, '晝' tieu, '咒' ȶɕieu, '臭' ȶɕ'eu, '獸秀繡袖' seu, '壽受授' seu$^2$ (但 '售' ˬsiu, ˓siu), '溜' leu, '就' ȶɕeu。 還有 '九' kau*, '臭' ȶɕ'au*, '流劉留溜' lau*; '舊' kou*, '臼' k'ou*。

| | 幽 | | | 模 | | |
|---|---|---|---|---|---|---|
| | 103 | 104 | 106 | 1 | 15 | 19 |
| 例字 | 糾 | 幼 | 謬 | 沽 | 苦 | 吾 |
| 古音 | kiǒu | ʔiǒu | miǒu | kuo | k'uo | ŋuo |
| 高麗 | kiu | iu | iu | ko | ko | o |
| 漢音 | kiu: | iu: | biu: | ko | ko | go |
| 吳音 | ku | iu 另 | miu | ku | ku | gu |
| 安南 | ku | ɐu | mɐu | ko | k'o | ŋo |
| 廣州 | kau | iau | mau | ku | fu | ŋ |
| 客家 | kiu | iu | meu | ku | k'u | ŋ |
| 汕頭 | kiu | iu | niu | ku[1] | k'u | u |
| 福州 | kiu | euᵓ | mieu | ku[2] | k'u | ŋu |
| 温州 | ʨiau | iau | miə | ku[3] | k'u | m |
| 上海 | ʨiə | iə | miə | ku[4] | k'u | ŋu |
| 北京 | ʨiu | iu | miu | ku | k'u | u |
| 開封 | ʨiu | iu | ȵiu | hu | k'u | u |
| 懷慶 | ʨiu | iu | ȵiu | ku | k'u | u |
| 歸化 | ʨieu | ieu | | ku | k'u | u |
| 大同 | ʨieu | ieu | ȵieu | ku | k'u | u |
| 太原 | ʨieu | ieu | miau | ku | k'u | u |
| 興縣 | ʨio | io | mbiu | ku | k'u | u |
| 太谷 | ʨieɵ | ieɵ | myɵ | ku | k'u | u |
| 文水 | ʨieɵ | ieɵ | mbiau | ku | k'u | u |
| 鳳台 | ʨiaɯ | iaɯ | niaɯ | ku | k'u | u |
| 蘭州 | ʨiɯ | iɯ | ȵiɯ | ku | k'u | u |
| 平涼 | ʨiu | iu | ȵiu | ku[5] | k'u | u |
| 西安 | ʨiu | iu | ȵiu | ku | k'u | u |
| 三水 | ʨiu | iu | ȵiu | ku | k'u | u |
| 四川 | ʨiu | iu | | ku | k'u | u |
| 南京 | ʨiu | iu | miu | ku | k'u | u |

(9) 北京 -iu 上去讀 -iəu, 看前219頁

---

幽。[**kiǒu**]: '糾' 福 kieu*。——[**ʔiǒu**]: 105 **幽**; 吳音另 '幽' 字; '幼' 日本 iu: 跟 io: (拼作 e-u), 汕 iũ*; '幽' 安 u, 福汕 hiu。——[**miǒu**]: '謬' (麗拼作 riu); 廣 nau*, 川未詳。

---

模。[**kuo**]: 2 **箍**, 3 **辜**, 4 **姑**, 5 **孤**, 6 **古**, 7 **估**, 8 **鼓**, 9 **賈**, 10 **股**, 11 **故**, 12 **固**, 13 **顧**, 14 **雇**; '箍' 廣客福 k'u, 廣* fu, 温 ʨ'iau (Parker), 麗興鳳滬未詳; '辜' 客 k'u*; '古' 福 k'u*; '估' 温 k'u (Parker)。——[**k'uo**]: 16 **枯**, 17 **袴**, 18 **庫**; '苦袴' 客 fu*; '枯' 汕福懷 ku。——[**ŋuo**]: 20 **蜈**, 21 **梧**, 22 **吳**, 23 **五**, 24 **午**, 25 **忤**, 26 **悞**, 27 **悟**; '吾' 汕 ŋo*, ua*; '蜈' 滬 ɦu, 汕 gɛ, gou; '梧' 汕 ŋo; '五午*' 安 ŋu; '忤' 福 'ŋu'; '悞悟' 客 ŋu, 汕 gu, 福 ŋuo; '悟' 汕 ŋo*。

| | 28 | 31 | 42 | 45 | 49 | 61 |
|---|---|---|---|---|---|---|
| 例字 | 虎 | 胡 | 烏 | 奴 | 盧 | 都 |
| 古音 | xuo | ɣuo | ʔuo | nuo | luo | tuo |
| 高麗 | ho | ho | o | no | no | to |
| 漢音 | ko | ko | uo | do | ro | to |
| 吳音 | ku | gu | u | nu | ru | tsu |
| 安南 | ho | ho | o | ɳo | lo | ɗo |
| 廣州 | fu | u | u | nou | lou | tou |
| 客家 | fu | fu | vu | nu | lu | tu |
| 汕頭[1] | hu | hu | u | nu | lu | tu |
| 福州[2] | hu | hu | u | nu | lu | tu |
| 温州[3] | hu | ɦu | u | nu | lʉ | tʉ |
| 上海[4] | hu | ɦu | u | nu | lu | tu |
| 北京 | xu | xu | u | nu | lu | tu |
| 開封 | xu | xu | u | nu | lu | tu |
| 懷慶 | xu | xu | u | nu | lu | tu |
| 歸化 | xu | xu | u | nɛu | lɛu | tu |
| 大同 | xu | xu | u | nũ | lɛu | tu |
| 太原 | xu | xu | u | nɛu | lɛu | tu |
| 興縣 | xu | xu | u | ndo | lo | tu |
| 太谷 | xu | xu | u | no | lo | to |
| 文水 | xu | xu | u | ndu | ləɵ | tu |
| 鳳台 | xu | xu | u | nuŋ | lu | tu |
| 蘭州 | xu | xu | u | nu | lu | tu |
| 平涼[5] | xu | xu | u | nou | lou | tu |
| 西安 | xu | xu | u | nou | lou | tou |
| 三水 | xu | xu | u | lou | lou | tu |
| 四川 | fu | fu | u | lu | lu | tu |
| 南京 | xu | xu | u | lu | lu | tu |

[**xuo**]: 29 呼, 30 琥; ‘虎琥’ 汕 hoũ*; ‘呼’ 汕 u; ‘琥’ 京未詳。——[**ɣuo**]: 32 瑚, 33 糊, 34 狐, 35 湖, 36 壺, 37 餬, 38 扈, 39 戶, 40 互, 41 護; ‘瑚’ 吳語 go, ‘狐餬互’ 吳音 u, ‘湖護’ 吳音 ku; ‘糊’ 福 ku*; ‘湖’ 福 u*; ‘壺’ 日本只有 ko; ‘扈’ 京未詳;——[**ʔuo**]: 43 杇, 44 汙。——[**nuo**]: 46 帑; 47 努, 48 怒; ‘帑’ 汕 * 温 (Parker) no, 原鳳未詳; ‘努*怒’ 汕 no, nau; ‘努’ 安 ɳɔ。——[**luo**]: 50 鑪, 51 蘆, 52 鹵, 53 滷, 54 魯, 55 櫓, 56 擄, 57 賂, 58 路, 59 露, 60 鷺; ‘盧鑪蘆’ 安 lɯ*; ‘櫓’ 廣 nou*; ‘擄’ 福 lio*, 北*京 lo, 谷 ləɵ; ‘賂’ 温 (Parker) 蘭 lo; ‘鷺’ 汕 liau*。——[**tuo**]: 62 堵, 63 賭, 64 肚, 65 睹, 66 蠹; ‘肚’ 在境內方言大致從廣韵 ᶜd‘uo 的又切 (廣 ᶜ̲t‘ou, 福 tou² 跟 ᶜtu, ᶜ̲t‘u); 安 t‘o [譯者按有的方言當猪肚魚肚講時用 ᶜtuo 切, 當腹部講則用 ᶜd‘uo 切, 如滬 ᶜtu, du², 有的方言兩義全用 ᶜtuo 切]; ‘蠹’ 福 ᶜtu (或照規則讀 touᵓ), 汕 tsu*, 温 (Parker) tsʉ*

| | 67 | 70 | 75 | 78 | 81 | 84 |
|---|---|---|---|---|---|---|
| 例字 | 土 | 徒 | 度 | 租 | 粗 | 蘇 |
| 古音 | t'uo | ꜀d'uo | d'uo꜄ | tsuo | ts'uo | suo |
| 高麗 | t'o | to | to | ʨo | ʨo 另 | so |
| 漢音 | to | to | to | so | so | so |
| 吳音 | tsu | dzu | dzu | su | su | su |
| 安南 | t'o | ɖo | ɖo | to | t'o | to |
| 廣州 | t'ou | t'ou | tou | tsou | ts'ou | sou |
| 客家 | t'u | t'u | t'u | tsɿ | ts'ɿ | sɿ |
| 汕頭[1] | t'u | t'u | tu | tsu | ts'u | su |
| 福州[2] | t'u | t'u | tou | ʨu | ʨ'u | su |
| 温州[3] | t'ʉ | dʉ | dʉ | tsʉ | ts'ʉ | sʉ |
| 上海[4] | t'u | du | du | tsu | ts'u | su |
| 北京 | t'u | t'u | tu | tsu | ts'u | su |
| 開封 | t'u | t'u | tu | tsu | ts'u | su |
| 懷慶 | t'u | t'u | tu | ʈʂu | ʈʂ'u | ʂu |
| 歸化 | t'u | t'u | tu | tsu | ts'u | su |
| 大同 | t'u | t'u | tu | tsu | ts'u | su |
| 太原 | t'u | t'u | tu | tsu | ts'u | su |
| 興縣 | t'u | t'u | tu | tso | ts'o | so |
| 太谷 | t'o | t'o | to | tso | ts'o | so |
| 文水 | t'u | t'u | tu | tsəɵ | ts'əɵ | səɵ |
| 鳳台 | t'u | t'u | tu | tsu | ts'u | su |
| 蘭州 | t'u | t'u | tu | tsʮ | ts'ʮ | sʮ |
| 平涼[5] | t'u | t'u | tu | tsʮ | ts'ʮ | sʮ |
| 西安 | t'ou | t'ou | tou | tsou | ts'ou | sou |
| 三水 | t'u | t'u | tu | tsʮ | ts'ʮ | sʮ |
| 四川 | t'u | t'u | tu | tsu | ts'u | su |
| 南京 | t'u | t'u | tu | tsu | ts'u | su |

**[t'uo]**: 68 吐, 69 兎。——[꜀**d'uo**]: 71 屠, 72 塗, 73 圖, 74 途; '屠' 汕 tu*, 福 tio。——**[꜀d'uo꜄]**: 76 杜, 77 渡; '杜' 三 t'u。——**[tsuo]**: 79 組, 80 祖; '組' 温 tso (Parker)。——**[ts'uo]**: 82 措, 83 醋; 麗另 '措' 字; '粗' 麗 ʨ'u; '措' 在北懷同鳳涼京讀的好像古音是 ts'ɑ; 温 ts'o (Parker), 川未詳; '措醋' 福 ʨ'ou。——**[suo]**: 85 穌, 86 訴, 87 塑, 88 素; '訴' 懷原 ɕy; '塑' 封 so, 日本只有 so。——**[puo]**: 90 譜, 91 布, 92 佈; '補' 福 p'uo*; '譜' 廣* 客汕福跟官話 (除掉開封) p'-, 安 fo; '布佈' 麗 p'o。——**[p'uo]**: 94 溥, 95 普。——[꜀**b'uo**]: '蒲' 福 pu*。——[꜂**b'uo꜄**]: 98 部, 99 簿, 100 步; '部簿' 麗 pu; '部步' 涼三 p'u; '簿' 福 p'uo*, 蘭 p'u。——**[muo]**: 102 模, 103 摸, 104 謨, 105 墓, 106 慕, 107 暮; '模' 安 mɔ*, 北 mo*, 懷同鳳 mu, 川温* mu; '摸' 古又切 mɑk 多數方言都從此切; '謨' 在谷興鳳涼讀的好像古音是 muɑ, 封 mou; '墓' 吳音川 mu。

| | 89 | 93 | 96 | 97 | 101 |
|---|---|---|---|---|---|
| 例字 | 補 | 鋪 | 蒲 | 捕 | 募 |
| 古音 | puo | p‘uo | ꜀b‘uo | b‘uo꜀ | muo |
| 高麗 | po | p‘o | p‘o | p‘o | mo |
| 漢音 | ho | ho | ho | ho | bo |
| 吳音 | fu | fu | bu | bu | mo |
| 安南 | bo | fo | bo | bo | mo |
| 廣州 | pou | p‘ou | p‘ou | pou | mou |
| 客家 | pu | p‘u | p‘u | p‘u | mu |
| 汕頭[1] | pu | p‘ou | p‘u | pu | mo |
| 福州[2] | puo | p‘uo | p‘uo | puo | muo |
| 温州[3] | pʉ | p‘ʉ | bʉ | bʉ | m |
| 上海[4] | pu | p‘u | bu | bu | mu |
| 北京 | pu | p‘u | p‘u | pu | mu |
| 開封 | pu | p‘u | p‘u | pu | mu |
| 懷慶 | pu | p‘u | p‘u | pu | mu |
| 歸化 | pu | p‘u | p‘u | pu | mu |
| 大同 | pu | p‘u | p‘u | pu | mũ |
| 太原 | pu | p‘u | p‘u | pu | mu |
| 興縣 | pu | p‘u | p‘u | pu | mbu |
| 太谷 | pu | p‘u | p‘u | pu | mu |
| 文水 | pu | p‘u | p‘u | pu | mbu |
| 鳳台 | pu | p‘u | p‘u | pu | m |
| 蘭州 | pu | p‘u | p‘u | pu | mɩu |
| 平涼[5] | pu | p‘u | p‘u | pu | mu |
| 西安 | pu | p‘u | p‘u | pu | mu |
| 三水 | pu | p‘u | p‘u | pu | mu |
| 四川 | pu | p‘u | p‘u | pu | mo |
| 南京 | pu | p‘u | p‘u | pu | mo |

(1) 汕頭 ‘沽辜姑孤古鼓股顧雇枯糊’ kou*, ‘估’ kou, ‘箍苦袴庫’ k‘ou*, ‘蜈吳* 悞*’ gou, ‘五* 午忤’ ŋou, ‘虎琥’ xoũ*, ‘胡狐戶’ hou*, ‘胡湖烏’ ou*, ‘奴’ nou*, ‘盧鑪鹵滷路露’ lou*, ‘櫓’ lou, ‘都賭肚屠圖度渡’ tou*, ‘杜’ tou, ‘土吐兔塗’ t‘ou*, ‘租祖’ tsou*, ‘粗醋’ ts‘ou*, ‘蘇穌素’ sou*, ‘補布部步’ pou*, ‘譜鋪溥普部* 簿’ p‘ou, ‘模’ bou*。 -ou, -u 並存時 -u 是文言音。

(2) 福州 去聲的 -ou 相當於平上的 -u, 所以: ‘故固顧雇’ kou, ‘袴庫’ k‘ou, ‘扈戶互護’ hou$^2$, ‘怒’ nou, ‘賂路露鷺’ lou, ‘蠹’ tou, ‘吐兔’ t‘ou, ‘度杜渡’ tou$^2$, ‘措醋’ ʨ‘ou, ‘訴塑素’ sou。

| | 魚 | | | | | | | |
|---|---|---|---|---|---|---|---|---|
| | 1 | 5 | 6 | 7 | 10 | 15 | 18 | 20 |
| 例字 | 居 | 去 | 渠 | 巨 | 語 | 虛 | 於 | 餘 |
| 古音 | kjĭʷo | k'jĭʷo | ꜀g'jĭʷo | ꜂g'jĭʷo | ŋjĭʷo | xjĭʷo | ʔĭʷo | ĭʷo |
| 高麗 | kə | kə | kə | kə | ə | hə | ə | iə |
| 漢音 | kio | kio | kio | kio | gio | kio | io | io |
| 吳音 | ko | ko | go | go | go | ko | o | io |
| 安南 | kɯ | k'ɯ | kɯ | kɯ | ŋɯ | hɯ | ɯ | zɯ |
| 廣州 | kɵy | hɵy | k'ɵy | kɵy | y | hɵy | y | y |
| 客家[6] | ki | k'i | k'i | k'i | ŋi | hi | i | i |
| 汕頭[7] | kɯ | k'ɯ | k'ɯ | kɯ | gɯ | hɯ | ɯ 另 | ɯ |
| 福州[8] | ky | k'œy꜄ | k'y | kœy꜄ | ŋy | hy | y | y |
| 温州[9] | ȶɕy | ȶɕ'y | ȡʑy | ȡʑy | ȵy | ɕy | y | y |
| 上海 | ȶɕy | ȶɕ'y | ȡʑy | ȡʑy | ȵy | ɕy | y | y |
| 北京 | ȶɕy | ȶɕ'y | ȶɕ'y | ȶɕy | y | ɕy | y | y |
| 開封 | ȶɕy | ȶɕ'y | ȶɕ'y | ȶɕy | y | ɕy | y | y |
| 懷慶 | ȶɕy | ȶɕ'y | ȶɕ'y | ȶɕy | y | ɕy | y | y |
| 歸化 | ȶɕy | ȶɕ'y | ȶɕ'y | ȶɕy | y | ɕy | y | y |
| 大同 | ȶɕy | ȶɕ'y | ȶɕ'y | ȶɕy | y | ɕy | y | y |
| 太原 | ȶɕy | ȶɕ'y | ȶɕ'y | ȶɕy | y | ɕy | y | y |
| 興縣 | ȶɕyi | ȶɕ'yi | ȶɕ'yi | ȶɕyi | yi | ɕyi | yi | yi |
| 太谷 | ȶɕy | ȶɕ'y | ȶɕ'y | ȶɕy | y | ɕy | y | y |
| 文水 | ȶɕy | ȶɕ'y | ȶɕ'y | ȶɕy | y | ɕy | y | y |
| 鳳台 | ȶɕy | ȶɕ'y | ȶɕ'y | ȶɕy | y | ɕy | y | y |
| 蘭州 | ȶɕy | ȶɕ'y | ȶɕ'y | ȶɕy | y | ɕy | y | y |
| 平涼 | ȶɕy | ȶɕ'y | ȶɕ'y | ȶɕy | y | ɕy | y | y |
| 西安 | ȶɕy | ȶɕ'y | ȶɕ'y | ȶɕy | y | ɕy | y | y |
| 三水 | ȶɕy | ȶɕ'y | ȶɕ'y | ȶɕy | y | ɕy | y | y |
| 四川 | ȶɕy | ȶɕ'y | ȶɕ'y | ȶɕy | y | ɕy | y | y |
| 南京 | ȶɕy | ȶɕ'y | ȶɕ'y | ȶɕy | y | ɕy | y | y |

(3) [原註討論 Montgomery 跟 Parker 關於温州這個韵母音值說法，結果因不知音值只得用 û 號暫代。現代據譯者調查我們知道這是個圓唇高央元音 ʉ，所以就代入表中不必討論了。] 我從 Montgomery 寫温州 m (古 ŋuo) 的些字 Parker 全作 "ng," 我從 Montgomery 寫 mu (古 muo) 的些字 Parker 全作 "m"。這無疑是這個大城中讀音派別不一致的地方。

(4) 上海 '吳五午忤' ŋ*——皆白話音。

(5) 在平涼古 luo，在平聲是 lou，上去是 lu (所以 52 '鹵' 一直到 60 '鷺' 全是 lu)。

---

**魚**。 **[kjĭʷo]**: 2 **舉**, 3 **鋸**, 4 **據**; '鋸' 滬 ke*, 温 kʉ。——**[k'jĭʷo]**: '去' 福 k'ɔ*, 温滬 k'i*, 官話中間或也有俗讀 k'ə 之類的。——**[꜂g'jĭʷo꜄]**: 8 **拒**, 9 **遽**; '拒' 廣 k'ɵy; ꜀'遽' 客 ki, 文 ȶɕy。——**[ŋjĭʷo]**: 11 **魚**, 12 **漁**, 13 **禦**, 14 **御**; '魚漁' 客 ŋ, 汕 hɯ,

| 例字<br>古音 | 24<br>猪<br>ȶĭʷo | 25<br>除<br>꜀ȡ'ĭʷo | 27<br>箸<br>ȡ'ĭʷo꜄ | 28<br>阻<br>ʈʂĭʷo | 29<br>初<br>ʈʂ'ĭʷo | 31<br>鋤<br>꜀ɖʐ'ĭʷo | 32<br>助<br>ɖʐ'ĭʷo꜄ |
|---|---|---|---|---|---|---|---|
| 高麗 | ȶɕə | ȶɕə | ȶɕə | ȶɕo | ȶɕ'o | sə | ȶɕo |
| 漢音 | ȶɕo | ȶɕo | ȶɕo | ɕo | ɕo | ɕo | ɕo |
| 吳音 | ȶɕo | ȡʑo | do | so | so | zo | zo |
| 安南 | ȶɯ | ȶɯ | ȶə | ȶə | sə | sɯ | ȶə |
| 廣州 | ȶɕy | ȶɕ'y | ȶɕy | ȶɕo | ȶɕ'o | ȶɕ'o | ȶɕo |
| 客家[6] | ču | č'u | č'u | tsɿ | ts'ɿ | ts'ɿ | ts'ɿ |
| 汕頭[7] | tsu | ts'u | tsu | tso | ts'o | ts'o | tso |
| 福州[8] | ty | ty | tœy | ȶɕu | ȶɕ'u | t'y | ȶɕou |
| 溫州[9] | tsi | dzy | dzi | tsu | ts'u | zu | zu |
| 上海 | tsʮ | dzʮ | dzʮ | tsu | ts'u | dzu | dzu |
| 北京 | ʈʂu | ʈʂ'u | ʈʂu | | ʈʂ'u | ʈʂ'u | ʈʂu |
| 開封 | ʈʂu | ʈʂ'u | ʈʂu | ʈʂu | ʈʂ'u | ʈʂ'u | ʈʂu |
| 懷慶 | ʈʂu | ʈʂ'u | ʈʂu | ʈʂu | ʈʂ'u | ʈʂ'u | ʈʂu |
| 歸化 | tsu | ts'u | tsu | tsu | ts'u | ts'u | tsu |
| 大同 | ʈʂu | ʈʂ'u | ʈʂu | ʈʂu | ʈʂ'u | ʈʂ'u | ʈʂu |
| 太原 | tsu | ts'u | tsu | tsu | ts'u | ts'u | tsu |
| 興縣 | tsu | ts'u | tsu | tsu | ts'u | ts'u | tsu |
| 太谷 | tsu | ts'u | tsu | tso | ts'o | fo | tso |
| 文水 | tsu | ts'u | tsu | tsu | ts'u | su | tsu |
| 鳳台 | tsu | ts'u | tsu | tsu | ts'u | ts'u | tsu |
| 蘭州 | ʈu | ʈ'u | ʈu | | ʈ'u | ʈ'u | ʈu |
| 平涼 | ʈʂʮ | ʈʂ'ʮ | ʈʂʮ | | ʈʂ'ʮ | ʈʂ'ʮ | ʈʂʮ |
| 西安 | pfu | pf'u | pfu | | pf'u | pf'u | pfu |
| 三水 | tsʮ | ts'ʮ | tsʮ | tsʮ | ts'ʮ | ts'ʮ | tsʮ |
| 四川 | ʈʂu | ʈʂ'u | ʈʂu | tsu | ts'u | ts'u | tsu |
| 南京 | ʈʂu | ʈʂ'u | ʈʂu | | ʈʂ'u | ʈʂ'u | ʈʂu |

溫 ŋʉ, 滬 y, ŋ, 文 ȵȡy; '禦' 京未詳; '御' 福 ŋa*。——**[xĭʷo]**: 16 **噓**, 17 **許**; '噓' 日本未詳; '許' 安 hɯa*, 滬 he*。——**[ʔĭʷo]**: 19 **淤**; 汕另 '淤' 字; '淤' 客 vu*, 溫興未詳。——**[ĭʷo]**: 21 **譽**, 22 **與**, 23 **預**。——**[ȶĭʷo]**: '猪' 滬 tsɿ*。——**[꜀ȡ'ĭʷo]**: 26 **儲**; '儲' 安 tɯ, 客 šu, 福 sy, 文 su, 汕 t'u*。——**[ʈʂĭʷo**: '阻' 北京 tsu, 蘭涼 tsʮ, 西 tsou。——**[ʈʂ'ĭʷo]**: 30 **楚**; '初' 汕 ts'u*, ȶɕ'iu*。——**[꜀ɖʐ'ĭʷo**: '鋤' 滬 dzɿ*, 川 ʈʂ'u*。——**[ɖʐ'ĭʷo]**: '助' 吳音 ȡʑo*。——**[ʂĭʷo]**: 34 **蔬** 35 **疏**, 36 **所**; 汕另 '蔬' 字; '梳' 汕 siu, 滬 sɿ*; '蔬疏' 北 su*, 谷 so, 西 sou; '所' 溫北歸同原文鳳涼川京 so, 蘭西 fo, 封懷 ʂo, 三 suo。——**[ȶɕĭʷo]**: 38 **煮**; '煑' 麗 ȶɕa, 溫 tsi, 滬 tsɿ*, 川 tsu。——**[ɕĭʷo]**: 41 **舒**, 42 **暑**, 43 **鼠**, 44 **黍**, 45 **庶**, 46 **恕**; 福另 '暑' 字; '書' 安 t'ə*, 福 ȶɕy; '舒' 安 t'ə, 福 ȶɕ'y; '暑' 客 č'u*, 興 ts'u; '鼠' 客 č'u, 福 tɕ'y, 文 ts'i, 滬 ts'ʮ*, ts'ɿ*, sɿ*; '黍' 懷未詳;

| | 33 | 37 | 39 | 40 | 47 |
|---|---|---|---|---|---|
| 例字 | 梳 | 諸 | 處 | 書 | 署 |
| 古音 | ʂĭʷo | ȶɕĭʷo | ȶɕ'ĭʷo | ɕĭʷo | ʑĭʷo |
| 高麗 | so | ȶɕə | ȶɕ'ə | sə | sə |
| 漢音 | ɕo | ɕo | ɕo | ɕo | ɕo |
| 吳音 | so | so | so | so | zo |
| 安南 | sə | tɯ | sɯ | t'ɯ | t'ɯ |
| 廣州 | ʂo | ȶɕy | ȶɕ'y | ʂy | ʂy |
| 客家[6] | sɿ | ču | č'u | šu | šu |
| 汕頭[7] | so 另 | tsu | ts'u | su | su |
| 福州[8] | su | ȶɕy | ȶɕ'œy˒ | sy 另 | sy |
| 温州[9] | su | tsy | ts'y | sy | dzy |
| 上海 | su | tsʮ | ts'ʮ | sʮ | zʮ 另 |
| 北京 | ʂu | ʈʂu | ʈʂ'u | ʂu | ʂu |
| 開封 | ʂu | ʈʂu | ʈʂ'u | ʂu | ʂu |
| 懷慶 | ʂu | ʈʂu | ʈʂ'u | ʂu | ʂu |
| 歸化 | su | tsu | ts'u | su | su |
| 大同 | ʂu | ʈʂu | ʈʂ'u | ʂu | ʂu |
| 太原 | su | tsu | ts'u | su | su |
| 興縣 | su | tsu | ts'u | su | su |
| 太谷 | fo | tsu | ts'u | fu | fu |
| 文水 | su | tsu | ts'u | su | su |
| 鳳台 | su | tsu | ts'u | su | su |
| 蘭州 | fu | ʈu | ʈ'u | fu | fu |
| 平涼 | ʂʮ | ʈʂʮ | ʈʂ'ʮ | ʂʮ | ʂʮ |
| 西安 | fu | pfu | pf'u | fu | fu |
| 三水 | sʮ | tsʮ | ts'ʮ | sʮ | sʮ |
| 四川 | su | ʈʂu | ʈʂ'u | ʂu | ʂu |
| 南京 | ʂu | ʈʂu | ʈʂ'u | ʂu | ʂu |

'恕' 日本 ʥo, so。——[ʑĭʷo]: 48 薯; 滬另 '薯' 字; '署' 安 t'ə*, 廣 ȶɕ'y*, 滬 dzy, 興 ts'u*; '薯' 汕 tsɯ, 温 zi (Parker), 懷未詳。——[njĭʷo]; '女' 客 ŋ*, 汕 lɯ*, nŋ*, ni*, 滬 zʮ*。——[ljĭʷo]: 52 廬, 53 臚, 54 驢, 55 侶, 56 旅, 57 慮; '呂' 滬 li*; '廬' 在客閩跟官話 (除掉興縣) 讀的好像古音是 luo; '臚' 在粵閩滬跟官話 (除掉興縣) 讀的好像古音是 luo; '驢' 客福鳳 lu, 滬 li*。——[ţĭʷo]: 58 貯 在古時就已經變成 ţĭʷo 了, 並且在有些方言裏讀陽調 (表示古有濁母讀法), 麗 ȶɕə, 漢音 ȶɕo, 吳音 to, 安未詳。 廣 ʿȶɕ'y 客 tu, 福 t'y, 汕 tiu, 温滬 dzy; 其他方言仿 '猪' 字變法。——[sĭʷo]: 60 絮; 蘭西另 '絮' 字; '胥' 蘭西 ɕi; '絮' 漢音 ʥo, 滬 si*, 安未詳。——[zĭʷo]: 62 徐, 63 叙 64 緒; 漢音另 '緒' 字, 在其餘三個字無漢音讀法 (日本 '序敍' ʥo 跟 zo, '徐' ʥo); '徐' 因爲是平聲字, 所以廣 ts'ɵy, 客 ts'i, 汕 ts'u [京 ts'y]; 福 sy, 温滬 zi; '敍' 滬 zʮ*; '緒' 廣 sɵy, 滬 zy, 温 dzy (Parker)。

| 例字<br>古音 | 49<br>如<br>ȵʑĭʷo | 50<br>女<br>njĭʷo | 51<br>呂<br>ljĭʷo | 59<br>胥<br>sĭʷo | 61<br>序<br>zĭʷo |
|---|---|---|---|---|---|
| 高麗 | iə | niə | iə | sə | sə |
| 漢音 | dʑo | dʑo | rio | ɕo | ɕo 另 |
| 吳音 | nio | nio | ro | so | zo |
| 安南 | ȵɯ | ȵɯ | lɯ | tɯ | tɯ |
| 廣州 | y | nɵy | lɵy | sɵy | tsɵy |
| 客家[6] | i | ȵi | li | si | si |
| 汕頭[7] | dzu | dzɯ | lɯ | su | su |
| 福州[8] | y | ny | ly | sy | sœy² |
| 溫州[9] | zy | ȵy | lʉ | sy | zy |
| 上海 | zɥ | ȵy | ly | sy | dzy |
| 北京 | ʐu | ny | ly | ɕy | ɕy |
| 開封 | ʐu | ȵy | ly | sy | sy |
| 懷慶 | ʐu | ȵy | ly | ɕy | ɕy |
| 歸化 | zu | ȵy | ly | ɕy | ɕy |
| 大同 | ʐu | ȵy | ly | ɕy | ɕy |
| 太原 | zu | ȵy | ly | ɕy | ɕy |
| 興縣 | zu | ȵdʑyi | lyi | ɕyi | ɕyi |
| 太谷 | u | ȵy | ly | ɕy | ɕy |
| 文水 | zu | ȵdʑy | ly | ɕy | ɕy |
| 鳳台 | zu | ny | ly | ɕy | ɕy |
| 蘭州 | vu | ȵy | ly | ɕy 另 | ɕy |
| 平涼 | ʐʮ | ȵy | ly | ɕy | ɕy |
| 西安 | vu | ȵy | ly | ɕy 另 | ɕy |
| 三水 | zɥ | ȵy | ly | sy | sy |
| 四川 | ʐu | ny | ly | sy | sy |
| 南京 | ʐu | ly | ly | sy | sy |

(6) 客家'初楚' ts'o*, '鋤' ts'io*, '梳蔬疏' so*, '所' so。

(7) 汕頭'居舉鋸據巨拒' ki*, '去渠' k'i*, '魚漁虛嘘許' hi*, '語御禦' gi*, '餘譽預' i*, '於' i, '呂侶慮' li*, '旅' li; -ɯ 除表中所注外, 還見於: '猪除箸鋤' tɯ*, '煮書*薯' tsɯ, '鼠徐' ts'ɯ。*

(8) 福州去聲是 -œy, 所以: '鋸據遽' kœy, '去' k'œy, '巨拒' kœy², '御' ŋœy, '淤預' œy, '箸' tœy, '處' ʨ'œy, '庶恕絮' sœy (但 '署' ᶜsy, '薯' ꜀sy), '序敍緒' sœy², '慮' lœy。還有 '初' ʨ'œ*, '助' ʨaœ², '梳疏所' sœ*, '驢' lœ*。

(9) 溫州: 我從 Parker 寫 tsy, ts'y [原文 ü] 等的字 Montgomery 寫作 "chï, ch'ï" 等。這個 ï 的性質我不知道。[譯者按這是個略帶舌尖化 (ɥ, ʮ 之類) 的 y 音]

| | 虞 | | | | | | | |
|---|---|---|---|---|---|---|---|---|
| | 65 | 70 | 72 | 74 | 76 | 83 | 90 | 94 |
| 例字 | 拘 | 驅 | 懼 | 愚 | 于 | 逾 | 誅 | 廚 |
| 古音 | kjĭu | k'jĭu | g'jĭu | ŋjĭu | jĭu | ĭu | ȶĭu | ȡ'ĭu |
| 高麗 | ku | ku | ku | u | u | iu | ȶɕu | ȶɕu |
| 漢音 | ku | kɯ | ku | gu | u | iu | ȶɕu | ȶɕu |
| 吳音 | ko | ko | go | go | uo | iu | ȶɕu | ȡʑu |
| 安南[10] | ku 另 | k'u 另 | ku | ŋu | vu | zu | ȶu | ȶu |
| 廣州 | kɵy 另 | k'ɵy | kɵy | y | y | y | ȶɕy | ȶɕ'y |
| 客家 | ki | k'i | k'i | ȵi | i | i | ču | č'u |
| 汕頭[11] | ku 另 | k'u | ku | u 另 | u | dzu | tu | tu |
| 福州[12] | ky | k'y | kœy | ŋy | y | y | ty | tio |
| 温州 | ȶɕy | ȶɕ'y | ȡʑy | ȵy | y | y | tsy | dzy |
| 上海 | ȶɕy | ȶɕ'y | ȡʑy | ȵy | y | y | tsɥ | dzɥ |
| 北京 | ȶɕy | ȶɕ'y | ȶɕy | y | y | y | ʈʂu | ʈʂ'u |
| 開封 | ȶɕy | ȶɕ'y | ȶɕy | y | y | y | ʈʂu | ʈʂ'u |
| 懷慶 | ȶɕy | ȶɕ'y | ȶɕy | y | y | y | ʈʂu | ʈʂ'u |
| 歸化 | ȶɕy | ȶɕ'y | ȶɕy | y | y | y | tsu | ts'u |
| 大同 | ȶɕy | ȶɕ'y | ȶɕy | y | y | y | ʈʂu | ʈʂ'u |
| 太原 | ȶɕy | ȶɕ'y | ȶɕy | y | y | y | tsu | ts'u |
| 興縣 | ȶɕyi | ȶɕ'yi | ȶɕyi | yi | yi | yi | tsu | ts'u |
| 太谷 | ȶɕy | ȶɕ'y | ȶɕy | y | y | y | tsu | ts'u |
| 文水 | ȶɕy | ȶɕ'y | ȶɕy | y | y | y | tsu | ts'u |
| 鳳台 | ȶɕy | ȶɕ'y | ȶɕy | y | y | y | tsu | ts'u |
| 蘭州 | ȶɕy | ȶɕ'y | ȶɕy | y | y | y | ʈu | ʈ'u |
| 平涼 | ȶɕy | ȶɕ'y | ȶɕy | y | y | y | ʈʂɥ | ʈʂ'ɥ |
| 西安 | ȶɕy | ȶɕ'y | ȶɕy | y | y | y | pfu | pf'u |
| 三水 | ȶɕy | ȶɕ'y | ȶɕy | y | y | y | tsɥ | ts'ɥ |
| 四川 | ȶɕy | ȶɕ'y | ȶɕy | y | y | y | ʈʂu | ʈʂ'u |
| 南京 | ȶɕy | ȶɕ'y | ȶɕy | y | y | y | ʈʂu | ʈʂ'u |

虞。[**kjĭu**]: 66 俱, 67 駒, 68 矩, 69 句, 安廣汕另'句'字; '拘'安 kɐu, 廣汕 k'-; '俱'廣 k'ɵy; '駒'安 kɐu (Parker), 廣福 k'-; 麗 kə, 汕 kɯ, ki。——[**k'jĭu**]; 71 區, 安另'區'字; '驅'安 su。——[**g'jĭu**]: 73 具; '具'吳音 gu。——[**ŋjĭu**]: 75 寓, 汕另'寓'字; '愚'汕 ŋo, i。——[**jĭu**]: 77 迂, 78 宇, 79 禹, 80 羽, 81 雨, 82 芋, '于'客 vu*, 汕 i*; '迂'廣 hɵy, 客 hi*, [許多方言按廣韵影母又切讀陰平]; '羽'蘭 i*; '雨'汕 ĩ*; '芋'麗 hu*, 客 vu*, 廣 u。——[**ĭu**]: 84 榆, 85 諛, 86 愈, 87 喻, 88 諭, 89 裕; '諛'安 zua。——[**ȶĭu**]: 91 蛛, 92 株, 93 駐, '誅* 蛛株'福 t'y; '駐'温 dzy (Parker)。——[**ȡ'ĭu**ʾ]: 96 柱, '柱'廣 ȶɕ'y, 客 ču, 汕 t'iau*, 温 tsy (Parker)。——[**ʈʂ'ĭu**]: '芻'客 ts'i*, 漢音川未詳。——[**ɖʐ'ĭu**]: '雛'客 ts'i*, 福 ȶɕu*, 温 zo (Parker), 川未詳。

| | 95 | 97 | 98 | 99 | 100 | 110 |
|---|---|---|---|---|---|---|
| 例字 | 住 | 芻 | 雛 | 數 | 主 | 輸 |
| 古音 | ȡ'ĭuᵓ | tʂ'ĭu | dʐ'ĭu | ʂĭu | ȶɕĭu | ɕĭu |
| 高麗 | ȶɕu | ȶɕ'u | ȶɕ'u | su | ȶɕu | su |
| 漢音 | ȶɕu | | ɕu | ɕu | ɕu | ɕu |
| 吳音 | ȡʑu | su | su | su | su | su |
| 安南[10] | ȶu | so | so | so | ȶu | t'ɐu |
| 廣州 | ȶɕy | ȶɕ'o | ȶɕ'o | ʂou | ȶɕy | ʂy |
| 客家 | č'u | ts'ɿ | ts'ɿ | sɿ | ču | šu |
| 汕頭[11] | tsu | ts'u | ts'u | su | tsu | su |
| 福州[12] | ȶɕœy | ȶɕ'y | ȶɕ'y | su | ȶɕy | sy |
| 溫州 | dzy | ts'u | | su | tsy | sy |
| 上海 | dzɥ | ts'u | dzu | su | tsɥ | sɥ |
| 北京 | tʂu | tʂ'u | tʂ'u | ʂu | tʂu | ʂu |
| 開封 | tʂu | tʂ'u | tʂ'u | ʂu | tʂu | ʂu |
| 懷慶 | tʂu | tʂ'u | tʂ'u | ʂu | tʂu | ʂu |
| 歸化 | tsu | ts'u | ts'u | su | tsu | su |
| 大同 | tʂu | tʂ'u | tʂ'u | ʂu | tʂu | ʂu |
| 太原 | tsu | ts'u | ts'u | su | tsu | su |
| 興縣 | tsu | ts'u | ts'u | su | tsu | su |
| 太谷 | tsu | ts'o | ts'o | fo | tsu | fu |
| 文水 | tsu | ts'u | ts'u | su | tsu | su |
| 鳳台 | tsu | ts'u | ts'u | su | tsu | su |
| 蘭州 | ʈu | ʈ'u | ʈ'u | fu | ʈu | fu |
| 平涼 | tʂɥ | ts'ou | tʂ'ɥ | ʂɥ | tʂɥ | ʂɥ |
| 西安 | pfu | pf'u | pf'u | fu | pfu | fu |
| 三水 | tsɥ | tsou | ts'ou | sɥ | tsɥ | sɥ |
| 四川 | tʂu | | | su | tʂu | ʂu |
| 南京 | tʂu | tʂ'u | tʂ'u | ʂu | tʂu | ʂu |

**[ʂĭu]**: '數' 汕 siau*。——**[ȶɕĭu]**: 101 朱, 102 硃, 103 珠, 104 註, 105 鑄, 106 炷, 107 注, 108 蛀; '朱* 珠' 安 ȶɐu; '硃' 麗安未詳; '珠' 吳音 ȡʑu; '註' 日本 ɕu, ȶɕu; '鑄' 封 tsy, 鳳 ȶɕy; '炷' 温 dzy (Parker); '蛀' 福 ȶɕeu*, 日本只有 ɕu。——**[ȶɕ'ĭu]**: 109 樞; '樞' 麗 ȶɕ'u, 漢音 ɕu, 吳音安 su, 北* tʂ'u, 其他方言讀的好像或是古 k'jĭu (粵閩吳語), 或是古 ɕĭu (官話)。——**[꜀ʑĭu]**: 112 殳; '殊殳' 吳音 su; '殳' 京 tʂ'u*, 滬 zɥ, 原未詳。——**[꜂ʑĭuᵓ]**: 114 樹; '樹' 汕 ȶɕ'iu*, 福 ȶɕ'eu*。——**[ȵʑĭu]**: 116 乳; '乳' 客 iui。——**[ljĭu]**: 118 屢; '客另 '屢' 字;

| 例字<br>古音 | 111<br>殊<br>꜀ʑǐu | 113<br>豎<br>꜂ʑǐu | 115<br>儒<br>ȵʑǐu | 117<br>縷<br>ljǐu | 119<br>取<br>ts‘ǐu |
|---|---|---|---|---|---|
| 高麗 | su | su | iu | nu | tɕ‘u |
| 漢音 | ɕu | ɕu | dʑu | ru | ɕu |
| 吳音 | | dʑu | niu | ro | su |
| 安南[10] | t‘u | t‘u | ȵu | lu | t‘u |
| 廣州 | ʂy | ʂy | y | lɵy | ts‘ɵy |
| 客家 | šu | šu | i | li 另 | ts‘i |
| 汕頭[11] | su | su | dzu | lu | ts‘u |
| 福州[12] | sy | sœy꜄ | y | lœy꜄ | tɕ‘y |
| 温州 | zy | zy | zy | lʉ | ts‘i |
| 上海 | dzʮ | zʮ | zʮ | ly | ts‘y |
| 北京 | ʂu | ʂu | ʐu | ly | tɕ‘y |
| 開封 | tʂ‘u | ʂu | ʐu | ly | ts‘y |
| 懷慶 | tʂ‘u | ʂu | ʐu | ly | tɕ‘y |
| 歸化 | ts‘u | su | zu | ly | tɕ‘y |
| 大同 | ʂu | ʂu | ʐu | ly | tɕ‘y |
| 太原 | ts‘u | su | zu | ly 另 | tɕ‘y |
| 興縣 | su | su | zu | lyi | tɕ‘yi |
| 太谷 | fu | fu | u | ly | tɕ‘y |
| 文水 | su | su | zu | ly | tɕ‘y |
| 鳳台 | su | su | zu | ly | tɕ‘y |
| 蘭州 | fu | fu | vu | ly | tɕ‘y |
| 平涼 | ʂʮ | ʂʮ | ʐʮ | ly | tɕ‘y |
| 西安 | fu | fu | vu | ly | tɕ‘y |
| 三水 | sʮ | sʮ | zʮ | ly | ts‘y |
| 四川 | ʂu | ʂu | ʐu | ly | ts‘y |
| 南京 | ʂu | ʂu | ʐu | ly | ts‘y |

‘縷’ 客原 leu; ‘屢’ 客* 三 lui, 文蘭 luei, 川 lue。——[**ts‘ǐu**]: 120 趨, 121 娶, 122 趣; ‘趨’ 安 su; ‘娶’ 汕 ts‘ua*。——[**dz‘ǐu**]: ‘聚’ 滬 zʮ*。——[**sǐu**]: 125 需, 126 鬚; ‘須’ 滬 zʮ*; ‘需’ 吳音 dʑu; ‘鬚’ 汕福 tɕ‘iu*。——[**pjǐu**]: 128 膚, 129 府, 130 俯, 131 腑, 132 甫, 133 斧, 134 賦, 135 傅, 136 付; ‘府俯’ 日本只有 fu; ‘腑’ 吳音 bo; ‘甫’ 廣 p‘ou*, 客 p‘u; ‘斧’ 客 pu。——[**p‘jǐu**]: 138 俘, 139 撫, 140 訃, 141 仆, 142 赴; ‘俘’ 日本只有 fu; ‘撫’ 客 vu*, 福 u, 汕 bu, 日本 fu, bu; ‘仆’ 大都照集韵切 p‘uk 的讀法。——[**b‘jǐu**]: 144 符, 145 釜, 146 腐, 147 父, 148 附; 吳音另 ‘腐’ 字; ‘扶符’ 吳音 bu, 客 p‘u*; ‘釜’ 到處讀的好像古音是 pjǐu; 客 p‘u; ‘父’ 日本 fu, ho。 [**mjǐu**]: 150

| 例字<br>古音 | 123<br>聚<br>dz'ĭu | 124<br>須<br>sĭu | 127<br>夫<br>pjĭu | 137<br>敷<br>p'jĭu | 143<br>扶<br>b'jĭu | 149<br>武<br>mjĭu |
|---|---|---|---|---|---|---|
| 高麗 | ȶɕ'u | su | pu | pu | pu | mu |
| 漢音 | ɕu | ɕu | fu | fu | fu | bu |
| 吳音 | zu | su | ho | ho | bo 另 | mu |
| 安南[10] | tu | tu | fu | fu | fu | vu |
| 廣州 | tsɵy | sɵy | fu | fu | fu | mou |
| 客家 | ts'i | si | fu | fu | fu | vu |
| 汕頭[11] | tsu | su | hu | hu | hu | bu |
| 福州[12] | ȶɕœy$^{2}$ | sy | hu | hu | hu | u |
| 溫州 | zy | sy | fʉ | fʉ | vʉ | vʉ |
| 上海 | dzy | sy | fu | fu | vu | vu |
| 北京 | ȶɕy | ɕy | fu | fu | fu | u |
| 開封 | tsy | sy | fu | fu | fu | u |
| 懷慶 | ȶɕy | ɕy | fu | fu | fu | vu |
| 歸化 | ȶɕy | ɕy | fu | fu | fu | vu |
| 大同 | ȶɕy | ɕy | fu | fu | fu | vu |
| 太原 | ȶɕy | ɕy | fu | fu | fu | vu |
| 興縣 | ȶɕyi | ɕyi | fu | fu | fu | vu |
| 太谷 | ȶɕy | ɕy | fu | fu | fu | u |
| 文水 | ȶɕy | ɕy | xu | xu | xu | u |
| 鳳台 | ȶɕy | ɕy | fu | fu | fu | u |
| 蘭州 | ȶɕy | ɕy | fu | fu | fu | vu |
| 平涼 | ȶɕy | ɕy | fu | fu | fu | u |
| 西安 | ȶɕy | ɕy | fu | fu | fu | vu |
| 三水 | tsy | sy | fu | fu | fu | u |
| 四川 | tsy | sy | fu | fu | fu | u |
| 南京 | tsy | sy | fu | fu | fu | u |

無, 151 毋, 152 巫, 153 誣, 154 舞, 155 侮, 156 務, 157 霧, '無' 滬 m*; '巫誣舞*' 客 mu; '侮' 麗 mo。

(10) 安南 '宇禹羽雨*' vɔ, '住' ȶɔ*, '樹' t'ɔ, '儒' ȵɔ*, '賦* 傅付* 訃赴扶* 附' fɔ, '武舞' vɔ*, '無毋' vo。

(11) 汕頭 '愚寓' ŋo*, '無毋' bo*; '雨' hou*, '芋' ou*, '廚' tou*, '甫' p'ou*, '斧傅' pou*。-u 跟 -o, -ou 並存時 -u 是文言音。

(12) 福州 去聲 -œy 相當於上的 -y, 去聲 -ou 相當於平上的 -u, 所以: '懼具' kœy, '寓' ŋœy, '喻諭裕' œy, '駐炷注蛀' ȶɕœy, '住柱' ȶɕœy$^{2}$, '豎樹' sœy$^{2}$, '縷屢' lœy$^{ɔ}$, '娶趣' ȶɕ'œy, '聚' ȶɕœy$^{2}$; ['數' 文言名 'su, 動 sou$^{ɔ}$, 白話名動皆 sou$^{ɔ}$。] '賦傅付訃仆赴附 'hou, '務霧' ou, '腐' hou$^{2}$, pou$^{2}$, '父' hou$^{2}$。還有 '句' kuo, '芋' uo, '廚' tio, '主* 朱硃珠註鑄' ȶɕio, '輸' sio*, '斧' p'uo*。

| | 東紅<br>1 | 7 | 10 | 11 | 16 | 18 | 23 | 27 |
|---|---|---|---|---|---|---|---|---|
| 例字 | 公 | 空 | 烘 | 紅 | 翁 | 籠 | 東 | 通 |
| 古音 | kuŋ | k'uŋ | xuŋ | ɣuŋ | ʔuŋ | luŋ | tuŋ | t'uŋ |
| 高麗 | koŋ | koŋ | hoŋ | hoŋ | oŋ | noŋ | toŋ | t'oŋ |
| 漢音[1] | ko: | ko: | ko: | ko: | uo: | ro: | to: | to: |
| 吳音 | ku | ku | ku | gu | u | ru | tsu | tsu: |
| 安南 | koŋ | k'oŋ | hoŋ | hoŋ | oŋ | luŋ | ɗoŋ | t'oŋ |
| 廣州 | kuŋ | huŋ | huŋ | huŋ | uŋ 另 | luŋ | tuŋ | t'uŋ |
| 客家 | kuŋ | k'uŋ | fuŋ | fuŋ | vuŋ | luŋ | tuŋ | t'uŋ |
| 汕頭[2] | koŋ | k'oŋ | hoŋ | hoŋ | oŋ | loŋ | toŋ | t'oŋ |
| 福州[3] | kuŋ | k'uŋ | huŋ | huŋ | uŋ | luŋ | tuŋ | t'uŋ |
| 温州 | kuŋ | k'uŋ | huŋ | ɦoŋ | uŋ | luŋ | tuŋ | t'uŋ |
| 上海 | koŋ | k'oŋ | hoŋ | ɦoŋ | oŋ | loŋ | toŋ | t'oŋ |
| 北京 | kuŋ | k'uŋ | xuŋ | xuŋ | uəŋ | luŋ | tuŋ | t'uŋ |
| 開封 | kuŋ | k'uŋ | xuŋ | xuŋ | uoŋ | luŋ | tuŋ | t'uŋ |
| 懷慶 | kuŋ | k'uŋ | xuŋ | xuŋ | uoŋ | luŋ | tuŋ | t'uŋ |
| 歸化 | kuoŋ | k'uoŋ | xuoŋ | xuoŋ | vəŋ | ləŋ | təŋ | t'əŋ |
| 大同 | kuoŋ | k'uoŋ | xuoŋ | xuoŋ | vəŋ 另 | luoŋ | tuoŋ | t'uoŋ |
| 太原 | kuŋ | k'uŋ | xuŋ | xuŋ | | luŋ | tuŋ | t'uŋ |
| 興縣 | kuə̃ | k'uə̃ | xuə̃ | xuə̃ | uə̃ | luə̃ | tuə̃ | t'uə̃ |
| 太谷 | kũ | k'ũ | xũ | xũ | uə̃ 另 | lũ | tũ | t'ũ |
| 文水[4] | kũ | k'ũ | xũ | xũ | ũ 另 | lũ | tũ | t'ũ |
| 鳳台 | kuŋ | k'uŋ | xuŋ | xuŋ | uəŋ | luŋ | tuŋ | t'uŋ |
| 蘭州 | kuə̃ | k'uə̃ | xuə̃ | xuə̃ | uə̃ | luə̃ | tuə̃ | t'uə̃ |
| 平涼 | kuə̃ | k'uə̃ | xuə̃ | xuə̃ | uə̃ | luə̃ | tuə̃ | t'uə̃ |
| 西安[5] | kuoŋ | k'uoŋ | xuoŋ | xuoŋ | uoŋ | luoŋ | tuoŋ | t'uoŋ |
| 三水 | kuŋ | k'uŋ | xuŋ | xuŋ | uoŋ | luŋ | tuoŋ | t'uoŋ |
| 四川 | koŋ | k'oŋ | xoŋ | xoŋ | ɵŋ | loŋ | toŋ | t'oŋ |
| 南京(一) | kuŋ | k'uŋ | xuŋ | xuŋ | uŋ | luŋ | tuŋ | t'uŋ |

東紅。[**kuŋ**]: 2 工, 3 功, 4 蚣, 5 攻, 6 貢。——[**k'uŋ**]: 8 孔, 9 控。——[**ɣuŋ**]: 12 洪, 13 鴻, 14 鬨, 15 哄; '鬨' 滬 hoŋ, 温 ɦuŋ (Parker); '哄' 温滬 h-(集韵的切)。——[**ʔuŋ**]: 17 甕; 廣另 '甕' 字; '翁' 廣 iuŋ, 汕 ɛŋ*, 同 kuoŋ, 原 kuŋ, 文谷 kũ; '甕' 汕 ioŋ, 温 iuŋ, 原 yuŋ。——[**luŋ**]: 19 聾, 20 朧, 21 攏, 22 弄; '聾' 蘭 nuə̃, 西 nuoŋ; '弄' 安 ləŋ, 福 lioŋ, luoŋ, 北 nəŋ*, nuŋ*, 封鳳西* nuŋ。——[**tuŋ**]: 24 董, 25 棟, 26 凍。——[**t'uŋ**]: 28 桶, 29 痛; '桶' 温 duŋ, 滬 doŋ, 吳音 dzu, 安 ɗoŋ 合乎廣韵 d'uŋ 的又切; '痛' 汕 t'iã*, 福 t'iaŋ*。

| 例字<br>古音 | 30<br>童<br>꜀d‘uŋ | 37<br>動<br>d‘uŋ꜄ | 39<br>椶<br>tsuŋ | 43<br>聰<br>ts‘uŋ | 45<br>叢<br>꜀dz‘uŋ | 46<br>送<br>suŋ |
|---|---|---|---|---|---|---|
| 高麗 | toŋ | toŋ | ȶɕoŋ | ȶɕ‘oŋ | ȶɕ‘oŋ | soŋ |
| 漢音[1] | toː | toː | soː | soː | soː | soː |
| 吳音 | dzu | dzu 另 | su | su | zu | su |
| 安南 | doŋ | ɗoŋ | toŋ | t‘oŋ | toŋ | toŋ |
| 廣州 | t‘uŋ | tuŋ | tsuŋ | ts‘uŋ | ts‘uŋ | suŋ |
| 客家 | t‘uŋ | t‘uŋ | tsuŋ | ts‘uŋ | ts‘uŋ | suŋ |
| 汕頭[2] | t‘oŋ | toŋ | tsoŋ | ts‘oŋ | ts‘oŋ | soŋ |
| 福州[3] | tuŋ | touŋ² | ȶɕuŋ | ȶɕ‘uŋ | ȶɕuŋ | souŋ꜄ |
| 温州 | duŋ | duŋ | tsuŋ | ts‘uŋ | zuŋ | suŋ |
| 上海 | doŋ | doŋ | tsoŋ | ts‘oŋ | dzoŋ | soŋ |
| 北京 | t‘uŋ | tuŋ | tsuŋ | ts‘uŋ | ts‘uŋ | suŋ |
| 開封 | t‘uŋ | tuŋ | tsuŋ | ts‘uŋ | ts‘əŋ | suŋ |
| 懷慶 | t‘uŋ | tuŋ | tʂuŋ | tʂ‘uŋ | | ʂuŋ |
| 歸化 | t‘əŋ | təŋ | tsəŋ | ts‘əŋ | ts‘əŋ | səŋ |
| 大同 | t‘uoŋ | tuoŋ | tsuoŋ | ts‘uoŋ | ts‘uoŋ | suoŋ |
| 太原 | t‘uŋ | tuŋ | tsuŋ | ts‘uŋ | ts‘uŋ | suŋ |
| 興縣 | t‘uə̃ | tuə̃ | tsuə̃ | ts‘uə̃ | ts‘uə̃ | suə̃ |
| 太谷 | t‘ũ | tũ | tsũ | ts‘ũ | ts‘ũ | sũ |
| 文水[4] | t‘ũ | tuõ | tsũ | ts‘ũ | ts‘ũ | suõ |
| 鳳台 | t‘uŋ | tuŋ | tsuŋ | ts‘uŋ | ts‘uŋ | suŋ |
| 蘭州 | t‘uə̃ | tuə̃ | tsuə̃ | ts‘uə̃ | ts‘uə̃ | suə̃ |
| 平涼 | t‘uə̃ | tuə̃ | tsuə̃ | ts‘uə̃ | ts‘uə̃ | suə̃ |
| 西安[5] | t‘uoŋ | tuŋ | tsuoŋ | ts‘uoŋ | ts‘uoŋ | suŋ |
| 三水 | t‘uoŋ | tuoŋ | tsuoŋ | ts‘uoŋ | ts‘uoŋ | suoŋ |
| 四川 | t‘oŋ | toŋ | tsoŋ | ts‘oŋ | ts‘oŋ | soŋ |
| 南京 | t‘uŋ | tuŋ | tsuŋ | ts‘uŋ | ts‘uŋ | suŋ |

[꜀d‘uŋ]: 31 同, 32 銅, 33 衕, 34 筒, 35 曈, 36 桐; ‘同銅’ 吳音 doː; ‘銅’ 文谷 tũ; ‘筒’ 麗 t‘oŋ; ‘曈’ 安未詳。—— [꜂d‘uŋ꜄]: 38 洞, 吳音另 ‘洞’ 字; ‘動’ 吳音 doː, 汕 t‘oŋ*; ‘洞’ 三 t‘uoŋ。—— [tsuŋ]: 40 椶, 41 總, 42 粽, ‘總’ 麗 ȶɕ‘oŋ。—— [ts‘uŋ]: 44 葱。—— [dz‘uŋ]: ‘叢’ 懷未詳。—— [b‘uŋ]: 48 蓬。—— [muŋ]: 50 濛, 51 矇, 52 夢, 吳音另 ‘夢’ 字; ‘蒙濛矇’ 吳音 moː; ‘蒙’ 安 mɔŋ*, 福 maŋ*; ‘矇’ 滬 maŋ*; ‘夢’ 安滬 mɔŋ*。

(1) 漢音 -oː 寫作 -o-u。

(2) 汕頭 ‘工蚣*’ kaŋ, ‘空孔’ k‘aŋ*, ‘烘’ haŋ*, ‘公* 紅* 洪* 甕’ aŋ, ‘籠礱弄’ laŋ*, ‘東童同銅衕筒洞’ taŋ*, ‘董’ taŋ, ‘桶’ t‘aŋ*, ‘椶粽叢’ tsaŋ*, ‘葱’ ts‘aŋ*, ‘送’ saŋ*, ‘蓬’ p‘aŋ*, ‘夢’ maŋ*。-oŋ, aŋ 並存時 -oŋ 大半是文言音。

## 冬

| | 47 | 49 | 53 | 55 | 56 | 58 |
|---|---|---|---|---|---|---|
| 例字 | 篷 | 蒙 | 膿 | 冬 | 統 | 宗 |
| 古音 | ꜀b'uŋ | muŋ | nuoŋ | tuoŋ | t'uoŋ | tsuoŋ |
| 高麗 | poŋ | moŋ | noŋ | toŋ | t'oŋ | ȶɕoŋ |
| 漢音[1] | ho: | bo: | do:[6] | to: | to: | so: |
| 吳音 | bu | mu 另 | no:[6] | tsu | tsu | su |
| 安南 | boŋ | moŋ | ɳoŋ | ɖoŋ | t'oŋ | toŋ |
| 廣州 | p'uŋ | muŋ | nuŋ | tuŋ | t'uŋ | tsuŋ |
| 客家 | p'uŋ | muŋ | nuŋ | tuŋ | t'uŋ | tsuŋ |
| 汕頭[2] | p'oŋ | moŋ | loŋ[7] | toŋ | t'oŋ | tsoŋ |
| 福州[3] | p'uŋ | muŋ | nuŋ[8] | tœŋ | ᶜt'uŋ | tsuŋ |
| 溫州 | buŋ | muŋ | nuŋ | tuŋ | t'uŋ | tsuŋ |
| 上海 | boŋ | moŋ | noŋ | toŋ | t'oŋ | tsoŋ |
| 北京 | p'əŋ | məŋ | nuŋ | tuŋ | t'uŋ | tsuŋ |
| 開封 | p'əŋ | məŋ | nuŋ | tuŋ | t'uŋ | tsuŋ |
| 懷慶 | p'əŋ | məŋ | nuŋ | tuŋ | t'uŋ | ʦuŋ |
| 歸化 | p'əŋ | məŋ | nəŋ | təŋ | t'əŋ | tsəŋ |
| 大同 | p'əŋ | məŋ | nəŋ | tuoŋ | t'uoŋ | tsuoŋ |
| 太原 | p'əŋ | məŋ | nəŋ | tuŋ | t'uŋ | tsuŋ |
| 興縣 | p'ə̃ | mbə̃ | nduə̃ | tuə̃ | t'uə̃ | tsuə̃ |
| 太谷 | p'õ | mõ | nõ | tũ | t'ũ | tsũ |
| 文水[4] | p'ə̃ | mbə̃ | ndə̃ | tũ | t'uõ | tsũ |
| 鳳台 | p'əŋ | məŋ | nuŋ | tuŋ | t'uŋ | tsuŋ |
| 蘭州 | p'ə̃ | mə̃ | luə̃ | tuə̃ | t'uə̃ | tsuə̃ |
| 平涼 | p'ə̃ | mə̃ | luə̃ | tuə̃ | t'uə̃ | tsuə̃ |
| 西安[5] | p'əŋ | məŋ | nuoŋ | tuoŋ | t'uŋ | tsuoŋ |
| 三水 | p'əŋ | məŋ | luŋ | tuoŋ | t'uoŋ | tsuoŋ |
| 四川 | p'oŋ | moŋ | loŋ | toŋ | t'oŋ | tsoŋ |
| 南京 | p'əŋ | məŋ | luŋ | tuŋ | t'uŋ | tsuŋ |

(3) 福州去聲 -ouŋ: 所以: '貢控' k'ouŋ ('哄' ᶜhuŋ), '棟凍' touŋ, '痛' t'ouŋ, '動洞' touŋ[2], '粽' ȶɕouŋ, '送' souŋ, '夢' mouŋ。還有好些 -œŋ (平上), -aœŋ (去): '工' kœŋ*, '空' k'œŋ*, '烘' hœŋ*, '紅' œŋ*, '甕' aœŋ, '籠聾攏' lœŋ*, '弄' laœŋ, '東同銅筒' tœŋ*, '棟凍動洞' taœŋ*, '通* 桶桐*' t'œŋ, '鬃椶' ȶɕœŋ*, '粽' ȶɕaœŋ, '葱' ȶɕ'œŋ,* '送' saœŋ*, '夢' maœŋ*。-uŋ, -ouŋ 跟 -œŋ, -aœŋ 並存時 -uŋ, -ouŋ 是文言音。

(4) 文水平聲 -ũ, 上去 -uõ。所以假如表中的字是 ꜀kũ, 遇上去字就以 ᶜkuõ, kuõᵓ 代之。這話說了就不把所有字都列出來了。

(5) 西安平聲 -uoŋ, 上去 -uŋ (參看第4註所說的話)。

(一) 南京 -uŋ 都有點複元音化 -ᵊuŋ, 下同。

| | | 東融 | | | | |
|---|---|---|---|---|---|---|
| | 59 | 1 | 4 | 5 | 6 | 9 |
| 例字 | 宋 | 弓 | 穹 | 熊 | 中 | 冲 |
| 古音 | suoŋ | kjĭuŋ | k'jĭuŋ | jĭuŋ | ȶĭuŋ | ȶ'ĭuŋ |
| 高麗 | soŋ | kuŋ | kuŋ | uŋ | ȶɕuŋ | ȶɕ'uŋ |
| 漢音[6] | soː | kiuː[9] | kiuː | iuː | ȶɕuː | ȶɕuː |
| 吳音 | suː | ku[9] | ku | u | ȶɕu | |
| 安南 | toŋ | kuŋ | | huŋ | ȶuŋ | suŋ |
| 廣州 | suŋ | kuŋ | k'uŋ | huŋ | ȶɕuŋ | ȶɕ'uŋ |
| 客家 | suŋ | kiuŋ | kiuŋ | iuŋ | čuŋ | č'uŋ |
| 汕頭[7] | soŋ | kioŋ[10] | k'ioŋ | hioŋ | toŋ | ts'oŋ |
| 福州[8] | suoŋ꜄ | kyŋ[11] | k'yŋ | hyŋ | tyŋ | ȶɕ'yŋ |
| 温州 | suŋ | ȶɕiuŋ | | ɦiuŋ | ȶɕiuŋ | ȶɕ'iuŋ |
| 上海 | soŋ | koŋ | ȶɕ'ioŋ | ɦioŋ | tsoŋ | ts'oŋ |
| 北京 | suŋ | kuŋ | ȶɕ'yuŋ | ɕyuŋ | ʈʂuŋ | ʈʂ'uŋ |
| 開封 | suŋ | kuŋ | ȶɕ'yuŋ | ɕyuŋ | ʈʂuŋ | ʈʂ'uŋ |
| 懷慶 | ʂuŋ | kuŋ | ȶɕ'yuŋ | ɕyuŋ | ʈʂuŋ | ʈʂ'uŋ |
| 歸化 | səŋ | kuoŋ | ȶɕ'yəŋ | ɕyəŋ | tsəŋ | ts'əŋ |
| 大同 | suoŋ | kuoŋ | ȶɕ'yɵŋ | ɕyɵŋ | ʈʂuoŋ | ʈʂ'uoŋ |
| 太原 | suŋ | kuŋ | ȶɕ'yuŋ | ɕyuŋ | tsuŋ | ts'uŋ |
| 興縣 | suə̃ | kuə̃ | ȶɕ'yə̃ | ɕyə̃ | tsuə̃ | ts'uə̃ |
| 太谷 | sũ | kũ | ȶɕ'yũ | ɕyũ | tsũ | ts'ũ |
| 文水 | suõ꜄ | kũ[12] | ȶɕ'yũ | ɕyũ | tsũ | ts'ũ |
| 鳳台 | suŋ | kuŋ | ȶɕ'yuŋ | ɕyuŋ | tsuŋ | ts'uŋ |
| 蘭州 | suə̃ | kuə̃ | ȶɕ'yə̃ | ɕyə̃ | ʈuə̃ | ʈ'uə̃ |
| 平涼 | suə̃ | kuə̃ | ȶɕ'yũ | ɕyũ | ʈuə̃ | ʈ'uə̃ |
| 西安 | suŋ꜄ | kuoŋ[12] | ȶɕ'yuŋ | ɕyuŋ | pfəŋ | pf'əŋ |
| 三水 | suoŋ | kuŋ | ȶɕ'yuŋ | ɕyuŋ | tsoŋ | ts'oŋ |
| 四川 | soŋ | koŋ | ȶɕ'ioŋ | ɕioŋ | ʈʂoŋ | ʈʂ'oŋ |
| 南京 | suŋ | kuŋ | | ɕiuŋ | ʈʂuŋ | ʈʂ'uŋ |

冬。 **[nuoŋ]**: 54 **農;** '農' 同西 luoŋ; '膿農' 北 nəŋ*。——**[d'uoŋ]**: 57 **疼;** 麗 toŋ, 漢音 toː, 吳音 dzu, 安 ɖoŋ, 汕 t'oŋ, 温 duŋ, 滬 doŋ (跟 dəŋ), 其他方言從五音集韵切 ꜀d'əŋ (與 '騰' 字同音)。[譯者按廣韵㾄,㾄痛,徒登切, 該也是這個字。]

(6) 日本 -oː 寫作 -o-u。

(7) 汕頭 '膿' laŋ*, '冬' taŋ*, '宋' saŋ*。

(8) 福州 '膿' nœŋ*, '宋' saœŋ*。

---

東融。 **[kjĭuŋ]**: 2 **躬,** 3 **宮;** '弓躬宮' 温 kuŋ*; '宫' 汕 koŋ*。——**[k'jĭuŋ]**: '穹' 安 k'um, 温 ȡʑiuŋ (Parker), 京未詳; 客 kiuŋ, 福 ꜀kyŋ 表示古曾有 k- 音; 廣跟官話讀陽平, 温讀濁音, 都表示古曾有g'- 音讀法。——**[jĭuŋ]**: '熊' 汕 him*。——**[ȶĭuŋ]**: 7 **衷,** 8 **忠;** '衷忠' 麗 ȶɕ'uŋ; '衷' 廣 ȶɕ'uŋ, 客 č'uŋ, 汕 ts'oŋ; '忠' 漢音 ȶɕuː 寫作 ti-yu-u。——**[ȶ'ĭuŋ]**: '冲' 反切 ȡ'ĭuŋ, 但除掉日本外, 到處讀的好像古音是 ȶ'ĭuŋ),

| 例字<br>古音 | 11<br>蟲<br>꜀ȡ'ĭuŋ | 12<br>仲<br>ȡ'ĭuŋ꜂ | 13<br>崇<br>dʐ'ĭuŋ | 14<br>終<br>ȶɕĭuŋ | 16<br>充<br>ȶɕ'ĭuŋ | 17<br>戎<br>ȵʑĭuŋ | 19<br>隆<br>ljĭuŋ |
|---|---|---|---|---|---|---|---|
| 高麗 | ȶɕ'uŋ | ȶɕuŋ | suŋ | ȶɕuŋ 另 | ȶɕ'uŋ | iuŋ | iuŋ |
| 漢音[9] | ȶɕuː | ȶɕuː | ɕuː | ɕuː | ɕuː | ȡʑuː | riuː |
| 吳音[9] | ȡʑu | ȡʑu | ȡʑu | ɕu | | niu | riu |
| 安南 | ŧuŋ | | suŋ | ŧuŋ | suŋ | ȵuŋ | luŋ 另 |
| 廣州 | ȶɕ'uŋ | ȶɕuŋ | ʂuŋ | ȶɕuŋ | ȶɕ'uŋ | iuŋ | luŋ |
| 客家 | č'uŋ | č'uŋ | ts'uŋ | čuŋ | č'uŋ | iuŋ | luŋ |
| 汕頭[10] | ts'oŋ | toŋ | ts'oŋ | tsoŋ | ts'oŋ | dzoŋ | loŋ |
| 福州[11] | t'yŋ | t'œyŋ | ȶɕuŋ | ȶɕyŋ | ȶɕ'yŋ | yŋ | lyŋ |
| 温州 | ȡʑiuŋ | ȡʑiŋ | zuŋ | ȶɕiuŋ | ȶɕ'iuŋ | zuŋ | |
| 上海 | dzoŋ | dzoŋ | dzoŋ | tsoŋ | ts'oŋ | dzoŋ | loŋ |
| 北京 | tʂ'uŋ | tʂuŋ | tʂ'uŋ | tʂuŋ | tʂ'uŋ | ʐuŋ | luŋ |
| 開封 | tʂ'uŋ | tʂuŋ | tʂ'uŋ | tʂuŋ | tʂ'uŋ | ʐuŋ | luŋ |
| 懷慶 | tʂ'uŋ | tʂuŋ | tʂ'uŋ | tʂuŋ | tʂ'uŋ | ʐuŋ | lyuŋ |
| 歸化 | ts'əŋ | tsəŋ | ts'əŋ | tsəŋ | ts'əŋ | zəŋ | ləŋ |
| 大同 | tʂ'uoŋ | tʂuoŋ | tʂ'uoŋ | tʂuoŋ | tʂ'uoŋ | ʐuoŋ | luoŋ |
| 太原 | ts'uŋ | tsuŋ | ts'uŋ | tsuŋ | ts'uŋ | zuŋ | luŋ |
| 興縣 | ts'uə̃ | tsuə̃ | ts'uə̃ | tsuə̃ | ts'uə̃ | zuə̃ | luə̃ |
| 太谷 | ts'ũ | tsũ | ts'ũ | tsũ | ts'ũ | uõ | lũ |
| 文水[12] | ts'ũ | tsuõ | ts'ũ | tsũ | ts'ũ | zũ | lũ |
| 鳳台 | ts'uŋ | tsuŋ | ts'uŋ | tsuŋ | ts'uŋ | zuŋ | lyuŋ |
| 蘭州 | ʈ'uə̃ | ʈuə̃ | ʈ'uə̃ | ʈuə̃ | ʈ'uə̃ | uə̃ | luə̃ |
| 平涼 | ʈ'uə̃ | ʈuə̃ | ʈ'uə̃ | ʈuə̃ | ʈ'uə̃ | zuə̃ | luə̃ |
| 西安[12] | pf'əŋ | pfəŋ | pf'əŋ | pfəŋ | pf'əŋ | vəŋ | luoŋ |
| 三水 | ts'oŋ | tsoŋ | ts'oŋ | tsoŋ | ts'oŋ | zoŋ | luŋ |
| 四川 | tʂ'oŋ | tʂoŋ | tʂ'oŋ | tʂoŋ | tʂ'oŋ | ʐoŋ | loŋ |
| 南京 | tʂ'uŋ | tʂuŋ | tʂ'uŋ | tʂuŋ | tʂ'uŋ | ʐuŋ | luŋ |

10 盅; '冲' 吳音 ȡʑu; '盅' 規則讀法只見於麗漢音福封原鳳; 汕是 ꜀ts'oŋ, 吳音 ȡʑu 是來自 ȡ'ĭuŋ 的又切; 其他方言讀的好像古音是 ŧĭuŋ; 蘭未詳。——[꜀ȡ'ĭuŋ]: '蟲' 福 t'œŋ*。——[ȡ'ĭuŋ꜂]: '仲' 安 ŧoŋ。——[dʐ'ĭuŋ]: '崇' 漢音 ɕuː 寫作 si-yu-u。——[ȶɕĭuŋ]: 15 衆; 麗另 '衆' 字; '終' 麗 ȶɕoŋ, 漢音寫作 si-yu-u。——[ȶɕ'ĭuŋ]: '充' 吳音 ȡʑuː, ȡʑu (寫作 zi-u, zi-yu)。——[ȵʑĭuŋ]: 18 絨; '絨' 滬 ȵioŋ。——[ljĭuŋ]: 20 窿; 安另 '窿' 字; '隆' 安 ləŋ, 温 liə (Parker); '窿' 福温滬未詳, 懷 luŋ。——[sĭuŋ]: 21 鬆 到處從集韵切 suoŋ 的讀法。

(9) 漢音 -iuː (-uː) 寫作 -i-u; 吳音 ȶɕu, ɕu 等拼作 ti-yu, si-yu 等。

(10) 汕頭 '弓宮' kɛŋ*, '中' taŋ*, '蟲' t'aŋ*, '衆' ȶɕɛŋ*, '鬆' saŋ*, '風' huaŋ*, 皆白話音。

| | | | 鍾 | | | | | |
|---|---|---|---|---|---|---|---|---|
| | 2 | 23 | 24 | 27 | 28 | 29 | 32 | 35 |
| 例字 | 風 | 豐 | 恭 | 恐 | 共 | 胷 | 雍 | 用 |
| 古音 | pjĭuŋ | p'jĭuŋ | kjĭʷoŋ | k'jĭʷoŋ | g'jĭʷoŋ | xjĭʷoŋ | ʔĭʷoŋ | ĭʷoŋ |
| 高麗 | p'uŋ | p'uŋ | koŋ | koŋ | koŋ | hiuŋ | oŋ | ioŋ |
| 漢音[9] | fuː | hoː | kioː[13] | kioː | kioː | kioː | ioː | ioː |
| 吳音[9] | fu | fu | ku[13] | ku | gu | ku | iu | iu |
| 安南 | fɔŋ | fɔŋ | kuŋ[14] | k'uŋ | kuŋ | huŋ | uŋ | zuŋ |
| 廣州 | fuŋ | fuŋ | kuŋ | huŋ | kuŋ | huŋ | iuŋ | iuŋ |
| 客家 | fuŋ | fuŋ | kiuŋ | k'iuŋ | k'iuŋ | hiuŋ | iuŋ | iuŋ |
| 汕頭[10] | hoŋ | hoŋ | kioŋ[15] | k'ioŋ | kioŋ | hioŋ | ioŋ | ioŋ |
| 福州[11] | huŋ | huŋ | kyŋ[16] | k'yŋ | kœyŋ[2] | hyŋ | yŋ | yŋ 另 |
| 温州 | fuŋ | fuŋ | ȶɕyɔ[17] | ȶɕ'yɔ | ȡʑyɔ | ɕyɔ | yɔ 另 | yɔ |
| 上海 | foŋ | foŋ | koŋ | k'oŋ | goŋ | ɕioŋ | ioŋ | ioŋ |
| 北京 | fəŋ | fəŋ | kuŋ | k'uŋ | kuŋ | ɕyuŋ | iuŋ | iuŋ |
| 開封 | fəŋ | fəŋ | kuŋ | k'uŋ | kuŋ | ɕyuŋ | iuŋ | iuŋ |
| 懷慶 | fəŋ | fəŋ | kuŋ | k'uŋ | kuŋ | ɕyuŋ | iuŋ | iuŋ |
| 歸化 | fəŋ | fəŋ | kuôŋ | k'uoŋ | kuoŋ | ɕyəŋ | yəŋ | yəŋ |
| 大同 | fəŋ | fəŋ | kuoŋ | k'uoŋ | kuoŋ | ɕyeŋ | yeŋ | yeŋ |
| 太原 | fəŋ | fəŋ | kuŋ | k'uŋ | kuŋ | ɕyuŋ | yuŋ | yuŋ |
| 興縣 | fuə̃ | fuə̃ | kuə̃ | k'uə̃ | kuə̃ | ɕyə̃ | yə̃ | yə̃ |
| 太谷 | fõ | fõ | kũ | k'ũ | kũ | ɕyũ | yũ | yũ |
| 文水[12] | xũ | xũ | kũ[18] | k'uõ | kuõ | ɕyũ | yũ | yũ |
| 鳳台 | fəŋ | fəŋ | kuŋ | k'uŋ | kuŋ | ɕyuŋ | yuŋ | yuŋ |
| 蘭州 | fə̃ | fə̃ | kuə̃ | k'uə̃ | kuə̃ | ɕyə̃ | yə̃ | yə̃ |
| 平涼 | fə̃ | fə̃ | kuə̃ | k'uə̃ | kuə̃ | ɕyũ | yũ | yũ |
| 西安[12] | fəŋ | fəŋ | kuoŋ[18] | k'uŋ | kuŋ | ɕyuŋ | yuŋ | yuŋ |
| 三水 | fəŋ | fəŋ | kuŋ | k'uŋ | kuŋ | ɕyuŋ | yuŋ | yuŋ |
| 四川 | foŋ | foŋ | koŋ | k'oŋ | koŋ | ɕioŋ | ioŋ | ioŋ |
| 南京 | fəŋ | fəŋ | kuŋ | k'uŋ | kuŋ | ɕiuŋ | iuŋ | iuŋ |

(11) 福州去聲 -œyŋ, 所以 '仲' ȶœyŋ, '乘' ȶɕœyŋ。

(12) 文水西安: 跟在 -uŋ 韵一樣, 元音也是跟着聲調變的 (看註 4, 5)。

---

鍾。[kjĭʷoŋ]: 25 供, 26 廾。——[xjĭʷoŋ]: 30 兇, 31 凶。——[ʔĭʷoŋ]: 33 擁, 34 壅; 温另 '壅' 字; '壅' 吳音 iuː。——[ĭʷoŋ]: 36 鎔 37 庸, 38 容, 39 甬, 40 湧, 41 勇; 福另 '鎔' 字; '鎔容' 北 ʐuŋ; '鎔' 福 ioŋ*; '甬' 文谷興未詳。

| | 42 | 43 | 44 | 45 | 48 | 49 |
|---|---|---|---|---|---|---|
| 例字 | 冢 | 寵 | 重 | 鍾 | 衝 | 茸 |
| 古音 | ȶĭʷoŋ | ȶ'ĭʷoŋ | ȡ'ĭʷoŋ | ȶɕĭʷoŋ | ȶɕ'ĭʷoŋ | ȵʑĭʷoŋ |
| 高麗 | ȶɕ'oŋ | ȶɕ'oŋ | ȶɕuŋ | ȶɕoŋ | ȶɕ'uŋ | ioŋ |
| 漢音[13] | ȶɕoː | ȶɕoː | ȶɕoː | ɕoː | ɕoː | ȡʑoː |
| 吳音[13] | ȶɕu | ȶɕu | ȡʑu | ɕu | ɕu | niu |
| 安南[14] | ŧuŋ | suŋ | ŧuŋ | ŧuŋ | suŋ | ȵuŋ |
| 廣州 | ȶɕ'uŋ | ȶɕ'uŋ | ȶɕuŋ | ȶɕuŋ | ȶɕ'uŋ | iuŋ |
| 客家 | č'uŋ | č'uŋ | č'uŋ | čuŋ | č'uŋ | iuŋ |
| 汕頭[15] | t'oŋ | t'oŋ | toŋ | tsoŋ | ts'oŋ | dzoŋ |
| 福州[16] | t'yŋ | t'yŋ | tœyŋ | ȶɕyŋ | ȶɕ'yŋ | yŋ |
| 温州[17] | ȶɕyɔ | ȶɕ'iuŋ | ȡʑyɔ | ȶɕyɔ | ȶɕ'iuŋ | zuŋ |
| 上海 | tsoŋ | ts'oŋ | dzoŋ | tsoŋ | ts'oŋ | zoŋ |
| 北京 | ʈʂuŋ | ʈʂ'uŋ | ʈʂuŋ | ʈʂuŋ | ʈʂ'uŋ | ʐuŋ |
| 開封 | ʈʂuŋ | ʈʂ'uŋ | ʈʂuŋ | ʈʂuŋ | ʈʂ'uŋ | ʐuŋ |
| 懷慶 | | ʈʂ'uŋ | ʈʂuŋ | ʈʂuŋ | ʈʂ'uŋ | ʐuŋ |
| 歸化 | tsəŋ | ts'əŋ | tsəŋ | tsəŋ | ts'əŋ | zəŋ |
| 大同 | ʈʂuoŋ | ʈʂ'uoŋ | ʈʂuoŋ | ʈʂuoŋ | ʈʂ'uoŋ | ʐuoŋ |
| 太原 | tsuŋ | ts'uŋ | tsuŋ | tsuŋ | ts'uŋ | zuŋ |
| 興縣 | tsuə̃ | ts'uə̃ | tsuə̃ | tsuə̃ | ts'uə̃ | zuə̃ |
| 太谷 | tsũ | ts'ũ | tsũ | tsũ | ts'ũ | uõ |
| 文水[18] | tsuõ | ts'uõ | tsuõ | tsũ | ts'ũ | zũ |
| 鳳台 | tsuŋ | ts'uŋ | tsuŋ | tsuŋ | ts'uŋ | zuŋ |
| 蘭州 | ʈuə̃ | ʈ'uə̃ | ʈuə̃ | ʈ'uə̃ | ʈ'uə̃ | uə̃ |
| 平涼 | ʈuə̃ | ʈ'uə̃ | ʈuə̃ | ʈ'uə̃ | ʈ'uə̃ | ʐuə̃ |
| 西安[18] | pfəŋ | pf'əŋ | pfəŋ | pfəŋ | pf'əŋ | vəŋ |
| 三水 | tsoŋ | ts'oŋ | tsoŋ | tsoŋ | ts'oŋ | zoŋ |
| 四川 | ʈʂoŋ | ʈʂ'oŋ | ʈʂoŋ | ʈʂoŋ | ʈʂ'oŋ | ʐoŋ |
| 南京 | ʈʂuŋ | ʈʂ'uŋ | ʈʂuŋ | ʈʂuŋ | ʈʂ'uŋ | ʐuŋ |

**[ȶĭʷoŋ]**: '冢' 懷未詳。——**[ȡ'ĭʷoŋ˒]**: '重' 吳音 ȡʑuː*。——**[ȶɕĭʷoŋ]**: 46 種, 47 腫; '腫' 安 t'uŋ。——**[ȵʑĭʷoŋ]**: 50 冗; '茸' 滬 dzoŋ*; '冗' 福 nouŋ*, 温 iuŋ (Parker), 滬 ȵioŋ, 原鳳懷三未詳。——**[nĭʷoŋ]**: '濃' 安 ȵoŋ*, 漢音 doː*, 吳音 noː, 廣 nuŋ*, 滬 noŋ* 合乎集韵切 nuoŋ 的 讀法(表中有幾處讀法也合乎這個切); 北 nəŋ*。——**[lĭʷoŋ]**: '龍' 福 lɛiŋ*, lioŋ*, 日本 riuː*。——**[tsĭʷoŋ]**: 55 蹤; '縱' 吳音 ȡʑuː; '蹤' 安未詳。——**[sĭʷoŋ]**: '聳' 麗 ioŋ, 客 tsiuŋ, 谷 tsũ, 文 tsuõ: 温 ȶɕ'yɔ*, suŋ* (Parker)。

| | 51 | 52 | 54 | 56 | 57 | 58 |
|---|---|---|---|---|---|---|
| 例字 | 濃 | 龍 | 縱 | 從 | 聳 | 頌 |
| 古音 | njĭʷoŋ | ljĭʷoŋ | tsĭʷoŋ | dz'ĭʷoŋ | sĭʷoŋ | zĭʷoŋ |
| 高麗 | noŋ | ioŋ | ȶɕoŋ | ȶɕoŋ | | soŋ |
| 漢音[13] | ȡʑoː | rioː | ɕoː | ɕoː | ɕoː | ɕoː |
| 吳音[13] | | riu | ɕu | ȡʑuː | ɕu | ȡʑu |
| 安南[14] | ɳuŋ | lɔŋ | tuŋ | tuŋ | tuŋ | tuŋ |
| 廣州 | iuŋ | luŋ | tsuŋ | ts'uŋ | suŋ | tsuŋ |
| 客家 | ȵiuŋ | liuŋ | tsiuŋ | ts'iuŋ | | siuŋ |
| 汕頭[15] | loŋ | loŋ | tsoŋ | ts'oŋ | soŋ | soŋ |
| 福州[16] | nyŋ | lyŋ | ȶɕœyŋ | ȶɕyŋ | | syŋ 另 |
| 溫州[17] | ȵyɔ | liə | tsuŋ | ʑyɔ | ɕyɔ | ʑyɔ |
| 上海 | ȵioŋ | loŋ | tsoŋ | dzoŋ | soŋ | dzoŋ |
| 北京 | nuŋ | luŋ | tsuŋ | ts'uŋ | suŋ | suŋ |
| 開封 | nuŋ | luŋ | tsuŋ | ts'yuŋ | suŋ | syuŋ |
| 懷慶 | nuŋ | lyuŋ | ʦ̢uŋ | ȶɕ'yuŋ | ʂuŋ | ɕyuŋ |
| 歸化 | nəŋ | leɛŋ | tsəŋ | ts'əŋ | səŋ | ɕyəŋ |
| 大同 | nəŋ | luoŋ | tsuoŋ | ts'uoŋ | suoŋ | suoŋ |
| 太原 | nəŋ | luŋ | tsuŋ | ts'uŋ | suŋ | suŋ |
| 興縣 | nduə̃ | luə̃ | tsuə̃ | ts'uə̃ | suə̃ | suə̃ |
| 太谷 | nõ | lũ | tsũ | ts'ũ | | ɕyũ |
| 文水[18] | ndə̃ | lũ | tsuə̃ | ts'ũ | | ɕyũ |
| 鳳台 | nuŋ | lyuŋ | ȶɕyuŋ | ȶɕ'yuŋ | suŋ | ɕyuŋ |
| 蘭州 | luə̃ | luə̃ | tsuə̃ | ts'uə̃ | suə̃ | suə̃ |
| 平涼 | luə̃ | luə̃ | tsuə̃ | ts'uə̃ | suə̃ | suə̃ |
| 西安[18] | luoŋ | luoŋ | tsuŋ | ts'uoŋ | suŋ | suŋ |
| 三水 | luŋ | luŋ | tsuoŋ | ts'uoŋ | suoŋ | suoŋ |
| 四川 | loŋ | loŋ | tsoŋ | ts'oŋ | soŋ | soŋ |
| 南京 | luŋ | luŋ | tsuŋ | ts'uŋ | suŋ | suŋ |

**[zĭʷoŋ]**: 59 **松**, 60 **誦**, 61 **訟**; 福另 '松' 字; '松' 廣 ꜀ts'uŋ, 客 ꜀ts'iuŋ, 因為平聲所以讀塞擦送氣; 溫 suŋ* 跟滬 soŋ 表示古有 s- 的讀法 (官話讀陰平也是個佐證); 歸 səŋ, 文谷 sũ。——**[p'jĭʷoŋ]**: 64 **鋒**, 65 **蜂**, 66 **烽**; '蜂' 福 p'uŋ, 汕 p'aŋ*, 文 p'ə̃。——**[b'jĭʷoŋ]**: 68 **縫**, 69 **奉**, 70 **俸**; '逢' 汕 p'oŋ*; '縫' 汕 p'oŋ*, 福 puŋ, p'uŋ; '奉' 安 fɯəŋ*; '俸' 安 boŋ; 溫 fuŋ 跟滬 foŋ 表示古有 pj- 或 p'j- 的讀法 (南部方言用陰調也是個佐證)。

(13) 日本 -ioː (-oː) 寫作 -i-yo-u; ȶɕu, ɕu 等拼作 ti-yu, si-yu 等。

(14) 安南 -ɔŋ, 除表中所注外, 還見於 '共' kɔŋ*, '庸* 容* 湧勇' zɔŋ, '重' ȶɔŋ*, '松' tɔŋ*。

(15) 汕頭 '供' kɛŋ*, '共' kaŋ*, '胷' hɛŋ*, '壅用湧' ɛŋ*, '鍾種腫' ȶɕɛŋ*, '重' taŋ*, '龍' lɛŋ*, '松' sɛŋ*, '封' huaŋ*, '蜂縫' p'aŋ*。-ioŋ 跟 -ɛŋ, -aŋ 並存時, -ioŋ 是文言音。

| 例字<br>古音 | 62<br>封<br>pjĭʷoŋ | 63<br>峯<br>p'jĭʷoŋ | 67<br>逢<br>b'jĭʷoŋ |
|---|---|---|---|
| 高麗 | poŋ | paŋ | poŋ |
| 漢音[13] | hoː | hoː | hoː |
| 吳音[13] | fuː | fu | bu |
| 安南[14] | fəŋ | fəŋ | fuŋ |
| 廣州 | fuŋ | fuŋ | fuŋ |
| 客家 | fuŋ | fuŋ | fuŋ |
| 汕頭[15] | hoŋ | hoŋ | hoŋ |
| 福州[16] | huŋ | huŋ | huŋ |
| 溫州[17] | fuŋ | fuŋ | vuŋ |
| 上海 | foŋ | foŋ | voŋ |
| 北京 | fəŋ | fəŋ | fəŋ |
| 開封 | fəŋ | fəŋ | fəŋ |
| 懷慶 | fəŋ | fəŋ | fəŋ |
| 歸化 | fəŋ | fəŋ | fəŋ |
| 大同 | fəŋ | fəŋ | fəŋ |
| 太原 | | fəŋ | fəŋ |
| 興縣 | fuə̃ | fuə̃ | fuə̃ |
| 太谷 | fõ | fõ | fõ |
| 文水[18] | xũ | xũ | xũ |
| 鳳台 | fəŋ | fəŋ | fəŋ |
| 蘭州 | fə̃ | fə̃ | fə̃ |
| 平涼 | fəŋ | fəŋ | fəŋ |
| 西安[18] | fəŋ | fəŋ | fəŋ |
| 三水 | fəŋ | fəŋ | fəŋ |
| 四川 | foŋ | foŋ | foŋ |
| 南京 | fəŋ | fəŋ | fəŋ |

在所有以下各攝，方言中用 -p, -t, -k 收聲的字其實用的都是不爆發的"閉音"，嚴格寫起來應該作 kɔᵖ, koᵗ 等等。這個聲明過一次我們以後可就從簡作 kɔp 等了。在山西南京上海的入聲字收尾是一個喉部的閉音，並且元音大半是短的（短的程度各方言不一樣）。這個提過了一次，我們以後就不寫 taʔ, iəʔ 等等而簡作 ta, iə 等等，讀者可以記住凡是這些方言的入聲字是促收的。在懷慶入聲字大半亦有喉塞音。閩粵方言中也有這種音的入聲字；在這些方言的入聲字，凡是我們寫作元音收尾的都得認作實在是以 ʔ 音收尾，例如'插'汕頭 ts'a 是當 ts'aʔ 講。在閩方言往往 -p, -t, -k 有的人或有時候讀成閉音 ʔ。

(16) 福州去聲 -œyŋ, -ouŋ, 所以：'共' kœyŋ, '壅用' œyŋ, '擁湧' œyŋ', '重' tœyŋ, '縱' ʨœyŋ, '頌誦訟' sœyŋ, '奉' houŋ², '俸' houŋ。另外有些 -uŋ 跟（去聲）-aœŋ: '恐' huŋ*, '冢寵' t'uŋ*, '濃' nuŋ*, '縱*蹤' ʨuŋ, '聳' suŋ; '共' kaœŋ*, '重' taœŋ*。

(17) 溫州 -(i)uŋ, 除表中所注外，還見於：'恭供卄' kuŋ*, '雍擁鎔庸容' iuŋ, '松' suŋ*。

(18) 文水西安跟在 -uŋ 韵一樣，元音也是跟着聲調變的，看前註 4, 5。

| | 合<br>1<br>蛤<br>kạp | 2<br>合<br>ɣạp | 4<br>納<br>nạp | 5<br>拉<br>lạp | 6<br>答<br>tạp | 8<br>踏<br>t‘ạp | 9<br>雜<br>dz‘ạp |
|---|---|---|---|---|---|---|---|
| 例字 古音 | | | | | | | |
| 高麗 | | hap | nap | nap | tap | | ȶɕap |
| 漢音[1] | ko: | ko: | do: | ro: | to: | to: | so: |
| 吳音[1] | ko: | go: | no: | ro: | to: | to: | zo: |
| 安南 | | hap | ɳap | lap | ɖap | | tap |
| 廣州 | kɔp | hɔp | nap | | tap | | tsap |
| 客家 | kap | hap | nap | lap | tap | | ts‘ap |
| 汕頭[2] | k‘ap | hap | nap | nap | tap | | tsap |
| 福州 (一) | kak | hak | nak | lak | tak | | ȶɕak |
| 温州 | kœ | ɦœ | nœ | | tœ | | zœ |
| 上海 | ke | ɦe | ne | la | ta | | dze |
| 北京 | kə | xə | na | la | ta | t‘a | tsa |
| 開封 | kɯ | xɯ | na | la | ta | t‘a | tsa |
| 懷慶 | ka | xɯ | na | la | ta | t‘a | tsa |
| 歸化 | kə | xə | na | la | ta | t‘a | tsa |
| 大同 | ka | xa | na | la | ta | t‘a | tsa |
| 太原 | | xa | na | la | ta | t‘a | tsa |
| 興縣 | kə | xə | nda | la | ta | t‘a | tsa |
| 太谷 | kəa | xəa | na | la | ta | t‘a | tsa |
| 文水 | ka | xa | nda | la | ta | t‘a | tsa |
| 鳳台 | | xa | na | la | ta | t‘a | tsa |
| 蘭州 | | xo | na | la | ta | t‘a | tsa |
| 平涼 | ko | xo | na | la | ta | t‘a | tsa |
| 西安 | ko | xo | na | la | ta | t‘a | tsa |
| 三水 | | xo | la | la | ta | t‘a | tsa |
| 四川 | ko | xo | la | la | ta | t‘a | tsa |
| 南京 | ko | xo | lɔ (二) | lɔ | tɔ | t‘ɔ | tsɔ |

合。[**kạp**]: ‘蛤’ 麗安 hap, 原鳳三 xa, 蘭 ɕia。—— [**ɣạp**]: 3 盒, ‘合’ 安 hɔp,* hiep*; ‘盒’ 汕 ap, 滬 ɦa*。—— [**nạp**]: ‘納’ 吳音 no: 寫作 na-pu。—— [**lạp**]: ‘拉’ 廣 [꜀la:i*] 客* 汕* 福* 温 ꜀la 跟多數官話讀平聲的 ꜀la 表示古曾有不帶 -p 尾的讀法。—— [**tạp**]: 7 搭, ‘答搭’ 滬 te* (文言音), 温 ta*; ‘搭’ 安 ɖɐp, 原 t‘a。—— [**t‘ạp**]: ‘踏’ 麗廣汕 tap, 客 t‘ap$_2$, 汕 ta$_2$, 福 tak, 安 ɖap, 温滬 da 合乎集韵 d‘ɑp。—— [**dz‘ạp**]: ‘雜’ 滬 ze*。

(1) 漢音 -o: 寫作 -a-pu (-a-fu), 吳音 -o: 寫作 -o-pu (-o- fu)。

(2) 汕頭 ‘合’ ha*, ‘拉’ la*, ‘搭踏’ ta*。-a, -ap 並存時, -ap 是文言音。

(一) 看前咸攝覃韵譯者註 (二)。

(二) 看前果攝麻 加 韵下譯者註 (一)。

| | 盍 | | 洽 | | | | |
|---|---|---|---|---|---|---|---|
| | 10 | 13 | 16 | 18 | 20 | 21 | 22 |
| 例字 | 臘 | 塔 | 夾 | 掐 | 狹 | 插 | 霎 |
| 古音 | lɑp | t‘ɑp | kạp | k‘ạp | ɣạp | tʂ‘ạp | ʂạp |
| 高麗 | nap | t‘ap | kiəp 另 | kiəp | hiəp | sap | sap |
| 漢音[3] | ro: | to: | ko:[5] | ko: | ko: | so: | so: |
| 呉音[3] | ro: | to: | kio:[5] | | gio: | ɕo: | ɕo: |
| 安南 | lap | t‘ap | zap | | | t‘ap | |
| 廣州 | lap | t‘ap | kap | hap | hap | ʨ‘ap | sap |
| 客家 | lap | t‘ap | kap | k‘ap | hiap | ts‘ap | sap |
| 汕頭[4] | nap | t‘ap | kiap | k‘ap | hiap | ts‘a | sap |
| 福州 | lak | t‘ak | kak | k‘ak | | ts‘ak | sak |
| 温州 | la | t‘a | ka | k‘a | ɦa | ts‘a | |
| 上海 | la | t‘a | ka[6] | k‘a | ɦa | ts‘a | sa |
| 北京 | la | t‘a | ʨia | ʨ‘ia | ɕia | tʂ‘a | ʂa |
| 開封 | la | t‘a | ʨia | ʨ‘ia | ɕia | tʂ‘a | ʂa |
| 懷慶 | la | t‘a | ʨia | ʨ‘ia | ɕia | ts‘a | sa |
| 歸化 | la | t‘a | ʨia | ʨ‘ia | ɕia | ts‘a | sa |
| 大同 | la | t‘a | ʨia | ʨ‘ia | ɕia | ts‘a | sa |
| 太原 | la | t‘a | ʨiæ | ʨ‘iæ | ɕiæ | ts‘a | sa |
| 興縣 | la | t‘a | ʨia | ʨ‘ia | ɕia | ts‘a | sa |
| 太谷 | la | t‘a | ʨia | ʨ‘ia | ɕia | ts‘a | sa |
| 文水 | la | t‘a | ʨia | ʨ‘ia | ɕia | ts‘a | sa |
| 鳳台 | la | t‘a | ʨia | ʨ‘ia | ɕia | ts‘a | sa |
| 蘭州 | la | t‘a | ʨia | ʨ‘ia | ɕia | ts‘a | sa |
| 平涼 | la | t‘a | ʨia | ʨ‘ia | ɕia | ts‘a | sa |
| 西安 | la | t‘a | ʨia | ʨ‘ia | ɕia | ts‘a | sa |
| 三水 | la | t‘a | ʨia | ʨ‘ia | ɕia | ts‘a | sa |
| 四川 | la | t‘a | ʨia | ʨ‘ia | ɕia | tʂ‘a | sa |
| 南京 | lɔ | t‘ɔ | ʨiɔ | ʨ‘iɔ | ɕiɔ | tʂ‘ɔ | ʂa |

盍。[lɑp]: 11 蠟, 12 擸; '臘' 客 liap*; '擸' 見或從廣韻又切 ljĭɛp 讀法。——[t‘ɑp]: 14 塌, 15 榻。

(3) 漢音 -o: 寫作 -a-pu (-a-fu), 呉音 -o: 寫作 o-pu (o-fu)。

(4) 汕頭 '臘蠟擸' la*, '塔' t‘a*。

---

洽。[kạp]: 17 袷; 麗另 '袷' 字; '夾' 客 kiap*, 汕 koi*; 麗 hiəp 跟客汕 hiap* 合乎集韻切 ɣ- 的讀法; '袷' 麗 kəp*; 安 hap, 汕 hiap, 興 xa 合乎集韻切 ɣạp 的讀法。——[k‘ạp]: 19 恰; '掐恰' 日本只有 ko:; '掐' 安 hap (Parker): '恰' 安 kap, 廣 hɐp, 麗 hɯp*。——[ɣạp]: '狹' 安 hiep (Parker), 客 k‘iap*, 汕 oi*, 福 hiek。——[ʂạp]; '霎' 安 t‘iep (Parker), 客 ts‘iap*, 汕 siap*, 温 tsie (Parker)。——[ʨạp]: '劄' 麗 ʨ‘a, ʨ‘al, 安未詳, 客 čap*。

| | | 狎 | | | 葉 | | |
|---|---|---|---|---|---|---|---|
| | 23 | 24 | 25 | 27 | 31 | 32 | 33 |
| 例字 | 劄 | 甲 | 狎 | 鴨 | 葉 | 摺 | 涉 |
| 古音 | ȶạp | kap | ɣap | ʔap | ĭɛp | ȶɕĭɛp | ʑĭɛp |
| 高麗 | | kap | ap | ap | iəp | səp | səp |
| 漢音[5] | toː | koː[7] | koː | oː | ioː[9] | ɕoː | ɕoː |
| 吳音[5] | ȶɕoː | kio[7] | | ioː | ioː[9] | soː | ȡʑoː |
| 安南 | | zap | hap | ap | ziep | | t'iep |
| 廣州 | ȶɕap | kap | hap | ap | ip | ȶɕip | ʂip |
| 客家 | tsap | kap | ap | ap | iap | čap | šap |
| 汕頭 | tap | | ap | ap | iap | ȶɕiap | siap |
| 福州 | tak | kak | ak | ak | iek | ȶɕiek | siek |
| 溫州 | tsa | ka | ɦa | a | ie | tsie | zie |
| 上海[6] | tsa | ka[8] | ɦa | a | i | tse | dze |
| 北京 | tʂa | ȶɕia | ɕia | ia | iɛ | tʂə | ʂə |
| 開封 | tʂa | ȶɕia | ɕia | ia | iɛ | tʂə | ʂə |
| 懷慶 | ta | ȶɕia | ɕia | ia | iɛ | tʂa | ʂa |
| 歸化 | ta | ȶɕia | ɕia | ia | iə | tʂə | ʂə |
| 大同 | ta | ȶɕia | ɕia | ia | ia | tʂa | ʂa |
| 太原 | ta | ȶɕia | ɕia | ia | iə | tsa | sa |
| 興縣 | ta | ȶɕia | ɕia | ia | iə | tʂə | sə |
| 太谷 | tsa | ȶɕiæ | ɕiæ | iæ | iæ | tsa | sa |
| 文水 | tsa | ȶɕia | ɕia | ia | iæ | tʂa | ʂa |
| 鳳台 | ta | ȶɕia | ɕia | ia | ia | tsa | sa |
| 蘭州 | tsa | ȶɕia | ɕia | ia | ie | tʂɛi | ʂɛi |
| 平涼 | ta | ȶɕia | ɕia | ia | iə | tʂə | ʂə |
| 西安 | tsa | ȶɕia | ɕia | ia | iɛ | tʂə | ʂə |
| 三水 | tsa | ȶɕia | ɕia | ia 另 | iɛ | tʂə | ʂə |
| 四川 | tʂa | ȶɕia | ɕia | ia | ie | tʂe | ʂe |
| 南京 | tʂɔ | ȶɕiɔ | ɕiɔ | iɔ | ie | tʂæ | ʂæ |

(5) 漢音 -oː 寫作 a-pu (a-fu), 吳音 -ioː 寫作 e-pu (e-fu)。

(6) 上海 '夾袷' ȶɕia*, '恰' ȶɕ'ia*, '狹' ɦia*——皆文言音。

狎。[**kap**]: '甲' 汕 ka, kiet (Gibson)。——[**ɣap**]: 26 匣; '狎' 吳音 kioː (拼作 ke-pu); '匣' 麗 kap, 吳音 goː (拼作 ga-pu)。——[**ʔap**]: 28 閘, 29 押, 30 壓; 三另 '閘' 字; '鴨' 三 ȵia; '鴨押' 汕 a*; '閘' 麗廣 ȶɕap, 汕 tsa*, 福 ȶɕak, 温滬(又讀) za, 北封川京 tʂa, 同原文 tsa 看第九章影喻母下古代兩讀字一段; '押' 廣 at*; '壓' 廣 at, 汕 iap, 涼西三 ȵia。

(7) 漢音 -oː 寫作 -a-pu (-a-fu), 吳音 -ioː 寫作 -e-pu (-e-fu)。

(8) 上海 '甲' ȶɕia*, '狎匣' ɦia*, '鴨* 閘押* 壓' ia, 皆文言音。

葉 [**iɛp**]: '葉' 汕 hie*。——[**ȶɕĭɛp**]: '摺' 客 tsap*, 汕 ȶɕi*; 安 tɐp (Parker)。——[**ʑĭɛp**]: '涉' 客 siap*。

| | | | | | 業 | | | |
|---|---|---|---|---|---|---|---|---|
| | 34 | 35 | 36 | 37 | 38 | 39 | 40 | 41 |
| 例字 | 獵 | 接 | 妾 | 捷 | 劫 | 怯 | 業 | 脅 |
| 古音 | ljĭɛp | tsĭɛp | ts‘ĭɛp | dz‘ĭɛp | kjĭɐp | k‘jĭɐp | ŋjĭɐp | xjĭɐp |
| 高麗 | iəp | ȶɕəp | ȶɕ‘əp | ȶɕ‘əp | kəp | kəp | əp | hiəp |
| 漢音[9] | rioː | ɕoː | ɕoː | ɕoː | kioː[10] | kioː | gioː | kioː |
| 吳音[9] | roː | ɕoː | | | goː[10] | koː | goː | koː |
| 安南 | liep | tiep | t‘iep | t‘iep | kiep | k‘iep | ŋiep | hiep |
| 廣州 | lip | tsip | ts‘ip | | kip | hip | ip | hip |
| 客家 | liap | tsiap | ts‘iap | ts‘iap | kiap | k‘iap | ȵiap | hiap |
| 汕頭 | | ȶɕiap | ȶɕ‘iap | ȶɕiap | hiap | k‘iap | ŋiap | hiap |
| 福州 | | ȶɕiek | ȶɕ‘iek | ȶɕiek | kiek | k‘iek | ŋiek | hiek |
| 温州 | liə | tsie | ts‘ie | zie | ȶɕie | ȶɕ‘ie | ȵie | ie |
| 上海 | li | tsi | ts‘i | dzi | ȶɕi | ȶɕ‘i | ȵi | ɕi |
| 北京 | leɛ | ȶɕiɛ | ȶɕ‘iɛ | ȶɕiɛ | ȶɕiɛ | ȶɕ‘iɛ | iɛ | ɕiɛ |
| 開封 | lɛ | tsiɛ | ts‘iɛ | tsiɛ | ȶɕiɛ | ȶɕ‘iɛ | iɛ | ɕiɛ |
| 懷慶 | | ȶɕiɛ | ȶɕ‘iɛ | | ȶɕiɛ | ȶɕ‘iɛ | iɛ | ɕiɛ |
| 歸化 | leə | ȶɕiə | ȶɕ‘iə | ȶɕiə | ȶɕiə | ȶɕ‘iə | iə | ɕiə |
| 大同 | lea | ȶɕia | ȶɕ‘ia | | ȶɕia | ȶɕ‘ia | ia | ɕia |
| 太原 | leə | ȶɕiə | ȶɕ‘iə | ȶɕiə | ȶɕiə | ȶɕ‘iə | iə | ɕiə |
| 興縣 | | ȶɕiə | ȶɕ‘iə | ȶɕiə | ȶɕiə | ȶɕ‘iə | iə | ɕiə |
| 太谷 | leæ | ȶɕiæ | ȶɕ‘iæ | | ȶɕiæ | ȶɕ‘iæ | iæ | |
| 文水 | leæ | ȶɕiæ | ȶɕ‘iæ | | ȶɕiæ | ȶɕ‘iæ | ȵȡiæ | ɕiæ |
| 鳳台 | lea | ȶɕia | ȶɕ‘ia | ȶɕia | ȶɕia | ȶɕ‘ia | ia | ɕia |
| 蘭州 | lie | ȶɕie | ȶɕ‘ie | ȶɕie | ȶɕie | ȶɕ‘ie | ȵie | ɕie |
| 平涼 | leə | ȶɕiə | ȶɕ‘iə | ȶɕiə | ȶɕiə | ȶɕ‘iə | ȵiə | ɕiə |
| 西安 | leɛ | ȶɕiɛ | ȶɕ‘iɛ | ȶɕiɛ | ȶɕiɛ | ȶɕ‘iɛ | ȵiɛ | ɕiɛ |
| 三水 | leɛ | tsiɛ | ts‘iɛ | ts‘iɛ | ȶɕiɛ | ȶɕ‘iɛ | ȵiɛ | ɕiɛ |
| 四川 | lie | tsie | ts‘ie | tsie | ȶɕie | ȶɕ‘ie | nie | ɕie |
| 南京 | le | tse | ts‘e | tse | ȶɕie | ȶɕ‘ie | ie | ɕie |

**[ljĭɛp]**: ‘獵’ 安 lap*, 汕 nap, la, 福 lak, 興 la 表示古曾有不含 i 介音的讀法; 懷未詳。——**[tsĭɛp]**; ‘接’ 汕 ȶɕi*。——**[ts‘ĭɛp]**: ‘妾’ 吳音 soː (拼作 sa-pu)。——**[dz‘ĭɛp]**: ‘捷’ 廣 tsit, 同文谷 ȶɕiə, 懷未詳。

(9) 日本 -ioː 寫作 -e-pu (-e-fu), 所以 ȶɕoː, ȡʑoː, ɕoː, te-pu, de-pu, se-pu, 跟 -oː 寫作 -o-pu (-o-fu), 所以 soː: so-pu 等。

---

**[k‘jĭɐp]**: ‘怯’ 福 k‘iok*, 吳音 goː*。——**[xjĭɐp]**: ‘脅’ 温 ɦie (Parker), 廣 $hip_2$, 福 $hiek_2$ 表示古曾有 ɣ- 的讀法; 谷 ȶɕ‘iæ。

(10) 日本 -ioː 寫作 -e-pu (-e-fu), -oː 寫作 -o-pu (-o-fu)。

---

| 例字<br>古音 | 帖<br>42<br>頰<br>kiep | 43<br>協<br>ɣiep | 46<br>捻<br>niep | 47<br>帖<br>t'iep | 49<br>疊<br>d'iep |
|---|---|---|---|---|---|
| 高麗 | kiəp | hiəp | iəp | ʨ'əp | ʨ'əp |
| 漢音[11] | kioː | kioː | ʥoː | ʨoː | ʨoː |
| 吳音[11] | kioː | gioː | nioː | ʨoː | ʥoː |
| 安南 | kiep | hiep | ɳiep | t'iep | ɗiep |
| 廣州 | | hip | nip | t'ip | tip |
| 客家 | kiap | hiap | ɲiap | t'iap | t'iap |
| 汕頭 | kiap | hiap | niap | t'iap | tiap 另 |
| 福州 | kiek | hiek | niek | | tiek |
| 温州 | | ɦie | ɲia | t'ie | die |
| 上海 | ʨi | ɦia | ɲia | t'i | di 另 |
| 北京 | | ɕiɛ | niɛ | t'iɛ | tiɛ |
| 開封 | | ɕiɛ | | t'iɛ | tiɛ |
| 懷慶 | | ɕiɛ | nia | t'iɛ | tiɛ |
| 歸化 | | ɕiə | ɲiə | t'iə | tiə |
| 大同 | | ɕia | ɲia | t'ia | tia |
| 太原 | | ɕiə | ɲiə | t'iə | tiə |
| 興縣 | | ɕiə | ɲɖiə | t'iə | tiə |
| 太谷 | | ɕiæ | | t'iæ | tiæ |
| 文水 | | ɕiæ | | t'iæ | tiæ |
| 鳳台 | | ɕia | nia | t'ia | tia |
| 蘭州 | | ɕie | ɲie | t'ie | tie |
| 平涼 | | ɕiə | ɲiə | t'iə | tiə |
| 西安 | | ɕiɛ | ɲiɛ | t'iɛ | tiɛ |
| 三水 | | ɕiɛ | | t'iɛ | tiɛ |
| 四川 | | ɕie | nie | t'ie | tie |
| 南京 | | ɕie | ne | t'e | te |

帖。[**kiep**]: '頰' 汕 ki*; 廣 kap, 温 ka, 滬* 跟官話 (除掉文谷興) ʨɕia 表示古曾有 kap 讀法; 麗 hiəp*, 安 hiep*, 客 hiap*, 北* 興 ɕia, 文谷 ɕiæ 表示古曾有 ɣ- 的讀法。——[**ɣiep**]: 44 俠, 45 挾: '俠' 在封懷谷興鳳照集韵切 kap 的讀法, 在別的官話跟在廣州讀的好像古音是 ɣap; 北 ʨiɛ 跟 ɕia; '俠挾' 汕 koi*; '挾' 在滬* 北* 涼三川京讀的好像古音是 kap, 集韵的切。——[**niep**]: '捻' 在北* 封文谷三讀的好像古音是 niem。——[**t'iep**]: 48 貼: '帖貼' 福 t'aik; '貼' 汕 ta*。——[**d'iep**]: 50 牒, 51 蝶; 汕滬另 '牒' 字; '疊' 汕 t'iap, t'a, 福 t'ak*, 滬 de; '牒' 麗 ʨəp, 興* t'iə, 汕 ia*。

(11) 日本 -ioː (-oː) 寫作 -e-pu (-e-fu)。

| | 乏 | | 緝 | | | | | |
|---|---|---|---|---|---|---|---|---|
| | 52 | 53 | 1 | 5 | 6 | 7 | 8 | 10 |
| 例字 | 法 | 乏 | 急 | 泣 | 及 | 吸 | 邑 | 澀 |
| 古音 | pjĭ$^w$ɐp | b'jĭ$^w$ɐp | kjĭəp | k'jĭəp | g'jĭəp | xjĭəp | ʔĭəp | ʂĭəp |
| 高麗 | pəp | pəp | kɯp | | kɯp | hɯp | ɯp | săp |
| 漢音[12] | ho: | ho: | kiu:[1] | kiu: | kiu: | kiu: | iu: | ɕu: |
| 呉音[12] | ho: | bo: | ko:[1] | ko: | go: | ko: | o: | ɕu: |
| 安南 | fap | fap | kɐp | k'ɐp | kɐp | hɐp | ɐp | sap |
| 廣州 | fat | fat | kɐp | | k'ɐp | | iɐp | |
| 客家 | fap | fat | kip | k'ip | k'ip | | ip | sep |
| 汕頭 | huap | huat | kip | k'ip | kip | hip | ip | siap |
| 福州 | huak | huak | kεik | k'εik | kik | | εik | saik |
| 温州 | fo | vo | tɕiai | tɕ'iai | dʑiai | ɕiai | iai | |
| 上海 | fa | va | tɕi | tɕ'i | dʑi | ɕi | i | se |
| 北京 | fa | fa | tɕi | tɕ'i | tɕi | ɕi | i | sə |
| 開封 | fa | fa | tɕi | tɕ'i | tɕi | ɕi | i | ʂε |
| 懷慶 | fa | fa | tɕiə | tɕ'iə | tɕiə | ɕiə | | sa |
| 歸化 | fa | fa | tɕiə | tɕ'iə | tɕiə | ɕiə | iə | suə |
| 大同 | fa | fa | tɕiə | tɕ'iə | tɕiə | ɕiə | iə | sa |
| 太原 | fa | fa | tɕiə | tɕ'iə | tɕiə | ɕiə | iə | sa |
| 興縣 | fua | fua | tɕiə | tɕ'iə | tɕiə | ɕiə | iə | sə |
| 太谷 | fa | fa | tɕiə | tɕ'iə | tɕiə | ɕiə | iə | sə |
| 文水 | xua | xua | tɕiə | tɕ'iə | tɕiə | ɕiə | iə | sə |
| 鳳台 | fa | fa | tɕiə | tɕ'iə | tɕiə | ɕiə | | sa |
| 蘭州 | fa | fa | tɕi | tɕ'i | tɕi | ɕi | i | |
| 平涼 | fa | fa | tɕi | tɕ'i | tɕi | ɕi | i | sεi |
| 西安 | fa | fa | tɕi | | tɕi | ɕi | i | sei |
| 三水 | fa | fa | tɕi | | tɕi | ɕi | i | sei |
| 四川 | fa | fa | tɕie | | tɕie | ɕie | i | se |
| 南京 | fɔ | fɔ | tɕi | tɕ'i | tɕi | ɕi | i | sæ |

乏。[**pjĭ$^w$ɐp**]: '法' 安 fɐp*。——[**b'jĭ$^w$ɐp**]: '乏' 麗 p'ip*, 廣 fɐt*, 温 o* (Parker)。

(12) 漢音 -o: 寫作 -a-pu (-a-fu)。呉音 -o: 寫作 o-pu (o-fu)。

---

緝。[**kjĭəp**]: 2 汲, 3 給, 4 級; '汲給* 級' 廣 k'ɐp, 汕 k'ip, 日本只有 kiu:; '汲級' 客 k'ip; '汲' 安 ŋɐp*, 福 ŋεik, 歸鳳京 ɕ-; '給' 汕 k'ɯt* (Gibson); 北 kei* 還有好些官話方言都用跟它相當的讀法, 都是白話音; '級' 福 ŋεik*。——[**k'jĭəp**]: '泣' 麗 ɯp, 廣 iɐp, 西三 ɕi, 川 ɕie。——[**xjĭəp**]: '吸' 廣 k'ɐp, 客汕* k'ip, 福 ŋεik, 温 tɕiai*,——[**ʔĭəp**]: 9 揖; '邑揖' 懷鳳 i; '揖' 日本只有 iu:。——[**ʂĭəp**]: '澀' 廣 ʂik, 温 ts'ɿ, 蘭未詳。

| | 11 | 13 | 14 | 17 | 18 | 20 | 21 | 22 |
|---|---|---|---|---|---|---|---|---|
| 例字 | 執 | 溼 | 十 | 入 | 立 | 葺 | 集 | 習 |
| 古音 | ȶɕĭəp | ɕĭəp | ʑĭəp | ȵʑĭəp | ljĭəp | ts'ĭəp | dz'ĭəp | zĭəp |
| 高麗 | ȶɕip | sɯp | sip | ip | ip | ȶɕɯp | ȶɕip | sɯp |
| 漢音 | ɕuː | ɕuː | ɕuː | ȡʑuː | riuː | ɕuː | ɕuː | ɕuː |
| 吳音 | ɕuː | ɕuː | ȡʑuː | niuː | riuː | ɕuː | ȡʑuː | ȡʑuː |
| 安南 | ȶɐp | t'ɐp | t'ɐp | ȵɐp | lɐp | | tɐp | tɐp |
| 廣州 | ȶɕɐp | ʂɐp | ʂɐp | iɐp | lap | ts'ɐp | tsap | tsap |
| 客家 | ȶɕip | šip | šip | ȵip | lip | ts'ip | ts'ip | sip |
| 汕頭 | ȶɕip | sip | sip | ȡʑip | lip | ȶɕ'ip | ȶɕip | sip |
| 福州 | ȶɕɛik | sɛik | sɛik | ik | lik | | ȶɕik | sik |
| 温州 | tsai 另 | sai | zai | zai | li | ts'ai | zai | zai |
| 上海 | tse | se | ze | ze | li | ts'i | dzi | dzi |
| 北京 | tʂʅ | ʂʅ | ʂʅ | ʐu | li | ȶɕ'i | ȶɕi | ɕi |
| 開封 | tʂʅ | ʂʅ | ʂʅ | ʐu | li | ts'i | tsi | si |
| 懷慶 | tʂə | ʂə | ʂə | ʐuə | liə | ȶɕ'iə | ȶɕiə | ɕiə |
| 歸化 | tʂə | ʂə | ʂə | zuə | leə | ȶɕ'iə | ȶɕiə | ɕiə |
| 大同 | tʂə | ʂə | ʂə | ʐuo | leə | | ȶɕiə | ɕiə |
| 太原 | tsə | sə | sə | zuə | leə | ȶɕ'iə | ȶɕiə | ɕiə |
| 興縣 | tʂə | ʂə | ʂə | zuə | leə | ȶɕ'iə | ȶɕiə | ɕiə |
| 太谷 | tsə | sə | sə | uə | leə | | ȶɕiə | ɕiə |
| 文水 | tʂə | ʂə | ʂə | zuə | leə | | ȶɕiə | ɕiə |
| 鳳台 | tsə | sə | sə | zuə | leə | | ȶɕiə | ɕiə |
| 蘭州 | tʂʅ | ʂʅ | ʂʅ | vu | li | | ȶɕi | ɕi |
| 平涼 | tʂʅ | ʂʅ | ʂʅ | ʐɥ | li | | ȶɕi | ɕi |
| 西安 | tʂʅ | ʂʅ | ʂʅ | vu | li | | ȶɕi | ɕi |
| 三水 | tʂʅ | ʂʅ | ʂʅ | zɥ | li | ts'i | tsi | si |
| 四川 | tʂʅ | ʂʅ | ʂʅ | ʐu | li | | tsi | si |
| 南京 | tʂʅ | ʂʅ | ʂʅ | ʐu | li | ts'i | tsi | si |

[**ȶɕĭəp**]: 12 **汁**; 温另'汁'字; '執' 温 tsə (Parker); '汁' 麗 ȶɕɯp, 福 ȶɕaik, 汕 tsap.——[**ʑĭəp**]: 15 **什**, 16 **拾**; '十' 滬 se*; '十什' 汕 tsap*; '什' 福 sik; '拾' 麗 səp——[**ljĭəp**]: 19 **粒**; '立' 日本 ritsu*; '粒' 廣 nɐp, 汕 liap*, 福 lak, 温 lœ。——[**ts'ĭəp**]: '葺' 安 tɐp, 福 ȶɕɛik, 同 ȶɕiə, 蘭涼西 ȶɕi 合乎廣韵又切 tsĭəp 的讀法; 谷文鳳 ȶɕ'i 川未詳。——[**dz'ĭəp**]: '集' 客 sip*。——[**zĭəp**]: 23 **襲**; '襲' 滬 zi*。

(1) 日本 -iuː (-uː) 寫作 -i-pu (-i-fu), -oː 寫作 o-pu (o-fu)。

| | 曷 | | | | | | 鎋瞎 | |
|---|---|---|---|---|---|---|---|---|
| | 1 | 3 | 4 | 7 | 8 | 10 | 11 | 12 |
| 例字 | 葛 | 渴 | 曷 | 辣 | 撻 | 達 | 瞎 | 轄 |
| 古音 | kɑt | k'ɑt | ɣɑt | lɑt | t'ɑt | d'ɑt | xạt | ɣạt |
| 高麗 | kal | kal | hal 另 | nal | tal | tal | hal | hal |
| 漢音 | katsu | k tsu | katsu | ratsu | tatsu | tatsu | katsu | katsu |
| 吳音 | kaȶɕi | kaȶɕi | gaȶɕi | raȶɕi | taȶɕi | taȶɕi | keȶɕi | geȶɕi |
| 安南 | kaʈ | k'aʈ | haʈ | laʈ | t'aʈ | ɗaʈ | haʈ | haʈ |
| 廣州 | kot | hot | hot | lat | t'at | tat | hɐt | hɐt |
| 客家 | kot | k'ot | hot | lat | t'at | t'at | hat | hat |
| 汕頭[1] | kat | | hat | luə | t'at | tat | hat | hat |
| 福州 | kak | k'ak | hak | lak | t'ak | tak | hak | hak |
| 温州 | kye | k'ye | ye | la | t'a | da | ha | ɦa |
| 上海 | kœ | kœ | œ | la | t'a | da | ha | |
| 北京 | kə | k'ə | xə | la | t'a | ta | ɕia | ɕia |
| 開封 | kɯ | k'ɯ | xɯ | la | t'a | ta | ɕia | ɕia |
| 懷慶 | ka | | xa | la | t'a | ta | ɕia | ɕia |
| 歸化 | kə | k'ə | xə | la | t'a | ta | xa | xa |
| 大同 | ka | k'a | xa | la | t'a | ta | ɕia | ɕia |
| 太原 | ka | k'a | xa | la | t'a | ta | xa | xa |
| 興縣 | kə | k'ə | xə | la | t'a | ta | xa | xa |
| 太谷 | kəa | k'əa | xəa | la | t'a | ta | xa | xa |
| 文水 | ka | k'a | xa | la | t'a | ta | xa | xa |
| 鳳台 | ka | k'a | xa | la | t'a | ta | ɕia | ɕia |
| 蘭州 | ko | k'o | xo | la | t'a 另 | ta | xa | ɕia |
| 平涼 | ko | k'o | xo | la | t'a | ta | xa | ɕia |
| 西安 | ko | k'o | xo | la | t'a 另 | ta | xa | ɕia |
| 三水 | ko | k'o | xo | la | t'a | ta | xa | ɕia |
| 四川 | ko | k'o | xo | la | t'a 另 | ta | ɕia | ɕia |
| 南京 | ko | k'o | xo | lɔ | t'ɔ | tɔ | ɕiɔ | ɕiɔ |

曷。[**kɑt**]: 2 割; '割' 麗 hal, 安 kăʈ。——[**k'ɑt**]: '渴' 客 hot*, 汕 kak (Gibson), 懷 xa。——[**ɣɑt**]: 5 蝎, 6 褐; 麗另 '蝎' 字; '曷褐' 麗 kal, 吳音 ȶɕi; '褐' 原 ka。——[**t'ɑt**]: 9 獺; 蘭西川另 '獺' 字; '撻' 客 tat*, 蘭西川 ta; '獺' 麗 ȶɕ'al*, 廣 ts'at, 福 t'iak, 汕 t'ak (跟 t'ua)。——[**d'ɑt**]: '達' 汕 t'at*。

(1) 汕頭 '葛割渴' kua*, '獺' t'ua, 皆白話音。

---

鎋瞎。[**xạt**]: '瞎' 滬 ɕia*。——[**ɣạt**]: '轄' 温 hua*, 滬 ha。

---

| | 黠札 | | | 薛列 | | | | |
|---|---|---|---|---|---|---|---|---|
| | 13 | 16 | 17 | 18 | 19 | 20 | 23 | 25 |
| 例字 | 札 | 察 | 殺 | 傑 | 孽 | 徹 | 折 | 舌 |
| 古音 | ʈʂat | ʈʂ'at | ʂat | g'jĭɛt | ŋjĭɛt | ȶ'ĭɛt | ȶɕĭɛt | ȡʑ'ĭɛt |
| 高麗 | ȶɕ'al | ȶɕ'al | sal | kəl | əl | ȶɕ'əl | ȶɕəl | səl |
| 漢音 | satsu | satsu | satsu | ketsu | getsu | tetsu | setsu | setsu |
| 吳音 | saȶɕi | seȶɕi | seȶɕi | keȶɕi | geȶɕi | | seȶɕi | zeȶɕi |
| 安南 | ȶaʈ | saʈ | saʈ | kieʈ | ŋieʈ | | ȶieʈ | t'ieʈ |
| 廣州 | ȶɕat | ȶɕ'at | ʂat | kit | it | ȶɕ'it | ȶɕit | ʂit |
| 客家 | tsat | ts'at | sat | k iet | ȵiet | č'et | čet | šet |
| 汕頭 | tsat | ts'at | sua | kiet | ŋiet | t'iet | ȶɕi | siet |
| 福州 | ȶɕak | ȶɕ'ak | sak | kiek | ŋiek | t'iek | ȶɕiek | siek |
| 溫州 | tsa | ts'a | sa | | ȵie | | tsie | zie |
| 上海 | tsa | ts'a | sa | ȡʑi | ȵi | ts'e | tse | ze |
| 北京 | ʈʂa | ʈʂ'a | ʂa | ȶɕiɛ | niɛ | ʈʂ'ə | ʈʂə | ʂə |
| 開封 | ʈʂa | ʈʂ'a | ʂa | ȶɕiɛ | iɛ | ʈʂ'ə | ʈʂə | ʂə |
| 懷慶 | tsa | ts'a | sa | ȶɕiɛ | iɛ | | ʈʂa | ʂa |
| 歸化 | tsa | ts'a | sa | ȶɕiə | ȵiə | ʈʂ'ə | ʈʂə | ʂə |
| 大同 | tsa | ts'a | sa | ȶɕia | ȵia | ʈʂ'a | ʈʂa | ʂa |
| 太原 | tsa | ts'a | sa | ȶɕiə | ȵiə | ts'a | tsa | sa |
| 興縣 | tsa | ts'a | sa | ȶɕiə | ȵȡiə | ʈʂ'ə | ʈʂə | ʂə |
| 太谷 | tsa | ts'a | sa | ȶɕiæ | ȵiæ | ts'a | tsa | sa |
| 文水 | tsa | ts'a | sa | ȶɕiæ | ȵȡiæ | ʈʂ'a | ʈʂa | ʂa |
| 鳳台 | tsa | ts'a | sa | ȶɕia | ia | ts'a | tsa | sa |
| 蘭州 | tsa | ts'a | sa | ȶɕie | ȵie | ʈ'ɛi | ʈɛi | ʂɛi |
| 平涼 | tsa | ts'a | sa | ȶɕiə | ȵiə | ʈʂ'ə | ʈʂə | ʂə |
| 西安 | tsa | ts'a | sa | ȶɕiɛ | ȵiɛ | ʈʂ'ə | ʈʂə | ʂə |
| 三水 | tsa | ts'a | sa | ȶɕiɛ | ȵiɛ | ʈʂ'ə | ʈʂə | ʂə |
| 四川 | ʈʂa | ʈʂ'a | ʂa | ȶɕie | nie | ʈʂ'e | ʈʂe | ʂe |
| 南京 | ʈʂɔ | ʈʂ'ɔ | ʂɔ | ȶɕie | le | ʈʂ'æ | ʈʂæ | ʂæ |

黠札。[ʈʂat]: 14 札, 15 紮; '扎* 札* 紮' 客 tsap, '札紮' 汕 tsap, '札' 懷未詳。

---

薛列。[ŋjĭɛt]: '孽' 汕 ŋiak*。——[ȶ'ĭɛt]: 21 撤; '徹撤' 吳音 deȶɕi, 安 ȶieʈ, 溫 dzie, 懷 ʈʂa 合乎廣韻又切 ȡ'ĭɛt 的讀法。——[ȡ'ĭɛt]: 22 澈, 到處跟 '徹撤' 一樣, 可見古時有些方言讀 ȡ'- 外, 多數方言讀 ȶ'-。——[ȶɕ'ĭɛt]: 24 掣; 麗 ȶɕ'əl*, 漢音 setsu, 吳音 seȶɕi, 安 sieʈ, 廣 ȶɕ'it*, 滬 ts'e, 原 ts'a, 文 ʈʂ'a, 北西三 ʈʂ'ə 是照規則的讀法; 但在其他方言不送氣, 看前 294 頁穿母例外 b)。——[ȡʑ'ĭɛt]: '舌' 汕 ȶɕi*。

| | | | | | | | 月歇 | | |
|---|---|---|---|---|---|---|---|---|---|
| | 26 | 27 | 28 | 31 | 32 | 33 | 34 | 35 | 36 |
| 例字 | 設 | 熱 | 列 | 褻 | 別 | 滅 | 訐 | 歇 | 謁 |
| 古音 | ɕiɛt | ȵʑĭɛt | ljĭɛt | sĭɛt | b'jĭɛt | mjĭɛt | kjĭɐt | xjĭɐt | ʔĭɐt |
| 高麗 | səl | iəl | iəl | səl | piəl | miəl | kal | həl | al |
| 漢音 | setsu | zetsu | retsu | setsu | betsu | betsu | ketsu | ketsu | etsu |
| 吳音 | seȶɕi | neȶɕi | reȶɕi | seȶɕi | beȶɕi | meȶɕi | koȶɕi | koȶɕi | oȶɕi |
| 安南 | t'ieʈ | ȵieʈ | lieʈ | tieʈ | bieʈ | zieʈ | | ieʈ | ieʈ |
| 廣州 | ȶɕ'it | it | lit | sit | pit | mit | k'it | hit | it |
| 客家 | šet | ȵiet | liet | siet | p'iet | miet | kiet | hiet | iet |
| 汕頭 | siet | ȡʑiet | liet | siet | piet | mit | kiet | hia | hat |
| 福州 | siek | iek | liek | siek | piek | miek | k'iok | hiok | hiok |
| 溫州 | sie | ȵie | lie | sie | biɵ | miɵ | tɕie | ɕie | ie |
| 上海 | se | ze | li | si | bi | mi | tɕi | ɕi | i |
| 北京 | ʂə | ʐə | leɛ | ɕiɛ | piɛ | miɛ | tɕiɛ | ɕiɛ | iɛ |
| 開封 | ʂɵ | ʐə | lɛ | siɛ | piɛ | miɛ | tɕiɛ | ɕiɛ | iɛ |
| 懷慶 | ʂa | ʐa | liɛ | ɕiɛ | piɛ | miɛ | tɕiɛ | ɕiɛ | |
| 歸化 | ʈʂ'ɵ | ʐɵ | leə | ɕiə | piə | miə | tɕiə | ɕiə | iə |
| 大同 | ʂa | ʐa | lea | ɕia | pia | mia | tɕia | ɕia | |
| 太原 | sa | za | leə | | piə | miə | tɕiə | ɕiə | iə |
| 興縣 | ʂɵ | ʐə | leə | ɕiə | piə | mbiə | tɕiə | ɕiə | |
| 太谷 | sa | za | leæ | ɕiæ | piæ | miæ | tɕiæ | ɕiæ | iæ |
| 文水 | ʂa | ʐa | leæ | ɕiæ | piæ | mbiæ | tɕiæ | ɕiæ | iæ |
| 鳳台 | sa | za | lea | ɕia | pia | mia | tɕia | ɕia | ia |
| 蘭州 | ʂɛi | ʐɛi | lie | ɕie | pie | mie | tɕie | ɕie | ie |
| 平涼 | ʂɵ | ʐə | leə | ɕiə | piə | miə | tɕiə | ɕiə | iə |
| 西安 | ʂə | ʐe | leɛ | ɕiɛ | piɛ | miɛ | tɕiɛ | ɕiɛ | iɛ |
| 三水 | ʂə | ʐə | leɛ | siɛ | piɛ | miɛ | tɕiɛ | ɕiɛ | iɛ |
| 四川 | se | ze | lie | sie | pie | mie | tɕie | ɕie | ie |
| 南京 | ʂæ | ʐæ | le | se | pe | me | | ɕie | ie |

**[ȵʑĭɛt]**: '熱' 汕 dzua*, 日本 netsu*, 溫 ȵi*。——**[ljĭɛt]**: 29 烈, 30 裂; '裂' 汕 li*。——**[b'jĭɛt]**: '別' 汕 p'iet*, pat*, 福 pɛik*, pe*。

---

月歇。**[kjĭɐt]**: '訐' 麗 al*, 安 ieʈ (Parker), 日本 ketsu*, keȶɕi*, 京未詳。——**[xjĭɐt]**: '歇' 汕 hak*。——**[ʔĭɐt]**: '謁' 懷同興未詳。

| | 屑結 | | | | | | | |
|---|---|---|---|---|---|---|---|---|
| | 37 | 39 | 40 | 41 | 42 | 44 | 45 | 48 |
| 例字 | 結 | 臬 | 噎 | 鐵 | 迭 | 節 | 切 | 截 |
| 古音 | kiet | ŋiet | ʔiet | t‘iet | d‘iet | tsiet | ts‘iet | dz‘iet |
| 高麗 | kiəl | əl | iəl | ȶɕ‘əl | | ȶɕəl | ȶɕəl | ȶɕəl |
| 漢音 | ketsu | getsu | etsu | tetsu | tetsu | setsu | setsu | setsu |
| 吳音 | keȶɕi | geȶɕi | eȶɕi | teȶɕi | deȶɕi | seȶɕi | seȶɕi | zeȶɕi |
| 安南 | kieʈ | ɳieʈ | ieʈ | t‘ieʈ | ɖieʈ | tieʈ | t‘ieʈ | ŧieʈ |
| 廣州 | kit | it | it | t‘it | tit | tsit | ts‘it | tsit |
| 客家 | kiet | ȵiet | | t‘iet | tiet | tsiet | ts‘iet | ts‘iet |
| 汕頭 | kiet 另 | ŋiet | | t‘iet | tiet | ȶɕiet | ȶɕ‘iet | ȶɕiet |
| 福州 | kiek | ŋiek | | t‘iek | tiek | ȶɕiek | ȶɕ‘iek | ȶɕiek |
| 温州 | ȶɕie | ȵie | ie | t‘ie | die | tsie | ts‘ie | zie |
| 上海 | ȶɕi | ȵi | i | t‘i | di | tsi | ts‘i | dzi |
| 北京 | ȶɕiɛ | niɛ | iɛ | t‘iɛ | tiɛ | ȶɕiɛ | ȶɕ‘iɛ | ȶɕiɛ |
| 開封 | ȶɕiɛ | ȵiɛ | iɛ | t‘iɛ | tiɛ | tsiɛ | ts‘iɛ | tsiɛ |
| 懷慶 | ȶɕiɛ | ȵiɛ | iɛ | t‘iɛ | tiɛ | ȶɕiɛ | ȶɕ‘iɛ | |
| 歸化 | ȶɕiə | ȵiə | iə | t‘iə | tiə | ȶɕiə | ȶɕ‘iə | ȶɕiə |
| 大同 | ȶɕia | ȵia | ia | t‘ia | tia | ȶɕia | ȶɕ‘ia | |
| 太原 | ȶɕiɵ | ȵiə | iɵ | t‘iə | | ȶɕiɵ | ȶɕ‘iə | ȶɕiɵ |
| 興縣 | ȶɕiə | ȵȡiɵ | iə | t‘iə | tiə | ȶɕiɵ | ȶɕ‘iɵ | ȶɕiə |
| 太谷 | ȶɕiæ | ȵiæ | iæ | t‘iæ | tiæ | ȶɕiæ | ȶɕ‘iæ | ȶɕiæ |
| 文水 | ȶɕiæ 另 | ȵȡiæ | iæ | t‘iæ | tiæ | ȶɕiæ | ȶɕ‘iæ | ȶɕiæ |
| 鳳台 | ȶɕia | | | t‘ia | tia | ȶɕia | ȶɕ‘ia | ȶɕia |
| 蘭州 | ȶɕie | ȵie | ie | t‘ie | tie | ȶɕie | ȶɕ‘ie | ȶɕie |
| 平涼 | ȶɕiɵ | ȵiɵ | iɵ | t‘iə | tiə | ȶɕiə | ȶɕ‘iɵ | ȶɕiə |
| 西安 | ȶɕiɛ | ȵiɛ | iɛ | t‘iɛ | tiɛ | ȶɕiɛ | ȶɕ‘iɛ | ȶɕiɛ |
| 三水 | ȶɕiɛ | ȵiɛ | iɛ | t‘iɛ | tiɛ | tsiɛ | ts‘iɛ | tsiɛ |
| 四川 | ȶɕie | nie | | t‘ie | tie | tsie | ts‘ie | tsie |
| 南京 | ȶɕie | le | ie | t‘e | te | tse | ts‘e | tse |

[**kiet**]: 38 **潔**; 汕另 ‘潔’ 字; ‘結’ 汕 kat, kit, k‘at, k‘iet, 福 kaik*, 文 ȶɕiə; ‘潔’ 安 k‘ieʈ。——[**ŋiet**]: ‘臬’ 汕 ŋiak*, 鳳未詳。——[**ʔiet**]: ‘噎’ 客汕 it, 汕* at, 福 ie, 鳳 iə, 川未詳。——[**t‘iet**]: ‘鐵’ 汕 t‘i*。——[**d‘iet**]: 43 **跌**; ‘迭跌’ 麗 ȶɕil; ‘迭’ 原 ti; ‘跌’ 原 t‘io, 福 t‘iek*, 汕 t‘at*, 温 tie; 滬 ti [好像古音是 t-]。——[**tsiet**]: ‘節’ 汕 tsoi*, tsat*, 福 ȶɕaik*。——[**ts‘iet**]: 46 **沏**, 47 **竊**; ‘沏’ 北懷文西 ȶɕ‘i, 封京 ts‘i (全無 ? 尾), 麗滬未詳; ‘竊’ 廣 sit, 客 ts‘iap, 汕 ȶɕ‘iap, 原 ȶɕ‘ia。——[**dz‘iet**]: ‘截’ 汕 tsoi*, tsa*, 滬 zi*。同懷未詳。

| | | | 末 | | | | | |
|---|---|---|---|---|---|---|---|---|
| | 49 | 50 | 51 | 52 | 53 | 54 | 55 | 56 |
| 例字 | 瞥 | 篾 | 闊 | 豁 | 活 | 捋 | 掇 | 脫 |
| 古音 | pʻiet | miet | kʻuɑt | xuɑt | ɣuɑt | luɑt | tuɑt | tʻuɑt |
| 高麗 | piəl | miəl | hual | hual | hual | nal | tʻal | tʻal |
| 漢音 | hetsu | betsu | kuatsu | kuatsu | kuatsu | ratsu | tatsu | tatsu |
| 吳音 | heʨi | meʨi | kuaʨi | kuaʨi | | raʨi | daʨi | daʨi |
| 安南 | | mieṭ | kuaṭ | huaṭ | huaṭ | luaṭ | | tʻuaṭ |
| 廣州 | pʻit | mit | fut | kʻut | ut | lyt | | tʻyt |
| 客家 | pʻiet | miet | kʻuat | vat | fat | lot | tot | tʻot |
| 汕頭 | pʻiet | | kʻuat[1] | hat | uat | luat | tuat | tʻut |
| 福州 | pʻiek | miek | kʻuak | kuak | uak | luok | | tʻuak |
| 溫州 | pʻie | mie | kʻo | hua | ɦo | lai | tœ | tʻœ |
| 上海 | pʻi | mi | kʻue | hua | ɦue | lœ | tœ | tʻœ |
| 北京 | pʻiɛ | miɛ | kʻuo | xuo | xuo | lo | to | tʻo |
| 開封 | pʻiɛ | miɛ | kʻuo | xuo | xuo | lo | to | tʻo |
| 懷慶 | | miɛ | kʻuo | xuo | xuo | lo | to | tʻo |
| 歸化 | pʻiə | miə | kʻuə | xuə | xuə | | tuə | tʻuə |
| 大同 | | mia | kʻa | xa | xa | lua | tua | tʻua |
| 太原 | pʻiə | | kʻua | xua | xua | | | tʻua |
| 興縣 | | mbiə | kʻuə | xa | xuə | | | tʻuə |
| 太谷 | pʻiæ | miæ | kʻua | xua | xua | | ta | tʻyæ |
| 文水 | pʻiæ | mbiæ | kʻua | xua | xua | | ta | tʻua |
| 鳳台 | | mia | kʻua | xua | xua | | ta | tʻua |
| 蘭州 | pʻie | mie | kʻo | xo | xo | lo | to | tʻo |
| 平涼 | pʻiə | miə | kʻuo | xuo | xuo | lo | to | tʻo |
| 西安 | pʻiɛ | miɛ | kʻuo | xuo | xuo | lo | to | tʻo |
| 三水 | pʻiɛ | miɛ | kʻuo | xuo | xuo | lo | | tʻo |
| 四川 | pʻie | mie | k,ue | xo | xo | | to | tʻo |
| 南京 | | me | kʻuæ | xuɔ | xo | | to | tʻo |

[**pʻiet**]: '瞥' 日本 betsu*; 安 bieṭ, 同 pia 來自一個 bʻ- 的又切; 京 pʻi, 興鳳懷未詳。——[**miet**]: '篾' 汕 mit, bi, 原未詳。

---

末。 [**kʻuɑt**]: '闊' 客 fat*。——[**xuɑt**]: '豁' 客 hot*。——[**ɣuɑt**]: '活' 吳音 kuaʨi, 麗 kual*, 安 huəṭ*。——[**luɑt**]: '捋' 汕 lut*, 福 liok*, 西 ly, 川 le, 京未詳 (表中未注音的方言從集韵切 ljĭʷɛt 讀的同 '劣' 同音)。——[**tuɑt**]: '掇' 麗 ʨʻəl*, 安 ṭyeṭ, 廣 ʨyt, 福 ʨuok, ʨiok, 興 tsuə 合乎廣韵又切 ṭĭʷɛt 的讀法; 原 tu, 三未詳。——[**tʻuɑt**]: '脫' 日本 datsu*, 福 tʻauk*, 滬 tʻe*。

| 例字<br>古音 | 57<br>奪<br>d‘uɑt | 58<br>撮<br>ts‘uɑt | 59<br>鉢<br>puɑt | 61<br>潑<br>p‘uɑt | 62<br>鈸<br>b‘uɑt | 63<br>末<br>muɑt | 鐯刮<br>66<br>刮<br>kʷɑ̣t |
|---|---|---|---|---|---|---|---|
| 高麗 | t‘al | ʨ‘ual | pal | pal | pal | mal | kual |
| 漢音 | tatsu | satsu | hatsu | hatsu | hatsu | batsu | kuatsu |
| 吳音 | daʨi | saʨi | haʨi | haʨi | baʨi | maʨi | keʨi |
| 安南 | ɖuaʈ | | baʈ | | baʈ | maʈ | kuaʈ |
| 廣州 | tyt | ts‘yt | put | p‘ut | put | mut | kuat |
| 客家 | t‘ot | ts‘ot | pat | p‘at | p‘at | mat | kuat |
| 汕頭[1] | tuat | ts‘uat | pua | p‘uat | bua | muat | kuat |
| 福州 | tuak | ʨ‘auk | puak | p‘uak | puak | muak | kuak |
| 温州 | dœ | ts‘ai | pœ | p‘œ | bœ | mœ | ko |
| 上海 | dœ | ts‘œ | pɵ | p‘e | be | me | kua |
| 北京 | to | ts‘o | po | p‘o | po | mo | kua |
| 開封 | to | tʂ‘o | po 另 | p‘o | | mo | kua |
| 懷慶 | to | | po | p‘o | po | mo | kua |
| 化歸 | tuə | | puə | p‘uə | puə | muə | kua |
| 大同 | tua | ts‘a | pa | | pa | ma | kua |
| 太原 | tua | | pa | p‘a | pa | ma | kua |
| 興縣 | tuə | | pə | p‘ə | pə | mbə | kua |
| 太谷 | tyæ | | pəa | p‘əa | pəa | məa | kua |
| 文水 | tua | | pa | p‘a | pa | mba | kua |
| 鳳台 | tua | ts‘ua | pa 另 | | pa | ma | kua |
| 蘭州 | to | | po | p‘o | po | mo | kua |
| 平涼 | to | ts‘o | po | p‘o | po | mo | kua |
| 西安 | to | | po | p‘o | po | mo | kua |
| 三水 | to | ts‘o | po | p‘o | po | mo | kua |
| 四川 | to | ts‘o | po | p‘o | po | mo | kua |
| 南京 | to | ts‘o | po | p‘o | po | mo | kuɔ |

**[d‘uɑt]**: ‘奪’ 福 touk*。——**[ts‘uɑt]**: ‘撮’ 安 tuaʈ, 歸興 tsuə, 原谷文 tsua, 跟蘭西 tso 合乎廣韵又切 tsuɑt 的讀法; 懷未詳。——**[puɑt]**: 60 **撥**; 封鳳另 ‘撥’ 字; ‘鉢’ 鳳封未詳; ‘撥’ 吳音 baʨi, 廣 p‘ut*, 客 p‘at*, 汕 p‘uat, p‘ua, 京 p‘o*, 合乎廣韵又切 p‘uɑt。——**[p‘uɑt]**: ‘潑’ 安 baʈ (Parker), 歸 puə*, 同鳳 pa。——**[b‘uɑt]**: ‘鈸’ 日本 batsu*, 福 pak*, 封 pa。——**[muɑt]**: 64 **沫**, 65 **抹**; ‘末抹’ 日本 matsu*; ‘沫’ 温 mai (Parker), 滬 mu*, 興未詳; ‘抹’ 廣 mat*, 福 maœk*, 同 mo, 文 mbəɯ (大同文水這兩處無 ? 尾), 興 mbɛ。

(1) 汕頭 ‘濶’ k‘ua*, ‘活’ ua*, ‘奪’ to*, ‘撮’ ts‘o*, ‘撥潑’ p‘ua*, ‘末抹’ bua•

---

**鐯**刮。[kʷɑ̣t]: ‘刮’ 福 kauk*。

| | 黠滑 | | | | 薛悅 | | | |
|---|---|---|---|---|---|---|---|---|
| | 67 | 69 | 70 | 71 | 72 | 74 | 75 | 76 |
| 例字 | 滑 | 刷 | 八 | 拔 | 悅 | 拙 | 說 | 劣 |
| 古音 | ɣʷat | ʂʷat | pʷat | bʻʷat | ĭʷɛt | ȶɕĭʷɛt | ɕĭʷɛt | ljĭʷɛt |
| 高麗 | hual | sual | pʻal | pal | iəl | ȶɕol | səl | iəl |
| 漢音 | kuatsu | satsu | hatsu | hatsu | etsu | setsu | setsu | retsu |
| 吳音 | geȶɕi | seȶɕi | haȶɕi | baȶɕi | eȶɕi | seȶɕi | seȶɕi | reȶɕi |
| 安南 | huaʈ | suaʈ | baʈ | baʈ | zyeʈ | ʈyeʈ | tʻyeʈ | lieʈ |
| 廣州 | uat | ʂat | pat | pat | yt | ȶɕyt | ʂyt | lyt |
| 客家 | vat | sot | pat | pʻat | iet | čot | šot | lot |
| 汕頭 | | suat | pat | puat | dzuat | tsuat | suat | luat |
| 福州 | huak | sauk | paik | pak | iok | ȶɕiok | siok | liok |
| 溫州 | ɦo | sœ | po | bo | ye | ȶɕye | ɕye | le |
| 上海 | ɦua | se | pa | ba | iœ | tsœ | sœ | lœ |
| 北京 | xua | ʂua | pa | pa | yɛ | ʈʂo | ʂuo | leɛ |
| 開封 | xua | ʂua | pa | pa | yɛ | ʈʂoɛ | ʂuo | lɛ |
| 懷慶 | xua | ʂua | pa | pa | yæ | ʈʂoæ | ʂua | liɛ |
| 化歸 | xua | sa | pa | pa | yə | tsuə | suə | lyə |
| 大同 | xua | ʂua | pa | pa | yæ | | ʂua | lyæ |
| 太原 | xua | sua | pa | pa | yə | tsua | suə | leə |
| 興縣 | xua | sua | pa | pa | yə | | suə | |
| 太谷 | xua | fa | pa | pa | yæ | tsua | fa | leæ |
| 文水 | xua | sua | pa | pa | yæ | tsua | sua | leæ |
| 鳳台 | xua | | pa | pa | ya | tsua | sua | lea |
| 蘭州 | xua | fa | pa | pa | yo | ʈuɛi | fo | |
| 平涼 | xua | ʂua | pa | pa | yə | ʈuɛ | fo | leə |
| 西安 | xua | fa | pa | pa | yə | pfiɛ | ʂə | lyə |
| 三水 | xua | sua | pa | pʻa | yo | ʈʂə | ʂuo | lyo |
| 四川 | xua | ʂua | pa | pa | ye | ȶɕye | ʂo | lie |
| 南京 | xuɔ | ʂɔ | pɔ | pɔ | ye | ʈʂo | ʂo | le |

黠滑。[ɣʷat]: 68 猾; '滑' 麗 kol*, 汕 kut, 福 kouk*, 滬 kue* 合乎廣韵又切 kuət 的讀法; '猾' 日本 kuatsu, kaȶɕi, 汕 kut。——[ʂʷat]: '刷' 汕 suɛ*, 鳳 suə。——[pʷat]: '八' 汕 poi*。——[bʻʷat]: '拔' 廣 pɐt*, 汕 poi*, 福 pɛik*, 興 pʻa*。

---

薛悅。[ĭʷɛt]: 73 閱; '閱' 汕 luat。——[ȶɕĭʷɛt]: '拙' 福 ȶɕuok*, 滬 tse*, 西 pfo*, 川 ʈʂua*, 同興未詳。——[ɕĭʷɛt]: '說' 汕 suɛ*, 滬 se*。——[ljĭʷɛt]: '劣' 滬 li*, 興蘭未詳。

| | | | 月越 | | | | |
|---|---|---|---|---|---|---|---|
| | 77 | 78 | 79 | 80 | 81 | 84 | 86 |
| 例字 | 絕 | 雪 | 闕 | 月 | 越 | 發 | 伐 |
| 古音 | dz'ĭʷɛt | sĭʷɛt | k'jĭʷɐt | ŋjĭʷɐt | jĭʷɐt | pjĭʷɐt | b'jĭʷɐt |
| 高麗 | ȶɕəl | səl | | uəl | uəl | pal | pəl |
| 漢音 | setsu | setsu | ketsu[1] | getsu | uetsu | hatsu | hatsu |
| 吳音 | zeȶɕi | seȶɕi | kuaȶɕi[1] | guaȶɕi | uoȶɕi | hoȶɕi | boȶɕi |
| 安南 | tyeʈ | tyeʈ | k'yeʈ | ŋyeʈ | vieʈ | faʈ | faʈ |
| 廣州 | tsyt | syt | hyt | yt | yt | fat | fɐt |
| 客家 | ts'iet | siet | k'iet | ȵiet | iet | fat | fat |
| 汕頭 | tsuat | siet | k'iet[2] | iet | uat | huat | huat |
| 福州 | ȶɕiok | siok | k'uok | ŋuok | uok | huak | huak |
| 温州 | ʑye | ɕye | ȶɕ'ye | ȵye | ye | fo | vo |
| 上海 | dzi | si | ȶɕ'iœ | ȵiœ | iœ | fa | va |
| 北京 | ȶɕyɛ | ɕyɛ | ȶɕ'yɛ | yɛ | yɛ | fa | fa |
| 開封 | tsyɛ | syɛ | ȶɕ'yɛ | yɛ | yɛ | fa | fa |
| 懷慶 | ȶɕyæ | ɕyæ | | yɛ | yɛ | fa | fa |
| 歸化 | ȶɕyɵ | ɕyɵ | ȶɕ'yɵ | yɵ | yɵ | fa | fa |
| 大同 | ȶɕyæ | ɕyæ | ȶɕ'yæ | yæ | yæ | fa | fa |
| 太原 | ȶɕyə | ɕyə | ȶɕ'yə | yə | yə | fa | fa |
| 興縣 | ȶɕyə | ɕyə | ȶɕ'yə | yə | yə | fua | fua |
| 太谷 | ȶɕyæ | ɕyæ | | yæ | yæ | fa | fa |
| 文水 | ȶɕyæ | ɕyæ | | yæ | yæ | xua | xua |
| 鳳台 | ȶɕya | ɕya | ȶɕ'ya | ya | ya | fa | fa |
| 蘭州 | ȶɕyo̜ | ɕye | ȶɕ'yo | yo | yo | fa | fa |
| 平涼 | ȶɕyo | ɕyɵ | ȶɕ'yo | yɵ | yɵ | fa | fa |
| 西安 | ȶɕyɵ | ɕyɵ | ȶɕ'yɵ | yɵ | yɵ | fa | fa |
| 三水 | tsyo | syo | ȶɕ'yo | yo | yo | fa | fa |
| 四川 | tsye | sye | ȶɕ'ye | ye | ye | fa | fa |
| 南京 | tsye | sye | ȶɕ'ye | ye | ye | fɔ | fɔ |

[**dz'ĭʷɛt**]: '絕' 汕 tso*, 福 ȶɕuok*。——[**sĭʷɛt**]: '雪' 汕 so*。

---

月越。[**k'jĭʷɐt**]: '闕' 麗 kuil, 廣 k'yt*, 汕 k'i*, 懷 ȶɕ'ia, 文谷 ȶɕ'yɵ。——[**ŋjĭʷɐt**]: '月' 安 ŋuaʈ, 滬 iœ*。——[**jĭʷɐt**]: 82 **曰**, 83 **鉞**; '曰' 麗 ual, 汕 iet*, 福 uak*, 原興 ya, 蘭 ye。——[**pjĭʷɐt**]: 85 **髮**; '發' 汕 p'uat*; '髮' 福 huok*。——[**b'jĭʷɐt**]: 87 **筏**, 88 **罰**; '伐' 廣 fat*; '筏' 温未詳。

(1) 這韻入聲的日本譯音跟以前平上去(615 頁)一樣的不淸楚。向來一致的漢和大字典跟漢和大字林在這一韵就不全一致了, 還有些事實上通行的讀音這兩部書裏都沒有的。以下是一些讀法: '闕' ketsu, kuaȶɕi, guatsu; '月' getsu, guaȶɕi, guatsu; '越鉞' uetsu, uoȶɕi; '曰' uetsu, uoȶɕi, etsu; '發' hatsu, hoȶɕi, hotsu; '髮' hatsu, hoȶɕi hetsu; '伐' hatsu, boȶɕi, batsu; '筏' hetsu, boȶɕi, batsu; '罰' hetsu, baȶɕi, batsu; '襪' batsu, moȶɕi, betsu。

| | 屑決 | | | | | 櫛 | 質 | |
|---|---|---|---|---|---|---|---|---|
| | 89 | 90 | 92 | 93 | 94 | 1 | 2 | 3 |
| 例字 | 襪 | 決 | 缺 | 血 | 穴 | 瑟 | 吉 | 一 |
| 古音 | mjĭʷɐt | kiʷet | k'iʷet | xiʷet | ɣiʷet | ʂĭĕt(一) | kjĭĕt | ʔĭĕt |
| 高麗 | mal | kiəl | kiəl | hiəl | hiəl | sɯl | kil | il |
| 漢音[1] | batsu | ketsu | ketsu | ketsu | ketsu | ɕitsu | kitsu | itsu |
| 吳音[1] | moȶɕi | keȶɕi | keȶɕi | keȶɕi | geȶɕi | ɕiȶɕi | kiȶɕi | iȶɕi |
| 安南 | mieʈ | kyeʈ | k'yeʈ | hyeʈ | hyeʈ | săʈ | | ɐʈ 另 |
| 廣州 | mɐt | k'yt | k'yt | hyt | yt | ʂɐt | kɐt | iɐt |
| 客家 | mat | kiet | k'iet | hiet | hiet | sit | kit | it |
| 汕頭[2] | muat | kuat | k'iet | hiet | huat | sɛk | kit | it |
| 福州 | uak | kiok | k'iek | hiek | hiek | saik | kɛik | ɛik |
| 温州 | mo | ȶɕye | ȶɕ'ye | ɕye | ɦye | sai | ȶɕiai | iai |
| 上海 | ma | ȶɕiœ | ȶɕ'iœ | ɕiœ | ɦiœ | se | ȶɕi | i |
| 北京 | ua | ȶɕyɛ | ȶɕ'yɛ | ɕyɛ | ɕyɛ | sə | ȶɕi | i |
| 開封 | ua | ȶɕyɛ | ȶɕ'yɛ | ɕyɛ | ɕyɛ | ʂɛ | ȶɕi | i |
| 懷慶 | va | ȶɕyɛ | ȶɕ'yɛ | ɕyɛ | ɕyɛ | sa | ȶɕiə | iə |
| 歸化 | va | ȶɕyə | ȶɕ'yə | ɕyə | ɕyə | suə | ȶɕiə | iə |
| 大同 | va | ȶɕyæ | ȶɕ'yæ | ɕyæ | ɕyæ | sa | ȶɕiə | iə |
| 太原 | va | ȶɕyə | ȶɕ'yə | ɕyə | ɕyə | sa | ȶɕiə | iə |
| 興縣 | va | ȶɕyə | ȶɕ'yə | ɕyə | ɕyə | ɛə | ȶɕiə | iə |
| 太谷 | ua | ȶɕyæ | ȶɕ'yæ | ɕyæ | ɕyæ | sə | ȶɕiə | iə |
| 文水 | ua | ȶɕyæ | ȶɕ'yæ | ɕyæ | ɕyæ | sa | ȶɕiə | iə |
| 鳳台 | ua | ȶɕya | ȶɕ'ya | | ɕya | sa | ȶɕiə | iə |
| 蘭州 | ua | ȶɕyo | ȶɕ'yo | | | sei | ȶɕi | i |
| 平涼 | ua | ȶɕyo | ȶɕ'yo | | | sɛi | ȶɕi | i |
| 西安 | va | ȶɕyə | ȶɕ'yə | | | sei | ȶɕi | i |
| 三水 | ua | ȶɕyo | ȶɕ'yo | | | sei | ȶɕi | i |
| 四川 | ua | ȶɕye | ȶɕ'ye | | | se | ȶɕie | i |
| 南京 | uɔ | ȶɕye | ȶɕ'ye | ɕye | | sæ | ȶɕi | i |

(2) 汕頭 '闕' k'uɛ*, '月' guɛ*, '襪' buɛ*。

---

屑決。 **[kiʷet]**: 91 訣; '訣' 福 kiek*。——**[k'iʷet]**: '缺' 汕 k'i*。——**[xiʷet]**: '血' 汕 huɛ*, 福 haik*, 北西三 ɕiɛ, 鳳 ɕia, 蘭川 ɕie, 涼 ɕiə。——**[ɣiʷet]**: '穴' 蘭川京 ɕie, 西三 ɕiɛ 涼 ɕiə。

---

櫛。 (一) 原註 ʂɐt. 現在根據著者來函改爲 ʂĭet。 看 507 頁。

---

質。 **[kjĭĕt]**: '吉' 安 kieʈ, kaʈ。——**[ʔĭĕt]**: 4 乙; 安另 '乙' 字; '一' 安 ɳɯʈ, ɳɐʈ, 汕 ȶɕɛk*, 福 sio*; '乙' (恐怕是古 ʔjĭĕt, 看字彙緒論 538 頁, 變成 ʔjĕt, 在有些古方言就變成 et:) 麗 ɯl, 吳音 otsu; 廣 yt。

| 例字<br>古音 | 5<br>逸<br>ĭĕt | 6<br>窒<br>ȶĭĕt | 7<br>姪<br>ɖ'ĭĕt | 8<br>質<br>ȶɕĭĕt | 9<br>實<br>ɖʑ'ĭĕt | 10<br>失<br>ɕĭĕt | 12<br>日<br>ȵʑĭĕt | 13<br>栗<br>ljĭĕt |
|---|---|---|---|---|---|---|---|---|
| 高麗 | il | ȶɕil | ȶɕil | ȶɕil | sil | sil | il | iul |
| 漢音 | itsu | ȶɕitsu | ȶɕitsu | ɕitsu | ɖʑitsu | ɕitsu | ɖʑitsu | ritsu |
| 呉音 | iȶɕi | | ɖʑiȶɕi | ɕiȶɕi | ɖʑiȶɕi | ɕiȶɕi | niȶɕi | riȶɕi |
| 安南 | zăʈ | ȶɐʈ | | ȶɐʈ | t'ɐʈ | t'ɐʈ | ȵɐʈ | lɐʈ |
| 廣州 | iɐt | ȶɕɐt | ȶɕɐt | ȶɕɐt | ʂɐt | ʂɐt | iɐt | lɵt |
| 客家 | it | čit | č'it | čit | šit | šit | ȵit | lit |
| 汕頭 | it | tiet | tiet | ȶɕiet | sit | sit | ɖʑit | liet |
| 福州 | ik | tɛik | tik | ȶɕɛik | sɛik | sɛik | nik | lɛik |
| 温州 | iai | | dzai | tsai | zai | sai | zai | li |
| 上海 | i | tse | dze | tse | ze | se | ze | li |
| 北京 | i | tʂʅ | tʂʅ | tʂʅ | ʂʅ | ʂʅ | ʐʅ | li |
| 開封 | i | tʂʅ | tʂʅ | tʂʅ | ʂʅ | ʂʅ | ʐʅ | li |
| 懷慶 | iə | | | tʂə | ʂə | ʂə | ʐə | liə |
| 歸化 | iə | | tʂə | tʂə | ʂə | ʂə | ʐə | leə |
| 大同 | iə | | | tʂə | ʂə | ʂə | ʐə | |
| 太原 | iə | | tsə | tsə | sə | sə | zə | leə |
| 興縣 | iə | | tʂə | tʂə | ʂə | ʂə | ʐə | leə |
| 太谷 | iə | tsə | tsə | tsə | sə | sə | zə | leə |
| 文水 | iə | tʂə | tʂə | tʂə | ʂə | ʂə | ʐə | leə |
| 鳳台 | iə | | tsə | tsə | sə | sə | zə | leə |
| 蘭州 | i | tʂʅ | tʂʅ | tʂʅ | ʂʅ | ʂʅ | ʐʅ | li |
| 平涼 | i | tʂʅ | tʂʅ | tʂʅ | ʂʅ | ʂʅ | ʐʅ | li |
| 西安 | i | | tʂʅ | tʂʅ | ʂʅ | ʂʅ | ər | li |
| 三水 | i | | tʂ'ʅ | tʂʅ | ʂʅ | ʂʅ | ər | li |
| 四川 | i | tʂʅ | tʂʅ | tʂʅ | ʂʅ | ʂʅ | ʐʅ | li |
| 南京 | i | tʂʅ | tʂʅ | tʂʅ | ʂʅ | ʂʅ | ʐʅ | li |

[ĭĕt]: '逸' 滬 iə*。——[ȶĭĕt]: '窒' 温 dzə, dzai (Parker), 懷歸同興 tʂʅ, 原鳳西三 tsʅ。——[ɖ'ĭĕt]: '姪' 懷同 tʂʅ; 麗 ȶɕəl*, 漢音 tetsu*, 呉音 deȶɕi* 合乎廣韵又切 d'iet 的讀法; 安未詳。——[ȶɕĭĕt]: '質' 汕 ȶɕie*。——[ɖʑ'ĭĕt]: '實' 安 t'ieʈ*。——[ɕĭĕt]: 11 室; '室' 滬 sə。——[ȵʑĭĕt]: '日' 安 ȵăʈ*, ȵɯʈ*, 温 ȵai*, ne*, 滬 ȵi*。——[ljĭĕt]: 14 慄; '栗慄' 同 li; '栗' 汕 lat*, 福 lik*。

| | 15 | 17 | 18 | 20 | 23 | 24 | 24 | 迄 28 |
|---|---|---|---|---|---|---|---|---|
| 例字 | 七 | 疾 | 悉 | 畢 | 匹 | 弼 | 蜜 | 乞 |
| 古音 | tsʻĭĕt | dzʻĭĕt | sĭĕt | pjĭĕt | pʻjĭĕt | bʻjĭĕt | mjĭĕt | kʻjĭət |
| 高麗 | ʨʻil | ʨil | sil | pʻil | pʻil | pʻil | mil | kəl |
| 漢音 | ɕitsu | ɕitsu | ɕitsu | hitsu | hitsu | hitsu | bitsu | kitsu |
| 吳音 | ɕiʨi | ʥiʨi | ɕiʨi | hiʨi | hiʨi | biʨi | miʨi | koʨi |
| 安南 | tʻɐʈ | tɐʈ | tɐʈ | tɐʈ | tʻɐʈ | bɐʈ | mɐʈ | kʻɐʈ |
| 廣州 | tsʻɐt | tsɐt | sɐt 另 | pɐt | pʻɐt | pɐt | mɐt | hɐt |
| 客家 | tsʻit | tsʻit | sit | pit | pʻit | pʻit | mit | kʻiet |
| 汕頭 | ʨʻit | ʨit | | pit | pʻit | pit | bit | kʻɯt |
| 福州 | ʨʻɛik | ʨik | sɛik | pɛik | pʻɛik | pik | mik | kʻœyk |
| 溫州 | tsʻai | zai | sai 另 | pie | pʻie | bie | mie | ʨʻiai |
| 上海 | tsʻi | dzi | si | pi | pʻi | bi | mi | ʨʻi |
| 北京 | ʨʻi | ʨi | ɕi | pi | pʻi | pi | mi | ʨʻi |
| 開封 | tsʻi | tsi | si | pi | pʻi | pi | mi | ʨʻi |
| 懷慶 | ʨʻiə | ʨiə | ɕiə | piə | pʻiə | piə | miə | ʨʻiə |
| 歸化 | ʨʻiə | ʨiə | ɕiə | piə | pʻiə | piə | miə | ʨʻiə |
| 大同 | ʨʻiə | ʨiə | ɕiə | piə | pʻiə | piə | miə | ʨʻiə |
| 太原 | ʨʻiə | ʨiə | ɕiə | piə | pʻiə | piə | miə | ʨʻiə |
| 興縣 | ʨʻiə | ʨiə | ɕiə | piə | pʻiə | piə | mbiə | ʨʻiə |
| 太谷 | ʨʻiə | ʨiə | ɕiə | piə | pʻiə | piə | miə | ʨʻiə |
| 文水 | ʨʻiə | ʨiə | ɕiə | piə | pʻiə | piə | mbiə | ʨʻiə |
| 鳳台 | ʨʻiə | ʨiə | ɕiə | piə | pʻiə | piə | miə | ʨʻiə |
| 蘭州 | ʨʻi | ʨi | ɕi | pi | psi | pi | mi | ʨʻi |
| 平涼 | ʨʻi | ʨi | ɕi | pi | pʻi | pi | mi | ʨʻi |
| 西安 | ʨʻi | ʨi | ɕi | pi | pʻi | pi | mi | ʨʻi |
| 三水 | tsʻi | tsi | si | pi | pʻi | pi | mi | ʨʻi |
| 四川 | tsʻi | tsi | si | pi | pʻi | pi | mi | ʨʻie |
| 南京 | tsʻi | tsi | si | pi | pʻi | pi | mi | ʨʻi |

**[tsʻĭĕt:]** 16 **漆;** '七' 川 tsʻie*; '漆' 安 tɐʈ, 汕 tsʻat, ʨʻɛk。——**[dzʻĭĕt]:** '疾' 川 tsie*。——**[sĭĕt]:** 19 **膝;** 廣温另 '膝' 字; '悉' 廣 sik, 汕 sɛk, 温 si; '膝' 汕 ʨʻɛk, 客漽* tsʻ-, 福同涼西 ʨʻ-。——**[pjĭĕt]:** 21 **必,** 22 **筆;** '必' 廣 pit; '筆' 安 buʈ, 封 pɛi。——**[bʻjĭĕt]:** '弼' 客 pʻiet*。——**[mjĭĕt]:** 26 **密;** '蜜' 日本 mitsu*; '密' 汕 mit, bat, 福 mɛik*。

---

**迄。[kjĭət]:** 27 **訖;** 漢音 kitsu, 吳音 koʨi, 廣 kɐt; 其餘方言都不規則: 麗 hɯl, 安 hɐʈ, ŋɐʈ, 客 ȵiet, 汕 ŋɯt, 福 ŋɛik, 在其他方言讀的好像古音是 kʻjĭət。——

| | 没骨 30 | 31 | 32 | 34 | 35 | 36 | 37 | 39 |
|---|---|---|---|---|---|---|---|---|
| 例字 | 骨 | 窟 | 忽 | 突 | 卒 | 猝 | 脖 | 没 |
| 古音 | kuət | k‘uət | xuət | d‘uət | tsuət | ts‘uət | b‘uət | muət |
| 高麗 | kol | kul | hol | tol | ȶɕol | ȶɕol | | mol |
| 漢音 | kotsu | kotsu | kotsu | totsu | sotsu | sotsu | hotsu | botsu |
| 吳音 | koȶɕi | kuȶɕi | koȶɕi | doȶɕi | soȶɕi | soȶɕi | boȶɕi | moȶɕi |
| 安南 | koʈ | | hoʈ | ɗoʈ | toʈ | | boʈ | moʈ |
| 廣州 | kuɐt | fɐt | fɐt | tɐt | tsət | ts‘yt | put | mut |
| 客家 | kut | k‘ut | fut | t‘ut | tsut | ts‘ut | p‘ut | mut |
| 汕頭 | kut | k‘ut | hut | tut | tsut | ts‘ut | puat | mut |
| 福州 | kauk | k‘auk | huok | touk | ȶɕouk | ȶɕouk | puok 另 | muk |
| 温州 | kye | k‘ye | hye | dœ | | ts‘œ | bœ | mœ |
| 上海 | kue | k‘ue | hue | de | tsœ | ts‘œ | | me |
| 北京 | ku | k‘u | xu | t‘u | tsu | ts‘u | po | mo |
| 開封 | ku | k‘u | xu | tu | tsu | ts‘u | po | mu |
| 懷慶 | kuə | k‘uə | xuə | t‘uə | ʈʂuə | ʈʂ‘uə | po | mo |
| 化歸 | kuə | k‘uə | xuə | t‘uə | | ts‘uə | puə | muə |
| 大同 | kuo | k‘uo | xuo | t‘uo | tsuo | ts‘uo | po | ma |
| 太原 | kuə | k‘uə | xuə | t‘uə | tsuə | | pa | ma |
| 興縣 | kuə | k‘uə | xuə | t‘uə | tsuə | | p‘ə | mbə |
| 太谷 | kuə | k‘uə | xuə | t‘uə | | ts‘uə | pəa | məa |
| 文水 | kuə | k‘uə | xuə | t‘uə | | ts‘uə | pa | mbə |
| 鳳台 | kuə | k‘uə | xuə | t‘uə | tsuə | ts‘uə | pa | muə |
| 蘭州 | ku | k‘u | xu | t‘u | tsɥ | ts‘ɥ | po | mo |
| 平涼 | ku | k‘u | xu | t‘u | tsɥ | ts‘ɥ | po | mo |
| 西安 | ku | k‘u | xu | tu | tsou | ts‘ou | po | mo |
| 三水 | ku | k‘u | xu | tu | tsɥ | tsɥ | po | mo |
| 四川 | ku | k‘u | xo | t‘u | tsu | ts‘u | po | mo |
| 南京 | ku | k‘u | xu | t‘u | tsu | ts‘u | po | mu |

**[k‘jĭət]**: ‘乞’ 滬 ȶɕ‘iə*——**[xjĭət]**: 29 迄; 麗 hɯl, 漢音 kitsu, 吳音 kiȶɕi, 安 hăʈ, 温* ɕiai (Parker) 汕* hit; 其餘方言不規則; 安* ŋɐʈ, 廣 ŋɐt, 客 ȵiet, 汕 ŋɯt, 福 ŋɛik, 在其他方言（温*）讀的好像古音是 k‘jĭət。——

---

没骨。**[k‘uət]**: ‘窟’ 客 fut*, 安未詳。——**[xuət]**: 33 笏; ‘笏’ 懷京未詳。——**[tsuət]**: ‘卒’ 温 tsai (Parker), 歸 tsə, 谷文 ȶɕyə。——**[ts‘uət]**: ‘猝’ 客 sut*, 安原興未詳。——**[b‘uət]**: 38 餑; 福另 ‘餑’ 字; ‘脖’ 日本 botsu*, 福未詳; ‘脖餑’ 麗滬未詳; ‘餑’ 京未詳。——**[muət]**: ‘没’ 日本 motsu*, 北 mei*, mu*, 川 mu*。

---

| | 術 | | | | | 物 | | |
|---|---|---|---|---|---|---|---|---|
| | 40 | 41 | 42 | 44 | 45 | 47 | 48 | 49 |
| 例字 | 橘 | 出 | 術 | 律 | 戌 | 屈 | 掘 | 鬱 |
| 古音 | kjĭuĕt | ȶɕ'ĭuĕt | ȡʑ'ĭuĕt | ljĭuĕt | sĭuĕt | k'jĭuət | g'jĭuət | ʔĭuət |
| 高麗 | kiul | ȶɕ'ul | sul | iul | sul | kul | kul | ul |
| 漢音 | kitsu | ɕutsu | ɕutsu | ritsu | | kutsu | kutsu | utsu |
| 吳音 | kiȶɕi | ɕuȶɕi | ȡʑuȶɕi | riȶɕi | | koȶɕi | goȶɕi | uoȶɕi |
| 安南 | kuiʈ | suɐʈ | t'uɐʈ | luɐʈ | tuɐʈ | k'uɐʈ | kuɐʈ | uɐʈ |
| 廣州 | kuɐt | ȶɕ'ɵt | ʂɵt | lɵt | sɵt | | kuɐt | uɐt |
| 客家 | kit | č'ut | šut | lut | sɵt | k'iut | k'iut | iut |
| 汕頭 | kit | ts'ut | sut | lut | sɵt | k'ut | kut | ut |
| 福州 | kɛik | ȶɕ'ouk | suk | luk | souk | k'ouk | kuk | ouk |
| 温州 | ȶɕiai | ȶɕ'yɵ | ʑye | lie | ɕye | ȶɕ'ye | ȡʑye | ye |
| 上海 | ȶɕiœ | ts'e | dze | li | si | ȶɕ'iœ | ȡʑiœ | iœ |
| 北京 | ȶɕy | ʈʂ'u | ʂu | ly | ɕy | ȶɕ'y | | y |
| 開封 | ȶɕy | ʈʂ'u | ʂu | ly | sy | ȶɕ'y | | y |
| 懷慶 | ȶɕyɵ | ʈʂ'uɵ | ʂuɵ | lyɵ | ɕyə | ȶɕ'yə | | yə |
| 化歸 | ȶɕyə | ts'uɵ | suɵ | lyə | ɕyə | ȶɕ'yə | | yə |
| 大同 | ȶɕyə | ʈʂ'uo | | | ɕyə | ȶɕ'yə | | yə |
| 太原 | ȶɕyɵ | ts'uɵ | suɵ | lyə | ɕyə | ȶɕ'yə | | yə |
| 興縣 | ȶɕyɵ | ts'uɵ | suɵ | luɵ | ɕyə | ȶɕ'yə | | yə |
| 太谷 | ȶɕyə | ts'uɵ | fɵ | lyə | ɕyə | ȶɕ'yə | | yə |
| 文水 | ȶɕyə | ts'uɵ | suɵ | lyə | ɕyə | ȶɕ'yə | | yə |
| 鳳台 | ȶɕyə | ts'uɵ | suɵ | | ɕyə | ȶɕ'yə | | yə |
| 蘭州 | ȶɕy | ʈ'u | fu | ly | ɕy | ȶɕ'y | | y |
| 平涼 | ȶɕy | ʈʂ'ʮ | ʂʮ | ly | ɕy | ȶɕ'y | | y |
| 西安 | ȶɕy | pf'u | fu | ly | ɕy | ȶɕ'y | | y |
| 三水 | ȶɕy | ts'ʮ | sʮ | ly | sy | ȶɕ'y | | y |
| 四川 | ȶɕy | ʈʂ'u | ʂu | lu | siu | ȶɕ'y | | ye |
| 南京 | ȶɕy | ʈʂ'u | ʂu | ly | sy | ȶɕ'y | | y |

術。[**kjĭuĕt**]: '橘' 汕 k'iet*。——[**ȡʑ'ĭuĕt**]: 43 述; '術述' 客 sut*, 同 ʂu; '術' 日本 ȡʑutsu*。——[**ljĭuĕt**]: '律' 同鳳 ly。——[**sĭuĕt**]: 46 恤; '戌恤' 日本 ȡʑutsu, ȡʑuȶɕi; '恤, 麗 hiul, 川未詳。

---

物。[**k'jĭuət**]: '屈' 廣 uɐt。——[**g'jĭuət**]: '掘' 在官話都照廣韵又切 g'jĭʷɐt 的讀法(歸懷 ȶɕ'-, 文谷未詳)。——[**ʔĭuət**]: '鬱' 川 io*。

| | | | | | 德得 | | | |
|---|---|---|---|---|---|---|---|---|
| | 50 | 51 | 53 | 54 | 1 | 4 | 5 | 7 |
| 例字 | 弗 | 彿 | 佛 | 勿 | 刻 | 黑 | 勒 | 得 |
| 古音 | pjĭuət | p‘jĭuət | b‘jĭuət | mjĭuət | k‘ək | xək | lək | tək |
| 高麗 | pul | pul | pul | mul | kɯk 另 | hɯk | nɯk | tɯk |
| 漢音 | futsu | futsu | futsu | butsu | koku | koku | roku | toku |
| 吳音 | hotɕi | hotɕi | botɕi | motɕi | koku | koku | roku | toku |
| 安南 | fɐʈ | fɐʈ | fɐʈ | vɐʈ | k‘ăk | hăk | | ɗăk |
| 廣州 | fɐt | fɐt | fɐt | mɐt | hɐk | hɐk | lɐk | tɐk |
| 客家 | fut | fut | fut | vut | k‘et | het | let | tet |
| 汕頭 | hut | hut | hut | mut | h‘ɛk | hɛk | lɛk | tɛk 另 |
| 福州 | houk | houk | huk | uk | k‘aik | haik | lɛik | taik |
| 温州 | fai | fai | vai | vai 另 | k‘e | he | le | te |
| 上海 | fe | fe | ve | ve | k‘ə | hə | lə | tə |
| 北京 | fu | fu | | u | k‘ə[1] | xə | lə | tə |
| 開封 | fu | fu | fu | u | k‘ɛ | xɛ | lɛ | tɛ |
| 懷慶 | fə | fə | | və | k‘a | xə | la | ta |
| 歸化 | fə | fə | fə | və | k‘ə | xə | leə | tiə |
| 大同 | fo | fo | fo | vo | k‘ə | xə | lə | tiə |
| 太原 | fə | fə | fə | və | k‘a | xə | leə | tiə |
| 興縣 | fuə | fuə | fuə | və | k‘ə | xə | | tə |
| 太谷 | fə | fə | fə | uə | k‘ə | xə | leə | tiə |
| 文水 | xuə | xuə | xuə | uə | k‘ə | xə | lə | tiə |
| 鳳台 | fə | fə | fə | uə | k‘a | xa | | ta |
| 蘭州 | fu | fo | fo | o | k‘ei | xei | lei | tei |
| 平涼 | fu | fu | | uo | k‘ɛi | xɛi | lɛi | tɛi |
| 西安 | fo | fo | fo | vo | k‘ei | xei | lei | tei |
| 三水 | fo | fo | fo | uo | k‘ei | xei | lei | tei |
| 四川 | fu | fu | fu | u | k‘e | xe | le | te |
| 南京 | fu | fu | fu | u | k‘æ | xæ | læ | tæ |

[**p‘jĭuət**]: 52 拂。——[**b‘jĭuət**]: ‘佛’ 日本 butsu*, 北涼 fo, 懷 fu, 汕 pit*。——[**mjĭuət**]: 55 物; 温另‘物’字;‘勿’日本 futsu*, 温 fai, 滬 fe*;‘物’日本 motsu*, 滬 me*, 汕 muɛ*, 同 u。

---

德得。[**k‘ək**]: 2 剋, 3 克; 麗另 ‘剋’ 字; ‘刻剋’ 廣 hak*; ‘刻’ 麗 kak, 汕 k‘oik*; ‘剋’ 汕 k‘ak*; ‘克’ 汕 k‘iok。——[**lək**]: 6 肋; ‘勒’ 安 lăʈ, 興 luə, 鳳未詳; ‘肋’ 安封懷興鳳未詳。——[**tək**]: 8 德; 汕另 ‘德’ 字; ‘得’ 汕 tit; ‘德, 安 ɗɯk。

| | 9 | 10 | 11 | 12 | 13 | 14 | 15 |
|---|---|---|---|---|---|---|---|
| 例字 | 忒 | 特 | 則 | 賊 | 塞 | 北 | 默 |
| 古音 | t'ək | d'ək | tsək | dz'ək | sək | pək | mək |
| 高麗 | t'ɯk | t'ɯk | ȶɕɯk | | | pɯk | mɯk |
| 漢音 | toku | toku | soku | soku | soku | hoku | boku |
| 吳音 | | doku | soku | zoku | soku | hoku | moku |
| 安南 | t'ăk | ɖăk | tăk | t̄ăk | tăk | băk | măk |
| 廣州 | | tɐk | tsɐk | | sɐk | pɐk | mɐk |
| 客家 | t'it | t'it | tset | ts'et | set | pet | met |
| 汕頭 | t'ɛk | tɛk | ȶɕɛk | ȶɕɛk | sɛk | pɛk | mɛk |
| 福州 | t'aik | tɛik | ȶɕaik | ȶɕɛik | sɛik | | mɛik |
| 溫州 | t'e | de | tse | ze | se | pai | mai |
| 上海 | t'ə | də | tsə | zə | sə | po | mə |
| 北京[1] | t'ə | t'ə | tsə | tsɵ | sə | pei | mɵ |
| 開封 | t'ɛ | t'ɛ | tsɛ | | | pɛ | mɛ |
| 懷慶 | t'a | t'a | tsa | | | pa | ma |
| 歸化 | t'iə | tiɵ | tsə | tsə | ɕiɵ | piə | miə |
| 大同 | t'ia | t'ə | tsa | tsa | | piə | miə |
| 太原 | | t'a | tsa | tsa | ɕiɵ | piə | miə |
| 興縣 | t'a | t'ə | tsə | ts'ɵ | sɵ | piə | mbiə |
| 太谷 | t'iɵ | t'ə | tsɵ | | ɕiə | piə | miə |
| 文水 | t'iɵ | t'ə | tsɵ | | sɵ | piə | mbiɵ |
| 鳳台 | t'a | t'a | tsə | tsɵ | sa | | ma |
| 蘭州 | t'ei | t'ei | tsei | tsei | sei | pei | mei |
| 平涼 | t'ɛi | t'ɛi | tsɛi | tsɛi | sɛi | pɛi | mɛi |
| 西安 | t'ei | t'ei | tsei | tsei | sei | pei | mei |
| 三水 | t'ei | t'ei | tsei | ts'ei | sei | pei | mei |
| 四川 | t'e | t'e | tse | tse | se | pe | me |
| 南京 | t'æ | t'æ | tsæ | tsæ | sæ | pæ | mæ |

[t'ək]: '忒' 吳音 doku, 廣 t'ik, 原未詳。——[tsək]: '則' 歸 ȶɕiə*。——[dz'ək]: '賊' 麗 ȶɕ'ək, 廣 ts'ak, 汕 ts'at*, 福 ȶɕ'ɛik*, 封文谷 tsɛi, 懷 tsəi。——[sək]: '塞' 麗 sɛk (拼作 săik), 汕 sat*, 福 saik; 北* 封懷 sai 跟同 sɛi 合乎又切 sạ̣i 的讀法。——[pək]: '北' 汕 pak*, 福 paœk, 北 po*, 鳳 pai。——[mək]: 16 墨; '默' 汕 mit*; '墨' 汕 bak*。

(1) 北京 -ei, 除表中所注外, 還見於: '黑' xei*, '勒肋' lei, '得' tei*, '賊' tsei*。

| | 陌格 17 | 18 | 19 | 20 | 21 | 24 | 25 | 29 |
|---|---|---|---|---|---|---|---|---|
| 例字 | 格 | 客 | 額 | 赫 | 澤 | 窄 | 百 | 拍 |
| 古音 | kɐk | k'ɐk | ŋɐk | xɐk | ȡ'ɐk | ȶɕɐk | pɐk | p'ɐk |
| 高麗[2] | kiək | kɛk | ɛk | hiək | t'ɛk | ȶɕ'ɛk | pɛk | pɛk |
| 漢音 | kaku | kaku | gaku | kaku | taku | saku | haku | haku |
| 吳音 | kiaku | kiaku | giaku | kiaku | ȶɕaku | ɕaku | hiaku | hiaku |
| 安南 | kaȶ | k'aȶ | ŋaȶ | haȶ | ȶaȶ | ȶaȶ | baȶ | faȶ |
| 廣州 | kak | hak | ŋak | hak | ȶɕak | ȶɕak | pak | p'ak |
| 客家 | kak | k'ak | ȵiak | het | ts'et | tsak | pak | p'ak |
| 汕頭[3] | kɛk | k'ɛk | | hɛk | ȶɕɛk | ȶɕɛk | pɛk | p'ɛk |
| 福州[4] | kaik | k'aik | ŋia | haik | tɛik | ȶɕa | paik | p'a |
| 温州 | ka | k'a | ŋa | ha | dza | tsa | pa | p'a |
| 上海[5] | kə | k'ə | ŋə | hə | dzə | tsə | pə | p'ə |
| 北京[6] | kə | k'ə | ə | xə | tsə | tsə | pai | p'ai |
| 開封 | kɛ | k'ɛ | ɣɛ | | ʈʂɛ | ʈʂɛ | pɛ | p'ɛ |
| 懷慶 | ka | k'a | ɣa | xa | tsa | tsa | pa | p'a |
| 歸化 | kə | k'ə | ŋgə | xə | tsə | tsɯə | piə | p'iə |
| 大同 | ka | k'a | na | xa | tsa | tsa | pia | p'ia |
| 太原 | ka | k'a | ɣa | xa | tsa | tsa | piə | p'iə |
| 興縣 | kə | k'ə | ŋgə | xə | tsə | tsə | piə | p'iə |
| 太谷 | kəa | k'əa | ŋgəa | | tsə | tsə | piæ | p'iæ |
| 文水 | ka | k'a | ŋga | | tsa | tsa | piæ | p'iæ |
| 鳳台 | ka | k'a | ɣa | xa | tsə | tsə | pa | p'a |
| 蘭州 | kei | k'ei | | xei | tsei | tsei | pei | p'ei 另 |
| 平涼 | kɛi | k'ɛi | ŋɛi | xɛi | tsɛi | tsɛi | pɛi | p'ɛi |
| 西安 | kei | k'ei | ŋei | xei | tsei | tsei | pei | p'ei |
| 三水 | kei | k'ei | ŋei | xei | ts'ei | tsei | pei | p'ei |
| 四川 | ke | k'e | ŋe | xe | tse | tse | pe | p'e |
| 南京 | kæ | k'æ | æ | xæ | tsæ | tsæ | pæ | p'æ |

陌格。[**kɐk**]: '格' 麗 hɛk*, kak*。——[**k'ɐk**]: '客' 客 hak*。——[**ŋɐk**]: '額' 汕 hia, 蘭 ȵie。——[**xɐk**]: '赫' 封 xo, 谷文 xə。——[**ȡ'ɐk**]: 22 擇, 23 宅; '擇' 汕 to*, 客 t'ok*; '宅' 日本只有 taku, 客 ts'ak, 汕 t'ɛk, 福 t'ɛik*。——[**ʈʂɐk**]: '窄' 客 tsɿt*。——[**pɐk**]: 26 柏, 27 伯, 28 迫; '百*柏伯' 安 ba; '柏' 廣 p'ak*; '伯' 京 po; '迫' 客 pet, 福滬*封懷谷文蘭川 p'-, 福 pɛik*, p'aœk*, 京 p'o。——[**p'ɐk**]: 30 珀, 31 魄; 蘭另 '魄' 字; '拍' 客 p'ok*, 蘭 p'a; '珀魄' 福 p'aœk, 涼 p'o; '珀' 廣蘭西三 p-, 歸京未詳; '魄' 歸西三 p'ɛ, 京 p'o。

| | 麥革 | | | | | | |
|---|---|---|---|---|---|---|---|
| | 32 | 33 | 35 | 37 | 38 | 39 | 40 |
| 例字 | 白 | 革 | 核 | 軛 | 摘 | 責 | 策 |
| 古音 | b'ɐk | kæk | ɣæk | ʔæk | ȶæk | ʈʂæk | ʈʂ'æk |
| 高麗[2] | pɛk | kiek[2] 另 | hɛk | ɛk | ȶɕək | ȶɕ'ɛk | ȶɕ'ɛk |
| 漢音 | haku | kaku | kaku | aku | | saku | saku |
| 吳音 | biaku | kiaku | giaku | iaku | ȶɕaku | ɕaku | ɕaku |
| 安南 | baȶ | kaȶ | haȶ | aȶ | | ȶaȶ | saȶ |
| 廣州 | pak | kak | | ak | ȶɕak | ȶɕak | ȶɕ'ak |
| 客家 | p'ak | kak 另 | het | ak | tsak | | ts'ak |
| 汕頭[3] | pɛ | kɛk[3] | hɛk | ɛk | tɛk | ȶɕɛk | ȶɕ'ɛk |
| 福州[4] | pɛik | kaik[4] | | aik | ȶɕaik | ȶɕaik | ȶɕ'aik |
| 温州 | ba | ka | | a | tsa | tsa | ts'a |
| 上海[5] | bə | kə[5] | | ə | tsə | tsə | ts'ə |
| 北京[6] | pai | kə[6] | xə | ə | tsə | tsə | ts'ə |
| 開封 | pɛ | kɛ | | ɣɛ | ʈʂɛ | ʈʂɛ | ʈʂ'ɛ |
| 懷慶 | pa | ka | | | tsa | tsa | ts'a |
| 歸化 | piə | kə | xə | ŋgə | tsuə | tsə | ts'uə |
| 大同 | pia | ka | xa 另 | na | tsa | tsa | ts'a |
| 太原 | piə | ka | | | tsa | tsa | ts'a |
| 興縣 | piə | kə | xə | ŋgə | tsə | tsə | ts'ə |
| 太谷 | piæ | kəa | | ŋgəa | tsə | tsə | ts'ə |
| 文水 | piæ | ka | | ŋga | tsa | tsa | ts'a |
| 鳳台 | pa | ka | xa | ɣa | tsə | tsə | ts'ə |
| 蘭州 | pei | kei | | nei | tsei | tsei | ts'ei |
| 平涼 | pɛi | kɛi | | ŋɛi | tsɛi | tsɛi | ts'ɛi |
| 西安 | pei | kei | | ŋei | tsei | tsei | ts'ei |
| 三水 | p'ei | kei | | ŋei | tsei | tsei | ts'ei |
| 四川 | pe | ke | xe | ŋe | tse | tse | ts'e |
| 南京 | pæ | kæ | xæ | | tsæ | tsæ | ts'æ |

[**b'ɐk**]: '白' 汕 pok*, 歸興 p'iə*, 懷 pai*。

本韵有號碼的方言註看麥韵下。

---

麥革 [**kæk**]: 34 **隔**; 麗客另 '隔' 字; '革' 麗 hiək, 客 ket; '隔' 歸 ȶɕiə。——[**ɣæk**]: 36 **覈**; 同另 '覈' 字; '核覈' 廣 hɐt, 福 houk, 温 ɦye, 滬 ɦe, 封 xai, 懷原 ('核' 在大同也讀) xə, 文谷興*k'ə*, 蘭涼西三 xɛ (除掉 '覈' 涼 xo); '核' 間或有從集韵切 ɣuət 的讀法的。——[**ʔæk**]: '軛' 懷原京未詳。——[**ȶæk**]: '摘' 漢音 teki, 吳音 taku*, 安 ȶiȶ, 汕 tia*, 福 tɛik*, tia*。——[**ʈʂæk**]: '責' 客 tsit。——[**ʈʂ'æk**]: 41 **柵**; '策' 客 ts'et*; '柵' 北封京 ʈʂa, 其他官話 (除掉興縣四川) tsa, 福 ȶɕak*, 温滬 sa*, 懷涼未詳。

(2) 高麗 -ɛk 寫作 -ăik。

| | 陌韻 | 昔 | | | | |
|---|---|---|---|---|---|---|
| | 42 | 43 | 44 | 51 | 52 | 54 |
| 例字 | 逆 | 益 | 繹 | 擲 | 隻 | 尺 |
| 古音 | ŋjĭɐk | ʔĭɛk | ĭɛk | ȡ'ĭɛk | ȶɕĭɛk | ȶɕ'ĭɛk |
| 高麗 | iək | ik | iək | ȶɕ'ək | ȶɕ'ək | ȶɕ'ək |
| 漢音 | geki | eki | eki | teki | seki | seki |
| 吳音 | giaku | iaku | iaku | | ɕaku | ɕaku |
| 安南 | ŋiȶ | iȶ | ziȶ | ȶiȶ | ȶiȶ | siȶ |
| 廣州 | ik | ik[7] | ik | | ȶɕik 另 | ȶɕ'ik 另 |
| 客家 | ȵiak | it | it | č'it | čak | č'ak |
| 汕頭 | ŋɛk | ɛk[8] | ɛk | tɛk | ȶɕɛk | ȶɕ'ɛk |
| 福州 | ŋik | ɛik[9] | ik | tik | ȶɕɛik | ȶɕ'ɛik |
| 温州 | ȵiai | iai | iai | dzie | tsi | ts'i |
| 上海 | ȵiə | iə[10] | iə | dzə | tsə | ts'ə |
| 北京 | ni | i | i | tʂʅ | tʂʅ | tʂ'ʅ |
| 開封 | i | i | i | tʂʅ | tʂʅ | tʂ'ʅ |
| 懷慶 | ȵi | iə | iə | | tʂə | tʂ'ə |
| 歸化 | ȵiə | iə | iə | tʂə | tʂə | tʂ'ə |
| 大同 | ȵiə | i | i | tʂə | tʂə | tʂ'ə |
| 太原 | ȵiə | iə | iə | | tsə | ts'ə |
| 興縣 | ȵȡiə | iə | iə | tʂə | tʂə | tʂ'ə |
| 太谷 | ȵiə | iə | iə | tsə | tsə | ts'ə |
| 文水 | ȵȡiə | iə | iə | tʂə | tʂə | tʂ'ə |
| 鳳台 | i | i | i | tsə | tsə | ts'ə |
| 蘭州 | ȵi | i | i | tʂʅ | tʂʅ | tʂ'ʅ |
| 平涼 | ȵi | i | i | tʂʅ | tʂʅ | tʂ'ʅ |
| 西安 | ȵi | i | i | tʂʅ | tʂʅ | tʂ'ʅ |
| 三水 | ȵi | i | i | tʂ'ʅ | tʂʅ | tʂ'ʅ |
| 四川 | nie | i | i | tʂʅ | tʂʅ | tʂ'ʅ |
| 南京 | ni | i | i | tʂʅ | tʂʅ | tʂ'ʅ |

(3) 汕頭 '格革隔' kɛ*, '客' k'ɛ*, '軛' ɛ*, '宅' t'ɛ*, '百伯' pɛ*, '白' pɛ, '責' ȶɕɛ*, '策' ȶɕ'ɛ*。

(4) 福州 -a, 除表中所注外, 還見於: '格隔' ka*, '客' k'a*, '擇' ta*, '策柵' ȶɕ'a*, '百柏伯白' pa*, 皆白話音。

(5) 上海 -a (深 -ɑ, 與以前各攝淺 -a 不同) 見於: '格革隔' ka*, '客' k'a*, '額' ŋa*, '軛' a*, '宅' dza*, '窄摘責' tsa*, '策' ts'a*, '柵' sa*, '百柏伯' pa*, '拍珀魄' p'a*, '白' ba*。 -ə, -a 並存時 -ə 是文言音。

(6) 北京 '澤擇宅窄摘責' tʂai*, '百柏伯白' po*, '迫' po, p'o, '拍* 珀魄' p'o。tsə, tʂai 並存時 tsə 是文言音; pai, p'ai 跟 po, p'o 並存時 po, p'o 是文言音。

---

陌

---

昔。 [ʔĭɛk]: '益' 同鳳無 ? 尾。——[ĭɛk]: 45 疫, 46 役, 47 亦, 48 譯 49 驛,

| | 57 | 60 | 61 | 64 | 65 | 67 | 69 |
|---|---|---|---|---|---|---|---|
| 例字 | 適 | 石 | 積 | 籍 | 惜 | 席 | 碧 |
| 古音 | ɕĭɛk | ʑĭɛk | tsĭɛk | dz'ĭɛk | sĭɛk | zĭɛk | pjĭɛk |
| 高麗 | sək | sək | ȶɕək | ȶɕək | sək | sək | piək |
| 漢音 | seki | seki | seki | seki | seki | seki | heki |
| 吳音 | ɕaku | ȡʑaku | ɕaku | ȡʑaku | ɕaku | ȡʑaku | hiaku |
| 安南 | t'iȶ | t'aȶ | tiȶ | tiȶ | tiȶ | tiȶ | biȶ |
| 廣州[7] | ʂik | ʂɛk | tsik | tsik | sik | tsik | pɛk |
| 客家 | sit | šak | tsit | ts'it | sit | ts'it | pit |
| 汕頭[8] | sɛk | sie | ȶɕɛk | | sɛk | sɛk | p'ɛk |
| 福州[9] | sɛik | sik | ȶɕɛik | ȶɕik | sɛik | sik | p'ɛik |
| 温州 | si | zi | tsi | zi | si | zi | pie |
| 上海[10] | sə | za | tsi | dzi | si | dzi | pi |
| 北京 | ʂʅ | ʂʅ | ȶɕi | ȶɕi | ɕi | ɕi | pi |
| 開封 | ʂʅ | ʂʅ | tsi | tsi | si | si | pi |
| 懷慶 | ʂə | | ȶɕiə | ȶɕiə | ɕiə | ɕiə | piə |
| 化歸 | ʂə | ʂə | ȶɕiə | ȶɕiə | ɕiə | ɕiə | piə |
| 大同 | ʂə | ʂə | ȶɕiə | ȶɕiə | ɕiə | ɕiə | piə |
| 太原 | sə | sə | ȶɕiə | ȶɕiə | ɕiə | ɕiə | piə |
| 興縣 | ʂə | ʂə | ȶɕiə | ȶɕiə | ɕiə | ɕiə | piə |
| 太谷 | sə | sə | ȶɕiə | ȶɕiə | ɕiə | ɕiə | piə |
| 文水 | ʂə | ʂə | ȶɕiə | ȶɕiə | ɕiə | ɕiə | piə |
| 鳳台 | sə | sə | ȶɕiə | ȶɕiə | ɕiə | ɕiə | piə |
| 蘭州 | ʂʅ | ʂʅ | ȶɕi | ȶɕi | ɕi | ɕi | pi |
| 平涼 | ʂʅ | ʂʅ | ȶɕi | ȶɕi | ɕi | ɕi | pi |
| 西安 | ʂʅ | ʂʅ | ȶɕi | ȶɕi | ɕi | ɕi | pi |
| 三水 | ʂʅ | ʂʅ | tsi | tsi | si | si | pi |
| 四川 | ʂʅ | ʂʅ | tsie | tsie | si | si | |
| 南京 | ʂʅ | ʂʅ | tsi | tsi | si | si | pi |

50 奕；'疫役亦譯驛奕' 無 ? 尾；'疫役' 温 ye (Parker)。滬川 io；'疫' 汕未詳；'役' 汕 uak；'亦' 安 ziək，汕 ia* 跟温滬 a* [ɦa*看 585 頁註（一）] 無 ? 尾。——[ȡ'ĭɛk]：'擲' 吳音 ȶɕaku，廣 ȶɕak，懷原未詳。——[ȶɕĭɛk]：53 炙；廣另 '炙' 字；'炙' 麗 ȶɕa，廣 ȶɕe*，汕福 ȶɕia，都是去聲，合乎廣韵又切 ȶɕia' 的讀法；麗* ȶɕək。——[ȶɕ'ĭɛk]：55 斥，56 赤；廣另 '斥' 字；'斥' 客 č'it，懷歸 ʈʂ'ʅ，原 ts'a；'赤' 麗 ȶɕək。——[ɕĭɛk]：58 螫，59 釋；'螫' 廣 ȶɕ'ik，滬 se，北*西三 ʈʂə，文 ʈʂa，谷 tsa，蘭 ʈ'ɛi；封涼 ʂə，歸興 ʂə 無 ? 尾，鳳懷川未詳。——[zĭɛk]：'石' 汕 siet*，懷 ʂʅ。——[tsĭɛk]：62 跡，63 脊；'積' 滬 tsɿ*；川 tsi*；'脊' 麗 ȶɕ'ək，汕 ȶɕit。——[dz'ĭɛk]：'籍' 客 sit*，汕未詳。——[sĭɛk]：66 昔；'惜' 客 siak*。——[zĭɛk]：68 夕；'席' 日本 ɕaku*，客 sit*，滬 zi*；'夕' 客 sip。——[pjĭɛk]：'碧' 客 p'et*，川未詳。

錫歷

| | 70 | 1 | 3 | 4 | 5 | 8 | 10 | 13 |
|---|---|---|---|---|---|---|---|---|
| 例字 | 僻 | 擊 | 溺 | 歷 | 滴 | 剔 | 敵 | 績 |
| 古音 | p'jĭɛk | kiek | niek | liek | tiek | t'iek | d'iek | tsiek |
| 高麗 | piək | kiək | ik | iək | ȶɕək | ȶɕ'ək | ȶɕək | ȶɕək |
| 漢音 | heki | keki | deki | reki | teki | teki | teki | seki |
| 吳音 | hiaku | kiaku | niaku | riaku | ȶɕaku | ȶɕaku | ȡʑaku | ɕaku |
| 安南 | tiȶ | kiȶ | ɳiȶ | liȶ | ȡiȶ | | ȡiȶ | tiȶ |
| 廣州 | p'ik | kik[11] | nik | lik | tik | t'ik | tik | tsik |
| 客家 | p'it | kit | nit | lit | tit | t'it | t'it | tsit |
| 汕頭 | p'ɛk | kɛk[12] 另 | nɛk | lɛk | tɛk | t'ɛk | tɛk | ȶɕɛk |
| 福州 | p'ɛik | kɛik | nik | lik | tɛik | t'ɛik | tik | ȶɕɛik |
| 温州 | p'i | ȶɕiai | | li | ti | t'i | di | tsi |
| 上海 | p'i | ȶɕiə | ȵiə | li | ti | i'i | di | tsi |
| 北京 | p'i | ȶɕi | ni | li | ti | t'i | ti | ȶɕi |
| 開封 | p'i | ȶɕi | ȵi | li | ti | t'i | ti | tsi |
| 懷慶 | p'iə | ȶɕiə | ȵiə | liə | tiə | | ʈiə | ȶɕiə |
| 歸化 | p'iə | ȶɕiə | ȵiə | leə | tiə | t'iə | tiə | ȶɕiə |
| 大同 | p'iə | ȶɕiə | ȵiə | leə | tiə | t'iə | tiə | ȶɕiə |
| 太原 | p'iə | ȶɕiə | ȵiə | leə | tiə | t'iə | tiə | ȶɕiə |
| 興縣 | p'iə | ȶɕiə | ȵȡiə | leə | tiə | t'iə | tiə | ȶɕiə |
| 太谷 | p'iə | ȶɕiə | ȵiə | leə | tiə 另 | t'iə | tiə | ȶɕiə |
| 文水 | p'iə | ȶɕiə | ȵȡiə | leə | tiə 另 | t'iə | tiæ | ȶɕiə |
| 鳳臺 | p'iə | ȶɕiə | ȵiə | leə | tiə | t'iə | tiə | ȶɕiə |
| 蘭州 | psi | ȶɕi | ȵi | li | ti | ts'i | ti | ȶɕi |
| 平涼 | p'i | ȶɕi | ȵi | li | ti | ts'i | ti | ȶɕi |
| 西安 | p'i | ȶɕi | ȵi | li | ti | t'i | ti | ȶɕi |
| 三水 | p'i | ȶɕi | ȵi | li | ti | t'i | ti | tsi |
| 四川 | p'ie | ȶɕie | nie | li | tie | t'ie | ti | tsie |
| 南京 | p'i | ȶɕi | li | li | ti | t'i | ti | tsi |

[**p jĭɛk**]: 71 擗, 72 闢; '擗闢' 廣韻 b'-, 麗 piək, 漢音 heki, 吳音 biaku, 安 tiȶ; '闢' 温滬 bi; 其餘都照集韻切 p'- 的讀法。

(7) 廣州 -ɛk, 除表中所注外, 還見於: '隻' ȶɕ'ɛk, '尺赤*' ȶɕ'ɛk, '脊席' tsɛk*, '惜' sɛk*, '擗' p'ɛk*。

(8) 汕頭 '益驛' ia*, '役' hia, '隻跡' ȶɕia*, '赤' ȶɕ'ia*, '席' sia*, '僻' p'ia*; '尺席' ȶɕ'ie*, '石' ȶɕie, sie, '惜' sie*。-ɛk 跟 -ia, -ie 並存時 -ɛk 是文言音。

(9) 福州 '益役驛' ia*, '隻' ȶɕia*, '赤' ȶɕ'ia*, '螫' sia*, '僻' p'ia*; '石' ȶɕ'io*, '石' sio*, '席' ȶɕ'io*, 皆白話音。

(10) 上海 -a (-ᴀ) 見於: '擲' dza*, '隻' tsa*, '尺斥赤' ts'a*, '石' za。-ə, -a 並存時 -ə 是文言音。

---

錫歷。[**kiek**]: 2 激; 汕另 '激' 字; '擊' 日本 gekí*, 汕 k'ɛk; '激' 安 k'iȶ, 懷原未詳。——[**niek**]: '溺' 温未詳。蘭 mi*。——[**tiek**]: 6 的, 7 嫡; 谷文另 '的' 字; '滴*

| | 14 | 15 | 16 | 17 | 19 | 21 | 職力 22 | 24 |
|---|---|---|---|---|---|---|---|---|
| 例字 | 戚 | 寂 | 錫 | 壁 | 霹 | 覓 | 棘 | 極 |
| 古音 | ts‘iek | dz‘iek | siek | piek | p‘iek | miek | kjĭək | g‘jĭək |
| 高麗 | ȶɕ‘ək | ȶɕək | sək | piək | piək | miək | kɯk | kɯk |
| 漢音 | seki | seki | seki | heki | heki | beki | kioku | kioku |
| 吳音 | ɕaku | ȡʑaku | ɕaku | hiaku | hiaku | miaku | koku | goku |
| 安南 | ȶ‘iȶ | tiȶ | tiȶ | biȶ | t‘iȶ | miȶ | kɯk | kɯk |
| 廣州[11] | ts‘ik | tsik | sɛk | pik 另 | p‘ik | mik | kik | kik |
| 客家 | ts‘it | | sit | piak | p‘it | | kit | k‘it |
| 汕頭[12] | ȶɕ‘ɛk | | sɛk | pɛk | p‘ɛk | | kɛk | kɛk |
| 福州 | ȶɕ‘ɛik | ȶɕik | sɛik | p‘ɛik | p‘ɛik | mik | kɛik | kik |
| 溫州 | ts‘i | dzi | si | pie | p‘i | mie | ȶɕiai | ȡʑiai |
| 上海 | ts‘i | dzi | si | pi | p‘i | mi | ȶɕiə | ȡʑiə |
| 北京 | ȶɕ‘i | ȶɕi | ɕi | pi | p‘i | mi | ȶɕi | ȶɕi |
| 開封 | ts‘i | tsi | si | pi | p‘i | mi | ȶɕi | ȶɕi |
| 懷慶 | ȶɕ‘iə | | ɕiə | piə | p‘iə | miə | ȶɕiə | ȶɕiə |
| 歸化 | ȶɕ‘iɵ | ȶɕiɵ | ɕiɵ | piɵ | p‘iɵ | miə | ȶɕiə | ȶɕiə |
| 大同 | ȶɕ‘iə | ȶɕiə | ɕiə | piə | p‘iə | miə | ȶɕiə | ȶɕiə |
| 太原 | ȶɕ‘iə | ȶɕiɵ | ɕiə | piə | p‘iə | miə | ȶɕiə | ȶɕiə |
| 興縣 | ȶɕ‘iə | ȶɕiə | ɕiə | piə | p‘iɵ | mbiə | ȶɕiə | ȶɕiə |
| 太谷 | ȶɕ‘iə | ȶɕiə | ɕiə | piə | p‘iə | miə | ȶɕiɵ | ȶɕiə |
| 文水 | ȶɕ‘iə | ȶɕiə | ɕiə | piə | p‘iə | mbiæ | ȶɕiə | ȶɕiə |
| 鳳台 | ȶɕ‘iə | ȶɕiə | ɕiə | piə | p‘iə | miə | ȶɕiə | ȶɕiə |
| 蘭州 | ȶɕ‘i | ȶɕi | ɕi | pi | psi | mi | ȶɕi | ȶɕi |
| 平涼 | ȶɕ‘i | ȶɕi | ɕi | pi | p‘i | mi | ȶɕi | ȶɕi |
| 西安 | ȶɕ‘i | ȶɕi | ɕi | pi | p‘i | mi | ȶɕi | ȶɕi |
| 三水 | ts‘i | | | pi | p‘i | mi | ȶɕi | ȶɕi |
| 四川 | ts‘i | tsie | si | pi | p‘ie | mi | ȶɕie | ȶɕie |
| 南京 | ts‘i | tsi | si | pi | p‘i | mi | ȶɕi | ȶɕi |

句’ 川 ti; ‘滴’ 汕 ti*; ‘的’ 當助詞用常常縮短了; ‘滴嫡’ 文谷 tiæ。——[**t‘iek**]: 9 易; ‘剔踢’ 懷 t‘i, 川 t‘i*, 安未詳。——[**d‘iek**]: 11 狄, 12 笛; ‘敵’ 福 t‘ik*; 笛’ 客 t‘ak, t‘et, 川 tie*。——[**tsiek**]: ‘績’ 福 ȶɕa*。——[**dz‘iek**]: ‘寂’ 客 ts‘ip, ip, 汕懷三未詳。——[**siek**]: ‘錫’ 客 siak*。——[**piek**]: 18 壁; 廣另 ‘壁’ 字; ‘壁’ 福 pia*; ‘璧’ 吳音 biaku。——[**p‘iek**]: 20 劈; ‘霹’ 安 tiȶ*, 川 p‘i*; ‘劈’ 安未詳, 客 p‘iak*。——[**miek**]: ‘覓’ 安 meȶ*, maȶ*, 客 met, 汕 mit。

(11) 廣州 ‘剔* 踢’ t‘ɛk, ‘笛’ tɛk*, ‘績’ tsɛk*, ‘錫’ sɛk, ‘壁’ pɛk, ‘劈’ p‘ɛk*。

(12) 汕頭 ‘歷’ lɛ*, ‘績’ ȶɕɛ*; ‘錫’ sia*, ‘壁璧’ pia*。

| | 25 | 28 | 30 | 32 | 34 | 36 | 39 | 41 |
|---|---|---|---|---|---|---|---|---|
| 例字 | 抑 | 弋 | 敕 | 直 | 測 | 色 | 織 | 食 |
| 古音 | ʔĭək | ĭək | ȶ‘ĭək | ȡ‘ĭək | ʈʂ‘ĭək | ʂĭək | ȶɕĭək | ȡʑ‘ĭək |
| 高麗 | ək | ik | ȶɕ‘ik | ȶɕik | ȶɕ‘ɯk | sɛk | ȶɕik | sik |
| 漢音 | ioku | ioku | ȶɕoku | ȶɕoku | ɕoku | ɕoku | ɕoku | ɕoku |
| 吳音 | oku 另 | | ȶɕiki 另 | ȡʑiki | soku | ɕiki | ɕiki | ȡʑiki |
| 安南 | ɯk | zɯk | sɯk 另 | ȶɯk | ȶăk | săk | ȶɯk | t‘ɯk |
| 廣州 | ik | ik | ȶɕ‘ik | ȶɕik | ȶɕ‘ɐk | ʂik | ȶɕik | ʂik |
| 客家 | it | it | č‘it | č‘it | ts‘et | set | čit | šit |
| 汕頭 | ɛk 另 | ɛk | t‘ɛk | | ȶɕ‘ɛk | sɛk | ȶɕɛk | |
| 福州 | ɛik | ik | t‘ɛik | tik | ȶɕ‘aik | saik | ȶɕɛik | sik |
| 温州 | iai | iai | ts‘i | dzi | ts‘e | se | tsi | zi |
| 上海 | iə | iə | ts‘ə | dzə | ts‘ə | sə | tsə | zə |
| 北京 | i | i | ʈʂ‘ʅ | ʈʂʅ | ts‘ə | sə | ʈʂʅ | ʂʅ |
| 開封 | i | i | ʈʂ‘ʅ | ʈʂʅ | ʈʂ‘ɛ | ʂɛ | ʈʂʅ | ʂʅ |
| 懷慶 | iə | iə | ʈʂ‘ə | ʈʂə | ts‘a | sa | ʈʂə | ʂə |
| 歸化 | iə | iə | ʈʂ‘ə | ʈʂə | ts‘uə | suə | ʈʂə | ʂə |
| 大同 | iə | iə | ʈʂ‘ə | ʈʂə | ts‘a | sa | ʈʂə | ʂə |
| 太原 | iə | iə | ts‘ə | tsə | ts‘a | sa | tsə | sə |
| 興縣 | iə | iə | ʈʂ‘ə | ʈʂə | ts‘ə | sə | ʈʂə | ʂə |
| 太谷 | iə | iə | ts‘ə | tsə | ts‘ə | sə | tsə | sə |
| 文水 | iə | iə | ʈʂ‘ə | ʈʂə | ts‘a | sa | ʈʂə | ʂə |
| 鳳台 | i | i | ts‘ə | tsə | ts‘ə | sə | tsə | sə |
| 蘭州 | i | i | ʈʂ‘ʅ | ʈʂʅ | ts‘ei | sei | ʈʂʅ | ʂʅ |
| 平涼 | i | i | ʈʂ‘ʅ | ʈʂʅ | ts‘ɛi | sɛi | ʈʂʅ | ʂʅ |
| 西安 | i | i | ʈʂ‘ʅ | ʈʂʅ | ts‘ei | sei | ʈʂʅ | ʂʅ |
| 三水 | i | i | ʈʂ‘ʅ | ʈʂ‘ʅ | ts‘ei | sei | ʈʂʅ | ʂʅ |
| 四川 | i | i | ʈʂ‘ʅ | ʈʂʅ | ts‘e | se | ʈʂʅ | ʂʅ |
| 南京 | i | i | ʈʂ‘ʅ | ʈʂʅ | ts‘æ | sæ | ʈʂʅ | ʂʅ |

[ʔĭək]: 26 億, 27 憶; 吳音汕另‘憶’字; ‘抑’吳音 iki, 汕 at; ‘億憶’客 * 温跟官話 iʾ, 福 ɛiʾ。——[ĭək]: 29 翼; ‘弋’吳音 eki, ‘翼’ uiki; ‘翼’官話 iʾ。——[ȶ‘ĭək]: 31 飭; 吳音安另‘飭’字; ‘敕’吳音 ȡʑiki, 安 săk; ‘飭’廣 ʂik, 客 šit, 興 ʂə, 汕未詳。——[ȡ‘ĭək]: ‘直’汕 tit。——[ʈʂĭək]: 33 側; 漢音 ɕoku, 吳音 soku, 安 ȶăk, 廣 ȶɕɐk, 客 tset, 福 ȶɕaik*, 滬 tsə; 其餘方言讀的好像古音是 ʈʂ‘ĭək。——[ʈʂ‘ĭək]: 35 惻; ‘測’滬 ts‘a (-ɑʔ)*。——[ʂĭək]: 37 穡, 38 嗇; ‘色嗇’麗 sɛk 寫作 săik; ‘色’北 ʂai*; ‘穡’客 sit, 麗京谷未詳; ‘嗇’客 sep*, 汕 siap*。——[ȶɕĭək]: 40 職; ‘織’汕 ȶɕit*; ‘職’汕 ȶɕɛ*。——[ȡʑ‘ĭək]: ‘食’汕 ȶɕia, sit。

| | 42 | 46 | 47 | 48 | 49 | 51 | 德國 52 | 53 |
|---|---|---|---|---|---|---|---|---|
| 例字 | 識 | 匿 | 力 | 即 | 熄 | 逼 | 國 | 或 |
| 古音 | ɕĭək | njĭək | ljĭək | tsĭək | sĭək | pjĭək | kʷək | ɣʷək |
| 高麗 | sik | ik | iək | ȶɕɯk | sik | | kuk | hok |
| 漢音 | ɕoku | ȡʑoku | rioku | ɕoku | ɕoku | hioku | koku | koku |
| 吳音 | ɕiki | niki | riki | soku | soku | hiki | koku | uaku |
| 安南 | t'ɯk | ɳăk | lɯk | tɯk | tɯk | bɯk | kuok | huăk |
| 廣州 | ʂik | nik | lik | tsik | sik | pik | kuok | uak |
| 客家 | šit | nit | lit | tsit | sit | pet | kuet | fet |
| 汕頭 | sɛk | nɛk | lɛk | | sɛk | pɛk | kok | hok |
| 福州 | sɛik | nik | lik | ȶɕɛik | sɛik | pɛik | kuok | hœk |
| 溫州 | si | | li | tsi | si | pie | kuai | ɦua |
| 上海 | sə | ȵiə | li | tsi | si | pi | ko | ɦo |
| 北京 | ʂʅ | ni | li | ȶɕi | ɕi | pi | kuo | xuo |
| 開封 | ʂʅ | ȵi | li | tsi | si | pi | kuɛ | xuɛi |
| 懷慶 | ʂə | | liə | ȶɕiə | ɕiə | piə | kuo | xuo |
| 歸化 | ʂə | ȵiə | leə | ȶɕiə | ɕiə | piə | kuə | xuə |
| 大同 | ʂɵ | ȵiə | leə | ȶɕiə | ɕiə | piə | ka | xa |
| 太原 | sə | ȵiə | leə | ȶɕiə | ɕiə | piə | kuə | xua |
| 興縣 | ʂə | ȵȡiə | leə | ȶɕiə | ɕiə | piə | kuə | xuə |
| 太谷 | sə | ȵiə | leə | ȶɕiə | ɕiə | piə | kuə | xuə |
| 文水 | ʂə | ȵȡiə | leə | ȶɕiə | ɕiə | piə | kuə | xuə |
| 鳳台 | sə | niə | leə | ȶɕiə | ɕiə | piə | kuə | xuə |
| 蘭州 | ʂʅ | ȵi | li | ȶɕiə | ɕi | pi | kuei | xuei |
| 平涼 | ʂʅ | ȵi | li | ȶɕi | ɕi | pi | kuɛi | xuɛi |
| 西安 | ʂʅ | ȵi | li | ȶɕi | ɕi | pi | kuei | xuei |
| 三水 | ʂʅ | ȵi | li | tsi | si | pi | kuei | xuei |
| 四川 | sʅ | nie | lie | tsie | si | pie | kue | xue |
| 南京 | ʂʅ | li | li | tsi | si | pi | kuæ | xuæ |

**[ɕĭək]**: 43 式, 44 拭, 45 飾; '式拭' 懷 sʅ; '式' 涼 tʂ'ʅ; '拭' 客汕 ȶɕ'it*, 福 ȶɕ'ɛik*; '飾' 安 sɯk, 滬 se*。——**[njĭək]**: '匿' 客 net*, 溫 ȵiai (Parker), 懷未詳。——**[ljĭək]**: '力' 汕 lat*, 川 li*。——**[tsĭək]**: '即' 汕 ȶɕiet, 川 tsi*。——**[sĭək]**: 50 息; '息' 日本 soku, seki。——**[pjĭək]**: '逼' 川 pi*, 麗 p'ip。

---

德國。**[kʷək]**: '國' 安 kuɐk*。——**[ɣʷək]**: 54 惑; '惑' 京 xu。

---

| | 麥獲 | | 職域 | 鐸落 | | | | |
|---|---|---|---|---|---|---|---|---|
| | 55 | 56 | 58 | 1 | 4 | 5 | 6 | 7 |
| 例字 | 獲 | 麥 | 域 | 各 | 壑 | 鶴 | 惡 | 諾 |
| 古音 | ɣʷæk | mʷæk | jĭʷək | kɑk | xɑk | ɣɑk | ʔɑk | nɑk |
| 高麗 | huak | mɛk | iək | kak | hak | hak | ak | nak |
| 漢音 | kuaku | baku | ioku | kaku | kaku | kaku | aku | daku |
| 吳音 | giaku | miaku | uiki | kaku | kaku | gaku | aku | naku |
| 安南 | ɦuăţ | maţ | vɯk | kak | hak | hak | ak | |
| 廣州 | uok | mɐk | uik | kok | k'ok | hok | ok | nok |
| 客家 | fet | mak | vet | kok | k'ok | hok | ok | nok |
| 汕頭 | uak | mɛk | | kok[1] | hak | hok | ok | |
| 福州 | ɦɛik | mɛik | mik | kauk[2] | k'auk | houk | auk | nouk |
| 温州 | ɦua | ma | ye | ko | ho | ŋo | o | no |
| 上海 | ɦuɔ | mə | io | kɔ | hɔ | ŋɔ | ɔ | nɔ |
| 北京 | xuo | mai | y | kə | xə | xə | ə | no |
| 開封 | xuɛi | mɛ | y | kɯ | xɯ | xə | ɣɯ | no |
| 懷慶 | xuo | ma | | ka | | xa | ɣa | |
| 歸化 | xuə | miə | yə | kə | xə | xɵ | ŋgə | nə |
| 大同 | xa | miə | yə | ka | | xa | na | na |
| 太原 | xʉa | miə | yə | ka | xa | xa | ɣa | na |
| 興縣 | xuə | mbiə | yə | kə | | xə | ŋgə | ndə |
| 太谷 | xua | miæ | yə | kəa | | xəa | ŋgəa | |
| 文水 | xua | mbiæ | yə | ka | | xa | ŋga | nda |
| 鳳台 | xua | ma | yə | ka | | xa | ɣa | |
| 蘭州 | xuei | mei | | ko | xo | xo | uo | |
| 平涼 | xuɛi | mɛi | y | ko | xo | xo | uo | no |
| 西安 | xuei | mei | y | ko | xo | xo | ŋo | no |
| 三水 | xuei | mei | y | kə | xo | xo | ŋə | lo |
| 四川 | xo | me | | ko | | xo | ŋo | lo |
| 南京 | xu | mæ | | ko | xo | xo | o | lo |

麥獲。 [**mʷæk**]: 57 脈，'麥脈' 拼作 măik, 滬 ma* (-ɑʔ), 北 mo*; '麥' 汕 bɛ*; '脈' 汕 mɛ, 福 ma*。

---

職域。 [**jĭʷək**]: '域' 安 vɐk*, 汕 hok, 懷蘭川京未詳。

---

鐸落。 [**kɑk**]: 2 閣，3 胳，'胳' 廣 kak, 懷同文谷鳳 kə, 蘭 kei, 西 kɯ, 麗福温未詳。——[**xɑk**]: '壑' 同文谷鳳 xua, 興 xuə, 懷 xo, 川未詳。——[**nɑk**]: '諾' 汕 nap (Gibson), 安 ɳăk (Parker), 懷谷鳳蘭未詳。

| | 8 | 14 | 15 | 16 | 17 | 18 | 20 | 21 |
|---|---|---|---|---|---|---|---|---|
| 例字 | 絡 | 託 | 鐸 | 作 | 錯 | 昨 | 索 | 博 |
| 古音 | lɑk | t'ɑk | d'ɑk | tsɑk | ts'ɑk | dz'ɑk | sɑk | pɑk |
| 高麗 | nak | t'ak | t'ak | ȶɕak | ȶɕ'ak | ȶɕak | sak | pak |
| 漢音 | raku | taku | taku | saku | saku | saku | saku | haku |
| 吳音 | raku | taku | daku | saku | saku | zaku | saku | haku |
| 安南 | lak | t'ak | ɖak | tak | t'ak | tak | tak | bak |
| 廣州 | lok | t'ok | tok | tsok | ts'ok | tsok | sok | pok |
| 客家 | lok | t'ok | tok | tsok | ts'ok | ts'ok | sok | pok |
| 汕頭[1] | lok | t'ok | tak | tsak | ts'ak | tsok | sok | pak |
| 福州[2] | louk | t'auk | touk | ȶɕauk | ȶɕ'auk | ȶɕouk | sauk | pauk |
| 溫州 | lo | t'o | do | tso | ts'o | zo | so | po |
| 上海 | lɔ | t'ɔ | dɔ | tsɔ | ts'ɔ | zɔ | sɔ | po |
| 北京 | lə | t'o | to | tso | ts'o | tso | so | po |
| 開封 | lo | t'o | to | tso | ts'o | tso | ʂo | po |
| 懷慶 | lo | t'o | to | ʈʂo | ʈʂ'o | ʈʂo | | pa |
| 歸化 | luə | t'uə | tə | tsə | ts'uə | tsə | suə | puə |
| 大同 | lua | t'ua | | tsua | ts'ua | tsua | ʂua | pa |
| 太原 | lua | t'ua | tua | tsua | ts'ua | tsua | ʂua | pa |
| 興縣 | luə | | tə | tsə | ts'ə | | ʂə | pə |
| 太谷 | la | | ta | tsa | | tsa | sa | pəa |
| 文水 | la | t'a | ta | | | tsa | ʂa | pa |
| 鳳台 | lua | t'ua | tua | tsua | ts'ua | tsua | ʂua | pa |
| 蘭州 | lo | t'o | to | | ts'o | tso | so | po |
| 平涼 | lo | t'o | to | tso | ts'o | tso | ʂo | po |
| 西安 | lo | t'o | to | tso | ts'o | tso | so | po |
| 三水 | lo | t'o | to | tso | ts'o | tso | ʂo | po |
| 四川 | lo | t'o | to | tso | ts'o | tso | ʂo | po |
| 南京 | lo | t'o | to | tso | ts'o | tso | ʂo | po |

]: 9 樂, 10 烙, 11 落, 12 駱, 13 酪; '絡烙落駱酪' 北 lau*; '樂烙酪' 歸樂' 同 la; '烙' 懷未詳; '駱' 北* 原 lo, 文 lau, 谷 lɔ (皆無 ? 尾); '酪' 懷 la, 詳。——[**t'ɑk**]: '託' 興 t'a, 谷 t'ə——[**d'ɑk**]: '鐸' 同 tuo。——[**tsɑk**]: '作' suə, 蘭 tsa。——[**ts'ɑk**]: '錯' 滬 ts'o* (-ɵ?), 文谷未詳。——[**dz'ɑk**]: 19 鑿; 汕 tsa* (無 ? 尾, Gibson), 滬 dzo, dzo?, zɔ, zɔ?, dzɔ?, zo (Davis 跟 Silsby), sa [京 ts'o, tso?]; '鑿' 麗 ȶɕ'ak, 汕 ts'ak, 福 ȶɕ'œk*, 歸 ts'uə, 興 ts'ə, 三 ——[**sɑk**]: '索' 懷 ʂua。——[**pɑk**]: '博' 汕 p'ak*, 滬 pɔ*。

藥略

| 例字<br>古音 | 22<br>薄<br>b'ɑk | 24<br>漠<br>mɑk | 29<br>脚<br>kjĭak | 30<br>卻<br>k'jĭak | 31<br>瘧<br>ŋjĭak | 33<br>約<br>ʔĭak | 34<br>藥<br>ĭak |
|---|---|---|---|---|---|---|---|
| 高麗 | pak | mak | kak | kak | hak | iak | iak |
| 漢音 | haku | baku | kiaku | kiaku | giaku | iaku | iaku |
| 吳音 | baku | maku | kaku | kaku | gaku | aku | iaku |
| 安南 | bak | mak | kɯək | k'ɯək | ŋɯək | ɯək | zɯək |
| 廣州 | pok | mok | kœk | k'œk | iœk | iœk | iœk |
| 客家 | p'ok | mok | kiok | k'iok | ȵiok | iok | iok |
| 汕頭[1] | pok | mok | | k'iak[3] | ŋiak | iak | iak |
| 福州[2] | pouk | mouk | kiok | k'iok | ŋiok | io | io |
| 温州 | bo | mo | tɕia | tɕ'ia | ȵia | ia | ia |
| 上海 | bo | mo | tɕia | tɕ'ia | ȵia | ia | ia |
| 北京 | po | mo | tɕyɛ[4] | tɕ'yɛ | nyɛ | yɛ | yɛ |
| 開封 | po | mu | tɕyo | tɕ'yo | yo | yo | yo |
| 懷慶 | pa | ma | tɕyo | tɕ'ia | ia | ia | ia |
| 歸化 | puə | muə | tɕiə | | iə | iə | iə |
| 大同 | pa | ma | tɕia | tɕ'ia | ȵia | ia | ia |
| 太原 | pa | ma | tɕyə | tɕ'ia | ȵiə | iə | iə |
| 興縣 | pə | mbə | tɕiə | | iə | iə | iə |
| 太谷 | pəa 另 | məa | tɕyə | tɕ'iæ | iæ | iæ | yə |
| 文水 | pa 另 | mba | tɕyə | tɕ'iæ | iæ | iæ | yə |
| 鳳台 | pa | ma | tɕia | tɕ'ia | ia | ia | ia |
| 蘭州 | po | mu | tɕyo | tɕ'yo | yo | yo | yo |
| 平涼 | po | mo | tɕyo | tɕ'yo | yo | yo | yo |
| 西安 | po | mo | tɕyo | tɕ'yo | yo | yo | yo |
| 三水 | po 另 | mo | tɕyo | tɕ'yo | yo | yo | yo |
| 四川 | po | mo | tɕio | tɕ'io | nio | io | io |
| 南京 | po | mo | tɕio | tɕ'io | lo | io | io |

**[b'ɑk]**: 23 泊; 谷文三另 '泊' 字; '薄' 文谷 pə, 三 p'o; '泊' 吳音 hiaku, 温 p'o (Parker), 滬 bɔ*, p'a*, 川 pe*, 同原興鳳未詳。——**[mɑk]**: 25 莫, 26 膜, 27 幕, 28 寞; '莫' 汕 mɛk*, 封 mo; '膜' 谷文未詳; '幕' 在滬* 北封懷同文蘭涼西三讀的好像古音是 muo; 温 mœ (Parker)。

(1) 汕頭 '各' kak*, '壑鶴*' hak, '惡' ak*, '樂' lak*; '閣* 胳' ko, '鶴' ho*, '絡落駱' lo*, '烙' lua*, '託' t'o*, '作昨' tso*, '索' so*, '薄* 泊' po, '漠* 膜幕*' mo。-ok 跟 -ak, -o 並存時 -ok 是文言音。

(2) 福州 '閣' ko, '絡樂落' lo*, '薄泊' po*, '莫膜' mo*, 皆白話音。

---

藥略。**[kjĭak]**: '脚' 汕 kiok, k'a。——**[k'jĭak]**: '卻' 歸興 tɕ'ia。——**[ŋjĭak]**: 32 虐。——**[ʔĭak]**: '約' 西 ȵyo*。——**[ĭak]**: 35 鑰。

| 例字<br>古音 | 36<br>酌<br>ȶɕĭak | 38<br>綽<br>ȶɕ'ĭak | 39<br>若<br>ȵʑĭak | 41<br>略<br>ljĭak | 43<br>爵<br>tsĭak | 45<br>鵲<br>ts'ĭak | 46<br>嚼<br>dz'ĭak | 47<br>削<br>sĭak |
|---|---|---|---|---|---|---|---|---|
| 高麗 | ȶɕak | ȶɕak | iak | iak | ȶɕak | ȶɕak | ȶɕak | sak |
| 漢音 | ɕaku | ɕaku | ȡʑaku | riaku | ɕaku | ɕaku | ɕaku | ɕaku |
| 吳音 | saku | saku | niaku | riaku | saku | saku | zaku | saku |
| 安南 | ȶɯək | sɯək | ȵɯək | lɯək | tɯək | t'ɯək | tɯək | turək |
| 廣州 | ȶɕœk | ȶɕ'œk | iœk | lœk | tsœk | ts'œk | tsœk | sœk |
| 客家 | čok | | iok | liok | tsiok | | tsiok | siok |
| 汕頭[3] | ȶɕiak | ȶɕ'iak | ȡʑiak | liak | ȶɕiak | ȶɕ'iak | ȶɕiak | siak |
| 福州 | ȶɕiok | ȶɕ'iok | iok | liok | ȶɕiok | ȶɕ'iok | ȶɕiok | siok |
| 溫州 | ȶɕia | ȶɕ'ia | ȡʑa | liɵ | ȶɕia | ȶɕ'ia | ʑia | ɕia |
| 上海 | tsa | ts'a | za | lia | tsia | ts'ia | zia | sia |
| 北京[4] | tʂo | tʂ'o | ʐo | lyɛ | ȶɕyɛ | ȶɕ'yɛ | ȶɕyɛ | ɕyɛ |
| 開封 | tʂo | tʂ'o | ʐo | lyo | tsyo | ts'yo | tsyo | |
| 懷慶 | tʂo | | ʐa | liɛ | ȶɕia | ȶɕ'ia | | |
| 歸化 | tʂə | tʂ'ə | ʐə | leɵ | ȶɕiə | ȶɕ'iə | ȶɕiə | ɕiə |
| 大同 | tʂa | tʂ'a | ʐa | lea | ȶɕia | ȶɕ'ia | ȶɕia | |
| 太原 | tsa | ts'a | za | leə | ȶɕiə | ȶɕ'iə | | |
| 興縣 | tʂə | tʂ'ə | ʐə | leə | ȶɕiə | | ȶɕiə | |
| 太谷 | tsa | ts'a | zua | leæ | ȶɕiæ | ȶɕ'iæ | | ɕyɵ |
| 文水 | tʂa | tʂ'a | ʐa | leæ | ȶɕiæ | ȶɕ'yə | | ɕyə |
| 鳳台 | tsa | | za | lea | ȶɕia | ȶɕ'ia | ȶɕia | |
| 蘭州 | ʈo | | uo | lyo | ȶɕyo | ȶɕ'yo | ȶɕyo | ɕyo |
| 平涼 | ʈo | ʈ'o | ʐo | lyo | ȶɕyo | ȶɕ'yo | ȶɕyo | ʒyo |
| 西安 | ʈo | | vo | lo | ȶɕyo | ȶɕ'yo | ȶɕyo | ɕyo |
| 三水 | ʈo | ʈ'o | ʐo | lyo | tsyo | ts'yo | ts'yo | syo |
| 四川 | tʂo | | ʐo | lio | tsio | ts'io | tsio | sio |
| 南京 | tʂo | | ʐo | lio | tsio | | tsio | |

[**ȶɕĭak**]: 37 勺; '勺' 吳音 ȡʑaku, 安 t'ɯək, 滬 dzɔ*, 北 ʂau, ʂo, 封懷同涼三川京 ʂo, 蘭西 fo, 懷 ʂa, 合乎廣韻又切 ʑĭak 的讀法; 福 ȶɕ'iok, 谷文未詳。——[**ȶɕ'ĭak**]: '綽' 客 tsok, šok, 懷川京 tʂo, 鳳 tsua, 蘭 ʈo; 北 tʂ'au*, 西未詳。——[**ȵʑĭak**]: 40 弱; '弱' 客 ȵiok, 溫 ʑia。——[**ljĭak**]: 42 掠; '掠' 封 lo。——[**ts'ĭak**]: 44 雀; '雀' 在閩吳跟官話有送氣聲母 (在福汕也讀 ȶɕia), 文 ȶɕ'yə, 京 ts'o。——[**ts'ĭak**]: '鵲' 客 siak, 福 ȶɕio*, 興 ȶɕ'ia, 京 ts'o。——[**dz'ĭak**]: '嚼' 福 ȶɕio*, 懷 ȶɕyo, 文 ȶɕyæ, 原谷未詳。——[**sĭak**]: '削' 福 sio*, 封西* 京 so, 興 ɕyə, 懷同原鳳未詳。

(3) 汕頭 '脚' kie*, '約藥鑰' ie*, '雀' ȶɕ'ie*; '掠' lia, '雀' ȶɕia*。 -iak 跟 -ie, -ia 並存時, -iak 是文言音。

(4) 北京 -yɛ 因個人不同與 -iau, -yo 互換。[譯者按 -yo 韵現在已不存在, 如 -yɛ, -iau 並存時, -iau 代表白話音。]

| | 鐸郭 | | 覺 | | | | | |
|---|---|---|---|---|---|---|---|---|
| | 48 | 50 | 51 | 53 | 55 | 56 | 58 | 60 |
| 例字 | 槨 | 擴 | 覺 | 確 | 嶽 | 學 | 卓 | 濯 |
| 古音 | kʷɑk | k'ʷɑk | kɔk | k'ɔk | ŋɔk | ɣɔk | ȶɔk | ȡ'ɔk |
| 高麗 | kuak | kuak | kak | kak | ak | hak | t'ak | t'ak |
| 漢音 | kuaku | kuaku | kaku | kaku | gaku | gaku | taku | taku |
| 吳音 | kuaku | kuaku | koku | koku | goku | goku | toku | doku |
| 安南 | kuaȶ | k'uaȶ | zak | sak | ɳak | hɔk | ȶak | ȶak |
| 廣州 | kuok | fok | kok | k'ok | ŋok | hok | ȶɕ'œk | ȶɕok |
| 客家 | kuok | k'uok | kok | k'ok | ŋok | hok | tsok | ts'ok |
| 汕頭 | kuak | k'uak | kak[5] | k'ak | ŋak | hak | tok | tsuak |
| 福州 | kuo | kuo | kauk[6] | k'auk | ŋouk | houk | tauk | ȶɕouk |
| 溫州 | ko | k'uo | ko | k'o | ŋo | ɦo | ȶɕyo | ȡʑyo |
| 上海 | kuɔ | k'uɔ | ȶɕia[7] | ȶɕ'ia | ŋɔ | ɦia | tsɔ | dzo |
| 北京 | kuo | k'uo | ȶɕyɛ[8] | ȶɕ'yɛ | yɛ | ɕyɛ | ʈʂo | ʈʂo |
| 開封 | kuo | k'uo | ȶɕyo | ȶɕ'yo | yo | ɕyo | ʈʂo | ʈʂo |
| 懷慶 | kuo | k'uo | ȶɕiɛ | ȶɕ'ia | ia | ɕia | ʈʂo | ʈʂo |
| 歸化 | kuɵ | k'uɵ | ȶɕiə | ȶɕ'iə | iə | ɕiə | tsə | tsə |
| 大同 | ka | k'a | ȶɕia | ȶɕ'ia | ia | ɕyæ | ʈʂua | ʈʂua |
| 太原 | kua | | ȶɕiə | ȶɕ'iə | yə | ɕiə | tsua | tsua |
| 興縣 | kuɵ | k'uɵ | ȶɕiə | ȶɕ'iə | ie | ɕiə | tsuə | tsuə |
| 太谷 | kua | k'ua | ȶɕiæ | ȶɕ'iæ | iæ | ɕiæ | tsua | tsua |
| 文水 | kua | k'ua | ȶɕiæ | ȶɕ'iæ | iæ | ɕiæ | tsua | tsua |
| 鳳臺 | kua | k'ua | ȶɕia | ȶɕ'ia | ia | ɕia | tsua | tsua |
| 蘭州 | ko | k'o | ȶɕyo | ȶɕ'yo | yo | ɕyo | ʈo | ʈo |
| 平涼 | kuo | k'uo | ȶɕyo | ȶɕ'yo | yo | ɕyo | ʈo | ʈo |
| 西安 | kuo | k'uo | ȶɕyo | ȶɕ'yo | yo | ɕyo | pfo | pfo |
| 三水 | kuo | k'uo | ȶɕyo[9] | ȶɕ'yo | yo | ɕyo | tsə | tsə |
| 四川 | kue | | ȶɕio | ȶɕ'io | io | ɕio | ʈʂo | ʈʂo |
| 南京 | kuæ | k'uæ | ȶɕio | ȶɕ'io | io | ɕio | ʈʂo | ʈʂo |

鐸郭。 **[kʷɑk]**: 49 郭; '郭' 汕 kuɛ*, 同 kuo, 谷文 kuɵ。——**[k'ʷɑk]**: '擴' 原川未詳。

覺。 **[kɔk]**: 52 角; '角' 懷 ȶɕyo, 原興 ȶɕyə, 川 ko。——**[k'ɔk]**: 54 殻; '確' 麗 huak*; '殻' 北* 興 k'ə, 同原文 k'a, 川 k'o。——**[ʔɔk]**: 57 握; '握' 麗 ak, 漢音 aku, 吳音 oku, 廣 ɐk, 客 vok, 福 auk, 温 o, 北* 封 uo; 其餘方言從集韵切 ʔuk 的讀法。——**[ȶɔk]**: 59 琢; '琢' 廣 tœk, 客 tok, 封 tso。——**[ȡ'ɔk]**: 61 濁; '濁' 安 tɯək, ȶɔk, 廣 ȶɕuk, 客 ts'uk, 歸 tsuə, 同 ʈʂuo, 原文谷 tsuə。

| 例字 | 62 捉 | 63 朔 | 64 駁 | 66 樸 | 67 雹 |
|---|---|---|---|---|---|
| 古音 | ʈʂɔk | ʂɔk | pɔk | p'ɔk | b'ɔk |
| 高麗 | ȶɕ'ak | sak | pak | pak | pak |
| 漢音 | saku | saku | haku | haku | haku |
| 吳音 | soku | soku | hoku | hoku | boku |
| 安南 | ȶɔk | sɔk | bak | fak | |
| 廣州 | ȶɕœk | ʂok | pok | p'ok | pok |
| 客家 | tsok | sok | pok | p'ok | p'ok |
| 汕頭[5] | ts'ok | suak | pak | p'ok | p'ak |
| 福州[6] | | sauk | pauk | pauk | p'œk |
| 溫州 | ȶɕyo | ɕyo | po | p'o | bo |
| 上海[7] | tsɔ | sɔ | po | p'o | bo |
| 北京[8] | ʈʂo | ʂuo | po | | |
| 開封 | ʈʂo | ʂuo | po | | po |
| 懷慶 | ʈʂo | ʂua | pa | | |
| 歸化 | tsuə | suə | puə | p'uə | puə |
| 大同 | ʈʂua | ʂua | pa | p'a | |
| 太原 | tsua | sua | pa | p'a | |
| 興縣 | tsuə | suə | pə | p'ə | |
| 太谷 | tsua | fa | pəa | p'əa | |
| 文水 | tsua | sua | pa | p'a | |
| 鳳台 | tsua | sua | pa | | |
| 蘭州 | ʈo | fo | po | p'o | |
| 平涼 | ʈo | so | po | | |
| 西安 | pfo | fo | po | p'o | |
| 三水[9] | tsə | | po | | |
| 四川 | ʈʂo | so | po | | |
| 南京 | ʈʂo | | po | | |

[**ʈʂɔk**]: '捉' 廣 ȶɕuk*, 汕 tsuk*, 福 ȶɕ'œyk。——[**ʂɔk**]: '朔' 三京未詳。——[**pɔk**]: 65 剝; '駁' 福 p'auk*; '剝' 北 pau*, 谷未詳。——[**p'ɔk**]: '樸' 北封懷三川京 p'u, 鳳 p'ə, 吳音 boku*。——[**b'ɔk**]: '雹' 其餘方言讀的好像古音是 b'ɑu, b'au。[譯者按北京讀 ꜀pau 陽平而覺韵白話音是有 -au 讀法, 如果是古平去就會讀 ꜀p'au, pau꜄ 而不讀 ꜀pau 了。參考 '薄' 白話音 ꜀pau。]

(5) 汕頭 '角' kok*, '學' hiok*, '雹' p'ok*, 皆文言音; '學' o*, '卓琢' to*, '駁' po*, 皆白話音。

(6) 福州 '覺角' kaœk*, '殼' k'aœk*; '學' o*, '卓' to*, '剝' puo*, 皆白話音。

(7) 上海 -ɔ, 除表中所注外, 還見於: '覺角' kɔ*, '殼' k'ɔ, '學' ɦɔ*, '濁' dzɔ*, '樸' p'ɔ*, '雹' bɔ*。-a, -o 跟 -ɔ 並存時, -a, -o 是文言音。

(8) 北京 -yɛ 因個人不同與 -iau, -yo 互換。[但看前註 4 譯者附註。]

(9) 這裡三水的 ə 是 ɜ。

| | 藥縛 | 屋谷 | | | | | | |
|---|---|---|---|---|---|---|---|---|
| | 68 | 1 | 4 | 5 | 6 | 7 | 11 | 12 |
| 例字 | 縛 | 谷 | 哭 | 斛 | 屋 | 祿 | 禿 | 獨 |
| 古音 | b'jĭʷak | kuk[1] | k'uk | ɣuk | ʔuk | luk | t'uk | d'uk |
| 高麗 | pak | kok | kok | kok | ok | nok | tok | tok |
| 漢音 | haku | koku | koku | koku | uoku | roku | toku | toku |
| 吳音 | baku | koku | koku | | uoku | roku | toku | doku |
| 安南 | | kok | k'ok | hok | ok | lok | t'ok | ḍok |
| 廣州 | fok | kuk | huk | huk | uk | luk | t'uk | tuk |
| 客家 | p'iok | kuk | k'uk | fuk | uk | luk | | t'uk |
| 汕頭 | pak | kok[2] | k'ok | hok | ok | lok | | tok |
| 福州 | puo | kouk | k'ouk | hœk | ouk | lyk | t'uk | tuk |
| 温州 | vo | ku | k'u | | u | lu | t'u | du |
| 上海 | vo | ko | k'o | ɦo | o | lo | t'o | do |
| 北京 | fu | ku | k'u | xu | u | lu | t'u | tu |
| 開封 | fu | ku | k'u | xu | u | lu | t'u | tu |
| 懷慶 | fɵ | kuɵ | k'uɵ | xuɵ | uɵ | luɵ | t'uɵ | tuɵ |
| 歸化 | fu | kuɵ | k'uɵ | xuə | və | lə | t'uə | tɵ |
| 大同 | fo | kuo | k'uo | | vo | luo | t'uo | tuo |
| 太原 | | kuɵ | k'uɵ | xuɵ | və | luɵ | t'uɵ | tuɵ |
| 興縣 | fuɵ | kuɵ | k'uɵ | xuɵ | ua | luɵ | t'uɵ | tuɵ |
| 太谷 | fɵ | kuɵ | k'uɵ | xuɵ | uɵ | luɵ | t'uɵ | tuɵ |
| 文水 | | kuɵ | k'uɵ | xuɵ | uɵ | luɵ | t'uɵ | tuɵ |
| 鳳台 | fu | kuɵ | k'uɵ | xuɵ | uɵ | luɵ | t'uɵ | tuɵ |
| 蘭州 | fu | ku | k'u | xu | vu | lu | t'u | tu |
| 平涼 | fu | ku | k'u | xu | u | lu | t'u | tu |
| 西安 | fo | ku | k'u | xu | u | lou | t'ou | tou |
| 三水 | fo | ku | k'u | xu | u | lou | t'u | tu |
| 四川 | | ku | k'u | | u | lu | t'u | tu |
| 南京 | fu | ku | k'u | xu | u | lu | t'u | tu |

藥縛。[**b'jĭʷak**]: '縛' 安原文川未詳。

---

屋谷。[**kuk**]: 2 **轂**, 3 **穀**。——[**ɣuk**]: '斛' 温 vu (Parker), 同川未詳。——[**luk**]: 8 **鹿**, 9 **轆**, 10 **碌**; '鹿轆' 同 lɛu, 原 lua; '鹿' 福 lœk*; '轆' 福 luk*; '碌' 客 liuk*, 福 louk, 歸 luɵ。——[**t'uk**]: '禿' 客 t'ut, 汕 t'ɛk。——[**d'uk**]: 13 **瀆**, 14 **犢**, 15 **牘**, 16 **讀**, 17 **讟**; '犢讀讟' 三 t'u; '犢' 懷 tu, 興 t'uɵ。

| | 18 | 19 | 20 | 21 | 22 | 沃 24 | 25 | 27 |
|---|---|---|---|---|---|---|---|---|
| 例字 | 族 | 速 | 卜 | 撲 | 木 | 酷 | 篤 | 毒 |
| 古音 | dz'uk | suk | puk | p'uk | muk | k'uok | tuok | d'uok |
| 高麗 | ȶɕok | sok | pok | pok | mok | hok | tok | tok |
| 漢音 | soku | soku | hoku | | boku | koku | toku | toku |
| 吳音 | zoku | soku | hoku | | moku | koku | toku | doku |
| 安南 | tok | tok | bok | | mok | kok | ɖok | ɖok |
| 廣州 | tsuk | ts'uk | puk | | muk | huk | tuk | tuk |
| 客家 | ts'uk | suk | puk | p'uk | muk | k'uk | tuk | t'uk |
| 汕頭[2] | tsok | sok | p'ok | p'ok | mok | k'ok | tok | tok |
| 福州 | ȶɕuk | souk | pouk | p'auk | muk | kouk | touk | tuk |
| 溫州 | ʑiu | su | pu | | mu | k'u | tu | du |
| 上海 | zo | so | po | p'o | mo | k'uɔ | to | do |
| 北京 | tsu | su | pu | p'u | mu | k'u | tu | tu |
| 開封 | tsu | su | pu | p'u | mu | k'u | tu | tu |
| 懷慶 | tʂuɵ | ʂuɵ | pa | p'ɵ | mɵ | k'uɵ | tuɵ | |
| 歸化 | ts'uɵ | ɕyə | puɵ | p'uɵ | mɵ | k'uɵ | tɵ | tɵ |
| 大同 | tsuo | suo | pa | p'a | mũ | k'uo | tuo | |
| 太原 | | suɵ | pa | p'a | mɵ | k'uɵ | tuɵ | tuɵ |
| 興縣 | tsuɵ | ɕyɵ | pɵ | p'ɵ | mbɵ | k'uɵ | tuɵ | tuɵ |
| 太谷 | | ɕyɵ | pɵa | p'ɵ | mɵ | k'ua | tuɵ | tuɵ |
| 文水 | ȶɕyɵ | ɕyɵ | pa | p'ɵ | mbɵ | k'ua | tuɵ | tuɵ |
| 鳳台 | tsuɵ | suɵ | pa | p'ɵ | muɵ | k'uɵ | tuɵ | tuɵ |
| 蘭州 | tsʮ | sʮ | pu | p'u | mu | k'u | tu | tu |
| 平涼 | ts'ʮ | sʮ | po | p'u | mu | k'u | tu | tu |
| 西安 | ts'ou | sou | po | p'u | mu | k'u | tou | tou |
| 三水 | ts'ʮ | sʮ | po | p'u | mu | k'u | tu | tu |
| 四川 | ts'u | | p'u | p'u | mu | ku | tu | tu |
| 南京 | ts'u | su | p'u | p'u | mu | k'u | tu | tu |

**[dz'uk]**: '族' 原 ts'ua, 谷未詳。——**[suk]**: '速' 川 sio。——**[puk]**: '卜' 吳音 boku*; 福 pauk*, 溫 bə* (白話音)。——**[p'uk]**: '撲' 麗 pak*, 漢音 haku, 吳音 boku, 安 bak (Parker) 合乎唐韵 b'ɔk 的又切; 溫 p'o (Parker), 廣客* p'ok。——**[muk]**: 23 沐; '木' 福 mœk。

(1) -uk 韵在有些古代方言是 -uok。

(2) 汕頭 '縠' kak*, '讀' t'ak*, '族' tsak*, '木' bak*, 皆白話音。

---

沃。**[tuok]**: 26 督。——**[d'uok]**: '毒' 福 tœk*, 汕 tak*, 興同 tu (無 ? 尾)。

| | | 屋六 | | | | | | |
|---|---|---|---|---|---|---|---|---|
| | 28 | 29 | 30 | 31 | 33 | 35 | 37 | 38 |
| 例字 | 僕 | 菊 | 畜 | 竹 | 逐 | 祝 | 叔 | 淑 |
| 古音 | b'uok | kjĭuk | xjĭuk | ṭĭuk | ḍ'ĭuk | tɕĭuk | ɕĭuk | ʑĭuk |
| 高麗 | pok | kuk | hiuk | tɕuk | tɕ'uk | tɕ'uk | suk | suk |
| 漢音 | hoku | kiku | kiku | tɕiku | tɕiku | ɕuku | ɕuku | ɕuku |
| 呉音 | boku | koku | koku | toku | dʑiku | soku | soku | dʑuku |
| 安南 | bok | kuk | | ṭuk | ṭuk | ṭuk | t'uk | t'uk |
| 廣州 | puk | kuk | huk | tɕuk | tɕuk | tɕuk | ʂuk | ʂuk |
| 客家 | p'uk | k'iuk | hiuk | čuk | č'uk | čuk | šuk | šuk |
| 汕頭 | pok | kiok | | tsok | tok | tsok | sok | sok |
| 福州 | puk | kœyk | hœyk | tœyk | tyk | tɕœyk | sœyk | sœyk |
| 溫州 | bu | tɕiu | ɕiu | tɕiu | dʑiu | tɕiu | ɕiu | ʑiu |
| 上海 | bo | tɕio | ɕio | tso | dzo | tso | so | zo |
| 北京 | | tɕy | ɕy | tʂu | tʂu | tʂu | ʂu | ʂu |
| 開封 | | tɕy | ɕy | tʂu | tʂu | tʂu | ʂu | ʂu |
| 懷慶 | | tɕyə | ɕyə | tʂuə | tʂuə | tʂuə | ʂuə | ʂuə |
| 歸化 | | tɕyə | ɕyə | tsuə | tsuə | tsuə | suə | suə |
| 大同 | | tɕ'yə | ɕyə | tʂuo | tʂuo | tʂuo | ʂuo | ʂuo |
| 太原 | | tɕyə | ɕyə | tsuə | tsuə | tsuə | suə | suə |
| 興縣 | | tɕyə | ɕyə | tsuə | tsuə | tsuə | suə | suə |
| 太谷 | | tɕ'yə | ɕyə | tsuə | tsuə | tsuə | fə | fə |
| 文水 | | tɕ'yə | ɕyə | tsuə | tsuə | tsuə | suə | suə |
| 鳳台 | | tɕyə | ɕyə | tsuə | tsuə | tsuə | suə | suə |
| 蘭州 | | tɕy | ɕy | ʈu | ʈu | ʈu | fu | fu |
| 平涼 | | tɕy | ɕy | tʂʮ | tʂʮ | tʂʮ | ʂʮ | ʂʮ |
| 西安 | | tɕy | ɕy | pfu | pfu | pfu | fu | fu |
| 三水 | | tɕy | ɕy | tsʮ | tsʮ | tsʮ | sʮ | sʮ |
| 四川 | | tɕy | ɕio | tʂu | tʂo | tʂu | ʂu | ʂu |
| 南京 | | tɕy | ɕy | tʂu | tʂu | tʂu | ʂu | ʂu |

**[b'uok]**: '僕' 同原文 p'a, 谷 p'əa, 跟其餘官話 p'u 都合乎集韵切 p'uk 的讀法。

---

屋六。**[xjĭuk]**: '畜' 客 k'iuk*; 有些讀法是從廣韵切 ṭ'ĭuk 的讀法: 麗 tɕ'uk, 漢音 tɕiku, 安 suk 等。——**[ṭĭuk]**: 32 築; '竹' 安 ṭɯək, 川 tʂo*; '築' 麗 tɕ'uk, 汕 tok, to, 滬 tsɔ, 原 tsua。——**[ʂĭuk]**: 34 縮, 麗 tɕ'uk, 漢音 ɕuku, 呉音 soku, 安 suk, 廣 ʂuk, 客 suk, siuk, 滬 so, sɔ, 歸 suə 在其他方言這個字很怪: 福 sauk, 溫 ɕyo, 北封涼三 so, 西 fo, 懷同 ʂua, 原文興鳳 sua, 谷 fa。——**[tɕĭuk]**: 36 粥; '粥' 麗 tɕuk, 涼 tʂou*, 安未詳。——**[ɕĭuk]**: '叔' 福 tɕœyk*。——**[ʑĭuk]**: 39 熟; '熟' 福 syk, 汕 sa*。

| 例字<br>古音 | 40<br>肉<br>ȵʑĭuk | 41<br>陸<br>ljĭuk | 44<br>肅<br>sĭuk | 47<br>福<br>pjĭuk | 53<br>覆<br>p'jĭuk | 54<br>服<br>b'jĭuk |
|---|---|---|---|---|---|---|
| 高麗 | iuk | iuk | suk | pok | pok | pok |
| 漢音 | ʥiku | riku | ɕuku | fuku | fuku | fuku |
| 吳音 | niku | roku | soku | hoku | hoku | boku |
| 安南 | ȵuk | luk | tuk | ɸuk | fuk | fuk |
| 廣州 | iuk | luk | suk | fuk | fuk | fuk |
| 客家 | ȵiuk | liuk | siuk | fuk | fuk | fuk |
| 汕頭[3] | ʥiok | lok | sok | hok | hok | hok |
| 福州 | ŋyk | lyk | sœyk | houk | houk | huk |
| 温州 | ȵiu | lu | ɕiu | fu | fu | vu |
| 上海 | ȵio | lo | so | fo | fo | vo |
| 北京 | ʐu | lu | su | fu | fu | fu |
| 開封 | ʐu | lu | sy | fu | fu | fu |
| 懷慶 | ʐuə | luə | ɕyə | fə | fə | fə |
| 歸化 | zuə | lə | ɕyə | fə | fə | fə |
| 大同 | ʐuo | luo | ɕyæ | fo | fo | fo |
| 太原 | zuə | luə | ɕyə | fə | fə | fə |
| 興縣 | suə | luə | ɕyə | fuə | fuə | fuə |
| 太谷 | uə | luə | ɕyə | fə | fə | fə |
| 文水 | zuə | luə | ɕyə | xuə | xuə | xuə |
| 鳳台 | zuə | luə | ɕyə | fə | fə | fə |
| 蘭州 | vu | lu | ɕy | fu | fu | fu |
| 平涼 | ʐɥ | lu | ɕy | fu | fu | fu |
| 西安 | vu | lou | ɕy | fu | fu | fu |
| 三水 | zɥ | lou | sy | fu | fu | fu |
| 四川 | ʐu | lu | sio 另 | fu | fu | fu |
| 南京 | ʐu | lu | su | fu | fu | fu |

[**ȵʑĭuk**]: '肉' 滬 zo* (文言音)。表中所注是文言音; 白話大半都另有 '柔' 字 (古 ȵʑĭə̆u) 去聲讀法。——[**ljĭuk**]: 42 **六**, 43 **戮**; '六' 福 lœk, 温 liu; 北 leu* 跟好些官話中與 lɛu 相當的讀法都是白話音。——[**sĭuk**]: 45 **夙**, 46 **宿**; 川另 '宿' 字; '肅夙' 川未詳; '肅' 客 suk*, '宿' 北 ɕy*, 汕 sua*。——[**pjĭuk**]: 48 **幅**, 49 **蝠**, 50 **輻**, 51 **複**, 52 **腹**; '福' 安 fɯək*; '幅' 麗 p'ok*, 日本只有 fuku, 安 bɯk; '腹' 福 pouk*。——[**b'jĭuk**]: 55 **伏**, 56 **復**; '伏' 吳音 buku, 客 p'uk*; '復' 吳音 hoku。

| | | 燭 | | | | | | |
|---|---|---|---|---|---|---|---|---|
| | 57 | 60 | 61 | 62 | 64 | 66 | 69 | 70 |
| 例字 | 目 | 曲 | 局 | 獄 | 欲 | 燭 | 觸 | 贖 |
| 古音 | mĭuk | k‘jĭʷok | g‘jĭʷok | ŋjĭʷok | ĭʷok | ȶɕĭʷok | ȶɕ‘ĭʷok | ȡʑ‘ĭʷok |
| 高麗 | mok | kok | | ok | iok | ȶɕ‘ok | ȶɕ‘ok | sok |
| 漢音 | boku | kioku | kioku | giok | ioku | soku | ɕoku | ɕoku |
| 吳音 | moku | koku | | goku | ioku | soku | soku | ɕoku |
| 安南 | muk | k‘uk | | ŋuk | zuk | ȶuk | suk | t‘uk |
| 廣州 | muk | huk | kuk | iuk | iuk | ȶɕuk | ȶɕ‘uk | ʂuk |
| 客家 | muk | k‘iuk | k‘iuk | ȵiuk | iuk | čuk | č‘uk | šuk |
| 汕頭[3] | mok | k‘iok[4] | kiok | ŋiok | iok | tsok | ts‘ok | sok |
| 福州 | muk | k‘œyk[5] | kuo | ŋyk | yk | ȶɕœyk | ȶɕ‘œyk | syk |
| 温州 | mu | ȶɕ‘yo | ȡʑyo | ȵyo | yo | ȶɕyo | ȶɕ‘yo | ʑyo |
| 上海 | mo | ȶɕ‘io | ȡʑio | ȵio | io | dzo | ts‘o | zo |
| 北京 | mu | ȶɕ‘y | ȶɕy | y | y | ʈʂu | | ʂu |
| 開封 | mu | ȶɕ‘y | ȶɕy | y | y | ʈʂu | | ʂu |
| 懷慶 | mɵ | ȶɕ‘y | ȶɕy | y | yə | ʈʂuə | | ʂuɵ |
| 歸化 | mə | ȶɕ‘yə | ȶɕyə | yə | yə | tsuə | | suə |
| 大同 | mũ | ȶɕ‘yə | ȶɕy | y | y | ʈʂuo | | ʂuo |
| 太原 | mə | ȶɕ‘yə | ȶɕyə | yə | yə | tsuə | | suə |
| 興縣 | mbə | ȶɕ‘yə | ȶɕyə | yə | yə | tsuə | | suə |
| 太谷 | mɵ | ȶɕ‘yə | ȶɕyə | yə | yə | tsuə | | fə |
| 文水 | mbə | ȶɕ‘yə | ȶɕyə | yə | yə | tsuə | | suə |
| 鳳台 | mə | ȶɕ‘yə | ȶɕyə | yə | yə | tsuə | | suə |
| 蘭州 | mu | ȶɕ‘y | ȶˆy | y | y | ʈu | | fu |
| 平涼 | mu | ȶɕ‘y | ȶɕy | y | y | ʈʂʮ | | ʂʮ |
| 西安 | mu | ȶɕ‘y | ȶɕy | y | y | pfu | | fu |
| 三水 | mu | ȶɕ‘y | ȶɕ‘y | y | y | tsʮ | | sʮ |
| 四川 | mu | ȶɕ‘y | ȶɕy | io | io | ʈʂu | | ʂu |
| 南京 | mu | ȶɕ‘y | ȶɕy | y | y | ʈʂu | | ʂu |

[**mĭuk**]: 58 穆, 59 牧; ‘目’ 福 mœk*, mɛik*; ‘牧’ 懷原谷 mu, 歸 muə, 文 mbu, 鳳 m。

(3) 汕頭 ‘菊’ kɛk*, ‘竹’ tɛk*, ‘叔’ ȶɕɛk*, ‘熟’ sɛk*, ‘肉’ nɛk*, ‘陸’ lɛk*, ‘幅’ pɛk*; ‘逐’ tak*, ‘陸六’ lak*, ‘幅腹’ pak*, ‘目’ mak*。-ok 跟 -ɛk, -ak 並存時 -ok 是文言音。

---

燭。[**k‘jĭʷok**]: ‘曲’ 廣 k‘uk*。——[**g‘jĭʷok**]: ‘局’ 麗 kuk, 安 kuok, 日本只有 kioku。——[**ŋjĭʷok**]: 63 玉, ‘玉 安 ŋɔk, 川 y。——[**ĭʷok**]: 65 慾。——[**ȶɕĭʷok**]: 67 屬, 68 囑, ‘燭’ 滬 dzɔ*; ‘屬’ 到處都(南部方言是又讀)從廣韵又切 ʑĭʷok 的讀法(安 t‘uok)。——[**ȶɕ‘ĭʷok**]: ‘觸’ 汕 ts‘o*, 京北 ʈʂ‘o, 川 ʈʂo; 在西山陝西甘肅河南讀的好像古音是 ȶɕĭʷok。

| | 71 | 72 | 73 | 75 | 77 | 78 | 79 |
|---|---|---|---|---|---|---|---|
| 例字 | 束 | 蜀 | 辱 | 綠 | 足 | 促 | 俗 |
| 古音 | ɕĭʷok | ʑĭʷok | ȵʑĭʷok | ljĭʷok | tsĭʷok | ts'ĭʷok | zĭʷok |
| 高麗 | sok | | iok | nok | ʨok | ʨ'ok | sok |
| 漢音 | ɕoku | ɕoku | dʑoku | rioku | ɕoku | ɕoku | ɕoku |
| 呉音 | soku | zoku | niku | roku | soku | soku | zoku |
| 安南 | t'uk | t'uk | ȵuk | luk | tuk | t'uk | tuk |
| 廣州 | ʨ'uk | ʂuk | iuk | luk | tsuk | ts'uk | tsuk |
| 客家 | č'uk | | iuk | liuk | tsiuk | | tsiuk |
| 汕頭[4] | sok | | dzok | lok | tsok | ts'ok | sok |
| 福州[5] | souk | syk | yk | lyk | ʨœyk | ʨ'œyk | syk |
| 温州 | ɕyo | | ʑiu | lo | ʨyo | | ʑyo |
| 上海 | so | zo | zo | lo | tso | ts'o | dzo |
| 北京 | ʂu | ʂu | ʐu | lu | tsu | ts'u | su |
| 開封 | ʂu | ʂu | ʐu | lu | tsy | ts'u | sy |
| 懷慶 | ʂuə | ʂuə | ʐuə | luə | ʨyə | | ɕyə |
| 歸化 | suə | suə | zuə | lə | ʨyə | | ɕyə |
| 大同 | ʂuo | | ʐuo | luo | ʨyə | ts'uo | ɕyæ |
| 太原 | suə | | zuə | luə | ʨyə | ts'uə | ɕyə |
| 興縣 | suə | | zuə | luə | tsuə | ts'uə | ɕyə |
| 太谷 | fə | | uə | luə | ʨyə | ts'uə | ɕyə |
| 文水 | suə | | zuə | luə | ʨyə | ts'uə | ɕyə |
| 鳳台 | suə | suə | zuə | luə | ʨyə | | ɕyə |
| 蘭州 | fu | fu | vu | lu | tsɥ | ts'ɥ | ɕy |
| 平涼 | ʂɥ | ʂɥ | ʐɥ | lu | tsɥ | ts'ɥ | ɕy |
| 西安 | fu | fu | vu | lou | tsou | ts'ou | ɕy |
| 三水 | sɥ | sɥ | zɥ | lou | ʨy | | sy |
| 四川 | ʂu | ʂu | ʐu | lu | | ts'o | sio |
| 南京 | ʂu | ʂu | ʐu | lu | tsu | ts'u | su |

**[ɕĭʷok]**: '束' 客 suk*, 北 ʈʂ'u* (Parker)。——**[ʑĭʷok]**: '蜀' 在麗客汕同原興文谷讀的好像古音是 ʨĭʷok, 温未詳。——**[ȵʑĭʷok]**: 74 褥; '褥' 滬 ȵio* (白話音)。——**[ljĭʷok]**: 76 錄; '綠' 北封 ly, '錄' 温未詳。——**[ts'ĭʷok]**: '促' 安 suk*, 客 ts'uk, 温 ts'u; 歸 tsuə*, 鳳 tsua, 三 tsɥ, 懷未詳。——**[zĭʷok]**: 80 續; '俗' 川 su*; '續' 滬 zo, 北 ɕy。

(4) 汕頭 '曲' k'ɛk*, '局' kɛk*, '獄玉' gɛk*, '燭' ʨɛk*, '綠' lɛk*。-ok,-ɛk 並存時 -ok 是文言音。

(5) 福州 '曲' k'uo*, '局' kuo, '獄玉' ŋuo*, '燭' ʨio*, '綠錄' lio*, 皆白話音。

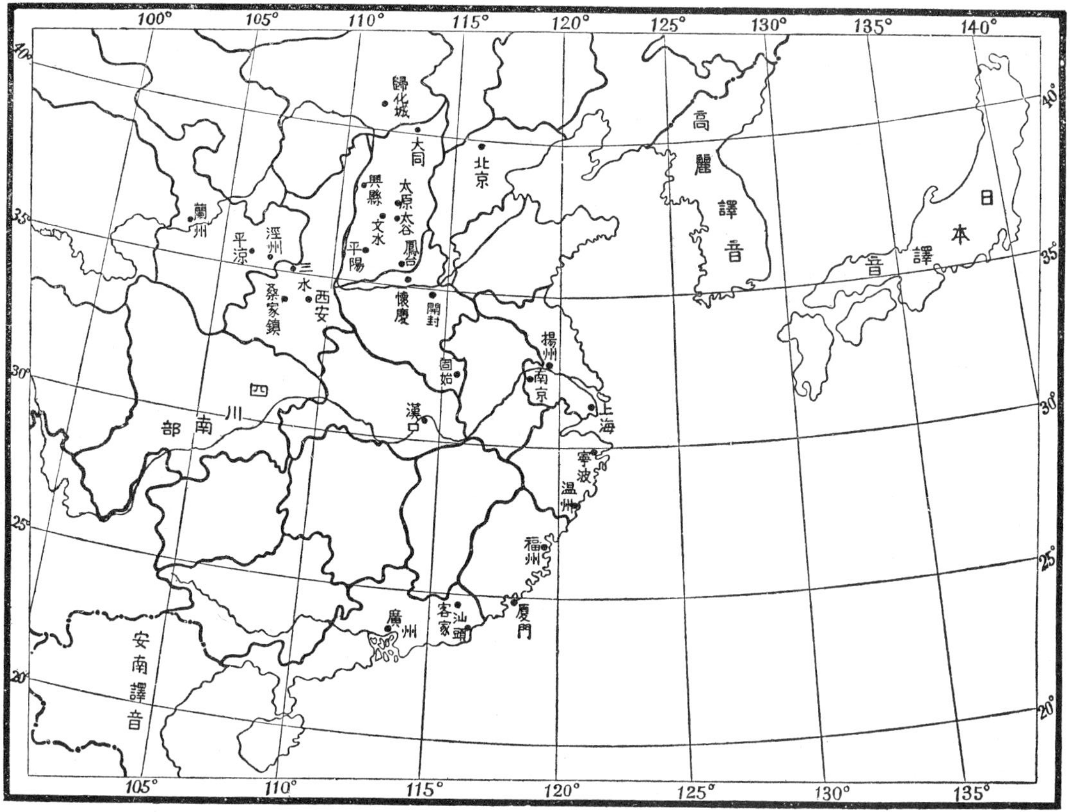
歸化城
大同
北京
高麗譯音
日本譯音
興縣
太原
太谷
文水
平陽
鳳臺
懷慶
開封
蘭州
平涼
涇州
三水
西安
桑家鎮
固始
揚州
南京
上海
漢口
四川南部
寧波
温州
福州
廈門
汕頭
客家
廣州
安南譯音

所調查方言地圖

# 附　　录

# 高本漢著作表

# A LIST OF WORKS
# BY BERNHARD KARLGREN

1908—1954年各條據 Else Glahn 所編,見 BMFEA 28,pp.45—53.

1908 Folksägner från Tveta och Mo härader, upptecknade på folkmål. Svenska landsmål ock Svenskt folkliv, Stockholm. Livr. 103, 54 p.

1909 Gränsen mellan syd-och mellansvenska mål (med karta). Ibid. Livr. 104, pp. 87—95.

1914 Review of
Maurice Courant, La langue chinoise parlée, Grammaire du Kwanhwa septentrional. Paris et Lyon, 1914.
T'oung Pao, Leyde. Vol. XV, pp. 283—285.

1915—(1926) Études sur la phonologie chinoise. Archives d'Études Orientales, Vol. XV, Leyde et Stockholm. Vol. I—IV, 898 p.
pp. 1—388 were published as a doctors' thesis at the university of Uppsala (defended May 21st 1915). Vol. I, pp. 1—316 publ. 1915. Vol. II, pp. 317—468 publ. 1916. Vol. III pp. 469—700 publ. 1919. Vol. IV, pp. 701—898 publ. 1926. Reprinted in Peking 1941.

Tuei yü sï, shï, chu, shu, chu tsï nei yün mu chï yen kiu translated by Sü Ping-ch'ang, translation of Études sur la phonologie chinoise, pp. 294—297: Voyelles A. Voyelles apicales. Kuo hüe ki k'an, Peking, 1923, Vol. I, pp. 498—503.

Kao Pen-han fang yin tsï tien sü, translated by Chao Yüan-jen, translation of Études sur la phonologie chinoise, pp. 703—713: Dictionnaire. Kuo hüe ki k'an, Peiping 1935. Vol. V, pp. 95—106.

Chung kuo yin yün hüe yen kiu, translated by Chao Yüan-jen, Lo Ch'ang-pei and Li Fang-kuei, translation of Études sur la phonologie chinoise. Chung hua kiao yü wen hua ki kin tung shï huei pienyiwei yüanhueit'e k'an. Commercial Press, Shanghai 1940. 732 p. [Karlgren cho:] Gendai shina hōgen no kijutsu onsei gaku, translated by Takata Hisashiko, translation of Études sur la phonologie chinoise, pp. 223—336: Phonétique

descriptive des dialectes modernes. Tōkyō.
(Acc. to Shōwa jushi chi hachi nen fo Tōyōshi kenkyū Bunken Ruimoku).

1917 Den sinologiska lingvistikens uppgifter och metoder.
Svensk humanistisk tidskrift, Göteborg. Vol. I, no. 9, sp. 257—275.

1918 A Mandarin phonetic reader in the Pekinese dialect, with an introductory essay on the pronounciation.
Archives d'Études Orientales, Stockholm. Vol. XIII, 187 p.

1918 Kristendomens tidigare öden i Kina — en gammal diskussionsfråga.
Svensk humanistisk tidskrift, Göteborg. Vol. II, no. 11, sp. 257—263.

1918 Ordet och pennan i Mittens rike.
Svenska andelsförlaget, Stockholm. 196 p.
Sound and Symbol in Chinese, translation of Ordet och pennan i Mittens rike. Language & Literature Series. Oxford University Press, London, 1923. 112 p.
Chung kuo yü yü chung kuo wen translated by Chang Shï-lu, translation of Sound and Symbol in Chinese. Po k'o siao ts'ung shu, Commercial Press, Shanghai, 1932. 150 p.
Shina gengogaku gairon, translated by Iwamura Shinobu and Ogaeri Yoshio, translation of 1. Sound and Symbol in Chinese, 2. Philology and Ancient China and 3. The Romanization of Chinese. Bunkyūdo Shoten, Tōkyō, 1937. 7+365 p.

1919 En kinesisk »Nordisk Familjebok».
Ord och Bild, Stockholm. Vol. XXVIII, pp. 483—492.

1920 Två kinesiska prosadikter. (1. Hemkomsten av T'ao Yüan-ming, 2. Den druckne gubbens paviljong av Ou-yang Siu).
Ibid. Vol. XXIX, pp. 269—271.

1920 Le Proto-chinois langue flexionelle.
Journal Asiatique, Paris, Onzième Série, Tome XV, pp. 205—232.
Karlgren shi moto shina gokō, translated by Ishihama Juntaro, translation of Le Proto-chinois, langue flexionnelle. Shina-gaku, Kyōto, 1921. Vol. I, no. 4 pp, 67—77 and no. 5 pp. 68—73.
Yüan shï Chung kuo yü wei pien hua yü shuo translated by Feng Ch'eng-kün, translation of Le Proto-chinois, langue flexionnelle. Tung fang tsa chï, Shanghai. Vol 26.

1920 Östasien under nittonde århundradet.

Det nittonde århundradet, Vol. 6: 1, edited by professor Aage Friis. P. A. Norstedt & Söner, Stockholm. 88 p.

Østasien i det nittende Aarhundrede, Asiens Kulturer. Det nittende Aahundrede, Vol. VII: 3 edited by professor Aage Friis. Gyldendal, Copenhagen. 1923. 96 p.

1920 Prononciation ancienne de caractères chinois figurant dans les transcriptions Bouddhiques.
T'oung Pao, Leyde. Vol. XIX, pp. 104—121.

1921 Kinesiska noveller om mandariner, kurtisaner och andra skälmar.
Hugo Gebers förlag, Stockholm. 189 p.

1921 Namnen Japan, Nippon och Nihon.
Svensk-Japanska Sällskapets årskrift, Stockholm. Vol. 2, pp. 2—4.

1922 The Reconstruction of Ancient Chinese.
T'oung Pao, Leyde. Vol. XXI, pp, 1—42.

Ta Ma-sï-pei-lo lun Ts'ie yün chï yin, translated by Lin Yü-t'ang, translation of The Reconstruction of Ancient Chinese. Kuo hüe ki k'an, Peiping, 1923. Vol. I, pp. 475—497.

1923 Contributions à l'Analyse des Caractères Chinois.
Asia Major, Leipzig, London. Hirth Anniversary Volume, pp. 206—221.

1923 Analytic Dictionary of Chinese and Sino-Japanese.
Geuthner, Paris. 436 p.
Reprinted in China. w. y.

Kao Pen-han ti hie sheng shuo, translated by Chao Yüan-jen, translation of 1. Analytic Dictionary of Chinese and Sino-Japanese, pp. 9—33 and 2. A Principle in the Phonetic Compounds of the Chinese Script. Ts'ing hua kuo hüe lun ts'ung, 1927. Vol. I, pp. 23—65.

Chung kuo ku yin Ts'ie yün chï hi t'ung ki k'i yen pien, translated by Wang Tsing-ju, translation of Analytic Dictionary of Chinese and Sino-Japanese, pp. 9—33. Academia Sinica, Tsi k'an, Peiping 1930. Vol. II, pp. 185—204.

1924 Postscriptum à Mullie: Une caracteristique phonologique.
T'oung Pao, Leyde. Vol. XXIII, pp. 81—82.

1924 Från kinas bokvärld.
Biblioteksbladet, Stockholm. Vol. IX, pp. 1—9.

1924 Kinas og Japans Religioner. Illustreret Religionshistorie, editd by

Edv. Lehman.
G. E. Gad, Copenhagen. pp. 523—580.
2. ed. edited by Johs. Pedersen, 1948. pp. 647—702.

1924 Review of J. G. Andersson: Arkeologiska Studier i Kina. Ymer 1922, fasc. I. An Early Chinese Culture. Bulletin of the Geological Survey of China, no 5, Peiping 1923. The Cave-deposit at Sha kuo t'un in Fengtien. Palæontologia Sinica, Series D, Vol. I, fasc, 1. Peiping 1923. Arkeologiska Fynd i Provinsen Kansu. Ymer 1924, fasc. I.
Litteris, Lund, Copenhagen, Heidelberg, Paris, London. Vol. I, pp. 142—153.

1925 A Principle in the Phonetic Compounds of the Chinese Script.
Asia Major, Leipzig. London. Vol. II, pp. 302—308.
Chinese translation, see above: 1923, Analytic Dictionary.

1926 Review of Marcel Granet: Danses et Légendes de la Chine Ancienne. Paris 1926.
Litteris, Lund, Copenhagen, Heidelberg, Paris, London. Vol. III, pp. 249—254.

1926 Reiview of Alfred Forke: Der Ursprung der Chinesen auf Grund ihrer alten Bilderschrift. Hamburg 1925.
Deutsche Literaturzeitung, Berlin. Vol. XXXXVII, sp. 1155—1157.

1926 Zu den frühsten Verbindungen zwischen China und dem Westen. Review of August Conrady: Alte westöstliche Kulturwörter. Leipzig 1925.
Deutsche Literaturzeitung, Berlin. Vol. XXXXVII, sp. 1959—1962.

1926 On the Authenticity and Nature of the Tso Chuan.
Göteborge Högskolas Årsskrift XXXII: 3; 65 p.
Karlgren: Saden shingi kō; fu: Shina Kotenseki no shingi ni tsuite, translated by One Shinobu translation of 1. On the Authenticity and Nature of the Tso Chuan and 2. The Authenticity of ancient Chinese texts, Bunkyūdo Shoten, Tōkyō, 1939. 3+1+154 p.
Tso Chuan chen wei k'ao ki k'i t'o, translated by Lu K'an-ju, translation of On the Authenticity and nature of the Tso Chuan, introduction by Hu Shï and postscript by Wei Tsü-hien. Crescent Bloom Bookshop, Shanghai 1927. 40+107+12 p.
2nd edition added translations of 1. The Authenticity of ancient

Chinese texts and 2. The pronoun Küe in Shu King. Appendix contains articles by Hu Shï, Wei Tsü-hien and Feng Yuän-kün. Commercial Press, Shanghai, 1936. 194 p.

1926 Philology and ancient China.
Instituttet foı sammenlignende Kulturforskning. Serie A: Forelesninger.
H. Aschehoug & Co., Oslo. Harrassowitz, Leipzig. Honoré Champion, Paris.
Williams & Norgate, London. Harvard University Press, Cambridge, Mass. 167 p.

[Karlgren cho:] Bungengaku to kodai Shina, translated by Takahata Hikojiro, translation in outline of Philology and ancient China. Shina-gaku, Kyōto, 1932. Vol. VI, no. 3, pp. 117—142.
Chung kuo yü yen hüe yen kiu, translated by Ho Ch'ang-k'ün, translation of Philology and ancient China. Kuo hüe siao ts'ung shu, Commercial Press, Shanghai, 1926. 190 p.
2nd edition 1934.
Japanese translation, see above: 1918, Ordet och pennan.

1927 Till det kinesiska problemet.
Samtiden, Oslo. Vol. XXXVIII, pp. 43—56.

1927 Review of Chinesische Urkunden zur Geschichte Asiens Bd. II. Die Westlande Chinas in der vorchristlichen Zeit, übersetzt und erläutert von J. J. M. de Groot. Berlin u. Leipzig 1926.
Deutsche Literaturzeitung, Berlin. Vol. XXXXVIII, sp. 661—668.

1927 Review of Deniker, George; Le mécanisme phonologique du parler de Pékin. Pékin 1925.
Orientalistische Literaturzeitung, Leipzig. Vol. XXX, sp. 61—62.

1928 Problems in Archaic Chinese.
Journal of the Royal Asiatic Society, London, pp. 769—813.

Shang ku Chung-kuo yin tang chung ti ki ko wen t'i, translated by Chao Yüan-jen, translation of Problems in Archaic Chinese. Academia Sinica, Tsi k'an, Peiping, 1930. Vol. I, pp. 345—416.

1928 The Romanization of Chinese.
A Paper read before the China Society on January 19, 1928.
The China Society, London. 24 p.

Japanese translation, see above: 1918, Ordet och pennan.

1928 Review of Bröring, Teodor: Laut und Ton in Süd-Schantung (mit Anhang) Hamburg 1927.
Orientalistische Literaturzeitung, Leipzig. Vol. XXXI, sp. 756—759.

1928 Kina, Japan. Norstedts Världshistoria ed. by Sven Tunberg and S. E. Bring, Vol. XV, De asiatiska kulturerna, pp. 5—292 and pp. 293—450. Norstedt & Söner, Stockholm.

1929 Från Kinas tankevärld.
Norstedt & Söner, Stockholm. 239 p.

1929 The Authenticity of ancient Chinese texts.
BMFEA (Bulletin of the Museum of Far Eastern Antiquities), Stokholm. Vol. I, pp. 165—183.

Lun k'ao cheng Chung kuo ku shu chen wei chï fang fa, translated by Wang Tsing-ju, translation in outline of The Authenticity of ancient Chinese texts. Academia Sinica, Tsi k'an, Peiping. 1931. Vol. II, pp. 283—294.

Chung-kuo ku shu ti chen wei, translated by Lu K'an-ju and Feng Yüan-kün, translation of The Authenticity of ancient Chinese texts. Shï ta yüe k'an, Peiping 1933. Vol. II, pp. 201—220.

Japanese translation, see above: 1926, On the Authenticity and Nature of the Tso Chuan.

1929 Review of W. Perceval Yetts: The George Eumorfopoulos Collection Catalogue of the Chinese and Corean Bronzes, Sculpture, Jades, Jewellery and Miscellaneous Objects. Vol. I: Bronzes; Ritual and other Vessels, Weapons, etc. London 1929.
Bulletin of the School of Oriental Studies, London. Vol. V, pp. 601—604.

1930 Review of W. Perceval Yetts: Thc George Eumorfopoulos Collection Catalogue of the Chinese and Corean Bronzes, Sculpture, Jades, Jewellery and Miscellaneous Objects. Vol. II: Bronzes: Bells, Drums, Mirrors, ect. London 1930. Bulletin of the School of Oriental Studies, London. Vol. VI, pp. 241—252.

1930 Some fecundity symbols in ancient China.
BMFEA, Stockholm. Vol. II, pp. 1—54.

1931 Tibetan and Chinese.
T'oung Pao, Leyde. Vol. XXVIII, pp. 1—46.

Tsang yü yü Han yü, translated by T'ang Yü, translation of

Tibetan and Chinese. Chung fa ta hüe yüe k'an, Peiping, 1934. Vol. IV, no 3, pp. 1—46.

1931 Das T'ien-Wen des K'üh Yüan. Review of August Conrady: Das älteste Dokument zur chinesischen Kunstgeschichte. Asia Major, Leipzig 1931. Orientalistische Literaturzeitung, Leipzig. Vol. XXXIV, sp. 815—818.

1931 Review of L. H. Dudley Buxton: China, the land and the people. London 1929. Deutsche Literaturzeitung, Berlin. Vol. LII, sp. 12—14.

1931 Chinese books in Swedish Collections.
Göteborgs Högskolas Årsskrift, Göteborg. Vol. XXXVII: 4, 26 p.

1931 The early history of the Chou Li and Tso Chuan texts.
BMFEA, Stockholm. Vol. III, pp. 1—60.

1932 Review of Haenisch, E: Lehrgang der chinesischen Schriftsprache. I+II, Leipzig 1929/31.
Orientalistische Literaturzeitung, Leipzig. Vol. XXXV, sp. 147—150.

1932 Shï King Researches.
BMFEA, Stockholm. Vol. IV, pp. 117—185.

Yü Kao Pen-han sien sheng shang k'üe »tsï yu ya yün shuo» kien lun shang ku ch'u fang yin t'e se, translated by Tung T'ung-ho, translation in outline of 1. Shï King Researches and 2. The Poetical Parts in Lao-tsï. Academia Sinica, Tsi k'an, Peiping, 1938. Vol. VII: 4, pp. 533—543.

1932 The Poetical Parts in Lao-tsï.
Göteborgs Högskolas Årsskrift, Göteborg. Vol. XXXVIII: 3, pp. 1—45.

Chinese translation, see above: 1932, Shï King Researches.

1932 Japans och Kinas nutidspolitik. En belysning av den östasiatiska krisen. Samtiden, Oslo. Vol. XXXXIII, pp. 157—175.

1933 Some Turkish Transcriptions in the Light of Irregular Aspirates in Mandarin. Academia Sinica, Studies to Ts'ai Yüan-p'ei, K'ing chu Ts'ai Yüan-p'ei sien sheng liu shï wu suei lun wen tsi, Peiping. pp. 311—322.

Karlgren no Kanwa ni okeru fukisokuteki yokion kara miru Torukogo no tenshaon, translated by Takahata Hikojiro, translation and criticism of Some Turkish Transcriptions in the Light of Irregular Aspirates in Mandarin. Tōhō Gakuhō, Tōkyō, 1933.

Vol. IV, pp. 407—424.

1933 The Pronoun Küe in the Shu King.
Göteborgs Högskolas Årsskrift, Göteborg. Vol. XXXIX: 2, pp. 29—37.
Shu King chung ti tai ming ts'ï küe tsï, translated by Lu K'an-ju, translation of The Pronoun Küe in the Shu King. Wen hüe nien pao, Peiping 1936, Vol. II, pp. 55—60.
Chinese translation, see above: 1926, On the Authenticity and Nature of the Tso Chuan.

1933 Word families in Chinese.
BMFEA, Stockholm. Vol. V, pp. 5—120.
Saikin (1927 nen igo) no koin kenkyü (zokuhen), translated by Takahata Hikojiro, translation in outline of Word families in Chinese. Tōhō Gakuhō, Kyōto, 1936. Vol. VII. pp. 160—247.
Han yü ts'ï lei, translated by Chang Shï-lu, translation of Word families in Chinese. Commercial Press, Shanghai, Kuo hüe siao ts'ung shu, 1937. 259 p.

1934 Early Chinese mirror inscriptions.
BMFEA, Stockholm. Vol. VI, pp. 9—79.

1934 On the date of the Piao-bells.
BMFEA, Stockholm. Vol. VI, pp. 137—149.

1934 Chine. Rapport.
L'adoption universelle des caractères latins. Société des Nations, Paris. pp. 49—58.

1935 The Rimes in the Sung Section of the Shï King.
Göteborgs Högskolas Årsskrift, Göteborg. Vol. XLI, pp. 1—8.

1936 Yin and Chou in Chinese bronzes.
BMFEA, Stockholm. Vol. VIII, pp. 9—156 + 56 pl.

1936 On the script of the Chou dynasty.
BMFEA, Stockholm. Vol. VIII, pp. 157—178.

1937 New studies on Chinese bronzes.
BMFEA, Stockholm. Vol. IX, pp. 1—118 + 64 pl.

1937 The dating of Chinese bronzes.
Journal of the Royal Asiatic Society, London, pp. 33—39.

1938 Notes on a Kin-ts'un album.
BMFEA, Stockholm. Vol. X, pp. 65—81 + 6 pl.

1938 Östasien.

Särtryck ur Folkens Historia genom Tiderna, ed. by dr. Harry Maiander. Saxon & Lindströms Förlag, Stockholm; 2. ed. 1950 (revised), 24 p.

1939 Maktkampen i Fjärran Östern. Kina och Japan efter världskriget. Internationell politik 6. Kooperativa förbundets bokförlag. 127 p.

1939 The origin of Yin décòr features in the Huai style. Maandblad voor beeld. kunsten, Amsterdam. Vol. XVI, pp. 153—154.

1940 Grammata Serica, Script and Phonetics in Chinese and Sino-Japanese. BMFEA, Stockholm. Vol. XII, pp. 1—471. Reprinted in Peking 1941.

1940 Japans Väg och Mål. Världspolitikens Dagsfrågor no. 3. Utrikespolitiska institutets broschyrserie. 31 p.

1941 Huai and Han. BMFEA, Stockholm. Vol. XIII, pp. 1—125 + 80 pl.

1942 The date of the early Dong so'n culture. BMFEA, Stockholm. Vol. XIV, pp. 1—28 + 20 pl.

1942 Some ritual objects of prehistoric China. BMFEA, Stockholm. Vol. XIV, pp. 65–69 + 4 pl.

1942 Glosses on the Kuo feng odes. BMFEA,Stcckholn. Vol. XIV, pp.71–247.

1944 Some early Chinese bronze masters. BMFEA, Stockholm. Vol. XVI, pp. 1—24 + 24 pl.

1944 Glosses on the Siao ya odes. BMFEA, Stockholm. Vol. XVI, pp. 25—169.

1944 The book of Odes, Kuo feng and Siao ya. BMFEA, Stockholm. Vol. XVI, pp. 171—256.

1944 Konfucius' vishetslära. Lao-tses vishetslära. Världsreligionernas kärnord, Radiobiblioteket, Radiotjänst, Stockholm. pp. 12—41.

1945 The Book of Odes, Ta ya and Sung. BMFEA, Stockholm. Vol. XVII, pp. 65—99.

1945 Some weapons and tools of the Yin dynasty. BMFEA, Stockholm. Vol. XVII, pp. 101—144 + 40 pl.

1946 Glosses on the Ta ya and Sung Odes.

BMFEA, Stockholm. Vol. XVIII, pp. 1—198.

1946 Legends and cults in ancient China.
BMFEA, Stccholm. Vol. XVIII, pp. 199—365.

1946 Once again the A and B styles in Yin oranmentation. Review of Catherine Grassl: New Researches on Chinese Bronzes. The Art Bullentin, March 1943.
BMFEA, Stockholm. Vol. XVIII, pp. 367—382.

1946 Från Kinas Språkvärld.
Göteborgs Högskola, Forskningar och Föreläsningar, publ. by Albert Bonnier, Stockholm. 100 p.
The Chinese Language, an Essay on its Nature and History, translation of Kinas Språkvärld (with additions).
The Ronald Press Company, New York, 1949. 122 p.

1948 Kinesisk Elementarbok.
Hugo Gebers, Stockholm. 100 p.
Kinesisk Begynderbog, Danish edition of Kinesisk Elementarbok, by K. Barr.
Rosenkilde og Bagger, Copenhagen, 1948. 107 p.

1948 Bronzes in the Hellström collection.
BMFEA, Stockholm. Vol. XX, pp. 1—38 + 58 pl.

1948 Glosses on the Book of Documents.
BMFEA, Stockholm. Vol. XX, pp. 39—315.

1949 Some bronzes in the Museum of Far Eastern Antiquities.
BMFEA. Stockholm. Vol. XXI, pp. 1—25 + 42 pl.

1949 Glosses on the Book of Documents II.
BMFEA, Stockholm. Vol. XXI, pp. 63—206.

1950 The Book of Odes. Chinese text, transcription and translation, publ. by The Museum of Far Eastern Antiquities, Stockholm. 270 p.

1950 The Book of Documents.
BMFEA, Stockholm. Vol. XXII, pp. 1—81.

1951 Notes on the Grammar of early bronze décor.
BMFEA, Stockholm. Vol. XXIII, pp. 1—37 + 26 pl.

1951 The transcription of literary Chinese.
BMFEA, Stockholm. Vol. XXIII, pp 81—105.

1951 Excursions in Chinese Grammar.
BMFEA, Stockholm. Vol. XXIII, pp 107—133.

1952 A Catalogue of the Chinese Bronzes in the Alfred F. Pillsbury

Collection. The Minneapolis Institute of Arts, University of Minnesota Press, Minneapolis, 228 p. (incl. 112 plates).
1952 Some new bronzes in the Museum of Far Eastern Antiquities. BMFEA, Stockholm. Vol XXIV, pp. 11—25 + 30 pl.
1952 New excursions in Chinese grammar. BMFEA, Stockholm. Vol. XXIV, pp. 51—80.
1954 Compendium of phonetics in ancient and archaic Chinese. BMFEA, Stockholm. Vol. XXVI, pp. 211—367.
1954 Notes on four bronzes. BMFEA, Stockholm. Vol. XXVI, pp. 369—374 + 8 pl.
Numerous short articles in each of Nordisk Familjebok, 3rd ed. (1923—1937) and Svensk Uppslagsbok (1929—1937); longer articles in both publications about China and Japan (history, language, literature, religion).
1956 Cognate words in the Chinese phonetic series. BMFEA 28, pp. 1—18
1957 Grammata Serica Recensa. BMFEA 29, pp. 1—332
Offset edition 1972
1958 Bronzes in the Wessén collection. BMFEA 30 pp. 177—196
1958 Easy lessons in Chinese writing. Naturmetodens språkinstitut, Stockhodm. 173 p.
1959 Marginalia on some bronze albums. BMFEA 31, pp. 289—331
1960 Marginalia on some bronze albums II. BMFEA 32, pp. 1—24
1960 Tones in Archaic Chinese. BMFEA 32, pp. 113—142
1961 Johan Gunnar Andersson. In memoriam. BMFEA 33, pp. v—viii
1961 Miscellaneous notes on some bronzes. BMFEA 33, pp. 91—102
1961 The parts of speech and the Chinese language. Language and Society, Essays presented to Arthur M. Jensen on his seventieth birthday. Copenhagen, pp. 73—78
1962 Some characteristics of the Yin art. BMFEA 34, pp. 1—28
1962 Final d and r in Archaic Chinese. BMFEA 34, pp. 121—128
1963 Loan characters in Pre-Han texts. BMFEA 35, pp. 1—128
1963 Some Pre-Han mirrors. BMFEA 35, pp. 161—169
1964 Loan characters in Pre-Han texts II. BMFEA 36, pp. 1—106
1964 Index to glosses on the Book of Odes and glosses on the Book of Documents. BMFEA 36, pp. 107—116
1964 Glosses on the Book of Odes. MFEA, reprint in one volume of

articles in BMFEA 14, 16, and 18.

1964 Religion i Kina. Antiken. Svenska Bokförlaget/Bonniers. Stockholm. 158 p.

1965 Loan characters in Pre-Han texts III. BMFEA 37, pp. 1—136

1965 Kina i tal och skrift. Wahlström och Widstrand. Stockholm. 119 p.

1966 Loan characters in Pre-Han texts IV. BMFEA 38, pp. 1—82

1966 Chinese agraffes in two Swedish Collections. BMFEA 38, pp. 83—192

1967 Loan characters in Pre-Han texts V. BMFEA 39, pp. 1—40

1967 Index to Bernhard Karlgren: Loan characters in Pre-Han Texts I—V. BMFEA 39, pp. 41—52

1968 Loan characters in Pre-Han Texts. MFEA, reprint in one volume of articles in BMFEA 35, 36, 37, 38 and 39.

1968 Some sacrifices in Chou China. BMFEA 40, pp. 1—32

1968 Early Chinese mirrors. BMFEA 40, pp. 79—95

1969 Glosses on the Tso Chuan. BMFEA 41. pp. 1—158

1969 Bernhard Karlgren and Jan Wirgin: Chinese bronzes. The Natanael Wessén collection. Strängnäs (= MFEA Monograph 1), p. 172

1970 Glosses on the Tso Chuan II. BMFEA 42, pp. 273—296

1970 Sidelights on Sï-ma Ts'ien's language. BMFEA 42, pp. 297—310

1970 Glosses on the Book of Documents. MFEA, reprint in one volume of articles in BMFEA 20 and 21.

1971 Glosses on the Li Ki. BMFEA 43, pp. 1—66

1972 Gleanings for a Lexicon of Classical Chinese. BMFEA 44, pp. 1—74

1973 Gleanings for a Lexicon of Classical Chinese II. BMFEA 45, pp. 1—62

1974 Gleanings for a Lexicon of Classical Chinese III. BMFEA 46, pp. 1—78

1975 Notes on Lao-Tse. BMFEA 47, pp. 1—18

1976 Moot words in some Chuang-Tse chapters. BMFEA 48, pp. 145—163